Langenscheidt
Pocket Turkish Dictionary

Turkish – English
English – Turkish

by
Resuhi Akdikmen

Assistant
Ekrem Uzbay

Langenscheidt

New York · Berlin · Munich · Vienna · Zurich

Revised edition
edited by the
Langenscheidt editorial staff

Printed in Germany

1. 2. 3. 4. 5.   10 09 08 07 06

CONTENTS
İÇİNDEKİLER

Page/*Sayfa*

PREFACE

For over 130 years Langenscheidt's bilingual dictionaries have been essential tools for the student of languages. For several years Langenscheidt's dictionaries have been used not only for academic work, but in all walks of life.

However, languages are in a constant process of change. To keep you abreast of these changes, we have prepared this new dictionary. Many words which have entered the Turkish and English languages in the last few years have been included in the vocabulary. The dictionary furthermore contains the most important terminology from such specialist areas as trade and commerce, technology, and medicine.

The translations of the headwords are arranged according to frequency of use. Synonymous translations are separated by commas, and semantically distinct alternatives by semicolons. For ease of reference, abbreviations indicating parts of speech, stylistic register and subject areas have been used. Idioms, proverbs and colloquialisms have been given special consideration in this dictionary. Syllabification of English headwords is indicated by means of dots.

The phonetic transcription of the English headwords follows the principles laid down by the International Phonetic Association (IPA).

In addition to the vocabulary, this dictionary contains special quick-reference sections of proper names, abbreviations, weights and measures, an alphabetical list of English irregular verbs etc.

The instructions on how to use this dictionary (page 11) should be read carefully; they are intended to increase its practical value.

Designed for the widest possible variety of uses, this dictionary, with its more than 50,000 entries and phrases, will be of great value to students, teachers and tourists, and will find a place in home and office libraries alike.

It is hoped that this new dictionary will be an instrument for better understanding between peoples.

Resuhi AKDİKMEN

ÖNSÖZ

130 yılı aşan bir deneyim ile Langenscheidt sözlükleri yabancı dil öğretimi görenlere büyük hizmetler vermektedir. Bu uzun zaman sürecinde Langenscheidt sözlükleri akademik çalışmalarda olduğu kadar yaşamın bütün alanlarında geniş bir biçim ve boyutta kullanılmıştır.

Yaşayan bütün diller gibi İngilizce de, Türkçe de sürekli bir değişim içindedir. Yeni ihtiyaçlar ve teknoloji, yeni sözcüklerin türetilmesine neden olur. Gereği kalmayan ihtiyaçları anlatan sözcükler de bu dillerden, zaman içinde, silinip giderler. Sözlüğün hazırlanmasında bu hususa büyük önem verilmiştir. Sözlüğün kapsamındaki sözcükler, günümüz Türkçe ve İngilizcesinin konuşma dili, ticaret, teknik, tıp v.b. dallarındaki en yaygın sözcükler arasından titizlikle seçilmiştir.

Bir sözcüğün anlamları, kullanımındaki önem sırasına göre dizilmiş, eşanlamlı olanlar virgülle, ayrı anlamlı olanlar ise noktalı virgülle ayrılmıştır. Bunun yanısıra, anlam karışıklığına meydan vermemek için degişik konuları temsil eden kısaltmalar da kullanılmıştır. İngilizcede en çok güçlük çekilen noktalardan biri olan sözcüklerin hecelenmesi de bu yeni sözlükle çözümlenmiştir. Harfler arasındaki noktalar bu hecelemeyi göstermektedir.

İngilizce sözcüklerin okunuşunda Uluslararası Fonetik Kurumu'nun fonetik alfabesi kullanılmıştır.

Sözlüğün sonuna, İngilizce'deki yaygın özel isimler, İngilizce ve Amerikan kısaltmaları, sayısal ifadeler, İngilizce'deki kuralsız fiillerin listesi vs. içeren bir bölüm eklenmiştir.

Sözlügün başındaki (sayfa 11), eserin kullanımı ile ilgili bilgilerin dikkatle okunması okuyucularımız için çok yararlı olacaktır.

Titiz bir çalışmanın ürünü olan ve kitaplıklarımızı süsleyecek bu sözlükte 50.000'i aşkın kelime ve deyim yer almıştır. Sözlük, öğrencilerin olduğu kadar öğretmen ve turistlerin ihtiyaçlarını da karşılayabilecek biçimde hazırlanmıştır.

Bu sözlüğün uluslar arasında dil yoluyla yakınlaşmaya katkıda bulunacağı ümidini taşıyorum.

Resuhi AKDİKMEN

Using the Dictionary
Sözlüğün Kullanımı

I. English Headwords

1. The alphabetical order of the headwords has been observed throughout including the irregular forms.
2. Centred dots within a headword indicate syllabification.
   e.g.: **con•tem•plate ... con•tem•pla•tion**
3. The tilde (~ ~) represents the repetition of a headword.
   a) In compounds the tilde in bold type (~) replaces the catchword.
   e.g. **coast ... ~line** = **coastline.**
   b) The simple tilde (~) replaces the headword immediately preceding (which itself may contain a tilde in bold type).
   e.g. **fire ... *be on ~*** = ***be on fire,*** **fight ... ~er ... *~ plane*** = ***fighter plane.***
4. When the initial letter changes from small to capital or vice versa, the usual tilde is replaced by ♀ or ♀
   e.g. **representative ... *House of ♀s*** = ***House of Representatives.***

II. Pronunciation

1. The pronunciation of English headwords is given in square brackets by means of the symbols of the International Phonetic Association.
2. To save space the tilde (~) has been made use of in many places within the phonetic transcription. It replaces any part of the preceding complete transcription which remains unchanged.
   e.g. **di•gest** [dɪ'dʒest] ... **di•ges•tion** [~tʃən] ... **di•ges•tive** [~tɪv] ...

III. Grammatical References

1. In the appendix you will find a list of irregular verbs.
2. An adjective marked with □ takes the regular adverbial form, *i.e.* by af-

I. İngilizce Madde Başı Sözcükleri

1. Düzensiz biçimleri de dahil olmak üzere madde başı sözcüklerin alfabetik sırasına baştan sona dikkat edilmiştir.
2. Madde başı bir sözcükteki noktalar hecelemeyi gösterir.
   örnek:
   con•tem•plate ... con•tem•pla•tion
3. Tekrar işareti (~ ~) madde başı sözcüğün tekrarını gösterir.
   a) Bileşik sözcüklerdeki siyah tekrar işareti (~) asıl sözcüğün yerini alır.
   örnek: **coast ... ~line** = **coastline.**
   b) Açık renkli tekrar işareti (~) kendisinden hemen önce gelen siyah harfli sözcüğün yerini alır.
   örnek:
   fire ... *be on ~* = ***be on fire***
   fight ... ~er ... *~ plane* = ***fighter plane.***
4. Bir sözcüğün ilk harfi küçük harften büyük harfe veya büyük harften küçük harfe dönüştüğünde (♀) veya (♀) tekrar işareti konulmuştur.
   Örnek: **representative ... *House of ♀s*** = ***House of Representatives.***

II. Telaffuz

1. İngilizce madde başı sözcüklerin telaffuzları, Uluslararası Fonetik Kuruluşu'nun sembolleriyle köşeli ayraçlarda verilmiştir.
2. Yerden kazanmak için, tekrar işareti (~) fonetik yazımda da pek çok yerde kullanılmıştır. Bu işaret, fonetik yazımın değişmeyen kısmının yerine geçmektedir.
   örnek: **di•gest** [dɪ'dʒest] ... **di•ges•tion** [~tʃən] ... **di•ges•tive** [~tɪv] ...

III. Gramatik Başvurular

1. Sözlüğün ek kısmında düzensiz fiillerin bir listesini bulacaksınız.
2. □ işaretli bir sıfat, kendisine **...ly** eklenerek veya **...le ...ly**'e **veya ...y**

fixing **...ly** to the adjective or by changing **...le** into **...ly** or **...y** into **...ily**.

3. (**~*ally***) means that an adverb is formed by affixing **...ally** to the adjective.
4. When there is only one adverb for adjectives ending in both **...ic** and **...ical**, this is indicated in the following way:

his·tor·ic, his·tor·i·cal □ *i.e.* **historically** is the adverb of both adjectives.

IV. Translations

1. Translations of a headword have been subdivided by Arabic numerals to distinguish the various parts of speech. Words of similar meanings have been subdivided by commas, the various senses by semicolons.
2. Explanatory additions have been printed in italics.
   e.g. **snap** ... kırılmak; (*kilit*) birden kapanmak ... (*parmak*) çıtırdatmak ...
3. Prepositions governing an English catchword (verb, adjective, noun) are given in both languages.
   e.g. **a·gree** ... uyuşmak (***on, upon*** *-de*) ... **~a·ble** ... razı (***to*** *-e*) ...

...ily'e dönüştürülerek düzenli zarf şeklini alır.

3. (**~*ally***), bir zarfın sıfata **...ally** eklenerek yapıldığını göstermektedir.
4. Sonu **...ic** veya **...ical** ile biten sıfatlar için yalnızca bir zarf olduğunda, bu şekilde gösterilmektedir.

his·tor·ic, his·tor·i·cal □, yani **historically** her iki sıfatın da zarfıdır.

IV. Sözcüklerin Anlamları

1. Madde başı bir sözcüğün anlamları, sözcüklerin türlerine göre rakamlarla ayrılmıştır. Anlamdaş sözcükler virgüllerle, ayrı anlamlı sözcükler noktalı virgüllerle ayrılmıştır.
2. Açıklayıcı ek sözcükler italik olarak verilmiştir.
   örnek: **snap** ... kırılmak; (*kilit*) birden kapanmak ... (*parmak*) çıtırdatmak ...
3. İngilizce bir sözcüğün (fiil, sıfat, isim) aldığı edatlar her iki dilde de verilmiştir.
   örnek: **a·gree** ... uyuşmak (***on, upon*** *-de*) ... **~a·ble** ... razı (***to*** *-e*) ...

Abbreviations - Kısaltmalar

a.	*also*	*keza*
abbr.	*abbreviation*	*kısalıma*
adj.	*adjective*	*sıfat*
adv.	*adverb*	*zarf*
AGR	*agriculture*	*ziraat*
Am.	*American English*	*Amerikan İngilizcesi*
ANAT	*anatomy*	*anatomi*
ARCH	*architecture*	*mimarlık*
AST	*astronomy*	*astronomi, gökbilim*
attr.	*attributively*	*niteleyici olarak*
AVIA	*aviation*	*havacılık*
b.s.	*bad sense*	*kötü anlamda*
b-de	*biri(si)nde*	
b-den	*biri(si)nden*	
b-i	*biri(si)*	
BIOL	*biology*	*biyoloji, dirimbilim*
b-le	*biri(si)yle*	
b-ne	*biri(si)ne*	
b-ni	*biri(si)ni*	
b-nin	*biri(si)nin*	
BOT	*botany*	*botanik*
Brt.	*British English*	*İngiliz İngilizcesi*
bş	*bir şey*	
bşde	*bir şeyde*	
bşden	*bir şeyden*	
bşe	*bir şeye*	
bşi	*bir şeyi*	
bşin	*bir şeyin*	
bşle	*bir şeyle*	
CHEM	*chemistry*	*kimya*
cj.	*conjunction*	*bağlaç*
co.	*comical*	*komik*
coll.	*collectively*	*topluluk ismi olarak*
comp.	*comparative*	*üstünlük derecesi*
contp.	*contemptuously*	*aşağılayıcı olarak*
ECCL	*ecclesiastical*	*dinsel*
ECON	*economics*	*ekonomi*
ELECT	*electrical engineering*	*elektrik mühendisliği*
esp.	*especially*	*ozellikle*
etc.	*et cetera*	*ve saire*
F	*colloquial language*	*konuşma dili*
FENC	*fencing*	*eskrim*
fig.	*figuratively*	*mecazi olarak*
GEOGR	*geography*	*coğrafya*
GEOL	*geology*	*jeoloji, yerbilim*
GEOM	*geometry*	*geometri*
ger.	*gerund*	*isim-fiil*
GR	*grammar*	*dilbilgisi*
hist.	*history*	*tarih*
HUNT	*hunting*	*avcılık*

inf.	*infinitive*	*mastar*
int.	*interjection*	*ünlem*
Ir.	*Irish*	*İrlanda dili*
iro.	*ironically*	*alaylı*
IT	*information technology*	*bilişim bilimi*
k-de	*kendi(si)nde*	
k-den	*kendi(si)nden*	
k-le	*kendi(si)yle*	
k-ne	*kendi(si)ne*	
k-ni	*kendi(si)ni*	
k-nin	*kendi(si)nin*	
LEG	*legal term*	*hukuk terimi*
LING	*linguistics*	*dilbilimi*
lit.	*literary*	*edebi, yazınsal*
MATH	*mathematics*	*matematik*
MEC	*mechanics*	*mekanik*
MED	*medicine*	*tıp*
METALL	*metallurgy*	*metalurji, metalbilim*
METEOR	*meteorology*	*meteoroloji, havabilgisi*
MIL	*military term*	*askeri terim*
MIN	*mining*	*madencilik*
MIN	*mineralogy*	*mineraloji, mineralbilim*
MOT	*motoring*	*otomobilcilik*
MOUNT	*mountaineering*	*dağcılık*
mst.	*mostly*	*çoğunlukla*
MUS	*musical term*	*müzik terimi*
MYTH	*mythology*	*mitoloji, efsanebilim*
n.	*noun*	*isim*
NAUT	*nautical term*	*denizcilik terimi*
o.s.	*oneself*	*kendi(si); kendi kendine*
obs.	*obsolete*	*eskimiş*
oft.	*often*	*çoğu zaman*
OPT	*optics*	*optik*
P	*provincialism*	*taşra dili*
p.p.	*past participle*	*-mış yapılı ortaç*
p.pr.	*present participle*	*-en yapılı ortaç*
PAINT	*painting*	*ressamlık*
PARL	*parliamentary term*	*parlamento terimi*
PHARM	*pharmacy*	*eczacılık*
PHLS	*philosophy*	*felsefe*
PHOT	*photography*	*fotoğrafçılık*
PHYS	*physics*	*fizik*
PHYSIOL	*physiology*	*fizyoloji*
pl.	*plural*	*çoğul*
poet.	*poetry; poetic*	*şiir sanatı; şiirsel*
POL	*politics*	*politika*
POST	*postal affairs*	*postacılık*
pr.n.	*proper noun*	*özel isim*
pred.	*predicatively*	*yüklem olarak*
pres.	*present*	*şimdiki zaman*
pret.	*preterite*	*-di'li geçmiş zaman*
PRINT	*printing*	*matbaacılık*

pron.	*pronoun*	*zamir*
prp.	*preposition*	*edat, ilgeç*
PSYCH	*psychology*	*psikoloji, ruhbilim*
RAIL	*railway, railroad*	*demiryolu*
RHET	*rhetoric*	*sözbilim, konuşma sanatı*
s.	*see*	*bekınız*
s.o.	*someone*	*biri(si)*
s.th.	*something*	*bir şey*
sg.	*singular*	*tekil*
sl.	*slang*	*argo*
SPOR	*sports*	*spor*
sup.	*superlative*	*enüstünlük derecesi*
surv.	*surveying*	*yeri ölçme birimi*
TEL	*telegraphy*	*telgrafçılık*
TELEPH	*telephony*	*telefonculuk*
THEA	*theatre*	*tiyatro*
TM	*trademark*	*ticaret unvanı*
TV	*television*	*televizyon*
TYP	*typography*	*basımcılık*
UNIV	*university*	*üniversite*
V	*vulgar*	*kaba konuşma*
v.b.	*ve benzeri*	
v/aux.	*auxiliary verb*	*yardımcı fiil*
v/i.	*verb intransitive*	*geçişsiz fiil*
v/t.	*verb transitive*	*geçişli fiil*
vb.	*verb*	*fiil, eylem*
VET	*veterinary medicine*	*veterinerlik*
ZO	*zoology*	*zooloji, hayvanbilim*

Use of International Phonetic Alphabet
Uluslararası Fonetik Alfabesinin Kullanımı

A. Ünlüler ve Diftonglar

[ɑː] Türkçedeki (a) sesinin uzun şekli gibidir: *far* [fɑ], *father* ['fɑːðə].
[ʌ] Türkçedeki (a) sesinin kısa ve şert şeklidir: *butter* ['bʌtə], come [kʌm], *colour* ['kʌlə], *blood* [blʌd], *flourish* ['flʌriʃ], *twopence* ['tʌpəns].
[æ] Türkçedeki (a) sesi ile (e) sesi arasında bir sestir. Ağız, (a) diyecekmiş gibi açılır, daha sonra ses (e)'ye dönüstürülür: *fat* [fæt], *man* [mæn].
[ɛə] Türkçedeki (e) sesinin uzun ve yumuşak şeklidir: *bare* [bɛə], *pair* [pɛɔ], *there* [ðɛə].
[ai] Türkçedeki (ay) sesi gibidir: *I* [ai], *lie* [lai], *dry* [drai].
[au] Dudaklar önce (a) sesi çıkartmak için açılacak, daha sonra (u) sesi için uzatılacaktır: *house* [haus], *now* [nau].
[e] Türkçedeki (e) sesi gibidir: *bed* [bed], *less* [les].
[ei] Türkçedeki (ey) sesi gibidir: *date* [deit], *play* [plei], *obey* [ə'bei].
[ə] Türkçedeki (ı) sesi gibidir: *about* [ə'baut], *butter* ['bʌtə], *connect* [kə'nekt].
[əu] Dudaklar önce (o) sesi çıkartmak için yuvarlaklaştırılır, daha sonra (u) sesi için uzatılır: *note* [nəut], *boat* [bəut], *below* [bi'ləu].
[iː] Türkçedeki (i) sesinin uzun şeklidir: *scene* [siːn], *sea* [siː], *feet* [fiːt], *ceiling* ['siːliŋ].
[i] Türkçedeki (i) sesi gibidir: *big* [big], *city* ['siti].
[iə] Dudaklar önce (i) sesi çıkartmak için açılacak, daha sonra ses (ı)'ya dönüştürülecektir: *here* [hiə], *hear* [hiə], *inferior* [in'fiəriə].
[ɔː] Türkçedeki (o) sesinin uzun şeklidir: *fall* [fɔːl], *nought* [nɔːt], *or* [ɔː], *before* [bi'fɔː].
[ɔ] Türkçedeki (o) ile (a) sesleri arasında bir sestir. İngiliz İngilizcesinde (o) sesine, Amerikan İngilizcesinde ise (a) sesine daha yakındır: *god* [gɔd], *not* [nɔt], *wash* [wɔʃ], *hobby* ['hɔbi].
[ɔi] Türkçedeki (oy) sesi gibidir: *voice* [vɔis], *boy* [bɔi], *annoy* [ə'nɔi].
[əː] Türkçedeki (ö) sesi gibidir: *word* [wəːd], *girl* [gəːl], *learn* [ləːn], *murmur* ['məːmə].
[uː] Türkçedeki (u) sesinin uzun şeklidir: *fool* [fuːl], *shoe* [ʃuː], *you* [juː], *rule* [ruːl], *canoe* [kə'nuː].
[u] Türkçedeki (u) sesi gibidir: *put* [put], *look* [luk].
[uə] Dudaklar önce (u) sesi çıkartmak için uzatılır, daha sonra ses (ı) sesine dönüştürülür: *poor* [puə], *sure* [ʃuə], *allure* [ə'ljua].

B. Ünsüzler

[r] Türkçedeki (r) sesi gibidir: *rose* [rəuz], *pride* [praid].
[ʒ] Türkçedeki (j) sesi gibidir: *azure* ['æʒə], *vision* ['viʒən].
[dʒ] Türkçedeki (c) sesi gibidir: *June* [dʒuːn], *jeep* [dʒiːp].
[tʃ] Türkçedeki (ç) sesi gibidir: *chair* [tʃɛə], *church* [tʃəːtʃ].
[ʃ] Türkçedeki (ş) sesi gibidir: *shake* [ʃeik], *washing* ['wɔʃin], *she* [ʃiː].
[θ] Bu ses Türkçede yoktur. Dilin ucu üst kesicidişlere dokundurulup (t) sesi çıkarılır: *thank* [θæŋk], *thin* [θin], *path* [pɑːθ], *method* ['meθəd].

[ð] Bu ses de Türkçede yoktur. Dilin ucu üst kesicidişlere dokundurulup (d) sesi çıkarılır: *there* [ðɛə], *father* ['fɑːðə], *breathe* [briːð].
[ŋ] Bu ses de Türkçede yoktur. Dil damağa dokundurularak genizden (n) sesi çıkarılır: *ring* [riŋ], *sing* [siŋ].
[s] Türkçedeki (s) sesi gibidir: *see* [siː], *hats* [hæts], *decide* [di'said].
[z] Türkçedeki (z) sesi gibidir: *rise* [raiz], *zeal* [ziːl], *horizon* [hɔ'raizn].
[w] Bu ses Türkçede yoktur. Dudaklar yuvarlaştırılıp (v) sesi çıkartılır: *will* [wil], *swear* [swɛə], *queen* [kwiːn].
[f] Türkçedeki (f) sesi gibidir: *fat* [fæt], *tough* [tʌf], *effort* ['efət].
[v] Türkçedeki (v) sesi gibidir: *vein* [vein].
[j] Türkçedeki (y) sesi gibidir: *yes* [jes], *onion* ['ʌnjən].
[p] Türkçedeki (p) sesi gibidir: *pen* [pen].
[b] Türkçedeki (b) sesi gibidir: *bad* [bæd].
[t] Türkçedeki (t) sesi gibidir: *tea* [tiː].
[d] Türkçedeki (d) sesi gibidir: *did* [did].
[k] Türkçedeki (k) sesi gibidir: *cat* [kæt].
[g] Türkçedeki (g) sesi gibidir: *got* [gɔt].
[h] Türkçedeki (h) sesi gibidir: *how* [hau].
[m] Türkçedeki (m) sesi gibidir: *man* [mæn].
[n] Türkçedeki (n) sesi gibidir: *no* [nəu].
[l] Türkçedeki (l) sesi gibidir: *leg* [leg].

Suffixes in English
İngilizcedeki Sonekler

İngilizcede en çok kullanılan sonekler, fonetik söylenişleriyle birlikte aşağıdaki listede gösterilmiştir.

-ability [-əbiliti]
-able [-əbl]
-age [-idʒ]
-al [-əl]
-ally [-əli]
-an [ən]
-ance [-əns]
-ancy [-ənsi]
-ant [-ənt]
-ar [-ə]
-ary [-əri]
-ation [-eiʃən]
-cious [-ʃəs]
-cy [-si]
-dom [-dəm]
-ed [-d; -t; -id]
-edness [-dnis; -tnis; -idnis]
-ee [-i:]
-en [-n]
-ence [-əns]
-ent [-ənt]
-er [-ə]
-ery [-əri]
-ess [-is]
-fication [-fikeiʃən]
-ial [-əl]
-ible [-əbl]
-ian [-jən]
-ic(s) [-ik(s)]
-ical [-ikəl]
-ily [-ili]
-iness [-inis]
-ing [-i]
-ish [-iʃ]
-ism [-izəm]
-ist [-ist]
-istic [-istik]
-ite [-ait]
-ity [-iti]
-ive [-iv]
-ization [-aizeiʃən]
-ize [-aiz]
-izing [-aiziŋ]
-less [-lis]
-ly [-li]
-ment(s) [-mənt(s)]
-ness [-nis]
-oid [-ɔid]
-or [-ə]
-ous [-əs]
-ry [-ri]
-ship [-ʃip]
-(s)sion [-ʃən]
-sive [-siv]
-ties [-tiz]
-tion [-ʃən]
-tious [-ʃəs]
-trous [-trəs]
-try [-tri]
-y [-i]

English Alphabet
İngiliz Alfabesi

a [ei], b [bi:], c [si:], d [di:], e [i:], f [ef], g [dʒ:], h [eitʃ], i [ai], j [dʒei], k [kei], l [el], m [em], n [en], o [əu], p [pi:], q [kju:], r [a:], s [es], t [ti:], u [ju:], v [vi:], w ['dʌblju:], x [eks], y [wai], z [zed]

Spelling of American English
Amerikan İngilizcesinin Yazımı

İngiltere'de konuşulan İngilizcenin yazımından farklı olarak Amerikan İngilizcesinin yazımında başlıca şu özellikler vardır:

1. İki sözcüğü birleştiren çizgi çoğunlukla kaldırılır. Örneğin: cooperate, breakdown, soapbox.
2. **-our** ekindeki (**u**) harfi Amerikan İngilizcesinde yazılmaz. Örneğin: color, harbor, humor, favor.
3. **-re** ile biten birçok sözcük Amerikan İngilizcesinde **-er** olarak yazılır. Örneğin: center, theater, fiber.
4. (**l**) ve (**p**) harfleriyle biten fiillerin türetmelerinde son ünsüz harf ikilenmez. Örneğin: traveled, quarreled, worshiped.
5. **-ence** ile biten kelimeler Amerikan İngilizcesinde **-ense** ile yazılır. Örneğin: defense, offense, license.
6. Fransızcadan gelen ekler çoğu kez kaldırılır veya kısaltılır. Örneğin: dialog(ue), program(me), envelop(e), catalog(ue).
7. **ae** ve **oe** yerine çoğu kez yalnızca (**e**) yazılır. Örneğin: an(a)emia, man(o)euvers.
8. **-xion** yerine **-ction** kullanılır. Örneğin: connection, reflection.
9. Söylenmeyen (**e**) harfi, judg(e)ment, abridg(e)ment, acknowledg(e)ment gibi sözcüklerde yazılmaz.
10. **en-** öneki yerine **in-** öneki daha çok kullanılır. Örneğin: inclose.
11. Amerikan İngilizcesinde **although** yerine **altho, all right** yerine **alright, through** yerine **thru** biçimleri de kullanılabilir.
12. Tüm bunlardan başka, özel yazım biçimleri olan bazı sözcükler vardır. Örneğin.

English	**American**
cheque	check
cosy	cozy
grey	gray
moustache	mustache
plough	plow
sceptic	skeptic
tyre	tire

Pronunciation of American English
Amerikan İngilizcesinin Söylenişi

Amerikan İngilizcesi (AE) ile İngiliz İngilizcesi (BE) arasında söyleniş bakımından bazı ayrılıklar vardır. En önemlileri şöyledir:

1. İngiliz İngilizcesinde (ɑː) olarak söylenen ses, Amerikan İngilizcesinde (æ) veya (æː) olarak söylenir: pass [BE pɑːs = AE pæ(ː)s], answer [BE 'ɑːnsə = AE 'æ(ː)nsər], dance [BE dɑːns = AE dæ(ː)ns], half [BE hɑːf = AE hæ(ː)f], laugh [BE lɑːf = AE læ(ː)f].

2. İngiliz İngilizcesinde (o) olarak söylenen ses, Amerikan İngilizcesinde (a)'ya yakın olarak söylenir: dollar [BE'dɔlɔ = AE 'dɑlər], college [BE 'kɔlidʒ = AE 'kɑlidʒ], lot [BE lɔt = AE lɑt], problem [BE 'prɔbləm = AE 'prɑbləm].

3. Sonda olup bir ünlüden sonra gelen veya bir ünlü ile bir ünsüz arasında bulunan (r), İngiliz İngilizcesinde söylenmez. Buna karşın Amerikan İngilizcesinde söylenir; car [BE kɑː = AE kɑːr], care [BE kɛə = AE kɛr], border [BE 'bɔːdə = AE 'bɔːrdər].

4. Vurgulu hecedeki (u) sesi, İngiliz İngilizcesinde (juː) olarak söylenir. Fakat bu ses Amerikan İngilizcesinde (uː) olarak söylenmektedir: Tuesday [BE 'tjuːzdi = AE 'tuːzdi], student [BE 'stjuːdənt = AE 'stuːdənt]. Fakat (music) ve (fuel) sözcükleri her iki söylenişte de aynıdır: [BE, AE = 'mjuːzik; BE, AE = 'fjuːəl].

5. (p) ve (t) sesleri, Amerikan İngilizcesinde iki ünlü arasında olduklarında (b) ve (d) olarak söylenirler: property [BE 'prɔpɔti = AE 'prɑbɔrti], united [BE juː'naitid = AE ju'naidid].

6. İki veya daha fazla heceli sözcükler, Amerikan İngilizcesinde ana vurgudan sonra daha hafif ikinci bir vurgu alırlar: secretary [BE 'sekrətri = AE 'sekrə'tɛri], dictionary [BE 'dikʃənri = AE 'dikʃənɛri].

7. Sözcük sonundaki (-ile) hecesi, İngiliz İngilizcesinde (-ail) olarak söylendiği halde, Amerikan İngilizcesinde (-əl) veya (-il) olarak söylenir: futile [BE 'fjuːtail = AE 'fjuːtəl], textile [BE 'tekstail = AE 'tekstil].

8. Sözcük sonundaki (-ization) hecesi, İngiliz İngilizcesinde [-ai'zeiʃən] olarak söylendiği halde, Amerikan İngilizcesinde [-i'zeiʃən] olarak söylenir: civilization [BE sivəlai'zeiʃən = AE sivəli'zeiʃən].

9. (-able) ve (-ible) eklerinde bulunan (e) okunmasına karşın, Amerikan İngilizcesinde (b) ve (l) arasında bir (ı) varmış gibi okunur; possible [BE = 'pɔsəbl = AE 'pɑsəbəl], admirable [BE 'ædmərəbl = AE 'ædmərəbəl].

Turkish – English Dictionary

A

-a (*dative suffix*) to, towards.
aba coarse woolen material; aba; ***-yı yakmak*** to fall desperately in love (*-e* with), to be gone (*-e* on).
abajur lampshade.
abaküs abacus.
abandone *sports*: concession; *~ **etmek*** to concede defeat.
abanmak to lean forward, to push.
abanoz ebony; *~ **gibi*** *fig.* very hard, tough.
abartı exaggeration, overstatement.
abartmak to exaggerate, to overstate, to magnify.
abazan *sl.* **1.** hungry, craving; **2.** starved for sex, randy, horny.
ABD (*abbr. for* ***Amerika Birleşik Devletleri***) U.S.A.
abece alphabet, alphabet book.
abes **1.** useless, trifle; **2.** nonsense, absurdity; ***-le uğraşmak*** to fool around.
abıhayat, ***-tı*** [—..—] **1.** water of life; **2.** elixer.
abi (F *for* ***ağabey***) older brother.
abide monument, memorial, edifice.
abla [x.] **1.** older sister; **2.** F Miss!
ablak round, chubby (*face*); *~ **yüzlü*** chubby-faced.
abluka [.x.] blockade; ***-ya almak*** to blockade; ***-yı kaldırmak*** to raise the blockade; ***-yı yarmak*** to run the blockade.
abone **1.** subscriber; **2.** subscription; **3.** subscription fee; *~ **olmak*** to subscribe (*-e* to); ***-yi kesmek*** to cancel a subscription.
abonman **1.** subscription; **2.** season ticket *or* ***pass.***
abraş speckled, dappled, piebald (*horse*).
abstre abstract; *~ **sayı*** abstract number.
abuk sabuk incoherent, nonsensical; *~ **konuşmak*** to talk nonsense.
abur cubur **1.** all sorts of food, snack; **2.** haphazard, confused, incoherent (*speech*); *~ **yemek*** to eat greedily.
acaba I wonder (if); *~ **gitsem mi?*** I wonder if I should go.
acar **1.** clever, cunning; **2.** fearless, bold.
acayip strange, curious, queer, peculiar.
acele **1.** hurry, haste; **2.** urgent; **3.** hurriedly, hastily; *~ **etmek*** to hasten, to hurry; to be in a hurry; *~ **ile*** in a hurry, hastily.
aceleci hustler, impatient person.
Acem a Persian; *~ **mübalağası*** excessive exaggeration.
Acemce Persian (language)
acemi untrained, inexperienced, raw, green; *~ **çaylak*** F tyro, clumsy person; *~ **er*** MIL raw recruit.
acemilik inexperience, lack of experience; *~ **çekmek*** to suffer from inexperience.
acente **1.** agent, representative; **2.** agency.
acı **1.** bitter, acrid; **2.** hot, peppery; **3.** sharp (*taste, smell*); **4.** painful; **5.** pitiful, pitiable; **6.** ache, pain; **7.** hurtful, biting (*words*); *~ **çekmek*** to suffer, to feel pain; *~ **kahve*** coffee made without sugar; *~ **soğuk*** bitter cold; *~ **söylemek*** to tell the painful truth bluntly; *~ **su*** brackish water; ***-sını çıkarmak*** **1.** to recover, to make up; **2.** to get revenge.
acıbadem bitter almond; *~ **kurabiyesi*** almond cooky.
acıklı touching, sad, moving, tragic.
acıkmak to feel hungry; ***karnım acıktı*** I'm hungry.
acıkmış hungry.
acılı **1.** spicy, having a bitter taste; **2.** grieved, mourning.
acılık bitterness, spiciness.
acımak **1.** to hurt, to ache; **2.** to feel sorry for, to take pity on; **3.** to become bitter, to turn rancid (*butter etc.*)
acımasız cruel, merciless, pitiless.
acımış rancid.
acınacak pitiable, heart-rending; miserable.

acındırmak to arouse compassion for.
acınmak to be pitied; to become sorry for, to feel pity for.
acısız **1.** painless; **2.** without pepper, not hot.
acıtmak **1.** to hurt, to cause pain; **2.** to make bitter.
acil urgent, pressing, immediate, emergency.
âciz incapable, weak, impotent, unable, helpless.
acun AST cosmos, universe.
acuze [ū] hag; shrew, vixen.
aç, **-çı** **1.** hungry; **2.** destitute; **3.** ***greedy***; ~ ***bırakmak*** to starve (*a person*), to let s.o. go hungry; ~ ***durmak*** to do without food; ~ ***kalmak*** **1.** to go hungry; **2.** *fig.* to be poor; ~ ***karnına*** on an empty stomach; ~ ***kurt gibi*** *fig.* like a hungry wolf; ~ ***susuz*** without food and water; ***acından ölmek*** to starve to death.
açacak **1.** opener; **2.** key; **3.** pencil sharpener.
açalya BOT azalea.
açar **1.** key; **2.** appetizer.
açgözlü greedy, covetous, avaricious.
açı MATH angle.
açık **1.** open; **2.** uncovered; naked, bare; **3.** unoccupied, empty (*space*); **4.** clear, easy to understand; **5.** not secret, in the open; **6.** light (*colour*); **7.** clear, cloudless, fine (*weather*); **8.** obscene; **9.** blank; **10.** frank(ly), open(ly); **11.** open for business; **12.** deficit, shortage; ~ ~ openly, frankly; ~ ***alınlı*** *fig.* with clear conscience; ~ ***artırma*** auction; ~ ***bono*** *a. fig.* blank check; ~ ***ciro*** blank endorsement; ~ ***deniz*** high seas; ~ ***durmak*** to stand aside, not to interfere; ~ ***elli*** open-handed, generous; ~ ***fikirli*** broad-minded, open-minded; ~ ***hava*** open air, the outdoors; fresh air; ~ ***hava tiyatrosu*** (***sineması***) open air theatre (cinema); ~ ***kalpli*** open-hearted, candid; ~ ***konuşmak*** to talk frankly; ~ ***kredi*** open credit, blank credit; ~ ***oturum*** panel discussion; ~ ***oy*** open vote; ~ ***saçık*** **1.** immodestly dressed; **2.** indecent, obscene; ~ ***seçik*** distinct, clear, obvious; ~ ***teşekkür*** public acknowledgement, public thanks; ~ ***yürekle*** without deception; ~ ***yürekli*** sincere, open-hearted; (**açığa**): ~ ***çıkarmak*** **1.** to remove (*or* fire) from a government office; **2.** to bring out into the open; ~ ***vurmak*** to reveal, to disclose; to become apparent; (**açıkta**): **1.** in the open air, outdoors; **2.** offshore; **3.** unemployed; ~ ***kalmak*** to be without home *or* employment; ~ ***yatmak*** to camp out; (**açıktan**): **1.** from a distance; **2.** additional, extra; **3.** without having worked for it; ~ ***açığa*** openly, frankly, publicly.
açıkça [.x.] frankly, openly, clearly; ***-sı*** in short, frankly speaking.
açıkgöz(lü) clever, sharp, cunning, smart.
açıklama **1.** explanation, statement; **2.** announcement.
açıklamak **1.** to explain; **2.** to announce, to make public.
açıklayıcı explanatory.
açıklık open space; interval
açıksözlü frank, outspoken.
açılır kapanır collapsible, folding; ~ ***köprü*** drawbridge.
açılış **1.** opening; inauguration; ~ ***töreni*** opening ceremony.
açılmak **1.** *pass of* ***açmak***; **2.** to open, to open up; **3.** to become clear, to improve (*of the weather etc.*); **4.** to open out (*-e* into); **5.** to confide (*-e* in); **6.** to cheer up; **7.** to cast off, to set sail.
açımlamak to comment in detail.
açısal angular.
açış opening, inauguration.
açkı **1.** burnishing; **2.** awl, punch; **3.** key.
açlık **1.** hunger; **2.** starvation, famine; ~ ***grevi*** hunger strike.
açmak **1.** to open; **2.** to draw aside, to lift (*a covering etc.*); **3.** to unfold; **4.** to unlock; **5.** to turn on (*switch, light, radio etc.*); **6.** to begin, to open (*a meeting etc.*); **7.** to make lighter (*colour*); **8.** to suit, to go well with; **9.** to whet, to sharpen (*one's appetite*); **10.** to open (*flower*); **11.** to clear up (*weather*).
açmaz dilemma, impasse.
ad, **-dı** **1.** name; **2.** reputation, fame; ~ ***vermek*** to name, to give a name (*-e* to); ~ ***takmak*** to nickname, to give a nickname (*-e* to); (**adı**): ~ ***belirsiz*** unknown, obscure; ~ ***çıkmak*** to become notorious; ~ ***geçen*** above mentioned, the aforesaid.
ada **1.** island; **2.** city block.
adacık islet.

adaçayı, ***-nı*** **1.** BOT garden sage; **2.** tea from sage leaves.
adak **1.** vow; **2.** votive offering.
adale ANAT muscle.
adaleli muscular.
adalet, ***-ti*** [. — .] **1.** justice; **2.** the courts; **3.** equity; ≗ ***Bakanı*** Minister of Justice; ≗ ***Bakanlığı*** Ministery of Justice.
adaletli just, fair.
adaletsiz unjust, unfair.
adaletsizlik injustice.
adalı islander.
adam **1.** man, human being; **2.** person, individual; **3.** manservant, employee, worker; **4.** a brave *or* good person; ~ ***başına*** per person, each; ~ ***etmek*** to raise well; ~ ***gibi*** manly, like a man; ~ ***öldürme*** LEG homicide, manslaughter; ~***dan saymak*** not to disregard.
adamak **1.** to devote, to vow; **2.** to dedicate o.s. (*-e* to).
adamakıllı thoroughly, fully.
adamsendecilik indifference, callousness.
adap, ***-bı*** **1.** regular customs; **2.** customary procedure.
adaptasyon adaptation.
adapte adapted (*novel or play*); ~ ***etmek*** to adapt.
adaş namesake.
adatavşanı, ***-nı*** European rabbit, cony.
aday candidate; ~ ***adayı*** candidate for nomination.
adaylık candidacy.
adçekmek to draw lots.
addetmek [x..] to count, to deem, to esteem.
adem **1.** non-existence, nothingness; **2.** lack, absence.
Âdem *pr. n.* Adam.
âdemelması, **-nı** Adam's apple.
âdemoğlu, **-nu** man, mankind, human being.
adese lens.
adet **1.** number; **2.** unit.
âdet **1.** custom, practice; **2.** habit; **3.** menstrual period; ~ ***bezi*** hygenic pad; ~ ***edinmek*** to form a habit (*-i* of); ~ ***görmek*** to menstruate; ~ ***üzere*** according to custom; ***-ten kesilmek*** to reach menopause.
âdeta **1.** nearly, almost; **2.** in fact, simply.
adıl GR pronoun.
adım **1.** step; **2.** pace; **3.** *fig.* step; ~ ~ step by step; ~ ***atmak*** *fig.* to begin, to make progress; ~ ***başında*** at every step.
adımlamak **1.** to pace; **2.** to measure by pacing.
adi [— —] **1.** customary, usual, everyday; **2.** ordinary, common; **3.** vulgar, base, low; ~ ***mektup*** ordinary letter.
adilik vulgarity, commonness, baseness.
âdil just, fair.
adlandırmak **1.** to name, to call; **2.** to rate, to classify.
adlı named, with the name of.
adli judicial, legal; ~ ***tıp*** forensic medicine; ~ ***yıl*** court year.
adliye **1.** (administration of) justice; court system; **2.** courthouse; ~ ***sarayı*** courthouse.
adres address; ~ ***rehberi*** address book, directory.
Adriyatik (Denizi) *pr. n.* Adriatic (Sea).
aerodinamik **1.** aerodynamics; **2.** aerodynamic.
af **1.** forgiveness, pardon; **2.** amnesty; **3.** exemption; ~ ***dilemek*** to apologize, to beg pardon.
afacan handful (child), rascal, urchin.
afallamak, **afallaşmak** to be bewildered, to be amazed.
aferin [a] [x ..] Bravo!, Well done!
afet, ***-ti*** **1.** disaster, calamity, catastrophe; **2.** F woman of bewitching beauty.
affetmek [x..] **1.** to pardon, to excuse, to forgive; **2.** to exempt (*-den* from); ***affedersiniz!*** I beg your pardon!, Excuse me!
Afgan *pr. n.* Afghan.
Afganistan *pr. n.* Afghanistan.
Afganlı *pr. n.* Afghani.
afili swaggering, showy.
afiş poster, placard, bill.
afiyet, ***-ti*** [a] good health, well-being; ~ ***olsun!*** I hope you enjoy it!, Good appetite!
aforoz excommunication; ~ ***etmek*** to excommunicate.
Afrika *pr. n.* Africa.
Afrikalı *pr. n.* African.
afsun [u] spell, charm, incantation.
afsuncu spellmaster, charmer, sorcerer.
afsunlu charmed, enchanted, bewitched.

aftos *sl.* sweetheart, mistress.
afyon opium.
afyonkeş opium addict.
agrandisman PHOT enlargement.
ağ. **1.** net (*a. fig*); **2.** network; **3.** (*spider's*) web; **~ *atmak*** to cast a net.
ağa **1.** lord, master; **2.** local big landowner, aga, agha; **3.** Mister.
ağabey older brother.
ağaç, ***-cı*** **1.** tree; **2.** wood, timber; **3.** wooden; **~ *kabuğu*** bark; **~ *kaplama*** wooden wainscoting; **~ *kurdu*** wood borer; **~ *olmak*** *sl.* to stand and wait a long time.
ağaçbiti, ***-ni*** ZO termite.
ağaççileği, ***-ni*** BOT raspberry.
ağaçkakan ZO woodpecker.
ağaçkavunu, ***-nu*** BOT citron.
ağaçlandırmak to afforest.
ağaçlı having trees, wooded.
ağaçlık wooded, forested.
ağalık **1.** being an aga; **2.** generosity, nobility.
ağarmak **1.** to get bleached, to whiten; **2.** to turn white (*hair, sky*).
ağda **1.** semisolid lemon or grape syrup; **2.** epilating wax.
ağı poison, venom.
ağıl **1.** sheepfold; **2.** halo.
ağılamak to poison.
ağır **1.** heavy, weighty; **2.** difficult, heavy (*work*); **3.** serious, grave (*sickness*); **4.** rich, heavy (*food*); **5.** slow; **~ ~** slowly; **~ *basmak*** **1.** to weigh heavily; **2.** to have a strong influence; **~ *ceza*** LEG major punishment; **~ *davranmak*** to move slowly; **~ *gelmek*** **1.** to offend, to hurt; **2.** to be difficult to digest; **~ *iş*** hard work; **~ *işitmek*** (*a. fig.*) to be hard of hearing; **~ *makineli tüfek*** MIL heavy machine gun; **~ *sanayi*** heavy industry; **~ *sıklet*** *boxing*: heavy weight; **~ *yaralı*** seriously wounded.
ağırayak pregnant, with child.
ağırbaşlı serious-minded, sedate, sober.
ağırkanlı slow, inactive, sluggish.
ağırlamak to treat (*a guest*) well, to show hospitality.
ağırlaşmak **1.** to get heavy; **2.** to become more serious (*illness*); **3.** to slow down; **4.** to spoil (*food*).
ağırlık **1.** weight, heaviness; **2.** difficulty; **3.** slowness; **4.** gravity; **5.** severity (*of a disease*); **6.** *fig.* nightmare; **~ *basmak*** to get sleepy.
ağırsamak **1.** to treat coldly; **2.** to neglect, to do slowly.
ağıt lament, mourning; **~ *yakmak*** to lament for the dead.
ağız, ***-ğzı*** **1.** mouth; **2.** opening; entrance; **3.** edge, blade (*of a knife etc.*); **4.** accent; dialect, manner of speaking; **~ *ağıza dolu*** completely full; **~ *aramak*** (*or* ***yoklamak***) to sound out; **~ *armonikası*** harmonica; **~ *dalaşı*** quarrel; **~ *değiştirmek*** to change one's tune; **~ *dolusu*** mouthful; **~ *şakası*** joke; **~** tadi *fig.* enjoyment, pleasure, harmony; (**ağza**): **~ *alınmaz.*** **2.** unteatable; **2.** unspeakable, very vulgar; **~ *almak*** to mention; (**ağzı**): **~ *açık*** **1.** open; **2.** startled; **~ *bozuk*** foul-mouthed; **~ *gevşek*** chatterbox; indiscreet; **~ *sıkı*** untalkative, secretive; **~ *var dili yok*** close mouthed; (**ağzında**): **~ *bakla ıslanmaz*** he can't keep a secret; **~ *gevelemek*** to beat around the bush; (**ağzından**): **~ *baklayı çıkarmak*** to let the cat out of the bag; (**ağzını**): **~ *açmak*** **1.** to begin to speak; **2.** to swear; **~ *aramak*** (*or* ***yoklamak***) to collect opinions; **~ *bozmak*** to start to swear; **~ *havaya açmak*** to be left empty-handed; **~ *tutmak*** to hold one's tongue; (**ağzının**): **~ *içine bakmak*** to listen eagerly (*-in* to); **~ *suyu akmak*** to crave, to long for; **~ *tadını bilmek*** to be a gourmet; **~ *tadını bozmak*** to spoil the enjoyment (*-in of*).
ağızbirliği, ***-ni*** agreement on what is to be said; **~ *etmek*** to have agreed.
ağızlık **1.** cigarette holder; **2.** mouthpiece (*of a pipe etc.*).
ağlamak **1.** to weep, to cry; **2.** to complain, to whine; ***ağlamayan çocuğa meme vermezler*** *pro.* the squeaking wheel gets the grease.
ağlamaklı tearful, ready to cry.
ağlaşmak to cry continuously.
ağrı **1.** ache, pain; **2.** travail.
Ağrı Dağı, ***-nı*** *pr. n.* Mount Ararat.
ağrılı aching, painful.
ağrımak to ache, to hurt.
ağrısız painless, without pain.
ağtabaka retina.
ağustos August.

ağustosböceği, ***-ni*** zo cicada.
ağzıpek discreet.
ah 1. Ah!, Oh!, Alas!; **2.** sigh, groan; ~ ***almak*** to be cursed for one's cruelty; ~ ***çekmek*** to sigh.
ahali [.—.] inhabitants, population, the people.
ahbap, ***-bı*** acquaintance, friend; ~ ***olmak*** to strike up a friendship (*ile* with).
ahbaplık acquaintance, friendship.
ahçı cook; ~ ***kadın*** female cook; ~ ***yamağı*** kitchen boy.
ahdetmek [x..] to promise solemnly, to take an oath (*-e* on).
ahenk, ***-gi*** [ā] **1.** MUS harmony; **2.** accord, concord; **3.** musical gathering (*of oriental music*).
ahenkli [ā] **1.** MUS in tune, harmonious; **2.** in accord, in order.
ahenksiz [ā] **1.** MUS out of tune; **2.** inharmonious, discordant.
aheste slow; calm.
ahım şahım F beautiful, bright.
ahır stable, shed; ~ ***gibi*** filthy and confused (*place*).
ahit, ***-hdi*** **1.** vow, resolution; **2.** agreement, pact; contract.
ahize receiver.
ahlak, ***-kı*** **1.** morals; **2.** PHLS ethics; **3.** character; ~ ***bozukluğu*** moral corruption.
ahlakçı 1. moralist; **2.** teacher of ethics
ahlaki [ī] moral, ethical.
ahlaklı of good conduct, decent.
ahlaksız 1. immoral; amoral; **2.** unethical.
ahlamak to sigh, to moan.
ahlat, ***-tı*** BOT wild pear.
ahmak fool, idiot; ~ ***ıslatan*** F fine drizzle.
ahret, ***-ti*** the hereafter, the next world, the future life.
ahretlik 1. adopted girl; **2.** otherworldly.
ahşap, ***-bı*** **1.** wooden; **2.** made of timber.
ahtapot, ***-tu*** **1.** zo octopus; **2.** MED polyp.
ahu [——] zo gazelle.
ahududu, ***-nu*** BOT raspberry.
ahval, ***-li*** [.—] **1.** conditions, circumstances; **2.** affairs, events.
aidat, ***-tı*** subscription, membership fee; allowance.
aile 1. family; **2.** F wife; ~ ***bahçesi*** tea garden; ~ ***doktoru*** family doctor; ~ ***ocağı*** home, the family hearth; ~ ***reisi*** head of the family.
ailevi [—..—] regarding the family, domestic.
ait concerning, relating to; belonging to.
ajan 1. (political) agent; **2.** (commercial) agent, representative.
ajanda date book, engagement calendar.
ajans 1. press agency; **2.** press release; **3.** branch office (*of a bank*); ~ ***bülteni*** news bulletin.
ajur openwork, hemstitch.
ak, ***-kı*** **1.** white; **2.** clear, unspotted; ~ ***akçe kara gün içindir*** *pro.* save for a rainy day; ***akla karayı seçmek*** to have a very hard time.
akabinde immediately after.
akademi academy.
akademik academic.
akamet, ***-ti*** [.—.] failure; ***-e uğramak*** to fail.
akanyıldız AST meteor.
akar[1] [.—] rental property.
akar[2] flowing, fluid.
akarsu 1. stream, river; **2.** running water.
akaryakıt, ***-tı*** fuel oil.
akasya [.x.] BOT acacia.
akbaba zo vulture.
akbasma MED cataract.
akciğer lung(s).
akça off-white, whitish; pale, faded; ~ ***pakça*** pretty fair *or* attractive (*woman*).
akçaağaç, ***-cı*** MED maple.
akçakavak BOT white poplar.
akçe 1. money; **2.** *hist.* a small silver coin.
Akdeniz *pr. n.* the Mediterranean.
akdetmek [x ..] **1.** to make (*an agreement, a contract*), to conclude; **2.** to hold (*a meeting etc.*).
akıbet, ***-ti*** **1.** end, outcome; **2.** destiny, fate.
akıcı 1. fluid, liquid; **2.** fluent.
akıl, ***-klı*** **1.** reason, intelligence; mind; **2.** memory; **3.** advice; ~ ***almak*** to get opinions; ~ ***almaz*** unbelievable; ~ ***danışmak*** to consult; ~ ***etmek*** to think of; ~ ***fikir*** complete attention; ~ ***hastalıkları*** mental disorders; ~ ***hocası***

advisor, master; ~ ***öğretmek*** to give good advice; ~ ***satmak*** *iro.* to give useless advice; ~ ***sormak*** to inquire, to consult; ~ ***yaşta değil baştadır*** *pro.* intelligence does not depend on age; ~ ***zayıflığı*** mental deficiency; (**akla**): ~ ***hayale sığmayan*** unthinkable; ~ ***yakın*** reasonable, plausible; (**aklı**): ~ ***başına gelmek*** to come to one's senses; ~ ***başından gitmek*** to be overwhelmed; ~ ***ermek*** to understand, to grasp; ~ ***kesmek*** to decide, to judge; ~ ***yatmak*** to be convinced (*-e* of); to find reasonable; (**aklına**): ~ ***gelmek*** to come to one's mind; ~ ***getirmek*** to call to mind; to recollect; ~ ***koymak*** to make up one's mind, to be determined; (**aklını**): ~ ***başına almak*** (*or* ***toplamak***) to come to one's senses; ~ ***çelmek*** to mislead.

akılcılık PHLS rationalism.

akıldışı, *-nı* irrational.

akıldişi, *-ni* wisdom tooth.

akıllanmak to become wiser by bitter experience.

akıllı 1. intelligent, reasonable, wise; **2.** clever; ~ ***davranmak*** to act wisely.

akılsız stupid, unreasonable, foolish.

akılsızlık foolishness.

akım 1. current; **2.** trend, movement.

akın 1. rush, torrential flow; **2.** raid; **3.** rush (*of fish*); ~ ~ wave after wave, surging; ~ ***etmek* 1.** to surge into, to rush into; **2.** to attack.

akıncı 1. raider; **2.** *sports*: forward.

akıntı 1. current, flow; **2.** stream; **3.** MED flux; ***-ya kapılmak*** to get caught in a current; ***-ya kürek çekmek*** *fig.* to waste one's efforts.

akış flow, course, current.

akışkan fluid.

akide [ī] **1.** religious faith, creed; **2.** (***şekeri***) sugar candy.

akis, *-ksi* 1. reflection; **2.** echo; **3.** *log.* conversion.

akit, *-kdi* 1. compact, treaty, contract, agreement; **2.** marriage agreement.

akkor CHEM, PHYS incandescent.

aklamak to clear one's hono(u)r.

aklen [x.] rational.

aklınca as he sees it, he thinks that…

aklıselim [ī] common sense.

akli [ī] mental, rational.

akliye 1. mental illnesses; **2.** PHLS rationalism.

akmak 1. to flow; **2.** to leak; **3.** to run (*faucet, water*)

akordeon 1. accordion; **2.** accordion pleats.

akort, *-du* tune; ***akordu bozuk*** out of tune.

akortçu (piano) tuner.

akortlamak (*or* ***akort etmek***) to tune (*a musical instrument*)

akraba 1. relative(s); **2.** related.

akrabalık kinship, relationship.

akran [.–] equal, peer, match.

akreditif ECON letter of credit.

akrep, *-bi* 1. ZO scorpion; **2.** hour hand.

akrobasi acrobatics.

akrobat, *-tı* acrobat.

akrobatlık acrobatics.

akropol, *-lü* acropolis.

aksak 1. lame, limping; **2.** going wrong, not well ordered.

aksaklık 1. lameness, limp; **2.** defect, trouble.

aksamak 1. to limp; to be lame; **2.** *fig.* to run wrong, to develop a hitch.

aksan accent, stress.

akseptans ECON acceptance.

aksesuar 1. accessory; **2.** stage prop.

aksetmek [x..] **1.** to be reflected; **2.** to echo.

aksırık sneeze.

aksırmak to sneeze.

aksi 1. opposite, contrary; **2.** adverse, unlucky; **3.** peevish, cross; ~ ***takdirde*** otherwise; ~ ***tesadüf* 1.** mischance; **2.** unluckily.

aksilik 1. misfortune; **2.** crossness, obstinacy; ~ ***etmek*** to be obstinate; to raise difficulties.

aksine 1. on the contrary; **2.** contrary to.

aksiseda [...–] echo, reflection.

aksiyom axiom.

aksiyon 1. share, stock; **2.** activity, business.

aksiyoner shareholder.

aksu *s.* ***akbasma.***

aksülamel reaction.

akşam 1. evening; **2.** in the evening; ~ ***gazetesi*** evening paper; ~ ***olmak*** to become evening; ~ ***yemeği*** dinner, supper; ***-dan kalmış*** having a hangover.

akşamcı 1. one who drinks every eve-

ning, tippler; **2.** night-worker; **3.** night-student.
akşamgüneşi, ***-ni*** setting sun.
akşamlamak 1. to stay until evening; **2.** to spend the evening in a place.
akşamleyin in the evening.
akşın albino.
aktar seller of herbs and spices.
aktarma 1. transfer, turnover; **2.** transshipment; **3.** quotation; ~ ***bileti*** transfer ticket; ~ ***yapmak*** to change (*trains etc.*).
aktarmak 1. to transfer, to move; **2.** to transship; **3.** to quote; **4.** to translate; **5.** to retile (*a roof*); **6.** MED to transplant.
aktarmalı connecting (*bus, train*)
aktif 1. active; **2.** ECON assets.
aktör actor.
aktris actress.
aktüalite 1. current events; **2.** (*film*) newsreel.
aktüel current, modern, contemporary.
akustik acoustic(s).
akü, akümülatör storage battery.
akvaryum aquarium.
akyuvar BIOL white blood corpuscle.
al 1. scarlet, crimson, vermilion, red; **2.** bay (*horse*); **3.** rouge; ~ ***basmak*** MED to get puerperal fever.
ala 1. colo(u)rful; speckled; **2.** light brown.
âlâ first rate, excellent, very good.
alabalık ZO trout.
alabildiğine 1. to the utmost; **2.** at full speed.
alabora NAUT capsizing, overturn; ~ ***olmak*** to capsize, to turn over.
alaca of various colours, motley; speckled.
alacak 1. LEG claim, demand; **2.** credit.
alacaklı creditor; ~ ***taraf*** credit side.
alacalı *s.* ***ala***; ~ ***bulacalı*** of mixed colours, loud.
alafranga [..x.] **1.** European style; **2.** in the European way.
alafrangalaşmak to adopt Western ways.
alagarson boyish bob.
alaka 1. interest; **2.** connection, tie, relationship; ~ ***duymak*** to be interested (*-e* in); ~ ***göstermek*** to take an interest (*-e* in); ~ ***uyandırmak*** to arouse interest; ***-sını kesmek*** to break off relations (*ile with*).
alakadar [.—.—] **1.** concerned, involved; **2.** interested; ~ ***olmak*** to be interested (*ile* in).
alakalı 1. related; **2.** interested; concerned; **3.** associated.
alakasızlık indifference; lack of interest.
alamet, ***-ti*** **1.** sign, mark, symbol; **2.** monstrous, enormous.
alan 1. plain, space; **2.** MATH area; **3.** (public) square; **4.** PHLS field, sphere.
alan talan F in utter confusion; ~ ***etmek*** to mess up.
alantopu, ***-nu*** tennis.
alarm alarm, warning.
alaşağı etmek 1. to pull down; **2.** to overthrow.
alaşım alloy.
alaturka [..x.] **1.** Turkish style; **2.** in the Turkish style.
alavere [..x.] **1.** complete confusion; **2.** passing something from hand to hand; ~ ***dalavere*** dirty tricks.
alay[1] 1. MIL regiment, squadron; **2.** procession; parade; **3.** large quantity, all of (*a group*); ~ ~ row upon row, in large crowds.
alay[2] mockery, ridicule, teasing; ~ ***etmek*** to make fun (*ile* of).
alaycı 1. mocking, sarcastic; **2.** mocker.
alaylı mocking.
alaz flame.
alazlanmak to be singed.
albastı MED puerperal-fever.
albay 1. MIL colonel; **2.** NAUT captain.
albeni charm, attractiveness.
albüm album.
albümin albumin.
alçak 1. low; **2.** mean, vile, low, base.
alçakça 1. rather low; **2.** [.x.] shamefully, viciously.
alçakgönüllü humble, modest.
alçaklık 1. lowness; **2.** shamefulness, vileness.
alçalmak 1. to become low; **2.** to descend; **3.** to degrade oneself.
alçı plaster of Paris; ***-ya koymak*** to put in a plaster cast.
aldaç trick, ruse.
aldanmak 1. to be deceived; **2.** to be mistaken.
aldatıcı deceptive; misleading.
aldatılmak to be deceived.

aldatmaca deception, trick.
aldatmak to deceive, to dupe, to cheat.
aldırış attention, care; ~ ***etmemek*** not to mind, not to pay any attention (*-e* to).
aldırmak to mind, to take notice (*-e of*), to pay attention (*-e to*).
aldırmaz indifferent.
aldırmazlık indifference.
alelacele hastily, in a big hurry.
alelade ordinary, usual.
alem **1.** flag, banner; **2.** metal device on top of a minaret or a mosque dome.
âlem **1.** world, universe; **2.** realm; **3.** state, condition; **4.** field, sphere; **5.** the world of people, the public; **6.** revel, orgy; ~ ***yapmak*** to have a wild party.
alenen [x..] openly, publicly.
aleni [ı] open, public.
alerji MED allergy.
alerjik MED allergic.
alet, ***-ti*** [a] **1.** tool, instrument; **2.** apparatus, machine; **3.** *fig.* tool, means, agent; ~ ***olmak*** to be a tool (*-e* to); to lend oneself (*-e* to).
alev flame; ~ ***almak*** to catch fire.
alevlenmek to flare, to blaze up.
alevli flaming, in flames.
aleyh against; ***-inde, -ine*** against him; ***-inde bulunmak*** to talk against, to backbite, to run down.
aleyhtar opponent.
aleyhtarlık opposition.
alfabe **1.** alphabet; **2.** primer.
alfabetik alphabetical; ~ ***sıra*** alphabetical order.
algı perception; sensation.
algılama perception, comprehension.
algılamak to perceive, to comprehend.
alıcı **1.** buyer, customer; **2.** MEC receiver; ~ ***verici*** MEC two-way radio.
alık clumsy, stupid, dumb; ~ ~ stupidly
alıkoymak **1.** to hold someone in a place; **2.** to detain, to prevent (*-den* from).
alım **1.** taking; **2.** purchase, buying; **3.** charm; ~ ***satım*** business, trade, purchase and sale.
alımlı charming, attractive.
alın, ***-lnı*** forehead, brow; ~ ***çatmak*** to frown; ~ ***teri*** *fig.* effort, work; ~ ***teri dökmek*** *fig.* to toil, to sweat (over); ~ ***teri ile kazanmak*** to turn an honest penny.
alındı receipt.
alındılı registered (*mail*).
alıngan touchy, choleric.
alınganlık touchiness.
alınmak to take offence (*-e*, *-den* at).
alıntı quotation; ~ ***yapmak*** to quote.
alınyazısı, ***-nı*** *fig.* destiny, one's fate.
alırlık PHLS receptivity.
alışık accustomed (*-e* to), used (*-e* to).
alışılmış ordinary, usual.
alışkanlık **1.** habit; **2.** force of habit; **3.** familiarity.
alışkı habit, practice, usage.
alışkın *s.* ***alışık.***
alışmak **1.** to get used (*-e* to); to get accustomed (*-e* to); to become familiar (*-e* with); **2.** to accustom oneself (*-e* to); **3.** to come to fit.
alıştırma **1.** exercise; **2.** training.
alıştırmak **1.** to accustom (*-e* to); to familiarize; **2.** to tame; to train.
alışveriş **1.** shopping, business, trade, buying and selling; **2.** fig. dealings, relations; ~ ***yapmak*** **1.** to shop; **2.** to do business (*ile* with).
âli high, exalted, sublime.
âlicenap, ***-bı*** noble-hearted, magnanimous.
âlim **1.** scholar; **2.** wise, learned.
alimallah! By God!
alize trade wind.
alkali CHEM alkali.
alkım METEOR rainbow.
alkış applause, clapping; ~ ***tutmak*** **1.** to clap (*-e* for); **2.** to cheer.
alkışlamak to clap (*-i* for), to acclaim, to applaud.
alkol, ***-lü*** alcohol.
alkolik alcoholic.
alkolizm alcoholism.
alkollü **1.** alcoholic, spirituous, intoxicating; **2.** drunk.
alkolsüz non-alcoholic, soft (*drink*).
Allah [.—] God; ~ ***acısın!*** May God have pity on him!; ~ ***aşkına!*** For heaven's sake!; ~ ***bağışlasın!*** God bless him!; ~ ***belasını versin!*** Damn him!; ~ ***canını alsın!*** God damn you!; ~ ***esirgesin!*** God forbid!; ~ ***kavuştursun!*** May God unite you again!; ~ ***korusun!*** God forbid!; ~ ***rahatlık versin!*** Good night!; ~ ***rahmet eylesin!*** May God have mercy on him; (**Allaha**): ~***ısmar-***

ladık! Good-bye!; ~ ***şükür!*** Thank God!; (**Allahın**): ~ ***belası*** nuisance, pest; ~ ***cezası*** damn, damned; ~ ***günü*** every darn day.
Allahsız **1.** atheist; **2.** merciless.
allak bullak confused; ~ ***etmek*** **1.** to make a mess (*-i* of); **2.** *fig.* to confuse.
allı pullu spangled, showily dressed.
allık **1.** redness; **2.** rouge.
almaç TELEPH receiver.
almak, (**-ır**) **1.** to take; **2.** to get, to obtain; **3.** to buy; **4.** to receive; to accept; **5.** to hold, to contain, to take; **6.** to capture, to conquer; **7.** to take in, to shorten (*a dress*); **8.** to have, to take (*a bath*); **9.** to last, to take; ***alıp satmak*** to trade; ~ ***vermek*** to exchange, to trade.
Alman German.
almanak almanac.
Almanca [.x.] German, the German language.
Almanya [.x.] *pr. n.* Germany.
almaşık **1.** in turn; **2.** alternating.
alo! [x.] (*phone*) Hello!
Alp Dağları, **Alpler** *pr. n.* the Alps.
alşimi alchemy.
alt, **-tı** **1.** bottom, underside, lower part, beneath; **2.** lower, inferior; **3.** (***altına, altında***) under, beneath, below; ~ ***alta*** one under the other; ~ ***alta üst üste*** rough and tumble; ~ ***etmek*** to beat, to overwhelm; ~ ***yazı*** footnote; ***-ını çizmek*** to underline (*a. fig.*)
altbilinç PSYCH the subconscious.
altçene the lower jaw.
altderi ANAT corium, derma.
alternatif **1.** alternative; **2.** alternate.
alternatör generator, alternator.
altgeçit underpass.
altı six; ***-da bir*** one sixth.
altıgen MATH hexagon.
altın **1.** gold; **2.** gold coin; **3.** golden; ~ ***kaplama*** **1.** gold-plating; **2.** gold-plated; ~ ***sarısı*** golden blond; ~ ***yumurtlayan tavuk*** person with a generous income.
altıncı sixth.
altız sextuplet.
altlık **1.** support, base; **2.** pad, coaster.
altmış sixty.
altulaşım underground transportation.
altüst, **-tü** topsy-turvy, upside down; ~ ***etmek*** **1.** to turn topsy-turvy, to mess up, to upset; **2.** to damage, to ruin.
altyapı **1.** substructure; **2.** infrastructure.
altyazı subtitle.
alüminyum aluminium, *Am.* aluminum.
alyans wedding ring.
alyuvar ANAT erythrocyte, red blood cell.
am *sl.* cunt, pussy.
ama [x.] but, still, yet, however, on the other hand.
âmâ blind.
amaç aim, intent, goal, purpose, target, object; ***amacına ulaşmak*** to attain one's object.
amaçlamak to aim (*-i* at), to intend.
amade [— — .] ready, prepared (*-e* for).
aman [. —] **1.** pardon, mercy; **2.** Oh!, Mercy!, Help!; **3.** please; for goodness sake; ~ ***dilemek*** to ask for mercy; ~ ***vermek*** to grant one his life.
amansız **1.** merciless; **2.** cruel.
amatör amateur.
ambalaj **1.** packing; **2.** package; ~ ***kâğıdı*** wrapping paper; ~ ***yapmak*** to pack, to wrap up.
ambale olmak to be overwhelmed and confused.
ambar **1.** granary; **2.** warehouse, storehouse, magazine; **3.** express company; **4.** hold (*of a ship*); ~ ***memuru*** storekeeper, warehouse official.
ambarcı **1.** trucker, express agent; **2.** *s.* ***ambar memuru.***
ambargo [.x.] embargo; ~ ***koymak*** to impose an embargo (*-e* on).
amber **1.** ambergris; **2.** scent, perfume, fragrance.
ambulans ambulance.
amca [x.] (paternal) uncle; ~ ***kızı*** girl cousin; ~ ***oğlu*** male cousin.
amcazade cousin.
amel **1.** act, action, deed; **2.** diarrhea.
amele worker, workman.
amelebaşı, **-nı** foreman.
ameliyat, **-tı** MED surgical operation; ~ ***etmek*** MED to operate (*-i* on); ~ ***olmak*** to have an operation.
ameliyathane [.... — .] operating room.
Amerika *pr. n.* America; ~ ***Birleşik Devletleri*** the United States of America, U.S.A.
Amerikalı **1.** American; **2.** an Ameri-

can.
Amerikan American.
amerikanbezi, ***-ni*** unbleached muslin.
amfi, **amfiteatr** amphitheatre, lecture room.
amigo cheerleader.
âmin [ā] amen.
amir **1.** commander; **2.** superior, chief.
amiral, ***-li*** admiral.
amme **1.** the public; **2.** public, general; **~ *davası*** LEG public prosecution; **~ *hizmeti*** public service.
amonyak CHEM ammonia (water).
amorti *lottery*: the smallest prize; **~ *etmek*** to amortize, to redeem, to pay off.
amortisman amortization.
amortisör MEC shock absorber.
amper ELECT ampere.
ampermetre, **amperölçer** ELECT ammeter.
ampirik empirical.
amplifikatör MEC amplifier.
ampul, ***-lü*** **1.** ELECT electric bulb; **2.** MED ampule.
amut, ***-du*** [ū] perpendicular; ***amuda kalkmak*** to do a hand stand.
amyant, ***-tı*** asbestos.
an [ā] moment, instant.
ana **1.** mother; **2.** principle, fundamental, main, basic; **~ *baba*** parents; **~ *fikir*** central theme; **~ *kucağı*** *fig.* mother's bosom; **~ *sermaye*** original capital; ***-dan doğma*** **1.** stark naked; **2.** from birth, congenital; ***-sının gözü*** *sl.* sly, cunning, tricky.
anaç **1.** matured (*animal*); **2.** fruitbearing, mature (*tree*).
anadil parent language.
anadili mother tongue, native language.
Anadolu *pr. n.* Anatolia.
anaerki matriarchy.
anafor **1.** countercurrent, eddy; **2.** *sl.* illicit gain, windfall; ***-a konmak*** *sl.* to get something for nothing.
anaforcu *sl.* **1.** freeloader, sponger; **2.** opportunist, cheater.
anahtar **1.** key; **2.** spanner, *Am.* wrench; **3.** ELECT switch; **~ *deliği*** keyhole; **~ *sözcük*** IT keyword (*for website*).
anahtarcı locksmith.
anahtarlık key ring (*or* holder).
anakara continent.
analık **1.** maternity, motherhood; **2.** stepmother, adoptive mother; **~ *etmek*** (*b-ne*) to be a mother to ***s.o.***
analiz analysis.
anamal capital.
anamalcı **1.** capitalist; **2.** capitalistic.
anamalcılık capitalism.
ananas pineapple.
anane tradition.
ananevi [ī] traditional.
anaokulu kindergarten, nursery school.
anapara capital.
anarşi anarchy.
anarşist, ***-ti*** anarchist.
anarşizm anarchism.
anason anise.
anatomi anatomy.
anavatan *s.* ***anayurt.***
anayasa constitution.
anayasal constitutional.
anayol main road.
anayön cardinal point (*of the compass*).
anayurt, ***-du*** mother country, homeland.
ancak [x.] **1.** only, merely; **2.** hardly, just; **3.** but, however, on the other hand; **4.** only, not until.
ançüez anchovy.
andaç souvenir, gift.
andavallı *sl.* imbecile, fool, idiot.
andırmak **1.** to resemble; **2.** to bring to mind.
anekdot, ***-tu*** anecdote.
anestezi MED anesthesia.
angaje etmek to engage, to employ.
angajman engagement, undertaking.
angarya **1.** forced labo(u)r; **2.** angary; **3.** drudgery
Anglikan *pr. n.* Anglican.
Anglosakson *pr. n.* Anglo-Saxon.
anı memory
anık apt (*-e* to), ready (*-e* to), inclined (*-e* to).
anımsamak to remember, to recall.
anırmak to bray.
anıt, ***-tı*** monument.
anıtkabir, ***-bri*** **1.** mausoleum; **2.** ♀ *pr. n.* tomb of Atatürk in Ankara.
anıtsal monumental.
ani [ı] **1.** sudden, unexpected; **2.** suddenly.
aniden suddenly, all of a sudden.
anjin angina.

anket, ***-ti*** poll, public survey.
anlak PSYCH intelligence.
anlam meaning, sense; ***-ına gelmek*** to mean.
anlamak **1.** to understand, to comprehend; **2.** to find out; **3.** to have knowledge of; **4.** to deduce, to realize.
anlambilim semantics.
anlamdaş **1.** synonymous; **2.** synonym.
anlamlı meaningful, expressive.
anlamsız meaningless.
anlaşılmaz incomprehensible, unintelligible.
anlaşma **1.** agreement; **2.** pact, treaty; ***-ya varmak*** to come to an agreement.
anlaşmak **1.** to understand each other; **2.** to come to an agreement.
anlaşmazlık disagreement, conflict, incompatibility.
anlatı narration.
anlatım expression, exposition.
anlatmak **1.** to explain; **2.** to narrate, to tell; **3.** to describe.
anlayış **1.** understanding; **2.** intelligence; **3.** sympathy; ~ ***göstermek*** to be tolerant (*-e* towards).
anlayışlı **1.** understanding; **2.** intelligent.
anlayışsız **1.** insensitive; **2.** lacking in understanding.
anma **1.** remembrance; **2.** commemoration; ~ ***töreni*** commemorative ceremony.
anmak **1.** to call to mind, to remember, to think (*-i* of); **2.** to mention.
anne [x.] mother; ***-ler günü*** Mother's Day.
anneanne grandmother, mother's mother.
anonim **1.** anonymous; **2.** incorporated; ~ ***şirket*** joint-stock company.
anormal abnormal.
anot CHEM anode.
ansımak to remember.
ansızın suddenly, all of a sudden.
ansiklopedi encyclopedia.
ant, ***-dı*** oath, vow; ~ ***içmek*** to take an oath, to swear; ***andını bozmak*** to break one's oath.
antarktik Antarctic.
anten aerial, antenna.
antepfıstığı, ***-nı*** pistachio.
antibiyotik antibiotic.
antidemokratik antidemocratic.
antifiriz MEC antifreeze.
antik ancient.
antika [.x.] **1.** antique; **2.** hemstitch; **3.** *coll.* queer, funny, eccentric.
antikacı antique-dealer.
antipati antipathy.
antiseptik MED antiseptic.
antlaşma pact, treaty.
antlaşmak to come to a solemn agreement.
antoloji anthology.
antrakt intermission, interval.
antre entrance, doorway.
antrenman *sports*: training, exercise.
antrenör *sports*: trainer, coach.
antrepo bonded warehouse.
antropoloji anthropology.
anus [x.] ANAT anus.
apaçık [x..] clear, evident.
apandis ANAT appendix.
apandisit, ***-ti*** ANAT appendicitis.
apansız [x..], **apansızın** [.x..] suddenly, all of a sudden, out of the blue.
apartman apartment house; ~ ***dairesi*** flat, apartment.
apar topar headlong, halter-skelter.
apayrı [x...] completely different, as different as chalk and cheese.
aperitif apéritif, appetizer.
apış crotch.
apışmak **1.** to founder (*animal*); **2.** to be completely bewildered.
aplik, ***-ği*** wall lamp.
apolet, ***-ti*** epaulet.
apre **1.** size, finish; **2.** sizing.
apse MED abscess.
aptal stupid, fool, simpleton.
aptalca **1.** stupid (*act.*); **2.** stupidly.
aptallık stupidity, foolishness.
aptes **1.** ritual ablution; **2.** feces; ~ ***almak*** to perform an ablution; ~ ***bozmak*** to go to the toilet.
apteshane [..—.] toilet, water closet, W.C.
ar[1] are (100 m^2).
ar[2] [ā] shame; ~ ***etmek*** to be ashamed.
ara **1.** distance; **2.** interval; gap; **3.** relation; **4.** break (*in a game*); interlude; **5.** intermediate, intermediary; **6.** ***arasına, arasında*** between; among; ~ ***bulmak*** to reconcile, to mediate; ~ ***seçimi*** by-election; ~ ***sıra*** sometimes, now and then, from time to time; ~ ***vermek*** to pause, to make a break, to stop;

(**arada**): between; among; ~ ***bir*** from time to time, seldom; (**aradan**): ~ ***çıkarmak*** to remove; ~ ***çıkmak*** not to interfere; (**araya**): ~ ***girmek*** to meddle, to interfere; ~ ***koymak*** (*b-ni*) to ask *s.o.* to mediate.
araba **1.** car, automobile; **2.** cart, carriage; **3.** cartload, wagonload; ~ ***vapuru*** car ferry, ferry-boat.
arabacı **1.** driver; coachman; **2.** cartwright.
arabesk arabesque.
Arabistan *pr. n.* Arabia.
arabozucu mischief-maker.
arabulucu mediator, go-between.
aracı **1.** go-between, mediator; **2.** middleman.
araç **1.** means; **2.** tool, implement; **3.** vehicle.
araçlı indirect.
araçsız direct.
araklamak *sl.* to pilfer, to walk off (*-i* with).
aralamak **1.** to leave ajar (*door*); **2.** to open out, to space; **3.** to separate.
aralık **1.** space, opening, gap; **2.** time, moment; **3.** ajar (*door*); **4.** corridor; passageway; **5.** December; ~ ***etmek*** to leave ajar.
aralıksız **1.** continuous; **2.** continuously.
arama search; ~ ***tarama*** body search; police search; ~ ***yapmak*** to search.
aramak **1.** to look (*-i* for), to hunt (*-i* for); to seek; **2.** to search; **3.** to long (*-i* for), to miss; **4.** to ask (*-i* for), to demand; **5.** to visit, to drop in on.
aranjman MUS arrangement.
Arap, ***-bı*** **1.** Arab; **2.** Arabian.
Arapça the Arabic language, Arabic.
arapsabunu, ***-nu*** soft soap.
arapsaçı, ***-nı*** **1.** fuzzy hair; **2.** *fig.* tangled affair, mess.
arasöz disgression.
araştırıcı **1.** researcher, investigator; **2.** inquisitive, curious.
araştırma research, investigation.
araştırmacı researcher.
araştırmak **1.** to research, to investigate; **2.** to search.
arayıcı **1.** seeker; searcher; **2.** customs inspector; **3.** AST finder.
araz symptoms.
arazi [. — —] land; estate(s); ~ ***arabası*** jeep, land-rover; ~ ***sahibi*** landowner.
arbede uproar, riot, tumult.
ardıç, ***-cı*** BOT juniper.
ardıl **1.** consecutive; **2.** successor.
ardınca behind, following, shortly afterwards.
ardışık MATH consecutive.
ardiye **1.** warehouse; **2.** storage rent.
arena arena.
argaç, ***-cı*** woof, weft.
argın tired, weak, feeble.
argo [x.] **1.** slang, cant; **2.** argot, jargon.
arı[1] ZO bee; ~ ***beyi*** queen bee; ~ ***gibi*** busy as a bee; ~ ***kovanı*** beehive.
arı[2] clean; pure; ~ ***su*** pure water.
arıcı beekeeper, apiarist.
arıcılık beekeeping, apiculture.
arık lean, thin.
arıkil kaolin.
arınmak to be purified.
arısütü, ***-nü*** royal jelly.
arıtımevi refinery.
arıtmak **1.** to refine; **2.** to clean, to purify.
arıza **1.** defect, failure, breakdown; **2.** unevennes, roughness; ~ ***yapmak*** to break down.
arızalanmak to break down, to go out of order.
arızalı out of order, defective.
arızi accidental, casual.
ari free (*-den* of).
arif wise, sagacious.
arife eve.
aristokrasi aristocracy.
aristokrat, ***-tı*** aristocrat.
aritmetik **1.** arithmetic; **2.** arithmetical.
Arjantin *pr. n.* Argentina.
Arjantinli an Argentine, Argentinean.
ark, ***-kı*** irrigation trench, canal.
arka **1.** the back; **2.** back part, rear, reverse; **3.** *fig.* backer, supporter; **4.** sequel; **5.** ***arkasına, arkasında*** behind; ~ ***çantası*** knapsack; ~ ***çıkmak*** (*b-ne*) to back ***s.o.*** up; ~ ***kapı*** back door; ~ ***plan*** background; ~ ***sokak*** back street; ~ ***üstü yatmak*** to lie on one's back; ***-da kalmak*** to stay behind; ***-dan söylemek*** to backbite; (**arkası**): ~ ***kesilmek*** to run out; ~ ***var*** to be continued.
arkadaş friend, companion; ~ ***olmak*** to become friends.
arkadaşlık friendship; ~ ***etmek*** **1.** to accompany; **2.** to be a friend (*ile* of).
arkalık **1.** sleeveless jacket; **2.** back (*of a*

chair); **3.** porter's back pad.
arkeolog archeologist.
arkeoloji archeology.
arktik arctic.
arlanmak to feel ashamed.
arma [x.] **1.** coat of arms, armorial bearings; **2.** NAUT rigging.
armağan gift, present; **~ *etmek*** to present (*-e* to).
armatör shipowner.
armonik(a) **1.** harmonica, mouth organ; **2.** accordion.
armonyum harmonium.
armut, ***-du*** pear.
Arnavut, ***-du*** Albanian.
Arnavutça Albanian (language).
arnavutkaldırımı rough cobblestone pavement.
Arnavutluk *pr. n.* Albania.
arozöz watering truck, sprinkler.
arpa BOT barley; **~ *boyu*** a very short distance.
arpacık **1.** MED sty; **2.** foresight (*of a gun*).
arpalık **1.** barley field; **2.** barley bin; **3.** *fig.* sinecure.
arsa building site, vacant lot.
arsenik CHEM arsenic.
arsıulusal international.
arsız **1.** impudent, insolent, saucy, cheeky; **2.** vigorous (*plant*).
arsızlık impudence, insolence; **~ *etmek*** to behave shamelessly.
arş[1]: **~*!*** MIL March!
arş[2] trolley pole.
arşın ell, yard.
arşınlamak **1.** to measure by the yard; **2.** to stride through.
arşiv archives.
art, ***-dı*** **1.** back, behind, rear; back part; **2.** the space behind; **~ *arda*** one after another; **~ *düşünce*** hidden intent; ***ardı arkası gelmeyen*** endless, never-ending; ***ardı sıra*** **1.** (along) behind; **2.** immediately after.
artağan exceptionally fruitful.
artakalmak to be left over.
artan remaining, left over.
artçı MIL rear guard.
artezyen artesian well.
artı MATH plus.
artık **1.** left (over), remaining; **2.** remnant, residue; **3.** redundant, extra; **4.** now, well then; **5.** finally; from now on; **6.** any more, any longer.
artıkgün AST leap(-year) day.
artıkyıl AST leap year.
artırma **1.** auction; **2.** saving, economizing.
artırmak **1.** to increase, to augment; **2.** to save, to economize (*money*).
artış increase, augmentation.
artist, ***-ti*** actor, actress.
artistik artistic.
artmak **1.** to increase, to go up (*price*); **2.** to be left over.
arya [x.] MUS aria.
arz[1] the earth.
arz[2] presentation, demonstration; **~ *etmek*** **1.** to present; **2.** to show; **3.** to offer; **~ *ve talep*** supply and demand.
arzu [u] wish; desire, longing; **~ *etmek*** to wish (*-i* for), to want; to desire; to long (*-i* for).
arzuhal, ***-li*** [..—] petition.
arzuhalci writer of petitions.
arzulamak to desire, to wish (*-i* for), to long (*-i* for).
as *cards*: ace.
asa scepter, staff.
asabi nervous, irritable, on edge.
asabileşmek to get nervous.
asabiye **1.** nervous diseases; **2.** neurology.
asabiyeci nerve specialist, neurologist.
asabiyet, ***-ti*** nervousness, irritability.
asal basic, fundamental; **~ *sayı*** MATH prime number.
asalak BOT, ZO parasite.
asalet, ***-ti*** [.—.] nobility, nobleness.
asaleten [.—..] acting as principal.
asansör lift, *Am.* elevator.
asap, ***-bı*** ANAT nerves; ***asabı bozulmak*** to get nervous.
asayiş [——.] public order, public security.
asbaşkan vice-president, deputy chief.
asbest, ***-ti*** GEOL asbestos.
aselbent storax.
asetilen CHEM acctylene.
aseton acetone.
asfalt, ***-tı*** asphalt.
asgari [ī] minimum, least; **~ *ücret*** minimum wage.
asık sulky; **~ *suratlı*** (*or* ***yüzlü***) sulky, sullen.
asıl **1.** (the) original; **2.** origin; **3.** truth, reality; **4.** actual, true; real; **5.** main; **6.**

essentially; ~ ***sayılar*** cardinal numbers.

asılı hanging, suspended.

asılmak **1.** to be hanged; **2.** to insist; **3.** to pull hard.

asılsız unfounded, groundless (*news, rumour*).

asıntı delay.

asır, *-srı* **1.** century; **2.** era, age, time, period, epoch.

asi [ī] **1.** rebellious, refractory; **2.** rebel.

asil **1.** noble, aristocratic; **2.** permanent (*official*).

asillik nobility, blue blood.

asilzade [..—.] nobleman, aristocrat, peer.

asistan **1.** asistant; **2.** asistant doctor.

asistanlık assistantship.

asit, *-di* CHEM acid.

asker soldier; soldiers; troops, army; ~ ***kaçağı*** deserter; ~ ***olmak*** to join the army; ***-e çağırmak*** to draft, to call up.

askeri military; ~ ***bando*** military band; ~ ***bölge*** military zone; ~ ***lise*** cadets school; ~ ***öğrenci*** cadet; ~ ***zabıta*** military police.

askerlik military service; ~ ***şubesi*** local draft office; ~ ***yoklaması*** roll call.

askı **1.** hook, hanger; **2.** braces, *Am.* suspenders; **3.** coat rack; **4.** MED sling; ***-da bırakmak*** to leave in doubt.

asla [x—] never, by no means.

aslan **1.** ZO lion; **2.** *fig.* brave man; ~ ***payı*** the lion's share; ~ ***yürekli*** *fig.* lion-hearthed; ***-ım!*** My lad!

aslanağzı, *-nı* BOT snapdragon.

aslen originally, fundamentally, essentially.

asli [ī] fundamental; essential original, principal.

asma[1] BOT **1.** vine; **2.** grapevine.

asma[2] **1.** suspension; **2.** suspended, hanging; ~ ***kat*** mezzanine; ~ ***kilit*** padlock; ~ ***köprü*** suspension bridge.

asmak, (*-ar*) **1.** to hang up (*-e* on), to suspend; **2.** to hang (*a person*); **3.** *sl.* to neglect; **4.** *sl.* to skip (*school*).

aspiratör exhaust fan.

aspirin aspirin.

asri modern, up-to-date.

asrileşmek to be modernized.

assubay MIL noncommissioned officer.

ast, *-tı* **1.** under, sub; **2.** subordinate.

astar **1.** lining; **2.** priming, undercoat.

astarlamak **1.** to line (*a garment*); **2.** to prime.

asteğmen MIL second lieutenant.

astım MED asthma.

astigmat MED astigmatic.

astragan astrakhan.

astronomi astronomy.

astronot astronaut.

asude [ū] calm, quite, tranquil.

Asya *pr. n.* Asia.

Asyalı *pr. n.* Asiatic.

aş cooked food.

aşağı **1.** bottom, the lower part; **2.** lower; **3.** down, downstairs; **4.** inferior, low; ~ ***görmek*** to look down (*-i* on), to despise; ~ ***kalmak*** to fall short (*-den* of); ~ ***yukarı*** more or less, about; ***-da*** below; downstairs; ***-ya*** down, downwards, downstairs.

aşağılamak to run down, to denigrate, to degrade.

aşağılık **1.** coarse, vulgar; **2.** vulgarity; ~ ***duygusu*** (*or* ***kompleksi***) inferiority complex.

aşama rank, degree.

aşçı *s.* ***ahçı.***

aşevi, *-ni* small restaurant.

aşı **1.** vaccine; **2.** vaccination, inoculation; **3.** graft, scion; ~ ***olmak*** to be inoculated.

aşıboyası, *-nı* red ocher.

âşık **1.** in love (*-e* with); **2.** lover; **3.** bard, troubadour; ~ ***olmak*** to fall in love (*-e* with).

aşılamak **1.** to inoculate, to vaccinate; **2.** to bud, to graft; **3.** *fig.* to inculcate, to inoculate (*ideas*) (*-e* in).

aşınma **1.** corrosion; **2.** wear and tear; **3.** erosion.

aşınmak **1.** to wear away, to be corroded, to be croded; **2.** to depreciate.

aşırı **1.** extreme, excessive; **2.** beyond, over; ~ ***derecede*** excessively; ~ ***gitmek*** to go beyond bounds.

aşırılık excessiveness.

aşırmak **1.** to pass over (*a place*); **2.** F to swipe, to steal.

aşikâr [ā] clear, evident, manifest, open.

aşina [ā, ā] **1.** familiar, well-known; **2.** acquaintance.

aşinalık acquaintance, intimacy

aşiret, *-ti* [ī] tribe.

aşk, *-kı* love, passion; ~ ***etmek*** to land (*a*

blow); **-a gelmek** to go into a rapture.
aşkın more than, over, beyond.
aşkolsun! **1.** Bravo!, Well done!; **2.** Shame on you!
aşmak, **(-ar) 1.** to pass (over), to go (beyond); **2.** to exceed, to surpass.
aşna fişne *sl.* secret love affair.
at, **-tı** zo horse; **~ hırsızı** rustler; **~ yarışı** horse race; **-a binmek** to ride a horse.
ata 1. father; **2.** ancestor.
ataç ancestral.
ataerki, **-ni** patriarchy.
atak rash, audacious, reckless.
atamak to appoint (*-e* to).
atanmak to be appointed (*-e* to).
atardamar ANAT artery.
atasözü, **-nü** proverb.
ataşe attaché.
Atatürk *pr. n. founder and first president of the Turkish Republic.*
Atatürkçü *pr. n.* Kemalist.
Atatürkçülük *pr. n.* Kemalism.
atelye 1. workshop; **2.** studio.
ateş 1. fire; **2.** fever, temperature; **3.** vivacity, exuberance; **4.** gunfire; **~ açmak** MIL to open fire (*-e* on); **~ almak** to catch fire; **~ etmek** MIL to fire (*-e* on); to shoot (*-e* at); **~ pahasına** very expensive; **~ püskürmek** *fig.* to spit fire (*-e* at); **-e körükle gitmek** *fig.* to add fuel to the flames; **-e vermek 1.** to set fire (*-i* to); **2.** to panic, to upset; **-i çıkmak** (*or* **yükselmek**) to run a temperature.
ateşböceği, **-ni** zo firefly.
ateşkes cease-fire, armistice, truce.
ateşleme ELECT ignition.
ateşlemek to set fire (*-i* to), to ignite.
ateşlenmek to run a temperature.
ateşli 1. MED feverish; **2.** *fig.* fiery; **3.** *fig.* fervent, vivacious; **~ silah** firearm.
ateşperest, **-ti** fire-worshiper.
atfen [x.] based (*-e* on), referring (*-e* to).
atfetmek [x..] **1.** to attribute (*-e* to); **2.** to direct, to turn (*-e* to) (*one's glance*).
atıcı 1. sharpshooter, marksman; **2.** braggart.
atıl 1. lazy; **2.** idle; **3.** PHYS inert.
atılgan 1. dashing, bold; **2.** enterprising.
atılım advance, progress.
atılmak 1. *pass. of* **atmak**; **2.** to attack, to go (*-e at*); **3.** to begin, to go (*-e* into).
atım range (*of a gun*).
atışmak 1. to quarrel (*ile* with); **2.** to try to make up (*-e* with).
atıştırmak 1. to bolt (*food*); **2.** to drizzle, to spit (*rain, snow*).
ati the future.
atik alert, agile.
Atina *pr. n.* Athens.
atkestanesi, **-ni** [..—..] BOT horse chestnut.
atkı 1. shawl, stole; **2.** weft, woof; **3.** shoe strap; **4.** pitchfork.
atlama jump.
atlamak 1. to jump; **2.** to jump down (*-den* from); **3.** to skip, to miss, to leave out; **4.** to be misled, to be mistaken (*-de* in).
atlambaç leapfrog.
Atlantik *pr. n.* Atlantic.
atlas 1. atlas, map book; **2.** satin.
atlatmak 1. to make s.o. jump; **2.** to have a narrow escape, to overcome (*illness, danger*); **3.** to put off.
atlet, **-ti 1.** athlete; **2.** (*a.* **~ fanilası**) undershirt.
atletik athletic.
atletizm athletics, track and field events.
atlı rider, horseman; **~ araba** horse cart.
atlıkarınca merry-go-round, carousel.
atmaca zo sparrow hawk.
atmak, **(-ar) 1.** to throw; **2.** to drop; **3.** to fire (*a gun, a shot*), to discharge, to shoot; **4.** to postpone; **5.** to impute (*-e* to); **6.** F to lie, to fib; **7.** to pulsate, to beat (*heart, artery*); **8.** to send, to post (*letter*); **atıp tutmak 1.** to run down; **2.** to talk big.
atmasyon *sl.* **1.** lie; **2.** false, made up.
atmosfer atmosphere.
atom atom; **~ bombası** atomic bomb, A-bomb; **~ enerjisi** atomic energy.
atsineği, **-ni** zo horsefly.
av 1. hunt(ing), chase; **2.** game, prey, catch (*fish*); **~ köpeği** hunting dog, hound; **-a çıkmak** to go hunting.
avadanlık set of tools.
aval *sl.* half-witted, stupid.
aval aval *sl.* stupidly.
avam [.—] the common people, the lower classes; **♀ Kamarası** *pr n.* the House of Commons.
avanak *sl.* gullible, simpleton.
avans advance; **~ almak** to get an advance; **~ vermek** to advance money.

avanta [.x.] *sl.* illicit profit.
avantacı *sl.* freeloader, sponger.
avantaj advantage, profit, gain.
avare vagabond, good-for-nothing.
avarya [.x.] NAUT average.
avaz [.—] shout, cry; **~ ~ bağırmak** to shout at the top of one's voice.
avcı hunter, huntsman; **~ uçağı** fighter.
avcılık hunting, huntsmanship.
avdet, **-ti** return; **~ etmek** to return.
avene helpers, accomplices, gang.
avize [ī] chandelier.
avlak hunting ground.
avlamak **1.** to hunt, to shoot; **2.** *fig.* to dupe, to deceive.
avlu court(yard).
Avrasya *pr. n.* Eurasia.
avrat, **tı** *sl. or* P **1.** woman; **2.** wife.
Avrupa [.x.] *pr. n.* Europe.
Avrupalı European.
avuç, **-cu** **1.** the hollow of the hand; **2.** handful; **~ açmak** to beg, to cadge; **~ ~** by the handful, lavishly; **~ dolusu** plenty of, a lot of; **~ içi kadar** very small, skimpy; **avucunu yalamak** to be left empty-handed, to whistle for it.
avuçiçi bilgisayar handheld, PDA (= *personal digital assistant*).
avuçlamak to grasp, to grip.
avukat, **-tı** lawyer, advocate, solicitor, barrister.
avunç consolation, comfort.
avunmak **1.** to be consoled (*ile* with); **2.** to be preoccupied (*ile* with).
avuntu consolation.
avurt, **-du** cheek, pouch.
Avustralya [..x.] *pr. n.* Australia.
Avustralyalı [..x..] **1.** Australian; **2.** an Australian.
Avusturya [..x.] *pr. n.* Austria.
Avusturyalı [..x..] **1.** Austrian; **2.** an Austrian.
avutmak **1.** to soothe, to distract; **2.** to comfort, to console.
ay **1.** moon; **2.** crescent; **3.** month; **~ çöreği** croissant; **~ dede** the moon; **~ ışığı** moonlight; **~ tutulması** lunar eclipse; **-da yılda bir** once in a blue moon; **-dan aya** monthly; **-ın on dördü gibi** very beautiful (*woman*).
aya the palm of the hand.
ayak **1.** foot; **2.** leg; **3.** base, footing; **4.** outlet (*of a lake*); **5.** step, stair; **6.** foot (*measure*); **~ atmak** to go for the first time; **~ ~ üstüne atmak** to cross one's legs; **~ basmak** to arrive (*-e* at, in), to enter; **~ bileği** ankle; **~ diremek** to put one's foot down; **~ parmakları** toes; **~ sesi** footstep; **~ uydurmak** **1.** to fall in step, to keep in step (*-e* with); **2.** *fig.* to keep pace (*-e* with); **~ üstü** in haste; **ayağa kalkmak** **1.** to stand up, to rise to one's feet; **2.** to recover; (**ayağına**): **~ çabuk** swift of foot; **~ çağırmak** to call into one's presence; **~ gitmek** to visit personally; (**ayağını**): **~ denk almak** to cut the ground from under someone's feet; **ayakta durmak** to stand; **ayakta tedavi** MED ambulatory treatment; **ayakta uyumak** to be dead on one's feet.
ayakaltı, **-nı** much frequented (place).
ayakkabı, **-yı** shoe; footwear.
ayakkabıcı **1.** shoemaker; **2.** shoe-dealer.
ayaklanma rebellion, mutiny, revolt.
ayaklanmak **1.** to rebel, to revolt; **2.** to begin to walk (*child*).
ayaklık **1.** pedal; **2.** stilts.
ayaktakımı, **-nı** rabble, mob.
ayaktaş companion, friend.
ayaktopu, **-nu** soccer, football.
ayakucu, **-nu** **1.** foot (*of a bed*); **2.** tiptoe.
ayakyolu, **-nu** toilet, water closet, W.C.
ayar **1.** standard; **2.** accuracy; **3.** adjustment; **4.** karats (*gold, silver*); **~ etmek** to adjust, to regulate, to set; **-ı bozuk** out of order.
ayarlamak **1.** to adjust, to regulate; **2.** to assay, to test.
ayarlı **1.** regulated (*clock*); **2.** of standard fineness.
ayartmak to lead astray, to entice.
ayaz dry cold air, nip in the air.
aybaşı, **-nı** menstruation; **~ olmak** to menstruate.
ayça new moon.
ayçiçeği, **-ni** BOT sunflower; **~ yağı** vegetable oil.
aydın **1.** well lighted; **2.** intellectual, enlightened (person).
aydınlatıcı **1.** illuminating; **2.** informative.
aydınlatmak **1.** to illuminate; **2.** to clarify.
aydınlık **1.** light, daylight; **2.** bright; **3.** clear, brilliant; **4.** luminousness; **5.**

light shaft.
ayet, ***-ti*** [—.] verse of the Koran.
aygın: ~ ***baygın*** **1.** languid; **2.** languidly.
aygır stallion.
aygıt, ***-tı*** tool; apparatus, instrument.
ayı zo bear; ~ ***gibi*** bearish.
ayıbalığı, ***-nı*** zo seal.
ayık **1.** sober; **2.** *fig.* wide-awake.
ayıklamak **1.** to clean off; to sort; **2.** to shell (*peas, beans*).
ayılmak **1.** to sober up; **2.** to come to.
ayıltmak to sober up.
ayıp, ***-bı*** **1.** shame, disgrace; **2.** shameful, disgraceful; **3.** fault, defect.
ayıplamak to blame, to malign, to vilify, to find fault with.
ayıpsız free from defects.
ayırım discrimination; ~ ***yapmak*** to discriminate.
ayırmak **1.** to separate, to part; **2.** to select, to pick; **3.** to distinguish (*-den* from); **4.** to set apart; **5.** to reserve (*-e* for).
ayırt etmek to distinguish, to discern (*-den* from).
ayırtı nuance, shade.
ayin [ī] **1.** rite; **2.** ceremony.
aykırı **1.** contrary; **2.** contrary (*-e* to), against, not in accordance with.
aykırılık difference, disagreement.
aylak idle, unemployed.
aylık **1.** monthly; **2.** monthly pay; **3.** ... months old (*baby*); **4.** lasting ... months; ~ ***almak*** to be on salary.
aylıkçı salaried employee.
aymak to come to.
aymaz unaware, heedless.
ayna mirror, looking glass; ~ ***gibi*** mirror-like, smooth and bright.
aynasız **1.** *sl.* unpleasant; **2.** *sl.* policeman, pig, cop.
aynen [x.] exactly, textually.
aynı the same, identical; ~ ***şekilde*** in the same way.
aynılık sameness, identity.
aynıyla as it is.
ayniyat, ***-tı*** goods, property, belongings.
ayol [x.] Well! Hey!, You!
ayraç GR bracket, parenthesis.
ayran **1.** *a drink made of yogurt and water*; **2.** buttermilk.
ayrı **1.** different, distinct; **2.** separate, apart; ~ ~ **1.** individual; **2.** one by one; ~ ***koymak*** to put aside; ~ ***tutmak*** to make a distinction.
ayrıbasım offprint, reprint.
ayrıca [x..] besides, also, moreover, in addition, furthermore.
ayrıcalı **1.** privileged; **2.** exceptional.
ayrıcalık privilege.
ayrık **1.** separated, wide apart; **2.** exceptional.
ayrıksı different, eccentric.
ayrılık **1.** separateness; **2.** remoteness, separation; **3.** difference.
ayrılmak **1.** to part, to separate from one another; **2.** to leave, to depart (*-den* from).
ayrım **1.** differentiation; **2.** section, part, chapter.
ayrıntı detail; ***-lar*** details.
ayrıntılı detailed, in details.
ayrışmak CHEM to be decomposed.
ayrıt, ***-tı*** MATH edge.
aysar moonstruck.
aysberk, ***-ki*** iceberg.
ayva BOT quince.
ayyaş drunkard, sot.
az **1.** small (*amount*), little; **2.** few; **3.** seldom, rarely; **4.** less (*-den* than); ~ ~ little by little; ~ ***çok*** more or less; ~ ***daha*** almost, nearly; ~ ***gelmek*** to be insufficient; ~ ***görmek*** to find insufficient; ~ ***kaldı*** (*or* ***kalsın***) almost, nearly; ~ ***yağlı*** low fat (*foods*).
aza [— —] **1.** member; **2.** ANAT limbs.
azade [— — .] **1.** free; **2.** released (*-den* from).
azalmak to lessen, to diminish, to be reduced.
azaltmak to lessen, to reduce, to lower, to diminish.
azamet, ***-ti*** **1.** greatness, grandeur; **2.** conceit, arrogance.
azametli **1.** grand, great, august; **2.** arrogant.
azami [ı] maximum, greatest; ~ ***hız*** top speed.
azap, ***-bı*** [.—] pain, torment, torture; ~ ***çekmek*** to suffer torments; ~ ***vermek*** to torment.
azar reprimand, scolding; ~ ***işitmek*** to be scolded.
azar azar little by little.
azarlamak to scold, to reprimand, to rebuke.
azat, ***-dı*** [— —] emancipation, setting free; ~ ***etmek*** to set free; to dismiss

(*from school*).
azdırmak **1.** to inflame, to irritate; **2.** to excite sexually; **3.** to spoil (*a child*); **4.** to lead astray.
azgelişmiş underdeveloped.
azgın **1.** wild, furious; ferocious; **2.** naughty, mischievous (*child*); **3.** oversexed.
azgınlık **1.** wildness, fierceness; **2.** naughtiness (*in a child*).
azı *a.* ***-dişi*** molar tooth.
azıcık just a little bit.
azıdişi, ***-ni*** *s.* ***azı.***
azık **1.** provisions; **2.** food.
azılı ferocious, wild.
azımsamak to consider too little.
azınlık minority.
azıtmak to get wild, to get out of control.
azil, ***-zli*** dismissal, discharge.
azim, ***-zmi*** determination, resolution.
aziz [ı] **1.** dear, beloved; **2.** holy; saint.
azizlik **1.** sainthood; **2.** *fig.* practical joke, trick; ~ ***etmek*** to play a trick (*-e* on).
azletmek [x..] to dismiss from office, to fire.
azma hybrid, half-breed.
azmak **1.** to get wild; **2.** to get rough (*sea*); **3.** to be on heat, to rut; **4.** to get inflamed (*wound*).
azman **1.** overgrown, enormous; **2.** hybrid.
azmetmek [x..] to resolve (*-e* upon), to decide firmly.
azot, ***-tu*** CHEM nitrogen.
Azrail [.——] *isl.* MYTH Azrael.

B

baba **1.** father; **2.** elderly man; **3.** NAUT bollard; bitt; **4.** newel post; ***-sının oğlu*** like father like son.
babaanne father's mother, grandmother.
babacan good-natured, fatherly (*man*).
babafingo NAUT topgallant.
babalık **1.** fatherhood; **2.** stepfather, adoptive father; ~ ***etmek*** to act as a father (*-e* to).
babayani [..—.] unpretentious, free and easy.
babayiğit, ***-di*** **1.** brave, virile; **2.** brave lad, strong fellow.
Babıâli [—.—.] **1.** *pr. n. hist.* the Sublime Porte; **2.** the publishers' section of Istanbul.
baca **1.** chimney; flue; NAUT funnel; **2.** skylight, smoke hole; **3.** (mine) shaft.
bacak **1.** leg; shank; **2.** *cards*: jack, knave; ~ ***kadar*** tiny, shorty, knee-high.
bacaksız *iro.* urchin, brat.
bacanak brother-in-law (*husband of one's wife's sister*).
bacı **1.** negro nurse; **2.** F (elder) sister.
badana whitewash, color wash; ~ ***etmek*** to whitewash.
badanacı whitewasher.
badanalamak *s.* ***badana etmek.***
badem [ā] almond; ~ ***ezmesi*** almond paste; ~ ***şekeri*** sugared almonds.
bademcik [ā] ANAT tonsil.
bademyağı [ā] almond oil.
badi ZO duck; ~ ~ ***yürümek*** to waddle.
bagaj **1.** luggage, baggage; **2.** MOT trunk; ***-a vermek*** to check (*baggage*).
bağ[1] vineyard; ~ ***bozmak*** to harvest grapes.
bağ[2] **1.** tie, cord, string, lace; bandage; **2.** NAUT knot; **3.** bunch; bundle; **4.** connection, link, bond; **5.** impediment, restraint; **6.** GR conjunction.
bağa tortoise shell.
bağbozumu, ***-nu*** **1.** vintage; **2.** autumn.
bağcılık viniculture.
bağdaş: ~ ***kurmak*** to sit crosslegged.
bağdaşmak to suit, to agree, to get along (*ile* with).
Bağdat, ***-dı*** *pr. n.* Baghdad.
bağıl PHYS relative.
bağım dependence.
bağımlı dependent (*-e* on).
bağımlılık dependence.
bağımsız independent.
bağımsızlık independence.
bağıntı relation(ship) (*-e* to).
bağır, ***-ğrı*** breast, bosom; (**bağrı**): ~ ***açık***

with one's shirt opened; **~ *yanık*** *fig.* heartsick; ***-na basmak*** **1.** to embrace, to hug; **2.** to protect, to sponsor.
bağırmak to shout, to cry out, to yell.
bağırsak intestine, bowel, gut.
bağırtı outcry, shout, yell.
bağış grant, donation, gift.
bağışık immune.
bağışıklamak to immunize.
bağışlamak **1.** to donate; **2.** to forgive, to pardon; **3.** to spare (*life*).
bağlaç GR conjunction.
bağlama **1.** *folk instrument with three double strings and a long neck*; **2.** tied, bound; **3.** MEC coupling; **4.** ARCH crossbar; **~ *limanı*** home port.
bağlamak **1.** to tie, to fasten, to bind; to connect; **2.** to bandage; **3.** to conclude (*speech etc.*); **4.** to invest (*capital*); **5.** to form (*skin, crust*).
bağlantı **1.** tie, connection; **2.** liaison; **3.** IT link (*in Internet sense*).
bağlaşık allied.
bağlayıcı **1.** connective, connecting, tying; **2.** binding, in force.
bağnaz fanatical, bigoted.
bağnazlık fanaticism, bigotry.
bahane [.—.] pretext, excuse; **~ *etmek*** to use as an excuse.
bahar[1] **1.** spring; **2.** flowers, blossoms.
bahar[2] spice.
baharat, ***-tı*** [. — —] spices.
baharlı spiced, spicy.
bahçe garden, park.
bahçecilik horticulture, gardening.
bahçıvan gardener; **~ *kovası*** watering can.
bahis, ***-hsi*** **1.** subject, topic; **2.** bet, wager; **~ *açmak*** to bring up (*a subject*); **~ *konusu*** subject of discussion; **~ *tutuşmak*** to bet, to wager; ***bahsi geçen*** aforementioned; ***bahsi müşterek*** pools.
bahriye navy.
bahriyeli sailor; naval officer.
bahsetmek [x..] to discuss, to talk about, to mention.
bahşetmek [x..] to give, to bestow, to grant.
bahşiş tip, baksheesh; **~ *vermek*** to tip.
baht, ***-tı*** luck, fortune.
bahtiyar [..—] lucky, fortunate; happy.
bahtsız unfortunate, unlucky.
bakalit, ***-ti*** Bakelite.
bakan minister, state secretary; ***-lar kurulu*** cabinet, council of ministers.
bakanlık ministry.
bakarkör *fig.* inattentive, absent-minded.
bakıcı **1.** attendant, guard; nurse; **2.** fortuneteller.
bakım **1.** care, attention, upkeep; **2.** point of view, viewpoint; ***bu -dan*** from this point of view.
bakımevi dispensary.
bakımlı well-cared for, well-kept.
bakımsız neglected, unkempt, disorderly.
bakınmak to look around.
bakır **1.** copper; **2.** of copper, copper ...
bakırcı coppersmith.
bakış glance, look; view.
bakışık symmetrical.
bakışım symmetry.
bakışımlı symmetric.
bakışımsız asymmetric.
baki [— —] **1.** everlasting; **2.** remaining, surplus.
bakir [ā] virgin, untouched.
bakire [ā] virgin, maiden.
bakiye **1.** remainder; **2.** ECON arrears, balance.
bakkal grocer; **~ *dükkânı*** grocery.
bakkaliye **1.** groceries; **2.** grocery shop.
bakla broad bean, horsebean; ***-yı ağızdan çıkarmak*** *fig.* to let the cat out of the bag.
baklava *sweet pastry made of flake pastry, nuts, and honey.*
bakmak, **(*-ar*)** **1.** to look (*-e* at), to pay attention (*-e* to), to consider; **2.** to face (*-e* towards); **3.** to look into, to examine; **4.** to take care (*-e* of), to look after, to see to; **5.** to be in charge of; ***bakakalmak*** to stand in astonishment; ***bakalım!*** Let's see!
bakraç, ***-cı*** copper bucket.
bakteri bacterium.
bakteriyoloji bacteriology.
bal, ***-lı*** honey; **~ *gibi*** **1.** like honey, very sweet; **2.** very well, easily.
balans balance; **~ *ayarı*** MOT wheel balance.
balarısı, ***-nı*** ZO (honey) bee.
balata MOT brake lining.
balayı honeymoon.
balçık wet clay, mud.
baldır ANAT calf; back of the shank.

baldıran BOT poison hemlock.
baldırıçıplak rowdy, rough, ruffian.
baldız sister-in-law (*sister of the wife*).
bale ballet.
balerin ballerina.
balet, ***-ti*** ballet.
balgam mucus, phlegm.
balık fish; ~ ***ağı*** fishing net; ~ ***avlamak*** to fish; ~ ***oltası*** fishing line; ~ ***pazarı*** fish market; ~ ***pulu*** fish scale; ~ ***yumurtası*** fish roe.
balıkadam skin diver.
balıkçı **1.** fisherman, fisher; **2.** fishmonger.
balıkçıl ZO heron, egret.
balıkçılık fishery, fishing.
balıketi, ***-ni*** **balıketinde**, **balıketli** plump, matronly.
balıklama headlong, headfirst.
balıkyağı, ***-nı*** **1.** fish oil; **2.** cod-liver oil.
balina [.x.] **1.** whale; **2.** whalebone.
balistik ballistics.
balkabağı, ***-nı*** BOT winter squash.
Balkanlar the Balkans.
balkon balcony.
ballandırmak *fig.* to praise extravagantly, to sugar-coat.
ballı honeyed, containing honey.
ballıbaba BOT dead nettle.
balmumu, ***-nu*** **1.** wax, beeswax; **2.** sealing wax.
balo [x.] ball, dance.
balon balloon; ~ ***uçurmak*** *fig.* to fly a kite.
balözü, ***-nü*** nectar.
balta axe, *Am.* ax, hatchet; ***-yı taşa vurmak*** *fig.* to put one's foot in it.
baltalamak *fig.* to sabotage, to torpedo, to block.
Baltık the Baltic; ~ ***Denizi*** the Baltic Sea.
balya [x.] bale; ~ ***yapmak*** to bale.
balyoz sledge hammer; ~ ***gibi*** very heavy.
bambaşka [x..] quite different.
bambu BOT bamboo.
bamya [x.] BOT gumbo, okra.
bana (to) me; ~ ***bak(sana)!*** Look here!, Hey!; ~ ***gelince*** as to me, for me; ~ ***kalırsa*** as far as I am concerned.
bando [x.] MUS band.
bandrol, ***-lü*** revenue stamp.
bangır bangır at the top of one's voice; ~ ***bağırmak*** to shout loudly, to bawl.
bank bench.
banka [x.] bank; ~ ***cüzdanı*** passbook, bankbook; ~ ***hesabı*** bank account; ~ ***memuru*** bank clerk; ~ ***şubesi*** branch bank.
bankacı **1.** banker; **2.** bank employee.
bankacılık banking.
bankamatik ATM.
banker banker; stockbroker.
banket, ***-ti*** hard shoulder (*of a road*).
banknot, ***-tu*** banknote, paper money.
banliyö suburb; ~ ***treni*** suburban train, commuter's train.
banmak to dip (*-e* into).
bant, ***-dı*** **1.** tape; **2.** ribbon; **3.** *radio*: wave-band.
banyo [x.] **1.** bath; **2.** bathroom; **3.** bathtub; **4.** spa; ~ ***yapmak*** to take a bath; to bathe.
bar bar; night club.
baraj **1.** dam; **2.** *football*: wall.
baraka [.x.] hut, shed.
barbar **1.** barbarian; **2.** barbarous.
barbunya [.x.] **1.** ZO red mullet; **2.** BOT a kind of bean.
bardak cup, glass, goblet.
barem graduated pay scale; ~ ***kanunu*** law regulating official salaries.
barfiks *sports*: horizontal bar.
barınak shelter.
barındırmak to shelter.
barınmak **1.** to take shelter in; **2.** to get along.
barış peace; reconciliation.
barışçı peace-loving.
barışmak to make peace (*ile* with).
barışsever pacifistic, peace-loving.
barıştırmak to reconcile.
bari [ā] at least, for once.
barikat, ***-tı*** barricade.
bariz prominent; clear, obvious.
baro [x.] bar, the body of lawyers.
barometre barometer.
barut, ***-du*** (*or* ***-tu***) gunpowder.
baryum barium.
bas MUS bass.
basamak **1.** step, stair; rung; **2.** step, level, degree; **3.** column (*of figures*).
basbayağı [x...] **1.** ordinary; **2.** simply, just.
bası printing, impression.
basıcı printer.
basık **1.** low (*ceiling*); **2.** flat; **3.** compressed, pressed down.

basılı printed.
basım printing, impression.
basımcı printer.
basımevi, ***-ni*** printing house, press.
basın press, newspapers; ~ ***toplantısı*** press conference.
basınç, ***-cı*** pressure.
basiret, ***-ti*** prudence, understanding, insight; caution.
basiretsiz imprudent.
basit, ***-ti*** simple, plain, elementary.
basitleştirmek to simplify.
basketbol, ***-lü*** basketball.
baskı **1.** press; **2.** constraint, oppression; **3.** printing; **4.** edition; **5.** hem; **6.** circulation (*of a newspaper*); ~ ***altında*** under pressure; ~ ***yapmak*** to put pressure (*-e* on).
baskın **1.** raid, sudden attack; **2.** unexpected visit; **3.** overpowering, superior; ~ ***yapmak*** to raid, to swoop down (*-e* on).
baskül weighing machine, scales
basma **1.** printed; **2.** print, printed cloth, calico; **3.** printed matter.
basmak, (***-ar***) **1.** to tread (*-e* on), to stand (*-e* on); **2.** to press (*-e* on), to weigh down; **3.** to enter (upon *a year or age*); **4.** to impress, to stamp; to print; to coin; **5.** to raid, to surprise; **6.** to crowd in.
basmakalıp, ***-bı*** **1.** stereotyped; **2.** conventional.
bastıbacak shortlegged, bandylegged.
bastırmak **1.** to have printed, to publish; **2.** to suppress, to crush, to extinguish; to appease (*hunger*); **3.** to hem; **4.** to surpass; **5.** NAUT to splice.
baston (walking) stick, cane.
basur [— —] MED piles, hemorrhoids.
baş **1.** head; **2.** chief, head, leader; **3.** beginning, initial; **4.** summit, top; **5.** main, chief, principal; **6.** NAUT prow, bow; ~ ***ağrısı*** **1.** headache; **2.** *fig.* trouble, nuisance; ~ ***aşağı*** **1.** headfirst, headlong; **2.** upside down; ~ ***-a*** face to face, privately; ~ ***belası*** nuisance, trouble-maker; ~ ***edememek*** (*b-le*) to be unable to cope with *s.o.*; ~ ***göstermek*** to appear, to arise; to break out (*revolt etc.*); ~ ***kaldırmak*** to rebel (*-e* against); ~ ***sallamak*** to nod; ~ ***taraf*** beginning; ~ ***üstüne!*** With pleasure!; (**başı**): ~ ***açık*** bareheaded; ~ ***bağlı*** married; ***başınız sağ olsun!*** May your life be spared!; (**başına**): ~ ***bela kesilmek*** to pester, to annoy; ~ ***buyruk*** independent; ~ ***dikilmek*** to stand over *s.o.*; ~ ***hal gelmek*** to get into hot water; ~ ***kakmak*** to rub it in; (**başından**): ~ ***atmak*** to get rid (*-i* of); ~ ***geçmek*** to happen to, to go through; ~ ***savmak*** to turn away, to get rid (*-i* of); (**başını**): ~ ***dik tutmak*** to hold one's head high; ~ ***ezmek*** *fig.* to crush; ~ ***gözünü yarmak*** **1.** to handle roughly; **2.** to murder (*language etc.*); ~ ***sallamak*** to nod; ~ ***taşa vurmak*** to repent greatly; (**baştan**): **1.** from the beginning; **2.** again, once more; ~ ***aşağı*** from top to bottom, from end to end; ~ ***atmak*** to get rid (*-i* of); ~ ***çıkarmak*** to lead astray, to corrupt.
başabaş with the ends just meeting.
başak ear (*of grain*), spike.
başaklanmak to ear, to come into ear.
başarı success; ~ ***göstermek*** to show success.
başarılı successful.
başarısız unsuccessful.
başarısızlık failure.
başarmak to succeed (*-i* in), to accomplish, to achieve.
başasistan chief intern (*in a hospital*).
başat dominant.
başbakan prime minister, premier; ~ ***yardımcısı*** deputy prime minister.
başbakanlık prime ministry, premiership.
başbuğ commander in chief.
başçavuş MIL sergeant-major.
başhekim head doctor (*in a hospital*).
başıboş **1.** untied, free; **2.** untamed; **3.** neglected (*child*); ~ ***kalmak*** to run wild.
başıbozuk irregular; disorderly.
başka **1.** other, another, different (from); **2.** except, apart (*-den* from), other (*-den* than); ~ ~ **1.** different; **2.** separately; ***-ları*** others; ***-sı*** another, someone else.
başkaca besides, otherwise, further
başkalaşım metamorphism.
başkalaşmak **1.** to change, to grow different; **2.** to metamorphose.
başkan president; chief; chairman.
başkanlık presidency; chairmanship; ~

B

etmek to preside.
başkent capital.
başkomutan commander in chief.
başkonsolos consul general.
başkonsolosluk consulate general.
başlamak to begin, to start, to commence.
başlangıç, ***-cı*** **1.** beginning, start; **2.** preface, foreword; ~ ***noktası*** starting point.
başlıbaşına in itself; independently, on one's own.
başlıca main, principal, chief.
başlık **1.** cap, headgear; helmet; bridal headdress; **2.** capital (*of a column*); **3.** title, headline, heading; **4.** war head (*of a torpedo*); **5.** caption (*of a page*); **6.** money paid by the bridegroom to the bride's family; **7.** hood.
başmakale [..—.] editorial.
başmüfettiş chief inspector.
başoyuncu star, featured actor *or* actress.
başöğretmen (school) principal.
başörtü(sü) head scarf.
başparmak **1.** thumb; **2.** big toe.
başpehlivan wrestling champion.
başpiskopos archbishop.
başrol lead, leading role.
başsağlığı condolence; ~ ***dilemek*** to offer one's condolences.
başsavcı attorney general.
başşehir, ***-hri*** capital.
baştankara zo great titmouse
başucu, ***-nu*** **1.** head end (*of a bed*); **2.** AST zenith; ***-nda*** at the bedside, close to.
başvurmak to apply (*-e* to), to consult.
başvuru application, request.
başyazar editor, editorial writer.
başyazı editorial.
batak **1.** swamp, marsh; **2.** marshy, swampy; **3.** floundering, unstable, unsound.
batakhane [..—.] **1.** gambling den; **2.** den of thieves.
bataklık bog, marsh, swamp, fen, moor.
batarya [.x.] ELECT, MIL battery.
bateri drums.
baterist drummer.
batı **1.** west; **2.** western.
batık **1.** sunk(en); **2.** submerged.
batıl false, vain, useless; superstitious; ~ ***inanç*** superstition.
batılı western(er), occidental.
batılılaşmak to westernize.
batırmak **1.** to sink, to submerge; **2.** to plunge, to dip; **3.** to stick (*-e* into); **4.** to lose (*capital*); **5.** to speak ill (of), to run down.
batkı bankruptcy.
batkın **1.** bankrupt; **2.** hollow, deep.
batmak, (***-ar***) **1.** to sink (*-e* into); **2.** to set (*sun etc.*); **3.** to be lost sight (of); **4.** to go bankrupt; **5.** to hurt, to prick, to sting; **6.** to be lost (*money*).
battal **1.** large and clumsy; oversize; **2.** useless, worthless; void.
battaniye [.—..] blanket.
bavul suitcase, trunk.
bay **1.** gentleman; sir; **2.** ♀ Mr.
bayağı **1.** ordinary, common, plain; **2.** vulgar, mean; **3.** quite, simply.
bayağıkesir common fraction.
bayağılaşmak to become vulgar.
bayan **1.** lady; madam; **2.** ♀ Mrs., Miss, Ms.
bayat, ***-tı*** stale, not fresh, old; trite.
bayatlamak to get stale.
baygın **1.** fainted; unconscious; **2.** faint, languid.
baygınlık faintness; ~ ***geçirmek*** to feel faint.
bayılmak **1.** to faint, to swoon; **2.** to like greatly, to be enraptured (by).
bayıltmak **1.** to make faint; **2.** MED to anesthetize.
bayındır prosperous, developed, cultivated.
bayındırlık prosperity, development; public works; ♀ ***Bakanlığı*** Ministry of Public Works.
bayır **1.** slope; ascent; **2.** hill.
bayi, ***-ii*** **1.** vendor, supplier, seller; **2.** wholesale distributor of newspapers.
baykuş zo owl.
bayrak flag, standard; ~ ***çekmek*** to hoist the flag; ***-ları yarıya indirmek*** to fly the flag at half-mast.
bayraktar standard bearer.
bayram religious festival; national holiday; festival, festivity; ~ ***tatili*** festive holiday; ***-dan -a*** *fig.* once in a blue moon.
bayramlaşmak to exchange greetings at a holiday.
bayramlık **1.** fit for a festival; **2.** holiday present; **3.** one's best dress.

baytar veterinarian.
baz CHEM base.
bazan, bazen [x.] sometimes, now and then.
bazı 1. some, certain; some of; **2.** sometimes.
bazuka [.x.] MIL bazooka.
be! F Hi!, Hey!, I say!
bebe P baby.
bebek 1. baby; **2.** doll; **~ *beklemek*** to be pregnant.
becelleşmek to argue, to quarrel.
beceri skill, cleverness.
becerikli skillful, adroit.
beceriksiz clumsy, incapable.
becermek 1. to do skillfully, to carry out successfully; **2.** *iro.* to make a mess (of).
bedava [x..] gratis, free, for nothing; ***-dan ucuz*** dirt-cheap.
bedavacı F freeloader, sponger.
bedbaht, *-tı* unfortunate, unhappy; miserable.
bedbin [ı] pessimistic.
bedbinlik pessimism.
beddua curse, malediction; **~ *etmek*** to curse, to put a curse (*-e* on).
bedel 1. equivalent (*-e* of); **2.** price, value; **3.** substitute (*-e* for).
bedelsiz free, without charge.
beden 1. body; **2.** trunk; **3.** size; **~ *eğitimi*** physical education.
bedeni bodily, physical.
bedesten covered bazaar.
bedevi [ı] Bedouin.
begonya BOT begonia.
beğence commendatory preface.
beğeni affinity, taste, gusto.
beğenmek 1. to like, to admire; to approve (*-i* of); **2.** to choose.
beher to each, for each, per.
bej beige.
bek, *-ki* *soccer*: back.
bekâr 1. unmarried; bachelor, single; **2.** grass widower.
bekâret, *-ti* virginity, maidenhood.
bekârlık bachelorhood, celibacy.
bekçi (night) watchman; guard; lookout; **~ *köpeği*** watchdog.
bekleme waiting; **~ *odası*** (*or* salonu) waiting room.
beklemek 1. to wait (*-i* for), to await, to look (*-i* for); **2.** to watch (*-i* over), to guard.
beklenmedik unexpected.
bekleyiş waiting.
bel[1] **1.** waist; **2.** loins; the small of the back; **3.** mountain pass; **4.** sperm, come; **~ *bağlamak*** to rely (*-e* on), to trust; **~ *vermek*** to bulge, to sag; ***-i gelmek*** to have a discharge of sperm, to come; ***-ini doğrultmak*** to recover.
bel[2] spade; digging fork.
bela trouble, misfortune, calamity, evil; **~ *aramak*** to trail one's coat; **~ *çıkarmak*** to stir up trouble; ***-sını*** bulmak to get one's deserts; ***sını çekmek*** to suffer for; ***ya çatmak*** to run into trouble.
belagat, *-ti* 1. eloquence; **2.** rhetoric.
belalı 1. troublesome, calamitous; **2.** quarrelsome; **3.** bully, pimp.
Belçika *pr. n.* Belgium.
Belçikalı Belgian.
belde city, town.
belediye municipality; **~ *başkanı*** mayor.
belermek to stare (*eyes*), to be wide open.
beleş *sl.* gratis, for nothing; ***-e konmak*** to get on the gravy train; ***-ten*** for nothing.
beleşçi *sl.* sponger, freeloader.
belge document; certificate.
belgelemek to document; to confirm, to prove.
belgeli 1. confirmed, proved; **2.** dismissed (*from school*).
belgesel documentary.
belgin clear, precise.
belgisiz GR indefinite; **~ *adıl*** indefinite pronoun.
belgit, *-ti* 1. evidence; **2.** receipt.
belirgin clear, evident.
belirlemek to determine, to fix.
belirli determined, definite, specific.
belirmek 1. to appear; **2.** to become evident.
belirsiz 1. indefinite, undetermined, unknown, uncertain; **2.** imperceptible.
belirteç GR adverb.
belirten GR modifier.
belirti sign; symptom.
belirtik explicit.
belirtmek 1. to state, to make clear; **2.** to determine.
belit, *-ti* axiom.

B

belkemiği, ***-ni*** **1.** backbone, spine; **2.** *fig*. pillar, fundamental part.
belki [x.] perhaps, maybe.
bellek memory.
bellemek **1.** to commit to memory, to learn by heart; **2.** to spade.
belleten learned journal.
belletici tutor.
belli **1.** evident, clear, obvious; **2.** certain, definite; ~ ***başlı*** **1.** clear, definite; **2.** eminent; main, chief; ~ ***belirsiz*** hardly visible; ~ ***etmek*** **1.** to make clear; **2.** to show.
belsoğukluğu, ***-nu*** MED gonorrhea.
bembeyaz [x..] snow-white, pure white.
bemol, ***-lü*** MUS flat.
ben[1] I; me.
ben[2] mole, beauty spot.
bence [x.] in my opinion, as to me.
bencil selfish, egoistic.
bencillik egotism; ~ ***etmek*** to be selfish.
bende slave; servant; ***-niz*** your humble servant.
benek spot, speck.
benekli spotted, speckled
bengi eternal.
bengisu water of life.
benim[1] [.x] my; mine; ~ ***için*** for me.
benim[2] [x.] I am, it is I.
benimki mine.
benimsemek to make one's own; to identify oneself with, to adopt.
beniz, ***-nzi*** colo(u)r of the face; ***benzi atmak*** to grow pale.
benli spotted, freckled.
benlik **1.** egotism; **2.** personality, ego; **3.** conceit.
bent, ***-di*** **1.** dam, dike, weir, aqueduct; **2.** paragraph; article; **3.** stanza.
benzemek to resemble, to look like, to be like, to seem like.
benzer similar, like; resembling.
benzerlik similarity, resemblance.
benzeşmek to resemble each other.
benzetmek **1.** to compare (*-e* with); **2.** to mistake (*-e* for), to mix up (*-e* with).
benzeti simile, metaphor.
benzeyiş resemblance.
benzin petrol, *Am*. gasoline; benzine; ~ ***deposu*** petrol tank; ~ ***istasyonu*** petrol station, filling station; ~ ***motoru*** gasoline engine.
beraat, ***-tı*** acquittal; ~ ***etmek*** to be acquitted.
beraber [ā] **1.** together; **2.** equal; level, abreast, in a line; ***-e kalmak*** to draw, to tie; ***-inde*** together, along with.
beraberce together.
beraberlik [ā] **1.** draw, tie; **2.** unity, cooperation.
berat, ***-tı*** patent, warrant.
berbat, ***-tı*** **1.** ruined, spoilt; **2.** filthy, dreadful, disgusting; ~ ***etmek*** to ruin, to spoil.
berber barber; hairdresser.
berduş vagabond.
bere[1] beret.
bere[2] bruise; dent.
bereket, ***-ti*** **1.** abundance, plenty; fruitfulness; **2.** blessing; **3.** fortunately; ~ ***versin!*** Fortunately!
bereketli fertile; fruitful; abundant.
bereketsiz infertile; unfruitful; not blessed.
berelemek to bruise, to cause bruises (*-i* on).
berhava blown up; ~ ***etmek*** to blow up.
beri **1.** here; near; this side of; **2.** (*-den*) since; ***-de*** on this side.
beriki the nearest, the nearer one; this one.
berk hard, firm, strong, tight.
berkitmek to strengthen.
berrak, ***-kı*** *or* ***-ğı*** clear, limpid, transparent.
bertaraf aside, out of the way; ~ ***etmek*** to put aside, to do away (with).
berzah GEOGR isthmus.
besbelli [x..] *emph. of* ***belli.***
besi **1.** nourishing, nutrition; **2.** fattening; ***-ye çekmek*** to fatten (*an animal*).
besici fattener.
besili fat(ted); well-fed, plump.
besin nutriment, nourishment, food.
besisuyu, ***-nu*** sap.
besleme girl servant (*brought up in a house from childhood*).
beslemek **1.** to feed, to nourish; **2.** to fatten (*animal*); **3.** to support, to maintain, to keep; **4.** MEC to prop, to shim up.
besleyici nutritious, nourishing.
beste musical composition, tune, melody.
besteci, **bestekâr** composer.
bestelemek to compose, to set to music.

beş five; ~ ***aşağı*** ~***yukarı*** close bargaining; ~ ***para etmez*** worthless; ~ ***parasız*** broke, penniless; ***-te bir*** one fifth.
beşer[1] five each, five apiece.
beşer[2] man, mankind.
beşeriyet, ***-ti*** mankind, humanity.
beşgen MATH pentagon.
beşik cradle (*a. fig.*).
beşinci fifth.
beşiz quintuplets.
beştaş jackstones, jacks.
bet, ***-ti*** face; ~ ***beniz*** colo(u)r of the face; ***-i benzi atmak*** to go pale from fear.
beter worse.
betim description.
betimlemek to describe.
beton concrete.
betonarme reinforced concrete.
betonyer cement mixer.
bevliye urology.
bevliyeci urologist.
bey 1. gentleman, sir; Mr., bey (*used after the first name*); **2.** husband; **3.** chief, ruler.
beyan declaration, expression; ~ ***etmek*** to declare, to announce, to express.
beyanname [ā, ā] declaration, written statement; ECON manifest.
beyaz 1. white; **2.** fair-skinned; ♀ ***Saray*** *pr. n.* the White House.
beyazlatmak to whiten, to bleach.
beyazlık whiteness.
beyazperde 1. movie screen; **2.** the cinema.
beyazpeynir white cheese.
beyefendi sir; Mr. (*after name*).
beyerki, ***-ni*** aristocracy.
beygir horse, packhorse, cart horse.
beygirgücü, ***-nü*** horsepower.
beyhude [ū] in vain; useless, vain; ~ ***yere*** in vain, uselessly.
beyin, ***-yni*** **1.** brain; **2.** mind; brains, intelligence; ~ ***kanaması*** MED cerebral hemorrhage; ~ ***sarsıntısı*** MED concussion of the brain; ~ ***sektesi*** MED cerebral apoplexy; ~ ***yıkamak*** to brainwash; ***beyninden vurulmuşa dönmek*** to be greatly upset.
beyincik ANAT cerebellum.
beyinsiz *fig.* brainless, stupid.
beyit, ***-yti*** verse, couplet, distich.
beylik 1. commonplace, conventional; **2.** principality, region ruled over by a ruler.
beynelmilel international.
beysbol baseball.
beyzi [ī] oval, elliptical.
bez[1] cloth, duster; dustcloth; diaper.
bez[2] ANAT gland.
bezdirmek to sicken, to weary, to disgust.
beze ANAT gland.
bezek ornament; decoration.
bezelye [.x.] BOT pea(s).
bezemek to adorn, to deck, to embellish.
bezen ornament, embellishment.
bezenmek 1. to decorate o.s.; **2.** to be ornamented.
bezgin disgusted; depressed.
bezginlik weariness.
bezik bezique.
beziryağı, ***-nı*** linseed oil.
bezmek (*bşden*) to get tired of *s.th.*, to become sick of *s.th.*
bıcılgan infected (*sore*).
bıçak knife; ~ ***ağzı*** the sharp edge of a knife; ~ ***çekmek*** to draw a knife (*-e* on); ~ ***kemiğe dayanmak*** *fig.* to reach the limit.
bıçaklamak to stab, to knife.
bıçkı two-handed saw.
bıçkıcı sawyer.
bıçkın F rascal, rowdy.
bıkkın bored, tired, disgusted.
bıkkınlık disgust, boredom.
bıkmak (*bşden*) to tire of *s.th.*, to get bored with *s.th.*
bıktırıcı disgusting, boring, annoying.
bıldırcın ZO quail.
bıngıl bıngıl well nourished, fat.
bırakmak, (***-ır***) **1.** to leave; to quit; to abandon; **2.** to let, to allow; **3.** to put down; **4.** to postpone; **5.** to give up (*habit*); **6.** to grow (*beard*); **7.** to let off, to let go; **8.** to assign (*-e* to), to bequeath; **9.** to entrust, to confide.
bıyık 1. moustache; **2.** ZO whiskers; **3.** tendril; ~ ***altından gülmek*** to laugh up one's sleeve; ~ ***bırakmak*** to grow a moustache.
bızır ANAT clitoris.
biber pepper; ~ ***dolması*** stuffed peppers.
biberli peppery, peppered.
biberlik pepper shaker.
biberon feeding bottle.

B

bibliyografi, bibliyografya bibliography.
biblo knick-knack, trinket.
biçare [ī, ā] poor, wretched.
biçerbağlar reaper, binder, harvester.
biçerdöver combine, reaperthresher.
biçim 1. shape, form; manner; **2.** elegant form; well-proportioned shape; **3.** *tailoring*: cut; **4.** harvest; ***-e sokmak*** to shape.
biçimlendirmek to shape, to put into a form.
biçimli well-shaped, trim.
biçimsel formal.
biçimsiz ill-shaped, ugly.
biçki cutting out; ***~ dikiş yurdu*** tailoring school.
biçmek 1. to cut; **2.** to cut out (*or* up); **3.** to reap, to mow.
bidon can, drum, barrel.
biftek beefsteak, steak.
bigâne stranger (*-e* to), detached (*-e* from).
bigudi hair curler.
bihaber unaware (*-den* of), ignorant (*-den* of).
bikini bikini.
bikir, *-kri* virginity, maidenhood.
bilahara later, afterwards.
bilakis [x..] on the contrary.
bilanço [.x.] balance (sheet).
bilardo [.x.] billiards.
bildik 1. known; **2.** acquaintance; ***bildiğini okumak*** to go one's own way.
bildirge 1. report; **2.** tax report.
bildiri communiqué, announcement, notice.
bildirmek to make known (*-e* to), to inform.
bile 1. even; **2.** already.
bileği whetstone, grindstone, hone.
bileğitaşı whetstone.
bilek wrist; ***bileğine güvenmek*** to rely on one's fists.
bilemek to sharpen, to whet, to grind.
bileşen component.
bileşik 1. composed; **2.** CHEM compound; ***~ faiz*** compound interest; ***~ kesir*** compound fraction.
bileşim CHEM composition.
bileşke resultant.
bileşmek CHEM to be compounded (*ile* with), to combine.
bilet, *-ti* ticket; ***~ gişesi*** ticket window, box office.
biletçi ticket man, conductor, ticket collector.
bileyici knife-grinder.
bilezik 1. bracelet; **2.** MEC metal ring.
bilfiil [x..] in fact, actually.
bilge learned; wise.
bilgi 1. knowledge; **2.** information; ***~ edinmek*** to be informed, to get information.
bilgiç pedant(ic).
bilgili learned; well-informed.
bilgin scholar; scientist.
bilgisayar computer.
bilgisiz ignorant; uninformed.
bilgisizlik ignorance.
bilhassa [x..] especially, particularly.
bilim science; knowledge.
bilimkurgu science fiction.
bilimsel scientific.
bilinç the conscious.
bilinçaltı, *-nı* the subconscious.
bilinçdışı, *-nı* the unconscious.
bilinçli conscious.
bilinçsiz unconscious.
bilirkişi expert.
billur crystal; cut glass.
billurcisim ANAT lens.
billurlaş(tır)mak to crystallize.
bilmece riddle; puzzle.
bilmek, (*-ir*) 1. to know; **2.** to consider, to deem; to suppose, to think; to believe; **3.** to appreciate, to value; **4.** to be able to *inf.*; ***bile bile*** on purpose, intentionally.
bilmezlik ignorance; ***-ten gelmek*** to pretend not to know.
bilmukabele [a] in return.
bilye [x.] **1.** marble; **2.** MEC ball.
bilyon a thousand million, *Am.* billion.
bin thousand; ***~ bir*** *fig.* innumerable, a great many; ***~ bir gece*** the Arabian Nights; ***~ dereden su getirmek*** to beat around the bush; ***-de bir*** scarcely, once in a blue moon; ***-lerce*** thousands of.
bina [ā] building, edifice.
binbaşı MIL major; commander; squadron leader.
bindirmek 1. to load; **2.** to collide (*-e* with); to run (*-e* into), to ram; **3.** to add on.
binek saddle beast, mount (*horse*); ***~ atı*** saddle horse.
biner a thousand each; ***~ ~*** by thou-

sands.

binici rider, horseman.

binlik a thousand-lira note.

binmek, (-er) 1. to mount, to embark, to board, to get on, to go on; **2.** to ride (*a horse, a bicycle, in a car*); **3.** to overlap; **4.** to be added (*-e* to).

bir 1. one; a, an; **2.** unique; **3.** the same, equal; **4.** once; **5.** mere, only; **6.** united; ***günün -inde*** one day; ~ ***ağızdan*** in unison; ~ ***an önce*** as soon as possible; ~ ***arada*** all together; ~ ***aralık*** some time; ~ ***araya gelmek*** to come together; ~ ***aşağı*** ~ ***yukarı dolaşmak*** to walk up and down; ~ ***avuç*** a handful; ~ ***bakıma*** in one way, from one point of view; ~ ~ one by one; ~ ***çırpıda*** at one stretch, at once; ~ ***çift söz*** a word or two; ~ ***daha 1.*** one more; **2.** once more, once again; ~ ***de*** also, in addition, too; ~ ***deri*** ~ ***kemik*** only skin and bones; ~ ***ioş olmak*** to feel embarrassed; ~ ***içim su*** *fig.* very pretty (*woman*); ~ ***iki*** one or two, very few; ~ ***kafada*** of the same opinion; ~ ***kalemde*** in one go; ~ ***kapıya çıkmak*** to come to the same thing; ~ ***miktar*** a little, some; ~ ***o kadar*** as much again; ~ ***olmak*** to join forces, to unite; ~ ***parça 1.*** a little, a bit; **2.** one piece, a whole; ~ ***şey*** something; ~ ***şey değil!*** Not at all!, You are welcome!; ~ ***tutmak*** to regard as equal; ~ ***türlü 1.*** in any way; **2.** somehow; **3.** just as bad; ~ ***varmış*** ~ ***yokmuş*** once upon a time; ~ ***yana*** aside from, apart from; ~ ***yastığa baş koymak*** to be husband and wife; ***-e on katmak*** to exaggerate too much.

bira [x.] beer; ~ ***fabrikası*** brewery; ~ ***mayası*** barm, yeast.

birader [ā] **1.** brother; **2.** fellow; Hey you!

birahane [..—.] pub, beer-house.

biraz [x.] a little, some; ~ ***sonra*** soon after.

birazcık [x..] a little bit.

birazdan [x..] a little later.

birbiri, *-ni* each other; ~ ***ardınca*** one after the other; ***-ne düşürmek*** to set at odds; ***-ne girmek* 1.** to start quarrelling; **2.** to be stirred up.

birçok many, a lot (of).

birden 1. suddenly; **2.** at a time, in one lot.

birdenbire [.x..] suddenly.

birdirbir leapfrog.

birebir most effective (*remedy*).

birer one each, one apiece; ~ ~ one by one, singly.

bireşim synthesis.

birey individual.

bireycilik individualism.

bireysel individual.

biri, *-ni*, birisi, *-ni* 1. one of them; **2.** someone.

biricik unique, the only.

birikim accumulation, buildup.

birikinti accumulation, deposit, heap.

birikmek to come together, to accumulate, to assemble, to collect.

biriktirmek 1. to gather, to pile up, to assemble; **2.** to save up (*money*); **3.** to collect.

birim unit.

birinci 1. the first; **2.** first-class, **3.** champion; ~ ***elden*** ECON at first hand; ~ ***gelmek*** to be best; to come in first (*in a race*); ~ ***mevki*** first class (*in a train, bus*), cabin class (*on a ship*).

birincilik championship.

birkaç, *-çı* a few, some, several.

birleşik united, joint; ~ ***sözcük*** compound word.

birleşmek 1. to unite, to join together; **2.** to meet (*ile* with); **3.** to agree; ***Birleşmiş Milletler*** *pr. n.* United Nations.

birleştirmek to put together, to unite, to connect.

birli *cards*: ace.

birlik 1. unity, accord; **2.** sameness; equality; identity; **3.** union, association; **4.** MIL unit.

birlikte together, in company.

birtakım some, a certain number of.

bisiklet, *-ti* bicycle; ***-e binmek*** to bicycle, to ride a bicycle.

bisküvi, *-ti* biscuit, cracker.

bismillah in the name of God.

bit, *-ti* louse.

bitap, *-bı* [——] exhausted, feeble; ~ ***düşmek*** to get exhausted.

bitaraf [ī] neutral, impartial.

bitek AGR fertile.

biteviye [x...] uninterruptedly, monotonously; all of a piece.

bitey flora.

bitik exhausted, worn out; broken

B

down.
bitim end(ing).
bitimli finite.
bitimsiz infinite.
bitirim *sl.* smart, topping.
bitirmek 1. to finish, to complete, to terminate; **2.** to accomplish; **3.** to exhaust, to use up.
bitiş end.
bitişik 1. touching, neighbo(u)ring, adjacent, joining; **2.** next door.
bitişmek to join, to grow together.
bitiştirmek to join, to unite, to attach.
bitki plant.
bitkin exhausted, dead tired.
bitkisel vegetal, vegetable.
bitli lousy, infested with lice.
bitmek[1] **1.** to come to an end, to terminate; to be completed; **2.** to be used up, to be all gone; **3.** to be exhausted; **4.** to be worn out.
bitmek[2] to grow, to sprout.
bitpazarı, ***-nı*** flea market, rag-fair.
bityeniği, ***-ni*** *fig.* catch.
biyografi biography.
biyokimya biochemistry.
biyoloji biology.
biyopsi biopsy.
biz[1] we; **~ *-e*** by ourselves, without outsiders.
biz[2] awl.
Bizans *pr. n.* Byzantium.
bizar [— —] disgusted, sick (of); **~ *olmak*** to be disgusted (*-den* of).
bizce in our opinion.
bizim our, ours.
bizimki ours.
bizon zo bison.
bizzat [x.] in person, personally.
blok 1. block; **2.** POL bloc.
bloke blocked (*account*); stopped (*cheque*); **~ *etmek*** to block; to stop.
bloknot, ***-tu*** [x.] writing pad, memorandum block.
blöf bluff; **~ *yapmak*** to bluff.
blucin (blue) jeans.
bluz blouse.
boa (*yılanı*) zo boa.
bobin bobbin, spool; coil.
boca [x.] NAUT lee (side); **~ *etmek*** to turn over, to cant over, to tilt.
bocalamak to falter, to get confused.
bocurgat, ***-tı*** capstan.
bodrum cellar, dungeon; **~ *katı*** basement.
bodur dumpy, squat.
boğa bull; **~ *güreşi*** bullfight.
boğak MED angina.
boğaz 1. throat; gullet, esophagus; **2.** neck (*of a bottle etc.*); **3.** mountain pass; **4.** strait; **~ *derdine düşmek*** to struggle for a living; **~ *olmak*** to have a sore throat; ***-ına düşkün*** gourmet, gastronome; ***-ına kadar*** up to one's neck; ***-ından geçmemek*** to stick in one's throat.
Boğaziçi, ***-ni*** *pr. n.* the Bosphorus.
boğazlamak to cut the throat of, to slaughter.
boğazlı gluttonous.
boğmaca MED whooping cough, pertussis.
boğmak[1] **1.** to choke, to strangle; **2.** to suffocate; **3.** to drown (*-de* in); **4.** to overwhelm (with); **5.** to conceal.
boğmak[2] node, joint, articulation.
boğucu suffocating.
boğuk hoarse, raucous; muffled; **~ ~** hoarsely; with a muffled sound.
boğum 1. BOT knot, joint, node; **2.** internode; **3.** ANAT ganglion.
boğuntu profiteering; ***-ya getirmek*** to swindle money out of s.o.
boğuşmak 1. to scuffle, to fight; **2.** to quarrel.
bohça wrapping cloth; bundle.
bohçalamak to wrap up in a bundle.
bohem bohemian
bok, ***-ku*** *sl.* **1.** dung, excrement, shit; ordure; **2.** rubbish; worthless; **~ *atmak*** *sl.* to throw dirt (*-e* on), to blacken.
bokböceği, ***-ni*** zo dungbeetle.
boks boxing; **~ *yapmak*** to box.
boksör boxer.
bol 1. wide, loose, loose-fitting; **2.** ample, abundant; **~ ~** abundantly; **~ *keseden*** generously.
bolca 1. rather amply; **2.** somewhat wide.
bollaşmak 1. to become wide (*or* loose); **2.** to become abundant.
bollaştırmak 1. to widen; **2.** to make abundant.
bolluk 1. wideness, looseness; **2.** abundance.
bomba [x.] bomb; **~ *gibi*** F in the pink.
bombalamak to bomb.
bombardıman bombardment, bomb-

B

ing; ~ ***etmek*** to shell, to bombard; ~ ***uçağı*** bomber.
bomboş [x.] quite empty.
bonbon candy, bonbon.
boncuk bead; ~ ***gibi*** beady (*eyes*); ~ ***mavisi*** turquoise blue.
bone bonnet.
bonfile sirloin steak.
bono [x.] bond, bill; cheque.
bonservis letter of recommendation, written character.
bora [x.] storm, tempest, hurricane, squall.
boraks borax.
borazan 1. trumpet; **2.** trumpeter; ~ ***çalmak*** *fig.* to let everybody know.
borç, *-cu* 1. debt; loan; **2.** obligation, duty; **3.** debit; ~ ***almak*** to borrow (*money*); ~ ***vermek*** to lend.
borçlanmak to get into debt.
borçlu 1. debtor; **2.** indebted, under obligation (*-e* to).
borda [x.] **1.** board, broadside; **2.** beam.
bordalamak to board.
bordro [x.] payroll; list, register, roll.
bornoz [x.] bathrobe.
borsa (stock) exchange; ~ ***acentesi*** stockbroker.
boru 1. pipe, tube; **2.** trumpet; ~ ***çalmak*** to sound a trumpet; ***-su ötmek*** *fig.* to wear the trousers.
borumsu BIOL tubiform.
boruyolu, *-nu* pipeline.
bostan 1. vegetable garden, kitchen garden; **2.** melon field; ~ ***korkuluğu*** **1.** scarecrow; **2.** *fig.* a mere puppet.
boş 1. empty; hollow; blank; **2.** uninhabited; **3.** vacant (*post*); **4.** free (*seat*); **5.** unoccupied; unemployed; **6.** neutral (*gear*); **7.** loose, slack (*rope*); **8.** TYP space; ~ ***bulunmak*** to be taken unawares; ~ ***durmak*** to be unoccupied, to idle; ~ ***gezmek*** to loaf, to wander about idly; ~ ***kafalı*** empty-headed, silly; ~ ***vermek*** *sl.* not to give a damn; ~ ***yere*** in vain; ***-a çıkmak*** to fall to the ground (*hope etc.*); ***-a gitmek*** to go for nothing.
boşalım discharge, release.
boşalmak 1. to be emptied, to empty itself, to run out; **2.** to become free; **3.** to unwind itself.
boşaltım BIOL excretion.
boşaltmak 1. to empty; to pour (out); **2.** to evacuate; to move out (*house*); **3.** to discharge (*gun*); **4.** to unload, to discharge (*cargo, ship*).
boşamak to divorce, to repudiate (*one's wife*).
boşanmak 1. to be divorced (*-den* from); **2.** to be set at large; to break loose; **3.** to be discharged by accident; **4.** to burst forth (*tears, blood*).
boşboğaz garrulous, indiscreet.
boşboğazlık idle talk; ~ ***etmek*** to blab.
boşlamak *sl.* to neglect; to let alone.
boşluk 1. blank; **2.** emptiness; **3.** cavity; **4.** vacuum.
boşta 1. unemployed; **2.** MOT not in gear.
boşuboşuna in vain.
boşuna in vain, for nothing.
bot[1], *-tu* boat.
bot[2], *-tu* boot.
botanik botany.
boy[1] clan, tribe.
boy[2] 1. height; stature; **2.** length; **3.** size; **4.** edge (*of a road*), bank (*of a river*); ~ ***almak*** to grow in height; ~ ~ assorted, of various sizes; ~ ***göstermek*** to show o.s. off; ~ ***ölçüşmek*** to compete (*ile* with); ***-a çekmek*** to shoot up (*child*); ***-dan -a*** all over; ***-unun ölçüsünü almak*** *fig.* to get one's deserts.
boya 1. paint; **2.** dye; **3.** colo(u)r; **4.** make-up; ~ ***vurmak*** to paint; ***-sı atmak*** to fade.
boyacı 1. housepainter; dyer; **2.** shoeblack; **3.** dealer in paints.
boyahane [..—.] dye-house, dyer's shop.
boyalı painted; dyed; colo(u)red.
boyamak to paint, to dye, to colo(u)r.
boyanmak to use make-up.
boyarmadde CHEM pigment.
boyasız uncolo(u)red, undyed; unpainted.
boydaş 1. of the same height; **2.** equal, peer.
boykot, *-tu* boycott; ~ ***etmek*** to boycott.
boylam AST longitude.
boylamak (*bir yeri*) to end up (in).
boylanmak to grow taller *or* longer.
boylu tall, high; ~ ***boslu*** tall and well-built, handsome; ~ ***boyunca*** **1.** at full length; **2.** from end to end.
boynuz 1. horn, antler; **2.** made of

B

horn; ~ ***taktırmak*** *sl.* to cuckold.
boynuzlamak 1. to gore; **2.** *sl.* to cuckold.
boynuzlu 1. horned; **2.** *sl.* cuckold (*man*).
boyun, **-ynu 1.** neck; **2.** GEOGR pass, defile; ~ ***atkısı*** scarf, neckerchief; ~ ***borcu*** a binding duty; ~ ***eğmek*** to submit; to humiliate o.s.; (**boynu**): ~ ***altında kalsın!*** May he die!; ~ ***kıldan ince*** *fig.* ready to accept any decision; ***-na sarılmak*** to embrace; ***-nu vurmak*** to behead.
boyuna 1. lengthwise, longitudinally; **2.** [x..] incessantly, continually.
boyunbağı, ***-nı*** necktie.
boyunca 1. along; **2.** lengthwise; **3.** during.
boyunduruk yoke (*a. fig.*); ~ ***altına almak*** to put under the yoke, to enslave.
boyut, ***-tu*** dimension.
boz 1. grey; **2.** rough, waste, uncultivated.
boza boza (*drink made of fermented millet*); ~ ***gibi*** thick (*liquid*).
bozacı maker *or* seller of boza.
bozarmak to turn pale.
bozdurmak to change (*money*); to get change for.
bozgun 1. rout, defeat; **2.** routed; ***-a uğramak*** to be routed; ***-a uğratmak*** to rout, to clobber, to defeat.
bozguncu defeatest.
bozgunculuk defeatism.
bozkır steppe.
bozma 1. made out (*-den* of); **2.** abrogation; **3.** pervert, proselyte.
bozmak, **(-ar) 1.** to spoil, to ruin, to destroy; **2.** to change (*money*); **3.** to upset (*stomach, plans etc.*); **4.** to undo; **5.** to demolish, to scrap; **6.** to disturb (*peace*); **7.** to adulterate; to taint; **8.** to break (*oath, custom*), to cancel (*agreement*); **9.** LEG to quash (*by cassation*); **10.** to violate; **11.** to disconcert; to humiliate; **12.** to change for the worse (*weather*).
bozuk 1. destroyed, spoilt, broken; **2.** out of order; **3.** bad, corrupt; **4.** (small) change; ~ ***para*** small change.
bozukdüzen unsettled conditions.
bozukluk small change, coins.
bozulmak 1. to spoil, to go bad, to go sour; **2.** to become corrupt; **3.** to break down (*car etc.*); **4.** to be humiliated, to be disconcerted.
bozum *sl.* embarrassment, humiliation; ~ ***olmak*** *sl.* to be embarrassed, to lose face.
bozuntu 1. discomfiture; **2.** F caricature (of), mere parody (of); **3.** scrap, refuse; ***-ya vermemek*** to keep up appearances.
bozuşmak to break with one another.
bozut, ***-tu*** disorder, sedition.
böbrek ANAT kidney; ~ ***iltihabı*** nephritis.
böbürlenmek to boast, to be arrogant, to strut, to brag.
böcek 1. ZO insect; **2.** bug, beetle; **3.** louse; ~ ***zehiri*** pesticide.
böcekçil BIOL insectivorous.
böceklenmek to become infested with vermin, to get buggy.
böğür, ***-ğrü*** side, flank (*of the body*).
böğürmek to bellow; to moo.
böğürtlen BOT blackberry.
böğürtü bellow; moo.
bölen MATH divisor.
bölge region, zone, district.
bölgeci regionalist.
bölgesel regional.
bölme 1. MATH division; **2.** partition; dividing wall; **3.** compartment.
bölmek 1. to separate; **2.** MATH to divide (*-e* into).
bölmeli partitioned.
bölü MATH divided by.
bölücü separationist, plotter.
bölük 1. MIL company; squadron; **2.** MATH order, place; **3.** part, division, subdivision; **4.** body, group (*of men*); ~ ~ in groups; ~ ***pörçük*** in bits.
bölüm 1. section, part, division, chapter, episode; **2.** MATH quotient, dividing.
bölümlemek to classify, to sort out.
bölünen MATH dividend.
bölünme BIOL division.
bölünmek to be divided (*-e* into), to be separated.
bölünmez indivisible.
bölüntü part, section.
bölüşmek to share out, to divide up.
bön imbecile, silly, naive; ~ ~ ***bakmak*** to stare foolishly.
bönlük foolishness, simple-mindedness.

börek flaky pastry, pie.
börkenek ZO reticulum.
börülce BOT cowpea, black-eyed bean.
böyle so, thus, in this way; such; ***bundan ~*** henceforth; ***~ ~*** in this way; ***~ iken*** anyhow, while this is so.
böylece [x..] thus, in this way.
böylelikle [..x.] = ***böylece.***
böylesi the like, this kind.
branda [x.] sailor's hammock; ***~ bezi*** canvas.
branş branch, field of work.
bravo! *int.* Bravo!, Well done!
Brezilya [.x.] *pr. n.* Brazil.
briç, ***-ci*** *cards*: bridge.
brifing briefing.
briket, ***-ti*** briquette.
briyantin brilliantine.
brom CHEM bromine.
bronş ANAT bronchus.
bronşçuk ANAT bronchiole.
bronşit, ***-ti*** bronchitis.
bronz bronze.
broş brooch.
broşür brochure, pamphlet.
bröve pilot's licence; testimonial, certificate.
Brüksel *pr. n.* Brussels.
brülör burner, combustion unit.
brüt gross.
bu this; ***~ arada*** **1.** meanwhile; **2.** among other things; ***~ bakımdan*** in this respect; ***~ defa*** this time; and now; ***~ gibi*** like this, such; ***~ münasebetle*** in this connection; ***~ yakınlarda*** recently; ***~ yüzden*** for this reason; so; ***-ndan başka*** besides, moreover, in addition; ***-ndan böyle*** from now on; ***-ndan dolayı*** (*or* ***ötürü***) because of this, therefore; ***-ndan sonra*** (*or* ***böyle***); **1.** henceforth; **2.** after this.
bucak **1.** corner, nook; **2.** subdistrict; ***~ ~*** here and there, high and low.
buçuk and a half.
budak knot (*in timber*).
budaklanmak to become knotty; to send forth shoots; ***dallanıp ~*** *fig.* to become complicated.
budaklı knotty, gnarled.
budala **1.** foolish, imbecile, fool; **2.** crazy (about), mad (about).
budalalık **1.** stupidity, foolishness; **2.** craze; ***~ etmek*** to behave foolishly.
budun people, nation.
budunbetim ethnography.
budunbilim ethnology.
bugün [x.] today; ***~ yarın*** soon, at any time; ***-den*** from today; ***-den tezi yok*** right away; ***-e ~*** don't forget that, sure enough; ***-ler*** these days; ***-lerde*** nowadays, in these days.
bugünkü [x..] of today, today's.
bugünlük [x..] for today.
buğday wheat; ***~ benizli*** darkskinned.
buğu vapo(u)r, steam, fog, mist.
buğulanmak to be steamed up, to mist over.
buğulu steamed up, fogged.
buhar steam, vapo(u)r; ***~ gemisi*** steamship.
buharlaşma evaporation.
buharlaşmak to evaporate, to vaporize.
buharlı run by steam; steamy.
buhran [ā] crisis; ***~ geçirmek*** to go through a crisis.
buhranlı critical, stressful.
buhur [. —] incense.
buhurluk **1.** censer; **2.** incense box.
buji MOT spark plug.
bukağı fetter; hobble.
bukağılamak to fetter.
bukalemun ZO *& fig.* chameleon.
buket, ***-ti*** bouquet, bunch of flowers.
bukle lock, curl of hair.
bukleli curly.
bulama (*a semisolid molasses of*) boiled grape juice.
bulamaç, ***-cı*** thick soup (*made with flour, butter and sugar*).
bulamak to roll (*in flour*); to besmear, to bedaub (*-e* with); to smear (*-e* on).
bulandırmak **1.** to muddy, to soil; **2.** to turn (*the stomach*).
bulanık turbid; cloudy, overcast; dim.
bulanmak **1.** to become cloudy; **2.** to be upset, to get confused; **3.** to be dimmed; ***midesi ~*** to become nauseated.
bulantı nausea, queasiness.
bulaşıcı infectious, contagious (*disease*).
bulaşık **1.** smeared, soiled; tainted; **2.** contagious (*disease*); **3.** dirty dishes; ***~ bezi*** dishcloth; ***~ makinesi*** dishwasher; ***~ suyu*** dishwater.
bulaşıkçı dishwasher.
bulaşkan **1.** sticky, adhesive; **2.** com-

B

bative (*person*).
bulaşmak **1.** to become dirty, to be smeared; **2.** to soil, to get sticky; **3.** to be spread by contagion (*disease*); **4.** to be involved (*-e* in).
buldok bulldog.
buldozer bulldozer.
Bulgaristan [.x..] *pr. n.* Bulgaria.
bulgu finding, discovery.
bulgur boiled and pounded wheat; **~ *pilavı*** dish of boiled pounded wheat.
bulmaca crossword puzzle.
bulmak, (***-ur***) **1.** to find; **2.** to discover, to invent; **3.** to hit, to reach; **4.** to meet (with); **5.** to find (*fault*) (*-e* with), to blame (*-e* on); ***bulup çıkarmak*** to find out.
buluğ puberty; ***-a ermek*** to reach puberty.
bulunç conscience.
bulundurmak to provide, to have present, to have waiting.
bulunmak **1.** to be found; **2.** to be present, to exist; **3.** to take part (*-de* in), to participate (*-de* in).
buluntu **1.** a rare find; **2.** foundling.
buluş **1.** invention; discovery; **2.** original thought.
buluşma meeting, rendezvous.
buluşmak to meet, to come together.
bulut, ***-tu*** cloud; ***~ gibi sarhoş*** as drunk as a lord; ***-tan nem kapmak*** *fig.* to be very touchy.
bulutlanmak to get cloudy.
bulutlu **1.** cloudy; **2.** opaque.
bulutsu AST nebula.
bulvar boulevard.
bumbar **1.** sausage casing; **2.** sausage.
bunak dotard.
bunaklık dotage.
bunalım **1.** crisis; **2.** depression.
bunalmak **1.** to be suffocated (*-den* with); **2.** to be depressed (*or* bored).
bunaltıcı depressing, boring.
bunaltmak to depress, to bore.
bunama dotage.
bunamak to dote, to be in one's dotage.
bunca [x.] this much, so much; ***~ zaman*** for such a long time.
bunun: ***~ için*** therefore, that is why; ***~ üzerine*** thereupon; ***-la beraber*** nevertheless.
bura this place, this spot; ***-da*** here; ***-dan*** from here, hence; ***-ya*** to this spot, here.
buralı native of this place.
buram buram in clouds (*smoke*); in great quantities (*smell, sweat*); ***~ terlemek*** to sweat profusely.
burcu burcu fragrantly, smelling sweetly.
burç, ***-cu*** **1.** tower; **2.** sign of the zodiac.
burçak BOT common vetch.
burgaç, ***-cı*** whirlpool.
burgu **1.** auger, gimlet, drill; **2.** corkscrew.
burgulamak to drill, to bore.
burjuva bourgeois.
burjuvazi bourgeoisie.
burkmak to sprain, to twist.
burkulmak to be sprained.
burmak **1.** to twist, to screw; **2.** to castrate; **3.** to gripe (*bowels*).
burs scholarship, bursary; ***~ öğrencisi*** scholar, bursar.
buruk acrid, astringent, puckery.
burun, ***-rnu*** **1.** nose; **2.** tip; **3.** GEOGR promontory, cape, point; ***~ buruna gelmek*** to run into; ***~ burmak*** to turn one's nose up (*-e* at); ***~ deliği*** nostril; ***~ kıvırmak*** to turn one's nose up (*-e* at); ***~ silmek*** to wipe one's nose; (**burnu**): ***~ büyük*** *fig.* arrogant; ***~ havada*** *fig.* nose-in-the-air; ***~ havada olmak*** to be on one's high horse; ***~ kırılmak*** to eat humble pie; ***-na girmek*** to come too close (*-in* to); ***-nda tütmek*** *fig.* to long for; ***-ndan kıl aldırmamak*** to be untouchable; ***-ndan solumak*** to go up in the air, ***-nu çekmek*** to sniff; ***-nu sokmak*** to poke one's nose (*-e* into); ***-nu sürtmek*** to eat humble pie; ***-nun dibinde*** under one's very nose; ***-nun direği kırılmak*** *fig.* to be suffocated by bad smell; ***-nun ucunu görememek*** *fig.* to be dead drunk.
burunsalık muzzle.
buruntu colic.
buruşmak to be puckered (*or* crumpled), to wrinkle.
buruşturmak to wrinkle, to crumple, to contort, to crease.
buruşuk wrinkled, puckered, crumpled, shrivelled.
buse [ū] kiss.
but, ***-du*** rump, the buttocks.
butik boutique.

buyruk order, command, decree.
buyurmak 1. to order; **2.** to come, to enter; **3.** to take, to have; **4.** to condescend (to *inf.*).
buz 1. ice; **2.** frozen; ~ ***bağlamak*** to ice up; ~ ***gibi*** icy, ice-cold; ~ ***kesmek*** *fig.* to freeze, to feel very cold; ~ ***tutmak*** to ice up, to freeze.
buzağı calf.
buzağılamak to calve.
buzdağı, ***-nı*** iceberg.
buzdolabı, ***-nı*** refrigerator, fridge, icebox.
buzhane [ā] **1.** ice house; **2.** cold storage plant.
buzlucam frosted glass.
buzluk 1. freezing compartment; **2.** ice cube tray.
buzul glacier; ~ ***çağı*** ice age.
buzulkar firn.
buzultaş moraine.
bücür squat, short, dwarf.
büfe 1. sideboard; **2.** buffet.
büken flexor.
büklüm twist, curl; fold; ~ ~ curly, in curls.
bükmek 1. to bend; **2.** to twist, to curl, to contort; **3.** to fold; **4.** to spin; to twine.
bükük bent, twisted, curved.
bükülgen flexible.
bükülü bent, twisted, curled.
büküm curl, twine, twist, torsion, fold.
büküntü bend, twist, fold.
bülbül nightingale; ~ ***gibi*** fluently; ~ ***kesilmek*** to spill the beans.
bülten bulletin.
bünye structure.
büro [x.] bureau, office.
bürokrasi bureaucracy, red tape.
bürümcük raw silk gauze.
bürümek 1. to wrap, to enfold; **2.** to cover up, to fill, to infest.
bürünmek 1. to wrap o.s. up (*-e* in), to be clothed (*-e* in); **2.** to be filled (*-e* with).
büsbütün [x..] altogether, completely, wholly.
büst, ***-tü*** bust.
bütan butane.
bütçe budget.
bütün 1. whole, entire, complete, total; all; **2.** unbroken, undivided; **3.** altogether, wholly; ~ ~ = ***büsbütün.***
bütüncül totalitarian.
bütünleme make-up examination.
bütünlemek to complete, to make up, to supplement.
bütünlemeli having a make-up examination.
büyü spell, incantation, sorcery, charm; ~ ***yapmak*** to cast a spell (*-e* over); to practice sorcery.
büyücek somewhat large.
büyücü sorcerer, magician, witch.
büyücülük sorcery, witchcraft.
büyük 1. big, large; **2.** great, high; **3.** important, serious; **4.** older, elder; eldest; ~ ***aptes*** feces; ~ ***atardamar*** aorta; ~ ***harf*** capital (letter); ♀ ***Millet Meclisi*** *pr. n.* the Grand National Assembly; ~ ***ölçüde*** on a large scale; ~ ***söylemek*** to talk big.
büyükanne grandmother.
büyükbaba grandfather.
büyükbaş cattle.
büyükelçi ambassador.
büyükelçilik embassy.
büyüklük 1. greatness, largeness; seniority; **2.** importance; **3.** size; ~ ***göstermek*** to show generosity; ~ ***taslamak*** to put on airs.
büyüksemek to overrate; to exaggerate.
büyülemek to bewitch (*a. fig.*); to fascinate.
büyültmek to enlarge.
büyülü bewitched, magic.
büyümek 1. to grow (up); **2.** to prosper; **3.** to become large.
büyüteç magnifying glass.
büyütme 1. foster child; **2.** PHOT enlargement, blowup.
büyütmek 1. to bring up (*child*), to rear, to raise; **2.** to enlarge; **3.** to exaggerate.
büzgü smocking, shirr, gather.
büzgülü smocked, gathered.
büzme drawn together.
büzmek to gather, to constrict, to pucker.
büzük 1. contracted, constricted, puckered; **2.** *sl.* asshole, anus.
büzülmek 1. to shrink; **2.** to crouch, to cower.

C

C

caba [x.] **1.** gratis, free (of charge); **2.** over and above, on top of it.
cabadan for nothing, gratis.
cacık *a dish consisting of chopped cucumber, garlic and dill in yoghurt.*
cadaloz a spiteful old hag.
cadde main road, avenue, street, thoroughfare.
cadı **1.** witch; wizard; **2.** hag.
cafcaf F **1.** pompousness, showiness; **2.** showy talk.
cafcaflı pompous, showy.
cahil [a] **1.** ignorant; **2.** uneducated; **3.** inexperienced; **4.** not knowing, ignorant (of).
cahillik [a] **1.** ignorance; **2.** inexperience; ~ ***etmek*** to act foolishly.
caiz [a] **1.** lawful, permitted; **2.** proper, right.
caka [x.] *sl.* showing off, swagger; ~ ***satmak*** *sl.* to show off, to swagger.
cam **1.** glass; **2.** of glass; **3.** window (pane); ~ ***takmak*** **1.** to glaze; **2.** to replace lenses.
cambaz **1.** acrobat; rope dancer; **2.** horse dealer; **3.** sly, cunning, swindler.
cambazhane [..–.] circus.
camcı glazier.
camcılık glaziery.
camekân shop window; showcase.
camgöbeği, ***-ni*** glass-green, turquoise.
camgöz **1.** zo tope, shark; **2.** *fig.* greedy, stingy.
cami, ***-ii, -si*** mosque.
camia [–..] community, body, group.
camlamak to cover with glass.
camyünü, ***-nü*** fiberglass, glass wool.
can **1.** soul; **2.** life; **3.** person, individual; **4.** vitality, energy, zeal; **5.** dear; ~ ***acısı*** acute pain; ~ ***acısıyla*** with fear of death; ~ ***atmak*** to want badly, to crave; ~ ***beslemek*** to feed o.s. well; ~ ***çekişmek*** to be in the throes of death; ~ ***damarı*** vital point; ~ ***derdine düşmek*** to struggle for one's life; ~ ***dostu*** dear friend; ~ ***düşmanı*** dreadly enemy; ~ ***korkusu*** fear of death; ~ ***kulağıyla dinlemek*** to be all ears; ~ ***sıkıntısı*** boredom, ennui; ~ ***vermek*** **1.** to die; **2.** *fig.* to desire passionately; ~ ***yakmak*** to violate; to torture; ***-a yakın*** lovable, amiable; (**canı**): ~ ***çekmek*** to long for; ~ ***çıkmak*** **1.** to die; **2.** *fig.* to get very tired; ~ ***sıkılmak*** **1.** to feel angry; **2.** to be bored (*-e* by); ~ ***yanmak*** to feel pain, to suffer (*-den* from); ***canım!*** My dear! My darling!; ***canla başla*** with heart and soul.
canan [––] beloved.
canavar **1.** wild beast, monster, brute; **2.** *fig.* brutish person; ~ ***düdüğü*** siren; ~ ***ruhlu*** brutal.
canavarlık savagery, ferocity.
canciğer intimate, very close (*friend*).
candan **1.** sincere, wholehearted; **2.** sincerely.
cani [––] criminal, murderer.
cankurtaran **1.** ambulance; **2.** lifesaver; ~ ***kemeri*** seat belt; life belt; ~ ***simidi*** life buoy; ~ ***yeleği*** life jacket.
canlandırmak **1.** to refresh; **2.** to personify, to perform.
canlanmak **1.** to come to life; **2.** to become active.
canlı **1.** alive, living; **2.** lively, active; **3.** vigorous; **4.** living being; ~ ***resim*** animated film; ~ ***yayın*** live broadcast.
canlılık liveliness.
cansız **1.** lifeless; **2.** uninteresting, dull; **3.** listless, weak.
cari [––] **1.** flowing, running, moving; **2.** ECON current; **3.** valid; effective; ~ ***fiyat*** current price; ~ ***hesap*** current account.
cariye [–..] female slave, concubine.
cascavlak [x..] stark naked.
casus [ā] spy; agent.
casusluk [ā] espionage, spying.
cavalacos *sl.* worthless.
cavlak **1.** naked, nude; **2.** bald(-headed).
caydırmak to dissuade (*-den* from), to cause to renounce.
cayırdamak to creak, to rattle.
caymak to renounce (*-den* from), to give up.

caz jazz; jazz band.
cazırdamak to crackle (*fire*).
cazırtı crackling.
cazibe [ā] charm, attractiveness, attraction.
cazibeli [—...] charming, attractive.
cazip attractive; alluring.
CD CD; ***~-çalar*** CD player; ***~-ROM*** CD-ROM.
cebir, ***-bri*** **1.** force, compulsion; **2.** MATH algebra.
cebren [x.] by force.
cefa [ā] **1.** ill-treatment, cruelty; **2.** pain, suffering; ***~ çekmek*** to suffer; ***~ etmek*** to inflict pain (*-e* on).
cefakâr long-suffering.
cehalet, ***-ti*** [ā] ignorance.
cehennem hell, inferno (*a. fig.*); ***~ azabı*** hellish torture.
cehennemlik fit for hell, damned.
ceket, ***-ti*** jacket, sports coat.
cellat, ***-dı*** executioner.
celp, ***-bi*** **1.** LEG summons; **2.** MIL call, *Am.* draft.
celpname [ā] LEG summons.
celse **1.** session; **2.** LEG hearing, sitting; ***-yi açmak*** to open the session.
cemaat, ***-ti*** [.—.] **1.** congregation group; **2.** religious community.
cemiyet, ***-ti*** **1.** society; association **2.** gathering, assembly.
cenabet, ***-ti*** [ā] ECCL impure.
cenaze [ā] **1.** corpse; **2.** funeral; ***~ arabası*** hearse.
cendere press, screw; mangle; ***-ye sokmak*** *fig.* to give a person a hard time, to torture.
Cenevre [.x.] *pr. n.* Geneva.
cengâver [.—.] **1.** warlike; **2.** hero, warrior.
cengel jungle.
cenin [.—] f(o)etus, embryo.
cenk, ***-i*** battle, combat; war; ***~ etmek*** to fight; to make war.
cenkçi warlike; warrior.
cennet, ***-ti*** paradise, heaven (*a. fig.*); ***~ gibi*** heavenly.
Cenova [x..] Genoa.
centilmen gentleman.
centilmence gentlemanlike.
cep, ***-bi*** pocket; ***~ harçlığı*** pocket money; ***~ sözlüğü*** pocket dictionary; ***~ telefonu*** *Am.* cellphone, *Brit.* mobile phone; ***cebi delik*** penniless, broke.
cephane [ā] ammunition, munitions.
cephanelik [ā] ammunition depot, arsenal.
cephe front, side (*a. fig.*); ***~ almak*** to take sides (*-e* against).
cepkitabı, ***-nı*** pocketbook.
cerahat, ***-ti*** [.—.] matter, pus; ***~ toplamak*** to suppurate.
cerahatlanmak [.—...] to suppurate.
cereyan [ā] **1.** flow; **2.** draft, air movement; **3.** ELECT current; **4.** movement, trend; ***~ etmek*** to happen.
cerrah [ā] surgeon.
cerrahi [ā] surgical; ***~ müdahale*** operation.
cerrahlık surgery.
cesamet, ***-ti*** [ā] bulkiness, hugeness.
cesametli bulky, huge.
cesaret, ***-ti*** [ā] courage, daring, boldness; ***~ almak*** to take heart; ***~ etmek*** to venture, to dare; ***-ini kırmak*** to discourage.
cesaretlenmek [ā] to take courage.
cesaretli [ā] courageous, bold, daring.
ceset, ***-di*** corpse, body.
cesur = ***cesaretli***.
cet, ***-ddi*** **1.** ancestor, forefather; **2.** grandfather.
cetvel **1.** ruler; **2.** tabulated list, register, schedule; **3.** column.
cevaben [ā] in reply (*-e* to).
cevap, ***-bı*** answer, reply; ***~ vermek*** to reply, to answer, to return.
cevaplandırmak to answer.
cevaplı **1.** having an answer; **2.** reply paid (*telegram*).
cevher **1.** jewel, gem. **2.** precious thing (*or* person); **3.** talent, ability; **4.** ore.
ceviz **1.** BOT walnut; **2.** (***ağacı***) walnut tree; ***~ kabuğu*** walnut shell.
ceylan ZO gazelle, antelope.
ceza [ā] **1.** punishment, penalty; fine; **2.** retribution; ***~ almak*** to be punished; to be fined; ***~ çekmek*** to serve a sentence (*-den* for); ***~ kanunu*** criminal code; ***~ vermek*** **1.** to punish; to fine; **2.** LEG to pay a fine; ***~ vuruşu*** *sports*: penalty kick; ***-sını bulmak*** to get one's deserts; ***-sını çekmek*** **1.** to do penance (for), to be fined (for); **2.** to serve a sentence.
cezaevi, ***-ni*** prison.
cezalandırmak [.—...] to punish.
cezalanmak [.—..] to be punished.

C

Cezayir *pr. n.* Algeria.
cezbetmek **1.** to draw, to attract; **2.** *fig.* to charm, to fascinate.
cezir, ***-zri*** ebb (tide).
cezve pot (*for making Turkish coffee*).
chat odası chat room.
cılız weak, thin, puny, undersized.
cılk **1.** rotten (*egg*); **2.** festering, inflamed (*wound*); ~ ***çıkmak*** **1.** to be spoiled; **2.** *fig.* to come to naught (*affair*).
cımbız (a pair of) tweezers.
cırcır **1.** creaking sound; **2.** babbler.
cırcırböceği, ***-ni*** cricket.
cırlak **1.** screechy, shrill, chirping; **2.** zo cricket.
cırlamak **1.** to creak; to chirp; **2.** to babble.
cırtlak braggart, boaster.
cıva [x.] mercury; ~ ***gibi*** *fig.* very restless, quick.
cıvata [.x.] bolt; ~ ***anahtarı*** wrench; ~ ***somunu*** threaded nut.
cıvık **1.** greasy, soft, sticky; **2.** *fig.* impertinent.
cıvıldamak to twitter, to chirp.
cızbız grilled meat.
cızırdamak to sizzle; to creak.
cızırtı sizzling (*or* creaking) sound.
cızlamak to hiss.
cibinlik mosquito net.
cici *baby's language*: **1.** good, pretty; **2.** toy, plaything; ***-m!*** My dear!
cicianne grandma.
cici bici ornaments.
cicili bicili over-ornamented, gaudy.
cicim *light carpet woven on a hand loom.*
cidden [x.] **1.** seriously; **2.** really, truly.
ciddi **1.** serious, earnest; **2.** true, real; ***-ye almak*** to take s.th. seriously.
ciddileşmek to become serious.
ciğer **1.** liver; **2.** lung(s); ***-i yanmak*** to feel great compassion (*-e* for).
ciğerci seller of liver and lungs.
cihan [ā] world, universe.
cihat holy war.
cihaz [ā] apparatus, equipment.
cihet, ***-ti*** **1.** side, direction, quarter; **2.** aspect, viewpoint; ***...diği cihetle*** because, since.
cila **1.** shellac, lacquer, varnish; shoe polish; **2.** *fig.* varnish, whitewash; ~ ***vurmak*** to polish, to varnish.
cilacı finisher, varnisher.
cilalamak to polish, to varnish, to shine, to finish.
cilalı polished, varnished, shined, finished.
cildiye dermatology.
cildiyeci dermatologist.
cilt, ***-di*** **1.** skin; **2.** binding, cover; **3.** volume.
ciltçi bookbinder.
ciltlemek to bind (*a book*).
ciltevi, ***-ni*** bindery.
ciltli bound (*book*).
ciltsiz unbound.
cilve coquetry, charm; ~ ***yapmak*** to be flirtatious.
cilveleşmek to flirt with each other
cilveli coquettish, flirtatious.
cimcime **1.** sweet and delicious watermelon; **2.** small and sweet.
cimnastik gymnastics.
cimri miser; mean, stingy, miserly.
cimrilik stinginess.
cin[1] gin.
cin[2], ***-nni*** jinni, genie, demon, spirit; ~ ***fikirli*** clever and crafty; ~ ***gibi*** agile.
cinai [.——] criminal.
cinas [ā] play on words.
cinayet, ***-ti*** [a] crime, murder; ~ ***işlemek*** to commit murder.
cingöz ***= cin fikirli.***
cinnet, ***-ti*** insanity, madness; ~ ***getirmek*** to go mad.
cins **1.** BOT, ZO race, species, genus; **2.** sex; **3.** category, kind, type; **4.** breed (*horse*); ~ ~ of various kinds; ~ ***ismi*** GR common noun.
cinsel, **cinsi** sexual.
cinsiyet, ***-ti*** **1.** sex; **2.** sexuality.
cinsliksiz asexual.
cip [ī] jeep.
ciranta [.x.] ECON endorser.
cirit, ***-di*** **1.** javelin, dart (*without head*); **2.** the game of jereed; ~ ***atmak*** to overrun, to run wild; ~ ***oynamak*** *fig.* to move around freely.
ciro [x.] ECON endorsement; ~ ***etmek*** to endorse.
cisim, ***-smi*** **1.** body; **2.** material thing, matter, object.
cisimcik **1.** corpuscle; **2.** particle, atom.
civar [ā] neighbo(u)rhood, vicinity; ***-ında*** **1.** near; **2.** about, approximately.
civciv chick.

civcivli noisy, lively, crowded, busy.
civelek lively, coquettish, playful.
coğrafi geographical.
coğrafya [.x.] geography.
cokey [x.] jockey.
compact disk compact disc, CD.
conta [x.] MEC joint, packing, gasket.
cop, ***-pu*** **1.** thick stick; **2.** truncheon, *Am.* club, F billy, nightstick.
coplamak to bludgeon.
coşku enthusiasm.
coşkulu enthusiastic.
coşkun 1. lively, ebullient, enthusiastic; **2.** gushing.
coşmak 1. to become enthusiastic, to boil over; **2.** to get violent (*wind*); to rise (*river*); to boil up.
cömert, ***-di*** liberal, generous, munificent.
cuma Friday.
cumartesi, ***-ni*** or ***-yi*** Saturday.
cumba [x.] bay window.
cumhurbaşkanı, ***-nı*** president of a republic.
cumhuriyet, ***-ti*** [.—..] republic.
cumhuriyetçi [.—...] republican.
cunta POL junta.
curcuna [.x.] noisy confusion; ***-ya çevirmek*** (*bir yeri*) to raise an uproar (*in a place*).
curnal report of an informer.
cüce dwarf.
cücelik dwarfishness.
cücük 1. bud; young shoot; **2.** heart of an onion.
cühela *pl. of* ***cahil***, ignorant people.
cülus accession (*to the throne*); ***~ etmek*** to access (*to the throne*).
cümbür cemaat the whole kit and caboodle.
cümbüş 1. carousal, revel, merrymaking; **2.** a mandolin with a metal body; ***~ yapmak*** to revel.
cümle 1. all, whole; **2.** GR sentence, clause; ***-miz*** all of us; ***-si*** all of.
cümlecik GR clause.
cümleten all together.
cüppe robe (*with full sleeves and long skirts*); ***~ gibi*** long and loose (*garment*).
cüret, ***-ti*** **1.** boldness, courage; **2.** insolence; ***~ etmek*** to dare, to venture.
cüretkâr 1. bold, courageous; **2.** insolent.
cüruf [ū] **1.** slag; **2.** ashes.
cürüm, ***-rmü*** crime, felony; ***~ işlemek*** to commit a crime.
cüsse big body, large frame (*of a person*).
cüsseli big-bodied, burly.
cüz, ***-z'ü*** **1.** part, section; **2.** a thirtieth part of the Koran; **3.** (*book*) number, fascicle (PRINT *work*).
cüzam [ā] MED leprosy.
cüzamlı [ā] MED leprous; leper.
cüzdan 1. wallet; **2.** bankbook, passbook; **3.** portfolio.
cüzi 1. insignificant, trifling, very few; **2.** partial.

Ç

çaba zeal; effort; ***~ göstermek*** to work hard.
çabalamak to struggle, to strive, to do one's best.
çabucacık [x...], **çabucak** [x..] quickly.
çabuk 1. quick, agile, fast, swift; **2.** quickly, soon; ***~ ~*** quickly; ***~ olmak*** to hurry, to make haste.
çabuklaştırmak to speed up, to expedite, to hasten.
çabukluk quickness, fastness; speed.
çaçabalığı, ***-nı*** ZO sprat.
çaçaron F chatterbox, windbag.
çadır tent; ***~ bezi*** tent canvas; ***~ kurmak*** to pitch a tent.
çağ 1. time; **2.** age, period; **3.** the right time (*for s.th.*); ***~ açmak*** to open a period.
çağcıl modern, up-to-date.
çağdaş contemporary.
çağdışı 1. anachronistic; **2.** not of draft age.
çağıldamak to burble, to murmur, to dabble.
çağıltı the babbling, splash, murmur.

çağırış calling, call; summons.
çağırmak 1. to call; to invite (*-e* to); to summon; **2.** to shout, to call out; **3.** to sing.
çağla green almond; ~ ***yeşili*** almond green.
çağlamak to burble, to splash, to murmur.
çağlayan cascade, small waterfall.
çağrı 1. invitation, summons; notice; **2.** MIL call.
çağrılı invited (*person*).
çağrışım PSYCH association.
çağrışmak to call out together, to shout together.
çakal 1. zo jackal; **2.** *sl.* shady person, underhanded person; **3.** sly, cunning.
çakı jackknife, pocketknife; ~ ***gibi*** active, alert.
çakıl 1. pebble; **2.** grav el; ~ ***tası*** rounded pebble.
çakılı fixed, nailed (*-e* to).
çakım, çakın 1. lightning; **2.** spark.
çakır 1. grayish blue; **2.** = ***çakırdoğan.***
çakırdoğan zo goshawk.
çakırkeyf F half tipsy, mellow, *Am.* happy.
çakışmak 1. to fit into one another; **2.** to collide with one another.
çakıştırmak F to drink, to booze.
çakmak[1] **1.** flash of fire; **2.** (cigarette, pocket) lighter.
çakmak[2] **1.** to drive in s.th. with blows; to nail on; **2.** to tether to a stake; **3.** *sl.* to strike, to hit; **4.** *sl.* to cotton on, to get the notion; **5.** *sl.* to know (*-den* about); **6.** *sl.* to fail (*an examination*); **7.** to fire (off), to discharge.
çakmaklı flintlock gun.
çakmaktaşı, *-nı* flint.
çalakalem with a swift pen; ~ ***yazmak*** to write in haste and without deliberation.
çalakaşık: ~ ***yemek*** F to tuck in.
çalar: ~ ***saat*** **1.** striking clock; **2.** alarm clock.
çalçene chatterbox, babbler.
çalgı 1. musical instrument; **2.** instrumental music; ~ ***çalmak*** to play music; ~ ***takımı*** band, orchestra.
çalgıcı musician, instrumentalist.
çalgılı with music.
çalı bush, shrub; ~ ***çırpı*** sticks and twigs.
çalıkuşu, *-nu* zo wren.
çalılık thicket; brushwood.
çalım 1. swagger, strut, boasting; **2.** *soccer:* adroit movements; ~ ***satmak*** to strut, to behave arrogantly.
çalımlı pompous.
çalıntı stolen goods.
çalışkan industrious, hard-working, studious, diligent.
çalışkanlık diligence.
çalışma work; study; 2 ***Bakanlığı*** Ministry of Labo(u)r; ~ ***izni*** working permit.
çalışmak 1. to work; **2.** to study; **3.** to try, to strive.
çalıştırıcı trainer, coach.
çalkalanmak 1. to be tossed around; **2.** to be shaked; **3.** to be choppy (*sea*).
çalkamak 1. to rinse, to wash off; **2.** to shake; **3.** to stir up; **4.** to beat, to whip (*egg*); **5.** to churn (*milk*).
çalkantı 1. agitation; **2.** beaten eggs; **3.** remaining chaff.
çalmak, (*-ar*) 1. to hit, to strike; **2.** to add; **3.** to steal, to take away (*-den* from); **4.** to play (*a musical instrument*); **5.** to tend to resemble; **6.** to ring, to toll, to strike; **7.** to knock (*at the door*); ***çalıp çırpmak*** to steal whatever is in sight.
çalpara castanet.
çam BOT pine; ~ ***devirmek*** F to blunder, to drop a brick; ~ ***yarması gibi*** enormous, huge (*person*).
çamaşır 1. underwear, underclothing; **2.** laundry; ~ ***asmak*** to hang out the laundry; ~ ***değiş(tir)mek*** to change one's underwear; ~ ***dolabı*** dresser; ~ ***ipi*** clothesline; ~ ***makinesi*** washing machine; ~ ***sıkmak*** to wring out the laundry; ~ ***yıkamak*** to do the laundry.
çamaşırcı washerwoman; laundryman.
çamaşırhane laundry room.
çamaşırlık 1. = ***çamaşırhane***; **2.** material for underwear manufacturing.
çamçak wooden dipper.
çamfıstığı, *-nı* pine nut.
çamlık pine grove.
çamsakızı, *-nı* pine resin; ~ ***çoban armağanı*** small present.
çamur 1. mud, mire; **2.** muddy; **3.** mixture of clay; **4.** mortar, plaster; ~ ***atmak*** to sling mud (*-e* at); ~ ***deryası*** a sea of mud; ***-a bulaşmak*** F to be down

on one's luck; **-a yatmak** *sl.* to default on a debt; not to keep a promise.

çamurlanmak to get muddy.

çamurlaşmak 1. to turn into mud; **2.** to become aggressive.

çamurlu muddy, miry.

çamurluk 1. muddy place; **2.** mudguard, *Am.* fender.

çan 1. bell, church bell; **2.** gong; **~ çalmak** to ring a bell; **~ kulesi** belfry, bell tower.

çanak 1. earthenware pot; **2.** BOT calyx; **~ anten** satellite dish; **~ çömlek** pots and pans; **~ tutmak** to ask for (*trouble*); **~ yalayıcı** F sponger; toady.

Çanakkale Boğazı *pr. n.* the Dardanelles.

çanakyaprağı, -nı sepal.

çançiçeği, -ni BOT bellflower.

çangırdamak to clang, to jangle.

çangırtı clattering sound.

çanta [x.] bag; handbag; briefcase; purse; suitcase; **-da keklik** *fig.* in the bag, in hand.

çap, -pı 1. MATH diameter; **2.** MIL caliber; **3.** size, scale, extent; **4.** plan (*showing the size and boundaries of a plot*); **-tan düşmek** to go downhill.

çapa [x.] **1.** hoe; **2.** NAUT anchor; palm of an anchor; anchor sign.

çapacı hoer.

çapaçul F untidy, slovenly, disordered.

çapak dried rheum round the eye, crust.

çapaklanmak to become gummy (*eye*).

çapaklı crusty, rheumy.

çapalamak to hoe.

çaparı trawl, trotline.

çaparız F obstacle, entanglement.

çapkın womanizer, woman-chaser, casanova.

çaplamak to gauge, to measure the diameter of.

çapraşık involed, intricate, tangled.

çapraz 1. crosswise, transverse; **2.** diagonal; **3.** diagonally.

çaprazlama 1. diagonally; **2.** chiasmus.

çaprazlamak to cross obliquely, to put crosswise (*-e* to).

çaprazlaşmak to get tangled.

çapul looting, pillage, raid, sack; booty, spoil.

çapulcu looter, pillager, raider.

çapulculuk looting, pillage.

çar czar, tsar.

çarçabuk [x..] with lightning speed, very quickly.

çarçur squandering; **~ etmek** to squander.

çardak arbo(u)r, pergola.

çare [ā] **1.** way, means; **2.** remedy; **~ aramak** to look for a remedy; **-sine bakmak** to settle, to see (to).

çaresiz 1. helpless, poor; **2.** inevitably, of necessity; **3.** irreparable, incurable.

çaresizlik helplessness; poverty.

çarık 1. rawhide sandal; **2.** drag, skid.

çariçe czarina, tsarine.

çark, -kı 1. wheel (*of a machine*); **2.** disk, plate; **3.** NAUT paddle wheel; **4.** flywheel; **~ etmek 1.** MIL to turn; **2.** to change one's resoluteness (*a. fig.*).

çarkçı NAUT engineer, mechanic.

çarkıfelek 1. BOT passion flower; **2.** pinwheel; **3.** fate, destiny.

çarmıh cross (*for crucifying*); **çarmıha germek** to crucify.

çarnaçar [— — —] willy-nilly.

çarpan MATH multiplier; **-lara ayırmak** to factor.

çarpı MATH ...times, multiplied by; multiplication sign.

çarpık crooked, bent; slanting, deviating; **~ bacaklı** bow-legged; **~ çurpuk** crooked; deformed.

çarpılan MATH multiplicand.

çarpılmak 1. to be bent; **2.** to become paralyzed; **3.** to be offended; **cezaya ~** to be punished.

çarpım MATH product; **~ tablosu** multiplication table.

çarpıntı palpitation.

çarpışmak 1. to collide; **2.** to fight.

çarpıtmak to distort (*a face*), to wrench.

çarpmak, (-ar) 1. to strike, to knock against; **2.** to throw (at); **3.** to strike, to paralyze, to distort (*evil spirit*); **4.** MATH to multiply; **5.** to affect violently (*sun, disease*); **6.** to go one's head (*wine*); **7.** to beat, to palpitate (*heart*); **8.** to slam (*a door*).

çarşaf bed sheet; **~ gibi** calm (*sea*).

çarşamba Wednesday.

çarşı shopping district, downtown region, market quarter; **~ hamamı** public bath; **-ya çıkmak** to go shopping.

çat, -tı *int.* crash!, bang!; **~ kapı** there was a sudden knock at the door; **~**

Ç

pat very little; rarely.
çatal 1. fork; **2.** pitchfork; **3.** forked; **4.** prong; **5.** *fig.* dilemma.
çatalağız, ***-ğzı*** delta (*river*).
çatallanmak to fork, to bifurcate.
çatana [.x.] NAUT small steamboat.
çatı 1. roof; **2.** framework of a roof; **3.** ANAT pubis; **4.** GR voice; ~ ***katı*** (*or* ***arası*** *or* ***altı***) attic, penthouse; ~ ***penceresi*** skylight.
çatık 1. joined; **2.** frowning, stern (*face*); **3.** stacked (*rifles*); ~ ***kaşlı*** beetle-browed.
çatır çatır 1. with a cracking (*or* crashing) noise; **2.** by force.
çatırdamak to crackle, to snap.
çatırtı crackling noise.
çatışmak 1. to clash, to collide (*ile* with); **2.** to be in conflict (*ideas*); **3.** to quarrel; **4.** to coincide (*ile* with) (*time*).
çatkı 1. stack of rifles; **2.** cloth headband.
çatkın frowning (*eyebrows*).
çatlak 1. crack, slit, crevice; **2.** chapped (*hand*); **3.** hoarse; **4.** *sl.* mad, crazy.
çatlamak 1. to crack, to split; **2.** to burst with impatience; **3.** to die from overeating.
çatmak, (***-ar***) **1.** to stack (*arms*); **2.** to fit together; **3.** to baste together; **4.** to tie; **5.** to load (*on an animal*); **6.** to inveigh (*-e* against); **7.** to collide (*-e* with), to knock (*-e* against); **8.** to meet (*with trouble*).
çavdar BOT rye; ~ ***ekmeği*** rye bread.
çavuş 1. BOT sergeant; **2.** guard.
çay[1] **1.** tea; **2.** tea plant; **3.** tea party, reception; ~ ***demlemek*** to steep (*tea*).
çay[2] brook, rivulet, stream, creek.
çaycı 1. tea merchant; **2.** keeper of a teahouse.
çaydanlık teapot, teakettle.
çayevi, ***-ni*** teahouse.
çayır 1. meadow; pasture; **2.** pasture grass; green fodder.
çayırlık meadowland, pasture.
çaylak 1. ZO kite; **2.** *fig.* green, tiro.
çehre 1. face; **2.** aspect, appearance.
çek, ***-ki*** cheque, *Am.* check; ~ ***defteri*** chequebook.
çekçek small four-wheeled handcart.
çekecek shoehorn.
çekelemek to pull gently.
çekememezlik envy, jealousy.
çeki a weight of 250 kilos.
çekici *fig.* attractive, charming.
çekicilik *fig.* attractiveness, charm.
çekiç, ***-ci*** hammer.
çekiçkemiği, ***-ni*** ANAT malleus, hammer.
çekidüzen tidiness, orderliness; ~ ***vermek*** to tidy up, to put in order.
çekik 1. slanting (*eyes*); **2.** drawn out.
çekiliş drawing (*in a lottery*).
çekilmek 1. to withdraw, to draw back, to recede; **2.** to retreat; **3.** to resign.
çekilmez unbearable, intolerable.
çekim 1. PHYS attraction; **2.** GR inflection, conjugation; **3.** *cinema*: shot, take; **4.** *sl.* sniff (*of snuff*); ~ ***eki*** GR termination.
çekimlemek 1. GR to inflect, to conjugate; **2.** PHYS to attract.
çekimser 1. abstaining; **2.** uncommitted.
çekimserlik abstention.
çekince 1. drawback; **2.** risk.
çekingen timid, hesitant, shy.
çekingenlik timidity.
çekinik BIOL recessive.
çekinmek to beware (*-den* of); to refrain (*-den* from), to hesitate to do.
çekirdek 1. pip, seed, stone (*of a fruit*); **2.** nucleus; **3.** nuclear; **4.** kernel (*a. fig.*); ~ ***kahve*** coffee beans; ***-ten yetişme*** trained from the cradle.
çekirdeksel PHYS nuclear.
çekirdeksiz seedless.
çekirge 1. ZO grasshopper, locust; **2.** cricket.
çekişmek to argue, to quarrel, to dispute; ***çekişe çekişe pazarlık etmek*** to haggle.
çekiştirmek 1. to pull at both ends; **2.** to run down, to backbite.
çekmece 1. drawer; till; **2.** coffer.
çekmek, (***-er***) **1.** to pull; **2.** to draw, to haul, to drag, to tug; **3.** NAUT to tow; **4.** to draw (*knife, gun*); **5.** to pull out (*tooth*); **6.** to attract, to charm; **7.** to bear, to pay for; **8.** to endure, to bear, to put up with; **9.** to have a certain weight; **10.** to withdraw, to draw out (*money*); **11.** to build (*fence, wall*); **12.** to copy; **13.** to send (*telegram*); **14.** to photograph, to take (*photograph*); **15.** to grind (*coffee*); **16.**

(*b-ne*) to resemble *s.o.*; **17.** to shrink (*cloth*); **18.** GR to conjugate (*verb*); **19.** *sl.* to drink; **20.** to give (*a banquet*); ***çekip çevirmek*** to manage; ***çekip çıkarmak*** to pluck out; ***çekip gitmek*** to go away.
çekmekat, ***-tı*** penthouse.
Çekoslovakya *pr. n.* Czechoslovakia.
çekül plumb line.
çelebi **1.** well-bred, educated; **2.** gentleman.
çelenç *sports*: challenge.
çelenk, ***-gi*** wreath; garland.
çelik steel; ***~ gibi*** as tough as a leather.
çelikçomak tipcat.
çelim stature, form.
çelimsiz puny, misshapen, thin and ugly.
çelişik contradictory.
çelişki contradiction.
çelişmek to be in contradiction.
çelme tripping; ***~ atmak*** to trip up.
çelmek **1.** to divert; **2.** (***aklını*** *or* ***zihnini***) to pervert, to dissuade.
çelmelemek (*b-ni*) to trip *s.o.* with one's foot.
çeltik rice in the husk.
çember **1.** MATH circle; **2.** hoop; rim; **3.** child's hoop; **4.** strap; **5.** circumference; **6.** MIL encirclement; ***~ çevirmek*** to roll a hoop; ***~ sakal*** round trimmed beard.
çemen BOT cumin.
çemkirmek to scold; to answer rudely.
çene **1.** chin; **2.** jaw; **3.** jawbone; **4.** *fig.* garrulity, loquacity; ***~ çalmak*** to chat; ***~ yarışı*** gab session; ***-si düşük*** garrulous, very talkative; ***-si kuvvetli*** great talker.
çenebaz chatterer; garrulous, talkative.
çenek BOT valve.
çeneli *fig.* talkative, chatty.
çengel hook; ***~ takmak*** to get one's claws (*-e* into); to be a nuisance (*-e* to).
çengelli hooked.
çengelliiğne safety pin.
çengi dancing girl.
çentik **1.** notch; nick; **2.** incisure.
çentiklemek to notch.
çentmek **1.** to notch; to nick; **2.** to chop up (*onions*).
çepçevre [x..], **çepeçevre** [.x..] all around.
çerçeve **1.** frame; **2.** window frame, sash; **3.** rim (*of glasses*); **4.** shaft (*of a loom*).
çerçevelemek to frame.
çerçi peddler.
çerez hors d'oeuvres, appetizers; snack.
çerezci seller of appetizers.
çerezlenmek **1.** to eat appetizers; **2.** *fig.* to take advantage of.
çeşit, ***di*** **1.** kind, sort, variety; **2.** assortment; ***~ ~*** assorted.
çeşitkenar GEOM having unequal sides.
çeşitli different, various, assorted.
çeşitlilik variety, diversity.
çeşme fountain.
çeşni flavo(u)r, taste; ***-sine bakmak*** to taste.
çeşnilik seasoning.
çete [x.] band of rebels; ***~ savaşı*** guerrilla warfare.
çeteci [x..] raider, guerrilla.
çetele [x..] tally; ***~ tutmak*** to keep tally.
çetin **1.** hard; **2.** perverse; ***~ ceviz*** *fig.* hard nut to crack.
çetinleşmek to become hard.
çetrefil **1.** confused, complicated; **2.** bad.
çevik nible, agile, swift.
çevirgeç PHYS commutator.
çeviri translation.
çevirici translator.
çevirmek **1.** to turn; **2.** to rotate; **3.** to translate (*-e* into); **4.** to return, to turn down (*offer etc.*); **5.** to manage; **6.** to surround, to enclose; **7.** to send back.
çevirmen translator.
çevre **1.** surroundings; **2.** circumference; circuit; **3.** environment; **4.** circle; ***~ dostu*** ecofriendly, environmentally friendly.
çevrelemek to surround, to encircle.
çevren AST horizon.
çevresel environmental.
çevri GEOGR whirlwind, whirlpool.
çevrili bordered, surrounded.
çevrim period, cycle.
çevrinti **1.** rotation, circular motion; **2.** whirlpool.
çevriyazı, ***-yı*** GR transcription.
çeyiz trousseau.
çeyrek quarter, one fourth.
çıban boil; pustule; ***~ başı*** **1.** head of a boil; **2.** *fig.* delicate matter.

çığ avalanche; ~ ***gibi büyümek*** *fig.* to snowball.

çığır, -ğrı 1. path; track, rut; **2.** *fig.* epoch; ~ ***açmak*** to open a new road; ***çığrından çıkmak*** to go off the rails.

çığırtkan barker, tout.

çığlık cry, scream; ~ ***atmak*** (*or* ***koparmak***) to shriek, to scream.

çıkagelmek to appear suddenly, to turn up.

çıkar profit, interest; ~ ***sağlamak*** to exploit, to profit by; ~ ***yol* 1.** way out; **2.** *fig.* solution to a difficulty.

çıkarcı opportunist, exploiter.

çıkarma 1. MATH subtraction; **2.** MIL landing.

çıkarmak 1. to take out, to bring out, to push out; **2.** to extract, to remove; **3.** to publish; **4.** to omit, to strike out; **5.** MATH to subtract; **6.** to vomit; **7.** to take off (*garment*); **8.** to derive, to deduce.

çıkarsama *log.* inference.

çıkartı excrement.

çıkartmak *caus. of* ***çıkarmak.***

çıkı P small bundle.

çıkık 1. dislocated; **2.** projecting.

çıkıkçı bonesetter.

çıkın knotted bundle.

çıkınlamak to bundle.

çıkıntı 1. projecting part; **2.** marginal note.

çıkış 1. exit; **2.** MIL sally; **3.** *races*: start.

çıkışlı graduate (*of a school*).

çıkışmak 1. to scold, to rebuke; **2.** to be enough.

çıkma 1. overhang; **2.** projection; promontory; **3.** marginal note.

çıkmak, (-ar) 1. to go out, to come out; **2.** to move out (*of a house*); **3.** to graduate (*-den* from); **4.** to leave, to quit; **5.** to depart (*-den* from); **6.** to be subtracted (*-den* from); **7.** to break out (*war, fire etc.*); **8.** to cost, to amount (to); **9.** to lead (*-e* to) (*street*); **10.** to rise, to come out (*sun, moon*); **11.** to appear; **12.** to be published; **13.** to come on the market, to appear; **14.** to go up (*fever, prices*); **15.** to go out (*ile* with), to date.

çıkmaz 1. blind alley; **2.** *fig.* dilemma; ~ ***sokak*** blind alley; dead-end street; ***-a girmek*** to come to an impasse.

çıkrık 1. spinning wheel; **2.** windlass.

çılbır dish of poached eggs with yogurt.

çıldırmak 1. to go mad; **2.** *fig.* to be wild (*için* about).

çıldırtmak to drive crazy.

çılgın mad, insane.

çılgınca madly.

çılgınlık madness, frenzy.

çınar (*ağacı*) BOT plane tree.

çıngar *sl.* row, quarrel; ~ ***çıkarmak*** *sl.* to kick up a row.

çıngırak small bell.

çıngıraklıyılan ZO rattlesnake.

çıngırdamak to jingle.

çınlamak 1. to give out a tinkling sound; **2.** to ring (*ear*).

çıplak naked, nude; ~ ***gözle*** with the naked eye.

çıra [x.] pitch pine.

çırak apprentice.

çıralı resinous.

çırçıplak [x..] stark naked.

çırçır cotton gin.

çırpı chip, clipping, shaving, dry twig.

çırpınmak 1. to flutter, to struggle; **2.** to be all in a fluster.

çırpıntılı slightly choppy (*sea*).

çırpmak, (*-ar*) 1. to beat, to strike, to pat; **2.** to clap (*hands*); **3.** to flutter (*wings*); **4.** to trim, to clip.

çıt, *-tı* crack, cracking sound; ~ ***çıkmamak*** to be dead silent.

çıta [x.] lath.

çıtçıt snap fastener.

çıtırdamak to crackle.

çıtırtı crackle.

çıtkırıldım 1. fragile, overdelicate; **2.** *fig.* dandy.

çıtlatmak *fig.* to drop a hint (about).

çıyan ZO centipede.

çiçek 1. flower, blossom; **2.** MED smallpox, variola; ~ ***açmak*** to blossom, to bloom; ~ ***aşısı*** vaccination; ~ ***çıkarmak*** MED to have smallpox; ~ ***gibi*** neat; ~ ***tozu*** pollen; ~ ***yağı*** sunflower oil; ***çiçeği burnunda*** brand new, fresh.

çiçekbozuğu, *-nu* 1. pockmark; **2.** pock-marked.

çiçekçi florist.

çiçekçilik floriculture, floristry.

çiçeklenmek to flower, to blossom.

çiçekli flowered, in bloom.

çiçeklik 1. vase, flower stand; **2.** flower garden; **3.** flower bed; **4.** greenhouse.

çiçeksimek CHEM to effloresce.

çift, **-ti** **1.** pair, couple; double; **2.** duplicate; **3.** even (number); **~ camlı pencere** double-glazed window; **~ hatlı** double-track; **~ kanatlı** folding (*door*); **~ koşmak** to harness to a plough (*horses etc.*); **~ sürmek** to plough, *Am.* to plow; **~ tıklamak** to double-click.
çiftçi farmer, agriculturalist.
çiftçilik agriculture, farming.
çifte **1.** double, paired; **2.** kick (*of a horse*); **3.** double-barrelled gun; **~ atmak** to kick (*horse etc.*).
çifteker bicycle.
çiftelemek to kick (*animal*).
çifter çifter in pairs.
çiftleşmek **1.** to become a pair; **2.** to mate.
çiftlik farm, plantation.
çiftsayı MATH even number.
çiğ **1.** raw, uncooked; **2.** soft, crude, fresh, green (*person*); **~ kaçmak** *fig.* to be crude.
çiğdem BOT crocus, meadow saffron.
çiğit cotton seed.
çiğnemek **1.** to chew; **2.** to run over; **3.** to trample down; **4.** *fig.* to violate (*law etc.*).
çiklet, **-ti** chewing gum.
çikolata [..x.] chocolate.
çil[1] ZO hazel grouse.
çil[2] **1.** freckle; **2.** freckled, speckled; **3.** bright, shiny (*coin*).
çile[1] hank, skein.
çile[2] ordeal, trial, suffering; **~ çekmek** to pass through a severe trial; **-den çıkarmak** to infuriate; **-den çıkmak** to get furious.
çilek BOT strawberry.
çilekeş long-suffering; sufferer.
çileli **1.** suffering, enduring; **2.** full of suffering.
çilingir locksmith.
çillenmek to get freckled (*or* speckled).
çim garden grass; lawn.
çimdik pinch; **~ atmak** to pinch.
çimdiklemek to pinch.
çimen wild grass.
çimenlik **1.** grassy; **2.** meadow, lawn.
çimento [.x.] cement.
çimentolamak to cement.
çimlendirmek to grass over.
çimlenmek **1.** to sprout; **2.** to be covered with grass; **3.** *co.* to get pickings.
Çin *pr. n.* China.
Çince *pr. n.* Chinese (language).
Çingene[1] [x..] *pr. n.* Gypsy; **♀ pembesi** bright pink.
çingene[2] *fig.* miser, stingy person.
Çingenece *pr. n.* the Romany language.
çingeneleşmek to pinch pennies.
çingenelik miserliness, stinginess.
Çin Halk Cumhuriyeti *pr. n.* People's Republic of China.
çini tile, encaustic tile; porcelain, china; **~ döşemek** to tile; **~ mürekkebi** India ink.
çinili tiled.
çinko [x.] zinc; zinc sheet.
Çinli *pr. n.* **1.** Chinese; **2.** a Chinese.
çipil gummy, bleary, dirty (*eye*); bleary-eyed.
çiriş paste, glue.
çirişlemek to smear with paste.
çirkef **1.** filthy water; **2.** *fig.* disgusting (*person*).
çirkin **1.** ugly; **2.** unseemly, unbecoming, shameful.
çirkinleşmek to get ugly.
çirkinlik ugliness.
çiroz **1.** salted and dried mackerel; **2.** *fig.* a bag of bones.
çiselemek to drizzle.
çisenti drizzle.
çiş urine, peepee; **~ etmek** to urinate, to pee; **-i gelmek** to want to pee.
çişli wetted.
çit, **-ti** hedge; fence.
çitilemek to rub together (*clothes*).
çitlembik BOT terebinth berry; **~ gibi** small and dark (*girl*).
çitlemek to hedge, to fence.
çivi **1.** nail; **2.** peg, pin; **~ çakmak** to drive in nails; **~ gibi** **1.** healthy; **2.** stiff with cold.
çivileme **1.** feet-first jump; **2.** *sports*: smash.
çivilemek to nail.
çivilenmek *fig.* to be rooted (*to a spot*).
çivili nailed.
çivit, **-di** indigo, blue dye; **~ mavisi** indigo.
çivitlemek to blue (*laundry*).
çiviyazısı, **-nı** cuneiform writing.
çiy dew.
çiyli dewy.
çizelge chart.

Ç

çizge diagram, graph, curve.
çizgi **1.** MATH line; **2.** stripe; **3.** scratch, scar; **4.** dash; ~ ~ striped; ~ ***hakemi*** *sports*: linesman.
çizgili **1.** ruled, marked with lines; **2.** striped; ~ ***kâğıt*** ruled paper.
çizgisel linear.
çizik **1.** = ***çizgi***; **2.** = ***çizili.***
çiziktirmek to scrawl.
çizili **1.** ruled; **2.** scratched; **3.** drawn; **4.** cancelled.
çizme high (*or* top) boot.
çizmeci bootmaker.
çizmek, (***-er***) **1.** to draw; **2.** to sketch; **3.** to cross out; to cancel.
çoban shepherd, herdsman; ~ ***köpeği*** sheep dog.
Çobanyıldızı, ***-nı*** AST Venus.
çocuk **1.** child, infant; **2.** childish; ~ ***aldırmak*** MED to have an abortion; ~ ***arabası*** pram, *Am.* baby carriage; ~ ***bahçesi*** children's park; ~ ***bakımevi*** day nursery; ~ ***bezi*** nappy; *Am.* diaper; ~ ***doğurmak*** to give birth to a child; ~ ***doktoru*** pediatrician; ~ ***düşürmek*** MED to have a miscarriage; ~ ***felci*** infantile paralysis; ~ ***gibi*** childish(ly); childlike; ~ ***mahkemesi*** LEG juvenile court; ~ ***yuvası*** nursery school; ~ ***zammı*** child allowance.
çocukbilim pedology.
çocukbilimci pedologist.
çocukça childish (*act*).
çocuklaşmak to become childish.
çocukluk **1.** childhood; **2.** childishness; folly.
çocuksu childish.
çoğalmak to increase, to multiply.
çoğaltmak to increase, to make more.
çoğu, ***-nu*** **1.** most (of); **2.** mostly, usually.
çoğul GR plural.
çoğunluk majority.
çok **1.** many, much; **2.** often, long (*time*); **3.** too; **4.** very; ~ ~ at (the) most; ~ ***fazla*** far too much; ~ ***geçmeden*** soon, before long; ~ ***gelmek*** to be too much (*-e* for); ~ ***görmek*** **1.** to consider to be too much; **2.** to begrudge; ~ ***olmak*** to go too far; ~ ***şükür!*** Thank God!; ~ ***yaşa!*** Long live!
çokbilmiş cunning, sly, shrewd.
çokça a good many, somewhat abundant.
çokevlilik polygamy.
çokgen MATH polygon.
çokluk **1.** abundance; **2.** majority.
çolak crippled in one hand.
çoluk çocuk **1.** wife and children, household, family; **2.** (pack of) children.
çomak cudgel, short stick; bat.
çomar mastiff, large watchdog.
çopur pock-marked.
çorak arid, barren.
çorap sock, stocking, hose; ~ ***kaçmak*** to ladder, *Am.* to run (stocking).
çorapçı hosier.
çorba **1.** soup; **2.** *fig.* mess; ~ ***gibi*** *fig.* in a mess; ~ ***kaşığı*** tablespoon.
çökelek1 cheese made of curds; **2.** precipitate.
çökelti CHEM *s.* ***çökelek 2.***
çökmek, (***-er***) **1.** to collapse, to fall in (*or* down); to break down; to give way; **2.** to sit down (*or* kneel down) suddenly; **3.** to come down (*fog, smoke*); **4.** to cave in; **5.** to settle, to precipitate.
çökük **1.** collapsed, fallen in; **2.** caved in, sunk; **3.** prostrated (*by age*).
çöküntü **1.** debris; **2.** deposit, sediment; **3.** depression.
çöl desert; wilderness.
çömelmek to squat down.
çömlek earthen pot.
çömlekçi potter.
çöp, ***-pü*** **1.** chip, straw; **2.** rubbish, garbage, trash, litter; ~ ***arabası*** garbage truck; ~ ***tenekesi*** garbage can, dustbin.
çöpçatan go-between, matchmaker.
çöpçü garbage collector; street sweeper, dustman.
çöplenmek **1.** to pick up scraps for a meal; **2.** *fig.* to get pickings.
çöplük tip, dump, rubbish heap.
çörek **1.** cookie; **2.** disc.
çöreklenmek to coil oneself up.
çöre(k)otu, ***-nu*** BOT black cumin.
çöven BOT soapwort.
çözgü warp.
çözme a kind of cotton sheeting.
çözmek, (***-er***) **1.** to unfasten; **2.** to unbutton; **3.** to sol ve (*problem*); **4.** to unravel, to undo (*knot*); **5.** CHEM to dissolve.
çözücü solvent.

çözük untied, looseW; unravelled.
çözülmek 1. *pass. of* **çözmek**; **2.** to thaw (*ice*); **3.** to lose its unity; **4.** MIL to withdraw; **5.** *sl.* to run away.
çözüm solution.
çözümleme analysis.
çözümlemek to analyze.
çözümsel analytic.
çubuk 1. rod, bar; **2.** staff, wand; **3.** shoot, twig; **4.** pipe stem.
çuha broadcloth.
çukur 1. pit, hollow, hole; cavity; **2.** cesspool; **3.** dimple; **4.** *fig.* grave; ***-unu kazmak*** (*b-nin*) *fig.* to plot against *s.o.*
çul 1. haircloth; **2.** horsecloth; **3.** clothes
çullanmak 1. (*b-ne*) to jump on *s.o.*; **2.** (*b-ne*) *fig.* to pester *s.o.*, to bother *s.o.*
çulluk ZO woodcock.
çulsuz *fig.* penniless, skint.
çuval sack; **~ *gibi*** loose (*clothes*).
çuvaldız sack needle.
çuvallamak *sl.* to flunk.
çük penis.
çünkü [x.] because.
çürük 1. rotten, spoilt, decayed, putrid; bad (*egg*); **2.** bruise, discolo(u)ration; **3.** carious (*tooth*); **4.** disabled (*soldier*); **~ *çarık*** rotten, worn out, useless.
çürümek 1. to rot, to decay, to go bad, to putrify; **2.** to become worn out; **3.** to be bruised; **4.** to become infirm; **5.** to be refuted.
çürütmek 1. to cause to decay; **2.** to refute, to disprove (*one's argument*).
çüş Whoa!

D

da, de 1. also, too; **2.** and; **3.** but.
dadanmak 1. (*bşe*) to acquire a taste for *s.th.*; **2.** (*bir yere*) to frequent, to visit (*a place*) frequently.
dadaş P **1.** brother; **2.** pal, comrade; **3.** youth.
dadı nanny, nurse(maid).
dağ[1] **1.** stigma, brand; **2.** MED cautery.
dağ[2] **1.** mountain; **2.** mound, heap; **~ *başı* 1.** summit, mountain top; **2.** wilds, remote place; **~ *eteği*** foothills, hillside; **~ *gibi* 1.** huge; **2.** in enormous quantities; **~ *silsilesi*** mountain range; ***-a kaldırmak*** to kidnap; ***-dan gelmiş*** uncouth, loutish.
dağarcık leather sack (*or* pouch).
dağcı mountaineer, alpinist.
dağcılık mountaineering, mountain climbing.
dağdağa tumult, turmoil.
dağılım 1. dissociation; **2.** dispersion.
dağılış dispersal.
dağılmak 1. to scatter; to disperse, to separate; **2.** to spread; **3.** to fall to pieces; **4.** to get untidy.
dağınık 1. scattered; **2.** untidy; disorganized.
dağınıklık untidiness; dispersion.
dağıtıcı deliverer, deliveryman; distributor.
dağıtım distribution.
dağıtımevi, ***-ni*** distributor.
dağıtmak 1. to scatter; **2.** to distribute; **3.** to mess up, to disorder (*room etc.*); **4.** to break into pieces; **5.** to dissolve; **6.** (*k-ni*) to go to pieces.
dağkeçisi ZO chamois.
dağlamak 1. to brand; to cauterize; **2.** to burn, to scorch (*sun, wind*).
dağlı mountaineer, highlander.
dağlıç a kind of stump-tailed sheep.
dağlık mountainous, hilly.
daha 1. more (*-den* than), further; and, plus; **2.** still, yet; **3.** only; ***bir* ~** once more.
dahi also, too, even.
dâhi [— —] genius, man of genius.
dahil 1. inside, the interior; **2.** including; **~ *etmek*** to include; to insert.
dahili internal, inner.
dahiliye [ā] **1.** home (*or* internal) affairs; **2.** internal diseases.
daima [—..] always, continually.
daimi [—. —] **1.** constant, permanent; **2.** constantly.
dair concerning, about, relating (*-e to*).
daire [ā] **1.** circle; circumference; **2.** office, department; **3.** apartment, flat.
dakik, ***-ki*** [ī] exact, particular, thorough, time-minded.

D

dakika minute; ***-sı -sına*** punctually, to the very minute.
daktilo [x..] **1.** typewriting; **2.** typist; **3.** *a.* ~ ***makinesi*** typewriter; ~ ***etmek*** to type.
daktilografi typewriting.
dal 1. branch, bough, twig; **2.** *fig.* branch, subdivision; ~ ***gibi*** slender, graceful.
dalak spleen; milt.
dalalet, ***-ti*** error; heresy.
dalamak 1. to bite; **2.** to prick, to sting; to burn; to scratch.
dalaş dogfiht, fight.
dalaşmak 1. to fiht savagely (*dogs*); **2.** *fig.* to wrangle.
dalavere [..x.] F trick, maneuver, intrigue; ~ ***çevirmek*** to intrigue, to plot.
dalavereci intriguer, trickster, sharper.
daldırma layered (*branch*); layer.
daldırmak 1. to layer (*a shoot*); **2.** to plunge (*-e* into).
dalga 1. wave; corrugation, undulation; **2.** watering (*on silk*); **3.** wave (*of hair*); **4.** ELECT wave; **5.** *sl.* distraction; ~ ~ **1.** in waves; **2.** wavy (*hair*); ~ ***geçmek*** *sl.* **1.** to woolgather; **2.** (*ble*) to make fun of *s.o.*
dalgacı 1. F woolgatherer; **2.** *sl.* trickster, swindler; ~ ***Mahmut*** F dodger.
dalgakıran breakwater.
dalgalanmak 1. to wave, to surge, to undulate; **2.** tf fluctuate (*prices*); **3.** to get rough (*sea*); **4.** to become uneven (*dye*).
dalgalı 1. rouh (*sea*); **2.** wavy (*hair*); **3.** watered (*silk*).
dalgıç, ***-cı*** diver.
dalgın 1. absent-minded, plunged in thouht; **2.** unconscious (*sick person*).
dalgınlık 1. absent-mindedness; **2.** lethargy.
dalkavuk toady, bootlicker, flatterer.
dallanmak 1. to branch out, to shoot out branches; **2.** to spread.
dalmak, (***-ar***) **1.** to dive, to plunge (*-e* into); **2.** to be intent (*-e* on); **3.** to be lost in thought; **4.** to become absorbed (*-e* into); **5.** to enter suddenly, to blow (*-e* into); **6.** to drop off, to doze off.
dalya dahlia.
dalyan fishing weir; ~ ***gibi*** well-built.
dam[1] **1.** roof; **2.** roofed shed; ***-dan düşer gibi*** out of the blue.
dam[2] **1.** lady partner; **2.** *cards*: queen.
dama [x.] game of draughts, *Am.* game of checkers.
damacana demijohn.
damak palate.
damalı chequered.
damar 1. BIOL vein, blood-vessel; **2.** BOT vein; **3.** MIL vein, streak; lode; **4.** *fig.* streak; ~ ***sertliği*** MED arteriosclerosis; ~ ***tıkanıklığı*** embolism; ***-ına basmak*** (*b-nin*) to touch *one's* sore spot.
damat, ***-dı*** son-in-law; bridegroom.
damga 1. stamp, mark; hallmark; brand; **2.** rubber (stamp); **3.** *fig.* stain, stigma; ~ ***basmak*** to stamp; ~ ***pulu*** revenue stamp; ~ ***resmi*** stamp duty; ~ ***vurmak*** to stamp.
damgalamak 1. to stamp; **2.** *fig.* to brand, to stigmatize.
damgalı 1. stamped, marked; **2.** *fig.* branded, stigmatized.
damıtmak to distill.
damız stable.
damızlık animal kept for breeding; stallion.
damla 1. drop; MED drops; **2.** bit, very small quantity; ~ ~ drop by drop; little by little.
damlalık MED dropper.
damlamak 1. to drip; **2.** *sl.* to turn up, to show up.
damlatmak 1. to put drops (*-e* in); **2.** to let drip; to distill.
damping sale; dumping.
dana calf; ~ ***eti*** veal.
danaburnu, ***-nu*** ZO mole cricket.
dangalak F blockhead, boor.
dangıl dungul boorish.
danışıklı sham; ~ ***dövüş*** **1.** sham fight; **2.** put-up job.
danışma information, inquiry; ~ ***bürosu*** information office.
danışmak (*bşi b-ne*) **1.** to consult *s.o.* about *s.th.*; **2.** to confer (about), to discuss.
danışman adviser, counselor.
Danıştay Council of State.
Danimarka [..x.] *pr. n.* Denmark.
Danimarkalı Dane; Danish.
daniska [.x.] F the best, the finest.
dans dance; ~ ***etmek*** to dance; ~ ***salonu*** ballroom.
dansöz dancer (*woman*).
dantel(a) lace(work).

dar 1. narrow; tight; **2.** scant; **3.** *fig.* straits, difficulty; **4.** *fig.* with difficulty, only just; **~ *açı*** MATH acute angle; **~ *kafalı*** narrowminded; **~ *yetişmek*** to cut it fine; ***-da kalmak*** to be in need; to be short of money.
dara [x.] tare; ***-sını almak*** to deduct the tare (*-ın* of).
darağacı, ***-nı*** gallows.
daralmak to narrow, to shrink.
darbe 1. blow, stroke; **2.** *a.* ***hükümet -si*** coup d'état.
darbımesel proverb.
darboğaz *fig.* bottle-neck.
darbuka [.x.] clay drum.
dargın angry, cross, irritated.
darı BOT millet; ***-sı başınıza!*** May your turn come next!
darılgan easily hurt, huffy.
darılmak 1. to be offended (*-e* with), to take offence (*-e* at), to get cross (*-e* with); **2.** to scold; **3.** to resent.
darlaşmak 1. to narrow; **2.** to become tight; **3.** to be limited.
darlaştırmak 1. to make narrow; **2.** to restrict.
darlatmak *s.* ***darlaştırmak.***
darlık 1. narrowness; **2.** *fig.* poverty, need, destitution.
darmadağın in utter confusion, in a terrible mess.
darphane mint.
darülaceze [—....] poorhouse.
dava 1. lawsuit, action, case; **2.** trial; **3.** claim, allegation; complaint; **4.** thesis, proposition; matter, cause, problem, question; **~ *etmek*** (*b-ni*) to bring a suit of law against *s.o.*, to sue for *s.o.*
davacı LEG plaintiff, claimant.
davalı LEG **1.** defendant; **2.** contested, in dispute; **3.** litigant.
davar 1. sheep *or* goat; **2.** sheep *or* goats.
davet, ***-ti*** [ā] **1.** invitation; **2.** party, feast; **3.** LEG summorts; **4.** ECON convocation; **5.** call; **~ *etmek*** **1.** to invite; to call, to summon; to convoke; **2.** to request.
davetiye [ā] **1.** invitation card; **2.** LEG summons, citation.
davetli invited (guest).
davlumbaz chimney hood.
davranış behavio(u)r, attitude.
davranmak 1. to behave, to act; **2.** to take action, to set about; **3.** to make (*for*), to reach (*for*).
davul drum; **~ *çalmak*** **1.** to beat the drum; **2.** *fig.* to noise abroad; **~ *gibi*** swollen.
davulcu drummer.
dayak 1. beating; **2.** MEC prop, support; **~ *atmak*** (*b-ne*) to give *s.o.* a beating, to thrash; **~ *yemek*** to get a thrashing.
dayalı 1. leaning (*-e* against); **2.** propped up; **~ *döşeli*** completely furnished (*house*)
dayamak 1. to lean (*-e* against); to rest (*-e* on); to base (*-e* on); to hold (*-e* against); to draw up (*-e* against); **2.** to prop up, to suport; **3.** to present immediately.
dayanak support, base.
dayanıklı strong, resistant, lasting, enduring.
dayanılmaz 1. irresistable; **2.** unbearable.
dayanışma solidarity.
dayanışmak to act with solidarity.
dayanmak 1. to lean (*-e* against, on); to push, to press (*-e* against, on); **2.** to rest, to be based (*-e* on, upon); **3.** to rely (*-e* on, upon); to be backed (by); **4.** to resist; **5.** to endure, to last; **6.** to bear, to tolerate, to put up (*-e* with); **7.** to reach, to arrive (*-e* in, at), to get (*-e* to); **8.** to drive at the door (of); **9.** to be drawn up (*-e* against); **10.** to set about s.th. energetically.
dayatmak to insist (on).
dayı maternal uncle.
dazlak bald.
debdebe splendo(u)r, pomp, display.
debelenmek 1. to trash about, to kick about; **2.** *fig.* to struggle desperately.
debriyaj MEC clutch; **~ *pedalı*** clutch pedal.
dede 1. grandfather; **2.** male ancestor; **3.** old man.
dedektif detective.
dedikodu gossip, tittle-tattle; backbiting; **~ *yapmak*** to gossip; to backbite.
dedikoducu gossip; backbiter.
defa time, turn; ***-larca*** again and again, repeatedly; ***birkaç ~*** on several occasions; ***çok ~*** often.
defetmek [x..] **1.** to repel, to repulse, to rebuff; **2.** to expel, to dismiss.
defile fashion show.

defin, ***-fni*** interment, burial.
define [î] buried treasure; treasure.
defineci [.—..] treasure hunter.
defne [x.] BOT sweet bay, laurel.
defnetmek [x..] to bury, to inter.
defolmak [x..] to piss off, to clear out, to go away.

D

defter 1. notebook; **2.** register, inventory; **3.** (account) book; ~ ***tutmak*** to keep the books; ***-e geçirmek*** to enter in the book; ***defteri kebir*** ECON ledger.
değer 1. value, worth; **2.** price; ~ ***biçmek*** to evaluate.
değerbilir appreciative.
değerlendirmek 1. to appraise, to evaluate; **2.** to estimate.
değerli 1. valuable, precious; **2.** talented, worthy.
değğin concerning.
değil 1. not; **2.** no; **3.** not only, let alone; **4.** not caring.
değin until, till.
değinmek to touch (*-e* on)
değirmen 1. mill; **2.** grinder.
değirmi 1. round, circular; **2.** square (*cloth*).
değiş exchange; ~ ***tokuş etmek*** (*bşi bşle*) to exchange *s.th.* for *s.th.*, to barter *s.th.* for *s.th.*
değişik 1. different, changed; **2.** novel; **3.** varied; **4.** exchanged.
değişiklik 1. difference; **2.** change, variation; ~ ***olsun diye*** for a change.
değişim variation.
değişken 1. changeable; **2.** MATH variable.
değişmek 1. to change, to alter, to be replaced; **2.** to substitute; **3.** to exchange, to barter (*ile* for).
değişmez unchangeable; constant, stable.
değiştirmek 1. to change, to alter; **2.** to exchange (*ile* for).
değme contact, touch.
değmek, (***-er***) **1.** to touch; **2.** to reach, to hit; **3.** to be worth, to be worthwhile.
değnek stick, rod, cane, wand.
deha [ā] genius, sagacity.
dehliz corridor, entrance hall.
dehşet, ***-ti*** **1.** terror, horror, awe; **2.** marvel(l)ous; ~ ***saçmak*** to horrify, to terrorize.
dejenere degenerate; ~ ***olmak*** to degenerate.
dek until, as far as.
dekan dean (*of a faculty*).
dekatlon *sports*: decathlon.
dekolte low-necked, low-cut.
dekont, ***-tu*** statement of account.
dekor décor, setting; THEA scenery.
dekorasyon decoration.
dekoratör decorator.
delalet, ***-ti*** **1.** guidance; **2.** indication; ~ ***etmek*** **1.** to guide (*-e* to); **2.** to show, to indicate.
delege delegate, representative.
delgi drill, gimlet.
deli 1. mad, insane, crazy; **2.** lunatic, insane person; **3.** foolish, rash; ~ ***etmek*** to drive s.o. mad; ~ ***olmak*** **1.** to be crazy (*-e* about); to be nuts (*-e over*); **2.** to fly into a rage; ***-ye dönmek*** to throw one's hat in the air.
delice 1. madly, crazily; **2.** crazy, mad (*act.*).
delidolu inconsiderate, throughtless, reckless.
delik hole, opening, orifice; ~ ***açmak*** to hole, to bore; ~ ***deşik*** full of holes.
delikanlı youth, young man, youngster.
deliksiz without a hole; ~ ***uyku*** *fig.* sound sleep.
delil [î] **1.** LEG proof, evidence; **2.** guide; **3.** indication.
delilik 1. madness, insanity; mania; **2.** folly.
delinmek 1. *pass. of* **delmek**; **2.** to wear through, to get a hole.
delirmek to go mad.
delmek, (***-er***) to make a hole (in), to pierce, to bore.
delta GEOGR delta.
dem steeping; ***-i çok*** well steeped, strong (*tea*).
demeç statement; speech.
demek[1] **1.** to say (*-e* to); **2.** to tell, to mention (*-e* to); **3.** to call, to name; **4.** to mean.
demek[2], **demek ki** so, thus, therefore.
demet, ***-ti*** **1.** bunch, bouquet (*flowers*); **2.** sheaf (*of grain*); ~ ~ in bunches; in sheaves.
demin [x.] just now, a second ago.
demir 1. iron; **2.** anchor; **3.** irons; **4.** bar (*of a door*); ~ ***gibi*** strong, ironlike.
demirbaş 1. inventory, fixtures; **2.** old timer, fixture (*person*); ~ ***eşya*** inventory, stock.

demirci blacksmith, ironmonger, *Am.* hardware dealer; ~ ***ocağı*** smithy.
demirhane [ā] ironworks.
demirhindi BOT tamarind.
demirlemek 1. to bolt and bar (*door*); **2.** NAUT to anchor.
demirperde POL Iron Curtain.
demiryolu, ***-nu*** railway, railroad.
demlemek to steep, to brew (*tea*).
demli well steeped, strong (*tea*).
demlik teapot.
demode old-fashinoned, out-of-date.
demokrasi democracy.
demokrat, ***-ti*** democrat(ic).
demontaj MEC disassembly.
denden ditto mark.
denek PSYCH subject (*of an experiment*).
deneme 1. test, experiment; **2.** essay.
denemek 1. to test, to try, to experiment; to attempt; **2.** to tempt.
denet 1. control; **2.** inspection.
denetçi controller; inspector.
denetlemek to check, to control.
deney CHEM, PHYS test, experiment.
deneyim experience.
deneykap CHEM test tube.
deneysel experimental.
denge balance, equilibrium.
dengelemek to balance; to stabilize.
deniz 1. sea; ocean; **2.** maritime, marine, naval; **3.** waves, high sea; ~ ***buzulu*** ice floe; ~ ***feneri*** lighthouse; ~ ***hukuku*** maritime law; ~ ***subayı*** naval officer; ~ ***tutmak*** to get seasick; ~ ***üssü*** naval base.
denizaltı, ***-nı* 1.** submarine; **2.** submerged.
denizanası ZO jellyfish.
denizaşırı overseas.
denizbilim GEOGR oceanography.
denizci seaman, sailor.
denizcilik 1. navigation; shipping; **2.** seamanship.
denizel GEOGR marine; naval.
denizkaplumbağası, ***-nı*** ZO sea turtle.
denizkestanesi, ***-ni*** ZO sea urchin.
denizkızı, **-nı** MYTH mermaid, siren.
denizsel GEOGR maritime.
denizyıldızı, ***-nı*** starfish.
denk, ***-gi* 1.** bale; **2.** equal, in equilibrium; **3.** suitable; **4.** MATH equivalent; ~ ***gelmek*** to be suitable, to be timely.
denklem MATH equation.
denklemek 1. to make up in bales; **2.** to balance.
denkleştirmek 1. to bring into balance; **2.** to put together (*money*).
densiz tactless, lacking in manners.
deplasman: ~ ***maçı*** away match.
depo [x.] **1.** depot; **2.** store, warehouse; ~ ***etmek*** to store.
depozit(o) deposit, security.
deprem earthquake.
derbeder 1. vagrant, tramp; **2.** slovenly, disorderly.
dere 1. rivulet, stream, creek; **2.** valley; ~ ***tepe*** up hill and down dale.
derebeyi, ***-ni* 1.** feudal lord; **2.** *fig.* bully.
derece 1. degree, grade; **2.** stage, rank; **3.** F thermometer; ~ ~ by degrees.
dereceli graded.
dereotu, ***-nu*** BOT dill.
dergi magazine, periodical, review.
derhal [x.] at once, immediately.
deri 1. skin, hide; **2.** leather.
deribilim dermatology.
derin 1. deep; **2.** profound; ~ ~ ***düşünmek*** to be in a brown study.
derinleşmek 1. to deepen, to get deep; **2.** to specialize (*-de* in).
derinleştirmek to deepen (*a. fig.*)
derinlik 1. depth; depths; **2.** profundity.
derkenar [ā] marginal note; postscript.
derlemek to compile, to collect, to gather; ~ ***toplamak*** to tidy up.
derli toplu tidy; well-coordinated.
derman [ā] **1.** strength; **2.** remedy, cure, medicine; ~ ***aramak*** to seek a remedy; ~ ***olmak*** to be a remedy (*-e* for).
dermansız [ā] exhausted, feeble, weak.
derme gathered, compiled, collected; ~ ***çatma* 1.** hastily put up; **2.** odds and ends.
dermek to pick (*flowers*), to gather, to collect.
dernek association, club, society.
ders 1. lesson, class, lecture; **2.** moral; ~ ***almak* 1.** to take lessons (*-den* from); **2.** to learn a lesson (*-den* by); ~ ***çalışmak*** to study; ~ ***kitabı*** textbook, schoolbook.
dershane [ā] **1.** classroom, schoolroom; **2.** specialized school.
dert, ***-di* 1.** pain, suffering, disease; **2.** trouble, sorrow, grief, worries; ~ ***çekmek*** to suffer; ~ ***ortağı*** fellow sufferer; ~ ***yanmak*** *fig.* to unbosom o.s.
dertlenmek to be pained (by), to be

sorry (because of).
dertleşmek to have a heart-to-heart talk (*ile* with).
dertli 1. pained; sorrowful, wretched; **2.** aggrieved, complaining.
derviş 1. dervish; **2.** *fig.* humble person.
derya [ā] sea, ocean.
desen 1. design; ornament; **2.** drawing.
desinatör stylist.
desise [ī] trick, plot, intrigue.
destan [ā] **1.** epic, legend; **2.** ballad.
deste bunch, bouquet; packet; **~ ~** in bunches; by dozens.
destek 1. support; **2.** prop; beam; **~ vurmak** to put a prop (*-e* to).
desteklemek 1. to support; **2.** to prop up, to shore up.
destroyer [.x.] destroyer.
deşmek 1. to lance (*boil*); **2.** *fig.* to open up (*a painful subject*).
deterjan detergent.
dev 1. ogre; demon, fiend; **2.** giant; gigantic; **~ gibi** gigantic, huge.
deva [a] remedy, medicine, cure.
devalüasyon devaluation.
devam [ā] **1.** continuation; **2.** duration; **3.** frequenting; **4.** constancy; **~ etmek 1.** to go on; to last; to continue, to keep on; **2.** to attend, to follow (*classes*); **3.** to extend (*-den, -e kadar* from, to); **-ı var** to be continued.
devamlı 1. continuous, unbroken, uninterrupted; **2.** constant; regular.
devaynası, **-nı** convex (*or* magnifying) mirror.
deve ZO camel; **~ yapmak** *co.* to embezzle; **-de kulak** a drop in the bucket.
devedikeni BOT thistle.
devekuşu, **-nu** ZO ostrich.
deveran [ā] circulation; **~ etmek** to circulate.
devetabanı, **-nı** BOT philodendron.
devetüyü, **-nü 1.** camel hair; **2.** camel colo(u)red.
devim BIOL, PHYS movement, motion.
devingen mobile.
devinmek to move.
devir, **-vri 1.** period, epoch, era; **2.** cycle, rotation.
devirmek 1. to overturn, to knock down; **2.** to overthrow; **3.** to tilt to one side; **4.** to drink down, to toss off.
devlet, **-ti** state; government; power; **~ adamı** statesman; **~ başkanı** president; **~ hazinesi** state treasury, Exchequer; **~ kuşu** windfall, unexpected good luck; **~ memuru** civil servant, government official; **~ tahvili** state bond; **-ler hukuku** the law of nations.
devletçi partisan of state control, etatist.
devletçilik state control, etatism.
devletleştirmek to nationalize.
devralmak to take over.
devre 1. period, term; **2.** session (*of Parliament*); **3.** ELECT circuit; **4.** *sports*: half time.
devretmek [x..] to turn over, to transfer (*-e* to).
devrik 1. folded, turned over; **2.** inverted (*sentence*); **3.** overthrown (*government*).
devrim revolution; reform.
devrimci revolutionary, revolutionist.
devriye beat, patrol; **~ arabası** patrol car; **~ gezmek** to walk the beat, to patrol.
devşirmek 1. to collect, to pick; **2.** to fold, to roll up.
deyim idiom, phrase, expression.
dırdır grumbling; nagging; **~ etmek** to grumble, to nag.
dırıltı 1. grumbling; **2.** squabble.
dış 1. outside, exterior; **2.** outer space; **3.** external, outer; **4.** foreign; **~ haberler** foreign news; **~ hat** external line; international line; **~ lastik** MOT tyre, *Am.* tire; **~ taraf** outside; **~ ticaret** foreign trade.
dışadönük PSYCH extrovert.
dışalım importation.
dışarı 1. out; the outside; **2.** outdoor; out of doors; **3.** the provinces; the country; **4.** abroad, foreign lands; **~ gitmek 1.** to go out; **2.** to go abroad; **-da** outside; abroad; **-dan** from the outside; from abroad; **-ya** towards the outside; abroad.
dışbükey convex.
dışişleri, **-ni** POL foreign affairs; **♀ Bakanlığı** Ministry of Foreign Affairs.
dışkı feces.
dışmerkezli GEOM eccentric.
dışsatım exportation.
dibek large stone *or* wooden mortar.
Dicle *pr. n.* Tigris.
didiklemek 1. to tear to pieces; **2.** to pick into fibers and shreds.

didinmek **1.** to wear o.s. out; **2.** to fret.
didişmek to scrap, to scuffle, to bicker (*ile* with).
diferansiyel MOT differential gear.
difteri diphtheria.
diğer other, the other; **~ *taraftan*** on the other hand.
dijital digital; **~ *fotoğraf*** digital photo; **~ *fotoğraf makinesi*** digital camera; **~ *gösterici*** digital projector; **~ *kablo*** digital cable.
dik **1.** perpendicular; **2.** upright, straight, stiff; **3.** steep; **4.** fixed, intent; **~ *açı*** MATH right angle; **~ *başlı*** obstinate, pig-headed; **~ ~ *bakmak*** to stare (*-e* at); to glare (*-e* at).
dikdörtgen MATH rectangle.
diken **1.** thorn; spine; **2.** sting.
dikenli thorny, prickly; **~ *tel*** barbed wire.
dikensi spinoid, spinelike.
dikey GEOM vertical, perpendicular.
dikili **1.** sewn; **2.** planted, set; **3.** erected, set up.
dikilitaş obelisk.
dikiş **1.** seam; **2.** stitch; **3.** ANAT suture; **~ *dikmek*** to sew; **~ *iğnesi*** sewing needle; **~ *makinesi*** sewing machine.
dikit GEOL stalagmite.
dikiz *sl.* peeping, look; **~ *aynası*** rear view mirror.
dikizlemek *sl.* to peep.
dikkat, **-*ti*** **1.** attention, care; **2.** Take care!, Look out!; **~ *çekmek*** to call attention (*-e* to); **~ *etmek*** **1.** to pay attention (*-e* to); **2.** to be careful (*-e* with); **~ *kesilmek*** to be all ears.
dikkatli attentive, careful.
diklenmek, **dikleşmek** **1.** to become steep; **2.** to get stubborn; **3.** to stand erect.
dikmek, (**-*er***) **1.** to sew; to stitch; **2.** to erect, to set up; **3.** to plant; **4.** to fix (*eyes*); **5.** to drain, to drink off.
diktatör dictator.
dikte dictation; **~ *etmek*** to dictate.
dil **1.** tongue; **2.** language; dialect; **3.** GEOGR promontory; **4.** MEC bolt (*of a lock*); **~ *dökmek*** to talk s.o. round; **-*e*** (*-or* **-*lere***) ***düşmek*** to become the subject of common talk; **-*e getirmek*** to express; **-*i dolaşmak*** to mumble; **-*i uzun*** impudent, insolent; **-*indon düşürmemek*** to keep on and on (*-i* about); **-*ini tutmak*** to hold one's tongue.
dilbalığı, **-*nı*** ZO sole.
dilber beautiful, beloved.
dilbilgisi, **-*ni*** grammar.
dilbilim linguistics.
dilek **1.** wish; **2.** request, petition, demand; **-*te bulunmak*** to make a wish.
dilekçe petition, formal request.
dilemek **1.** to wish (for), to desire, to long (for); **2.** to ask (for), to request.
dilenci beggar.
dilenmek to beg; to ask (for).
dilim **1.** silice; strip; **2.** leaf (*of a radiator*); **~ ~** in slices; in strips.
dilimlemek to slice, to cut into slices.
dillenmek **1.** to begin to talk, to find one's tongue; **2.** to become overtalkative.
dillidüdük chatterbox, windbag.
dilmaç translater.
dilmek to slice.
dilsiz dumb, mute.
dimağ brain, mind.
din religion; belief, faith; creed.
dinamik dynamic(s).
dinamit, **-*ti*** dynamite.
dinamo dynamo.
dincierki theocracy.
dinç vigorous, robust, active.
dindar [— —] religious, pious, devout.
dindaş coreligionist.
dindirmek to stop (*pain etc.*).
dingil MEC axle, axletree.
dingin **1.** calm; **2.** inactive (*volcano*); **3.** exhausted.
dini [— —] religious; **~ *ayin*** divine service.
dinlemek **1.** to listen (*-i* to); **2.** to obey, to conform (*-i* to).
dinlence **1.** restful thing; **2.** vacation.
dinlendirici relaxing.
dinlendirilmiş **1.** old (*wine*); **2.** fallow (*ground*).
dinlendirmek **1.** to (let) rest; **2.** to leave (*a field*) fallow.
dinlenmek to rest, to relax.
dinleyici listener; **-*ler*** audience.
dinmek, (**-*er***) to stop, to cease; to die down, to calm down.
dinsel religious.
dinsiz [— .] atheistic.
dinsizlik atheism.
dip, **-*bi*** **1.** bottom; foot, lowest part; **2.**

the back.
dipçik butt (*of a rifle*).
dipçiklemek to club with a rifle butt.
dipdiri [x..] full of life, energetic.
dipkoçanı, ***-nı*** stub, counterfoil.
diploma [.—.] diploma, certificate; degree.
diplomasi diplomacy.
diplomat, ***-tı*** diplomat.
diplomatik diplomatic.
dipnot footnote.
direk 1. pole, post; **2.** mast; **3.** column, pillar; **4.** flagstaff.
direksiyon steering wheel.
direktif instruction, order.
direnç PHYS resistance.
direngen stubborn, obstinate.
direnim obstinacy.
direniş 1. resistance, opposition; **2.** boycott.
direnmek 1. to insist (*-de* on); **2.** to resist; **3.** to put one's foot down.
direşken insistent, persistent.
diretmek to be insistent, to show obstinacy.
direy fauna.
dirhem drachma (*3,1 grams*).
diri 1. alive; **2.** vigorous, lively; **3.** fresh; **4.** undercooked.
diriksel animal, physiological.
diriliş revival; resurgence.
dirilmek to return to life; to be revived.
diriltmek to revive.
dirim life.
dirlik 1. peace, peaceful coexistence; **2.** comfortable living; ~ ***düzenlik*** harmonious social relations.
dirsek 1. elbow; **2.** bend, turn (*in a line, road or river*).
disiplin discipline.
disk, ***-ki*** **1.** *sports*: discus; **2.** MEC disk; ~ ***sürücü*** disk drive.
diskotek, ***-ği*** discothéque.
dispanser dispensary.
diş 1. tooth; tusk; **2.** cog (*of a wheel*); **3.** clove (*of garlic*); ~ ***ağrısı*** toothache; ~ ***çekmek*** to extract (*or* pull out) a tooth; ~ ***çektirmek*** to have a tooth pulled out; ~ ***doldurmak*** to fill a tooth; ~ ***fırçası*** toothbrush; ~ ***macunu*** toothpaste; ***-ine göre*** within one's power; ***-ini tırnağına takmak*** to work tooth and nail.
dişbudak BOT ash tree.
dişçi dentist.
dişçilik dentistry.
dişeti, ***-ni*** gum.
dişi female.
dişil 1. female; **2.** GR feminine.
dişiorgan BOT pistil.
dişlek bucktoothed.
dişlemek to bite, to gnaw.
dişli 1. toothed, serrated; notched; **2.** MEC cogwheel, gear; **3.** *fig.* formidable.
diştacı, ***-nı*** crown (*of a tooth*).
ditmek, (***-er***) to card, to tease (*cotton, wool*).
divan 1. divan, sofa, couch; **2.** collected poems; **3.** POL council of state.
divane [——.] crazy, mad, insane.
divik ZO termite, white ant.
diyafram ANAT, PHYS, PHOT diaphragm.
diyalektik dialectic(s).
diyalog dialogue.
diyanet, ***-ti*** [ā] **1.** piety, devoutness; **2.** religion; ~ ***işleri*** religious affairs.
diyar [ā] country, land.
diye 1. so that; lest; **2.** because; **3.** by saying; **4.** on the assumption that; **5.** named, called.
diyet[1], ***-ti*** diet.
diyet[2], ***-ti*** blood money.
diyez MUS sharp.
diz knee; ~ ***boyu*** knee-deep; ~ ***çökmek*** to kneel (down); ***-ini dövmek*** *fig.* to repent bitterly.
dizanteri MED dysentery.
dize line (*of poetry*).
dizge system, arrangement.
dizgi composition, typesetting.
dizgin rein, bridle; ~ ***vurmak*** to bridle; ***-leri ele almak*** *fig.* to take the reins.
dizginsiz *fig.* uncontrolled, unbridled.
dizi 1. string (*of beads*); **2.** line, row; **3.** series; **4.** MIL file (*of soldiers*).
dizici, **dizgici** TYP typesetter, compositor.
dizilemek to line up, to arrange in a row.
dizili 1. strung (*beads*); **2.** TYP set.
diziliş arrangement.
dizim typesetting, composition.
dizin index.
dizkapağı, ***-nı*** kneecap.
dizlik kneepan, kneecap.
dizmek 1. to line up, to arrange in a row; to string (*beads*); **2.** TYP to set.
dizüstü bilgisayar laptop.

do MUS do; C.
dobra dobra [x.x.] bluntly, frankly.
doçent, ***-ti*** associate professor.
doğa nature.
doğaç inspiration.
doğal natural; ~ ***olarak*** naturally.
doğalcılık naturalism.
doğan ZO falcon.
doğaötesi, ***-ni*** **1.** metaphysics; **2.** metaphysical.
doğaüstü, ***-nü*** supernatural.
doğma born; ~ ***büyüme*** native, born and bred (*in a place*).
doğmak, (***-ar***) **1.** to be born; **2.** AST to rise (*sun, moon*); **3.** to appear, to arise.
doğrama woodwork, joinery.
doğramacı joiner, carpenter.
doğramak to cut into pieces (*or* slices); to carve, to chop to bits.
doğru **1.** straight; direct; **2.** right, true; **3.** suitable, proper; **4.** honest; **5.** MATH line; **6.** truly, correctly; **7.** straight, directly; **8.** towards, in the direction of; **9.** That's true!; ~ ***akım*** ELECT direct current; ~ ***çıkmak*** to prove to be right; ~ ***durmak*** **1.** to stand straight; **2.** to keep quiet; ~ ***dürüst*** F properly; ***-dan -ya*** directly.
doğruca [x..] **1.** more or less right; **2.** directly.
doğrulamak to confirm, to corroborate.
doğrulmak **1.** to straighten out; **2.** to sit up; **3.** to direct o.s. (*-e* towards).
doğrultmaç ELECT rectifier.
doğrultmak **1.** to straighten; **2.** to correct; **3.** to aim, to point (*-e* at), to direct.
doğrultu direction.
doğruluk **1.** truth; honesty; **2.** straightness.
doğrusal linear.
doğrusu the truth of the matter; to be quite frank about it; ***daha*** ~ as a matter of fact.
doğu **1.** east; **2.** eastern; **3.** ≈ the East.
doğum **1.** birth; **2.** year of birth; **3.** confinement; ~ ***günü*** birthday; ~ ***kontrolu*** birth control; ~ ***yapmak*** to give birth to a child.
doğumevi, ***-ni*** maternity hospital.
doğurgan prolific, fecund.
doğurmak **1.** to give birth (to); to foal; **2.** *fig.* to bring forth, to give birth to.
doğurtmak to assist at childbirth.
doğuş **1.** birth; **2.** AST rise; ***-tan*** innate; from birth; congenital.
dok, ***-ku*** NAUT dock, wharf.
doksan ninety.
doktor doctor, physician.
doktora doctorate, doctoral degree.
doku ANAT tissue.
dokubilim histology.
dokuma **1.** woven; **2.** textile; **3.** cotton cloth.
dokumacı weaver.
dokumacılık textile industry.
dokumak to weave.
dokunaç feeler, tentacle.
dokunaklı touching, moving, biting.
dokundurmak to hint at.
dokunma touch, sense of touch.
dokunmak **1.** to touch, to make contact (*-e* with); **2.** to take in one's hand; **3.** to disturb, to upset, to meddle (*-e* with); **4.** to disagree (*-e* with); to upset (*one's health*); **5.** to affect.
dokunulmazlık POL immunity.
dokuz nine; ~ ***doğurmak*** *fig.* to be on pins and needles.
doküman document.
dokümanter documentary.
dolama MED whitlow, felon.
dolamak **1.** to wind (*-e* on); **2.** to wrap around.
dolambaç curve, bend, winding.
dolambaçlı winding, meandering.
dolandırıcı swindler, embezzler.
dolandırıcılık swindle, fraud.
dolandırmak to cheat, to swindle, to defraud.
dolanmak **1.** to be wrapped (*-e* around); **2.** to be wound on (*-e* to); **3.** to hang about, to wander about.
dolap, ***-bı*** **1.** cupboard; **2.** water wheel; **3.** treadmill; **4.** Ferris wheel; merry-go-round; **5.** *fig.* plot, trick, intrigue; ~ ***çevirmek*** *fig.* to pull a trick, to set a trap.
dolar dollar.
dolaşık **1.** intricate (*matter*), confused; **2.** roundabout.
dolaşıklık entanglement.
dolaşım BIOL circulation.
dolaşmak **1.** to wander, to walk around; **2.** to make a roundabout way; **3.** to get tangled (*hair, thread*); **4.** to wander around (*a place*).

D

dolay 1. environment, surroundings; **2.** outskirts.
dolayı 1. because of, due to, on account of, owing to; **2.** as, because; ***bundan ~*** therefore, that's why, for that reason.
dolayısıyla [... — .] **1.** because of, on account of; **2.** consequently, so.
dolaylı 1. indirect; **2.** indirectly.
dolaysız 1. direct; **2.** directly.
doldurmak 1. to fill (up); to stuff; **2.** to complete (*period of time*); **3.** to charge (*a battery*); **4.** to load (*firearm*); **5.** to fill out, to fill in (*a printed form*).
dolgu filling, stopping; ***~ yapmak*** to fill, to stop.
dolgun 1. full, filled; **2.** plump; **3.** high (*salary*).
dolma 1. filled up, reclaimed (*land*); **2.** stuffed (*food*).
dolmak, (***-ar***) **1.** to become full, to fill up; **2.** to be packed (*ile* with); **3.** to expire (*term, period*).
dolmakalem fountain pen.
dolmuş 1. jitney, shared-taxi; full, filled.
dolu[1] **1.** full, filled; **2.** abounding in, teeming (*ile* with); **3.** loaded (*gun*); **4.** charged (*battery*); **5.** solid; ***~ ~*** in abundance.
dolu[2] hail; ***~ tanesi*** hailstone; ***~ yağmak*** to hail.
doludizgin at full speed, galloping.
dolunay full moon.
doluşmak to crowd (*into a place*).
domates [.x.] BOT tomato.
domino dominoes (*game*).
domuz 1. ZO pig, hog, swine; **2.** *fig.* obstinate; malicious; ***~ eti*** pork.
domuzluk viciousness, maliciousness.
don[1] pair of drawers, underpants; ***-una kaçırmak*** to wet (*or* soil) one's underwear.
don[2] frost, freeze; ***~ tutmak*** to freeze.
donakalmak, (***-ır***) to stand aghast (at).
donanım NAUT rigging, tackle.
donanma 1. fleet, navy; **2.** fireworks; flags and bunting.
donanmak 1. to dress up; **2.** to be decorated; **3.** to be equipped; **4.** to be illuminated.
donatı equipment.
donatım 1. equipment; **2.** MIL ordnance.
donatmak 1. to dress up; **2.** to ornament, to deck out, to illuminate; **3.** NAUT to equip (*a ship*).
dondurma ice cream.
dondurmak to freeze (*a. fig.*).
dondurucu freezing; cold.
dondurulmuş 1. frozen; **2.** fixed.
donmak, (***-ar***) **1.** to freeze; **2.** to feel very cold, to freeze; **3.** to harden, to solidify (*concrete etc.*).
donuk matt, dull; lifeless.
donuklaşmak to become dull, to be lifeless.
donyağı, ***-nı*** tallow.
doruk 1. summit, apex; **2.** *fig.* zenith.
dosdoğru [x—.] *emph. of* **doğru**, straight ahead; perfectly correct.
dost, ***-tu*** **1.** friend; comrade, confidant, intimate; **2.** friendly; **3.** lover; mistress; ***~ edinmek*** **1.** to make friends (with); **2.** to take a mistress; ***~ olmak*** to become friends.
dostça friendly.
dostluk friendship; ***~ kurmak*** to make friends (*ile* with).
dosya [x.] **1.** file, dossier; **2.** file holder; ***indirilen dosya*** IT download; ***yüklenen dosya*** IT upload.
dosyalamak 1. to file; **2.** to open a file (on).
doyasıya to one's heart's content.
doygun 1. satiated; **2.** saturated.
doygunluk 1. satiation; **2.** saturation.
doyma saturation (*a.* CHEM).
doymak 1. to eat one's fill; **2.** (*bşe*) to be satisfied with *s.th.*; **3.** CHEM to be saturated (*-e* with).
doymaz greedy, insatiable.
doyum satiety, satisfaction.
doyurmak 1. to fill up, to satisfy; **2.** CHEM to saturate.
doyurucu 1. satisfying, filling (*food*); **2.** *fig.* convincing.
doz MED dose; ***-unu kaçırmak*** to overdo.
dozer bulldozer.
dökme 1. poured; **2.** cast (*metal*); **3.** ECON in bulk.
dökmeci foundryman, founder.
dökmek, (***-er***) **1.** to pour (out); **2.** to spill; **3.** to scatter; **4.** to cast; **5.** to empty; **6.** to develop, to have (*spots, freckles*).
dökülmek 1. *pass. of* **dökmek**; **2.** to go out in large numbers (*people*); **3.** to

disintegrate; **4.** to get ragged; **5.** *sl.* to be dead tired.
döküm 1. casting; **2.** enumeration (*of an account*).
dökümhane [ā] MEC foundry.
dökünmek to throw over o.s. (*water etc.*).
döküntü 1. remains, leavings; **2.** stragglers; **3.** skin eruption.
döl 1. young, offspring, new generation; **2.** semen, sperm; **3.** new plant, seedling; **4.** descendants; ~ ***vermek*** to give birth.
döllemek BIOL to inseminate, to fertilize.
döllenme insemination, fertilization.
dölüt BIOL fetus.
dölyatağı, *-nı* ANAT womb.
döndürmek 1. to turn round, to rotate; **2.** to fail, to flunk (*a student*).
dönek fickle, changeable.
dönem 1. period (of time); **2.** PARL term; **3.** school term.
dönemeç bend, curve (*in a road*).
dönemeçli winding, curved (*road*).
dönence 1. AST tropic; **2.** turning point.
döner turning, revolving; ~ ***kebap*** *meat roasted on a revolving vertical spit*; ~ ***sermaye*** circulating capital.
döngel BOT medlar.
dönme 1. rotation; **2.** converted to Islam; ~ ***dolap*** Ferris wheel, big wheel.
dönmek, (*-er*) 1. to turn, to revolve, to spin, to rotate; **2.** to return; **3.** to turn (*-e* towards); **4.** to turn (*-e* into); to become; **5.** to change (*weather*); **6.** (*sözünden*) to break (*one's promise*); **7.** (*kararından*) to change one's mind.
dönük 1. turned (*-e* to, towards), facing; **2.** aimed (*-e* at).
dönüm 1. a land measure of about 920 m^2; **2.** turn; **3.** rotating, revolving; **4.** (round) trip; ~ ***noktası*** turning point.
dönüş return(ing).
dönüşlü GR reflexive.
dönüşmek to change (*-e* into), to turn (*-e* into).
dönüşüm transformation.
dördül square.
dördüz quadruplet.
dört, *-dü* four; ~ ***başı mamur*** *fig.* in perfect condition; ~ ***bucakta*** everywhere; ~ ***elle sarılmak*** (*bir işe*) to stick heart and soul (*-e* at); ~ ***gözle beklemek*** to wait eagerly (*-i* for), to look forward (*-i* to).
dörtayak 1. quadruped; **2.** on all fours.
dörtgen MATH quadrangle.
dörtlü 1. *cards*: four; **2.** quartet.
dörtlük 1. quatrain; **2.** MUS quarter note.
dörtnal gallop.
dörtnala galloping, at a gallop.
dörtyol crossroads, junction.
döş breast, bosom.
döşek mattress.
döşeli furnished.
döşem installation; electricity and plumbing.
döşeme 1. floor(ing); **2.** furniture; **3.** upholstery.
döşemek 1. to spread, to lay down; **2.** to floor, to pave; **3.** to furnish, to upholster.
döveç wooden mortar.
döven threshing sled.
döviz 1. foreign exchange; **2.** motto; **3.** placard.
dövme 1. tattoo; **2.** wrought (*iron*).
dövmek, (*-er*) 1. to beat, to flog; **2.** to hammer, to forge (*hot metal*); **3.** to beat (*laundry*); **4.** to pound; **5.** to beat (*eggs*); **6.** to shell, to bombard; **7.** to beat, to pound (*waves, rain*).
dövünmek 1. to beat o.s.; **2.** *fig.* to lament.
dövüş fight, brawl.
dövüşken combative, belligerent.
dövüşmek 1. to fight, to struggle; **2.** to clash (*armed forces*); **3.** to box.
draje 1. sugar-coated pill; **2.** chocolate-coated nuts.
dram 1. THEA drama; **2.** tragic event.
dramatik dramatic.
dua [ā] prayer; ~ ***etmek*** to pray.
duba [x.] pontoon, barge; ~ ***gibi*** paunchy, very fat.
dublaj dubbing; ~ ***yapmak*** to dub.
duble double (*spirits, beer*).
dubleks duplex (*house*).
dublör stunt man.
duçar [— —] subject (*-e* to), afflicted (*-e* with); ~ ***olmak*** to be subject (*-e* to), to be afflicted (*-e* with).
dudak lip; ~ ***boyası*** lipstick; ~ ***bükmek*** to curl one's lip; ~ ***dudağa*** lip to lip.
duhuliye [.—..] entrance fee.
dul [ū] **1.** widow; widower; **2.** widowed; ~ ***kalmak*** to be widowed.

D

duman **1.** smoke; fumes; **2.** mist, fog; **3.** F bad; ***-a boğmak*** to smoke up; ***-ı üstünde*** *fig.* very fresh, brand new.
dumanlı **1.** smoky; fumy; **2.** misty, foggy, dim.
durağan fixed, stable.
durak **1.** stop; **2.** halt, pause, break.
duraklamak to stop, to pause.
duraksamak to hesitate.
dural PHLS static, unchanging.
durdurmak to stop, to halt.
durgu **1.** stoppage; **2.** MUS cadence.
durgun **1.** calm, still; **2.** stagnant; **3.** subdued; **~ *su*** standing water.
durgunlaşmak **1.** to get calm, to calm down; **2.** to be dull, to get stupid.
durmak, (***-ur***) **1.** to stop; **2.** to last, to endure; **3.** to stand; **4.** to be, to remain (*at a place*); **5.** to exist; **6.** to fail to act; ***Dur!*** Wait!, Stop!; ***durmadan*** *or* ***durmaksızın*** continuously; ***durup dururken*** **1.** suddenly, out of the blue; **2.** with no reason.
duru clear, limpid.
durulamak to rinse.
durulmak **1.** to become clear; **2.** to settle down.
durum state, condition, situation, position.
duruş **1.** rest, stop; **2.** posture.
duruşma LEG trial, hearing (*of a case*).
duş shower, shower bath; **~ *yapmak*** to have (*or* take) a shower.
dut, ***-tu*** mulberry; **~ *gibi olmak*** *sl.* to be as drunk as a lord.
duvak bridal veil, bride's veil.
duvar **1.** wall; **2.** barrier; **~ *gibi*** stone-deaf; **~ *kâğıdı*** wallpaper; **~ *örmek*** to put up a wall; **~ *saati*** wall clock.
duvarcı bricklayer; stonemason.
duy ELECT socket.
duyar sensible, sensitive.
duyarga ZO antenna.
duygu **1.** feeling; **2.** emotion; **3.** sense, sensation; **4.** impression.
duygudaş sympathizer.
duygulanmak to be affected, to be touched.
duygulu sensitive.
duygun sensitive.
duygusal **1.** emotional; **2.** sentimental.
duygusuz insensitive, hardhearted, callous.
duymak, (***-ar***) **1.** to hear; **2.** to get word of, to learn; **3.** to be aware of; **4.** to feel, to sense, to perceive.
duyu sense.
duyum sensation.
duyurmak to announce, (*b-ne bşi*) to let *s.o.* hear *s.th.*
duyuru announcement; notification.
düdük whistle, pipe, flute; **~ *gibi kalmak*** to be left entirely alone.
düdüklü having a whistle; **~ *tencere*** pressure cooker.
düello duel; **~ *etmek*** to duel.
düğme **1.** button; **2.** ELECT switch; **3.** bud.
düğmelemek to button up.
düğüm **1.** *a.* BOT, PHYS knot, bow; **2.** *fig.* knotty problem; **~ *atmak*** to knot; **~ *noktası*** *fig.* crucial (*or* vital) point; **~ *olmak*** to get knotted.
düğümlemek to knot.
düğün **1.** wedding feast; **2.** circumcision feast; **~ *yapmak*** to hold a wedding.
dükkân shop; **~ *açmak*** to open shop, to set up business.
dükkâncı shopkeeper.
dülger carpenter; builder.
dümbelek tabor, timbal.
dümdüz [x.] **1.** perfectly smooth; **2.** straight ahead.
dümen **1.** rudder; **2.** *pl.* trick, humbug; **3.** *fig.* control; **~ *çevirmek*** F to play tricks; **~ *kırmak*** NAUT to veer; **~ *kullanmak*** to steer; **~ *yapmak*** *sl.* to trick.
dümenci **1.** helmsman, steersman; **2.** *sl.* trickster.
dün **1.** yesterday; **2.** the past; **~ *akşam*** last night, yesterday evening; **~ *değil evvelki gün*** the day before yesterday.
dünür the father-in-law *or* mother-in-law of one's child.
dünya **1.** world, earth; **2.** this life; **3.** everyone, people; **~ *evine girmek*** to get married; **~ *kadar*** a whole lot, a world of; ***-da*** never in this world; ***-nın dört bucağı*** the four corners of the earth; ***-ya gelmek*** to be born; ***-ya getirmek*** to give birth to; ***-ya gözlerini kapamak*** to die, to pass away.
dünyalık F worldly goods, wealth; money.
dünyevi worldly.
dürbün binoculars, field glasses.
dürmek to roll up, to fold.
dürtmek **1.** to prod, to goad; **2.** *fig.* to

urge on, to stimulate.
dürtü PSYCH impulse, compulsion, drive.
dürtüklemek to prod, to nudge.
dürüm roll, fold, pleat.
dürüst, ***-tü*** honest, straightforward.
dürüstlük honesty.
dürzü *sl.* scoundrel.
düstur [ū] **1.** norm; **2.** code of laws; **3.** principle.
düş 1. dream; **2.** hope, aspiration; **~ *görmek*** to have a dream; **~ *kırıklığı*** disappointment; **~ *kurmak*** to daydream.
düşey MATH vertical, perpendicular.
düşkün 1. addicted (*-e* to), devoted (*-e* to); **2.** wrapped up (*-e* in); **3.** down-and-out; **4.** fallen, loose (*woman*).
düşkünlük 1. poverty, decay; **2.** excessive fondness.
düşman enemy, foe; **~ *olmak*** to become an enemy (*-e* of).
düşmanca in a hostile manner.
düşmanlık enmity, hostility.
düşmek, **(*-er*) 1.** to fall; **2.** to drop, to go down, to decrease; **3.** to deduct; **4.** to be born dead (*fetus*); **5.** to fall (*-e* into) (*doubt, trouble*); **6.** to get (*tired, weak*); ***düşe kalka*** struggling along; with difficulty; ***düşüp kalkmak*** (*b-le*) to live with *s.o.*
düşsel oneiric; imaginary.
düşük 1. fallen, drooping; **2.** low (*price, quality*); **3.** fallen (*woman*); **4.** MED miscarriage.
düşün thought, cogitation.
düşünce 1. thought; **2.** idea, opinion, reflection, observation; **3.** anxiety, worry; ***-ye dalmak*** to be lost in thought.
düşüncel ideational.
düşünceli 1. thoughtful, careful; **2.** worried, depressed; **3.** pensive, lost in thought.
düşüncesiz 1. thoughtless, inconsiderate; **2.** unworried, carefree.
düşündürücü thought-provoking.
düşünmek 1. to think (*-i* of); **2.** to consider, to think (*-i* about); **3.** to worry (*-i* about); ***düşünüp taşınmak*** to consider at length.
düşünür thinker, intellectual.
düşünüş mentality, way of thinking.
düşürmek 1. to drop; **2.** to reduce; **3.** to miscarry, to abort (*child*); **4.** to overthrow (*government*).
düşüş 1. fall; **2.** decrease.
düşüt, ***-tü*** aborted fetus.
düz 1. smooth, even; flat; **2.** straight; **3.** simple, plain; plain-colo(u)red.
düzayak 1. without stairs, on one floor; **2.** on a level with the street.
düzeç (spirit) level.
düzelmek 1. to be put in order; **2.** to improve, to get better.
düzeltme 1. correction; **2.** reform.
düzeltmek 1. to put in order; **2.** to make smooth; to straighten; **3.** to correct; **4.** to proofread.
düzeltmen proofreader.
düzen 1. order, harmony; **2.** orderliness, neatness; **3.** the social order, the system; **4.** *fig.* ruse, trick; **~ *kurmak*** *fig.* to set a trap; ***-e sokmak*** to put in order.
düzenbaz trickster, cheat, humbug.
düzence discipline.
düzenek 1. plan; **2.** mechanism.
düzengeç PHYS regulator.
düzenlemek 1. to put in order; **2.** to arrange, to hold (*a meeting*); to prepare.
düzenli 1. tidy, orderly, in order; **2.** *fig.* systematic.
düzensiz 1. out of order, untidy; **2.** *fig.* unsystematic.
düzenteker PHYS flywheel.
düzey 1. level; **2.** rank.
düzgü norm.
düzgüsel normative.
düzgün 1. smooth, level; **2.** orderly, in order, regular, well-arranged; **3.** correct.
düzine 1. dozen; **2.** dozens of.
düzlem MATH plane.
düzlemek to smooth, to level, to flatten.
düzlük 1. flatness, levelness; smoothness; **2.** level (*or* flat) place, plain.
düzme false, fake; forged.
düzmece *s.* ***düzme.***
düzmek, **(*-er*) 1.** to arrange, to compose; to prepare; **2.** to invent, to fabricate (*a story*); **3.** to forge, to counterfeit; **4.** *sl.* to rape.
düztaban 1. flat-footed; **2.** *fig.* ill-omened.
düzyazı prose.
DVD DVD; **~*-ROM*** DVD-ROM.

E

e **1.** Well, All right; **2.** Then; **3.** Oh! (*surprise*).
-e *s.* ***-a.***
ebat [ā] **1.** dimensions; **2.** size.
ebe **1.** midwife; **2.** it (*in children's games*).
ebedi eternal, without end.
ebediyen [i] [..x.] eternally, for ever.
ebegümeci, ***-ni*** BOT mallow.
ebekuşağı, ***-nı***, **ebemkuşağı**, ***-nı*** rainbow.
ebelemek to tag (*in a child's game*).
ebeveyn parents.
e-bilet e-ticket.
ebleh stupid, foolish; imbecile.
ebru **1.** marbling (*of paper*); **2.** watering (*of fabrics*).
ebrulu **1.** marbled; **2.** watered.
ecdat [.—] ancestors.
ece queen.
ecel death, the appointed hour of death; ~ ***teri dökmek*** to be in a cold sweat; ***-i gelmek*** to have one's fated time of death arrive.
eciş bücüş out of shape, crooked, distorted, contorted.
ecnebi **1.** stranger, foreigner, alien; **2.** foreign.
ecza, ***-ai*** [ā] drugs, medicines, chemicals.
eczacı [ā] chemist, druggist, pharmacist.
eczane [ā] pharmacy, drugstore, chemist's shop.
eda [ā] **1.** payment; **2.** fulfillment, performance; **3.** conduct, manner, air; style; **4.** representation; ~ ***etmek*** **1.** to perform (*a duty*); **2.** to pay (*a debt*).
edalı [ā] **1.** having the air; **2.** charming, gracious.
edat, ***-tı*** [ā] GR particle, preposition.
edebi literary.
edebiyat, ***-tı*** [ā] literature; ♀ ***Fakültesi*** the College of Literature and Arts.
edep, ***-bi*** good breeding, good manners, politeness, modesty; ~ ***yeri*** private parts, genitals.
edepli well-behaved, well-mannered.
edepsiz ill-mannered, rude, shameless.
eder price.
edilgen GR passive.
edinç attainments.
edinmek to get, to have, to acquire, to procure.
edinti acquisition.
edip [ī] literary man, writer.
editör **1.** publisher; **2.** editor.
efe village hero, swashbuckling village dandy.
efektif cash, ready money.
efendi [.x.] **1.** master; owner; **2.** Mr. (*after the first name*); **3.** (*a.* ***-den***) gentleman.
efendim **1.** Yes (*as an answer to a call*); **2.** I beg your pardon?; **3.** Sir; Ma'am.
Efes *pr. n.* Ephesus.
efkâr **1.** thoughts, ideas; **2.** worry, anxiety; ~ ***dağıtmak*** to cheer o.s. up.
efkârlanmak F to become wistfully sad.
eflatun [ū] (*renkli*) lilac-colo(u)red.
efsane [ā] legend; tale, myth.
efsanevi [ā] legendary.
eften püften flimsy.
Ege *pr. n.* Aegean Sea.
egemen sovereign, dominant.
egemenlik sovereignty, dominance.
egoist egoist, selfish.
egoizm egoism, selfishness.
egzama [x..] eczema.
egzersiz exercise, practice.
egzoz MEC exhaust; ~ ***borusu*** exhaust pipe.
eğe file.
eğelemek to file.
eğer [x.] if, whether.
eğik **1.** MATH oblique; **2.** inclined, sloping down; **3.** bent down.
eğilim tendency; inclination; ~ ***göstermek*** to show tendency (*-e* to).
eğilmek **1.** to bend; to curve; to warp; **2.** to bow (down); **3.** to incline, to lean; **4.** to get down to (*a job*); **5.** to stoop.
eğim **1.** slope; **2.** MATH dip, grade.
eğirmek to spin.
eğirmen spindle, distaff.
eğitbilim pedagogy.

eğitici **1.** pedagogue; **2.** educational, instructive.
eğitim education, training.
eğitimci educator, educationalist, pedagogue.
eğitimli educated, trained
eğitmek to educate, to train.
eğitmen educator; instructor.
eğitsel educational.
eğlek shady spot in a pasture.
eğlence amusement, enjoyment, entertainment, diversion; ~ ***yeri*** pleasure ground, amusement park.
eğlenceli amusing, entertaining.
eğlenmek **1.** to enjoy o.s., to have a good time; to amuse o.s.; **2.** (*b-le*) to make fun of *s.o.*, to make a mock of *s.o.*
eğlenti entertainment, feast, party.
eğmeç bow.
eğmek **1.** to bend, to incline, to curve; **2.** to bow.
eğrelti, eğreltiotu, ***-nu*** BOT fern, bracken.
eğrelti **1.** artificial, false; **2.** borrowed; **3.** provisional, temporary; ~ ***oturmak*** to sit on the edge of *s.th.*
eğri **1.** crooked, bent, curved; **2.** oblique, slanting, askew; **3.** MATH curve, bent, angle; **4.** perverse, wrong; ~ ***büğrü*** bent and crooked; ~ ***oturmak*** to sit informally.
eğrilmek to become bent, to incline, to arch.
ehemmiyet, ***-ti*** importance, significance; ~ ***vermek*** (*bşe*) to attach importance to *s.th.*
ehemmiyetli important, significant.
ehil, ***-hli*** **1.** community, people; **2.** competent; ***ehli olmak*** (*bşin*) to be endowed with *s.th.*
ehli tame, domestic(ated).
ehlikeyf self-indulgent.
ehlileştirmek to tame.
ehliyet, ***-ti*** **1.** capacity, competence, ability; **2.** (= ~ ***belgesi***) driving license.
ehliyetli **1.** able, capable; competent; **2.** licensed.
ehliyetname [ā] **1.** driving license; **2.** certificate of qualification.
ejder, ejderha [ā] dragon.
ek, ***-ki*** **1.** supplement; appendix; **2.** GR prefix, suffix, infix; **3.** joint; **4.** additional, supplementary.
ekâbir the great; important people; F bigwig, big shot.
ekalliyet, ***-ti*** minority.
e-kart IT e-card.
ekili sown, planted (*field*).
ekim **1.** sowing, planting; **2.** (*ayı*) October.
ekin **1.** crops, growing grain; **2.** culture, civilization; ~ ***biçmek*** to reap, to harvest.
ekinoks equinox.
ekip, ***-bi*** team (*a. sport*), crew, company, gang.
e-kitap e-book.
eklem ANAT joint, articulation.
eklemek **1.** to add, to join (*-e* to); **2.** to put together.
eklenti **1.** GR suffix; **2.** anex.
ekli pieced, put together.
ekmek[1] **1.** to sow; **2.** to cultivate (*field*); **3.** to scatter, to sprinkle; **4.** *sl.* to get rid of s.o., to put s.o. off.
ekmek[2] **1.** bread; **2.** living, bread and butter; **3.** food; ~ ***kabuğu*** crust of a loaf; ~ ***kavgası*** the struggle to earn a living; ***ekmeğini kazanmak*** to earn one's daily bread.
ekmekçi **1.** baker; **2.** bakery.
ekoloji ecology.
ekonomi economy.
ekonomik economic(al).
ekose plaid, tartan.
ekran screen.
eksen **1.** axis; **2.** axle.
ekseri [x..] **1.** most; **2.** mostly, usually.
ekseriya [x..—] generally, mostly, usually, often.
ekseriyet, ***-ti*** majority.
eksi MATH minus.
eksik **1.** lacking; absent, missing; **2.** less (than); **3.** deficient, incomplete, defective, imperfect; **4.** lack; ~ ***gelmek*** to be insufficient.
eksiklik **1.** deficiency; lack; **2.** shortcoming, defect.
eksiksiz **1.** complete, perfect; **2.** permanent.
eksilmek **1.** to decrease, to lessen; **2.** to disappear.
eksiltme bid, tender.
eksiltmek to diminish, to reduce.
eksper expert.
ekspres **1.** express train; **2.** express de-

livery.
ekstra [x.] extra, first quality; **~ ~** the very best.
ekşi sour, acid, tart; **~ *surat*** long (*or* sullen) face.
ekşimek 1. to turn sour; **2.** to ferment; **3.** to be upset (*stomach*); **4.** *sl.* to be disconcerted.
ekvator equator.

E

el[1] **1.** hand; **2.** handwriting; **3.** power; **4.** help, assistance; **5.** shot (*of a firearm*); **~ *açmak*** to beg (for); **~ *altından*** under the counter, secretly; **~ *arabası*** wheelbarrow; **~ *atmak*** (*bşe*) to lay hands (on), to seize and carry off; **~ *bombası*** hand grenade; **~ *çekmek*** (*bşden*) to give up, to relinquish; **~ *çırpmak*** to clap one's hands; **~ *değiştirmek*** to change hands; **~ *değmemiş*** intact; **~ *-e*** hand in hand; **~ *-e vermek*** to join forces; **~ *emeği*** handwork; **~ *feneri*** flashlight; **~ *kadar*** very small; **~ *sanatları*** handicrafts; **~ *sıkmak*** to shake hands; **~ *şakası*** horseplay, playful pushing and pulling; **~ *uzatmak*** (*b-ne*) *fig.* to give *s.o.* ahand; **~ *yazısı*** handwriting; **~ *yazması*** manuscript; **~ *yordamıyla*** by groping; ***-de etmek*** to get hold of, to obtain, to get; ***-den çıkarmak*** to sell, to dispose (of); ***-den düşme*** secondhand; ***-den geçirmek*** to review, to go over, to look through; ***-den gelmek*** to be able to do; ***-e geçirmek* 1.** to get hold (of), to obtain; **2.** to conquer; ***-e vermek*** (*b-ni*) to inform on *s.o.*, to tell on *s.o.*; ***-i açık*** generous; ***-i ağır*** heavy-handed, slow; ***-i bayraklı*** quarrelsome, insolent; ***-i çabuk*** nimble-fingered, adroit; ***-i dar*** hard up; ***-i hafif*** light-handed; ***-i maşalı*** shrew, virago; ***-i sıkı*** close-fisted, stingy; ***-i uzun*** light-fingered, thievish; ***-i yatkın*** deft, handy; ***-i yüzü düzgün*** presentable; ***-inden tutmak*** *fig.* to help, to protect, to patronize; ***-ine bakmak*** *fig.* to depend (*-in* on), to be dependant (*-in* on); ***-ine geçmek*** to get, to earn; ***-ini çabuk tutmak*** to hurry up; ***-inize sağlık*** I enjoy my lunch *or* dinner.
el[2] **1.** land, country; **2.** people; **3.** stranger, alien; **4.** others.
ela hazel (*eyes*).
elalem people, everybody, all the world.
elastiki elastic.
elbet [x.], **elbette** [x..] certainly, decidedly, surely.
elbirliği, ***-ni*** cooperation.
elbise clothes, garments; dress, suit (*of clothes*).
elçi 1. envoy; **2.** ambassador.
elçilik embassy; legation.
eldeci possessor, holder.
eldiven glove.
elebaşı 1. ringleader, chief; **2.** captain (*in a game*).
elek fine sieve; ***-ten geçirmek*** to sift (*a. fig.*).
elektrik electricity; **~ *akımı*** electric current; **~ *düğmesi*** switch.
elektrikçi electrician.
elektrikli electric.
elektrokardiyogram ECG.
elektronik electronic(s); **~ *beyin*** computer.
elem pain; affliction; sorrow, care; **~ *çekmek*** to suffer.
eleman 1. element, part; **2.** staff member, personnel.
eleme elimination; **~ *sınavı*** preliminary examination.
elemek 1. to sift, to sieve; **2.** *fig.* to eliminate.
elerki, ***-ni*** democracy.
eleştiri criticism.
eleştirici 1. critic; **2.** critical.
eleştirmek to criticize.
eleştirmen critic.
elim painful, grievous, deplorable.
elips ellipse.
elişi 1. handicraft; **2.** handmade.
elkitabı handbook, manual.
ellemek to handle, to feel with the hand.
elli fifty.
elma BOT apple; **~ *şekeri*** candied apple.
elmacık cheekbone.
elmas 1. diamond; **2.** diamond glass cutter.
elmastıraş 1. diamond-tipped glass cutter; **2.** cut glass, cut diamond.
elti sister-in-law (*relationship between the wives of two brothers*).
elveda, ***-aı*** [ā] farewell, good-bye.
elverişli suitable, handy, convenient.
elvermek to suffice, to be enough; to be suitable.

elyaf fibres, *Am.* fibers.
elzem indispensable, essential.
emanet, ***-ti*** [ā] **1.** a trust, deposit, anything entrusted to s.o.; **2.** left luggage office, *Am.* baggage room, checkroom; **~ *etmek*** to entrust (*-e* to).
emaneten for safekeeping.
emare sign, mark, token; indication.
emaye 1. enameled; **2.** glazed.
emek 1. work, labo(u)r; **2.** trouble, pains; **~ *vermek*** to labo(u)r, to work hard; ***emeği geçmek*** to contribute efforts.
emekçi worker, labo(u)rer; proletarian.
emeklemek to crawl on all fours.
emekli retired; pensioner; ***-ye ayrılmak*** to retire.
emektar [ā] old and faithful (*worker*); veteran.
emel longing, desire, wish, ambition; **~ *beslemek*** to long (for).
emici sucking.
emin [ī] **1.** safe, secure; **2.** sure, certain; firm; **3.** trustworthy; **~ *olmak*** to be sure (*-den* of).
emir, ***-mri*** order, command; decree; **~ *subayı*** MIL adjutant; **~ *vermek*** to order, to command.
emisyon ECON issue.
emlak, ***-ki*** real estate; **~ *komisyoncusu*** estate agent; **~ *vergisi*** property tax.
emme suck, suction.
emmeç aspirator.
emmek 1. to suck; **2.** to absorb.
emniyet, ***-ti*** **1.** security, safety; **2.** confidence, belief; **3.** safety catch; **4.** the police; **~ *etmek*** **1.** to trust; **2.** to entrust; **~ *kemeri*** safety belt.
emniyetli 1. safe; **2.** reliable, trustworthy.
emperyalist POL **1.** imperialist; **2.** imperialistic.
emprime printed silk fabric.
emretmek [x..] to order, to command.
emsal, ***-li*** [ā] **1.** similar cases; **2.** equal, peer; **3.** precedent.
emsalsiz [ā] peerless, matchless.
emzik 1. baby's bottle; **2.** dummy, *Am.* pacifier; **3.** P spout.
emzirmek to nurse, to breast-feed, to suckle.
en[1] width, breadth; ***-inde sonunda*** in the end, at last, eventually; ***-ine boyuna*** **1.** husky, hefty, huge; **2.** fully, completely.
en[2] most (*superlative*); **~ *aşağı*** at least; **~ *başta*** at the very beginning; **~ *çok*** **1.** mostly; **2.** at (the) most; **3.** at the latest; **~ *önce*** first of all; **~ *sonra*** finally.
enayi *sl.* sucker, idiot, fool.
enayilik foolishness.
encümen council, committee.
endam [ā] shape, figure, stature.
endamlı well-proportioned.
ender very rare; rarely.
endişe [i] **1.** anxiety, perplexity, care; **2.** worry, fear; **~ *etmek*** to worry; to be anxious.
endişeli [.—..] thoughtful, anxious.
endüstri industry.
endüstrileşmek to industrialize.
enerji energy; **~ *santralı*** power station.
enerjik energetic.
enfarktüs MED heart attack.
enfes delightful, delicious, excellent, wonderful.
enfiye snuff; **~ *çekmek*** to snuff.
enflasyon inflation.
engebe unevennes, roughness (*of the country*).
engebeli GEOGR uneven, rough.
engel obstacle, difficulty, handicap; **~ *sınavı*** second check, make-up examination.
engellemek to hinder, to block, to handicap, to hamper.
engerek ZO adder, viper.
engin 1. open, wide, vast, boundless; **2.** the high sea, the open sea.
enginar BOT artichoke.
engizisyon the Inquisition.
enikonu quite, thoroughly.
enine [x..] in width, breadthwise.
enişte [x..] sister's *or* aunt's husband.
enkaz ruins; debris; wreck(age).
enlem latitude.
enli wide, broad.
ense back of the neck, nape; **~ *kökü*** nape of the neck; **~ *yapmak*** *sl.* to goof off; ***-sine yapışmak*** to seize, to collar.
enselemek *sl.* to nick.
enstantane snapshot.
enstitü institute.
enstrüman instrument.
entari [ā] loose robe.
entelektüel intellectual.
enteresan interesting.
enternasyonal international.

E

enterne etmek to intern.
entipüften *sl.* flimsy.
entrika [.x.] intrigue, trick; **~ *çevirmek*** to intrigue, to scheme.
enüstünlük GR superlative degree.
envanter inventory.
epey a good many, a good deal of; pretty well.
epeyce pretty well, fairly; to some extent.
E
epik epic(al).
e-posta *n. & v/t.* e-mail; **~ *adresi*** e-mail address.
er[1] early; soon; **~ *geç*** sooner or later.
er[2] **1.** man, male; **2.** MIL private; **3.** brave man; **~ *oğlu* ~** hero, brave man.
erat, *-tı* MIL privates, recruits.
erbaş MIL non-commissioned officer.
erdem virtue.
erdemli virtuous.
erden 1. virgin; **2.** intact, untouched.
erek aim, end, goal.
ergen 1. of marriageable age; **2.** bachelor.
ergenlik 1. bachelorhood; **2.** youthful acne.
ergime fusion.
ergimek to melt.
ergin 1. mature, ripe; **2.** adult; **3.** LEG major.
erginleşmek to mature.
erginlik maturity; LEG majority.
erguvan [ā] BOT Judas tree, redbud.
erguvani [..—.] purple.
erigen melting easily, dissolving.
erik BOT plum.
eril GR masculine.
erim reach, range.
erimek 1. to melt, to dissolve; **2.** to wear out (*textiles*); **3.** to pine away.
erimez insoluble.
erin mature, adult.
erinç peace, rest.
erir soluble.
erirlik solubility.
erişim 1. arrival; **2.** communications.
erişkin adult, mature.
erişmek 1. to arrive, to reach, to attain; **2.** to mature, to reach the age of marriage.
erişte vermicelli.
eriten solvent; dissolving.
eritmek 1. to melt; to dissolve; **2.** to squander (*money*).
eriyik CHEM solution.
erk, *-ki* power, faculty; authority.
erkân 1. great men, high officials; **2.** rules of conduct, way.
erke energy.
erkeç ZO he-goat, billy goat.
erkek 1. man, male; **2.** manly, courageous; **~ *berberi*** barber.
erkekçe manly; manfully.
erkeklik 1. masculinity; manliness; **2.** sexual potency.
erkeksi tomboyish, mannish (*woman*).
erken early.
erkence rather early, a little early.
erkenden early.
erkin free, independent.
ermek, (*-ir*) 1. to reach, to attain; **2.** to arrive at maturity; **3.** to reach spiritual perfection.
Ermeni Armenian.
ermiş saint, holy person.
eroin heroin.
ertelemek to postpone, to put off.
ertesi the next, the following.
erzak [ā] provisions, food.
es MUS rest; **~ *geçmek*** *sl.* to disregard.
esans essence, perfume.
esaret slavery; captivity.
esas 1. foundation, base, basis; **2.** fundamental, principle, essential; **3.** true state; **~ *itibarıyla*** in principle, as a matter of fact.
esasen [ā] [.x.] **1.** fundamentally, essentially; **2.** anyhow.
esaslı [ā] **1.** fundamental, main; **2.** real, true; **3.** sound, concrete; **~ *bir noktaya dokunmak*** to hit the mark.
esef regret; **~ *etmek*** to be sorry, to feel regret (for), to regret.
eseme logic.
esen hearty, healthy, robust; **~ *kalınız*** So long!
esenlik health, soundness.
eser 1. work (of art), written work; **2.** trace, sign.
esin inspiration.
esinlenmek to be inspired (*-den* by).
esinti breeze.
esintili breezy.
esir [ī] **1.** captive, prisoner of war; **2.** slave; **~ *almak*** to take prisoner; **~ *düşmek*** to be taken prisoner; **~ *ticareti*** slave trade.
esirgemek 1. to protect (*-den* from), to

spare; **2.** to withhold (*-den* from).
esirlik captivity; slavery.
eski 1. old, ancient; **2.** former, ex-; **3.** worn out, old; **4.** secondhand; **~ *kafalı*** old fogy; **~ *kurt*** old hand; **~ *püskü*** old and tattered, castoff, junk; **~ *toprak*** *fig.* oldtimer.
eskici 1. oldclothes man, ragman; **2.** cobbler.
eskiçağ prehistoric period.
eskiden formerly, in the past.
eskimek to wear out, to get old.
Eskimo [.x.] Eskimo.
eskitmek to wear out, to wear to pieces, to use up.
eskrim fencing.
esmek 1. to blow (*wind*); **2.** *fig.* to come into the mind of s.o.
esmer brunette, dark complexioned.
esna [ā] moment, interval, course, time; ***o -da*** at that time, meanwhile; ***-sında*** during, while, in the course of.
esnaf [ā] **1.** trades, guilds; **2.** tradesmen, artisans.
esnek 1. elastic, flexible; **2.** ambiguous.
esneklik elasticity, flexibility.
esnemek 1. to yawn, to gape; **2.** to bend, to give (*board etc.*); **3.** to stretch (*material*).
espri wit, witticism, wisecrack; **~ *yapmak*** to wisecrack.
esprili witty.
esrar [ā] **1.** secrets; mysteries; **2.** hashish; **~ *çekmek*** to smoke hashish; **~ *tekkesi*** opium den.
esrarengiz [.—.—] mysterious.
esrarkeş [ā] hashish addict; doper.
esrarlı [ā] mysterious.
esrik 1. drunk; **2.** overexcited.
esrimek 1. to go into an ecstasy; **2.** to get drunk.
estetik esthetic(s).
esvap clothes; garment; dress; suit.
eş 1. one of a pair; **2.** husband, wife; **3.** a similar thing; **~ *dost*** friends and acquaintances; ***-i görülmedik*** peerless, unique.
eşanlamlı synonymous.
eşarp, *-bı* scarf; stole.
eşcinsel homosexual; **~ *evlilik*** gay marriage.
eşdeğer equivalence.
eşdeğerli equivalent.
eşek 1. donkey, ass; **2.** jackass, boor; **~ *başı*** *fig.* superior without authority; **~ *şakası*** practical joke, horseplay.
eşekarısı, *-nı* ZO wasp, hornet.
eşekçe(sine) coarsely.
eşelek core (*fruit*).
eşelemek 1. to scrape, to scratch; **2.** *fig.* to stir up, to hunt (for).
eşey sex.
eşeysel sexual.
eşik 1. threshold, doorstep; **2.** bridge (*of a stringed instrument*); ***eşiğini aşındırmak*** to frequent constantly.
eşinmek to scratch, to paw.
eşit 1. equal, match; the same; **2.** MATH equals.
eşitlemek to equalize.
eşitlik equality.
eşkenar MATH equilateral.
eşkıya [ā] brigand, bandit; bandits; **~ *yatağı*** den of robbers.
eşkin cantering.
eşlemek 1. to pair; to match; **2.** to synchronize.
eşlik 1. partnership; **2.** MUS accompaniment; **~ *etmek*** to accompany.
eşmek 1. to dig up slightly, to scratch (*the soil*); **2.** to investigate.
eşofman 1. tracksuit, sweat suit; **2.** warming up.
eşsesli homonym.
eşsiz matchless, peerless, unique.
eşya 1. things, objects; **2.** furniture; belongings.
eşyalı furnished.
eşzamanlı isochronal.
et, *-ti* 1. meat; **2.** flesh; **3.** pulp (*of a fruit*); **~ *suyu* 1.** meat broth, bouillon; **2.** gravy; ***-ine dolgun*** plump, buxom.
etajer dresser, whatnot; shelves, bookcase.
etamin coarse muslin.
etap *sports*: lag, stage.
etçil BIOL carnivorous.
etek 1. skirt; **2.** foot (*of a mountain*); **3.** genital area; **~ *dolusu*** plenty of; **~ *öpmek*** *fig.* to flatter; ***-leri tutuşmak*** to be exceedingly alarmed; ***-leri zil çalıyor*** he is up in the air.
eteklik skirt.
etene placenta.
e-ticaret e-commerce.
etiket, *-ti* 1. label, ticket; **2.** etiquette.
Etiyopya *pr. n.* Ethiopia.
etken 1. agent, factor; **2.** effective; **3.** GR

active.

etki effect, influence; ~ ***alanı*** (*internette*) domain (*in Internet sense*).

etkilemek to affect, to influence.

etkili efective, influential.

etkin active.

etkinci activist.

etkinlik **1.** activity; **2.** effectiveness.

etlenmek to grow fat.

etli **1.** fleshy, plump; **2.** pulpy, fleshy (*fruit*); ~ ***butlu*** plump, buxom; ~ ***yemek*** meaty dish.

etmek (***eder***) **1.** to do, to make; **2.** to be worth, to be of value; to amount to; **3.** to deprive of; ***eden bulur*** one pays for what one does.

etmen factor.

etnik ethnic.

etoburlar zo carnivorous animals.

etol, ***-lü*** stole.

etraf [ā] **1.** sides; all sides; **2.** surroundings; ***-ına, -ında*** around; ***-ta*** in the neighbo(u)rhood, around; ***-tan*** from all around.

etraflı(ca) in detail, fully.

ettirgen GR causative (*verb*).

etüt, ***-dü*** **1.** study, essay; **2.** MUS preliminary study.

ev **1.** house, dwelling; **2.** home, household; **3.** *fig.* family; ~ ***açmak*** to set up house; ~ ***bark*** household; ~ ***hanımı*** hostess; ~ ***idaresi*** housekeeping; ~ ***işi*** housework; ~ ***kadını*** housewife; ~ ***sahibi*** **1.** host; **2.** landlord; ~ ***tutmak*** to rent a house; ***-de kalmış*** *fig.* on the shelf.

evcil domesticated, tame.

evcilleştirmek to domesticate, to tame.

evcimen home-lover, homebody, domestic.

evermek P to marry off, to give in marriage.

evet, ***-ti*** yes, certainly; ~ ***efendimci*** yes--man.

evgin urgent.

evham [ā] delusions, hallucinations, anxieties.

evirmek to change, to alter; ***evire çevire*** thoroughly, soundly.

evlat, ***-dı*** [ā] **1.** child, son, daughter; **2.** children, descendants; ~ ***edinmek*** to adopt (*a child*).

evlatlık **1.** adopted child; **2.** foster child.

evlendirmek to marry (off), to give in marriage.

evlenmek to marry; to get married.

evli married.

evlilik marriage.

evliya [ā] Muslim saint; ~ ***gibi*** saintly, gentle.

evrak, ***-kı*** [ā] documents, papers; ~ ***çantası*** briefcase.

evren **1.** universe; **2.** cosmos.

evrensel universal.

evrim evolution.

evrimsel evolutionary.

evvel first; ago; before, earlier, of old; ***bundan*** ~ before this, previously; ~ ***zaman içinde*** once upon a time.

evvela [x..] firstly, first of all, to begin with.

evvelce formerly, previously.

evvelden previously, formerly, beforehand.

evvelki **1.** the previous; **2.** (*year, month, week*) before last; ~ ***gün*** the day before yesterday; ~ ***yıl*** the year before last.

eyalet, ***-ti*** [ā] province; state.

eyer saddle; ~ ***vurmak*** to put a saddle on.

eylem **1.** action; **2.** operation; **3.** verb; ***-e geçmek*** to put (*a plan*) into operation.

eylemci activist.

eylemek *s.* ***etmek.***

eylül, ***-lü*** September.

eytişim dialectic(s).

eyvah [ā] Alas!; ***-lar olsun*** Alas!, What a pity!

eyvallah [x..] **1.** Thank you!, Thanks!; **2.** Good-bye!; **3.** All right!; ~ ***etmek*** **1.** to comply with s.o.'s wish; **2.** to flatter.

eza [ā] annoyance, vexation; pain, torture.

ezan [ā] call to prayer.

ezber **1.** by heart; **2.** memorization.

ezberden **1.** by heart; **2.** without knowing.

ezbere **1.** by heart; **2.** superficially; ~ ***iş görmek*** to act without due knowledge; ~ ***konuşmak*** to talk without knowledge.

ezberlemek to learn by heart, to memorize.

ezeli eternal.

ezgi **1.** MUS tune, note, melody; **2.** *fig.* style, tempo.

ezici crushing, overwhelming.
ezik 1. crushed; **2.** bruised (*fruit*); **3.** bruise.
ezilmek 1. to be crushed; **2.** to have a sinking feeling.
ezinç pain, torment.
eziyet, ***-ti*** injury, pain, torment; hurt, fatigue, suffering, ill treatment; ~ ***çekmek*** to suffer fatigue; ~ ***etmek*** to cause pain, to torment.
eziyetli fatiguing, hard, painful, tiring, vexatious.
ezme puree, paste.
ezmek, (***-er***) **1.** to crush, to bruise, to squash; **2.** to run over; **3.** to depress; **4.** to oppress; **5.** to overcome, to overwhelm (*enemy*).

F

fa MUS fa.
faal, ***-li*** active, industrious.
faaliyet, ***-ti*** [.—..] activity, energy; ~ ***göstermek*** to function; ***-e geçmek*** to begin to operate.
faanahtarı, ***-nı*** MUS bass clef.
fabrika [x..] factory, plant, works.
fabrikatör manufacturer, factory owner.
facia [—..] **1.** calamity, disaster; **2.** drama, tragedy.
fahiş excessive, exorbitant.
fahişe [ā] prostitute, whore, harlot.
fahri 1. honorary; **2.** volunteer.
fail [ā] **1.** agent, author; **2.** perpetrator; **3.** GR subject.
faiz [ā] interest; ~ ***almak*** to charge interest; ~ ***işlemek*** to yield interest; ~ ***yürütmek*** to calculate interest; ***-e vermek*** to lend at interest; ***-le işletmek*** to invest at interest.
faizci [ā] usurer, moneylender.
faizli [ā] interest-bearing, at interest.
faizsiz [ā] interest-free.
fakat, ***-tı*** [x.] but, only, however.
fakir [ī] poor, pauper, destitute; ~ ***fukara*** the poor.
fakirlik poverty.
faksimile facsimile.
fakülte faculty (*of a university*).
fal, ***-lı*** [ā] fortunetelling, soothsaying; ~ ***açmak*** to tell fortunes.
falaka [x..] bastinado; ***-ya çekmek*** to bastinado.
falan F **1.** so and so, such and such; **2.** and so on; **3.** and such like.
falcı fortuneteller.
falcılık fortunetelling.
fanatik fanatic.
fan dergisi fanzine.
fani [ī] transitory, perishable.
fanila [.x.] **1.** flannel; **2.** flannel undershirt.
fantezi 1. MUS fantasia; **2.** fancy, de luxe; **3.** fancy, imagination.
fanus [ā] **1.** lamp glass; **2.** glass cover.
far 1. MOT headlight; **2.** eye-shadow.
faraş dustpan.
faraza [x..] supposing that ..., assuming...
farazi [ī] hypothetical.
faraziye hypothesis, supposition.
farbala furbelow.
fare [ā] ZO mouse; brown rat; ~ ***kapanı*** mousetrap; ~ ***zehiri*** rat poison.
farfara, **farfaracı** windbag; braggart.
fark, ***-kı*** **1.** difference, distinction; **2.** discrimination; ~ ***etmek*** **1.** to notice, to perceive; to realize, to distinguish; **2.** to change, to differ; **3.** to matter; ~ ***gözetmek*** to discriminate; ***-ına varmak*** (*bşin*) to become aware of *s.th.*; ***-ında olmak*** (*bşin*) to be aware of *s.th.*
farklı different; ~ ***tutmak*** to discriminate, to differentiate.
farklılık difference.
farz 1. supposition, hypothesis; **2.** ECCL precept; ~ ***etmek*** to suppose, to assume.
fasa fiso [..x.] *sl.* trash, twaddle, nonsense.
fasıl, ***-slı*** **1.** chapter, section, division; **2.** *a concert program in the same* ***makam.***
fasıla interval; interruption; ~ ***vermek*** to break, to interrupt.
fasih [ī] correct and clear (*speech*); fluent, lucid.
fasikül fascicle, section (*of a book*).

fasulye [.x.] BOT bean(s); ***taze ~*** string beans.
faşist fascist.
fatih conqueror.
fatura invoice; ***~ kesmek*** to make out an invoice.
faul *sports*: foul.
favori **1.** whiskers, sideburns; **2.** favorite.

F

fay fault, fracture.
fayans (wall) tile.
fayda profit, advantage, use; ***-sı dokunmak*** to come in handy.
faydalanmak to profit (*-den* by), to make use (*-den* of), to benefit (*-den* from).
faydalı useful, profitable.
fayton phaeton.
fazilet, ***-ti*** [. — .] virtue, grace, goodness; merit.
fazla **1.** excessive, extra; **2.** more (than); **3.** too much; very much; too many; **4.** a lot; ***~ gelmek*** to be too much; ***~ olarak*** besides, moreover; ***-sıyla*** abundantly, amply.
fazlalaşmak to increase.
fazlalık **1.** excess; **2.** superabundance; **3.** surplus.
feci, ***-ii*** [ī] painful; tragic; terrible.
fecir, ***-cri*** dawn.
feda, ***-aı*** [ā] sacrifice; ***~ etmek*** to sacrifice.
fedai [. — —] **1.** bodyguard, bouncer; **2.** patriot, one who sacrifices his life for a cause.
fedakâr [. — —] self-sacrificing, devoted, loyal.
fedakârlık [. — — .] self-sacrifice, devotion.
federal federal.
Federal Almanya Cumhuriyeti *pr. n.* Federal Republic of Germany.
federasyon federation.
federe federate; ***~ devlet*** LEG federal state.
felaket, ***-ti*** disaster, catastrophe, calamity; ***-e uğramak*** to have a disaster.
felaketzede victim (*of a disaster*).
felç, ***-ci*** MED paralysis; ***çocuk felci*** infantile paralysis; ***felce uğramak*** to be paralysed (*a. fig.*).
felçli paralytic, paralyzed.
felek **1.** firmament, heavens; **2.** fate, destiny; **3.** the universe; ***feleğin çemberinden geçmiş*** gone through the mill.
fellah **1.** fellah, Egyptian farmer; **2.** F Negro, Black.
felsefe philosophy; ***~ yapmak*** to philosophize.
feminist, ***-ti*** feminist.
fen, ***-nni*** **1.** science; branch of science; **2.** technics, art, ***~ fakültesi*** faculty of science.
fena **1.** bad; evil; **2.** ill, sick; **3.** awful, terrible; ***~ etmek*** **1.** to treat badly; **2.** to do evil; **3.** to make s.o. feel sick; ***~ halde*** badly, extremely; ***~ muamele*** ill-treatment; ***~ olmak*** to feel bad; to feel faint; ***-sına gitmek*** to be exasperated.
fenalaşmak **1.** to get worse, to deteriorate; **2.** to turn faint.
fenalık **1.** evil, badness; injury, harm; **2.** fainting; ***~ etmek*** **1.** to do evil; **2.** (*b-ne*) to harm *s.o.*; ***~ geçirmek*** to feel faint; ***~ gelmek*** to faint.
fener **1.** lantern; streetlamp; **2.** lighthouse; ***~ alayı*** torchlight procession.
fenerci lighthouse keeper.
fenni scientific, technical.
feragat, ***-ti*** [. — .] **1.** self-sacrifice, abnegation; **2.** LEG renunciation, abandonment (*of a right*), cession, waiver; abdication; ***~ etmek*** to renounce, to give up, to abandon; to abdicate (*-den* from).
ferah **1.** spacious, open, roomy; **2.** joy, pleasure; ***~ ~*** easily, abundantly; ***-a çıkmak*** to feel relieved.
ferahlamak **1.** to become spacious *or* airy; to clear up; **2.** to become cheerful, to feel relieved.
ferdi **1.** individual; **2.** personal; ***~ teşebbüs*** individual enterprise.
feribot, ***-tu*** [x..] ferryboat.
ferman [ā] **1.** firman, imperial edict; **2.** command, order; ***~ dinlememek*** to ignore the law.
fermejüp, ***-pü*** snap-fastener, press-stud.
fermuar zip fastener, zip(per).
fert, ***-di*** person, individual.
feryat, ***-dı*** [ā] **1.** cry, scream, yell; **2.** complaint; ***~ etmek*** **1.** to lament, to cry out, to wail, to yell; **2.** to complain.
fes fez.
fesat, ***-dı*** [ā] **1.** depravity, corruption, in-

trigue; **2.** mischievous, intriguer; **3.** disturbance, disorder; **4.** rebellion, revolt; **5.** LEG plot, conspiracy; ~ ***çıkarmak*** to plot mischief, to conspire; ~ ***kumkuması*** mischief-maker, conspirator.
feshetmek [x..] **1.** to annul, to cancel, to abolish; **2.** to dissolve (*parliament*).
fesih, ***-shi*** **1.** abolition, cancellation, annulment; **2.** dissolution.
fesleğen BOT sweet basil.
festival, ***-li*** **1.** festival; **2.** *sl.* fiasco, utter failure.
fethetmek [x..] to conquer.
fetih, ***-thi*** conquest.
fettan [ā] tempting, alluring.
fetva [ā] ECCL decision (*on religious matter given by a mufti*); ~ ***vermek*** to deliver a ***fetva.***
feveran [ā] flying into a temper, flaring up, rage; excitement; ~ ***etmek*** to boil over with anger, to flare up.
fevkalade [x.—.] **1.** extraordinary, unusual; **2.** unusually, exceptionally; **3.** wonderful, excellent; ~ ***haller*** exceptional circumstances.
fevri sudden; impulsive.
feylesof philosopher.
feyz **1.** abundance; prosperity; fertility; **2.** enlightment; ~ ***almak*** to be enlightened (*-den* by), to learn (*-den* from).
feza [ā] (outer) space.
fıçı cask, barrel; tub; ~ ***birası*** draught beer, *Am.* draft beer; ~ ***gibi*** corpulent, squat.
fıkır fıkır **1.** with a bubbling noise; **2.** coquettish.
fıkırdamak **1.** to boil up, to bubble; **2.** to giggle.
fıkra **1.** anecdote; **2.** short column (*in a newspaper*); **3.** paragraph.
fıldır fıldır rolling (*eyes*).
fındık hazelnut, filbert; ~ ***kabuğunu doldurmaz*** trifling, unimportant
Fırat, ***-tı*** *pr. n.* Euphrates.
fırça brush; ~ ***çekmek*** *sl.* to dress down; ~ ***gibi*** hard and coarse (*hair*).
fırçalamak to brush.
fırdöndü swivel.
fırıldak **1.** weathercock; **2.** spinning-top; whirligig; **3.** windmill (*child's toy*); **4.** *fig.* trick, intrigue; ~ ***çevirmek*** to intrigue.
fırın **1.** oven; **2.** bakery; **3.** kiln; **4.** furnace.
fırıncı baker.
fırınlamak MEC to kiln-dry.
fırlak protruding, sticking out, overhanging.
fırlama *sl.* bastard.
fırlamak **1.** to fly out; to leap up; **2.** to rush; **3.** to protrude, to stick out; **4.** *fig.* to soar, to skyrocket (*price*).
fırlatmak to hurl, to shoot, to throw.
fırsat, ***-tı*** opportunity, chance, occasion; ~ ***bulmak*** to find an opportunity; ~ ***düşkünü*** opportunist; ~ ***vermek*** to give an opportunity; ***-tan istifade*** taking advantage of an opportunity.
fırsatçı opportunist.
fırt fırt continually, incessantly.
fırtına **1.** storm, gale, tempest; **2.** *fig.* vehemence, violence; ***-ya tutulmak*** to be caught in a storm.
fırtınalı stormy (*a. fig.*).
fısıldamak to whisper.
fısıltı whisper.
fıskıye fountain, water jet.
fıslamak **1.** to whisper; **2.** to tip the wink.
fıstık pistachio nut; ~ ***çamı*** BOT pine tree; ~ ***gibi*** F as pretty as a picture.
fıstıki [ī] pistachio green, light green.
fışırdamak to gurgle, to rustle.
fışkı horse dung; manure.
fışkın shoot, sucker.
fışkırmak **1.** to gush out, to spurt out, to squirt forth; to jet; **2.** to spring up (*plant*).
fıtık hernia, rupture; ~ ***olmak*** **1.** to get a hernia; **2.** *sl.* to become irritated.
fiberglas fibreglass, *Am.* fiberglass.
fidan young plant, sapling; ~ ***boylu*** tall and slender; ~ ***gibi*** slim (*girl*).
fidanlık nursery.
fide [x.] seedling plant.
fidelemek to plant out seedlings.
fidelik nursery bed.
fidye [x.] ransom
figan [ā] wail, lamentation; ~ ***etmek*** to lament.
figüran *cinema*: extra; THEA super, walk-on.
fihrist, ***-ti*** **1.** table of contents; index; **2.** catalogue, list.
fiil, ***-li*** **1.** act, deed; **2.** GR verb; ~ ***çekimi*** GR conjugation.
fiilen **1.** actually, really; **2.** LEG in act; **3.**

POL de facto.

fikir, **-kri** thought, idea; opinion, mind; **~ adamı** intellectual, savant; **~ almak** to consult, to ask s.o.'s opinion; **~ edinmek** to form an opinion (about); **~ işçisi** white-collar worker; **~ vermek** to give an idea (about); **~ yürütmek** to opine, to put forward an idea; **fikrince** in one's opinion.

fikren [x.] as an idea, in thought.

F

fikstür *sports*: fixture.

fil elephant; **~ gibi 1.** greedy, voracious; **2.** huge, enormous.

filarmonik philharmonic.

fildişi, **-ni** ivory.

file 1. net (*or* string) bag; **2.** netting; **3.** hair net.

filhakika [x.—.] in fact, actually, truly.

filigran watermark (*in paper*).

filika [.x.] NAUT ship's boat.

filinta [.x.] carbine, short gun; **~ gibi** handsome.

Filipinler *pr. n.* Philippines.

Filistin [.x.] *pr. n.* Palestine.

Filistinli [.x..] Palestinian.

filiz 1. young shoot; tendril; bud, scion; **2.** *min.* ore.

filizi bright green.

filizlenmek to shoot, to send forth shoots, to sprout.

film 1. film (*for a camera*); **2.** film, movie; **~ çekmek 1.** to film; **2.** to X-ray; **~ çevirmek** to film, to make a movie; **~ makinesi** movie camera; **~ oynatmak** to show; **~ yıldızı** film star.

filo [x.] fleet; squadron.

filoloji philology.

filozof 1. philosopher; **2.** *fig.* philosophical.

filozofça philosophical(ly).

filtre [x.] filter; **~ etmek** to filter.

final, **-li 1.** *sports*: final; **2.** MUS finale; **-e kalmak** *sports*: to go on to the finals.

finalist, **-ti** *sports*: finalist.

finans finance.

finanse etmek to finance.

finansman financing.

fincan 1. coffee cup, tea cup; **2.** ELECT porcelain insulator; **~ tabağı** saucer.

fingirdek coquettish, frivolous.

fingirdemek to behave coquettishly.

fink: **~ atmak** to flirt around; to gallivant.

Finlandiya [.x..] *pr. n.* Finland.

fino [x.] pet (*or* lap) dog.

firar [ā] running away, flight; MIL desertion; **~ etmek** to run away, to flee; MIL to desert.

firari [.——] fugitive, runaway; MIL deserter.

firavun 1. pharaoh; **2.** haughty, cruel (*person*).

fire [x.] loss, decrease, diminution; shrinkage, wastage; **~ vermek** to suffer wastage; to diminish; to shrink.

firkete [.x.] hairpin.

firma [x.] **1.** firm, company; **2.** trade name.

firuze [ū] turquoise.

fiske 1. flick, flip (*with the finger*); **2.** pinch; **3.** pimple; **~ vurmak** = **fiskelemek.**

fiskelemek to give a flick (to), to flick.

fiskos whispering; gossip.

fistan 1. dress, petticoat, skirt; **2.** kilt.

fistül fistula.

fiş 1. (index) card; **2.** ELECT plug; **3.** form; **4.** chip; token, counter; **5.** slip (of paper), receipt.

fişek 1. cartridge; **2.** rocket; **3.** roll of coins; **4.** fireworks; **~ atmak 1.** to fire a rocket; **2.** *sl.* to put the cat among the pigeons; **3.** *sl.* to have sexual relations (*-e* with).

fişeklik cartridge belt; bandolier; ammunition pouch.

fişlemek 1. to prepare an index card (*-i* on); **2.** (*the police*) to open a file (*-i* on).

fit, **-ti** instigation; incitement; **~ sokmak** (*or* **vermek**) to instigate, to incite.

fitil 1. wick; **2.** MED seton, tent; **3.** MIL fuse; **4.** piping; **~ (gibi)** as drunk as a lord; **~ vermek** to infuriate, to exasperate, to incite.

fitillemek 1. to light (*the fuse of* ...); **2.** to attach a fuse *or* wick to; **3.** = **fitil vermek.**

fitlemek to instigate, to incite, to excite.

fitne instigation; mischief-making; **~ fücur** dangerous agitator; **~ sokmak** to set people at loggerheads.

fitneci intriguer, mischief-maker.

fitnelemek to inform (on), to denounce, to peach.

fitre alms (*given at the close of Ramadan*).

fiyaka [.x.] *sl.* showing off, swagger, ostentation; **~ satmak** to show off, to swagger.

fiyasko fiasco, failure, washout; ~ ***vermek*** to end in fiasco.

fiyat, ***-tı*** price; ~ ***biçmek*** to estimate a price (*-e* for); ~ ***indirimi*** reduction; ~ ***kırmak*** to reduce the price, to discount; ~ ***vermek*** to quote a price (*-e* for).

fiyonk **1.** bow tie; **2.** bowknot.

fizik **1.** physics; **2.** physical; ~ ***tedavisi*** physiotherapy.

fizyoloji physiology.

fizyonomi physiognomy.

flama signal flag, pennant, streamer.

flaş PHOT **1.** flash; **2.** flash bulb.

floresan fluorescent; ~ ***lamba*** fluorescent lamp.

floş floss silk.

flöre *fencing*: foil.

flört, ***-tü*** flirt; ~ ***etmek*** to flirt.

flüt, ***-tü*** flute.

flütçü flutist.

fobi [x.] phobia.

fok, ***-ku*** seal.

fokurdamak to boil up, to bubble.

fokur fokur boiling up, bubbling noisily.

fokurtu bubbling sound.

fol nest egg.

folklor, ***-ru*** [x.] folklore; folk dancing.

folluk nesting-box.

fon **1.** fund, asset; **2.** PAINT background colo(u)r; ~ ***müziği*** background music.

fondan fondant, a soft candy.

fonetik phonetic(s).

fonksiyon function.

form form; ***-a girmek*** *sports*: to get into shape.

forma [x.] **1.** form; **2.** folio; **3.** colo(u)rs (*of a sporting club*); **4.** uniform; *football*: shirt.

formalite formality; red tape; ~ ***düşkünü*** formalist; ~ ***gereği*** as a matter of form.

formika formica.

formül **1.** *a.* MATH, CHEM formula; **2.** formulary.

fors **1.** flag or pennant of office; **2.** F power, influence; ***-u olmak*** F to have influence.

forslu influential, powerful.

forvet, ***-ti*** *sports*: forward.

fosfat, ***-tı*** phosphate.

fosfor phosporus.

fosil fossil.

fosseptik cesspool, cesspit.

foto **1.** photo; **2.** photographer; ~ ***muhabiri*** newspaper photographer.

fotoğraf **1.** photograph; **2.** photography; ~ ***çekmek*** to take a photograph; ~ ***makinesi*** camera.

fotoğrafçı **1.** photographer; **2.** photographer's studio.

fotojenik photogenic.

fotokopi photocopy, photostat (copy); ~ ***makinesi*** photocopier, photostat.

fotoroman photo-story.

fötr felt; ~ ***şapka*** felt hat.

frak, ***-kı*** tail coat, tails.

francala [x..] fine white bread; roll.

frank, ***-gı*** franc.

Fransa [x.] *pr. n.* France.

Fransız **1.** French; **2.** Frenchman.

frekans frequency.

fren brake; ~ ***yapmak*** to brake.

frengi [x.] syphilis.

Frenk, ***-gi*** European.

frenkgömleği, ***-ni*** shirt.

frenküzümü, ***-nü*** red currant.

frenlemek **1.** to brake; **2.** *fig.* to moderate, to check.

frigorifik frigorific, refrigerated.

frikik *football*: free kick.

fuar [.x] fair, exposition.

fuaye THEA foyer.

fuhuş, ***-hşu*** prostitution.

fukara [..—] **1.** the poor; **2.** poor, destitute, pauper.

fukaralık poverty, destitution.

fulya [x.] BOT jonquil.

funda [x.] BOT heath; ~ ***toprağı*** humus of heath.

fundalık scrub, brush.

furgon luggage van, freight car.

furya rush; glut.

futbol, ***-lu*** football, soccer; ~ ***meraklısı*** football fan; ~ ***takımı*** football team.

futbolcu footballer.

fuzuli [.——] **1.** unnecessary, needless, superfluous; **2.** unnecessarily.

füme **1.** smoked (*fish, meat*); **2.** smoke-colo(u)red.

füze [x.] rocket, missile.

G

gabardin gabardine.
gacırdamak to creak.
gacır gucur with a creaking noise.
gaddar [.—] cruel, perfidious, tyrant.
gaf blunder, gaffe, faux pas; ~ ***yapmak*** to blunder.
gafil [ā] unaware (*-den* of); careless; ~ ***avlamak*** to catch unawares; ~ ***bulunmak*** to take no heed.
gaflet, ***-ti*** heedlessness, carelessness.
gaga beak, bill; ~ ***burun*** hooknosed, aquiline; ***-sından yakalamak*** *fig.* to catch by the nose.
gagalamak **1.** to peck; **2.** *fig.* to scorn.
gaile [ā] trouble, anxiety, worry, difficulty.
gaileli **1.** troublesome; **2.** troubled, worried.
gailesiz **1.** trouble-free, carefree; **2.** untroubled.
gaip, ***-bi*** [ā] **1.** absent, invisible; missing, lost; **2.** the invisible world; ***-ten haber vermek*** to foretell, to divine.
Gal *pr. n.* Wales.
gala [x.] **1.** gala, festivity; **2.** state dinner; ~ ***gecesi*** gala night.
galebe **1.** victory; **2.** supremacy; ~ ***çalmak*** to conquer, to overwhelm.
galeri **1.** gallery; **2.** art gallery; **3.** gallery, working drift; **4.** THEA gallery, balcony; **5.** showroom (*for automobiles etc.*).
galeta [.—.] bread stick, rusk; ~ ***unu*** fine white flour.
galeyan [..—] rage, agitation, excitement; ***-a gelmek*** to get worked up, to be agitated.
galiba [—.—] probably, presumably.
galibiyet, ***-ti*** [ā] victory, win.
galip, ***-bi*** [ā] **1.** victorios; **2.** victor, vanquisher; **3.** overwhelming; ~ ***çıkmak*** to emerge victorious (*-den* from); ~ ***gelmek*** (*b-ne*) to defeat *s.o.*
galiz [ī] filty, dirty; obscene, indecent.
galon **1.** gallon; **2.** gas can.
galvanizlemek to galvanize.
gam[1] MUS scale.
gam[2] grief, anxiety, worry; ~ ***çekmek*** to grieve; ~ ***yememek*** not to worry.
gambot, ***-tu*** gunboat.
gamlanmak to worry (*-e* about), to grow sad.
gamlı worried, sorrowful, grieved.
gamma gamma; ~ ***ışınları*** gamma rays.
gammaz [.—] sneak, informer, telltale.
gammazlamak to inform (against), to tell on, to tell tales (about), to denounce, to peach (against, on).
gammazlık tale-bearing, spying.
gamsız carefree, lighthearted, happy-go-lucky.
gamze dimple.
Gana *pr. n.* Ghana.
gangster gangster.
ganimet, ***-ti*** [ī] spoils, booty, loot.
ganyan the winner (*horse*); winning ticket.
gar large railway station.
garaj garage.
garanti **1.** guaranty, guarantee; **2.** F sure, certain; without doubt; ~ ***etmek*** to guarantee.
garantilemek **1.** to guarantee; **2.** to make sure (*-i* of).
garantili **1.** guaranteed; **2.** *fig.* certain, sure.
garaz grudge, resentment, malice, animosity; ~ ***bağlamak*** (*b-ne*) to hold a grudge against *s.o.*; ~ ***beslemek*** to nourish a spite; ~ ***olmak*** (*b-ne*) to bear *s.o.* malice.
garazkâr rancorous, spiteful.
gardenparti [x...] garden party.
gardırop, ***-bu*** **1.** wardrobe; **2.** cloakroom.
gardiyan prison guard, gaoler, warden, *Am.* jailer.
gargara gargle; ~ ***yapmak*** to gargle.
gariban pitiable, pathetic (*person*).
garip, ***-bi*** [ī] **1.** strange, odd, peculiar; **2.** destitute; **3.** stranger; ***garibine gitmek*** (*b-nin*) to appear strange to *s.o.*
garipsemek **1.** to find strange; **2.** to feel lonely and homesick.
garnitür garnish, garniture, trimmings (*of a dish*).

garnizon **1.** garrison; **2.** garrison town.
garson waiter.
garsoniye service charge.
garsoniyer bachelor's establishment.
gasıp, ***-spı*** usurpation, seizure by violence.
gaspetmek [x..] to usurp, to seize by force.
gâvur **1.** giaour, unbeliever, non-Moslem; **2.** *fig.* merciless, cruel; obstinate; **~ *ölüsü gibi*** as heavy as lead.
gâvurluk **1.** unbelief; **2.** *fig.* cruelty; **~ *etmek*** to act cruelly.
gayda [x.] bagpipe.
gaye [ā] aim, object, end, goal; **~ *edinmek*** (*bşi*) to aim at *s.th.*; ***-siyel*** for the purpose of.
gayet, ***-ti*** [ā] very, extremely, greatly.
gayret, ***-ti*** **1.** zeal, ardo(u)r; **2.** energy, effort, perseverance; **3.** solicitude, protectiveness; **~ *etmek*** to endeavo(u)r, to try hard; **~ *vermek*** to encourage; ***-e gelmek*** to get into working spirit.
gayretli **1.** zealous; **2.** hard-working, persevering.
gayretsiz lacking zeal, slack, without enthusiasm.
gayrı **1.** now, well then; **2.** (not) any more, (no) longer.
gayri **1.** other (*-den* than), besides, apart from; **2.** (*before adjectives*) un-, non-; **~ *ihtiyari*** involuntarily; **~ *kabil*** impossible; **~ *menkul*** **1.** immovable, real (*property*); **2.** real estate; **~ *meşru*** illegitimate; unlawful; illicit (*gain*); **~ *muntazam*** **1.** irregular(ly); **2.** disorderly; **~ *resmi*** unofficial; informal; **~ *safi*** ECON gross.
gaz **1.** kerosene; **2.** PHYS gas; **3.** flatus; **~ *bombası*** gas bomb; **~ *lambası*** kerosene lamp; **~ *ocağı*** kerosene cookstove; **~ *sobası*** kerosene heater; ***-a basmak*** MOT to step on the gas, to accelerate.
gazap, ***-bı*** wrath, rage; ***-a gelmek*** to get in a rage.
gazete [.x.] newspaper; **~ *çıkarmak*** to publish a newspaper.
gazeteci **1.** journalist, newspaperman; **2.** newspaper seller, newsvendor.
gazetecilik journalism.
gazhane [.—.] gasworks.
gazi [——] ghazi, war veteran.
Gazi Atatürk.
gazino [.x.] casino, café.
gazlamak **1.** to smear with kerosene; **2.** MOT to accelerate.
gazlı **1.** gaseous; **2.** containing kerosene; **~ *bez*** gauze.
gazoz soda pop, fizzy lemonade.
gazölçer gas meter.
gazyağı, ***-nı*** kerosene.
gebe pregnant, expectant; **~ *kalmak*** to fall pregnant, to become pregnant (*-den* by).
gebelik pregnancy; **~ *önleyici*** contraceptive.
gebermek *contp.* to die, to croak, to kick the bucket.
gebertmek *contp.* to kill, to bump off.
gece **1.** night; **2.** at night; last night; tonight; **~ *gündüz*** day and night, continuously; **~ *kuşu*** **1.** bat; **2.** *fig.* nighthawk; **~ *vakti*** at night; **~ *yarısı*** midnight; **~ *yatısı*** overnight visit; ***-yi gündüze katmak*** to work night and day.
gececi worker on a night shift.
gecekondu chanty, squatter's shack.
gecelemek to spend the night (*in a place*).
geceleyin [.x..] by night.
geceli: **~ *gündüzlü*** day and night, continuously.
gecelik **1.** nightdress, nightgown; **2.** pertaining to the night; **3.** fee for the night.
gecesefası, ***-nı*** BOT four-o'clock.
gecikme delay.
gecikmek to be late, to be delayed.
geciktirmek to delay, to cause to be late.
geç late, delayed; **~ *kalmak*** to be late; **~ *vakit*** late in the evening.
geçe past (*time*); ***dokuzu on*** **~** 10 minutes past nine.
geçeğen temporary, transitory.
geçen past, last; **~ *gün*** the other day; **~ *sefer*** last time; **~ *yıl*** last year.
geçenlerde lately, recently.
geçer **1.** current, in circulation; **2.** desired, in demand.
geçerli valid.
geçerlik validity; currency.
geçersiz invalid, null; **~ *saymak*** to annul; to cancel.
geçici **1.** temporary, transitory, passing; **2.** contagious; **~ *hükümet*** caretaker

government; ~ ***olarak*** temporarily.

geçim **1.** livelihood, living; **2.** getting along with one another, compatibility; ~ ***derdi*** the struggle to make a living; ~ ***düzeyi*** the standard of living; ~ ***masrafı*** cost of living; ~ ***yolu*** means of subsistence.

geçimli easy to get along with.

geçimsiz unsociable, quarrelsome, fractious, difficult.

geçindirmek to support (*a person*), to maintain.

G

geçinim, **geçinme** subsistence, getting by.

geçinmek **1.** to live (*ile* on), to subsist (*ile* on); **2.** to get on well (*ile* with), to get along (*ile* with); **3.** to pretend to be; **4.** (*b-den*) to live on (*s.o.*); ***geçinip gitmek*** to make ends meet.

geçirmek **1.** to infect (*-e* with); **2.** to fix, to insert, to slip on (*a cover on a book etc.*); **3.** to pass (*time*); **4.** to enter (*in an account*); **5.** to undergo (*an operation*); **6.** to get over (*a disease*); **7.** (*b-ni*) to see *s.o.* off; **8.** to transmit (*heat etc.*).

geçiş **1.** passing, crossing; **2.** change, transfer; **3.** MUS transposition; ~ ***üstünlüğü*** right of way.

geçişli GR transitive.

geçişsiz GR intransitive.

geçiştirmek **1.** to pass over (*a matter*) lightly; **2.** to get over (*an illness*).

geçit, ***-di*** **1.** mountain pass; **2.** passageway, passage; ford; **3.** (*a.* ~ ***töreni***) parade; ~ ***vermek*** to be fordable.

geçkin **1.** elderly; **2.** overripe (*fruit*); ***otuzu*** ~ over thirty.

geçme **1.** dovetailed; telescoped; **2.** tenon.

geçmek, (***-çer***) **1.** to pass (*-den* over, along), to cross; **2.** to undergo, to go through; **3.** to pass by; **4.** to move (*-e* to); **5.** (*b-den b-ne*) to spread from *s.o.* to *s.o.*; **6.** to exceed, to pass; **7.** to pass (*time*); to come to an end (*season, period etc.*); **8.** to pass one's class; **9.** to spoil, to go stale; **10.** (*k-den*) to faint; **11.** to omit, to skip, to leave out.

geçmiş **1.** past; **2.** the past; **3.** overripe; ~ ***olsun!*** May you recover soon!; ~ ***zaman*** GR past tense.

gedik **1.** gap, breach; **2.** fault, defect; **3.** mountain pass; ~ ***açmak*** to make a breach (*-de* in); ~ ***kapamak*** to fill the gap.

gedikli **1.** breached; gapped; **2.** regular guest, constant frequenter; **3.** MIL regular non-commissioned officer (N.C.O.); ~ ***çavuş*** MIL sergeant; warrant officer.

geğirmek to belch, to burp.

gelecek **1.** future; **2.** next, coming; ~ ***sefer*** next time; ~ ***zaman*** GR future tense.

gelenek tradition.

geleneksel traditional.

gelgelelim but, only.

gelgit, ***-ti*** the tides.

gelin **1.** bride; **2.** daughter-in-law; ~ ***alayı*** bridal procession; ~ ***güvey olmak*** (*kendi k-ne*) to build castles in Spain; ~ ***odası*** bridal chamber; ~ ***olmak*** to get married (*girl*).

gelincik **1.** BOT poppy; **2.** ZO weasel.

gelinlik **1.** wedding dress; **2.** marriageable (*girl*).

gelir income, revenue; ~ ***dağılımı*** income distribution; ~ ***vergisi*** income tax.

geliş coming, return.

gelişigüzel by chance, at random, superficial(ly).

gelişim development, progress.

gelişme **1.** development; **2.** growing, maturing.

gelişmek **1.** to grow up; to mature; **2.** to develop, to prosper; ***-te olan ülke*** developing country.

geliştirmek to develop, to improve, to advance.

gelmek, (***-ir***) **1.** to come (*-e, -den* to, from); to get; to arrive; **2.** *-e* to suit, to fit; **3.** to cost; **4.** to affect; **5.** to appear, to seem; **6.** to pretend; ***gelip çatmak*** to come round at last; ***gelip geçici*** transient, passing; ***gelip gitmek*** to frequent, to come and go.

gem bit (*of a bridle*); ~ ***vurmak*** *-e* **1.** to curb; to bridle; **2.** to restrain; ***-i azıya almak*** to take the bit between the teeth (*a. fig.*).

gemi ship, vessel, boat; ~ ***kiralamak*** to charter a ship; ~ ***mürettebatı*** crew; ***-de teslim*** ECON free on board, f.o.b.; ***-ye binmek*** to embark, to go on board.

gemici sailor, mariner; ~ ***feneri*** barn lantern.

gemlemek to bridle (*a. fig.*).

gen BIOL gene; ~ ***tedavisi*** gene therapy.
genç, ***-ci*** young, youthful; youngster; ~ ***yaşında*** in his youth.
gençleşmek to become youthful, to be rejuvenated.
gençleştirmek to rejuvenate.
gençlik **1.** youth; **2.** the young, younger generation.
gene [x.] **1.** again; **2.** still, nevertheless; ~ ***de*** but still; yet again.
genel general; ~ ***af*** amnesty; ~ ***müdür*** general director; ≗ ***Müdür*** CEO (= *chief executive officer of a company*); ~ ***olarak*** in general, generally; ~ ***seçim*** general election; ~ ***sekreter*** secretary general.
genelev brothel.
genelge circular, notice.
genelkurmay MIL general staff.
genelkurul general meeting.
genellemek to generalize.
genelleşme generalization.
genellikle generally, in general, usually.
general, ***-li*** MIL general.
genetik **1.** genetic; **2.** genetics; ~ ***kod*** genetic code; ~ ***mühendisliği*** genetic engineering.
geniş **1.** wide, broad; spacious, extensive; **2.** carefree (*person*); ~ ***açı*** MATH obtuse angle; ~ ***bant*** IT broadband; ~ ***fikirli*** *fig.* broad-minded; ~ ***ölçüde*** on a large scale; ~ ***zaman*** GR simple present tense.
genişlemek **1.** to widen, to broaden, to expand; **2.** to ease up.
genişlik wideness, width; extensiveness.
geniz, ***-nzi*** nasal passages; ***-den konuşmak*** to speak through the nose; ***-e kaçmak*** to go down the wrong way (*food*).
gensoru POL general questioning in parliament, interpellation.
geometri geometry.
geometrik geometric(al).
gerçek **1.** real, true, genuine; **2.** reality, truth; **3.** really.
gerçekçi **1.** realist; **2.** realistic.
gerçekçilik realism.
gerçekleşmek to come true, to materialize.
gerçekleştirmek to realize, to make real.
gerçeklik reality.
gerçekten really, truly; in fact.
gerçeküstü surrealistic.
gerçi [x.] although, though.
gerdan **1.** neck, throat; **2.** double chin; dewlap.
gerdanlık necklace, neckband.
gerdek bridal chamber; ~ ***gecesi*** wedding night.
gereç material, requisite.
gereğince in accordance with.
gerek **1.** necessary, needed; **2.** necessity, need; ~ ... ~ ... whether ... or ..., both ... and ...; ***gereği gibi*** as is due.
gerekçe reason, justification.
gerekli necessary, required, needed.
gereklilik necessity, need.
gerekmek, (***-ir***) to be necessary, to be needed, to be required.
gereksemek to need, to consider necessary, to feel the necessity (of).
gereksinim necessity, need.
gereksinmek *s.* ***gereksemek.***
gereksiz unnecessary.
gergedan ZO rhinoceros.
gergef embroidery frame; ~ ***işlemek*** to embroider with a frame.
gergi **1.** curtain; **2.** stretcher.
gergin **1.** tight, stretched, taut; **2.** tense; strained (*relations*).
gerginleşmek **1.** to get stretched; **2.** *fig.* to become tense.
geri **1.** back, backward, toward the rear, behind; **2.** rear; **3.** slow (*clock*); **4.** *sl.* fool; ~ ***almak*** **1.** to get (*or* take) back; **2.** to take back, to withdraw (*word, order*); **3.** to back up; **4.** to put back (*clock*); ~ ***bırakmak*** to postpone, to put off; ~ ***çekilmek*** to withdraw (*-den* from); ~ ***çevirmek*** to turn down, to turn away; ~ ***dönmek*** to come (*or* go) back, to return; ~ ***kafalı*** *fig.* reactionary, fogey; ~ ***kalmak*** **1.** to stay behind; **2.** to be slow (*clock*); ~ ***kazanılabilir*** recyclable (*waste, materials*); ~ ***tepmek*** to recoil, to kick (*gun*); ~ ***vites*** MOT reverse (gear); ***-de bırakmak*** to leave behind, to pass.
gerici reactionary.
gericilik reaction.
gerileme regression; retrogression.
gerilemek **1.** to regress, to move backward; to retreat; **2.** to be on the wane

G

(*sickness*); to worsen; **3.** to be left behind.
gerilim tension.
gerilimli tense; under tension.
gerilla guerrilla.
gerilme tension.
gerinmek to stretch oneself.
gerisingeriye backwards.
germek (**-er**) to stretch, to tighten.
getirmek to bring, to yield.
getirtmek 1. to send for; **2.** to order, to import (*-den* from).
G
gevelemek 1. to chew, to mumble; **2.** *fig.* to hum and haw.
geveze talkative, chattering, chatterbox; indiscreet.
gevezelik chatter, idle talk, gossip; indiscreet talk; ~ ***etmek*** to chatter, to talk idly, to babble.
geviş rumination; ~ ***getirmek*** to ruminate.
gevrek 1. crisp, brittle, crackly; **2.** dry toast.
gevşek 1. loose, slack, lax; **2.** *fig.* soft, lax, lacking in backbone; ~ ***ağızlı*** indiscreet.
gevşemek 1. to loosen, to slacken; to become lax; **2.** to relax, to become calm (*nerves*).
gevşetmek 1. to loosen, to slacken; **2.** to relax.
geyik zo deer, stag, hart.
gez rear sight (*of a gun*).
gezdirmek 1. to show around, to take through; to lead about; **2.** to sprinkle.
gezegen planet.
gezgin widely travelled; tourist, traveller.
gezi 1. excursion, outing; tour; **2.** promenade; ***-ye çıkmak*** to go on a trip.
gezici itinerant; ~ ***esnaf*** peddler; hawker.
gezinmek to go about, to wander about, to stroll; *internet*: to surf the net.
gezinti walk, stroll, pleasure trip, outing.
gezmek (**-er**) **1.** to stroll, to walk, to get about, to get round; **2.** to go out; **3.** to tour (*a place*); to walk around (*a place*); **4.** to travel, to visit.
gezmen tourist, traveller.
gıcık tickling sensation in the throat; ~ ***olmak*** to be irritated (*-e* by); ~ ***tutmak*** to have a tickle in the throat.
gıcırdamak to creak, to rustle, to squeak.
gıcır gıcır 1. very clean; **2.** brand new.
gıcırtı creak, squeak.
gıda [ā] food, nourishment; nutriment; ~ ***maddeleri*** foodstuffs.
gıdıklamak to cackle.
gıdalı nutritious, nourishing.
gıdıklamak to tickle.
gıdıklanmak to tickle, to have a tickling sensation.
gına [ā] **1.** wealth; **2.** sufficiency; ~ ***gelmek*** to be sick (*-den* of), to be tired (*-den* of).
gıpta envy without malice, longing; ~ ***etmek*** (*bşe*) to envy *s.th.*
gırtlak throat, larynx; ~ ***gırtlağa gelmek*** to be at each other's throat; ***gırtlağına düşkün*** greedy, gluttonous; ***gırtlağına kadar borç içinde olmak*** to be up to one's neck in debt.
gıyaben [ā] [.x.] **1.** in one's absence; **2.** by name; **3.** LEG by default; ~ ***tanımak*** (*b-ni*) to know *s.o.* by name.
gibi 1. like, similar; **2.** nearly, almost, somewhat; ***-sine gelmek*** to seem.
gibice somewhat like.
gideğen outlet (*of a lake*).
gider expenditure, expense.
giderayak just before leaving, at the last moment.
giderek gradually.
giderici remover.
gidermek to remove, to make disappear, to cause to cease.
gidiş 1. departure, leaving; **2.** conduct, way of life; ~ ***dönüş bileti*** return ticket, ***Am.*** round trip ticket.
gidişgeliş coming and going, round trip; traffic.
Gine *pr. n.* Guinea.
girdap, ***-bı*** [a] whirlpool.
girdi input.
girgin sociable, gregorious.
girift, ***-ti*** involved, intricate.
girinti indentation, recess.
girintili indented; ~ ***çıkıntılı*** wavy, toothed, zigzag.
giriş 1. entrance, entry; **2.** introduction; ~ ***sınavı*** entrance examination; ~ ***ücreti*** price of admission, entrance fee.
girişik intricate; complex.
girişim enterprise, initiative, attempt.

girişken enterprising, pushing, pushy.
girişli çıkışlı movable, sliding.
girişmek 1. to meddle, to interfere, to mix up (*-e* in); **2.** to attempt, to undertake.
Girit, ***-ti*** *pr.n.* Crete.
girmek, (*-er*) **1.** *-e* to enter, to go in, to come in; **2.** to join, to participate (*-e* in); **3.** to fit (*-e* into); **4.** to begin (*season, time*); ***girip çıkmak*** to pay a flying visit.
gişe ticket window, pay desk, cashier's desk, THEA box office.
gitar guitar.
gitgide [x..] gradually, as time goes on.
gitmek, (***-der***) **1.** to go (*-e* to); **2.** to lead, to go (*road*); **3.** to suit, to go well (*-e* with); **4.** to last; **5.** (*b-le*) to accompany *s.o.*; **6.** to go away, to leave; **7.** to disappear; to die.
gittikçe [.x.] gradually, by degrees, more and more.
giydirmek to dress, to clothe.
giyecek clothes, clothing.
giyim clothing, dress, attire; ~ ***kuşam*** dress and finery, garments.
giyimevi, ***-ni*** clothing store.
giyimli dressed.
giyinmek 1. to dress o.s.; **2.** to put on (*clothes, hat, shoes*); ***giyinip kuşanmak*** to put on one's Sunday best.
giymek to put on, to wear.
giyotin guillotine.
giysi garment, clothing, dress.
giz secret.
gizem mystery.
gizemci mystic.
gizil PHYS potential, latent.
gizleme camouflage.
gizlemek to hide, to conceal; to dissimulate (*one's feelings*).
gizli 1. secret, confidential; **2.** hidden, concealed; ~ ~ secretly; ~ ***kapaklı*** clandestine, obscure; ~ ***pençe*** half sole; ~ ***tutmak*** (*b-şi*) to keep *s.th.* dark; ***-den -ye*** in the dark, in all secrecy.
gizlice secretly, in the dark.
gizlilik secrecy, stealth.
glayöl BOT gladiola.
glikoz glucose.
gliserin glycerine, glycerol.
goblen gobelin stitch.
gocuk sheepskin cloak.
gocunmak to take offence (*-den* at).
gofret a waffle-like chocolate cookie, wafer.
gol, ***-lü*** *football*: goal; ~ ***atmak*** to score (*or* kick) a goal; ~ ***yemek*** to let in a goal, to concede a goal.
golf golf; ~ ***pantolon*** plus fours.
gonca bud.
gondol, ***-lü*** gondola.
goril ZO gorilla.
gotik Gothic.
göbek 1. navel; umbilical cord; **2.** potbelly, paunch; **3.** the middle, hearth, central part; **4.** generation; ~ ***atmak*** to belly dance; ~ ***bağlamak*** to develop a potbelly; ***göbeği çatlamak*** *fig.* to have a hard time.
göbeklenmek 1. to become paunchy; **2.** to develop a hearth (*vegetables*).
göbekli paunchy, potbellied.
göç, ***-çü*** **1.** migration, emigration, immigration; **2.** transhumance; ~ ***etmek*** to migrate, to emigrate, to immigrate.
göçebe 1. nomad; wanderer; **2.** nomadic; wandering; migrant.
göçertmek to demolish, to knock down.
göçmek, (***-çer***) **1.** to migrate, to move (*-e* to); **2.** to cave in, to fall down (*building*); **3.** to pass away, to die.
göçmen immigrant, settler, refugee; ~ ***kuşlar*** migratory birds.
göçük GEOL subsidence; landslide.
göğüs, ***-ğsü*** breast, chest; bosom; ~ ***geçirmek*** to sight, to groan; ~ ***germek*** to face, to stand up (*-e* to, against); ~ ***hastalıkları*** chest diseases; ~ ***kafesi*** rib cage; ~ ***kemiği*** ANAT breastbone, sternum; ***göğsü kabarmak*** to be proud.
göğüslü broad-chested; full-bosomed.
gök, ***-ğü*** **1.** sky, heavens, firmament; **2.** azure, (sky) blue; ~ ***gürlemek*** to thunder; ***-lere çıkarmak*** *fig.* to praise to the skies.
gökbilim AST astronomy.
gökbilimci AST astronomer.
gökcismi, ***-ni*** celestial body.
gökçe 1. heavenly, celestial; **2.** bluish, blue-green.
gökçül 1. bluish; **2.** celestial, heavenly.
gökdelen skyscraper.
gökkuşağı, ***-nı*** rainbow.
gökküresi, ***-ni*** AST celestial sphere.
göktaşı, ***-nı*** AST meteor, meteorite.
gökyüzü, ***-nü*** sky, firmament.

göl lake; ~ ***olmak*** to form a lake.
gölcük pond, small lake.
gölek pond, puddle.
gölet P pool, puddle.
gölge shadow, shade; shading; ~ ***düşürmek*** *fig.* to overshadow; ~ ***etmek*** **1.** to shade, to cast a shadow (*-e* on); **2.** *fig.* to bother; ~ ***gibi*** shadowy; ~ ***vurmak*** to shade; ***-de bırakmak*** *fig.* to eclipse, to outshine; ***-sinden korkmak*** *fig.* to be afraid of one's (own) shadow.
gölgelemek **1.** to overshadow (*a. fig.*); **2.** to shade in.
gölgeli shady, shaded, shadowy.
gölgelik **1.** shady spot; **2.** arbo(u)r, bower.
gömlek **1.** shirt; **2.** woman's slip, chemise; **3.** book jacket; **4.** smock; **5.** generation; **6.** level, degree; shade (*of colour*); **7.** skin (*of a snake*).
gömme built-in, sunken, set-in, inlaid, embedded; buried; ~ ***banyo*** sunken bathtub; ~ ***dolap*** built-in cupboard.
gömmek, (***-er***) to burry, to inter.
gömü buried treasure.
gömülü **1.** buried; **2.** sunk (*-e* into); grown (*-e* into).
gömüt tomb, grave.
gömütlük cemetery.
gönder pole, staff.
gönderen sender.
göndermek, (***-ir***) **1.** to send, to dispatch, to forward; **2.** to see off; to send away.
gönence comfort, ease.
gönenç prosperity, comfort.
gönül, ***-nlü*** **1.** heart; mind; **2.** inclination, willingness; ~ ***almak*** **1.** to please; **2.** to apologize and make up; ~ ***bağı*** the ties of love; ~ ***bağlamak*** to set one's heart (*-e* on); ~ ***eğlendirmek*** to amuse o.s.; ~ ***ferahlığı*** contentment; ~ ***hoşluğu ile*** willingly; ~ ***işi*** love affair; ~ ***kırmak*** to break s.o.'s heart; ~ ***vermek*** to lose one's heart (*-e* to); (**gönlü**): ~ ***açık*** openhearted, frank; ~ ***bulunmak*** **1.** to feel sick; **2.** to feel suspicious; ~ ***çekmek*** to desire; ~ ***olmak*** **1.** (*bşde*) to be in love with *s.th.*; **2.** (*bşe*) to agree to *s.th.*; ~ ***tez*** impatient; ~ ***tok*** satisfied, contented; ~ ***zengin*** generous; ***-nce*** to one's heart's content; ***-nden geçirmek*** to think (*-i* of); ***-nü yapmak*** (*b-nin*) **1.** to please *s.o.*; **2.** to win *s.o.'s* assent.
gönüllü **1.** volunteer; **2.** willing; (*bşin*) ***-sü*** keen on *s.th.*
gönülsüz **1.** = ***alçakgönüllü***; **2.** unwilling.
gönye [x.] square, set square.
göre according (*-e* to), as (*-e* to), in respect (*-e* of), considering.
görece relative.
göreli relative.
görelik PHLS relation.
görenek custom, usage.
görev **1.** duty, obligation; **2.** function; ***-den kaçmak*** to shirk.
görevlendirmek to charge, to entrust (*ile* with).
görevli **1.** assigned, commissioned, charged; **2.** official, employee.
görgü **1.** good manners; **2.** experience; **3.** witnessing; ~ ***tanığı*** eyewitness.
görgülü **1.** well-mannered; **2.** experienced.
görgüsüz **1.** ill-mannered, rude; **2.** inexperienced.
görgüsüzlük **1.** unmannerliness; **2.** inexperience.
görkem splendo(u)r, pomp.
görkemli splendid, pompous.
görme sight, vision.
görmek, (***-ür***) **1.** to see; **2.** to notice; to regard, to consider; **3.** to visit; **4.** to live through, to undergo; **5.** to perform (*duty*); ***göreyim seni!*** Let's see if you can!; ***görmüş geçirmiş*** experienced.
görmezlik, **görmemezlik** pretending not to see; ***-ten gelmek*** (*b-ni*) to cut *s.o.* dead.
görsel visual.
görsel-işitsel audio-visual.
görücü matchmaker, go-between.
görüm sight, eyesight, vision.
görümce husband's sister, sister-in-law (*of the wife*).
görünmek **1.** to be seen; to appear; **2.** to seem.
görünmez invisible; unexpected; ~ ***kaza*** unforeseen accident.
görüntü **1.** phantom, specter; **2.** image.
görüntülemek to project.
görünüm appearance, view.
görünürde in appearance; in sight.
görünüş appearance, sight, view, spectacle; aspect; ***-e göre*** apparently.

görünüşte apparently, on the surface.
görüş 1. sight; **2.** opinion, point of view; **~ açısı** point of view; **~ birliği** agreement.
görüşme 1. interview; **2.** discussion, negotiation; **3.** meeting.
görüşmek 1. to meet; to have an interview; **2.** to see *or* visit each other; **3.** to discuss.
görüştürmek to arrange a meeting (for).
gösterge 1. PHYS indicator; **2.** table, chart.
gösteri 1. show, display; **2.** showing (*of a film*), performance (*of a play*); **3.** demonstration.
gösteriş 1. show, demonstration; **2.** showing off, ostentation; **~ yapmak** to show off.
gösterişli stately, showy, imposing.
göstermek, **(-ir) 1.** to show; to indicate; to demostrate; **2.** to manifest, to evidence; **3.** to expose (*to light etc.*); **4.** to appear, to seem to be.
göstermelik 1. specimen, sample, showpiece; **2.** non-functional.
göt, **-tü** *sl.* ass, arse; **-ünü yalamak** (*b-nin*) *sl.* to lick *s.o.'s* arse.
götürmek, **(-ür) 1.** to take (away), to carry; **2.** to accompany; **3.** to lead (*-e* to).
götürü in the lump, by contract, by the piece *or* job; **~ çalışmak** to do piecework; **~ iş** piecework, job work.
götürüm endurance.
götürümlü enduring, supporting.
gövde body, trunk, stem; **~ gösterisi** public demonstration; **-ye indirmek** F to gulp down.
gövdeli husky, stout.
gövermek P **1.** to turn green; **2.** to turn blue.
göz 1. eye; **2.** eye (*of a needle*); **3.** drawer; cell, pore; **4.** *fig.* the evil eye; **~ açıp kapayıncaya kadar** in the twinkling of an eye; **~ açtırmamak** to give no respite (*-e* to); **~ alabildiğine** as far as the eye can see; **~ alıcı** eye-catching, dazzling; **~ almak** to dazzle; **~ atmak** to run an eye (*-e* over), to glance (*-e* at); **~ bankası** eye bank; **~ boyamak** to throw dust in s.o.'s eyes; **~ damlası** eye drops; **~ dikmek** (*bşe*) to covet *s.th.*; **~ doktoru** oculist; **~ etmek** to wink (*-e* at); **~ gezdirmek** to cast an eye (*-e* over); **~ göre göre** openly, publicly; **~ kamaştırmak 1.** to dazzle; **2.** *fig.* to fascinate; **~ kararı** by rule of thumb; judgement by the eye; **~ kırpmak** to wink (*a. fig.*), to blink; **~ koymak** to covet; **~ kulak olmak** to keep an eye (*-e* on); **~ önünde** in front of one's eyes; **~ önünde bulundurmak** to take into consideration *or* account; **~ yummak** *fig.* to close one's eyes (*-e* to), to turn a blind eye (*-e* to); **~ yuvarlağı** eyeball; **-den çıkarmak** to sacrifice; **-den düşmek** to fall into disfavo(u)r; **-den geçirmek** to scrutinize, to look over; **-den kaçmak** to be overlooked; **-den kaybolmak** to vanish from sight; **-e almak** to risk, to venture; **-e batmak 1.** to be conspicuous; **2.** to attract attention; **-e çarpmak** to stand out, to strike one's eyes; **-e girmek** to curry favo(u)r; **-leri bağlı** blindfolded; **-ü açık** wide awake; sharp; **-ü dalmak** to stare into space; **-ü dönmek** to see red; **-ü gibi sevmek** (*b-ni*) to regard *s.o.* as the apple of one's eye; **-ü ısırmak** (*b-ni*) not to be unfamiliar to *s.o.*; **-ü kalmak** (*bşde*) to long for *s.th.*; **-ü olmak** (*bşde*) to have designs on *s.th.*; **-ü pek** bold, daring; **-ü tok** contented; **-ü tutmak** to consider fit; **-ü tutmamak** (*b-ni*) not to appeal to *s.o.*; **-ünde tütmek** to long for; **-üne girmek** (*b-nin*) to find favo(u)r in *s.o.'s* eyes; **-ünü açmak** to open a person's eyes, to undeceive; **-ünü dört açmak** to be all eyes; **-ünü kan bürümek** to see red; **-ünü kapamak 1.** to pretend not to see; **2.** to die; **-ünü korkutmak** to daunt, to intimidate; **-ünün ucuyla bakmak** to look out of the corner of one's eye; **-ünün yaşına bakmamak** *fig.* to have no pity (*-in* on).
gözakı, **-nı** the white of the eye.
gözaltı, **-nı** (house) arrest; **-na almak 1.** to put under house arrest; **2.** to take into custody.
gözbebeği, **-ni 1.** ANAT pupil; **2.** *fig.* apple of the eye.
gözcü 1. watchman, sentry, scout; **2.** oculist.
gözdağı, **-nı** intimidation; **~ vermek** to intimidate

G

gözde favo(u)rite, pet.
gözdişi, ***-ni*** eyetooth
göze 1. ANAT cell; **2.** spring, source.
gözenek 1. stoma, pore; **2.** window.
gözerimi 1. horizon; **2.** eyeshot.
gözetim supervision; care
gözetleme observation.
gözetlemek to peep (*-i* at), to observe secretly.
gözetleyici MIL observer; lookout.
gözetmek, (***-ir***) **1.** to guard; to look after, to take care (*-i* of); **2.** to consider; to observe (*law*, *rule*).
gözevi, ***-ni*** eye-socket.
gözkapağı, ***-nı*** eyelid.
gözlem observation.
gözleme 1. MIL *or* AST observation; **2.** pancake.
gözlemek to watch (*-i* for), to wait (*-i* for), to keep an eye (*-i* on).
gözlemevi, ***-ni*** observatory.
gözleyici observer.
gözlük (eye)glasses, spectacles; ***~ çerçevesi*** frames *or* rim for glasses; ***~ takmak*** to wear glasses.
gözlükçü optician.
gözlüklü wearing glasses.
gözyaşı, ***-nı*** tear; ***~ dökmek*** to shed tears.
gözükmek, (***-ür***) **1.** to appear; to be seen; **2.** to show o.s.
grafik 1. graphics, graph; diagram; **2.** graphic.
grafit, ***-ti*** GEOL graphite.
gram gram(me).
gramer grammar.
gramofon phonograph.
granit, ***-ti*** granite.
gravür engraving.
gravürcü engraver.
gravyer (peyniri) Gruyère cheese.
grekoromen greco-roman wrestling.
grev strike; ***~ yapmak*** to strike, to go on strike.
grevci striker.
greyfrut BOT grapefruit.
gri grey, *Am.* gray.
grip, ***-bi*** influenza, flu; ***~ olmak*** to have influenza.
grizu firedamp, pit gas.
grogren grosgrain.
gros gross.
grup, ***-bu*** **1.** group; **2.** MIL section; ***~ ~*** in groups; ***~ oluşturmak*** to form a group.
gruplaşmak 1. to separate into groups; **2.** to gather into groups.
Guatemala *pr. n.* Guatemala.
guatr MED goitre, *Am.* goiter.
gudde ANAT gland.
guguk ZO cuckoo; ***-lu saat*** cuckoo clock.
gurbet, ***-ti*** **1.** foreign land; **2.** F absence from one's home; ***~ çekmek*** to be homesick; ***-te olmak*** to be in a foreign land.
gurbetçi stranger.
gurlamak to emit a hollow rumbling sound.
guruldamak to rumble, to growl.
gurultu rumble.
gurup, ***-bu*** sunset, sundown.
gurur [. —] pride, vanity, conceit; ***~ duymak*** to feel proud (*-den* of), to take pride (*-den* in); ***-unu kırmak*** (*b-nin*) to hurt the pride of *s.o.*; ***-unu okşamak*** *fig.* to play on s.o.'s pride.
gururlanmak to pride o.s. (*ile* on), to feel proud (*-den* of), to take pride (in).
gururlu arrogant, vain, conceited, haughty.
gut MED gout.
gübre dung, manure, fertilizer, droppings.
gübrelemek to manure, to fertilize.
gücendirmek to offend, to hurt.
gücenik offended, hurt.
gücenmek to take offence (*-e* at), to be offended *or* hurt (*-e* by).
güç[1], ***-cü*** **1.** strength; **2.** power; energy; **3.** force; ***~ birliği*** cooperation; ***gücü yetmek*** to be able (*-e* to), to be strong enough.
güç[2], ***-cü*** **1.** difficult, hard; **2.** difficulty; ***~ gelmek*** (*b-ne*) to seem difficult to *s.o.*; ***gücüne gitmek*** to be offended, to be hurt.
güçbela with great difficulty.
güçlendirmek to strengthen.
güçlenmek to get strong.
güçleşmek to grow difficult.
güçleştirmek to render difficult, to complicate.
güçlü strong, powerful.
güçlük difficulty, pain, trouble; ***~ çekmek*** to experience difficulties; ***~ çıkarmak*** *or* ***göstermek*** to make difficulties (*-e* for).
güçsüz weak, feeble.

güçsüzlük weakness, feebleness.
güderi chamois (leather), deerskin
güdü motive, incentive; drive, push.
güdük 1. deficient, incomplete; **2.** docked; tailless; **3.** F thick-set, squat.
güdüm guidance, management, driving.
güdümlü controlled, directed; ~ ***mermi*** guided missile.
güfte text for music, lyrics.
güğüm copper jug with handle.
güherçile CHEM saltpetre, *Am.* saltpeter.
gül 1. BOT rose; **2.** rose-shaped; ~ ***gibi geçinmek*** to get along very well.
güldeste anthology of poems.
güldürmek to make laugh, to amuse.
güldürü THEA comedy, farce.
güleç smiling, joyful, merry.
gülistan [a] rose garden.
gülkurusu, ***-nu*** violet-pink.
gülle 1. cannon ball; **2.** *sports*: shot; weight; ~ ***atma*** *sports*: shot put; ~ ***gibi*** as heavy as lead; ~ ***yağdırmak*** to shell, to bombard.
güllük rose garden; ~ ***gülistanlık*** *fig.* a bed of roses.
gülmece F funny story *or* novel.
gülmek, **(*-er*) 1.** to laugh, to smile; **2.** (*b-ne*) to laugh at *s.o.*; ***güle güle!*** Good-bye!; ***güle oynaya*** merrily; ***güler yüz göstermek*** to behave cheerfully and hospitably (*-e* towards); ***güler yüzlü*** cheerful, merry; ***gülmekten kırılmak*** to be doubled up with laughter; ***gülüp oynamak*** *fig.* to have a good time.
gülsuyu, ***-nu*** rose water.
gülücük smile; ~ ***yapmak*** to smile.
gülümsemek to smile.
gülünç, ***-cü*** ridiculous, laughable, funny.
gülünçlü funny, comical.
gülüş laughter.
gülüşmek to laugh together.
gülyağı, ***-nı*** attar of roses.
güm 1. Bang!; **2.** *sl.* fishy-story; ~ ***etmek*** to boom, to resound; ***-e gitmek*** *sl. or* F **1.** to go for nothing; **2.** to die in vain.
gümbedek [x..] out of the blue, all of a sudden.
gümbürdemek to boom, to thunder, to reverberate.
gümbürtü boom, rumble, crash.
gümeç, ***-ci*** cell of a honeycomb.
gümlemek 1. to bang, to boom; **2.** *sl.* = ***güme gitmek.***
gümrük 1. customs (house); **2.** duty; tariff; ~ ***almak*** to collect duty (*-den* on); ~ ***kaçakçısı*** smuggler; ~ ***komisyoncusu*** customs broker; ~ ***kontrolü*** customs inspection *or* control; ~ ***memuru*** customs officer; ~ ***resmi*** customs charges; ♀ ***ve Tekel Bakanlığı*** the Ministry of Customs and Monopolies; ***-ten geçirmek*** to clear through the customs; ***-ten muaf*** duty-free.
gümrükçü 1. customs officer; **2.** customs agent.
gümrüksüz duty-free.
gümüş silver; ~ ***kaplama*** silver-plated.
gümüşbalığı, ***-nı*** ZO sand smelt.
gümüşi [ī] (silver-) grey.
gümüşlemek to silver-plate.
gün 1. day; daytime; **2.** period; time; **3.** lady's at-home day; **4.** date; **5.** feast day; ~ ***ağarması*** daybreak; ~ ***batımı*** sunset, sundown; ~ ***doğmak*** to rise, to dawn (*sun*); ~ ***geçtikçe*** as the day goes on; ~ ***görmüş* 1.** who has seen better days; **2.** experienced; ~ ***tutulması*** eclipse of the sun; ***-den -e*** from day to day; ***-lerce*** for days; ***-lerden bir gün*** once upon a time; ***-ü -üne*** punctually, to the very day; ***-ün birinde*** one day; ***-ünü ~ etmek*** to enjoy o.s. thoroughly.
günah [ā] sin; fault; guilt; ~ ***çıkartmak*** to confess one's sins (*to a priest*); ~ ***işlemek*** to commit a sin; ***-a girmek*** *s.* ~ ***işlemek***; ***-ını çekmek*** to suffer for one's sins.
günahkâr 1. sinner, wrongdoer; **2.** sinful, impious, culpable.
günaşırı every other day.
günaydın! Good morning!
günbatısı, ***-nı*** west.
güncel current, up-to-date; ~ ***olaylar*** current events.
gündelik 1. daily; **2.** daily wage *or* fee; ~ ***gazete*** daily (paper).
gündelikçi day labo(u)rer; ~ ***kadın*** charwoman, *Am.* hired woman
gündem agenda; ***-e almak*** to put on the agenda.
gündoğ(r)usu, ***-nu* 1.** NAUT east; **2.** easterly wind.
gündönümü, ***-nü*** equinox.

G

gündüz 1. daytime; **2.** by day *or* daylight; ~ ***feneri*** *co.* Negro; ~ ***gözüyle*** by the light of day; ***-leri*** in the daytime, during the day.
gündüzcü 1. on day duty; **2.** day student.
gündüzlü 1. day (school); **2.** = ***güdüzcü 2.***
gündüzün [x..] by *or* during the day
günes 1. sun; **2.** sunshine; ~ ***acmak*** to become sunny; ~ ***banyosu*** sun bath (-ing); ~ ***batması*** sunset, sundown; ~ ***çarpması*** sunstroke; ~ ***doğmak*** to rise (*sun*); ~ ***görmek*** to let in the sun, to be light and sunny; ~ ***gözlüğü*** sunglasses; ~ ***ışını*** sunbeam, sunray; ~ ***saati*** sundial; ~ ***sistemi*** solar system; ~ ***tutulması*** solar eclipse; ~ ***yanığı*** sunburn; ***-in alninda*** in full sun.
güneşlenmek to sunbathe.
güneşli sunny.
güneşlik 1. sunny place; **2.** sunshade, sunblind.
güney 1. south; **2.** southern.
Güney Afrika Cumhuriyeti *pr. n.* Republic of South Africa.
güneybatı southwest.
güneydoğu southeast.
günlük[1] **1.** daily; **2.** ... days old (*baby*); **3.** for ... days; **4.** diary; **5.** usual; ~ ***güneşlik*** sunny; ~ ***kur econ*** current rate of exchange; ~ ***yumurta*** fresh egg.
günlük[2] incense, myrrh.
günübirlik, günübirliğine for the day.
güpegündüz [.x..] in broad daylight.
gür abundant, dense, thick; rank.
gürbüz sturdy, robust, healthy.
güreş wrestling; ~ ***etmek*** to wrestle
güreşçi wrestler.
güreşmek to wrestle (*ile* with).
gürgen (***ağacı***) BOT hornbeam, horn beech.
gürlemek 1. to thunder; to roar; **2.** *fig.* to roar with rage.
gürleşmek to become abundant *or* dense.
güruh [ū] gang, group, band, mob.
gürüldemek to thunder.
gürül gürül with a brawling sound.
gürültü 1. noise; **2.** *fig.* brawl, row; ~ ***çıkarmak*** to make a row; ~ ***patırtı*** noise, commotion, trouble; ***-ye gelmek*** to be lost in the confusion of the confusion; ***-ye gitmek*** to be the victim of the confusion.
gütmek, (***-der***) **1.** to herd, to drive (*animal*); **2.** *fig.* to cherish, to nourish, to nurse (*aim, ambition*).
güve zo clothes moth.
güveç, *-ci* **1.** earthenware cooking pot, casserole; **2.** vegetables and meat (*cooked in this pot*), hotpot.
güven trust, confidence, reliance; ***-i olmak*** to have confidence (*-e* in); ***-i sarsılmak*** to lose confidence (in).
güvence guarantee.
güvenç *s.* ***güven.***
güvenilir trusty, trustworthy, dependable.
güvenlik 1. security, safety; **2.** confidence; ♀ ***Konseyi*** Security Council.
güvenmek to trust (*-e* in), to rely (*-e* on).
güvenoyu, *-nu* vote of confidence.
güvercin zo pigeon, rock dove.
güverte [.x.] NAUT deck.
güvey 1. bridegroom; **2.** son-in-law.
güya as if, as though.
güz autumn, *Am.* fall.
güzel 1. beautiful, pretty, good, nice; **2.** beauty; **3.** Fine!, Good!; **4.** good, excellent; ~ ~ calmly; ~ ***sanatlar*** fine arts.
güzelce 1. pretty, fair; **2.** thoroughly.
güzelleşmek to become beautiful.
güzelleştirmek to beautify.
güzellik beauty, prettiness, goodness; ~ ***kraliçesi*** beauty queen; ~ ***salonu*** beauty parlo(u)r; ~ ***yarışması*** beauty contest.
güzellikle gently.
güzide [ı] select, distinguished, outstanding; choice.

H

ha **1.** What a ...!; **2.** O yes!, I see!; **3.** Come on now!; **4.** P yes; ~ ***deyince*** at a moment's notice.

haber news, information, message, word; ~ ***ajansı*** news agency; ~ ***almak*** (*bşi*) to learn *s.th.*, to hear *s.th.*, to receive information; ~ ***göndermek*** to send a message (*-e* to); ~ ***kaynağı*** news source; ~ ***toplamak*** to gather news; ~ ***vermek*** to inform, to announce; ***-i olmak*** (*bşden*) to be informed of *s.th.*, to know about *s.th.*

haberci messenger, herald, harbinger (*a. fig.*).

haberdar [..—] informed; ~ ***etmek*** (*b-ni bşden*) to inform *s.o.* of *s.th.*; ~ ***olmak*** to know (*-den* about); to find out (*-den* about).

haberleşme communication.

haberleşmek to communicate (*ile* with), to correspond (*ile* with).

habersizce without warning, secretly.

Habeşistan *pr. n.* Abyssinia, Ethiopia.

hac, ***-ccı*** pilgrimage to Mecca; ***-ca gitmek*** to go on the pilgrimage to Mecca.

hacet, ***-ti*** [a] **1.** need, necessity; **2.** feces; urine; ~ ***görmek*** F to go to the toilet; ~ ***kalmamak*** to be no longer necessary; ~ ***yok*** it's not necessary.

hacı pilgrim, hadji; ~ ***ağa*** *contp.* parvenu, upstart.

hacıyatmaz tumbler, roly-poly (*toy*).

hacim, ***-cmi*** volume, bulk, size.

haciz, ***-czi*** seizure, sequestration, distraint; ~ ***kararı*** warrant of distraint; ~ ***koymak*** to sequestrate.

haç, ***-çı*** the cross; ~ ***çıkarmak*** to cross o.s.

Haçlı Seferleri *hist.* the Crusades.

Haçlılar *pr. n. hist.* Crusaders.

had, ***-ddi*** **1.** limit, boundary, degree, point; **2.** MATH, *log.* term; ***-di hesabı olmamak*** to be boundless; ***-di olmamak*** (*b-nin*) not to have the right to; ***-di zatında*** actually, in itself; ***-dini bildirmek*** (*b-ne*) to tell *s.o.* where to get off; ***-dini bilmek*** to know one's place.

hademe caretaker, *Am.* janitor.

hadım eunuch; ~ ***etmek*** to castrate.

hadise event, incident, occurence, happening; ~ ***çıkarmak*** to stir up trouble.

hafız [a] **1.** hafiz; **2.** *sl.* fool, silly.

hafıza memory.

hafızlamak *sl.* to swot up, to mug up.

hafif **1.** light; **2.** easy; **3.** slight; **4.** frivolous, flighty; ~ ***atlatmak*** to escape lightly; ~ ~ gently, slowly; ~ ***müzik*** light music; ~ ***tertip*** slightly, lightly; ***-e almak*** to make light (*-i* of).

hafiflemek **1.** to get lighter; **2.** to be relieved.

hafifleştirmek, **hafifletmek** **1.** to lighten; **2.** to relieve.

hafifletici **1.** extenuating; **2.** giving relief; ~ ***nedenler*** LEG extenuating circumstances.

hafiflik **1.** lightness; **2.** relief; **3.** *fig.* flightiness.

hafifmeşrep, ***-bi*** loose, flighty, frivolous.

hafifsemek to take lightly, to make light (*-i* of).

hafifsıklet, ***-ti*** welterweight.

hafta week; ~ ***arasında*** during the week; ~ ***başı*** the first day of the week; ~ ***sonu*** weekend; ***-larca*** for weeks; ***-ya*** in a week's time, next week.

haftalık **1.** weekly; **2.** weekly wage; **3.** lasting ... weeks; ~ ***dergi*** weekly.

haftalıkçı wage earner (*paid by the week*).

haftaym *sports*: half time.

haham ECCL rabbi.

hain [ā] **1.** traitor; **2.** treacherous, traitorous.

hainlik treachery, perfidy; ~ ***etmek*** to act treacherously (*-e* towards).

hak[1], ***-kkı*** **1.** justice; **2.** right; due, share; **3.** fairness; **4.** true, right; **5.** remuneration, fee, pay; ~ ***etmek*** to deserve; ~ ***kazanmak*** to have a right (*-e* to); ~ ***sahibi*** holder of a right; ~ ***vermek*** (*b-ne*) to acknowledge *s.o.* to be right; ~ ***yemek*** to be unjust; ***hakkı olmak*** to have a right to; ***hakkından gelmek*** **1.** to get the better (*-in* of); **2.** (*b-nin*) to get

even with *s.o.*; ***hakkını almak*** to get one's due; to take one's share; ***hakkını vermek*** to give s.o. his due; ***hakkını yemek*** (*b-nin*) to do an injustice to *s.o.*
hak², ***-kkı*** **1.** engraving, incising; **2.** erasing by scraping.
hakan [—.] khan, sultan; emperor.
hakaret, ***-ti*** [.—.] insult, contempt; ~ ***etmek*** to insult.
hakem **1.** arbitrator; **2.** *sports*: referee, umpire; ~ ***kararı*** LEG arbitral award, arbitration.
hakikat, ***-ti*** [ī] **1.** truth, reality, fact; **2.** truly, really; ***-te*** in fact.
hakikaten [ī] [.x..] in truth, truly, really.
hakikatli [.—..] loyal, faithful.
hakiki **1.** true, real; genuine; **2.** sincere (*friend*).
hâkim **1.** dominating, ruling; **2.** dominant, supreme; **3.** ruler; **4.** LEG judge; **5.** overlooking, dominating; ~ ***olmak*** **1.** to rule; **2.** to dominate; **3.** to overlook.
hâkimiyet, ***-ti*** sovereignty; rule, domination.
hâkimlik judgeship.
hakir vile, worthless, mean; ~ ***görmek*** to despise.
hakkâk, ***-ki*** engraver.
hakkaniyet, ***-ti*** [.—..] justice, equity, ~ ***göstermek*** to do justice (*-e* to).
hakketmek [x..] to engrave, to incise (*-e* on).
hakkında about; regarding, concerning, for.
hakkıyla properly; thoroughly; rightfully.
haklamak **1.** to beat, to overcome, to suppress; **2.** F to eat up.
haklı **1.** right, just; **2.** rightful; ~ ***çıkmak*** to turn out to be right.
haksız **1.** unjust, wrong; **2.** unjustifiable; ~ ***çıkmak*** to turn out to be in the wrong; ~ ***fiil*** LEG wrong; ~ ***yere*** unjustly, wrongfully.
haksızlık injustice, wrongfulness; ~ ***etmek*** **1.** to act unjustly; **2.** to do an injustice (*-e* to).
hal¹ **1.** condition, state; **2.** circumstances; **3.** attitude, behavio(u)r; **4.** energy, strength; ~ ***böyle iken*** and yet, nevertheless; ~ ***çaresi*** remedy; ***-den anlamak*** to sympathize; ***-e yola koymak*** to put in order; ***-i kalmamak*** to be exhausted; ***-i vakti yerinde*** (*b-nin*) well-off, rich, wealthy.
hal², ***-li*** covered marketplace.
hal³, ***-lli*** **1.** MATH solution; **2.** melting.
hala [x.] paternal aunt, father's sister.
hâlâ [x—] still, yet.
halat, ***-tı*** rope, hawser.
halayık, ***-kı*** concubine, female slave.
halazade [..—.] cousin.
halbuki [.x.] whereas, however, but, nevertheless.
hale [ā] halo (*round the moon*).
halef successor; ~ ***selef olmak*** to succeed.
halel harm, injury, damage; ~ ***getirmek*** to harm, to injure, to spoil.
halen [ā] [x.] at present, now, presently.
halı carpet, rug.
haliç, ***-çi*** **1.** inlet, bay; **2.** ♀ *pr. n.* the Golden Horn.
halife [i] *hist.* Caliph.
halis [ā] pure, genuine.
haliyle [——.] naturally, consequently, as a matter of fact.
halk, ***-kı*** **1.** people, folk, nation; **2.** populace; the common people; ~ ***ağzı*** vernacular; ~ ***edebiyatı*** folk literature; ~ ***müziği*** folk music; ***-a dönük*** popular.
halka **1.** hoop; **2.** circle; **3.** link; **4.** ring-shaped biscuit; ~ ***olmak*** to form a circle.
halkalı ringed, linked.
halkbilgisi, ***-ni*** folklore.
halkçılık populism.
halkoylaması, ***-nı*** referendum.
halkoyu, ***-nu*** public opinion.
hallaç, ***-cı*** wool *or* cotton fluffer.
halletmek [x..] **1.** to solve, to resolve; **2.** to settle, to complete; **3.** to dissolve.
halsiz weak, exhausted, tired out; ~ ***düşmek*** to be exhausted.
halsizlik weakness.
halt, ***-tı*** **1.** mixup; **2.** impertinence; ~ ***etmek*** to do s.th. rude; to say s.th. improper; ~ ***karıştırmak*** to make a great blunder.
halter *sports*: dumbbell, barbell.
halterci weight lifter.
ham **1.** unripe, green; **2.** raw, crude, unrefined; **3.** *fig.* unrefined (*person*); ~ ***çelik*** crude steel; ~ ***deri*** untanned leather; ~ ***petrol*** crude oil.
hamak hammock.

hamal porter, carrier; stevedore.
hamaliye [.—..] porter's fee, porterage.
hamam 1. Turkish *or* public bath; **2.** bathroom; ~ ***gibi*** like an oven (*room*); ~ ***yapmak*** to have a bath.
hamamböceği, *-ni* zo cockroach.
hamamotu, *-nu* depilatory agent.
hamamtası, *-nı* metal bowl.
hamarat, *-tı* hard-working, deft, industrious (*woman*).
hami [— —] **1.** guardian, protector; **2.** sponsor, patron.
hamile pregnant; ~ ***bırakmak*** to impregnate; ~ ***kalmak*** to become pregnant.
hamilelik pregnancy.
haminne F grandma.
hamlaç CHEM blowpipe.
hamlaşmak to get out of condition, to get rusty.
hamle 1. attack, assault; **2.** effort; dash, élan.
hamlık 1. unripeness, immaturity, rawness, greenness; crudeness; **2.** being out of shape.
hammadde raw material.
hamsi zo anchovy.
hamur 1. dough, paste, leaven; **2.** grade, quality (*of paper*); **3.** half-cooked (*bread*); **4.** paper pulp; ~ ***açmak*** to roll out dough; ~ ***gibi* 1.** soggy, mushy; **2.** doughy, undercooked; ~ ***işi*** pastry.
hamurlaşmak to become doughy *or* soggy.
hamursuz unleavened (bread); ♀ ***Bayramı*** Passover.
hamut, *-tu* horse collar.
han[1] [ā] khan, sovereign, ruler.
han[2] [ā] **1.** inn; caravansary; **2.** large commercial building, office block; ~ ***gibi*** spacious.
hancı innkeeper.
hançer dagger, khanjar.
hançerlemek to stab, to knife.
hands-free hands-free (*car phone, device*).
hane [ā] **1.** house; **2.** household; **3.** square (*of a chessboard*); **4.** section, division; **5.** place of a digit.
hanedan [—.—] dynasty; noble family.
hangar hangar.
hangi [x.] which; ~ ***biri?*** which one?
hangisi which of them, which one.
hanım 1. lady; **2.** Mrs., Ms., Miss; **3.** wife; **4.** mistress (*of a household*); ~ ***evladı*** *sl.* mother's boy, milksop; ~ ***hanımcık*** ladylike.
hanımböceği, *-ni* zo ladybug.
hanımefendi 1. lady; **2.** madam, ma'am.
hanımeli, *-yi* BOT honeysuckle.
hani [x.] **1.** So where is ...?; **2.** Why ... not ...; **3.** Let's suppose that ...; **4.** in fact, besides; ***-dir*** for ages.
hantal 1. clumsy, coarse; **2.** huge, bulky.
hantallaşmak to become clumsy *or* coarse.
hantallık 1. clumsiness, coarseness; **2.** bulkiness.
hap, *-pı* 1. pill; **2.** *sl.* dope; ***-ı yutmak*** F to be in the soup, to be in hot waters.
hapçı *sl.* drug addict; opium addict, doper.
hapis, *-psi* 1. imprisonment; **2.** prison; **3.** prisoner; ~ ***cezası*** prison sentence; ~ ***yatmak*** to be in prison.
hapishane [..—.] prison, gaol, *Am.* jail.
hapsetmek [x..] **1.** to imprison, to gaol; **2.** to lock up (*-e* in); **3.** to confine; **4.** *fig.* to detain.
hapşırmak to sneeze
hara [x.] stud (farm).
harabe [.—.] **1.** ruins, remains; **2.** tumbledown house.
haraç, *-cı* 1. tribute; **2.** protection money; **3.** tax paid by non-Moslems; ~ ***yemek*** *sl.* to sponge on another; ***haraca bağlamak*** to lay s.o. under tribute.
haram [.—] forbidden by religion; wrong; ~ ***etmek*** *fig.* to take the pleasure out of s.th. for s.o.; ~ ***olsun!*** May you get no benefit from it!
harap, *-bı* [.—] **1.** ruined, devastated; **2.** worn out, exhausted; ~ ***etmek*** to ruin, to destroy.
hararet, *-ti* [.—.] **1.** heat, warmth; **2.** fever; **3.** thirst; ~ ***basmak*** to feel very thirsty; ~ ***vermek*** to make thirsty.
hararetlenmek [.—...] to get warm *or* excited *or* heated.
hararetli [.—..] **1.** feverish, heated; **2.** vehement; **3.** thirsty.
haraza *sl.* quarrel, row.
harcamak 1. to spend; to expend, to use (up); **2.** to sacrifice; to waste o.s.
harcıâlem common, ordinary.

H

harcırah travel allowance.
harç[1], **-cı** 1. mortar; plaster; 2. ingredients; 2. trimming (*of a garment*).
harç[2], **-cı** 1. outgo, expenditure; 2. customs duty.
harçlık pocket money; allowance.
hardal mustard.
hare [—.] moiré, water (*of cloth*).
harekât, **-tı** MIL operation(s), campaign.
hareket, **-ti** 1. movement; 2. act, deed; behavio(u)r, conduct; 3. departure; 4. MUS tempo; ~ ***cetveli*** RAIL timetable; ~ ***etmek*** 1. to move, to act; 2. to behave; 3. to set out *or* off; to depart (*-den* from); 4. to leave (*-e* for); ~ ***noktası*** starting point; ***-e geçmek*** to begin, to start.
hareketlenmek to get into motion.
hareketli 1. active, moving; 2. animated, vivacious.
harelenmek to have a sheen.
hareli moiréd, watered, wavy.
harem women's apartments, harem.
harf, **-fi** letter (*of the alphabet*).
harfiyen word for word, to the letter.
harıl harıl continuously; with great effort.
haricen externally, outwardly.
harici [ā] 1. external, exterior; 2. foreign.
hariciye [ā] 1. foreign affairs; 2. external diseases.
hariciyeci [—....] 1. diplomat; 2. MED specialist in external diseases.
hariç, **-ci** [ā] 1. outside, exterior; 2. abroad; 3. except (for), excluded, apart (from).
harika [—..] 1. wonder, miracle; 2. *fig.* marvelous, extraordinary.
harikulade [—..—.] 1. wonderful; 2. unusual, extraordinary.
haris [ī] greedy, avaricious, ambitious.
harita map.
haritacı cartographer; surveyor.
haritacılık cartography; surveying.
harlamak 1. to burn furiously; 2. *fig.* to flare up.
harlı burning in flames.
harman 1. threshing (floor); 2. harvest (time); 3. blending; 4. blend (*tea, tobacco*); ~ ***dövmek*** to thresh grain; ~ ***etmek*** 1. to thresh; 2. to blend, ~ ***makinesi*** thresher; ~ ***savurmak*** to winnow grain.
harmancı 1. thresher; 2. blender (*of tea or tobacco*).
harmanlamak to blend.
harp[1], **-pı** MUS harp.
harp[2], **-bi** war; battle, fight; ~ ***açmak*** to start a war; ~ ***esiri*** prisoner of war; ~ ***gemisi*** warship; ♀ ***Okulu*** the Turkish Military Academy; ~ ***zengini*** war profiteer.
hartuç, **-cu** cartridge, shell.
has, **-ssı** [ā] 1. peculiar (*-e* to); belonging (*-e* to), special (*-e* to); 2. pure.
hasar [.—] damage; ~ ***görmek*** to suffer damage; ~ ***yapmak*** to cause damage.
hasat, **-dı** harvest, reaping.
haset, **-ti** 1. envy, jealousy; 2. F envious, jealous; ~ ***etmek*** to envy.
hâsıl resulting; produced; ~ ***etmek*** to produce; ~ ***olmak*** to result, to be produced, to be obtained (***-den from***).
hâsılat, **-tı** [—.—] 1. products; produce; 2. returns, revenue.
hâsılı [x..] in brief *or* short.
hasım, **-smı** 1. opponent; 2. enemy, adversary.
hasır rush mat; matting; ~ ***altı etmek*** to sweep s.th. under the carpet; ~ ***koltuk*** wicker chair.
hasis [ī] 1. miserly, stingy; 2. base, low, vile.
hasislik stinginess.
haspa F minx, baggage.
hasret, **-ti** longing, yearning; nostalgia, homesickness; ~ ***çekmek*** to long (*-e* for); ~ ***kalmak*** to feel the absence (*-e* of), to miss greatly.
hasretmek [x..] to devote (*-e* to), to appropriate (*-e* for).
hassas [.—] 1. sensitive, responsive; 2. touchy; 3. susceptible (*-e* to).
hassasiyet, **-ti** [.—..] 1. sensitivity, sensitiveness; 2. touchiness.
hasta 1. sick, ill; 2. patient; 3. addicted (to), fond (of); ~ ***düşmek*** to get sick, to fall ill; ***-sı olmak*** (*b-in*) F to be a fan of *s.th.*; ***-ya bakmak*** to nurse *or* look after a patient.
hastabakıcı nurse's aide.
hastalanmak to fall ill, to get sick.
hastalık 1. illness, sickness; 2. disease; 3. addiction; ~ ***geçirmek*** to have a illness, to be sick; ~ ***sigortası*** health insurance.
hastane [.—.] hospital.

haşarat, ***-tı*** [..—] vermin, insects.
haşarı out of hand, impish, naughty, mischieveous (*child*).
haşere insect.
haşhaş BOT opium poppy.
haşırdamak to rustle.
haşin [ī] rough, harsh, rude, badtempered.
haşiş hashish.
haşiye [ā] footnote, postscript.
haşlama boiled (meat).
haşlamak 1. to boil; **2.** to scald; **3.** F to scold, to rebuke.
haşnet, ***-ti*** majesty, pomp, grandeur.
haşmetli majestic, grand, pompous.
hat, ***-ttı*** **1.** line; stripe; **2.** contour (*of a face*); *~ **çekmek*** to install a line.
hata [.—] mistake, error, fault; *~ **etmek*** to make a mistake; *~ **işlemek*** to do wrong; ***-ya düşmek*** to fall into error, to err.
hatalı [.—.] faulty, defective, erroneous.
hatır [ā] **1.** memory, mind; **2.** sake; **3.** feelings; **4.** influence, weight; *~ **gönül*** personal consideration; *~ **senedi*** accommodation bill; *~ **sormak*** to ask after s.o.; ***-a gelmek*** to occur, to come to mind; ***-ı için*** for s.o.'s sake; ***-ı kalmak*** to feel hurt; ***-ı sayılır*** **1.** considerable; **2.** respected; ***-ında kalmak*** to remember; ***-ında olmak*** to have in mind; ***-ında tutmak*** to keep in mind; ***-ından çıkmak*** to pass out of one's mind; ***-ını kırmak*** to offend; ***-ını saymak*** to show one's respect.
hatıra 1. memory, recollection; **2.** souvenir, remembrance; *~ **defteri*** diary.
hatırlamak to remember, to recollect, to recall.
hatırlatmak (*b-ne bşi*) to remind *s.o.* of *s.th.*
hatırşinas [—..—] considerate, obliging.
hatip, ***-bi*** **1.** public speaker, orator; **2.** ECCL preacher.
hatta [x—] even; moreover, besides; so much so that.
hattat, ***-tı*** calligrapher.
hatun [ā] **1.** lady (*after a given name*); **2.** woman; wife.
hav nap, pile (*of cloth*).
hava 1. air, atmosphere; **2.** weather; climate; wind, breeze; **3.** the sky; **4.** melody, air; **5.** LEG air rights; **6.** F nothing; *~ **açmak*** to clear up; *~ **akımı*** draught, *Am.* draft; *~ **akını*** air raid; *~ **almak*** **1.** to breathe fresh air; **2.** *sl.* to whistle for it; *~ **basıncı*** atmospheric pressure; *~ **geçirmez*** airtight; *~ **kaçınmak*** to lose air; *~ **kapanmak*** to be overcast (*sky*); *~ **kirliliği*** air pollution; *~ **korsanı*** hijacker; *~ **kuvvetleri*** air force; *~ **raporu*** weather report; *~ **tahmini*** weather forecast; ***-dan sudan konuşmak*** to have a chitchat; ***-sına uymak*** to adopt o.s. (*-in* to); ***-sını bulmak*** to get into a good mood; ***-ya uçurmak*** to blow up.
havaalanı, ***-nı*** airport, airfield.
havacı airman, pilot, aviator.
havacılık aviation.
havacıva 1. BOT alkanet; **2.** *sl.* trivial, nought.
havadar airy, well-ventilated.
havadis news.
havagazı, ***-nı*** **1.** coal gas; **2.** *sl.* rubbish.
havai [.——] **1.** aerial; **2.** fanciful, flighty; **3.** (*a. ~ **mavi***) sky-blue; *~ **fişek*** skyrocket; *~ **hat*** overhead railway; funicular.
havaküre atmosphere.
havalandırma ventilation.
havalanmak 1. to be aired *or* ventilated; **2.** AVIA to take off; **3.** to become flighty.
havale [.—.] **1.** assignment, referral; **2.** money order; *~ **etmek*** **1.** to assign, to transfer; **2.** to refer (*-e* to); *~ **göndermek*** to send a money order.
havaleli [.—..] top-heavy.
havalı 1. airy, well-ventilated; breezy; **2.** eye-catching, showy.
havali [.——] vicinity, neighbo(u)rhood, environs.
havalimanı, ***-nı*** airport.
havan mortar; *~ **topu*** MIL (trench) mortar, howitzer; ***-da su dövmek*** *fig.* to beat the air.
havaölçer 1. barometer; **2.** aerometer.
havari [.——] apostle, disciple.
havayolu, ***-nu*** airline; *~ **ile*** by air.
havlamak to bark, to bay.
havlı nappy, piled.
havlu towel.
havra [x.] synagogue.
havsala *fig.* intelligence, comprehension; ***-sına sığmamak*** (*b-nin*) to be hard for *s.o.* te believe.

H

havuç, ***-cu*** BOT carrot.
havuz 1. pool; pond; **2.** dry dock.
havuzlamak NAUT to dock (*a ship*).
Havva [. —] *pr. n.* Eve.
havyar caviar.
haya testicle.
hayâ shame; bashfulness.
hayal 1. image; **2.** imagination, fancy; **3.** daydream; **4.** ghost, spectre, phantom; ~ ***etmek*** to imagine; ~ ***kırıklığı*** disappointment; ~ ***kurmak*** to dream; ~ ***peşinde koşmak*** to build castles in the air *or* in Spain.
hayalet, ***-ti*** [. — .] ghost, apparition, spectre, *Am.* specter.
hayali [. — —] imaginary, fantastic; utopian.
hayalperest, ***-ti* 1.** fanciful; **2.** daydreamer.
hayâsız shameless, impudent.
hayat, ***-tı*** [. —] **1.** life; living; **2.** liveliness; **3.** P veranda, porch; ~ ***adamı*** man of the world; ~ ***arkadaşı*** life partner; ~ ***kadını*** prostitute; ~ ***pahalılığı*** high cost of living; ~ ***sigortası*** life insurance; ***-a atılmak*** to begin to work; ***-a gözlerini yummak*** to depart this life, to die; ***-ını kazanmak*** to earn one's living; ***-ını yaşamak*** to lead a life of ease; ***-ta olmak*** to be living *or* alive.
hayati [. — —] vital, pertaining to life.
haydi [x.], **hadi 1.** Come on!; Hurry up!; **2.** All right, OK.
haydut, ***-du* 1.** bandit, brigand, robber; **2.** naughty, mischievous.
haydutluk brigandage.
hayhay All right!; By all means!, Certainly!
hayır[1] [x.] no; ~ ***demek*** to say no.
hayır[2], ***-yrı* 1.** charity, philanthropy; **2.** good, goodness; prosperity; ~ ***etmek*** to do good (*-e* to); ~ ***işleri*** philanthropy; ~ ***kurumu*** charitable foundation; ~ ***sahibi*** benefactor; ***hayrı dokunmak*** to be of use (*-e* to); ***hayrını görmek*** to enjoy the advantage (*in* of).
hayırdua [... —] benediction.
hayırlı 1. auspicious, beneficial, advantageous; **2.** good, happy (*journey*); ~ ***yolculuklar!*** Have a good trip!
hayırsever charitable; philanthropist.
hayırsız good for nothing; useless.
hayız, ***-yzı*** menstruation, period.
haykırış shout, cry.
haykırmak to cry out, to scream, to shout.
haylaz 1. idle, lazy; **2.** loafer, idle.
haylazlık idleness, laziness.
hayli [x.] many, much; a good deal, very.
hayran 1. admirer, lover, fan; **2.** bewildered, perplexed; ~ ***kalmak*** (*bşe*) to admire *s.th.*, to be perplexed.
hayret, ***-ti* 1.** amazement, surprise, astonishment; **2.** How surprising!; ~ ***etmek*** to be surprised (*-e* at), to be astonished (*-e* at); ***-te bırakmak*** to astound.
haysiyet, ***-ti*** self-respect, personal dignity, hono(u)r.
haysiyetli self-respecting, dignified.
hayvan 1. animal; **2.** *fig.* beast, brute; ~ ***gibi* 1.** asinine, stupid; **2.** brutally.
hayvanat, ***-tı*** [.. —] animals; ~ ***bahçesi*** zoological garden, zoo.
hayvanbilim zoology.
hayvanca bestially, rudely.
hayvancılık 1. stockbreeding; **2.** cattle-dealing.
hayvani [. — —] **1.** animal-like, bestial; **2.** carnal, sensual.
hayvanlaşmak to become bestial *or* brutal, to be brutalized.
hayvansal animal ... (*product*).
haz, ***-zzı*** pleasure, deligt, enjoyment; ~ ***duymak*** to be greatly gratified (*-den* by), to be delighted.
hazcılık hedonism.
hazım, ***-zmı*** digestion.
hazımsızlık MED indigestion.
hazır 1. ready, prepared; **2.** ready-made (*garment*); **3.** present; **4.** since, as, now that; ~ ***bulunmak*** to be present (*-de* at); ~ ***etmek*** to prepare; ~ ***giyim*** ready-made clothing.
hazırcevap quick at repartee, ready-witted.
hazırlamak to prepare, to make ready.
hazırlık 1. readiness; **2.** preparation; ~ ***okulu*** prep *or* preparatory school; ~ ***sınıfı*** preparatory year.
hazırlıklı prepared.
hazırlop, ***-pu* 1.** hard-boiled (*egg*); **2.** *fig.* effortless.
hazin [ī] sad, tragic, sorrowful, touching; pathetic.
hazine [ī] **1.** treasure (*a. fig.*); **2.** treasury; strongroom; **3.** public treasury,

exchequer; **4.** reservoir; depot.
haziran [ī] June.
hazmetmek [x..] **1.** to digest; **2.** *fig.* to stomach.
hazzetmek [x..] to like, to enjoy.
hece GR syllable; **~ *vezni*** syllabic meter.
hecelemek to spell out by syllables.
hedef **1.** target, mark; **2.** *fig.* aim, object, goal; **~ *almak*** to aim (*-i* at).
hediye present, gift; **~ *etmek*** to give as a gift (*-e* to).
hediyelik fit for a present.
hegemonya hegemony.
hekim [ī] doctor, physician.
hektar hectare.
hela toilet, loo, water closet, privy.
helal, ***-li*** canonically lawful, legitimate; **~ *etmek*** (*bşi b-ne*) to give up *s.th.* to *s.o.*
hele [x.] **1.** above all, especially; **2.** at least; **3.** if (only); **4.** Look here!, Now then!; **~ *şükür!*** Thank goodness! At last!
helezon spiral, helix; helicoid.
helikopter helicopter.
helmeli thick and soupy.
helva halva(h).
hem **1.** both … and; **2.** and also, besides, too; **3.** even; **~ *de*** and besides, moreover, and also, as well as; **~ *suçlu* ~ *güçlü*** offensive though at fault.
hemcins equal, fellow; of the same kind.
hemen [x.] **1.** right away, right now, instantly, at once; **2.** almost, nearly, about; **~ ~** almost, nearly.
hemfikir of the same opinion, like-minded.
hemşeri fellow townsman *or* countryman, fellow citizen.
hemşire [ı] **1.** nurse; **2.** sister.
hendek ditch, trench, dike, moat.
hengâme tumult, uproar.
hentbol, ***-lü*** handball.
henüz [x.] **1.** (only) just, a minute or so ago; **2.** (*in negative sentences*) yet.
hep, ***-pi*** **1.** all, the whole; **2.** always; **~ *birlikte*** all together; ***-imiz*** all of us.
hepsi, ***-ni*** [x.] all of it; all of them.
hepten F entirely.
her every, each; **~ *an*** at any moment; **~ *bakımdan*** in every respect; **~ *biri*** each one; **~ *derde deva*** cure-all, panacea; **~ *halde*** **1.** in any case, under any circumstances; **2.** for sure; **~ *ihtimale karşı*** just in case; **~ *kim*** whoever; **~ *nasılsa*** somehow or other; **~ *ne*** whatever; **~ *ne kadar*** although; however much; **~ *ne pahasına olursa olsun*** at any cost; **~ *nedense*** somehow; **~ *şey*** everything; **~ *yerde*** everywhere, all around; **~ *zaman*** always.
hercai [.— —] *fig.* fickle, inconstant.
hercaimenekşe [.— —...] BOT pansy.
hergele **1.** unbroken horse; **2.** *fig.* scoundrel, rake.
herhangi whichever, whatever; (*in negative sentences*) any.
herif **1.** *contp.* fellow, rascal; **2.** P man.
herkes [x.] everyone, everybody.
hesap, ***-bı*** [a] **1.** arithmetic; **2.** calculation; **3.** account; bill; **4.** expectation, plan; **~ *açmak*** to open an account; **~ *bakiyesi*** balance; **~ *cetveli*** slide rule; **~ *cüzdanı*** bankbook, passbook; **~ *çıkarmak*** to make out the accounts; **~ *etmek*** **1.** to calculate, to add up; **2.** to estimate, to reckon; **3.** to expect, to plan; **~ *görmek*** to pay the bill; **~ *istemek*** to ask for the bill; **~ *makinesi*** calculator, adding machine; **~ *sormak*** (*b-den*) to call *s.o.* to acoount; **~ *tutmak*** to keep the books, to do the book keeping; **~ *vermek*** (*b-ne*) to give *s.o.* an account; (**hesaba**): **~ *geçirmek*** to enter in an account; **~ *katmak*** to take into account *or* consideration; (**hesabı**): **~ *kapatmak*** to pay one's debt; ***-na gelmek*** (*b-nin*) to fit one's interest; ***-nı bilmek*** *fig.* to be economical.
hesaplamak = ***hesap etmek.***
hesaplaşmak **1.** to settle accounts mutually; **2.** *fig.* to settle accounts (*ile* with), to get even (*ile* with).
hesaplı **1.** well-calculated; **2.** economical, affordable.
hevenk, ***-gi*** hanging bunch of fruit.
heves strong desire, spirit, inclination, enthusiasm; **~ *etmek*** (*bşe*) to have a desire for *s.th.*; ***-i kaçmak*** to lose interest; ***-ini almak*** to satisfy one's desire.
hevesli desirous (*-e* of), eager (*-e* for).
hey! Hey (you)!, Look here!
heybe saddlebag.
heybet, ***-ti*** grandeur, majesty, awe.
heyecan [a] **1.** excitement; **2.** enthusiasm, emotion; **~ *duymak*** **1.** to get excited; **2.** to be enthusiastic.

heyecanlanmak [..—..] **1.** to get excited; **2.** to be upset.
heyecanlı 1. excited, thrilled; **2.** exciting, thrilling.
heyelan landslide.
heyet, ***-ti*** committee; delegation; board.
heyhat, ***-tı*** Alas!
heykel statue.
heykeltıraş sculptor.
heyula [.——] specter, bogy.
hezimet, ***-ti*** [ī] rout; ***-e uğramak*** to get clobbered.
hıçkıra hıçkıra sobbingly.
hıçkırık 1. hiccup; **2.** sob; ~ ***tutmak*** to have the hiccups.
hıçkırmak 1. to hiccup; **2.** to sob.
hımbıl sluggish, indolent.
hıncahınç [x ..] jammed, packed, chock-a-block.
hınç, ***-cı*** grudge, ranco(u)r, hatred; ***-ını almak*** to revenge.
hınzır F swine.
hır *sl.* row, quarrel; ~ ***çıkarmak*** *sl.* to kick up a row.
hırçın 1. ill-tempered, peevish; **2.** *fig.* tempestuous (*sea*.).
hırçınlaşmak to show a bad temper
hırçınlık bad temper, peevishness, irritability.
hırdavat, ***-tı*** **1.** hardware; **2.** junk.
hırgür F squabble, row.
hırıldamak 1. to wheeze; **2.** to snarl.
hırıltı 1. wheeze; **2.** snarl; **3.** *fig.* F squabble, row.
Hıristiyan *pr. n.* Christian.
hırka cardigan.
hırlamak 1. to wheeze; **2.** to snarl (at).
hırlaşmak 1. to snarl at each other (*dogs*); **2.** F to rail at each other.
hırpalamak to ill-treat, to misuse.
hırpani F ragged, in tatters.
hırs 1. greed; **2.** anger, rage, fury; ***-ını alamamak*** to be unable to control one's anger.
hırsız thief, burglar; robber; ~ ***yatağı*** den of thieves.
hırsızlık theft, burglary; robbery; LEG larceny; ~ ***yapmak*** to commit theft, to steal.
hırslanmak to get angry, to become furious.
hırslı 1. angry; furious; **2.** *fig.* greedy, avaricious.
hısım relative, kin; ~ ***akraba*** kith and kin.
hısımlık kinship.
hışım, ***-şmı*** rage, anger, fury; ***hışmına uğramak*** (*b-nin*) to be the object of *s.o.'s* rage.
hışırdamak to rustle, to grate.
hışırtı rustle, rustling, grating.
hıyanet, ***-ti*** [a] **1.** treachery, perfidy, infidelity; **2.** LEG treason.
hıyar 1. BOT cucumber; **2.** *sl.* dolt, blockhead, swine.
hız 1. speed; **2.** momentum, impetus; **3.** velocity; ~ ***almak*** to get up speed; ~ ***vermek*** (*bşe*) to speed *s.th.* up.
hızlanmak to gain speed *or* momentum.
hızlı 1. speedy, swift, quick; **2.** loud; **3.** strong (*blow*); ~ ***yaşamak*** F to live fast.
hibe donation, gift; ~ ***etmek*** to donate.
hicap, ***-bı*** shame, embarrassment; bashfulness; ~ ***duymak*** to feel ashamed.
Hicaz [ā] *pr. n.* the Hejaz.
hiciv, ***-cvi*** satire; lampoon.
hicran [.—] **1.** separation; **2.** sadness.
hicret [.—] **1.** emigration; **2.** ECCL the Hegira; ~ ***etmek*** to migrate.
hicri of the Hegira.
hicvetmek [x..] to satirize; to lampoon.
hicviye satirical poem; lampoon.
hiç, ***-çi*** **1.** never, not at all; **2.** nothing (at all); **3.** (*in negative sentences and questions*) ever; ~ ***biri*** none of them; ~ ***bir surette*** in no way, by no means; ~ ***bir şey*** nothing; ~ ***bir yerde*** nowhere; ~ ***bir zaman*** never; ~ ***değilse*** at least; ~ ***kimse*** nobody, no one; ~ ***olmazsa*** at least; ~ ***yoktan*** for no reason at all; ***-e saymak*** to make light (*-i* of), to disregard.
hiçlik 1. nullity, nothingness; **2.** poverty.
hiddet, ***-ti*** anger, rage, fury.
hiddetlenmek to get angry *or* furious.
hiddetli angry, furious, violent.
hidroelektrik hydroelectric; ~ ***santralı*** hydroelectric power plant.
hidrofil absorbent.
hidrojen CHEM hydrogen.
hidrolik hydraulic(s).
hikâye 1. story, tale, narration; **2.** F tall story, whopper; ~ ***etmek*** to narrate, to tell, to relate.

hikmet, ***-ti*** **1.** wisdom; **2.** philosophy; **3.** inner meaning, motive.
hilaf **1.** contrary, contradiction, opposite; **2.** F lie; ***-ına*** contrary (*-in* to), in opposition (*-in* to).
hilafet, ***-ti*** Caliphate.
hilafsız for sure, surely.
hilal, ***-li*** **1.** new moon, crescent moon; **2.** crescent.
hile [ī] **1.** trick, ruse, deceit; **2.** adulteration; **~ *yapmak*** **1.** to trick, to swindle; **2.** to adulterate.
hileci [—..] **1.** deceitful, tricky; **2.** swindler, trickster, fraud.
hileli [—..] **1.** tricky; LEG fraudulent; **2.** adulterated, impure.
hilesiz **1.** honest, upright; **2.** free of fraud; **3.** unadulterated, pure.
himaye [ā] **1.** protection; defence; **2.** patronage; **3.** protectorate; **~ *etmek*** **1.** to protect; **2.** to patronize; ***-sinde*** (*b-nin*) under the protection of *s.o.*
himmet, ***-ti*** **1.** auspices, help, favo(u)r; **2.** effort, zeal; **~ *etmek*** to help, to exert *o.s.* (*-e* for).
hindi ZO turkey.
hindiba [ā] BOT chicory, succory.
Hindistan [ā] *pr. n.* India.
hindistancevizi, ***-ni*** BOT **1.** coconut; **2.** nutmeg (tree).
Hint, ***-di*** **1.** Indian; **2.** India; **~ *Okyanusu*** Indian Ocean.
hintkeneviri, ***-ni*** BOT (Indian) hemp.
hintyağı, ***-nı*** castor oil.
hipermetrop, ***-pu*** farsighted.
hip-hop MUS hip-hop.
hipodrom hippodrome.
hipopotam ZO hippopotamus.
hippi hippy.
his, ***-ssi*** **1.** sense; **2.** feeling, sensation, sentiment; ***-lerine kapılmak*** to be ruled by one's emotions.
hisar castle, fort, fortress.
hisli sensitive, sentimental, emotional.
hisse **1.** share; part, lot; **2.** *fig.* lesson; **~ *kapmak*** to draw a lesson (*-den* from); **~ *sahibi*** shareholder; **~ *senedi*** ECON share.
hissedar [ā] = ***hisse sahibi.***
hissetmek [x..] to feel, to sense, to perceive.
hissi emotional, sentimental; sensorial.
hissizlik **1.** insensitivity; **2.** numbness.
hitabe [ā] address, speech.
hitaben [ā] addressing, speaking (*-e* to).
hitap, ***-bı*** [ā] address, speech; **~ *etmek*** to address, to make a speech.
Hitit, ***-ti*** *pr. n.* Hittite.
hiza [ā] line, level, standard; ***-sına kadar*** up to level (*-in* of); ***-ya getirmek*** **1.** to line up (*people*); to straighten; **2.** *fig.* F (*b-ni*) to bring *s.o.* into line.
hizip, ***-zbi*** clique, faction.
hizipleşmek to separate into factions.
hizmet, ***-ti*** **1.** service; **2.** duty; employment; **~ *etmek*** to serve; ***-inde bulunmak*** (*b-nin*) to be in the service of *s.o.*; ***-ine girmek*** (*b-nin*) to be in *s.o.'s* employment.
hizmetçi servant, maid; **~ *kadın*** charwoman; **~ *kız*** maidservant.
hizmetkâr servant.
hizmetli caretaker.
hoca [x.] **1.** ECCL hodja; **2.** teacher.
hodbin [i] egoistic, selfish.
hohlamak to blow one's breath (*-e* upon).
hokey *sports*: hockey.
hokka **1.** inkpot, inkstand; **2.** pot, cup.
hokkabaz **1.** juggler, conjurer; **2.** *fig.* shyster, cheat.
hol, ***-lü*** entrance hall, vestibule.
holding ECON holding company.
Hollanda [.x.] *pr. n.* Holland, the Netherlands.
Hollandalı *pr. n.* Dutchman.
homo F homo, homosexual.
homoseksüel homosexual.
homurdanmak to grumble (*-e* at), to mutter to o.s.
homurtu muttering, grumbling.
hoparlör loudspeaker.
hoplamak **1.** to jump; to skip along; **2.** to jump for joy.
hoppa flighty, frivolous (*woman*).
hopurdatmak to slurp.
hor contemptible, despicable; **~ *görmek*** to look down on; **~ *kullanmak*** to be hard (*-i* on), to misuse.
horlamak **1.** to snore; **2.** *fig.* to insult, to treat with contempt.
hormon BIOL hormone.
horoz **1.** ZO cock, rooster; **2.** hammer (*of a gun*), cock; **3.** bridge (*of a lock*); **~ *döğüşü*** cockfight.
horozlanmak to swagger, to bluster, to strut about.

horozsiklet, ***-ti*** *sports*: featherweight.
hortlak ghost, specter.
hortlamak **1.** to rise from the grave and haunt people; **2.** *fig.* to arise again (*trouble etc.*).
hortum **1.** ZO trunk; **2.** MEC hose; **3.** METEOR whirlwind, waterspout.
horultu snore, snoring.
hostes stewardess; air hostess.
hoş **1.** pleasant, nice, lovely; **2.** as far as that's concerned; **3.** fine, but ...; **~ *bulduk!*** Thank you!; **~ *geldiniz!*** Welcome!; **~ *görmek*** to tolerate, to overlook; **~ *tutmak*** (*b-ni*) to treat *s.o.* warmly; ***-a gitmek*** to be pleasing; ***-una gitmek*** to please, to be agreeable (*-in* to).
hoşaf stewed fruit, compote.
hoşbeş small talk, friendly chat; **~ *etmek*** to chitchat.
hoşça [x.] pretty well, somewhat pleasant; **~ *kalın!*** So long!, Bye!
hoşgörü tolerance.
hoşgörülü tolerant.
hoşlanmak to like, to enjoy, to be pleased (*-den* with).
hoşnut, ***-du*** [u] pleased, satisfied, contented (*-den* with); **~ *etmek*** (*b-ni*) to please *s.o.*; **~ *olmak*** to be pleased (*-den* with).
hoşnutluk contentment, satisfaction.
hoşsohbet, ***-ti*** conversable; good company.
hotoz **1.** crest, tuft; **2.** bun, topknot (*of hair*).
hovarda **1.** spendthrift, generous; **2.** womanizer, rake; rich lover of a prostitute.
hovardalık **1.** profligacy; **2.** womanizing.
hoyrat, ***-tı*** rough, coarse (*person*).
hödük boorish, uncouth.
höpürdetmek to slurp, to sip noisily.
hörgüç, ***-cü*** ZO hump.
hörgüçlü humped.
höyük tumulus, artificial hill *or* mound.
hububat, ***-tı*** [. — —] grain, cereals.
hudut, ***-du*** [. —] **1.** border, frontier; **2.** end, limit.
hudutsuz unlimited, boundless.
hukuk, ***-ku*** [. —] law, jurisprudence; **~ *davası*** civil lawsuit; **♀ *Fakültesi*** law school; **~ *mahkemesi*** civil court; **~ *müşaviri*** legal adviser.
hukuki [. — —] legal, juridical.
hulasa **1.** summary; **2.** CHEM extract; **~ *etmek*** to sum up, to summarize.
hulya [ā] daydream, fancy.
humma MED fever.
hummalı MED feverish (*a. fig.*).
hunhar [. —] bloodthirsty.
hunharca [. — .] **1.** brutally; **2.** brutal, savage.
huni funnel.
hurafe [ā] superstition; silly tale.
hurç, ***-cu*** large leather saddlebag.
hurda **1.** scrap iron *or* metal; **2.** scrap (*metal*); **~ *fiyatına*** very cheaply; ***-sı çıkmış*** worn-out.
hurdacı scrap dealer, junk dealer.
huri [ū] *isl.* MYTH houri; **~ *gibi*** very beautiful (*girl*).
hurma BOT date; **~ *ağacı*** BOT date palm.
hurufat, ***-tı*** [. — —] TYP type(face); **~ *dökmek*** to cast type.
husumet, ***-ti*** [. — .] hostility, enmity; **~ *beslemek*** to nourish hostility (*-e* towards).
husus [. —] **1.** subject, matter, case; **2.** particularity; relation; ***bu~ta*** in this matter *or* connection.
hususi [. — —] **1.** special, distinctive; **2.** personal, private; **3.** reserved (*seat*).
hususiyet, ***-ti*** [. — . .] **1.** characteristic, pecularity; **2.** intimacy.
husye MED testis, testicle.
huy **1.** habit, temper, temperament; **2.** nature; **~ *edinmek*** to get into the habit (of); ***-una suyuna gitmek*** to humo(u)r, to indulge.
huylanmak **1.** to be irritated, to become uneasy; **2.** to feel suspicious.
huysuz bad-tempered, obstinate.
huysuzlaşmak to become fretful (*child*); to become peevish.
huysuzluk bad temper, petulance, obstinacy.
huzur [. —] **1.** peace of mind, comfort; ease; **2.** presence; **~ *vermek*** (*b-ne*) **1.** to leave *s.o.* alone; **2.** to bring *s.o.* comfort; ***-unda*** in the presence (*-in* of); ***-unu kaçırmak*** to trouble, to disturb.
huzurevi, ***-ni*** rest home.
huzurlu **1.** peaceful; **2.** happy, untroubled.
huzursuz troubled, uneasy.
huzursuzluk uneasiness, disquiet.
hücre **1.** BIOL cell; **2.** cell, chamber,

room; **3.** niche, alcove.
hücum [ū] **1.** attack, assault; charge; **2.** rush; **3.** verbal attack; **~ *etmek* 1.** to attack, to assult; **2.** to rush to (*a place*); ***-a uğramak*** to be attacked.
hükmen [x.] *sports*: by the decision of a referee.
hükmetmek [x..] **1.** to rule, to govern, to dominate; **2.** to decide, to conclude; **3.** to judge, to sentence.
hüküm, ***-kmü*** **1.** judgement, decision; sentence, decree; **2.** jurisdiction, rule; **3.** legality, authority; **4.** influence, effect; **~ *giymek*** to be sentenced; **~ *sürmek* 1.** to reign, to rule; **2.** *fig.* to prevail; ***hükmü geçmek*** **1.** to have authority (*-e* over); **2.** to expire (*validity*).
hükümdar [ā] ruler, sovereign.
hükümdarlık empire, kingdom.
hükümet, ***-ti*** **1.** government, administration, state; **2.** government building; **~ *darbesi*** POL coup d'état; ***-i devirmek*** to overthrow the government; ***-i kurmak*** to form a government.
hükümlü 1. sentenced, condemned; **2.** convict.
hükümranlık [ā] sovereignty.
hükümsüz invalid, null; abolished.
hüner skill, talent, ability, dexterity; **~ *göstermek*** to show skill *or* proficiency (*-de* in).
hüngür hüngür sobbingly; **~ *ağlamak*** to sob, to blubber.
hünnap, ***-bı*** BOT jujube.
hür free; unconstrained; independent; **~ *düşünce*** free thought.
hürmet, ***-ti*** respect, regard; **~ *etmek*** to respect, to hono(u)r.
hürmetli respectful, deferent.
hürriyet, ***-ti*** freedom, liberty; independence.
hüsnükuruntu *co.* wishful thinking.
hüsnüniyet, ***-ti*** good intention.
hüsran [.—] **1.** disappointment; **2.** loss, damage; ***-a uğramak*** to be disappointed.
hüviyet, ***-ti*** **1.** identity (card); **2.** *fig.* character, quality; **~ *cüzdanı*** identity card, ID card.
hüzün, ***-znü*** sadness, sorrow, grief; melancholy.
hüzünlenmek to feel sad, to sadden.
hüzünlü sad, sorrowful.

I

ıhlamur 1. BOT linden tree; **2.** linden-flower (*tea*).
ıkınmak to grunt, to moan.
ılgım mirage.
ılgın BOT tamarisk.
ılıca hot spring, spa, health resort.
ılık tepid, lukewarm.
ılım moderation, temperance.
ılıman temperate, mild (*climate*).
ılımlı moderate, middle-of-the-road.
ılınmak to grow lukewarm.
ılıştırmak to make lukewarm
ırak far, distant, remote.
Irak, ***-kı*** *pr. n.* Iraq.
ırakgörür telescope.
ırgalamak 1. to shake, to rock; **2.** *sl.* to interest.
ırgat, ***-tı*** day-labo(u)rer, workman; **~ *gibi çalışmak*** *fig.* to sweat blood.
ırgatlık day-labo(u)r.
ırk, ***-kı*** **1.** race; **2.** lineage, blood.
ırkçılık racism.
ırktaş of the same race.
ırmak river.
ırz chastity, purity, hono(u)r; **~ *düşmanı*** rapist; ***-ına geçmek*** *or* ***tecavüz etmek*** (*b-nin*) to rape *s.o.*, to violate *s.o.*
ısı 1. heat, warm, thermal energy; **2.** temperature; **~ *kuşak*** tropical zone.to grow warm; **2.** to warm o.s.; **3.** *fig.* to warm (*-e* to).
ısıölçer 1. thermometer; **2.** calorimeter.
ısırgan BOT stinging nettle.
ısırık 1. bite; **2.** a bite *or* mouthful.
ısırmak to bite.
ısıtıcı heater.
ısıtmak to warm, to heat.
ıskarmoz 1. NAUT rib; **2.** NAUT oarlock, thole (pin).
ıskarta [.x.] **1.** *cards*: discard; **2.** discarded; **~ *etmek*** *or* ***-ya çıkarmak*** to

discard.

ıskonto [.x.] **1.** ECON discount; **2.** price reduction.

ıslah [ā] **1.** improvement, correction, reformation; **2.** amendment, rectification; ~ ***etmek*** to improve, to better, to reform, to correct; ~ ***olmaz*** F incorrigible.

ıslahat, **-tı** [.——] reform; improvement, betterment; ~ ***yapmak*** to make reforms.

ıslahevi, **-ni** reformatory.

ıslak wet; damp.

ıslanmak to get wet, to be wetted.

ıslatmak 1. to wet; to dampen; to moisten; **2.** *sl.* to cudgel, to thrash.

ıslık whistle; hiss; ~ ***çalmak*** to whistle; to hiss (*snake*).

ıslıklamak to boo.

ısmarlama made-to-order, ordered, custom-made; ~ ***elbise*** tailor-made suit.

ısmarlamak 1. (*b-ne*) to order s.th. from *s.o.*; to have *s.o.* make s.th.; **2.** (*b-ne*) to treat *s.o.* to (*drink*, *food*).

ıspanak BOT spinach.

ıspazmoz convulsion, spasm.

ısrar [ā] insistence, persistence; ~ ***etmek*** to insist (*-de* on), to persist (*-de* in).

ısrarla [.—.] insistently, persistently.

ıssız desolate, lonely, uninhabited.

ıstakoz ZO lobster.

ıstampa [.x.] **1.** stamp; **2.** inkpad, stamp pad.

ıstavroz cross, crucifix.

ıstırap, **-bı** [ā] suffering, pain; ~ ***çekmek*** to suffer.

ışık 1. light; **2.** any source of light; ~ ***saçmak*** to shine, to give off light; ~ ***tutmak* 1.** to light the way (*-e* for); **2.** *fig.* to shed light (*-e* on).

ışıklandırmak to light up, to illuminate.

ışıkölçer PHYS photometer.

ışıldak 1. bright, sparkling; **2.** searchlight, spotlight.

ışıldamak to shine, to sparkle, to gleam, to twinkle.

ışıl ışıl sparklingly, glitteringly.

ışıltı flash, spark, glitter, twinkle.

ışıma PHYS radiation; glowing.

ışımak to radiate light; to glow.

ışın MATH, PHYS ray.

ışınlama radiation.

ışınölçer ratiometer.

ıtır, **-trı** attar, essence, perfume.

ıtriyat, **-tı** [ā] perfumes, attars, perfumery.

ıvır zıvır 1. bits and pieces, bobs and trinkets; **2.** F nonsensical, rubbish; trifling.

ızbandut huge and terrifying man, hulk; ~ ***gibi*** burly, strapping (*man*).

ızgara [x..] **1.** grate, grating; **2.** grill, grid, gridiron; **3.** grilled (*fish*, *meat etc.*); ~ ***yapmak*** to grill.

İ

iade [ā] **1.** return, giving back; **2.** rejection, refusal; ~ ***etmek* 1.** to return, to give back (*-e* to); **2.** to reject.

iadeli [ā] reply-paid (*letter*); ~ ***taahhütlü mektup*** registered and reply-paid letter.

iane [ā] **1.** donation, subsidy; **2.** help, aid; ~ ***toplamak*** to collect contributions.

iaşe [ā] feeding, victualing; ~ ***etmek*** to feed, to sustain; ~ ***ve ibate*** room and board, board and lodging.

ibadet, **-ti** [ā] worship, prayer; ~ ***etmek*** to worship.

ibadethane [ā, ā] temple, sanctuary.

ibadullah [ā, ā] abundant.

ibare [ā] sentence; expression.

ibaret, **-ti** [ā] composed (*-den* of), consisting (*-den* of); ~ ***olmak*** to consist (*-den* of), to be composed (*-den* of).

ibibik ZO hoopoe.

ibik 1. ZO comb (*of a fowl*); **2.** ANAT crista.

ibikli crested (*bird*).

iblağ 1. delivery; communication; **2.** increase, augmentation; ~ ***etmek* 1.** to communicate, to transmit; to deliver; **2.** to increase (*-e* to).

iblis [.—] **1.** Satan, the Devil; **2.** *fig.* demon, devil, imp.
ibne *sl.* fag, gay, queen, queer.
ibra [ā] acquittance; ~ ***etmek*** to release (*from debt*); ~ ***kâğıdı*** quittance.
ibraname [ā, ā] quittance, release.
İbrani [.——] *pr. n.* Hebrew.
İbranice [.——.] [.—x.] *pr. n.* the Hebrew language.
ibraz [ā] presentation; ~ ***etmek*** to present (*a document*).
ibre MEC needle, pointer.
ibret, ***-ti*** warning, lesson, admonition; ~ ***almak*** (*bşden*) to take warning from *s.th.*, to learn a lesson from *s.th.*; ~ ***olmak*** to be a warning (*-e* to).
ibrik ewer, pitcher.
ibrişim silk thread.
icabet, ***-ti*** [ā] acceptance (*of an invitation*), attendance (*at a gathering*); ~ ***etmek*** **1.** to accept (*an invitation*); **2.** to accede (*to a request*).
icap, ***-bı*** [——] necessity, requirement, demand; ~ ***etmek*** to be necessary; ***-ına bakmak*** to do what is necessary, to see to; ***-ında*** if needed, at a push *or* pinch.
icar [——] rent; ***-a vermek*** to let, to lease.
icat, ***-dı*** [——] invention; ~ ***etmek*** **1.** to invent; **2.** to fabricate, to trump up.
icbar [ā] compulsion, coercion.
icik F: ***iciğini ciciğini çıkarmak*** to go over s.th. with a fine-tooth comb.
icra [ā] **1.** execution, performance; **2.** (*dairesi*) court for claims; **3.** MUS performance; ~ ***etmek*** **1.** to carry out, to execute; **2.** MUS to perform; to play; to sing; ~ ***heyeti*** **1.** executive board; **2.** MUS performers; ~ ***memuru*** bailiff; ***-ya vermek*** (*b-ni*) to refer *s.o.* to the court bailiff, to take *s.o.* to court.
icraat, ***-tı*** [ā, ā] performances; operations, actions.
iç, ***-çi*** **1.** inside, interior; **2.** inner, internal; **3.** domestic, home; **4.** kernel, pulp; **5.** *fig.* mind, heart, will; ~ ***açıcı*** heartwarming, pleasant; ♀ ***Anadolu*** Inner Anatolia; ~ ***bulantısı*** nausea; ~ ***çamaşırı*** underwear; ~ ***çekmek*** **1.** to sigh; **2.** to sob; ~ ***deniz*** inland sea; ~ ***donu*** underpants; ~ ***etmek*** F to swipe, to pocket; ~ ***geçirmek*** to sigh; ~ ***hat*** domestic line; ~ ***-e*** **1.** one inside the other, nested; **2.** one opening into another (*room*); ~ ***lastik*** inner tube; ~ ***organlar*** internal organs, viscera; ~ ***pazar*** domestic *or* home market; ~ ***savaş*** civil war; ~ ***sıkıcı*** dull, boring, tedious; ~ ***sıkıntısı*** boredom; ~ ***sular*** inland rivers and lakes; ~ ***ticaret*** domestic (*or* home) trade; (**içi**): ~ ***açılmak*** to feel relieved, to be cheered up; ~ ***almamak*** not to feel like eating; ~ ***bayılmak*** to feel faint with hunger, to be starving; ~ ***bulanmak*** to feel nauseated; ~ ***geçmek*** to doze; ~ ***içine sığmamak*** to be up in the air; ~ ***içini yemek*** to eat one's heart out; ~ ***kalkmak*** to have a feeling of nausea; ~ ***kan ağlamak*** to be deeply grieved, to be in great sorrow; ~ ***kararmak*** to be dismayed; ~ ***kazınmak*** to feel very hungry, to starve; ~ ***paralanmak*** to be greatly upset; ~ ***rahat etmek*** to be relieved; ~ ***sıkılmak*** to feel bored; ~ ***sızlamak*** to be very unhappy (*-e* about); ~ ***yanmak*** **1.** to be very thirsty; **2.** *fig.* to be very upset; (**içinde**): ~ ***yüzmek*** F to be rolling in (*money etc.*); (**içinden**): ~ ***çıkmak*** to accomplish, to solve, to carry out; ~ ***geçirmek*** to think about, to consider; ~ ***gülmek*** (*b-ne*) to laugh up one's sleeve at *s.o.*; (**içine**): ~ ***almak*** to contain, to hold; to include; ~ ***doğmak*** to feel in one's bones, to have a presentiment; ~ ***etmek*** (*bşin*) *sl.* to make a hash of *s.th.*; ~ ***işlemek*** **1.** to cut s.o. to the quick; **2.** (*cold*) to chill s.o. to the bone; (*rain*) to soak s.o. to the skin; ~ ***kapanık*** introverted; (**içini**): ~ ***dökmek*** to unburden o.s., to unbosom o.s., to make a clean breast of; ***içler acısı*** heart-rending.
içbükey concave.
içderi endoderm.
içecek beverage, drink; ~ ***su*** drinking water.
içedoğma presentiment.
içedönük introverted.
içekapanık **1.** schizoid; **2.** autistic.
içeri, **içerisi**, ***-ni*** **1.** inside, interior; **2.** inner; **3.** in; ~ ***buyurun!*** Please come in!; ~ ***dalmak*** to barge in, to burst into; ~ ***düşmek*** *sl.* to go to clink; ~ ***girmek*** **1.** to go in, to enter; **2.** F to make a loss; **3.** F to go to clink.
içerik content(s).
içerlek **1.** (*building*) sitting back; **2.** in-

dented (*line*)
içerlemek to resenta.
içermek to contain, to include, to comprise.
içgeçit tunnel.
içgözlem introspection.
içgüdü instinct.
içgüdüsel instinctive.
içgüvey, içgüveyisi, *-ni* man who lives with his wife's parents.
içici drunkard, alcoholic.
içim 1. sip; **2.** taste, flavo(u)r.
içimli (*cigarette etc.*) having ... taste.
için 1. for; **2.** because; **3.** so that, in order that; **4.** in order to, so as to; **5.** about, concerning; ***bunun ~*** for this reason.
içinde 1. in, inside; **2.** within, in; **3.** under (*circumstances*); **4.** having, full of, all; ***~ olmak*** to be included.
içindekiler contents.
için için 1. internally; **2.** secretly; ***~ ağlamak*** to weep inwardly.
içirmek to make s.o. drink.
içişleri, *-ni* POL internal *or* home affairs; ***≈ Bakanı*** Minister of Internal Affairs; ***≈ Bakanlığı*** Ministry of Internal Affairs.
içitim injection.
içki drink, liquor, booze; ***~ âlemi*** orgy, booze-up, spree; ***~ içmek*** to drink, to tipple; ***-ye düşkün*** addicted to drink.
içkici drunkard, tippler.
içkili 1. intoxicated; **2.** serving alcoholic beverages.
içkulak ANAT inner ear.
içlem *log.* comprehension, connotation, intension.
içlenmek to be affected (*-den* by).
içli 1. having an inside; **2.** oversensitive.
içlidışlı intimate, bosom; ***~ olmak*** to be bosom friends, to be on intimate terms.
içme mineral spring; ***~ suyu*** drinking water.
içmek, (*-çer*) 1. to drink; **2.** to smoke; **3.** to drink, to tipple.
içmeler mineral springs.
içmimar interior decorator.
içsalgı hormone.
içsel internal, inner.
içten 1. from within; **2.** sincere, friendly; ***~ yanmalı*** MOT internal-combustion.
içtenlik sincerity.
içtepi PSYCH compulsion.
içtihat [..—] opinion, conviction.
içtima, *-aı* [ā] **1.** meeting, gathering; **2.** MIL muster; ***~ etmek*** **1.** to meet, to assemble; **2.** MIL to muster.
içtüzük by-laws, standing rules.
içyağı, *-nı* suet.
içyapı internal structure.
içyüz the inside story, the hidden side, true colo(u)rs.
idam [— —] captial punishment, execution; ***~ cezası*** death sentence; ***~ etmek*** to execute, to put to death; ***-a mahkûm etmek*** to condemn to death.
idame [ā] continuation; ***~ etmek*** to continue.
idamlık 1. capital (*crime*); **2.** condemned to death.
idare [ā] **1.** administration, management, direction; **2.** thriftiness, economy; ***~ etmek*** **1.** to manage, to administer, to control; **2.** to economize; **3.** to be enough, to suffice; **4.** F (*b-ni*) to handle *s.o.* with kid gloves; **5.** F to hush up, to cover up; **6.** to drive, to use (*car*); ***~ etmez*** it doesn't pay; ***~ heyeti*** administrative committee; board of directors.
idareci [ā] manager, administrator.
idareli [ā] **1.** thrifty; **2.** economical; ***~ kullanmak*** to economize, to husband.
idareten temporarily.
idari [.— —] administrative, managerial.
iddia [ā] **1.** claim, assertion; **2.** insistence, obstinacy; **3.** bet, wager; ***~ etmek*** **1.** to claim, to assert, to allege; **2.** to insist; ***~ makamı*** LEG the public prosecutor; ***~ olunan şey*** LEG question at issue; ***-ya tutuşmak*** to bet, to wager.
iddiacı obstinate, assertive.
iddialı assertive, presumptuous.
iddianame [ā, ā] LEG indictment.
iddiasız unassertive; unpretentious.
ideal, *-li* ideal.
idealist, *-ti* idealist.
idealizm idealism.
ideoloji ideology.
ideolojik ideological.
idil *lit.* idyl.
idiş 1. gelding; **2.** gelded, castrated.
idman [ā] work-out, training, exercise; ***~ yapmak*** to work out, to train.

idrak, **-ki** [ā] perception, comprehension; ~ **etmek** to perceive, to apprehend, to comprehend.
idrakli [ā] perceptive, intelligent.
idraksiz dull-witted, unintelligent.
idrar [ā] urine; ~ **torbası** (urinary) bladder; ~ **yolu** urethra; ~ **zorluğu** dysuria.
İETT (*abbr. for* ***İstanbul Elektrik, Tünel, Tramvay İşletmesi***) the Istanbul Electric Power, Funicular and Streetcar Board.
ifa [— —] fulfil(l)ment, performance; ~ **etmek** to fulfil(l), to perform, to carry out.
ifade [ā] **1.** expression, explanation; **2.** statement; **3.** LEG deposition; ~ **etmek** to explain, to express; ~ **vermek** LEG to give evidence, to testify; **-sini almak 1.** LEG to interrogate, to grill, to cross-examine; **2.** *sl.* to beat up, to wallop.
iffet, **-ti 1.** chastity; **2.** honesty, uprightness.
iffetli 1. chaste, virtuous; **2.** honest, upright.
iffetsiz 1. unchaste; **2.** dishonest.
iflâh betterment, improvement; ~ **olmak** to get well; ~ **olmaz 1.** incorrigible (*person*); **2.** hopeless (*situation*); **-ı kesilmek** F to be exhausted (*or* done for); **-ını kesmek** F to wear down.
iflas bankruptcy, insolvency; ~ **etmek** to go bankrupt.
ifrat, **-tı** [ā] excess, overdoing; **-a kaçmak** to overdo.
ifraz [ā] **1.** separation; **2.** LEG allotment; **3.** BIOL secretion; ~ **etmek 1.** LEG to allot; **2.** BIOL to secrete.
ifrazat, **-tı** BIOL secretions.
ifrit, **-ti** [. —] malicious demon; ~ **olmak** to fly off the handle.
ifşa [ā] disclosure; ~ **etmek** to disclose, to reveal.
iftar [ā] the evening meal during Ramadan; ~ **etmek** to break one's fast.
iftihar [ā] pride; ~ **etmek** to take pride (*ile* in), to be proud (*ile* of).
iftira [ā] slander, calumny; ~ **etmek** to slander, to calumniate, to blacken.
iftiracı [ā] slanderer.
iğ spindle.
iğde BOT oleaster, wild olive.
iğdiş 1. gelding; **2.** castrated, gelded (*animal*); ~ **etmek** to castrate, to geld.
iğfal, **-li** [ā] rape, seduction; ~ **etmek** to rape.
iğne 1. needle; **2.** pin; **3.** brooch; **4.** MEC pointer, needle; **5.** ZO stinger; **6.** fishhook; **7.** MED injection; **8.** *fig.* pinprick; ~ **atsan yere düşmez** *fig.* it is packed out; ~ **deliği** the eye of a needle; ~ **ile kuyu kazmak** *fig.* **1.** to do a hard job without proper means; **2.** to work on a slow and difficult task; ~ **ipliğe dönmek** *fig.* to become skin and bones, to be worn away to a shadow; ~ **vurmak** *or* **yapmak** (*b-ne*) to give s.o. an injection; **-den ipliğe kadar** down to the smallest detail; **-yi kendine batır, sonra çuvaldızı başkasına** *pro.* do as you would be done by.
iğneci person who gives injections.
iğnedenlik *s.* ***iğnelik.***
iğnelemek 1. to pin; **2.** *fig.* to hurt with words, to speak sarcastically.
iğneleyici biting, sarcastic (*word*).
iğneli 1. pinned; **2.** *fig.* biting, sarcastic (*word*); ~ **fıçı** *fig.* hot water; ~ **fıçıda olmak** to be in hot water; ~ **söz** sarcastic remark.
iğnelik pincushion.
iğrenç, **-ci** detestable, odious, disgusting.
iğrendirmek to disgust.
iğrenmek to feel disgust, to loathe.
ihale [ā] tender, bid.
-i hali GR accusative case.
ihanet, **-ti** [ā] **1.** treachery; **2.** unfaithfulness, infidelity; ~ **etmek 1.** to betray; **2.** to be unfaithful (*-e* to).
ihbar [ā] denunciation, tip-off; ~ **etmek** to denounce, to tip off, to inform.
ihbarcı [ā] informer.
ihbarlı: ~ **konuşma** TELEPH person-to-person call.
ihbarname [ā, ā] notice, notification.
ihlal, **-li** infringement, violation; ~ **etmek** to infringe, to violate, to break.
ihmal, **-li** [ā] negligence, omission; ~ **etmek** to neglect, to omit.
ihmalci, **ihmalkâr** [ā] negligent, neglectful.
ihracat, **-tı** [. — —] exportation; ~ **yapmak** to export.
ihracatçı [ā, ā] exporter.
ihraç, **-cı** [ā] exportation; ~ **etmek** to export.
ihram [ā] **1.** garment worn by pilgrims in Mecca; **2.** Bedouin cloak.

İ

ihsan [ā] favo(u)r, benevolence; ~ ***etmek*** to grant, to bestow.

ihsas [ā] **1.** hint, insinuation, indication; **2.** PHYS perception; ~ ***etmek*** to insinuate, to indicate.

ihtar [ā] warning; ~ ***etmek*** to warn, to remind.

ihtarname [ā, ā] **1.** official warning; **2.** LEG = ***protesto.***

ihtifal, ***-li*** commemorative ceremony.

ihtikâr profiteering.

ihtilaf conflict, disagreement, dispute; ***-a düşmek*** to conflict (*ile* with), to disagree (*ile* with).

ihtilaflı controversial.

ihtilal, ***-li*** revolution, rebellion, riot; ~ ***yapmak*** to raise a rebellion.

ihtilalci rebel, revolutionary.

ihtimal, ***-li*** [ā] **1.** probability; **2.** probably; ~ ***vermek*** to consider likely, to regard as possible; ***-ki*** probably.

ihtimam [ā] care, carefulness; ~ ***göstermek*** to take great pains (*-e* over).

ihtiram [ā] veneration, reverence; ~ ***birliği*** guard of hono(u)r; ~ ***duruşu*** standing at attention.

ihtiras [ā] ambition, greed, passion.

ihtiraslı [ā] ambitious, greedy, passionate.

ihtisas [ā] specialization, specialty; ~ ***yapmak*** to specialize (*-de* in).

ihtişam [ā] splendo(u)r, pomp, grandeur.

ihtişamlı [ā] splendid, magnificent, pompous.

ihtiva [ā] inclusion, containment; ~ ***etmek*** to include, to contain.

ihtiyaç, ***-cı*** [ā] **1.** need, necessity, want; **2.** poverty; ~ ***duymak*** to feel the need (*-e* for); ***-ı karşılamak*** to serve (*or* meet) a need; ***-ı olmak*** to need, to be in need of.

ihtiyar [ā] **1.** old, aged; **2.** old person.

ihtiyari [..— —] optional.

ihtiyarlamak to grow *or* get old, to age.

ihtiyarlık old age, senility; ~ ***sigortası*** social security, old-age insurance.

ihtiyat, ***-tı*** [ā] **1.** precaution, caution; **2.** reserve; ~ ***akçesi*** reserve fund, nest egg; ~ ***kaydı ile*** with some doubt; under reserve.

ihtiyaten [ā] **1.** as a reserve; **2.** as a precaution.

ihtiyatlı cautious, prudent.

ihtiyatsız imprudent, incautious, rash; improvident.

ihya [ā] **1.** revitalization, resuscitation; **2.** *fig.* revival; ~ ***etmek*** **1.** to revitalize, to enliven; **2.** *fig.* to revive, to revivify.

ihzari [. — —] preparatory.

ikamet, ***-ti*** [ā] residence, dwelling; ~ ***etmek*** to live; to reside, to dwell.

ikametgâh [ā] residence, legal domicile.

ikaz [— —] warning; ~ ***etmek*** to warn.

iken while, whilst.

iki two; ~ ***arada kalmak*** to be at a loss as to whom to believe; ~ ***ateş arasında kalmak*** to be caught between two fires; ~ ***ayağını bir pabuca sokmak*** F to put in a flurry; ~ ***büklüm olmak*** *fig.* to double up; ~ ***cami arasında kalmış beynamaz*** *fig.* fallen between two stools; ~ ***çift laf*** a word or two; ~ ***dirhem bir çekirdek*** F dressed to kill, dressed up to the nines; ~ ***gözü*** ~ ***çeşme ağlamak*** to cry buckets; ~ ***misli*** twofold; ***-de bir*** frequently, all the time.

ikianlamlı ambiguous.

ikicinsli bisexual.

ikidilli bilingual.

ikidüzlemli MATH dihedral.

ikieşeyli bisexual.

ikilem dilemma.

ikilemek to make two, to make a pair.

ikili **1.** double, dual; **2.** bilateral; **3.** *cards*: two; ~ ***anlaşma*** bilateral treaty.

ikilik discord, disagreement.

ikinci second.

ikincil secondary.

ikindi midafternoon.

ikişer two at a time; ~ ~ two by two, in twos.

ikiyaşayışlı BIOL amphibian, amphibious.

ikiyüzlü *fig.* two-faced.

ikiz twins.

ikizkenar MATH isosceles.

ikizler AST the Twins, Gemini.

iklim climate.

iklimleme: ~ ***aygıtı*** air conditioner.

iklimsel climatic.

ikmal, ***-li*** [ā] **1.** completion; **2.** replenishment, supplying; **3.** (*sınavı*) make-up examination.

ikna, ***-aı*** [ā] persuasion; ~ ***etmek*** to persuade, to convince.

ikon icon.
ikrah [ā] disgust, detestation, abhorrence; ~ ***etmek*** to detest, to loathe, to abhor; ~ ***getirmek*** to begin to detest.
ikram [ā] **1.** hono(u)r; **2.** discount; ~ ***etmek*** **1.** to ofter, to serve, to help s.o. to (*food, drink*); **2.** to discount.
ikramiye [ā] **1.** bonus, gratuity; **2.** prize (*in a lottery*).
ikrar [ā] avowal, declaration, confession; ~ ***etmek*** to confess, to declare, to attest.
ikraz [ā] loan; ~ ***etmek*** to lend (*money*).
iksir [.—] elixir.
iktidar [ā] **1.** power, capacity, ability; **2.** POL the ruling party, government; **3.** potency, virility; ~ ***partisi*** the party in power; ***-da olmak*** POL to be in power.
iktidarlı [ā] powerful, capable.
iktidarsız **1.** weak; incompetent; **2.** impotent.
iktifa [ā] contentment; ~ ***etmek*** to be content (*ile* with).
iktisadi [..——] **1.** economic; **2.** economical; ~ ***devlet kuruluşu*** corporation in which the government is the majority stock-holder.
iktisap, ***-bı*** [ā] acquisition; ~ ***etmek*** to acquire.
iktisat, ***-dı*** [ā] economics, economy; ♀ ***Fakültesi*** the School of Economics.
iktisatçı economist.
il province.
ilaç, ***-cı*** medicine, drug; ~ ***içmek*** to take medicine.
ilaçlamak **1.** to apply medicine; to apply insecticide; **2.** to disinfect.
ilaçlı medicated.
ilah god, deity.
ilahe goddess.
ilahi **1.** [.——] hymn, psalm; **2.** [.x.] My God!
ilahiyat, ***-tı*** [ā, ā] theology, divinity.
ilahiyatçı theologian.
ilam [——] writ.
ilan [——] **1.** notice; **2.** advertisement; ~ ***etmek*** **1.** to declare, to announce; **2.** to advertise; ~ ***tahtası*** message board (*on a website*); ~ ***vermek*** to insert an advertisement (*in a newspaper*); ***-ı aşk*** declaration of love; ***-ı aşk etmek*** to declare one's love (*-e* to).
ilancılık advertising.
ilave **1.** addition; **2.** supplement; ~ ***etmek*** to add (*-e* to).
ilaveten in addition, additionally.
ilçe administrative district, county, borough, township.
ile **1.** with, together with; **2.** and; **3.** by means of.
ilelebet forever.
ilenç curse, malediction.
ileri **1.** front part; **2.** forward, ahead; **3.** advanced; **4.** fast (*clock*); ~ ***almak*** to put forward (*clock*); ~ ***gelenler*** notables; ~ ***gelmek*** to result (*-den* from); ~ ***sürmek*** to put forward (*idea*); ***-yi görmek*** *fig.* to take the long view.
ilerici progressive.
ileride **1.** in the future, later on; **2.** ahead, further on.
ilerlemek **1.** to go forward, to advance, to move ahead; **2.** (*time*) to pass, to go by.
iletişim communication.
iletken **1.** PHYS conductor; **2.** PHYS conductive.
iletki MATH protractor.
iletmek **1.** to transmit, to convey; **2.** PHYS to conduct.
ilgeç GR preposition, particle.
ilgi **1.** relation, connection; **2.** interest, concern; ~ ***çekici*** interesting; ~ ***çekmek*** to draw attention, to arouse interest; ~ ***duymak*** to be interested (*-e* in); ~ ***göstermek*** to show an interest (*-e* in); ~ ***toplamak*** to arouse interest, to attract attention; ~ ***zamiri*** GR relative pronoun.
ilgilendirmek to interest, to concern.
ilgilenmek (*bşle*) to be interested in *s.th.*, to pay attention to *s.th.*
ilgili **1.** interested (*ile* in); **2.** relevant, concerned; ~ ***olmak*** to involve, to be concerned.
ilginç interesting.
ilgisiz **1.** indifferent; **2.** irrelevant.
ilgisizlik **1.** indifference; **2.** irrelevance.
ilhak, ***-kı*** [ā] annexation; ~ ***etmek*** to annex.
ilham [ā] inspiration; ~ ***almak*** to be inspired (*-den* by); ~ ***vermek*** to inspire.
ilik, ***-ği*** **1.** ANAT bone marrow; **2.** buttonhole; ~ ***gibi*** **1.** delicious; **2.** *sl.* as pretty as a picture (*girl*); ***iliğine işlemek*** **1.** to penetrate to one's marrow (*cold*); **2.** to

İ

drench to the skin; **3.** to touch to the quick; ***iliğine kadar ıslanmak*** to be soaked to the skin, to get wet through; ***iliğini kurutmak*** (*b-nin*) *fig.* to wear *s.o.* out.
iliklemek to button up.
ilikli 1. containing marrow; **2.** buttoned up.
ilim, *-lmi* science; ~ ***adamı*** scientist.
ilinti relevance, connection.
ilintili related, connected; relevant.
ilişik 1. attached, enclosed; **2.** related; **3.** relation, connection; ***ilişiği kalmamak*** to be through (*ile* with), to have no further connection (*ile* with); ***ilişiği olmak*** to be related (*ile* to); to be connected (*ile* with); ***ilişiğini kesmek* 1.** to sever one's connection (*ile* with); **2.** to dismiss, to discharge (*ile* from).
ilişikli related, connected.
ilişki relation, connection; ~ ***kurmak*** to establish relations (*ile* with).
ilişkili related (*ile* to).
ilişkin concerning, regarding, relating (*-e* to).
ilişmek 1. to graze, to touch; **2.** to disturb, to bother; **3.** to sit on the edge, to perch; **4.** to meddle (***-e with***), to touch.
iliştirmek to attach, to fasten (*-e* to).
ilk, *-ki* 1. (the) first; **2.** initial; **3.** primary; ~ ***fırsatta*** at the first opportunity; ~ ***görüşte*** at first sight; ~ ***göz ağrısı*** F first love, old flame; ~ ***yardım*** first aid.
ilkah [ā] fertilization, fecundation, insemination; ~ ***etmek*** to fecundate, to impregnate.
ilkbahar spring.
ilkçağ antiquity.
ilke 1. principle, tenet; **2.** element; **3.** fundamental, essential.
ilkel 1. primitive; **2.** primary.
ilkeleştirmek to adopt as a principle.
ilkelleştirmek to make primitive.
ilkellik primitiveness.
ilkin [x.] first; at first.
ilkokul primary school.
ilköğretim primary education.
ilkönce first of all.
illa [x-], **illaki** whatever happens, in all probability; ~ ***ve lakin*** on the other hand, nevertheless.
illallah [x.—] I'm fed up!; ~ ***demek*** to be fed up.
illet, *-ti* illness, disease.
ilmen scientifically speaking.
ilmi scientific.
ilmik 1. loop; **2.** noose.
ilmiklemek to loop.
iltica [ā] taking refuge; ~ ***etmek*** to take refuge (*-e* in).
iltifat, *-tı* [ā] compliment; ~ ***etmek*** to compliment; to flatter.
iltihak, *-kı* [ā] adherence, joining; ~ ***etmek*** to join, to attach o.s. (*-e* to).
iltihap, *-bı* [ā] MED inflammation.
iltihaplanmak [..—..] MED to get inflamed, to fester.
iltihaplı MED inflamed.
iltimas [ā] protection, patronage, pull; ~ ***etmek*** to favo(u)r.
iltimaslı favo(u)red, privileged.
im sign; symbol.
ima [——] hint, allusion, innuendo; ~ ***etmek*** to hint (at), to imply, to allude (to).
imaj image.
imal, *-li* [ā] manufacture; ~ ***etmek*** to manufacture, to produce, to make.
imalat, *-tı* [———] **1.** products; **2.** production.
imalatçı manufacturer.
imalathane [————.] workshop, factory.
imalı [——.] allusive, implicit.
imam imam; ~ ***nikâhı*** wedding performed by an imam; ~ ***suyu*** *sl.* raki.
iman [——] **1.** faith, belief; **2.** religion; ~ ***sahibi*** man of faith, believer; ~ ***tahtası*** F breastbone; ***-a getirmek*** (*b-ni*) **1.** to convert *s.o.* to Islam; **2.** *fig.* to persuade *s.o.* by force, to subdue *s.o.*; ***-ı gevremek*** F to wear o.s. out; ***-ına kadar*** up to the brim; ***-ını gevretmek*** to wear out.
imansız [——.] **1.** unbelieving; **2.** unbeliever.
imar [——] public works; ~ ***etmek*** to improve, to render prosperous; ~ ***planı*** zoning and construction plan; ♀ ***ve İskân Bakanlığı*** Ministry of Development and Housing.
imaret, *-ti* [ā] soup kitchen (*for the poor*).
imbat, *-tı* daytime summer sea breeze.
imbik still, retort; ***-ten çekmek*** to distill.
imdat, *-dı* [ā] **1.** help, aid, assistance; **2.** Help!; ~ ***freni*** RAIL emergency brake; ~

kapısı emergency exit; ***-ına yetişmek*** (*b-nin*) to come to *s.o.'s* rescue.
imece community cooperation.
imge image.
imgelem imagination.
imgelemek to imagine.
imgesel imaginary.
imha [ā] destruction; **~ *etmek*** to destroy, to eradicate, to obliterate.
imik ANAT throat.
imkân 1. possibility; **2.** opportunity, chance; **~ *dahilinde*** as far as possible; **~ *vermek*** to give an opportunity, to give a chance, to make possible.
imkânsız impossible.
imla 1. spelling, orthography; **2.** dictation; **3.** filling up; **~ *etmek* 1.** to dictate; **2.** to fill (up); **~ *yanlışı*** spelling mistake.
imparator [..x.] emperor.
imparatoriçe [...x..] empress.
imparatorluk 1. empire; **2.** emperorship.
imrendirmek to arouse s.o.'s appetite.
imrenmek 1. to long for, to crave; **2.** to envy, to covet.
imsak, *-kı* [ā] **1.** fasting, abstinence; **2.** hour at which the daily Ramadan fast begins.
imtihan [ā] examination, test; **~ *etmek*** to test, to examine; **~ *olmak*** to take an examination; ***-da kalmak*** to fail in an examination.
imtina, *-aı* [ā] avoidance; **~ *etmek*** to avoid, to refrain (*-den* from).
imtiyaz privilege; concession; **~ *sahibi* 1.** concessionaire, concessioner; **2.** licensee; **~ *vermek*** to give s.o. the privilege.
imtiyazlı privileged.
imtizaç harmony, compatibility; **~ *etmek* 1.** to harmonize; **2.** to get on well together.
imza [ā] signature; **~ *atmak*** to sign; **~ *sahibi*** signatory.
imzalamak to sign.
imzalı signed.
imzasız unsigned.
in 1. den, lair; **2.** cave.
inadına [x—..] out of obstinacy *or* spite.
inan 1. belief; **2.** confidence, trust; **~ *olsun!*** Take it from me!, Take my word!
inanç, *-cı* belief.
inançlı believing.
inançsız unbelieving.
inandırıcı convincing, persuasive.
inandırmak to convince, to persuade.
inanılır believable, credible.
inanılmaz unbelievable, incredible.
inanmak to believe, to trust; to have faith in (*God*).
inat, *-dı* [ā] obstinacy, stubbornness; **~ *etmek*** to be obstinate; ***-ı* ~** F as stubborn as a mule; ***-ı tutmak*** to have a fit of obstinacy.
inatçı obstinate, stubborn, pigheaded.
inatçılık obstinacy, stubbornness.
inatlaşmak to behave stubbornly towards each other.
ince 1. slender, slim; **2.** thin, fine; **3.** refined, graceful; **4.** highpitched (*voice*); **~ *eleyip sık dokumak*** *fig.* to split hairs; ***-den -ye*** meticulously.
incebağırsak small intestine.
incecik very slender, very thin.
inceleme examination, investigation; study.
incelemek to examine, to inspect, to scan.
incelik 1. thinness, slenderness; **2.** delicacy, fineness.
incelmek to become thin.
inceltici thinner.
inceltmek to make thin.
incesaz MUS *group of musicians who perform classical Turkish music.*
inci pearl; **~ *avı*** pearl fishing; **~ *avcısı*** pearl fisher (*or* diver); **~ *gibi*** pearly (*teeth*).
incik ANAT shin; shinbone.
incik boncuk cheap jewelry.
İncil *pr. n.* the New Testament; the Gospel.
incinmek 1. to be hurt; **2.** *fig.* to be offended.
incir BOT fig; **~ *çekirdeğini doldurmaz*** *fig.* trifling, insignificant.
incitici painful, offensive.
incitmek 1. to hurt, to injure; to strain; **2.** *fig.* to offend.
indeks index.
indi subjective, personal.
indirgemek to reduce.
indirim discount, reduction.
indirimli reduced (*price*); **~ *satış*** sale.
indirmek 1. to lower, to bring down; **2.** to land, to plant (*blow*); **3.** to reduce

(*price*); **4.** IT to download; ***indirilen dosya*** download *pr.n.*
indükleç ELECT inductor.
indükleme PHYS induction.
indüklemek PHYS to induce.
ineç, ***-ci*** GEOL syncline.
inek **1.** ZO cow; **2.** *sl.* swot, *Am.* grind.
ineklemek *sl.* to swot up, *Am.* to grind.
infaz [ā] execution; ~ ***etmek*** to execute, to carry out.
infilak, ***-kı*** explosion; ~ ***etmek*** to explode, to burst.
İngiliz [x..] **1.** English; **2.** Englishman; Englishwoman; ~ ***anahtarı*** MEC monkey wrench, spanner; ~ ***lirası*** pound sterling; ♀ ***Uluslar Birliği*** the British Commonwealth of Nations.
İngilizce English.
İngiltere [..x.] *pr. n.* **1.** England; **2.** F Great Britain.
-in hali GR the genitive case.
inhisar [ā] **1.** restriction; **2.** monopoly; ~ ***etmek*** to be restricted (*or* limited) (*-e* to); ***-a almak*** to monopolize.
inik lowered; flat (*tyre*); ~ ***deniz*** GEOGR low tide.
inildemek to groan, to moan, to whimper.
inilti groan, moan.
inisiyatif initiative.
iniş slope, way down; ~ ***takımı*** AVIA undercarriage.
inişli sloping downwards; ~ ***çıkışlı*** hilly (*road*).
inkâr denial; ~ ***etmek*** to deny.
inkılap, ***-bı*** revolution.
inkılapçı revolutionary.
inkişaf [ā] development.
inlemek to groan, to moan.
inme **1.** MED stroke, apoplexy, paralysis; **2.** GEOGR ebb tide; ~ ***inmek*** MED to have a stroke.
inmek, **(*-er*)** **1.** to descend; **2.** to get off (*a bus, plane etc.*); **3.** AVIA to land (*-e* at); **4.** to diminish, to decrease, to die down; **5.** to move down (*-e* to); **6.** to collapse (*wall etc.*); **7.** to reduce (*price*); **8.** to fall (*prices*).
inorganik CHEM inorganic.
insaf [ā] justice, fairness; ~ ***etmek*** **1.** to take pity (*-e* on); **2.** to have a heart; ***-ına kalmış*** it's up to his discretion.
insaflı [ā] just, fair.
insafsız **1.** unjust, unfair; **2.** merciless.
insan [ā] **1.** person, human being; **2.** man, person; **3.** moral, decent; ~ ***hakları*** human rights; ~ ***sarrafı*** a good judge of people.
insanbilim anthropology.
insanca [.–.] **1.** humanely, decently; **2.** humane (*act*).
insancıl **1.** humanistic; **2.** domestic (*animal*).
insani [.––] **1.** human; **2.** humane.
insanlık [ā] **1.** humanity; **2.** humaneness, kindness; ***-tan çıkmak*** *fig.* to become inhuman.
insanoğlu, ***-nu*** man, human being.
insanüstü, ***-nü*** [a] superhuman.
insicam [ā] consistency, coherence.
insicamlı [ā] consistent, coherent.
insicamsız [ā] inconsistent, incoherent.
insiyaki [..––] instinctive.
inşa [ā] construction; ~ ***etmek*** to build, to construct.
inşaat, ***-tı*** [ā, ā] building, construction; ~ ***mühendisi*** civil engineer.
inşaatçı [ā, ā] builder, contractor.
inşallah [x.–] **1.** I hope that ...; **2.** I hope so.
integral MATH integral.
internet Internet, F net; ~***te gezinmek*** to surf the net.
İnterpol, ***-lü*** Interpol.
intıba, ***-aı*** [ā] impression; ~ ***bırakmak*** to make an impression (*-de* on).
intibak, ***-kı*** [ā] adaptation, adjustment, accommodation; ~ ***etmek*** to adjust o.s. (*-e* to).
intibaksız maladjusted.
intifa, ***-aı*** [ā] benefit, advantage, gain; ~ ***hakkı*** usufruct.
intihar [ā] suicide; ~ ***bombacısı*** suicide bomber; ~ ***etmek*** to commit suicide.
intikal, ***-li*** [ā] **1.** transition; **2.** perception; ~ ***etmek*** **1.** to transfer; **2.** to perceive; **3.** to inherit.
intikam [ā] revenge; ~ ***almak*** to take revenge (*-den* on).
intisap, ***-bı*** [ā] joining; affiliation; ~ ***etmek*** to join, to become a member (*-e* of).
intişar [ā] **1.** diffusion; **2.** publication; ~ ***etmek*** **1.** to spread, to radiate; **2.** to be published, to come out.
intizam [ā] order, tidiness.
intizamlı [ā] tidy.

intizamsız [ā] untidy, disorderly.
intizamsızlık [ā] untidiness, disorder.
intizar [ā] **1.** curse; **2.** expectation; ~ ***etmek*** to curse.
inzibat, ***-tı*** [ā] **1.** military police; **2.** discipline.
inziva [ā] seclusion; ***-ya çekilmek*** to seclude o.s.
ip, ***-pi*** rope, string, cord; ~ ***atlamak*** to jump rope, to skip; ~ ***cambazı*** ropedancer, tightrope walker; ~ ***kaçkını*** bad egg, tough; ~ ***merdiveni*** rope ladder; ***-e çekmek*** to hang; ***-e sapa gelmez*** irrelevant, nonsensical; ***-le çekmek*** to look forward to.
ipek silk.
ipekböceği, ***-ni*** zo silkworm.
ipekli of silk, silken.
ipince [x..] very thin.
iplememek *sl.* not to give a damn.
iplik thread; yarn.
ipliklenmek to ravel.
ipnotize hypnotized.
ipnotizma hypnotism.
ipnotizmacı hypnotizer.
ipnoz hypnosis.
ipotek mortgage.
ipotekli mortgaged.
ipsiz **1.** ropeless; **2.** *sl.* vagabond; ~ ***sapsız*** **1.** senseless (*words*); **2.** ne'er-do-well.
iptal, ***-li*** [ā] **1.** cancellation; **2.** LEG annulment; ~ ***etmek*** **1.** to cancel; **2.** LEG to annul.
iptidai [..——] **1.** primitive; **2.** primary.
iptila addiction.
ipucu, ***-nu*** clue; hint; ~ ***vermek*** to give a clue.
irade [ā] will, determination.
iradedışı, ***-nı*** PSYCH involuntary.
iradeli [ā] **1.** strong-willed, resolute; **2.** voluntary.
iradesiz [ā] **1.** irresolute, weak; **2.** involuntary.
İran [—.] *pr. n.* Iran.
İranlı [ī] [x..] Iranian.
irat, ***-dı*** [——] income, revenue; ~ ***getirmek*** to bring in revenue.
irdelemek to examine, to scrutinize.
irfan [ā] **1.** comprehension; **2.** knowledge.
iri large, huge, big; coarse; ~ ***taneli*** large-grained, large berried.
iribaş zo tadpole.
irice **1.** fairly large, largish; **2.** fairly coarse.
iridyum CHEM iridium.
irikıyım huge, burly.
irileşmek to grow large.
irili ufaklı big and little.
irilik largeness, bigness.
irin pus.
irinlenmek to suppurate, to fester.
irinli purulent.
iris [x.] ANAT iris.
iriyarı burly, strapping, husky.
irkilmek to be startled.
irkinti puddle, pool of water.
İrlanda *pr. n.* Ireland.
İrlandalı *pr. n.* Irish.
irmik semolina; ~ ***helvası*** dessert made of semolina.
irs heredity, inheritance.
irsal, ***-li*** [ā] sending, forwarding.
irsaliye [.—..] ECON waybill.
irsi hereditary.
irsiyet, ***-ti*** heredity.
irtibat, ***-tı*** [ā] **1.** communications, contact; **2.** link, connection; ~ ***kurmak*** to get in touch (*ile* with); ~ ***subayı*** MIL liason officer.
irtica, ***-aı*** [ā] reaction.
irticai [..——] reactionary.
irticalen [ā] extempore.
irtifa, ***-aı*** [ā] altitude, elevation.
irtifak sharing, access; ~ ***hakkı*** LEG easement, right of access.
irtikâp bribery, corruption.
is soot, lampblack; ***-e tutmak*** to blacken with soot.
İsa [——] *pr. n.* Jesus.
isabet, ***-ti*** [ā] **1.** hit; **2.** happy encounter; **3.** thing done right; **4.** Well done!, Touché!; ~ ***etmek*** **1.** to hit; **2.** to fall to s.o.; ~ ***oldu*** it worked out well.
isabetli [ā] very fitting *or* appropriate.
ise if; as for; although; ~ ***de*** even if.
ishal, ***-li*** [ā] diarrh(o)ea, the runs; ~ ***olmak*** to have diarrh(o)ea (*or* the runs).
isilik prickly heat, heat rash; ~ ***olmak*** to have heat rash.
isim, ***-smi*** **1.** name; **2.** title; **3.** GR noun; ~ ***hali*** GR case (*of a noun*); ~ ***koymak*** (*or* ***vermek***) to name, to call; ~ ***takmak*** to nickname; ~ ***yapmak*** *fig.* to make a name for o.s.; ***ismi geçen*** aforementioned, above-mentioned.
isimfiil GR gerund.

iskambil card game; ~ ***kâğıdı*** playing card; ~ ***oynamak*** to play cards.
iskân settling, inhabiting; ~ ***etmek*** **1.** to settle, to inhabit; **2.** to house.
iskandil NAUT sounding lead; ~ ***etmek*** **1.** NAUT to sound, to fathom, to plumb; **2.** to investigate.
İskandinavya *pr. n.* Scandinavia.
iskarpela [..x.] carpenter's chisel.
iskarpin woman's shoe.
iskele **1.** quay, wharf, pier; **2.** gangplank; **3.** scaffolding; ~ ***babası*** NAUT bollard; ~ ***vermek*** to lower the gangplank.
iskelekuşu, ***-nu*** ZO kingfisher, halcyon.
iskelet, ***-ti*** **1.** skeleton; **2.** framework.
iskemle chair; stool.
İskoç, ***-çu*** *pr. n.* Scottish.
İskoçya [.x.] *pr. n.* Scotland.
iskonto discount; ~ ***yapmak*** to give a discount.
iskorpit, ***-ti*** ZO scorpion fish.
İslam *pr. n.* **1.** Islam; **2.** Muslim.
İslamiyet, ***-ti*** [.—..] *pr. n.* the Islamic religion.
islemek to soot.
isli **1.** sooty; **2.** smoked.
islim steam; ~ ***arkadan gelsin*** *fig.* let's do it just any old way.
ismen [x.] by name.
ismet, ***-ti*** chastity, purity.
isnat, ***-dı*** imputation; ~ ***etmek*** to impute; to ascribe.
İspanya [.x.] *pr. n.* Spain.
İspanyol *pr. n.* Spanish.
İspanyolca [..x.] *pr. n.* Spanish.
ispat, ***-tı*** [ā] proof, evidence; ~ ***etmek*** to prove.
ispatlamak to prove.
ispinoz ZO chaffinch.
ispirto [.x.] spirits; alcohol; ~ ***ocağı*** spirit stove.
ispirtolu alcoholic, containing alcohol.
ispiyonlamak *sl.* (*b-ni*) to inform on *s.o.*, to peach on *s.o.*
israf [ā] extravagence, wastage, dissipation; ~ ***etmek*** to waste, to dissipate.
İsrail [.——] *pr. n.* Israel.
İstanbul *pr. n.* Istanbul; ~ ***Boğazı*** the Bosphorus.
istasyon station; ~ ***şefi*** stationmaster.
istatistik statistic(s).
istavrit, ***-ti*** ZO horse mackerel, scad.
istavroz cross, crucifix; ~ ***çıkarmak*** to cross o.s.
istek wish, desire; request; ~ ***duymak*** to want, to desire, to long (*-e* for).
isteka *billiards*: cue.
istekli desirous, willing.
isteksiz unwilling, reluctant.
istem request, demand.
istemek **1.** to want, to wish, to desire; **2.** to ask for; ***ister istemez*** willy-nilly, perforce.
istemli voluntary.
istemsiz involuntary.
istepne MOT spare tyre.
isteri MED hysteria.
isterik MED hysterical.
istiap, ***-bı*** [ā] capacity; ~ ***haddi*** load limit; NAUT tonnage.
istibdat, ***-dı*** [ā] despotism.
istida [ā] petition.
istidat, ***-dı*** [.——] aptitude, endowment.
istidatlı [.——.] apt, capable, talented.
istidatsız [.——.] inept, incompetent.
istif stowage; ~ ***etmek*** to stow; ***-ini bozmamak*** *fig.* to keep up appearances.
istifa [.——] resignation; ~ ***etmek*** to resign.
istifade [ā] profit, advantage; ~ ***etmek*** to benefit (*-den* from), to profit (*-den* from).
istifadeli [ā] advantageous, profitable.
istifçi *fig.* hoarder.
istiflemek to stow.
istifrağ [ā] vomit; ~ ***etmek*** to vomit.
istihbarat, ***-tı*** [ā, ā] **1.** news, information; **2.** intelligence; ~ ***bürosu*** information bureau.
istihdam [ā] employment; ~ ***etmek*** to employ.
istihfaf [ā] contempt; ~ ***etmek*** to despise.
istihkak, ***-kı*** [ā] merit, deserts; ration.
istihkâm **1.** fortification; **2.** MIL engineering; ~ ***subayı*** engineer officer.
istihsal, ***-li*** production; ~ ***etmek*** to produce.
istihza [ā] sarcasm, ridicule, irony.
istikamet, ***-ti*** [ā] direction; ~ ***vermek*** to direct.
istikbal, ***-li*** [ā] the future.
istiklal, ***-li*** independence; ~ ***marşı*** the Turkish national anthem.
istikrar [ā] stability, stabilization.
istikrarlı [ā] stable, stabilized.

istikrarsız [ā] unstable; inconsistent.
istila [.——] **1.** invasion; **2.** infestation; *~ **etmek*** **1.** to invade; **2.** to infest.
istilacı [.——.] **1.** invading, occupying (*army*); **2.** invader.
istim steam.
istimbot, ***-tu*** steamboat.
istimlak, ***-ki*** confiscation; *~ **etmek*** to confiscate, to expropriate.
istimna masturbation.
istinaden [ā] based (*-e* on).
istinat, ***-dı*** [ā] **1.** resting on, leaning against; **2.** relying on, depending on; *~ **duvarı*** retaining (*or* supporting) wall; *~ **etmek*** **1.** to rest (*-e* on), to lean (*-e* against); **2.** to rely (*or* depend) (*-e* on).
istirahat, ***-ti*** [..—] rest, repose; *~ **etmek*** to rest, to repose.
istirham [ā] plea, petition; *~ **etmek*** to plead, to petition.
istiridye [..x.] zo oyster.
istismar [ā] exploitation; *~ **etmek*** to exploit.
istismarcı [ā] exploiter.
istisna [ā] exception; *~ **etmek*** to except, to exclude; ***-lar kaideyi bozmaz*** the exception proves the rule.
istisnai [..——] exceptional.
istisnasız [..—.] without exception.
istişare [ā] consultation; *~ **etmek*** to consult.
istop stoppage; *~ **etmek*** to stop.
İsveç, ***-ci*** *pr. n.* Sweden.
İsveççe *pr. n.* Swedish.
İsveçli *pr. n.* Swede.
İsviçre [..x.] *pr. n.* Switzerland.
İsviçreli *pr. n.* Swiss.
isyan [ā] rebellion, revolt; *~ **etmek*** to rebel, to revolt.
isyancı [ā] rebel.
isyankâr rebellious.
iş **1.** work, labo(u)r; **2.** employment, job; **3.** occupation, work; **4.** trade, business, commerce; **5.** affair, matter; *~ **arkadaşı*** colleague, co-worker; *~ **başında*** **1.** on the job; **2.** during work time; *~ **bilmek*** to be skilled; *~ **bitirmek*** to complete a job successfully; *~ **çıkarmak*** **1.** to do a lot of work; **2.** *fig.* to cause trouble; *~ **eri*** skilled worker; *~ **görmek*** **1.** to work; **2.** to be of use (*or* service); *~ **güç*** occupation; *~ **-ten geçti!*** It is too late!; *~ **sahibi*** employer; *~ **yok*** *fig.* it is no use (*or* good); ***-e girmek*** to get a job; ***-i başından aşkın*** F up to one's ears in work; ***-ten atmak*** F to dismiss, to fire.
işadamı, ***-nı*** businessman.
işaret, ***-ti*** [ā] **1.** sign; **2.** mark; *~ **etmek*** to point out, to indicate; *~ **fişeği*** signal rocket; *~ **sıfatı*** GR demonstrative adjective; *~ **vermek*** to signal, to give a signal; *~ **zamiri*** GR demonstrative pronoun.
işaretlemek to mark.
işaretparmağı, ***-nı*** index finger, forefinger.
işbaşı, ***-nı***: *~ **yapmak*** to begin work.
işbırakımcı striker.
işbırakımı, ***-nı*** strike.
işbıraktırımı, ***-nı*** lockout.
işbirliği, ***-ni*** cooperation.
işbirlikçi comprador.
işbölümü, ***-nü*** division of labo(u)r.
işbu [x.] this.
işçi worker, workman; *~ **sınıfı*** working class.
işçilik workmanship.
işemek to urinate, to piss, to pee.
işgal, ***-li*** [ā] occupation; *~ **etmek*** to occupy.
işgücü, ***-nü*** ECON **1.** productive power; **2.** work force.
işgüder POL chargé d'affaires.
işgünü, ***-nü*** weekday, workday.
işgüzar [ā] officious, obtrusive.
işitmek to hear.
işitmemezlik not hearing; ***-ten gelmek*** to pretend not to hear, to feign deafness.
işitsel auditory.
işkembe tripe; *~ **çorbası*** tripe soup; ***-sini şişirmek*** F to make a pig of o.s.
işkence torture, torment; *~ **etmek*** to torture, to torment.
işkil suspicion, doubt.
işkillenmek to become suspicious.
işkolu, ***-nu*** branch of work.
işlek busy.
işlem **1.** MATH operation; **2.** procedure, transaction.
işleme embroidery.
işlemek **1.** to work up, to proces, to treat; **2.** to operate; **3.** to embroider; **4.** to penetrate; **5.** to cultivate (*land*); **6.** to carry traffic (*road*); **7.** to ply (*ship, bus etc.*); **8.** to discuss, to treat (*sub-*

ject); **9.** to be enforced (*or* effective) (*law*).
işlemeli embroidered.
işlenmemiş raw, untreated.
işletme business enterprise; **~ *fakültesi*** school of business administration; **~ *malzemesi*** rolling stock.
işletmeci administrator, manager; business executive.
işletmecilik **1.** business administration; **2.** managership.
işletmek **1.** to run, to operate; **2.** *sl.* to hoodwink, to kid; to pull s.o.'s leg, to have s.o. on.
işlev function.
işlevsel functional.
işlevsiz nonfunctional.
işli embroidered; ornamented; **~ *güçlü*** **1.** having business; **2.** very busy.
işporta [.x.] pedlar's push cart; **~ *malı*** shoddy goods.
işportacı pedlar, peddler.
işsiz unemployed, out of work.
işsizlik unemployment; **~ *sigortası*** unemployment insurance.
iştah appetite; **~ *açıcı*** appetizing; **~ *açmak*** to whet one's appetite; **~ *kapamak*** (*or* ***kesmek*** *or* ***tıkamak***) to spoil (*or* kill) one's appetite; ***-ı kapanmak*** (*or* ***kesilmek***) to lose one's appetite; ***-ım yok*** I have no appetite; ***-la yemek*** to eat hungrily.
iştahlanmak to get pleasantly hungry.
iştahlı **1.** having an appetite; **2.** *fig.* desirous.
iştahsız without appetite.
iştahsızlık lack of appetite.
işte **1.** Here!, Here it is!; **2.** Look!, See!, Behold!; **3.** as you see; **~ *böyle*** such is the matter.
iştigal, ***-li*** [ā] occupation; **~ *etmek*** (*bşle*) to occupy o.s. with *s.th.*, to be busy with *s.th.*
iştirak, ***-ki*** [ā] participation; **~ *etmek*** to participate (*-e* in), to take part (*-e* in).
iştirakçi [ā] participant.
işve coquetry.
işveli coquettish.
işveren employer.
işyeri, ***-ni*** place of employment.
it, ***-ti*** **1.** zo dog, cur; **2.** *fig.* cur, swine, son of a bitch, bastard, punk; **~ *canlı*** tough and strong; **~ *gibi çalışmak*** to sweat blood; **~ *oğlu*** **~** *sl.* cur, son of a bitch; **~ *sürüsü*** *fig.* rabble.
itaat, ***-ti*** [.–.] obedience; **~ *etmek*** to obey.
itaatli obedient.
itaatsiz disobedient.
italik PRINT italic.
İtalya [.x.] *pr. n.* Italy.
İtalyan *pr. n.* Italian.
İtalyanca *pr. n.* Italian.
itelemek to shove, to nudge.
itfaiye [ā] fire brigade, *Am.* fire department.
itfaiyeci [ā] fireman.
ithaf [ā] dedication; **~ *etmek*** to dedicate (*-e* to).
ithal, ***-li*** [ā] importation; **~ *etmek*** to import; **~ *malı*** imported goods.
ithalat, ***-tı*** [.– –] importation.
ithalatçı [.– –.] importer.
itham [ā] accusation; **~ *etmek*** to accuse.
itibar [–.–] **1.** esteem, hono(u)r, regard; **2.** ECON credit; **~ *etmek*** to esteem; **~ *görmek*** **1.** to be respected; **2.** to be in demand; ***-a almak*** to consider; ***-dan düşmek*** to fall from esteem; ***-ı olmak*** **1.** to be held in esteem; **2.** to have credit.
itibaren [–.–.] [–.x.] from ... on, dating from, as from.
itibarıyla [–.– –.] **1.** concerning, considering; **2.** as of ...
itibari [–.– –] ECON nominal.
itibarlı [–.–.] esteemed, valued.
itici propulsive.
itidal, ***-li*** [–.–] moderation.
itikat, ***-dı*** [–.–] belief, faith, creed.
itilâf [–.–] entente.
itilim, **itilme** PSYCH repression.
itimat, ***-dı*** [–.–] trust, confidence; **~ *etmek*** to trust, to rely (*-e* on).
itimatname [–.– –.] letter of credence, credentials.
itimatsızlık [–.–..] distrust, mistrust.
itina [–.–] care, attention; **~ *etmek*** *or* ***göstermek*** to take great care (*-e* in).
itinalı [–.–] careful, painstaking.
itinasız [–.–.] careless, inattantive, slipshod.
itiraf [–.–] confession, admission; **~ *etmek*** to confess.
itiraz [–.–] **1.** objection; **2.** LEG protest; **~ *etmek*** to object (*-e* to); **~ *götürmez*** incontestable.

itişmek **1.** to push one another; **2.** to scuffle, to tussle.
itiyat, ***-dı*** [—.—] habit; ~ ***edinmek*** to get into the habit (of), to make a habit.
itlaf destruction; ~ ***etmek*** to destroy, to kill.
itlik *fig.* dirty trick, villainy.
itmek, (***-er***) to push, to shove.
ittifak, ***-kı*** [ā] **1.** alliance, agreement; **2.** accord, concord; ♀ ***Devletleri*** *hist.* the Central Powers; ~ ***etmek*** to agree, to come to an agreement.
itüzümü, ***-nü*** BOT black nightshade.
ivaz LEG consideration.
ivedi haste.
ivedili urgent.
ivedilik urgency.
ivme PHYS acceleration.
ivmek to hurry.
iye possessor, owner.
iyelik possession, ownership; ~ ***zamiri*** GR possessive pronoun.
iyi **1.** good; **2.** in good health, well; ~ ***etmek*** **1.** to heal, to cure; **2.** to do well; ~ ***gelmek*** **1.** (*medicine etc.*) to help, to work; **2.** to fit, to suit; ~ ***gitmek*** **1.** to go well; **2.** to suit; ~ ***gün dostu*** fair-weather friend; ~ ***olmak*** **1.** to be good; **2.** to recover; ***-den -ye*** completely, thoroughly; ***-si mi*** the best thing to do is …
iyice **1.** [x..] rather well, pretty good; **2.** [.x.] completely.
iyicil well-wishing, benevolent.
iyileşmek **1.** to recover (*from illness*); **2.** to improve, to get better.
iyileştirmek **1.** to cure; **2.** to repair, to improve.
iyilik **1.** goodness; **2.** favo(u)r, kindness; ~ ***etmek*** to do a favo(u)r; ~ ***güzellik*** (*or* ***sağlık***) everything is all right; ***-le*** kindly, gently.
iyilikbilir grateful, thankful.
iyiliksever kind, benevolent.
iyimser optimistic.
iyimserlik optimism.
iyon PHYS ion.
iyot, ***-du*** CHEM iodine.
iz **1.** footprint, track; **2.** *fig.* mark, trace, clue, evidence; **3.** MATH trace; ~ ***düşürmek*** MATH, PHYS to project; ~ ***sürmek*** to follow a trail; ***-i belirsiz olmak*** to leave no trace; ***-inden yürümek*** (*b-nin*) to follow in *s.o.'s* footsteps; ***-ine uymak*** (*b-nin*) *fig.* to tread in *s.o.'s* footsteps.
izah [— —] explanation; ~ ***etmek*** to explain.
izahat, ***-tı*** [— — —] explanations; ~ ***vermek*** to give an explanation.
izale [ā] removal; ~ ***etmek*** to remove, to wipe out.
izam [— —] exaggeration; ~ ***etmek*** to exaggerate.
izan [ā] understanding, intelligence; ~ ***etmek*** to be considerate.
izbe **1.** hovel; **2.** out-of-the-way.
izci scout.
izcilik scouting.
izdiham [ā] throng, crush, crowd.
izdivaç, ***-cı*** [ā] marriage.
izdüşüm MATH, PHYS projection.
izin, ***-zni*** **1.** permission; **2.** leave; vacation; ~ ***almak*** to get permission; ~ ***vermek*** to give permission; ***-e çıkmak*** to take a vacation, to go on vacation (*or* leave); ***iznini kullanmak*** to take one's vacation, to use one's leave.
izinli on vacation, on leave.
izinsiz **1.** without permission; **2.** *school*: kept in; **3.** detention.
İzlanda *pr. n.* **1.** Iceland; **2.** Icelandic.
İzlandalı *pr. n.* Icelander.
izlem observation.
izlemci observer.
izlemek **1.** to follow, to pursue; **2.** to watch; to observe.
izlence programme.
izlenim impression.
izleyici spectator, onlooker; viewer.
izmarit, ***-ti*** **1.** cigarette burt *or* end; **2.** ZO sea bream.
izobar GEOGR isobar.
izolasyon ELECT insulation.
izole: ~ ***bant*** electric *or* friction tape; ~ ***etmek*** to insulate, to isolate.
izzetinefis, ***-fsi*** self-respect.

J

jaguar ZO jaguar.
jaketatay cutaway.
jaluzi Venetian blind.
jambon ham.
jandarma [.x.] gendarme, police soldier.
jant, ***-tı*** MOT rim.
Japon *pr. n.* Japanese.
Japonca [.x.] *pr. n.* Japanese.
Japongülü, ***-nü*** BOT camellia.
Japonya [.x.] *pr. n.* Japan.
jarse jersey.
jartiyer garter.
jelatin gelatine.
jeneratör generator.
jeofizik geophysics.
jeolog geologist.
jeoloji geology.
jest, ***-ti*** gesture.
jet, ***-ti*** jet.
jeton token, slug; ***~ düştü*** *sl.* the penny (has) dropped, *Am.* now it is registered.
jigolo gigolo.
jilet, ***-ti*** razor blade, safety razor.
jimnastik gymnastics.
jimnastikçi gymnast.
jinekolog, ***-gu*** gynecologist.
jöle jelly, *Am.* jello.
jön **1.** handsome youngster; **2.** actor playing the role of a young lover.
jönprömiye *s.* ***jön 2.***
Jöntürk *hist.* Young Turk.
judo judo.
judocu judoka.
jurnal report of an informer; ***~ etmek*** to inform on, to denounce.
jurnalcı informer, denouncer.
jübile jubilee.
jüpon underskirt, slip, petticoat.
jüri jury; ***~ üyesi*** juror.

K

kaba **1.** boorish, rough, rude, coarse; **2.** vulgar, common; ***~ et*** buttocks; ***~ saba*** rough and uneducated; ***-sını almak*** to roughhew, to trim roughly.
kabaca roughly, coarsely.
kabadayı tough, bully, hooligan.
kabahat, ***-ti*** [. — .] fault, defect; offence, blame; ***~ bende*** it is my fault.
kabahatli guilty, culpable, in the wrong.
kabak **1.** BOT squash, pumpkin, gourd; **2.** unripe (*melon*); **3.** hairless, bald; **4.** worn out (*tyre*); ***~ dolması*** stuffed squash; ***~ gibi*** bare, naked; ***~ kafalı*** bald, hairless; *fig.* stupid; ***~ tadı vermek*** to lose its appeal.
kabakulak MED mumps.
kabalaşmak **1.** to become coarse; **2.** to act rudely.
kabalık rudeness, discourtesy, impoliteness.
kaban hooded *or* casual jacket.
kabara [.x.] hobnail.
kabarcık **1.** bubble; **2.** MED bulla, bleb, blister.
kabare cabaret.
kabarık swollen, puffy; ***~ deniz*** high tide.
kabarmak **1.** to swell up; **2.** to swagger, to boast; **3.** (*sea*) to get rough; **4.** (*liquid*) to bubble up; **5.** to increase considerably; **6.** (*expenses, figures*) to increase, to swell.
kabartı swelling, bulge; blister.
kabartma **1.** relief; **2.** embossed.
kabataslak roughly sketched out; in outline.
Kâbe *pr. n.* the Kaaba at Mecca.
kabız, ***-bzı*** MED constipation; ***~ olmak*** to be constipated.
kabızlık MED constipation.
kabil [ā] possible, capable, feasible.

kabile tribe.
kabiliyet, ***-ti*** [ā] ability, talent, capability.
kabiliyetli [ā] capable, able, talented.
kabiliyetsiz [ā] incapable, untalented.
kabin 1. cabin; **2.** changing cubicle (*at a beach*).
kabine cabinet.
kabir, ***-bri*** grave, tomb.
kablo [x.] ELECT cable.
kabotaj NAUT cabotage.
kabristan [..—] cemetery, graveyard.
kabuk, ***-uğu*** **1.** BOT bark; skin, shell, pod, husk; **2.** MED (*wound*) crust, scab; ~ ***bağlamak*** to form a crust; ***kabuğunu soymak*** to peel, to skin.
kabuklanmak to form a crust.
kabuklu barky.
kabul, ***-lü*** [ū] **1.** acceptance, admission; **2.** All right!, Agreed!; ~ ***etmek*** to accept, to admit; to agree; ~ ***günü*** reception day, at-home; ~ ***salonu*** reception room.
kabullenmek to accept unwillingly.
kaburga rib; ***-ları çıkmak*** to be only skin and bones.
kâbus [——] nightmare.
kabza grip, grasp, hold; handle.
kabzımal middleman in fruit and vegetable.
kaç, ***-çı*** how many?; how much?; ~ ***kez*** how many times?; ~ ***tane?*** how many?; ~ ***yaşındasın?*** how old are you?; ***-a?*** what is the price?; ***-ın kurası*** *fig.* crafty, fox, wily fellow, old hand.
kaçak 1. runaway, fugitive; truant (*pupil*); deserter; **2.** contraband, smuggled (*goods*); **3.** leakage, escape (*of gas*).
kaçakçı smuggler.
kaçakçılık smuggling; ~ ***yapmak*** to smuggle.
kaçamak 1. neglect of duty; **2.** evasion, subterfuge; **3.** F having a bit on the side; ~ ***yapmak*** to shirk, to goldbrick (*a duty*).
kaçamaklı evasive, elusive.
kaçar how many each?; how much each?
kaçık 1. mad, batty, crazy; **2.** ladder, *Am.* run (*in a stocking*).
kaçıncı which one? (*in a series*).
kaçınılmaz unavoidable, inevitable.
kaçınmak to avoid, to abstain (*-den* from).
kaçırmak 1. to miss (*a vehicle, chance*); **2.** to leak (*gas etc.*); **3.** to kidnap, to abduct; to hijack; **4.** to smuggle; **5.** to go mad; **6.** to soil, to wet; **7.** to get overdrunk. **8.** to conceal, to hide.
kaçış flight, escape, desertion.
kaçışmak to flee in confusion, to disperse.
kaçkın fugitive, deserter.
kaçlı from which number? (*card*); of which year?
kaçlık 1. at what prize?; **2.** contains how many?; **3.** how old?
kaçmak, (***-ar***) **1.** to escape, to flee, to run away, to desert; **2.** to leak; **3.** (*stocking*) to ladder, *Am.* to run; **4.** (*water, dust etc.*) to slip into, to get into; **5.** to avoid, to shirk, to get out of the way; **6.** (*rest, joy etc.*) F to go to pot.
kaçmaz runproof, non-laddering, *Am.* non-running (*stocking*).
kadana [.x.] artillery horse.
kadar 1. as much as, as many as, as … as; **2.** about, around; **3.** till, by, until.
kadastro [.x.] cadastre; land registery.
kadavra [.x.] cadaver, carcass, corpse.
kadeh glass, goblet; ~ ***tokuşturmak*** to clink glasses.
kadem foot, pace.
kademe stage, level, degree.
kademli bringing luck, lucky.
kademsiz bringing bad luck, unlucky.
kader destiny, fate.
kadercilik fatalism.
kadı cadi, kadi.
kadın woman; matron; ~ ***avcısı*** lady-killer; ~ ***doktoru*** gynecologist; ~ ***oyuncusu*** actress; ~ ***tüccarı*** pimp.
kadıncıl womanizer.
kadınlık womanhood.
kadınsı womanish; effeminate.
kadırga [.x.] galley.
kadife [ī] velvet; corduroy.
kadim [ī] old, ancient.
kadir[1], ***-dri*** worth, value.
kadir[2] [ā] mighty, powerful.
kadirbilir appreciative.
kadirşinas appreciative.
kadran MEC dial, face.
kadro [x.] staff, personnel, roll.
kadrolu on the permanent staff.
kadrosuz temporarily employed.
kafa 1. head, skull; **2.** intelligence,

mind; **3.** mentality; **~ dengi** like-minded, kindred spirit; **~ -ya vermek** to put their heads together; **~ patlatmak** to rack one's brains (*-e* over); **~ tutmak** to oppose, to be rebellious; **~ ütülemek** *sl.* to talk s.o.'s head off, to talk to s.o. to death; **-sı almamak** not to be able to understand; **-sı dumanlı** tipsy, in one's cups; **-sı kızmak** to get angry, to blow one's top; **-sına koymak** to be determined to…, to make up one's mind; **-sına sığmamak** not to be able to conceive, to find unacceptable; **-sında şimşek çakmak** to have a brainwave; **-sını kırmak** *fig.* to knock s.o.'s block off; **-yı çekmek** *sl.* to be on the booze, to get drunk.
kafadar like-minded; kindred spirit, buddy.
kafakâğıdı, **-nı** F identity card.
kafalı *fig.* intelligent, brainy.
kafasız *fig.* stupid, brainless, dull.
kafatası, **-nı** ANAT skull, cranium.
kafein caffeine.
kafes **1.** cage; coop, pen; **2.** lattice; **-e koymak** *sl.* to trick, to make a dupe of.
kafeterya cafeteria.
kâfi [— —] enough, sufficient.
kafile [ā] caravan; convoy.
kâfir [ā] unbeliever, infidel, non-Muslim.
kafiye [ā] rhyme.
kafiyeli [ā] rhyming, rhymed.
kafiyesiz [ā] unrhymed.
Kafkasya *pr. n.* Caucasus.
kaftan caftan, robe.
kâfur [— —] CHEM camphor.
kâgir built of stone *or* brick.
kağan khan, ruler.
kâğıt, **-dı** **1.** paper; **2.** letter, note, document; **3.** playing card; **~ kaplamak** to paper; **~ oynamak** to play cards; **~ oyunu** game of cards; **~ para** paper money; **~ sepeti** waste paper basket; **~ üzerinde kalmak** to exist on paper only (*plan etc.*); **kâğıda dökmek** to write s.th. down.
kâğıthelvası disk-shaped wafers.
kâğıtlamak to paper.
kağnı ox-cart.
kâh sometimes, now and then, occasionally.
kahır, **-hrı** grief, great sorrow; **kahrından ölmek** to die of grief; **kahrını çekmek** to endure, to lump.
kâhin soothsayer, seer.
Kahire [ā] *pr. n.* Cairo.
kahkaha laughter, chuckle; **~ atmak** to burst out laughing; **~ tufanı** peals of laughter.
kahkahaçiçeği, **-ni** BOT morning-glory.
kahpe **1.** whore, harlot; **2.** deceitful, perfidious, mean.
kahraman hero.
kahramanlık heroism.
kahretmek [x..] **1.** to overcome, to overwhelm; **2.** *fig.* to be distressed, to torture.
kahrolmak [x..] to be depressed; **kahrolsun!** Damned!, To hell with him!.
kahvaltı breakfast; **~ etmek** to have breakfast.
kahve **1.** coffee; **2.** coffee-house, café; **~ değirmeni** coffee-mill, coffee-grinder; **~ dolabı** cylindrical coffee roaster; **~ fincanı** coffee cup; **~ ocağı** *room where coffee, tea etc. are made*; **~ parası** tip, gratuity.
kahveci keeper of a coffee-house.
kahvehane *s.* **kahve 2.**
kahverengi, **-ni** brown.
kâhya **1.** steward, major-domo; **2.** parking lot attendant, warden.
kaide [ā] **1.** rule, regulation; custom; **2.** base, foot, pedestal.
kâinat, **-tı** [— . —] cosmos, the universe.
kaka (*child's language*) **1.** nasty, dirty; **2.** child's excrement; **~ yapmak** (*child*) to defecate, to go potty.
kakalamak to keep pushing.
kakao BOT cocoa; **~ yağı** cocoa butter.
kakım ZO ermine, stoat.
kakma repousse work, relief work.
kakmacı inlayer.
kakmak, (**-ar**) **1.** to push, to drive in; **2.** to inlay, to encrust.
kaknem *sl.* ugly, mean.
kaktüs [ā] BOT cactus.
kâkül forelock, bangs, fringe.
kala: **saat ona beş ~** at five to ten; **on gün ~** ten days before.
kalabalık **1.** crowd; **2.** crowded; overpopulated; **~ etmek** **1.** to crowd, to take up, to occupy (*a place*), to be in the way (*object*); **2.** F to stand about uselessly.
kalabalıklaşmak to get crowded.
kalafat, **-tı** NAUT caulking.

kalakalmak to be petrified, to be taken aback.
kalamar zo squid.
kalan **1.** remaining; **2.** MATH remainder.
kalas beam, plank, timber.
kalay tin; ***-ı basmak*** *sl.* to swear a blue streak.
kalaycı tinsmith, tinner.
kalaylamak **1.** to tin; **2.** *sl.* to abuse, to call s.o. names.
kalaylı tinned.
kalben sincerely, wholeheartedly.
kalbur sieve, riddle; ***-a çevirmek*** to riddle.
kalburüstü, ***-nü*** *fig.* select, elite, the choicest.
kalça [x.] ANAT hip.
kaldıraç lever, crowbar.
kaldırım pavement, *Am.* sidewalk; ***~ taşı*** paving stone.
kaldırmak **1.** to lift, to elevate, to raise; **2.** to clear (*table*); **3.** to abolish, to abrogate; **4.** to wake; **5.** F to steal, to swipe.
kale **1.** castle, fortress; **2.** *sports*: goal; **3.** *chess*: castle, rook.
kaleci goalkeeper.
kalem **1.** pencil, pen; **2.** chisel; **3.** clerical office; **4.** ECON item, entry; ***~ açmak*** to sharpen a pencil; ***~ efendisi*** clerk in a government office; ***~ kaşlı*** having thin and long eyebrows; ***~ sahibi*** author, writer, man of letters; ***-e almak*** to write, to draw up, to indite.
kalemaşısı, ***-nı*** graft, scion.
kalemlik pencil box.
kalemtıraş pencil sharpener.
kalender unpretentious, easily satisfied.
kalenderleşmek to behave *or* live in an unconventional way.
kalenderlik **1.** unconventionality; **2.** a bohemian existence.
kalevi alkaline.
kalfa [x.] **1.** assistant master; **2.** master builder.
kalıcı permanent, lasting.
kalım survival, duration.
kalımlı everlasting, permanent; immortal.
kalımsız transient, impermanent.
kalın thick, stout; ***~ kafalı*** thickheaded, stupid; ***~ ses*** deep voice.
kalınbağırsak ANAT large intestine.
kalınlaşmak to thicken.
kalınlık thickness.
kalıntı **1.** remnant, leftovers, leavings; **2.** ruins, debris.
kalıp, ***-bı*** **1.** mo(u)ld, block, pattern, last; **2.** matrix; **3.** (*cheese etc.*) bar; **4.** external appearance; model, pattern; ***~ gibi oturmak*** (*suit, dress*) to fit like a glove; ***~ kıyafet*** outer appearance.
kalıplamak to form, to block, to mo(u)ld.
kalıplaşmış stereotyped; clichéd.
kalıt, ***-tı*** inheritance.
kalıtçı heir, inheritor.
kalıtım **1.** heritage; **2.** inheritance.
kalıtımsal hereditary.
kalıtsal hereditary.
kalibre caliber.
kalifiye qualified, skilled.
kalite quality.
kaliteli high-quality, of good quality.
kalitesiz poor-quality, shoddy.
kalkan **1.** shield; **2.** zo turbot.
kalkanbezi, ***-ni*** ANAT thyroid gland.
kalker GEOL limestone.
kalkık **1.** upturned (*collar etc.*); **2.** standing on end (*hair*); ***~ burunlu*** snubnosed.
kalkındırmak to develop, to improve.
kalkınma development, progress, improvement; ***~ hızı*** rate of economic development; ***~ planı*** development plan.
kalkınmak to develop, to make progress, to advance.
kalkış **1.** rise; **2.** departure.
kalkışmak to attempt, to try.
kalkmak, (***-ar***) **1.** to stand up, to rise; **2.** (*polish*) to come unglued; **3.** to get up, to get out of bed; **4.** to depart, to leave; **5.** to be abolished, to be annulled; **6.** to recover (*from an illness*); **7.** to set about, to undertake (*to do s.th.*); **8.** (*money*) to go out of circulation.
kalleş F unreliable, treacherous, backstabbing.
kalleşçe treacherously.
kalleşlik treachery.
kalmak, (***-ır***) **1.** to remain, to stay, to dwell; **2.** to be left; **3.** to fail (*a class*); **4.** to be inherited (*-den* from); **5.** to be incumbent on s.o., to rest with s.o.
kalori calorie.
kalorifer central heating; ***~ kazanı*** boiler.

kalorimetre calorimeter.
kalp[1], ***-bi*** **1.** ANAT heart; **2.** heart disease; **3.** *fig.* feeling, sense; ~ ***çarpıntısı*** palpitation; ~ ***krizi*** heart attack; ~ ***yetersizliği*** cardiac insufficiency; ***-e doğmak*** to have a presentiment; ~ ***-e karşıdır*** feelings are mutual; ***-i kırık*** broken-hearted; ***-ine girmek*** to win s.o.'s heart; ***-ini kırmak*** to break s.o.'s heart.
kalp[2] false, forged; spurious.
kalpak fur cap.
kalpazan counterfeiter, forger.
kalpsiz *fig.* heartless, pitiless, merciless.
kalsiyum calcium.
kaltak *sl.* whore, slut, hussy.
kalya stewed marrow.
kalyon galleon.
kama [x.] **1.** dagger, dirk; **2.** wedge.
kamara [x..] **1.** NAUT cabin; **2.** ♀House of Lords *or* Commons.
kamarot, ***-tu*** NAUT steward.
kamaşmak **1.** (*eyes*) to be dazzled; **2.** (*teeth*) to be set on edge.
kamaştırmak to dazzle.
kambiyo [x..] ECON foreign exchange; rate of exchange; ~ ***kuru*** foreign exchange rate.
kambiyocu foreign exchange dealer.
kambur **1.** hump, hunch; **2.** humpbacked, hunchbacked; ***-u çıkmak*** to grow hunchbacked; ***unu çıkarmak*** to hunch one's back.
kamburlaşmak to become hunchbacked.
kamçı whip; ~ ***çalmak*** (*or* ***vurmak***) to whip; ~ ***şaklatmak*** to crack a whip.
kamçılamak **1.** to whip, to flog; **2.** *fig.* to stimulate, to whip up.
kamelya BOT camellia.
kamer moon; ~ ***yılı*** lunar year.
kamera camera.
kameraman cameraman.
kameriye arbo(u)r, bower.
kamış **1.** BOT reed; **2.** bamboo; **3.** penis, prick, dick; ***-ı kırmak*** *sl.* to catch gonorrhea.
kamışlık reed bed.
kâmil perfect; mature.
kamp, ***-pı*** camp; ~ ***kurmak*** to pitch camp, to camp; ~ ***yeri*** campsite, campground; ***-a girmek*** *sports*: to go into camp.
kampana [.x.] bell.
kampanya [.x.] campaign.
kampçı camper.
kamping campsite, campground.
kamu the public; ~ ***sektörü*** the public sector; ~ ***yararı*** the public interest.
kamuflaj camouflage.
kamufle etmek to camouflage.
kamulaştırma nationalization.
kamulaştırmak to nationalize.
kamuoyu, ***-nu*** public opinion; ~ ***yoklaması*** opinion poll.
kamutanrıcılık PHLS pantheism.
kamutay National Assembly.
kamyon lorry, *Am.* truck.
kamyoncu truck driver.
kamyonet pickup, small lorry.
kan **1.** blood; **2.** lineage, family; ~ ***ağlamak*** *fig.* to shed tears of blood; ~ ***akıtmak*** *fig.* to shed blood; ~ ***almak*** to take blood (*-den* from), to bleed; ~ ***bankası*** blood bank; ~ ***davası*** blood feud, vendetta; ~ ***dolaşımı*** circulation of the blood; ~ ***dökmek*** to shed blood; ~ ***grubu*** blood group *or* type; ~ ***kaybı*** loss of blood; ~ ***kırmızı*** blood-red, crimson; ~ ***vermek*** to donate blood; ***-a susamış*** *fig.* bloodthirsty; ***-ı donmak*** *fig.* s.o.'s blood runs cold, s.o.'s blood curdles; ***-ı kaynamak*** **1.** to be hot-blooded; **2.** to warm to *s.o.*; ***-ı kurumak*** to be exasperated; ***-ına dokunmak*** to make s.o.'s blood boil; ***-ına girmek*** to have s.o.'s blood on one's hands; ***-ına susamak*** to court death.
kanaat, ***-ti*** [.—.] **1.** opinion, conviction; **2.** satisfaction, contentment; ~ ***etmek*** to be satisfied *or* contented (*ile* with).
kanaatkâr contented, satisfied with little.
Kanada *pr. n.* Canada.
Kanadalı *pr. n.* Canadian.
kanaktarım blood transfusion.
kanal **1.** canal; channel; **2.** ANAT duct.
kanalizasyon sewer system, sewerage, drains; ~ ***borusu*** sewer.
kanama bleeding, hemorrhage.
kanamak to bleed.
kanarya [.x.] ZO canary.
kanat, ***-tı*** [.—] **1.** wing; **2.** ZO fin; **3.** leaf (*of a door, window*).
kanatlanmak to take wing, to fly away.
kanatlı winged.
kanava [.x.], **kanaviçe** embroidery

canvas.

kanca [x.] hook; ***-yı takmak*** *fig.* to set one's cap (*-e* at), to get one's hooks (*-e* into).

kancalı *~* ***iğne*** safety pin.

kancık **1.** bitch; **2.** *fig.* sneaky, low-down.

kandaş cognate.

kandırmak **1.** to deceive, to cajole, to take in; **2.** to persuade, to convince.

kandil oil-lamp.

kanepe **1.** sofa, couch, settee; **2.** canapé.

kangal coil; skein.

kangren MED gangrene; *~* ***olmak*** to have gangrene.

kanguru ZO kangaroo.

kanı opinion, view.

kanık content, satisfied.

kanıksamak to become indifferent; to become surfeited (*-e* with), to become sick (*-e* of).

kanıt, ***-tı*** evidence, proof.

kanıtlamak to prove.

kani, ***-ii*** [ā] convinced; *~* ***olmak*** to be convinced.

kaniş ZO poodle.

kanlanmak (*eyes*) to get bloodshot.

kanlı **1.** bloody, bloodstained; **2.** bloodshot (*eyes*); *~* ***bıçaklı olmak*** **1.** to get into a bloody fight; **2.** to be out for each other's blood; *~* ***canlı*** robust, vigorous.

kanmak **1.** to believe; to be persuaded; **2.** to be fooled, to be duped.

kano canoe.

kanon MUS canon.

kanser cancer.

kanserli cancerous.

kansız bloodless, anemic.

kansızlık anemia.

kantar scales, weighbridge.

kantaron BOT centaury.

kantin canteen.

kanun [— —] **1.** law, statute, act; **2.** MUS zither-like instrument; *~* ***tasarısı*** bill; *~* ***teklifi*** bill; *~* ***yapmak*** to enact a law; *~* ***yolu ile*** by legal means; ***-a aykırı*** illegal, outlaw; ***-a uygun*** legal, licit, lawful.

kanunen [— — .] legally, by law.

kanuni [— — —] legal, lawful, legitimate.

kanunlaşmak to become a law.

kanunlaştırmak to legalize.

kanunsuz illegal, unlawful.

kanyak cognac, brandy.

kanyon canyon.

kaos chaos.

kap, ***-bı*** **1.** pot, vessel; **2.** cover, case; container, receptacle; *~* ***kacak*** pots and pans.

Kapadokya *pr. n.* Cappadocia.

kapak **1.** lid, cover; **2.** ANAT valve; *~* ***kızı*** cover girl.

kapakçık ANAT valvule.

kapalı **1.** closed, shut; **2.** overcast (*sky*); **3.** blocked (*road*); *~* ***gişe oynamak*** to play to a full house; *~* ***tribün*** covered grandstand.

Kapalıçarşı *pr. n.* the Covered Bazaar, the Grand Bazaar.

kapamak **1.** to close, to shut; **2.** to block (*road*); **3.** to shut down, to close down (*business*); **4.** to turn off (*radio, faucet etc.*); **5.** to lock up; **6.** to pay up, to settle (*account*); **7.** to hide, to hoard.

kapan trap.

kapanık **1.** shut in, confined; **2.** cloudy, overcast (*weather*); **3.** unsociable, shy.

kapanış closure, closing.

kapanmak **1.** (*factory*) to shut down; **2.** (*wound*) to heal up; **3.** (*sky*) to become overcast.

kaparo [.x.] deposit, earnest money.

kapasite capacity.

kapatmak **1.** to close, to shut; to cover; **2.** to hang up (*telephone*).

kapçık bud; husk.

kapı door; gate; *~* ***dışarı etmek*** (*b-ni*) to show *s.o.* the door, to throw *s.o.* out; *~* ***gibi*** well-built, full-bodied; *~* ***komşu*** next door neighbo(u)r; *~* ***mandalı*** door latch; *~* ***numarası*** street number (*of a house*); *~* ***tokmağı*** doorknocker; ***-sını çalmak*** (*b-nin*) *fig.* to resort to *s.o.*; ***-yı vurmak*** to knock at (*or* on) the door.

kapıcı doorkeeper, doorman, janitor.

kapılgan easily deceived; susceptible.

kapılmak to be carried away (*-e* by).

kapış *~ ~* ***gitmek*** to be sold like hot cakes.

kapışılmak *s.* ***kapış kapış gitmek.***

kapışmak **1.** to snatch, to scramble; to rush to purchase; **2.** (*b-le*) to get to grips with *s.o.*

kapital, ***-li*** capital.

K

kapitalist, ***-ti*** capitalist.
kapitalizm capitalism.
kapitone quilted (*cloth*).
kapitülasyon capitulation.
kapkaç purse-snatching.
kapkaççı purse-snatcher, snatch-and--run thief.
kapkara [x..] pitch-dark; pitch-black.
kaplama **1.** plate; coat; **2.** crown (*of a tooth*); **3.** plated, coated, covered.
kaplamak **1.** to cover; **2.** to plate, to coat; to veneer; **3.** to surround, to cover.
kaplan ZO tiger.
kaplı **1.** covered, plated, coated; **2.** bound (*book*).
kaplıca hot spring; spa.
kaplumbağa [.x..] ZO turtle, tortoise.
kapmak, (***-ar***) **1.** to snatch, to grasp, to seize; **2.** to catch (*disease*); **3.** to pick up; **4.** to get, to acquire (*habit*).
kaporta MOT bonnet, *Am.* hood.
kapris caprice, whim, fancy; **~ *yapmak*** to behave capriciously.
kaprisli capricious.
kapsam scope, radius; extent.
kapsamak to contain, to comprise, to include.
kapsamlı extensive, comprehensive.
kapsül capsule.
kapşon hood.
kaptan captain (*a. sports*).
kaptıkaçtı minibus.
kapuska [.x.] cabbage stew.
kaput, ***-tu*** **1.** military greatcoat; **2.** condom, rubber, contraceptive.
kaputbezi, ***-ni*** canvas, sail cloth.
kar snow; **~ *gibi*** snowwhite; **~ *topu*** snowball; ***-dan adam*** snowman.
kâr **1.** profit, gain; **2.** benefit; **~ *bırakmak*** to yield profit; **~ *etmek*** to profit; **~ *haddi*** profit limit; **~ *kalmak*** to remain as profit; **~ *payı*** dividend; **~ *ve zarar*** profit and loss.
kara[1] **1.** land; shore; **2.** terrestrial, territorial; **~ *kuvvetleri*** MIL land forces; ***-ya oturmak*** NAUT to run aground; ***-ya vurmak*** (*fish*) to run ashore.
kara[2] **1.** black; **2.** *fig.* unlucky, bad; **~ *cahil*** utterly ignorant, illiterate; **~ *gün dostu*** a friend in need; **~ *haber*** bad news; **~ *liste*** black list; **~ *talih*** bad luck, misfortune; **~ *toprak*** black soil, chernozem; **~ *yağız*** swarthy (*young man*); ***-lar bağlamak*** (*or* ***giymek***) to put on (*or* wear) mourning, to be dressed in black.
karaağaç, ***-cı*** BOT elm.
karabasan nightmare.
karabaş **1.** priest, monk; **2.** celibate; **3.** Blackie (*dog*).
karabatak ZO cormorant.
karabiber BOT black pepper.
karabina [..x.] carbine; blunderbuss.
karaborsa black market.
karaborsacı black marketeer.
karaca ZO roe deer.
karacı *fig.* slanderer, backbiter.
karaciğer ANAT liver.
Karadeniz *pr. n.* the Black Sea.
karafatma ZO cockroach, blackbeetle.
karagöz **1.** ZO sargo; **2.** ♀ Turkish shadow play; **3.** ♀ Turkish Punch.
karakalem pencil *or* charcoal drawing.
karakış the dead of winter.
karakol police station; **~ *gemisi*** coast guard ship, patrol vessel.
karakter character.
karakteristik characteristic, distinctive.
karakterli of good character.
karaktersiz characterless.
karalama scribble, doodle; **~ *defteri*** exercise book.
karalamak **1.** to scribble, to doodle; **2.** *fig.* to slander, to blacken, to calumniate.
karalık blackness; darkness.
karaltı indistinct figure.
karambol F collision, smash-up.
karamela [..x.] caramel.
karamsar pessimistic.
karamsarlık pessimism.
karanfil BOT carnation.
karanlık **1.** dark; **2.** darkness, the dark; **3.** obscure, unclarified; **~ *basmak*** to grow dark, (*darkness*) to fall; **~ *oda*** PHOT darkroom; ***karanlığa kalmak*** to be benighted; ***-ta göz kırpmak*** *fig.* to wink in the dark.
karantina [..x.] quarantine; ***-ya almak*** to quarantine.
karar **1.** decision, resolution, determination; **2.** LEG verdict; **~ *almak*** to take a decision, to make a decision; **~ *vermek*** to decide, to make up one's mind; ***-a bağlamak*** to make a decision about; ***-a varmak*** **1.** to arrive at (*or* reach) a decision; **2.** LEG to bring in

a verdict.
karargâh MIL headquarters.
kararlama estimated by guess, by rule of thumb.
kararlamak to estimate by eye.
kararlaştırmak to decide, to agree on; to determine, to fix (*date*).
kararlı decisive, determined, resolute.
kararlılık **1.** decisiveness, determination; **2.** stability.
kararmak to get dark; to darken.
kararname [..—.] decree.
kararsız indecisive, undecided.
kararsızlık indecision.
karartı darkness.
karartma blackout.
karartmak **1.** to darken; **2.** to black out.
karasaban primitive plough, *Am.* plow.
karasal terrestrial, territorial.
karasevda melancholy; ***-ya düşmek*** to be passionately in love.
karasevdalı melancholic.
karasinek ZO housefly.
karasuları ***-nı*** territorial waters.
karatahta blackboard.
karatavuk ZO blackbird.
karate karate.
karateci karateist.
karavan caravan, trailer.
karavana [..x.] **1.** MIL mess-tin; **2.** mess; **3.** miss; ~ ***borusu*** mess call; ***-dan yemek*** MIL to mess together.
karayazı evil fate, ill luck.
karayel northwest wind.
karayolu, ***-nu*** highway, road, motorway.
karbon CHEM carbon; ~ ***dioksit*** carbon dioxide; ~ ***kâğıdı*** carbon paper.
karbonat, ***-tı*** CHEM carbonate.
karbonhidrat, ***-tı*** CHEM carbohydrate.
karbonik CHEM carbonic.
karbüratör MEC carburet(t)or.
kardeş brother; sister; sibling; ~ ~ brotherly, sisterly; fraternally; ~ ***katili*** fratricide; ~ ***payı yapmak*** to go halves.
kardeşçe brotherly, sisterly, fraternal.
kardeşlik brotherhood, sisterhood, fraternity.
kardinal, ***-li*** cardinal.
kardiyografi MED cardiography.
kare square.
karekök, ***-kü*** square root.
kareli chequered, *Am.* checkered.
karga ZO crow.
kargaşa confusion, disorder, tumult.
kargaşalık *s.* ***kargaşa.***
kargı pike; javelin; lance.
kargo [x.] cargo.
karı **1.** wife, spouse; **2.** woman, hag, broad; ~ ***koca*** husband and wife.
karın, ***-rnı*** abdomen; stomach, belly; ~ ***ağrısı*** **1.** stomach ache, colic; **2.** *fig.* a pain in the neck (*person*).
karınca ZO ant.
karıncalanmak to feel pins and needles.
karış span; ~ ~ inch by inch, every inch of.
karışık **1.** mixed; miscellaneous; **2.** confused, in disorder; **3.** complex, complicated.
karışıklık **1.** confusion, disorder; **2.** tumult, turmoil; ~ ***çıkarmak*** to stir up trouble, to kick up a row.
karışım mix, mixture.
karışlamak to span.
karışmak **1.** to mix; **2.** to interfere (*-e* in), to meddle (*-e* in); **3.** to flow into (*another river*); **4.** to be in charge (*-e* of), to exercise control (*-e* over).
karıştırıcı **1.** mixer; blender; **2.** *fig.* trouble-maker.
karıştırmak **1.** to mix, to stir; to blend; **2.** to confuse; **3.** to complicate; **4.** to rummage through; to thumb through.
karides [.x.] ZO shrimp; prawn.
karikatür **1.** caricature; **2.** cartoon.
karikatürcü, **karikatürist** caricaturist.
karikatürleştirmek to caricature.
karina [.x.] NAUT bottom (*of a ship*).
kariyer career.
karlı snowy; snow-clad; snow-capped.
kârlı profitable, advantageous; ~ ***çıkmak*** to make a profit, to come out ahead; to turn out profitable.
karma **1.** mixed; **2.** coeducational; ~ ***ekonomi*** mixed economy; ~ ***okul*** coeducational school.
karmak **1.** to mix, to blend; **2.** *cards*: to shuffle.
karmakarışık [x....] in utter disorder.
karman çorman *s.* ***karmakarışık.***
karmanyola [..x.] robbery; ~ ***etmek*** to rub, to mug.
karmanyolacı robber, mugger.
karmaşa confusion, complexity.
karmaşık complicated, complex.

K

karmaşıklık complexity.
karnabahar BOT cauliflower.
karnaval carnival.
karne report card.
karo *cards*: diamond.
karoser MOT body.
karpuz BOT watermelon.
kârsız profitless, unprofitable.
karşı **1.** opposite; **2.** contrary, against; **3.** anti-, counter-; **4.** in return (*-e* for); **~ *çıkmak*** to oppose, to object; **~ *durmak*** to resist, to oppose; **~ *gelmek*** to defy, to go against, to disobey; **~ *koymak*** to resist, to oppose; **~ *olmak*** to be against; **~ *takım*** opposing team; **~ *teklif*** counterproposal; counteroffer; ***-dan -ya*** across.
karşıgelim BIOL antagonism.
karşılama meeting, welcome, reception.
karşılamak **1.** to go to meet, to welcome; **2.** to cover, to meet.
karşılaşma game, match.
karşılaşmak **1.** to meet; **2.** to run (*ile* into), to meet; **3.** to be confronted (*ile* with).
karşılaştırma comparison.
karşılaştırmak to compare.
karşılaştırmalı comparative.
karşılık **1.** reply, retort, response, answer; **2.** reaction; **3.** equivalent; **~ *vermek*** to answer back, to retort.
karşılıklı mutual, reciprocal.
karşılıksız **1.** unanswered (*love*); **2.** dishono(u)red (*cheque*).
karşın in spite (*-e* of).
karşıt, ***-tı*** contrary, opposite; anti-, counter-.
kart[1], ***-tı*** **1.** old; **2.** hard, tough.
kart[2], ***-tı*** card; postcard; visiting *or* calling card.
kartal ZO eagle.
kartaloş *sl.* old, over the hill, past it.
kartel cartel.
kartlaşmak to grow old, to get past it.
kartlık oldness, senility.
karton cardboard, pasteboard.
kartonpiyer papier-mâché.
kartpostal postcard.
kartuş cartridge.
kartvizit, ***-ti*** visiting *or* calling card.
karyola bed, bedstead.
kas muscle.
kasa [x.] **1.** safe, strongbox; **2.** cash register, till; **3.** crate (*for bottles*); **4.** *gymnastics*: horse; **5.** door *or* window frame; **~ *açığı*** deficit; **~ *dairesi*** strongroom, vault; **~ *defteri*** cashbook; **~ *hırsızı*** safecracker, safebreaker.
kasaba small town.
kasadar cashier, teller.
kasap, ***-bı*** **1.** butcher; **2.** butcher's.
kasaplık butchery.
kasatura [..x.] bayonet.
kâse bowl.
kasık ANAT groin.
kasıkbağı, ***-nı*** truss for a hernia.
kasıkbiti, ***-ni*** ZO crab louse.
kasıl ANAT muscular.
kasılmak **1.** to contract, to flex; **2.** *fig.* to put on airs, to show off.
kasım November.
kasımpatı, ***-nı*** BOT chrysanthemum.
kasınç cramp, spasm.
kasıntı *fig.* swagger, swank.
kasır, ***-srı*** mansion.
kasırga whirlwind, tornado.
kasıt, ***-stı*** **1.** purpose, intention; **2.** evil intent; ***kastı olmak*** to have evil intentions (*-e* against).
kasıtlı deliberate, intentional, purposeful.
kaside qasida, ode, eulogy.
kasis open drainage ditch.
kasiyer cashier.
kaskatı [x..] as hard as a stone.
kasket, ***-ti*** cap.
kasko automobile insurance.
kaslı muscular.
kasmak, **(*-ar*)** **1.** to tighten, to stretch tight; **2.** to take in (*a garment*); ***kasıp kavurmak*** to tyrannize, to terrorize.
kasnak **1.** rim, hoop; **2.** embroidery frame.
kasnaklamak **1.** to hoop; **2.** to hug.
kastanyola [..x.] NAUT pawl, ratchet, detent.
kasten [x.] on purpose, intentionally, deliberately.
kastetmek [x..] **1.** to mean; to intend, to purpose; **2.** to have designs (*-e* on).
kasti [ī] deliberate, intentional.
kasvet, ***-ti*** gloom, depression.
kasvetli gloomy.
kaş eyebrow; **~ *çatmak*** to knit one's eyebrows, to frown; **~ *göz etmek*** to wink (*-e* at); ***-la göz arasında*** in the twinkling of an eye, in a trice.

kaşağı currycomb.
kaşağılamak to curry, to groom.
kaşalot zo cachalot.
kaşar sheep cheese.
kaşe cachet, seal.
kaşık spoon; ~ ***atmak*** (*or* ***çalmak***) to eat heartily; ~ ***düşmanı*** *co.* one's wife, the missus; ~ ~ by spoonfuls.
kaşıkçıkuşu, ***-nu*** zo pelican.
kaşıklamak to spoon out.
kaşımak to scratch.
kaşınmak to scratch o.s., to itch.
kaşıntı itch.
kâşif explorer, discoverer.
kaşkol scarf, neckerchief.
kaşmir cashmere.
kat, ***-tı*** **1.** storey, *Am.* story, floor; **2.** layer, stratum; fold; **3.** coat (*of* PAINT); **4.** set (*of clothes*).
katafalk, ***-kı*** catafalque.
katalog catalogue.
katana artillery horse; ~ ***gibi*** F portly (*woman*).
katar 1. train; **2.** convoy, file, string (*of animals, carts etc.*).
katarakt, ***-tı*** MED cataract.
katedral, ***-li*** cathedral.
kategori category.
katetmek [x..] to travel over, to cover, to traverse.
katı 1. hard, stiff; **2.** CHEM solid; **3.** *fig.* tough, unbending; ~ ***yürekli*** hard-hearted.
katılaşmak to harden, to stiffen; to solidify.
katılgandoku ANAT conjunctive tissue.
katılık hardness, stiffness, rigidity.
katılmak[1] **1.** to join, to participate (*-e* in); **2.** (*b-ne*) to agree with s.o.
katılmak[2] to be out of breath (*from laughing or weeping*); ***katıla katıla ağlamak*** to choke with sobs; ***katıla katıla gülmek*** to split one's sides laughing, to choke with laughter.
katır mule; ~ ***gibi inatçı*** as stubborn as a mule.
katır kutur: ~ ***yemek*** to crunch, to munch.
katırtırnağı, ***-nı*** BOT broom.
katışık mixed.
katıştırmak to add (*-e* to).
kati definite, absolute, final.
katil[1], ***-tli*** murder.
katil[2] [ā] murderer, assassin.
katileşmek [ī] to become definite.
kâtip, ***-bi*** clerk; secretary.
katiyen [ī] [.x.] never, by no means.
katkı help, assistance; contribution; ***-da bulunmak*** to contribute (*-e* to).
katkılı alloyed.
katlamak to fold, to pleat.
katlanır folding, collapsible.
katlanmak to bear, to endure, to put up (*-e* with); ***... yapmak zahmetine*** ~ to take the trouble to do ...
katletmek [x..] to murder.
katlı 1. folded; **2.** (*building*) ... storied.
katliam massacre.
katma addition; ~ ***bütçe*** supplementary budget; ~ ***değer vergisi*** value-added tax, VAT.
katmak, (***-ar***) to add, to mix.
katman GEOL layer, stratum.
katmanbulut, ***-tu*** METEOR stratus.
katmanlaşmak to stratify.
katmer double (*flower*).
katmerli 1. in layers; **2.** double (*flower*).
Katolik *pr. n.* Catholic.
katran tar.
katranlamak to tar.
katranlı tarry, tarred.
katrilyon quadrillion.
katsayı MATH coefficient.
kauçuk rubber.
kav tinder, punk.
kavaf cheap, ready-made shoes dealer; ~ ***işi*** shoddy.
kavak BOT poplar.
kaval shepherd's pipe, flageolet; ~ ***kemiği*** ANAT fibula, tibia.
kavalye escort.
kavanoz jar, pot.
kavga quarrel, row, brawl; fight; ~ ***aramak*** to look for trouble; ~ ***çıkarmak*** to kick up (*or* make) a row, to pick a fight; ~ ***etmek*** to fight; to quarrel.
kavgacı quarrelsome, brawling.
kavim, ***-vmi*** tribe; people, nation.
kavis, ***-vsi*** curve, arc.
kavram concept.
kavramak 1. to grasp, to clutch; **2.** *fig.* to comprehend, to grasp.
kavramsal conceptual.
kavrulmuş roasted.
kavşak crossroads, junction, intersection.
kavuk turban.
kavun BOT melon.

kavuniçi, ***-ni*** yellowish orange.
kavurma fried meat.
kavurmak 1. to roast; **2.** (*sun*) to scorch, to parch.
kavuşmak to come together, to be reunited.
kaya rock; **~ *gibi*** rocky.
kayabalığı, ***-nı*** ZO goby.
kayağan slippery.
kayağantaş GEOL slate.
kayak 1. ski; **2.** skiing; **~ *yapmak*** to ski.
kayakçı skier.
kayakçılık skiing.
kayalık 1. rocky; **2.** rocky place.
kaybetmek [x..] to lose.
kaybolmak [x..] to be lost; to vanish, to disappear.
kaydetmek [x..] **1.** to register, to enroll; **2.** to record.
kaydırak slide.
kaydırmak to slide, to skid.
kaygan slippery.
kaygana omelet.
kaygı anxiety, worry.
kaygılanmak to worry, to be anxious.
kaygılı worried, anxious.
kaygısız carefree, untroubled.
kaygısızlık carefreeness, untroubledness.
kayık boat; **~ *salıncak*** boat-shaped swing; **~ *tabak*** oval dish; **~ *yarışı*** boat race; ***-la gezmek*** to go boating.
kayıkçı boatman.
kayıkhane [..—.] boathouse.
kayın[1] in-law; brother-in-law.
kayın[2] BOT beech.
kayınbirader brother-in-law.
kayınpeder father-in-law.
kayınvalide [..—..] mother-in-law.
kayıp, ***-ybı*** **1.** loss; **2.** MIL casualties; **3.** lost, missing; **~ *eşya bürosu*** lost property office; **~ *listesi*** casualty list; ***-lara karışmak*** F to vanish into thin air.
kayırıcı protector, patron.
kayırmak to protect, to support; to favo(u)r.
kayısı BOT apricot.
kayış belt, strap; band.
kayıt, ***-ydı*** **1.** registration, enrollment; **2.** recording; **3.** restriction; **~ *ücreti*** registration fee.
kayıtlı registered, enrolled, enlisted; recorded.
kayıtsız 1. unregistered, unrecorded; **2.** *fig.* indifferent, carefree; **~ *şartsız*** unconditionally.
kayıtsızlık indifference, unconcern.
kaymak[1] cream.
kaymak[2], ***(-ar)*** to slip, to slide, to skid.
kaymakam kaimakam, head official (*of a district*).
kaymaklı creamy.
kaynak 1. source, spring, fountain; **2.** MEC weld; **~ *yapmak*** MEC to weld.
kaynakça bibliography.
kaynakçı welder.
kaynaklamak MEC to weld.
kaynamak 1. to boil; **2.** to ferment; **3.** to teem, to swarm; **4.** (*bone*) to knit; **5.** MEC to become welded.
kaynana mother-in-law.
kaynanazırıltısı, ***-nı*** rattle, clacker.
kaynar boiling (*water*).
kaynarca [.x.] hot spring, spa.
kaynaşmak 1. to swarm, to teem; **2.** *fig.* to become good friends, to go well together.
kaynata [x..] father-in-law.
kaynatmak 1. to boil; **2.** MEC to weld; **3.** to knit (*bones*); **4.** (*dersi*) *sl.* to waste (*a lesson hour*) talking.
kaypak *fig.* slippery, unreliable.
kaytan cotton *or* silk cord, braid.
kaytarmak to evade, to shirk, to goldbrick (*work*).
kayyım caretaker of a mosque.
kaz ZO goose; **~ *gelen yerden tavuk esirgenmez*** *pro.* you must lose a fly to catch a trout, throw out a sprat to catch a mackerel; **~ *kafalı*** F dubm, doltish; ***-ı koz anlamak*** to get wrong, to misunderstand.
kaza [.—] **1.** accident; mischance, misfortune; **2.** county, borough, township; district; **~ *geçirmek*** to have an accident; **~ *sigortası*** accident insurance; ***-ya uğramak*** to have (*or* meet with) an accident.
kazaen [.—.] by chance, by accident.
Kazak[1] Cossack.
kazak[2] pullover, jersey.
kazak[3] dominating, despotic (*husband*), who wears the trousers.
kazan 1. cauldron; **2.** boiler; furnace.
kazanç, ***-cı*** **1.** gain, earnings, profit; **2.** benefit, advantage.
kazançlı profitable.
kazanmak 1. to earn; **2.** to win; **3.** to ac-

quire, to gain, to get.
kazara [.—.] [.x.] by accident, by chance.
kazazede [.—..] **1.** victim, casualty; **2.** shipwrecked.
kazı excavation; **~ *yapmak*** to excavate.
kazıbilim archeology.
kazık **1.** stake, pale, pile, picket; **2.** *sl.* trick, swindle; **3.** *sl.* exorbitant, very expensive; **~ *atmak*** *sl.* to overcharge, to fleece, to put it on; **~ *gibi*** as stiff as a ramrod; **~ *yemek*** *sl.* to be rooked *or* soaked; **~ *yutmuş gibi*** as stiff as a ramrod; ***kazığa oturtmak*** *hist.* to impale.
kazıkçı swindler, trickster.
kazıklamak **1.** to pile, to picket; **2.** *sl.* = ***kazık atmak.***
kazımak **1.** to scrape off; **2.** to shave off (*beard, hair*).
kazıntı scrapings.
kazma pick, pickax; mattock.
kazmaç excavator.
kazmadiş bucktoothed.
kazmak, (***-ar***) to dig, to excavate, to trench.
kazulet, ***-ti*** *sl.* grotesque, portly.
kebap, ***-bı*** shish kebab; **~ *yapmak*** to roast; to broil.
keçe felt; mat.
keçeli: **~ *kalem*** felt-tip pen.
keçi **1.** zo goat; **2.** *fig.* stubborn, obstinate; ***-leri kaçırmak*** F to go nuts.
keçiboynuzu, ***-nu*** BOT carob, St. John's bread.
keçisakal goatee.
keçiyolu, ***-nu*** path.
keder sorrow, grief.
kederlenmek to be grieved, to become sorrowful.
kederli sorrowful, grieved.
kedersiz free from grief.
kedi zo cat; **~ *ciğere bakar gibi bakmak*** to stare covetously.
kedibalığı, ***-nı*** zo ray, stake.
kedigözü, ***-nü*** **1.** MOT taillight; **2.** cat's eye.
kefal zo gray mullet.
kefalet, ***-ti*** [ā] bail; ***-le salıvermek*** to release on bail.
kefaletname bail bond, letter of guarantee.
kefe pan, scale (*of a balance*).
kefeki tartar (*on teeth*).
kefen shroud, winding sheet; ***-i yırtmak*** *fig.* to turn the corner, to pass the danger point safely.
kefenci **1.** shroud seller; shroud maker; **2.** *sl.* grave robber.
kefenlemek to shroud.
kefere non-Muslims; unbelievers.
kefil [ī] guarantor, sponsor; surety; **~ *olmak*** to sponsor, to go bail.
kefillik sponsorship, suretyship.
kehanet, ***-ti*** [ā] prediction; **~ *etmek*** (*or* ***-te bulunmak***) to predict, to foretell.
kehkeşan [ā] AST the Milky Way.
kehle zo louse.
kehribar [ā] amber.
kek, ***-ki*** cake.
kekelemek to stammer, to stutter.
kekeme stammering, stuttering (*person*).
kekemelik stutter.
kekik BOT thyme.
keklik zo partridge.
kel bald; **~ *başa şimşir tarak*** *fig.* out of place luxury.
kelam remark, utterance, word.
kelebek **1.** zo butterfly; moth; **2.** MEC butterfly *or* wing nut; **3.** MEC throttle; **~ *cam*** butterfly window.
kelek unripe melon.
kelepçe [.x.] **1.** handcuffs; **2.** MEC pipe clip.
kelepçelemek to handcuff.
kelepir bargain.
kelime word; **~ ~** word by word; **~ *oyunu*** pun; ***-si -sine*** word for word, literally.
kelle **1.** *contp.* head, nut, crumpet, nob; **2.** boiled sheep's head; ***-sini koltuğuna almak*** *fig.* to take one's life in one's hands.
kellifelli well-dressed, showy.
kellik baldness.
keloğlan the Turkish Horatio Alger.
kem evil, malicious.
kemal, ***-li*** [ā] perfection, maturity; ***-e ermek*** **1.** to reach perfection; **2.** to reach maturity.
Kemalist Kemalist.
Kemalizm Kemalism.
keman [ā] violin; **~ *çalmak*** to play the violin.
kemancı [ā] violinist.
kemençe [.x.] kemancha, kit.
kement, ***-di*** lasso.

kemer 1. belt; **2.** arch, vault; **3.** aqueduct; ***-leri sıkmak*** *fig.* to tighten one's belt.
kemik bone.
kemikdoku bone tissue.
kemikleşmek to ossify.
kemikli bony.
kemiksiz boneless.
kemirdek tail bones.
kemirgen rodent.
kemirici 1. rodent; **2.** corrosive.
kemirmek 1. to gnaw, to nibble; **2.** to corrode.
kem küm: *~* ***etmek*** to hem and haw.
kenar [ā] edge, border, brink; margin; *~* ***mahalle*** slums, suburb; ***-a çekilmek*** to get out of the way; ***-a çekmek*** to pull in, to pull over (*or* of) (*vehicle*); ***-da kalmak*** *fig.* to remain aside; ***-da köşede*** in nooks and crannies.
kenarlı edged.
kendi self, oneself; own; *~* ***başına*** by oneself; *~* ***halinde*** inoffensive, harmless (*person*); ***-nden geçmek*** to faint; ***-ne gelmek*** to come to *or* round; ***-ni beğenmek*** to be full of o.s.; ***-ni dev aynasında görmek*** to think no small beer of o.s.; ***-ni göstermek*** to prove one's worth, to stand out; ***-ni kaptırmak*** *fig.* to let o.s. get carried away (*-e* by); ***-ni kaybetmek*** **1.** to fly into a rage; **2.** to lose consciousness; ***-ni vermek*** (*bşe*) to put one's heart into *s.th.*, to get down to *s.th.*
kendiliğinden 1. by oneself; **2.** automatically; **3.** of one's own accord.
kendilik entity.
kendince 1. subjective, personal; **2.** in one's opinion.
kendir BOT hemp.
kene ZO tick.
kenet MEC metal clamp, cramp iron.
kenetlemek 1. to clamp; **2.** to clasp (*hands*).
kenevir BOT hemp.
kent, ***-ti*** city, town.
kental, ***-li*** quintal.
kentleşmek to become urbanized.
kentli city-dweller.
kentsel urban.
Kenya *pr. n.* Kenya.
kep, ***-pi*** **1.** cap; **2.** mortarboard.
kepaze [ā] vile, contemptible.
kepazelik vileness, ignominy.
kepçe 1. ladle; **2.** scoop net, butterfly net; *~* ***gibi*** sticking out (*ears*).
kepek 1. scurf, dandruff; **2.** bran.
kepeklenmek to become scurfy.
kepekli scurfy (*hair*).
kepenk rolling *or* roll-down shutter.
keramet, ***-ti*** [ā] miracle, marvel.
kerata 1. shoehorn; **2.** F son of a gun, dog.
kere time, times; ***iki*** *~* twice.
kereste [.x.] timber, lumber.
kerevet, ***-ti*** plank-bed, wooden divan.
kerevides [..x.] ZO crayfish, crawfish.
kereviz celery.
kerhane [ā] brothel, cathouse.
kerhaneci [ā] **1.** brothel keeper; **2.** *sl.* son of a bitch, bastard.
kerhen [x.] **1.** reluctantly, unwillingly; **2.** disgustedly.
kerih [ī] disgusting, detestable.
kerim [ī] gracious, kind.
kerime daughter.
keriz *sl.* sucker.
kermes fete, kermis.
kerpeten pincers, pliers; forceps.
kerpiç, ***-ci*** sundried brick, adobe.
kerrat, ***-tı*** times; *~* ***cetveli*** times (*or* multiplication) table.
kerte 1. notch, score; **2.** degree, state.
kertenkele ZO lizard.
kertiz notch, tally, score, gash.
kervan caravan; ***-a katılmak*** *fig.* to go with the crowd.
kervansaray caravanserai, caravansary.
kes sneaker.
kesafet, ***-ti*** [ā] density.
kesat, ***-dı*** [ā] slack, flat, stagnant.
kese 1. moneybag, purse; **2.** ZO pouch, marsupium; **3.** coarse bath mitt; ***-nin ağzını açmak*** to loosen the purse strings; ***-nin dibi görünmek*** to run out of money, to be short of money.
kesekâğıdı, ***-nı*** paper bag.
keselemek to rub with a bath mitt.
keselenmek to rob o.s. with a ***kese.***
keseli ZO marsupial.
keser adze.
kesici 1. cutter; **2.** incisive, incisory, cutting.
kesicidiş incisor.
kesif [ī] dense, thick.
kesik 1. cut; **2.** off (*electricity, water etc.*); **3.** curdled.

kesikli discontinuous, intermittent.
kesiksiz continuous, uninterrupted.
kesilmek **1.** to get tired, to become bushed; **2.** to curdle; **3.** (*electricity, water etc.*) to be cut off; **4.** (*rain etc.*) to die down, to let up.
kesim **1.** slaughter (*of animals*); **2.** section, sector.
kesimevi, ***-ni*** slaughterhouse.
kesin definite, certain.
kesinleşmek to become definite.
kesinleştirmek to make definite.
kesinlik certainty, definitiveness.
kesinlikle definitely, certainly.
kesinti **1.** deduction; **2.** interruption.
kesintisiz uninterrupted, continuous.
kesir, ***-sri*** fraction.
kesirli MATH fractional.
kesişen GEOM intersecting.
kesişmek **1.** to intersect; **2.** to exchange amorous glances.
kesit, ***-ti*** MATH crosscut.
keski chisel; hatchet.
keskin **1.** sharp, keen; **2.** acute; **3.** pungent; ~ ***gözlü*** eagle-eyed; ~ ***nişancı*** marksman, dead shot; ~ ***viraj*** sharp *or* hairpin curve.
keskinleşmek to get sharp.
keskinleştirmek to sharpen.
keskinlik sharpness, keenness.
kesme **1.** cut, faceted; **2.** tin snips; ~ ***almak*** F to pinch one's cheek; ~ ***işareti*** apostrophe.
kesmek, (***-er***) **1.** to cut; to cut down, to fell (*tree*); **2.** to slaughter, to butcher; **3.** to stop, to interrupt, to break off; **4.** to turn off (*electricity, water, gas*); **5.** to deduct; **6.** to take away, to kill (*pain*); **7.** *sl.* to ogle at (*a girl*); ***kestiği tırnak olamamak*** (*b-nin*) can't hold a candle to *s.o.*
kesmeşeker lump *or* cube sugar.
kestane [ā] BOT chestnut; ~ ***şekeri*** marron glacé, candied chestnuts.
kestaneci [ā] chestnut man.
kestanecik [ā] MED prostate gland.
kestanefişeği, ***-ni*** firecracker.
kestanelik [ā] chestnut grove.
kestirme **1.** estimate; **2.** short cut; ~ ***cevap*** decisive *or* short answer; ***-den gitmek*** to take a short cut.
kestirmek **1.** to guess, to estimate; **2.** to understand clearly, to discern; **3.** to take a nap, to doze off.
keşfetmek [x..] to discover, to explore.
keşide [ī]: ~ ***etmek*** ECON to draw.
keşideci [ī] ECON drawer.
keşif, ***-şfi*** **1.** discovery, exploration; **2.** MIL reconnaissance; ~ ***uçağı*** MIL reconnaissance plane.
keşiş monk.
keşişhane [ā] monastery.
keşişleme southeast wind.
keşke I wish, if only; ~ ***gelseydin!*** if only you'd come.
keşkül milk pudding.
keşlemek *sl.* to take no notice (*-e* of).
keşmekeş disorder, rush.
ket, ***-ti*** obstacle; ~ ***vurmak*** to handicap, to put back, to hinder.
ketçap ketchup, catchup.
keten **1.** flax; **2.** flaxen, linen.
ketenhelvası, ***-nı*** cotton candy.
ketenkuşu, ***-nu*** ZO linnet.
ketentohumu, ***-nu*** linseed, flaxseed.
keton CHEM ketone.
ketum [ū] tightlipped, discreet.
ketumiyet, ***-ti*** [ū] reticence, discretion.
kevgir skimmer.
keyfi arbitrary, discretionary.
keyif, ***-yfi*** **1.** pleasure, delight, joy, enjoyment; **2.** mood, spirits, disposition; ~ ***çatmak*** to enjoy o.s., to have a good time; ~ ***halinde*** tipsy; ~ ***için*** for pleasure *or* fun; ~ ***sürmek*** to live the good life; ***keyfi bilmek*** to do as one pleases; ***keyfi kaçtı*** he is out of spirits; ***keyfinden dört köşe olmak*** to be as happy as the day is long; ***keyfine bakmak*** to enjoy o.s.
keyiflenmek to become merry, to enjoy o.s.
keyifli merry, joyous, in good spirits.
keyifsiz indisposed, in bad humo(u)r, out of sorts.
kez time; ***bu*** ~ this time; ***beş*** ~ five times.
keza [x—] also, likewise; ditto.
kezzap, ***-bı*** [ā] nitric acid, aqua fortis.
kıble kiblah, the direction of Mecca; ***-ye dönmek*** to turn towards Mecca.
Kıbrıs *pr. n.* Cyprus.
Kıbrıslı *pr. n.* Cyprian, Cypriote.
kıç, ***-çı*** **1.** buttocks, bottom, butt, rump; **2.** NAUT poop, stern; **3.** back, hind; ~ ***üstü oturmak*** F to remain helpless; ***-ına tekmeyi atmak*** *sl.* to give s.o. the boot, to boot out; ***-ını yırtmak*** *sl.*

K

to rant and rave.
kıdem seniority, priority, precedence.
kıdemli senior (*in service*).
kıdemsiz junior (*in service*).
kıkırdak ANAT cartilage, gristle.
kıkırdamak **1.** to giggle, to chuckle; **2.** to be freezing, to shudder from the cold.
kıkır kıkır gigglingly.
kıl hair, bristle; ~ ***payı*** hairbreadth; ~ ***testere*** MEC jigsaw, fretsaw; ***-ı kıpırdamamak*** not to turn a hair; ***-ı kırk yarmak*** to split hairs.
kılavuz **1.** guide; **2.** NAUT pilot.
kılcal BIOL capillary; ~ ***damar*** ANAT capillary.
kılçık **1.** fishbone; **2.** string (*of beans*).
kılçıklı bony (*fish*).
kılıbık henpecked (*husband*).
kılıç, ***-cı*** sword; ***-tan geçirmek*** to put to the sword.
kılıçbalığı, ***-nı*** ZO swordfish.
kılıf case, cover.
kılık **1.** dress, costume; **2.** appearance, shape; ~ ***kıyafet*** attire, dress.
kılıksız shabby.
kıllanmak to become hairy.
kıllı hairy, bristly.
kılmak, **(*-ar*)** **1.** to render, to make; **2.** to perform.
kımılda(n)mak to stir, to budge.
kımıltı movement, stir, motion.
kımız k(o)umiss.
kın sheath, scabbard.
kına henna; ~ ***yakmak*** *or* ***sürmek*** to henna.
kınama condemnation.
kınamak to condemn, to blame, to censure.
kıpırda(n)mak to move, to stir, to quiver, to fidget.
kıpır kıpır fidgetingly.
kıpırtı quiver, stirring.
kıpkırmızı [x…] crimson, carmine.
kır[1] grey, *Am.* gray; ~ ***düşmek*** to turn grey.
kır[2] the country, countryside; ~ ***koşusu*** cross-country race.
kıraathane […—.] café.
kıraç arid, barren.
kırağı hoarfrost, rime; ~ ***çalmak*** (*plant*) to become frostbitten.
kırat, ***-tı*** carat.
kırba waterskin.
kırbaç, ***-cı*** whip; ~ ***vurmak*** to whip, to flog.
kırbaçlamak to whip, to flog.
kırçıl greying (*hair, beard*).
kırçıllaşmak to grey.
kırgın offended, hurt, resentful.
kırgınlık offence, hurt, resentment.
kırıcı offensive, hurtful (*word etc.*)
kırık **1.** broken; **2.** MED fracture, break; **3.** *school*: failing grade; **4.** *fig.* hurt, offended, resentful; ~ ***almak*** to get a failing grade; ~ ***dökük*** smashed, in pieces.
kırıkçı bonesetter.
kırıkkırak breadstick.
kırılgan breakable, fragile.
kırılım refraction.
kırılmak (*b-ne*) to resent *s.o.*, to be offended by *s.o.*; ***kırılıp dökülmek*** to speak in a flirtatious way.
Kırım *pr. n.* Crimea.
kırım massacre, genocide.
kırıntı fragment; crumb.
kırışık **1.** wrinkled, puckered; **2.** wrinkle, pucker, crease.
kırışmak **1.** to get wrinkled, to pucker; **2.** to bet with each other; **3.** to divide among *or* between themselves; **4.** F to flirt with each other.
kırıştırmak **1.** to wrinkle, to crumple, to pucker; **2.** to flirt (*ile* with), to carry on (*ile* with).
kırıtkan coquettish, flirtatious, mincing.
kırıtmak to coquet, to mince, to strut.
kırk, ***-kı*** forty; ~ ***bir kere maşallah!*** Touch wood!; ~ ***dereden su getirmek*** to beat about the bush; ~ ***tarakta bezi olmak*** to have too many irons in the fire; ~ ***yılda bir*** *fig.* once in a blue moon.
kırkambar **1.** general store; **2.** *fig.* omniscient person; **3.** NAUT mixed cargo.
kırkar forty at a time, forty to each.
kırkayak ZO **1.** centipede; **2.** millipede.
kırkbayır omasum.
kırkım shearing.
kırkıncı fortieth.
kırkmak, **(*-ar*)** to shear, to clip (*animal*).
kırlangıç, ***-cı*** ZO swallow.
kırlangıçbalığı, ***-nı*** ZO gurnard.
kırlaşmak to turn grey.
kırlık open country.
kırma **1.** pleat, fold; **2.** ZO hybrid, half-breed.

kırmak, (**-ar**) **1.** to break; **2.** to split, to chop (*wood*); **3.** to reduce (*price*); **4.** to offend, to hurt; **5.** to destroy, to break (*resistance, pride, desire etc.*); **6.** (*direksiyon*) to swerve; ***kırıp geçirmek*** **1.** to slay, to wipe out; **2.** (*gülmekten*) to have people rolling in the aisles.
kırmızı red.
kırmızıbiber BOT red pepper, cayenne pepper.
kırmızılaşmak to turn red, to redden.
kırmızılık redness; flush.
kırmızımtırak reddish.
kırmızıturp, **-pu** BOT radish.
kırpık clipped, shorn.
kırpıntı clippings.
kırpıştırmak to wink, to blink (*eyes*).
kırpmak, (**-ar**) **1.** to shear, to clip, to trim; **2.** to wink (*eye*).
kırsal rural, rustic.
kırtasiye [ā] stationery.
kırtasiyeci [ā] **1.** stationer; **2.** bureaucrat, pettifogger.
kırtasiyecilik [ā] bureaucracy, red tape.
kısa short; ~ ***dalga*** *radio*: short wave; ~ ***kesmek*** to cut short (*talk*); ~ ***kollu*** short-sleeved; ~ ***mesaj*** text-message; ~ ***mesaj göndermek*** to text; ~ ***ömürlü*** short-lived; ~ ***sürmek*** to take a short time; ~ ***vadeli*** short-term.
kısaca [.x.] in short, shortly, briefly; ***-sı*** [.x..] in a word, in brief.
kısalık shortness.
kısalmak to shorten; to shrink.
kısaltma abbreviation.
kısaltmak **1.** to shorten; **2.** to abbreviate, to abridge.
kısaltmalı shortened, abbreviated.
kısas [ā] retaliation, reprisal; ***-a*** ~ an eye for an eye, tit for tat.
kısık **1.** hoarse, choked (*voice*); **2.** turned down (*radio, lamp*); **3.** slitted, narrowed (*eyes*).
kısılmak **1.** (*voice*) to get hoarse; **2.** (*eyes*) to be narrowed.
kısım, **-smı** part, section, division; ~ ~ in parts (*or* sections).
kısıntı reduction, cutback, restriction.
kısır **1.** sterile, barren; **2.** unproductive; ~ ***döngü*** vicious circle.
kısırlaşmak to become sterile *or* barren.
kısırlaştırmak to sterilize.
kısırlık sterility, barrenness.
kısıt, **-tı** seizure, distraint.
kısıtlamak to restrict.
kısıtlayıcı restrictive.
kısıtlı restricted.
kıskaç, **-cı** **1.** pincers, pliers, forceps; **2.** claw (*of a crab*).
kıskanç, **-cı** jealous.
kıskançlık jealousy.
kıskandırmak to arouse s.o.'s jealousy.
kıskanmak to be jealous of, to envy.
kıs kıs: ~ ***gülmek*** to laugh up one's sleeve, to snicker.
kıskıvrak [x..] very tightly; ~ ***bağlamak*** to bind tightly.
kısmak, (**-ar**) **1.** to lessen, to reduce; **2.** to lower (*voice*); **3.** to cut (*expenses*); **4.** to turn down (*lamp, radio*); **5.** to narrow (*eyes*).
kısmen [x.] partly, partially.
kısmet, **-ti** **1.** destiny, fate, fortune, luck, kismet; **2.** chance of marriage; ~ ***ise*** if fate so decrees; ~ ***olmak*** to be on the cards; ***-i çıkmak*** to receive a marriage proposal.
kısmetli lucky, fortunate.
kısmetsiz unlucky, unfortunate.
kısmi [ī] partial; ~ ***seçim*** by-election.
kısrak ZO mare.
kıstak GEOGR isthmus.
kıstas [ā] criterion.
kıstırmak to squeeze, to pinch.
kış winter; ~ ***basmak*** (*winter*) to set in; ~ ***günü*** wintery day; ~ ***ortasında*** in the dead of winter; ~ ***uykusu*** ZO hibernation.
kışın [x.] in the winter.
kışkırtı incitement, provocation, instigation.
kışkırtıcı **1.** provocative; **2.** instigator, agitator.
kışkırtmak to incite, to provoke, to stir, to agitate.
kışla [x.] MIL barracks.
kışlak winter quarters.
kışlamak **1.** (*winter*) to set in; **2.** to winter.
kışlık **1.** wintery; **2.** winter residence
kıt, **-tı** scarce; ~ ***kanaat geçinmek*** to make both ends meet; ***-ı -ına idare etmek*** to get by on a shoestring, to scrape by.
kıta **1.** GEOGR continent; **2.** MIL detachment; **3.** *lit.* stanza, quatrain; ~ ***sa-***

hanlığı continental shelf.
kıtık stuffing, tow.
kıtıpiyos *sl.* no-account, good-for-nothing.
kıtır kıtır: ~ ***yemek*** to munch.
kıtlaşmak to become scarce, to run short.
kıtlık scarcity, lack, shortage; ***-tan çıkmış gibi yemek*** to wade (*or* tuck) into the meal.
kıvam [ā] thickness, consistency; ***-ında*** **1.** of the proper consistency; **2.** at the most suitable time.
kıvanç pride; ~ ***duymak*** to take pride (*-den* in).
kıvançlı proud.
kıvılcım spark.
kıvılcımlanmak to spark.
kıvırcık curly; ~ ***salata*** lettuce.
kıvır kıvır in curls; ~ ***yapmak*** to curl, to frizz.
kıvırmak **1.** to curl, to twist, to coil; **2.** to hem, to fold; **3.** F to make up, to fabricate (*lies*).
kıvır zıvır **1.** trifling; **2.** kickshaw, odds and ends.
kıvrak brisk, agile, swift.
kıvranmak to writhe, to double up
kıvrık **1.** curled; **2.** curly (*hair*).
kıvrılmak to curl up, to coil up.
kıvrım **1.** curl, twist, twine; **2.** GEOL fold, undulation; **3.** bend (*of a road*); **4.** ringlet (*of hair*); ~ ~ **1.** very curly (*hair*); **2.** twisty (*road*).
kıvrımlı curled, twisted, folded.
kıvrıntı turn, twist, coil.
kıyafet, ***-ti*** [ā] dress, attire, costume; ~ ***balosu*** fancy dress *or* costume ball
kıyak F great, super, smart.
kıyamet, ***-ti*** [ā] **1.** Doomsday, the Day of Judgement; **2.** *fig.* ruction, tumult, uproar; ~ ***gibi*** *or* ***kadar*** heaps of, pots of; ~ ***günü*** Doomsday; ***-e kadar*** till Doomsday, till kingdom come, till hell freezes over; ***-i koparmak*** to raise hell, to make a hell of a fuss.
kıyas [ā] comparison; ~ ***etmek*** to compare (*ile* with).
kıyasıya cruelly, mercilessly.
kıyı **1.** shore, coast; bank; **2.** edge, side; ~ ***balıkçılığı*** inshore fishing; ***-da bucakta*** (*or* ***köşede***) in nooks and crannies.
kıyım massacre, genocide.
kıyma mince, mincemeat.
kıymak, (***-ar***) **1.** to mince, to chop up; **2.** to slaughter, to massacre, to slay; **3.** to perform, to solemnize (*marriage*).
kıymalı with mincemeat.
kıymet, ***-ti*** value, worth; ~ ***vermek*** to value, to esteem.
kıymetlenmek to increase in value, to appreciate.
kıymetli valuable, precious.
kıymık splinter, sliver.
kız **1.** girl; daughter; **2.** virgin, maiden; **3.** *cards*: queen; ~ ***evlat*** daughter; ~ ***gibi*** **1.** girlish; **2.** brand-new; ~ ***kaçırmak*** **1.** to kidnap a girl; **2.** to elope with a girl; ~ ***kardeş*** sister
kızak **1.** sledge, sled, sleigh; toboggan; bobsled; **2.** NAUT stocks, ways, sliding ways; ***kızağa çekmek*** **1.** NAUT to put on the stocks; **2.** *fig.* to put on the shelf.
kızamık MED measles, rubeola.
kızamıkçık MED German measles.
kızarmak **1.** to turn red, to redden; **2.** to blush, to flush; **3.** to fry; to toast; ***kızarıp bozarmak*** to blush as red as a rose; ***kızarmış ekmek*** toast.
kızartma fried food.
kızartmak to fry; to roast; to toast.
kızböceği, ***-ni*** ZO dragonfly.
kızdırmak **1.** to anger, to irritate, to infuriate; **2.** to heat.
kızgın **1.** angry; **2.** red-hot.
kızgınlaşmak **1.** to get angry; **2.** to become red-hot.
kızgınlık anger, rage, fury.
kızıl **1.** red; **2.** MED scarlatina; ~ ***kıyameti koparmak*** to raise a hell of a row; ~ ***saçlı*** redheaded.
Kızılay *pr. n.* the Red Crescent.
kızılcık BOT cornelian cherry; ~ ***sopası*** *fig.* hiding, caning.
Kızıldeniz *pr. n.* the Red Sea.
Kızılderili Red *or* American Indian.
Kızılhaç, ***-çı*** *pr. n.* the Red Cross.
kızıllaşmak to redden.
kızıllık redness.
kızılötesi, ***-ni*** PHYS infrared.
kızışmak **1.** to become fierce, to become violent; **2.** (*animal*) to go into rut.
kızıştırmak **1.** to enliven, to liven up; **2.** to incite, to egg on; **3.** to make red-hot.
kızkuşu, ***-nu*** ZO lapwing, pewit.

kızlık girlhood, maidenhood, virginity; *~ **zarı*** hymen, maidenhead.
kızmak, (**-ar**) **1.** to get angry; **2.** to get hot.
ki 1. who, which, that; **2.** so ... that; ***öyle pahalı ki alamıyorum*** it is so expensive that I cannot afford it.
kibar [ā] polite, courteous.
kibarca [ā] politely.
kibarlaşmak [ā] to become polite.
kibarlık [ā] politeness, courtesy.
kibir ***-bri*** arrogance, conceit, haughtiness; ***kibrine dokunmak*** to wond s.o.'s pride; ***kibrini kırmak*** to take s.o. down a peg or two, to humiliate.
kibirlenmek to become haughty.
kibirli arrogant, haughty.
kibrit, ***-ti*** match; *~ **çöpü*** matchstick; *~ **kutusu*** matchbox.
kifayet, ***-ti*** [ā] sufficiency; *~ **etmek*** **1.** to be enough, to suffice; **2.** (*bşle*) to be satisfied (*or* contented) with *s.th.*
kil clay.
kiler pantry, larder, storeroom, cellar.
kilim kilim.
kilise [.x.] church.
kilit, ***-di*** lock; padlock; *~ **altında*** under lock and key; *~ **noktası*** key position *or* point; *~ **vurmak*** to lock.
kilitlemek to lock.
kilitli locked.
killi clayey.
kilo [x.] kilo, kilogram; *~ **almak*** to put on weight; *~ **vermek*** to lose weight.
kilometre [..x.] kilometre, *Am.* kilometer; *~ **kare*** square kilometre; *~ **saati*** speedometer, odometer.
kilovat, ***-tı*** kilowatt.
kim who, whoever; *~ **bilir?*** who knows?; *~ **o?*** who is it?
kimi, ***-ni*** some; *~ **kez*** sometimes; *~ **zaman*** sometimes.
kimlik identity; *~ **cüzdanı*** identity card.
kimse somebody, someone; anyone, anybody; (*with negative*) nobody, no one.
kimsesiz without relations *or* friends; homeless.
kimya [ā] chemistry; *~ **mühendisi*** chemical engineer; *~ **sanayii*** chemical industry.
kimyacı [ā] chemist.
kimyager [ā] chemist.
kimyasal chemical.
kimyon BOT cumin.
kin [ī] grudge, malice, ranco(u)r; *~ **beslemek*** to bear *or* nurse a grudge.
kinaye [ā] allusion, hint, innuendo.
kinci [—.] revengeful, vindictive, rancorous.
kinetik kinetic.
kinin MED quinine.
kip GR mood.
kir dirt, filth; *~ **götürmek*** (*or* ***kaldırmak***) not to show dirt; *~ **tutmak*** to show dirt easily.
kira [ā] rent, hire; *~ **kontratı*** lease; ***-da oturmak*** to live in a rented flat *or* house; ***-ya vermek*** to let, to rent.
kiracı [ā] tenant, renter, lessee.
kiralamak [.—..] to rent, to hire.
kiralık [ā] for rent, for hire, to let; *~ **kasa*** safe-deposit box; *~ **katil*** hired gun, goon.
kiraz BOT cherry.
kireç, ***-ci*** lime; *~ **kuyusu*** lime pit; *~ **ocağı*** limekiln.
kireçkaymağı, ***-nı*** calcium chloride, bleaching powder.
kireçlemek 1. to lime; **2.** to whitewash.
kireçlenme 1. calcification; **2.** MED calcinosis.
kireçli limy, calcareous.
kireçtaşı, ***-nı*** limestone.
kiremit tile; *~ **kaplamak*** to tile; *~ **rengi*** tile (*or* brick) red.
kiriş 1. joist; rafter; beam; **2.** MUS string (*of an instrument*); ***-i kırmak*** *sl.* to take to one's heels.
kirlenmek to become dirty, to foul; to become polluted.
kirletmek to dirty, to soil, to foul; to pollute.
kirli dirty, filthy, soiled; polluted; *~ **çamaşırlarını ortaya dökmek*** *fig.* to wash one's dirty linen in public; *~ **sepeti*** laundry basket.
kirlikan venous blood.
kirlilik dirtiness, filthiness, foulness; pollution.
kirpi ZO hedgehog.
kirpik eyelash.
kispet, ***-ti*** leather pants (*worn by a greased wrestler*).
kist, ***-ti*** MED cyst.
kisve attire, apparel, garb.
kişi person, individual; one.
kişileştirmek to personify.

kişilik 1. personality; 2. individuality.
kişiliksiz characterless.
kişisel personal.
kişnemek to neigh, to whinny.
kişniş BOT coriander.
kitabe [ā] inscription, epitaph.
kitabevi, ***-ni*** bookstore, bookshop.
kitap, ***-bı*** book; **~ *delisi*** bibliomaniac; **~ *kurdu*** bookworm; ***kitaba el basmak*** to swear on the Koran.
kitapçı bookseller.
kitaplık 1. bookcase; 2. library.
kitapsız 1. bookless; 2. F heathen; pagan.
kitara [.x.] MUS guitar.
kitle mass; **~ *iletişimi*** mass media.
klakson horn; **~ *çalmak*** to hoot.
klan clan.
klapa lapel.
klarnet, ***-ti*** clarinet.
klas F first-rate, ace, A 1.
klasik classic.
klasman *sports*: rating, classifying.
klasör file.
klavye keyboard.
kleptoman kleptomaniac.
klik clique.
klima air conditioner.
klinik clinic.
klips clip.
kliring ECON clearing.
klişe 1. PRINT cliché, plate; 2. *fig.* trite, hackneyed.
klon clone.
klonlama cloning.
klonlamak to clone.
klor chlorine.
klorlamak to chlorinate.
klorlu chlorinated.
klorofil chlorophyll.
kloroform CHEM chloroform.
koalisyon coalition; **~ *hükümeti*** coalition government.
kobay ZO guinea pig, cavy.
koca[1] husband, hubby; ***-ya kaçmak*** to elope; ***-ya varmak*** to marry.
koca[2] 1. large, great; 2. old, aged.
kocakarı hag, crone; **~ *ilacı*** nostrum; **~ *soğuğu*** cold spell in mid-March.
kocamak to age.
kocaman huge, enormous.
koç, ***-çu*** ram.
koçan 1. corncob; 2. stump.
kod, ***-du*** code.
kodaman bigwig, big pot.
kodes *sl.* clink, cooler, stir, chokey; ***-e tıkmak*** *sl.* to throw in the clink.
kof 1. hollow; 2. ignorant.
kofana [.x.] ZO large bluefish.
koflaşmak 1. to become hollow; 2. to get weak.
koğuş dormitory; ward.
kok, ***-ku*** *a.* **~ *kömürü*** coke.
kokain cocaine.
kokarca [.x.] ZO polecat, skunk.
kokart, ***-tı*** cockade.
koket, ***-ti*** coquettish.
koklamak to smell, to sniff.
koklaşmak *fig.* to neck, to pet.
kokmak, (***-ar***) 1. to smell; 2. to stink, to putrefy.
kokmuş smelly, rotten, putrid.
kokoreç, ***-ci*** dish of sheep's gut.
kokoz *sl.* penniless, broke.
kokteyl cocktail.
koku 1. smell, scent, odo(u)r; 2. perfume; ***-sunu almak*** *fig.* to get wind of.
kokulu sweet smelling, fragrant, odorous.
kokusuz scentless, odo(u)rless.
kokuşmak to putrefy, to whiff.
kokutmak to give out a smell; to make stink.
kol 1. arm; 2. sleeve; 3. MEC handle, bar; lever; 4. branch, division; 5. patrol; 6. MIL column; **~ *düğmesi*** cuff link; **~ *gezmek*** 1. to patrol, to go the rounds; 2. *fig.* to lurk, to prowl around; **~ *-a*** arm in arm; **~ *saati*** wristwatch; ***-ları sıvamak*** *fig.* to roll up one's sleeves.
kola[1] [x.] starch.
kola[2] cola.
kolaçan: **~ *etmek*** to prowl, to look around.
kolalamak to starch.
kolalı starched, starchy.
kolay easy, simple; **~ *gelsin!*** May it be easy!; ***-ına bakmak*** to look for the easiest way; ***-ını bulmak*** (*bşin*) to find an easy way to do *s.th.*
kolayca [.x.] easily.
kolaylamak to break the back of (*a job*).
kolaylaşmak to get easy.
kolaylaştırmak to facilitate, to ease.
kolaylık 1. easiness; 2. facility, means; **~ *göstermek*** to make things easier, to help.

kolcu watchman, guard.
kolçak 1. mitten; **2.** armlet, armband.
koldaş associate, companion, mate.
kolej private high school.
koleksiyon collection; ~ ***yapmak*** to collect.
koleksiyoncu collector.
koleksiyonculuk collecting.
kolektif collective, joint; ~ ***ortaklık*** unlimited company.
kolektör ELECT collector.
kolera cholera.
kolesterol MED cholesterol.
koli parcel, packet, carton.
kollamak 1. to watch for, to look out for; **2.** to look after, to protect.
kollu 1. ... sleeved; **2.** having ... arms; **3.** MIL of ... columns; **4.** MEC handled.
kolluk 1. cuff; **2.** armband, armlet.
Kolombiya *pr. n.* Colombia.
kolon column.
koloni colony.
kolonya cologne.
kolordu MIL army corps.
koltuk armchair; ~ ***altı*** armpit; ~ ***değneği*** crutch; ~ ***değneğiyle gezmek*** to go about on crutces; ~ ***vermek*** to flatter to his face; ***-ları kabarmak*** to swell with pride.
kolye necklace.
kolyoz [x.] ZO chub mackerel.
kolza [x.] BOT rape.
koma [—.] MED coma; ***-ya girmek*** to go into a coma; ***-ya sokmak*** *sl.* to beat to a pulp.
komalık *sl.* **1.** enraged; **2.** badly beaten up; ~ ***etmek*** *sl.* to beat the tar out of s.o.
komandit, ***-ti*** limited partnership.
komando commando.
kombine combined.
kombinezon underskirt, slip.
komedi comedy.
komedyen comedian.
komi busboy.
komik 1. comical, funny; **2.** comedian, comic.
komiklik funniness.
komiser superintendent of police.
komisyon 1. commission, committee; **2.** commission, percentage.
komisyoncu 1. commission agent, broker; **2.** house agent, *Am.* realtor.
komita revolutionary committee.
komite committee.
komodin commode, chest of drawers.
komodor NAUT commodore.
kompartıman compartment.
kompas calipers.
kompetan expert, authority.
komple full; complete.
kompleks PSYCH complex.
kompliman compliment; ~ ***yapmak*** to compliment.
komplo plot, conspiracy; ~ ***kurmak*** to plot, to conspire.
komposto compote.
kompozisyon composition.
kompozitör MUS composer.
komprador comprador.
kompres MED compress.
kompresör MEC compressor
komprime pill, tablet.
kompütür computer.
komşu neighbo(u)r; ~ ***ülkeler*** neighbo(u)ring countries; ***-nun tavuğu -ya kaz görünür*** *pro.* the grass is greener on the other side of the hill (*or* fence).
komşuluk neighbo(u)rhood.
komut, ***-tu*** MIL order, command.
komuta MIL command.
komutan MIL commander.
komünist, ***-ti*** communist.
komünistlik, komünizm communism.
konak mansion.
konaklamak to stay over night, to pass the night.
konca flower bud.
konç, ***-cu*** leg (*of a boot or stocking*).
konçerto [.x.] MUS concerto.
kondansatör MEC condenser.
kondisyon physical fitness.
kondurmak to place on; to attribute to.
kondüktör conductor.
konfederasyon confederation.
konfedere confederated.
konfeksiyon ready-to-wear clothing.
konferans lecture; conference; ~ ***salonu*** lecture theatre, assembly room; ~ ***vermek*** to give a lecture.
konferansçı lecturer.
konfeti confetti.
konfor comfort, ease.
konforlu comfortable.
kongre [x.] congress.
koni GEOM cone.
konik GEOM conic.

konjonktür economic situation (*of a country*), business cycle.
konkav concave.
konken cooncan, coon king.
konkordato [..x.] **1.** LEG composition of debts; **2.** concordat.
konmak to alight, to perch, to settle.
konsantre concentrated; ~ ***olmak*** to concentrate (*-e* on).
konser concert.
konservatuvar conservatory, conservatoire.
konserve tinned *or Am.* canned food.
konsey council.
konsol **1.** chest of drawers; **2.** console.
konsolidasyon ECON consolidation.
konsolide ECON consolidated.
konsolos consul.
konsolosluk consulate.
konsomatris B-girl, mistress.
konsorsiyum ECON consortium.
konsültasyon MED consultation.
konşimento ECON bill of lading.
kont, ***-tu*** count, earl.
kontak short circuit; ~ ***anahtarı*** ignition key, engine key.
kontenjan quota.
kontes countess.
kontluk countship, earldom.
kontra [x.] counter, against.
kontrast, ***-tı*** contrast.
kontrat, ***-tı*** contract.
kontratak *sports*: counterattack.
kontrbas MUS contrabass.
kontrol, ***-lü*** control; inspection; ~ ***etmek*** to control, to check, to inspect; ~ ***kulesi*** AVIA control tower.
kontrplak plywood.
konu topic, subject.
konuk guest.
konukevi, ***-ni*** guest house.
konu komşu the neighbo(u)rs.
konuksever hospitable.
konukseverlik hospitality.
konum location, site.
konuşkan talkative, chatty.
konuşma speech, talk; discussion; ~ ***dili*** colloquial language, everyday speech; ~ ***yapmak*** to make a speech.
konuşmacı speaker; lecturer.
konuşmak to speak, to talk, to converse.
konut, ***-tu*** house, residence.
konveks convex.
konvoy convoy.
konyak cognac, brandy.
kooperatif cooperative, co-op.
kooperatifleşmek to become a cooperative.
koordinasyon coordination.
koordinat, ***-tı*** MATH coordinate.
koparmak **1.** to break off; **2.** to pluck, to pick; **3.** to let out, to set up (*noise*); **4.** (*b-den bşi*) F to get (*or* wangle) *s.th.* out of *s.o.*
kopça hook and eye.
kopil *sl.* urchin, street Arab.
kopmak, (***-ar***) **1.** to break, to snap; **2.** (*storm, war*) to break out.
kopuk broken off, torn.
kopuz lute-like instrument.
kopya **1.** copy; **2.** cheating; ~ ***çekmek*** to copy, to cheat; ~ ***kâğıdı*** carbon paper.
kopyacı **1.** copier; **2.** cheater, cribber.
kor ember.
koramiral, ***-li*** vice-admiral.
kordele ribbon.
kordiplomatik diplomatic corps.
kordon **1.** cord, cordon; **2.** cordon (*of police*); ~ ***altına almak*** to cordon off, to isolate.
Kore *pr. n.* Korea.
Koreli *pr. n.* Korean.
korgeneral, ***-li*** corps general.
koridor corridor.
korkak cowardly, fearful.
korkaklık cowardice.
korkmak (***-ar***) to be afraid *or* scared (*-den* of), to fear, to dread.
korku fear, dread, terror, fright; ~ ***filmi*** horror film; ~ ***saçmak*** to spread terror; ~ ***vermek*** to terrorize.
korkulu frightening, dreadful, perilous.
korkuluk **1.** scarecrow; **2.** balustrade, banister; **3.** *fig.* figurehead.
korkunç, ***-cu*** terrible, awful, dreadful.
korkusuz fearless, intrepid.
korkutmak to scare, to frighten; to intimidate.
korna [x.] horn; ~ ***çalmak*** to hoot, to honk.
korner *football*: corner, corner kick.
kornet, ***-ti*** MUS cornet.
korniş cornice.
korno [x.] MUS French horn.
koro [x.] chorus, choir.
korsan pirate; ~ ***radyo*** pirate radio station.

korsanlık piracy.
korse corset.
kort, ***-tu*** court.
kortej cortege.
koru grove, copse.
korucu forest watchman.
korugan MIL blockhouse.
koruk unripe *or* sour grape.
koruluk grove, copse.
koruma protection, defence; **~ *görevlisi*** bodyguard, bouncer; **~ *polisi*** police bodyguard.
korumak to protect, to guard; to defend.
korunak shelter.
korunmak to protect o.s.; to defend o.s.; to avoid.
koruyucu 1. protective; **2.** protector, defender.
kosinüs MATH cosine.
koskoca [x..], **koskocaman** [x...] very big, enormous, huge.
kostüm costume.
koşmak, (***-ar***) **1.** to run; **2.** (*şart*) to lay down, to stipulate; **3.** to harness; **4.** to put to work; **5.** (*ardından, peşinden*) to run after, to pursue, to chase; **6.** (*yardımına*) to run to s.o.'s assistance (*or* aid).
koşturmak to run about, to bustle about.
koşu race; **~ *alanı*** hippodrome; **~ *atı*** racehorse; **~ *yolu*** racecourse, racetrack.
koşucu runner.
koşuk verse; ballad.
koşul condition, stipulation.
koşullandırmak PSYCH to condition.
koşullu conditional.
koşulsuz unconditional.
koşum harness.
koşuşmak to run hither and thither, to run about.
koşuşturmak to run about, to bustle about.
koşut, ***-tu*** parallel.
kot, ***-tu*** blue jeans.
kota ECON quota.
kotarmak to dish up (*food*).
kotlet, ***-ti*** cutlet.
kotra NAUT cutter.
kova bucket, pail.
kovalamaca tag.
kovalamak to chase, to pursue.
kovan 1. beehive; **2.** cartridge case.
kovboy [x.] cowboy.
kovmak, (***-ar***) to dismiss, to drive away, to repel.
kovuk hollow, cavity.
kovuşturma LEG prosecution.
kovuşturmak LEG to prosecute.
koy cove.
koyak valley.
koymak to put, to place.
koyu 1. thick (*liquid*); **2.** dense (*fog*); **3.** deep, dark (*colour*).
koyulaştırmak 1. to thicken (*liquid*); **2.** to darken (*colour*).
koyulmak to set to (*work etc.*), to begin.
koyuluk 1. thickness; **2.** deepness, darkness.
koyun[1] ZO sheep; **~ *gibi*** *fig.* stupid, simpleton; ***-un bulunmadığı yerde keçiye Abdurrahman Çelebı derler*** *pro.* in the country of the blind, the one-eyed man is king.
koyun[2], ***-ynu*** bosom, breast; ***koynunda yılan beslemek*** *fig.* to nurse a viper in one's bosom, to have a snake in the grass.
koy(u)vermek to let go; to allow.
koz 1. walnut; **2.** *cards*: trump; ***-unu oynamak*** *fig.* to play one's trump (*or* best) card; ***-unu paylaşmak*** *fig.* to settle (*or* square *or* balance) accounts (*ile* with).
koza [x.] cocoon.
kozak, **kozalak** cone.
kozmetik cosmetic.
kozmonot, ***-tu*** cosmonaut.
kozmopolit, ***-ti*** cosmopolitan.
köçek 1. ZO foal (*of a camel*); **2.** boy dancer.
köfte meat balls.
köftehor *co.* lucky dog.
köhne old, ramshackle, dilapidated.
kök, ***-kü*** **1.** root (*a.* MATH); **2.** origin; **~ *salmak*** to take root; ***-ünü kazımak*** to root out, to exterminate, to eradicate.
kökboyası, ***-nı*** BOT madder.
köken origin, source; **~ *kodu*** IT source code.
kökleşmek to take root.
köklü rooted.
köknar BOT fir.
köle slave.
kölelik slavery.

kömür coal; charcoal; ~ ***işçisi*** collier, coal miner; ~ ***ocağı*** coal mine.
kömürcü coal dealer.
kömürleşmek to coalify, to char.
kömürlük coal cellar.
köpek ZO dog.
köpekbalığı, ***-nı*** ZO shark.
köpekdişi, ***-ni*** cuspid, canine tooth.
köpeklenmek, **köpekleşmek** to fawn, to cringe, to grovel.
köpekmemesi, ***-ni*** large bubo.
köpoğlu, ***-nu*** [x—.] *a.* ~ ***köpek*** son of a bitch, bastard, dirty rat.
köprü bridge; ~ ***altı çocuğu*** guttersnipe.
köprücük *a.* ***-kemiği*** ANAT collarbone.
köpük foam, froth.
köpüklü foamy, frothy.
köpürmek 1. to foam, to froth, to spume; **2.** *fig.* to foam at the mouth.
kör 1. blind; **2.** dull, blunt (*knife etc.*); **3.** dim (*light*); ~ ***kütük*** *fig.* pissed, corked, as drunk as a lord; ~ ***olası!*** Damn!; ~ ***talih*** bad luck, evil destiny; ~ ***topal*** F after a fashion; ***-le yatan şaşı kalkar*** *pro.* the rotten apple injures its neighbo(u)rs.
körbağırsak ANAT cecum, blind gut.
kördüğüm *fig.* Gordian knot.
körebe blindman's buff.
körelmek to get dull *or* blunt.
köreltmek to dull, to blunt (*knife, etc.*).
körfez gulf.
körkuyu dry well.
körleşmek to become dull *or* blunt.
körleştirmek, **körletmek 1.** to dull, to blunt (*knife, etc.*); **2.** to cause to fail (*mental power*); **3.** to make go dry (*well*).
körlük 1. blindness; **2.** bluntness, dullness (*of a knife etc.*).
körpe fresh, tender.
körpelik freshness.
körük 1. bellows; **2.** accordion coupling (*on a bus or train*).
körüklemek *fig.* to incite.
körükleyici *fig.* instigative.
köse beardless.
kösele stout leather; ~ ***gibi*** leathery (*food*); ~ ***suratlı*** F shameless.
kösnümek to be in heat *or* rut.
köstebek ZO mole.
köstek 1. hobble, fetter; **2.** watch chain; **3.** *fig.* obstacle, impediment.
kösteklemek 1. to hobble, to fetter; **2.** *fig.* to hamper, to impede.
köşe 1. corner; **2.** nook; ~ ***başı*** street corner; ~ ***bucak*** every nook and cranny; ~ ***kapmaca*** puss in the corner; ***-yi dönmek*** F to strike it rich.
köşebent MEC angle iron.
köşegen MATH diagonal.
köşeli cornered; ~ ***ayraç*** PRINT bracket.
köşk, ***-kü*** villa, pavilion.
kötek beating; ~ ***atmak*** to beat, to cane.
kötü bad; wicked, evil; ~ ***günler*** hard times; ~ ***huy*** bad habit; ~ ***söylemek*** (*b-i için*) to speak ill of s.o.; ~ ***yola düşmek*** to go on (*or* walk) the streets; ***-ye kullanmak*** to misuse, to abuse.
kötücül malicious, evil, malevolent.
kötüleşmek to become bad, to deteriorate.
kötülük 1. badness; **2.** harm, wrong; ~ ***etmek*** (*b-ne*) to do *s.o.* harm.
kötümser pessimistic.
kötümserlik pessimism.
kötürüm paralyzed, crippled.
köy village.
köylü villager, peasant; fellow villager.
köyodası, ***-nı*** village social room.
köz ashes, embers.
kral king.
kraliçe queen.
kraliyet, ***-ti*** kingdom.
krallık 1. kingdom; **2.** kingship.
kramp, ***-pı*** MED cramp.
krampon screw-in stud.
krank, ***-kı*** MEC crankshaft.
krater crater.
kravat, ***-tı*** tie, necktie.
kredi credit; ~ ***kartı*** credit card; ~ ***mektubu*** letter of credit.
krem cream.
krema [x.] cream; icing.
kremkaramel creme caramel.
kremlemek to apply cream (*-i* to).
kremşanti creme chantilly, whipped cream.
krepon crepon; ~ ***kâğıdı*** crepe paper.
kreş day nursery, crèche.
kriket, ***-ti*** *sports*: cricket.
kriko [x.] jack.
kriminoloji criminology.
kristal, ***-li*** crystal.
kritik 1. critique; **2.** critical, crucial.
kriz 1. crisis; **2.** fit, attack; **3.** fit of hysterics; ~ ***geçirmek*** to have a fit of hys-

terics.
kroki [x.] sketch, draft.
krom chrome, chromium.
kromozon BIOL chromosome.
kronik chronic.
kronoloji chronology.
kronometre [..x.] chronometer, stop-watch.
kros cross-country race.
krosçu cross-country runner.
kroşe *boxing*: hook.
krupiye croupier.
kruvaze double-breasted (*garment*).
kruvazöz NAUT cruiser.
kuaför hairdresser, coiffeur.
kubbe dome, cupola.
kubbeli domed.
kubur drain-hole.
kucak **1.** embrace; lap; **2.** armful; ~ ***açmak*** to receive with open arms; ~ ***kucağa*** in each other's arms; ~ ~ by the armloads (*or* armfuls); ***kucağına düşmek*** to fall in to the midst (*-in* of).
kucaklamak to embrace, to hug.
kucaklaşmak to hug each other.
kuçukuçu doggy, bow-wow.
kudret, ***-ti*** power, strength, might.
kudretli powerful, mighty.
kudretsiz powerless, incapable.
kudurgan wild, uncontrollable (*person*).
kudurmak **1.** to become rabid; **2.** *fig.* to be beside o.s. with anger; **3.** *fig.* to go wild, to romp.
kuduruk *fig.* gone mad, furious.
kuduz MED **1.** rabies, hydrophobia; **2.** rabid.
Kudüs *pr. n.* Jerusalem.
kuğu ZO swan.
kuka ball.
kukla [x.] puppet; marionette.
kukuleta [..x.] hood; cowl.
kukumav ZO owlet.
kul **1.** slave; **2.** human being, man, mortal (*in relation to God*).
kulaç **1.** fathom; **2.** *swimming*: stroke.
kulaçlamak **1.** to fathom; **2.** to crawl.
kulak **1.** ear; **2.** MUS tuning peg; ~ ***asmamak*** *fig.* to turn a deaf ear (*-e* to); ~ ***erimi*** earshot; ~ ***kabartmak*** to prick up one's ears; ~ ***kepçesi*** ANAT earlap; ~ ***kesilmek*** to be all ears; ~ ***misafiri olmak*** to overhear, to eavesdrop; ~ ***vermek*** to give *or* lend an ear (*-e* to); ***kulağı ağır işitmek*** to be hard of hearing; ***kulağı delik*** quick of hearing; ***kulağı okşamak*** to be pleasant to the ear; ***kulağına çalınmak*** to come to one's ears; ***-ları çınlasın!*** I hope his ears are burning!; ***-larına kadar kızarmak*** to blush to the top of one's ears; ***-tan dolma*** picked up (*knowledge*).
kulakçık ANAT atrium, auricle.
kulaklı eared.
kulaklık **1.** earphone, headphone; **2.** hearing aid.
kulakmemesi, ***-ni*** earlobe.
kulakzarı, ***-nı*** eardrum.
kulampara [.x..] pederast.
kule tower; turret.
kulis THEA backstage, wings; ~ ***yapmak*** to lobby.
kullanılmış used, secondhand.
kullanım using, use, usage.
kullanış using; ~ ***biçimi*** usage, way of using.
kullanışlı useful, handy.
kullanışsız useless, unhandy.
kullanmak **1.** to use, to employ; **2.** to drive (*car*); to fly (*plane*); to steer (*ship*); **3.** to take, to use.
kulluk **1.** slavery; **2.** worship.
kulp, ***-pu*** handle, lug; ~ ***takmak*** to find a pretext.
kulplu: ~ ***beygir*** *sports*: pommel horse.
kuluçka [.x.] broody; ~ ***makinesi*** incubator; ***-ya yatmak*** to brood, to incubate.
kulunç stiff neck.
kulübe **1.** hut, shed, cottage; **2.** MIL sentry box; **3.** telephone box.
kulüp, ***-bü*** club.
kulvar *sports*: lane.
kum **1.** sand; **2.** MED gravel (*in the kidneys*); ~ ***saati*** hourglass.
kuma fellow wife.
kumanda [.x.] MIL command; ~ ***etmek*** to command.
kumandan commander.
kumandanlık commandership.
kumanya [.x.] provisions; rations.
kumar gambling; ~ ***oynamak*** to gamble.
kumarbaz, **kumarcı** gambler.
kumarhane [..—.] gambling-house.
kumaş cloth, fabric, material.
kumbara [x..] moneybox, piggy bank.
kumkuma *fig.* instigator, spreader.

kumlu sandy.
kumluk sandy place.
kumpanya 1. ECON company, firm; **2.** THEA troupe; **3.** *fig*. gang, band, bunch.
kumral 1. brown (*hair*); **2.** brown-haired (*person*).
kumru ZO turtledove.
kumsal sandy place; sand beach.
kumtaşı, ***-nı*** sandstone.
kumul dune.
kundak 1. swaddling clothes; **2.** gunstock; **3.** bundle of rags; **~ *sokmak* 1.** to set fire (*-e* to); **2.** to sabotage, to wreck.
kundakçı arsonist, incendiary, firebug.
kundakçılık arson, incendiarism.
kundaklamak 1. to swaddle; **2.** to set fire to, to sabotage.
kundura [x..] shoe.
kunduracı 1. shoemaker; **2.** shoerepairer, cobbler; **3.** seller of shoes.
kunduz ZO beaver.
kupa [x.] **1.** cup; **2.** *cards*: heart; **~ *finali*** cup final.
kupkuru [x..] bone-dry, as dry as a bone.
kupon coupon.
kupür cutting, clipping.
kur[1] **1.** ECON rate of exchange; **2.** course (*of studies*).
kur[2] courtship, flirtation; **~ *yapmak*** to court, to pay court (*-e* to).
kura 1. lot; **2.** MIL conscription; **~ *çekmek*** to draw lots.
kurabiye [ā] cooky, cookie.
kurak dry, arid.
kuraklık drought.
kural rule.
kuraldışı exceptional.
kurallı GR regular.
kuralsız GR irregular.
kuram theory.
kuramcı theorist, theoretician.
kuramsal theoretical.
Kuran *pr. n*. Koran, the Quran.
kurbağa ZO frog; **~ *adam*** frogman.
kurbağacık MEC small monkey wrench.
kurbağalama *swimming*: breast stroke.
kurban [ā] sacrifice; victim; **♀ *Bayramı*** the Greater Bairam; **~ *etmek*** to sacrifice; **~ *kesmek*** to kill an animal as a sacrifice.
kurbanlık sacrificial (*animal*).
kurcalamak to monkey about, to tamper.
kurdele ribbon.
kurdeşen rash.
kurgu 1. clock *or* watch key; **2.** MEC installation; **3.** PHLS speculation; **4.** *film*: editing, montage.
kurgubilim science fiction.
kurmak, **(*-ar*) 1.** to set up, to assemble; **2.** to establish, to found; **3.** to wind (*clock*); **4.** to set, to lay (*table*); **5.** to pitch (*tent*); **6.** to plot, to plan.
kurmay MIL staff; **~ *subay*** staff officer.
kurna [x.] basin.
kurnaz cunning, sly, foxy.
kurnazlık cunning, foxiness.
kuron crown.
kurs[1] course, lesson.
kurs[2] disk.
kursak craw, maw.
kurşun 1. lead; **2.** bullet; **~ *gibi*** as heavy as lead; **~ *işlemez*** bullet-proof; **~ *yağdırmak*** to shower bullets (*-e* on); **~ *yarası*** bullet wound; ***-a dizmek*** to execute by shooting.
kurşuni [. — —] leaden, gray.
kurşunkalem pencil.
kurşunlamak 1. to lead; **2.** to shoot.
kurşunlu leaden.
kurt, ***-du* 1.** wolf; **2.** worm, maggot; ***-larını dökmek*** *fig*. to have one's fling, to have the time of one's life.
kurtarıcı 1. savio(u)r; **2.** MOT wrecker, tow truck, breakdown lorry.
kurtarmak to save, to rescue.
kurtçuk larva.
kurtköpeği, ***-ni*** wolf dog, German shepherd.
kurtlanmak 1. to get wormy; **2.** *fig*. to fidget.
kurtlu 1. wormy; **2.** *fig*. fidgety.
kurtmasalı, ***-nı*** cock-and-bull story.
kurtulmak 1. to escape; **2.** to slip out; **3.** to get rid of (*s.th. or s.o. unpleasant*).
kurtuluş liberation; salvation; escape; **♀ *Savaşı*** War of Independence.
kuru 1. dry; dried; **2.** dead (*plant*); **3.** thin, emaciated; **~ *fasulye*** kidney bean; **~ *gürültü*** much ado about nothing; **~ *sıkı*** blank (*shot*); **~ *soğuk*** dry cold; **~ *temizleme*** dry cleaning; **~ *temizleyici*** dry cleaner; **~ *üzüm*** raisin; **~ *yemiş*** dried fruits and nuts.
kurucu founder; **~ *meclis*** constitutional assembly.

kurukafa skull.
kurukahve roasted coffee bean.
kurul committee.
kurulamak to dry, to wipe dry.
kurulmak 1. to nestle down; **2.** to swagger, to show off.
kurultay council, assembly.
kuruluş organization, institution, establishment.
kurum 1. institution, foundation; **2.** soot; **3.** *fig.* swagger; ~ ***satmak*** to put on airs.
kurumak 1. to dry; **2.** to wither.
kurumlanmak 1. to get sooty; **2.** *fig.* to put on airs, to be stuck-up.
kurumlaştırmak to institutionalize.
kurumlu 1. sooty; **2.** *fig.* conceited, stuck-up.
kuruntu delusion, illusion, fancy.
kuruntulu neurotic, hypochondriac.
kuruş kurush, piastre, *Am.* piaster.
kurutma kâğıdı blotting paper.
kurutmak 1. to dry; **2.** to blot.
kurye POL courier.
kuskus couscous.
kusmak, (***-ar***) to vomit, to bring up, to spew, to puke.
kusmuk vomit.
kusturucu emetic.
kusur [. —] fault, defect; shortcoming; ~ ***etmek*** to be at fault; ***-a bakmamak*** to overlook, to pardon; ***-a bakma!*** I beg your pardon!, Excuse me!
kusurlu 1. faulty, defective; **2.** at fault, in the wrong.
kusursuz faultless, perfect.
kuş bird; ~ ***beyinli*** bird-brained, dizzy; ~ ***gibi*** as light as a feather; ~ ***kanadıyla gitmek*** to go like a bird, to go off at a terrific bat; ~ ***uçmaz kervan geçmez bir yer*** desolate place; ~ ***uçurmamak*** *fig.* not to allow anyone *or* anything to escape.
kuşak 1. sash; girdle; cummerbund; **2.** generation; **3.** GEOGR zone.
kuşanmak to gird on.
kuşatma MIL siege.
kuşatmak 1. to gird; **2.** to surround; to besiege.
kuşbakışı, ***-nı*** bird's-eye view.
kuşbaşı, ***-nı*** **1.** in small chunks (*meat*); **2.** in big flakes (*snow*).
kuşekâğıdı, ***-nı*** glossy paper.
kuşet, ***-ti*** berth; couchette.
kuşkonmaz BOT asparagus.
kuşku suspicion, doubt; ***-ya düşmek*** to feel suspicious.
kuşkucu suspicious, skeptical.
kuşkulanmak to get suspicious.
kuşkulu suspicious.
kuşkusuz 1. unsuspicious; **2.** certainly, for sure, undoubtedly.
kuşluk midmorning.
kuşpalazı, ***-nı*** MED diphtheria.
kuşsütü, ***-nü*** any unobtainable thing; ~ ***ile beslemek*** to nourish with the choicest of food.
kuştüyü, ***-nü*** down.
kuşüzümü, ***-nü*** currant.
kutlama 1. congratulation; **2.** celebration.
kutlamak 1. to congratulate; **2.** to celebrate.
kutlu lucky; blessed.
kutsal holy, sacred.
kutsamak to sanctify, to bless, to consecrate.
kutu box, case.
kutup, ***-tbu*** pole; ~ ***ayısı*** polar bear.
kutuplaşmak to be polarized.
Kutupyıldızı, ***-nı*** AST North Star, Polaris.
kuvaför *s.* ***kuaför.***
kuvars quartz.
kuvöz incubator.
kuvvet, ***-ti*** strength, power, force, might; vigo(u)r; ***-ten düşmek*** to weaken.
kuvvetlendirmek to strengthen.
kuvvetlenmek to become strong.
kuvvetli strong, powerful; vigorous.
kuvvetsiz weak, feeble.
kuyruk 1. tail; **2.** queue, line; **3.** train (*of a dress*); ***kuyruğu kapana kısılmak*** F to have one's back against the wall; ***kuyruğu titretmek*** *sl.* to kick the bucket.
kuyruklu tailed; ~ ***piyano*** grand piano; ~ ***yalan*** walloping lie, whopper.
kuyrukluyıldız AST comet.
kuyruksallayan ZO yellow wagtail.
kuyruksokumu, ***-nu*** coccyx.
kuytu seciuded, remote; out-of-the--way.
kuyu 1. well; pit; **2.** MIN shaft; ***-sunu kazmak*** (*b-nin*) *fig.* to set a trap for *s.o.*
kuyumcu jewel(l)er.
kuyumculuk jewel(l)ery.

K

kuzen cousin.
kuzey north.
kuzeybatı northwest.
kuzeydoğu northeast.
kuzeyli northerner.
kuzgun zo raven; ***-a yavrusu şahin görünür*** *pro.* all his geese are swans.
kuzguni [.——] as black as pitch (*or* ink).
kuzgunkılıcı, ***-nı*** BOT gladiolus.
kuzu lamb; ~ ***derisi*** lambskin.
kuzukestanesi, ***-ni*** small ohestnut.
kuzukulağı, ***-nı*** BOT sorrel.
kuzulamak to lamb.
Küba *pr. n.* Cuba.
kübik cubic.
küçücük [x..] tiny, wee.
küçük **1.** small, little; **2.** young; **3.** insignificant, minor, petty; ~ ***aptes*** urination, pee; ~ ***düşmek*** to lose face; ~ ***düşürmek*** to disgrace, to humiliate; ~ ***görmek*** to belittle, to underrate; ~ ***parmak*** little finger *or* toe; ~ ***su dökmek*** to piss, to pee, to urinate; ***-ten beri*** from childhood.
Küçükayı AST Ursa Minor, the Little Bear.
küçükbaş sheep, goat, *etc.*; ~ ***hayvanlar*** sheep, goats, *etc.*
küçükdil ANAT uvula.
küçüklü büyüklü big and small.
küçüklük **1.** littleness, smallness; **2.** childhood.
küçülmek **1.** to shrink; **2.** to be humiliated.
küçültmek **1.** to make smaller; to reduce, to diminish; **2.** to humiliate.
küçültücü derogatory, deprecatory.
küçümsemek to belittle, to despise, to look down on.
küf mo(u)ld, mildew; ~ ***bağlamak*** to mo(u)ld, to get mo(u)ldy.
küfe pannier.
küfelik *fig.* blotto, well-oiled, lit up.
küflenmek **1.** to mo(u)ld, to mildew; **2.** *fig.* to rot, to get rusty.
küflü mo(u)ldy, mildewy.
küfretmek [x..] to swear, to curse.
küfür, ***-frü*** cuss, swearword, curse; ~ ***etmek*** (*or* ***savurmak***) to swear, to cuss.
küfürbaz foulmouthed.
küfür küfür: ~ ***esmek*** to puff.
küheylan Arabian horse.
kükremek to roar (*a. fig.*).
kükürt CHEM sulphur, *Am.* sulfur.
kükürtlü CHEM sulphurous, *Am.* sulfurous.
kül, ***-lü*** ash; ~ ***tablası*** ashtray.
külah conical hat *or* cap; ***-ıma anlat!*** Tell that to the marines!; ***Ali'nin –ını Veli'ye, Veli'nin –ını Ali'ye giydirmek*** to rob Peter to pay Paul.
külbastı grilled cutlet.
külçe ingot.
külfet, ***-ti*** trouble, burden, bother, inconvenience.
külfetli burdensome, troublesome.
külhanbeyi, ***-ni*** bully, rowdy, tough, hooligan.
küllenmek to become ashy.
küllük ashtray.
külot, ***-tu*** underpants, briefs, undershorts; ***-lu çorap*** tights.
kültür culture.
kültürel cultural.
kültür fizik free exercise.
kültürlü cultured, cultivated.
kültürsüz uncultured.
külüstür ramshackle; junky-looking.
kümbet, ***-ti*** vault, dome.
küme **1.** pile, heap, mound; **2.** group, mass.
kümebulut, ***-tu*** cumulus.
kümelenmek to cluster; to group.
kümeleşmek to group.
kümes coop; ~ ***hayvanları*** poultry.
künde **1.** hobble, fetter; **2.** *wrestling*: hold.
künk, ***-kü*** pipe.
künye identification *or* dog tag.
küp[1], ***-pü*** earthenware jar; ~ ***gibi*** as fat as a pig; ***-lere binmek*** *fig.* to go up in the air, to blow one's top; ***-ünü doldurmak*** to feather one's nest.
küp[2] MATH cube.
küpe earring.
küpeçiçeği, ***-ni*** BOT fuchsia.
küpeşte [.x.] NAUT railing.
kür health cure.
kürdan toothpick.
kürdanlık toothpick holder.
küre globe, sphere.
kürek **1.** shovel; **2.** oar, paddle; ~ ***çekmek*** to row; ~ ***yarışı*** boatrace, rowing competition.
kürekkemiği, ***-ni*** ANAT shoulder blade, scapula.
küresel spherical; ~ ***ısınma*** global

warming.
küreselleşme globalization; ~ ***karşıtı*** anti-globalist.
küreselleştirmek to globalize (*commerce*).
kürk, ***-kü*** fur.
kürkçü furrier.
kürsü **1.** lectern, rostrum, pulpit, dais; **2.** professorship, chair, seat.
Kürt, ***-dü*** *pr. n.* Kurd.
kürtaj MED curettage.
küs sullen.
küskü crowbar.
küskün offended, disgruntled.
küsmek, (***-er***) to be offended, to sulk, to pout.
küspe bagasse; residue.
küstah insolent, impertinent, impudent.
küstahlık insolence, impudence, cheek.
küstümotu, ***-nu*** BOT mimosa.
küsur [ū] remainder; odd; ***beş yüz*** ~ five hundred odd.
küsüşmek to get cross with each other.
küt, ***-tü*** blunt, dull.
küt küt: ~ ***atmak*** (*heart*) to pound, to throb.
kütle mass.
kütleşmek to get blunt *or* dull.
kütük **1.** trunk; log; **2.** ledger, register.
kütüphane **1.** library; **2.** bookcase.
kütüphaneci librarian.
kütürdemek to crunch, to crackle.
kütür kütür **1.** crunchingly; **2.** crunchy (*fruit*).
kütürtü crunch, crackle.
küvet, ***-ti*** **1.** bathtub; basin, sink; **2.** PHOT developing tray.

L

la MUS la.
labirent, ***-ti*** labyrinth.
laborant, ***-tı*** laboratory assistant.
laboratuvar laboratory.
lacivert dark *or* navy blue.
laçka **1.** NAUT slacken off (*rope*); **2.** *fig.* loose, lax; ~ ***etmek*** to slacken, to cast off; ~ ***olmak*** to get slack, to slacken off.
laden BOT cistus.
lades a bet with a wishbone; ~ ***kemiği*** ANAT wishbone; ~ ***tutuşmak*** to bet with a wishbone.
laf **1.** word, remark; talk, chat; **2.** empty words, hot air; ~ ***anlamaz*** thick-headed; obstinate; ~ ***aramızda*** between you and me; ~ ***işitmek*** to be rebuked, to be on the carpet; ~ ***-ı açar*** one topic leads to another; ~ ***olsun diye*** just for s.th. to say; ***-a tutmak*** (*bni*) to engage *s.o.* in conversation; ***-ınızı balla kestim*** excuse me for interrupting you; ***-ını bilmek*** to weigh one's words; ***-ını etmek*** (*bşin*) to talk about *s.th.*
lafazan talkative, chatty.
lafebesi, ***-ni*** talkative, garrulous.
lağım sewer, drain; ~ ***açmak*** to dig a drain; ~ ***çukuru*** cesspool, sinkhole; ~ ***suları*** sewage.
lağvetmek [x..] to abolish, to abrogate.
lahana [x..] BOT cabbage.
lahit, ***-hdi*** sarcophagus; ***walled*** tomb.
lahmacun a kind of meat, pizza.
lahza instant, moment.
lakap, ***-bı*** nickname.
lakayt indifferent, unconcerned; nonchalant; ~ ***kalmak*** (*bşe or bşe karşı*) to be indifferent towards *s.th.*, to remain unmoved by *s.th.*
lakaytlık indifference, unconcern; nonchalance.
lake lacquered.
lakerda salted tunny.
lakırdı word; talk.
lakin [x.] but, however.
laklak *fig.* chatter; ~ ***etmek*** to clatter, to chatter, to yak.
lal, ***-li*** ruby; garnet.
lala *hist.* manservant (*who took care of a child*).
lale BOT tulip.
lam microslide.
lama ZO llama.
lamba **1.** lamp; **2.** *radio*: tube.
lan **1.** Hey, you!; **2.** Say man!

lanet, ***-ti*** **1.** curse, damnation; **2.** cursed, damned; **~ *okumak*** to curse, to damn.
lanetlemek to curse, to damn.
lanetli *s.* ***lanet 2.***
langırt, ***-tı*** **1.** pinball; **2.** fooseball.
lapa porridge; poultice; **~ ~** in large flakes (*snow*).
lapacı *fig.* flabby, languid.
lappadak with a plop.
lastik **1.** rubber; **2.** tyre, *Am.* tire.
lata [x.] lath.
latarna, laterna [.x.] barrel organ.
latif [.—] nice, pleasant.
latife [.—.] joke, leg-pull.
Latin *pr. n.* Latin; **~ *harfleri*** Latin characters.
Latince [x..] *pr. n.* Latin.
laubali [—.——] free-and-easy, pert, saucy.
laubalileşmek to become saucy.
laubalilik sauciness, pertness.
lav GEOGR lava.
lavabo washbasin, sink.
lavaj **1.** MIN washing; sluicing; **2.** MED lavage.
lavanta [.x.] BOT lavender.
lavman MED enema.
lavta [x.] MUS lute.
layık, ***-ğı*** **1.** deserving, worthy (*-e* of); **2.** suitable, proper; **~ *görmek*** (*b-ni bşe*) to deem *s.th.* worthy of *s.o.*; **~ *olmak*** to deserve, to be worthy (*-e* of).
layıkıyla properly, adequately.
layik, ***-ki*** secular, nonclerical.
layikleştirmek to secularize, to laicize.
layiklik secularism, laicism.
Laz *pr. n.* Laz.
lazer laser; ***~le ameliyat*** laser surgery.
lazım necessary, needed, essential; **~ *olmak*** to be necessary, to be needed.
lazımlık potty, chamber pot.
leblebi roasted chickpeas.
leğen washtub; washbowl.
leh in favo(u)r of, for; ***-inde olmak*** to be in favo(u)r (*-in* of); ***-te oy vermek*** to vote for; ***-te ve aleyhte*** pro and con, for and against.
Lehçe *pr. n.* Polish.
lehçe dialect.
lehim solder.
lehimlemek to solder.
lehtar [ā] LEG beneficiary.
leke **1.** stain, spot; **2.** *fig.* dishono(u)r, blot; **~ *getirmek*** (*b-ne*) *fig.* to blacken *s.o.*, to besmirch *s.o.*; **~ *olmak*** to become stained; **~ *sürmek*** *fig.* to blacken, to besmirch; **~ *yapmak*** to stain, to leave (*or* make) a stain (*-i* on).
lekelemek **1.** to stain; to soil; **2.** *fig.* to defame, to besmirch, to sully.
lekeli **1.** stained, spotted; **2.** *fig.* of bad repute, dishono(u)red.
lekelihumma typhus.
lekesiz spotless.
lenf lymph.
lenger NAUT anchor.
lengüistik linguistics.
leopar ZO leopard.
leş carcass; **~ *gibi*** **1.** stinking to high heaven; **2.** bone-lazy; ***-ini çıkarmak*** (*b-nin*) to beat the tar out of *s.o.*; ***-ini sermek*** (*b-nin*) to do *s.o.* in, to bum *s.o.* off.
leşkargası, ***-nı*** ZO hooded crow.
letafet, ***-ti*** [ā] charm, grace; delicacy; winsomeness.
levazım [ā] supplies, provisions.
levha sign, signboard.
levye lever, crowbar.
levrek ZO sea bass.
leydi lady.
leylak, ***-kı*** BOT lilac.
leylek ZO stork.
leziz delicious, tasty.
lezzet, ***-ti*** taste, flavo(u)r.
lezzetli delicious, tasty.
lezzetsiz tasteless.
lıkır lıkır with a gurgle.
liberal, ***-li*** liberal.
liberalizm liberalism.
libre [x.] pound.
Libya *pr. n.* Libya.
lider [x.] leader.
liderlik leadership.
lif [ī] **1.** fibre, *Am.* fiber; **2.** BOT luffa.
lig, ***-gi*** *sports*: league.
liken BOT, MED lichen.
likide etmek ECON to liquidate.
likidite ECON liquidity.
likit fluid, liquid.
likör liqueur.
liman harbo(u)r; seaport.
limanlamak to come into harbo(u)r.
lime [ī]: **~ ~** in tatters (*or* rags).
limit, ***-ti*** limit.
limitet, ***-ti***: **~ *şirket*** ECON limited company.
limon BOT lemon; **~ *sıkmak*** *fig.* to wet-

blanket (*a conversation*).
limonata [..x.] lemonade.
limoni [.——] lemon *or* pale yellow.
limonluk 1. lemon squeezer; **2.** greenhouse.
limontozu, ***-nu***, **limontuzu**, ***-nu*** citric acid.
linç, ***-çi*** lynching; **~ *etmek*** to lynch.
linyit, ***-ti*** lignite.
liposuction MED liposuction.
lir MUS lyre.
lira lira, Turkish pound.
liret, ***-ti*** Italian lira.
lirik *lit.* lyrical.
lisan language.
lisans 1. licence, *Am.* license; **2.** bachelor's degree; **3.** import *or* export licence; **~ *yapmak*** to study for a bachelor's degree.
lisansüstü postgraduate.
lise [x.] high school, lycée
liseli high school student.
liste [x.] list.
litre [x.] litre, *Am.* liter.
liyakat, ***-ti*** [.—.] merit, suitability; competence; **~ *göstermek*** to prove capable.
liyakatli [.—..] worthy, deserving.
lobi lobby.
lobut, ***-tu*** *sports*: Indian club.
loca [x.] **1.** THEA box; **2.** Masonic lodge.
lodos southwest wind.
logaritma MATH logarithm.
loğusa woman in childbed.
loğusalık childbed, confinement.
lojistik MIL logistics.
lojman lodging.
lokal, ***-li*** **1.** clubroom; club; **2.** local (*a.* MED).
lokanta [.x.] restaurant.
lokantacı [.x..] restaurateur.
lokavt, ***-tı*** lockout.
lokma 1. morsel, bite; **2.** MEC wrench; **3.** a kind of syrupy friedcake.
lokmanruhu, ***-nu*** CHEM ether.
lokomotif locomotive.
lokum Turkish delight.
lombar NAUT gunport.
lonca [x.] guild.
Londra [x.] *pr. n.* London.
longpley long-playing record.
lop, ***-pu*** round and soft; **~ ~ *yutmak*** to bolt down; **~ *yumurta*** hard-boiled egg.
lopur lopur: **~ *yemek*** to bolt down.
lort lord; ***Lortlar Kamarası*** the House of Lords.
lostra [x.] shoe polish; **~ *salonu*** shoeshine shop *or* parlour.
lostracı [x..] shoeshiner, shoeblack.
lostromo [.x.] NAUT boatswain.
losyon lotion.
loş dim, dark, gloomy.
loşluk dimness, gloom.
lotarya [.x.] lottery.
lök, ***-kü*** awkward, clumsy.
lösemi MED leukemia.
lumbago [x..] MED lumbago.
lunapark, ***-kı*** fair, amusement park.
Lübnan [ā] *pr. n.* Lebanon.
lüfer ZO bluefish.
lügat, ***-tı*** dictionary; **~ *paralamak*** to use a pompous language.
lüks 1. luxury; **2.** luxurious; **3.** lantern; **~ *mevki*** luxury class.
Lüksemburg *pr. n.* Luxemb(o)urg.
lüle curl, bob, fold, lock (*of hair*); **~ ~** curly, in curls.
lületaşı, ***-nı*** meerschaum.
lüp, ***-pü*** *sl.* **1.** windfall; **2.** kernel, essence; **~ *diye yutmak*** to bolt down.
lüpçü *sl.* freeloader, hanger-on.
lütfen [x.] please, kindly.
lütfetmek [x..] to condescend, to deign, to be so kind as to.
lütuf, ***-tfu*** favo(u)r, kindness; ***lütfunda bulunmak*** to be so good as to, to be so kind as to.
lüzum necessity, need; **~ *görmek*** to deem necessary; ***-unda*** at o pinch (*or* push), when it is necessary.
lüzumlu necessary, needed.
lüzumsuz unnecessary, needless.

L

M

maada [—.—] besides, except; in addition to.
maalesef [.x..] unfortunately.
maarif [.—.] education, public instruction.
maaş salary; ~ ***bağlamak*** to salary, to put on a salary.
maaşlı salaried, on salary.
mabet temple, place of worship.
mabut [——] God; idol.
Macar *pr. n.* Hungarian.
Macaristan *pr. n.* Hungary.
macera [—.—] adventure; ~ ***filmi*** adventure film; ~ ***romanı*** adventure novel; ~ ***peşinde koşmak*** to seek adventure.
maceracı adventuresome, adventurous.
maceralı adventurous.
maceraperest, ***-ti*** *s.* ***maceracı.***
macun [a] putty; paste.
macunlamak [—...] to putty.
maç, ***-çı*** match, game; ~ ***yapmak*** to hold a match.
maça [x.] *cards*: spade; ~ ***beyi*** jack of spades; ~ ***kızı*** queen of spades.
maçuna [.x.] MEC crane.
madalya medal; ***-nın ters yüzü*** the other side of the coin.
madalyon medallion, locket.
madam madam.
madde **1.** matter, substance; **2.** material; **3.** article, paragraph; **4.** item, entry; **5.** matter, topic, question; ~ ~ article by article, item by item.
maddeci materialist.
maddecilik materialism.
maddesel material.
maddi [ı] material, physical.
maddiyat, ***-tı*** materiality.
madem [x.], **mademki** [.x.] since, as, seeing that.
maden [a] **1.** MIN mine; **2.** CHEM metal; ~ ***cevheri*** ore; ~ ***damarı*** lode, vein; ~ ***işçisi*** miner; pitman; ~ ***kuyusu*** mine shaft; ~ ***mühendisi*** mining engineer; ~ ***ocağı*** mine, pit.
madenci [a] miner.
madencilik [a] mining.
madeni [a] *s.* ***madensel.***
madenkömürü, ***-nü*** coal.
madensel **1.** metal, metallic; **2.** mineral.
madensuyu, ***-nu*** mineral water.
madik **1.** marbles (*game*); **2.** *sl.* trick; ~ ***atmak*** to pull a fast one (*-e* on).
madrabaz swindler, cheat.
maestro MUS maestro.
mafiş F nothing left, not to be found.
mafsal joint.
magazin magazine.
magnezyum CHEM magnesium.
Magosa [x..] *pr. n.* Famagusta.
mağara cave, cavern.
mağaza store, shop.
mağdur [ū] wronged, unjustly treated.
mağlubiyet, ***-ti*** defeat; ***-e uğramak*** to get a beating, to be defeated.
mağlup, ***-bu*** defeated, beaten, overcome; ~ ***etmek*** to defeat; ~ ***olmak*** to be defeated.
mağrur [ū] haughty, conceited.
mahal, ***-lli*** place, spot, locality; ~ ***kalmamak*** to be no longer necessary.
mahalle neighbo(u)rhood, quarter; district; ~ ***bekçisi*** night watchman; ~ ***çocuğu*** urchin, gamin; ~ ***karısı*** fishwife.
mahalli local.
maharet, ***-ti*** [.—.] skill, proficiency.
mahcup, ***-bu*** [ū] shy, bashful; ~ ***etmek*** to shame, to put to the blush; ~ ***olmak*** to be ashamed.
mahdut, ***-du*** [ū] limited, restricted.
mahfaza case, box; cover.
mahir [ā] skil(l)ful, expert.
mahiyet, ***-ti*** [ā] reality; true nature.
mahkeme law court; ~ ***celpnamesi*** summons, citation; ~ ***kararı*** judg(e)ment, verdict; ***-de dayısı olmak*** to have a friend at court, to have friends in high places; ***-ye düşmek*** to be taken to court; ***-ye vermek*** (*b-ni*) to go to law against *s.o.*
mahkemelik matter for the courts; ~ ***olmak*** to go to court.

mahkûm **1.** LEG sentenced, condemned; **2.** convict; **3.** destined, doomed (*-e* to); ~ ***etmek*** to sentence, to condemn.

mahkûmiyet, ***-ti*** sentence, condemnation.

mahluk, ***-ku*** creature.

mahmur [ū] **1.** logy, groggy (*from sleep*); **2.** fuddled (*from drink*); **3.** heavy-eyed, sleepy-eyed; **4.** sleepy, languid (*eye*).

mahmuz [ū] spur.

mahmuzlamak to spur.

mahpus [ū] prisoner.

mahrem confidential, secret, intimate.

mahremiyet, ***-ti*** confidentiality, intimacy.

mahrum [ū] deprived, bereft, destitute; ~ ***etmek*** (*or* ***bırakmak***) (*b-ni bşden*) to deprive *s.o.* of *s.th.*, to bereave *s.o.* of *s.th.*; ~ ***kalmak*** to be deprived (*-den* of).

mahrumiyet, ***-ti*** [ū] deprivation, bereavement; ~ ***bölgesi*** hardship area.

mahsuben [ū] to the account (*-e* of).

mahsul, ***-lü*** crop, yield, produce; product.

mahsup, ***-bu*** [ū] entered in an account; ~ ***etmek*** to enter in an account.

mahsur [ū] confined, shut up; blockaded; ~ ***kalmak*** to be stuck (*-de* in).

mahsus **1.** peculiar, special (*-e* to); **2.** on purpose, intentionally; **3.** as a joke, jokingly.

mahşer **1.** the last judgment; **2.** *fig.* great crowd, throng.

mahvetmek [x..] to destroy, to ruin.

mahvolmak [x..] to be destroyed.

mahzen cellar, underground storeroom.

mahzun [ū] sad, depressed, grieved.

mahzunlaşmak to become sad, to sadden.

mahzunluk sadness.

mahzur [ū] objection, drawback; obstacle, snag.

mahzurlu objectionable, inconvenient; ill-advised

maiyet, ***-ti*** suite, entourage.

majeste majesty.

majör MUS major.

majüskül majuscule.

makale [.—.] article.

makam[1] [.—] office, post, position, portfolio; ~ ***arabası*** official car; ~ ***şoförü*** chauffeur.

makam[2] MUS mode.

makara reel, bobbin, spool; pulley; ~ ***gibi konuşmak*** to talk nonstop; ***-ları koyuvermek*** to burst into laughter; ***-ya almak*** (*b-ni*) to make fun of *s.o.*

makarna [.x.] macaroni; spaghetti.

makas **1.** scissors; shears; **2.** MOT spring; **3.** RAIL switch, points; ~ ***almak*** (*b-den*) to pinch *s.o.'s* cheek; ~ ***ateşi*** MIL crossfire; ~ ***vurmak*** to put the scissors (*-e* to), to cut.

makasçı RAIL switchman, pointsman.

makaslamak **1.** to scissor; **2.** to pinch s.o.'s cheek.

makat, ***-tı*** anus, the behind.

makbul, ***-lü*** [ū] acceptable, liked, welcome; ***-e geçmek*** to be welcome, to touch the spot.

makbuz [ū] receipt; ~ ***kesmek*** to write a receipt, to receipt.

Makedonya [..x.] *pr. n.* Macedonia.

maket, ***-ti*** maquette.

maki maquis, scrub.

makine [x..] machine, engine; ~ ***dairesi*** NAUT engine room; ~ ***gibi*** **1.** efficient; mechanical; **2.** mechanically; ~ ***mühendisi*** mechanical engineer; ~ ***yağı*** machine *or* lubricating oil.

makineleşmek to become mechanized.

makineleştirmek to mechanize.

makineli: ~ ***tüfek*** machine-gun.

makinist, ***-ti*** engine-driver.

maksat, ***-dı*** purpose, aim, intention; ~ ***gütmek*** to cherish a secret intention.

maksatlı purposeful.

maksi maxi; ~ ***etek*** maxi skirt.

maksimum maximum.

maktu, ***-uu*** [ū] **1.** fixed (*price*); **2.** for a lump sum; ~ ***fiyat*** fixed price.

maktul, ***-lü*** [ū] killed, murdered.

makul, ***-lü*** [ū] reasonable, sensible, wise; ~ ***konuşmak*** to talk sense.

makyaj make-up; ~ ***yapmak*** to make up.

mal **1.** goods, merchandise; **2.** property, possession; **3.** *sl.* loose (*woman*); **4.** *sl.* heroin, skag; ~ ***beyanı*** LEG declaration of property; ~ ***canlısı*** greedy, avaricious; ~ ***edinmek*** **1.** to acquire wealth; **2.** to appropiate; ~ ***etmek*** (*k-ne*) to ap-

propriate for *o.s.*; ~ ***mülk*** goods, property; ~ ***sahibi*** landlord, landowner.
mala [x.] trowel.
malak calf.
malarya [.x.] malaria.
Malezya *pr.n.* Malaysia.
mali financial; fiscal; ♀ ***İşler Müdürü*** CFO (= *chief financial officer*); ~ ***yıl*** fiscal year.
malik, ***-ki*** [ā] owner, possessor; ~ ***olmak*** to possess, to have, to own.
malikâne [ā] stately home, mansion.
maliye **1.** finance; **2.** the Exchequer, the Treasury; ♀ ***Bakanı*** Chancellor of the Exchequer, Minister of Finance; ♀ ***Bakanlığı*** the Exchequer, Ministry of Finance.
maliyeci [ā] financier; economist.
maliyet, ***-ti*** [ā] cost; ~ ***fiyatı*** cost price, prime cost.
malt, ***-tı*** malt.
Malta *pr. n.* Malta.
maltaeriği, ***-ni*** BOT loquat.
maltataşı, ***-nı*** Malta stone.
malul, ***-lü*** invalid, disabled; ~ ***gazi*** disabled veteran.

M

malum [— —] known; ~ ***olmak*** to sense, to feel in one's bones.
malumat, ***-tı*** [— — —] information, knowledge; ~ ***almak*** (*or* ***edinmek***) to get information; ~ ***sahibi*** knowledgeable person; ~ ***vermek*** to inform (*hakkında* of), to give information (*-e* to); ***-ı olmak*** (*bşden*) to know about *s.th.*, to be in the know.
malzeme material, necessaries, supplies, stock.
mama baby food.
mamafih [— — .] nevertheless, however.
mamul, ***-lü*** [— —] product.
mamulat, ***-tı*** [— — —] products, manufactured goods.
mamur [— —] developed, inhabited.
mamut, ***-tu*** ZO mammoth.
mana meaning, sense; ~ ***vermek*** to interpret; ***-sına gelmek*** to mean, to signify.
manalı meaningful.
manasız meaningless, senseless.
manastır monastery.
manav **1.** greengrocer; **2.** greengrocer's.
mancınık catapult, ballista.
manda[1] ZO water buffalo.
manda[2] POL mandate.
mandal **1.** clothes-peg, *Am.* clothespin; **2.** latch; tumbler; catch; **3.** MUS peg.
mandalina [..x.] BOT tangerine.
mandallamak **1.** to peg up, *Am.* to pin up (*laundry*); **2.** to latch (*door*).
mandater: ~ ***devlet*** mandatory.
mandepsi *sl.* trick, deceit; ***-ye basmak*** *sl.* to be duped.
mandıra [x..] dairy.
mandolin MUS mandolin.
manen [x.] morally; spiritually; ~ ***ve maddeten*** in body and in spirit.
manevi moral; spiritual; ~ ***evlat*** adopted child.
maneviyat, ***-tı*** [— .. —] morale.
manevra [.x.] **1.** manoeuvre, *Am.* maneuver; **2.** RAIL shunt; ~ ***yapmak*** **1.** MIL to manoeuvre, *Am.* to maneuver; **2.** RAIL to shunt.
manga [x.] MIL squad.
mangal brazier; ~ ***kömürü*** charcoal; ***-da küi bırakmamak*** *sl.* to talk big.
manganez CHEM manganese.
mangır, **mangiz** *sl.* money, dough, tin.
mani[1] [ā] ballad.
mani[2] PSYCH mania.
mâni obstacle, hindrance, impediment; ~ ***olmak*** to prevent, to hinder.
mânia [— ..] obstacle, hindrance.
mânialı [— ...] rough, uneven (*country*); ~ ***koşu*** hurdle race, steeplechase.
manifatura [...x.] drapery, *Am.* dry goods.
manifaturacı draper.
manifesto [..x.] NAUT manifest.
manikür manicure.
manikürcü manicurist.
maniple [.x.] TEL sending key.
manita [.x.] *sl.* girlfriend, bird, *Am.* chick.
manivela [..x.] lever, crowbar, crank.
mankafa [x..] blockheaded, thick-headed, dull.
manken model; mannequin, dummy.
manolya [.x.] BOT magnolia.
manometre manometer.
mansiyon hono(u)rable mention.
Manş Denizi *pr. n.* the English Channel.
manşet, ***-ti*** **1.** newspaper headline; **2.** cuff.
manşon murf.
mantar **1.** mushroom; fungus; toad-

stool; **2.** bottle cork; ~ ***tabancası*** pop-gun; ***-a basmak*** *sl.* to be duped (*or* taken in).
mantarlı corked (*bottle*).
mantarmeşesi, ***-ni*** BOT cork oak.
mantı *a ravioli-like dish served with yogurt.*
mantık logic.
mantıkçı logician.
mantıkdışı, ***-nı*** alogical.
mantıklı logical.
mantıksız illogical.
manto [x.] woman's coat.
manya MED mania.
manyak **1.** MED maniac; **2.** F crazy, nutty.
manyetik magnetic; ~ ***alan*** magnetic field.
manyetizma magnetism.
manyeto magneto.
manyezit, ***-ti*** magnesium silicate.
manzara scene, view, scenery, panorama.
manzaralı scenic.
manzum *lit.* written in verse.
manzume [ū] *lit.* poem, verses.
marangoz joiner, carpenter, cabinet-maker.
marangozbalığı, ***-nı*** ZO sawfish.
marangozluk joinery, carpentry.
maraton marathon.
maraz disease, sickness.
maraza [—..] quarrel, row.
marazi [ī] pathological.
mareşal, ***-li*** MIL marshal.
margarin margarine.
marifet, ***-ti*** [ā] skill, talent, craft.
marifetli [ā] skilled, talented.
mariz[1] sick(ly), ill.
mariz[2] *sl.* beating; ~ ***atmak*** (*b-ne*) *sl.* to give *s.o.* a beating.
marizlemek *sl.* to beat up, to tan s.o.'s hide.
marj margin.
mark, ***-kı*** mark.
marka [x.] **1.** trademark; **2.** brand, make; **3.** sign, mark.
markalamak **1.** to trademark; **2.** to mark.
markalı **1.** trademarked; **2.** marked.
marki marquis.
markiz marquise.
markizet, ***-ti*** marquisette.
Marksist, ***-ti*** *pr. n.* Marxist.
Marksizm *pr. n.* Marxism.
Marmara Denizi, ***-ni*** *pr. n.* the Sea of Marmara.
marmelat, ***-tı*** marmalade.
maroken morocco leather.
marpuç, ***-cu*** tube of a nargileh.
mars: ~ ***etmek*** *backgammon*: to skunk.
Mars AST Mars.
marş **1.** MIL Forward march!; **2.** MUS march; **3.** MOT starter; ***-a basmak*** to press the starter.
marşandiz goods *or* freight train.
marşpiye MOT footboard.
mart, ***-tı*** March.
martaval *sl.* humbug, bull, hot air; ~ ***atmak*** (*or* ***okumak***) *sl.* to bullshit, to talk nonsense.
martavalcı *sl.* bullshitter, liar.
martı ZO gull.
martini martini.
maruf [— —] (well-)known, famous.
marul cos lettuce, romaine lettuce.
maruz [— —] exposed (*-e* to), subject (*-e* to); ~ ***bırakmak*** to expose (*-e* to); ~ ***kalmak*** to be exposed (*-e* to).
marya ZO ewe.
masa [x.] **1.** table; **2.** desk; **3.** department; ~ ***örtüsü*** tablecloth.
masaj massage; ~ ***yapmak*** to massage.
masajcı masseur.
masal **1.** story, tale; **2.** *fig.* cock-and-bull story, bull; ~ ***okumak*** F to give a cock-and-bull story.
masalcı storyteller.
masatenisi, ***-ni*** table tennis, ping-pong.
mask (*actor's*) mask.
maskara **1.** clown, buffoon, laughing-stock; **2.** silly, ridiculous; **3.** cute child, little dear; **4.** mascara; ~ ***etmek*** (*b-ni*) to make *s.o.* a laughingstock, to pillory; ~ ***olmak*** to become a figure of fun; ***-ya çevirmek*** (*b-ni, bşi*) to make a fool of *s.o., s.th.*
maskaralık **1.** buffoonery; **2.** disgrace; ~ ***etmek*** to play the buffoon, to clown around.
maske [x.] mask; ***-sini kaldırmak*** (*b-nin*) *fig.* to show *s.o.* up, to expose *s.o.*, to unmask *s.o.*
maskelemek to mask.
maskeli masked; ~ ***balo*** masked ball, fancy ball, masquerade.
maskot, ***-tu*** mascot.
maslahat, ***-tı*** business, affair.

M

maslahatgüzar [....–] POL charge d'affaires.
maslak stone trough.
masmavi [x–.] very *or* deep blue.
mason Freemason.
masör masseur.
masöz masseuse.
masraf expense, expenditure, outlay; ***~ etmek*** to go to expense, to spend money; ***~ görmek*** to shell out some money; ***~ kapısı açmak*** to cause expenses; ***-a girmek*** to go to expense; ***-a sokmak*** to put to expense; ***-ı çekmek*** to bear the expenses; ***-ı kısmak*** to reduce (*or* cut) expenses; ***-tan kaçmak*** to avoid expense; ***-tan kaçmamak*** to spare no expense.
masraflı expensive, costly, dear.
masrafsız inexpensive, cheap.
massetmek [x..] to absorb.
mastar GR infinitive.
masturbasyon masturbation; ***~ yapmak*** to masturbate.
masum [––] innocent, guiltless.
masumiyet, ***-ti*** [––..] innocence.
masura [.x.] bobbin.
maşa **1.** tongs; **2.** *fig.* cat's paw, tool, dummy; ***~ gibi kullanmak*** (*b-ni*) *fig.* to use *s.o.* as a cat's paw; ***-sı olmak*** (*b-nin*) *fig.* to be *s.o.'s* cat's paw (*or* tool).
maşallah [–..] [x..] **1.** Wonderful!, Praise be!; **2.** blue bead, charm.
maşatlık non-Muslim cemetery.
maşlah long and open-fronted cloak.
maşrapa mug.
mat[1], ***-tı*** *chess*: checkmate; ***~ etmek*** to checkmate.
mat[2], ***-tı*** mat, dull.
matador matador.
matah *contp.* prize package, great shakes.
matara [.x.] flask, canteen.
matbaa printing house, press.
matbaacı printer.
matbaacılık printing.
matbu, ***-uu*** [ū] printed.
matbua [ū] printed matter.
matbuat, ***-tı*** [.––] the press; ***~ hürriyeti*** freedom of the press.
matem [ā] mourning; ***~ tutmak*** to mourn.
matematik mathematics.
matematikçi mathematician.
matemli [ā] mournful, in mourning.
materyalist, ***-ti*** materialist.
materyalizm materialism.
materyel material.
matine matinée.
matiz[1] *sl.* dead drunk, pissed, soused.
matiz[2] NAUT making a long splice.
matkap, ***-bı*** drill, gimlet, auger.
matlaşmak to become dull.
matlup, ***-bu*** [ū] ECON credit, receivable account.
matmazel Miss, Mademoiselle.
matrah tax evaluation.
matrak *sl.* funny, droll, amusing; ***~ geçmek*** *sl.* to make fun (*or* mock) (*ile* of).
matris matrix.
matuf [––] aimed (*-e* at), directed (*-e* towards).
maval *sl.* cock-and-bull story; ***~ okumak*** *sl.* to give a cock-and-bull story.
mavi [–.] blue.
mavimsi [ā],**mavimtırak** [–...] bluish.
mavna [x.] barge, lighter.
mavzer Mauser rifle.
maya **1.** yeast, ferment; leaven; **2.** *fig.* essence, origin, marrow; ***-sı bozuk*** no-good, corrupt (*person*).
mayalamak to yeast; to leaven.
mayalı yeasted; leavened.
mayasıl eczema.
maydanoz BOT parsley.
mayhoş sourish, tart.
mayın MIL mine; ***~ dökmek*** to mine, to lay mines; ***~ tarama gemisi*** mine--sweeper; ***~ tarlası*** minefield.
mayınlamak MIL to mine.
mayıs May.
mayısböceği, ***-ni*** ZO cockchafer.
mayışmak *sl.* to get drowsy.
mayi [––] liquid, fluid.
maymun monkey, ape.
maymuncuk skeleton key, picklock.
mayo [x.] bathing suit, swimsuit; trunks.
mayonez mayonnaise.
maytap, ***-bı*** small fireworks; ***-a almak*** (*b-ni*) to take the mickey out of *s.o.*
mazbata official report, protocol, minutes.
mazbut, ***-tu*** [.–] well-protected (*house*); solid.
mazeret, ***-ti*** [ā] excuse.
mazeretli [ā] excusable, justifiable.
mazeretsiz unjustifiable, unwarranted.

mazgal crenel, embrasure.
mazhar the object of (*honours, favour, etc.*); ~ ***olmak*** (*bşe*) to be the object (*or* recipient) of *s.th.*
mazı **1.** BOT arborvitae; **2.** gallnut.
mazi [— —] the past, bygones; ***-ye karışmak*** to belong to bygone days.
mazlum [ū] wronged, oppressed.
maznun [ū] LEG suspected, accused.
mazot, ***-tu*** diesel oil, fuel oil.
mazur [— —] excused; excusable; ~ ***görmek*** to excuse, to pardon.
meblağ amount, sum.
mebus deputy, member of parliament.
mebzul, ***-lü*** [ū] abundant, lavish.
mecal, ***-li*** [ā] power, strength; ~ ***bırakmamak*** *fig.* to wear out.
mecalsiz [ā] weak, powerless.
mecaz [ā] figure of speech, trope; metaphor.
mecazen [ā] figuratively.
mecazi [. — —] figurative.
mecbur [ū] forced, compelled, obliged; ~ ***etmek*** to force, to oblige, to compel; ~ ***olmak*** *or* ***kalmak*** to be forced *or* compelled (*-e* to).
mecburen [ū] [.x.] compulsorily.
mecburi [. — —] compulsory, obligatory; ~ ***iniş*** AVIA forced landing, crash-landing; ~ ***istikamet*** one way.
mecburiyet, ***-ti*** [ū] compulsion, obligation.
meccanen [ā] free, gratis.
meccani [. — —] free, gratuitous.
mecelle **1.** volume, book; **2.** LEG civil code.
meclis assembly, council.
mecmua [ū] magazine, periodical.
mecnun [ū] **1.** mad, insane; **2.** love-crazed.
mecra [ā] **1.** watercourse, conduit; **2.** *fig.* the course (*of events*).
meczup, ***-bu*** [ū] insane, crazy.
meç[1] *fencing*: foil, rapier.
meç[2] streaked hair.
meçhul, ***-lü*** [ū] unknown.
meddah [ā] public storyteller.
meddücezir, ***-zri*** ebb and flow, tide.
medeni civilized; civil; ~ ***cesaret*** moral courage; ~ ***haklar*** civil rights; ~ ***hal*** marital status; ~ ***hukuk*** civil law; ~ ***kanun*** civil code; ~ ***nikâh*** civil marriage.
medenileştirmek to civilize.
medeniyet, ***-ti*** civilization.
medeniyetsiz uncivilized.
medet help, aid; ~ ***ummak*** to hope for help (*-den* from).
medikososyal medico-social.
Medine *pr. n.* Medina.
medrese *hist.* medresseh, madrasa.
medüz ZO medusa, jellyfish.
medyum medium.
medyun [ū] indebted.
mefhum [ū] concept.
mefruşat, ***-tı*** [. — —] furnishings; fabrics.
meftun [ū] charmed, captivated; infatuated; ~ ***olmak*** to be charmed (*or* captivated) (*-e* by).
megafon megaphone, loudhailer.
megaloman megalomaniac.
megavat, ***-tı*** PHYS megawatt.
meğer [x.] but, however; unless, and yet.
meğerki [x..] unless.
mehil respite, grace period, extention, delay.
Mehmetçik *pr. n.* The Turkish "Tommy"
mehtap, ***-bı*** [ā] moonlight.
mehtaplı [ā] moonlit.
mehter: ~ ***takımı*** Janissary band.
mekân place, residence, abode.
mekanik **1.** mechanics; **2.** mechanical.
mekanize MIL mechanized.
mekanizma [..x.] mechanism.
mekik shuttle; ~ ***diplomasisi*** POL shuttle diplomacy; ~ ***dokumak*** to shuttle.
Mekke *pr. n.* Mecca.
mekruh [ū] abominable.
Meksika *pr. n.* Mexico.
mektep, ***-bi*** school.
mektup, ***-bu*** letter; ~ ***atmak*** to mail (*or* post *or* send) a letter; ~ ***üstü*** address on a letter.
mektuplaşmak to correspond (*ile* with).
melaike angels.
melal, ***-li*** boredom; tedium.
melamin melamine.
melankoli melancholy.
melankolik melancholic.
melce sanctuary, refuge.
melek angel.
meleke faculty; skill.
melemek [— ..] to bleat.
melez hybrid, crossbred.
melezlik hybridity.

melodi melody.
melodram melodrama.
melon *a.* ~ ***şapka*** bowler.
melun damned, cursed.
melül, ***-lü*** sad, blue, low-spirited.
memba, ***-aı*** spring, fountain.
meme 1. breast, boob; teat, nipple; udder, dug; **2.** lobe (*of the ear*); **3.** MEC nozzle; ~ ***başı*** (*or* ucu) teat, nipple; ~ ***çocuğu*** suckling; ~ ***emmek*** to suck, to nurse; ~ ***vermek*** to suckle; ***-den kesmek*** (*çocuğu*) to wean (*a child*).
memeli ZO mammiferous.
memeliler ZO mammals.
memişhane F loo, john.
memleket, ***-ti*** **1.** country, land; **2.** home town.
memleketli fellow countryman, compatriot.
memnu, ***-uu*** [ū] forbidden.
memnun [ū] pleased, glad, delighted, satisfied; ~ ***etmek*** to please; ~ ***olmak*** to be pleased.
memnuniyet, ***-ti*** [ū] pleasure, gladness, delight; ~ ***verici*** satisfactory, pleasurable, delightful.
memnuniyetle [ū] with pleasure, gladly.
memorandum [..x.] memorandum.
memur civil servant, official; employee; ~ ***etmek*** (*b-ni bşe*) to commission *s.o.* to do *s.th.*, to charge *s.o.* with *s.th.*
memure female civil servant.
memuriyet, ***-ti*** [— — ..] office, charge; post.
menajer manager.
mendebur 1. good-for-nothing; **2.** F bastard.
menderes GEOGR meander.
mendil handkerchief, hanky.
mendirek breakwater, mole.
menekşe BOT violet.
menenjit, ***-ti*** MED meningitis.
menetmek [x..] to prohibit, to forbid.
menfaat, ***-ti*** advantage, benefit, profit.
menfaatçı self-seeking.
menfi [ī] negative.
menfur [ū] abhorrent, loathsome.
mengene [x..] vice, *Am.* vise; press; clamp.
meni BIOL sperm, semen.
menkıbe legend, tale.
menkul, ***-lü*** [ū] movable, transferable; ~ ***kıymetler*** LEG stocks and bonds; ~ ***mallar*** LEG movable goods.
menopoz MED menopause.
mensucat, ***-tı*** [. — —] textiles.
mensup, ***-bu*** [ū] belonging (*-e* to), related (*-e* to); ~ ***olmak*** to belong (*-e* to).
menşe, ***-ei*** place of origin, source; ~ ***şahadetnamesi*** ECON certificate of origin.
menteşe hinge.
mentol, ***-lü*** menthol.
mentollü mentholated.
menü menu.
menzil range.
mera [ā] pasture.
merak, ***-kı*** **1.** curiosity; **2.** worry, anxiety; **3.** whim, liking, interest; ~ ***etmek*** **1.** to be curious; **2.** to be anxious; ***-tan çatlamak*** to be dying of curiosity, to be burning with curiosity.
meraklanmak to worry, to be anxious.
meraklı 1. curious, inquisitive; **2.** interested (*-e* in), fond (*-e* of).
meram [ā] intention, purpose, aim; ~ ***etmek*** to intend, to wish; ***-ın elinden bir şey kurtulmaz*** *pro.* where there is a will there is a way; ***-ını anlatmak*** to express o.s.
merasim [ā] ceremony.
mercan [ā] coral.
mercanada atoll.
mercanbalığı, ***-nı*** ZO red sea bream.
mercek lens.
merci, ***-ii*** reference, recourse; competent authority.
mercimek BOT lentil; ***mercimeği fırına vermek*** *co.* to carry on with.
merdane [ā] rolling pin; roller.
merdiven stairs, staircase; ladder.
meret, ***-ti*** damn.
merhaba [x..] Hello!, Hi!; ***-yı kesmek*** (*b-le*) to break off with *s.o.*
merhabalaşmak to greet one another.
merhale stage, phase.
merhamet, ***-ti*** mercy, pity, compassion; ~ ***etmek*** (*or* ***göstermek***) to pity, to have mercy (*-e* on); ***-e gelmek*** to become merciful.
merhametli merciful, compassionate.
merhametsiz merciless, pitiless.
merhem ointment, salve.
merhum [ū] deceased, the late; ~ ***olmak*** to die, to pass away.
merhume [ū] deceased, the late, the departed (*woman*).

meridyen meridian.
Merih [ī] *pr. n.* AST Mars.
merinos [.x.] ZO Merino sheep.
meriyet, ***-ti*** validity; ***-e girmek*** to come into force.
merkep donkey.
merkez 1. centre, *Am.* center; **2.** headquarters; **3.** police station.
merkezcil: ~ ***kuvvet*** PHYS centripetal force.
merkezi central.
merkezileşmek to centralize.
merkeziyet, ***-ti*** centralism.
merkezkaç: ~ ***kuvvet*** PHYS centrifugal force.
mermer marble.
mermi missile, projectile.
merserize mercerized.
mersi! Thanks!, Cheers!
mersin 1. BOT myrtle; **2.** ZO sturgeon.
mersiye elegy.
mert brave, manly.
mertebe stage, step; rank, grade.
mertek beam.
Meryem Ana *pr. n.* the Virgin Mary.
mesafe [ā] distance.
mesaha [.—.] survey.
mesai [.——] efforts, work; ~ ***arkadaşı*** colleague; ~ ***saatleri*** working hours; ~ ***yapmak*** (*or* ***-ye kalmak***) to work overtime.
mesaj message.
mesame [ā] BIOL pore.
mesane [ā] ANAT bladder.
mescit small mosque, masjid.
mesela [x.—] for instance, for example.
mesele matter, problem, question; ~ ***çıkarmak*** to make a fuss; ~ ***yapmak*** (*bşi*) to make a to-do about *s.th.*
Mesih [ī] the Messiah, Christ.
mesire [ī] promenade.
mesken house, residence, dwelling.
meskûn inhabited.
meslek profession, occupation; ~ ***okulu*** trade (*or* vocational) school; ~ ***sahibi*** professional (*person*).
mesleki professional.
meslektaş colleague, co-worker.
mesnet, ***-di*** support, prop.
mest, ***-ti*** enchanted, captivated; ~ ***olmak*** to be in the seventh heaven.
mesul, ***-lü*** [ū] responsible.
mesuliyet, ***-ti*** [ū] responsibility; ~ ***kabul etmemek*** to decline responsibility.
mesuliyetli [ū] responsible.
mesut [ū] happy.
meşakkat, ***-ti*** trouble, hardship, fatigue; ~ ***çekmek*** to suffer hardship.
meşale torch; cresset.
meşe BOT oak.
meşgale occupation, activity, pastime.
meşgul, ***-lü*** [ū] **1.** busy (*ile* with), preoccupied (*ile* with); **2.** TELEPH busy, engaged (*line*); ~ ***etmek*** to busy, to occupy; to distract; ~ ***olmak*** to be busy, to busy o.s. (*ile* with).
meşguliyet, ***-ti*** [ū] occupation, activity, pastime.
meşhur [ū] famous, well-known.
meşin leather.
meşru, ***-uu*** [ū] legal; legitimate.
meşrubat, ***-tı*** [.——] soft drinks, beverages.
meşruten [ū] conditionally; ~ ***tahliye*** LEG release on probation.
meşruti [.——] POL constitutional; ~ ***krallık*** constitutional monarchy.
meşrutiyet, ***-ti*** [ū] POL constitutional monarchy.
met, ***-ddi*** high tide.
metabolizma BIOL metabolism.
metafizik metaphysics.
metal, ***-li*** metal.
metalurji metallurgy.
metan CHEM methane.
metanet, ***-ti*** [ā] resistance, fortitude, backbone.
metazori [..x.] *sl.* by force.
metelik F bean, red cent; ~ ***vermemek*** (*bşe*) *fig.* not to give a damn about *s.th.*; ***meteliğe kurşun atmak*** F not to have a bean, to be flat broke.
meteliksiz F without a bean, penniless, flat broke.
meteoroloji meteorology.
meteortaşı, ***-nı*** AST meteorite.
methal, ***-li*** **1.** entrance; **2.** introduction.
methaldar [..—] involved (*-e* in).
methetmek to praise, to laud, to extol.
methiye eulogy.
metin[1], ***-tni*** text.
metin[2] firm, solid, strong.
metodoloji methodology.
metot method.
metre [x.] metre, *Am.* meter; ~ ***kare*** square metre; ~ ***küp*** cubic metre.

M

metres mistress.
metrik metric; ~ ***sistem*** metric system.
metro underground, tube, *Am.* subway.
metronom MUS metronome.
metruk, ***-kü*** [ū] abandoned, deserted.
mevcudiyet, ***-ti*** [ū] **1.** existence; **2.** presence.
mevcut, ***-du*** [ū] **1.** existing, existent; **2.** supply, stock; **3.** MIL effective force; ~ ***olmak*** **1.** to exist, to be; **2.** to be present.
mevduat, ***-tı*** [.——] ECON deposits; ~ ***hesabı*** deposit account.
mevki, ***-ii*** **1.** place, site, location; **2.** situation, position; **3.** class (*of tickets*).
mevlit Islamic memorial service.
mevsim season.
mevsimlik seasonal.
mevsimsiz untimely, ill-timed.
mevzi, ***-ii*** MIL position; ~ ***almak*** MIL to take up a position.
mevzii local; regional.
mevzilenmek MIL to take up a position.
mevzu, ***-uu*** [ū] subject, topic; ***-a girmek*** to come to the point.
mevzuat, ***-tı*** [.——] the laws.
mevzubahis, ***-his*** under discussion.
mevzun [ū] shapely, well-proportioned.
meyane [ā] a kind of sauce.
meyankökü, ***-nü*** [ā] BOT licorice.
meydan [ā] **1.** open space, the open; **2.** public square; **3.** field, area; **4.** *fig.* opportunity, occasion; ~ ***bulmak*** to find an opportunity; ~ ***dayağı*** public beating; ~ ***okumak*** to challenge, to defy; ~ ***savaşı*** MIL pitched battle; ~ ***vermek*** to give a chance; to cause; ***-a çıkarmak*** **1.** to make public, to reveal, to disclose; **2.** to bring to light; ***-a gelmek*** to happen, to occur; ***-a getirmek*** to bring forth, to produce; ***-a vurmak*** to make public, to reveal; ***-ı boş bulmak*** to seize an opportunity to do s.th.
meyhane [ā] pub, bar.
meyhaneci [ā] publican, barkeeper.
meyil, ***-yli*** **1.** slope; **2.** inclination, tendency.
meyletmek **1.** to slant, to slope; **2.** to be inclined (*-e* to); **3.** *fig.* to have a liking (*-e* for).
meymenet, ***-ti*** auspiciousness, fortune.
meymenetsiz **1.** unlucky, inauspicious; **2.** disagreeable (*person*).
meyus [ū] hopeless, desperate.
meyve fruit; ~ ***suyu*** fruit juice; ~ ***vermek*** to fruit.
meyveli fruit-laden; fruit …
meyvelik orchard, grove.
meyvesiz fruitless, unfruitful.
meyyal, ***-li*** [ā] inclined (*-e* to); fond (*-e* of).
mezalim [ā] cruelties, atrocities.
mezar [ā] grave, tomb.
mezarlık [ā] cemetery, graveyard.
mezat [ā] auction; ***-a çıkarmak*** to put up for auction.
mezatçı auctioneer.
mezbaha slaughterhouse.
mezbele dump, dunghill.
meze [x.] appetizer, snack, hors d'oeuvre.
mezgit, ***-ti*** ZO whiting.
mezhep sect.
meziyet, ***-ti*** virtue, merit, excellence.
meziyetli virtuous, excellent.
Mezopotamya *pr. n.* Mesopotamia.
mezun [——] graduate; graduated (*-den* from); ~ ***olmak*** to graduate (*-den* from).
mezuniyet, ***-ti*** [——..] graduation; ~ ***sınavı*** leaving (*or Am.* final) examination.
mezura [.x.] tape measure.
mezzosoprano MUS mezzo-soprano.
mıh nail.
mıhlamak **1.** to nail; **2.** to set (*precious stone*).
mıhsıçtı *sl.* very niggardly (*or* stingy).
mıknatıs magnet.
mıknatıslamak to magnetize.
mıknatıslı magnetic.
mıncıklamak to pinch and squeeze.
mıntıka zone, region, area.
mırılda(n)mak to mutter, to murmur, to mumble.
mırıltı mutter, mumble.
mırın kırın: ~ ***etmek*** to hem and haw, to grumble.
mırlamak to purr.
mırnav meow.
mısır BOT maize, corn; ~ ***ekmeği*** corn bread.
Mısır *pr. n.* Egypt.
mısırözü: ~ ***yağı*** corn oil.
mısıryağı, ***-nı*** corn oil.
mısra, ***-aı*** [a] *poet.* line.
mışıl mışıl: ~ ***uyumak*** to sleep soundly.

mıymıntı sluggish, slow.
mızıka MUS **1.** harmonica; **2.** brass band.
mızıkçı F spoilsport, killjoy, bad loser.
mızıkçılık etmek not to play the game.
mızıklanmak = ***mızıkçılık etmek.***
mızmız persnickety, whiny.
mızmızlanmak to whine, to fuss.
mızrak spear, lance.
mızrap, ***-bı*** plectrum, quill, pick.
mi MUS mi; E.
miço [x.] cabin boy.
mide [ī] stomach; ~ ***bozukluğu*** indigestion; ~ ***bulantısı*** nausea; ~ ***kanaması*** gastric bleeding; ***-si almamak*** (*or* ***kabul etmemek***) to have no appetite (*-i* for); ***-si bozulmak*** to have indigestion; ***-si bulanmak*** **1.** to feel nauseated; **2.** *fig.* to smell a rat; ***-si ekşimek*** to have heartburn; ***-si kazınmak*** to feel peckish, to have a sinking feeling; ***-ye oturmak*** to lie heavy on the stomach.
midesiz [—..] **1.** eating anything; **2.** *fig.* having bad taste.
midevi gastric, gastral.
midi midi; ~ ***etek*** midi skirt.
midye [x.] ZO mussel; ~ ***dolması*** stuffed mussel; ~ ***tavası*** fried mussel.
migren migraine.
miğfer helmet.
mihrace [.—.] maharaja(h).
mihrak, ***-kı*** [ā] PHYS focus.
mihrap, ***-bı*** [ā] mihrab, altar.
mihver axis; axle, pivot.
mika [x.] GEOL mica.
miki (fare) Mickey Mouse.
mikroçip microchip.
mikrofilm microfilm.
mikrofon microphone.
mikrolif micro fiber.
mikrometre micrometer.
mikron micron.
mikroorganizma microorganism.
mikrop, ***-bu*** **1.** germ, microbe; **2.** *fig.* viper, bad lot.
mikroplu germy.
mikropsuz germless.
mikroskobik microscopic.
mikroskop, ***-pu*** microscope.
miktar [ā] amount, quantity.
mikyas [ā] scale, proportion.
mil[1] MEC pivot, pin; axle; shaft.
mil[2] mile.
mil[3] GEOL silt.
miladi [———] of the Christian era; ~ ***takvim*** the Gregorian calendar.
milat, ***-dı*** [——] birth of Christ; ***-tan önce*** before Christ, B.C.; ***-tan sonra*** Anno Domini, A.D.
milföy mille-feuille, napoleon.
miligram milligram(me).
milim millimetre, *Am.* millimeter.
milimetre millimetre, *Am.* millimeter.
milis militia; ~ ***kuvvetleri*** militia forces.
militan militant.
millet, ***-ti*** nation, people; 2 ***Meclisi*** the Turkish National Assembly.
milletlerarası, ***-nı*** international.
milletvekili, ***-ni*** deputy, M.P.
milli national; 2 ***Eğitim Bakanlığı*** the Ministry of Education; ~ ***marş*** national anthem; ~ ***takım*** national team.
millileştirmek to nationalize.
milliyet, ***-ti*** nationality.
milliyetçi nationalist.
milliyetçilik nationalism.
milyar milliard, *Am.* billion, a thousand million.
milyarder billionaire.
milyon million.
milyoner millionaire.
mimar [——] architect.
mimari [———] architectural.
mimarlık [——.] architecture.
mimber pulpit, mimbar.
mimik mimic.
mimlemek to mark down.
mimli marked, blacklisted.
minare [ā] minaret; ~ ***gibi*** as tall as a lamppost.
minder cushion; mattress, mat; ~ ***çürütmek*** to sit idly, to be a bench warmer; ~ ***sermek*** to outstay one's welcome.
mine [x.] enamel.
minelemek to enamel.
mineli enameled.
mineral, ***-li*** mineral.
mini mini; ~ ***etek*** mini skirt.
minibüs minibus.
minik tiny and cute.
minimini tiny, wee, teeny-weeny.
minimum minimum.
minnacık *s.* ***minimini.***
minnet, ***-ti*** gratitude; ~ ***altında kalmak*** to be obligated; ~ ***etmek*** to grovel, to plead.
minnettar [ā] grateful, obliged (*-e* to), indebted (*-e* to).

minnettarlık [ā] gratitude.
minnoş F little darling, honey.
minör MUS minor.
mintan shirt.
minüskül minuscule.
minyatür miniature.
minyon petite, mignon, dainty.
miraç, ***-cı*** [— —] ascent to heaven.
miras [— —] inheritance, legacy; heritage; ~ ***yemek*** to inherit; ***-a konmak*** to inherit a fortune; ***-tan mahrum etmek*** to disinherit.
mirasçı [— —.] heir, inheritor.
mirasyedi one who has inherited a fortune.
mis[1] musk; ~ ***gibi*** fragrant.
mis[2] miss.
misafir [ā] guest, visitor; ~ ***odası*** drawing-room, guest room.
misafirhane [ā] guesthouse.
misafirlik visit.
misafirperver [ā] hospitable.
misafirperverlik [ā] hospitality.
misal, ***-li*** [ā] example, model.
misil, ***-sli*** equal, like, similar; ***misli görülmemiş*** unique, matchless.
misilleme retaliation, reprisal.
misina fishline.
misk *s.* ***mis***[1]
misket, ***-ti*** marble.
miskin **1.** indolent, supine; **2.** leprous, lazarous.
miskinlik supineness, shiftlessness.
mister Mister, Mr.
mistik mystic.
misyon mission.
misyoner missionary.
mit, ***-ti*** myth.
miting meeting; ~ ***yapmak*** to hold a meeting.
mitingçi demonstrator.
mitoloji mythology.
mitralyöz machine-gun.
miyav meow.
miyavlamak to miaow, *Am.* to meow.
miyop nearsighted, shortsighted, myopic.
mizaç, ***-cı*** [ā] disposition, nature, temperament.
mizah [ā] humo(u)r; ~ ***dergisi*** humo(u)r magazine.
mizahçı [ā] humorist.
mizahi [. — —] humorous.
mizan [— —] **1.** scales, balance; **2.** MATH proof.
mizanpaj *tvp.* pagesetting, make-up.
mizansen THEA mise-en-scène.
mobilya [.x.] furniture.
mobilyalı furnished.
mobilyasız unfurnished.
moda [x.] fashion, style, vogue; ***-sı geçmek*** to go out of fashion, to be out; ***-ya uymak*** to keep up with fashions.
modacı stylist.
model **1.** model, pattern; example; **2.** fashion magazine.
modern modern.
modernize modernized; ~ ***etmek*** to modernize.
modernleştirmek to modernize.
modül module.
Moğol *pr. n.* Mongol.
moher mohair.
mokasen moccasin.
mola [x.] rest, pause, break; stopover; ~ ***vermek*** to stop over.
molekül molecule.
molla mollah, mullah.
molotofkokteyli Molotov cocktail.
moloz rubble.
moment, ***-ti*** PHYS moment.
monarşi monarchy.
monolog monologue.
monoton monotonous.
monotonluk monotony.
montaj assembly, mounting.
monte: ~ ***etmek*** to assemble, to put together.
mor violet, purple.
moral, ***-li*** morale; ~ ***vermek*** (*b-ne*) to boost *s.o.'s* morale; ***-i bozuk*** low-spirited, down.
morarmak **1.** to turn purple; **2.** to turn black-and-blue.
morartı bruise.
moratoryum [..x.] moratorium
morfem GR morpheme.
morfin morphine.
morg morgue.
morötesi, ***-ni*** ultraviolet.
mors[1] ZO walrus.
mors[2]: ~ ***alfabesi*** Morse code.
moruk *sl.* old man, dotard.
Moskova [x..] *pr. n.* Moscow.
mosmor [x.] **1.** deep purple; **2.** black and blue all over.
mostra [x.] sample, pattern, model; ~ ***olmak*** to be caught with one's pants

down.
mostralık [x..] **1.** sample, model; **2.** prize example (*or* package).
motel motel.
motif motif, pattern.
motor 1. motor; engine; **2.** = ***motorbot***; **3.** = ***motosiklet.***
motorbot, **-tu** motorboat.
motorin diesel *or* fuel oil.
motorize MIL motorized; **~ *etmek*** to motorize.
motorlu motorized (*a.* MIL), motor-driven.
motorsuz motorless.
motosiklet, ***-ti*** motorcycle.
mozaik mosaic.
mozole mausoleum.
M.Ö. B.C.
mösyö Monsieur.
M.S. A.D.
muadil [ā] equivalent.
muaf [ā] exempt (*-den* from), free (*-den* from); **~ *tutmak*** to exempt (*-den* from).
muafiyet, ***-ti*** [ā] exemption.
muallak, ***-kı*** suspended, hung; ***-ta kalmak*** (*or* ***olmak***) to be in the air, to hang in the balance.
muamele [ā] **1.** treatment; conduct; **2.** transaction, procedure; **~ *etmek*** (*b-ne*) to treat *s.o.*
muamma [.x—] mystery, enigma.
muarız [ā] opposed (*-e* to).
muasır [ā] contemporary.
muaşeret, ***-ti*** [ā] social intercourse; **~ *adabı*** etiquette.
muavenet, ***-ti*** [ā] help, assistance; **~ *etmek*** to help, to assist.
muavin [ā] assistant, helper.
muayene [ā] inspection, examination; **~ *etmek*** to examine.
muayenehane [ā, ā] consulting room, surgery.
muazzam huge, enormous.
mucit [ū] inventor.
mucize [ū] miracle.
mudi, ***-ii*** ECON depositor.
muğlak, ***-kı*** obscure, unclear.
muhabbet, ***-ti*** love, affection; **~ *etmek*** to chat; **~ *tellalı*** pimp, procurer.
muhabbetkuşu, ***-nu*** ZO lovebird.
muhabere [ā] correspondence; **~ *etmek*** to correspond (*ile* with); to communicate (*ile* with).
muhacir [ā] immigrant, refugee.
muhafaza [.—..] protection, care; maintenance; **~ *altına almak*** to protect, to safeguard; **~ *etmek*** to protect, to preserve, to guard.
muhafazakâr [.—..—] conservative.
muhafız [ā] guard.
muhakeme [ā] **1.** trial; **2.** judg(e)ment.
muhakkak 1. certain, sure; **2.** certainly.
muhalefet, ***-ti*** [ā] opposition; **~ *etmek*** to oppose; **~ *partisi*** Opposition party.
muhalif [ā] contrary, adverse, against.
muhallebi pudding.
Muhammet, ***-di*** Mohammed.
muharebe [ā] battle, war, combat.
muharrir author.
muhasara [.—..] MIL siege.
muhasebe [ā] accountancy, bookkeeping; **~ *memuru*** accountant, bookkeeper.
muhasebeci [ā] accountant, bookkeeper.
muhasebecilik [ā] accountancy, bookkeeping.
muhatap, ***-bı*** [.—.] **1.** collocutor; **2.** ECON drawee.
muhayyel imaginary.
muhayyer ECON on trial (*or* approval).
muhayyile imagination, fancy.
muhbir informer.
muhit, ***-ti*** [ī] surroundings, environment, milieu.
muhrip, ***-bi*** destroyer.
muhtaç, ***-cı*** [ā] poor, needy, destitute; **~ *olmak*** to be in need (*or* want) (*-e* of), to need.
muhtar 1. [..] mukhtar, headman; **2.** [.—] autonomous, self-governing.
muhtariyet, ***-ti*** [ā] autonomy, self-government.
muhtekir profiteer.
muhtelif various, diverse.
muhtemel likely, probable.
muhtemelen probably.
muhterem respected, hono(u)red, venerable.
muhteris passionate.
muhteşem splendid, magnificent.
muhteva [ā] contents.
muhtıra memorandum; note; **~ *defteri*** notebook.
mukabele [ā] retaliation; **~ *etmek*** to retaliate, to reciprocate.
mukabil [ā] **1.** opposite, counter; **2.** in

return (*-e* for).
mukadder predestined, fated, foreordained.
mukadderat, **-tı** [...—] destiny, fate.
mukaddes holy, sacred.
mukaddesat, **-tı** [ā] sacred things.
mukallit, **-di** imitator.
mukavele [ā] agreement, contract; ~ ***yapmak*** to make a contract.
mukavemet, **-ti** [ā] resistance; endurance; ~ ***etmek*** to resist; ~ ***yarışı*** long-distance race.
mukavva cardboard, pasteboard.
mukayese [ā] comparison; ~ ***etmek*** to compare.
muktedir able, capable.
multipleks multiplex (*cinema*).
mum **1.** candle; **2.** wax; **3.** ELECT candle-power.
mumlu waxy; waxed; ~ ***kâğıt*** stencil.
mumya [x.] mummy.
mumyalamak to mummify, to embalm.
muntazam **1.** regular; **2.** tidy, orderly.
murat, **-dı** [ā] desire, wish; aim, goal; ***muradına ermek*** to attain one's desire, to reach one's goal.
musakka moussaka.
musallat, **-tı** worrying, annoying; ~ ***olmak*** to pester; to infest.
Musevi [—.—] Jew; Jewish.
musibet, **-ti** [ı] calamity, disaster.
musiki [—.—] music.
muska amulet, charm.
musluk tap, faucet.
muslukçu plumber.
muson METEOR monsoon.
muşamba [.x.] **1.** oilcloth; **2.** raincoat.
muşmula [x..] BOT medlar.
muşta [x.] brass knuckles.
mutaassıp, **-bı** fanatical, bigoted.
mutabık, **-kı** [ā] conformable, in agreement; ~ ***kalmak*** to come to an agreement (*-de* on).
mutat customary, habitual.
muteber [ū] valid.
mutedil [ū] moderate, mild, temperate.
mutemet, **-di** [ū] paymaster, fiduciary.
mutena [—.—] select, choice.
mutfak **1.** kitchen; **2.** cuisine.
mutlak, **-kı** absolute, unconditional.
mutlaka [x.—] absolutely, certainly, surely, definitely; by all means.
mutlu happy.
mutluluk happiness.
mutsuz unhappy.
mutsuzluk unhappiness.
muvafakat, **-ti** [.—..] consent; ~ ***etmek*** to consent (*-e* to).
muvaffak, **-kı** successful; ~ ***olmak*** to succeed (*-de* in), to be successful (*-de* in).
muvakkat, **-ti** temporary, provisional.
muvakkaten [.x..] temporarily.
muvazaa [.—..] LEG collusion.
muvazaalı [.—...] LEG collusive, collusory.
muvazene [ā] balance, equilibrium.
muvazzaf **1.** MIL regular; **2.** charged (*ile* with); ~ ***subay*** MIL regular (*or* active) officer.
muz BOT banana.
muzaffer victorious.
muzır, **-rrı** **1.** mischievous; **2.** harmful; ~ ***yayın*** provocative publications.
muzip, **-bi** [ū] teasing, mischievous.
mübadele [ā] exchange, barter.
mübalağa exaggeration; ~ ***etmek*** to exaggerate.
mübalağacı exaggerator.
mübalağalı exaggerated, blown-up.
mübarek, **-ki** [ā] blessed, sacred, holy.
mübaşir [ā] usher, crier.
mücadele [ā] struggle, strife; ~ ***etmek*** to struggle, to strive.
mücahit, **-di** [ā] combatant, fighter.
mücevher jewel.
mücevherat, **-tı** [ā] jewel(le)ry.
mücrim **1.** guilty; **2.** criminal, felon.
mücver croquette.
müdafaa [.—..] defence, *Am.* defense; ~ ***etmek*** to defend.
müdahale [.—..] interference, intervention; ~ ***etmek*** to interfere, to intervene.
müdana [.——] gratitude, thankfulness.
müdavim [ā] frequenter, habitué.
müddet, **-ti** period, duration, interval, space of time; ***bir*** ~ for a while.
müdrik, **-ki** perceiving, comprehending; ~ ***olmak*** to perceive, to comprehend.
müdür **1.** director, manager; **2.** headmaster, principal.
müebbet, **-di** perpetual, eternal; ~ ***hapis*** LEG life sentence.
müessese [.x..] institution, establishment.

müessif regrettable; sad.
müessir effective.
müeyyide LEG sanction.
müezzin muezzin.
müfettiş inspector, supervisor.
müflis bankrupt, insolvent.
müflon buttoned-in lining.
müfredat, ***-tı*** [ā] curriculum.
müfreze MIL detachment, platoon.
müfrit, ***-di*** excessive.
müfteri [ī] slanderer, calumniator.
müftü *isl.* mufti.
mühendis engineer.
mühendislik engineering.
mühim, ***-mmi*** important.
mühimsemek to consider important, to regard as important.
mühlet, ***-ti*** period, respite.
mühür, ***-hrü*** seal, signet; stamp; ~ ***basmak*** to seal; to stamp; ~ ***mumu*** sealing wax; ***mührünü basmak*** *fig.* to vouch (*-e* for).
mühürlemek **1.** to seal; **2.** to seal up, to padlock (*a place*).
mühürlü sealed.
müjde good news; ~ ***vermek*** to give a piece of good news.
müjdelemek to give a piece of good news.
mükâfat, ***-tı*** [. — —] reward; ~ ***almak*** (*or* ***kazanmak***) to win a prize; ~ ***vermek*** (*b-ne*) to give *s.o.* a prize (*or* reward).
mükellef **1.** obliged (*-mekle* to *inf.*), charged (*ile* with); **2.** elaborate, grand; **3.** taxpayer.
mükellefiyet, ***-ti*** obligation, liability.
mükemmel excellent, perfect.
mükerrer repeated, reiterated; ~ ***sigorta*** ECON reinsurance.
müktesep, ***-bi*** acquired; ~ ***hak*** LEG vested right.
mülahaza consideration; observation; ***-sıyla*** in consideration of.
mülakat, ***-tı*** [. — —] interview, audience.
mülayim mild, gentle, docile.
mülk, ***-kü*** property, possession; real estate.
mülkiyet, ***-ti*** ownership.
mülteci [ī] refugee.
mümessil representative, agent.
mümin [— .] believer, Muslim.
mümkün possible.
münakaşa [. — . .] argument, dispute, quarrel; ~ ***etmek*** to argue, to dispute, to quarrel.
münasebet, ***-ti*** [ā] relation, connection.
münesebetsiz [ā] **1.** unreasonable, absurd; **2.** unseemly, unsuitable.
münasip suitable, fit, proper.
münazara [. — . .] debate, discussion.
müneccim astrologer.
münevver enlightened, intellectual.
müphem uncertain, vague.
müptela addicted (*-e* to).
müracaat, ***-tı*** [. — . .] **1.** application; **2.** information desk *or* office; ~ ***etmek*** to apply (*-e* to).
mürdümeriği, ***-ni*** BOT damson plum.
mürebbiye governess.
müreffeh prosperous.
mürekkep[1], ***-bi*** ink.
mürekkep[2] composed (*-den* of).
mürekkepbalığı, ***-nı*** ZO cuttlefish.
mürekkeplemek to ink.
mürekkepli inky; ink-stained.
mürekkeplik inkwell.
mürettebat, ***-tı*** [ā] crew.
müsaade [. — . .] permission; ~ ***etmek*** to permit, to allow, to let.
müsabaka [. — . .] contest, competition.
müsadere [ā] LEG confiscation, seizure; ~ ***etmek*** to confiscate, to seize.
müsait, ***-di*** [ā] suitable, favo(u)rable, convenient.
müsamaha [. — . .] tolerance, indulgence; ~ ***etmek*** to tolerate.
müsamahakâr, **müsamahalı** tolerant, indulgent, lenient.
müsamere [ā] show.
müsekkin MED sedative, tranquilizer.
müshil MED purgative, laxative.
müskirat, ***-tı*** alcoholic drinks, intoxicants.
Müslüman Muslim.
Müslümanlık Islam.
müspet, ***-ti*** positive, affirmative.
müsrif wasteful, extravagant, spendthrift.
müsriflik wastefulness, extravagance.
müstahak, ***-kkı*** **1.** condign; **2.** worthy (*-e* of); deserving (*-e* of).
müstahdem employee, caretaker, *Am.* janitor.
müstahkem MIL fortified.
müstahsil producer.
müstahzar preparation.
müstahzarat, ***-tı*** [. . . —] preparations.

müstakbel future.
müstakil, ***-lli*** **1.** independent; **2.** separate, self-contained.
müstamel [ā] used; secondhand.
müstebit, ***-ddi*** despotic.
müstehcen obscene, off colo(u)r.
müstehzi [ī] sarcastic, mocking.
müstekreh loathsome.
müstemleke colony.
müstemlekeci colonialist.
müstemlekecilik colonialism.
müstenit, ***-di*** based (*-e* on), relying (*-e* on).
müsterih [ī] at ease; ~ ***olmak*** to be set at ease.
müstesna [ā] exceptional.
müsteşar [ā] undersecretary.
müsvedde rough copy, draft; manuscript.
müşavir [ā] consultant, adviser.
müşfik kind, tender; compassionate.
müşkül **1.** difficult, hard; **2.** difficulty.
müşkülpesent, ***-di*** fastidious, fussy, hard to please.
müştemilat, ***-tı*** annexes.
müşterek, ***-ki*** common, joint; ~ ***bahis*** pari-mutuel.
müşteri customer, buyer, purchaser; client.
mütalaa [. — . .] **1.** study; **2.** opinion, observation; ~ ***etmek*** **1.** to study, to peruse; **2.** to ponder, to deliberate.
mütareke [ā] armistice, truce.
müteahhit contractor, builder.
mütecaviz [ā] **1.** exceeding; **2.** aggressive.
müteessir sad, grieved; ~ ***olmak*** (*bşden*) **1.** to be saddened (*or* depressed) by *s.th.*; **2.** to be influenced (*or* affected) by *s.th.*
mütehassıs specialist, expert.
mütehassis touched, moved; ~ ***etmek*** to touch, to move; ~ ***olmak*** to be touched (*or* moved).
mütehayyir amazed, taken aback.
mütekabil [ā] mutual, reciprocal; ~ ***dava*** LEG cross action.
mütekabiliyet, ***-ti*** [ā] reciprocity.
mütekâmil mature.
mütemadi [. . — —] continuous.
mütemadiyen [ā] [. . x . .] continuously.
mütercim translator.
mütereddit, ***-di*** hesitant, indecisive.
müteşebbis enterprising.
müteşekkil composed (*-den* of).
müteşekkir grateful, thankful.
mütevazı, ***-ıı*** modest, humble.
mütevelli [ī] trustee; ~ ***heyeti*** board of trustees.
müthiş terrible, awful, terrific, dreadful.
müttefik, ***-ki*** **1.** ally; **2.** allied; ~ ***devletler*** the allied powers, the allies.
müvekkil client.
müzakere [ā] discussion, negotiation; ~ ***etmek*** to discuss, to debate, to talk over.
müzayede [ā] auction; ~ ***ile satış*** sale by auction; ***-ye koymak*** to put up for auction.
müze [x.] museum.
müzelik *fig. co.* ancient, antiquated.
müzik music.
müzikal musical.
müzikçi musician.
müzikhol, ***-lü*** music hall.
müziksever music lover.
müzisyen musician.
müzmin chronic; ~ ***bekâr*** confirmed bachelor.

N

naaş, ***-a'şı*** corpse, body.
nabız, ***-bzı*** pulse; ~ ***yoklamak*** *fig.* to put out feelers; ***nabzına göre şerbet vermek*** *fig.* to feel one's way with a person.
nadas fallow; ~ ***etmek*** to fallow; ***-a bırakmak*** to leave (*the land*) fallow.
nadide [— — .] rare, precious.
nadim regretful.
nadir [ā] rare, scarce.
nadiren [ā] [x. .] rarely.
nafaka **1.** LEG alimony; **2.** livelihood, means of subsistence.
nafile [ā] vain, useless.
naftalin CHEM naphthalene.
nağme tune, melody, air; song.

nahiye [ā] subdistrict.
nahoş [ā] unpleasant, nasty.
nail [ā] who receives (*or* gains); ~ ***olmak*** to obtain, to attain.
naip, ***-bi*** [ā] regent, viceroy.
nakarat, ***-tı*** [..—] MUS refrain.
nakavt, ***-tı*** *boxing*: knockout; ~ ***etmek*** to knock out.
nakden [x.] in cash.
nakdi pecuniary, in cash.
nakış, ***-kşı*** embroidery, needlework.
nakil, ***-kli*** **1.** transport, transfer; **2.** narration.
nakit, ***-kdi*** cash, ready money.
naklen [x.] live; ~ ***yayım*** live broadcast *or* telecast.
nakletmek [x..] **1.** to transport, to transfer; **2.** to narrate.
nakliyat, ***-tı*** [..—] transport, shipment; ~ ***şirketi*** transport (*or* shipping *or* forwarding) company.
nakliye **1.** transport, shipping; **2.** freightage; ~ ***gemisi*** troopship, transport; ~ ***senedi*** ECON waybill; ~ ***uçağı*** troop carrier, transport plane; ~ ***ücreti*** freight(age).
nakliyeci freighter, shipper; forwarding agent.
nal horseshoe; ***-ları dikmek*** *sl.* to kick the bucket, to peg out.
nalbant, ***-dı*** blacksmith, farrier.
nalbur iron-monger, hardwareman, hardware dealer.
nalet, ***-ti*** F cursed, damned; ~ ***olsun!*** God damn him!
nalın bath clog, patten.
nallamak to shoe (*a horse*).
nam [ā] **1.** name; **2.** fame, reputation; ~ ***almak*** (*or* ***kazanmak***) to make a name for o.s.; ***-ına*** on behalf of; in s.o.'s name.
namağlup, ***-bu*** undefeated.
namaz prayer, namaz; ~ ***kılmak*** to perform the namaz, to pray; ~ ***seccadesi*** prayer rug; ~ ***vakti*** time of the namaz, prayer time.
namert, ***-di*** cowardly.
namlı famous.
namlu barrel (*of a rifle etc.*).
namus [——] hono(u)r; chastity, virtue; ~ ***sözü*** word of hono(u)r; ***-una dokunmak*** (*b-nin*) to touch *s.o.'s* hono(u)r.
namuslu [ā] hono(u)rable; chaste, virtuous.
namussuz [ā] dishonest; unchaste, unvirtuous.
namünasip [—.—.] innappropriate; unsuitable.
namütenahi [—..——] endless, boundless.
namzet candidate, nominee; ~ ***göstermek*** to nominate, to put forward as a candidate.
namzetlik candidacy; ***namzetliğini koymak*** to put o.s. forward as a candidate.
nanay *sl.* there isn't …; ***bende para*** ~ I haven't a bean.
nane [ā] BOT mint, peppermint.
naneruhu, ***-nu*** [—.—.] peppermint oil.
naneşekeri, ***-ni*** [—….] peppermint drop.
nanik: ~ ***yapmak*** to cock a snook (*-e* at), to thumb one's nose (*-e* at).
nankör ungrateful, unthankful.
nar BOT pomegranate.
nara [—.] shout, cry; ~ ***atmak*** to shout out, to yell.
narenciye [ā] BOT citrus fruits.
nargile hookah, nargileh, hubble-bubble.
narh officially fixed price.
narin [ā] delicate, slim.
narkotik narcotic.
narkoz narcosis; ~ ***vermek*** to anesthetize.
nasıl [x.] how, what sort; ***nasılsınız?*** how do you do?, how are you?; ~ ***olsa*** in any case, somehow or other.
nasılsa [x..] in any case, somehow or other.
nasır corn, callus, wart; ~ ***bağlamak*** to become calloused; ***-ına basmak*** (*b-nin*) F to tread on *s.o.'s* toes.
nasırlanmak to become calloused.
nasırlı calloused, warty.
nasihat, ***-ti*** [ī] advice, counsel; ~ ***etmek*** to advise.
nasip, ***-bi*** [ī] portion, share, lot; ~ ***olmak*** to fall to one's lot.
naşi [——] owing (*-den* to), because (*-den* of).
naşir [ā] publisher.
natamam [—.—] incomplete.
natıka [—..] eloquence.
natır female bath attendant.
natokafa *sl.* numskull.

natüralist, ***-ti*** naturalist.
natürel natural.
navlun freight, freightage.
naylon [x.] nylon.
naz coyness, reluctance; ~ ***etmek*** to feign reluctance, to act coy.
nazar **1.** look, glance; **2.** the evil eye; ~ ***boncuğu*** blue bead, amulet; ~ ***değmesin!*** Touch wood!
nazaran [x..] according (*-e* to).
nazari [ī] theoretical.
nazarlık amulet, charm.
nazım, ***-zmı*** verse; versification.
nazır [ā] **1.** overlooking, facing; **2.** minister.
Nazi *pr. n.* Nazi.
nazik, ***-ki*** [ā] **1.** polite, courteous; **2.** delicate, fragile.
nazikleşmek [ā] **1.** to become polite; **2.** to become delicate.
naziklik [ā] **1.** politeness, courtesy; **2.** delicacy.
nazlanmak *s.* ***naz etmek.***
nazlı coy, arch; reluctant.
ne **1.** what; **2.** whatever; **3.** What a ...!, How ...!; ~ ***çıkar?*** what does it matter?; ~ ***de olsa*** nevertheless, still; ~ ***gibi?*** what for example?, like what?; ~ ***haber?*** what is the news?; ~ ***ise*** in any case, anyway; ~ ***olur*** ~ ***olmaz*** just in case; ~ ***zaman?*** when?, at what time?
nebat, ***-tı*** [ā] plant.
nebati [.——] vegetable; botanical; ~ ***yağ*** vegetable oil.
nebülöz AST nebula.
nebze bit, particle.
necat, ***-tı*** [ā] salvation.
nece [x.] in what language ...?
neden **1.** why?, what for?; **2.** reason, cause; ~ ***olmak*** to cause, to bring about.
nedense for some reason or other, I don't know why, but ...
nedensel causal.
nedensellik causality.
nedime [ī] lady-in-waiting.
nefer MIL private soldier.
nefes breath; ~ ***almak*** to breathe; ~ ***borusu*** ANAT windpipe, trachea; ~ ***-e kalmak*** to gasp for breath, to pant; ~ ***tüketmek*** to waste one's breath; ***-i kesilmek*** to gasp for breath, to catch one's breath.
nefesli MUS wind (*instrument*).
nefis[1], ***-fsi*** self.
nefis[2] excellent, choice.
nefret, ***-ti*** hate, hatred, abhorrence; ~ ***etmek*** to hate, to detest, to abhor.
neft, ***-ti*** naphtha.
negatif MATH, PHOT, ELECT negative.
nehir, ***-hri*** river.
nekahet, ***-ti*** [ā] convalescence.
nekes stingy, mean.
nekeslik stinginess.
nekre witty.
nektar BOT nectar.
neli what ... made of?
nem moisture, dampness; humidity.
nema [ā] growth.
nemelazımcı indifferent.
nemelazımcılık indifference.
nemlendirici moisturizer.
nemlendirmek to moisten; to humidify; to moisturize.
nemlenmek to become damp, to moisten.
nemli damp, humid, moist.
neon neon; ~ ***lambası*** neon lamp.
nere [x.] what place, what part.
nerede [x..] where; wherever.
nereden [x..] from where, whence.
neredeyse [x...] almost, nearly; ~ ***gelirler*** they'll come pretty soon.
nereli [x..] where ... from; ***siz nerelisiniz?*** where are you from?
nereye [x..] where, to what place; ~ ***gidiyorsunuz?*** where are you going?
nergis BOT narcissus.
nesil, ***-sli*** generation; ***nesli tükenmek*** to die out.
nesir, ***-sri*** prose.
nesne **1.** thing; **2.** GR object.
nesnel objective.
neşe joy, merriment; ***-si yerinde*** he is in good spirits.
neşelenmek to become merry, to be joyful.
neşeli merry, joyful, cheerful.
neşesiz low-spirited, out of sorts, downcast.
neşet, ***-ti*** origination; emergence.
neşir, ***-şri*** **1.** publication; **2.** dissemination, diffusion.
neşretmek [x..] **1.** to publish; **2.** to diffuse.
neşriyat, ***-tı*** [ā] publications.
neşter MED lancet.

net, ***-ti*** **1.** net; **2.** clear, sharp.
netice [ī] result, consequence, outcome; ***-de*** in the end; ***-sinde*** as a result of ...
neticelenmek to end; to result.
neticesiz useless, fruitless, futile.
nevi, ***-v'i*** kind, sort.
nevresim protective case, eirderdown cover.
nevroz neurosis.
ney reed flute.
nezaket, ***-ti*** [ā] courtesy, politeness.
nezaketen [ā] [.x..] as a matter of courtesy.
nezaketli [ā] courteous, polite.
nezaketsiz [ā] discourteous, impolite.
nezaret, ***-ti*** [ā] **1.** supervision; **2.** surveillance; ~ ***etmek*** to superintend, to oversee, to supervise; ***-e almak*** to take into custody; to put under surveillance.
nezarethane [.—.—.] lockup, jail.
nezih [ī] decent, clean.
nezle common cold; ~ ***olmak*** to catch cold.
nışadır CHEM salamoniac.
nışadırruhu, ***-nu*** CHEM ammonia.
nice [x.] How many ...!, Many a ...!; ~ ***yıllara!*** Many happy returns of the day!
nicel quantitative.
nicelik quantity.
niçin [—.] [x.] why?, what for?
nida [ā] **1.** cry, shout; **2.** GR exclamation, interjection.
nihayet, ***-ti*** **1.** end; **2.** at last, finally; ~ ***bulmak*** to come to an end, to finish, to end.
nikâh marriage, wedding; ~ ***dairesi*** marriage office; ~ ***kıymak*** to perform a marriage ceremony; ~ ***şahidi*** witness at a marriage.
nikâhlanmak to get married.
nikâhlı married, wedded.
nikel nickel.
nikelaj **1.** nickeling; **2.** nickel plate.
nikotin nicotine.
Nil *pr. n.* the Nile.
nilüfer [ī] BOT water lily.
nimet, ***-ti*** [ī] blessing.
nine grandmother.
ninni lullaby; ~ ***söylemek*** to sing a lullaby.
nisan April.
nisanbalığı, ***-nı*** April fool.
nispet, ***-ti*** **1.** proportion, ratio; **2.** spite.
nispetçi spiteful.
nispeten [x..] **1.** relatively; **2.** in comparison (*-e* to).
nispi relative, comparative.
nişan [ā] **1.** sign, indication, mark; **2.** target; **3.** engagement; ~ ***almak*** to aim (*-e* at); ~ ***takmak*** **1.** to put an engagement ring (*-e* on); **2.** to pin a decoration (*-e* on); ~ ***töreni*** engagement ceremony; ~ ***yapmak*** to have an engagement ceremony; ~ ***yüzüğü*** engagement ring.
nişancı [ā] sharpshooter, marksman.
nişangâh [ā] **1.** target; **2.** back sight (*of a gun*).
nişanlamak **1.** to engage, to affiance, to betroth; **2.** to take aim (*-e* at).
nişanlanma engagement.
nişanlanmak to get engaged.
nişanlı engaged, intended; fiance(e).
nişasta CHEM starch.
nitekim [x..] as a matter of fact.
nitel qualitative.
nitelemek **1.** to describe; **2.** GR to qualify, to modify.
nitelik quality, characteristic.
nitelikli well-qualified.
niteliksiz of poor quality.
nitrat, ***-tı*** nitrate.
nitrojen CHEM nitrogen.
niyaz [ā] entreaty, plea; ~ ***etmek*** to entreat, to plead.
niye why?, what for?
niyet, ***-ti*** intention, purpose; ~ ***etmek*** to intend, to aim; ***-i bozuk*** having evil intentions.
niyetlenmek *s.* ***niyet etmek.***
niyetli **1.** intent; **2.** who intends to fast.
nizam [ā] order, regularity; ***-a sokmak*** to put in order.
nizami [.——] **1.** regulative, regulatory; **2.** orderly, systematic, methodical.
nizamlı [ā] **1.** organized, orderly; **2.** lawful, legal.
nizamname [.——.] regulations, statutes.
Noel Christmas; ~ ***ağacı*** Christmas tree; ~ ***baba*** Father Christmas, *Am.* Santa Claus.
nohut, ***-du*** BOT chickpea.
noksan [ā] **1.** deficient, defective, missing; **2.** deficiency, defect, shortcoming.

nokta **1.** point, dot; speck, spot; **2.** GR full stop, *Am.* period; ~ ***koymak*** **1.** to put a full stop (*or* period); **2.** to finish, to wind up; ***-sı -sına*** exactly, in every way.
noktalamak to punctuate.
noktalı dotted, speckled; ~ ***virgül*** semicolon.
nonoş little darling, honey.
normal, ***-li*** normal.
Norveç *pr. n.* Norway.
Norveçli *pr. n.* Norwegian.
not, ***-tu*** **1.** note, memorandum; **2.** *school*: mark, grade; ~ ***defteri*** notebook; ~ ***etmek*** to note down; ~ ***tutmak*** to take notes; ~ ***vermek*** to give a grade (*-e* to).
nota [x.] MUS, POL note.
noter notary public.
nöbet, ***-ti*** **1.** turn (*of duty*); watch (*of a sentry*); **2.** MED onset, fit; ~ ***beklemek*** **1.** to stand guard; to keep watch; to be on duty; **2.** to await one's turn; ~ ***değiştirmek*** to change guard; ~ ***gelmek*** (*b-ne*) to have a fit; ~ ***tutmak*** to stand guard.
nöbetçi sentry, watchman; ~ ***eczane*** pharmacy on night-duty.
nöbetleşe by turns.
nötrleşmek to become neutral.
nötron neutron.
Nuh [ū] *pr. n.* Noah; ~ ***der peygamber demez*** he is as stubborn as a mule; ~ ***Nebi'den kalma*** out of the ark; ***-un gemisi*** Noah's Ark.
numara [x..] **1.** number; **2.** (*shoe etc.*) size, number; **3.** *sl.* trick, ruse; ~ ***yapmak*** to pretend, to fake.
numaracı *sl.* faker, poseur.
numaralamak to number.
numaralı [x...] numbered.
numune sample, model, pattern.
nur [ū] light, brilliance.
nutuk, ***-tku*** speech, oration, address; ~ ***atmak*** to sermonize.
nüans nuance.
nüfus [ū] population, inhabitants; ~ ***cüzdanı*** identity card; ~ ***sayımı*** population census.
nüfuz [ū] **1.** influence, power; **2.** penetration; ~ ***etmek*** to penetrate.
nüfuzlu [.—.] influential, powerful.
nükleer nuclear.
nüksetmek [x..] to relapse, to recur.
nükte witticism, wisecrack.
nükteci, **nüktedan** [a] witty.
nüsha **1.** copy, specimen; **2.** issue, number (*of a magazine etc.*).

O

o, ***-nu*** **1.** that; **2.** he, she, it; ~ ***anda*** at that moment; ~ ***denli*** so much, that much; ~ ***gün bugün*** since then, from that day on; ~ ***halde*** in that case, thus, so; ~ ***sırada*** at that straight moment; ~ ***taraflı olmamak*** not to pay attention to; ~ ***zaman*** **1.** then, after that; **2.** at that time; **3.** in that case.
oba **1.** large nomad tent; **2.** nomad family; **3.** encampment.
obje object, thing.
objektif objective.
obruk PHYS concave.
observatuvar observatory.
obstrüksiyon **1.** preventing, obstruction; **2.** *sports*: blocking.
obua MUS oboe.
obur gluttonous, greedy.
oburluk gluttony.
obüs howitzer; shell.
ocak[1] January.
ocak[2] **1.** hearth, fireplace, furnace; **2.** quarry; **3.** kiln, pit, mine; **4.** cooker, oven; **5.** family, home.
ocakçı **1.** stoker; **2.** chimneysweep.
od fire.
oda room; chamber; ~ ***müziği*** chamber music.
odacı janitor.
odak focus.
odaklamak to focus.
odaklaşma focalization.
odaklaşmak to focalize.
odun firewood, log.
oduncu **1.** woodcutter; **2.** seller of firewood.
odunkömürü, ***-nü*** charcoal.
odunlaşmak **1.** to lignify; **2.** *fig.* to get

rough, to get rude.
odunluk woodshed.
of Off!, Ugh!
ofis office, department.
oflamak to say "ugh", to breathe a sigh.
oflaz excellent, superb.
ofsayt, ***-dı*** *sports*: offside.
ofset, ***-ti*** offset.
oğlak[1] zo kid.
Oğlak[2] AST Capricorn.
oğlan 1. boy, lad; **2.** *cards*: knave; **3.** catamite.
oğlancı pederast.
oğul, ***-ğlu*** **1.** son; **2.** swarm of bees
oğulcuk embryo.
oğulotu, ***-nu*** BOT bee balm.
oğuz 1. young bull; **2.** honest, sincere; **3.** brave, valiant.
oh Oh! Ah!
oha [x—] *sl.* Whoa!
oje nail polish.
ok, ***-ku*** arrow; ***~ gibi fırlamak*** to rush out of (*a place*); ***~ yaydan çıktı*** *fig.* the die is cast.
okaliptüs BOT eucalyptus.
okçu archer, bowman.
okka oka (*= 1283 g*).
okkalı 1. large, big; **2.** heavy, weighty; ***~ kahve*** large cup of coffee.
oklava rolling pin.
okluk quiver.
oklukirpi zo porcupine.
oksijen oxygen.
oksijensizlik anoxia.
oksit oxide.
oksitlemek to oxidize.
oksitlenme oxidation.
oksitlenmek to get oxidized.
okşamak 1. to stroke, to caress, to fondle, to pat; **2.** *sl.* to beat up, to thrash.
okşayıcı pleasing (*word, behave, etc.*)
oktan octane.
oktav octave.
okul school.
okuldaş schoolmate.
okullu student, pupil.
okulöncesi, ***-ni*** preschool.
okuma reading; ***~ kitabı*** primer, reader; ***~ yitimi*** word blindness, alexia.
okumak 1. to read; **2.** to study, to learn; **3.** to recite; to sing.
okumamış illiterate.
okumuş educated, learned.
okunaklı legible, readable.
okunaksız illegible.
okur reader.
okuryazar literate.
okuryazarlık literacy.
okutmak to teach, to instruct.
okutman lecturer, reader.
okuyucu 1. reader; **2.** singer.
oküler PHYS ocular, eyepiece.
okyanus ocean.
olabilir possible.
olabilirlik possibility.
olağan usual, ordinary, common.
olağandışı, ***-nı*** unusual, out of the common.
olağanüstü, ***-nü*** **1.** extraordinary, unusual; **2.** unexpected.
olanak possibility.
olanaklı possible.
olanaksız impossible.
olanaksızlaşmak to become impossible.
olanaksızlaştırmak to make s.th. impossible.
olanaksızlık impossibility.
olanca [.x.] utmost; to the full.
olası probable.
olasılı probable.
olasılık probability.
olay event, incident, happening; ***~ çıkarmak*** to cause trouble, to kick up a fuss.
olaylı eventful.
olaysız uneventful.
oldu Okay!, All right!
oldubitti fait accompli.
oldukça [.x.] rather, pretty, fairly.
oldurgan GR causative.
olgu phenomenon.
olgun ripe; mature.
olgunluk ripeness; maturity; ***~ çağı*** (*or* ***yaşı***) age of maturity.
oligarşi oligarchy.
olimpiyat, ***-tı*** the Olympic games, the Olympics.
olmadık [x..] unheard-of, unprecedented.
olmak, (***-ur***) **1.** to be, to exist; to become; **2.** to happen, to occur, to take place; **3.** to ripen; to mature; **4.** to catch (*disease*); **5.** to suit, to fit; **6.** to be cooked; **7.** to lose, to be bereft (*-den* of); ***ola ki*** let's say ...; ***olan biten*** everything that took place; ***olan oldu*** it is too late now, there is nothing to

do; ***oldum olası*** as long as s.o. remembers, always; ***olsa olsa*** at (the) most; ***olur olmaz*** **1.** ordinary, whatsoever; **2.** unnecessary, unimportant.
olmamış unripe.
olmayacak **1.** impossible; **2.** unseemly, unsuitable.
olmaz **1.** Impossible!, That will not do!; **2.** incredible.
olmazlık *log.* absurdity.
olmuş ripe, mature.
olta [x.] fishing line; ~ ***iğnesi*** fishhook.
oluk **1.** gutter; **2.** groove; ~ ***gibi akmak*** (*water, money, etc.*) to stream out, to flow in abundance.
oluklu grooved; ~ ***saç*** MEC corrugated iron sheet.
olumlamak *log.* to affirm.
olumlu positive, affirmative; ~ ***eylem*** affirmative verb; ~ ***tümce*** affirmative sentence.
olumsuz negative.
olur **1.** possible; **2.** All right!; ~ ***olmaz*** any; ~ ***şey değil!*** It's incredible!, it's impossible!; ***-una bırakmak*** to let s.th. take its course.
oluş **1.** existence, being; **2.** formation, genesis.
oluşmak to take form, to be formed.
oluşturmak to form, to constitute.
oluşum formation, constitution.
om PHYS ohm.
omlet, ***-ti*** omlette.
omur ANAT vertebra.
omurga **1.** ANAT backbone, spine; **2.** NAUT keel.
omurgalılar ZO Vertebrata.
omurgasızlar ZO Invertebrata.
omurilik ANAT spinal marrow.
omuz, ***-mzu*** shoulder; ~ ***-a*** shoulder to shoulder; ~ ***silkmek*** to shrug; ~ ***vermek*** **1.** to press against s.th. with shoulder; **2.** to support, to help; ***-ları çökmek*** to get exhausted, to get ruined.
omuzdaş *conp.* accomplice.
omuzlamak to shoulder.
omuzluk shoulder strap, epaulet.
on ten.
onamak to approve.
onar ten each, ten apiece.
onarım repair, repairs; restoration.
onarmak to repair, to restore; to mend.
onay approval, consent.
onaylamak to approve, to ratify; to certify.
onaylı approved, ratified.
onaysız unapproved; unratified; uncertified.
onbaşı, ***-yı*** MIL corporal.
onca [x.] **1.** according to him (*or* her); **2.** so many; so much.
ondalık a tenth; ten percent; ~ ***kesir*** decimal fraction.
ondurmak **1.** to improve; **2.** to cure; to heal.
ondüle curled, curly.
ongun **1.** prosperous; **2.** happy, blessed; **3.** totem.
onikiparmakbağırsağı, ***-nı*** ANAT duodenum.
onlar they.
online *adj. & adv.* online; ~ ***alışveriş*** online shopping; ~ ***bankacılık*** online banking.
onluk **1.** of ten parts; **2.** ten lira piece.
onmak **1.** to improve, to get better; **2.** to heal up.
ons ounce (= *28,35 g*)
ontoloji ontoloji.
onu him, her, it.
onulmaz incurable.
onun his, her, its.
onuncu tenth.
onur hono(u)r, dignity, self-respect; ***-una dokunmak*** (*b-nin*) to hurt *s.o.'s* pride; ***-una yedirememek*** not to be able to stomach.
onurlandırmak to hono(u)r.
onurlu self-respecting, dignified.
onursal honorary; ~ ***üye*** honorary member.
onursuz without dignity, lacking in self-respect.
onursuzluk lack of self-respect.
oosfer oosphere.
oosit, ***-ti*** oocyte.
opal, ***-li*** opal.
opera [x..] MUS **1.** opera; **2.** opera house.
operasyon operation.
operatör **1.** MEC operator; **2.** MED surgeon.
operet, ***-ti*** operetta.
optik **1.** optics; **2.** optical.
opus opus.
ora [x.] that place.
oracıkta just over there.

orak sickle.
orakçı reaper.
oralı [x..] of that place; **~ olmamak** to feign indifference.
oramiral, **-li** vice-admiral.
oran **1.** proportion; **2.** ratio, rate; **3.** estimate.
orangutan ZO orangutan.
oranlamak to calculate, to measure; to estimate.
oranlı proportional.
oransız badly proportioned.
oransızlık lack of proportion.
orantı proportion, ratio.
orantılı proportional.
orası, **-nı** that place.
ordinaryus [..x.] senior professor holding a chair in a university.
ordinat, **-tı** MATH ordinate.
ordino [.x.] delivery order; ECON certificate of ownership.
ordonat, **-tı** MIL supply service.
ordövr hors d'oeuvres.
ordu army.
ordubozan **1.** public enemy; **2.** spoilsport.
orduevi, **-ni** officers' club.
ordugâh MIL military camp, encampment.
org, **-gu** MUS organ.
organ organ.
organaktarımı transplantation.
organik organic; **~ kimya** organic chemistry.
organizasyon organization.
organizatör organizer.
organizma [..x.] organism.
orgazm climax.
orgeneral, **-li** MIL general.
orijinal, **-li** original.
orkestra orchestra, band.
orkide [.x.] orchid.
orkinos [x..] ZO tuna, tunny-fish.
orman forest, wood; **~ gibi** thick (*hair, eyebrow etc.*); **~ kibarı** *co.* rude fellow; boor.
ormancı forester.
ormancılık forestry.
ormanhorozu, **-nu** blackcock.
ormanlaşmak to become forested.
ormanlık **1.** woodland; **2.** thickly wooded.
orospu prostitute, whore, harlot.
orospuluk prostitution.
orsa [x.] NAUT the weather side, luff.
orsalamak NAUT to hug the wind, to luff.
orta **1.** middle, centre; **2.** central, middle ...; **3.** average, medium; **~ boy** medium size, medium length; **~ boylu** of medium height; **~ dalga** PHYS medium wave; **~ halli** neither poor nor rich, from middle class; **~ malı** **1.** common property; **2.** prostitute; **~ şekerli** moderately sweet (*coffee*); **~ yaşlı** middle-aged; **-da bırakmak** to abandon, to leave in the lurch; **-da kalmak** to be left destitute; **-dan kaldırmak** to remove, to do away with; **-dan kaybolmak** to disappear, to vanish; **-ya atmak** to suggest, to bring up; **-ya çıkmak** to come to light; **-ya koymak** to put forward.
ortaç GR participle.
ortaçağ the Middle Ages.
ortaderi mesoderm.
ortadirek *fig.* middle class.
Ortadoğu the Middle East.
ortaelçi minister plenipotentiary.
ortak **1.** ECON partner; **2.** common; **3.** fellow wife; **♀ Pazar** Common Market.
ortakçı sharecropper.
ortakkat, **-tı** MATH common multiple.
ortaklaşa in common, jointly.
ortaklaşacı collectivist.
ortaklaşacılık collectivism.
ortaklaşmak to enter into partnership with s.o., to become partners.
ortaklık ECON **1.** partnership; **2.** company, firm.
ortakulak ANAT middle ear, tympanum.
ortakyaşama BIOL symbiosis.
ortalama average, mean.
ortalamak **1.** to reach the middle; **2.** *football*: to centre, *Am.* to center.
ortalık surroundings, the area around; **~ kararmak** to get dark; **ortalığı birbirine katmak** to cause tumult, to make a mess; **ortalığı toplamak** to tidy up.
ortam environment, surroundings.
ortanca[1] middle child.
ortanca[2] BOT hydrangea.
ortaokul secondary school, junior high school.
ortaoyunu, **-nu** a theatrical genre once popular in Turkey.
ortaöğretim secondary education.
ortaparmak middle finger.

ortayuvar mesosphere.
Ortodoks Orthodox.
Ortodoksluk Orthodoxy.
ortopedi orthopedics.
ortopedik orthopedic.
oruç, **-cu** fasting, fast; ~ ***açmak*** to break the fast; ~ ***tutmak*** to fast.
oruçlu fasting.
orun office, post.
oryantal Oriental.
Osmanlı Ottoman.
Osmanlıca the Ottoman Turkish language.
osmiyum CHEM osmium.
osurganböceği, **-ni** ZO stag beetle.
osurmak to fart, to break wind.
osuruk fart.
oşinografi GEOGR oceanography.
ot, **-tu** **1.** herb, plant; **2.** grass; hay; **3.** weed; **4.** medicine; **5.** depilatory; **6.** fodder; **7.** *sl.* hashish; **8.** stuffed with grass (*pillow, cushion etc.*); ~ ***yoldurmak*** (*b-ne*) to give *s.o.* a hard time, to put *s.o.* to trouble.
otağ state tent, pavilion.
otalamak to poison.
otamak to treat medically.
otantik authentic.
otarmak to pasture.
otarşi autarky.
otçul ZO herbivorous.
otel hotel.
otelci hotel-keeper, hotelier.
otlak pasture.
otlakçı *sl.* sponger, parasite, hanger-on.
otlamak to graze, to pasture.
otlatmak to put out to graze, to pasture.
otluk **1.** pastureland; **2.** haystack.
oto auto, car.
otoban high-way, autobahn.
otobiyografi autobiography.
otobüs bus, coach.
otogar bus station, bus depot.
otokrasi autocracy.
otokrat, **-tı** autocrat.
otokritik self-criticism, autocriticism.
otolit, **-ti** otolith, ear stone.
otomasyon automation.
otomat, **-tı** **1.** automaton; **2.** flash heater.
otomatik automatic.
otomatikman automatically.
otomatikleşmek to become automatic.
otomatizm automatism.
otomobil car, automobile.
otomotiv automotive industry.
otonom autonomous.
otonomi autonomy.
otopark, **-kı** car park, parking lot.
otopsi autopsy, postmortem examination.
otorite authority.
otoriter authoritarian, bossy.
otostop, **-pu** hitchhiking; ~ ***yapmak*** to hitchhike, to thumb a lift.
otostopçu hitchhiker.
otoyol high-way, autobahn, motorway.
otçu, **otsul** herbaceous.
oturacak seat.
oturak **1.** chamberpot; **2.** seat, bottom, foot.
oturaklı **1.** *fig.* imposing, dignified (*person*); **2.** well-chosen, striking (*words*)
oturma: ~ ***belgesi*** residence permit; ~ ***grevi*** sit-down strike; ~ ***odası*** living room, sitting room.
oturmak **1.** to sit; to sit down; **2.** to live, to dwell, to reside; **3.** to fit well; **4.** to loaf, to laze; **5.** to sink; **6.** NAUT to run ashore; **7.** CHEM to precipitate; **8.** to settle; **9.** F to cost; **10.** to come to an agreement; **11.** to take up (*a post*).
oturtmak **1.** to place, to seat; **2.** to set, to mount (*jewel*).
oturum LEG hearing, session; ~ ***açmak*** IT to log in *a.* on (*to*); ~ ***kapamak*** IT to log out (*from*).
otuz thirty.
otuzuncu thirtieth.
ova plain, lowland.
oval, **-li** oval.
ovalamak **1.** to grind, to rub, to crumble; **2.** to massage, to knead.
ovalık grassy land, plain.
ovmak **1.** to massage, to rub, to knead; **2.** to polish.
ovogon BOT oogonium.
ovolit, **-ti** GEOL oolite.
ovuşturmak to massage, to rub, to knead.
oy vote; ~ ***birliği*** unanimity; ~ ***birliğiyle*** unanimously; ~ ***çokluğu*** majority; ~ ***hakkı*** the right of voting; ~ ***sandığı*** ballot box; ~ ***vermek*** to vote; ***-a koymak*** to put to the vote.
oya pinking, embroidery.
oyalamak **1.** to distract s.o.'s attention; to keep busy, to amuse; **2.** to detain.

oyalanmak to waste time, to loiter, to dawdle, to lag.
oyalayıcı amusing, diverting.
oyalı edged with embroidery.
oydaş of the same opinion, like-minded.
oylama voting.
oylamak to vote, to put to the vote.
oyluk thigh.
oylum volume.
oylumlu **1.** bulk, voluminous; **2.** *fig.* large, great.
oyma **1.** carving; engraving; **2.** carved; engraved.
oymacı engraver.
oymak[1] to engrave, to carve.
oymak[2] **1.** subdivision of a tribe, phratry; **2.** boy scout troop; ~ ***beyi*** scoutmaster.
oynak **1.** frisky, restless; **2.** playful; **3.** MEC having much play, loose; **4.** flirtatious; fickle; **5.** ANAT joint.
oynamak **1.** to play; **2.** to dance; **3.** to perform (*a play*); **4.** to move; to vibrate.
oynaş lover, sweetheart.
oynaşmak to play with one another.
oynatmak **1.** to cause to move; **2.** *fig.* F to go off one's nut, to go out of one's head.
oysa, **oysaki** whereas, yet, however.
oyuk **1.** cavity, hole; **2.** hollow, grooved.
oyulga tacking, basting.
oyulga(la)mak to tack together, to baste together.
oyum **1.** cave, cavity, hole; **2.** hollowing.
oyun **1.** game; **2.** dance; **3.** THEA play, performance; **4.** *fig.* trick, swindle, deception; ~ ***etmek*** (*b-ne*) to play a trick on *s.o.*; ~ ***kâğıdı*** playing card; ~ ***vermek*** to lose a game; ***-a çıkmak*** THEA to appear on the stage; ***-a gelmek*** to be deceived, to be duped; ***-a getirmek*** to deceive, to dupe, to swindle; ***-u almak*** to win the game; ***Bizans -nu*** trick, fraud, wile, intrigue.
oyunbaz **1.** playful; **2.** deceitful; swindler.
oyunbozan spoil-sport, kill-joy.
oyunbozanlık ~ ***etmek*** to be a spoil-sport.
oyuncak **1.** toy, plaything; **2.** *fig.* child's play, easy job.
oyuncakçı maker *or* seller of toys.
oyuncu **1.** player; **2.** dancer; **3.** actor; actress.
oyunevi, ***-ni*** theatre, *Am.* theater.
oyuntu hollow, hole, cavity.
ozalit Ozalid.
ozan poet; wandering minstrel, bard.
ozon CHEM ozone.

Ö

Ö

öbek heap, pile, mount; group; ~ ~ ***in*** heaps, in crowds.
öbür [x.] the other; ~ ***dünya*** the next world, the hereafter; ~ ***gün*** the day after tomorrow; ~ ***hafta*** the week after next.
öbürü, **öbürkü** the other one.
öcü ogre, bogyman.
öç, ***-cü*** revenge, vengeance; ~ ***almak*** to get revenge.
öd, ***-dü*** gall, bile; ***-ü patlamak*** to be frightened to death, to be scared out of one's wits; ***-ünü koparmak*** (*or* ***patlatmak***) to frighten to death, to scare s.o. out of his wits.
ödağacı, ***-nı*** BOT agalloch tree.
ödem MED edema.
ödeme payment, disbursement; ~ ***emri*** LEG default summons, writ of execution; ~ ***kabiliyeti*** solvency; ***-lerin tatili*** suspension of payment.
ödemek **1.** to pay, to disburse; **2.** to indemnify.
ödemeli cash on delivery, *Am.* collect; TELEPH with reversed charges.
ödenek appropriation, allowance, allotment.
ödenti fees, dues.
ödeşmek to settle accounts with one another.
ödev **1.** homework; **2.** duty, obligation.
ödkesesi, ***-ni*** gall bladder.
ödlek cowardly, timid.
ödül reward, prize.

ödüllendirmek to reward, to award.
ödün concession; ~ ***vermek*** to make a concession.
ödünç, **-cü** **1.** loaned, lent; **2.** borrowed, on loan; ~ ***almak*** to borrow; ~ ***vermek*** to lend.
öf Phew!, Ugh!
öfke anger, rage, fury; ~ ***baldan tatlıdır*** it is to shout at when you are angry; ~ ***topuklarına çıkmak*** (*b-nin*) to fill with great rage; ***-si burnunda*** hot-headed; ***-sini çıkarmak*** (*b-den*) to vent one's anger on *s.o.*; ***-sini yenmek*** to control one's temper, to get hold of o.s.
öfkelendirmek to anger, to infuriate.
öfkelenmek to get angry.
öfkeli angry, furious.
öğe element.
öğle noon; ~ ***yemeği*** lunch; ***-den sonra*** in the afternoon.
öğlende, **öğleyin** at noon.
öğrenci student, pupil.
öğrenim education.
öğrenmek **1.** to learn; **2.** to hear.
öğrenmelik scholarship.
öğreti doctrine.
öğretici educational, didactic, instructive.
öğretim instruction, education; ~ ***görevlisi*** lecturer, teaching assistant; ~ ***üyesi*** faculty member; ~ ***yılı*** school year.
öğretmek to teach, to instruct.
öğretmen teacher; ~ ***okulu*** teachers training school.
öğretmenlik teaching.
öğün meal.
öğür **1.** of the same age; **2.** familiar, intimate; **3.** used to, accustomed to; **4.** group, class, party; ~ ***olmak*** to get used to, to get very familiar with.
öğürmek to retch.
öğürtü retching.
öğüt, **-dü** advice, counsel; ~ ***vermek*** to advise.
öğütlemek to advise, to counsel.
öğütmek to grind.
öğütücüdiş molar.
öhö coughing sound.
ökçe heel.
ökse birdlime.
öksürmek to cough.
öksürük cough.
öksüz motherless, orphan.
öksüzlük orphanhood.
öküz **1.** zo ox; **2.** *fig.* dull, stupid, oaf; ~ ***gibi*** stupid, blockhead; ~ ***gibi bakmak*** to stare like a fool; ~ ***trene bakar gibi bakmak*** to stare stupidly; ***-e boynuzu yük olmaz*** (*or* ***ağır gelmez***) it is not a burden to help one's friends; ***-ün altında buzağı aramak*** to hunt for s.th. in the most unlikely place.
öküzbalığı, **-nı** zo walrus.
öküzburnu, **-nu** zo hornbill.
öküzdili, **-ni** BOT bugloss.
öküzgözü, **-nü** arnica.
öküzlük *fig.* incredible stupidity.
ölçek measure, scale.
ölçmek, (**-er**) **1.** to measure; **2.** *fig.* to weigh.
ölçü **1.** measure; measurement; **2.** *fig.* moderation; **3.** MUS time; **4.** *poet.* metre.
ölçülü **1.** measured; **2.** *fig.* moderate, temperate.
ölçüm measure; measuring.
ölçümlemek **1.** to reason out; **2.** to evaluate.
ölçüsüz **1.** immeasurable; **2.** *fig.* immoderate.
ölçüşmek (*b-le*) to compete (*or* grapple) with *s.o.*
ölçüt, **-tü** criterion.
öldürmek to kill, to murder, to slay.
öldürücü mortal, fatal, deadly, lethal.
ölesiye excessively, intensely.
ölgün withered, shrivelled, faded.
ölmek, (**-ür**) **1.** to die; **2.** to fade, to wither; ~ ***var dönmek yok*** to come hell or high water; ***ölüp ölüp dirilmek*** to sweat blood; ***ölür müsün öldürür müsün?*** to be between the rock and hard place.
ölmez immortal, eternal.
ölmüş dead.
ölü **1.** dead; **2.** corpse; **3.** lifeless, feeble; ~ ***açı*** MIL dead angle; ~ ***dalga*** low wave, swell; ~ ***deniz*** swell; ~ ***fiyatına*** dirt cheap; ~ ***mevsim*** dead season; ~ ***nokta*** dead point (*a.* MIL) ~ ***veya sağ*** dead or alive; ***-yü güldürür*** very funny.
ölük weak, feeble.
ölüm death, decease; ~ ***cezası*** capital punishment; ~ ***döşeği*** deathbed; ~ ***kalım meselesi*** matter of life or death; ***-le burun buruna gelmek*** to

have a close brush with death; ***-üne susamak*** to court death.
ölümcül fatal, mortal.
ölümlü mortal.
ölümsüz immortal.
ölümsüzlük immortality.
ömür, ***-mrü*** **1.** life; **2.** *fig.* amusing, pleasant; ***~ adam*** a fine fellow; ***~ boyunca*** all one's life; ***~ çürütmek*** to spend one's time and energy in vain; ***~ geçirmek*** to live, to spend one's life; ***~ tehlikesi*** danger of life; ***~ törpüsü*** a long and exhausting job.
ömürlü long-lived.
ömürsüz short-lived.
ön 1. front; **2.** foremost; ***~ ayak olmak*** to take the lead, to initiate; ***-e sürmek*** to suggest, to propose; to put forward; ***-üne geçmek*** to prevent, to avert.
önad GR adjective.
önce [x.] **1.** first, at first; **2.** before, previously; **3.** ago; **4.** prior to.
önceden [x..] at first, beforehand.
önceki previous, former.
önceleri [x...] formerly, previously.
öncelik priority.
öncelikle first of all.
öncesiz eternal.
öncesizlik past eternity.
öncü MIL vanguard, pioneer.
öncül PHLS premise.
öncülük leadership.
öndamak ANAT palate.
öndelik ECON payment in advance.
önder leader, chief.
önderlik leadership.
öndeyiş prologue.
önek GR prefix.
önem importance, significance; ***~ vermek*** to consider important, to esteem.
önemli important.
önemsemek to consider important.
önemsiz unimportant, insignificant.
önemsizlik unimportance, insignificance.
önerge proposal, motion.
öneri offer, suggestion.
önermek to propose, to suggest, to offer.
öngörmek to keep in mind, to consider.
öngörü far-sightedness.
öngörülü foresighted.
öngün eve.
önkol ANAT forearm.
önlem precaution, measure, step.
önlemek to prevent, to avert.
önleyici preventive.
önlük 1. apron; **2.** pinafore.
önseçim primary election.
önsezi presentiment, foreboding.
önsöz preface, foreword.
öntasarı preliminary draft.
önyargı prejudice.
önyargılı prejudiced.
önyüzbaşı, ***-yı*** MIL senior captain.
öpmek, **(*-er*)** to kiss.
öpücük kiss.
öpüşmek to kiss one another.
ördek 1. ZO duck; **2.** urinal (*for using in bed*).
ördekbaşı, ***-nı*** greenish-blue.
ördekgagası, ***-nı*** reddish-yellow.
ördürmek to have s.th. knitted.
öreke distaff.
ören ruins.
örf custom, common law.
örfi [ī] customary, conventional.
örgen BIOL organ.
örgü 1. knitting; **2.** plait, braid; ***~ şişi*** knitting-needle.
örgüt, ***-tü*** organization.
örgütlemek to organize.
örgütlenmek to be organized.
örme knitted; plaited.
örmek, **(*-er*) 1.** to knit; to plait; **2.** to braid, to plait (*hair*); **3.** to build (*wall*); to lay (*bricks*).
örneğin for example, for instance.
örnek 1. example; **2.** sample, specimen; **3.** pattern, model; ***~ almak*** (*b-den*) to take *s.o.* as one's model, to take a lesson from *s.o.*; ***~ olmak*** to be a model; ***örneğini çıkarmak*** to make a copy of.
örneklemek to exemplify.
örs anvil.
örselemek 1. to mistreat, to abrade, to spoil; **2.** to weaken.
örtbas: ***~ etmek*** to suppress, to hush up.
örtmek, **(*-er*) 1.** to cover; **2.** to conceal, to mask; **3.** to shut, to close.
örtü cover, wrap.
örtülü 1. covered, wrapped up; **2.** closed, shut; **3.** concealed; ***~ ödenek*** discretionary fund.
örtünmek to cover o.s.; to veil o.s.
örtüsüz uncovered.
örü 1. plaited (*or* knitted) work; **2.** mending, repair.

örücü mender, darner.
örümcek zo spider; ~ ***ağı*** cobweb; ~ ***kafalı*** *fig.* stone-conservative, reactionary, die-hard.
örümcekkuşu, ***-nu*** zo shrike.
örümceklenmek to get covered with cobwebs.
östaki: ~ ***borusu*** ANAT Eustachian tube.
öşür, ***-şrü*** tithe.
öte 1. the further side; **2.** further, beyond; **3.** the rest; ***-de beride*** here and there; ***-den beri*** from of old, at all times; ***-den beriden*** from here and there, from this and that; ***-si berisi*** one's goods and possessions; ***-ye beriye*** here and there.
öteberi this and that, various things.
öteki, ***-ni*** the other.
ötleğen zo warbler.
ötmek, (***-er***) **1.** (*bird*) to sing; (*cock*) to crow; **2.** to echo, to resound; to ring.
öttürmek to blow (*whistle*).
ötücü that sings habitually (*bird*); ~ ***kuş*** songbird.
ötürü because of, by reason of, on account of.
ötüş way of singing.
ötüşmek (*birds*) to sing at the same time.
öveç two or three-year old ram.
övendire oxgoad.
övgü praise.
övgücü flatterer.
övme praising.
övmek, (***-er***) to praise, to extol.
övünç pride.
övüngen boastful, braggard.
övünmek 1. to boast, to brag, to praise o.s.; **2.** to feel proud (*ile* of); ~ ***gibi olmasın*** I don't mean to boast but …
öykü story.
öykücü 1. story-teller; **2.** story-writer.
öykünme imitating, imitation.
öykünmek to imitate, to mimic.
öyle such, like that, so; ~ ***ise*** if so, in that case; ~ ***olsun*** all right, as you wish; ~ ***ya*** of course, oh yes, certainly.
öylece [x..], **öylelikle** [x…] in such a manner, thus, that way.
öylesi such, the like, that sort.
öz 1. self; **2.** essence, kernel; **3.** pith; **4.** pure; **5.** true, real; ~ ***kardeş*** full brother *or* sister; ***-ü sözü bir*** decent, sincere.
özbağışıklık MED autoimmunism.
Özbek Uzbek.
Özbekçe the Uzbek language.
Özbekistan Uzbekistan.
özbeöz real, true, genuine.
özdek matter.
özdekçilik materialism.
özden genuine, true.
özdeş identical.
özdevinim automatism.
özdeyiş maxim, epigram.
özdirenç PHYS resistivity.
özel 1. private, personal; **2.** special; ~ ***ad*** proper noun; ~ ***girişim*** private enterprise; ~ ***okul*** private school; ~ ***ulak*** special delivery.
özeleştiri self-criticism.
özellik special feature, peculiarity, characteristic.
özellikle especially, particularly, specially.
özen care, pains; ~ ***göstermek*** to take great care, to take pains to.
özenli painstaking, careful.
özenmek to take pains; ***özene bezene*** carefully, painstakingly.
özenti pretented, alleged, ostensible.
özentili painstaking.
özentisiz careless.
özerk POL autonomous.
özerklik POL autonomy.
özet, ***-ti*** summary, synopsis.
özetlemek to summarize, to sum up.
özge different, unusual.
özgeci altruist.
özgecilik altruism.
özgeçmiş biography.
özgü special (*-e* to), peculiar (*-e* to), unique (*-e* to).
özgül specific; ~ ***ağırlık*** specific gravity.
özgün original.
özgünlük originalitly.
özgür free, independent.
özgürce freely, independently.
özgürleşmek to become free.
özgürleştirmek to free.
özgürlük freedom, liberty.
özgüven self-confidence.
özlem longing, desire, yearning.
özlemek to long for, to miss, to yearn for.
özleşmek 1. to become purified; **2.** to get ripen.
özleyiş longing, yearning.
özlü 1. marrowy, pithy; **2.** pulpy, sub-

stantial.
özne GR subject.
öznel GR subjective.
öznelci PHLS subjectivist.
öznelcilik PHLS subjectivism.
öznellik subjectivity.
özsaygı self-respect.
özsel essential.
özsu juice, sap.
özümleme BIOL assimilation.
özümlemek BIOL to assimilate.
özür, ***-zrü*** **1.** excuse, apology; **2.** defect, shortcoming, infirmity; ~ ***dilemek*** to apologize, to ask pardon, to excuse o.s.; ***özrü kabahatinden büyük*** his excuse is worse than his fault.
özürlü **1.** defective, flawed; **2.** handicapped.
özürsüz flawless, perfect, nondefective.
özveren self-sacrificing.
özveri self-denial, renunciation.
özverili self-denying, unselfish.
özyaşamöyküsü, ***-nü*** autobiography.

P

pabuç, ***-cu*** shoe; ~ ***bırakmamak*** (*bşe*) *fig.* not to be discouraged by *s.th.*; ***-u dama atılmak*** *fig.* to lose favo(u)r, to fall into discredit.
pabuççu shoemaker, cobbler.
paça **1.** bottom of the trouser leg, turn-up, bottoms; **2.** trotters; ***-yı kurtarmak*** to elude, to evade.
paçavra [.x.] rag; ***-ya çevirmek*** (*or* ***döndürmek***) to botch, to make a mess of.
paçavracı [.x..] ragman.
paçoz *sl.* prostitute.
padavra [.x.] shingle.
padişah [—.—] padishah, sultan, ruler.
pafta [x.] section of a map.
paha [.—] price, value; ~ ***biçilmez*** priceless, invaluable; ~ ***biçmek*** to set a value (*-e* on), to evaluate.
pahacı charging high prices.
pahalanmak, **pahalılaşmak** to become expensive.
pahalı expensive, costly, dear.
pahalılık **1.** expensiveness; **2.** dearth.
pak, ***-ki*** [ā] clean, pure.
paket, ***-ti*** parcel, package; pack; ~ ***etmek*** to package, to wrap up.
paketlemek to package, to wrap up.
Pakistan [—.—] *pr. n.* Pakistan.
paklamak to clean.
pakt, ***-tı*** pact.
pala scimitar.
palabıyık handlebar moustache.
palamar NAUT hawser; ***-ı çözmek*** *sl.* to show a clean pair of heels.
palamut, ***-tu*** **1.** ZO bonito; **2.** BOT valonia oak.
palan a kind of saddle.
palanga [.x.] NAUT pulley.
palas **1.** sumptuous hotel; **2.** palace.
palaska [.x.] MIL cartridge belt, bandolier.
palas pandıras abruptly, pell-mell, helter-skelter.
palavra [.x.] bunk, bullshit, humbug; ~ ***atmak*** to talk bunk, to be full of bull.
palavracı braggart, bull-shooter.
palaz duckling, gosling.
palazlanmak **1.** to grow fat; **2.** (*child*) to grow up; **3.** *sl.* to get rich, to become lousy.
paldır küldür noisily, pell-mell, headlong.
paleontoloji paleontology.
palet, ***-ti*** **1.** caterpillar tread, track; **2.** flipper; **3.** (*artist's*) palette.
palmiye BOT palm tree.
palto [x.] coat, overcoat.
palyaço [.x.] clown, buffoon.
pamuk BOT cotton; ~ ***ağacı*** cotton tree; ~ ***atmak*** to fluff cotton (*with a bow and mallet*); ~ ***gibi*** soft as cotton; ~ ***ipliği*** cotton thread; ♀ ***Prenses*** Snow White.
pamukbalığı, ***-nı*** ZO blue shark.
pamuklu cotton ...
panayır fair.
pancar BOT beet; ~ ***kesilmek*** (*or* ~ ***gibi olmak***) to turn as red as a beetroot, to get beet red; ~ ***şekeri*** beet sugar.
panda ZO panda.
pandantif pendant.

pandispanya [..x.] sponge cake.
pandomima [..x.] pantomime.
pandül pendulum.
panel panel discussion.
pangodoz *sl.* drunkard (*old man*).
panik panic; ~ ***yaratmak*** to arouse (*or* create) panic; ***paniğe kapılmak*** to panic.
panjur shutter.
pankart, ***-tı*** placard, poster, banner.
pankreas pancreas.
pano panel.
panorama panorama.
pansiyon boarding house, digs, lodgings, pension.
pansiyoner boarder, lodger.
pansuman MED dressing; ~ ***yapmak*** to dress (*a wound*).
panter ZO panther.
pantolon trousers, pants.
pantufla [.x.] felt slippers.
panzehir antidote.
papa the Pope.
papağan ZO parrot.
papalık the Papacy.
papara **1.** dish of dry bread and broth; **2.** F scolding; ~ ***yemek*** F to get it in the neck, to cop it.
paparazzi, ***~ler*** paparazzi *pl.*
papatya [.x.] BOT daisy, camomile.
papaz **1.** priest; **2.** *cards*: king; ***-a kızıp perhiz bozmak*** to cut off one's nose to spite one's face.
papazlık priesthood.
papel *sl.* one Turkish lira.
papirüs papyrus.
papyebuvar blotting paper.
papyekuşe glossy paper.
papyon bow tie.
para money; ~ ***babası*** moneybags; ~ ***basmak*** to mint, to print (*money*); ~ ***bozmak*** to change money; ~ ***canlısı*** money-lover; ~ ***cezası*** fine; ~ ***cüzdanı*** wallet, billfold; ~ ***çantası*** moneybag, purse; ~ ***çekmek*** **1.** to draw money (*from a bank*); **2.** *fig.* to squeeze money out of s.o.; ~ ***dökmek*** to pour money (*-e* into); ~ ***etmek*** to be worth s.th., to be valuable; ~ ***içinde yüzmek*** to be wollowing in money; ~ ***ile değil*** *fig.* it is dirt cheap; ~ ***-yı çeker*** *pro.* money breeds (*or* begets) money; ~ ***sızdırmak*** (*b-den*) to squeeze money out of *s.o.*; ~ ***şişkinliği*** inflation; ***-yı veren düdüğü çalar*** *pro.* pay the piper and call the tune.
parabol, ***-lü*** MATH parabola.
parafe: ~ ***etmek*** to initial (*a document*).
parafin paraffin wax.
paragöz money-loving, money-grubber.
paragraf paragraph.
paralamak to tear, to rip up.
paralanmak **1.** to wear o.s. out; **2.** F to get money, to become lousy.
paralel parallel.
paralelkenar parallelogram.
paralı **1.** rich, well-heeled; **2.** requiring payment; ~ ***asker*** mercenary; ~ ***yol*** turnpike, toll road.
parametre MATH parameter.
paramparça [.x..] all in pieces, in tatters, smashed to bits.
parantez parenthesis.
parapet, ***-ti*** NAUT bulwarks.
parasal monetary.
parasız **1.** moneyless, penniless; **2.** free, gratis.
parasızlık pennilessness, poverty.
paraşüt, ***-tü*** parachute.
paraşütçü parachutist.
paratifo MED paratyphoid.
paratoner lightning rod *or* conductor.
paravana folding screen.
parazit, ***-ti*** **1.** BIOL parasite (*a. fig.*); **2.** MEC interference, static; jamming.
parça piece, bit, fragment; ~ ***başına*** per piece; ~ ~ in pieces.
parçacı **1.** seller of piece goods; **2.** seller of spare parts.
parçalamak to tear into pieces, to break into pieces.
parçalanmak to wear o.s. out.
parçalı pieced, in parts; ~ ***bulutlu*** cloudy in patches.
pardesü, **pardösü** overcoat.
pardon pardon me, excuse me.
pare [ā] piece, bit.
parfüm perfume.
parıldamak to gleam, to glitter, to twinkle.
parıl parıl gleamingly.
parıltı gleam, glitter.
Paris [ā] [x.] *pr. n.* Paris.
parite ECON parity.
park, ***-kı*** **1.** park; **2.** car park, *Am.* parking lot; **3.** playpen; ~ ***etmek*** to park; ~ ***yapılmaz*** no parking.

parka parka, windcheater.
parke **1.** parquet, parquetry; **2.** cobblestone pavement; ~ ***döşeme*** parquet floor.
parkur race-course.
parlak bright, brilliant.
parlaklık brightness, brilliance.
parlamak **1.** to shine, to glisten, to gleam; **2.** *fig.* to flare up.
parlamenter **1.** member of parliament; **2.** parliamentary.
parlamento parliament.
parlatmak to polish, to burnish, to rub up.
parmak finger; toe; ~ ***basmak*** **1.** to put one's thumbprint (*-e* on); **2.** to draw attention (*-e* to); ~ ***emmek*** to suck one's finger; ~ ***hesabı*** counting on the fingers; ~ ***ısırmak*** to be dumbfounded, to be taken aback; ~ ***izi*** fingerprint.
parmakçı *fig.* agitator.
parmaklamak **1.** to eat with one's fingers; **2.** to finger.
parmaklık railing, balustrade; banisters.
parodi parody.
parola [.x.] password, watchword.
pars zo leopard.
parsa [x.] money, collection.
parsel plot, lot.
parsellemek to subdivide.
parşömen parchment, vellum.
partal shabby, worn-out.
parter THEA parterre.
parti **1.** party (*a.* POL); **2.** ECON consignment (*of goods*); **3.** game, match; ~ ***vermek*** to give a party.
partici POL party member.
partisip, ***-pi*** GR participle.
partisyon MUS full score.
partizan partisan.
partizanlık partisanship.
parya outcast, pariah.
pas[1] **1.** rust, corrosion, tarnish; **2.** fur (*on the tongue*); ~ ***tutmak*** to rust, to corrode, to tarnish; ~ ***tutmaz*** rustproof.
pas[2] *sports, cards*: pass; ~ ***vermek*** *sl.* (*woman*) to give the glad eye.
pasaj **1.** passage; **2.** arcade with shops.
pasak dirt, filth.
pasaklı dirty, filthy; slovenly.
pasaport, ***-tu*** passport; ~ ***çıkartmak*** to have a passport taken out; ***-unu eline vermek*** *fig.* to give s.o. the boot (*or* the bullet).
pasif passive.
paskal funny, clownish.
paskalya [.x.] Easter.
paslanmak to rust, to corrode, to tarnish.
paslanmaz rustproof, noncorrodible; ~ ***çelik*** stainless steel.
paslaşmak *sports*: to pass the ball to each other.
paslı rusty.
paso [x.] pass.
paspas doormat.
paspaslamak to mop.
pasta [x.] cake, pastry.
pastacı maker *or* seller of pastry.
pastane [.—.] pastry shop.
pastel pastel.
pastırma pastrami; ~ ***yazı*** Indian summer.
pastil pastille, lozenge, cough drop.
pastoral pastoral.
pastörize pasteurized; ~ ***etmek*** to pasteurize.
paşa pasha.
pat Bam!, Whop!, Thud!; ~ ***diye*** with a thud.
patak F beating, hiding.
pataklamak to beat, to thrash, to spank.
patates [.x.] BOT potato.
patavatsız indiscreet, tactless.
paten **1.** ice skate; **2.** (*a.* ***tekerlekli*** ~) roller skate.
patent, ***-ti*** **1.** patent; **2.** NAUT bill of health.
patentli patented.
patırdamak to patter, to clatter.
patırtı **1.** patter, clatter; **2.** tumult, disturbance; ~ ***çıkarmak*** to make a row, to raise a ruckus; ***-ya pabuç bırakmamak*** not to be scared off by empty threats; ***-ya vermek*** to put into confusion.
patik bootee.
patika [.x.] path, track, trail.
patinaj **1.** ice skating; **2.** MOT skidding, slipping; ~ ***yapmak*** MOT to skid, to slip; ~ ***zinciri*** anti-skid chain.
patiska [.x.] cambric.
patlak **1.** burst; **2.** MOT puncture; ~ ***gözlü*** popeyed, bugeyed; ~ ***vermek*** (*war etc.*) to break out.

patlama explosion.
patlamak 1. to explode, to burst, to blow up; **2.** (*war etc.*) to break out; **3.** F to cost.
patlamalı: ~ ***motor*** MEC internal-combustion engine.
patlangaç popgun.
patlatmak 1. to blast, to blow up, to explode; **2.** to crack (*joke*); **3.** to hit, to slap, to land, to plant (*blow*).
patlayıcı explosive.
patlıcan BOT aubergine, *Am.* eggplant.
patoloji pathology.
patrik patriarch.
patron 1. boss, employer; **2.** (*tailor's*) pattern.
pattadak suddenly, all of a sudden.
pavurya [.x.] zo hermit crab.
pavyon 1. night club; **2.** pavilion.
pay 1. share, portion, lot; **2.** MATH numerator; **3.** *tailoring*: margin; ~ ***etmek*** to share, to divide; ~ ***vermek*** to answer back, to sass; ***-ını almak* 1.** to get one's share; **2.** to be scolded, to get told off.
payanda [.x.] prop, support, shore; ~ ***vurmak*** to prop up, to shore; ***-ları çözmek*** to run away, to beat it.
payda MATH denominator.
paydaş shareholder.
paydos [x.] break, recess, rest; ~ ***etmek*** to stop working, to knock off.
paye rank.
payidar permanent, constant; ~ ***olmak*** to be permanent, to last.
paylamak to scold, to rebuke, to tell off.
paylaşmak to share.
paytak knock-kneed, bandy-legged; ~ ~ ***yürümek*** to waddle.
payton phaeton.
pazar 1. market, bazaar; **2.** Sunday; ~ ***günü*** on Sunday; ~ ***kurmak*** to set up an open market; ~ ***tatili*** Sunday rest; ~ ***yeri*** market place; ***-a çıkarmak*** to put up for sale, to put on sale.
pazarbaşı, ***-nı*** warden of a market.
pazarcı seller in a market.
pazarlama marketing.
pazarlamacı marketing expert; commercial traveller.
pazarlamak to market.
pazarlık bargain, haggle; ~ ***etmek*** to bargain, to haggle.
pazartesi, ***-yi*** [.x..] Monday.
pazen [ā] flannel.
pazı[1] BOT chard.
pazı[2] ANAT biceps.
pazıbent, ***-di*** armband, armlet.
pazval (*shoemaker's*) knee-strap.
peçe veil.
peçelemek *fig.* to camouflage.
peçeli veiled.
peçete napkin, serviette.
pedagog pedagogist.
pedagoji pedagogics.
pedal pedal, treadle.
peder father.
pederşahi patriarchal.
pedikür pedicure.
pehlivan wrestler.
pejmürde shabby, worn-out.
pek, ***-ki* 1.** very, extremely; **2.** hard, firm; **3.** swiftly; ~ ***çok*** very much; ~ ***gözlü*** courageous, bold; ~ ***yürekli*** hard-hearted; ~ ***yüzlü*** shameless, brazen.
pekâlâ [x——] all right, okay, very well.
peki [x.] *s.* ***pekâlâ.***
pekin certain.
pekişmek 1. to harden; **2.** to strengthen.
pekiştirmek to stregthen, to consolidate, to reinforce, to intensify.
peklik constipation; ~ ***çekmek*** to be constipated.
pekmez grape molasses.
peksimet, ***-ti*** hardtack, zwieback.
pelerin cape, cloak.
pelesenk, ***-gi*** balm, balsam.
pelikan zo pelican.
pelin BOT wormwood.
pelit, ***-ti*** BOT valonia.
pelte jelly, gelatine.
peltek lisping.
peltekleşmek to lisp.
pelteklik lisp.
pelteleşmek to gel.
pelür onionskin.
pelüş plush.
pembe pink; ~ ***görmek*** *fig.* to see through rose-colo(u)red spectacles.
pembeleşmek to turn pink.
pembemsi pinkish.
penaltı, ***-yı*** *sports*: penalty.
pencere [x..] window.
pençe 1. paw, claw; **2.** sole (*of a shoe*); ~ ***vurmak*** to sole (*a shoe*).
pençelemek 1. to paw, to claw; **2.** to sole (*a shoe*).

pençeleşmek *fig.* to struggle, to grapple.
penguen zo penguin.
penisilin penicillin.
pens[1] **1.** pliers; **2.** pleat.
pens[2] pence.
pense [x.] pliers.
pentatlon *sports*: pentathlon.
pepe stammerer, stutterer.
pepelemek to stutter, to stammer.
pepelik stutter.
perakende [ā] retail.
perakendeci [ā] retailer.
perçem bangs; tuft of hair.
perçin rivet.
perçinlemek **1.** to rivet, to clench; **2.** *fig.* to consolidate.
perdah polish, glaze; gloss.
perde **1.** curtain; **2.** THEA act; **3.** screen; **4.** MUS pitch; **5.** MED cataract; ~ ***arası*** interval, intermission; ~ ***arkası*** *fig.* the hidden side (*of a matter*); ~ ***arkasından*** *fig.* behind the scenes, backstage.
perdelemek *fig.* to conceil, to veil.
perdeli **1.** curtained; **2.** THEA having ... acts; **3.** MUS fretted; **4.** zo webbed.
perende [.x.] somersault, flip; ~ ***atmak*** to somersault, to turn a somersault.
performans performance.
pergel pair of compasses; ***-leri açmak*** F to take long steps, to shake a leg.
perhiz diet; ~ ***yapmak*** to diet; ***-i bozmak*** to violate one's diet.
peri fairy.
peribacası, ***-nı*** GEOL earth pillar, demoiselle.
periskop, ***-pu*** periscope.
perişan [.——] perturbed, upset, wretched.
perma perm, permanent.
permi ECON permit.
peroksit CHEM peroxide.
peron RAIL platform.
personel personnel, staff.
perspektif perspective.
perşembe Thursday.
peruka wig.
pervane [ā] **1.** propeller; screw; **2.** fanner; **3.** zo moth.
pervasız [ā] fearless, unafraid.
pervaz [ā] cornice, fringe.
pes[1]: ~ ***demek*** to give up, to submit, to say "uncle".
pes[2] low, soft (*voice*).
pespaye [ā] vulgar, despicable.
pestil pressed and dried fruit pulp; ~ ***gibi olmak*** *fig.* to be too tired to move, to be bushed; ***-i çıkmak*** *fig.* to be worn to a frazzle, to be dog-tired; ***-ini çıkarmak*** (*b-nin*) *fig.* to beat *s.o.* to a pulp.
peş the back, the rear; ***-i sıra*** right behind; ***-inde koşmak*** to run after; ***-inden gitmek*** (*b-nin*) *fig.* to follow in the footsteps of *s.o.*; ***-ine düşmek*** to run after, to be after s.th.; ***-ine takılmak*** (*b-nin*) to tail after *s.o.*, to follow *s.o.* around.
peşin **1.** paid in advance; ready (*money*); **2.** in advance, beforehand; ~ ***almak*** to buy for cash; ~ ***hüküm*** (*or* ***yargı***) prejudgement; ~ ***para*** cash, ready money; ~ ***söylemek*** to tell in advance, to prognosticate.
peşinat [.——] downpayment; advance payment.
peşkir **1.** (table) napkin, serviette; **2.** (hand) towel.
peşrev MUS overture, prelude.
peştamal loincloth, bath towel.
petek honeycomb; ~ ***balı*** honey in the comb.
petekgöz compound eye (*of incests*).
petrokimya petrochemistry.
petrol, ***-lü*** petroleum, oil; ~ ***kuyusu*** oil well.
petrolcü oilman.
petunya [.x.] BOT petunia.
pey earnest money, deposit.
peydahlamak **1.** to give birth to, to sire; **2.** to acquire, to pick up.
peyderpey bit by bit, little by little.
peygamber prophet.
peygamberlik prophethood.
peyk, ***-ki*** satellite.
peyke wooden bench.
peylemek to reserve, to book, to engage.
peynir cheese.
peynirli: ~ ***sandviç*** cheese sandwich.
peyzaj landscape.
pezevenk, ***-gi*** pimp, procurer.
pıhtı clot.
pıhtılaşmak to clot, to coagulate.
pılı pırtı **1.** junk, trash, traps; **2.** belongings, bag and baggage.
pınar spring.
pır whir; ~ ***diye uçtu*** it whirred away.

pırasa [.x.] BOT leek.
pırıldak signal lantern; heliograph.
pırıldamak to gleam, to glitter.
pırıl pırıl **1.** brightly; **2.** spick-and-span.
pırıltı gleam, glitter.
pırlak lure, decoy.
pırlamak **1.** to whir away; **2.** *fig.* to take to one's heels.
pırlangıç, ***-cı*** humming-top.
pırlanta [.x.] brilliant; ~ ***gibi*** F top-notch, first-rate.
pırtık torn, ragged.
pısırık fainthearted, shy, diffident.
pıtırdamak to patter.
pıtırtı patter.
piç **1.** bastard; **2.** *fig.* offshoot, sucker.
pide [x.] pizza-like bread.
pijama [.x.] pyjamas, *Am.* pajamas.
pik MEC cast *or* pig iron.
pikap **1.** record player; **2.** pickup truck.
pike[1] piqué.
pike[2] AVIA nosedive.
piknik picnic.
pil battery.
pilaki [.x.] stew of beans with oil and onions.
pilav rice.
piliç, ***-ci*** chick, pullet, broiler.
pilot, ***-tu*** pilot.
pim MEC pin, gudgeon.
PIN numarası PIN number.
pineklemek to doze, to slumber.
pingpong ping-pong, table tennis.
pinti miserly, stingy.
pintileşmek to get stingy.
pintilik stinginess.
pipet, ***-ti*** CHEM pipette.
pipo [x.] pipe; ~ ***içmek*** to smoke a pipe; ~ ***tütünü*** pipe tobacco.
piramit, ***-di*** pyramid.
pire ZO flea; ~ ***için yorgan yak mak*** to cut off one's nose to spite one's face; ***-yi deve yapmak*** to make a mountain out of a molehill.
pirelenmek **1.** to become flea-ridden; **2.** *fig.* to smell a rat.
pirinç[1], ***-ci*** brass.
pirinç[2], ***-ci*** BOT rice.
pirzola cutlet, chop.
pis **1.** dirty, filthy, foul; **2.** obscene, foul; ~ ***kokmak*** to stink; ~ ***koku*** stink; ~ ~ ***bakmak*** to leer (*-e* at); ~ ~ ***gülmek*** to grin, to chuckle.
pisboğaz greedy, gluttonous.
pisi pussycat, kitty.
pisibalığı, ***-nı*** ZO plaice.
pisipisi pussycat, kitty.
piskopos bishop.
pislemek to dirty, to foul, to soil.
pislenmek to get dirty.
pisletmek to dirty, to foul, to soil.
pislik dirt, filth.
pissu sewage.
pist, ***-ti*** **1.** running track; **2.** AVIA runway; **3.** dance floor.
piston MEC piston.
pistonlu MEC having a piston.
pisuar urinal.
pişik heat rash, prickly heat.
pişirmek **1.** to cook; to bake; **2.** to fire (*pottery*); **3.** to learn well.
pişkin **1.** well-cooked, well-done; **2.** *fig.* thick-skinned, brazen.
pişkinlik **1.** indifference to criticism; **2.** experience; maturity.
pişman [a] regretful, remorseful, penitent; ~ ***olmak*** to repent, to regret.
pişmaniye candy made of sugar, oil and flour.
pişmanlık [a] regret, remorse, penitence, repentance.
pişmek, (***-er***) **1.** to be cooked; **2.** to ripen, to mature; **3.** (*pottery*) to be fired; **4.** to become worldlywise; ***pişmiş aşa soğuk su katmak*** *fig.* to throw (*or* pour) cold water on; ***pişmiş kelle gibi sırıtmak*** to grin like a Cheshire cat.
pişti a card game.
piştov pistol.
piton ZO python.
pitoresk, ***-ki*** picturesque.
piyade [a] MIL infantryman, foot soldier.
piyango [.x.] lottery; ~ ***çekmek*** to draw a lottery ticket; ~ ***vurmak*** to win in a lottery.
piyanist, ***-ti*** pianist.
piyano [.x.] piano.
piyasa [.x.] **1.** the market; **2.** the market price; **3.** promenading; ***-ya çıkarmak*** to put on the market; ***-ya çıkmak*** **1.** to come on the market; **2.** to go out for a stroll; ***-ya düşmek*** **1.** to be on the market in abundance; **2.** *fig.* to go on the streets.
piyaz bean salad.
piyes THEA play.

piyon *chess*: pawn.
pizza pizza.
plaj beach, plage.
plak record.
plaka [x.] MOT license plate, number plate.
plaket, **-ti** plaque.
plan plan, scheme; **~ kurmak** to plan, to scheme.
plançete [.x.] plane table.
plankton plankton.
planlamak to plan.
planlı planned.
planör glider.
planörcü glider pilot.
planörcülük gliding.
plantasyon plantation.
planya [x.] carpenter's plane.
planyalamak to plane.
plasman ECON investment.
plaster adhesive tape, plaster.
plastik plastic; **~ sanatlar** the plastic arts; **~ tutkal** plastic glue.
platform platform.
platin **1.** platinum; **2.** MOT points.
plato plateau.
platonik platonic.
plazma plasma.
pli pleat.
poca NAUT leeward.
podüsüet, **-ti** suede.
podyum podium, platform.
pofurdamak to puff, to snort.
poğaça [.x.] flaky pastry.
pohpoh flattery.
pohpohlamak to flatter.
poker poker.
polarma PHYS, CHEM polarization.
polarmak PHYS, CHEM to polarize.
polemik polemic.
poliçe **1.** ECON bill of exchange, draft; **2.** insurance policy.
poligami polygamy.
poligon **1.** polygon; **2.** MIL gunnery range.
poliklinik polyclinic.
polis **1.** the police; **2.** policeman.
polisiye detective ...; **~ film** detective movie; **~ roman** detective novel, whodunit.
polislik policemanship.
politik political.
politika **1.** politics; **2.** policy.
poliyester polyester.
polo polo.
Polonya [.x.] *pr. n.* Poland.
Polonyalı *pr. n.* Polish; Pole.
pomat MED pomade.
pompa [x.] pump.
pompalamak to pump.
ponpon pompom.
poplin poplin.
pop (müzik) pop (music).
popo bottom, buttocks, fanny.
popüler popular.
pornografi pornography.
porselen porcelain.
porsiyon helping, portion (*of food*).
porsuk ZO badger.
portakal orange.
portatif portable, movable, collapsible.
Portekiz *pr. n.* Portugal.
portföy wallet, billfold.
portmanto hatstand.
portör MED carrier.
portre portrait.
posa [x.] residue, bagasse.
posbıyık having a bushy moustache.
post, **-tu** **1.** skin, hide; **2.** *fig.* office, post; **~ elden gitmek** to be killed (*or* bumped off); **~ kapmak** to get an office; **~ kavgası** struggle over official positions; **-u kurtarmak** to save one's skin; **-u sermek** *fig.* to outstay one's welcome.
posta [x.] **1.** post, mail; **2.** posta, service; **3.** crew, team; **4.** time, turn; **5.** MIL orderly; **~ havalesi** postal money order; **~ pulu** postage stamp; **-ya vermek** to post, to mail.
postacı [x..] postman, mailman.
postal MIL combat boot.
postalamak to post, to mail.
postane [ā] post office.
postrestant, **-tı** poste restante, general delivery.
poşet, **-ti** pochette.
pot, **-tu** pucker, wrinkle; **~ kırmak** *fig.* to put one's foot in it, to drop a brick, to blunder.
pota [x.] CHEM crucible.
potansiyel potential.
potas CHEM potash.
potasyum CHEM potassium.
potin boot.
potpuri MUS medley, potpourri.
potur baggy knickers.
poyra [x.] MEC hub (*of a wheel*).

poyraz northeast wind.
poz 1. pose; **2.** PHOT exposure; **~ *vermek*** to pose.
pozitif positive.
pozometre [..x.] PHOT exposure (*or* light) meter.
pöf Phew!, Ugh!
pörsük withered, wizened, flaccid.
pörsümek to wizen, to wither, to shrivel up.
pösteki sheepskin; **~ *saymak*** *fig.* to be engaged in a tedious task; ***-sini çıkarmak*** (*or* ***sermek***) *fig.* to beat to death; ***-yi sermek*** *fig.* to outstay one's welcome.
pranga [x.] fetters, irons, shackles; ***-ya vurmak*** to shackle, to fetter.
pratik 1. practical; handy; **2.** practice; **~ *yapmak*** to practise, *Am.* to practice.
pratikleşmek to become practical.
pratisyen hekim MED general practitioner.
prelüd MUS prelude.
prens prince.
prenses princess.
prensip, ***-bi*** principle.
prenslik princedom.
pres MEC press.
prestij prestige.
prezantabl presentable.
prezante etmek to introduce.
prezervatif condom, rubber.
prim premium.
priz ELECT socket, wall plug.
prizma prism.
problem problem.
prodüktör producer.
profesör professor.
profesörlük professorship.
profesyonel professional.
profesyonellik professionalism.
profil profile.
program program(me).
programcı programmer.
programlamak to program.
programlı programmed.
proje project.
projeksiyon projection.
projektör projector, searchlight, spotlight.
propaganda propaganda; **~ *yapmak*** to propagandize.
propagandacı propagandist.
prospektüs prospectus.
prostat, ***-tı*** MED prostate.
protein protein.
Protestan *pr. n.* Protestant.
protesto [.x.] protest, outcry; **~ *etmek*** to protest.
protez MED prosthesis.
protokol, ***-lü*** protocol.
protoplazma protoplasm.
prototip, ***-pi*** prototype.
prova [x.] **1.** THEA rehearsal; **2.** TYP proof; **3.** fitting.
pruva [x.] NAUT bow.
psikanaliz psychoanalysis.
psikiyatri psychiatry.
psikiyatrist, ***-ti*** psychiatrist.
psikolog psychologist.
psikoloji psychology.
psikolojik psychological.
psikopat, ***-tı*** psychopath.
psikoterapi psychotherapy.
puan 1. point; score; **2.** dot.
puanlamak to grade.
puantiye dotted (*cloth*).
puding pudding.
pudra powder.
pudralamak to powder.
pudralık, **pudriyer** compact.
pudraşeker powdered sugar.
puf hassock, pouf, ottoman.
pufla [x.] **1.** ZO eider; **2.** (eider) down.
puflamak to snort.
puhu ZO eagle owl.
pul 1. stamp; **2.** *games*: piece, counter; **3.** MEC washer; nut; **4.** scale (*of a fish*).
pulcu 1. seller of stamps; **2.** philatelist.
pullamak 1. to stamp; **2.** to decorate with spangles.
pullu stamped.
pulluk plough, *Am.* plow.
punto [x.] TYP size, point.
pupa [x.] NAUT stern; **~ *gitmek*** **1.** to sail with the wind directly astern; **2.** *fig.* to go straight ahead; **~ *yelken gitmek*** to go in full sail.
puro [x.] cigar.
pus[1] inch.
pus[2] mist, haze.
pusarık 1. misty, hazy; **2.** mirage.
puset, ***-ti*** baby carriage, stroller.
puslanmak to get misty *or* hazy.
puslu misty, hazy.
pusu ambush; **~ *kurmak*** to lay an ambush; ***-ya düşürmek*** to ambush; ***-ya yatmak*** to lie in ambush, to lurk.

pusula [x..] **1.** NAUT compass; **2.** memorandum, note; ***-yı şaşırmak*** *fig.* to be at a loss what to do, to be at sea.
puşt, ***-tu*** son of a bitch, bastard.
put, ***-tu*** **1.** idol, effigy; **2.** the cross.
putperest, ***-ti*** pagan, idolater.
püflemek to blow on, to puff.
püfür püfür: ***~ esmek*** to blow gently, to puff.
pünez drawing pin, thumbtack.
pürçek lock, curl.
püre purée, mash.
pürtük knob.
pürüz **1.** roughness; **2.** *fig.* difficulty, hitch, snag.
pürüzlenmek **1.** to get uneven (*or* rough); **2.** *fig.* to get snagged up, to go awry.
pürüzlü **1.** rough, uneven; **2.** *fig.* marked by snags, difficult.
pürüzsüz **1.** even, smooth; **2.** *fig.* free of snags.
püskül tassel, tuft.
püskürmek **1.** (*volcano*) to erupt; **2.** (*lava*) to spew out.
püskürteç atomizer, sprayer.
püskürtmek **1.** to spray; **2.** MIL to repel, to drive back, to repulse.
püskürtü lava.
pütürlü chapped, cracked.

R

Rab, ***-bbi*** God, the Lord.
rabıta [—..] **1.** connection, relation, tie; **2.** conformity.
rabıtalı [—...] **1.** orderly, well-conducted; **2.** level-headed (*person*); **3.** coherent, consistent.
rabıtasız [—...] **1.** disorderly, untidy; **2.** incoherent.
raca raja(h).
radar [x.] radar.
radikal radical.
radyasyon PHYS radiation.
radyatör radiator.
radyo radio.
radyoaktif radioactive.
radyoevi, ***-ni*** broadcasting station.
raf shelf; ***-a koymak*** (*or* ***kaldırmak***) to shelve (*a. fig.*).
rafadan soft-boiled (*egg*); ***~ pişirmek*** to soft-boil (*egg*).
rafine rafined; ***~ etmek*** to refine.
rafineri rafinery.
rağbet, ***-ti*** **1.** demand; **2.** popularity; ***~ etmek*** to demand; ***~ görmek*** to be in demand; ***-ten düşmek*** **1.** to be no longer in demand; **2.** to be out of favo(u)r.
rağbetli in demand.
rağbetsiz not in demand.
rağmen [x.] in spite (*-e* of).
rahat, ***-tı*** **1.** comfort, ease; **2.** comfortable; **3.** easy; **4.** easygoing (*person*); **5.** MIL At ease!; ***~ etmek*** **1.** to be at ease; **2.** to rest, to take it easy; ***~ vermemek*** to annoy, to pester; ***-ına bakmak*** to mind one's own comfort, to see to one's pleasures; ***-ını kaçırmak*** to annoy, to pester, to molest.
rahatlamak to feel relieved, to become comfortable, to cheer up.
rahatlık comfort, ease.
rahatsız **1.** uncomfortable; **2.** uneasy, anxious; **3.** sick, ill, unwell, under the weather; ***~ etmek*** to annoy, to bother, to disturb, to trouble; ***~ olmak*** **1.** to feel uncomfortable; **2.** to be under the weather, to feel indisposed.
rahatsızlanmak to feel ill *or* unwell.
rahatsızlık **1.** discomfort; **2.** illness, sickness.
rahibe [ā] nun.
rahibelik [ā] nunhood.
rahim, ***-hmi*** womb, uterus.
rahip, ***-bi*** [ā] **1.** priest, minister; **2.** monk.
rahle low reading-desk.
Rahman [.—] the Compassionate.
rahmet, ***-ti*** **1.** God's mercy; **2.** F rain; ***-ine kavuşmak*** to pass away, to go to meet one's Maker.
rahmetlik the deceased, the late; ***~ olmak*** to die, to pass away.
rahvan amble.
rakam figure, number; numeral, digit.
raket, ***-ti*** racket.
rakı raki.

rakım altitude, elevation.
rakip, ***-bi*** rival.
rakkas [.—] pendulum.
rakkase [.—.] belly dancer.
rakor MEC joint, union (*of pipers*).
raksetmek [x..] to dance.
ralli rally.
ramak, ***-kı***: ***~ kalmak*** to be within an ace (*or* inch) (*-e* of).
Ramazan Ramazan, Ramadan.
rampa [x.] ramp; slope.
randevu appointment, rendezvous, date; ***~ almak*** to get an appointment (*-den* from); ***~ vermek*** (*b-ne*) to make an appointment with *s.o.*
randevuevi, ***-ni*** brothel.
randıman yield, output.
randımanlı productive.
randımansız unproductive.
ranza [x.] bunk bed; berth.
rap MUS rap.
rapido drawing pen.
rapor report.
raporlu on sick leave.
raptetmek [x..] to attach, to fasten.
raptiye drawing pin, *Am.* thumbtack.
raptiyelemek to thumbtack.
rasat, ***-dı*** AST observation.
rasathane [..—] observatory.
rasgele [x..] haphazardly, at random; by chance.
rast: ***~ gelmek*** to meet by chance, to come across, to encounter.
rastık kohl.
rastlamak *s.* ***rast gelmek.***
rastlantı coincidence, chance.
rastlaşmak 1. to chance upon each other; **2.** to coincide.
rasyonalizm rationalism.
rasyonel rational.
raşitizm MED rickets, rachitis.
ravnt *boxing*: round.
ray rail; track; ***-dan çıkmak*** **1.** RAIL to go off the rails, to jump the rails; **2.** *fig.* to go awry (*or* haywire); ***-ına oturtmak*** to set to rights.
rayiç, ***-ci*** ECON market price, current value.
rayiha [—..] fragrance.
razı [ā] content, willing; ***~ etmek*** (*b-ni bşe*) to get *s.o.* to agree to *s.th.*; ***~ olmak*** to consent (*-e* to), to agree (*-e* to).
re MUS re; D.
reaksiyon reaction.
reaktör reactor.
realist, ***-ti*** realistic.
realite reality.
realizm realism.
reçel jam.
reçete 1. prescription; **2.** recipe.
reçine [.x.] resin.
reçineli resinous.
redaksiyon redaction.
reddetmek [x..] **1.** to refuse, to reject, to repudiate; **2.** to disown.
redingot, ***-tu*** frock coat.
refah [ā] welfare, prosperity, wellbeing; ***~ içinde yaşamak*** to live in prosperity, to be in easy circumstances.
refakat, ***-ti*** [.—.] accompaniment (*a.* MUS), companionship; ***~ etmek*** to accompany, to escort.
refakatçi companion (*who stays with a patient while he is in hospital*).
referandum [..x.] POL referendum.
referans reference.
refleks reflex.
reflektör reflector.
reform reform.
reformcu reformer.
refüj MOT (traffic) island.
refüze etmek to refuse.
regülatör MEC regulator.
rehabilitasyon MED rehabilitation.
rehavet, ***-ti*** [ā] languor, lassitude.
rehber 1. guide; **2.** guidebook; **3.** telephone directory.
rehberlik guidance.
rehin pawn, pledge, security; ***-e koymak*** to pawn, to pledge, to pop.
rehine hostage.
reis [ī] head, chief.
reisicumhur president.
reislik leadership, chieftaincy.
reji THEA, *cinema*: direction.
rejim 1. POL regime; **2.** MED diet; ***~ yapmak*** to diet.
rejisör director.
rekabet, ***-ti*** [ā] rivalry, competition; ***~ etmek*** to rival, to compete.
reklam advertisement.
reklamcılık advertising.
rekolte [.x.] ECON harvest, crop.
rekor record; ***~ kırmak*** to break a record.
rekortmen record-breaker, record holder.
rektifiye: ***~ etmek*** MEC to rectify.

R

rektör UNIV rector, president.
rektörlük UNIV rectorship, rectorate.
remiz, ***-mzi*** symbol, sign.
rencide [ī] offended, hurt, wounded; ~ ***etmek*** to hurt (*s.o.'s feelings*).
rençper farmer.
rende **1.** grater; **2.** carpenter's plane.
rendelemek **1.** to grate; **2.** to plane.
rengârenk, ***-gi*** colo(u)rful, multicolo(u)red.
rengeyiği, ***-ni*** ZO reindeer.
renk, ***-gi*** colo(u)r, hue; ~ ***katmak*** *fig.* to enliven, to liven up; ~ ***vermemek*** to keep up appearances; ***-i atmak*** **1.** to go pale; **2.** to fade.
renkkörü, ***-nü*** colo(u)r-blind.
renklendirmek *fig.* to enliven, to liven up.
renkli colo(u)red; colo(u)rful; ~ ***film*** colo(u)r film; ~ ***televizyon*** colo(u)r television.
renksemez achromatic (*lens*).
renksiz **1.** colo(u)rless, uncolo(u)red; **2.** *fig.* nondescript, dull, lackluster.
repertuvar repertoire, repertory.
replik THEA rejoinder.
resepsiyon reception.
resim, ***-smi*** **1.** picture; photograph; drawing; painting; illustration; **2.** tax, duty, impost; ~ ***çekmek*** to take a photograph; ~ ***sergisi*** exhibition of pictures; ~ ***yapmak*** to paint; to draw.
resimci photographer.
resimlemek to illustrate.
resimli illustrated, pictorial.
resital, ***-li*** MUS recital.
resmen [x.] officially, formally.
resmetmek [x..] **1.** to picture, to draw; **2.** to depict, to describe.
resmi official; formal; ~ ***dil*** official language; ~ ***elbise*** uniform; ~ ***gazete*** official gazette.
resmiyet, ***-ti*** formality, ceremony; ***-e dökmek*** to officialize.
ressam painter, artist.
rest, ***-ti***: ~ ***çekmek*** *fig.* to give an ultimatum, to have the last word.
restoran restaurant.
restorasyon restoration.
restore: ~ ***etmek*** to restore.
resul, ***-lü*** [ū] prophet.
reşit, ***-di*** [ī] adult, of age; ~ ***olmak*** to come of age.
ret, ***-ddi*** refusal, rejection.
reva [ā] suitable, worthy; ~ ***görmek*** to deem proper.
revaç, ***-cı*** demand, salability, marketability; ~ ***bulmak*** to be in demand; to be in vogue.
reverans curts(e)y, bow; ~ ***yapmak*** to curtsy (*-e* to).
revir infirmary, sick bay.
revizyon MEC overhaul; ***-dan geçirmek*** to overhaul.
revolver revolver.
revü THEA revue.
rey vote.
reyon department.
rezalet, ***-ti*** [ā] disgrace, scandal, outrage; ~ ***çıkarmak*** to create a scandal.
rezene BOT fennel.
rezerv(e) reserve.
rezervasyon reservation; ~ ***yapmak*** to make a reservation.
rezil [ī] disgraceful, vile, disreputable; ~ ***etmek*** to disgrace; ~ ***olmak*** to be disgraced.
rezillik [ī] disgrace, scandal.
rezistans ELECT resistance.
rıhtım quay, pier, wharf.
rıza [ā] consent, approval, assent; ~ ***göstermek*** to consent; ***-sını almak*** (*b-nin*) to get *s.o.'s* consent.
rızk, ***-kı*** one's daily bread, food, sustenance; ***-ını çıkarmak*** to earn one's daily bread.
riayet, ***-ti*** [ā] obedience, compliance; ~ ***etmek*** to obey, to comply.
riayetkâr [ā] obedient.
riayetsiz [ā] disobedient.
riayetsizlik [ā] disobedience.
rica [ā] request; ~ ***etmek*** to request, to ask for.
rimel mascara.
ring, ***-gi*** *sports*: ring.
risale [ā] booklet, pamphlet.
risk, ***-ki*** risk.
ritim, ***-tmi*** rhythm.
rivayet, ***-ti*** [ā] rumo(u)r, hearsay.
riyakâr [ā] two-faced, hypocritical.
riziko [x..] risk.
robot, ***-tu*** robot.
roka BOT rocket.
roket, ***-ti*** rocket.
roketatar bazooka.
rol, ***-lü*** role; ~ ***almak*** to have a role (*or* part) (*in a play*); to perform; ~ ***kesmek***

F to put on an act, to play-act; ~ ***oynamak*** (*bşde*) to play a part in *s.th.*, to figure in *s.th.*; ~ ***yapmak*** = ~ ***kesmek.***
rom rum.
Roma [x.] *pr. n.* Rome.
Romalı *pr. n.* Roman.
roman novel.
romancı novelist.
romantik romantic.
romantizm romance, romanticism.
Romanya [.x.] *pr. n.* Rumania.
romatizma [..x.] rheumatism.
rosto [x.] roast.
rot, ***-tu*** MOT rod.
rota [x.] NAUT course.
roza [x.] rose (diamond).
rozbif roast beef.
rozet, ***-ti*** rosette.
römork, ***-ku*** trailer.
römorkör tugboat.
Rönesans Renaissance.
röntgen **1.** X-ray; **2.** *sl.* peeping.
röntgenci *sl.* peeping Tom, voyeur.
röportaj report.
rötar delay.
rötarlı delayed (*train, bus etc.*).
rötuş retouching; ~ ***yapmak*** to touch up, to retouch.
rövanş *sports*: return match.
rugan patent leather.
ruh **1.** soul, spirit; **2.** essence; ~ ***çağırma*** necromancy; ~ ***doktoru*** psychiatrist; ~ ***hastası*** mental patient; ***-unu teslim etmek*** to give up the ghost.
ruhbilim psychology.
ruhbilimci psychologist.
ruhen [—.] spiritually.
ruhi [——] *s.* ***ruhsal.***
ruhiyat, ***-tı*** [—.—] psychology.
ruhlanmak to become animated, to revive.
ruhlu spirited, lively.
ruhsal psychological, mental.
ruhsat, ***-tı*** **1.** permission, authorization; **2.** licence, permit.
ruhsatlı licensed, permitted.
ruhsatname [..—.] *s.* ***ruhsat 2.***
ruhsatsız unlicensed.
ruj lipstick.
rulet, ***-ti*** roulette.
rulman MEC bearing.
rulo roll (*of paper*).
Rum Greek.
rumuz [.—] **1.** symbol, sign; **2.** pseudonym.
Rus Russian.
Rusya [x.] *pr. n.* Russia.
rutubet, ***-ti*** [.—.] dampness, humidity.
rutubetli [.—..] humid, damp.
rüküş comically dressed.
rüşt, ***-tü*** LEG majority; ***-ünü ispat etmek*** to evidence one's maturity.
rüşvet, ***-ti*** bribe; ~ ***vermek*** to give a bribe; ~ ***yemek*** to take bribes, to graft.
rüşvetçi taker of bribes, grafter.
rüşvetçilik bribery.
rütbe MIL rank.
rüya dream; ~ ***görmek*** to have a dream.
rüzgâr wind, breeze.
rüzgârlı windy, breezy.
rüzgârlık windbreaker, windcheater.

S

saadet, ***-ti*** [.—.] happiness.
saat, ***-ti*** **1.** hour; time; **2.** watch, clock; **3.** (*electric, gas*) meter; ~ ***kaç?*** what time is it?, what is the time?; ~ ***kulesi*** clock tower; ~ ***tutmak*** to time; ~ ***vurmak*** (*clock*) to strike the hour; ***-i kurmak*** to wind a watch *or* clock; ***-i -ine uymamak*** to chop and change.
saatçi **1.** watchmaker; watch repairer; **2.** seller of watches.
saatli: ~ ***bomba*** time bomb.
sabah **1.** morning; **2.** in the morning; ~ ***akşam*** all the time; ~ ***gazetesi*** morning paper; ~ ***kahvaltısı*** breakfast; ~ ~ early in the morning; ***-a çıkmamak*** not to live through the night; ***-a doğru*** towards morning; ***-ın köründe*** at the crack of dawn.
sabahçı **1.** person who works on a morning shift; **2.** pupil who goes to school in the mornings.
sabahki this morning's.
sabahlamak to sit up all night.
sabahleyin [.x..] in the morning.

sabahlık dressing gown, house coat.
saban plough, *Am.* blow.
sabık, ***-kı*** [a] previous, former, ex-.
sabıka [—..] LEG previous conviction, past offence.
sabıkalı [—...] LEG previously convicted.
sabır, ***-brı*** patience; ***sabrı taşmak*** (*or* ***tükenmek***) (*for one's patience*) to come to an end.
sabırlı patient.
sabırsız impatient.
sabırsızlanmak to grow impatient.
sabırsızlık impatience.
sabit, ***-ti*** **1.** fixed, stationary; **2.** fast (*dye, colour*); **3.** fixed (*stare*); ~ ***fikir*** fixed idea, crank.
sabitleşmek to become fixed; to stabilize.
sabo clog.
sabotaj sabotage.
sabotajcı saboteur.
sabote: ~ ***etmek*** to sabotage.
sabretmek [x..] to be patient, to show patience.
sabun soap.
sabunlamak to soap, to wash with soap.
sabunlanmak to soap o.s.
sabunlu soapy.
sabunluk soap dish.
saç[1], ***-çı*** hair; ~ ***kurutma makinesi*** hair drier; ~ ***örgüsü*** plait; ~ ***örmek*** to braid the hair; ~ ***-a baş başa gelmek*** to come to blows; ***-ına ak düşmek*** to turn grey; ***-ını başını yolmak*** to tear one's hair, to beat one's breast.
saç[2], ***-cı, -çı*** MEC sheet iron.
saçak **1.** eaves (*of a building*); **2.** fringe.
saçakbulut, ***-tu*** cirrus.
saçaklı **1.** eaved (*building*); **2.** fringed.
saçkıran MED loss of hair, alopecia.
saçlı hairy; ...haired.
saçma **1.** nonsensical, absurd; **2.** buckshot.
saçmak, (***-ar***) to scatter, to sprinkle, to strew.
saçmalamak to talk nonsense, to drivel, to piffle.
saçmalık piece of nonsense.
sadak quiver.
sadaka alms.
sadakat, ***-ti*** [.—.] loyalty, fidelity, devotion, faithfulness.
sadakatli loyal, faithful.
sadakatsiz disloyal, unfaithful.
sadakatsizlik disloyalty, infidelity, unfaithfulness.
sade [ā] **1.** plain, simple; **2.** unsweetened (*coffee*).
sadece [ā] simply, merely, solely, only.
sadedil [ā] simplehearted, guileless.
sadeleşmek [ā] to become simple (*or* plain).
sadeleştirmek [ā] to simplify.
sadelik [ā] simplicity, plainness.
sadet, ***-di*** main topic (*or* point); ***-e gelmek*** to come to the point.
sadeyağ clarified butter.
sadık, ***-kı*** [ā] loyal, faithful, devoted, true, fast.
sadist, ***-ti*** sadist.
sadizm sadism.
sadrazam [.—.] *hist.* grand vizier.
saf[1], ***-ffı*** row, line; rank.
saf[2] **1.** pure, unadulterated; **2.** naive, gullible, credulous.
safa [.—] enjoyment, delight; ~ ***geldiniz!*** Welcome!; ~ ***sürmek*** to enjoy o.s., to have a good time.
safha phase, stage.
safi [——] **1.** pure, unadulterated; **2.** net.
safir sapphire.
safkan [—.] purebred, thoroughbred (*horse*).
saflaştırmak [—...] to purify; to refine.
saflık **1.** purity; **2.** credulousness, naivete.
safra[1] NAUT ballast.
safra[2] ANAT bile, gall; ~ ***kesesi*** gall bladder.
safsata sophistry; nonsense.
safsatacı sophist, casuist.
sağ[1] right; ***-lı sollu*** on both sides, right and left; ***-a bak!*** MIL Eyes right!; ***-a sola*** hither and thither; ***-ı solu olmamak*** *fig.* to chop and change.
sağ[2] alive, living; ~ ***kalmak*** to remain alive, to survive; ~ ***ol!*** Thanks!, Cheers!; ~ ***salim*** safe and sound, scot-free.
sağaçık *football*: outside right.
sağanak shower, downpour.
sağbek, ***-ki*** *football*: right back.
sağcı POL rightist, right-winger.
sağdıç bridegroom's best man.
sağduyu common sense.

sağgörü foresight.
sağgörülü foresighted.
sağhaf [.—] *football*: right halfback.
sağır deaf.
sağırlaşmak to grow deaf.
sağırlık deafness.
sağlam **1.** strong, sound; safe; **2.** healthy; wholesome; **3.** honest, reliable; ~ ***ayakkabı değildir*** he is unreliable; ~ ***kazığa bağlamak*** *fig.* to make safe (*or* sure).
sağlama MATH proof, check.
sağlamak **1.** to provide, to get, to obtain; **2.** MATH to prove, to crosscheck; **3.** MOT to move to the right side.
sağlamlamak to strenghten, to fortify, to reinforce.
sağlamlaşmak to become strong.
sağlamlaştırmak to strengthen, to reinforce.
sağlamlık strength, soundness.
sağlık health; ~ ***sigortası*** health insurance; ***sağlığında*** in his lifetime, while he is alive; ***sağlığınıza!*** To your health!, Cheers!
sağlıklı healthy.
sağlıksız sickly.
sağmak, (***-ar***) to milk (*an animal*).
sağmal milch (*animal*).
sağrı rump.
saha [—.] field, area, zone.
sahaf [.—] dealer in secondhand books.
sahan copper pan.
sahanlık landing.
sahi [ī] really, truly.
sahici real, genuine.
sahiden really, truly.
sahil [ā] shore, coast.
sahip, ***-bi*** [ā] owner, possessor, master; ~ ***çıkmak*** **1.** (*bşe*) to claim *s.th.*; **2.** (*b-ne*) to look after *s.o.*, to see to *s.o.*; ~ ***olmak*** to own, to possess, to have.
sahipsiz ownerless, unclaimed.
sahne stage; scene; ***-ye koymak*** to stage, to put on (*a play*).
sahra [.—] open plain; desert.
sahte false, fake, counterfeit; artificial.
sahtekâr forger, faker, falsifier; crook.
sahtekârlık forgery, falsification; imposture.
sahtiyan morocco (leather).
sahur [ū] meal before dawn during Ramazan.
saik, ***-ki*** [ā] motive.
sair [ā] other.
saka[1] water, seller.
saka[2] ZO goldfinch.
sakal beard; whiskers; ~ ***bırakmak*** (*or* ***uzatmak***) to grow a bread.
sakallı bearded.
sakalsız beardless.
sakamonya [..x.] BOT scammony.
sakar clumsy, awkward, butterfingered.
sakarin saccharin(e).
sakat, ***-tı*** **1.** disabled, invalid, handicapped; **2.** *fig.* unsound, defective.
sakatat, ***-tı*** [..—] offal.
sakatlamak to disable, to mutilate, to injure.
sakatlanmak to become disabled.
sakatlık **1.** disability, handicap, impairment; **2.** *fig.* flaw, defect.
sakın Don't!, Beware!
sakınca objection, drawback.
sakıncalı objectionable, undesirable, inadvisable.
sakıngan cautious, prudent.
sakınmak to avoid, to shun, to keep away (*-den* from).
sakız chewing gum, mastic.
sakin [ā] **1.** calm, quiet, tranquil; **2.** dweller, inhabitant.
sakinleşmek to get quiet, to calm down.
sakinleştirmek to calm, to soothe.
saklamak **1.** to hide, to conceal; **2.** to keep secret *or* dark; **3.** to save, to preserve.
saklambaç hide-and-seek.
saklanmak to hide o.s.
saklı hidden, concealed.
saksağan ZO magpie.
saksı flowerpot.
saksofon MUS saxophone.
sal, ***-lı*** raft.
salahiyet, ***-ti*** authority, power; ~ ***vermek*** to authorize.
salahiyetli **1.** authoritative; competent; **2.** authorized (*-meye* to *inf.*).
salak silly, doltish.
salam salami.
salamura [..x.] brine, pickle.
salata [.x.] **1.** salad; **2.** lettuce.
salatalık cucumber.
salça [x.] tomato sauce *or* paste.
salçalı gravied, covered with sauce.

S

salçalık sauceboat, gravy boat.
saldırgan aggressive, belligerent.
saldırı attack, assault, aggression.
saldırmak to attack, to assault, to assail; to rush.
saldırmazlık nonaggression.
salep, ***-bi*** [a] salep.
salgı BIOL secretion.
salgın **1.** epidemic (*disease*); **2.** outbreak, epidemic (*of a disease*).
salhane [.—.] slaughterhouse.
salı Tuesday.
salık advice; **~ *vermek*** to advise, to recommend.
salıncak swing.
salıncaklı: **~ *koltuk*** rocking chair.
salınım PHYS oscillation.
salınmak to sway; to oscillate.
salıvermek to release, to set free, to let go.
salih [ā] suitable (*or* good) (*-e* for).
salim [ā] safe, sound.
salkım bunch, cluster; **~ *saçak*** hanging down in rags.
salkımsöğüt BOT weeping willow.
sallamak **1.** to sling, to shake, to rock; to wave, to wag; **2.** to nod (*one's head*).
sallamamak *sl.* to pay no attention (*-i* to), not to care about.
sallandırmak F to hang, to make s.o. swing.
sallanmak **1.** to swing, to rock, to wobble; **2.** (*tooth*) to be loose.
sallantı swaying, rocking; ***-da bırakmak*** to leave up in the air.
salmak, (***-ar***) **1.** to set free, to release; **2.** to send, to send forth; **3.** to put forth (*roots*); **4.** to turn an animal out to graze; **5.** to let attack, to turn loose (*-e* on).
salon **1.** hall; **2.** drawing-room; **~ *takımı*** drawing-room suite.
saloz *sl.* stupid, dunderheaded.
salt, ***-tı*** mere, simple, pure; **~ *çoğunluk*** absolute majority.
saltanat, ***-tı*** **1.** reign, sovereignty, sultanate; **2.** *fig.* pomp, magnificence; **~ *sürmek*** **1.** to reign; **2.** *fig.* to live in great splendo(u)r.
salya [x.] saliva.
salyangoz ZO snail.
saman straw; chaff; **~ *gibi*** insipid, tasteless; **~ *nezlesi*** hay fever; **~ *sarısı*** straw yellow.
samankâğıdı, ***-nı*** tracing paper.
samanlık hayloft, haymow.
samanrengi, ***-ni*** straw (yellow).
samanyolu, ***-nu*** AST the Milky Way.
samimi [.——] sincere, intimate, close.
samimiyet, ***-ti*** sincerity, intimacy.
samur ZO sable.
samyeli, ***-ni*** simoom, samiel.
san reputation, fame, repute; title, name.
sana to you; for you.
sanat, ***-tı*** **1.** art; craft; trade; **2.** skill, ability; **~ *eseri*** work of art; **~ *okulu*** trade school.
sanatçı, **sanatkâr** **1.** artist; **2.** craftsman, artisan.
sanatkârlık **1.** artistry; **2.** craftsmanship, artisanship.
sanatoryum sanatorium.
sanatsever art lover, lover of art.
sanayi, ***-ii*** [.—.] industry; **~ *odası*** association of manufacturers.
sanayici industrialist.
sanayileşmek to become industrialized.
sanayileştirmek to industrialize.
sancak **1.** flag, banner, standard; **2.** NAUT starboard.
sancaktar [..—] standard-bearer.
sancı **1.** pain, twinge, stitch; **2.** labo(u)r pain.
sancılanmak **1.** to have a pain; **2.** (*pregnant woman*) to have labo(u)r pains.
sancımak to ache, to twinge.
sandal¹ sandal (*shoe*).
sandal² rowboat.
sandalet, ***-ti*** sandal (*shoe*).
sandalye **1.** chair; **2.** *fig.* office, post; **~ *kavgası*** struggle for a post.
sandık **1.** chest, coffer, box; **2.** fund; **~ *odası*** lumber room, storeroom.
sandıklamak to box, to crate.
sandviç, ***-ci*** sandwich.
sanem idol.
sangı dazed, confused.
sanı supposition, surmise.
sanık LEG suspect; accused.
saniye [a] second.
sanki [x.] as if, as though; supposing that; **~ *Almancayı çok iyi bilirmiş gibi konuşuyor*** he speaks as if he knew German very well.
sanlı famous.
sanmak, (***-ır***) to suppose, to think, to

S

imagine.
sanrı hallucination.
sanrılamak to hallucinate.
sansar ZO marten.
sansasyon sensation.
sansasyonel sensational.
sansör censor.
sansür censorship; ~ ***etmek*** to censor.
sansürlemek to censor.
santigram centigram(me).
santigrat centigrade.
santilitre centilitre, *Am.* centiliter.
santim centimetre, *Am.* centimeter.
santimetre [..x.] *s.* ***santim.***
santra *sports*: centre, *Am.* center.
santral, ***-lı*** **1.** telephone exchange, switchboard; **2.** powerhouse; ~ ***memuru*** telephonist, (telephone) operator.
santrfor *sports*: centre (*Am.* center) forward.
santrfüj **1.** centrifuge; **2.** centrifugal; ~ ***kuvvet*** PHYS centrifugal force.
santrhaf *sports*: centre halfback, *Am.* center halfback.
santur MUS dulcimer, santour.
sap, ***-pı*** **1.** handle; **2.** BOT stem, stalk; **3.** *sl.* prick, cock, dick; ***-ına kadar*** to the backbone (*or* core).
sapa out of the way, secluded (*place*); ~ ***düşmek*** to be off the beaten track.
sapak turning, turn.
sapaklık PSYCH abnormality.
sapan catapult, *Am.* slingshot.
sapasağlam [x...] very strong, in the pink.
sapık pervert; perverted.
sapıklaşmak to become perverted.
sapıklık perversion.
sapıtmak to go nuts, to go off one's head; to talk crap.
saplamak to stick, to thrust, to pierce.
saplantı fixed idea; obsession.
saplı **1.** ... handled; **2.** BOT stemmed; stalked.
sapmak, **(*-ar*)** **1.** to swerve, to turn, to veer; **2.** *fig.* to go astray; to err.
sapsarı [x..] **1.** bright yellow; **2.** very pale (*face*).
saptamak to determine, to fix.
saptırmak to distort, to wrench (*facts*).
sara MED epilepsy; ***-sı tutmak*** to have an epileptic fit.
saraç, ***-cı*** saddler.
saralı epileptic.
sararmak to turn yellow; to grow pale; ***sararıp solmak*** to grow pale, to pine away.
sarartmak to yellow.
saray **1.** palace; **2.** government house.
sardalye [.x.] ZO sardine.
sardunya [.x.] BOT geranium.
sarf expenditure; ~ ***etmek*** to spend.
sarfiyat, ***-tı*** [..—] expenditure, expenses; consumption.
sargı bandage.
sargılı bandaged.
sarhoş drunk, blotto, high, intoxicated.
sarhoşluk drunkenness, intoxication.
sarı **1.** yellow; **2.** blond; **3.** yolk (*of an egg*); **4.** MEC brass.
sarıçalı BOT barberry.
sarıçam BOT Scotch pine.
sarıhumma MED yellow fever.
sarık turban.
sarılgan BOT climbing, twining (*plant*).
sarılık **1.** yellowness; **2.** MED jaundice.
sarılmak **1.** to embrace, to hug; **2.** to coil, to twine.
sarımsı, **sarımtırak** yellowish.
sarınmak to wrap o.s. up (*-e* in)
sarışın blond(e).
sari [— —] infectious, contagious.
sarkaç pendulum.
sarkık flabby; hanging loosely; dangling.
sarkıntılık molestation; ~ ***etmek*** to molest.
sarkıt, ***-tı*** GEOL, ARCH stalactite.
sarkıtmak **1.** to dangle; to lower; **2.** *sl.* to hang, to make s.o. swing.
sarkmak **1.** to lean out of (*a window*); **2.** to hang down, to dangle; **3.** to drop by; **4.** to be left over.
sarmak, **(*-ar*)** **1.** to wrap up, to wind; to bandage; **2.** to surround; to encircle; **3.** to embrace; **4.** (*in sects*) to infest; **5.** F to interest, to captivate.
sarmal spiral, helical.
sarmalamak to wrap up.
sarmaş: ~ ***dolaş olmak*** to be locked in a close embrace.
sarmaşık BOT ivy.
sarmısak BOT garlic.
sarnıç, ***-cı*** cistern; tank.
sarp, ***-pı*** **1.** steep; **2.** *fig.* difficult; ***-a sarmak*** to become complicated.
sarraf money-changer; money-lender.
sarsak shaky, quavery.

sarsıntı **1.** shake, tremor, jolt; **2.** (*brain*) concussion; **3.** PSYCH shock.
sarsmak, (***-ar***) **1.** to shake, to jolt; **2.** to upset; **3.** to shock.
sataşmak to annoy, to tease.
saten satin.
satıcı seller, salesman, pedlar.
satıh, ***-thı*** surface.
satılık for sale, on sale; ***satılığa çıkarmak*** to put up for sale.
satın: ~ ***almak*** to buy, to purchase.
satır[1] line.
satır[2] chopper, cleaver.
satırbaşı, ***-nı*** paragraph indentation, head of a paragraph.
satış sale; ~ ***fiyatı*** selling price.
satmak, (***-ar***) **1.** to sell; **2.** to pretend, to put on a show of; **3.** (*b-ni*) *sl.* to get rid of *s.o.*
satranç, ***-cı*** chess; ~ ***tahtası*** chessboard; ~ ***taşı*** chessman; ~ ***turnuvası*** chess tournament.
Satürn AST Saturn.
sauna sauna.
sav assertion, claim.
savaş **1.** war, battle; **2.** struggle, fight.
savaşçı warrior, combatant, fighter.
savaşmak to fight, to battle.
savcı public prosecutor, attorney general.
savmak, (***-ar***) to get rid of, to dismiss, to drive away, to avoid.
savruk careless, untidy.
savsak neglectful, dilatory.
savsaklamak to neglect, to put off.
savulmak to stand aside, to get out of the way.
savunma defence, *Am.* defense.
savunmak to defend.
savurgan extravagant, wasteful, spendthrift.
savurganlık extravagance, prodigality.
savurmak **1.** to throw, to fling, to hurl; **2.** to winnow (*grain*); **3.** to land (*blow, kick*); **4.** to brandish (*sword*); **5.** to waste, to squander; **6.** to brag, to bluster.
savuşmak to slip away, to sneak off.
savuşturmak **1.** to get rid of, to ward off; **2.** to deflect, to parry (*a blow*).
saya vamp.
sayaç meter, counter.
saydam transparent; ~ ***tabaka*** cornea.
saydamlık transparency.
saye [ā] **1.** shade, shadow; **2.** protection, assistance, favo(u)r; ***bu -de*** hereby, by this.
sayesinde thanks to.
sayfa page.
sayfiye summer resort *or* house.
saygı respect, esteem; ~ ***göstermek*** to show respect, to venerate, to revere; ***-larımla*** yours faithfully.
saygıdeğer venerable, estimable.
saygılı respectful.
saygın respected, esteemed, hono(u)rable.
saygınlık respect, esteem, dignity.
saygısız disrespectful.
saygısızlık disrespect.
sayı **1.** number; **2.** issue, number (*of a magazine*); **3.** *sports*: point(s).
sayıklamak **1.** to talk in one's sleep, to rave; **2.** to dream (*of s.th. longed for*).
sayılı **1.** numbered, counted; **2.** limited; **3.** best, topnotch.
sayım counting; census.
sayın esteemed, hono(u)rable; dear (*in a letter*).
sayısal numerical.
sayısız countless, numberless, innumerable.
Sayıştay *pr. n.* the Government Accounting Bureau.
saymak, (***-ar***) **1.** to count, to enumerate; **2.** to value, to respect; **3.** to consider, to regard, to count as.
sayman accountant.
sayrılık sickness, disease.
saz **1.** BOT rush, reed; **2.** MUS musical instrument; ~ ***şairi*** minstrel; ~ ***takımı*** group of musicians (*who play traditional Turkish music*).
sazan ZO carp.
sazlık reedbed.
seans session, sitting.
sebat, ***-tı*** [ā] perseverance; ~ ***etmek*** to persevere.
sebatlı persevering, stable.
sebebiyet, ***-ti***: ~ ***vermek*** to cause, to bring about.
sebep, ***-bi*** reason, cause; ~ ***olmak*** to cause, to bring about; ***-iyle*** because of, owing to.
sebeplenmek to get a share of the pie.
sebepsiz without any reason, causeless.
sebil [ī] free distribution of water; ~ ***et-***

S

mek **1.** to distribute s.th. free; **2.** *fig.* to ladle out.
sebze vegetable.
sebzeci vegetable seller.
seccade [ā] prayer rug.
secde prostrating o.s.; ~ ***etmek*** (*or* ***-ye kapanmak*** *or* ***-ye varmak***) to prostrate o.s.
seciye character, disposition.
seçenek alternative, choice.
seçi selection.
seçici selector; ~ ***kurul*** selection committee.
seçim POL election, polls.
seçkin select, choice, distinguished.
seçme select, choice, distinguished.
seçmek, (***-er***) **1.** to choose, to select; **2.** POL to elect; **3.** to distinguish, to perceive, to discern.
seçmeli optional.
seçmen elector, voter; ~ ***kütüğü*** electoral roll.
seda **1.** voice; **2.** echo.
sedalı voiced, vocal.
sedasız voiceless, unvoiced.
sedef mother-of-pearl, nacre; ~ ***hastalığı*** MED psoriasis.
sedir[1] divan, sofa.
sedir[2] BOT cedar.
sedye [x.] stretcher, litter.
sefahat, ***-tı*** [ā] dissipation, debauch.
sefalet, ***-ti*** [ā] poverty; misery; ~ ***çekmek*** to suffer privation; ***-e düşmek*** to be reduced to poverty.
sefaret, ***-ti*** [ā] POL **1.** ambassadorship; **2.** embassy.
sefarethane [ā, ā] embassy, legation.
sefer **1.** journey, voyage; **2.** MIL campaign, expedition; **3.** time, occasion; ***on*** ~ ten times.
seferber: ~ ***etmek*** to mobilize.
seferberlik mobilization.
sefertası, ***-nı*** travelling food box.
sefih [ī] dissolute, dissipated.
sefil [ī] **1.** poor, destitute; **2.** mean, despicable.
sefir POL ambassador; envoy.
sefire POL ambassadress.
seğirmek to twitch.
seher daybreak, dawn.
sehpa [ā] **1.** coffee *or* end table; **2.** tripod; **3.** gallows; ***-ya çekmek*** to hang, to string up.
sehven [x.] by mistake.
sek, ***-ki*** dry, neat (*wine*).
sekiz eight.
sekizer eight apiece (*or* each); ~ ~ eight at a time.
sekizgen octagon.
sekizinci eighth.
sekizli **1.** *cards*: the eight; **2.** MUS octet.
sekizlik MUS eighth note.
sekmek **1.** to hop; to skip; **2.** to ricochet.
sekreter secretary.
sekreterlik secretaryship.
seks sex.
seksek hopscotch.
seksen eighty.
sekseninci eightieth.
seksenlik octogenarian.
seksoloji sexology.
seksüel sexual.
sekte stoppage, interruption; ~ ***vurmak*** to interrupt, to put back, to impede.
sektör sector.
sel flood, torrent, inundation.
selam **1.** greeting, salutation, regards; **2.** F Hello!, Hi!; ~ ***söylemek*** to send *or* give one's regards, to say hello; ~ ***vermek*** to greet, to salute; ***-ı sabahı kesmek*** to break off relations (*ile* with).
selamet, ***-ti*** **1.** security, safety; **2.** healthiness, soundness; **3.** salvation; ~ ***bulmak*** to reach safety.
selamlamak to greet, to salute (*a.* MIL).
selamlaşmak to greet each other, to exchange greetings.
sele saddle, seat (*of a bicycle*).
selef predecessor.
selektör MOT dimmer; ~ ***yapmak*** MOT to dim *or* blink the headlights.
selfservis self-service.
selim **1.** safe, sound; **2.** MED benign.
seloteyp cellophane tape.
selüloz cellulose.
selvi BOT cypress.
sema [ā] sky, firmament.
semantik semantics.
semaver [ā] semovar, urn.
sembol, ***-lü*** symbol.
sembolik symbolic.
semer packsaddle; ~ ***vurmak*** to put a peaksaddle (*-e* on).
semere outcome, fruit, consequence.
semereli fruitful.
seminer seminar.
semirmek to get fat.

semirtmek to fatten.
semiz fat, fleshy.
semizotu, ***-nu*** BOT purslane.
sempati **1.** attraction, liking; **2.** PSYCH sympathy; **~ *duymak*** to take to, to take kindly to; **~*sinirleri*** ANAT sympathetic nerves.
sempatik attractive, likable.
sempatizan sympathizer.
sempozyum symposium.
semt, ***-ti*** neighbo(u)rhood, district, quarter; **~ ~** in every neighbo(u)rhood; ***-ine uğramamak*** to darken s.o.'s door(s).
sen you; **~ *de*** you too; ***-ce*** in your opinion; ***-den*** from you.
sena [ā] praise; **~ *etmek*** to praise.
senarist, ***-ti*** scenarist, script-writer.
senaryo [.x.] scenario, screenplay, script.
senato [.x.] senate.
senatör senator.
sendelemek to stagger, to totter.
sendika trade union.
sendikacı trade unionist.
sendikalaştırmak to unionize.
sene year.
senelik yearly, annual.
senet promissory note; voucher; security; **~ *vermek*** *fig.* to guarantee.
senfoni symphony.
seni *acc. of* **sen**, you.
senin *gen. of* **sen**, your; **~ *için*** for you; ***-le*** with you.
seninki yours.
senlibenli intimate, familiar, free-and--easy; **~ *olmak*** to be hail-fellow-well--met (*ile* with).
sentaks syntax.
sentetik synthetic.
sentez synthesis.
sepet, ***-ti*** **1.** basket; **2.** sidecar (*of a motorcycle*); **~ *havası çalmak*** (*b-ne*) *sl.* to give *s.o.* the boot.
sepetlemek *sl.* to dismiss, to fire; to send s.o. packing.
sepettopu, ***-nu*** basketball.
sepilemek to tan.
septik skeptical.
septisemi MED septicemia.
ser **1.** head; **2.** summit, top; **~ *verip sır vermemek*** to die rather than disclose a secret.
sera greenhouse, hothouse.
seramik ceramics.
seramikçi ceramist, ceramicist.
serap, ***-bı*** [ā] mirage.
serbest, ***-ti*** **1.** free; **2.** unreserved, frank; **3.** unconstrained; **~ *bırakmak*** to set free, to release; **~ *bölge*** free zone; **~ *güreş*** catch-as-catch-can wrestling; **~ *meslek sahibi*** self-employed person.
serbestlik freedom; independence.
serçe ZO sparrow.
serçeparmak little finger.
serdar [ā] commander-in-chief.
serdengeçti who sacrifices his life.
serdümen NAUT **1.** helmsman; **2.** quartermaster.
seremoni ceremony.
seren NAUT yard; boom.
serenat serenade.
sereserpe: **~ *yatmak*** to sprawl.
sergi exhibition, show, display.
sergilemek to exhibit, to display.
seri[1] series; **~ *üretim*** mass production.
seri[2], ***-ii*** [ī] quick, swift, rapid.
serin cool; chilly.
serinkanlı cool-headed, imperturbable.
serinlemek to cool, to get cool.
serinleşmek to cool off, to get cool (*or* chilly).
serinlik coolness.
serkeş rebellious, unruly.
sermaye [ā] **1.** capital; **2.** cost price; production cost; **3.** *fig.* wealth; **~ *koymak*** to invest capital (*-e* in).
sermayedar [ā] capitalist.
sermek, **(*-er*)** **1.** to spread, to lay; **2.** (*işi*) to neglect (*one's job*); **3.** (*yere*) to beat down to the ground.
serpinti **1.** sprinkle, drizzle (*of rain*); **2.** spray.
serpiştirmek **1.** to sprinkle, to scatter; **2.** (*rain*) to drizzle, to sprinkle, to spit.
serpmek to sprinkle, to scatter.
serpuş [ū] headgear.
sersefil very miserable.
sersem **1.** stunned, dazed; **2.** silly, foolish, scatterbrained; **~ *etmek*** (*or* ***-e çevirmek***) to daze, to stupefy.
sersemlemek, **sersemleşmek** to become dazed *or* stupefied.
sersemletmek **1.** to daze, to stupefy; **2.** to confuse, to addle.
serseri vagabond, tramp, vagrant; **~ *kurşun*** stray bullet; **~ *mayın*** floating

S

mine.

serserilik vagabondage, vagrancy.

sert, ***-ti*** **1.** hard, tough; **2.** harsh, severe, rough; **3.** potent, strong; pungent; ~ ***konuşmak*** to speak harshly.

sertifika certificate.

sertleşmek to harden, to toughen.

sertleştirmek to harden, to toughen; to harshen.

sertlik hardness, toughness.

serum MED serum.

serüven adventure.

servet, ***-ti*** wealth, fortune, riches; ***-e konmak*** to come into a fortune.

servis **1.** service (*a. sports*); **2.** department, section; ~ ***atmak*** *sports*: to serve the ball; ~ ***yapmak*** to serve food (*-e* to).

ses **1.** sound; **2.** voice; **3.** noise; ~ ***erimi*** earshot; ***-ini kesmek*** to shut up.

sesbilgisi, ***-ni*** phonetics.

sesbilim phonology.

sesçil phonetic.

seslemek to give ear, to hearken.

seslendirmek to make a sound recording for (*a motion picture*).

seslenmek to call out (*-e* to).

sesli **1.** voiced; **2.** GR vowel; ~ ***film*** sound motion picture, talkie.

sessiz **1.** silent, quiet; **2.** GR consonant; ~ ***film*** **1.** silent movie; **2.** F charades.

sessizlik silence, quietness.

set[1], ***-ti*** *sports*: set.

set[2], ***-ddi*** dam, dyke.

sevap, ***-bı*** [ā] good works, good deed; ~ ***işlemek*** (*or* ***kazanmak***) to acquire merit.

sevda [ā] love, passion.

sevdalanmak [a] to fall in love (*-e* with).

sevdalı [àā] lovesick, madly in love.

sevecen compassionate, kind.

sevgi love, affection.

sevgili **1.** darling, sweetheart; beloved; **2.** dear (*in a letter*).

sevici lesbian.

sevicilik lesbianism.

sevimli lovable, cute, sweet.

sevimsiz unlovable; unlikable.

sevinç, ***-ci*** delight, joy, pleasure.

sevinçli joyful.

sevindirmek to delight, to please.

sevinmek to be pleased (*-e* with), to feel glad, to be happy.

sevişmek to make love.

seviye level.

sevk, ***-kı*** **1.** sending, shipping; **2.** dispatch; **3.** impulse, urging; ~ ***etmek*** **1.** to send, to ship, to dispatch; **2.** to impel, to drive.

sevkıyat, ***-tı*** [ā] **1.** dispatch (*of troops*); **2.** consignment (*of goods*).

sevmek, (***-er***) **1.** to love; to like; **2.** to fondle, to caress; ***seve seve*** willingly.

seyahat, ***-ti*** [.—.] journey, travel, trip; voyage; ~ ***çeki*** traveler's cheque; ~ ***etmek*** to travel.

seyahatname [.—.—.] travel book.

seyek *dice*: three and one.

seyelan flow.

seyir, ***-yri*** **1.** progress, course; **2.** show, spectacle; **3.** observation; ~ ***jurnalı*** NAUT log(book).

seyirci spectator, onlooker; ~ ***kalmak*** to stand on the sidelines.

seyis stableman, groom, hostler.

Seylan *pr. n.* Ceylon.

seylap, ***-bı*** flood.

seyran [ā] **1.** outing; promenade; **2.** observation.

seyrek **1.** widely set; sparse; **2.** rare, seldom.

seyrekleşmek to thin out; to become sparse.

seyretmek [x..] to watch, to look, to see.

seyrüsefer traffic.

seyyah [ā] travel(l)er.

seyyar [ā] itinerant; movable, portable, mobile; ~ ***satıcı*** pedlar, *Am.* peddler, hawker.

Sezar *pr. n.* Caesar; ***-ın hakkını -a vermek*** to render to Caesar the things that are Caesar's.

sezaryen MED cesarean.

sezgi intuition.

sezmek, (***-er***) to sense, to perceive, to discern, to anticipate.

sezon season.

sıcacık [x..] warm, cosy.

sıcak **1.** hot, warm; **2.** heat; ~ ***dalgası*** heat-wave; ~ ***tutmak*** to keep warm; ***sıcağı sıcağına*** while the iron is hot.

sıcakkanlı **1.** warmblooded; **2.** *fig.* lovable, friendly.

sıcaklık warmth, heat.

sıçan ZO rat; mouse.

sıçmak *sl.* to shit.

sıçramak 1. to jump, to leap, to spring; 2. to be startled, to start; 3. to splash, to spatter.
sıfat, ***-tı*** 1. character, capacity; 2. GR adjective; 3. title; ***-ıyla*** in the capacity of, as.
sıfır zero, naught, nil; ***-dan başlamak*** to start from scratch (*or* square one).
sığ shallow.
sığdırmak to fit in, to cram in, to force into.
sığınak shelter, bunker.
sığınmak to take shelter (*-e* in), to take refuge.
sığıntı dependent.
sığır ox.
sığırcık ZO starling.
sığırtmaç herdsman, drover.
sığışmak (*people*) to squeeze in.
sığlık 1. shallowness; 2. shallow.
sığmak, **(*-ar*)** to fit (*-e* into).
sıhhat, ***-ti*** 1. health; 2. correctness.
sıhhatli healthy.
sıhhi [ī] hygienic, sanitary.
sık 1. dense, thick; 2. frequent; ~ ~ often, frequently.
sıkboğaz: ~ ***etmek*** (*b-ni*) to keep on at *s.o.*, to push *s.o.*, to importune *s.o.*
sıkı 1. tight; firm; 2. strict, severe; 3. stingy, closefisted; ~ ***basmak*** to put one's foot down; ~ ***çalışmak*** to work hard; ~ ***fıkı*** 1. intimate; 2. on intimate terms, palsy-walsy.
sıkıca tightly.
sıkıcı boring, tiresome, bothersome, tedious.
sıkılgan shy, timid, bashful.
sıkılganlık shyness, bashfulness.
sıkılık tightness.
sıkılmak to get bored; to feel embarrassed.
sıkılmaz shameless, brazen.
sıkım 1. squeeze; 2. fistful.
sıkınmak to restrain o.s.
sıkıntı 1. trouble, difficulty, distress; 2. boredom; 3. financial straits; ~ ***çekmek*** 1. to have (*or* experience) difficulty; 2. to experience distress; ~ ***vermek*** to annoy, to bother; to worry; ***-da olmak*** to be in straits, to be on the rocks; ***-ya gelememek*** to be unable to stand the gaff.
sıkıntılı 1. troubled; worried; 2. worrisome, difficult.
sıkışık 1. crowded, jammed, congested; 2. hard up (*for money*).
sıkışmak 1. to be pressed together; 2. to be hard up (*for money*); 3. to be pinched (*-e* in), to get caught (*-e* in); 4. to be taken short.
sıkıştırmak 1. to tighten, to compress; 2. to squeeze, to jam; 3. to press, to pressure.
sıkıyönetim martial law.
sıklaşmak to become frequent, to happen often.
sıklet, ***-ti*** weight.
sıklık 1. frequency; 2. density.
sıkmak, **(*-ar*)** 1. to squeeze, to press; 2. to wring; 3. to tighten; 4. to bother, to annoy; 5. to fire, to shoot (*bullet*).
sıla reunion.
sımak, **(*-ar*)** to break.
sımsıkı very tight.
sınai [. — —] industrial; ~ ***kuruluş*** industrial enterprise.
sınamak to test, to try out.
sınav examination; ~ ***vermek*** to pass a test; ***-a girmek*** to take *or* sit for an examination.
sındı scissors.
sınıf 1. class; category; 2. classroom; ~ ***arkadaşı*** classmate; ***-ta kalmak*** to fail, to flunk.
sınıflamak, **sınıflandırmak** to classify.
sınık 1. broken; 2. defeated; 3. scattered.
sınır frontier, border; boundary, limit.
sınırdaş bordering.
sınırdışı: ~ ***etmek*** to deport.
sınırlamak, **sınırlandırmak** to limit.
sınırlı limited, restricted.
sınırsız limitless, boundless, unlimited.
sıpa colt, foal.
sır[1] glaze.
sır[2], ***-rrı*** secret; mystery; ~ ***küpü*** pussyfooter; ~ ***saklamak*** (*or* ***tutmak***) to keep a secret; ***-ra kadem basmak*** *co.* to vanish into thin air.
sıra 1. row, line, file; 2. turn; 3. order, sequence; 4. desk; 5. bench; 6. time, moment; ~ ***benim*** it is my turn; ~ ***evler*** row houses; ~ ~ in rows; ***-sı değil*** this isn't the right time; ***-sı gelmişken*** by the way; ***-sıyla*** respectively.
sıradağ(lar) mountain range, chain of mountains.
sıradan ordinary.

sıralamak **1.** to arrange in rows, to line up; **2.** to enumerate.
Sırbistan *pr. n.* Serbia.
sırça glass.
sırdaş confidant.
sırf **1.** pure, utter; **2.** only.
sırık pole, stake; ***-la atlama*** *sports*: pole vaulting.
sırılsıklam [.x..] soaking wet, sopping wet.
sırım whipcord, thong.
sırıtkan given to grinning.
sırıtmak **1.** to grin; **2.** *fig.* (*defect*) to show up, to come out.
sırlamak **1.** to glaze; **2.** to silver (*a mirror*).
sırlı **1.** glazed; **2.** silvered (*mirror*).
sırma silver tread; ~ ***saçlı*** golden-haired.
sırnaşık saucy, pert, pertinacious.
sırnaşmak to importune.
Sırp *pr. n.* Serb(ian).
sırt, ***-tı*** **1.** back; **2.** ridge (*of a hill etc.*); ~ ***çevirmek*** (*b-ne*) to turn one's back on *s.o.*, to give *s.o.* the cold shoulder; ~ ***-a vermek*** **1.** to stand back to back; **2.** *fig.* to support each other; ***-ı kaşınmak*** *fig.* to ask for it, to itch for a beating; ***-ı pek*** warmly clad; ***-ına almak*** **1.** to shoulder; **2.** to put on; ***-ından geçinmek*** (*b-nin*) to sponge on *s.o.*, to live off *s.o.*; ***-ını dayamak*** (*b-ne*) *fig.* to have *s.o.* at one's back.
sırtarmak **1.** to get one's dander up; **2.** (*clouds*) to mass.
sırtlamak to shoulder.
sırtlan ZO hyena.
sıska puny, thin and weak.
sıtma MED malaria.
sıtmalı malarious.
sıva plaster.
sıvacı plasterer.
sıvalamak to plaster.
sıvalı **1.** plastered; **2.** rolled up (*sleeves etc.*).
sıvamak **1.** to plaster; **2.** to smear (*-e* on); **3.** to roll up (*sleeves etc.*).
sıvazlamak to stroke, to pet, to caress.
sıvı liquid, fluid.
sıvılaştırmak to liquefy.
sıvışmak to slip away, to sneak off, to take to one's heels.
sıyırmak **1.** to graze, to scrape, to skin; **2.** to peel off, to strip off; **3.** to draw (*a sword*).
sıyrık **1.** graze, scrape; abrasion; **2.** grazed.
sıyrılmak (*bşden*) to squeak through *s.th.*
sızdırmak **1.** to leak; **2.** *fig.* to squeeze money out of.
sızı ache, pain.
sızıltı complaint.
sızıntı leakage, ooze.
sızlamak to hurt, to ache.
sızlanmak to moan, to complain, to lament.
sızmak, (***-ar***) **1.** to leak, to ooze, to trickle; **2.** (*secret*) to leak out; **3.** MIL to infiltrate; **4.** to pass out (*after getting drunk*).
si MUS ti.
siber... cyber...
Sibirya *pr. n.* Siberia.
sicil **1.** register; **2.** dossier, employment record.
sicilli **1.** registered; **2.** *fig.* previously convicted.
Sicilya *pr. n.* Sicily.
sicim string, cord, packthread.
sidik urine; ~ ***borusu*** ureter; ~ ***söktürücü*** diuretic; ~ ***torbası*** ANAT bladder.
sidikli enuretic.
sidikyolu, ***-nu*** urethra.
sif ECON C.I.F. (*cost, insurance and freight*).
sifon **1.** siphon; **2.** flush tank.
siftah first sale of the day, handsel.
sigara cigarette; ~ ***içilmeyen*** smoke-free (*zone, building*); ~ ***içmek*** to smoke; ~ ***kâğıdı*** cigarette paper; ~ ***tablası*** ashtray; ***-yı bırakmak*** to give up smoking.
sigaralık **1.** cigarette-holder; **2.** cigarette box.
sigorta [.x.] **1.** insurance; **2.** ELECT fuse; ~ ***etmek*** to insure; ~ ***olmak*** to be insured; ~ ***poliçesi*** insurance policy; ~ ***şirketi*** insurance company.
sigortacı [.x..] insurer, underwriter.
sigortalamak to insure.
sigortalı [.x..] insured.
siğil wart.
sihir, ***-hri*** magic, witchcraft, charm, spell.
sihirbaz magician, sorcerer.
sihirlemek to bewitch.
sihirli bewitched, enchanted; magical.

sik V cock, prick, dick.
sikke coin.
siklon cyclone.
sikmek, (**-er**) V to fuck, to screw.
silah weapon, arm; ~ ***atmak*** to fire a weapon; ~ ***başına!*** MIL To arms!; ~ ***çekmek*** to draw (*or* pull out) a weapon; ~ ***omuza!*** MIL Shoulder arms!; ***-a davranmak*** (*or* ***sarılmak***) to go for a weapon.
silahlandırmak to arm.
silahlı armed; ~ ***kuvvetler*** armed forces.
silahsız unarmed.
silahsızlandırmak to disarm.
silahsızlanma POL disarmament.
silahşor man-at-arms, knight.
silecek **1.** bath towel; **2.** MOT wiper.
silgi duster, eraser; rubber.
silik **1.** rubbed out, worn; **2.** *fig.* indistinct, colo(u)rless.
silikat, ***-tı*** silicate.
silikon silicone.
silindir **1.** cylinder; **2.** road roller; ~ ***şapka*** top hat.
silkelemek to shake off.
silkinmek **1.** to shake o.s.; **2.** (*bşden*) to rid o.s. of *s.th.*
silkinti start.
silkişmek to shake itself.
silkmek, (**-er**) **1.** to shake off; **2.** to shrug (*one's shoulders*).
sille slap, box, cuff.
silme **1.** ARCH mo(u)lding; **2.** full to the brim.
silmek, (**-er**) **1.** to wipe; **2.** to rub out, to erase; **3.** to clean, to rub.
silo [x.] silo.
silsile **1.** chain, line, series, range; **2.** lineage, ancestry.
siluet, ***-ti*** silhouette.
sim silver.
sima [— —] face, features.
simetri symmetry.
simetrik symmetrical.
simge symbol.
simgelemek to symbolize.
simgesel symbolical.
simit, ***-di*** **1.** cracknel (*in the shape of a ring*); **2.** NAUT life buoy.
simitçi seller *or* maker of ***simits.***
simsar [ā] broker, middleman.
simsariye [ā] brokerage, commission.
simsiyah [x..] jet-black, pitch-dark, pitch-black.
simya [ā] alchemy.
sin grove, tomb.
sinagog synagogue.
sincap, ***-bı*** ZO squirrel.
sindirim digestion; ~ ***sistemi*** digestive system.
sindirmek **1.** to digest; **2.** to cow, to intimidate.
sine breast, bosom; ***-ye çekmek*** to take s.th. lying down.
sinek **1.** fly, housefly; **2.** *cards*: club; ~ ***avlamak*** *fig.* F to potter about, to twiddle one's thumbs.
sinekkaydı very close (*shave*).
sineklik flyswatter.
sinema cinema, movie, the pictures.
sinemacı **1.** movie-maker; **2.** movie distributor; **3.** cinema actor *or* actress.
sinemasever movie fan.
sinemaskop cinemascope.
sini round metal tray.
sinir **1.** nerve; **2.** nervous habit; ~ ***harbi*** war of nerves; ***-ine dokunmak*** (*b-nin*) to get on *one's* nerves.
sinirlendirmek to make nervous, to irritate.
sinirlenmek to get nervous, to become irritated.
sinirli nervous, edgy.
sinirsel neural.
sinmek, (**-er**) to crouch down, to cower.
sinonim **1.** synonym; **2.** synonymous.
sinsi insidious, stealthy, sneaking.
sinsice slyly, stealthily, insidiously.
sinüs **1.** MATH sine; **2.** ANAT sinus.
sinüzit, ***-ti*** sinusitis.
sinyal, ***-li*** **1.** signal; **2.** MOT indicator light, trafficator; ~ ***vermek*** to signal.
sipariş [a] order; ~ ***almak*** to receive an order; ~ ***vermek*** to order, to place an order.
siper **1.** MIL trench, foxhole; **2.** shelter, shield; **3.** visor, peak, bill (*of a cap*); ~ ***almak*** to take shelter; ~ ***etmek*** to use as a shield.
siperlenmek MIL to take shelter.
siperlik **1.** canopy; awning; **2.** visor, peak, bill (*of a cap*).
sipsi NAUT boatswain's whistle.
sipsivri [x..] very sharp; ~ ***kalmak*** to be deserted by everyone.
sirayet, ***-ti*** [a] contagion, infection.
siren siren, hooter.

sirk, **-ki** circus.
sirke vinegar.
sirkülasyon circulation.
sirküler circular.
siroz MED cirrhosis.
sis fog, mist; ~ ***basmak*** (*for the fog*) to come in; ~ ***bombası*** smoke bomb; ~ ***düdüğü*** foghorn; ~ ***lambası*** fog light (*or* lamp).
sislenmek to get foggy.
sisli foggy, misty.
sistem system.
sistemleştirmek to systematize.
sistemli systematic.
sistemsiz unsystematic.
sistit, **-ti** MED cystitis.
sitayiş [a] praise.
sitayişkâr [a] praiseful.
site **1.** *hist.* city-state; **2.** apartment development, complex.
sitem reproach; ~ ***etmek*** to reproach.
sivil civilian; ~ ***polis*** plainclothes policeman.
sivilce pimple, pustule.
sivri sharp, pointed.
sivribiber BOT hot pepper.
sivrilmek **1.** to become pointed; **2.** *fig.* to stand out.
sivrisinek ZO mosquito.
siyah **1.** black; **2.** dark.
siyahımsı, **siyahımtırak** blackish.
siyahlık blackness.
Siyam *pr. n.* Siam.
siyanür cyanide.
siyasal political.
siyaset, **-ti** [a] politics.
siyasetçi [a] politician.
siyasi [. — —] *s.* ***siyasal.***
siyatik MED sciatica.
siz you; ~ ***bilirsiniz*** **1.** as you like; **2.** the decision is up to you.
sizin your; ~ ***için*** for you.
sizinki yours.
skandal scandal.
skeç, **-çi** sketch, skit.
skor score.
slayt slide.
slip, **-pi** briefs.
slogan slogan; ~ ***atmak*** to shout slogans.
smokin [x.] tuxedo, dinner jacket.
soba stove.
sobe Home free!
sobelemek to get home free.
soda [x.] soda water.
sodyum sodium.
sofa hall, anteroom.
sofra table; ~ ***başıa geçmek*** to sit down to a meal; ~ ***başında*** at the table; ~ ***kurmak*** to set the table; ~ ***örtüsü*** tablecloth; ~ ***takımı*** set of dinnerware; ***-yı kaldırmak*** (*or* ***toplamak***) to clear the table.
softa bigot; fanatic.
sofu religious, devout.
soğan BOT onion.
soğuk **1.** cold; **2.** *fig.* unfriendly, cold; **3.** MED frigid; ~ ***algınlığı*** common cold; ~ ***almak*** to catch cold; ~ ***damga*** embossed stamp.
soğukkanlı cool-headed, calm.
soğukkanlılık cool-headedness, calmness.
soğuklamak to catch cold.
soğukluk coldness.
soğumak **1.** to get cold, to cool; **2.** *fig.* to lose one's love; to go off.
soğurmak CHEM to absorb.
soğutmak to cool, to chill.
soğutucu refrigerator, fridge.
sohbet, **-ti** chat, talk, conversation; ~ ***etmek*** to chat, to talk.
sokak street.
soket, **-ti** sock.
sokmak, **(-ar)** **1.** to insert, to thrust, to stick; **2.** to let in, to admit; **3.** (*insect*) to bite, to sting.
sokulgan sociable, friendly.
sokulmak to insinuate o.s. (*-e* into), to slip (*-e* into), to work one's way (*-e* into).
sokuşmak to squeeze (*-e* into), to sneak (*-e* in).
sokuşturmak *fig.* to put it across, to put it over (*-e* on).
sol[1], **-lu** left; ~ ***tarafından kalkmak*** to get out of bed on the wrong side; ***-da sıfır*** unimportant, a mere nothing.
sol[2], **-lü** MUS sol.
solaçık *football*: left wing.
solak left-handed.
solcu POL leftist.
solgun pale, faded; wilted (*flowers*).
solist, **-ti** soloist.
sollamak to pass a vehicle on its left side, to overtake.
solmak, **(-ar)** to fade; (*flowers*) to wilt.
solmaz unfading, fast.

solo solo.
solucan ZO worm.
soluğan **1.** wheezy (*animal*); **2.** swell (*of the sea*).
soluk[1] *s.* ***solgun.***
soluk[2] breath; ***~ aldırmamak*** to give no respite; ***~ almak*** **1.** to breathe; **2.** *fig.* to take a breather, to rest; ***~ borusu*** ANAT windpipe, trachea; ***~ soluğa*** out of breath, panting for breath; ***soluğu kesilmek*** to get out of breath.
soluklanmak to rest, to take a breather.
solumak to pant, to snort.
solungaç ANAT gill.
solunum respiration; ***~ sistemi*** respiratory system.
solüsyon CHEM solution.
som[1] solid; pure.
som[2] (*balığı*) ZO salmon.
somak BOT sumac.
somun **1.** loaf (*of bread*); **2.** MEC nut.
somurtkan sulky, grouchy.
somurtmak to sulk, to grouch, to pout.
somut, ***-tu*** concrete.
somutlaşmak to concretize.
somutlaştırmak to concretize.
somya [x.] spring mattress.
son **1.** end, termination; **2.** last, final; ***~ bulmak*** to come to an end; ***~ defa*** (for the) last time; ***~ derece*** extremely; ***~ gülen iyi güler*** *pro.* he laughs best who laughs last; ***~ kozunu oynamak*** to play one's last card; ***~ nefesini vermek*** to breathe one's last; ***~ vermek*** to put an end (*-e* to); ***-a ermek*** to end, to finish; ***-unda*** in the end, finally.
sonat, ***-tı*** MUS sonata.
sonbahar autumn, *Am.* fall.
sonda [x.] **1.** MED probe; **2.** MEC drill, bore.
sondaj MEC drilling; ***~ yapmak*** to drill, to bore.
sondajcı MEC driller.
sondalamak **1.** NAUT to sound, to fathom; **2.** MEC to drill; **3.** MED to probe.
sonek, ***-ki*** GR suffix.
sonra [x.] then, later, afterwards.
sonradan [x..] later, subsequently.
sonraki [x..] subsequent.
sonsuz endless, eternal.
sonsuzluk eternity.
sonuç, ***-cu*** result, outcome, conclusion.
sonuçlandırmak to conclude.
sonuçlanmak to result, to come to a conclusion.
sonuncu last, final.
sopa [x.] **1.** stick, cudgel, club; **2.** *fig.* beating; ***~ atmak*** (*b-ne*) to give *s.o.* a beating, to give *s.o.* the cane.
soprano MUS soprano.
sorgu interrogation, cross-examination; ***-ya çekmek*** to interrogate.
sorguç, ***-cu*** crest, tuft.
sormak, (***-ar***) to ask.
soru question; ***~ işareti*** question mark.
sorumlu responsible.
sorumluluk responsibility.
sorumsuz irresponsible.
sorumsuzluk irresponsibility.
sorun problem, matter.
soruşturma investigation; ***açmak*** to open an investigation.
soruşturmak to investigate.
sos sauce.
sosis hot dog, sausage, frankfurter.
sosyal, ***-li*** social; ***~ sigorta*** social insurance.
sosyalist, ***-ti*** socialist.
sosyalizm socialism.
sosyete society, the smart set.
sosyetik society ...
sosyolog sociologist.
sosyoloji sociology.
Sovyet, ***-ti*** Soviet.
soy **1.** race; **2.** lineage, family; ***~ sop*** family, relations; ***-a çekmek*** to take after one's family.
soya BOT soybean.
soyaçekim heredity.
soyadı, ***-nı*** surname, family name.
soydaş of the same race.
soygun robbery, holdup.
soyguncu robber.
soykırım genocide.
soylu noble.
soyluluk nobility.
soymak **1.** to peel (*fruit etc.*); **2.** to undress; to strip; **3.** to rob; ***soyup soğana çevirmek*** to clean out, to pluck, to take to the cleaners.
soysuz *fig.* base, good-for-nothing (*person*).
soysuzlaşmak to degenerate.
soytarı clown, buffoon.
soyunmak to undress o.s., to strip, to take off one's clothes.
soyut, ***-tu*** abstract.

soyutlamak to abstract.
söğüş cold meat.
söğüt BOT willow.
sökmek, (**-er**) **1.** to dismantle; to undo, to rip, to unstitch; **2.** to uproot (*plant*); **3.** to decipher; **4.** to learn to read (*alphabet*).
sökük unstitched; unraveled.
sökülmek *sl.* to shell out, to fork out (*money*).
sökün etmek to come one after the other.
söküntü rip.
sölpük flabby, lax.
sölpümek to hang flabbily.
sömestr semester.
sömikok (*kömürü*) semicoke.
sömürge colony.
sömürgeci colonist.
sömürgecilik colonialism.
sömürmek to exploit.
sömürü exploitation.
söndürmek **1.** to extinguish, to put out (*fire*); **2.** to turn off (*light*); **3.** to deflate.
söndürücü fire extinguisher.
sönmek, (**-er**) **1.** (*fire, light*) to go out; **2.** (*tyre*) to go flat.
sönük **1.** extinguished (*fire, light*); **2.** flat (*tyre*); deflated (*balloon*); **3.** dim, faint; **4.** extinct (*volcano*); **5.** *fig.* dull, uninspired.
sövgü swearword, curse, cussword.
sövmek, (**-er**) to swear, to curse; ***sövüp saymak*** to swear a blue streak (*-e* at).
sövüşlemek *sl.* to swindle.
sövüşmek to swear at each other.
söylemek **1.** to say, to tell, to utter; **2.** to sing (*a song*); ***söyleyecek kelime bulamıyorum*** I am at a loss for words.
söyleniş pronunciation.
söylenmek to grumble, to mutter to o.s.
söylenti rumo(u)r, hearsay.
söyleşi chat, conversation.
söyleşmek to chat, to converse.
söylev speech, address.
söz **1.** remark, word, utterance; **2.** promise; **~ *etmek*** to talk about; **~ *geçirmek*** to assert o.s.; **~ *götürmez*** indisputable, beyond doubt; **~ *işitmek*** to be told off; **~ *kesmek*** to agree to give in marriage; **~ *konusu*** in question; **~ *konusu etmek*** to discuss; **~ *olmak*** to be the subject of gossip; **~ *sahibi*** who has a say (*in a matter*); **~ *vermek*** to promise; ***-ünde durmak*** to keep one's word; ***-ünü kesmek*** to interrupt.
sözbirliği, **-ni** agreement.
sözbölükleri, **-ni** parts of speech.
sözcü spokesman.
sözcük word.
sözde so-called, would-be.
sözdizimi, **-ni** syntax.
sözgelimi, **sözgelişi** for example, for instance.
sözlendirmek to dub (*a film*).
sözleşme agreement, contract.
sözleşmek to make an appointment.
sözleşmeli contractual.
sözlü **1.** oral, verbal; **2.** engaged to be married; **~ *sınav*** oral examination.
sözlük dictionary.
sözlükbilgisi, **-ni** lexicography.
sözlükçü lexicographer.
sözlükçülük lexicography.
sözümona *s.* ***sözde.***
spam IT spam (mail).
spekülasyon speculation.
spekülatif speculative.
spekülatör speculator.
sperma sperm.
spesiyal, **-li** special.
spiker announcer.
spiral spiral.
spor sports.
sporcu sportsman.
sporsever sports fan.
sportmen sportsman.
sportoto the football pools.
sprey spray.
stad, **stadyum** stadium.
stabilize stabilized; **~ *yol*** gravel (*or* macadam) road.
staj apprenticeship; training; **~ *yapmak*** to undergo training.
stajyer apprentice, trainee.
standart standard.
statü statutes.
steno, **stenografi** shorthand, stenography.
step, **-pi** steppe.
stepne MOT spare tyre.
stereo stereo.
steril sterile.
sterilize etmek to sterilize.
sterlin sterling.

S

steyşın estate car, *Am.* station wagon.
stil style.
stok, **-ku** stock; **~ etmek** to stock.
stop, **-pu** stop.
strateji strategy.
striptiz striptease.
stüdyo [x.] studio.
su, **-yu** **1.** water; **2.** juice, sap; **3.** stream, brook; **4.** broth; gravy; **5.** temper (*of steel*); **~ baskını** flood; **~ basmak** to flood, to inundate; **~ birikintisi** puddle; **~ çekmek** to draw water; **~ dökmek** to make water, to urinate; **~ gibi akmak** (*time*) to fly; **~ gibi para harcamak** to spend money like water; **~ götürmez** indisputable; **~ tabancası** water pistol (*or* gun); **~ vermek** to water; **-dan ucuz** dirt cheap; **-ya düşmek** *fig.* to fall to the ground, to go phut.
sual, **-li** [ā] *s.* **soru.**
sualtı, **-nı** underwater.
suare evening performance (*of a play*); evening showing (*of a movie*).
suaygırı, **-nı** ZO hippopotamus.
subay MIL officer.
sucu water seller.
sucuk sausage.
sucul hydrophilous.
suç, **-çu** **1.** offence, *Am.* offense; guilt; fault; **2.** crime; **~ işlemek** to commit an offence; **~ ortağı** accomplice, accessory.
suçiçeği, **-ni** chicken pox.
suçlamak to accuse.
suçlandırmak to find guilty.
suçlu **1.** guilty; **2.** criminal, offender.
suçsuz not guilty, innocent.
suçüstü, **-nü** red-handed, in the act.
sudak ZO zander.
sudan trivial, weak.
Sudan [— —] *pr. n.* Sudan.
sudolabı, **-nı** waterwheel.
suflör THEA prompter.
sugeçirmez waterproof.
suiistimal, **-li** [— ... —] misuse, abuse.
suikast, **-tı** conspiracy; assassination; **-ta bulunmak** to conspire; to assassinate.
suikastçı conspirator; assassin.
suiniyet, **-ti** [ū] malice.
suizan, **-nnı** [ū] suspicion.
sukabağı, **-nı** BOT gourd.
sukemeri, **-ni** aqueduct.
sukut, **-tu** [. —] fall; **~ etmek** to fall; **-u hayale uğramak** to be disappointed; **-u hayale uğratmak** to disappoint, to let down.
suküre hydrosphere.
sulak **1.** watery; **2.** water trough.
sulamak to water; to irrigate.
sulandırmak to dilute.
sulanmak **1.** to become watery; **2.** *sl.* to flirt, to bother.
sulh peace; **~ hâkimi** justice of the peace; **~ mahkemesi** justice court.
sultan **1.** sultan; **2.** sultana.
sulu **1.** watery; juicy; **2.** *fig.* importunate, saucy, pert; **~ gözlü** **1.** tearful; **2.** crybaby.
suluboya watercolo(u)r.
sulusepken sleet.
sumak BOT sumac.
sumen writing-pad, blotting-pad.
suna drake.
sundurma shed, lean-to.
sungu **1.** gift; **2.** sacrifice.
sungur ZO white falcon.
suni [ī] artificial, false.
sunmak, **(-ar)** to offer, to present, to submit, to put forward.
sunta fiberboard.
sunucu compère, emcee.
supanglez chocolate pudding.
supap, **-bı** MEC valve.
sur rampart, city wall.
surat, **-tı** face; **~ asmak** to pull a long face; **~ bir karış** sour-faced; **~ düşkünü** ugly; **~ etmek** to pull a long face; **-ı asık** sour-faced, sulky; **-ını ekşitmek** to put on a sour face.
suratsız *fig.* sour-faced.
sure [ū] sura (*of the Koran*).
suret, **-ti** [ū] **1.** copy, transcript; **2.** form, figure; **~ çıkarmak** to make a copy of, to transcribe.
Suriye *pr. n.* Syria.
sus! Be quiet!, Silence!
susak thirsty.
susam BOT sesame.
susamak **1.** to get thirsty; **2.** *fig.* to thirst (*-e* for).
susamuru, **-nu** ZO otter.
susığırı, **-nı** ZO water buffalo.
suskun quiet, taciturn.
susmak, **(-ar)** to be quiet, to stop talking, to be silent.
suspansuvar jockstrap.

suspus: ~ ***olmak*** to be silenced; to be as quite as a mouse.
susta [x.] safety catch.
sustalı switchblade.
susturmak to silence, to hush.
susturucu silencer.
susuz waterless.
sutopu, ***-nu*** water polo.
sutyen bra, brassiere.
SUV SUV (= *sports utility vehicle*).
suvare evening performance.
suyolu, ***-nu*** watermark (*in paper*).
suyosunu, ***-nu*** seaweed, alga.
süet, ***-ti*** suede.
sükse show, ostentation, hit; ~ ***yapmak*** to be a hit (*or* success).
sükûn, **sükûnet**, ***-ti*** calm, quiet, repose.
sükût, ***-tu*** silence; ~ ***etmek*** to remain silent; ~ ***hakkı*** hush money.
sülale family, line.
sülfat, ***-tı*** sulphate, *Am.* sulfate.
sülfürik sulphuric, *Am.* sulfuric.
sülük zo leech; ~ ***gibi yapışmak*** *fig.* to stick like a leech.
sülün zo pheasant.
sümbül BOT hyacinth.
sümkürmek to blow one's nose.
sümsük shiftless, supine.
sümük mucus.
sümüklüböcek zo slug.
sünepe sluggish, supine.
sünger sponge; ~ ***avcılığı*** sponge fishing; ~ ***avcısı*** sponge fisherman; ~ ***geçirmek*** (*bşin üzerinden*) *fig.* to pass the sponge over *s.th.*
süngü bayonet.
sünnet, ***-ti*** circumcision; ~ ***etmek*** to circumcise; ~ ***olmak*** to be circumcised.
sünnetçi circumciser.
sünnetli circumcised.
sünnetsiz uncircumcised.
Sünni [ī] Sunni.
süper super.
süpermarket, ***-ti*** supermarket.
süpersonik supersonic.
süprüntü sweepings, rubbish, trash.
süpürge broom.
süpürmek to sweep.
sürahi [. — .] decanter, carafe, pitcher.
sürat, ***-ti*** speed; ~ ***motoru*** speedboat; ***-ini artırmak*** to accelerate, to speed up.
süratlenmek to speed up.
süratli speedy.
sürçmek, (***-er***) to stumble; to slip.
sürdürmek to continue, to carry on, to maintain.
süre period; extention.
süreç process, progression.
süredurum PHYS inertia.
süregelmek to have gone on for a long time.
süreğen chronic.
sürek **1.** duration, continuation; **2.** drove (*of cattle*); ~ ***avı*** drive.
sürekli continuous, continual.
süreksiz transitory.
süreksizlik transitoriness.
süreli periodic.
sürerlik continuousness.
Süreyya [ā] AST the Pleiades.
sürfe larva.
sürgü **1.** bolt; **2.** bedpan.
sürgülemek to bolt.
sürgün **1.** exile, banishment; **2.** BOT shoot, sucker; **3.** MED diarrhea; ~ ***etmek*** to exile, to banish; ***-e gitmek*** to go into exile; ***-e göndermek*** to send into exile.
sürmek, (***-er***) **1.** to drive; **2.** to exile, to banish; **3.** to plough, *Am.* to plow (*a field*); **4.** to rub, to smear; **5.** to put on the market (*goods*); **6.** to go on, to last, to continue.
sürmelemek to bolt.
sürmenaj nervous breakdown, neurasthenia.
sürpriz surprise; ~ ***yapmak*** to surprise.
sürtmek, (***-er***) **1.** to rub; **2.** *fig.* to loiter, to wander about.
sürtük **1.** gadabout (*woman*); **2.** streetwalker.
sürtünme PHYS friction.
sürtünmek to rub o.s. (*-e* against).
sürtüşmek **1.** to rub against each other; **2.** to vex (*or* irritate) each other.
sürur [ū] delight, joy.
sürü herd, drove, flock; ~ ***içgüdüsü*** PSYCH the herd instinct; ~ ***sepet*** F the whole kit and caboodle, the whole lot; ***-süne bereket*** a lot of, heaps of.
sürücü driver, motorist.
sürüklemek **1.** to drag; **2.** *fig.* to carry with one.
sürükleyici fascinating, engrossing.
sürüm ECON demand, sale.
sürümek to drag.
sürümlü in demand.

sürünceme negligence, abeyance; ***-de bırakmak*** to procrastinate; ***-de kalmak*** to drag on, to be left hanging in the air.
sürüngen reptile.
sürünmek **1.** to crawl, to creep; **2.** to rub (*-e* against).
süs ornament, decoration.
süsen BOT iris.
süslemek to adorn, to decorate, to embellish.
süslenmek to deck o.s. out, to doll o.s. up.
süslü **1.** adorned, decorated; **2.** dressy, ornate.
süsmek to butt, to gore.
süspansiyon MEC suspension.
süssüz undecorated, unadorned.
süt, ***-tü*** milk; ***~ çocuğu*** **1.** nursling; **2.** *fig.* mollycoddle, babe in the woods; ***~ dökmüş kedi gibi*** in a crestfallen manner; ***~ gibi*** white and clean; ***~ kuzusu*** **1.** suckling lamb; **2.** *fig.* baby; tot, toddler; ***~ vermek*** to suckle, to breast-feed, to nurse; ***-ten ağzı yanan yoğurdu üfleyerek yer*** *pro.* once bitten twice shy; ***-ten kesmek*** to wean.
sütana, **sütanne** wet nurse.
sütçü milkman.
sütdişi, ***-ni*** milk tooth.
sütkardeş foster brother *or* sister.
sütlaç rice pudding.
sütleğen BOT spurge.
sütlü milky; ***~ kahve*** white coffee, coffee with milk.
sütnine wet nurse.
süttozu, ***-nu*** milk powder.
sütun [ū] column.
süvari [. — —] **1.** cavalryman; **2.** NAUT captain.
süveter sweater.
Süveyş Kanalı *pr. n.* Suez Canal.
süzgeç, ***-ci*** strainer; filter; sieve.
süzgün **1.** languid (*look*); **2.** gaunt, thin.
süzme filtered; strained.
süzmek, (***-er***) **1.** to strain; to filter; **2.** *fig.* to give the once-over.
süzülmek **1.** to glide; **2.** to get thin; **3.** to slip in, to steal in.
süzüntü dregs, residue.

Ş

şaban *sl.* dumb, nitwitted.
şablon pattern.
şadırvan fountain.
şafak dawn, twilight; ***~ sökmek*** (*for dawn*) to break.
şaft, ***-tı*** MEC shaft.
şah[1]: ***-a kalkmak*** (*horse*) to rear.
şah[2] [ā] **1.** shah; **2.** *chess*: king.
şahadet, ***-ti*** [. — .] testimony.
şahane [— — .] splendid, magnificent.
şahap, ***-bı*** [. —] AST shooting star.
sahbaz **1.** ZO royal falcon; **2.** courageous, brave.
şahdamarı, ***-nı*** ANAT carotid artery, aorta.
şaheser masterpiece, masterwork.
şahıs, ***-hsi*** person, individual; ***~ zamiri*** GR personal pronoun.
şahin [ā] ZO falcon.
şahit, ***-di*** [ā] witness; ***~ olmak*** to witness.
şahitlik [ā] witnessing, testimony; ***~ etmek*** to bear witness, to testify.
şahlanmak (*horse*) to rear.
şahlık shahdom.
şahmerdan MEC pile-driver; drop hammer.
şahsen [x.] personally, in person.
şahsi [ī] personal, private.
şahsiyet, ***-ti*** **1.** personality; **2.** personage.
şahsiyetli having personality.
şahsiyetsiz who lacks personality.
şaibe [ā] stain, blot.
şair [ā] poet.
şairlik poetship.
şaka joke, leg-pull; ***~ etmek*** to kid, to joke; ***~ gibi gelmek*** to seem like a joke (*-e* to); ***~ götürmez bir iş*** it is no joking matter; ***~ iken kaka olmak*** to turn into a quarrel; ***~ kaldırmak*** to be able to take a joke; ***~ söylemek*** to joke; ***-dan anlamak*** to take a joke; ***-ya boğmak*** to turn into a joke.
şakacı joker.
şakacıktan as a joke, jokingly.

şakadan jokingly, as a joke.
şakak ANAT temple.
şakalaşmak to joke with one another.
şakayık, ***-kı*** BOT peony.
şakımak to warble, to trill.
şakırdamak to clatter, to rattle; to jingle.
şakırdatmak **1.** to rattle, to clatter; **2.** to jingle; **3.** to crack (*a whip*).
şakırtı clatter, rattle; jingle.
şaki robber, brigand.
şaklaban jester, buffoon.
şaklamak to crack, to pop, to snap.
şaklatmak to crack, to snap.
şakrak mirthful, merry.
şakrakkuşu, ***-nu*** ZO bullfinch.
şakramak *s.* ***şakımak.***
şakşak **1.** slapstick; **2.** applause.
şakul, ***-lü*** [a] plumb line.
şakullemek to plumb.
şal shawl.
şalgam BOT turnip.
şalter ELECT switch.
şalvar baggy trousers, shalwar; ~ ***gibi*** very baggy.
Şam *pr. n.* Damascus.
şamandıra [.x..] NAUT buoy, float.
şamar slap, box on the ear; ~ ***oğlanı*** whipping boy, scapegoat; ~ ***yemek*** to get a slap on the face.
şamata uproar, hubbub, commotion, whoopee; ~ ***yapmak*** to make whoopee, to make a commotion.
şamdan candlestick.
şamfıstığı, ***-nı*** pistachio nut.
şampanya [.x.] champagne.
şampiyon champion.
şampiyona championship.
şampiyonluk championship.
şampuan shampoo.
şan [ā] glory, reputation, fame.
şangırdamak to crash.
şangırtı crash.
şanjan iridescence.
şanjman MOT gearbox, shift.
şanlı glorious, illustrious.
şans luck; ~ ***tanımak*** to give a chance; ***-ı yavergitmek*** to have good luck, to be lucky enough.
şanslı lucky, fortunate.
şanssız unlucky.
şanssızlık unluckiness.
şantaj blackmail; ~ ***yapmak*** to blackmail.
şantajcı blackmailer.
şantiye building *or* construction site.
şantör chanteur, male singer.
şantöz chanteuse, female singer.
şanzıman *s.* ***şanjman.***
şap, ***-pı*** CHEM alum.
şapırdamak to smack.
şapırdatmak to smack (*one's lips*).
şapırtı smack.
şapka [x.] hat.
şapkacı hatter.
şapkalık hatstand, hat rack.
şaplak smack, spank, whang.
şappadak [x..] all of a sudden, out of the blue.
şapşal untidy, slovenly, shabby.
şarampol shoulder (*of a road*).
şarap, ***-bı*** wine.
şarapnel MIL shrapnel.
şarbon MED charbon.
şarıldamak to splash.
şarıl şarıl splashingly.
şarıltı splash.
şarj ELECT charge.
şarjör magazine, charger.
şarkı song; ~ ***söylemek*** to sing a song.
şarkıcı singer.
şarküteri delicatessen.
şarlatan charlatan.
şarlatanlık charlatanry.
şarpi NAUT sharpie.
şar şar splashingly.
şart, ***-tı*** condition, stipulation; ~ ***koşmak*** to make a condition, to stipulate.
şartlandırmak to condition.
şartlanmak to be conditioned.
şartlı conditional.
şartname [.—.] list of conditions.
şaryo [x.] carriage (*of a typewriter*).
şasi chassis.
şaşakalmak to be bewildered, to be taken aback.
şaşı cross-eyed, squint-eyed; ~ ***bakmak*** to squint.
şaşırmak to be confused, to be at a loss.
şaşırtmaca tongue-twister, puzzle.
şaşırtmak to confuse, to bewilder, to puzzle.
şaşkın **1.** confused, bewildered; **2.** silly; ***-a çevirmek*** to confuse, to bewilder; ***-a dönmek*** to be stupefied.
şaşkınlık confusion; bewilderment; ~ ***içinde*** in a daze.
şaşmak, (***-ar***) **1.** to be astonished *or*

amazed; **2.** (*missile*) to miss its object; **3.** to lose (*one's way*).
şatafat, **-tı** display, show, ostentation.
şatafatlı showy, ostentatious.
şato [x.] castle, château.
şayet [a] if.
şayia [—..] rumo(u)r.
şebboy BOT wallflower.
şebek ZO baboon.
şebeke **1.** network; **2.** identity card (*of a university student*).
şebnem dew.
şecaat, **-ti** [.—.] courage.
şecaatli [.—..] courageous.
şecere family tree, pedigree.
şef chief, leader.
şefaat, **-ti** [.—.] intercession.
şeffaf [a] transparent.
şeffaflık [a] transparency.
şefik, **-ki** [ı] tender-hearted, kind, compassionate.
şefkat, **-ti** kindness, compassion.
şefkatli kind, compassionate.
şeftali [a] BOT peach.
şehir, **-hri** city, town.
şehirlerarası, **-nı** **1.** intercity; **2.** TELEPH long-distance.
şehirli townsman, city dweller.
şehit, **-di** martyr; **~ *düşmek*** to die a martyr.
şehitlik **1.** martyrdom; **2.** cemetery for Turkish soldiers.
şehla having a slight cast in the eye.
şehremini, **-ni** mayor.
şehriye vermicelli; **~ *çorbası*** vermicelli soup.
şehvet, **-ti** lust, concupiscence; **~ *düşkünü*** lewd, prurient.
şehvetli lustful.
şehzade [a] prince, shahzadah.
şeker **1.** sugar; **2.** candy; **3.** MED diabetes; **♀ *Bayramı*** the Lesser Bairam; **~ *hastalığı*** diabetes; **~ *pancarı*** sugar beet.
şekerci confectioner.
şekerkamışı, **-nı** BOT sugar cane.
şekerleme **1.** candied fruit; **2.** nap, doze; **~ *yapmak*** to have (*or* take) a nap, to doze off.
şekerlemek to sugar, to candy.
şekerlik **1.** sugar bowl; **2.** candy bowl.
şekil, **-kli** **1.** shape, form, figure; **2.** kind, sort; **3.** manner, way.
şekillendirmek to shape.
şekilsiz shapeless.
şelale waterfall.
şema [x.] diagram, scheme, plan; outline.
şempanze ZO chimpanzee.
şemsiye umbrella; parasol.
şemsiyelik umbrella stand.
şen happy, merry, joyous, cheerful.
şeneltmek to populate.
şenlendirmek to cheer up, to enliven.
şenlik **1.** cheerfulness, merriment; **2.** festivity, festival.
şerbet, **-ti** sweet fruit drink, sherbet.
şeref hono(u)r; **~ *defteri*** honorary book; **~ *madalyası*** plume; **~ *misafiri*** guest of hono(u)r; **~ *sözü*** word of hono(u)r.
şerefe balcony.
şereflendirmek to hono(u)r.
şerefli hono(u)red.
şerefsiz dishono(u)rable.
şerh explanation; **~ *etmek*** to explain.
şeriat, **-tı** [ı] Islamic law, canonical law.
şerif sheriff.
şerit, **-di** **1.** tape, ribbon; band; **2.** ZO tapeworm; **3.** MOT lane.
şeş six; ***-i beş görmek*** to be completely mistaken.
şeşbeş six and five.
şeşcihar six and four.
şeşüdü six and two.
şeşüse six and three.
şeşüyek six and one.
şev **1.** slope, decline; **2.** slant.
şevk, **-ki** eagerness, ardo(u)r, enthusiasm.
şey thing.
şeyh sheikh.
şeytan [a] **1.** Satan, the Devil; **2.** *fig.* demon, fiend, devil; **~ *gibi*** as cunning as a fox; **~ *kulağına kurşun!*** Touch wood!; **~ *tüyü*** *fig.* talisman supposed to give personal attraction; ***-a uyma*** don't yield to temptation; ***-ın bacağını kırmak*** *fig.* to get the show on the road at last.
şezlong, **-gu** chaise longue, deck chair.
şık[1], **-kı** smart, chic, neat, elegant; **~ *mı ~!*** she is dressed to kill.
şık[2], **-kkı** choice, option; alternative.
şıkırdamak to clink, to rattle, to jingle.
şıkırdatmak to rattle, to clink.
şıkırdım *sl.* lad, kid.
şıkır şıkır **1.** with a clinking noise; **2.**

glittery, shiny.
şıkırtı clink, rattle, jingle.
şıklık smartness.
şıllık loose woman.
şımarık spoiled.
şımarmak to get spoiled.
şımartmak to spoil, to pamper.
şıngırdamak to clink, to rattle.
şıngır şıngır with a rattling sound.
şıngırtı rattle, clink.
şıp, **-pı**: ~ ***diye*** all of a sudden; ~ ~ with a dripping sound.
şıpıdık scuff, slipper.
şıpırtı splash.
şıpsevdi susceptible.
şıra [x.] grape must.
şırfıntı common woman, slut, floozy.
şırıldamak to plash, to purl, to ripple.
şırıltı plash, purl.
şırınga syringe; ~ ***yapmak*** to syringe.
şiddet, **-ti** **1.** violence, severity; intensity; **2.** harshness, stringency; ~ ***olayı*** act of terrorism; ***-e başvurmak*** to resort to brute force; ***-le*** **1.** violently; **2.** passionately.
şiddetlendirmek to intensify.
şiddetlenmek to become intensified.
şiddetli intense; severe, violent; vehement; ~ ***geçimsizlik*** LEG extreme incompatibility.
şifa [ā] recovery, cure, healing; ~ ***bulmak*** to recover one's health, to get well; ***-lar olsun!*** May it give you health!; ***-yı bulmak*** (*-or* ***kapmak***) to fall ill.
şifahen [ā] orally.
şifahi [.— —] oral, verbal.
şifalı [ā] curative, healing.
şifon chiffon.
şifoniyer chiffonier, dresser.
şifre [x.] cipher, code; ~ ***anahtarı*** key to a code; ***-yi açmak*** (*or* ***çözmek***) to decode, to decipher, to break a code.
şifreli in cipher.
şiir **1.** poem; **2.** poetry.
şiirsel poetic.
şikâyet, **-ti** complaint; ~ ***etmek*** to complain.
şikâyetçi complainer, complainant.
şike chicane(ry); ~ ***yapmak*** to chicane, to rig.
şilep, **-bi** cargo ship, freighter.
Şili *pr. n.* Chile.
şilin shilling.
şilt, **-ti** plaque.
şilte thin mattress.
şimdi [x.] now, at present.
şimdiden [x..] already, right now; ~ ***sonra*** from now on; ~ ***tezi yok*** at once, right now.
şimdiki [x..] of today, of the present time.
şimdilik [x..] for now, for the time being, for the present.
şimendifer **1.** railway; **2.** train.
şimşek lightning; ~ ***çakmak*** (*lightning*) to flash; ~ ***gibi*** like lightning, with lightning speed.
şimşir BOT boxwood.
şipşakçı F street photographer.
şirin [— —] sweet, charming, cute, cunning.
şirket, **-ti** company; ~ ***kurmak*** to found (*or* establish) a company.
şirret, **-ti** shrew, virago, dragon.
şiş[1] **1.** spit, skewer; **2.** knitting needle; ~ ***kebap*** shish kebab.
şiş[2] **1.** swelling; **2.** swollen.
şişe **1.** bottle; flask; **2.** cupping glass; **3.** chimney (*of a lamp*); ~ ***çekmek*** to apply a cupping glass (*-e* to).
şişelemek to bottle.
şişirmek **1.** to inflate, to blow up, to distend; **2.** F to exaggerate; **3.** F to do hastily and carelessly.
şişkin swollen, puffy.
şişkinlik swelling; protuberance.
şişko [x.] fatty, paunchy.
şişlemek **1.** to spit, to skewer; **2.** *sl.* to stab.
şişman fat, obese.
şişmanlamak to get fat.
şişmanlık fatness, obesity.
şişmek, **(-er)** **1.** to swell; **2.** to become out of breath; **3.** F to burst with pride.
şive [ī] accent.
şizofreni MED schizophrenia.
şofben hot-water heater, geyser.
şoför driver.
şok, **-ku** shock.
şoke: ~ ***etmek*** to shock; ~ ***olmak*** to be shocked.
şom: ~ ***ağızlı*** who always predicts misfortune.
şorolo *sl.* homosexual, queen.
şort, **-tu** shorts.
şose [x.] macadamized road, paved road.

şoset, ***-ti*** sock.
şoson galosh, overshoe.
şov show.
şoven chauvinist.
şovenlik chauvinism.
şöhret, ***-ti*** fame, reputation, renown.
şöhretli famous, famed.
şölen feast, banquet.
şömine fireplace.
şövale easel.
şövalye knight.
şöyle **1.** in that way, so, thus; **2.** such; **~ *böyle*** so-so; **~ *dursun*** let alone ..., never mind about ...; **~ *ki*** such that.
şöylece [x..] thus(ly), in this way; like that.
şöylesi this sort of ...
şu, ***-nu*** that; **~ *günlerde*** in these days; **~ *halde*** in that case; **~ *var ki*** however, only; ***-ndan bundan konuşmak*** to talk of this and that; ***-nu bunu bilmemek*** not to accept any excuses; ***-nun şurasında*** just, only.
şubat, ***-tı*** February.
şube [ū] **1.** branch, department; **2.** division.
şuh [ū] coquettish, pert.
şule [ū] flame.
şunca [x.] this (*or* that) much.
şura [x.] this (*or* that) place.
şûra council.
şurada over there.
şurası [x..] that place.
şurup, ***-bu*** syrup.
şut, ***-tu*** *football*: shoot; **~ *çekmek*** to shoot.
şuur [.—] the conscious, consciousness.
şuurlu conscious.
şuursuz unconscious.
şükran [ā] gratitude, thanksgiving.
şükretmek [x..] to thank, to give thanks (*-e* to).
şükür, ***-krü*** gratitude.
şüphe suspicion, doubt; **~ *etmek*** to suspect, to doubt; ***-ye düşmek*** to become suspicious.
şüpheci suspicious; sceptic.
şüphelenmek to suspect, to doubt.
şüpheli **1.** suspicious; **2.** uncertain, doubtful.
şüphesiz **1.** certain; **2.** certainly, doubtless.

T

T cetveli, ***-ni*** T square.
ta [ā] until; even as far as; **~ *eskiden beri*** from time immemorial; **~ *kendisi*** his very self.
taahhüt, ***-dü*** obligation, engagement, contract.
taahhütlü registered (*letter*).
taahhütname [...—.] written contract.
taalluk, ***-ku*** relation, connection.
taammüden [.x..] LEG premeditatedly.
taarruz attack, assault; **~ *etmek*** to attack, to assault.
taassup, ***-bu*** bigotry, fanaticism.
taba brick-red, tobac.
tabak[1] plate, dish.
tabak[2] [.—] tanner.
tabaka[1] **1.** layer, stratum, level; **2.** sheet (*of paper*); **3.** category, class (*of people*).
tabaka[2] tobacco box.
tabakalaşma GEOL stratification.
tabakhane [..—.] tannery.
tabaklamak to tan.
taban **1.** sole; **2.** floor; base; **~ *tepmek*** F to walk, to hoof it; **~ *-a zıt*** diametrically opposite (*-e* to), antipodal (*-e* to); ***-a kuvvet*** by dint of hard walking; ***-ları kaldırmak*** *iro.* to run like anything; ***-ları yağlamak*** F to take to one's heels.
tabanca [.x.] **1.** pistol, revolver; **2.** spray gun, sprayer.
tabanlı soled.
tabansız **1.** soleless; **2.** *fig.* cowardly, lily-livered.
tabanvay: ***-la gitmek*** F to foot it, to hoof it, to go on foot.
tabela [.x.] sign.
tabelacı sign painter.
tabetmek [x..] to print.
tabı, ***-b'ı*** print, edition, impression.
tabi, ***-ii*** **1.** subject (*-e* to); **2.** dependent

(-*e* on); **3.** citizen; national; ~ ***kılmak*** to subject; ~ ***olmak*** (*b-ne*) to depend on *s.o.*, to be dependent on *s.o.*

tabiat, ***-tı*** [. — .] **1.** nature; **2.** character, disposition, nature; **3.** habit.

tabiatıyla naturally.

tabii [. — —] **1.** natural; **2.** naturally, of course.

tabiilik naturalness.

tabiiyet, ***-ti*** nationality, citizenship.

tabiiyetsiz stateless (*person*).

tabip, ***-bi*** [ī] doctor, physician.

tabir 1. expression, term, phrase; idiom; **2.** interpretation (*of a dream*).

tabla [x.] tray; ashtray; disc.

tabldot, ***-tu*** table d'hote.

tablo [x.] **1.** picture, painting; **2.** table; **3.** tableau.

tabu taboo.

tabur MIL battalion.

taburcu 1. discharged (*from a hospital*); **2.** released (*from gaol*); ~ ***olmak*** to be discharged.

tabure stool.

tabut, ***-tu*** coffin.

tabutlamak to put into a coffin.

tabya [x.] MIL bastion, redoubt.

tacir [ā] merchant.

taciz [— —] annoyance, harassment.

taç, ***-cı*** **1.** crown; **2.** BOT corolla; **3.** *football*: touchdown; ~ ***giyme töreni*** coronation; ~ ***giymek*** to be crowned.

taçlı crowned.

taçsız uncrowned.

taçyapraklı BOT petaled, petalous.

tadım taste.

tadilat, ***-tı*** [— . —] changes, alterations; amendments.

tafra pomposity, conceit.

tafsilat, ***-tı*** details.

tafsilatlı detailed.

tahakkuk, ***-ku*** realization; ~ ***etmek*** **1.** to be realized, to come true; **2.** (*interest, tax*) to fall due.

tahammül patience, endurance, forbearance; ~ ***etmek*** to endure, to bear, to put up (-*e* with).

tahammüllü patient.

tahammülsüz impatient.

taharet, ***-ti*** [. — .] cleanliness, purity.

taharri [ī] investigation, research.

taharrüş MED itching; irritation.

tahassul, ***-lü*** resulting, emerging.

tahassür longing, yearning.

tahassüs sensation.

tahavvül change, conversion.

tahayyül imagination, fancy.

tahdit, ***-di*** [ī] limitation, restriction; ~ ***etmek*** **1.** to limit; to restrict; **2.** to demarcate, to delimit.

tahıl grain.

tahin sesame oil.

tahkik, ***-ki*** [ī] investigation; ~ ***etmek*** to investigate.

tahkikat, ***-tı*** [. — —] investigation, inquiry.

tahlil [ī] analysis; ~ ***etmek*** to analyze.

tahliye: ~ ***etmek*** to evacuate; to vacate.

tahmin [ī] guess, conjecture; ~ ***etmek*** to guess, to conjecture.

tahmini [. — —] approximate.

tahribat, ***-tı*** [. — —] damage, destruction.

tahrik, ***-ki*** [ī] instigation, provocation, incitement; ~ ***etmek*** to incite, to instigate, to provoke.

tahrip, ***-bi*** [ī] destruction, devastation; ~ ***etmek*** to destroy, to devastate, to ruin.

tahripçi [. — .] destructive.

tahrir [ī] **1.** writing down, composing; **2.** essay, composition.

tahriri [. — —] written.

tahriş MED irritation; ~ ***etmek*** to irritate.

tahsil [ī] **1.** education, study; **2.** collection (*of money*); ~ ***etmek*** **1.** to get an education, to study; **2.** to collect (*money, taxes*); ~ ***görmek*** to get an education, to study.

tahsildar [. — —] tax collector.

tahsis [ī]: ~ ***etmek*** to assign, to allot.

tahsisat, ***-tı*** [. — —] appropriation, allotment; ~ ***ayırmak*** to appropriate money (-*e* for).

taht, ***-tı*** throne; ***-a çıkmak*** to ascend the throne; ***-tan indirmek*** to dethrone.

tahta 1. board, plank; **2.** blackboard; **3.** wooden.

tahtakurusu, ***-nu*** ZO bedbug.

tahterevalli [...x.] seesaw, teetertotter.

tahtirevan [... —] howdah; palanquin.

tahvil [ī] ECON bond, debenture; ~ ***etmek*** to transform; to transfer; to convert.

tak, ***-kı*** [ā] arch.

taka small sailing boat.

takas exchange, barter, swap; ~ ***etmek*** to exchange, to barter, to swap.

T

takat, ***-ti*** [—.] strength; ***-i kalmamak*** (*or* ***kesilmek*** *or* ***tükenmek***) to be exhausted, to be worn out.
takatlı strong.
takatsız [—..] weak.
takatuka [..x.] noise, tumult, commotion.
takayyüt, ***-dü*** attentiveness, attention, care.
takaza [.——] taunt.
takbih [ī] disapproval.
takdim [ī] **1.** introduction; **2.** presentation; ~ ***etmek*** **1.** to introduce; **2.** to present.
takdir [ī] **1.** appreciation; **2.** judg(e)ment, discretion.
takdirname [.——.] letter of appreciation.
takdis [ī] sanctification, consecration.
takı **1.** wedding present; **2.** GR particle.
takılmak **1.** to kid, to tease, to pull s.o.'s leg; **2.** (*bir yere*) to get hung up in, to be delayed in (*a place*).
takım **1.** set, lot; **2.** suit (*of clothes*); **3.** *sports*: team; **4.** MIL squad; **5.** BOT, ZO order; ~ ***elbise*** suit; ~ ***taklavat*** F the whole kit and caboodle, the whole push; ~ ***tutmak*** to support a team.
takımada archipelago.
takımyıldız AST constellation.
takınmak **1.** to assume, to put on (*airs*); **2.** to wear (*ornaments*).
takıntı **1.** ramification; **2.** outstanding debt; **3.** dealings, relationship; **4.** F subject which a student has flunked; **5.** piece of jewelry.
takırdamak to clatter, to rattle.
takırtı clatter, rattle.
takışmak to quarrel with each other.
takip, ***-bi*** [——] pursuit; ~ ***etmek*** to follow, to pursue.
takke skullcap.
takla somersault; ~ ***atmak*** to somersault.
taklit, ***-di*** [ī] **1.** imitation; **2.** imitated, sham, counterfeit; ~ ***etmek*** **1.** to imitate; **2.** to fake, to counterfeit.
takma artificial (*tooth*, *eye*); false (*beard*); ~ ***ad*** nickname; ~ ***diş*** false teeth; ~ ***motor*** outboard motor; ~ ***saç*** wig.
takmak, (***-ar***) **1.** to attach, to fasten; **2.** to put on; to wear; **3.** to give (*a name*).
takoz shore, prop; wedge, chock.
takriben [ı] [.x.] approximately, about.
takribi [.——] approximate.
takrir [ī] **1.** explaining; **2.** report, memorandum; **3.** proposal.
taksa [x.] postage due.
taksi [x.] taxi, cab; ~ ***durağı*** taxi rank, cabstand.
taksim [ı] **1.** division; distribution; **2.** MUS instrumental improvisation; ~ ***etmek*** to divide up; to share out.
taksimetre taximeter.
taksirat, ***-tı*** [.——] **1.** sins; **2.** F fate, destiny.
taksit, ***-ti*** instal(l)ment; ***-le*** in instal(l)ments
taktik MIL tactics.
takunya [.x.] clog, patten.
takvim [ī] calendar.
takviye reinforcement; ~ ***etmek*** to reinforce.
talan pillage, plunder, sack; ~ ***etmek*** to pillage, to plunder, to sack.
talaş sawdust; wood shavings.
talaşlamak to sprinkle sawdust over (*a place*).
talaz **1.** wave (*in the sea*); **2.** ripple (*in a piece of silk*).
talebe student, pupil.
talep, ***-bi*** demand, request; ~ ***etmek*** to demand, to request, to require.
talih [ā] luck, fortune; ~ ***kuşu*** good luck; ***-i olmamak*** to be unlucky; ***-i yaver gitmek*** to be lucky; ***-ine küsmek*** to curse one's luck.
talihli [ā] lucky, fortunate.
talihsiz [ā] unlucky.
talim [——] **1.** training; practice, exercise; **2.** MIL drill.
talimat, ***-tı*** [———] instructions, directions.
talip, ***-bi*** suitor, wooer.
talk, ***-kı*** GEOL talc.
tam **1.** complete, entire, whole; exact; **2.** completely, exactly; **3.** perfect; ~ ***açı*** MATH perigon; ~ ***adamını bulmak*** to choose the very man (*for the job, etc.*); ~ ***pansiyon*** full pension; ~ ***tertip*** thoroughly; ~ ***teşekküllü bir hastane*** a fully equipped hospital; ~ ***üstüne basmak*** to hit the nail right on the head; ~ ***yetki*** full authority; ~ ***yol*** at full (*or* top) speed; ~ ***zamanında*** right on time.
tamah greed, avarice.

tamahkâr **1.** greedy, avaricious; **2.** miserly, stingy.
tamam **1.** complete, finished; ready; **2.** correct; **3.** O.K.!, All right!
tamamen [.—.] [.x.] completely, entirely, wholly.
tamamlamak to complete, to finish; to complement.
tamamlayıcı complementary, supplementary.
tambur MUS classical lute.
tamim [— —] circular.
tamir [— —] repair; ~ ***etmek*** to repair, to mend, to fix.
tamirat, ***-tı*** [— — —] repairs.
tamirci [ā] repairman, repairer.
tamirhane [—.—.] repair shop.
tamlama GR noun phrase.
tamlayan GR modifier.
tampon **1.** MOT bumper; **2.** RAIL buffer; **3.** MED plug, wad.
tamsayı MATH whole number.
tamtam tom-tom.
tan dawn, daybreak; ~ ***ağarmak*** to dawn, (*for day*) to break.
tane [ā] **1.** grain, seed, kernel; **2.** piece, item.
tanecik [ā] **1.** granule (*of sand, salt etc.*); **2.** tiny kernel.
tanecikli [ā] granular.
tanecil [ā] ZO granivorous (*animal*).
tanelemek [ā] to granulate.
tanelenmek [ā] (*cereal plant*) to ear up, to form ears.
taneli [ā] grainy.
tanen CHEM tannin.
tanga very skimpy bikini, G-string.
tango [x.] MUS tango.
tanı diagnosis.
tanıdık acquaintance.
tanık witness.
tanıklık testimony; ~ ***etmek*** to testify.
tanılamak to diagnose.
tanım definition.
tanımak **1.** to know, to be acquainted; **2.** to recognize, to acknowledge.
tanımlamak to define.
tanınmak to become known, to gain fame.
tanınmış famous, well-known, famed, reputable.
tanış F acquaintance.
tanışmak to get acquainted (*ile* with).
tanıştırmak to introduce.
tanıt, ***-tı*** proof, evidence.
tanıtıcı introductory.
tanıtım introduction, presentation.
tanıtlamak to prove.
tanıtmak **1.** to introduce; **2.** to advertise, to publicize.
tanjant, ***-tı*** MATH tangent.
tank, ***-kı*** tank.
tanker tanker.
tanksavar MIL antitank.
Tanrı God.
Tanrıbilim theology.
tanrıça goddess.
tanrılaştırmak to deify.
tanrısal divine.
tanrısız godless, atheistic.
tansiyon MED blood pressure; ~ ***düşüklüğü*** MED hypotension; ~ ***yüksekliği*** MED hypertension.
tantana pomp, display.
tantanalı pompous, grand.
tanyeli, ***-ni*** dawn breeze.
tanyeri, ***-ni*** dawn.
tanzim **1.** organizing, arranging; **2.** regulating; **3.** drafting, drawing up, preparing; ~ ***etmek*** **1.** to organize, to arrange; **2.** to regulate; **3.** to draft, to draw up.
tapa [x.] stopper, cork; plug.
tapalamak to stopper, to put a stopper (*-i* on).
tapalı stoppered.
tapı god, deity.
tapınak temple.
tapınmak, **(*-ır*)**, **tapmak**, **(*-ar*)** to worship, to adore.
tapon F shoddy, crummy.
tapu **1.** title deed; **2.** (*dairesi*) deed *or* land office.
tapulamak to register with a title deed, to get title for (*a piece of land*).
taraça [.x.] terrace.
taraf **1.** side, edge, border; **2.** direction; **3.** district; **4.** party; ~ ***tutmak*** to take sides.
tarafgir [ī] partial, biased.
taraflı **1.** -sided, -edged; **2.** supporter, adherent.
tarafsız neutral; noncommittal.
taraftar [..—] supporter, adherent, follower, advocate; ~ ***olmak*** to support, to be in favo(u)r (*-e* of).
tarak **1.** comb; **2.** rake, harrow; **3.** hackle; **4.** crest (*of a bird*); **5.** instep

T

(*of the foot*); **6.** ZO scallop; ~ ***dubası*** dredger; ~ ***gemisi*** dredge; ~ ***vurmak*** to comb.

taraklamak **1.** to comb; **2.** to rake; **3.** to dredge.

taraklı **1.** crested (*bird*); **2.** wide (*foot*).

tarakotu, ***-nu*** BOT teasel.

taralı **1.** combed; **2.** raked.

tarama MED & *computer*: scan.

taramak **1.** to comb; **2.** to hackle; **3.** to rake, to harrow; **4.** to search; **5.** to scan (*computers, medically*).

tarayıcı MED & *computer*: scanner.

tarçın cinnamon.

tarh flower bed.

tarım agriculture.

tarımsal agricultural.

tarif [— —] description; ~ ***etmek*** to describe; to define.

tarife [ā] **1.** tariff; **2.** timetable, schedule.

tarih [ā] **1.** history; **2.** date; ~ ***atmak*** (*or* ***koymak***) to date; ***-e geçmek*** to go down in history as ...; ***-e karışmak*** to become a thing of the past.

tarihçi [ā] historian.

tarihi [— . —] historical.

tarihöncesi, ***-ni*** [ā] prehistory.

tarihsel [ā] historical.

tarikat, ***-tı*** religious order, tarekat.

tarla [x.] field.

tartaklamak to manhandle, to rough up.

tartı **1.** weight, heaviness; **2.** balance, scales.

tartışma discussion, debate; dispute, argument.

tartışmacı debater, discussant.

tartışmak to debate, to dispute, to argue; to discuss.

tartmak, (***-ar***) **1.** to weigh; **2.** to ponder, to evaluate.

tarz manner, way.

tas cup, bowl; ~ ***gibi*** bald (*head*); ~ ***kebabı*** goulash (*a stew made of meat and vegetables*); ***-ı tarağı toplamak*** *fig.* to pack one's bags, to pack up one's belongings (*or* traps).

tasa worry, anxiety.

tasalanmak to worry, to be anxious.

tasarı **1.** plan, project; **2.** draft law, bill.

tasarım **1.** conception; **2.** concept, idea.

tasarımlamak to imagine, to conceive.

tasarlamak to plan, to project, to envision.

tasarruf **1.** thrift, economy; saving (*money*); **2.** savings; ~ ***etmek*** to save (up), to economize; ~ ***hesabı*** savings account; ~ ***mevduatı*** savings deposit.

tasarruflu thrifty, economical, frugal.

tasasız carefree.

tasasızlık carefreeness.

tasavvuf Sufism, Islamic mysticism.

tasavvur **1.** imagination; **2.** concept, idea.

tasdik, ***-ki*** [ī] **1.** confirmation; certification; **2.** ratification; ~ ***etmek*** to confirm, to certify, to ratify.

tasdikli certified, ratified.

tasdikname [.. — .] **1.** certificate; **2.** certificate of attendance (*given to a student who leaves a school without graduating*).

tasfiye **1.** prufication; **2.** ECON liquidation; ~ ***etmek*** **1.** to purify; **2.** ECON to liquidate.

tasfiyeci purist.

tasfiyehane [... — .] refinery.

tashih [ī] correction.

taslak draft, sketch, outline; ***şair taslağı*** would-be poet.

taslamak to pretend, to feign, to fake, to sham.

tasma collar.

tasnif [ī] classification.

tasvip, ***-bi*** [ī] approval.

tasvir [ī] description.

tasviri [ī] descriptive.

taş **1.** stone; rock; **2.** *games*: piece, counter; **3.** MED calculus, stone; **4.** *fig.* allusion, dig, innuendo; ~ ***arabası*** *sl.* blockhead, dodo; ~ ***atmak*** to get in a dig (*-e* at), to make an allusion (*-e* about); ~ ***devri*** *hist.* the Stone Age; ~ ***gibi*** as hard as a rock; ~ ***ocağı*** stone quarry; ***-a tutmak*** to stone to death.

taşak testicle, testis, ball.

taşıl fossil.

taşımacılık transportation.

taşımak **1.** to carry, to transport; **2.** to support, to bear, to sustain (*a weight*).

taşınır movable, conveyable.

taşınmak to move.

taşınmaz immovable, real (*property*).

taşırmak to overflow.

taşıt, ***-tı*** vehicle, means of transportation.

taşıyıcı porter, carrier.

taşkın **1.** overflowing; **2.** flood; **3.** rowdy, exuberant.
taşkınlık rowdiness, boisterousness.
taşkömür(ü) pitcoal, coal.
taşlama **1.** satirizing; **2.** satire; lampoon.
taşlamacı satirist.
taşlamak **1.** to stone to death; **2.** *fig.* to satirize; **3.** *fig.* to get in a dig.
taşlaşmak to turn to stone, to petrify.
taşlı stony.
taşlık **1.** stony place; **2.** gizzard (*of a bird*).
taşmak, **(-ar)** to overflow, to run over; to boil over.
taşra [x.] the provinces, the sticks.
taşyürekli hardhearted, stonyhearted.
tat, ***-dı*** taste, flavo(u)r; ~ ***vermek*** to flavo(u)r; ***-ı damağında kalmak*** to remember s.th. with relish; ***-ı tuzu kalmamak*** to lose its charm, to be no longer pleasurable; ***-ına bakmak*** to taste; ***-ına doyum olmamak*** to be very tasty; ***-ında bırakmak*** *fig.* not to overdo; ***-ını çıkarmak*** to make the most of, to enjoy, ***-ını kaçırmak*** to spoil; to cast a damper (*in* on).
tatarcık zo sandfly.
tatbik, ***-ki*** [ī] application, utilization; ~ ***etmek*** to apply, to put into effect.
tatbikat, ***-tı*** [. — —] **1.** application; practice; **2.** MIL manoeuvres, *Am.* maneuvers, exercises.
tatbiki [. — —] applied; ~ ***sanatlar*** applied arts.
tatil [— —] holiday, vacation; ~ ***köyü*** holiday village; ~ ***yapmak*** to take a holiday.
tatlandırmak to flavo(u)r.
tatlanmak to flavo(u)r, to sweeten.
tatlı **1.** sweet; **2.** dessert; **3.** nice, pleasant, agreeable; ~ ***dil yılanı deliğinden çıkarır*** *pro.* a soft answer turns away wrath; ~ ***dilli*** softspoken; ~ ***kaşığı*** dessert spoon; ~ ***su*** fresh water.
tatlıca sweetish.
tatlıcı **1.** maker *or* seller of sweets; **2.** fond of sweets, sweet-toothed.
tatlılaşmak to get sweet, to sweeten.
tatlılaştırmak to make sweet, to sweeten.
tatlılık **1.** sweetness; **2.** niceness, pleasantness.
tatmak, **(-ar)** **1.** to taste; **2.** *fig.* to experience, to go through.
tatmin [ı] satisfaction; ~ ***etmek*** to satisfy.
tatminkâr satisfactory.
tatsız **1.** tasteless; **2.** *fig.* unpleasant, disagreeable.
tav anneal (*of steel*).
tava frying pan, skillet.
tavan ceiling; ~ ***arası*** attic, garret, loft; ~ ***fiyat*** ceiling price.
taverna nightclub, tavern.
tavır, ***-vrı*** **1.** manner, mode; **2.** attitude, air.
taviz [— —] concession; ~ ***vermek*** to make a concession.
tavla [x.] backgammon.
tavlamak **1.** to anneal (*steel*); **2.** *fig.* to charm, to beguile.
tavsiye recommendation, advice; ~ ***etmek*** to recommend, to advise.
tavşan zo rabbit, hare.
tavuk zo hen, chicken; ~ ***kümesi*** chicken coop; ~ ***suyu*** chicken broth.
tavus, **tavuskuşu**, ***-nu*** zo peacock.
tay zo colt, foal.
tayf spectrum.
tayfa [x.] crew.
tayfun typhoon.
tayin [— —] **1.** appointment; **2.** determination; ~ ***etmek*** **1.** to appoint; **2.** to determine, to fix.
Tayland *pr. n.* Thailand.
tayyare [. — .] airplane.
tayyör tailleur, tailored suit.
taze [a] **1.** fresh; **2.** young, tender.
tazelemek [a] to freshen, to renew.
tazelik [a] freshness.
tazı greyhound.
taziye [a] condolence; ~ ***etmek*** (*or* ***-de bulunmak***) to offer one's condolences, to condole; ~ ***mektubu*** letter of condolence.
tazmin [ı] indemnification; ~ ***etmek*** to indemnify.
tazminat, ***-tı*** [. — —] damages, indemnity, compensation; ~ ***davası*** LEG action for damages.
tazyik, ***-ki*** [ı] pressure; ~ ***etmek*** to pressure, to press.
teberru, ***-uu*** donation, gift.
tebessüm smile; ~ ***etmek*** to smile.
tebeşir chalk.
tebliğ [ı] notification, communiqué; ~ ***etmek*** to communicate, to notify.

tebrik, **-ki** [ı] congratulation; **~ etmek** to congratulate; **~ kartı** congratulatory card.
tecavüz [a] **1.** aggression, attack; **2.** LEG rape, assault; **3.** LEG violation, infringement; transgression; **~ etmek** to rape, to assault.
tecil [— —] postponement, deferment; **~ etmek** to postpone, to defer.
tecim commerce, trade.
tecrit, **-di** [ı] isolation, insulation; **~ etmek** to isolate, to insulate; **~ kampı** POL isolation camp.
tecrübe **1.** experience; **2.** test, trial; **~ etmek** to experience, to test; **~ sahibi** experienced.
tecrübeli experienced.
tecrübesiz inexperienced.
tecrübesizlik inexperience.
tecrübi [ı] experimental.
tecviz [ı] permitting, allowing.
tecziye punishment.
teçhiz [ı] equipment; **~ etmek** to equip, to outfit.
teçhizat, **-tı** [. — —] equipment.
tedarik, **-ki** [a] obtainment, procurement; **~ etmek** to obtain, to provide, to procure.
tedarikli [a] prepared, ready.
tedariksiz [a] unprepared, unready.
tedavi [. — —] treatment, cure; **~ etmek** to treat, to cure; **~ görmek** (*or* **olmak**) to be treated.
tedavül [a] circulation; **~ etmek** to be in circulation; **-den çekmek** (*or* **çıkarmak**) to withdraw from circulation, to call in; **-den kalkmak** to go out of circulation; **-e çıkarmak** to put into circulation, to issue.
tedbir [ı] measure, step, precaution; **~ almak** to take measures *or* steps.
tedbirli provident, cautious, prudent.
tedbirsiz improvident, imprudent.
tedbirsizlik improvidence, imprudence.
tedhiş [ı] terror.
tedhişçi terrorist.
tedhişçilik terrorism.
tedirgin uneasy, troubled, anxious.
tediye [— . .] payment, disbursement.
tedrisat, **-tı** [. — —] instruction, teaching.
teessüf regret, sorrow.
tef tambourine.
tefeci usurer.
tefecilik usury.
tefekkür consideration, reflection, contemplation; **~ etmek** to think, to consider.
teferruat, **-tı** [a] details.
tefsir [ı] interpretation.
teftiş [ı] inspection; **~ etmek** to inspect.
teğet, **-ti** MATH tangent; **~ olmak** to be tangent (*-e* to).
teğmen MIL lieutenant.
tehdit, **-di** [ı] threat, menace; **~ etmek** to threaten, to menace.
tehir [— —] delay, postponement, deferment; **~ etmek** to delay, to postpone, to defer.
tehlike danger, hazard, risk, peril; **-ye sokmak** to endanger, to imperil, to put in danger.
tehlikeli dangerous, hazardous, perilous, risky.
tehlikesiz undangerous, dangerless.
tek, **-ki** **1.** one, sole, single; **2.** unique, unrivaled; **3.** one of a pair, fellow, mate; **4.** odd (*number*); **~ atmak** F to knock back a drink; **~ yönlü** one-way.
tekabül [a] correspondence, equivalence.
tekâmül evolution.
tekaüt, **-dü** [a] **1.** retirement; **2.** F retired.
tekdeğerli CHEM univalent.
tekdir [ı] reprimand, scolding; **~ etmek** to reprimand, to dress down.
tekdüze(n) monotonous.
tekdüzelik monotony.
teke ZO he-goat, billy goat.
tekel monopoly; **-ine almak** to monopolize.
tekelci monopolist.
tekelcilik monopolism.
tekemmül maturation.
teker wheel.
tekerklik monarchy.
tekerlek wheel; **~ kırıldıktan sonra yol gösteren çok olur** *pro.* it is easy to be wise after the event; **tekerleğine çomak sokmak** *fig.* to put a spoke in one's wheel.
tekerlekli wheeled; **~ sandalye** wheelchair.
tekerleme tongue-twister.
tekerlemk to roll.
tekerrür repetition.

tekil GR singular.
tekin auspicious.
tekinsiz unlucky, of ill omen.
tekir **1.** tabby; **2.** (*balığı*) surmullet, red mullet.
tekke dervish lodge, tekke.
teklemek **1.** (*motor*) to miss; **2.** *sl.* to stammer.
teklif [ı] proposal, motion, offer; ~ ***etmek*** to propose, to offer.
teklifli formal.
teklifsiz informal.
teklifsizce unceremoniously, casually.
teklifsizlik informality, casualness.
teklik **1.** oneness; **2.** *sl.* a lira.
tekme kick; ~ ***atmak*** to kick.
tekmelemek to kick.
tekmil all, the whole; ~ ***vermek*** MIL to give an oral report.
tekne **1.** trough; vat; **2.** boat, vessel; **3.** hull (*of a ship*).
teknik **1.** technique; **2.** technical; ~ ***ressam*** draughtsman, *Am.* draftsman; ~ ***terim*** technical term.
tekniker technician.
teknikokul technical school.
teknikoğretim technical education.
teknisyen technician.
teknoloji technology.
teknolojik technological.
tekrar [x—] **1.** repetition; recurrence; **2.** again, once more; ~ ***etmek*** to repeat.
tekrarlamak to repeat.
teksif [ı] concentration; condensation; ~ ***etmek*** to concentrate, to condense.
teksir [ı] duplication; ~ ***etmek*** to duplicate; ~ ***makinesi*** duplicating machine, duplicator.
tekst, ***-ti*** text.
tekstil textile.
tektanrıcılık monotheism.
tekyazım monograph.
tekzip, ***-bi*** [ı] denial; ~ ***etmek*** to deny, to disclaim, to declare false.
tel **1.** wire; **2.** string; **3.** F telegram, wire, cable; ~ ***çekmek*** **1.** to enclose with wire; **2.** F to telegraph, to cable, to wire; ~ ***fırça*** wire brush; ~ ***kafes*** wire cage.
tela [x.] interfacing.
telaffuz pronunciation; ~ ***etmek*** to pronounce.
telafi [.——] compensation; ~ ***etmek*** to compensate, to make up for.
telakki [..—] consideration, evaluation; ~ ***etmek*** to regard, to view.
telaş flurry, commotion, hurry, bustle; ~ ***etmek*** to bustle; ~ ***içinde*** in a bustle, in a hurry; ***-a düşmek*** to get agitated, to get in a swivet; ***-a vermek*** to get (*everybody in a place*) agitated, to alarm.
telaşçı nervous, restless (*person*).
telaşlandırmak (*b-ni*) to get *s.o.* agitated.
telaşlanmak to get agitated, to get flurried.
telaşlı agitated.
teldolap screen safe, screened cupboard.
telef **1.** waste; **2.** death; ~ ***etmek*** **1.** to waste, to throw away, to squander; **2.** to kill, to do away with; ~ ***olmak*** to be wasted (*or* thrown away).
teleferik cable lift, telpher, teleferic.
telefon telephone; ~ ***etmek*** to telephone, to phone; ~ ***kartı*** phone-card; ~ ***kulübesi*** telephone box; ~ ***rehberi*** telephone directory; ~ ***santralı*** telephone exchange, switchboard.
telefonlaşmak to talk on the telephone (*ile* with).
telefoto telephotography.
tele-kız call-girl.
telekomünikasyon telecommunication.
telekonferans teleconference.
teleks telex; ~ ***çekmek*** to telex.
teleobjektif teleobjective.
telepati telepathy.
telepazarlama telemarketing.
telesekreter voice mail; ***~de not bırakmak*** to leave a message on a voice mail.
teleskop, ***-pu*** telescope.
televizyon television; ~ ***alıcısı*** television set (*or* receiver); ~ ***vericisi*** television transmitter; ~ ***yayını*** telecast; ***-la öğretim*** telecourse; ***-la yayımlamak*** to telecast, to televise.
telgraf telegraph; telegram; ~ ***çekmek*** to telegraph, to telegram.
telif [——] reconciliation; ~ ***hakkı*** copyright.
telkin [ī] inspiration, inculcation; ~ ***etmek*** to inspire, to inculcate.
tellak bath attendant.
tellal **1.** town crier; **2.** middleman,

broker.

telsiz wireless, radio; ~ ***telefon*** wireless phone.

telsizci wireless operator.

telve coffee grounds.

tema theme (*a.* MUS).

temas [ā] contact, touch; ~ ***etmek*** to touch; ***-a geçmek*** to get in touch (*ile* with).

temaşa [..—] **1.** pleasure excursion, promenade; **2.** play, show, scene; the theatre.

temayül [ā] **1.** tendency, inclination; **2.** affection, liking, fondness.

temayüz [ā] becoming distinguished.

tembel lazy, indolent, slothful.

tembellik laziness, indolence.

tembih [ī] warning, caution; ~ ***etmek*** to warn, to caution.

temel **1.** foundation; base; **2.** fundamental, basic; ~ ***atmak*** to lay the foundation; ~ ***cümle*** GR main clause.

temelli **1.** having a foundation; **2.** permanently, for good.

temenni [ī] wish, desire; ~ ***etmek*** to wish, to desire.

temin [——] assurance; ~ ***etmek*** **1.** to obtain, to get, to procure; **2.** to assure.

teminat, ***-tı*** [—.—] **1.** security, **2.** guarantee, assurance.

temiz **1.** clean; **2.** fresh (*air*); **3.** *fig.* decent, chaste; ~ ***hava almak*** to get some fresh air; ~ ***pak*** spotlessly clean; ~ ***raporu*** clean bill of health; ***-e çekmek*** to make a fair copy (*-i* of); ***-e çıkarmak*** (*b-ni*) to put *s.o.* in the clear, to clear *s.o.*; ***-e çıkmak*** to be in the clear, to be cleared.

temizkan arterial blood.

temizlemek **1.** to clean, to purify; **2.** *sl.* to kill, to bump off.

temizleyici **1.** cleanser, purificant; **2.** cleaner.

temizlik **1.** cleanliness; **2.** cleaning; ~ ***yapmak*** to do the cleaning.

temizlikçi charwoman, cleaning woman.

temkin [ī] **1.** self-possession, poise; **2.** deliberation.

temkinli [.—.] self-possessed, poised.

temmuz July.

tempo [x.] MUS tempo, time; ~ ***tutmak*** to keep *or* beat time.

temsil [ī] **1.** representation; **2.** THEA performance; ~ ***etmek*** to represent.

temsilci representative, agent.

temsilcilik representation.

temsili [.——] **1.** representative; **2.** imaginative.

temyiz [ī] LEG appeal; ~ ***etmek*** LEG to appeal; ~ ***mahkemesi*** court of appeal.

ten skin, flesh; complexion.

tenasül [ā] procreation, generation, reproduction.

tencere [x..] saucepan, pot; ~ ***yuvarlanmış kapağını bulmuş*** birds of a feather flock together.

teneffüs **1.** respiration; **2.** recess, break (*in a school*); ~ ***etmek*** to respire, to breathe.

teneke **1.** tin, tinplate; **2.** can.

tenekeci tinsmith, tinman.

tenekecilik tinsmithery.

teneşir bench on which a corpse is washed.

tenezzül condescension; ~ ***etmek*** to condescend, to deign.

tenha [ā] lonely, solitary, uncrowded, isolated.

tenhalaşmak [ā] to become empty.

tenhalık [ā] **1.** loneliness, solitude; **2.** lonely place.

tenis [x.] tennis; ~ ***kortu*** tennis court; ~ ***raketi*** tennis racket; ~ ***topu*** tennis ball.

tenisçi tennis player.

tenkit criticism; ~ ***etmek*** to criticize.

tenor MUS tenor.

tenrengi, ***-ni*** flesh-colo(u)red, flesh-pink.

tente [x.] awning.

tentürdiyot tincture of iodine.

tenzilat, ***-tı*** [.——] reduction, discount; ~ ***yapmak*** to make a reduction in price.

tenzilatlı reduced, discount (*price*); ~ ***satış*** sale.

teorem MATH theorem.

teori theory.

teorik theoretical.

tepe **1.** hill; **2.** summit, top; **3.** crest, crown (*of a bird*); ***-den bakmak*** to look down (*-e* on), to despise; ***-den tırnağa kadar*** from head to toe *or* foot; ***-si atmak*** to lose one's temper, to blow one's top.

tepeleme brimful, heaped, heaping portion of.

tepelemek **1.** to give a severe beating,

to wallop; **2.** to kill.
tepeli crested (*bird*).
tepetaklak upside down, head over heels.
tepinmek **1.** to kick and stamp; **2.** to jump for joy.
tepke reflex.
tepki reaction; ~ ***göstermek*** to react.
tepkili reactive; ~ ***motor*** reaction engine (*or* motor); ~ ***uçak*** jet (plane).
tepkime reaction.
tepkimek to react.
tepkisiz unreactive.
tepmek, (**-er**) **1.** to kick; **2.** to throw away, to turn down (*an opportunity etc.*); **3.** (*gun*) to recoil, to kick; ***tepe tepe kullanmak*** to use as roughly as one pleases.
tepsi tray.
ter sweat, perspiration; ~ ***basmak*** to break out in a sweat; ~ ***boşanmak*** to sweat like a pig; ~ ***dökmek*** to sweat (*a. fig.*), to perspire; ***-ini soğutmak*** to cool off, to rest a bit.
terakki [ī] advance, progress.
terane [ā] **1.** melody, air, tune; **2.** *fig.* same old story, tired old refrain.
terapi therapy.
teras terrace.
terazi [ā] **1.** balance, scales; **2.** ♎ AST Libra.
terbiye **1.** good manners, good breeding; **2.** education, training; **3.** seasoning for food, sauce.
terbiyeci **1.** educator, educationist; **2.** trainer, tamer.
terbiyeli **1.** well-mannered, well-bred, polite; **2.** flavo(u)red (*with sauce*).
terbiyesiz ill-mannered, unmannerly, impolite, rude.
terbiyesizlik impoliteness, rudeness; ~ ***etmek*** to behave rudely, to be impolite.
tercih [ī] preference; ~ ***etmek*** to prefer.
tercihen [ī] by preference, preferably.
tercüman interpreter, translator.
tercüme translation; ~ ***etmek*** to translate.
tere BOT cress.
terebentin turpentine.
tereci seller of cres; ***-ye tere satmak*** to try to teach one's grandmother to suck eggs, to carry coals to Newcastle.
tereddüt, ***-dü*** hesitation, indecision; ~ ***etmek*** to hesitate.
tereddütlü hesitant; indecisive.
tereddütsüz unhesitant.
terelelli [..x.] F crazy, nutty.
tereyağı, ***-nı*** butter; ***-ndan kıl çeker gibi*** as easy as taking candy from a baby, as easy as falling off a log.
terfi, ***-ii*** [ī] promotion; ~ ***etmek*** to be promoted.
terhis [ī] MIL discharge, demobilization; ~ ***olmak*** to be discharged *or* demobilized, to get demobbed.
terilen terrylene.
terim term.
terk, ***-ki*** abandonment, desertion; ~ ***etmek*** to abandon, to leave, to desert, to quit.
terkip, ***-bi*** [ī] **1.** combination; **2.** compound, union; ~ ***etmek*** to compound, to put together; to combine.
terlemek to sweat, to perspire.
terli sweaty, perspiry.
terlik slipper, scuff.
termal, ***-li*** thermal.
termik PHYS thermic, thermal; ~ ***santral*** thermoelectric power plant.
terminal, ***-li*** terminal.
terminoloji terminology.
terminüs terminus.
termoelektrik thermoelectric.
termofor hot-water bottle.
termokimya thermochemistry.
termometre thermometer.
termonükleer thermonuclear.
termos [x.] thermos bottle, vacuum bottle.
termosfer thermosphere.
termosifon hot water heater.
termostat, ***-tı*** thermostat.
terör terror.
terörist, ***-ti*** terrorist.
terörizm terrorism.
ters **1.** back, reverse; **2.** wrong, opposite (*road, direction*); **3.** inverted, inside out; **4.** *fig.* bad-tempered, peevish, cantankerous; **5.** sharp, curt, brusque (*answer, word*); ~ ***anlamak*** to misunderstand; ~ ***düşmek*** to run counter (*-e* to), to go against; ~ ***gitmek*** to go wrong, to turn out badly; ~ ***tarafından kalkmak*** *fig.* to get out of bed on the wrong side; ~ ~ ***bakmak*** to look daggers (*-e* at); ***-i dönmek*** to lose one's bearings.

tersane [ā] shipyard.
tersine on the contrary.
terslemek (*b-ni*) to snap at *s.o.*, to bite *s.o.'s* head off.
terslenmek to growl (*-e* at), to be short (*-e* with), to talk sharply (*-e* to).
terslik **1.** peevishness; **2.** set-back, hitch.
tersyüz: ~ ***etmek*** to turn inside out.
tertemiz [x..] spotless.
tertibat, ***-tı*** [.——] **1.** arrangement, order, setup; **2.** mechanism, apparatus.
tertip, ***-bi*** [ī] **1.** arrangement, setup; **2.** MED prescription, recipe; **3.** MIL disposition (*of troops etc.*); ~ ***etmek*** **1.** to arrange, to set up, to organize; **2.** MIL to dispose (*troops etc.*).
tertiplemek to organize, to arrange, to set up.
tertipleyici organizer, arranger, contriver.
tertipli tidy, neat, orderly.
tertipsiz untidy, messy.
tertipsizlik untidiness, messiness; disorganization.
terzi **1.** tailor, dressmaker; **2.** tailor's shop.
terzihane [ā] tailor's shop.
terzilik tailorship, tailory.
tesadüf [ā] coincidence, chance event, accident; ~ ***etmek*** to meet by chance, to chance upon, to come across, to happen upon.
tesadüfen [ā] [.x..] by chance, by accident, coincidentally.
tesadüfi [.—.—] accidental, coincidental.
tescil [ī] registration.
tescilli [ī] registered; ~ ***marka*** registered trademark.
teselli [ī] consolation, comfort; ~ ***etmek*** to console, to comfort.
tesellüm receiving; taking delivery; ~ ***etmek*** to receive.
teshir [ī] bewitching, charming, enchanting.
tesir [——] effect, influence; ~ ***etmek*** to affect; to influence.
tesirli [—..] effective, effectual.
tesirsiz ineffective.
tesis [——] establishment, foundation, association, institution.
tesisat, ***-tı*** [—.—] installation.
tesisatçı installer, plumber.
teskin [ī] tranquilization; ~ ***etmek*** to tranquilize, to allay, to calm, to pacify.
teslim **1.** delivery; **2.** surrender, submission; ~ ***etmek*** to deliver; ~ ***olmak*** to surrender, to submit, to yield.
tespih prayer beads, rosary; ~ ***çekmek*** to tell one's beads.
tespit, ***-ti***: ~ ***banyosu*** PHOT fixing bath; ~ ***etmek*** to establish, to determine; to fix.
test, ***-ti*** test.
testere [x..] saw.
testi pitcher, jug.
tesviye: ~ ***etmek*** to smooth, to level, to plane.
teşbih [ī] *lit.* simile.
teşebbüs enterprise, undertaking; ~ ***etmek*** to undertake, to attempt; ***-e geçmek*** to set about, to set to.
teşekkül **1.** formation; **2.** organization, body, group; ~ ***etmek*** **1.** to be formed; to take shape; **2.** to consist of, to be made up of.
teşekkür thanks; ~ ***ederim!*** Thank you!; ~ ***etmek*** to thank.
teşerrüf being hono(u)red; ~ ***etmek*** **1.** to be hono(u)red; **2.** to feel hono(u)red to meet s.o., to have the hono(u)r of meeting s.o.
teşhir [ī] exhibition, display.
teşhis [ī] **1.** MED diagnosis; **2.** recognition, identification.
teşkil [ī] formation; ~ ***etmek*** to form.
teşkilat, ***-tı*** organization.
teşrif [ī] **1.** hono(u)r; **2.** polite visit; ~ ***etmek*** (*or* ***buyurmak***) to visit, to hono(u)r.
teşrifat, ***-tı*** [.——] **1.** protocol; **2.** ceremonies.
teşrifatçı master of ceremonies.
teşrih [ī] **1.** MED dissection; **2.** anatomy; ~ ***etmek*** to dissect.
teşrikimesai [.—..——] cooperation, collaboration.
teşvik, ***-ki*** encouragement; incitement; ~ ***etmek*** to encourage; to incite.
tetanos [x..] MED tetanus, lockjaw.
tetik **1.** trigger; **2.** vigilant, alert; ***-te olmak*** to be on the alert.
tetkik, ***-ki*** [ı] investigation; ~ ***etmek*** to investigate.
tetkikat, ***-tı*** [.——] investigations, examinations.
tevafuk, ***-ku*** [ā] accordance.

tevarüs [a] inheriting.
tevazu, ***-uu*** [ā] humility, modesty; ~ ***göstermek*** to behave humbly.
tevcih [ī] **1.** turning towards; **2.** pointing, aming, directing; ~ ***etmek*** **1.** to turn (*-e* towards); **2.** to point (*-e* at), to aim (*-e* at), to direct (*-e* to).
tevdi, ***-ii*** [ī] entrusting, consigning; ~ ***etmek*** to entrust, to consign.
tevdiat, ***-tı*** [.— —] deposits.
teveccüh kindness, favo(u)r; ~ ***etmek*** **1.** to be directed (*-e* towards); **2.** to betake o.s. (*-e* to); ~ ***göstermek*** to show kindness (*-e* to); ***-ünü kazanmak*** (*b-nin*) to win favo(u)r in *s.o.'s* eyes.
tevkif [ī] arrest; ~ ***etmek*** to arrest.
Tevrat, ***-tı*** [ā] *pr. n.* the Old Testament.
tevzi, ***-ii*** distribution; ~ ***etmek*** **1.** to distribute; **2.** to deliver (*letters etc.*).
teyel basting.
teyellemek to baste, to tack.
teyit, ***-di*** [— —] confirmation; ~ ***etmek*** to confirm
teyp tape recorder.
teyze maternal aunt.
tez[1] quick, speedy; ~ ***canlı*** impetuous, precipitate; ~ ***elden*** without delay, quickly; ~ ***olmak*** to hurry (up).
tez[2] thesis.
tezahürat, ***-tı*** [.—.—] cheering; ovation; applause; ~ ***yapmak*** to cheer, to root (*-e* for).
tezat, ***-dı*** [ā] contrast; contradiction.
tezek dried dung.
tezgâh **1.** counter, workbench; **2.** loom.
tezgâhlamak to plan, to concoct, to cook up.
tezgâhtar shop assistant, salesman.
tezkere [x..] **1.** message, note; **2.** MIL discharge papers.
tıbbi [ī] medical.
tığ **1.** crochet-hook; **2.** awl.
tıka basa crammed full; ~ ***yemek*** to make a pig of o.s.
tıkaç, ***-cı*** plug, stopper; gag.
tıkalı stopped; congested.
tıkamak to plug, to stop; to congest.
tıkanık *s.* ***tıkalı.***
tıkanıklık stoppage; congestion.
tıkanmak **1.** to be stopped up; **2.** to gasp for breath; **3.** to lose one's appetite.
tıkınmak F to cram it in, to tuck in, to gulp down.
tıkır: ~~ like clockwork; ***-ında gitmek*** to go like clockwork.
tıkırdamak to rattle, to click.
tıkırtı rattle, click.
tıkışık crammed, squeezed.
tıkıştırmak **1.** to cram, to squeeze; **2.** to bolt down (*food*).
tıkız fleshy; hard.
tıklım tıklım very crowded, jammed, packed; ~ ***dolu*** jampacked.
tıkmak, (***-ar***) to cram, to jam, to thrust.
tıknaz plump, dumpy.
tıknefes short of breath, shortwinded.
tıksırık a suppressed sneeze.
tıksırmak to sneeze with the mouth shut.
tılsım talisman, charm.
tılsımlı enchanted.
tımar grooming (*a horse*); ~ ***etmek*** to groom, to curry.
tımarhane [..—.] insane asylum, nut house, bughouse; ~ ***kaçkını*** *fig.* nut, kook.
tımarlamak to groom, to curry.
tımarlı groomed (*horse*).
tın tın *sl.* dim-witted.
tınaz haystack.
tıngırdamak to rattle, to clang.
tıngırdatmak to thrum, to strum, to twang (*a stringed instrument*).
tıngır mıngır slowly.
tıngırtı clang, rattle.
tıngır tıngır **1.** with a clanging sound; **2.** completely empty.
tınlamak to resound, to resonate.
tınmamak *fig.* not to care, to take no notice (*-e* of).
tıp, ***-bbı*** medical science, medicine.
tıpa stopper, cork.
tıpatıp [x..] perfectly, exactly.
tıpış tıpış: ~ ***yürümek*** to patter, to toddle.
tıpkı [x.] just like, in just the same way as; ~ ***-sına*** exactly like.
tıpkıbasım facsimile.
tırabzan banister, stair railing.
tıraş shave, shaving; haircut; ~ ***bıçağı*** razor-blade; ~ ***kremi*** shaving cream; ~ ***olmak*** to shave; ~ ***sabunu*** shaving soap.
tıraşlamak **1.** to plane, to prune; **2.** *sl.* to talk s.o.'s head off.
tıraşlı **1.** shaved, shaven; **2.** needing a shave.
tıraşsız **1.** unshaved, unshaven; **2.**

needing a shave.

tırıl *sl.* **1.** naked; **2.** penniless, stone-broke.

tırıs trot.

tırmalamak to scratch, to claw.

tırmanma: ~ ***şeridi*** MOT climbing lane.

tırmanmak to climb.

tırmık **1.** scratch; **2.** rake.

tırmıklamak to scratch, to claw.

tırnak **1.** fingernail; toenail; **2.** claw, hoof; ~ ***işareti*** quotation mark; ~ ***makası*** nail scissors; ~ ***törpüsü*** nail file; ***-larını yemek*** to bite one's nails.

tırnakçı *sl.* pickpocket.

tırnaklamak to claw, to scratch.

tırpan scythe; ~ ***atmak*** **1.** to kill off, to slay; **2.** to get rid of, to weed out.

tırtık nick, notch.

tırtıklamak *sl.* to steal, to nick, to swipe.

tırtıklı nicked; notched.

tırtıl **1.** ZO caterpillar; **2.** caterpillar tread; **3.** milling (*of a coin*); perforation (*of a stamp*).

tıs hiss; ~ ***yok*** there is not a sound to be heard.

tıslamak to hiss.

ticaret, ***-ti*** [ā] trade, commerce; ~ ***anlaşması*** trade agreement; ~ ***ataşesi*** commercial attaché; ♀ ***Bakanlığı*** Ministry of Commerce; ~ ***bankası*** commercial bank; ~ ***borsası*** exchange; stock exchange; ~ ***filosu*** merchant marine; ~ ***gemisi*** merchant ship, merchantman; ~ ***hukuku*** commercial law; ~ ***odası*** chamber of commerce.

ticarethane [.—.—.] trading establishment, firm, business.

ticari [.——] commercial.

tifo [x.] MED typhoid fever.

tiftik mohair.

tifüs [x.] MED typhus.

tik, ***-ki*** tic.

tiksindirici loathsome, repugnant.

tiksinmek to be disgusted (*-den* with), to loathe, to abominate, to abhor.

tiksinti disgust, abomination, repugnance.

tilki ZO fox (*a. fig.*)

tim [ī] team.

timsah ZO crocodile; alligator.

tiner thinner.

tinsel spiritual.

tip, ***-pi*** **1.** type, sort; **2.** *fig.* geezer.

tipi snowstorm, blizzard.

tipik typical.

tipsiz *sl.* ugly, unattractive.

tipografya typography, letterpress.

tiraj circulation (*of a newspaper*).

tiramola NAUT tacking; ~ ***etmek*** to tack.

tirat THEA tirade.

tirbuşon corkscrew.

tire[1] hyphen; dash.

tire[2] lath, batten.

tirfil BOT trefoil, clover.

tirfillenmek to become threadbare.

tirfon large screw.

tirildemek to quiver, to shiver, to tremble.

tiril tiril **1.** gauzy, filmy (*cloth*); **2.** spotlessly clean.

tiriz lath, batten.

tiroit, ***-di*** ANAT thyroid.

tirsi (*balığı*) ZO shad.

tirşe vellum; parchment.

tir tir: ~ ***titremek*** to be all of a tremble, to shiver.

tiryaki [.——] addict.

tişört, ***-tü*** T-shirt, tee shirt.

titiz **1.** fastidious, hard to please, finicky; **2.** particular, choosy.

titizlenmek to become hard to please, to get finicky.

titrek shaky, tremulous.

titremek to shiver, to tremble, to quake, to quiver.

titreşim PHYS vibration.

titreşmek **1.** to tremble, to shake; **2.** to vibrate.

tiyatro [.x.] theatre, *Am.* theater.

tiyatrocu [.x..] actor; actress.

tiz high-pitched, sharp; shrill.

tohum **1.** seed; **2.** sperm; ~ ***ekmek*** to sow seed, to seed; ***-a kaçmak*** to go to seed (*a. fig.*).

tok, ***-ku*** **1.** full; **2.** deep (*voice*).

toka[1] [x.] **1.** buckle; **2.** barette (*for the hair*).

toka[2] [x.] shaking hands; ~ ***etmek*** **1.** to shake hands; **2.** to clink glasses (*while toasting*); **3.** NAUT to make taut, to draw tight; **4.** *sl.* to pay, to plank down.

tokaç, ***-cı*** clothes stick.

tokalaşmak to shake hands.

tokat, ***-tı*** slap, cuff; ~ ***atmak*** *s.* ***tokatlamak.***

tokatlamak to slap, to cuff.

tokgözlü contented.

tokmak **1.** mallet; beetle; **2.** door

knocker.
tokmakçı *sl.* gigolo.
toksin toxin.
tokuşturmak to clink (*glasses*).
tokyo thong, flip-flop.
tolerans tolerance.
tomar roll (*of paper*).
tombala tombola; ~ ***çekmek*** to draw a number (*while playing tombala*).
tombul plump.
tomruk log.
tomurcuk bud.
tomurcuklanmak to bud.
ton[1] ton.
ton[2] tone (*a.* MUS).
tonaj tonnage.
tonbalığı, ***-nı*** ZO tunny.
tonga [x.] *sl.* trick, fast one; ***-ya basmak*** to be duped, to be taken in, to fall for; ***-ya bastırmak*** to dupe, to con, to trick.
tonik MED tonic.
tonilato [..x.] NAUT tonnage.
tonlama intonation.
tonos ARCH vault.
tonton darling, sweet, dear.
top, ***-pu*** **1.** ball; **2.** cannon; **3.** roll, bolt (*of cloth*); ~ ***arabası*** MIL gun carriage; ~ ***ateşi*** cannon fire; gunfire, artillery fire; ~ ***oynamak*** to play football; ***-a tutmak*** to bombard; ***-u atmak*** **1.** to go bankrupt, to go bust; **2.** to flunk a grade, to fail a year; ***-u -u*** in all, all told, altogether; ***-un ağzında*** *fig.* at the lion's mouth, on the edge of the volcano.
topaç, ***-cı*** top; teetotum.
topak lump, ball.
topal lame, crippled.
topallamak to limp.
topallık lameness.
toparlak round.
toparlamak **1.** to collect, to gather together; **2.** to summarize; **3.** to tidy, to pick up.
toparlanmak to pull o.s. together; to shape up.
topçu MIL artilleryman; gunner; ~ ***sınıfı*** MIL the artillery branch; ~ ***subayı*** MIL artillery officer.
topçuluk gunnery.
tophane [a] *hist.* cannon foundry, arsenal.
toplaç ELECT collector.
toplam MATH total.
toplama MATH addition; ~ ***kampı*** concentration camp.
toplamak **1.** to collect, to gather; **2.** MATH to add up, to total; **3.** to tidy up; **4.** to clear (*the table*); **5.** to put on weight.
toplanmak to gather, to assemble, to congregate, to convene.
toplantı meeting, gathering; ~ ***salonu*** meeting room, assembly hall.
toplardamar ANAT vein.
toplu **1.** plump; **2.** tidy, neat (*place*); **3.** collective; ~ ***konut*** housing estate; ~ ***taşıma*** mass transportation.
topluiğne pin.
topluluk community; group.
toplum society, community.
toplumbilim sociology.
toplumbilimci sociologist.
toplumcu socialist.
toplumdışı extrasocial.
toplumsal social.
toplusözleşme collective agreement.
toprak **1.** earth, soil; ground; **2.** land; **3.** ELECT ground, earth; **4.** earthen; ~ ***kayması*** landslide; ~ ***reformu*** land reform; ~ ***rengi*** earth-colo(u)red; ~ ***sahibi*** landowner; ~ ***yol*** dirt road; ***toprağa bakmak*** *fig.* to be at death's door, to have one foot in the grave; ***toprağa vermek*** to bury, to inter, to lay to rest.
toprakaltı, ***-nı*** subsoil, underground.
toprakboya **1.** oxide red; **2.** earth colo(u)r.
topraklamak **1.** to cover *or* fill with earth; **2.** ELECT to ground.
toptan wholesale.
toptancı wholesaler.
topuk heel.
topuklu high-heeled (*shoe*).
topuksuz flat-heeled, low-heeled (*shoe*).
topuz **1.** mace; **2.** bun, knot (*of hair*).
torba bag, sack.
torik ZO large bonito.
torna [x.] lathe.
tornacı [x..] latheman, turner.
tornavida [..x.] screwdriver.
tornistan [x..] NAUT sternway.
torpido [.x.] NAUT torpedo; ~ ***gözü*** MOT glove compartment.
torpil **1.** torpedo; **2.** *sl.* pull, influence; ~

patlatmak *sl.* to pull, to pull strings *or* wires.
torpilbalığı, *-nı* ZO torpedo fish.
torpillemek to torpedo.
tortop, *-pu* as round as a top (*or* ball).
tortu sediment, deposit, dregs.
torun grandchild.
tos butt; ~ ***vurmak*** to butt.
toslamak **1.** to butt; **2.** to bump lightly (*-e* against).
tost, *-tu* toasted sandwich.
totem totem.
toto the football pools.
toy inexperienced, green, raw.
toynak hoof.
toynaklı hoofed.
toz **1.** dust; **2.** powder; ~ ***almak*** to dust; ~ ***bezi*** dustcloth; ~ ***biber*** ground pepper; ~ ***etmek*** **1.** to crush, to pulverize; **2.** to raise dust; ~ ***koparmak*** to raise dust; ~ ***olmak*** *sl.* to get lost, to beat it; ***-u dumana katmak*** **1.** to raise clouds of dust; **2.** *fig.* to kick up a dust, to raise a ruckus.
tozlanmak to get dusty.
tozlu dusty.
tozluk **1.** gaiter; **2.** *sports*: sock.
tozpembe pale pink.
tozşeker granulated sugar.
tozutmak to raise dust.
töhmet, *-ti* imputation.
tökezlemek to stumble.
tömbeki Persian tobacco (*smoked in hookahs*).
töre custom, traditional practice.
törebilim ethics.
törebilimci ethician.
törebilimsel ethical.
töredışı amoral, nonmoral.
törel ethical, moral.
tören ceremony, ritual.
töresel customary.
törpü file, rasp.
törpülemek to file, to rasp.
tövbe repentance, penitence; ~ ***etmek*** to repent.
tövbekâr [..–] penitent, repentant.
tövbeli penitent, repentant.
trafik traffic; ~ ***işareti*** traffic sign; ~ ***kazası*** traffic accident; ~ ***lambası*** traffic light; ~ ***polisi*** traffic policeman; ~ ***şeridi*** traffic lane; ~ ***tıkanması*** traffic jam, snarl-up.
trafo ELECT transformer station.
trahom MED trachoma.
trajedi tragedy.
trajik tragic.
traktör tractor.
Trakya [x.] *pr. n.* Thrace.
trampa [x.] barter, swop; ~ ***etmek*** to barter, to swop.
trampet, *-ti* side *or* snare drum.
tramplen diving board, springboard.
tramvay tram, trolley, streetcar.
transatlantik transatlantic.
transfer transfer; ~ ***etmek*** to transfer; ~ ***olmak*** to be transferred.
transformasyon transformation.
transformatör ELECT transformer.
transistor ELECT transistor.
transit, *-ti* transit; ~ ***vizesi*** transit visa.
transkripsiyon transcription.
transmisyon MEC transmission.
transport transport.
transportasyon transportation.
trapez trapeze.
trapezci trapezist.
travers RAIL sleeper, crosstie.
travma MED trauma.
travmatoloji MED traumatology.
tren train; ~ ***istasyonu*** train *or* railway station.
trençkot trenchcoat.
treyler trailer.
tribün grandstand.
trigonometri trigonometry.
triko [x.] tricot, machine-knit fabric.
trikotaj knitting; ~ ***sanayii*** knitting industry.
trilyon trillion.
troleybüs trolley-bus.
trompet, *-ti* MUS trumpet.
tropika GEOGR tropic.
tropikal, *-li* tropical; ~ ***kuşak*** tropical zone.
trotuvar pavement, *Am.* sidewalk.
tröst, *-tü* ECON trust.
TRT (*abbr. for* ***Türkiye Radyo Televizyon Kurumu***) Turkish Radio and Television Company.
trup, *-pu* THEA troupe.
Truva *pr. n.* Troy.
tu [ū] Ugh!, Oof!
tuba MUS tuba.
tufa *sl.* gravy.
tufacı *sl.* robber.
tufan [– –] **1.** flood, deluge; **2.** ♀ the Flood.

tugay brigade.
tuğamiral, ***-li*** rear admiral.
tuğgeneral, ***-li*** brigadier.
tuğla [x.] brick.
tuğra *hist.* Sultan's signature.
tuhaf **1.** strange, odd, curious, queer; **2.** funny, ridiculous; ***-ına gitmek*** (*b-nin*) to seem strange to *s.o.*
tuhafiye sundries, notions, haberdashery.
tuhafiyeci haberdasher.
tulum **1.** skin bag; **2.** overalls, jump suit; **3.** MUS bagpipe; ~ ***gibi*** **1.** swollen all over; **2.** as fat as a pig.
tulumba [.x.] pump.
tumturaklı bombastic, pompous.
Tuna [x.] *pr. n.* the Danube.
tunç, ***-cu*** bronze.
tungsten CHEM tungsten.
Tunus *pr. n.* Tunisia.
Tunuslu *pr. n.* Tunisian.
tur **1.** tour; **2.** round (*in a contest*); **3.** *sports*: lap; ~ ***atmak*** **1.** to take a stroll around, to have a walk round; **2.** to have (*or* take) a spin; ~ ***bindirmek*** *sports*: to lap.
turba [x.] turf, peat.
turfanda early (*fruit, vegetable*).
turing, ***-gi*** touring.
turist, ***-ti*** tourist.
turistik touristic.
turizm tourism.
turkuaz turquoise.
turna [x.] ZO crane; ***-yı gözünden vurmak*** *fig.* to hit the jackpot.
turne THEA tour; ***-ye çıkmak*** to go on tour.
turnike turnstile.
turnuva tournament.
turp, ***-pu*** BOT radish; ~ ***gibi*** hale and hearty, in the pink.
turşu pickle; ~ ***gibi*** very tired, pooped, bushed; ~ ***kurmak*** to pickle, to make pickles; ~ ***olmak*** **1.** to go sour; **2.** *fig.* to be exhausted, to be bushed; ~ ***suratlı*** *fig.* sour-faced.
turta [x.] pie, tart.
turuncu orange colo(u)r.
turunç, ***-cu*** BOT Seville *or* bitter orange.
turunçgiller citrus fruits.
tuş **1.** key (*of a piano, typewriter etc.*); **2.** *wrestling*: fall.
tutacak pot holder.
tutaç **1.** pot holder; **2.** tongs.
tutak **1.** handle; **2.** pot holder; **3.** hostage.
tutam pinch; wisp; ***bir ~ saç*** a wisp of hair.
tutanak record, minutes.
tutar total, sum.
tutarak, **tutarık** MED fit, seizure.
tutarlı consistent, congruous.
tutarlılık consistency.
tutarsız inconsistent, incongruous.
tutarsızlık inconsistency.
tutkal glue; size; ~ ***gibi*** importunate, obtrusive (*person*).
tutkallamak to glue; to size.
tutkallı glued; sized.
tutku passion.
tutkulu passionate.
tutkun **1.** in love (*-e* with); **2.** affected by; given to.
tutmak, **(*-ar*)** **1.** to hold; **2.** to catch; **3.** to hunt (*birds*); **4.** to hold back, to restrain; **5.** to occupy, to capture; **6.** to take up (*space*); **7.** to reserve (*a place*); **8.** to support; **9.** to keep (*one's promise*); **10.** to approve, to like; **11.** to be accepted, to take on; **12.** to hire, to rent; **13.** to reach, to amount to; **14.** to accord with, to agree with; **15.** to be seized with (*the hiccups*); **16.** to arrest; to nab; **17.** to detain, to hold up; **18.** to cover (*a place*); **19.** (*for cloth*) to show (*a stain, dust etc.*); **20.** to employ, to hire, to take on; **21.** (*for s.o.'s curse*) to be realized, to come true; **22.** to take up, to embark on (*a job*).
tutsak captive, prisoner of war.
tutsaklık captivity.
tutturmak **1.** to fasten together; **2.** to get started (*doing s.th.*) **3.** *fig.* to be obsessed with, to run his mind on.
tutturmalık fastener.
tutucu conservative.
tutuculuk conservatism.
tutuk tongue-tied.
tutukevi, ***-ni*** gaol, *Am.* jail.
tutuklamak to arrest.
tutuklu prisoner; under arrest.
tutukluk **1.** difficulty in talking, tongue-tie; **2.** blockage.
tutukluluk arrest.
tutulan popular.
tutulma AST eclipse.
tutulmak **1.** to become popular, to catch on, to take on; **2.** to become tongue-

-tied; **3.** (*for a part of one's body*) to get stiff; **4.** to fall in love (*-e* with), to fall for; **5.** AST to be eclipsed.

tutum **1.** attitude, manner, conduct; **2.** economy, thrift.

tutumlu thrifty.

tutumluluk thriftiness.

tutumsuz thriftless, spendthrift, extravagant.

tutumsuzluk thriftlessness, extravagance.

tutunmak to hold on (*-e to*), to cling (*-e to*).

tutuşkan inflammable; combustible.

tutuşma: ~ ***noktası*** CHEM ignition point.

tutuşmak to catch fire.

tutuşturmak **1.** to set on fire, to ignite, to kindle; **2.** to thrust into s.o.'s hands.

tuval, ***-li*** PAINT canvas.

tuvalet, ***-ti*** **1.** toilet, water closet, lavatory; **2.** evening dress; **3.** toilette, dress, outfit; ~ ***kâğıdı*** toilet paper; ~ ***masası*** dressing *or* toilet table.

tuz salt; ~ ***biber ekmek*** (*bşe*) *fig.* to make *s.th.* worse, to rub salt in the wound; ~ ***buz olmak*** to be smashed to smithereens; ***-la buz etmek*** to smash to smithereens; ***-u kuru*** well off, in easy circumstances.

tuzak trap; snare; ***tuzağa düşürmek*** to trap.

tuzla [x.] saltpan.

tuzlama salted, salt ...

tuzlamak to salt; to brine.

tuzlu **1.** salty; salted; **2.** *fig.* expensive, pricy; ~ ***su*** salt water; ***-ya mal olmak*** (*or* ***oturmak***) (*b-ne*) to cost *s.o.* a bundle, to cost *s.o.* an arm and a leg.

tuzluk saltshaker, saltcellar.

tuzruhu, ***-nu*** CHEM hydrochloric acid.

tuzsuz saltless; unsalted.

tüberküloz MED tuberculosis.

tüccar [ā] merchant.

tüfek rifle, gun.

tüfekçi **1.** gunsmith; **2.** seller of guns.

tüfekhane armo(u)ry.

tüfeklik **1.** armo(u)ry; gun-stand; **2.** gun case.

tüh Whew!, Ouf!

tükenmek **1.** to be used up, to run out; **2.** to become exhausted, to give out.

tükenmez **1.** inexhaustible; **2.** *a.* ~ ***kalem*** ball-point pen.

tüketici consumer.

tüketim consumption.

tüketmek to consume, to use up.

tükürmek to spit; ***tükürdüğünü yalamak*** *fig.* to eat humble pie, to eat one's words, to eat crow.

tükürük spit, spittle.

tükürüklemek to moisten with spittle.

tül tulle.

tülbent, ***-di*** gauze; muslin.

tüm whole; entire.

tümamiral, ***-li*** vice admiral.

tümbek small protuberance.

tümce GR sentence.

tümden completely, totally, wholly.

tümdengelim *log.* deduction.

tümel *log.*, PHLS universal.

tümen **1.** MIL division; **2.** large heap (*or* pile); ~ ~ thousands of ...

tümevarım *log.* induction.

tümgeneral, ***-li*** major general.

tümleç, ***-ci*** GR complement.

tümlemek to complete.

tümler MATH complementary.

tümör MED tumo(u)r.

tümsayı full number.

tümsek **1.** protuberance; **2.** protuberant.

tümsekli convex.

tümseklik protuberance.

tünaydın Good evening!; Good night!

tünek perch, roost.

tüneklemek to perch, to roost.

tünel tunnel.

tünemek to perch, to roost.

tünik tunic.

tüp, ***-bü*** **1.** tube; **2.** test tube; ~ ***bebek*** test-tube baby.

tür **1.** kind, sort, type; **2.** ZO, BOT species.

türban turban.

türbe tomb.

türbin PHYS turbine.

türe rule, law, justice.

türedi upstart, parvenu.

türel judicial, juridical.

türemek **1.** to spring up, to appear; **2.** to mushroom; **3.** to be derived (*-den* from).

türeti invention.

türetici inventor.

türetmek GR to derive.

türev GR derivative.

Türk, ***-kü*** **1.** Turk; **2.** Turkish; ~ ***ceza kanunu*** Turkish penal code; ~ ***dili*** the

Turkish language.
Türkçe [x.] Turkish; **~ öğretmeni** teacher of Turkish; **~ söylemek 1.** to speak in Turkish; **2.** *fig.* to say bluntly; **~ sözlük** Turkish dictionary.
Türkçeleştirmek to translate into Turkish.
Türkçü Turkist.
Türkçülük Turkism.
Türkistan [ā] *pr. n.* Turkistan.
Türkiye *pr. n.* Turkey; **~ Cumhuriyeti** *pr. n.* the Turkish Republic.
Türkleştirmek to Turkize, to Turkicize.
Türklük Turkishness.
Türkmen Turkoman.
Türkmenistan *pr. n.* Turkmenistan.
Türkolog Turcologist.
Türkoloji Turcology.
türkü folk song.
türlü 1. kind, sort, variety; **2.** various; **3.** stew.
tütmek, **(-er)** to smoke, to fume.
tütsü incense.
tütsülemek 1. to cense; **2.** to smoke (*fish etc.*)
tüttürmek to smoke (*cigarette, pipe*)
tütün tobacco.
tüy feather; down; quill; **~ atmak** (*for a bird*) to mo(u)lt; **~ dikmek** (*bşin üzerine*) *fig.* to be the last straw, to be the straw that broke the camel's back; **~ dökmek** (*for a bird*) to mo(u)lt; **~ gibi** as light as a feather, featherlight; **~ kalem** quill (pen); **-ler ürpertici** blood-curdling, spine-chilling, creepy; **-leri diken diken olmak** (*hair*) to stand on end, to get goose bumps.
tüylenmek to grow feathers, to feather out, to fledge.
tüylü feathery; downy; hairy.
tüymek *sl.* to slip away, to sneak off, to flee.
tüyo hint, tip; **~ vermek** to drop a hint.
tüysıklet, **-ti** *boxing*: featherweight.
tüysüz 1. unfeathered, unfledged; **2.** beardless (*youth*).
tüze justice.
tüzel legal; judicial.
tüzelkişi LEG juristic person.
tüzük regulations, statutes.

U

ucuz cheap, inexpensive; **~ atlatmak** *or* **kurtulmak** to get off lightly, to get away cheaply.
ucuzlamak to get cheap, to go down in price.
ucuzlatmak to cheapen.
ucuzluk 1. cheapness; **2.** sale.
uç 1. tip, point; end; **2.** pen point, nib; **3.** extremity; **~ uca** end to end.
uçak aeroplane, airplane, plane; **~ gemisi** aircraft carrier.
uçaksavar MIL anti-aircraft gun.
uçandaire flying saucer.
uçantop, **-pu** volleyball.
uçarı dissolute; philanderer.
uçkur belt, sash, band.
uçlanmak *sl.* to fork out, to shell out.
uçlu pointed, tipped.
uçmak 1. to fly; **2.** (*perfume etc.*) to evaporate; **3.** (*colour*) to fade away; **4.** to be wild with (*joy*); **5.** to go very fast; **uçan kuşa borcu olmak** to be in debt to everybody, to be up to the ears in debt; **uçan kuştan medet ummak** to try every mean in order to get out of trouble.
uçsuz: **~ bucaksız** endless, vast, boundless.
uçucu 1. flying; **2.** CHEM volatile.
uçuçböceği, **-ni** ZO ladybug.
uçuk 1. faded, pale (*colour*); **2.** MED cold sore, herpes.
uçuklamak to get a cold sore.
uçurmak 1. to fly (*kite*); **2.** to chop off, to lop off.
uçurtma kite.
uçurum abyss, chasm, precipice.
uçuş flight.
uçuşmak to fly about.
uf Ouf!, Ooof!
ufacık very small, tiny.
ufak small; **~ para** small change; **~ tefek 1.** tiny; **2.** trivial.
ufaklık 1. smallness; littleness; **2.** small change; **3.** F little one.
ufalamak to break up, to crumble, to

pulverize.
ufalanmak to crumble away.
ufalmak to get smaller, to diminish.
ufki horizontal.
uflamak to say "oof".
ufuk, ***-fku*** horizon; ***ufkunu genişletmek*** *fig.* to broaden one's horizon.
uğrak frequented place, haunt.
uğramak **1.** to call on, to pass by; **2.** to meet with, to suffer (*a difficulty*); **3.** to halt, to stop, to touch at; **4.** to get stricken with; **5.** to rush out; **6.** to undergo.
uğraş, **uğraşı** **1.** occupation, pastime; **2.** struggle.
uğraşmak **1.** to struggle, to exert o.s., to strive; **2.** to busy o.s. with, to be engaged in; **3.** *fig.* to struggle, to battle (*ile* with).
uğraştırmak to give a lot of trouble.
uğratmak to expose s.o. to.
uğru thief.
uğrulamak to steal.
uğrun secretly.
uğuldamak **1.** to hum, to buzz; **2.** (*wind*) to howl.
uğultu hum, buzz; howl.
uğur good omen, good luck, lucky charm; ~ ***getirmek*** to bring good luck.
uğurböceği, ***-ni*** zo ladybug.
uğurlamak (*b-ni*) to see *s.o.* off.
uğurlu auspicious, lucky.
uğursuz inauspicious, ill-omened, ominous.
uğursuzluk ill omen; bad luck, hoodoo.
uhde obligation, charge, responsibility.
ukala [..—] smart aleck, know-it-all.
ulaç GR gerund.
ulak courier, messenger.
ulamak to join, to attach, to add, to annex.
ulan Hey you!, Man!
ulaşım transportation, communication.
ulaşmak **1.** to reach, to arrive (*-e* at), to get (*-e* to); **2.** to attain, to achieve.
ulaştırma transportation, communication.
ulaştırmak to transport, to convey.
ulu great, high, exalted.
ululamak to exalt, to hono(u)r.
ululuk height, elevation, loftiness.
ulumak to howl.
uluorta rashly, indiscreetly.
ulus nation, people.
ulusal national.
ulusallaştırmak to nationalize.
ulusçu nationalist.
ulusçuluk nationalism.
uluslararası, ***-nı*** international.
umacı bogy man, ogre.
ummadık [x..] unexpected, unhoped-for.
ummak, (***-ar***) to hope, to expect; ***ummadığın taş baş yarar*** it is the unexpected stone that wounds the head.
umum [.—] **1.** universal, all; **2.** the public.
umumi [.——] general, common.
umumiyetle generally, in general.
umur [.—] matter of importance, concern; ***-umda değil*** I don't care.
umursamak to be concerned about.
umursamazlık indifference, unconcern.
umut, ***-du*** hope, expectation; ~ ***etmek*** to hope, to expect; ~ ***kesmek*** to lose hope; ~ ***vermek*** to give hope (*-e* to); ***-unu kırmak*** to disappoint.
umutlandırmak to give hope to, to make s.o. hopeful.
umutlanmak to become hopeful.
umutlu hopeful.
umutsuz hopeless, desperate.
umutsuzluk hopelessness.
un flour; ~ ***ufak etmek*** to crumble s.th. finely; ~ ***ufak olmak*** to be broken into pieces.
unsur element.
unutkan forgetful.
unutkanlık forgetfulness.
unutmabeni BOT forget-me-not.
unutmak to forget.
unvan [.—] title.
upuzun very long *or* tall.
ur tumo(u)r.
uranyum CHEM uranium.
urgan rope.
us reason, state of mind, intelligence, intellect.
usanç boredom, disgust; ~ ***getirmek*** to get bored, to get tired of; ~ ***vermek*** to bore, to disgust.
usandırıcı boring, disgusting.
usandırmak to bore, to disgust.
usanmak to become bored, to get tired of.

usare [. — .] juice, sap.
usavurmak to reason, to think through.
usçu PHLS rationalist.
usçuluk PHLS rationalism.
usdışı irrational.
uskumru ZO mackerel.
uskur NAUT screw, propeller.
uslamlamak to reason.
uslanmak to become well-behaved.
uslu well-behaved, good (*child*); ~ ***durmak*** (*or* ***oturmak***) to keep quiet, to sit still, to be good.
ussal mental, rational.
usta **1.** craftsman, master workman; **2.** skilled.
ustabaşı, ***-nı*** foreman.
ustaca skil(l)fully.
ustalaşmak to become skilled.
ustalık mastery.
ustura [x..] straight razor.
usturmaça NAUT fender, padding.
usturuplu F **1.** properly, right; **2.** masterly, striking.
usul, ***-lü*** **1.** method, system; **2.** MUS time, measure; **3.** LEG procedure; ~ ***tutmak*** MUS to beat time; ~ ~ quietly, slowly and softly.
usulsüz irregular, incorrect.
usulsüzlük irregularity.
uşak servant.
ut MUS lute.
utanç shame, shyness; ***-ından yere geçmek*** to feel very ashamed, to feel like 30 cents.
utandırmak to shame, to make ashamed.
utangaç shy, timid, bashful.
utangaçlık shyness, bashfulness.
utanmak **1.** to be ashamed; **2.** to be shy.
utanmaz shameless, brazen, impudent.
utanmazlık shamelessness, brazenness.
utku victory, triumph.
uvertür MUS overture.
uyak rhyme.
uyandırmak to wake up, to awaken.
uyanık **1.** awake; **2.** *fig.* sharp, smart, cunning.
uyanmak to wake up, to awaken.
uyarı warning.
uyarıcı **1.** warning; **2.** stimulative.
uyarım stimulation.
uyarlamak to adapt.
uyarmak **1.** to warn; **2.** to stimulate.
uydu satellite; ~ ***antenli radyo*** satellite radio.
uydurma invented, false, made-up.
uydurmak **1.** to make fit, to adapt; **2.** to invent, to make up, to fabricate; **3.** to manage, to find a way.
uydurmasyon **1.** invention, lie, bullshit; **2.** made-up, fabricated.
uyduruk made-up, fabricated.
uydurukçu bullshitter, fabricator.
uygar civilized.
uygarlaşmak to become civilized.
uygarlık civilization.
uygulama application, practice.
uygulamak to apply, to practice, to carry out.
uygun **1.** suitable, fit, appropriate; **2.** proper, apt; **3.** favo(u)rable; ~ ***bulmak*** *or* ***görmek*** to see fit, to agree to; ~ ***düşmek*** to fit, to suit; ~ ***gelmek*** to suit.
uygunluk suitability.
uygunsuz unsuitable, inappropriate; improper.
uygunsuzluk unsuitableness, inappropriateness.
Uygur Uighur.
Uygurca the Uighur language, Uighur.
uyku sleep; ~ ***basmak*** to feel very sleepy; ~ ***tulumu*** sleeping bag; ~ ***tutmamak*** not to be able to go to sleep; ~ ***vermek*** (*or* ***getirmek***) to make s.o. feel sleepy; ***-su ağır*** heavy sleeper; ***-su bölünmek*** not to be able to go back to sleep; ***-su gelmek*** to feel sleepy; ***-ya dalmak*** to fall asleep
uykucu late riser, lie-abed, sleepyhead.
uykulu sleepy.
uykusuz sleepless.
uykusuzluk insomnia, lack of sleep.
uyluk ANAT thigh.
uylukkemiği, ***-ni*** thighbone.
uymak, (***-ar***) **1.** to suit, to fit, to match; **2.** to obey, to comply (*-e* with).
uyruk POL citizen, subject.
uyruklu citizen of.
uyrukluk citizenship.
uysal easy-going, docile, obedient.
uysallaşmak to become docile (*or* compliant).
uysallık docility, complaisance.
uyuklamak to doze.
uyum harmony, conformity, accord.
uyumak **1.** to sleep, to go to sleep, to

fall asleep; **2.** *fig.* to be negligent; **3.** *fig.* to be unaware of what's going on.
uyumlu harmonious.
uyumsuz inharmonious, discordant.
uyuntu idle, lazy, indolent, sleepy-head
uyur 1. sleeping; **2.** still (*water*).
uyurgezer sleepwalker, somnambulist.
uyuşmak[1] to become numb.
uyuşmak[2] **1.** to come to an agreement, to come to terms; **2.** to get along with.
uyuşmazlık disagreement, conflict.
uyuşturmak to numb; to narcotize.
uyuşturucu narcotic; ~ ***maddeler*** narcotics.
uyuşuk 1. numbed, insensible, asleep; **2.** sluggish, indolent.
uyutmak to put to sleep, to lull to sleep.
uyutucu 1. narcotic, soporific; **2.** hypnotic.
uyuz MED itch, mange, scabies; ~ ***etmek*** *fig.* to bug; ~ ***olmak*** **1.** to get the itch; **2.** *fig.* to be bugged.
uyuzböceği, ***-ni*** ZO itch mite.
uyuzotu, ***-nu*** BOT scabious.
uyuzsineği, ***-ni*** ZO tiger beetle.
uzak distant, far, remote; ~ ***akraba*** distant relative; ~ ***durmak*** to stay at a distance, not to interfere; to keep (*or* stay) clear of; ~ ***düşmek*** (*birbirinden*) to be far from one another; ***uzağı görmek*** *fig.* to be able to see the future; ***~tan kumanda*** remote control.
Uzakdoğu the Far East.
uzaklaşmak to go away; to be far away (*-den* from).
uzaklaştırmak to remove, to deport, to take away.
uzaklık distance, remoteness.
uzamak to grow longer; to extend, to lengthen.
uzanmak 1. to stretch out, to lie down; **2.** to go, to walk on; **3.** to stretch, to reach (*-e* for).
uzantı extension.
uzatmak 1. to lengthen; **2.** to extend, to stretch, to expand; **3.** to let (*hair etc.*) grow long; **4.** to hand, to pass.
uzay space; ~ ***geometri*** solid geometry; ~ ***kapsülü*** space capsule; ~ ***uçuşu*** space flight.
uzayadamı astronaut, spaceman.
uzaygemisi spaceship, spacecraft.
uziletişim telecommunication.
uzlaşma agreement, reconciliation, settlement.
uzlaşmak to come to an agreement, to be reconciled.
uzlaştırıcı concillatory.
uzlaştırmak to reconcile, to conciliate.
uzluk ability, cleverness, mastery.
uzman expert, specialist.
uzmanlık expertness.
uzun long; tall (*person*); ~ ***araç*** long vehicle; ~ ***atlama*** *sports*: long jump; ~ ***lafın kısası*** the long and the short of it, in short.
uzunçalar long-play.
uzunlamasına lengthwise.
uzunluk length.
uzuv, ***-zvu*** ANAT organ, member.
uzyazım telex.

Ü

ücra out of the way, remote.
ücret, ***-ti*** **1.** pay, wage, fee; **2.** price, cost.
ücretli wage-earner.
ücretsiz free, gratis.
üç, ***-çü*** three; ~ ***aşağı beş yukarı*** more or less, roughly; ~ ***beş*** a few; ~ ***buçuk atmak*** to be very frightened; ~ ***günlük ömür*** short life.
üçboyutlu three-dimensional.
üçer three each, three apiece.
üçgen MATH triangle.
üçkâğıtçı *fig.* swindler, trickster.
üçlemek to increase to three, to triple, to treble.
üçlü 1. consisting of three, triple; **2.** MUS trio.
üçüncü third; ~ ***şahıs*** GR the third person.
üçüz triplets.
üfleç, ***-ci*** PHYS blowpipe.
üflemek to blow, to puff.
üfürmek to blow away, to breathe on.
üfürükçü quack, sorcerer (*who claims to cure by breathing on*).

üleşmek to share, to go shares.
üleştirmek to distribute, to share out.
ülke country.
ülkü ideal.
ülkücü idealist.
ülkücülük idealism.
ülser MED ulcer.
ültimatom POL ultimatum.
ültramodern ultramodern.
ültraviyole ultraviolet.
ümit, ***-di*** hope, expectation; ~ ***etmek*** to hope, to expect; ~ ***kapısı*** anything that proves hope; ~ ***vermek*** to raise s.o.'s hopes, to promise; ***ümidi suya düşmek*** to lose hope; ***ümidini kesmek*** to give up hope.
ümitlendirmek to make hopeful.
ümitlenmek to become hopeful.
ümitli hopeful.
ümitsiz hopeless.
ümitsizlik hopelessness, despair.
ümük throat.
ün fame, reputation; ~ ***salmak*** to become famous.
üniforma [..x.] uniform.
ünite unit.
üniversal universal.
üniversite university.
üniversiteli university student.
ünlem GR interjection; ~ ***işareti*** exclamation mark.
ünlü **1.** famous, well-known; **2.** celeb; **3.** GR vowel
ünsüz **1.** unknown; **2.** GR consonant.
üre urea.
üremek **1.** to reproduce; **2.** to increase, to grow.
üremi MED uremia.
üreteç PHYS generator.
üretici producer.
üretim production.
üretken productive.
üretkenlik productivity.
üretmek **1.** to produce; **2.** to breed, to raise.
ürkek timid, shy, fearful.

ürkeklik timidity, shyness, bashfulness.
ürkmek, (***-er***) **1.** to be frightened, to start with fear; **2.** (*horse*) to shy.
ürkünç frightening, terrifying.
ürküntü sudden fright, panic, scare.
ürkütmek to startle, to scare, to frighten.
ürolog MED urologist.
üroloji MED urology.
ürpermek to shiver; (*hair*) to stand on end.
ürperti shiver, shudder.
üremek to howl, to bark, to bay.
ürün product.
üs, ***-ssü*** **1.** MIL base; **2.** MATH exponent; **3.** basis, foundation.
üslup, ***-bu*** style, manner.
üst, ***-tü*** **1.** upper side, top; **2.** superior; upper; **3.** clothing, clothes; **4.** remainder, change (*money*); **5.** boss, superior; ~ ***baş*** clothes, dress; ~ ***-e*** one on top of the other; ***-ü kapalı*** indirectly; ***-ünde durmak*** to emphasize; ***-üne atmak*** (*b-nin*) to put the blame on *s.o.*; ***-üne basmak*** *fig.* to hit the nail on the head; ***-üne bir bardak*** (***soğuk***) ***su içmek*** (*bşin*) to lose hope, to kiss *s.th.* goodbye; ***-üne düşmek*** to be persistent on; ***-üne kondurmamak*** to overprotect; ***-üne koymak*** to add; ***-üne olmamak*** to be unique; ***-üne titremek*** to love tenderly, to dance attendance on; ***-üne tuz biber ekmek*** *fig.* to rub salt in the wound; ***-üne vazife olmamak*** to be none of one's business; ***-üne yürümek*** to pretend as if about attack; to march against.
üstat [.—] master, expert.
üstçene ANAT upper jaw.
üstderi ANAT epidermis.
üstdudak ANAT upper lip.
üste further, in addition; ***-sinden gelmek*** to bring about, to achieve, to wangle.
üsteğmen MIL first lieutenant.
üstelemek to insist.
üstelik besides, furthermore, in addition.
üstgeçit overpass.
üstinsan superman.
üstlenmek to undertake, to take on.
üstlük overcoat.
üstün superior.
üstünkörü superficial, slapdash.
üstünlük superiority; supremacy.
üstüpü oakum, tow.
üstyapı superstructure.
üşengeç lazy, slothful.
üşengeçlik laziness, sloth.
üşenmek to be too lazy to do, to do with reluctance.
üşümek to feel cold.

üşüşmek to crowd together.
üşütmek **1.** to catch cold; **2.** *sl.* to go nuts.
üşütük *sl.* nutty.
ütopya utopia.
ütü iron, flatiron; ~ ***bezi*** press cloth; ~ ***tahtası*** ironing board; ~ ***yapmak*** to iron, to do the ironing.
ütücü ironer.
ütülemek to iron, to press.
ütülü ironed.
ütüsüz unironed.
üvendire oxgoad.
üvey step-; ~ ***ana*** stepmother; ~ ***baba*** stepfather; ~ ***evlat*** stepchild.
üveyik ZO wood-pigeon.
üveymek (*dove, pigeon etc.*) to coo.
üvez BOT service tree.
üye member.
üyelik membership.
üzengi stirrup.
üzengikemiği, ***-ni*** ANAT stapes.
üzengilemek to spur.
üzengitaşı, ***-nı*** ARCH impost.
üzere **1.** on condition that; **2.** at the point of, just about to.
üzerinde on, over, above.
üzgü oppression.
üzgün sad, sorrowful, grieved.
üzmek, (***-er***) to grieve, to sadden, to depress.
üzücü depressing, distressing, saddening.
üzülmek to be sorry, to regret, to be sad.
üzüm BOT grape; ~ ***-e baka baka kararır*** *pro.* a man is known by the company he keeps; ***-ünü ye de bağını sorma*** don't look a gift horse in the mouth.
üzüntü sorrow, anxiety, worry, sadness.
üzüntülü sad, worried, grieved, unhappy.

V, W

vaat, ***-di*** promise; ~ ***etmek*** to promise.
vaaz sermon, homily.
vacip, ***-bi*** obligatory, incumbent; ~ ***olmak*** to be necessary.
vade **1.** time, term; **2.** due date; date of maturity; ***-si geçmiş*** overdue; ***-si gelmek*** to fall due.
vadeli: ~ ***hesap*** time deposit.
vadesiz: ~ ***hesap*** demand deposit.
vadi [— —] valley.
vaftiz baptism; ~ ***anası*** godmother; ~ ***babası*** godfather; ~ ***etmek*** to baptize.
vagon railway car.
vah What a pity!, Too bad!
vaha oasis.
vahamet, ***-ti*** [. — .] gravity, seriousness (*of a situation*).
vahdet, ***-ti*** unity, oneness.
vahim serious, grave.
vahşet, ***-ti*** wildness.
vahşi [ī] wild, savage; brutal.
vahşilik *s.* ***vahşet.***
vaız, ***-a'zı*** sermon.
vaiz preacher.
vajina ANAT vagina.
vaka event, happening.
vakar [. —] gravity, dignity, sedateness.
vakarlı [. — .] sedate, dignified, grave.
vakarsız undignified.
vakfetmek [x..] to devote, to dedicate.
vakıf, ***-kfı*** foundation, wakf.
vâkıf aware, cognizant; ~ ***olmak*** to be aware (*-e* of).
vaki [— —] taking place, happening; ~ ***olmak*** to happen, to occur, to take place.
vakit, ***-kti*** time; ~ ***geçirmek*** to pass time; ~ ***kazanmak*** to gain time; ~ ***öldürmek*** to kill time; ***vaktini almak*** (*b-nin*) to take *s.o.'s* time; ***vaktiyle*** **1.** at the proper time, in time; **2.** once upon a time, in the past, once.
vakitli timely, opportune.
vakitsiz untimely, inopportune.
vakum [x.] MEC vacuum.
vakumlu MEC vacuum-operated.
vakur [ū] dignified, grave.
vak vak Quack, quack!
valans CHEM valence.
vale *cards*: jack, knave.
valf valve.
vali [ā] governor (*of a province*).
valide [ā] mother.
valiz valise, suitcase.

vallahi [x—.] by God, I swear it's true.
vals waltz.
vampir vampire.
vana valve.
vanilya [.x.] BOT vanilla.
vantilatör fan, ventilator; ~ ***kayışı*** fan (*or* ventilator) belt.
vantuz MED cupping glass; ~ ***çekmek*** to cup.
vaporizasyon vaporization.
vaporizatör vaporizer.
vapur steamer, steamship.
var **1.** existing; **2.** available, at hand; **3.** there is; there are; ~ ***etmek*** to create; ~ ***gücüyle*** (*or* ***kuvvetiyle***) with all his might; ~ ***ol!*** May you live long!; Good for you!; ~ ***olmak*** to exist; ***-ı yoğu*** everything one owns.
varak sheet (*of paper*); leaf (*of a book*).
varaka printed form.
varakçı **1.** gilder; **2.** silverer.
varaklamak **1.** to gild; **2.** to silver.
varaklı **1.** gilded; **2.** silvered.
vardabandıra NAUT signalman.
vardakosta [..x.] NAUT coast guard cutter.
vardiya [x..] **1.** shift (*in a factory*); **2.** NAUT watch.
varış arrival.
varil barrel, keg.
varis MED varix, varicosity.
vâris heir, inheritor.
varlık **1.** existence, being, presence; **2.** creature; **3.** wealth, riches; ~ ***göstermek*** to make one's presence felt; ~ ***içinde yaşamak*** to live in easy circumstances; ~ ***içinde yokluk*** scarcity despite wealth.
varmak, (***-ır***) to arrive (*-e* at, in), to reach, to get (*-e* to).
varoluş existence.
varoş suburb.
varsayım hypothesis, supposition, assumption.
varsaymak to suppose, to assume.
varyasyon MUS variation.
varyete variety show.
vasat, ***-tı*** average.
vasati [ī] average, mean.
vasıf, ***-sfı*** quality.
vasıflandırmak to qualify, to characterize.
vasıflı qualified, skilled.
vasıl: ~ ***olmak*** to arrive (*-e* at, in), to reach.
vasıta [—..] **1.** means; **2.** means of transportation, vehicle.
vasıtasız [—...] direct.
vasi [.—] LEG guardian, executor.
vasilik LEG guardianship, wardship.
vasistas transom.
vasiyet, ***-ti*** will, testament; ~ ***etmek*** to bequeath.
vasiyetname [...—.] will, testament.
vaşak ZO lynx.
vat, ***-tı*** ELECT watt.
vatan native country, motherland.
vatandaş citizen.
vatandaşlık citizenship; ~ ***hakları*** LEG civil rights.
vatani [ī] patriotic; ~ ***görev*** military service.
vatanperver, **vatansever** patriotic.
vatanperverlik, **vatanseverlik** patriotism.
vatansız stateless.
vatka shoulder padding.
vay Oh!, Woe!
vazelin vaseline.
vazgeçmek to give up, to abandon, to quit.
vazife [.—.] duty; task, obligation; ~ ***aşkı*** love of one's job; ***senin ne üstüne ~?*** what's that to you?
vazifeli [.—..] on duty; employed.
vaziyet, ***-ti*** situation, circumstances; position; ~ ***almak*** MIL to stand at attention; ***-e bağlı*** it all depends.
vazo [x.] vase.
ve and; ~ ***saire*** et cetera, etc., and so forth.
veba [ā] MED plague, pestilence.
vebal, ***-li*** [a] evil consequences (*of an evil action*); ***-ini çekmek*** to suffer the consequences (*of an evil action*).
vebalı [ā] plague-stricken.
vecibe [ī] duty, obligation.
vecit, ***-cdi*** ecstasy, rapture.
vecize [ī] epigram, aphorism.
veda, ***-aı*** [ā] farewell, goodbye; ~ ***etmek*** to say farewell *or* goodbye (*-e* to); ~ ***partisi*** farewell party; ~ ***ziyareti*** farewell visit.
vedalaşmak [.—..] to say farewell *or* goodbye (*ile* to).
vefa [ā] fidelity, loyalty; ~ ***etmek*** (*for one's life*) to last long enough, to suffice.

vefakâr [.——], **vefalı** [.—.] faithful, loyal.
vefasız [ā] unfaithful, disloyal.
vefasızlık [ā] unfaithfulness, disloyalty.
vefat, ***-tı*** [ā] death, decease; **~ *etmek*** to die, to pass away.
vekâlet, ***-ti*** attorneyship; proxy; **~ *etmek*** to represent, to act for, to deputize.
vekâleten [.x..] by proxy.
vekâletname [.—.—.] proxy, procuration.
vekil [ī] deputy, proxy, attorney; agent, representative.
vekillik proxy; attorneyship.
vektör MATH vector.
velayet, ***-ti*** **1.** guardianship, wardship; **2.** sainthood.
velespit, ***-ti*** velocipede, bicycle.
velhasıl [x—.] in short.
veli [ī] guardian, protector (*of a child*).
veliaht, ***-dı*** heir apparent, crown prince.
velinimet, ***-ti*** [.——.] benefactor, patron.
velur velure, velvet.
velvele clamo(u)r, outcry, hubbub; ***-ye vermek*** to kick up a row, to cause a tumult.
velveleci clamorous, noisy.
veranda veranda, porch.
veraset, ***-ti*** inheritance.
verecek debt, debit.
verecekli debtor.
verem MED tuberculosis.
veremli tuberculous.
veresiye on credit.
verev diagonal.
vergi tax; **~ *beyannamesi*** tax statement (*or* return); **~ *kaçakçılığı*** tax evasion; **~ *mükellefi*** taxpayer; **~ *tahsildarı*** tax-collector; ***-ye tabi*** taxable; **♀ *İdaresi*** ≈ IRS (*American income tax department = Internal Revenue Service*).
vergilendirmek to tax.
vergili taxable.
vergisiz tax-free.
veri datum.
verici transmitter; **~ *istasyonu*** transmitting station.
verim output, yield.
verimli productive, fruitful.
verimsiz unproductive, unfruitful.
verimsizlik unproductiveness, unfruitfulness.
verिştirmek (*b-ne*) to give *s.o.* a dressing down.
vermek, (***-ir***) **1.** to give; to hand; to deliver; **2.** to yield, to produce; **3.** to hold (*a party etc.*); to give (*a concert*); **4.** to suffer (*losses*).
vernik varnish.
verniklemek to varnish.
vesait, ***-ti*** means of transportation, vehicles.
vesayet, ***-ti*** LEG guardianship.
vesika document, certificate.
vesikalı licensed (*prostitute*).
vesikalık: **~ *fotoğraf*** passport photograph.
vesile means, cause.
vestiyer cloakroom.
vesvese anxiety, misgiving.
vesveseli anxious, apprehensive.
veteriner veterinarian.
veterinerlik veterinary medicine.
vetire [ı] process.
veto [x.] veto; **~ *etmek*** to veto.
veya, **veyahut** or.
vezin, ***-zni*** *poet.* metre, *Am.* meter.
vezir [ī] **1.** *hist.* vizier; **2.** *chess*: queen.
vezirlik *hist.* viziership, vizierate.
vezne cashier's window, teller's window.
veznedar [ā] cashier, teller.
vıcık gooey, sticky; **~ ~ *etmek*** to make gooey (*or* sticky).
vıdı vıdı: **~ *etmek*** F to yak, to chatter.
vınlamak to buzz, to whiz.
vır vır: **~ *etmek*** to nag, to grumble.
vırvırcı F grumbler.
vız buzz; hum; **~ *gelir tırıs gider*** F I don't give a damn.
vızıldamak to buzz; to hum.
vızıltı buzz, hum.
vızır vızır constantly, continually.
vızlamak to whiz.
vibrato MUS vibrato.
vibriyon vibrio.
vicdan conscience; **~ *azabı*** pangs *or* pricks of conscience, remorse; ***-ı sızlamak*** to suffer a pang of concience.
vicdanen conscientiously.
vicdani of conscience, pertaining to conscience.
vicdanlı [ā] conscientious.
vicdansız [ā] unscrupulous.
vida MEC screw.

vidalamak to screw.
vidalı [x..] screwed; ~ ***kapak*** screw cap.
video **1.** video; **2.** video player.
videokonferans video conference.
vikont, ***-tu*** viscount.
vikontes viscountess.
vilayet, ***-ti*** province, vilayet.
villa villa.
vinç, ***-çi*** MEC crane, winch.
viola MUS viola.
vira [x.] continuously.
viraj curve, bend; ~ ***almak*** to go around (*or* take) a curve.
viran [— —] ruined, in ruins.
virane [— —.] ruin; ***-ye çevirmek*** to ruin, to destroy.
virgül comma.
virtüöz MUS virtuoso.
virüs [x.] MED, IT virus.
viski whisky.
viskonsül vice-consul.
viskoz viscose.
vişne [x.] BOT sour cherry, morello.
vişneçürüğü, ***-nü*** purple-brown.
vitamin vitamin.
vitaminli vitamined.
vitaminsizlik MED avitaminosis.
vites gear; ~ ***değiştirmek*** to shift gears; ~ ***kutusu*** gearbox; ***-e takmak*** to put into gear.
vitrin **1.** shopwindow; **2.** china cabinet.
viyadük viaduct.
viyaklamak to wail, to squawk.
Viyana [.x.] *pr. n.* Vienna.
viyola [.x.] MUS viola.
viyolonsel MUS violoncello.
vize visa.
vizite [x..] **1.** medical visit; **2.** doctor's fee.
vizon ZO mink.
vizör PHOT view-finder.
vokal, ***-li*** vocal.
vokalist, ***-ti*** vocalist.
volan MEC flywheel.
vole [x.] volley.
voleybol, ***-lü*** volleyball.
volfram CHEM wolfram, tungsten.
volkan volcano.
volkanik volcanic.
volt, ***-tu*** ELECT volt.
volta *sl.* pacing back and forth; ~ ***atmak*** to pace back and forth; ***-sını almak*** *sl.* to run away, to beat it.
voltaj ELECT voltage.
voltmetre ELECT voltmeter.
votka vodka.
v.s. etc., et cetera.
vuku, ***-uu*** [— —] occurence, event; ~ ***bulmak*** to occur, to happen, to take place.
vukuat, ***-tı*** [.— —] **1.** events; **2.** police case.
vurdumduymaz thick-skinned, insensitive.
vurgu GR stress, accent.
vurgulamak to emphasize, to stress.
vurgulu GR stressed, accented.
vurgun **1.** in love with; **2.** ill-gotten gain, gravy; **3.** the bends, caisson disease; ~ ***yemek*** to be crippled by the bends; to die from the bends.
vurguncu profiteer.
vurgunculuk profiteering.
vurgusuz GR unstressed, unaccented.
vurmak, (***-ur***) **1.** to hit, to strike; **2.** to knock, to tap; **3.** to shoot; **4.** to kill; **5.** (*for a shoe*) to chafe, to pinch; **6.** to hunt; **7.** to hit (*a target*); **8.** (*shadow, light*) to hit, to strike, to fall on; **9.** (*clock*) to strike (*the hour*); **10.** to give (*an injection*).
vurucu: ~ ***tim*** team of sharpshooters.
vurulmak (*b-ne*) to fall in love with *s.o.*, to be gone on *s.o.*
vuruntu: ~ ***yapmak*** MOT to knock, to pink.
vuruş **1.** blow, stroke; **2.** MUS beat.
vuruşkan combative, belligerent.
vuruşmak to fight with one another.
vuslat, ***-tı*** union (*with one's beloved*).
vusul, ***-lü*** [.—] arrival; ~ ***bulmak*** to arrive.
vuzuh [.—] clearness.
vücut, ***-du*** [ū] body; ~ ***bulmak*** (*or* ***vücuda gelmek***) to come into being, to arise; ***vücuda getirmek*** to create, to produce, to beget.
web F internet; ~ ***sitesi*** website.
www (= world wide web) *bir internet adresin başlangıcı.*

Y

ya[1] [ā] O!, Oh!
ya[2] either ... or ...
yaba wooden pitchfork, hayfork.
yabalamak to pitchfork.
yaban wilderness, wild; ***-a atmak*** to disregard, to sneeze at.
yabanarısı, ***-nı*** ZO wasp; hornet.
yabancı **1.** stranger; foreigner; **2.** foreign, alien; ~ ***düşmanlığı*** xenophobia.
yabancılaşmak to become strangers to each other.
yabancılık **1.** foreignness; **2.** strangeness.
yabandomuzu, ***-nu*** ZO wild boar.
yabanıl wild.
yabani **1.** wild, untamed; **2.** shy, timid.
yabanilik **1.** wildness; **2.** *fig.* shyness.
yabanlaşmak to go wild.
yabansı strange, odd.
yad foreign, faraway.
yâd etmek to mention, to remember, to talk about.
yadımlama BIOL catabolism, dissimilation.
yadımlamak BIOL to dissimilate.
yadırgamak to find strange *or* odd.
yadigâr [—.—] keepsake, souvenir, remembrance.
yadsımak to deny, to reject.
yafta [x.] label.
yağ **1.** oil; fat; **2.** butter; **3.** grease; ointment; ~ ***çekmek*** to butter up, to flatter, to toady; ~ ***çubuğu*** MOT dipstick; ~ ***gibi gitmek*** (*or* ***kaymak***) (*vehicle*) to go like a bird; ~ ***kutusu*** MEC crankcase; ~ ***süzgeci*** MOT oil filter; ~ ***tulumu*** *fig.* very fat person, tub of lard; ***-dan kıl çeker gibi*** as easy as taking candy from a baby, as easy as falling off a log.
yağcı **1.** lubricator; **2.** *fig.* flatterer, toady.
yağcılık *fig.* flattery; ~ ***etmek*** to flatter, to butter up.
yağdanlık oilcan; lubricator.
yağdırmak *fig.* to rain, to shower.
yağdoku ANAT fatty tissue.
yağımsı oily; fatty.
yağış rain, precipitation.
yağışlı rainy, showery.
yağız dark, swarthy.
yağlama lubrication.
yağlamak **1.** to grease, to oil, to lubricate; **2.** *fig.* to flatter, to butter up.
yağlanmak to get fat.
yağlayıcı **1.** lubricant; **2.** lubricator; **3.** lubricatory.
yağlı **1.** oily, greasy; **2.** *fig.* rich, well off, in the money; **3.** *fig.* profitable; ~ ***güreş*** greased wrestling; ~ ***kâğıt*** **1.** oil paper; **2.** tracing paper; ~ ***kapı*** F rich employer; ~ ***kuyruk*** *fig.* milch cow; ~ ***lokma*** *fig.* rich windfall; ~ ***müşteri*** profitable customer.
yağlıboya oil paint.
yağlık napkin; handkerchief.
yağma **1.** pillage, sack; **2.** loot, booty; ~ ***etmek*** to pillage, to sack, to loot.
yağmacı [x..] looter, sacker, plunderer.
yağmacılık [x...] pillage.
yağmak, (***-ar***) to rain.
yağmalamak to loot, to sack, to plunder.
yağmur rain; ~ ***boşanmak*** to pour heavily, to come down in buckets; ~ ***duası*** ritual prayer for rain (*said by villagers during a drought*); ~ ***mevsimi*** rainy season; ~ ***yağıyor*** it is raining; ~ ***yemek*** to get wet through (*in the rain*); ***-dan kaçarken doluya tutulmak*** *fig.* to jump out of the frying pan into the fire.
yağmurlama: ~ ***sistemi*** sprinkling system.
yağmurlamak to turn into rain.
yağmurlu rainy.
yağmurluk raincoat, mackintosh.
yağsız lean, fatless (*meat*), fat-free.
yahni fricassee, ragout.
yahşi pretty; good, nice.
yahu [ā] [x.] See here!, Look here!
Yahudi Jew; Jewish.
Yahudice Hebrew.
Yahudilik Jewishness.
yahut [ā] [x.] or.
yaka **1.** collar; **2.** edge, bank, shore; ~

silkmek (*b-den*) to get fed up with *s.o.*; ***-sını bırakmamak*** *fig.* to badger, to bedevil; ***-yı ele vermek*** to get caught; ***-yı kurtarmak*** *or* ***sıyırmak*** to evade, to escape.

yakacak fuel.

yakalamak to catch, to seize, to collar, to grab.

yakalanmak 1. to catch (*an illness*); **2.** to be caught in (*the rain etc.*).

yakalı collared.

yakalık collar.

yakamoz phosphorescence (*in the sea*).

yakarış prayer, entreaty.

yakarmak to beg, to implore, to entreat.

yakı plaster; blister; ~ ***vurmak*** (*or* ***yapıştırmak***) to plaster; to blister; to cauterize.

yakıcı burning; biting (*to the taste*).

yakın 1. near, close, nearby; **2.** close (*friend*); **3.** nearby place, neighbo(u)rhood; ~ ***akraba*** close relative; ~ ***zamanda*** **1.** recently; **2.** soon; ***-da*** **1.** nearby; **2.** in the near future, soon; **3.** recently.

yakınlaşmak 1. to approach, to draw near; **2.** to become friends *or* close.

yakınlık nearness, closeness (*a. fig.*), proximity; ~ ***duymak*** to feel close (*-e* to); to feel a sympathy (*-e* for); ~ ***göstermek*** to be friendly.

yakınmak to complain.

yakınsak MATH, PHYS convergent.

yakışık: ~ ***almak*** to be suitable *or* proper.

yakışıklı handsome, good-looking.

yakışıksız unsuitable, improper, unbecoming.

yakışmak 1. to be suitable, to be fit; **2.** to go well with, to suit.

yakıştırmak (*bşi b-ne*) to regard *s.th.* as suitable for *s.o.*, to think that *s.th.* befits *s.o.*

yakıt, *-tı* fuel.

yaklaşık approximate.

yaklaşım approach.

yaklaşmak to approach, to draw near.

yaklaştırmak to bring near; to approximate.

yakmak, (*-ar*) 1. to burn, to scorch, to singe; **2.** to turn on, to light; **3.** to set on fire; **4.** to apply (*henna*); **5.** to compose (*a folk song*); **6.** (*for wool*) to irritate; **7.** *fig.* to ruin, to cook s.o.'s goose; **8.** *fig.* to inflame with love; ***yakıp yıkmak*** to destroy utterly.

yakut, *-tu* [ā] ruby.

yalak trough; basin.

yalama worn (*by friction*); ~ ***olmak*** to get worn.

yalamacı *sl.* toady, lickspittle.

yalamak 1. to lick; **2.** to graze.

yalan lie, fib; ~ ***makinesi*** lie detector; ~ ***söylemek*** to lie, to tell lies; ~ ***yanlış*** false, erroneous; ~ ***yere yemin*** LEG perjury; ~ ***yere yemin etmek*** LEG to perjure o.s.; ***-a şerbetli*** prone to lying; ***-ını çıkarmak*** (*b-nin*) to give *s.o.* the lie; ***-ını yakalamak*** (*b-nin*) to catch *s.o.* in a lie.

yalancı 1. liar; **2.** false, artificial, imitated; ~ ***çıkarmak*** (*b-ni*) to call *s.o.* a liar; ~ ***şahit*** LEG false witness, perjurer.

yalancıakasya BOT black locust.

yalancıktan superficially; ~ ***bayıldı*** he pretended to faint.

yalancılık lying.

yalandan superficially; falsely; ~ ***ağladı*** she pretended to cry.

yalanlamak to deny, to contradict.

yalanmak to lick one's lips.

yalapşap superficially done.

yalaz flame.

yalçın steep.

yaldız gilding.

yaldızcı gilder, silverer.

yaldızlamak to gild.

yaldızlı gilded, gilt.

yale (kilit) Yale lock.

yalgın mirage.

yalı 1. shore; beach; **2.** waterside mansion.

yalıçapkını, *-nı* ZO kingfisher.

yalın bare, naked; ~ ***hal*** GR nominative case.

yalınayak barefoot.

yalınkat, *-tı* one layer.

yalıtım insulation.

yalıtkan PHYS nonconductive; insulative.

yalıtmak to insulate.

yalıyar GEOGR cliff.

yalız ANAT unstriated (*muscle*).

yallah [x.] Go away!, Get going!

yalnız [x.] **1.** alone, solitary; **2.** only, just, but; **3.** but, however; ~ ***başına*** alone, by oneself; ~ ***bırakmak*** (*b-ni*)

to leave *s.o.* alone, to leave *s.o.* on his own.
yalnızca alone, by o.s.
yalnızcılık POL isolationism.
yalnızlaşmak to become isolated.
yalnızlık loneliness.
yalpa [x.] NAUT rolling, lurching; **~ *vurmak*** to roll, to lurch.
yalpalamak to roll, to lurch.
yaltak(çı) *contp.* fawning, cringing.
yaltaklanmak to toady, to fawn, to cringe.
yalvarmak to beg, to entreat, to implore, to plead.
yama patch; **~ *vurmak*** to patch.
yamacı patcher; repairer.
yamaç, ***-cı*** slope, side.
yamak helper, assistant.
yamalamak to patch.
yamalı patched.
yamamak **1.** to patch; **2.** to foist (*-e* on).
yaman **1.** capable, efficient; **2.** strong, violent, cruel; **3.** bad, terrible.
yamanmak *contp.* to foist o.s. (*-e* on), to get a footing.
yamrı yumru misshapen, gnarled.
yamuk **1.** bent, crooked, askew; **2.** MATH trapezoid.
yamuk yumuk *s.* ***yamrı yumru.***
yamulmak to become bent; to lean to one side.
yamyam cannibal.
yamyamlık cannibalism.
yamyassı [x..] as flat as a pancake.
yamyaş [x.] very damp.
yan **1.** side; flank; **2.** vicinity; **3.** direction; **4.** aspect, side (*of a matter*); **~ *bakmak*** to look askance (*-e* at); to leer (*-e* at); **~ *cümle*** GR subordinate clause; **~ *çizmek*** to avoid, to shirk, to evade; **~ *etki*** side effect; **~ *hakemi*** linesman; **~ *ürün*** by-product; **~ *-a*** side by side; **~ *yatmak*** to lean to one side; ***-dan*** sideways, from one side; ***-dan çarklı*** paddlewheel boat, paddlesteamer; ***-ı sıra*** right along with, together with; ***-ına bırakmamak*** (*or* ***koymamak***) not to leave unpunished.
yanak cheek.
yanal lateral.
yanardağ volcano.
yanardöner shot (*silk*).
yanaşık adjacent, contiguous.
yanaşma farmhand.
yanaşmak **1.** to approach, to draw near; **2.** NAUT to come alongside; **3.** to accede to (*a request*).
yanaştırmak to draw (*a vehicle*) up alongside (*a place*).
yandaş supporter, follower, advocate, adherent.
yandaşlık support, advocacy, adherence.
yangeçit bypass.
yangı MED inflammation, infection.
yangılanmak MED to get infected.
yangın fire; **~ *bombası*** fire *or* incendiary bomb; **~ *çıkarmak*** to start a fire; **~ *kulesi*** fire tower; **~ *sigortası*** fire insurance; **~ *tulumbası*** hand fire pump; ***-a körükle gitmek*** *fig.* to add fuel to the flames.
yanık **1.** burn, scald; **2.** burnt, scorched; singed; **3.** lighted, alit; **4.** doleful, piteous, touching; **~ *tenli*** sunburnt, suntanned.
yanılgı mistake, error.
yanılmak **1.** to be mistaken; **2.** to make a mistake, to err.
yanılmaz infallible, unfailing.
yanılsama PSYCH illusion.
yanıltıcı misleading.
yanıltmaca sophism.
yanıltmaç tongue-twister.
yanıltmak to mislead.
yanıt, ***-tı*** answer, response, reply; **~ *vermek*** to answer, to reply.
yanıtlamak *s.* ***yanıt vermek.***
yani [a] [x.] that is to say, that is, namely.
yankesici pickpocket.
yankesicilik picking pockets.
yankı **1.** echo; **2.** *fig.* reaction, repercussion; **~ *uyandırmak*** to have repercussions.
yankılanmak to echo.
yanlı **1.** sided; **2.** supporter, adherent, advocate.
yanlış **1.** mistake, error, blunder; **2.** wrong, erroneous, incorrect; **~ *düşmek*** TELEPH to get the wrong number; **~ *kapı çalmak*** to bark up the wrong tree; **~ *yere*** by mistake; ***-ını çıkarmak*** (*b-nin*) to find *s.o.'s* mistake.
yanlışlık mistake, error, blunder.
yanlışlıkla by mistake.
yanmak, (***-ar***) **1.** to burn, to be on fire; **2.** (*for electricity*) to be on; **3.** to get sun-

burned; **4.** to be painful, to hurt; **5.** to become invalid; **6.** F to be done for, to be in the soup; **7.** to get tanned (*by the sun*); **8.** to have fever, to be feverish; **9.** (*for a place*) to be blazing hot; ***yanıp kül olmak*** to burn to ashes.

yansı **1.** BIOL reflex; **2.** reflection.

yansıma reflection.

yansımak to reflect.

yansıtıcı reflector.

yansıtmak to reflect.

yansız impartial, unbiased.

yanşak garrulous, talkative.

yanşaklık garrulity.

yapağı, **yapak** wool.

yapay artificial.

yapayalnız [x..—] all alone, completely alone.

yapaylık artificiality.

yapı **1.** building, edifice; **2.** structure, build; physique.

yapıcı **1.** builder; constructor; **2.** constructive; creative.

yapılı **1.** built, constructed; **2.** portly (*person*).

yapım **1.** construction, building; **2.** *film*: production.

yapımcı **1.** builder; **2.** *film*: producer.

yapımevi, ***-ni*** factory, plant; workshop.

yapısal structural.

yapışık stuck (*-e* to, on), adhering (*-e* to).

yapışkan **1.** sticky, adhesive; **2.** *fig.* importunate, clingy (*person*).

yapışmak to stick, to adhere.

yapıştırıcı adhesive.

yapıştırmak **1.** to glue, to stick, to adhere; **2.** to hit, to land, to plant (*a blow*); **3.** to say in quick reply.

yapış yapış very sticky.

yapıt, ***-tı*** work (of art), opus.

yapıtaşı, ***-nı*** building stone.

yapkın **1.** rich, wealthy; **2.** drunk.

yapma **1.** artificial, false; **2.** sham, affected, mock.

yapmacık artificial, affected, mock, feigned.

yapmak, (***-ar***) **1.** to do; to make; **2.** to build, to construct; to produce; **3.** to carry out, to perform; **4.** to repair, to fix; **5.** to make, to acquire (*money*); **6.** to do (*speed*); **7.** to defecate; to urinate, to wet; **8.** to do harm; **9.** to do, to arrange; ***gelmekle iyi yaptın*** you did well to come; ***yapma!*** Stop it!, Cut it out!.

yaprak **1.** BOT leaf; **2.** page, leaf (*of a book etc.*); **3.** layer, sheet; ~ ***dolması*** stuffed grape leaves; ~ ***dökümü*** autumn, *Am.* fall.

yaprakbiti, ***-ni*** ZO aphid, plant louse.

yapraklanmak to leaf, to come into leaf.

yapraklı leafy; leafed.

yapraksız leafless.

yaptırım LEG sanction.

yar precipice, cliff.

yâr, ***-ri*** **1.** beloved, love; lover; **2.** friend; ~ ***olmak*** to be a help, to help.

yara **1.** wound; **2.** *fig.* pain, sorrow; ~ ***açmak*** to wound; ~ ***bağı*** bandage; ~ ***bere*** cuts and bruises; ~ ***izi*** scar; ~ ***kabuğu*** scab, crust (*over a wound*); ~ ***kapanmak*** (*for a wound*) to heal; ***-sı olan gocunur!*** If the cap fits wear it!; ***-sını deşmek*** *fig.* to touch a sore spot, to open up an old wound; ***-ya tuz biber ekmek*** *fig.* to sprinkle salt on the wound.

Yaradan the Creator, the Maker.

yaradılış **1.** creation; **2.** nature, disposition, temperament.

yarak V penis, cock, dick, pecker.

yaralamak to wound.

yaralanmak to be wounded.

yaralı wounded.

yaramak **1.** to be of use, to be good; to serve, to avail; **2.** to be good for s.o.'s health, to agree with.

yaramaz **1.** useless; **2.** naughty, mischievous.

yaramazlık naughtiness, mischievousness; ~ ***etmek*** to get into mischief, to cut up, to play up.

yaranmak to curry favo(u)r (*-e* with).

yarar **1.** useful; **2.** use, benefit; advantage.

yararlanmak to benefit (*-den* from), to profit (*-den* from), to make good use (*-den* of).

yararlı useful.

yararlılık usefulness.

yararsız useless, of no use.

yararsızlık uselessness.

yarasa ZO bat.

yaraşık: ~ ***almak*** to be suitable *or* fitting.

yaraşıklı suitable, becoming.

Y

yaraşıksız unsuitable, unbecoming.
yaraşmak to suit, to be suitable, to become.
yaratıcı creative.
yaratıcılık creativity, creativeness.
yaratık creature.
yaratılış creation, genesis.
yaratmak to create.
yarbay MIL lieutenant colonel.
yarda [x.] yard (= *91,44 cm.*).
yardakçı accomplice, henchman.
yardakçılık complicity; ~ ***etmek*** to aid.
yardım help, assistance, aid; ~ ***etmek*** to help, to assist, to aid.
yardımcı **1.** helper, assistant; **2.** GR auxiliary; ~ ***fiil*** GR auxiliary verb.
yardımlaşmak to help one another; to collaborate.
yardımsamak (*b-den*) to ask *s.o.* for help.
yardımsever helpful, philanthropic.
yaren [ā] friend.
yarenlik [ā] chit-chat; ~ ***etmek*** to chat.
yargı **1.** idea, opinion; **2.** LEG judg(e)ment, verdict, decision; ~ ***yetkisi*** judicial power.
yargıç, ***-cı*** LEG judge.
yargılamak to try, to judge; to hear (*a case*).
Yargıtay *pr. n.* Supreme Court.
yarı **1.** half; **2.** *sports*: half time; ~ ***-ya*** in half, fifty-fifty; ~ ***yolda bırakmak*** (*b-ni*) *fig.* to leave *s.o.* in the lurch, to leave *s.o.* high and dry; ***-da bırakmak*** to discontinue, to interrupt; ***-da kalmak*** to be left half finished.
yarıcı **1.** chopper, splitter; **2.** sharecropper.
yarıçap, ***-pı*** MATH radius.
yarıfinal, ***-li*** *sports*: semifinal.
yarıgeçirgen semipermeable.
yarıiletken ELECT semiconductor.
yarık split, cleft, fissure; slit.
yarıküre GEOGR semisphere.
yarılamak to be halfway through; to be halfway to.
yarım **1.** half; **2.** half past noon; ~ ***yamalak*** crummy, sorry, poor.
yarımada peninsula.
yarımay half-moon.
yarımca MED migraine.
yarımküre GEOGR hemisphere.
yarımlamak to halve.
yarın [x.] tomorrow.
yarınki tomorrow's, of tomorrow.
yarısaydam semitransparent, translucent.
yarış race; competition; ~ ***alanı*** racecourse, racetrack; ~ ***atı*** racehorse; ~ ***etmek*** to race.
yarışçı competitor, contester.
yarışma contest, competition.
yarışmacı competitor, contestant.
yarışak to race; to compete, to contest.
yarma **1.** cleft, fissure; **2.** MIL breakthrough; ~ ***gibi*** hugely built (*person*).
yarmak, (***-ar***) to split, to cleave, to rend.
yas mourning; ~ ***tutmak*** to mourn.
yasa law.
yasadışı illegal, unlawful.
yasak **1.** prohibition; ban; **2.** prohibited, forbidden; ~ ***etmek*** to prohibit, to forbid; to ban.
yasaklamak *s.* ***yasak etmek.***
yasaklayıcı prohibitive, prohibitory.
yasal legal, lawful, legitimate.
yasalaşmak to become law.
yasalaştırmak to make law.
yasallaşmak to become lawful (*or* legal).
yasallaştırmak to legalize.
yasama legislation; ~ ***kurulu*** legislative body; ~ ***meclisi*** house, chamber; ~ ***yetkisi*** legislative power.
yasamak to legislate.
yasamalı legislative.
yasasız illegal, unlawful, illegitimate.
yasemin [—.—] BOT jasmine.
yaslamak to lean, to prop.
yaslanmak to lean (*-e* against), to prop o.s. (*-e* against).
yaslı in mourning.
yassı flat; ~ ***ekran monitör*** flat screen monitor.
yassılaşmak to flatten.
yassılık flatness.
yastık **1.** pillow; cushion; **2.** MEC buffer, cushion.
yaş[1] age; ~ ***günü*** birthday; ***-ı tutmamak*** to be under age; ***-ına başına bakmadan*** regardless of his age; ***-nda*** one year old; ***-ını başını almak*** to be old; ***kaç yaşındasınız?*** How old are you?
yaş[2] **1.** damp; wet; moist; **2.** fresh (*fruit*); **3.** tears; ~ ***dökmek*** to shed tears, to weep; ~ ***tahtaya basmak*** *fig.* to be duped (*or* taken in); ***-lara boğulmak***

to cry one's eyes out, to cry buckets.
yaşa Hurrah!, Hurray!
yaşam life.
yaşamak **1.** to live; **2.** to inhabit, to live.
yaşamöyküsü, ***-nü*** biography.
yaşamsal vital.
yaşantı life.
yaşarmak (*eyes*) to fill with tears.
yaşatmak to keep alive.
yaşayış way of living, life.
yaşıt, ***-tı*** of the same age.
yaşlanmak to grow old, to age.
yaşlı[1] teary, tearful.
yaşlı[2] old, aged, elderly.
yaşlık dampness, moistness.
yaşlılık old age, senility.
yaşmak veil, yas(h)mak.
yaşmaklı veiled.
yat, ***-tı*** yacht; ~ ***limanı*** marina.
yatağan yataghan.
yatak **1.** bed; couch, mattress; **2.** bed (*of a river, lake*); **3.** den, lair, hide-out (*of thieves etc.*); **4.** MEC bearing; ~ ***çarşafı*** bed sheet; ~ ***odası*** bedroom; ~ ***örtüsü*** bedspread; ~ ***takımı*** bedding; ~ ***yüzü*** (bed)tick; ***yatağa düşmek*** to take to one's bed, to be bedfast.
yatakhane [..—.] dormitory.
yataklı **1.** having beds; **2.** *a.* ~ ***vagon*** RAIL sleeping car, sleeper.
yataklık ~ ***etmek*** to harbo(u)r (*a criminal*).
yatalak bedridden, bedfast.
yatay horizontal.
yatı overnight stay; ***-ya gelmek*** to make an overnight visit, to come for an overnight stay.
yatık leaning to one side; ~ ***yaka*** turn-down collar.
yatılı **1.** boarding (*school*); **2.** boarding student, boarder; ~ ***okul*** boarding school.
yatır place where a saint is buried.
yatırım ECON investment.
yatırımcı ECON investor; depositor.
yatırmak **1.** to put to bed; **2.** to put s.o. in (*hospital*); **3.** to lay flat; **4.** to invest, to deposit (*money*); **5.** to accommodate.
yatısız day (*school*, *student*).
yatışmak to die down, to calm down, to subside.
yatıştırıcı sedative, tranquilizing.
yatıştırmak to calm, to soothe, to tranquilize.
yatkın inclined (*-e* to), predisposed (*-e* to).
yatmak, ***(-ar)*** **1.** to go to bed, to turn in; **2.** to be lying down, to be in bed; **3.** to pass the night; **4.** to go into (*hospital*); **5.** to be imprisoned; **6.** to have sex, to sleep with; **7.** to lean to (*one side*); **8.** to stay (*-de* in), to remain (*-de* in); ***yatıp kalkmak*** **1.** to sleep (*-de* ***-in***); **2.** to have sex (*ile* with), to sleep (*ile* with).
yavan **1.** tasteless, insipid, flavo(u)rless; **2.** *fig.* vapid, dull, insipid.
yavanlaşmak to become tasteless, to go flat.
yavaş **1.** slow; **2.** soft, quiet; ~ ~ slowly.
yavaşça [.x.] **1.** slowly; **2.** quietly, softly.
yavaşçacık [.x..] **1.** rather slowly; **2.** rather quietly.
yavaşlamak to slow down.
yavaşlatmak to slow down; to slacken.
yavaşlık **1.** slowness; **2.** quietness, softness.
yaver [ā] MIL aide-de-camp.
yavru **1.** young animal; **2.** child.
yavrucak poor little child.
yavrukurt cub scout.
yavrulamak to bring forth young.
yavşak nit.
yavuklu F fiancé; fiancée.
yavuz stern, tough.
yay **1.** bow; **2.** MEC spring; **3.** MATH arc, curve; **4.** ♐AST Sagittarius, the Archer.
yaya pedestrian; ~ ***bırakmak*** (*b-ni*) *fig.* to leave *s.o.* in the lurch; ~ ***geçidi*** pedestrian *or* zebra crossing; ~ ***kaldırımı*** pavement, *Am.* sidewalk; ~ ***kalmak*** *fig.* to be left in the lurch.
yayan on foot; ~ ***gitmek*** to go on foot.
yaygara clamo(u)r, howl; hullabaloo; ***-yı basmak*** *or* ***koparmak*** to make a great to-do about nothing.
yaygaracı noisy, brawling; crybaby, roisterer.
yaygı ground cloth.
yaygın widespread.
yaygınlaşmak to become widespread.
yayık churn.
yayılmak **1.** to spread; **2.** to sprawl, to stretch out; **3.** to graze, to pasture.
yayım publication.
yayımcı publisher.
yayımcılık publishing.

yayımlamak **1.** to publish; **2.** to broadcast.
yayın **1.** publication; **2.** broadcast.
yayınevi, ***-ni*** publishing house.
yayla [x.] high plateau, wold.
yaylanmak **1.** to spring, to bounce; **2.** *sl.* to go away, to beat it.
yaylı **1.** with springs; **2.** stringed; ~ ***çalgılar*** MUS stringed instruments.
yaylım: ~ ***ateşi*** MIL volley, fusillade.
yaymak, **(*-ar*)** **1.** to spread, to scatter; **2.** to disseminate, to broadcast; **3.** to take to pasture (*animals*).
yayvan broad and shallow.
yaz summer; ~ ***kış*** summer and winter, all the year round; ~ ***saati*** summer time, daylight saving time; ~ ***tarifesi*** summer time-table.
yazar writer, author.
yazarlık authorship.
yazgı destiny, fate.
yazı **1.** writing; inscription; **2.** article; **3.** handwriting; **4.** *fig.* destiny, fate; ~ ***masası*** writing table; ~ ***mı, tura mı?*** heads or tails?; ~ ***tahtası*** blackboard; ~ ***tura atmak*** to flip up, to toss up; ~ ***yazmak*** to write; ***-ya dökmek*** to indite.
yazıbilim graphology.
yazıcı **1.** scribe; copyist, transcriber; **2.** MEC recorder.
yazıhane [..—.] office.
yazık **1.** pity, shame; **2.** What a pity!
yazıklanmak to pity; to be sorry (*-e* for).
yazılı **1.** written; **2.** *a.* ~ ***sınav*** written examination.
yazım spelling.
yazın[1] literature.
yazın[2] [x.] in summer.
yazıncı literary man, man of letters.
yazınsal literary.
yazışmak to correspond (*ile* with).
yazıt, ***-tı*** inscription; epitaph
yazlık summer house.
yazma **1.** handwritten; **2.** handprinted (*cloth*).
yazmak, **(*-ar*)** **1.** to write; **2.** to register, to enroll.
yazman secretary.
yedek spare, reserve; ~ ***parça*** spare part; ~ ***subay*** MIL reserve officer.
yedi seven.
yediemin [...—] LEG sequester, depositary, trustee.
yedigen **1.** heptagon; **2.** heptagonal.
yedili *cards*: the seven.
yedinci seventh.
yedirmek **1.** to feed; **2.** to let absorb, to rub in.
yedişer seven each, seven apiece; ~ ~ seven at a time.
yediveren BOT everblooming (*plant*).
yegâne sole, only, unique.
yeğ preferable; ~ ***tutmak*** to prefer.
yeğen nephew; niece.
yeğlemek to prefer.
yeis, ***-e'si*** despair.
yek, ***-ki*** one.
yeknesak monotonous.
yeknesaklık monotony.
yekpare in one piece.
yeksan [ā] level (*ile* with); ~ ***etmek*** to level to the ground.
yekta [ā] unique, peerless, matchless.
yekûn total, sum.
yel wind.
yeldeğirmeni, ***-ni*** windmill.
yele mane.
yelek waistcoat, vest.
yeleli maned.
yelken NAUT sail; ~ ***açmak*** to hoist sail; ***-leri suya indirmek*** *fig.* to humble o.s., to give in.
yelkenli sailboat, sailing ship.
yelkovan minute-hand (*of a clock*).
yellemek to fan.
yellenmek to break wind, to fart.
yelpaze [ā] fan.
yelpazelemek [ā] to fan.
yelpazelenmek [ā] to fan o.s.
yeltek fickle; inconstant.
yeltenmek to dare, to try.
yem **1.** feed; fodder; **2.** bait; ~ ***torbası*** nose (*or* feed) bag.
yemek[1] **1.** food; meal; **2.** dish; **3.** dinner, supper; banquet; ~ ***borusu*** **1.** ANAT esophagus; **2.** MIL mess call; ~ ***çıkarmak*** to serve food; ~ ***kitabı*** cookery book, *Am.* cookbook; ~ ***masası*** dining table; ~ ***odası*** dining room; ~ ***pişirmek*** to cook; ~ ***vermek*** to give a dinner; ~ ***yemek*** to eat.
yemek[2] **1.** to eat; **2.** to spend (*money*); **3.** to corrode, to eat; ***yemeden içmeden kesilmek*** to be off one's food, to have no appetite; ***yiyip bitirmek*** **1.** to eat up; **2.** to squander (*money*).

yemekhane [ā] dining hall.
yemekli : ~ ***vagon*** RAIL dining car, diner.
yemeni hand-printed scarf, head scarf.
yemin [ī] oath; ~ ***etmek*** to swear; to take an oath.
yeminli [.—.] under oath; sworn in; ~ ***tercüman*** certified interpreter.
yemiş **1.** dried fruit; **2.** nut.
yemişçi fruiterer.
yemlemek **1.** to feed; **2.** to bait.
yemlik **1.** nose-bag, feed-bag; **2.** *fig.* bribe.
yemyeşil [x..] very green.
yen cuff; sleeve.
yenge [x.] **1.** uncle's wife, affinal aunt; **2.** sister-in-law.
yengeç , ***-ci*** **1.** ZO crab; **2.**♋ AST Cancer.
yengi victory.
yeni **1.** new; recent; **2.** newly; **3.** recently; ~ ***evliler*** newly-weds; ***-den*** *or* ~ ***baştan*** afresh, anew, again.
yeniay AST new moon.
yenibahar BOT allspice.
yenice fairly new.
yeniçeri *hist.* Janissary.
yeniden again.
yenidünya **1.** BOT loquat; **2.**♋ the New World, America.
yenik defeated; ~ ***düşmek*** to be defeated.
yenilemek to renew, to renovate.
yenilenebilir renewable (*resources*).
yenilgi defeat; ***-ye uğramak*** to suffer defeat, to get a beating.
yenilik **1.** newness; **2.** innovation, novelty.
yenilikçi innovator.
yenilmek to be defeated *or* beaten.
yenişememek to be unable to defeat each other.
yeniyetme adolescent.
yeniyetmelik adolescence.
yenmek to defeat, to beat; to overcome, to conquer.
yepyeni [x..] brand-new.
yer **1.** place, spot; location; **2.** space, room; **3.** seat; **4.** the earth, the ground; **5.** floor; ~ ***almak*** to take part (*-de* in); ~ ***vermek*** to give s.o. a seat, to vacate one's seat; ***-e sermek*** (*b-ni*) to knock *s.o.* to the ground; ***-inde saymak*** *fig. to mark* time; ***-ine geçmek*** to replace; ***-ine getirmek*** to carry out, to execute, to perform, to fulfil(l); ***-le bir etmek*** to level to the ground, to raze; ***-le gök bir olsa*** no matter what happens even if the sky should fall; ***-lerde sürünmek*** to be down-and-out; ***-lere kadar eğilmek*** *fig.* to bow and scrape; ***-leri süpürmek*** (*long skirt etc.*) to trail (*or* drag) on the ground.
yeraltı , ***-nı*** underground; ~ ***geçidi*** underground passageway, subway; ~ ***sığınağı*** bunker.
yerbilim geology.
yerbilimci geologist.
yerçekimi , ***-ni*** PHYS gravity.
Yerebatan Sarayı *pr. n* the underground cistern.
yerel local.
yerelleştirmek to localize.
yerelması , ***-nı*** BOT Jerusalem artichoke.
yerfıstığı , ***-nı*** BOT groundnut, peanut.
yergi satire.
yergici satirist.
yerici satirical.
yerinde **1.** apt, appropriate; **2.** timely, well-timed; **3.** good, fine; **4.** old enough to be.
yerine **1.** instead of, in place of; **2.** on behalf of, in the name of.
yerinmek to feel sad (*-e* about), to regret.
yerkabuğu , ***-nu*** GEOL crust of the earth.
yerküre **1.** the earth; **2.** globe.
yerleşik settled, established.
yerleşim settlement.
yerleşmek **1.** to get established in (*one's job*); **2.** to settle o.s. in (*a chair etc.*); **3.** to move into, to settle in (*a place*).
yerleştirmek **1.** to place, to put, to fit; **2.** to land, to plant (*a blow*); **3.** to deploy (*a missile*).
yerli **1.** local; indigenous; **2.** domestic; native; ~ ***malı*** local product; ~ ***yerinde*** in apple-pie order.
yermek , (***-er***) **1.** to criticize, to run down, to speak ill of; **2.** to satirize; **3.** to condemn.
yermeli pejorative (*word*).
yermerkezli geocentric.
yersarsıntısı , ***-nı*** earthquake.
yersiz **1.** homeless; **2.** unsuitable, inappropriate.
yersolucanı , ***-nı*** ZO earthworm.
yeryuvarlağı , ***-nı*** the earth.
yeryüzü , ***-nü*** the world, the face of the

earth.
yeşermek **1.** to leaf out; **2.** to turn green.
yeşil green.
Yeşilay *pr. n.* the Green Crescent.
yeşilaycı F teetotaller.
yeşilimsi, **yeşilimtırak** greenish.
yeşillenmek *s.* ***yeşermek.***
yeşillik **1.** greenness; **2.** meadow; **3.** greens.
yeşim jade.
yetenek ability, talent, capability; ~ ***testi*** aptitude test.
yetenekli talented, capable, able.
yeteneksiz untalented, incapable.
yeteneksizlik inability, incapability, incompetence.
yeter **1.** enough, sufficient; **2.** Enough!
yeterince enough, sufficient.
yeterli enough, sufficient.
yeterlik adequacy, competence, proficiency, sufficiency.
yetersayı quorum.
yetersiz insufficient, inadequate; ~ ***beslenme*** malnutrition, undernourishment.
yetersizlik insufficiency, inadequacy.
yeti PSYCH faculty, power.
yetim [ī] orphan.
yetimhane [.——.] orphanage.
yetinmek to be content (*ile* with), to be satisfied (*ile* with).
yetişkin adult, grown-up.
yetişmek **1.** to reach, to arrive, to catch up (*-e* with); **2.** to be enough, to suffice; **3.** (*plant*) to grow; **4.** (*for a person or animal*) to grow up; **5.** to be educated; ***yetişin!*** Help!
yetişmiş **1.** mature, grown-up; **2.** trained.
yetiştirici producer, raiser, grower.
yetiştirmek **1.** to raise, to grow; **2.** to train; **3.** to convey (*news*).
yetki authority; ***askeri valiye tam ~ verildi*** the military governer has been invested with full authority.
yetkili **1.** authorized; **2.** authority; **3.** competent.
yetkin perfect.
yetkisiz **1.** unauthorized; **2.** incompetent.
yetmek, (***-er***) to be enough, to suffice.
yetmiş seventy.
yetmişer seventy each, seventy apiece.
yetmişinci seventieth.
yetmişlik septuagenarian.
yevmiye daily wage; ~ ***defteri*** ECON daybook, journal.
yezit F scamp, devil, dickens.
yığılı heaped, piled.
yığılışma crowd, throng.
yığılmak **1.** to collapse in a heap; **2.** to crowd around.
yığın **1.** heap, pile, stack; **2.** crowd, throng, mass.
yığınak MIL concentration, concentrated mass (*of troops or weapons*).
yığıntı heap, pile.
yığışmak to crowd together, to amass.
yığmak, (***-ar***) **1.** to heap up, to pile up; **2.** to amass, to accumulate, to concentrate.
yıkamak **1.** to wash; to bathe; to launder; **2.** PHOT to develop (*films*).
yıkanmak to wash o.s., to take a bath, to bathe.
yıkayıcı **1.** washer; **2.** PHOT developer.
yıkıcı **1.** destructive; subversive; **2.** wrecker.
yıkık ruined; demolished, razed.
yıkılmak **1.** to collapse, to fall down; **2.** (*hopes*) to wither.
yıkım ruin, destruction.
yıkımlık damage.
yıkıntı ruins, debris.
yıkmak, (***-ar***) **1.** to demolish, to wreck, to pull down; **2.** to overthrow; **3.** to accuse, to put (*the blame*) on s.o.
yıl year.
yılan ZO snake, serpent; ~ ***sokması*** snakebite.
yılanbalığı, ***-nı*** ZO eel.
yılankavi [..——] winding, serpertine.
yılbaşı, ***-nı*** New Year's Day.
yıldırım thunderbolt, lightning; ~ ***gibi*** like lightning, with lightning speed; ~ ***savaşı*** blitzkrieg; ~ ***siperi*** lightning rod; ~ ***telgrafı*** urgent telegram; ***-la vurulmuşa dönmek*** *fig.* to be thunderstruck.
yıldırımkıran, **yıldırımsavar** lightning rod.
yıldırmak to daunt, to intimidate.
yıldız star; ***-ı parlak*** lucky; ***-ları barışmak*** to get along well with each other.
yıldızbilim astrology.
yıldızböceği, ***-ni*** ZO firefly.
yıldızçiçeği, ***-ni*** BOT dahlia.

yıldızkarayel NAUT north-northwest wind.
yıldızlı 1. starred; **2.** starry, starlit
yıldızpoyraz NAUT north-northeast wind.
yıldönümü, ***-nü*** anniversary.
yılgı terror.
yılgın daunted, intimidated.
yılışık importunate, saucy, pert.
yılışmak to smarm.
yıllanmak to grow old, to age.
yıllanmış aged, mellow (*wine*).
yıllık 1. yearly, annual; **2.** yearbook; **3.** yearly salary.
yılmak, (***-ar***) to be daunted (*-den* by), to dread.
yılmaz undaunted.
yıpranmak to get worn out, to wear out.
yıpratıcı gruel(l)ing, exhausting, wearing.
yıpratmak to wear out.
yırtıcı predatory, predacious; **~ *hayvan*** beast of prey; **~ *kuş*** bird of prey.
yırtık 1. torn, ripped, rent; **2.** tear, rip, rent; **3.** *fig.* brazen-faced; **~ *pırtık*** in rags.
yırtılmak to be torn.
yırtınmak 1. to wear o.s. to a frazzle, to run o.s. ragged; **2.** to shout at the top of one's voice.
yırtmaç, ***-cı*** slit, vent (*in a garment*).
yırtmaçlı having a slit *or* vent.
yırtmak, (***-ar***) to tear, to rip, to rend, to slit.
yiğit, ***-di* 1.** brave, bold, courageous; **2.** young man, young buck.
yiğitlenmek to pluck up courage.
yiğitlik bravery, courage.
yine again, once more.
yinelemek to repeat.
yirmi twenty; **~ *yaş dişi*** ANAT wisdom tooth.
yirmilik twenty-year old.
yirminci twentieth.
yirmişer twenty each, twenty apiece.
yitik lost, missing.
yitim loss.
yitirmek to lose.
yiv groove, chamfer.
yivli grooved, chamfered.
yiyecek food.
yiyici *fig.* taker of bribes, bribee.
yo [—] no.
yobaz fanatic, bigot.
yobazlaşmak to become fanatical.
yobazlık fanaticism, bigotry.
yoga yoga.
yoğalmak to disappear
yoğaltım consumption.
yoğaltmak to consume, to use up.
yoğun 1. dense, thick; **2.** intensive.
yoğunlaşmak 1. to densen, to thicken; **2.** to intensify.
yoğunlaştırmak 1. to densen, to thicken; **2.** to intensify.
yoğunluk 1. density, thickness; **2.** intensity.
yoğurmak to knead.
yoğurt, ***-du*** yog(h)urt, yoghourt.
yok, ***-ku*** *or* ***-ğu* 1.** non-existent; **2.** absent; unavailable; **3.** no (*negative reply*); **~ *etmek*** to do away with, to eradicate; **~ *olmak*** to disappear, to vanish; **~ *pahasına*** for nothing, for a song; **~ *yere*** without reason.
yoklama 1. test; inspection; **2.** roll call; **~ *yapmak*** to call the roll, to call over.
yoklamak 1. to examine, to search, to inspect; **2.** to feel with the fingers, to finger; **3.** to visit; **4.** (*illness etc.*) to recur, to reappear.
yokluk 1. non-existence; absence; **2.** poverty.
yoksa [x.] **1.** or; **2.** otherwise, or else, if not; ***daha hızlı çalış ~ patron seni kapı dışarı eder*** work faster or else the boss will give you the sack.
yoksul poor, destitute.
yoksullaşmak to become poor.
yoksullaştırmak to impoverish.
yoksulluk poverty, destitution.
yoksun deprived (*-den* of), bereft (*-den* of); **~ *kalmak*** to be deprived *or* bereft (*-den* of).
yoksunluk deprivation.
yoksunmak to be deprived (*or* bereft) (*-den* of).
yokuş slope; hill; rise; **~ *aşağı*** downhill; **~ *yukarı*** uphill.
yol 1. road, way; path; course, route; **2.** manner, style; **3.** method, system; **4.** means, way; **~ *almak*** to proceed, to move forward; **~ *harcı*** travel allowance; **~ *vermek* 1.** to make way (*-e* for); **2.** (*b-ne*) *fig.* to give *s.o.* the sack, to fire *s.o.*; ***-a çıkmak*** to set off, to hit the road; ***-a getirmek*** to bring round;

to persuade; ***-una koymak*** to put to rights; ***-unu kaybetmek*** to lose one's way; ***-unu kesmek*** to waylay, to hold up; ***-unu sapıtmak*** *fig.* to go astray; ***-unu şaşırmak*** **1.** to take the wrong road, to lose one's way; **2.** *fig.* to go astray; ***-uyla*** **1.** by way of, via; **2.** by means of, through.

yolcu travel(l)er, passenger; ~ ***etmek*** to see off; ~ ***gemisi*** liner; ~ ***salonu*** passenger waiting room; ~ ***uçağı*** passenger aircraft.

yolculuk journey, trip; voyage; ~ ***etmek*** to travel.

yoldaş fellow travel(l)er.

yollamak to send, to dispatch.

yollu striped *(cloth)*.

yolluk 1. food for a journey, victuals; **2.** hall rug, runner; **3.** travel allowance.

yolmak, (***-ar***) **1.** to pluck; **2.** to pull out, to tear out *(hair)*; **3.** *fig.* to fleece, to milk, to bleed.

yolsuz 1. roadless; **2.** unlawful, illegal, irregular; **3.** *sl.* penniless, flat broke.

yolsuzluk irregularity, malpractice.

yoluk plucked *(chicken etc.)*.

yolunmak to tear one's hair with grief.

yonca BOT clover.

yonga chip.

yontma chipped, chiseled; ~ ***taş devri*** palaeolithic age.

yontmak, (***-ar***) **1.** to chisel, to hew, to dress *(stone)*; to sculpt; **2.** *fig.* to fleece, to milk.

yontulmak *fig.* to learn manners; ***yontulmamış*** *fig.* rough, uncouth.

yordam agility; dexterity.

yorgan quilt, *Am.* comforter.

yorgun tired, worn out, weary; ~ ***argın*** dead tired; ~ ***düşmek*** to be tired out.

yorgunluk tiredness, weariness, fatigue.

yormak[1], (***-ar***) to tire, to weary, to fatigue.

yormak[2], (***-ar***) to interpret.

yortu Christian feast.

yorucu tiring, tiresome, wearisome.

yorulmak to get tired.

yorum interpretation, commentary.

yorumlamak to interpret.

yosma loose woman.

yosun BOT moss, seaweed; alga.

yosunlanmak to get mossy, to moss.

yosunlu mossy.

yoz degenerate.

yozlaşmak to degenerate.

yön 1. direction; **2.** aspect, side; ~ ***vermek*** to give a direction (*-e* to), to direction; ***tarihi -den*** from the historical point of view.

yönelim inclination, tendency.

yönelmek 1. to go towards, to head towards; **2.** to incline towards.

yöneltim orientation.

yöneltmek to direct; to point (*-e* at).

yönerge directive, instruction.

yönetici administrator, director.

yöneticilik management; administration.

yönetim administration, management, direction; ~ ***kurulu*** board of directors.

yönetmek to administer, to manage, to direct; to conduct.

yönetmelik regulations, statutes.

yönetmen director.

yönlendirmek to direct, to orient.

yöntem method, way.

yöntemli methodical, systematic.

yöntemsiz unmethodical, unsystematic.

yöre vicinity, environs, neighbo(u)rhood.

yöresel local.

yörünge orbit; ***-sine oturmak*** to go into orbit.

yudum sip, sup, gulp, swallow.

yudumlamak to sip.

yufka thin dough; ~ ***yürekli*** *fig.* tender-hearted.

Yugoslavya [..x.] *pr. n.* Yugoslavia.

yuh(a) Boo!, Yuk!; ~ ***çekmek*** *s.* ***yuhalamak.***

yuhalamak to boo, to jeer, to give s.o. the bird.

yukarı 1. high, upper, top; **2.** above; upwards; **3.** upstairs; ***-da*** above; upstairs; ***-dan*** from above; ***-dan bakmak*** to look down (*-e* on); ***-dan aşağı süzmek*** (*b-ni*) to give *s.o.* the once-over.

yulaf BOT oat.

yular halter.

yumak ball *(of wool etc.)*.

yummak, (***-ar***) to shut, to close *(eye)*.

yumru 1. lump, tuber; knot; node **2.** round, globular.

yumruk fist; ~ ***atmak*** to hit with one's fist; ~ ***yumruğa gelmek*** to come to blows.

yumruklamak to hit with one's fist, to punch, to pummel.
yumruklaşmak to have a fist fight.
yumrukoyunu, ***-nu*** *sports*: boxing.
yumuk shut (*eye*).
yumulmak **1.** (*for one's eyes*) to shut, to close; **2.** to hunch over, to hunker.
yumurcak brat, scamp, little dickens.
yumurta egg; ***~ akı*** egg white, albumen; ***~ sarısı*** yolk.
yumurtacı seller of eggs.
yumurtacık ovule.
yumurtalık **1.** ovary; **2.** eggcup.
yumurtlamak **1.** to lay eggs; **2.** *fig.* to let the cat out of the bag, to blurt out.
yumuşacık [x...] as soft as down.
yumuşak soft; tender, mild; gentle; ***~ başlı*** docile, mild, biddable; ***~ iniş*** soft landing.
yumuşaklık softness.
yumuşamak **1.** to become soft, to soften; **2.** *fig.* to relent, to soften, to unbend.
yumuşatmak to soften.
Yunan Greek, Grecian.
Yunanca [.x.] Greek.
Yunanistan *pr. n.* Greece.
Yunanlı Greek.
yunusbalığı, ***-nı*** zo dolphin, porpoise.
yurt, ***-du*** **1.** native country, homeland; **2.** student dormitory.
yurtlandırmak to settle (*people*).
yurtlanmak **1.** to find a homeland; **2.** to settle in (*a place*).
yurtsever patriotic.
yurtseverlik patriotism.
yurttaş citizen; compatriot.
yurttaşlık citizenship; ***~ bilgisi*** civics.
yusyuvarlak [x...] as round as a ball.
yutak ANAT pharynx.
yutkunmak to gulp, to swallow.
yutmak, (***-ar***) **1.** to swallow, to gulp; **2.** *fig.* to believe, to fall for, to swallow (*a lie*).
yutturmak (*b-ne bşi*) to palm off *s.th.* on *s.o.*
yuva **1.** nest; **2.** home; **3.** nursery school; **4.** MED socket; ***~ kurmak*** to set up a home; ***-sını yapmak*** (*b-nin*) *fig.* to teach *s.o.* a lesson, to show *s.o.* a thing or two; ***-sını yıkmak*** (*b-nin*) *fig.* to break up *s.o.'s* marriage; ***-yı dişi kuş yapar*** *pro.* men make houses, women make homes.
yuvalamak to nest.
yuvar BIOL corpuscle.
yuvarlak round, globular, circular, spherical; ***~ hesap*** round figure.
yuvarlaklaşmak to become round.
yuvarlaklaştırmak to round.
yuvarlaklık roundness.
yuvarlamak to roll; to roll up.
yuvarlanmak to roll, to turn over and over; ***yuvarlanan taş yosun tutmaz*** *pro.* a rolling stone gathers no moss.
yüce exalted, high; sublime.
yücelik loftiness, eminence; sublimity.
yücelmek to become lofty (*or* exalted).
yüceltmek to exalt.
yük, ***-kü*** **1.** load, burden (*a. fig.*); **2.** cargo; freight; ***~ hayvanı*** beast of burden; ***~ olmak*** (*b-ne*) *fig.* to be a burden to *s.o.*; ***~ treni*** goods train, *Am.* freight train; ***~ vagonu*** goods wagon, *Am.* freight car; ***-ünü tutmak*** *fig.* to get rich, to make money.
yüklem GR predicate.
yüklemek **1.** to load; IT to upload; **2.** to lay (*a task*) on s.o.; to burden s.o. with (*a task*); **3.** to put (*the blame*) on s.o.
yüklenmek **1.** to shoulder, to take on (*a burden, task, responsibility*); **2.** to push, to press; ***yüklenen dosya*** IT *n.* upload.
yüklü loaded.
yüklük large cupboard (*for bedding*).
yüksek **1.** high; **2.** great, big, high; **3.** loud (*voice*); ***~ atlama*** *sports*: high jump; ***~ basınç*** high pressure; ***~ fiyat*** high price; ***~ mühendis*** graduated engineer; ***♀ Seçim Kurulu*** Election Commission; ***~ sesle*** loudly, aloud; ***~ tansiyon*** high blood pressure, hypertension; ***-ten atmak*** to talk big, to boast.
yükseklik **1.** height; highness; **2.** altitude, elevation.
yüksekokul university, college.
yükseköğretim higher education.
yükselmek to rise, to ascend; to increase, to mount, to go up.
yükselteç ELECT amplifier.
yükselti altitude, elevation.
yükseltmek **1.** to raise, to elevate; to increase; **2.** to promote; **3.** ELECT to amplify.
yüksük thimble.
yüksükotu, ***-nu*** BOT foxglove.

yüksünmek to regard as burdensome.
yüküm obligation, liability.
yükümlü obliged, obligated, bound.
yükümlülük obligation, liability
yün wool.
yünlü woolen.
yürek **1.** heart; **2.** *fig.* courage, guts; ~ ***çarpıntısı*** palpitation of the heart, heartbeat; ***yüreği ağzına gelmek*** *fig.* to have one's heart in one's mouth; ***yüreği sıkılmak*** to feel depressed *or* bored; ***yüreğine dert olmak*** to take s.th. to heart; ***yüreğine işlemek*** to cut s.o. to the quick; ***-ler acısı*** heart-rending, piteous; ***-ten*** from one's heart, heartfelt.
yüreklendirmek to give courage, to embolden.
yüreklenmek to take courage (*or* heart).
yürekli brave, bold, courageous.
yüreksiz fainthearted, cowardly.
yürümek **1.** to walk; **2.** (*army*) to march; **3.** to advance, to make progress; ***yürüyen merdiven*** moving staircase, *Am.* escalator.
yürürlük validity, effectiveness; operation; ***yürürlüğe girmek*** to come into force, to get into effect.
yürütmek **1.** to perform, to carry out; **2.** to put forward (*a thought etc.*); **3.** *sl.* to steal, to swipe, to nick, to pinch.
yürüyüş walking; walk; march; ~ ***yapmak*** to go on a walk.
yüz[1] hundred.
yüz[2] **1.** face; **2.** surface; ~ ***çevirmek*** *fig.* to turn one's back (*-den* on); ~ ***kızartıcı*** shameful, disgraceful; ~ ***vermek*** to indulge, to spoil; ~ ***-e gelmek*** to come face to face; ***-e gülmek*** to feign friendship; ***-ü gülmek*** to be happy; ***-ü kızarmak*** to flush, to blush; ***-üne gözüne bulaştırmak*** to make a mess *or* hash of; ***-üne kan gelmek*** to recover one's health; ***-üne karşı*** to s.o.'s face; ***-üne vurmak*** to cast s.th. in s.o.'s teeth, to rub it in; ***-ünü buruşturmak*** (*or* ***ekşitmek***) to make a face; ***-ünü gören cennetlik*** you are a rare bird, you are a sight for sore eyes; ***-ünü güldürmek*** (*b-nin*) to make *s.o.* happy.
yüzakı, ***-nı*** hono(u)r, good name.
yüzbaşı MIL captain.
yüzde **1.** percent; percentage; **2.** commission, percentage.
yüzdelik percentage, commission.
yüzdürmek to float.
yüzer floating.
yüzey surface.
yüzeysel superficial, cursory.
yüzgeç, ***-ci*** zo fin (*of a fish*).
yüzkarası, ***-nı*** **1.** disgrace, dishono(u)r; **2.** black sheep.
yüzleşmek to meet face to face.
yüzleştirmek to confront.
yüzlü **1.** ... faced; **2.** impudent, insolent.
yüzme: ~ ***havuzu*** swimming pool.
yüzmek[1], (***-er***) **1.** to swim; **2.** to float.
yüzmek[2], (***-er***) to skin, to flay.
yüznumara toilet, loo.
yüzölçümü, ***-nü*** area.
yüzsüz shameless, brazen-faced, cheeky.
yüzsüzlük shamelessness, brazenness.
yüzücü swimmer.
yüzük ring.
yüzükoyun facedown, prostrate.
yüzükparmağı, ***-nı*** ring finger.
yüzüncü hundredth.
yüzüstü facedown, prostrate; ~ ***bırakmak*** to throw over, to leave in the lurch.
yüzyıl century.

Z

zaaf weakness; infirmity.
zabıt, ***-ptı*** minutes; ~ ***tutmak*** to take minutes.
zabıta [—..] police.
zabit, ***-ti*** MIL officer.
zaç, ***-çı*** vitriol.
zaçyağı, ***-nı*** oil of vitriol.
zafer victory, triumph; ~ ***alayı*** triumphal procession; ~ ***işareti*** V-sign; ~ ***kazanmak*** to gain the victory, to carry the day; ~ ***takı*** triumphal arch, arch of triumph.

zafiyet, ***-ti*** [ā] weakness; infirmity; debility.
zahire [ī] stock of grain.
zahiri external, outward.
zahmet, ***-ti*** trouble; difficulty, inconvenience; ~ ***etmek*** to inconvenience o.s., to put o.s. out; ~ ***etmeyin!*** Don't trouble yourself!; ~ ***olmazsa*** if it doesn't put you to any trouble; ~ ***vermek*** to trouble, to inconvenience, to put out; ***-e değmek*** to be worth the trouble; ***-e girmek*** to put o.s. out, to inconvenience o.s.; ***-e sokmak*** to put s.o. to trouble, to put s.o. out, to trouble.
zahmetli troublesome, difficult, laborious.
zahmetsiz easy.
zakkum BOT oleander.
zalim [ā] cruel, tyrannical; unjust.
zalimlik [ā] tyranny; injustice; cruelty.
zam, ***-mmı*** rise, *Am.* raise.
zaman [.—] **1.** time; **2.** age, era, epoch; **3.** GR tense; ~ ***kazanmak*** to gain time; ~ ***öldürmek*** to kill time; ~ ~ from time to time, now and then; ***-la*** in the course of time.
zamanaşımı, ***-nı*** LEG prescription.
zamane [.—.] present, current, modern; ~ ***çocukları*** children of today.
zamanlamak to time well.
zamanlı timely.
zamansız untimely.
zamazingo [..x.] *sl.* mistress, paramour.
zambak BOT lily.
zamir [ī] GR pronoun.
zamk, ***-kı*** gum, glue, paste.
zamklamak to glue, to paste.
zamklı **1.** glued; pasted; **2.** gummed.
zammetmek [x..] to add, to annex.
zampara womanizer, skirt chaser, rake.
zamparalık skirt chasing; ~ ***etmek*** to chase after women, to womanize.
zan, ***-nnı*** **1.** supposition, guess, surmise; **2.** suspicion, doubt; ~ ***altında bulunmak*** to be under suspicion; ***-nıma göre*** in my opinion.
zanaat, ***-tı*** craft; handicraft.
zanaatçı craftsman.
zangırdamak to tremble, to rattle; to chatter (*teeth*).
zangırtı rattle.
zangır zangır rattlingly; ~ ***titremek*** to be all of a tremble.
zangoç sexton, verger (*of a church*).
zani [—.] adulterer; fornicator.
zanlı accused; suspect.
zannetmek [x..] to think, to suppose, to guess, to believe, to reckon; ***zannedersem*** I think that …
zapt ~ ***etmek*** **1.** to capture, to conquer; **2.** to restrain; **3.** to take down, to record.
zaptetmek *s.* ***zapt etmek.***
zar[1] ANAT, ZO, BOT membrane, pellicle; film.
zar[2] die; ~ ***atmak*** to throw dice; ~ ***tutmak*** to cheat in throwing dice.
zarafet, ***-ti*** [.—.] grace, elegance, delicacy.
zarar **1.** damage, harm, injury; **2.** ECON loss; ~ ***etmek*** **1.** to damage, to harm; **2.** to make a loss; ~ ***vermek*** to damage, to harm; ***-ı yok!*** It doesn't matter!, Never mind!, That's OK!; ***-ına satmak*** to sell at a loss (*or* sacrifice).
zararına at a loss.
zararlı harmful, injurious.
zararsız harmless.
zarf **1.** envelope; **2.** receptacle, case; **3.** GR adverb.
zarflamak to put into an envelope.
zargana [x..] ZO needlefish.
zarif [ī] graceful, elegant, delicate.
zariflik [ī] grace, elegance, delicacy.
zarta [x.] fart; ***-yı çekmek*** *sl.* to die, to kick the bucket.
zartçı *sl.* big talker, windbag.
zart zurt bluster; ~ ***etmek*** to bluster.
zaruret, ***-ti*** [ū] necessity, need.
zaruri [.——] necessary, essential, indispensable.
zar zor **1.** unwillingly, willy-nilly; **2.** forcibly.
zat, ***-tı*** [ā] person, individual; personality.
zaten [ā] anyway, in any case; as a matter of fact; essentially.
zati [——] personal.
zatülcenp, ***-bi*** [ā] [x..] MED pleurisy.
zatürree [ā] [x…] MED pneumonia.
zavallı [x..] miserable, poor, pitiful.
zaviye [ā] angle.
zayıf **1.** thin, meager; **2.** weak, frail, faint; ~ ***almak*** to get a failing grade; ~ ***düşmek*** **1.** to get thin; **2.** to get weak.
zayıflamak to get thin; to lose weight,

to slim down.
zayıflık thinness; weakness.
zayi, **-ii** [ā] lost; ~ ***etmek*** to lose; ~ ***olmak*** to be lost.
zayiat, **-tı** [—.—] losses, casualties; ~ ***vermek*** to suffer losses *or* casualties.
zayiçe [ā] horoscope; ***-sine bakmak*** (*b-nin*) to cast *s.o.'s* horoscope.
zeamet, **-ti** [ā] *hist.* fief, fee.
zebani [.——] demon of hell.
zebella [..—] ogre.
zebra [x.] ZO zebra.
zebun [ū] weak, helpless.
Zebur [ū] *pr. n.* the Book of Psalms.
zecir, **-cri** force, compulsion; oppression.
zecri forcible, coercive.
zedelemek **1.** to bruise; **2.** to damage, to harm.
zehir, **-hri** poison, toxic; venom; ~ ***gibi*** **1.** very hot (*or* peppery); **2.** sharp, biting (*cold*); **3.** very clever, crack, crackerjack.
zehirlemek to poison.
zehirli poisonous, toxic; venomous.
zehretmek [x..] *fig.* to embitter, to make distasteful.
zekâ intelligence; ~ ***yaşı*** mental age.
zekât, **-tı** alms.
zeki [ī] intelligent, sharp, quickwitted.
zelzele earthquake.
zemberek spring (*of a watch*); ***zembereği boşalmak*** *fig.* to have a fit of laughter.
zembil shopping bag.
zemin **1.** ground; **2.** floor; **3.** basis, ground; ~ ***hazırlamak*** to lay the groundwork (*-e* for).
zeminlik MIL underground shelter.
zemmetmek [x..] to speak ill of, to disparage.
zemzem **1.** Zamzam; **2.** water from Zamzam.
zencefil BOT ginger.
zenci Black, Negro.
zengin **1.** rich, wealthy; **2.** productive, fertile.
zenginleşmek to get rich.
zenginlik **1.** richness; **2.** wealth, riches.
zeplin [x.] zeppelin.
zerdali [ā] BOT wild apricot.
zerk, **-ki** MED injection; ~ ***etmek*** to inject.
zerre mote, atom; ~ ***kadar*** the least bit.
zerrin BOT jonquil.
zerzevat, **-tı** vegetables, produce.
zevahir [.—.] appearances.
zeval, **-li** [ā] decline, wane; ~ ***bulmak*** **1.** to disappear; **2.** to decline, to wane.
zevce wife.
zevk, **-ki** **1.** taste, flavo(u)r; **2.** delight, pleasure, enjoyment; ~ ***almak*** to take pleasure in, to enjoy; ~ ***için*** for fun; ~ ***vermek*** to give pleasure; ***-ine düşkün*** addicted to pleasure; ***-ini çıkarmak*** (*bşin*) to enjoy *s.th.* to the full; ***-ler ve renkler tartışılmaz*** there is no accounting for tastes; ***-ten dört köşe olmak*** *fig.* to be as happy as a lark (*or* sandboy).
zevklenmek to take pleasure in.
zevkli pleasant, delightful.
zevksiz tasteless; insipid, unpleasant.
zevzek long-winded, talkative, giddy.
zevzeklik boring chatter; ~ ***etmek*** to rattle on.
zeybek swashbuckling village lad (*of southwestern Anatolia*).
zeytin olive.
zeytinlik olive grove.
zeytinyağı, **-nı** olive oil; ~ ***gibi üste çıkmak*** *fig.* to come off best; to get the better of an argument.
zeytuni [.——] olive-green.
zıbarmak *sl.* **1.** to die, to croak, to peg out; **2.** to pass out (*after getting drunk*); **3.** to fall asleep, to hit the sack.
zıbın jacket for a baby.
zıddiyet, **-ti** opposition, contrariety.
zıkkım poison.
zıkkımlanmak to stuff o.s. with food.
zılgıt, **-tı:** ~ ***yemek*** F to get it in the neck, to cop it, to catch it.
zımba [x.] punch.
zımbalamak **1.** to punch; **2.** *sl.* to stab, to knife.
zımbalı [x..] punched, stapled.
zımbırdatmak to strum, to thrum, to twang.
zımbırtı **1.** discordant twang, screach; **2.** what-do-you-call-it, thingumabob.
zımnen [x.] by implication, indirectly.
zımni [ī] implied, indirect, veiled; unspoken.
zımpara [x..] emery; ~ ***kâğıdı*** sandpaper.
zımparalamak to sandpaper, to emery.

zındık misbeliever; atheist.
zınk: ~ ***diye durmak*** to come to an abrupt stop.
zıpır F screwy, cracked, loony.
zıpkın harpoon.
zıplamak to jump; to bounce.
zırdeli [x..] as mad as a hatter.
zırh armo(u)r.
zırhlı **1.** armo(u)red; **2.** NAUT battleship, ironclad.
zırıldamak to cry, to blubber, to boo-hoo.
zırıltı **1.** yammer; **2.** quarrel, row; **3.** thingumabob.
zırıl zırıl: ~ ***ağlamak*** to cry buckets.
zırlak **1.** ZO cricket; **2.** weepy.
zırlamak *s.* ***zırıldamak.***
zırnık **1.** CHEM arsenic; **2.** *fig.* the least little bit.
zırt pırt F at any time whatsoever.
zırva [x.] nonsense, rubbish, rot.
zırvalamak to talk nonsense, to drivel.
zır zır: ~ ***ağlamak*** to blubber, to boo-hoo.
zıt, ***-ddı*** opposite, contrary; ~ ***gitmek*** (*b-le*) to oppose *s.o.*; ***zıddına gitmek*** (*b-nin*) to rile *s.o.*
zıtlaşmak to become the opposite of each other.
zıvana [.x.] **1.** liner; **2.** tenon; **3.** pin; **4.** mortise; ***-dan çıkmak*** *fig.* to fly off the handle, to blow his stack.
zibidi **1.** oddly dressed; **2.** crazy, nutty.
zifaf [ā] entering the bridal chamber; ~ ***gecesi*** wedding night; ~ ***odası*** bridal chamber.
zifiri: ~ ***karanlık*** pitch black, as black as pitch.
zift, ***-ti*** pitch.
ziftlemek to pitch.
ziftlenmek F to make a pig of o.s.
ziftli coated with pitch.
zihin, ***-hni*** **1.** mind, intellect; **2.** memory; ~ ***açmak*** to stimulate the mind; ~ ***bulanıklığı*** MED mental confusion; ~ ***yormak*** to think hard, to rack one's brains; ***zihni bulanmak*** to get confused (*or* muddled up); ***zihni dağılmak*** (*for one's mind*) to wander; ***zihni durmak*** to be unable to think clearly, to be mentaly fatigued.
zihnen mentally.
zihni mental, intellectual.
zihniyet, ***-ti*** mentality.
zikir, ***-kri*** mention.
zikretmek [x..] to mention.
zikzak zigzag; ~ ***yapmak*** to zigzag.
zikzaklı zigzaggy.
zil **1.** bell; doorbell; **2.** cymbal.
zilli *sl.* shrewish (*woman*).
zilyet LEG owner, possessor.
zilyetlik LEG ownership, possession.
zilzurna: ~ ***sarhoş*** as drunk as a lord, corked, blotto.
zimmet, ***-ti*** debit; ***-ine geçirmek*** to embezzle, to peculate.
zina [ā] LEG adultery, fornication.
zincir **1.** chain; **2.** succession, series, chain.
zincirleme successive; ~ ***kaza*** pileup.
zincirlemek to chain.
zindan [ā] prison; dungeon.
zindancı [ā] gaoler, *Am.* jailer.
zinde energetic, alive, active.
zira [— —] [x—] because.
ziraat, ***-tı*** [. — .] agriculture.
ziraatçı agriculturist.
ziraatçılık agriculture.
zirai [. — —] agricultural.
zirve summit, peak; ~ ***toplantısı*** summit meeting.
zirzop, ***-pu*** F crackbrained, screwy, loony.
ziya [ā] light.
ziyade [ā] **1.** excessive; superfluous; **2.** rather than, more than; ***-siyle*** extremely; mostly.
ziyafet, ***-ti*** feast, banquet; ~ ***vermek*** to give a banquet.
ziyan [ā] loss; damage, harm; ~ ***etmek*** to waste; ~ ***olmak*** to go to waste, to go for nothing.
ziyankâr [ā] wasteful.
ziyankârlık [ā] wastefulness; destructiveness.
ziyansız [a] harmless.
ziyaret, ***-ti*** [ā] visit; call; ~ ***etmek*** to visit, to call on.
ziyaretçi [ā] visitor, caller.
ziynet, ***-ti*** ornament; jewellery.
zodyak AST zodiac.
zoka [x.] fishhook; ***-yı yutmak*** *sl.* to take the bait, to fall for a trick.
zom *sl.* dead drunk, blotto, corked.
zonklamak to throb.
zoolog zoologist.
zooloji zoology.
zoolojik zoological.

zor **1.** difficult, hard; **2.** difficulty; **3.** compulsion, force; ~ ***bela*** **1.** with great difficulty; **2.** just barely; ~ ***gelmek*** (*b-ne*) to be difficult for *s.o.*; ***-a başvurmak*** to resort to force.
zoraki [ā] forced; involuntary.
zorba tyrant; bully.
zorbalık tyranny.
zorlama **1.** compulsion; coercion; **2.** strain; **3.** forced.
zorlamak to force, to compel, to coerce.
zorlaşmak to get difficult.
zorlaştırmak to make difficult.
zorlayıcı coercive, forcible.
zorlu **1.** strong, violent; **2.** powerful, influential.
zorluk difficulty; ~ ***çıkarmak*** to make *or* raise difficulties.
zorunlu necessary, obligatory; compulsory, imperative.
zorunluluk obligation, necessity.
zuhur [.—] appearance; ~ ***etmek*** to appear.
zuhurat, ***-tı*** [.——] unforeseen events, contingencies.
zula *sl.* hiding place, cache; ~ ***etmek*** *sl.* to hide, to conceal.
zulmet, ***-ti*** darkness.
zulmetmek [x..] to tyrannize; to torture.
zulüm, ***-lmü*** tyranny, cruelty.
zurna MUS a kind of recorder.
zurnabalığı, ***-nı*** ZO saury, skipper.
zücaciye [ā] glassware; china.
züğürt, ***-dü*** penniless, broke, skint.
züğürtleşmek to become penniless, to go broke.
züğürtlük pennilessness.
zührevi [ī] MED venereal; ~ ***hastalıklar*** venereal diseases.
zülüf, ***-lfü*** sidelock, lock of hair.
zümre class, group (*of people*).
zümrüt, ***-dü*** emerald.
züppe fop, coxcomb, snob, dandy.
zürafa [.—.] ZO giraffe.
zürriyet, ***-ti*** progeny, offspring.

English – Turkish Dictionary

A

a [ə, *vurgulu*: eı], *seslilerden önce*: **an** [ən, *vurgulu*: æn] *belgisiz tanıtıcı*: bir, herhangi bir; her bir, -de; ***not a(n)*** hiç...değil; ***all of a size*** hepsi aynı büyüklükte, hepsi bir; ***£ 10 a year*** yılda 10 paund; ***twice a week*** haftada iki kez.

A1 F ['eı'wʌn] *adj*. birinci sınıf, üstün nitelikte, mükemmel.

a·back [ə'bæk]: ***taken ~*** *fig*. şaşkına dönmüş, apışıp kalmış, afallamış.

a·ba·cus ['æbəkəs] *n*. (*pl*. **-es**) abaküs, sayıboncuğu, çörkü.

a·ban·don [ə'bændən] *v/t*. terk etmek, bırakmak, ayrılmak; vazgeçmek; **~ed**: ***be found ~*** (*araç, tekne v.b.*) terk edilmiş durumda bulunmak.

a·base [ə'beıs] *v/t*. aşağılamak, küçük düşürmek, gururunu kırmak; **~·ment** [-mənt] *n*. aşağılama, küçük düşürme.

a·bashed [ə'bæʃt] *adj*. utanmış; şaşırmış.

a·bate [ə'beıt] *v/t*. azaltmak; indirmek, kırmak (*fiyat*); dindirmek; *v/i*. azalmak; (*rüzgâr v.b.*) dinmek, kesilmek; **~·ment** [-mənt] *n*. azaltma; (*fiyat*) indirim.

ab·at·toir ['æbətwɑː] *n*. mezbaha, kesimevi.

ab·bess ['æbıs] *n*. başrahibe.

ab·bey ['æbı] *n*. manastır, keşişhane.

ab·bot ['æbət] *n*. başrahip.

ab·bre·vi|ate [ə'briːvıeıt] *v/t*. kısaltmak; **~·a·tion** [əbriːvı'eıʃn] *n*. kısaltma.

ABC ['eıbiː'siː] *n*. alfabe, abece.

ABC weap·ons *n. pl*. nükleer, bakteriyolojik ve kimyasal silahlar.

ab·di|cate ['æbdıkeıt] *vb*. istifa etmek, çekilmek, el çekmek; ***~ (from) the throne*** tahttan çekilmek; **~·ca·tion** [æbdı'keıʃn] *n*. el çekme, terk.

ab·do·men ANAT ['æbdəmən] *n*. karın; **ab·dom·i·nal** ANAT [æb'dɒmınl] *adj*. karna ait, karın...

ab·duct LEG [æb'dʌkt] *v/t*. (*kadın ya da çocuk*) kaçırmak.

a·bet [ə'bet] (**-tt-**): ***aid and ~*** LEG yardakçılık etmek, suç ortaklığı yapmak; **~·tor** [-ə] *n*. yardakçı, suç ortağı.

a·bey·ance [ə'beıəns] *n*. askıda olma, sürüncеme; ***in ~*** LEG karara bağlanmamış, askıda, sürüncemede.

ab·hor [əb'hɔː] (**-rr-**) *v/t*. nefret etmek, iğrenmek, tiksinmek; **~·rence** [əb'hɔrəns] *n*. nefret, iğrenme (***of*** *-den*); **~·rent** □ [-t] iğrenç; zıt, aykırı (***to*** *-e*).

a·bide [ə'baıd] *v/i*.: ***~ by the law*** yasaya uymak; *v/t*.: ***I can't ~ him*** ona tahammülüm yok.

a·bil·i·ty [ə'bılətı] *n*. yetenek; beceri.

ab·ject □ ['æbdʒekt] aşağılık, alçak; sefil, berbat; ***in ~ poverty*** sefalet içinde.

ab·jure [əb'dʒʊə] *v/t*. yeminle vazgeçmek, tövbe etmek.

a·blaze [ə'bleız] *adv*. tutuşmuş, alevler içinde; *fig*. ışıl ışıl.

a·ble □ ['eıbl] -ebilen; yetenekli; ***be ~ to do*** yapabilmek; **~·bodied** *adj*. güçlü kuvvetli; ***~ seaman*** usta gemici.

ab·norm·al □ [æb'nɔːml] anormal.

a·board [ə'bɔːd] *adv*. gemide, uçakta, trende; ***all ~!*** NAUT herkes gemiye!; RAIL herkes trene!; ***~ a bus*** otobüste; ***go ~ a train*** trene binmek.

a·bode [ə'bəʊd] *n*. *a*. ***place of ~*** ikametgâh, konut; ***of*** (*ya da* ***with***) ***no fixed ~*** yersiz yurtsuz.

a·bol·ish [ə'bɒlıʃ] *v/t*. kaldırmak, iptal etmek.

ab·o·li·tion [æbə'lıʃn] *n*. kaldırma; **~·ist** *hist*. [-ʃənıst] *n*. köleliğin kaldırılması yanlısı.

A-bomb ['eıbɒm] = ***atom(ic) bomb***.

a·bom·i|na·ble □ [ə'bɒmınəbl] iğrenç; berbat; **~·nate** [-eıt] *v/t*. iğrenmek; nefret etmek; **~·nation** [əbɒmı'neıʃn] *n*. iğrenme, nefret.

ab·o·rig·i|nal [æbə'rıdʒənl] *n*. & *adj*. bir yerin eskisi, yerli; **~·ne** [-niː] *n*. yerli (*esp*. *Avustralyalı*).

a·bort [ə'bɔːt] *vb*. çocuk düşürmek, düşük yapmak; *fig*. başarısız kalmak, boşa çıkmak; **a·bor·tion** MED [-ʃn] *n.* çocuk düşürme; düşük; ***have an ~*** düşük yapmak; **a·bor·tive** □ *fig.* [-ıv] başarısız, sonuçsuz.

a·bound [ə'baʊnd] *v/i.* bol olmak (***in*** *-de*); dolu olmak, kaynamak (***with*** *ile*).

a·bout [ə'baʊt] **1.** *prp.* hakkında; etrafında, yakınında; ***I had no money ~ me*** üzerimde para yoktu; ***what are you ~?*** ne ile meşgulsün?; **2.** *adv.* aşağı yukarı, yaklaşık; her tarafta; etrafa, etrafına, çevresine; şurada burada.

a·bove [ə'bʌv] **1.** *prp.* yukarısın(d)a, üstün(d)e; *fig.* ötesinde; -den fazla; ***~ all*** herşeyden önce; **2.** *adv.* yukarıda daha önce; **3.** *adj.* yukarıdaki, yukarıda adı geçen.

a·breast [ə'brest] *adv.* yan yana, başa baş; ***keep*** *ya da* ***be ~ of*** *fig. -e* ayak uydurmak.

a·bridge [ə'brıdʒ] *v/t.* kısaltmak, özetlemek; kısmak; **a·bridg(e)ment** [-mənt] *n.* kısaltma; özet.

a·broad [ə'brɔːd] *adv.* yurt dışın(d)a, dışarıda; ***the news soon spread ~*** haber hemen yayılıverdi.

a·brupt □ [ə'brʌpt] anı, beklenmedik; sarp, dik; kaba, ters.

ab·scess MED ['æbsıs] *n.* çıban, apse.

ab·scond [əb'skɒnd] *v/i.* kaçmak, sıvışmak.

ab·sence ['æbsəns] *n.* bulunmama, yokluk; devamsızlık; yokluk, eksiklik.

ab·sent 1. □ ['æbsənt] bulunmayan, yok; devamsız; ***be ~*** gitme mek, bulunmamak, uzak kalmak (***from school*** okuldan; ***from work*** işten); **2.** [æb'sent] *v/t.*: ***~ o.s. from*** *-e* gitmemek, *-den* uzak kalmak; **~-mind·ed** □ ['æbsənt'maındıd] dalgın.

ab·so·lute □ ['æbsəluːt] bütün, tam; salt, mutlak; kesin; CHEM saf, katışıksız.

ab·so·lu·tion ECCL [æbsə'luːʃn] *n.* günahların affı

ab·solve [əb'zɒlv] *v/t.* affetmek, bağışlamak (*günah, suç*).

ab·sorb [əb'sɔːb] *v/t.* emmek, soğurmak; *fig.* meşgul etmek; **~·ing** *fig.* [-ıŋ] *adj.* ilgi çekici, meraklı.

ab·sorp·tion [əb'sɔːpʃn] *n.* emme, soğurma; *fig.* dalma.

ab·stain [əb'steın] *v/i.* kaçınmak (***from*** *-den*)

ab·ste·mi·ous □ [æb'stiːmıəs] azla kanaat eden, perhizkâr.

ab·sten·tion [əb'stenʃn] *n.* kaçınma; POL çekimserlik.

ab·sti|nence ['æbstınəns] *n.* sakınma, perhiz; **~·nent** □ [-t] perhizkâr, perhize uyan.

ab·stract 1. □ ['æbstrækt] soyut; kuramsal; **2.** [-] *n.* soyut düşünce, soyutluk; özet; **3.** [æb'strækt] *v/t.* çıkarmak, ayırmak; özetlemek; **~·ed** □ *fig.* dalgın; **ab·strac·tion** [-kʃn] *n.* çıkarma, ayırma; soyutlama; soyut fikir.

ab·struse □ [æb'struːs] anlaşılması güç, çapraşık; derin, engin.

ab·surd □ [əb'sɜːd] anlamsız, saçma; gülünç.

a·bun|dance [ə'bʌndəns] *n.* bolluk, bereket; zenginlik; **~·dant** □ [-t] bol, çok, bereketli; zengin.

a·buse 1. [ə'bjuːs] *n.* kötüye kullanma; küfür; **2.** [-z] *v/t.* kötüye kullanmak; küfretmek, sövmek; **a·bu·sive** □ [-sıv] ağzı bozuk, küfürbaz; küfürlü.

a·but [ə'bʌt] *v/i.* (**-tt-**) bitişik olmak, dayanmak (***on*** *-e*)

a·byss [ə'bıs] *n.* abis, uçurum, boşluk (*a. fig.*)

ac·a·dem·ic [ækə'demık] **1.** *n.* UNIV öğretim görevlisi; **2.** *adj.* (**~ally**) akademik; kuramsal; **a·cad·e·mi·cian** [əkædə'mıʃn] *n.* akademisyen, akademi üyesi.

a·cad·e·my [ə'kædəmı] *n.* akademi, yüksekokul; ***~ of music*** müzik akademisi.

ac·cede [æk'siːd] *v/i.*: ***~ to*** *-e* razı olmak, kabul etmek; (*göreve*) başlamak; (*tahta*) çıkmak.

ac·cel·e|rate [ək'seləreıt] *v/t.* hızlandırmak; *v/i.* hızlanmak; MOT *a.* gaza basmak; **~·ra·tion** [əkselə'reıʃn] *n.* hızlan(dır)ma; ivme; **~·ra·tor** [ək'seləreıtə] *n.* gaz pedalı.

ac·cent 1. ['æksənt] *n.* aksan; GR vurgu; şive; **2.** [æk'sent] = **ac·cen·tu·ate** [æk'sentjʊeıt] *v/t.* vurgulamak (*a. fig.*)

ac·cept [ək'sept] *vb.* kabul etmek, almak; razı olmak; **ac·cep·ta·ble** □ [-əbl] kabul edilebilir; uygun; **~·ance** [-əns] *n.* kabul; onama; akseptans, kabul belgesi.

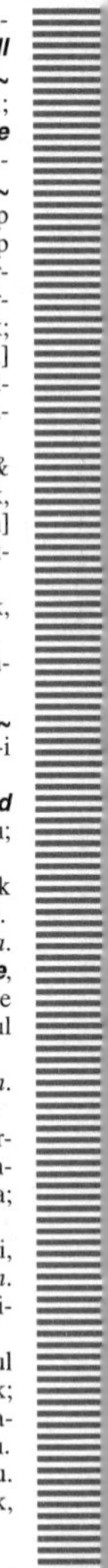

ac·cess ['ækses] *n.* yol, giriş (*to* -*e*); *fig.* yanına varabilme, yaklaşma (*to* -*e*); ***easy of*** ~ yanına varılabilen, yakınlık gösteren, ulaşılabilen (*kimse*); ~ ***road*** giriş yolu, ulaşım yolu.
ac·ces·sa·ry LEG [ək'sesərı] *s.* ***accessory 2*** LEG
ac·ces|si·ble □ [ək'sesəbl] ulaşılabilir, yanına varılabilir; ~**·sion** [~ʃn] *n.* ulaşma; artma, çoğalma; ~ ***to power*** iktidara gelme; ~ ***to the throne*** tahta çıkma.
ac·ces·so·ry [ək'sesərı] **1.** *adj.* ikinci derecede olan, yardımcı; **2.** *n.* LEG suç ortağı; *mst* ***accessories*** *pl.* aksesuar (*a.* MEC).
ac·ci|dent ['æksıdənt] *n.* kaza; rastlantı, tesadüf; ***by*** ~ kaza ile; tesadüfen; ~**·den·tal** □ [æksı'dentl] rastlantı sonucu olan.
ac·claim [ə'kleım] *v/t.* alkışlamak; alkışlarla ilan etmek.
ac·cla·ma·tion [æklə'meıʃn] *n.* alkışlama; alkış.
ac·cli·ma·tize [ə'klaımətaız] *v/t. & v/i.* alış(tır)mak.
ac·com·mo|date [ə'kɒmədeıt] *v/t.* uydurmak (*to* -*e*); barındırmak, yerleştirmek; sağlamak, vermek (*with* -*i*); ~**·da·tion** [əkɒmə'deıʃn] *n.* uy(dur)ma; yerleşme; yatacak *ya da* kalacak yer.
ac·com·pa|ni·ment MUS [ə'kʌmpənımənt] *n.* eşlik; ~**·ny** [ə'kʌmpənı] *v/t.* eşlik etmek (*a.* MUS); ***accompanied with*** -*in* eşliğinde, beraberinde.
ac·com·plice [ə'kʌmplıs] *n.* suç ortağı.
ac·com·plish [ə'kʌmplıʃ] *v/t.* bitirmek, başarmak, yapmak; yerine getirmek; ~**ed** *adj.* başarılmış; iyi yetişmiş; hünerli, usta; ~**·ment** [~mənt] *n.* yerine getirme, başarma; başarı.
ac·cord [ə'kɔ:d] **1.** *n.* uyum, ahenk; uzlaşma, anlaşma; akort; ***of one's own*** ~ kendi arzusu ile, kendiliğinden; ***with one*** ~ hep birlikte; **2.** *v/i.* birbirini tutmak, bağdaşmak, uymak; *v/t.* vermek (*izin v.b.*); akort etmek; ~**·ance** [~əns] *n.* uygunluk; ***in*** ~ ***with*** -*e* uygun olarak, -*e* göre; ~**·ant** [~t] *adj.* uygun gelen; ~**·ing** [~ıŋ]: ~ ***to*** -*e* göre; ~**·ing·ly** [~ıŋlı] *adv.* ona göre, gereğince; bu nedenle.
ac·cost [ə'kɒst] *v/t.* yaklaşıp konuşmak, yanaşmak.
ac·count [ə'kaʊnt] **1.** *n.* ECON hesap; rapor; değer, önem; neden; yarar; ***by all*** ~***s*** herkesin dediğine bakılırsa; ***of no*** ~ önemsiz; ***on no*** ~ asla, ne olursa olsun; ***on*** ~ ***of*** -*den* dolayı, -*in* yüzünden; ***take into*** ~, ***take*** ~ ***of*** gözönüne almak, hesaba katmak; ***turn s.th. to (good)*** ~ bşden yararlanmak; ***keep*** ~***s*** hesap tutmak, defter tutmak; ***call to*** ~ hesap sormak; ***give (an)*** ~ ***of*** -*in* hesabını vermek; ***give an*** ~ ***of*** -*in* raporunu vermek; **2.** *v/i.*: ~ ***for*** -*in* hesabını vermek; açıklamak; **ac·coun·ta·ble** □ [~əbl] sorumlu; **ac·coun·tant** [~ənt] *n.* muhasebeci, sayman; ~**·ing** [~ıŋ] *n.* muhasebe, saymanlık.
ac·cu·mu|late [ə'kju:mjʊleıt] *v/t. & v/i.* birik(tir)mek, topla(n)mak, yığ(ıl)mak; ~**·la·tion** [əkju:mjʊ'leıʃn] *n.* birik(tir)me, yığ(ıl)ma; yığın, birikinti.
ac·cu|ra·cy ['ækjʊrəsı] *n.* doğruluk, kesinlik; ~**·rate** □ [~rət] doğru, tam.
ac·cu·sa·tion [ækju:'zeıʃn] *n.* suçlama.
ac·cu·sa·tive GR [ə'kju:zətıv] *n. a.* ~ ***case*** akuzatif, belirtme durumu, -i hali.
ac·cuse [ə'kju:z] *v/t.* suçlamak; ***the*** ~***d*** sanık(lar); **ac·cus·er** [~ə] *n.* davacı; **ac·cus·ing** □ [~ıŋ] suçlayıcı.
ac·cus·tom [ə'kʌstəm] *v/t.* alıştırmak (*to* -*e*); ~**ed** *adj.* alışkın, alışık (*to* -*e*).
ace [eıs] *n.* (*iskambil*) birli, bey, as (*a. fig.*); ***have an*** ~ ***up one's sleeve***, *Am.* ***have an*** ~ ***in the hole*** *fig.* elinde kozu olmak; ***within an*** ~ az kalsın, kıl payı.
ache [eık] **1.** *v/i.* ağrımak, acımak; **2.** *n.* ağrı, acı, sızı.
a·chieve [ə'tʃi:v] *v/t.* yapmak, başarmak, tamamlamak; erişmek, kazanmak; ~**·ment** [~mənt] *n.* yapma; başarı, eser.
ac·id ['æsıd] **1.** *adj.* ekşi; *fig.* iğneleyici, dokunaklı; ~ ***rain*** asit yağmuru; **2.** *n.* CHEM asit; **a·cid·i·ty** [ə'sıdətı] *n.* ekşilik.
ac·knowl·edge [ək'nɒlıdʒ] *v/t.* kabul etmek; tanımak; aldığını bildirmek; **ac·knowl·edg(e)·ment** [~mənt] *n.* kabul; tanıma; aldığını bildirme; alındı.
a·corn BOT ['eıkɔ:n] *n.* meşe palamudu.
a·cous·tics [ə'ku:stıks] *n. pl.* akustik,

ses dağılımı, yankılanım.
ac·quaint [ə'kweɪnt] *v/t.* bildirmek; göstermek, tanıtmak; **~ *s.o. with s.th.*** b-ni bşden haberdar etmek; ***be ~ed with*** *ile* tanışmış olmak; *-den* haberdar olmak, bilmek; **~·ance** [-əns] *n.* tanışma; bilgi; tanıdık.
ac·qui·esce [ækwɪ'es] *v/i.* razı olmak, kabul etmek, ses çıkarmamak (***in*** *-e*).
ac·quire [ə'kwaɪə] *v/t.* kazanmak, edinmek.
ac·qui·si·tion [ækwɪ'zɪʃn] *n.* kazanma, edinme; kazanç, edinti.
ac·quit [ə'kwɪt] (**-*tt*-**) *v/t.* LEG beraat ettirmek, temize çıkarmak, aklamak (***of a charge*** *bir suçlamadan*); **~ *o.s. of*** yerine getirmek, yapmak (*görev*); **~ *o.s. well*** yüz akı ile yapmak; **~·tal** LEG [-tl] *n.* beraat, aklanma.
a·cre ['eɪkə] *n.* İngiliz dönümü (*4047 m²*).
ac·rid ['ækrɪd] *adj.* yakıcı, buruk, acı (*a. fig.*)
a·cross [ə'krɒs] **1.** *adv.* karşı tarafa geçerek; **2.** *prp.* karşıdan karşıya, öbür tarafa; çaprazlama; üzerinde; ötesinde, karşısında; öbür tarafında; ***come ~, run ~*** *-e* rastlamak, şans eseri bulmak.
act [ækt] **1.** *v/i.* davranmak, hareket etmek; harekete geçmek; THEA rol almak, rol oynamak; *fig.* rol yapmak; *v/t.* THEA (*rol*) almak, oynamak, yapmak (*a. fig.*); **~ *out*** hareketlerle anlatmak; **2.** *n.* davranış, hareket, iş; kanun, yasa; THEA perde; yapmacık davranış, numara, rol; **~·ing** ['æktɪŋ] **1.** *n.* davranma; THEA temsil, oyun; **2.** *adj.* temsil eden, vekil.
ac·tion ['ækʃn] *n.* hareket, iş, eylem; THEA olaylar dizisi; LEG dava; MIL çarpışma; MEC işleme, çalışma; ***take ~*** harekete geçmek.
ac·tive ['æktɪv] *adj.* aktif, etkin, canlı, çalışkan; etken, etkili; ECON hareketli; **~ *voice*** GR etken çatı; **ac·tiv·ist** [-vɪst] *n.* eylemci, aktif rol oynayan kimse (*esp.* POL); **ac·tiv·i·ty** [æk'tɪvətɪ] *n.* faaliyet, etkinlik, çalışma; iş; *esp.* ECON hareketlilik.
ac·tor ['æktə] *n.* aktör, erkek oyuncu; **ac·tress** [-trɪs] *n.* aktris, kadın oyuncu.
ac·tu·al □ ['æktʃʊəl] gerçek, asıl; şimdiki, güncel, bugünkü.
a·cute □ [ə'kjuːt] (**~*r*, ~*st***) keskin; şiddetli; zeki; tiz (*ses*); MED akut, ilerlemiş (*hastalık*).
ad F [æd] = ***advertisement.***
ad·a·mant □ *fig.* ['ædəmənt] boyun eğmez, hoşgörüsüz, katı, dik başlı.
a·dapt [ə'dæpt] *v/t.* uydurmak (***to*** *-e*); adapte etmek, uyarlamak (***from*** *-den*); MEC ayarlamak (***to*** *-e*); **ad·ap·ta·tion** [ædæp'teɪʃn] *n.* uy(dur)ma; adaptasyon, uyarlama; **a·dapt·er, a·dapt·or** ELECT [ə'dæptə] *n.* adaptör, uyarlaç.
add [æd] *v/t.* eklemek, ilave etmek, katmak; toplamak; **~ *up*** toplamak; *v/i.*: **~ *to*** *-e* eklenmek, artmak, fazlalaşmak, ulanmak; **~ *up*** *fig.* anlamına gelmek.
ADD MED ['eidiːdiː] (= ***attention deficit disorder***) *dikkatini toplayıp verememe hastalığı.*
ad·dict ['ædɪkt] *n.* düşkün; ***alcohol*** (***drug***) **~** alkol (hap) düşkünü; (*futbol, sinema v.b.*) meraklı; **~·ed** [ə'dɪktɪd] *adj.* düşkün (***to*** *-e*); ***be ~ to alcohol*** (***drugs, television***, *etc.*) alkole (hapa, televizyona *v.b*) düşkün olmak; **addic·tion** [-ʃn] *n.* düşkünlük, tiryakilik.
ad·di·tion [ə'dɪʃn] *n.* ekleme, ilave, katma; zam; MATH toplama; ***in ~*** ayrıca, üstelik, bundan başka; ***in ~ to*** *-e* ilaveten, *-den* başka; **~·al** [-l] *adj.* ilave, ek, katma.
ad·dress [ə'dres] **1.** *vb.* adres yazmak; söz yöneltmek; söylev vermek; **2.** *n.* adres; söylev, nutuk; **~·ee** [ædre'siː] *n.* alıcı.
ad·ept ['ædept] **1.** *adj.* becerikli, usta (***at, in*** *-de*); **2.** *n.* eksper, erbap, uzman (***at, in*** *-de*).
ad·e|qua·cy ['ædɪkwəsɪ] *n.* yeterlilik; uygunluk; **~·quate** □ [-kwət] yeterli, tatminkâr, doyurucu; uygun.
ad·here [əd'hɪə] *v/i.* yapışık kalmak, yapışmak (***to*** *-e*); katılmak, girmek; *fig.* bağlı kalmak, desteklemek; **adher·ence** [-rəns] *n.* yapışıklık; *fig.* bağlılık; **ad·herent** [-rənt] *n.* taraftar, yandaş.
ad·he·sive [əd'hiːsɪv] **1.** □ yapışkan, yapışıcı; **~ *plaster*** yapışkan bant, plaster; **~ *tape*** izole bant, *Am.* yapışkan bant; **2.** *n.* zamk, tutkal, yapışkan, yapıştırıcı.

ad·ja·cent □ [ə'dʒeɪsnt] bitişik, komşu (***to*** *-e*).
ad·jec·tive GR ['ædʒɪktɪv] *n.* sıfat, önad.
ad·join [ə'dʒɔɪn] *vb.* bitişik olmak, yan yana olmak.
ad·journ [ə'dʒɜːn] *v/t.* ertelemek; *v/i.* oturuma son vermek, dağılmak; **~·ment** [~mənt] *n.* ertele(n)me; ara.
ad·just [ə'dʒʌst] *v/t.* ayar etmek, ayarlamak; düzeltmek; *fig.* uydurmak (***to*** *-e*); **~·ment** [~mənt] *n.* düzeltme; uydurma; MEC ayar.
ad·min·is|ter [əd'mɪnɪstə] *v/t.* yönetmek; uygulamak, yerine getirmek; (*yardım*) sağlamak; (*ceza*) vermek; (*yemin*) ettirmek; **~ *justice*** yargıçlık yapmak; **~·tra·tion** [ədmɪnɪ'streɪʃn] *n.* uygulama; POL *esp. Am.* yönetim, idare; hükümet; *esp. Am.* başkanlık; **~·tra·tive** □ [əd'mɪnɪstrətɪv] idari, yönetimsel; **~·tra·tor** [~reɪtə] *n.* idareci, yönetici, müdür.
ad·mi·ra·ble □ ['ædmərəbl] hayranlık uyandıran, çok güzel, beğenilen.
ad·mi·ral ['ædmərəl] *n.* amiral.
ad·mi·ra·tion [ædmə'reɪʃn] *n.* hayranlık.
ad·mire [əd'maɪə] *v/t.* hayran olmak, takdir etmek; **ad·mir·er** [~rə] *n.* hayran; âşık.
ad·mis|si·ble □ [əd'mɪsəbl] kabul edilebilir; **~·sion** [~ʃn] *n.* kabul; giriş; giriş ücreti; itiraf; **~ *free*** giriş serbesttir.
ad·mit [əd'mɪt] (***-tt-***) *v/t.* içeri almak, kabul etmek (***to, into*** *-e*); itiraf etmek, kabullenmek; olanak vermek; **~·tance** [~əns] *n.* kabul; giriş; ***no ~*** girilmez.
ad·mix·ture [æd'mɪkstʃə] *n.* ilave, katma.
ad·mon·ish [əd'mɒnɪʃ] *v/t.* azarlamak, çıkışmak; uyarmak (***of, against*** *-e karşı*); **ad·mo·ni·tion** [ædmə'nɪʃn] *n.* uyarı, tembih, ihtar.
a·do [ə'duː] *n.* (*pl.* ***-dos***) telaş, gürültü, patırtı; ***without much*** *ya da* ***more*** *ya da* ***further ~*** ses çıkarmadan, sorun yapmadan.
ad·o·les|cence [ædə'lesns] *n.* gençlik, yeniyetmelik; **~·cent** [~t] *n. & adj.* genç, delikanlı, yeniyetme.
a·dopt [ə'dɒpt] *v/t.* benimsemek, kabul etmek; onaylamak; evlat edinmek; ***~ed child*** evlatlık, manevi evlat; **a·dop·tion** [~pʃn] *n.* kabul; evlat edinme; **a·dop·tive** □ [~tɪv] evlatlığa kabul eden *ya da* edilen, manevi...; **~ *child*** evlatlık, manevi evlat; **~ *parents*** *pl.* manevi ana baba.
a·dor·a·ble □ [ə'dɔːrəbl] tapılacak, tapılmaya değer; F şirin; **ad·o·ra·tion** [ædə'reɪʃn] *n.* tapma, aşırı sevgi, aşk; **a·dore** [ə'dɔː] *v/t.* tapmak (*a. fig.*); çok hoşlanmak, bayılmak.
a·dorn [ə'dɔːn] *v/t.* donatmak, süslemek; **~·ment** [~mənt] *n.* süs, ziynet.
a·droit □ [ə'drɔɪt] becerikli, usta.
ad·ult ['ædʌlt] *n. & adj.* yetişkin, ergin, reşit; **~ *education*** yetişkin eğitimi.
a·dul·ter|ate [ə'dʌltəreɪt] *v/t.* karıştırmak, bozmak; (*süt v.b. 'ne*) su katmak; **~·er** [~rə] *n.* zina yapan erkek; **~·ess** [~rɪs] *n.* zina yapan kadın; **~·ous** □ [~rəs] zina yapan; zina ile ilgili; **~·y** [~rɪ] *n.* zina.
ad·vance [əd'vɑːns] **1.** *v/i.* ilerlemek; yükselmek; (*fiyat*) artmak; *v/t.* yükseltmek; artırmak (*fiyat*); avans vermek; ileri sürmek, söylemek; **2.** *n.* ilerleme; terfi, yükselme; (*fiyat*) artma, yükselme; avans; ***in ~*** önceden, baştan; **~d** *adj.* ilerlemiş; ileri; ***~ for one's years*** yaşına göre daha olgun; **~·ment** [~mənt] *n.* ilerleme; terfi, yükselme.
ad·van|tage [əd'vɑːntɪdʒ] *n.* avantaj, yarar, çıkar; üstünlük; kazanç; ***take ~ of*** *-den* yararlanmak; **~·ta·geous** □ [ædvən'teɪdʒəs] avantajı, yararlı, kârlı.
ad·ven|ture [əd'ventʃə] *n.* macera, serüven, avantür; tehlikeli iş; **~·tur·er** [~rə] *n.* maceracı kimse, serüven peşinde koşan kişi; dalavereci, dolandırıcı; **~·tur·ess** [~rɪs] *n.* maceracı kadın; **~·tur·ous** □ [~rəs] maceracı, serüvenci; tehlikeli, maceralı.
ad·verb GR ['ædvɜːb] *n.* zarf, belirteç.
ad·ver·sa·ry ['ædvəsərɪ] *n.* düşman; rakip; **ad·verse** □ ['ædvɜːs] zıt, ters düşen (***to*** *-e*); elverişsiz; **ad·ver·si·ty** [əd'vɜːsətɪ] *n.* güçlük, sıkıntı, bela; şanssızlık.
ad·ver|tise ['ædvətaɪz] *vb.* ilan etmek; ilan vermek; reklamını yapmak; **~·tise·ment** [əd'vɜː tɪsmənt] *n.* ilan; reklam; **~·tis·ing** ['ædvətaɪzɪŋ] *n.* ilan; reklam; reklamcılık; *attr.* reklam...; **~ *agency*** reklam ajansı.
ad·vice [əd'vaɪs] *n.* öğüt, akıl; öğütle-

me, tavsiye; bilgi, haber; ihbar; ***take medical ~*** doktora başvurmak; ***take my ~*** sözümü dinle, öğüdümü tut.

ad·vi·sab·le □ [əd'vaɪzəbl] akıllıca, makul, yerinde; **ad·vise** [əd'vaɪz] *v/t.* öğüt vermek, akıl öğretmek; tavsiye etmek; *esp.* ECON bildirmek, haber vermek; *v/i.* danışmak, akıl sormak; **ad·vis·er**, *Am. a.* **ad·vi·sor** [~ə] *n.* danışman; akıl hocası; **ad·vi·so·ry** [~ərı] *adj.* öğütleme niteliğinde, danışma...

ad·vo·cate 1. ['ædvəkət] *n.* avukat; taraftar, savunucu; **2.** [~keɪt] *v/t.* savunmak, desteklemek.

aer·i·al ['eərıəl] **1.** □ havai, hava...; ***~ view*** havadan görünüş; **2.** *n.* anten.

ae·ro- ['eərəʊ] hava-

aer·o|bics [eə'rəʊbıks] *n. sg.* aerobik; **~·drome** *esp. Brt.* ['eərədrəʊm] *n.* havaalanı; **~·dy·namic** [eərəʊdaɪ'næmık] (**~ally**) *adj.* aerodinamik; **~·dy·nam·ics** *n. sg.* aerodinamik; **~·nautics** [eərə'nɔːtıks] *n. sg.* havacılık; **~·plane** *Brt.* ['eərəpleɪn] *n.* uçak.

aes·thet·ic [iːs'θetık] *adj.* estetik, güzelduyusal; **~s** *n. sg.* estetik, güzelduyu.

a·far [ə'fɑː] *adv.* uzakta; uzak.

af·fa·ble □ ['æfəbl] nazik, kibar; içten.

af·fair [ə'feə] *n.* iş, mesele; olay; F şey, nesne; ilişki.

af·fect [ə'fekt] *v/t.* etkilemek; üzmek, dokunmak; hoşlanmak; ... gibi görünmek, taslamak, takınmak; **af·fec·ta·tion** [æfek'teɪʃn] *n.* yapmacık tavır, gösteriş; **~·ed** □ yapmacık; yatkın, eğilimli; üzgün; düşkün, tutulmuş; **af·fec·tion** [~kʃn] *n.* sevgi; aşk; **af·fection·ate** □ [~ʃnət] şefkatli, sevecen.

af·fil·i·ate [ə'fılıeıt] *vb.* (*üyelik v.b. 'ne*) kabul etmek; birleştirmek; üye olmak; ***~d company*** ECON bağlı şirket.

af·fin·i·ty [ə'fınətı] *n.* benzerlik, ilişki, yakınlık; akrabalık; CHEM ilgi; beğeni (***for, to*** *-e karşı*).

af·firm [ə'fɜːm] *v/t.* doğrulamak; iddia etmek; onaylamak; **af·fir·ma·tion** [æfə'meɪʃn] *n.* doğrulama; iddia; **af·fir·ma·tive** [ə'fɜːmətıv] **1.** □ olumlu; **2.** ***answer in the ~*** olumlu yanıt vermek.

af·fix [ə'fıks] *v/t.* takmak, eklemek (***to*** *-e*); (*mühür*) basmak; (*imza*) atmak; (*pul*) yapıştırmak.

af·flict [ə'flıkt] *v/t.* üzmek, acı vermek, sarsmak; **af·flic·tion** [~kʃn] *n.* acı, dert, keder.

af·flu|ence ['æfluəns] *n.* bolluk, refah, gönenç; zenginlik; **~·ent** [~t] **1.** □ bol; refah içinde olan, gönençli; zengin; ***~ society*** gönençli toplum; **2.** *n.* akarsu kolu, ayak.

af·ford [ə'fɔːd] *vb.* sağlamak, vermek; paraca gücü yetmek, kesesi elvermek; ***I can ~ it*** ona kesem elveriyor.

af·front [ə'frʌnt] **1.** *v/t.* hakaret etmek; **2.** *n.* hakaret.

a·field [ə'fiːld] *adv.* uzağa; kırlara, kırda.

a·float [ə'fləʊt] *adv.* NAUT yüzmekte, denizde; *fig.* (*söylenti*) dolaşmakta; ***set ~*** NAUT yüzdürmek.

a·fraid [ə'freɪd]: ***be ~ of*** *-den* korkmak; ***I'm ~ she won't come*** ne yazık ki gelmeyecek; ***I'm ~ I must go now*** maalesef artık gitmem gerek.

a·fresh [ə'freʃ] *adv.* tekrar, yeniden.

Af·ri·can ['æfrıkən] **1.** *adj.* Afrika'ya özgü; **2.** *n.* Afrikalı; *Am. a.* zenci; **~-A·mer·i·can** *adj. & n. siyah Amerikalı.*

af·ter ['ɑːftə] **1.** *adv.* arkasından; **2.** *prp.* sonra, *-den* sonra; yönteminde, tarzında; ***~ all*** *-e* rağmen; yine de, bununla birlikte; **3.** *cj.* *-dikten* sonra; **4.** *adj.* sonraki, ertesi; **~-ef·fect** *n.* MED ikincil etki; *fig.* dolaylı sonuç; **~·glow** *n.* akşam kızıllığı; **~·math** [~mæθ] *n.* sonuç, akıbet; **~·noon** [ɑːftə'nuːn] *n.* öğleden sonra; ***this ~*** bu öğleden sonra; ***good ~!*** iyi öğleden sonralar!; **~·taste** ['ɑːftəteɪst] *n.* ağızda kalan tat; **~·thought** *n.* sonradan akla gelen düşünce; **~·wards**, *Am. a.* **~·ward** [~wəd(z)] *adv.* sonradan, sonra.

a·gain [ə'gen] *adv.* tekrar, yine, gene, bir daha; ***~ and ~, time and ~*** tekrar tekrar, defalarca; ***as much ~*** iki katı.

a·gainst [ə'genst] *prp.* *-e* karşı; *fig.* *-in* aleyhinde; ***as ~*** *-e* oranla, *-e* kıyasla; ***he was ~ it*** ona karşıydı.

age [eɪdʒ] **1.** *n.* yaş; çağ, devir; (***old***) ***~*** yaşlılık; (***come***) ***of ~*** reşit (olmak), ergin(leşmek); ***be over ~*** yaşı geçmek; ***under ~*** yaşı küçük, ergin olmayan; ***wait for ~s*** F çok beklemek; **2.** *v/i.* yaşlanmak, ihtiyarlamak; *v/t.* eskitmek;

~d ['eɪdʒɪd] *adj.* yaşlı, ihtiyar; [eɪdʒd]: **~ *twenty*** yirmi yaşında; **~·less** ['eɪdʒlɪs] *adj.* yaşlanmayan, ihtiyarlamaz, kocamaz; eskimez.

a·gen·cy ['eɪdʒənsɪ] *n.* acente, büro, ajans; aracılık.

a·gen·da [ə'dʒendə] *n.* gündem.

a·gent ['eɪdʒənt] *n.* acente; ajan (*a.* POL)

ag·glom·er·ate [ə'glɒməreɪt] *v/t.* & *v/i.* topla(n)mak, yığ(ıl)mak.

ag·gra·vate ['ægrəveɪt] *v/t.* kötüleştirmek, zorlaştırmak, ağırlaştırmak; F kızdırmak.

ag·gre·gate 1. ['ægrɪgeɪt] *v/t.* & *v/i.* topla(n)mak, birik(tir)mek, yığ(ıl)mak; (*sayı v.b.*) varmak, ulaşmak (***to*** *-e*); **2.** □ [~gət] bütün, toplu; **3.** [~] *n.* toplam; yığın, küme.

ag·gres|sion [ə'greʃn] *n.* sadırı, tecavüz; saldırganlık; **~·sive** □ [~sɪv] saldırgan; kavgacı; *fig.* girişken, atılgan; **~·sor** [~sə] *n.* saldırgan.

ag·grieved [ə'gri:vd] *adj.* dertli, incinmiş; mağdur, kıygın.

a·ghast [ə'gɑ:st] *adj.* donakalmış, dehşet içindeki.

ag·ile □ ['ædʒaɪl] çevik, atik; **a·gil·i·ty** [ə'dʒɪlətɪ] *n.* çeviklik.

ag·i|tate ['ædʒɪteɪt] *v/t.* sallamak, çalkamak; *fig.* üzmek, sarsmak; *v/i.* propaganda yapmak; **~·tation** [ædʒɪ'teɪʃn] *n.* sallama; heyecan, endişe; tahrik; karışıklık; **~·ta·tor** ['ædʒɪteɪtə] *n.* kışkırtıcı; propagandacı.

a·glow [ə'gləʊ] *adj.* parlak; kıpkırmızı; ***be ~*** parlamak (***with*** *-den*).

a·go [ə'gəʊ] *adv.* önce; ***a year ~*** bir yıl önce.

ag·o·nize ['ægənaɪz] *v/t.* & *v/i.* kıvran(dır)mak, acı çek(tir)mek.

ag·o·ny ['ægənɪ] *n.* ıstırap, acı; kıvranma; can çekişme.

a·grar·i·an [ə'greərɪən] *adj.* tarımsal, tarım...

a·gree [ə'gri:] *v/i.* aynı fikirde olmak; anlaşmak, uyuşmak (***on, upon*** *-de*); bağdaşmak, uymak; **~ *to*** *-e* razı olmak; **~·a·ble** □ [ə'grɪəbl] güzel, hoş, tatlı; kabul eden, razı (***to*** *-e*); **~·ment** [ə'gri:mənt] *n.* anlaşma, uyuşma; sözleşme.

ag·ri·cul·tur|al [ægrɪ'kʌltʃərəl] *adj.* tarımsal; **~e** ['ægrɪkʌltʃə] *n.* tarım, ziraat; **~·ist** [ægrɪ'kʌltʃərɪst] *n.* tarımcı, çiftçi.

a·ground NAUT [ə'graʊnd] *adv.* karaya oturmuş; ***run ~*** karaya oturmak.

a·head [ə'hed] *adv.* ileride, önde; ileri ***go ~!*** ileri!; siz buyrun!, kesmeyin!; ***straight ~*** dosdoğru, doğruca.

aid [eɪd] **1.** *v/t.* yardım etmek; **2.** *n.* yardım; yardımcı.

ail [eɪl] *v/i.* hasta olmak; *v/t.* sıkıntı vermek, rahatsız etmek; ***what ~s him?*** nesi var?; **~·ing** ['eɪlɪŋ] *adj.* hasta, rahatsız; **~·ment** [~mənt] *n.* hastalık, rahatsızlık, keyifsizlik.

aim [eɪm] **1.** *v/i.* nişan almak (***at*** *-e*); **~ *at*** *fig.* kastetmek; ***be ~ ing to do s.th.*** bş yapmaya niyeti olmak; *v/t.* **~ *at*** *-e* atmak, fırlatmak, indirmek (*silah, yumruk v.b.*); **2.** *n.* nişan, hedef (*a. fig.*); amaç; gaye; ***take ~ at*** *-e* nişan almak; **~·less** □ ['eɪmlɪs] amaçsız, boş.

air[1] [eə] **1.** *n.* hava; hava akımı; rüzgâr, esinti; tavır, eda, hava; ***by ~*** havayolu ile, uçakla; ***in the open ~*** açık havada; ***on the ~*** radyoda; ***be on the ~*** radyoda konuşmak; ***go off the ~*** yayını kesmek; ***give o.s. ~s, put on ~s*** caka satmak, hava atmak; **2.** *v/t.* havalandırmak; *fig.* ortaya dökmek, açmak (*fikir v.b.*)

air[2] MUS [~] *n.* hava, nağme, melodi.

air|base MIL ['eəbeɪs] *n.* hava üssü; **~·bed** *n.* hava yastığı; **~·borne** *adj.* havadan taşınan; uçmakta olan; MIL hava indirme...; **~·brake** *n.* MEC hava freni; **~·con·di·tioned** *adj.* klimalı, havalandırma tertibatlı; **~·craft** (*pl.* ***-craft***) *n.* uçak; **~·craft car·ri·er** *n.* uçak gemisi; **~·field** *n.* havaalanı; **~ force** *n.* MIL hava kuvvetleri; **~ host·ess** *n.* AVIA hostes; **~-jack·et** *n.* yüzme yeleği; **~·lift** *n.* AVIA hava köprüsü; **~·line** *n.* AVIA havayolu; **~·lin·er** *n.* AVIA yolcu uçağı; **~·mail** *n.* uçak postası; ***by ~*** (*mektup v.b.*) uçak ile; **~·man** (*pl.* ***-men***) *n.* havacı, pilot; **~·plane** *n.* *Am.* uçak; **~ pock·et** *n.* AVIA hava boşluğu; **~ pol·lu·tion** *n.* hava kirliliği; **~·port** *n.* havaalanı, havalimanı; **~ rage** *n.* *uçakla yolculuk ederken öfkelenip kavga çıkartılması ya da şiddete başvurulması*; **~ raid** *n.* hava saldırısı; **~-raid pre·cau·tions** *n. pl.* hava saldırısı önlemleri, pasif korunma; **~-raid shelter** *n.* sığınak; **~ route** *n.* AVIA havayolu, uçuş rotası; **~·sick** *adj.* hava çarpmış;

~·space *n.* hava sahası;~·strip *n.* uçuş pisti; ~ ter·mi·nal *n.* uçak terminali; ~·tight *adj.* hava geçirmez; ~ traf·fic *n.* hava trafiği; ~traf·fic con·trol *n.* AVIA hava trafiği kontrol; ~·traf·fic con·trol·ler *n.* AVIA hava trafik kontrolörü;~·way *n.* AVIA havayolu;~·worthy *adj.* uçabilir, uçmaya elverişli, uçuş güvenliğine sahip.

air·y □ ['eərı] (*-ier, -iest*) havadar; *contp.* yapmacıklı, azametli, kurumlu.

aisle ARCH [aıl] *n.* kilisenin yan kısmı; geçit, koridor.

a·jar [ə'dʒɑː] *adv.* yarı açık, aralık.

a·kin [ə'kın] *adj.* yakın, benzer (*to -e*); akraba (*to ile*).

a·lac·ri·ty [ə'lækrətı] *n.* istek, canlılık, şevk.

a·larm [ə'lɑːm] **1.** *n.* alarm, tehlike işareti; korku, telaş; **2.** *v/t.* tehlikeyi bildirmek; korkutmak, telaşa vermek;~ clock *n.* çalar saat.

al·bum ['ælbəm] *n.* albüm.

al·bu·mi·nous [æl'bjuːmınəs] *adj.* albüminli.

al·co·hol ['ælkəhɒl] *n.* alkol;~·ic [ælkə'hɒlık] **1.** *adj.* alkollü; **2.** *n.* alkolik, ayyaş;~·is·m ['ælkəhɒlızəm] *n.* alkolizm.

al·cove ['ælkəʊv] *n.* hücre, oyuk; çıkma, cumba; çardak.

al·der·man ['ɔːldəmən] (*pl.* ***-men***) *n.* belediye meclisi üyesi.

ale [eıl] *n.* bira.

a·lert [ə'lɜːt] **1.** □ tetik, uyanık, dikkatli; **2.** *n.* alarm, tehlike işareti; ***on the ~*** tetikte; **3.** *v/t.* alarma geçirmek; uyarmak.

al·i·bi ['ælıbaı] *n.* (*suç işlendiğinde*) başka yerde olduğu iddiası; F özür, gerekçe.

a·li·en ['eıljən] *n.* & *adj.* yabancı;~·ate [‿eıt] *v/t.* devretmek; soğutmak, uzaklaştırmak (***from** -den*)

a·light [ə'laıt] **1.** *adj.* tutuşmuş, yanan; **2.** *v/i.* (*otobüs v.b.'den*) inmek; AVIA inmek; konmak (***on, upon** -e*).

a·lign [ə'laın] *v/t.* aynı hizaya getirmek (***with** ile*); ***~ o.s. with** ile* anlaşmak, *-in* yanında olmak.

a·like [ə'laık] **1.** *adj.* aynı, benzer; **2.** *adv.* aynı biçimde.

al·i·men·ta·ry [ælı'mentərı] *adj.* besleyici, yiyecek ile ilgili; ***~ canal*** sindirim borusu.

al·i·mo·ny LEG ['ælımənı] *n.* nafaka.

alive [ə'laıv] *adj.* canlı, sağ, diri, yaşayan; farkında (***to** -in*); dolu, kaynayan (***with** ile*).

all [ɔːl] **1.** *adj.* bütün, hep, her; tam; **2.** *pron.* herşey, hepsi; **3.** *adv.* tamamen, büsbütün; ***~ at once*** aniden, birden; ***~ the better*** daha da iyi; ***~ but*** hemen hemen; az daha; ***~ in*** *Am.* F yorgun, bitkin, turşu gibi; ***~ right*** tamam, peki, oldu; ***for ~ that*** bununla birlikte, buna karşın; ***for ~ (that) I care*** bana ne; ***for ~ I know*** bildiğim kadarı ile; ***at ~*** hiç mi hiç; ***not at ~*** birşey değil; ***the score was two ~*** skor iki ikiydi.

all-A·mer·i·can ['ɔːlə'merıkən] *adj.* özbeöz Amerikalı; tam Amerikalı.

al·lay [ə'leı] *v/t.* yatıştırmak, hafifletmek.

al·le·ga·tion [ælı'geıʃn] *n.* iddia, sav; ileri sürme.

al·lege [ə'ledʒ] *v/t.* ileri sürmek; iddia etmek;~d □ iddia edilen; sözde.

al·le·giance [ə'liːdʒəns] *n.* bağlılık, sadakat.

al·ler|gic [ə'lɜːdʒık] *adj.* alerjik;~·gy ['ælədʒı] *n.* alerji.

al·le·vi·ate [ə'liːvıeıt] *v/t.* hafifletmek, azaltmak.

al·ley ['ælı] *n.* dar yol; yaya yolu; *bowling oyunu*: topun atıldığı yol.

al·li·ance [ə'laıəns] *n.* birleşme, ittifak.

al·lo|cate ['æləkeıt] *v/t.* tahsis etmek, ayırmak, özgülemek; bölüştürmek, dağıtmak; ~·ca·tion [ælə'keıʃn] *n.* ayırma; bölüştürme; hisse.

al·lot [ə'lɒt] (***-tt-***) *v/t.* tahsis etmek, ayırmak, özgülemek; bölüştürmek; ~·ment [‿mənt] *n.* ayırma; bölüştürme; küçük bostan.

al·low [ə'laʊ] *v/t.* izin vermek, olanak vermek; kabul etmek, razı olmak; ***~ for*** göz önüne almak, hesaba katmak; ~·a·ble □ [ə'laʊəbl] kabul edilebilir; izin verilebilir;~·ance *n.* izin, müsaade; gelir, maaş; harçlık; indirim; *fig.* göz yumma, tolerans; ***make ~(s) for s.th.*** bşi göz önünde tutmak.

al·loy **1.** ['ælɔı] *n.* alaşım; **2.** [ə'lɔı] *v/t.* (*kıymetli madene kıymetsiz maden*) karıştırmak; *fig.* değerini ya da kalitesini bozmak.

all-round ['ɔːlraʊnd] *adj.* çok yönlü,

çok yetenekli; **~·er** [ɔːl'raʊndə] *n.* çok yetenekli kimse; SPOR: çok yönlü sporcu.

al·lude [ə'luːd] *vb.* üstü kapalı anlatmak, dolaylı anlatmak, anıştırmak (**to** *-i*).

al·lure [ə'ljʊə] *v/t.* cezbetmek, çekmek; ayartmak; **~·ment** [-mənt] *n.* cezbetme; çekicilik.

al·lu·sion [ə'luːʒn] *n.* anıştırma, ima; taş.

al·ly 1. [ə'laɪ] *vb.* birleşmek, ittifak etmek, bağlaşmak (**to, with** *ile*); **2.** ['ælaɪ] *n.* müttefik, bağlaşık; dost; ***the Allies*** *pl.* Müttefikler.

al·ma·nac ['ɔːlmənæk] *n.* almanak, takvim, yıllık.

al·might·y [ɔːl'maɪtɪ] *adj.* her şeye gücü yeten; **the** ♀ Allah.

al·mond BOT ['ɑːmənd] *n.* badem.

al·mo·ner *Brt.* ['ɑːmənə] *n.* (*hastaların gereksinimlerine yardımcı olan*) sosyal görevli.

al·most ['ɔːlməʊst] *adv.* hemen hemen, az daha, neredeyse; adeta.

alms [ɑːmz] *n. pl.* sadaka.

a·loft [əːlɒft] *adv.* yukarıda, yükseklerde, havada.

a·lone [ə'ləʊn] *adj.* yalnız, tek başına; ***let*** *ya da* ***leave ~*** kendi haline bırakmak; ***let ~...*** ...şöyle dursun, ...bırak ki.

a·long [ə'lɒŋ] *adv.* & *prp.* boyunca, müddetince; yanı sıra; ***all ~*** boydan boya; başından beri; ***~with*** *ile* birlikte; ***come ~*** haydi gel, gayret; ***get ~*** anlaşmak, geçinmek (***with s.o.*** *b-le*); ***take ~*** yanına almak, beraberinde götürmek; **~·side** [-'saɪd] **1.** *adv.* yan yana; **2.** *prp.* yanın(d)a; NAUT bordasında.

a·loof [ə'luːf] *adv.* uzakta, uzak, ayrı.

a·loud [ə'laʊd] *adv.* yüksek sesle, bağırarak.

al·pha·bet ['ælfəbɪt] *n.* alfabe, abece.

al·pine ['ælpaɪn] *adj.* Alp Dağları ile ilgili.

al·read·y [ɔːl'redɪ] *adv.* şimdiden, daha; bile, çoktan, zaten; şimdiye dek.

al·right [ɔːl'raɪt] = ***all right.***

al·so ['ɔːlsəʊ] *adv.* de, da, dahi; üstelik, hem de.

al·tar ['ɔːltə] *n.* mihrap; sunak.

al·ter ['ɔːltə] *v/t.* & *v/i.* değiş(tir)mek; **~·a·tion** [ɔːltə'reɪʃn] *n.* değiş(tir)me; değişiklik (**to** *-e*).

al·ter|nate 1. ['ɔːltəneɪt] *v/t.* & *v/i.* değiş(tir)mek; nöbetle yap(tır)mak; ***alternating current*** ELECT dalgalı akım; **2.** □ [ɔːl'tɜːnət] nöbetleşe değişen, sıra ile yapılan; **3.** *Am.* [-] *n.* temsilci, vekil; **~·nation** [ɔːltə'neɪʃn] *n.* değişiklik, **~·na·tive** [ɔːl'tɜːnətɪv] **1.** □ alternatif; **~ *society*** alternatif toplum; **2.** *n.* alternatif, seçenek.

al·though [ɔːl'ðəʊ] *cj.* *-diği* halde, *-e* karşın, ise de.

al·ti·tude ['æltɪtjuːd] *n.* yükseklik; *at an* **~ *of*** ...yükseklikte.

al·to·geth·er [ɔːltə'geðə] *adv.* tamamen, tamamıyla, büsbütün.

al·u·min·i·um [æljʊ'mɪnjəm], *Am.* **a·lu·mi·num** [ə'luːmɪnəm] *n.* alüminyum.

al·ways ['ɔːlweɪz] *adv.* her zaman, daima, hep.

am [æm; *vurgusuz*: əm] *1. sg. pres. of* ***be.***

a·mal·gam·ate [ə'mælgəmeɪt] *v/t.* & *v/i.* karış(tır)mak, birleş(tir)mek.

a·mass [ə'mæs] *v/t.* toplamak, yığmak, biriktirmek.

am·a·teur ['æmətə] *n.* amatör, hevesli, özengen.

a·maze [ə'meɪz] *v/t.* hayretler içinde bırakmak, şaşırtmak; **~·ment** [-mənt] *n.* şaşkınlık, hayret; **a·maz·ing** □ [-ɪŋ] şaşırtıcı.

am·bas·sa|dor POL [æm'bæsədə] *n.* büyükelçi; **~·dress** POL [-drɪs] *n.* kadın büyükelçi; büyükelçi karısı.

am·ber *min.* ['æmbə] *n.* amber.

am·bi·gu·i·ty [æmbɪ'gjuːɪtɪ] *n.* belirsizlik; iki anlamlılık; **am·big·uous** □ [æm'bɪgjʊəs] belirsiz, şüpheli; iki anlamlı.

am·bi|tion [æm'bɪʃn] *n.* hırs, tutku; arzu, emel; **~·tious** □ [-ʃəs] hırslı, gözü yükseklerde.

am·ble ['æmbl] **1.** *n.* eşkin, rahvan; rahat yürüyüş; **2.** *v/i.* (*at*) eşkin gitmek; yavaş yavaş dolaşmak.

am·bu·lance ['æmbjʊləns] *n.* ambulans, cankurtaran; MIL seyyar hastane.

am·bush ['æmbʊʃ] **1.** *n.* pusu; ***be*** *ya da* ***lie in ~ for s.o.*** *b-i* için pusuya, yatmak; **2.** *v/t.* pusuya düşürmek.

a·me·li·o·rate [ə'miːljəreɪt] *v/t.* iyileştirmek, düzeltmek; *v/i.* iyileşmek, düzelmek.

a·men *int.* [ɑː'men] âmin.

a·mend [ə'mend] *v/t. & v/i.* düzel(t)-mek, iyileş(tir)mek; değiştirmek; **~·ment** [-mənt] *n.* düzeltme; PARL değişiklik önerisi; *Am.* yasa değişikliği; **~s** *n. pl.* tazminat; ***make ~ to s.o. for s.th.*** bşden dolayı *b-nin* zararını ödemek.

a·men·i·ty [ə'miːnətı] *n. oft.* ***amenities*** *pl.* refah araçları, yaşamın güzel yönleri.

A·mer·i·can [ə'merıkən] **1.** *adj.* Amerikan; **~ *plan*** tam pansiyon; **2.** *n.* Amerikalı; Amerikanca; **~·is·m** [-ızəm] *n.* Amerikanca sözcük *ya da* deyim; **~·ize** [-aız] *v/t. & v/i.* Amerikalılaş(tır)mak.

a·mi·a·ble □ ['eımjəbl] sevimli, tatlı, hoş.

am·i·ca·ble □ ['æmıkəbl] dostça.

a·mid(st) [ə'mıd(st)] *prp.* ortasın(d)a, arasın(d)a.

a·miss [ə'mıs] *adj.* yanlış; kusurlu; ***take ~*** yanlış anlamak, kötüye çekmek; darılmak.

am·mo·ni·a [ə'məʊnjə] *n.* amonyak.

am·mu·ni·tion [æmjʊ'nıʃn] *n.* cephane.

am·nes·ty ['æmnıstı] **1.** *n.* genel af; **2.** *vb.* genel af çıkarmak.

a·mok [ə'mɒk]: ***run ~*** deli gibi koşmak, sağa sola saldırmak.

a·mong(st) [ə'mʌŋ(st)] *prp.* arasın(d)a, için(d)e.

am·o·rous □ ['æmərəs] âşık, tutkun; aşk dolu.

a·mount [ə'maʊnt] **1.** *v/i.* varmak, ulaşmak (***to*** *-e*); **2.** *n.* miktar, tutar.

am·ple □ ['æmpl] (***~r, ~st***) bol; geniş; yeterli.

am·pli|fi·ca·tion [æmplıfı'keıʃn] *n.* genişletme; RHET geniş açıklama; PHYS amplifikasyon, yükseltme; **~·fi·er** ELECT ['æmplıfaıə] *n.* amplifikatör, yükselteç; **~·fy** [-faı] *v/t.* büyütmek, genişletmek; ELECT *(ses)* yükseltmek, kuvvetlendirmek; **~·tude** [-tjuːd] *n.* genişlik; genlik.

am·pu·tate ['æmpjʊteıt] *v/t.* *(organı)* kesmek, kesip almak.

a·muck [ə'mʌk] = ***amok.***

a·muse [ə'mjuːz] *v/t.* eğlendirmek; güldürmek; **~ *o.s.*** eğlenmek, hoşça vakit geçirmek; **~·ment** [-mənt] *n.* eğlence;

a·mus·ing □ [-ıŋ] eğlenceli; komik, güldürücü.

an [æn, ən] *belgisiz tanıtıcı:* bir, herhangi bir.

a·nae·mi·a MED [ə'niːmjə] *n.* anemi, kansızlık.

an·aes·thet·ic [ænıs'θetık] **1.** (***~ally***) *adj.* uyuşturucu; **2.** *n.* uyuşturucu madde.

a·nal ANAT ['eınl] *adj.* anal, anüs ile ilgili.

a·nal·o|gous □ [ə'næləgəs] benzer, andıran, -vari; **~·gy** [-dʒı] *n.* benzerlik, benzeşme; kıyas, örnekseme.

an·a·lyse *esp.Brt.,Am.* **-lyze** ['ænəlaız] *v/t.* analiz etmek, tahlil etmek, çözümlemek; **a·nal·y·sis** [ə'næləsıs] *n.* (*pl.* ***-ses*** [-siːz]) analiz, tahlil, çözümleme.

an·arch·y ['ænəkı] *n.* anarşi, başsızlık, erksizlik.

a·nat·o|mize [ə'nætəmaız] *v/t.* MED parçalara ayırmak; **~·my** [-ı] *n.* anatomi.

an·ces|tor ['ænsestə] *n.* ata, cet; **~·tral** [æn'sestrəl] *adj.* ata ile ilgili; atadan kalma; **~·tress** ['ænsestrıs] *n.* kadın ata; **~·try** [-rı] *n.* atalar, dedeler, ecdat.

an·chor ['æŋkə] **1.** *n.* çapa, demir; ***at ~*** demir atmış, demirli; **2.** *vb.* demir atmak, demirlemek; **~·age** [-rıdʒ] *n.* demirleme yeri; **~ man** [-mæn] *n.* TV: *görevi haberleri okumak ve stüdyo dışındaki muhabirlerle bağlantı kurmak olan erkek sunucu;* **~ wo·man** [-wʊmən] *n.* TV: *görevi haberleri okumak ve stüdyo dışındaki muhabirlerle bağlantı kurmak olan kadın sunucu.*

an·cho·vy ZO ['æntʃəvı] *n.* hamsi; ançüez.

an·cient ['eınʃənt] **1.** *adj.* eski; **2.** *n.* ***the ~s*** *pl. hist.* eski uygarlıklar.

and [ænd, ənd] *cj.* ve; ile.

a·ne·mi·a *Am.* = ***anaemia.***

an·es·thet·ic *Am.* = ***anaesthetic.***

a·new [ə'njuː] *adv.* yeniden, tekrar, baştan.

an·gel ['eındʒəl] *n.* melek (*a. fig.*).

an·ger ['æŋgə] **1.** *n.* öfke, hiddet (***at*** *-e*); **2.** *v/t.* öfkelendirmek.

an·gi·na MED [æn'dʒaınə] *n.* anjin, boğak, farenjit.

an·gle ['æŋgl] **1.** *n.* açı; *fig.* görüş açısı; **2.** *v/i.* elde etmeye çalışmak, peşinde olmak (***for*** *-in*); **~r** [-ə] *n.* olta ile balık

tutan kimse.
An·gli·can ['æŋglıkən] **1.** *adj.* ECCL Anglikan; *Am.* İngiliz; **2.** *n.* ECCL Anglikan, İngiliz kilisesine bağlı kimse.
An·glo-Sax·on ['æŋgləʊ'sæksən] *n. & adj.* Anglosakson; LING eski İngilizce.
an·gry□ ['æŋgrı] (**-ier, -iest**) kızgın, öfkeli, sinirlenmiş (**at, with** *-e*); dargın.
an·guish ['æŋgwıʃ] *n.* acı, keder, elem; **~ed** [~ʃt] *adj.* acı dolu, kederli.
an·gu·lar □ ['æŋgjʊlə] açısal; açılı, köşeli; *fig.* bir deri bir kemik.
an·i·mal ['ænıml] **1.** *n.* hayvan; **2.** *adj.* hayvani, hayvansal.
an·i|mate ['ænımeıt] *v/t.* canlandırmak, hayat vermek; **~·ma·ted** *adj.* canlı; hayat dolu; **~ cartoon** çizgi film; **~·ma·tion** [ænı'meıʃn] *n.* canlılık; neşe; şevk.
an·i·mos·i·ty [ænı'mɒsətı] *n.* düşmanlık, nefret.
an·kle ANAT ['æŋkl] *n.* ayak bileği.
an·nals ['ænlz] *n. pl.* tarihsel olaylar, kronik.
an·nex 1. [ə'neks] *v/t.* topraklarına katmak; eklemek; **2.** ['æneks] *n.* ek, ilave; eklentiler; **~·a·tion** [ænek'seıʃn] *n.* katma, ekleme.
an·ni·hi·late [ə'naıəlaıt] *v/t.* yok etmek.
an·ni·ver·sa·ry [ænı'vɜːsərı] *n.* yıldönümü; yıldönümü töreni.
an·no|tate ['ænəʊteıt] *vb.* çıkmalar yapmak, notlar koymak; **~·ta·tion** [ænəʊ'teıʃn] *n.* çıkma, dipnot.
an·nounce [ə'naʊns] *v/t.* anons etmek, duyurmak, bildirmek, ilan etmek; *radyo,* TV: okumak, sunmak (*haber*); **~·ment** [~mənt] *n.* anons, duyuru, bildiri, ilan; *radyo,* TV: haber; **announc·er** [~ə] *n. radyo,* TV: spiker.
an·noy [ə'nɔı] *v/t.* canını sıkmak, üzmek; kızdırmak; bıktırmak; **~·ance** [~əns] *n.* canını sıkma; üzüntü; **~·ing** [~ıŋ] *adj.* can sıkıcı.
an·nu·al ['ænjʊəl] **1.** □ yıllık, senelik; **2.** *n.* BOT bir yıllık *ya da* mevsimlik bitki.
an·nu·i·ty [ə'njuːıtı] *n.* yıllık ödenek.
an·nul [ə'nʌl] (**-ll-**) *v/t.* iptal etmek, yürürlükten kaldırmak, bozmak; **~·ment** [~mənt] *n.* iptal, kaldırma.
an·o·dyne MED ['ænəʊdaın] **1.** *adj.* ağrı kesici, yatıştırıcı; **2.** *n.* ağrı kesici ilaç.
a·noint [ə'nɔınt] *v/t.* yağlamak.
a·nom·a·lous □ [ə'nɒmələs] anormal, düzgüsüz.
a·non·y·mous □ [ə'nɒnıməs] anonim, adı bilinmeyen, isimsiz.
an·o·rak ['ænəræk] *n.* anorak.
an·oth·er [ə'nʌðə] *adj.* diğer, başka, öteki, öbür.
an·swer ['ɑːnsə] **1.** *v/t.* cevap vermek, cevaplandırmak, yanıtlamak; **~ the bell** *ya da* **door** kapıyı açmak, kapıya bakmak; **~ the telephone** telefona bakmak; *v/i.* uymak (**to** *-e*); sorumlu olmak (**to** *-e karşı*); **~ back** karşılık vermek; **~ for** *-den* sorumlu olmak; *-e* kefil olmak; **2.** *n.* cevap, yanıt (**to** *-e*); **~·a·ble** [~rəbl] *adj.* yanıtlanabilir; sorumlu.
ant ZO [ænt] *n.* karınca.
an·tag·o|nis·m [æn'tægənızəm] *n.* düşmanlık; **~·nist** [~ıst] *n.* düşman; rakip; **~·nize** [~naız] *v/t. k-ne* düşman etmek; karşı çıkmak.
an·te·ced·ent [æntı'siːdənt] **1.** □ önceki (**to** *-den*); **2.** *n.* **~s** *pl.* atalar, dedeler; geçmiş.
an·te·lope ZO ['æntıləʊp] *n.* antilop, ceylan.
an·ten·na[1] ZO [æn'tenə] *n.* (*pl.* **-nae** [-niː]) duyarga, anten.
an·ten·na[2] *Am.* [~] *n.* anten.
an·te·ri·or [æn'tıərıə] *adj.* önceki, önce gelen (**to** *-den*).
an·te-room ['æntırʊm] *n.* antişambr; bekleme odası.
an·them MUS ['ænθəm] *n.* ilahi.
an·ti- ['æntı] *prefix* anti-, karşı, aykırı; **~-air·craft** *adj.* MIL uçaksavar...; **~·bi·ot·ic** [~baı'ɒtık] *n.* antibiyotik.
an·tic·i·pate [æn'tısıpeıt] *v/t.* sezinlemek, önceden tahmin etmek; beklemek, ummak; önce davranıp yapmak; **an·tic·i·pa·tion** [æntısı'peıʃn] *n.* sezinleme, tahmin; bekleme, umma; **in ~** peşinen, önceden; şimdiden.
an·ti·clock·wise *Brt.* [æntı'klɒkwaız] *adv.* saatin ters yönünde.
an·tics ['æntıks] *n. pl.* tuhaflık, antikalık, maskaralık.
an·ti|dote ['æntıdəʊt] *n.* panzehir; çare; **~·freeze** *n.* antifiriz; **~-glo·bal·ist** [ænti'gləʊbəlıst] *adj. & n.* küreselleşme karşıtı; **~·mis·sile** MIL [æntı'mısaıl] *adj.* roketsavar...
an·tip·a·thy [æn'tıpəθı] *n.* antipati.
an·ti·quat·ed ['æntıkweıtıd] *adj.* eski,

modası geçmiş; eski kafalı.
an·tique [æn'tiːk] **1.** *adj.* antik(a), eskiye ait; **2.** *n.* antika; **~ dealer** antikacı; **~ shop**, *esp. Am.* **~ store** antika dükkânı; **an·tiq·uity** [æn'tıkwətı] *n.* antikalık, eskilik; eski çağ; antika.
an·ti·sep·tic [æntı'septık] *n. & adj.* antiseptik.
ant·lers ['æntləz] *n. pl.* çatal boynuzlar.
a·nus ANAT ['eınəs] *n.* anüs, makat.
an·vil ['ænvıl] *n.* örs.
anx·i·e·ty [æŋ'zaıətı] *n.* endişe, merak, kaygı (***for*** *için*); MED iç sıkıntısı.
anx·ious □ ['æŋkʃəs] endişeli, kaygılı (***about*** *-den*); arzulu, istekli, hevesli (***for*** *-e*); can atan (***to*** *inf. -meğe*).
an·y ['enı] *adj. & pron. & adv.* herhangi; bazı; birkaç; her; hiç; ***not ~*** hiç; **~·bod·y** *pron.* herhangi biri, birisi; **~·how** *adv.* nasıl olsa; her halde; her nasılsa; **~·one** = ***anybody***; **~·thing** *pron.* herhangi bir şey; hiçbir şey; her şey; **~ *but*** kesinlikle değil; **~ *else?*** başka?; **~·way** = ***anyhow***; **~·where** *adv.* bir yer(d)e; hiçbir yerde.
a·part [ə'pɑːt] *adv.* ayrı; bir tarafta; **~ *from*** *-den* başka.
a·part·heid [ə'pɑːtheıt] *n.* (*Güney Afrika'da*) ırk ayrımı.
a·part·ment [ə'pɑːtmənt] *n.* salon, büyük oda; *Am.* apartman dairesi; **~s** *pl. Brt.* apartman dairesi; **~ *house*** *Am.* apartman.
ap·a|thet·ic [æpə'θetık] (**~*ally***) *adj.* ilgisiz, kayıtsız; **~·thy** ['æpəθı] *n.* ilgisizlik, kayıtsızlık, soğukluk.
ape [eıp] **1.** *n.* zo maymun; **2.** *v/t.* taklit etmek.
a·pe·ri·ent [ə'pıərıənt] *n.* müshil.
ap·er·ture ['æpətjʊə] *n.* delik, açık, aralık.
a·pi|a·ry ['eıpjərı] *n.* arı kovanı; **~·cul·ture** [˷ıkʌltʃə] *n.* arıcılık.
a·piece [ə'piːs] *adv.* tanesi, parça başı, her biri.
a·pol·o|get·ic [əpɒlə'dʒetık] (**~*ally***) *adj.* özür dileyen; pişmanlık bildiren; **~·gize** [ə'pɒlədʒaız] *v/i.* özür dilemek (***for*** *-den dolayı*; ***to*** *-e*); **~·gy** [˷ı] *n.* özür dileme; özür; ***make*** *ya da* ***offer s.o. an ~*** (***for s.th.***) (*bşden dolayı*) *b-den* özür dilemek.
ap·o·plex·y ['æpəpleksı] *n.* felç, inme.
a·pos·tle [ə'pɒsl] *n.* apostol, havari, resul.
a·pos·tro·phe LING [ə'pɒstrəfı] *n.* kesme imi *ya da* işareti, apostrof.
ap·pal|(l) [ə'pɔːl] (**-*ll*-**) *v/t.* korkutmak, dehşete düşürmek; **~·ling** □ [˷ıŋ] dehşet verici, korkunç.
ap·pa·ra·tus [æpə'reıtəs] *n.* aygıt, cihaz.
ap·par·el [ə'pærəl] *n.* giysi, üst baş, kıyafet.
ap·par·ent □ [ə'pærənt] belli, açık, ortada; görünüşteki.
ap·pa·ri·tion [æpə'rıʃn] *n.* görüntü, hayalet; görünüverme.
ap·peal [ə'piːl] **1.** *v/i.* LEG daha yüksek mahkemeye başvurmak; yalvarmak, rica etmek (***to*** *-e*); başvurmak; **~ *to*** cezbetmek, hoşuna gitmek, cazip gelmek; **2.** *n.* LEG istinaf, üstyargı yolu; yalvarma; başvurma (***to*** *-e*); **~ *for mercy*** LEG af dilekçesi; **~·ing** □ [˷ıŋ] çekici, alımlı.
ap·pear [ə'pıə] *v/i.* görünmek, ortaya çıkmak; türemek, peyda olmak; mahkemeye çıkmak; gibi görünmek; sahneye çıkmak; (*gazete, kitap vb.*) çıkmak; **~·ance** [˷rəns] *n.* görünme, ortaya çıkma; mahkemeye çıkma; görünüş; ***to all ~(s)*** görünüşe göre.
ap·pease [ə'piːz] *v/t.* yatıştırmak; hafifletmek, azaltmak; (*açlık*) gidermek.
ap·pend [ə'pend] *v/t.* eklemek, katmak; **~·age** [˷ıdʒ] *n.* ek, ilave.
ap·pen|di·ci·tis MED [əpendı'saıtıs] *n.* apandisit; **~·dix** [ə'pendıks] *n.* (*pl.* ***-dixes, -dices*** [-dısiːz]) ek, ilave; *a.* ***vermiform ~*** MED apandis.
ap·per·tain [æpə'teın] *v/i.* ait olmak (***to*** *-e*).
ap·pe|tite ['æpıtaıt] *n.* iştah; *fig.* istek, arzu (***for*** *-e*); **~·tiz·er** [˷zə] aperatif, açar; **~·tiz·ing** □ [˷ıŋ] iştah açıcı.
ap·plaud [ə'plɔːd] *vb.* alkışlamak; beğenmek, takdir etmek; **ap·plause** [˷z] *n.* alkış; övme.
ap·ple BOT ['æpl] *n.* elma; **~·cart**: ***upset s.o.'s ~*** F *b-nin* planlarını altüst etmek; **~ pie** *n.* elma turtası; ***in ~-pie order*** F yerli yerinde; **~ sauce** *n.* elma püresi; *Am. sl.* zırva.
ap·pli·ance [ə'plaıəns] *n.* alet, araç.
ap·plic·a·ble □ ['æplıkəbl] uygulanabilir (***to*** *-e*).
ap·pli|cant ['æplıkənt] *n.* başvuru sahi-

bi, istekli (***for*** -*e*); **~·ca·tion** [æplı'keıʃn] *n.* uygulama; başvuru (***to*** -*e*); dilekçe; dikkat, gayret.

ap·ply [ə'plaı] *v/t.* uygulamak; sürmek (***to*** -*e*); hasretmek, vermek; **~ *o.s. to*** *k-ni -e* vermek; *v/i.* başvurmak, müracaat etmek (***to*** -*e*); ilgili olmak (***to*** *ile*).

ap·point [ə'pɔınt] *v/t.* kararlaştırmak, saptamak (*tarih, gün v.b.*); tayin etmek, atamak (***to*** -*e*); **~·ment** [-mənt] *n.* tayin, ata(n)ma; görev, iş; randevu; **~ *book*** randevu defteri, ajanda.

ap·por·tion [ə'pɔ:ʃn] *v/t.* paylaştırmak, bölüştürmek; **~·ment** [-mənt] *n.* paylaştırma; pay.

ap·prais|al [ə'preızl] *n.* değer biçme; **~e** [ə'preız] *v/t.* değer biçmek; değerlendirmek.

ap·pre|cia·ble □ [ə'pri:ʃəbl] hissedilir, farkedilir; **~·ci·ate** [-ʃıeıt] *v/t.* değerlendirmek; değerini bilmek; beğenmek; takdir etmek; *v/i.* değerlenmek; **~·ci·a·tion** [əpri:ʃı'eıʃn] *n.* değerlen(dir)me; kıymet bilme; teşekkür, minnettarlık; ECON değer artışı.

ap·pre|hend [æprı'hend] *v/t.* tutuklamak; anlamak, kavramak; korkmak, endişe duymak; **~·hen·sion** [-ʃn] *n.* tutuklama; anlama; endişe; **~·hensive** □ [-sıv] çabuk kavrayan, zeki; endişeli.

ap·pren·tice [ə'prentıs] **1.** *n.* çırak; stajyer; **2.** *v/t.* çırak olarak vermek; **~·ship** [-ʃıp] *n.* çıraklık; stajyerlik.

ap·proach [ə'prəʊtʃ] **1.** *v/i.* yaklaşmak; *v/t.* yaklaştırmak; **2.** *n.* yaklaşma, yanaşma; yaklaşım; giriş, yol.

ap·pro·ba·tion [æprə'beıʃn] *n.* beğenme, uygun görme, onama.

ap·pro·pri·ate **1.** [ə'prəʊprıeıt] *v/t.* ayırmak; *k-ne* mal etmek; üstüne oturmak, iç etmek; **2.** □ [-ıt] uygun, yakışır (***for, to*** -*e*).

ap·prov|al [ə'pru:vl] *n.* uygun bulma, onama; **~e** [-v] *vb.* uygun bulmak, onamak, kabul etmek, onaylamak; **~ed** *adj.* onaylı, kabul edilmiş.

ap·prox·i·mate **1.** [ə'prɒksımeıt] *v/t.* & *v/i.* yaklaş(tır)mak; **2.** □ [-mət] yaklaşık.

a·pri·cot BOT ['eıprıkɒt] *n.* kayısı.

A·pril ['eıprəl] *n.* nisan.

a·pron ['eıprən] *n.* önlük; **~string** *n.* önlük bağı; ***be tied to one's wife's*** (***mother's***) **~*s*** *fig.* karısına (annesine) aşırı bağlı olmak, kılıbık olmak.

apt □ [æpt] elverişli, uygun, yerinde; zeki, yetenekli; **~ *to*** -*e* eğilimli; **ap·ti·tude** ['æptıtju:d] *n.* yetenek (***for*** -*e karşı*); eğilim; **~ *test*** yetenek testi.

a·quat·ic [ə'kwætık] *n.* sucul hayvan *ya da* bitki; **~*s*** *sg.* su sporları.

aq·ue·duct ['ækwıdʌkt] *n.* sukemeri.

aq·ui·line ['ækwılaın] *adj.* kartal gibi; **~ *nose*** gaga burun.

Ar·ab ['ærəb] *n.* Arap; **Ar·a·bic** [-ık] **1.** *adj.* Araplar ile ilgili; **2.** *n.* LING Arapça.

ar·a·ble ['ærəbl] *adj.* sürülebilir, ekilebilir.

ar·bi|tra·ry □ ['ɑ:bıtrərı] keyfi, isteğe bağlı olan; **~·trate** [-reıt] *vb.* hakemlik yapmak; (*hakemle*) halletmek; **~·tra·tion** [ɑ:bı'treıʃn] *n.* hakem kararı; hakem kararı ile çözüm; **~·tra·tor** LEG ['ɑ:bıtreıtə] *n.* hakem.

ar·bo(u)r ['ɑ:bə] *n.* çardak, kameriye.

arc [ɑ:k] *n.* kavis, yay; kemer; **ar·cade** [ɑ:'keıd] *n.* sıra kemek; pasaj, kemer altı.

arch[1] [ɑ:tʃ] **1.** *n.* kemer, yay; tak; **2.** *vb.* yay gibi kabar(t)mak; **~ *over*** ...üstünde yay gibi uzanmak.

arch[2] [-] *adj.* açıkgöz, kurnaz, şeytan.

arch[3] □ [-] ilk, baş.

ar·cha·ic [ɑ:'keıık] (**~*ally***) *adj.* arkaik, eskimiş.

arch|an·gel ['ɑ:keındʒəl] *n.* başmelek; **~·bish·op** ['ɑ:tʃbıʃəp] *n.* başpiskopos.

ar·cher ['ɑ:tʃə] *n.* okçu; **~·y** [-rı] *n.* okçuluk.

ar·chi|tect ['ɑ:kıtekt] *n.* mimar; yaratıcı; **~·tec·ture** [-ktʃə] *n.* mimarlık; mimari.

ar·chives ['ɑ:kaıvz] *n. pl.* arşiv.

arch·way ['ɑ:tʃweı] *n.* kemeraltı yolu, kemerli geçit.

arc·tic ['ɑ:ktık] **1.** *adj.* arktik, Kuzey Kutupla ilgili; **2.** *n. Am.* şoson, lastik.

ar·dent □ ['ɑ:dənt] ateşli, coşkun, şevkli.

ar·do(u)r *fig.* ['ɑ:də] *n.* ateşlilik, coşkunluk, şevk.

ar·du·ous □ ['ɑ:djʊəs] güç, zahmetli, çetin; sarp, dik.

are [ɑ:, *vurgusuz*: ə] *pres. pl. and 2. sg. of* ***be.***

ar·e·a ['eərıə] *n.* alan, saha; bölge; yüzölçümü; ~ ***code*** *Am.* TELEPH bölge kodu.

Ar·gen·tine ['ɑːdʒəntaın] **1.** *adj.* Arjantinli; **2.** *n.* Arjantin.

a·re·na [ə'riːnə] *n.* arena (*a. fig.*).

ar·gue ['ɑːgjuː] *v/t.* ileri sürmek; nedenler göstererek ikna etmek; *v/i.* tartışmak.

ar·gu·ment ['ɑːgjʊmənt] *n.* tartışma; fikir, delil; özet.

ar·id □ ['ærıd] kurak, çorak; *fig.* yavan, sıkıcı.

a·rise [ə'raız] (***arose, arisen***) *v/i.* kalkmak; doğmak, çıkmak, kaynaklanmak; baş göstermek, belirmek, çıkmak; **a·ris·en** [ə'rızn] *p.p. of* ***arise.***

ar·is|toc·ra·cy [ærı'stɒkrəsı] *n.* aristokrasi, soyluerki; soylular sınıfı; **~·to·crat** ['ærıstəkræt] *n.* aristokrat, soylu; **~·to·crat·ic** (***~ally***) [ærıstə'krætık] *adj.* aristokrasi ile ilgili.

a·rith·me·tic [ə'rıθmətık] *n.* aritmetik.

ark [ɑːk] *n.* sandık, kutu.

arm[1] [ɑːm] *n.* kol; dal; ***keep s.o. at ~'s length*** *b-i* ile arasında mesafe bırakmak, yanına yaklaştırmamak; ***infant in ~s*** meme çocuğu.

arm[2] [~] **1.** *n. mst* ***~s*** *pl.* silah; arma; ***~s control*** silahlanma kontrolü; ***~s race*** silahlanma yarışı; ***up in ~s*** ayaklanmış; *fig.* öfkeli, ateş püşküren; **2.** *v/t.* & *v/i.* silahlan(dır)mak.

ar·ma·da [ɑː'mɑːdə] *n.* donanma.

ar·ma·ment ['ɑːməmənt] *n.* donatı; silahlar; silahlan(dır)ma.

ar·ma·ture ELECT ['ɑːmətjʊə] *n.* armatur, mıknatıs demiri.

arm·chair ['ɑːm'tʃeə] *n.* koltuk.

ar·mi·stice ['ɑːmıstıs] *n.* mütareke, bırakışma, ateşkes (*a. fig.*)

ar·mo(u)r ['ɑːmə] **1.** *n.* MIL zırh; zırhlı araç; **2.** *v/t.* zırh ile kaplamak; ***~ed car*** zırhlı araba; **~·y** [~rı] *n.* silah deposu (*a. fig.*)

arm·pit ['ɑːmpıt] *n.* koltuk altı.

ar·my ['ɑːmı] *n.* ordu (*a. fig.*); ***~ chaplain*** ordu papazı *ya da* imamı.

a·ro·ma [ə'rəʊmə] *n.* hoş koku; **ar·o·mat·ic** [ærə'mætık] (***~ally***) *adj.* hoş kokulu.

a·rose [ə'rəʊz] *pret. of* ***arise.***

a·round [ə'raʊnd] *adv.* & *prp.* etrafın(d)a, çevresin(d)e; civarında, sularında; orada burada.

a·rouse [ə'raʊz] *v/t.* uyandırmak; *fig.* canlandırmak, harekete geçirmek.

ar·range [ə'reındʒ] *v/t.* düzenlemek; sıraya koymak, dizmek; kararlaştırmak (*gün*); MUS düzenlemek, uyarlamak (*a.* THEA); **~·ment** [~mənt] *n.* düzenleme; sıra, düzen, tertip; anlaşma; MUS aranjman, uyarlama (*a.* THEA); ***make ~s*** hazırlık yapmak.

ar·ray [ə'reı] *n.* MIL sıra, saf, düzen; gösterişli giysi; gösteriş.

ar·rear [ə'rıə] *n. mst* ***~s*** *pl.* borç, kalıntılar.

ar·rest [ə'rest] **1.** *n.* LEG tutuklama; durdurma; **2.** *v/t.* LEG tutuklamak; durdurmak; *fig.* çekmek (*dikkat*).

ar·riv·al [ə'raıvl] *n.* varış, geliş; gelen kimse *ya da* şey; ***~s*** *pl.* varış; **ar·rive** [~v] *v/i.* varmak, gelmek; gelip çatmak; ***~ at*** *fig.* *-e* ulaşmak; (*karara*) varmak.

ar·ro|gance ['ærəgəns] *n.* kibir, kendini beğenmişlik; **~·gant** □ [~t] kibirli, kendini beğenmiş.

ar·row ['ærəʊ] *n.* ok; **~·head** *n.* ok başı, temren.

ar·se·nal ['ɑːsənl] *n.* silah ve cephane deposu, tophane.

ar·se·nic CHEM ['ɑːsnık] *n.* arsenik, sıçanotu.

ar·son LEG ['ɑːsn] *n.* kundakçılık.

art [ɑːt] *n.* sanat; *fig.* hüner, maharet; ***~s*** *pl.* ilimler; ***Faculty of* ≈*s***, *Am.* ***≈s Department*** Edebiyat Fakültesi.

ar·ter·i·al [ɑː'tıərıəl] *adj.* ANAT atardamar ile ilgili; ***~ road*** anayol; **ar·te·ry** ['ɑːtərı] *n.* ANAT arter, atardamar; *fig.* anayol, arter.

art·ful □ ['ɑːtfl] ustalık isteyen; kurnaz.

ar·ti·cle ['ɑːtıkl] *n.* madde; makale; GR tanıtıcı.

ar·tic·u|late **1.** [ɑː'tıkjʊleıt] *vb.* eklem ile birleştirmek; tane tane söylemek; **2.** □ [~lət] kolay anlaşılır, açık; BOT, ZO eklemli, boğumlu; **~·la·tion** [ɑːtıkjʊ'leıʃn] *n.* açık söyleyiş; ANAT eklem, oynak.

ar·ti|fice ['ɑːtıfıs] *n.* beceri, hüner, ustalık; hile, oyun; **~·fi·cial** □ [ɑːtı'fıʃl] yapay, suni; sahte, yapmacık; ***~ person*** tüzelkişi.

ar·til·le·ry [ɑː'tılərı] *n.* topçu sınıfı; topçuluk; toplar.

ar·ti·san [ɑːtı'zæn] *n.* zanaatçı, endüs-

tri işçisi.
art·ist ['ɑːtɪst] *n*. sanatçı, *esp*. ressam; ***variety ~*** cambaz, artist; **ar·tis·tic** [ɑː'tɪstɪk] (***~ally***) *adj*. artistik, sanatlı.
art·less □ ['ɑːtlɪs] işlenmemiş, doğal; saf, masum; sade.
as [æz, əz] **1.** *adv*. olarak; gibi; **2.** *cj*. çünkü, -diği için; -iken; ***~ ... ~*** ...kadar; ***~ for, ~ to*** *-e* gelince; ***~ from*** *-den* itibaren, *-den* başlayarak; ***~ it were*** sanki, güya, âdeta; ***~ Hamlet*** Hamlet olarak.
as·cend [ə'send] *vb*. yükselmek, çıkmak, tırmanmak; (*tahta*) çıkmak.
as·cen|dan·cy, ~·den·cy [ə'sendənsɪ] [~ənsɪ] *n*. üstünlük, egemenlik; nüfuz; **~·sion** [~ʃn] *n*. yükselme; ℒ (***Day***) İsa'nın göğe çıkışı; **~t** [~t] *n*. yükseliş; tırmanış, çıkış; bayır, yokuş.
as·cer·tain [æsə'teɪn] *v/t*. soruşturmak, araştırmak.
as·cet·ic [ə'setɪk] (***~ally***) *adj*. dünya zevklerinden el çekmiş.
as·cribe [ə'skraɪb] *v/t*. atfetmek, yakıştırmak. (***to*** *-e*).
a·sep·tic MED [æ'septɪk] **1.** *adj*. aseptik, mikropsuz; **2.** *n*. aseptik ilaç.
ash[1] [æʃ] *n*. BOT dişbudak ağacı.
ash[2] [~] *n*. *a*. ***~es*** *pl*. kül; ***Ash Wednesday*** Paskalyadan önceki perhizin ilk çarşambası.
a·shamed [ə'ʃeɪmd] *adj*. utanmış, mahcup; ***be ~ of*** *-den* utanmak.
ash can *Am*. ['æʃkæn] = ***dustbin.***
ash·en ['æʃn] *adj*. kül gibi; solgun; külrengi.
a·shore [ə'ʃɔː] *adv*. karaya; karada; ***run ~*** karaya oturmak.
ash|tray ['æʃtreɪ] *n*. kül tablası; **~·y** [~ɪ] (***-ier, -iest***) = ***ashen.***
A·sia ['eɪʃə] *n*. Asya.
A·sian ['eɪʃn, 'eɪʒn], **A·si·at·ic** [eɪʃɪ'ætɪk] **1.** *adj*. Asya'ya özgü; **2.** *n*. Asyalı; **~-A·mer·i·can** [eɪʃənə'merikən] *adj*. *& n*. *Asya kökenli Amerikalı*.
a·side [ə'saɪd] **1.** *adv*. bir yana, bir tarafa; ***~ from*** *Am*. *-den* başka; **2.** *n*. THEA oyuncunun alçak sesle söylediği sözler.
ask [ɑːsk] *v/t*. sormak; istemek (***of, from s.o.*** *b-den*); rica etmek (***s.o. [for] s.th.*** b-den bş); ***~ (s.o.) a question*** (*b-ne*) bir soru sormak; *v/i*.: ***~ for*** aramak, istemek; ***he ~ed for it*** *ya da* ***for trouble*** bunu kendi istedi, kaşındı, arandı; ***to be had for the ~ing*** istemeniz yeter.
a·skance [ə'skæns]: ***look ~ at s.o.*** *b-ne* yan bakmak.
a·skew [ə'skjuː] *adv*. yanlamasına, eğri olarak.
a·sleep [ə'sliːp] *adj*. uyumuş, uykuda; uyuşmuş; ***be (fast, sound) ~*** derin uykuda olmak; ***fall ~*** uykuya dalmak, uyuya kalmak.
as·par·a·gus BOT [ə'spærəgəs] *n*. kuşkonmaz.
as·pect ['æspekt] *n*. görünüş; manzara; bakım, yön; yüz, çehre.
as·phalt ['æsfælt] **1.** *n*. asfalt; **2.** *v/t*. asfaltlamak.
as·pic ['æspɪk] *n*. dondurulmuş *ya da* jelatinli et.
as·pi|rant [ə'spaɪərənt] *n*. aday, istekli; **~·ra·tion** [æspə'reɪʃn] *n*. istek, arzu, emel; özlem.
as·pire [ə'spaɪə] *v/i*. çok istemek, can atmak (***to, after*** *-e*).
ass ZO [æs] *n*. eşek.
as·sail [ə'seɪl] *v/t*. saldırmak; dil uzatmak; ***be ~ed with doubts*** kuşku içinde olmak; **as·sai·lant** [~ənt] *n*. saldırgan.
as·sas·sin [ə'sæsɪn] *n*. katil; **~·ate** *esp*. POL [~eɪt] *v/t*. öldürmek, katletmek; ***be ~d*** suikaste kurban gitmek; **~·a·tion** [əsæsɪ'neɪʃn] *n*. suikast; cinayet.
as·sault [ə'sɔːlt] **1.** *n*. saldırı, hücum; **2.** *v/t*. saldırmak, hücum etmek; LEG tecavüz etmek.
as·say [ə'seɪ] **1.** *n*. deneme; **2.** *v/t*. denemek; analiz etmek.
as·sem|blage [ə'semblɪdʒ] *n*. topla(n)ma; kalabalık; MEC montaj; **~·ble** [~bl] *v/t*. *& v/i*. topla(n)mak, birleş(tir)mek; MEC monte etmek; **~·bly** [~ɪ] *n*. toplantı; meclis; MEC montaj; ***~ line*** MEC sürekli iş bantı.
as·sent [ə'sent] **1.** *n*. kabul, onama, onay, rıza; **2.** *v/i*. onamak, razı olmak (***to*** *-e*).
as·sert [ə'sɜːt] *v/t*. ileri sürmek; savunmak, iddia etmek; ***~ o.s.*** *k-ni* göstermek; otoritesini kurmak; **as·ser·tion** [ə'sɜːʃn] *n*. ileri sürme; iddia, sav.
as·sess [ə'ses] *vb*. değer biçmek; tayin etmek, belirlemek (***at*** *olarak*); *fig*. takdir etmek, değerini anlamak; **~·ment** [~mənt] *n*. değer biçme; vergi (takdiri); belirlenen miktar; *fig*. değerini an-

lama.

as·set ['æset] *n.* ECON mal, servet; *fig.* kazanç; **~s** *pl.* varlık; ECON alacak, aktif; LEG mallar.

as·sid·u·ous □ [ə'sıdjʊəs] çalışkan, gayretli; devamlı, sürekli.

as·sign [ə'saın] *v/t.* ayırmak; atamak, seçmek; saptamak; **as·sig·na·tion** [æsıg'neıʃn] *n.* randevu; = **~·ment** [ə'saınmənt] *n.* ayırma; atama; LEG devir.

as·sim·i|late [ə'sımıleıt] *v/t.* özümlemek; uydurmak, benzetmek (***to*** *-e*); **~·la·tion** [əsımı'leıʃn] *n.* özümleme; benzeşme.

as·sist [ə'sıst] *v/t.* yardım etmek; *v/i.* hazır bulunmak (***at*** *-de*); **~·ance** [₋əns] *n.* yardım; **as·sis·tant** [ə'sıstənt] *n.* asistan, yardımcı; ***shop ~*** *Brt.* tezgâhtar; **as·sist·ed liv·ing** *n. yaşlı ya da hasta kimselere yemek yemek ve yıkanmak gibi günlük işlerde yardım edilmesi*; **as·sist·ed su·i·cide** *n. ölümcül bir hastanın başkalarının yardımıyla intihar etmesi.*

as·siz·es *Brt. hist* [ə'saızıs] *n. pl.* geçici mahkeme.

as·so·ci|ate **1.** [ə'səʊʃıeıt] *vb.* birleş(tir)mek; ortak olmak; arkadaş olmak; çağrışım yapmak; ***~ with*** *ile* bir tutmak; **2.** [₋ʃıət] *adj.* yardımcı; ***~ member*** tüm haklardan yararlanamayan üye; **3.** [₋] *n.* ortak; arkadaş; **~·a·tion** [əsəʊsı'eıʃn] *n.* kurum, birlik, dernek; ortaklık; arkadaşlık; çağrışım.

as·sort [ə'sɔːt] *v/t.* ayırmak, sınıflandırmak; **~·ment** [₋mənt] *n.* ayırma; ECON mal çeşidi.

as·sume [ə'sjuːm] *v/t.* üzerine almak; farzetmek; (*tavır*) takınmak; **as·sump·tion** [ə'sʌmpʃn] *n.* üzerine alma; farz, zan; ♀ (***Day***) ECCL Meryem'in göğe kabulü yortusu.

as·sur|ance [ə'ʃʊərəns] *n.* güvence, teminat; güven; vaat, söz; yüzsüzlük, arsızlık; (***life***) *~ esp. Brt.* yaşam sigortası; **~e** [ə'ʃʊə] *v/t.* temin etmek, garanti etmek; sağlamak; *esp. Brt.* sigorta etmek; **~ed** **1.** *adj.* (*adv.* **~·ed·ly** [₋rıdlı]) emin; sağlanmış; **2.** *n.* sigortalı.

asth·ma MED ['æsmə] *n.* nefes darlığı, astım.

a·stir [ə'stɜː] *adj.* hareket halinde; heyecan içinde; yataktan kalkmış, ayakta.

as·ton·ish [ə'stɒnıʃ] *v/t.* şaşırtmak, hayrete düşürmek; ***be ~ed*** şaşırmak, hayret etmek; **~·ing** □ [₋ıŋ] şaşırtıcı; **~·ment** [₋mənt] *n.* hayret, şaşkınlık.

as·tound [ə'staʊnd] *v/t.* hayretler içinde bırakmak.

a·stray [ə'streı]: ***go ~*** yolunu şaşırmak; *fig.* yanlış yola düşmek; baştan çıkmak, azmak; ***lead ~*** *fig.* yanlış yola düşürmek, baştan çıkarmak.

a·stride [ə'straıd] *adv.* ata biner gibi.

as·trin·gent MED [ə'strındʒənt] **1.** □ kanı durduran; **2.** *n.* kanı durduran ilaç.

as·trol·o·gy [ə'strɒlədʒı] *n.* astroloji, yıldız falcılığı.

as·tro·naut ['æstrənɔːt] *n.* astronot, uzayadamı.

as·tron·o·my [ə'strɒnəmı] *n.* astronomi, gökbilim.

as·tute □ [ə'stjuːt] zeki, cin gibi; **~·ness** [₋nıs] *n.* zekilik, cin fikirlilik.

a·sun·der [ə'sʌndə] *adv.* ayrı ayrı; parça parça.

a·sy·lum [ə'saıləm] *n.* akıl hastanesi; sığınacak yer.

at [æt, *vurgusuz:* ət] *prp.* -de, -da; -ye, -ya; -e, -a; ***~ school*** okulda; ***~ the age of*** ...yaşında.

ate [et] *pret. of* ***eat 1.***

a·the·is·m ['eıθıızəm] *n.* ateizm, Tanrıtanımazlık.

ath|lete ['æθliːt] *n.* atlet; **~·let·ic** [æθ'letık] (***~ally***) *adj.* atletik; **~·let·ics** *n. sg. ya da pl.* atletizm.

At·lan·tic [ət'læntık] **1.** *adj.* Atlas Okyanusu'na özgü; **2.** *n. a.* ***~ Ocean*** Atlas Okyanusu.

ATM [eitiː'em] *n.* bankamatik.

at·mo|sphere ['ætməsfıə] *n.* atmosfer (*a. fig.*); **~·spher·ic** [ætməs'ferık] (***~ally***) *adj.* atmosferik, hava ile ilgili.

at·om ['ætəm] *n.* atom; *fig.* parçacık, zerre; **~ bomb** *n.* atom bombası.

a·tom·ic [ə'tɒmık] (***~ally***) *adj.* atom ile ilgili, atom...; **~ age** *n.* atom çağı; **~ bomb** *n.* atom bombası; **~ en·er·gy** *n.* atom enerjisi; **~ pile** *n.* atom reaktörü; **~ pow·er** *n.* atom enerjisi; **~pow·ered** *adj.* atom enerjili; **~ waste** atom artığı.

at·om|ize ['ætəmaız] *v/t.* atomlara ayırmak; püskürtmek; **~·iz·er** [₋ə] *n.* püskürteç.

a·tone [ə'təʊn]: **~ for** telafi etmek; gönlünü almak; **~·ment** [~mənt] *n.* telafi; gönlünü alma.

a·tro|cious □ [ə'trəʊʃəs] acımasız, gaddarca; berbat; **~c·i·ty** [ə'trɒsətı] *n.* vahşet, gaddarlık, canavarlık.

at-seat TV *taşıt araçlarında v.b. koltuğa takılan küçük televizyon.*

at·tach [ə'tætʃ] *v/t.* bağlamak, iliştirmek, tutturmak, yapıştırmak (**to** *-e*); (*önem*) vermek; **~ o.s. to** *-e* katılmak; **~ed** *adj.* bağlı; **~·ment** [~mənt] *n.* bağlama, iliştirme; **~ for, ~ to** *-e* bağlılık; *e* sevgi; haciz.

at·tack [ə'tæk] **1.** *v/t.* saldırmak; *fig.* üstüne varmak; dil uzatmak, çatmak; (işe) girişmek; **2.** *n.* saldırı; MED kriz, nöbet.

at·tain [ə'teın] *vb.* ulaşmak, varmak, erişmek; **~·ment** [~mənt] *n.* ulaşma, erişme; **~s** *pl.* edinti, kazanılan bilgi, beceri *v.b.*

at·tempt [ə'tempt] **1.** *v/t.* teşebbüs etmek, kalkışmak, yeltenmek; **2.** *n.* teşebbüs, gayret.

at·tend [ə'tend] *vb.* gitmek, devam etmek; hazır bulunmak, katılmak (*toplantı v.b.*); eşlik etmek; MED (*hastaya*) bakmak; **~ to** *ile* ilgilenmek; *-e* bakmak; *-e* hizmet etmek; **~·ance** [~əns] *n.* hazır bulunma; gitme, devam; eşlik; hizmet; MED bakım, tedavi; hazır bulunanlar (**at** *-de*); **~·ant** [~t] *n.* yardımcı; bakıcı; hizmetçi; bekçi, muhafız; MEC operatör.

at·ten|tion [ə'tenʃn] *n.* dikkat; ilgi, bakım; *fig.* iltifat; **~·tive** □ [~tıv] dikkatli; nazik.

at·tic ['ætık] *n.* tavan arası; çatı odası.

at·tire [ə'taıə] **1.** *v/t.* giydirmek; **2.** *n.* giysi, kılık.

at·ti·tude ['ætıtju:d] *n.* tavır, tutum, hal; durum.

at·tor·ney [ə'tɜ:nı] *n.* vekil; dava vekili; *Am.* avukat; **power of ~** temsil yetkisi, vekâlet; ♀ **General** *Brt.* başsavcı; *Am.* adalet bakanı.

at·tract [ə'trækt] *v/t.* (*mıknatıs v.b.*) çekmek; *fig.* cezbetmek, çekmek; **at·trac·tion** [~kʃn] *n.* çekim, çekme; alımlılık; THEA eğlence programı, atraksiyon; **at·trac·tive** [~tıv] *adj.* çekici, alımlı; **at·trac·tive·ness** [~nıs] *n.* çekicilik.

at·trib·ute[1] [ə'trıbju:t] *v/t.* atfetmek, vermek (**to** *-e*)

at·tri·bute[2] ['ætrıbju:t] *n.* nitelik, sıfat, özellik; simge; GR yüklem.

at·tune [ə'tju:n]: **~ to** *fig.* *-e* alıştırmak, *-e* uyum sağlamak.

au·burn ['ɔ:bən] *adj.* kestane rengi, kumral.

auc|tion ['ɔ:kʃn] **1.** *n.* artırma ile satış, mezat; **sell by** (*Am.* **at**) **~** artırma ile satmak; **put up for** (*Am.* **at**) **~** artırmaya çıkarmak; **2.** *v/t. mst.* **~ off** artırma ile satmak; **~·tio·neer** [ɔ:kʃə'nıə] *n.* mezatçı.

au·da|cious □ [ɔ:'deıʃəs] cüretli, korkusuz; **~c·i·ty** [ɔ:'dæsətı] *n.* cesaret, cüret.

au·di·ble □ ['ɔ:dəbl] duyulabilir.

au·di·ence ['ɔ:djəns] *n.* huzura kabul; seyirciler; dinleyiciler; **give ~ to** huzura kabul etmek.

au·di·o|cas·sette ['ɔ:dıəʊkæ'set] *n.* işitsel kaset; **~-vis·u·al** [ɔ:dıəʊ'vıʒʊəl]: **~ aids** *pl.* görsel-işitsel araçlar.

au·dit ECON ['ɔ:dıt] **1.** *n.* denetim, denetleme; **2.** *v/t.* (*hesapları*) kontrol etmek, denetlemek; **au·di·tor** [~ə] *n.* dinleyici; ECON denetçi; **au·di·tori·um** [ɔ:dı'tɔ:rıəm] *n.* konferans salonu; *Am.* konser salonu.

au·ger MEC ['ɔ:gə] *n.* burgu, matkap, avger.

aught [ɔ:t] *n.* herhangi bir şey; **for ~ I care** bana ne; **for ~ I know** bildiğim kadarıyla.

aug·ment [ɔ:g'ment] *v/t. & v/i.* büyü(t)mek, art(ır)mak, çoğal(t)mak.

au·gur ['ɔ:gə]: **~ ill** (**well**) kötüye (iyiye) işaret olmak (**for** *için*).

Au·gust[1] ['ɔ:gəst] *n.* ağustos.

au·gust[2] □ [ɔ:'gʌst] yüce, aziz.

aunt [ɑ:nt] *n.* hala; teyze; yenge; **~·ie**, **~·y** ['ɑ:ntı] *n.* halacık; teyzecik; yengecik.

aus|pices ['ɔ:spısız] *n. pl.* koruma, nezaret; **~·pi·cious** □ [ɔ:'spıʃəs] hayırlı, uğurlu; elverişli.

aus|tere □ [ɒ'stıə] sert, çetin; sade, süssüz; **~·ter·i·ty** [ɒ'sterətı] *n.* sertlik; sadelik.

Aus·tra·li·an [ɒ'streıljən] **1.** *adj.* Avustralya'ya özgü; **2.** *n.* Avustralyalı.

Aus·tri·an ['ɒstrıən] **1.** *adj.* Avusturya'ya özgü; **2.** *n.* Avusturyalı.

au·then·tic [ɔː'θentık] (**~ally**) *adj.* otantik, asıl, esas, doğru; güvenilir.

au·thor ['ɔːθə] *n.* yazar; yaratıcı; **~·i·ta·tive** □ [ɔː'θɒrıtətıv] otoriter; yetkili; **~·i·ty** [~rətı] *n.* otorite, yetke; yetki; yetkili kimse; makam; nüfuz (**over** *üzerinde*); *mst* **authorities** *pl.* yetkililer; **~·ize** ['ɔːθəraız] *v/t.* yetki vermek, yetkili kılmak; izin vermek; **~·ship** [~ʃıp] *n.* yazarlık.

au·to·graph ['ɔːtəgrɑːf] *n.* insanın kendi el yazısı *ya da* imzası.

au·to·mat *TM* ['ɔːtəmæt] *n.* yemeğin otomatik makinelerden dağıtıldığı lokanta.

au·to|mate ['ɔːtəmeıt] *v/t.* otomatikleştirmek; **~·mat·ic** [ɔːtə'mætık] (**~ally**) **1.** *adj.* otomatik; **2.** *n.* otomatik tabanca; MOT otomatik araba; **~·ma·tion** [~'meıʃn] *n.* otomasyon; **~·m·a·ton** *fig.* [ɔː'tɒmətən] (*pl.* **-ta** [-tə], **-tons**) *n.* robot.

au·to·mo·bile *esp. Am.* ['ɔːtəməbiːl] *n.* otomobil.

au·ton·o·my [ɔː'tɒnəmı] *n.* otonomi, özerklik.

au·tumn ['ɔːtəm] *n.* sonbahar, güz; **au·tum·nal** □ [ɔː'tʌmnəl] sonbahar ile ilgili, sonbahar…

aux·il·i·a·ry [ɔːg'zıljərı] *adj.* yardımcı; yedek.

a·vail [ə'veıl] **1.** *v/t.* **~ o.s. of** *-den* yararlanmak; *-i* kullanmak; **2.** *n.* yarar; **of** *ya da* **to no ~** boşuna; **a·vai·la·ble** □ [~əbl] mevcut, elde olan; işe yarar; geçerli; ECON stokta mevcut.

av·a·lanche ['ævəlɑːnʃ] *n.* çığ.

av·a|rice ['ævərıs] *n.* hırs, para hırsı; **~·ri·cious** □ [ævə'rıʃəs] hırslı, para canlısı.

a·venge [ə'vendʒ] *v/t.* öcünü almak; **a·veng·er** [~ə] *n.* öç alan kimse.

av·e·nue ['ævənjuː] *n.* geniş cadde, bulvar.

a·ver [ə'vɜː] (**-rr-**) *v/t.* doğru olduğunu söylemek; kanıtlamak.

av·e·rage ['ævərıdʒ] **1.** *n.* ortalama; NAUT avarya; **2.** □ orta, ortalama; **3.** *vb.* ortalamasını bulmak; *a.* **~ out** ortalaması…olmak, orta noktada birleşmek.

a·verse [ə'vɜːs] *adj.* hoşlanmaz, karşı (**to** *-e*); **a·ver·sion** [~ʃn] *n.* nefret; isteksizlik.

a·vert [ə'vɜːt] *v/t.* başka yöne çevirmek; önlemek, meydan vermemek.

a·vi·a·ry ['eıvıərı] *n.* kuşhane.

a·vi·a|tion AVIA [eıvı'eıʃn] *n.* havacılık; **~·tor** ['eıvıeıtə] *n.* havacı.

av·id □ ['ævıd] hırslı, arzulu, can atan (**for** *-e*); açgözlü.

a·void [ə'vɔıd] *v/t.* sakınmak, kaçınmak; meydan vermemek; **~·ance** [~əns] *n.* sakınma, kaçınma.

a·vow [ə'vaʊ] *v/t.* itiraf etmek, kabul etmek; **~·al** [~əl] *n.* itiraf, kabul; **~ed·ly** [~ıdlı] *adv.* açıkça.

a·wait [ə'weıt] *v/t.* beklemek.

a·wake [ə'weık] **1.** *adj.* uyanık; **be ~ to** *-in* farkında olmak; **2.** *a.* **awak·en** [~ən] (**awoke** *ya da* **awaked, awaked** *ya da* **awoken**) *v/t.* uyandırmak; **~ s.o. to s.th.** b-ni bş hakkında uyarmak; *v/i.* uyanmak; **a·wak·en·ing** [~ənıŋ] *n.* farkına varma, anlama.

a·ward [ə'wɔːd] **1.** *n.* ödül; karar, hüküm; **2.** *v/t.* (*ödül v.b.*) vermek.

a·ware [ə'weə]: **be ~ of s.th.** bşin farkında olmak; **become ~ of s.th.** bşin farkına varmak.

a·way [ə'weı] **1.** *adv.* uzakta, uzak, uzağa; **2.** *adj.* SPOR: deplasman…; **~ (game)** deplasman maçı; **~ (win)** deplasmanda galibiyet.

awe [ɔː] **1.** *n.* korku, sakınma; **2.** *v/t.* korkutmak, korku vermek.

aw·ful □ ['ɔːfl] korkunç, müthiş; berbat.

a·while [ə'waıl] *adv.* biraz, bir süre.

awk·ward □ ['ɔːkwəd] sakar, beceriksiz; hantal, biçimsiz; kullanışsız; sıkıntılı; uygunsuz.

awl [ɔːl] *n.* kunduracı bizi.

aw·ning ['ɔːnıŋ] *n.* tente, güneşlik.

a·woke [ə'wəʊk] *pret. of* **awake 2**; *a.* **a·wok·en** [~ən] *p.p. of* **awake 2.**

a·wry [ə'raı] *adj. & adv.* eğri, yan; *fig.* ters, aksi.

ax(e) [æks] *n.* balta.

ax·is ['æksıs] (*pl.* **-es** [-siːz]) *n.* eksen.

ax·le MEC ['æksl] *n. a.* **~-tree** dingil, mil, aks.

ay(e) [aı] *n.* PARL olumlu oy, kabul oyu; **the ~s have it** kabul edilmiştir.

az·ure ['æʒə] *adj. & n.* gök mavisi.

bab·ble ['bæbl] **1.** *vb.* gevezelik etmek, saçmalamak; (*nehir v.b.*) çağlamak, şarıldamak; ağzından kaçırmak (*sır*); **2.** *n.* gevezelik; şarıltı.

B

babe [beıb] *n.* bebek, bebe; *Am.* F genç kız, bebek.
ba·boon ZO [bə'bu:n] *n.* şebek.
ba·by ['beıbı] **1.** *n.* bebek; *Am.* F genç kız, bebek; **2.** *adj.* bebek gibi; bebek...; küçük; ~ **car·riage** *n. Am.* çocuk arabası; ~**·hood** [~hʊd] *n.* bebeklik; ~**-mind·er** *Brt.* [~maındə] *n.* çocuk bakıcısı; ~**-sit** (**-tt-**; **-sat**) *v/i.* çocuğa bakmak; ~**-sit·ter** [~ə] *n.* çocuk bakıcısı.
bach·e·lor ['bætʃələ] *n.* bekâr erkek; UNIV üniversite mezunu.
back [bæk] **1.** *n.* arka, geri, sırt; arka yüz; *futbol*: bek, savunucu; **2.** *adj.* arkadaki, arka...; önceki; eski; **3.** *adv.* geri, geriye, arkada; yeniden, tekrar; **4.** *v/t.* geri yürütmek, geri sürmek; (*a.* ~ **up**) desteklemek, arkalamak; ECON ciro etmek; *v/i.* geri gitmek; dönmek, caymak; MOT *a.* geri sürmek; ~ **al·ley** *n. Am.* arka sokak; ~**·bite** ['bækbaıt] (**-bit, -bitten**) *v/t.* arkasından çekiştirmek, kötülemek; ~**·bone** *n.* belkemiği, omurga; ~**break·ing** [~ıŋ] *adj.* çok yorucu, yıpratıcı; ~**·comb** *vb.* (*saçı*) krepe yapmak; ~**·er** [~ə] *n.* taraftar, arka; bahisçi; ~**·fire** *n.* MOT geri tepme; ~**·ground** *n.* arka plan; fon, zemin; özgeçmiş; *fig.* çevre, görgü; ~**·hand** *n.* SPOR: bekhent, röver; ~**·ing** [~ıŋ] *n.* yardım; destek verenler; MEC destek; MUS eşlik; ~ **num·ber** *n.* günü geçmiş gazete, dergi *v.b.*; modası geçmiş; eski kafalı; ~ **seat** *n.* arka koltuk; ~**·side** *n.* arka taraf, kıç; sağrı; ~ **stairs** *n.* arkamerdiven; ~ **street** *n.* arka sokak; ~**·stroke** *n.* SPOR: sırtüstü yüzme; ~ **talk** *n. Am.* F küstahça konuşma; ~**·track** *vb. fig.* geriye dönüş yapmak, sözünden dönmek; ~**·ward** [~wəd] **1.** *adj.* geri...; gelişmemiş, geri kalmış; çekingen, utangaç; güç öğrenen, kafasız; **2.** *adv.* (*a.* ~**·wards** [~wədz]) geriye doğru, geri geri; tersine; ~**·yard** *n. Brt.* arka avlu; *Am.* arka bahçe.
ba·con ['beıkən] *n.* tuzlanmış domuz eti.
bac·te·ri·a BIOL [bæk'tıərıə] *n. pl.* bakteri.
bad □ [bæd] (**worse, worst**) kötü, fena; yanlış, kusurlu, hatalı; hasta, rahatsız; bozuk, kokmuş, çürük; şiddetli; **go** ~ kötüleşmek; bozulmak, çürümek; **he is in a** ~ **way** başı dertte; **he is** ~**ly off** mali durumu kötüdür, dardadır; ~**ly wounded** ağır yaralı; **want** ~**ly** F çok istemek, can atmak.
bade [beıd] *pret. of* **bid 1.**
badge [bædʒ] *n.* rozet, nişan.
bad·ger ['bædʒə] **1.** *n.* ZO porsuk; **2.** *v/t.* rahat vermemek, sıkıntı vermek.
bad hair day *n.*: ***she was clearly having a bad hair day when this picture was taken*** belli ki bu resmi saçına çeki düzen vermeyi başaramadığı bir günde çektirmiş; *a. fig.* ***be having a bad hair day*** hiçbir şeyin rast gitmediği bir gün geçiriyor olmak.
bad·lands ['bædlændz] *n. pl.* çorak arazi.
baf·fle ['bæfl] *v/t.* şaşırtmak, zorlamak; (*plan v.b.*) bozmak.
bag [bæg] **1.** *n.* çanta; torba, kese, çuval; kesekâğıdı; ~ ***and baggage*** tası tarağı toplayarak, pılıyı pırtıyı toplayarak; **2.** (**-gg-**) *vb.* çantaya *ya da* torbaya koymak; HUNT yakalamak; çalmak, iç etmek.
bag·gage *esp. Am.* ['bægıdʒ] *n.* bagaj; ~ **car** *n.* RAIL furgon, yük vagonu; ~ **check** *n. Am.* bagaj makbuzu; ~ **room** *n. Am.* emanet.
bag·gy F ['bægı] (**-ier, -iest**) *adj.* şişkin, kabarık; torba gibi (*pantolon v.b.*).
bag·pipes ['bægpaıps] *n. pl.* gayda.
bail [beıl] **1.** *n.* kefalet; kefil; ***admit to*** ~ LEG kefaletle serbest bırakmak; ***go*** *ya da* ***stand*** ~ ***for s.o.*** LEG *b-ne* kefil olmak; **2.** *v/t.* ~ ***out*** LEG kefaletle serbest bıraktırmak; *Am.* AVIA paraşütle atla-

yarak kurtulmak.

bai·liff ['beılıf] *n.* LEG icra memuru; çiftlik kâhyası; polis müdürü vekili.

bait [beıt] **1.** *n.* yem (*a.fig.*); **2.** *vb.* oltaya *ya da* kapana yem koymak; *fig.* cezbetmek; *fig.* eziyet etmek, işkence etmek.

bake [beık] *v/t.* & *v/i.* fırında piş(ir)mek; *fig.* sıcaktan pişmek; ***~d beans*** *pl.* fasulye; ***~d potatoes*** *pl.* fırında patates; **bak·er** ['beıkə] *n.* fırıncı, ekmekçi; **bak·er·y** [~ərı] *n.* fırın; **bak·ing pow·der** [~ıŋpaʊdə] *n.* kabartma tozu.

bal·ance ['bæləns] **1.** *n.* terazi; denge; *fig.* uyum; ECON kalıntı, bakiye; ECON denge, mizan, bilanço; F kalıntı, artık; *a.* ***~ wheel*** saat rakkası; ***keep one's ~*** dengesini korumak; ***lose one's ~*** dengesini kaybetmek; *fig.* akli dengesini kaybetmek; ***~ of payments*** ECON ödemeler dengesi; ***~ of power*** POL güçler dengesi; ***~ of trade*** dış ticaret dengesi; **2.** *v/t.* dengede tutmak; tartmak; denkleştirmek; *v/i.* dengede durmak, dengeli olmak.

bal·co·ny ['bælkənı] *n.* balkon (*a.* THEA).

bald □ [bɔːld] kel, dazlak; *fig.* çıplak, açık; *fig.* sade, süssüz.

bale[1] ECON [beıl] *n.* balya, denk.

bale[2] *Brt.* AVIA [~]: ***~ out*** arızalı uçaktan paraşütle atlamak.

bale·ful □ ['beılfl] kötü niyetli, fena; uğursuz.

balk [bɔːk] **1.** *n.* AGR sürülmemiş arazi; kiriş; engel; **2.** *v/t.* engel olmak, bozmak; *v/i.* (*at*) engel karşısında durmak; direnmek.

ball[1] [bɔːl] **1.** *n.* top; küre; yumak; bilye; gülle; ***~s*** *pl.* V haya, taşak; ***keep the ~ rolling*** konuşmayı sürdürmek; ***play ~*** F işbirliği yapmak, katılmak, birlikte çalışmak; **2.** *vb.* top yapmak *ya da* olmak.

ball[2] [~] *n.* balo, eğlence.

bal·lad ['bæləd] *n.* balad, türkü.

bal·last ['bæləst] **1.** *n.* balast, safra; **2.** *v/t.* safra koymak.

ball-bear·ing MEC ['bɔːl'beərıŋ] *n.* bilye; bilyeli yatak.

bal·let ['bæleı] *n.* bale; bale trupu.

bal·lis·tics MIL, PHYS [bə'lıstıks] *n. sg.* balistik.

bal·loon [bə'luːn] **1.** *n.* balon; **2.** *v/i.* balon gibi şişmek; balonla uçmak.

bal·lot ['bælət] **1.** *n.* oy pusulası; oy kullanma hakkı; **2.** *v/i.* oy vermek; ***~ for*** *...için* oy vermek, oyla belirlemek.

ball-point (pen) ['bɔːlpɔınt ('pen)] *n.* tükenmezkalem.

ball·room ['bɔːlrʊm] *n.* balo salonu, dans salonu.

balm [bɑːm] *n.* balsam; *fig.* avuntu, merhem.

balm·y □ ['bɑːmı] (***-ier, -iest***) yumuşak, ılık (*hava*); *esp. Am. sl.* kaçık, çatlak.

ba·lo·ney *Am. sl.* [bə'ləʊnı] *n.* zırva, saçma.

bal·us·trade [bælə'streıd] *n.* tırabzan, parmaklık, korkuluk.

bam·boo BOT [bæm'buː] (*pl.* ***-boos***) *n.* bambu.

bam·boo·zle F [bæm'buːzl] *v/t.* aldatmak; şaşırtmak.

ban [bæn] **1.** *n.* yasak; ECCL aforoz; **2.** (***-nn-***) *v/t.* yasaklamak; aforoz etmek.

ba·nal [bə'nɑːl] *adj.* banal, bayağı, sıradan.

ba·na·na BOT [bə'nɑːnə] *n.* muz.

band [bænd] **1.** *n.* bant, şerit, bağ; çete, topluluk; MUS bando, orkestra; **2.** *v/t.* & *v/i.* ***~ together*** birleş(tir)mek, bir araya topla(n)mak.

ban·dage ['bændıdʒ] **1.** *n.* bandaj, sargı, bağ; **2.** *v/t.* sarmak, bağlamak.

ban·dit ['bændıt] *n.* haydut.

band|-mas·ter ['bændmɑːstə] *n.* bando şefi; **~·stand** *n.* bandoya ait platform; **~·wa·gon** *n. Am.* bandoyu taşıyan araba; ***jump on the ~*** *fig.* cemaate katılmak.

ban·dy[1] ['bændı]: ***~ words (with s.o.)*** (*b-le*) ağız kavgası yapmak, atışmak; ***~ about*** dedikodusunu yapmak; (*söylenti*) herkese yaymak.

ban·dy[2] [~] (***-ier, -iest***) *adj.* çarpık, eğri; **~-legged** *adj.* çarpık bacaklı.

bane [beın] *n.* zehir; felaket, yıkım; **~·ful** □ ['beınfl] zehirli; zararlı, öldürücü.

bang [bæŋ] **1.** *n.* patlama sesi, çat, pat; şevk; *mst* ***~s*** *pl.* kâkül; **2.** *vb.* hızla çarpmak, "küt" diye vurmak.

ban·ish ['bænıʃ] *v/t.* sürgün etmek; defetmek; **~·ment** [~mənt] *n.* sürgün.

ban·is·ter ['bænıstə] *n.a.* ***~s*** *pl.* tırabzan, parmaklık.

bank [bæŋk] **1.** *n.* kenar, kıyı; yığın, küme, set; sığlık; MED kan *v.b.* bankası;

ECON banka; ~ ***of issue*** merkez bankası, emisyon bankası; **2.** *v/t.* set ile kapatmak; ECON bankaya yatırmak; MED (*kan v.b.*) saklamak, korumak; *v/i.* ECON bankacılık yapmak; ECON bankada para tutmak; ~ ***on*** *-e* güvenmek, *-e* bel bağlamak; **~-bill** ['bæŋkbıl] *n.* banknot, kâğıt para; *Am.* = ***banknote***; **~-book** *n.* banka defteri; **~·er** [-] *n.* bankacı; banker; ~ **hol·i·day** *n. Brt.* resmi tatil; **~·ing** [-ıŋ] *n.* bankacılık; *attr.* banka...; **~·note** *n.* banknot, kâğıt para; ~ **rate** *n.* banka faiz oranı.

bank·rupt LEG ['bæŋkrʌpt] **1.** *n.* iflas etmiş kimse, batkın kimse; **2.** *adj.* iflas etmiş, batkın; ***go*** ~ iflas etmek, batmak; **3.** *v/t.* iflas ettirmek, batırmak; **~·cy** LEG [-sı] *n.* iflas, batkı.

ban·ner ['bænə] *n.* bayrak, sancak.

banns [bænz] *n. pl.* evlenme ilanı, askı.

ban·quet ['bæŋkwıt] *n.* ziyafet, şölen.

ban·ter ['bæntə] *vb.* şaka etmek, takılmak.

bap|tis·m ['bæptızəm] *n.* vaftiz; **~·tize** [bæp'taız] *v/t.* vaftiz etmek; *-e* ad koymak.

bar [bɑː] **1.** *n.* çubuk, kol demiri; (*sabun, çikolata v.b.*) kalıp, parça; MUS ölçü, usul; LEG baro; LEG sanık kürsüsü; bar; *fig.* engel, ket; **2.** (**-*rr*-**) *v/t.* sürgülemek, kapamak; engel olmak.

barb [bɑːb] *n.* diken; keskin uç.

bar·bar·i·an [bɑː'beərıən] *n. & adj.* barbar, yaban, gaddar.

bar·be·cue ['bɑːbıkjuː] **1.** *n.* ızgara, barbekü; kuzu çevirmesi; **2.** *vb.* ızgara yapmak, kuzu çevirmek.

barbed wire [bɑːbd 'waıə] *n.* dikenli tel.

bar·ber ['bɑːbə] *n.* berber.

bare [beə] **1.** (***~r, ~st***) *adj.* açık, çıplak; boş; sade; **2.** *v/t.* açmak; (şapka) çıkarmak; soymak; **~faced** □ ['beəfeıst] yüzsüz, utanmaz; **~·foot**, **~·footed** *adj.* yalınayak; **~·head·ed** *adj.* başı açık, şapkasız; **~·ly** [-lı] *adv.* ancak, zar zor.

bar·gain ['bɑːgın] **1.** *n.* anlaşma; pazarlık; kelepir; ***a*** (***dead***) ~ yok pahasına, para ile değil; ***it's a ~!*** Anlaştık!, Oldu bu iş!; ***into the*** ~ üstelik, ayrıca; **2.** *vb.* pazarlık etmek; anlaşmak; ~ **sale** *n.* indirimli satış.

barge [bɑːdʒ] **1.** *n.* mavna, salapurya; **2.** *v/i.* ~ ***in***(***to***) *-e* çarpmak, *-e* toslamak.

bark[1] [bɑːk] **1.** *n.* BOT ağaç kabuğu; **2.** *v/t.* kabuğunu soymak, derisini sıyırmak.

bark[2] [-] **1.** *v/i.* havlamak; öksürmek; bağırıp çağırmak; ~ ***up the wrong tree*** F yanlış kapı çalmak; **2.** *n.* havlama; öksürük.

bar·ley BOT ['bɑːlı] *n.* arpa.

barn [bɑːn] *n.* çiftlik ambarı; *Am.* ahır; **~·storm** *Am.* POL ['bɑːnstɔːm] *v/i.* seçim gezisine çıkmak.

ba·rom·e·ter [bə'rɒmıtə] *n.* barometre, basınçölçer.

bar·on ['bærən] *n.* baron; *fig.* kral; **~·ess** [-ıs] *n.* barones.

bar·racks ['bærəks] *n. sg.* MIL kışla; *contp.* çirkin bina.

bar·rage ['bærɑːʒ] *n.* baraj, bent, set; MIL baraj ateşi; *fig.* yağmur.

bar·rel ['bærəl] **1.** *n.* fıçı, varil; namlu; MEC tambura, kasnak; **2.** *v/t.* fıçıya koymak; **~-or·gan** *n.* MUS laterna.

bar·ren □ ['bærən] kıraç, çorak, kurak; kısır; yavan; ECON atıl, kullanılmayan (*sermaye*).

bar·ri·cade [bærı'keıd] **1.** *n.* barikat, engel; **2.** *v/t.* barikatla kapatmak.

bar·ri·er ['bærıə] *n.* duvar, mania, engel (*a. fig.*)

bar·ris·ter *Brt.* ['bærıstə] *n.* dava vekili, avukat.

bar·row ['bærəʊ] *n.* el arabası.

bar·ter ['bɑːtə] **1.** *n.* değiş tokuş, takas, trampa; **2.** *vb.* değiş tokuş etmek, takas etmek (***for*** *ile*).

base[1] □ [beıs] (***~r, ~st***) adi, bayağı, aşağılık.

base[2] [-] **1.** *n.* temel, taban, esas; CHEM baz; MIL üs; **2.** *v/t.* kurmak; dayandırmak (***on, upon*** *-e*).

base|ball ['beısbɔːl] *n.* beysbol; **~·board** *n. Am.* süpürgelik; **~·less** ['beıslıs] *adj.* asılsız, yersiz; **~·ment** [-mənt] *n.* temel; bodrum katı, zemin katı.

base·ness ['beısnıs] *n.* adilik, bayağılık.

bash·ful □ ['bæʃfl] utangaç, sıkılgan.

ba·sic[1] ['beısık] **1.** *adj.* esas, ana, temel; CHEM bazal; **2.** *n.* ***~s*** *pl.* esaslar.

BA·SIC[2] [-] *n. bilgisayar:* temel.

ba·sic·al·ly ['beısıkəlı] *adv.* aslında, temelinden.

B

ba·sin ['beısn] *n.* leğen, tas, çanak; lavabo; küvet; havza.
ba·sis ['beısıs] (*pl.* ***-ses*** [-si:z]) *n.* temel, esas.
bask [bɑ:sk] *v/i.* güneşlenmek; *fig.* tadını çıkarmak.
bas·ket ['bɑ:skıt] *n.* sepet; küfe; **~·ball** *n.* basketbol, sepettopu.
bass[1] MUS [beıs] *n.* bas.
bass[2] ZO [bæs] *n.* levrek.
bas·tard ['bɑ:stəd] **1.** □ evlilikdışı (*çocuk*); sahte; **2.** *n.* piç.
baste[1] [beıst] *v/t.* yağlamak.
baste[2] [~] *v/t.* teyellemek.
bat[1] [bæt] *n.* ZO yarasa; ***as blind as a ~*** kör mü kör.
bat[2] [~] SPOR: **1.** *n.* sopa; **2.** (**-tt-**) *vb.* sopa ile vurmak.
batch [bætʃ] *n.* bir ağız *ya da* fırın ekmek; yığın.
bate [beıt]: ***with ~d breath*** soluk soluğa, nefes nefese.
bath [bɑ:θ] **1.** (*pl.* ***baths*** [~ðz]) *n.* banyo, yıkanma; ***have a ~*** *Brt.*, ***take a ~*** *Am.* banyo yapmak; ***~s*** *pl.* banyo, hamam; **2.** *Brt. v/t.* yıkamak (*çocuk v.b.*); *v/i.* yıkanmak, banyo yapmak.
bathe [beıð] *v/t.* yıkamak (*yara v.b., esp. Am. çocuk v.b.*); *v/i.* yıkanmak; yüzmek.
bath·ing ['beıðıŋ] *n.* deniz banyosu, yüzme; **~-suit** *n.* mayo.
bath|robe ['bɑ:θrəʊb] *n.* bornoz; **~·room** *n.* banyo; **~-tow·el** *n.* hamam havlusu; **~-tub** *n.* küvet.
bat·on ['bætən] *n.* sopa, değnek, baston; asa; MUS baton, orkestra şefinin sopası.
bat·tal·i·on MIL [bə'tæljən] *n.* tabur.
bat·ten ['bætn] *n.* pervaz, tiriz.
bat·ter ['bætə] **1.** *n.* SPOR: vurucu oyuncu; sulu hamur; **2.** *v/t.* güm güm vurmak, yumruklamak; dövmek; eskitmek; ***~ down*** *ya da* ***in*** vura vura yıkmak; **~·y** [~rı] *n.* pil; akü; batarya; ***assault and ~*** LEG müessir fiil; **~·y-op·e·rat·ed** *adj.* pilli.
bat·tle ['bætl] **1.** *n.* muharebe, savaş; *fig.* mücadele; **2.** *v/i.* savaşmak, mücadele etmek (*a. fig.*); **~·ax(e)** *n.* savaş baltası; F otoriter kadın; **~·field**, **~·ground** *n.* savaş alanı; **~·ments** [~mənts] *n. pl.* siper; **~·plane** *n.* MIL savaş uçağı; **~·ship** *n.* MIL savaş gemisi.
baulk [bɔ:k] = ***balk.***
Ba·var·i·an [bə'veərıən] *n. & adj.* Bavyeralı.
bawd·y ['bɔ:dı] (***-ier, -iest***) *adj.* açık saçık.
bawl [bɔ:l] *v/i.* bağırmak, haykırmak; ***~ out*** azarlamak, haşlamak.
bay[1] [beı] **1.** *adj.* doru, kula (*at*); **2.** *n.* doru at.
bay[2] [~] *n.* koy.
bay[3] BOT [~] *n. a.* ***~ tree*** defne.
bay[4] [~] **1.** *v/i.* havlamak, ürümek; **2.** *n.* ***hold*** *ya da* ***keep at ~*** uzak tutmak, yaklaştırmamak.
bay·o·net MIL ['beıənıt] *n.* süngü, kasatura.
bay·ou *Am.* ['baıu:] *n.* nehrin bataklıklı kolu.
bay win·dow ['beı'wındəʊ] *n.* cumba; *Am. sl.* şişgöbek.
ba·za(a)r [bə'zɑ:] *n.* çarşı, pazar.
be [bi:, bı] (***was*** *ya da* ***were, been***) *v/i.* olmak; var olmak; hazır olmak; ***he wants to ~ ...*** ... olmak istiyor; ***how much are the shoes?*** ayakkabılar ne kadar?; ***~ reading*** okuyor olmak; ***there is, there are*** vardır.
beach [bi:tʃ] **1.** *n.* sahil, kumsal, plaj; **2.** *v/t.* NAUT sahile çekmek; **~ ball** *n.* plaj topu; **~ bug·gy** *n.* MOT plaj arabası; **~·comb·er** *fig.* ['bi:tʃkəʊmə] *n.* lodosçu.
bea·con ['bi:kən] *n.* fener; işaret ateşi; işaret kulesi; nirengi feneri, şamandıra.
bead [bi:d] *n.* boncuk; tespih tanesi; ***~s*** *pl.* tespih; **~·y** ['bi:dı] (***-ier, -iest***) *adj.* boncuk gibi (*göz*).
beak [bi:k] *n.* gaga; MEC kovan, yuva.
bea·ker ['bi:kə] *n.* geniş bardak; kadeh.
beam [bi:m] **1.** *n.* kiriş; terazi kolu; ELECT ışın; **2.** *v/i.* parlamak, ışık saçmak; *fig.* gülümsemek.
bean [bi:n] *n.* BOT fasulye; *Am. sl.* kafa, kelle; ***be full of ~s*** F hayat dolu olmak.
bear[1] ZO [beə] *n.* ayı.
bear[2] [~] (***bore, borne***) *v/t.* taşımak; tahammül etmek, çekmek, katlanmak; doğurmak; (*meyve*) vermek; ***~ down*** yenmek, alt etmek; ***~ out*** doğrulamak; *v/i.* sabretmek, dayanmak; ZO hamile olmak; **~·a·ble** □ ['beərəbl] tahammül edilir, çekilir.
beard [bıəd] *n.* sakal; BOT püskül; **~·ed**

['bıədıd] *adj.* sakallı.

bear·er['beərə] *n.* taşıyan kimse; ECON hamil.

bear·ing['beərıŋ] *n.* hal, tavır; yön; *fig.* ilgi; ***take one's ~s*** yönünü saptamak; ***lose one's ~s*** kaybolmak, yolunu şaşırmak; sapıtmak, pusulayı şaşırmak.

beast [bi:st] *n.* hayvan; **~·ly** ['bi:stlı] (***-ier, -iest***) *adj.* hayvanca; berbat.

beat[bi:t] **1.** (***beat, beaten*** *ya da* ***beat***) *v/t.* vurmak; dövmek; yenmek; (*davul v.b.*) çalmak; (*yumurta*) çırpmak; ***~ it!*** F Çek arabanı!; ***that ~s all!*** Bir bu eksikti!; ***that ~s me*** beni aşıyor, bana zor geldi; ***~ down*** ECON (*fiyat*) indirmek, kırmak; ***~ out*** vurarak çalmak (*melodi*); vura vura söndürmek (*yangın*); ***~ up*** dövmek, sopa atmak; *v/i.* (*kalp*) atmak, çarpmak; ***~ about the bush*** bin dereden su getirmek; **2.** *n.* vuruş; MUS tempo; (*kalp*) atış; devriye; **3.** *adj.* (***dead***) **~** F bitkin, turşu gibi; **~·en** ['bi:tn] *p.p. of* ***beat 1***; dövülmüş; yenik; çiğnenmiş (*yol*); ***off the ~ track*** uzak, tenha; *fig.* alışılmamış.

beau·ti|cian [bju:'tıʃn] *n.* güzellik uzmanı; **~·ful** ☐ ['bju:təfl] güzel; **~·fy** [~ıfaı] *v/t.* güzelleştirmek, süslemek.

beaut·y['bju:tı] *n.* güzellik; ***sleeping*** ♀ Uyuyan Güzel; ***~ parlo(u)r, ~ shop*** güzellik salonu.

bea·ver['bi:və] *n.* zo kunduz; kunduz kürkü, kastor.

be·came [bı'keım] *pret. of* ***becom.***

be·cause [bı'kɒz] *cj.* çünkü, -diği için; ***~ of*** *-den* dolayı, …yüzünden.

beck·on ['bekən] *vb.* (*elle*) işaret etmek.

be·come [bı'kʌm] (***-came, -come***) *v/i.* olmak; *v/t.* yakışmak, yaraşmak, gitmek, açmak; **be·com·ing** ☐ [~ıŋ] uygun, yaraşır; yakışık alır.

bed[bed] **1.** *n.* yatak, karyola; AGR tarh, çiçeklik; ***~ and breakfast*** yatak ve kahvaltı; **2.** (***-dd-***): ***~ down*** yatırmak, yerleştirmek; **~·clothes** ['bedkləʊðz] *n. pl.* yatak takımı; **~·ding**[~ıŋ] *n.* yatak takımı; hayvan yatağı.

bed·lam ['bedləm] *n.* tımarhane.

bed|rid·den ['bedrıdn] *adj.* yatalak; **~·room** *n.* yatak odası; **~·side** ***at the ~*** (*hastanın*) başucunda; ***~ lamp*** gece lambası; **~sit**F, **~·sit·ter**[~ə], **~·sitting room** [~ıŋ] *n. Brt.* bekâr odası; **~·spread** *n.* yatak örtüsü; **~stead** *n.* karyola; **~·time** *n.* yatma zamanı.

bee [bi:] *n.* zo arı; ***have a ~ in one's bonnet*** F aklını *b-le* bozmak, kafasını bşe takmak.

beech BOT [bi:tʃ] *n.* kayın; **~·nut** *n.* kayın kozalağı.

beef[bi:f] **1.** *n.* sığır eti; **2.** *vb.* F şikâyet etmek (***about*** *-den*); **~ tea** *n.* sığır eti suyu; **~·y** ['bi:fı] (***-ier, -iest***) *adj.* etli butlu, iri yarı; güçlü.

bee|hive ['bi:haıv] *n.* arı kovanı; **~·keep·er** *n.* arıcı; **~·line** *n.* en kısa yol, kestirme; ***make a ~ for*** *-e* kestirmeden gitmek.

been [bi:n, bın] *p.p. of* ***be.***

beer [bıə] *n.* bira.

beet BOT [bi:t] *n.* pancar; *Am.* = ***beetroot.***

bee·tle[1] zo ['bi:tl] *n.* böcek.

bee·tle[2] [~] **1.** *adj.* üzerinden sarkan; **2.** *v/i.* üzerinden sarkmak, çıkıntı yapmak.

beet·root BOT ['bi:tru:t] *n.* pancar; pancar kökü.

be·fall [bı'fɔ:l] (***-fell, -fallen***) *v/t.* *-in* başına gelmek; *v/i.* olmak, vuku bulmak.

be·fit [bı'fıt] (***-tt-***) *v/t.* yaraşmak, uygun düşmek.

be·fore[bı'fɔ:] **1.** *adv.* önde, önden; daha önce, evvelce; **2.** *cj. -meden* önce; **3.** *prp.* önünde; *-den* önce; huzurunda; **~·hand** *adv.* önceden, baştan.

be·friend [bı'frend] *vb.* dostça davranmak, yardım elini uzatmak.

beg [beg] (***-gg-***) *v/t.* dilemek, istemek, rica etmek (***of*** *-den*); *v/i.* yalvarmak; dilenmek.

be·gan [bı'gæn] *pret. of* ***begin.***

be·get [bı'get] (***-tt-; -got, -gotten***) *v/t.* *-in* babası olmak; neden olmak, yol açmak.

beg·gar ['begə] **1.** *n.* dilenci; F herif; çapkın; **2.** *v/t.* sefalete düşürmek, mahvetmek; ***it ~s all description*** tarifi olanaksız, anlatmaya sözcükler yetmez.

be·gin [bı'gın] (***-nn-; began, begun***) *v/t. & v/i.* başla(t)mak; **~·ner** [~ə] *n.* yeni başlayan, acemi; **~·ning** *n.* başlangıç.

be·gone *int.* [bı'gɒn] Çek arabanı!,

Yıkıl!

be·got [bɪ'gɒt] *pret. of* ***beget***; ~**·ten** [~tn] *p.p. of* ***beget.***

be·grudge [bɪ'grʌdʒ] *v/t.* esirgemek, çok görmek.

be·guile [bɪ'gaɪl] *v/t.* aldatmak (***of, out of*** *-de*); eğlendirmek, hoş vakit geçirmek.

be·gun [bɪ'gʌn] *p.p. of* ***begin.***

be·half [bɪ'hɑːf]: ***on*** (*Am. a.* ***in***) ~ ***of*** *-in* adına; *-in* lehinde.

be·have [bɪ'heɪv] *v/i.* davranmak, hareket etmek.

be·hav·io(u)r [bɪ'heɪvjə] *n.* davranış, hareket, tavır; ~**·al** PSYCH [~rəl] *adj.* davranış…

be·head [bɪ'hed] *v/t.* başını kesmek.

be·hind [bɪ'haɪnd] **1.** *adv.* geride, geriye; **2.** *prp.* arkasında, gerisinde, geriye; **3.** *n.* F arka, kıç; ~**·hand** *adj.* geç kalmış; geri kalmış.

be·hold [bɪ'həʊld] (***-held***) **1.** *v/t.* bakmak, seyretmek; görmek; **2.** *int.* Bak!, İşte!;~ **·er** [~ə] *n.* seyirci.

be·ing ['biːɪŋ] *n.* var oluş; varlık, yaratık; ***in*** ~ var olan.

be·lat·ed [bɪ'leɪtɪd] *adj.* geç kalmış, gecikmiş.

belch [beltʃ] **1.** *v/i.* geğirmek; *v/t.* püskürtmek; **2.** *n.* geğirme.

be·lea·guer [bɪ'liːgə] *v/t.* kuşatmak.

bel·fry ['belfrɪ] *n.* çan kulesi.

Bel·gian ['beldʒən] **1.** *adj.* Belçika'ya özgü; **2.** *n.* Belçikalı.

be·lie [bɪ'laɪ] *v/t.* yalancı çıkarmak, yalanlamak.

be·lief [bɪ'liːf] *n.* inanç (***in*** *-e*).

be·lie·va·ble □ [bɪ'liːvəbl] inanılır.

be·lieve [bɪ'liːv] *vb.* inanmak (***in*** *-e*); güvenmek (***in*** *-e*); **be·liev·er** ECCL [~ə] *n.* inanan, inançlı, imanlı.

be·lit·tle *fig.* [bɪ'lɪtl] *v/t.* küçük görmek; kötülemek.

bell [bel] *n.* zil; çan;~**boy** *Am.* ['belbɔɪ] *n.* otel garsonu.

belle [bel] *n.* dilber.

bell·hop *Am.* ['belhɒp] *n.* otel garsonu.

bel·lied ['belɪd] *adj.* … göbekli.

bel·lig·er·ent [bɪ'lɪdʒərənt] **1.** *adj.* savaşçı; kavgacı; **2.** *n.* savaşta taraflardan biri.

bel·low ['beləʊ] **1.** *v/i.* böğürmek; **2.** *n.* böğürme;~**s** *n. pl.* körük.

bel·ly ['belɪ] **1.** *n.* karın; göbek; **2.** *v/t.* & *v/i.* şiş(ir)mek;~**·ache** *n.* F karın ağrısı.

be·long [bɪ'lɒŋ] *v/i.* ait olmak (***to*** *-e*); ~**·ings** [~ɪŋz] *n. pl.* özel eşyalar.

be·loved [bɪ'lʌvd] **1.** *adj.* sevgili, aziz; **2.** *n.* sevgili.

be·low [bɪ'ləʊ] **1.** *adv.* aşağıda, aşağı; **2.** *prp.* aşağısında, altında.

belt [belt] **1.** *n.* kemer, kayış, kuşak; bölge, kuşak; MIL palaska; MEC transmisyon kayışı; **2.** *vb. a.* ~ ***up*** kemer bağlamak, kuşanmak;~**·ed** ['beltɪd] *adj.* kemerli.

be·moan [bɪ'məʊn] *vb.* sızlanmak, yanıp yakılmak; yasını tutmak.

bench [bentʃ] *n.* sıra, bank; kürsü; mahkeme; tezgâh.

bend [bend] **1.** *n.* dirsek, kavis; viraj, dönemeç; ***drive s.o. round the*** ~ F *b-ni* deli etmek; **2.** (***bent***) *v/t.* & *v/i.* bük(ül)mek, eğ(il)mek; uymaya zorlamak (***to, on*** *-e*).

be·neath [bɪ'niːθ] = ***below.***

ben·e·dic·tion [benɪ'dɪkʃn] *n.* kutsama.

ben·e·fac·tor ['benɪfæktə] *n.* hayır sahibi.

be·nef·i·cent □ [bɪ'nefɪsnt] hayır sahibi, iyiliksever

ben·e·fi·cial □ [benɪ'fɪʃl] yararlı; hayırlı.

ben·e·fit ['benɪfɪt] **1.** *n.* yarar, fayda; hayır; işsizlik *v.b.* parası; **2.** *vb.* yararlı olmak, yaramak; ~ ***by*** *ya da* ***from*** *-den* yararlanmak.

be·nev·o|lence [bɪ'nevələns] *n.* yardım; iyilikseverlik;~**·lent** □ [~t] iyiliksever, hayırsever.

be·nign □ [bɪ'naɪn] yumuşak huylu, iyi kalpli; MED tehlikesiz, selim (*ur v.b.*).

bent [bent] **1.** *pret.* & *p.p. of* ***bend 2***; ~ ***on doing*** …yapmayı aklına koymuş; **2.** *n. fig.* eğilim, yatkınlık; yetenek.

ben·zene CHEM ['benziːn] *n.* benzol.

ben·zine CHEM ['benziːn] *n.* benzin.

be·queath LEG [bɪ'kwiːð] *v/t.* vasiyetle bırakmak, miras bırakmak.

be·quest LEG [bɪ'kwest] *n.* miras, vasiyetle bırakılan taşınır mal.

be·reave [bɪ'riːv] (***bereaved*** *ya da* ***bereft***) *v/t.* yoksun bırakmak, elinden almak.

be·reft [bɪ'reft] *pret.* & *p.p. of* ***bereave.***

be·ret ['bereɪ] *n.* bere.

ber·ry BOT ['berɪ] *n.* meyve tanesi.

berth [bɜːθ] **1.** *n.* NAUT, RAIL yatak, kuşet; ranza; NAUT demirleme yeri; **2.** *vb.* NAUT palamarla bağlamak; yatacak yer sağlamak.
be·seech [bɪ'siːtʃ] (***besought*** *ya da* ***beseeched***) *v/t.* dilemek, yalvarmak.
be·set [bɪ'set] (**-tt-**; ***beset***) *v/t.* kuşatmak, sarmak; **~ *with difficulties*** güçlüklerle dolu.
be·side [bɪ'saɪd] *prp.* yanın(d)a; **~ *o.s.*** *k-ni* kaybetmiş (***with*** *-den*); **~ *the point,* ~ *the question*** konu dışı; **~s** [~z] **1.** *adv.* üstelik, zaten; ayrıca; **2.** *prp.* *-den* başka.
be·siege [bɪ'siːdʒ] *v/t.* kuşatmak; çevrelemek, başına üşüşmek.
be·smear [bɪ'smɪə] *v/t.* kirletmek, bulaştırmak.
be·sought [bɪ'sɔːt] *pret. & p.p. of* ***beseech.***
be·spat·ter [bɪ'spætə] *v/t.* çamurlamak.
best [best] **1.** *adj.* (*sup. of* ***good 1***) en iyi; en uygun; **~ *man*** sağdıç; **2.** *adv.* (*sup. of* ***well² 1***) en iyi biçimde; en çok; **3.** *n.* en iyisi; ***All the ~!*** Şerefe!, En iyi dileklerimle!; ***to the ~ of...*** son derece, elinden geldiğince; ***make the ~ of*** *-den* en iyi biçimde yararlanmak; ***at ~*** olsa olsa; ***be at one's ~*** en iyi durumunda olmak; gününde olmak.
bes·ti·al□ ['bestjəl] hayvanca, hayvan gibi; vahşi.
be·stow [bɪ'stəʊ] *v/t.* vermek, bağışlamak (***on, upon*** *-e*).
best·sell·er [best'selə] *n.* en çok satan kitap.
bet [bet] **1.** *n.* iddia, bahis; **2.** (**-tt-**; ***bet*** *ya da* ***betted***) *vb.* iddiaya tutuşmak, bahse girmek; ***you ~*** F Elbette!, Emin olun!
be·tray [bɪ'treɪ] *v/t.* ele vermek, ihanet etmek; **~·al** [~əl] *n.* ihanet; **~·er** [~ə] *n.* hain.
bet·ter ['betə] **1.** *adj.* (*comp. of* ***good 1***) daha iyi; ***he is ~*** (sağlığı) daha iyi; **2.** *n.* daha iyisi; **~*s*** *pl.* yaşlı ve deneyimli kimseler, büyükler; ***get the ~ of*** alt etmek, yenmek; **3.** *adv.* (*comp. of* ***well²***) daha iyi biçimde; daha çok; ***so much the ~*** İsabet!, Olsun!; ***you had ~*** (*Am.* F ***you ~***) ***go*** gitsen iyi olur; **4.** *v/t. & v/i.* düzel(t)mek, iyileş(tir)mek.
be·tween [bɪ'twiːn] **1.** *adv.* arada, araya; ***few and far ~*** F seyrek, tek tük; **2.** *prp.* *-in* arasın(d)a, *-in* ortasın(d)a; **~ *you and me*** aramızda kalsın, söz aramızda.
bev·el ['bevl] (*esp. Brt.* **-ll-**, *Am.* **-l-**) *v/t.* eğim vermek.
bev·er·age ['bevərɪdʒ] *n.* içecek, meşrubat.
bev·y ['bevɪ] *n.* sürü, küme.
be·wail [bɪ'weɪl] *vb.* ağlamak, sızlanmak.
be·ware [bɪ'weə] *vb.* sakınmak (***of*** *-den*); **~ *of the dog!*** Dikkat köpek var!
be·wil·der [bɪ'wɪldə] *v/t.* şaşırtmak, sersem etmek; **~·ment** [~mənt] *n.* şaşkınlık.
be·witch [bɪ'wɪtʃ] *v/t.* büyülemek.
be·yond [bɪ'jɒnd] **1.** *adv.* ötede, öteye; **2.** *prp.* *-in* ötesin(d)e; *-in* dışında.
bi- [baɪ] *prefix* iki-.
bi·as ['baɪəs] **1.** *adj. & adv.* meyilli, eğik, çapraz; **2.** *n.* meyil, eğilim; önyargı; **3.** (**-s-**, **-ss-**) *v/t.* meylettirmek; etkilemek; **~(*s*)*ed*** *esp.* LEG taraf tutan; önyargılı.
bi·ath|lete [baɪ'æθliːt] *n.* SPOR: bayatloncu; **~·lon** [~ən] *n.* SPOR: bayatlon, ikili yarışma.
bib [bɪb] *n.* çocuk önlüğü, mama önlüğü.
Bi·ble ['baɪbl] *n.* Kutsal Kitap, İncil, Tevrat, Zebur.
bib·li·cal □ ['bɪblɪkl] Kutsal Kitap ile ilgili.
bib·li·og·ra·phy [bɪblɪ'ɒgrəfɪ] *n.* bibliyografya, kaynakça.
bi·car·bon·ate CHEM [baɪ'kɑːbənɪt] *n.* *a.* **~ *of soda*** bikarbonat de süt, soda.
bi·cen|te·na·ry [baɪsen'tiːnərɪ] *Am.* **~·ten·ni·al** [~'tenɪəl] *n.* 200. yıldönümü.
bi·ceps ANAT ['baɪseps] *n.* pazı.
bick·er ['bɪkə] *v/i.* ağız kavgası yapmak, dalaşmak.
bi·cy·cle ['baɪsɪkl] **1.** *n.* bisiklet; **2.** *v/i.* bisiklete binmek, bisikletle dolaşmak.
bid [bɪd] **1.** (**-dd-**; ***bid*** *ya da* ***bade, bid*** *ya da* ***bidden***) *v/t.* emretmek; teklif etmek (*fiyat*); söylemek, demek; *iskambil*: deklare etmek; **~ *farewell*** veda etmek; **2.** *n.* ECON ihale; fiyat teklifi; *iskambil*: deklarasyon; **~·den** ['bɪdn] *p.p. of* ***bid***
bide [baɪd] (***bode*** *ya da* ***bided, bided***):

B

~ one's time fırsat kollamak
bi·en·ni·al □ [baɪ'enɪəl] iki yıllık; iki yılda bir olan; **~·ly** [~lı] *adv.* iki yılda bir.
bier [bɪə] *n.* cenaze teskeresi; katafalk.
big [bɪg] (**-gg-**) *adj.* büyük, iri, kocaman; F önemli, etkili; **~ business** büyük sermayeli ticaret, büyük iş; **~ shot** F kodaman; **talk ~** yüksekten atmak, atıp tutmak.
big·a·my ['bɪgəmɪ] *n.* ikieşlilik.
big·ot ['bɪgət] *n.* bağnaz kimse; **~·ed** *adj.* bağnaz; dar görüşlü.
big·wig F ['bɪgwɪg] *n.* kodaman.
bike F [baɪk] *n.* bisiklet.
bi·lat·er·al □ [baɪ'lætərəl] iki taraflı, iki yanlı.
bile [baɪl] *n.* safra; *fig.* huysuzluk.
bi·lin·gual [baɪ'lɪŋgwəl] *adj.* iki dil konuşan; iki dilde yazılmış.
bil·i·ous □ ['bɪljəs] safra ile ilgili; safralı, vücudunda fazla safra olan; *fig.* huysuz.
bill[1] [bɪl] *n.* gaga; sivri uç.
bill[2] [~] **1.** *n.* ECON fatura; POL yasa tasarısı; LEG pusula, tezkere; dilekçe; *a.* **~ of exchange** ECON poliçe, tahvil; *Am.* banknot, kâğıt para; afiş, ilan; **~ of fare** yemek listesi, mönü; **~ of lading** konşimento; **~ of sale** LEG satış senedi; **2.** *v/t.* ilanla duyurmak, bildirmek; faturasını yapmak, faturasını göndermek.
bill·board *Am.* ['bɪlbɔːd] *n.* ilan tahtası.
bill·fold *Am.* ['bɪlfəʊld] *n.* cüzdan.
bil·li·ards ['bɪljədz] *n. sg.* bilardo.
bil·li·on ['bɪljən] *n.* milyar; trilyon.
bil·low ['bɪləʊ] *n.* büyük dalga; dalgalar halinde gelen şey; **~·y** [~ɪ] *adj.* dalgalı, çalkantılı.
bil·ly *Am.* ['bɪlı] *n.* sopa, cop; **~goat** *n.* zo teke.
bin [bɪn] *n.* kutu, teneke.
bind [baɪnd] (**bound**) *v/t.* bağlamak, sarmak; ciltlemek; dondurmak; *v/i.* (*çimento v.b.*) donmak, katılaşmak; **~·er** ['baɪndə] *n.* ciltçi; cilt, kap; biçer bağlar makine; **~·ing** [~ɪŋ] **1.** *adj.* bağlayıcı (*a. fig.*); **2.** *n.* ciltleme; cilt.
bi·noc·u·lars [bɪ'nɒkjʊləz] *n. pl.* dürbün.
bi·o·chem·is·try [baɪəʊ'kemɪstrɪ] *n.* biyokimya.
bi·o·de·gra·da·ble [baɪəʊdɪ'greɪdəbəl] *adj.* biyolojik olarak ayrışabilen.
bi·og·ra|pher [baɪ'ɒgrəfə] *n.* yaşam öyküsü yazarı; **~·phy** [~ɪ] *n.* biyografi, yaşam öyküsü.
bi·o·log·i·cal □ [baɪəʊ'lɒdʒɪkl] biyolojik, dirimbilimsel; **bi·ol·o·gy** [baɪ'ɒlədʒɪ] *n.* biyoloji, dirimbilim.
bi·ped zo ['baɪped] *n.* iki ayaklı hayvan.
birch [bɜːtʃ] **1.** *n.* BOT huş ağacı; **2.** *v/t.* huş dalı ile dövmek.
bird [bɜːd] *n.* kuş; **~ of prey** yırtıcı kuş; **~ sanctuary** kuş koruma bölgesi; **~'s-eye** ['bɜːdzaɪ]: **~ view** kuşbakışı görünüş.
bi·ro *TM* ['baɪrəʊ] (*pl.* **-ros**) *n.* tükenmez kalem.
birth [bɜːθ] *n.* doğum; doğuş; soy; köken; **give ~ to** doğurmak; ortaya koymak; **~ con·trol** *n.* doğum kontrolü; **~·day** ['bɜːθdeɪ] *n.* doğum günü; **~·mark** *n.* vücut lekesi, ben; **~·place** *n.* doğum yeri; **~ rate** *n.* doğum oranı.
bis·cuit *Brt.* ['bɪskɪt] *n.* bisküvi.
bish·op ['bɪʃəp] *n.* piskopos; *satranç:* fil; **~·ric** [~rɪk] *n.* piskoposluk.
bi·son zo ['baɪsn] *n.* bizon, Amerikan yabanöküzü.
bit [bɪt] **1.** *n.* parça; gem; matkap, delgi; **a (little) ~** biraz, azıcık; **2.** *pret. of* **bite 2.**
bitch [bɪtʃ] *n.* zo dişi köpek; *contp.* orospu.
bite [baɪt] **1.** *n.* ısırma; ısırık, lokma; (*arı, yılan v.b.*) sokma; MEC kavrama; **2.** (**bit, bitten**) *v/t.* ısırmak; (*arı, yılan v.b.*) sokmak; yakmak, acıtmak; MEC kavramak, tutmak; *fig.* yaralamak, incitmek.
bit·ten ['bɪtn] *p.p. of* **bite 2.**
bit·ter ['bɪtə] **1.** □ acı, keskin, sert (*a. fig.*); **2.** *n.* **~s** *pl.* bitter.
biz F [bɪz] = **business.**
blab F [blæb] (**-bb-**) *v/i.* boşboğazlık etmek.
black [blæk] **1.** □ siyah, kara; karanlık; kötü, uğursuz; **~ eye** morarmış göz; **have s.th. in ~ and white** yazdırmak, bastırmak; **be ~ and blue** çürümek, yara bere içinde olmak; **beat s.o. ~ and blue** *b-ni* eşek sudan gelinceye kadar dövmek; **2.** *v/t.* karartmak; siyaha boyamak; **~ out** karartma yapmak; **3.** *n.* siyah renk; siyah boya; zenci; **~·ber·ry** BOT ['blækberɪ] *n.* böğürtlen;

B

~·**bird** *n.* ZO karatavuk;~·**board** *n.* yazı tahtası, karatahta;~·**en** [~ən] *v/t.* & *v/i.* karar(t)mak; *fig.* kara çalmak; ~·**guard** ['blægɑːd] *n.* & *adj.* alçak, rezil, teres;~·**head** MED *n.* siyah benek;~ **ice** *n.* donmuş kırağı; ~·**ing** [~ɪŋ] *n.* ayakkabı boyası; ~·**ish** □ [~ɪʃ] siyahımsı, siyahımtırak; ~·**jack** *n.* *esp.* *Am.* cop;~·**leg** *n.* *Brt.* grev kırıcı, grev bozan kimse; ~-**let·ter** *n.* PRINT gotik harfler;~·**mail** **1.** *n.* şantaj; **2.** *v/t.* şantaj yapmak; ~·**mail·er** [~ə] *n.* şantajcı; ~ **mar·ket** *n.* karaborsa; ~·**ness** [~nɪs] *n.* siyahlık, karalık;~·**out** *n.* karartma; THEA ışıkların sönmesi; MED geçici bilinç yitimi;~ **pud·ding** *n.* kan, yağ ve yulaftan yapılmış sosis;~ **sheep** *n.* *fig.* yüzkarası; ~·**smith** *n.* nalbant; demirci.

blad·der ANAT ['blædə] *n.* sidik torbası.

blade [bleɪd] *n.* BOT ince uzun yaprak; bıçak ağzı; kılıç; kürek palası.

blame [bleɪm] **1.** *n.* ayıplama, kınama; kusur, kabahat; **2.** *v/t.* ayıplamak, sorumlu tutmak; ***be to ~ for*** *-in* suçlusu *ya da* sorumlusu olmak;~·**less** □ [~lɪs] kabahatsiz, suçsuz; tertemiz, lekesiz.

blanch [blɑːntʃ] *v/t.* & *v/i.* beyazla(t)mak, ağar(t)mak; sarar(t)mak.

blanc·mange [blə'mɒnʒ] *n.* sütlü pelte, paluze.

bland □ [blænd] tatlı, hoş, yumuşak.

blank [blæŋk] **1.** □ yazısız, boş; anlamsız, ifadesiz, boş (*yüz*); şaşkın; ECON açık (*çek*); ~ ***cartridge*** MIL manevra fişeği; ~ ***cheque*** (*Am.* ***check***) ECON açık çek; **2.** *n.* boşluk; yazısız kâğıt; *piyango*: boş kura.

blan·ket ['blæŋkɪt] **1.** *n.* battaniye; ***wet ~*** neşe kaçıran kimse; **2.** *v/t.* üstünü örtmek, kaplamak.

blare [bleə] *v/t.* & *v/i.* bangır bangır bağır(t)mak.

blas|pheme [blæs'fiːm] *vb.* (*Tanrıya*, kutsal şeylere) küfretmek; ~·**phe·my** ['blæsfəmɪ] *n.* (*Tanrıya*, kutsal şeylere) küfretme, saygısızlık.

blast [blɑːst] **1.** *n.* hava cereyanı, ani rüzgâr; MEC patlama, infilak; boru sesi; BOT mildiyu; **2.** *v/t.* havaya uçurmak, patlatmak; yakmak; ***~ off*** (***into space***) uzaya fırlatmak (*roket*, *astronot*); *v/i.*: ***~ off*** uzaya fırlamak; ***~!*** Lanet olsun!; ~-**fur·nace** MEC ['blɑːstfɜːnɪs] *n.* yüksek fırın;~-**off** *n.* uzaya fırlatma.

bla·tant □ ['bleɪtənt] gürültülü; gürültücü.

blaze [bleɪz] **1.** *n.* alev, ateş; parlak ışık; yangın; *fig.* parıltı, ışıltı; ***go to ~s!*** Cehenneme kadar yolun var!; **2.** *v/t.* & *v/i.* alevlen(dir)mek, yanmak, tutuşmak; parlamak; ilan etmek, yaymak.

blaz·er ['bleɪzə] *n.* blazer ceket.

bla·zon ['bleɪzn] *n.* arma; parlak gösteriş.

bleach [bliːtʃ] *v/t.* & *v/i.* ağar(t)mak, beyazla(t)mak.

bleak □ [bliːk] soğuk, tatsız (*hava*); *fig.* ümitsiz.

blear·y □ ['blɪərɪ] (***-ier, -iest***) uykulu (*göz*); ~-**eyed** *adj.* gözünden uyku akan.

bleat [bliːt] **1.** *n.* meleme; **2.** *v/i.* melemek.

bled [bled] *pret.* & *p.p.* *of* ***bleed.***

bleed [bliːd] (***bled***) *v/i.* kanamak; *v/t.* MED *-den* kan almak; *fig.* F para sızdırmak;~·**ing** ['bliːdɪŋ] **1.** *n.* MED kanama; **2.** *adj.* *sl.* Allahın belası, gaddar.

bleep [bliːp] **1.** *n.* *radyo*: düdük sesi; **2.** *v/i.* düdük sesi çalmak.

blem·ish ['blemɪʃ] **1.** *n.* leke; kusur; **2.** *n.* karışım, harman (*a.* ECON); ~·**er** ['blendə] *n.* karıştırıcı, mikser.

bless [bles] (***blessed*** *ya da* ***blest***) *v/t.* kutsamak; hayır dua etmek; ***be ~ ed with*** (*Allah'ın lütfu ile*) *-e* sahip olmak, *-si* olmak; (***God***) ***~ you!*** Çok yaşa!; ***~ me!, ~ my heart!, ~ my soul!*** F Aman ya Rabbi!; Vay canına!;~·**ed** □ ['blesɪd] kutsal; mutlu;~·**ing** [~ɪŋ] *n.* hayırdua; nimet.

blest [blest] *pret.* & *p.p.* *of* ***bless.***

blew [bluː] *pret.* *of* ***blow² 1.***

blight [blaɪt] **1.** *n.* BOT mildiyu, küf; *fig.* afet; **2.** *v/t.* yakmak, kavurmak; yıkmak, mahvetmek.

blind □ [blaɪnd] **1.** kör (*fig.* ***to*** *-e karşı*); gizli, görünmez; düşüncesiz; ***~ alley*** çıkmaz sokak; ***~ly*** *fig.* gözü kapalı, körü körüne; **2.** *n.* kepenk; perde; ***the ~*** *pl.* körler; **3.** *v/t.* kör etmek (*a.* *fig.*); ~·**ers** *Am.* ['blaɪndəz] *n.* *pl.* göz siperi; ~·**fold** **1.** *adj.* gözleri bağlı; **2.** *v/t.* gözlerini bağlamak; **3.** *n.* gözbağı;~·**worm** *n.* ZO köryılan.

blink [blɪŋk] **1.** *n.* gözlerini kırpıştırma; **2.** *v/i.* gözlerini kırpıştırmak; pırılda-

mak; *v/t. fig.* görmezlikten gelmek; **~·ers** ['blıŋkəz] *n. pl.* göz siperi.
bliss [blıs] *n.* mutluluk.
blis·ter ['blıstə] **1.** *n.* kabarcık; MED yakı; **2.** *v/t. & v/i.* kabar(t)mak, su toplamak.
blitz [blıts] **1.** *n.* hava baskını; **2.** *v/t.* bombardıman etmek.
bliz·zard ['blızəd] *n.* tipi, kar fırtınası.
bloat|ed ['bləʊtıd] *adj.* kabarık, şişkin; *fig.* şişinmiş, böbürlü; şişirilmiş, abartılmış; **~·er**[~ə] *n.* tütsülenmiş ringa balığı.
block [blɒk] **1.** *n.* kütük, kaya parçası; blok; engel; kalıp; *a.* **~ *of flats*** *Brt.* apartman; **2.** *v/t.* engel olmak; *a.* **~ *up*** tıkamak, kapamak.
block·ade[blɒ'keıd] **1.** *n.* abluka; **2.** *v/t.* ablukaya almak.
block|head ['blɒkhed] *n.* dangalak, mankafa; **~ let·ters** *n. pl.* kitap yazısı.
bloke *Brt.* F [bləʊk] *n.* herif.
blond[blɒnd] *n. & adj.* sarışın; **~e**[~] *n. & adj.* sarışın.
blood [blʌd] *n.* kan (*a. fig.*); soy, ırk; huy; *attr.* kan...; ***in cold*** **~** tasarlayıp kurarak; acımasızca; **~·cur·dling** ['blʌdkɜːdlıŋ] *adj.* tüyler ürpertici; **~·shed***n.* kan dökme; **~·shot***adj.* kanlanmış (*göz*); **~·thirst·y** □ kana susamış; **~ves·sel** *n.* ANAT kan damarı; **~·y** □ [~ı] (***-ier, -iest***) kanayan; kanlı; *Brt.* F Allahın cezası.
bloom [bluːm] **1.** *n. poet.* çiçek; *fig.* gençlik, bahar; **2.** *v/i.* çiçek açmak; *fig.* parlamak, gelişmek.
blos·som ['blɒsəm] **1.** *n.* çiçek; **2.** *v/i.* çiçek açmak.
blot[blɒt] **1.** *n.* leke (*a. fig.*); **2.** (***-tt-***) *v/t. & v/i.* lekele(n)mek (*a. fig.*), kirletmek; kurutma kâğıdı ile kurutmak.
blotch [blɒtʃ] *n.* büyük leke; **~y** ['blɒtʃı] (***-ier, -iest***) *adj.* benekli.
blot|ter['blɒtə] *n.* kurutma kâğıdı; *Am.* kayıt defteri; **~·ting-pa·per**[~ıŋpeıpə] *n.* kurutma kâğıdı.
blouse [blaʊz] *n.* bluz.
blow[1] [bləʊ] *n.* vuruş, darbe (*a. fig.*); yumruk.
blow[2] [~] **1.** (***blew, blown***) *v/i.* esmek; üflemek; ELECT (*sigorta*) yanmak, atmak; **~ *up*** öfkelenmek, tepesi atmak; *v/t.* öttürmek, çalmak; harcamak, çarçur etmek; F övünmek; **~ *one's nose*** sümkürmek; **~ *one's top*** F tepesi atmak; **~ *out*** üfleyip söndürmek; patlamak; **~ *up*** havaya uçurmak; (*fotoğraf*) büyütmek; **2.** *n.* esme; üfleme; **~-dry** ['bləʊdraı] *v/t.* (*saçı*) kurutma makinesiyle kurutmak; **~·fly***n.* zo etsineği; **~n** [bləʊn] *p.p. of* ***blow***[2] ***1***; **~·pipe**['bləʊpaıp] *n.* MEC şalumo; üfleme borusu; **~-up***n.* patlama; PHOT büyütülmüş fotoğraf.
bludg·eon ['blʌdʒən] *n.* kalın sopa.
blue[bluː] **1.** *adj.* mavi; F kederli, neşesiz; **2.** *n.* mavi renk; ***out of the*** **~** *fig.* hiç beklenmedik bir anda, damdan düşer gibi; **~·ber·ry** BOT ['bluːbərı] *n.* yaban mersini; **~·bot·tle** *n.* zo mavisinek; **~col·lar work·er** *n.* fabrika işçisi.
blues[bluːz] *n. pl. ya da sg.* MUS bir tür caz müziği; F keder, melankoli; ***have the*** **~** F kederli olmak, sıkıntıdan patlamak.
bluff[blʌf] **1.** □ sarp, dik; **2.** *n.* blöf; **3.** *v/t.* blöf yapmak.
blu·ish ['bluːıʃ] *adj.* mavimsi, mavimtırak.
blun·der['blʌndə] **1.** *n.* gaf, hata, pot; **2.** *vb.* gaf yapmak, pot kırmak.
blunt[blʌnt] **1.** □ kesmez, kör, küt; *fig.* sözünü sakınmaz; **2.** *v/t.* körletmek; **~·ly** ['blʌntlı] *adv.* dobra dobra.
blur[blɜː] **1.** *n.* bulanıklık, leke; **2.** (***-rr-***) *v/t.* bulandırmak; PHOT, TV bulanıklaştırmak.
blurt[blɜːt]: **~ *out*** ağzından kaçırmak, yumurtlamak.
blush [blʌʃ] **1.** *n.* yüz kızarması, utanma; **2.** *v/i.* yüzü kızarmak, utanmak.
blus·ter['blʌstə] **1.** *n.* sert rüzgâr *ya da* dalga sesi; *fig.* yüksekten atma; **2.** *v/i.* (*rüzgâr*) sert esmek; *fig.* yüksekten atmak, patırtı etmek.
boar zo [bɔː] *n.* erkek domuz.
board[bɔːd] **1.** *n.* tahta; mukavva; sofra; kurul; meclis; oyun tahtası; ***on*** **~ *a train*** trende; **~ *of directors*** ECON yönetim kurul; ♀ ***of Trade*** *Brt.* Ticaret Bakanlığı; *Am.* Ticaret Odası; **2.** *v/t.* tahta ile kaplamak; pansiyon olarak vermek; NAUT borda etmek; (*taşıta*) binmek; *v/i.* pansiyoner olmak; **~·er** ['bɔːdə] *n.* pansiyoner; yatılı öğrenci; **~·ing-house** [~ıŋhaʊs] *n.* pansiyon; **~·ing-school** [~ıŋskuːl] *n.* yatılı okul; **~·walk** *n. esp. Am.* plaj gezinti yeri.

boast[bəʊst] **1.** *n.* övünme; **2.** *vb.* övünmek (***of, about*** *ile*); **~·ful** □ ['bəʊstfl] övüngen, palavracı.
boat[bəʊt] *n.* sandal, kayık, bot; gemi; **~·ing** ['bəʊtıŋ] *n.* sandal gezintisi.
bob[bɒb] **1.** *n.* saç lülesi; sarkaç; *Brt.* F *hist.* bir şilin; **2.** (**-bb-**) *v/t.* kısa kesmek (*saç*); ***~bed hair*** kısa kesilmiş saç; *v/i.* sallanmak, oynamak, kımıldamak.
bob·bin ['bɒbın] *n.* bobin (*a.* ELECT).
bob·by *Brt.* F ['bɒbı] *n.* aynasız, polis.
bob·sleigh ['bɒbsleı] *n.* SPOR: kızak.
bode [bəʊd] *pret. of* ***bide.***
bod·ice ['bɒdıs] *n.* korsa.
bod·i·ly['bɒdılı] *adv.* hep birden, bütün olarak.
bod·y ['bɒdı] *n.* beden, vücut; ceset; grup, topluluk; cisim; MOT karoser; MIL birlik; **~·guard** *n.* koruma askeri; **~·work** *n.* karoser.
Boer ['bəʊə] *n.* Hollanda asıllı Güney Afrikalı.
bog [bɒg] **1.** *n.* bataklık; **2.** (**-gg-**): ***get ~ged down*** *fig.* çıkmaza girmek.
bo·gus ['bəʊgəs] *adj.* sahte, yapmacık.
boil[1] MED [bɔıl] *n.* çıban.
boil[2] [~] **1.** *v/t.* & *v/i.* kayna(t)mak; haşla(n)mak; **2.** *n.* kaynama; **~·er** ['bɔılə] *n.* kazan; **~·er suit** *n.* tulum; **~·ing** [~ıŋ] *adj.* kaynar…; **~·ing-point** *n.* kaynama noktası.
bois·ter·ous □ ['bɔıstərəs] gürültülü, taşkın, şamatacı; fırtınalı, sert.
bold □ [bəʊld] cesur, yürekli; küstah; ***as ~ as brass*** F kaba, arsız, küstah; **~·ness** ['bəʊldnıs] *n.* cesaret; küstahlık, kabalık.
bol·ster ['bəʊlstə] **1.** *n.* destek; uzun yastık; **2.** *v/t.* ***~ up*** *fig.* desteklemek, arka çıkmak.
bolt [bəʊlt] **1.** *n.* cıvata; sürme; kol demiri; kilit dili; yıldırım; **2.** *adv.* ***~ upright*** dimdik; **3.** *v/t.* sürmelemek; yutuvermek; F ağzından kaçırma; *v/i.* kaçmak; fırlamak.
bomb [bɒm] **1.** *n.* bomba; ***the ~*** atom bombası; **2.** *v/t.* bombalamak, bombardıman etmek.
bom·bard [bɒm'bɑːd] *v/t.* bombardıman etmek (*a. fig.*)
bomb|-proof ['bɒmpruːf] *adj.* bombaya dayanıklı; **~·shell** *n.* bomba; *fig.* büyük sürpriz, bomba.
bond [bɒnd] *n.* ECON bono, senet, tahvil; kefalet; MEC bağlantı; ***~s*** *pl.* ilişki, bağ; ***in ~*** ECON antrepoda, ambarda; **~·age** *lit.* ['bɒndıdʒ] *n.* kölelik, esirlik, serflik.
bone[bəʊn] **1.** *n.* kemik; kılçık; zar; ***~s*** *pl.* iskelet; ***~ of contention*** anlaşmazlık nedeni; ***have a ~ to pick with s.o.*** *b-le* paylaşacak kozu olmak; ***make no ~s about*** hiç tereddütsüz yapmak; **2.** *vb.* kemiklerini ayırmak; ayıklamak.
bon·fire ['bɒnfaıə] *n.* şenlik ateşi, açık havada yakılan ateş.
bon·net ['bɒnıt] *n.* başlık, bere; *Brt.* motor kapağı.
bon·ny *esp. Scots* ['bɒnı] (***-ier, -iest***) *adj.* güzel, hoş; gürbüz (*çocuk*), sağlıklı.
bo·nus ECON ['bəʊnəs] *n.* prim, ikramiye.
bon·y ['bəʊnı] (***-ier, -iest***) *adj.* kemikli; kılçıklı.
boob *sl.* [buːb] *n.* ahmak herif; *Brt.* aptalca hata; ***~s*** *pl.* F göğüs, ampul, ayva.
boo·by ['buːbı] *n.* mankafa, alık, enayi, salak.
book[bʊk] **1.** *n.* kitap; cilt; liste, cetvel; **2.** *vb.* kaydetmek; yer ayırtmak; ***~ in*** *esp. Brt.* otel defterine kaydolmak; ***~ in at*** *-de* yer ayırtmak; ***~ed up*** dolu, yer yok; **~·case** ['bʊkkeıs] *n.* kitaplık; **~·ing** [~ıŋ] *n.* yer ayırtma, rezarvasyon; **~·ing-clerk** *n.* gişe memuru; **~·ing-of·fice** *n.* gişe; **~·keep·er** *n.* muhasebeci, sayman; **~·keep·ing** *n.* muhasebecilik, saymanlık; **~·let** [~lıt] *n.* kitapçık, broşür; **~·mark(·er)** [~ə] *n.* sayfayı belirlemek için kullanılan şey; **~·sell·er** *n.* kitapçı; **~·shop**, *Am.* **~·store** *n.* kitabevi.
boom[1] [buːm] **1.** *n.* ECON fiyatların yükselmesi; piyasada canlılık; **2.** *vb.* hızla artmak, gelişmek; yükselmek; tanıtmak, reklamını yapmak.
boom[2] [~] *vb.* gürlemek; (*rüzgâr*) uğultu yapmak.
boon [buːn] *n.* nimet, lütuf.
boor *fig.* [bʊə] *n.* kaba kimse, ayı, hödük; **~·ish** □ ['bʊərıʃ] kaba, ayı gibi, hoyrat.
boost [buːst] *v/t.* desteklemek, yardım etmek; artırmak (*fiyat*); yükseltmek (*a.* ELECT).
boot[1] [buːt]: ***to ~*** ayrıca, ilaveten, üste-

lik.

boot[2] [~] *n.* bot, çizme, potin; *Brt.* MOT bagaj; **~·ee** ['bu:ti:] *n.* patik; kadın botu.

booth [bu:ð] *n.* baraka, kulübe; satış pavyonu; *Am.* telefon kulübesi.

boot|lace ['bu:tleıs] *n.* ayakkabı bağı; **~·leg·ger** [~legə] *n.* içki kaçakçısı.

boot·y ['bu:tı] *n.* ganimet, yağma.

booze F [bu:z] **1.** *v/i.* kafayı çekmek; **2.** *n.* içki; içki âlemi.

bop·per ['bɒpə] = ***teeny-bopper.***

bor·der ['bɔ:də] **1.** *n.* sınır; kenar, pervaz; **2.** *vb.* bitişik olmak, sınırdaş olmak (***on, upon*** *-e*); benzemek.

bore[1] [bɔ:] **1.** *n.* delgi, sonda; çap; *fig.* can sıkıcı kimse, baş belası; **2.** *v/t.* sondalamak, delik açmak, delmek; usandırmak, canını sıkmak, baş ağrıtmak.

bore[2] [~] *pret. of* ***bear***[2].

bor·ing □ ['bɔ:rıŋ] can sıkıcı.

born [bɔ:n] *p.p. of* ***bear***[2] doğmuş.

borne [bɔ:n] *p.p. of* ***bear***[2] taşınmış, götürülmüş.

bo·rough ['bʌrə] *n.* ilçe, kaza; kasaba.

bor·row ['bɒrəʊ] *v/t.* ödünç almak, borç almak (***from*** *-den*).

bos·om ['bʊzəm] *n.* göğüs, bağır, koyun; *fig.* koyun, kucak, bağır.

boss F [bɒs] **1.** *n.* işveren, patron, şef; *esp. Am.* POL kodaman, nüfuzlu kimse; **2.** *v/t. a.* ***~ about, ~ around*** emirler vermek, yönetmek; **~·y** F ['bɒsı] (***-ier, -iest***) *adj.* despot, emir vermeyi seven.

bo·tan·i·cal □ [bə'tænıkl] botanik ile ilgili, bitkisel; **bot·a·ny** ['bɒtənı] *n.* botanik, bitkibilim.

botch [bɒtʃ] **1.** *n.* kaba yama; beceriksizce yapılmış kaba iş; **2.** *v/t.* baştan savma yapmak; beceriksizce yapmak.

both [bəʊθ] *pron.* her ikisi (de); ***~ ... and*** hem ... hem de.

both·er ['bɒðə] **1.** *n.* zahmet, sıkıntı; baş belası; **2.** *v/t.* canını sıkmak, rahatsız etmek; *v/i.* merak etmek, endişelenmek; ***don't ~!*** Zahmet etmeyin!

bot·tle ['bɒtl] **1.** *n.* şişe; biberon; **2.** *v/t.* şişeye koymak, şişelemek; **~neck** *n.* şişe boğazı; *fig.* darboğaz.

bot·tom ['bɒtəm] *n.* dip, alt; esas, temel; etek; F kıç, popo; ***be at the ~ of*** işin içinde olmak; ***get to the ~ of s.th.*** bşin içyüzünü öğrenmek; çözümlemek; **~ line** *n.* ***to keep an eye on the bottom line*** kar etmeye özen göstermek; ***that's the bottom line*** sonunda önemli olan bu.

bough [baʊ] *n.* büyük dal.

bought [bɔ:t] *pret. & p.p. of* ***buy.***

boul·der ['bəʊldə] *n.* çakıl; kaya parçası.

bounce [baʊns] **1.** *n.* zıplama, sıçrama; canlılık; F övünme, yüksekten atma; **2.** *v/t. & v/i.* zıpla(t)mak, sıçra(t)mak, fırla(t)mak; sek(tir)mek; ***she ~d the baby on her knee*** bebeği dizinde hoplattı; **bounc·ing** ['baʊnsıŋ] *adj.* gürbüz (*çocuk*); sağlam yapılı, güçlü.

bound[1] [baʊnd] **1.** *pret. & p.p. of* ***bind***; **2.** *adj.* gitmek üzere olan (***for*** *-e*); bağlı, yükümlü.

bound[2] [~] *n. mst* ***~s*** *pl.* sınır; *fig.* ölçü, had.

bound[3] [~] **1.** *n.* sıçrama, fırlama, atlayış; **2.** *v/t. & v/i.* sıçra(t)mak, sek(tir)mek.

bound·a·ry ['baʊndərı] *n.* sınır.

bound·less □ ['baʊndlıs] sınırsız, sonsuz, engin.

boun|te·ous □ ['baʊntıəs], **~·ti·ful** □ [~fl] cömert, eli açık; bol.

boun·ty ['baʊntı] *n.* cömertlik; bağış, armağan; prim.

bou·quet [bʊ'keı] *n.* buket, demet.

bout [baʊt] *n.* maç, gösteri; devre; MED nöbet.

bou·tique [bu:'ti:k] *n.* butik.

bow[1] [baʊ] **1.** *n.* reverans, baş ile selamlama; **2.** *v/i.* reverans yapmak, başı ile selamlamak; *fig.* boyun eğmek (***to*** *-e*); *v/t.* (*başını*) eğmek.

bow[2] NAUT [~] *n.* pruva, baş.

bow[3] [bəʊ] **1.** *n.* yay; kavis; fiyonk; **2.** *v/t.* yay ile çalmak (*keman v.b.*); ***~-legged*** eğri bacaklı.

bow·els ['baʊəls] *n. pl.* ANAT bağırsak; iç.

bowl[1] [bəʊl] *n.* tas, kâse, çanak; pipo ağzı; GEOGR havza; *Am.* amfiteatr.

bowl[2] [~] **1.** *n.* (*bovling v.b. oyunlarda*) top; **2.** *v/t. & v/i.* yuvarla(n)mak, atmak; **~·ing** ['bəʊlıŋ] *n.* bovling oyunu.

box[1] [bɒks] **1.** *n.* BOT şimşir; kutu, sandık; bir kutu dolusu şey; kulübe; arabacı yeri; MEC yuva, mil yatağı; THEA loca; sanık yeri; **2.** *v/t.* kutuya koymak, kutulamak.

box² [~] **1.** *v/i.* SPOR: boks yapmak; **~ s.o.'s ears** *b-ne* tokat atmak; **2.** *n.* **~ on the ear** tokat, şamar; **~·er** ['bɒksə] *n.* boksör, yumruk oyuncusu; **~·ing** [~ıŋ] *n.* boks, yumruk oyunu; **♀·ing Day** *Brt.* Noeli izleyen gün.

box-of·fice ['bɒksɒfıs] *n.* gişe.

boy [bɔı] *n.* erkek çocuk, oğlan; delikanlı; **~friend** erkek arkadaş; **~ scout** erkek izci.

boy·cott ['bɔıkɒt] *v/t.* boykot etmek.

boy|hood ['bɔıhʊd] *n.* çocukluk çağı; **~·ish** □ ['bɔııʃ] çocukça, çocuk gibi.

bra [brɑː] *n.* sutyen.

brace [breıs] **1.** *n.* MEC matkap kolu, köşebent, payanda; destek; satırları bağlayan işaret; kuşak; çift, iki; (*a.* ***a pair of***) **~s** *pl. Brt.* pantolon askısı; **2.** *v/t.* destek vurmak, sağlamlaştırmak; *fig.* güç vermek, canlandırmak.

brace·let ['breıslıt] *n.* bilezik.

brack·et ['brækıt] **1.** *n.* MEC destek, dayak; raf; ARCH dirsek, kol; PRINT ayraç, parantez; sınıf, derece; ***lower income*** **~** düşük gelir sınıfı; **2.** *v/t.* birleştirmek; *fig.* bir tutmak.

brack·ish ['brækıʃ] *adj.* tuzlu, acı (*su*).

brag [bræg] **1.** *n.* övünme; **2.** (**-gg-**) *v/i.* böbürlenmek, övünmek (***about, of*** *ile*).

brag·gart ['brægət] *n. & adj.* övüngen, palavracı.

braid [breıd] **1.** *n.* örgü; saç örgüsü; **2.** *v/t.* örmek; kurdele takmak.

brain [breın] *n.* ANAT beyin; *oft* **~s** *pl. fig.* zekâ, akıl, kafa; **~s trust** *Brt, Am.* **~ trust** ['breın(z)trʌst] *n.* danışman *ya da* uzman topluluğu; **~·wash** *vb.* beynini yıkamak; **~·wash·ing** *n.* beyin yıkama; **~·wave** *n.* F ani parlak fikir.

brake [breık] **1.** *n.* MEC fren; **2.** *v/i.* fren yapmak.

bram·ble BOT ['bræmbl] *n.* böğürtlen çalısı.

bran [bræn] *n.* kepek.

branch [brɑːntʃ] **1.** *n.* dal; şube, kol; **2.** *v/i.* kollara ayrılmak, dallanmak.

brand [brænd] **1.** *n.* ECON marka, çeşit; damga; kızgın demir, dağ; **~ *name*** marka; **2.** *v/t.* damgalamak, dağlamak; lekelemek.

bran·dish ['brændıʃ] *v/t.* sallamak, savurmak.

bran(d)-new ['bræn(d)'njuː] *adj.* yepyeni, gıcır gıcır.

bran·dy ['brændı] *n.* konyak.

brass [brɑːs] *n.* pirinç; F küstahlık, yüzsüzlük; **~ *band*** bando; **~ *knuckles*** *pl. Am.* pirinç muşta.

bras·sie2re ['bræsıə] *n.* sutyen.

brat *contp.* [bræt] *n.* arsız çocuk, yumurcak.

brave [breıv] **1.** □ (**~r, ~st**) cesur, yiğit; **2.** *v/t.* göğüs germek, karşı gelmek;

brav·er·y ['breıvərı] *n.* cesaret, kahramanlık.

brawl [brɔːl] **1.** *n.* kavga, dalaş; **2.** *v/i.* kavga etmek, dalaşmak, ağız dalaşı yapmak.

brawn·y ['brɔːnı] (**-ier, -iest**) güçlü, kuvvetli; adaleli, kaslı.

bray [breı] **1.** *n.* anırma; **2.** *v/i.* anırmak; gürültülü ve çirkin ses çıkarmak.

bra·zen □ ['breızn] pirinçten yapılmış, pirinç...; arsız, yüzsüz.

Bra·zil·ian [brə'zıljən] **1.** *adj.* Brezilya'ya özgü; **2.** *n.* Brezilyalı.

breach [briːtʃ] **1.** *n.* açıklık, yarık; *fig.* bozma, ihlal; MIL gedik; **2.** *v/t.* yarmak, gedik açmak.

bread [bred] *n.* ekmek; ***brown* ~** çavdar ekmeği; ***know which side one's* ~ *is buttered*** F kan alacak damarı bilmek.

breadth [bredθ] *n.* genişlik, en; *fig.* genişlik.

break [breık] **1.** *n.* çatlak, kırık; ara; açıklık; bozma; tenefüs; ECON (*fiyat*) düşüş; *fig.* şans, fırsat; ***bad* ~** F şanssızlık; ***lucky* ~** F şans; ***without a* ~** hiç durmadan, aralıksız; **2.** (***broke, broken***) *v/t. & v/i.* kır(ıl)mak; bozmak; kesmek; (*sözünü*) tutmamak; açmak, yarmak; (*yasa*) çiğnemek; (*rekor*) kırmak; (şifre) çözmek; iflas ettirmek, batırmak; (*gün*) ağarmak; **~ *away*** kaçmak; kopmak; **~ *down*** bozulmak, arıza yapmak; yılmak, çökmek; **~ *in*** zorla girmek; alıştırmak; terbiye etmek; **~ *off*** birden durmak; ara vermek; kesilmek, dinmek; *fig.* (ilişkiyi) kesmek; **~ *out*** (savaş v.b.) çıkmak, patlak vermek; **~ *through*** yarıp geçmek; *fig.* aşmak; **~ *up*** kırmak, parçalamak; dağıtmak; (*okul*) tatil olmak; dağılmak; sona ermek; **~·a·ble** ['breıkəbl] *adj.* kırılır; **~·age** [~ıdʒ] *n.* kır(ıl)ma; kırık yeri; **~·a·way** *n.* kaçış,

firar; ayrılış; ~**·down** *n.* yıkılış, çöküş (*a. fig.*); MEC bozulma; MOT arıza, bozukluk.
break·fast ['brekfəst] **1.** *n.* kahvaltı; **2.** *v/i.* kahvaltı etmek.
break|through *fig.* ['breıkθru:] *n.* başarı, ilerleme; atılım; ~**·up** *n.* parçalanma; ayrılık; çöküş; (*okul*) tatil, kapanış.
breast [brest] *n.* göğüs, meme; *fig.* gönül, kalp; ***make a clean ~ of s.th.*** içini dökmek; ~**-stroke** ['breststrəʊk] *n.* SPOR: kurbağalama yüzüş.
breath [breθ] *n.* nefes, soluk; ***waste one's ~*** boşuna nefes tüketmek.
breath·a|lyse, *Am.* **-lyze** ['breθəlaız] *vb.* alkol muayenesi yapmak; ~**·lys·er**, *Am.* **-lyz·er** [~ə] *n.* alkol muayene aygıtı, alkolmetre.
breathe [bri:ð] *v/t. & v/i.* nefes al(dır)mak; söylemek, fısıldamak; hafifçe esmek; yaşamak.
breath|less □ ['breθlıs] nefesi kesilmiş; ~**·tak·ing** *adj.* nefes kesici.
bred [bred] *pret. & p.p. of* **breed 2.**
breech·es ['brıtʃız] *n. pl.* pantolon.
breed [bri:d] **1.** *n.* soy, cins, ırk, tür; **2.** (***bred***) *v/t.* yetiştirmek, beslemek; eğitmek; *v/i.* yavrulamak, doğurmak; ~**·er** ['bri:də] *n.* yetiştirici; üretici, yavrulayan; ~**·ing** [~ıŋ] *n.* yetiştirme; üreme; terbiye.
breeze [bri:z] *n.* esinti, meltem; **breez·y** ['bri:zı] (**-*ier*, -*iest***) *adj.* havadar, esintili; neşeli, canlı.
breth·ren ['breðrən] *n. pl.* erkek kardeşler.
brev·i·ty ['brevətı] *n.* kısalık.
brew [bru:] **1.** *v/t. & v/i.* demlemek (*çay*); yapmak (*bira*); *fig.* kurmak, hazırlamak; **2.** *n.* içki; ~**·er** ['bru:ə] *n.* biracı; ~**·er·y** ['brʊərı] *n.* bira fabrikası.
bri·ar ['braıə] = ***brier.***
bribe [braıb] **1.** *n.* rüşvet; **2.** *vb.* rüşvet vermek, para yedirmek; **brib·er·y** ['braıbərı] *n.* rüşvetçilik.
brick [brık] **1.** *n.* tuğla; ***drop a ~*** *Brt.* F pot kırmak, çam devirmek; **2.** *v/t.* ***~ up*** *ya da* ***in*** tuğla örerek kapatmak; ~**·lay·er** ['brıkleıə] *n.* duvarcı; ~**·works** *n. sg.* tuğla ocağı.
brid·al □ ['braıdl] gelin ile ilgili, gelin...; düğün...
bride [braıd] *n.* gelin; ~**·groom** ['braıdgrʊm] *n.* damat, güvey; ~**smaid** [~zmeıd] *n.* geline eşlik eden kız.
bridge [brıdʒ] **1.** *n.* köprü; **2.** *v/t.* üzerine köprü kurmak; *fig.* üstesinden gelmek.
bri·dle ['braıdl] **1.** *n.* dizgin, yular; **2.** *v/t.* gem vurmak, dizgin geçirmek; *v/i. a.* ***~ up*** canı sıkılmak, içerlemek; ~**-path** *n.* atlı yolu.
brief [bri:f] **1.** □ kısa, özlü; **2.** *n.* LEG dava özeti; özet; **3.** *vb.* talimat vermek; avukat tutmak; ~**·case** ['bri:fkeıs] *n.* evrak çantası.
briefs [bri:fs] *n. pl.* (***a pair of ~*** bir) don, slip.
bri·er BOT ['braıə] *n.* funda, yabangülü.
bri·gade MIL [brı'geıd] *n.* tugay.
bright □ [braıt] parlak; neşeli, canlı; zeki; ~**·en** ['braıtn] *v/t. & v/i.* parla(t)mak; aydınlanmak; neşelen(dir)mek; ~**·ness** [~nıs] *n.* parlaklık; canlılık; zekilik.
bril|liance, ~**·lian·cy** ['brıljəns, ~sı] *n.* parlaklık, pırıltı; zekâ parlaklığı; ~**·liant** [~t] **1.** □ parlak; görkemli; **2.** *n.* pırlanta.
brim [brım] **1.** *n.* kenar, ağız; **2.** (**-*mm*-**) *v/i.* ağzına kadar dolu olmak; ~**·ful(l)** [brım'fʊl] *adj.* ağzına kadar dolu.
brine [braın] *n.* tuzlu su, salamura.
bring [brıŋ] (***brought***) *v/t.* getirmek; neden olmak; ikna etmek; ***~ about*** *-e* neden olmak; *-e* yol açmak; ***~ back*** geri getirmek; ***~ forth*** doğurmak; göstermek; ***~ home to*** kandırmak, ikna etmek; ***~ in*** kazandırmak, getirmek (*kâr*); LEG karara varmak; ***~ off*** başarmak; kurtarmak; ***~ on*** *-e* neden olmak; ***~ out*** ortaya çıkarmak, üretmek; (*kitap*) yayımlamak; ***~ round*** ikna etmek, kandırmak; *k-ne* getirmek, ayıltmak; ***~ up*** yetiştirmek, büyütmek; kusmak, çıkarmak.
brink [brıŋk] *n.* kenar, eşik (*a. fig.*)
brisk □ [brısk] canlı, faal; çevik.
bris|tle ['brısl] **1.** *n.* sert kıl; **2.** *v/i.* (*tüy*) dimdik olmak, diken diken olmak; ***~ with*** *fig. ile* dolu olmak; ~**·tly** [~ı] (**-*ier*, -*iest***) *adj.* kıllı; kıl gibi.
Brit·ish ['brıtıʃ] *adj.* İngiliz; ***the ~*** *pl.* İngilizler.
brit·tle ['brıtl] *adj.* gevrek, kıtır kıtır.
broach [brəʊtʃ] *vb.* delmek, delik aç-

mak; (*konu, fikir*) belirtmek, girişmek.

broad□ [brɔːd] geniş, enli; uçsuz bucaksız; belli, açık; genel; kaba; **~·band** *n*. geniş bant; **~·cast** ['brɔːdkɑːst] **1.** (**-cast** *ya da* **-casted**) *vb*. *radyo*: yayınlamak, yayın yapmak; AGR saçarak tohum ekmek; *fig*. (*söylenti*) yaymak; **2.** *n*. radyo yayını; **~·cast·er** [-ə] *n*. spiker; **~·en** [-dn] *v/t*. & *v/i*. genişle(t)mek; **~ jump** *n*. *Am*. SPOR: uzun atlama; **~·mind·ed** *adj*. açık fikirli, liberal.

bro·cade [brə'keɪd] *n*. brokar.

bro·chure ['brəʊʃə] *n*. broşür, prospektüs.

brogue [brəʊg] *n*. bir tür ayakkabı.

broil *esp*. *Am*. [brɔɪl] = **grill 1.**

broke [brəʊk] **1.** *pret*. *of* **break 2**; **2.** *adj*. F cebi delik, meteliksiz; **bro·ken** ['brəʊkən] **1.** *p.p*. *of* **break 2**; **2.** *adj*. zayıf düşmüş, yıkılmış; **~ health** bozulmuş sağlık; **~-hearted** ümitsizliğe kapılmış, kalbi kırık.

bro·ker ECON ['brəʊkə] *n*. simsar, komisyoncu.

bron·co *Am*. ['brɒŋkəʊ] (*pl*. **-cos**) *n*. yabani *ya da* yarı ehli at.

bronze [brɒnz] **1.** *n*. bronz, tunç; **2.** *adj*. bronzdan yapılmış, bronz...; **3.** *v/t*. & *v/i*. bronzlaş(tır)mak.

brooch [brəʊtʃ] *n*. broş, iğne.

brood [bruːd] **1.** *n*. yumurtadan çıkan hayvancıklar; sürü, güruh; **2.** *v/i*. kuluçkaya yatmak; *fig*. kara kara düşünmek; **~·er** ['bruːdə] *n*. kuluçka makinesi.

brook [brʊk] *n*. dere, çay.

broom [brʊm] *n*. süpürge; **~·stick** ['brʊmstɪk] *n*. süpürge sopası.

broth [brɒθ] *n*. et suyu.

broth·el ['brɒθl] *n*. genelev.

broth·er ['brʌðə] *n*. erkek kardeş, birader; **~(s) and sister(s)** kardeşler; **~·hood** [-hʊd] *n*. kardeşlik; topluluk, dernek; **~-in-law** [-rɪnlɔː] (*pl*. **-s-in--law**) *n*. kayınbirader; enişte; bacanak; **~·ly** [-lɪ] *adj*. kardeşçe.

brought [brɔːt] *pret*. & *p.p*. *of* **bring.**

brow [braʊ] *n*. kaş; alın; yamaç; **~·beat** ['braʊbiːt] (**-beat, -beaten**) *v/t*. sert bakarak korkutmak.

brown [braʊn] **1.** *adj*. kahverengi...; **2.** *n*. kahverengi; **3.** *v/t*. & *v/i*. esmerleş(tir)mek; karar(t)mak.

browse [braʊz] **1.** *n*. körpe dal; *fig*. kitap karıştırma; **2.** *v/i*. otlamak; *fig*. kitapları karıştırmak.

bruise [bruːz] **1.** *n*. MED bere, çürük; **2.** *v/t*. berelemek, çürütmek; ezmek, havanda dövmek.

brunch F [brʌntʃ] *n*. geç edilen kahvaltı.

brunt [brʌnt]: **bear the ~ of** okkanın altına gitmek, asıl yüke katlanmak.

brush [brʌʃ] **1.** *n*. fırça; fırçalama; tilki kuyruğu; çatışma; **2.** *v/t*. fırçalamak; **~ against s.o.** *b-ne* sürtünmek; **~ away, ~ off** fırça ile temizlemek; **~ aside, ~ away** *fig*. aldırmamak, önemsememek; **~ up** (*bilgiyi*) tazelemek; **~-up** ['brʌʃʌp]: **give one's English a ~** İngilizcesini tazelemek; **~·wood** *n*. çalılık, fundalık.

brusque□ [brʊsk] sert, haşin, kaba, nezaketsiz.

Brus·sels sprouts BOT ['brʌsl'spraʊts] *n*. brükselLahanası, frenklahanası.

bru·tal□ ['bruːtl] hayvanca, vahşi; zalim; kaba; **~·i·ty** [bruː'tælətɪ] *n*. canavarlık; **brute** [bruːt] **1.** *adj*. gaddar, zalim; kaba; **2.** *n*. hayvan; F hayvan gibi adam; canavar.

bub·ble ['bʌbl] **1.** *n*. kabarcık; *fig*. hayal, düş; **2.** *v/i*. kaynamak, fokurdamak.

buc·ca·neer [bʌkə'nɪə] *n*. korsan.

buck [bʌk] **1.** *n*. zo erkek hayvan; (*esp*. *karaca, geyik*, tavşan) *Am*. *sl*. dolar; **2.** *v/i*. sıçramak (*esp*. *at*); **~ up!** Acele et!; *v/t*. **~ off** (*at*) binicisini üstünden atmak.

buck·et ['bʌkɪt] *n*. kova, gerdel.

buck·le ['bʌkl] **1.** *n*. toka, kopça; **2.** *v/t*. *a*. **~ up** toka ile tutturmak; **~ on** tokalamak, iliştirmek, takmak; *v/i*. MEC bükülmek; **~ down to a task** F bir işe girişmek, çabalamak.

buck|shot HUNT ['bʌkʃɒt] *n*. büyük boy saçma; **~·skin** *n*. güderi.

bud [bʌd] **1.** *n*. BOT tomurcuk, gonca; *fig*. gelişmemiş şey; **2.** (**-dd-**) *v/i*. tomurcuklanmak; **a ~ding lawyer** yetişmekte olan bir avukat.

bud·dy *Am*. F ['bʌdɪ] *n*. arkadaş.

budge [bʌdʒ] *v/t*. & *v/i*. kımılda(t)mak.

bud·ger·i·gar zo ['bʌdʒərɪgɑː] *n*. muhabbet kuşu.

bud·get ['bʌdʒɪt] *n*. bütçe; devlet büt-

çesi.
bud·gie zo F ['bʌdʒɪ] = ***budgerigar.***
buff[1] [bʌf] **1.** *n.* meşin; devetüyü rengi; **2.** *v/t.* deri ile parlatmak.
buff[2] [\~] *n.* hayran, meraklı.
buf·fa·lo zo ['bʌfələʊ] (*pl.* ***-loes, -los***) *n.* manda.
buff·er ['bʌfə] *n.* MEC tampon (*a. fig.*).
buf·fet[1] ['bʌfɪt] **1.** *n.* tokat, yumruk; *fig.* sille; **2.** *vb.* tokatlamak, yumruklamak; dövmek; ~ ***about*** sarsmak, sallamak, sağa sola savurmak.
buf·fet[2] ['bʊfeɪ] *n.* büfe; tezgâh.
buf·foon [bə'fu:n] *n.* soytarı, maskara, palyaço.
bug [bʌg] **1.** *n.* zo tahtakurusu; *Am.* zo böcek; F basil; F gizli mikrofon; *bilgisayar:* arıza, bozukluk; güçlük; *sl.* garip fikir, saplantı; **2.** (***-gg-***) *vb.* F gizli mikrofon yerleştirmek; F hata yaptırmak; *Am.* F canını sıkmak, rahatsız etmek.
bug·gy ['bʌgɪ] *n.* MOT tek atlı araba; *Am.* çocuk arabası.
bu·gle ['bju:gl] *n.* borazan, boru.
build [bɪld] **1.** (***built***) *v/t.* inşa etmek, yapmak, kurmak; **2.** *n.* yapı, biçim; **~·er** ['bɪldə] *n.* inşaatçı; **~·ing** [\~ɪŋ] *n.* bina, yapı; *attr.* inşaat...
built [bɪlt] *pret. & p.p. of* ***build 1.***
bulb [bʌlb] *n.* BOT çiçek soğanı; ELECT ampul.
bulge [bʌldʒ] **1.** *n.* bel verme; çıkıntı, şiş; **2.** *v/i.* bel vermek, çıkıntı yapmak.
bulk [bʌlk] *n.* hacim, kütle; cüsse; yığın; NAUT kargo; ***in*** ~ ECON dökme, ambalajsız; toptan; **~·y** ['bʌlkɪ] (***-ier, -iest***) *adj.* büyük, hacimli; havaleli.
bull[1] zo [bʊl] *n.* boğa.
bull[2] [\~] *n.* papalık fermanı.
bull·dog zo ['bʊldɒg] *n.* buldok.
bull|doze F ['bʊldəʊz] *v/t.* gözünü korkutarak yaptırmak; **~·doz·er** MEC [\~ə] *n.* buldozer.
bul·let ['bʊlɪt] *n.* kurşun, mermi; **~*-proof*** kurşun geçirmez.
bul·le·tin ['bʊlɪtɪn] *n.* bülten, duyuru; ~ ***board*** *Am.* ilan tahtası.
bul·lion ['bʊljən] *n.* altın *ya da* gümüş külçesi.
bul·ly ['bʊlɪ] **1.** *n.* kabadayı, zorba; **2.** *v/t.* korkutmak, kabadayılık etmek.
bul·wark ['bʊlwək] *n.* siper (*a. fig.*).
bum *Am.* F [bʌm] **1.** *n.* serseri; dilenci; otlakçı; **2.** (***-mm-***) *vb.* serseri hayatı yaşamak; başkalarından otlayarak geçinmek, otlamak; ~ ***around*** aylak aylak dolaşmak.
bum·ble-bee zo ['bʌmblbi:] *n.* yabanarısı.
bump [bʌmp] **1.** *n.* çarpma, vuruş; tümsek; **2.** *vb.* bindirmek, vurmak, çarpmak; ~ ***into*** *fig.* *-e* rastlamak; ~ ***off*** F öldürmek, temizlemek.
bum·per[1] ['bʌmpə] **1.** *n.* ağzına kadar dolu bardak; **2.** *adj.* bol, çok; ~ ***crop*** bol hasat.
bum·per[2] MOT [\~] *n.* tampon; **~*-to-~*** tampon tampona.
bump·y ['bʌmpɪ] (***-ier, -iest***) *adj.* tümsekli, yamrı yumru; *fig.* inişli çıkışlı.
bun [bʌn] *n.* çörek; (*saç*) topuz.
bunch [bʌntʃ] **1.** *n.* deste; demet; salkım; ~ ***of grapes*** üzüm salkımı; **2.** *v/t. & v/i. a.* ~ ***up*** bir araya gelmek *ya da* getirmek, demet yapmak.
bun·dle ['bʌndl] **1.** *n.* bohça, çıkın; paket; deste, tomar; *fig.* grup; **2.** *v/t. a.* ~ ***up*** sarmak, paket yapmak.
bung [bʌŋ] *n.* tıkaç, tapa.
bun·ga·low ['bʌŋgələʊ] *n.* bungalov, tek katlı ev.
bun·gle ['bʌŋgl] **1.** *n.* acemice iş; **2.** *v/t.* berbat etmek, yüzüne gözüne bulaştırmak.
bun·ion MED ['bʌnjən] *n.* ayak parmağında oluşan şiş.
bunk [bʌŋk] *n.* ranza; kuşet.
bun·ny ['bʌnɪ] *n.* tavşan.
buoy NAUT [bɔɪ] **1.** *n.* şamandıra; **2.** *v/t.* suyun yüzünde tutmak, yüzdürmek; **~*ed up*** *fig.* ümitli; **~·ant** □ ['bɔɪənt] yüzer, batmaz; *fig.* neşeli, şen, kaygısız.
bur·den ['bɜ:dn] **1.** *n.* yük (*a. fig.*); NAUT tonilato; **2.** *v/t.* yüklemek; **~·some** [\~səm] *adj.* sıkıcı; ağır, yorucu.
bu·reau ['bjʊərəʊ] (*pl.* ***-reaux, -reaus***) *n.* büro, yazıhane; şube; *Brt.* yazı masası; *Am.* çekmeceli dolap; **~c·ra·cy** [bjʊə'rɒkrəsɪ] *n.* bürokrasi, kırtasiyecilik.
bur|glar ['bɜ:glə] *n.* hırsız; **~·glar·ize** *Am.* [\~raɪz] = ***burgle***; **~·glar·y** [\~rɪ] *n.* hırsızlık; **~·gle** [\~gl] *vb.* ev soymak.
bur·i·al ['berɪəl] *n.* gömme, defin.
bur·ly ['bɜ:lɪ] (***-ier, -iest***) *adj.* iriyarı, güçlü kuvvetli.

B

burn [bɜːn] **1.** *n.* MED yanık; yanık yarası; **2.** (***burnt*** *ya da* ***burned***) *v/t. & v/i.* yanmak; yakmak; tutuş(tur)mak; **~ *down*** yanıp kül olmak; **~ *out*** sönmek; **~ *up*** alevlenmek, parlamak; (*roket*) tutuşup parçalanmak; **~·ing** ['bɜːnɪŋ] *adj.* yanan, yanıcı; *fig.* şiddetli, hararetli.

bur·nish ['bɜːnɪʃ] *v/t.* cilalamak, parlatmak.

burnt [bɜːnt] *pret. & p.p. of* **burn 2.**

burp F [bɜːp] *v/t. & v/i.* geğir(t)mek.

bur·row ['bʌrəʊ] **1.** *n.* oyuk, in, yuva; **2.** *vb.* kazmak; araştırmak.

burst [bɜːst] **1.** *n.* patlama; patlak; yarık; *fig.* coşkunluk; **2.** (***burst***) *v/t. & v/i.* patla(t)mak; yar(ıl)mak; ayrılmak, ileri fırlamak; **~ *from*** *-den* zorla ayrılmak; **~ *in on*** *ya da* ***upon*** lafı kesmek, söze karışmak; **~ *into tears*** gözünden yaşlar boşanmak; **~ *out*** bağırmak, haykırmak.

bur·y ['berɪ] *v/t.* gömmek, toprağa vermek; gizlemek, saklamak, örtmek.

bus [bʌs] (*pl.* ***-es, -ses***) *n.* otobüs.

bush [bʊʃ] *n.* çalı, çalılık.

bush·el ['bʊʃl] *n.* kile (= *Brt. 36, 37 L, Am. 35, 24 L*).

bush·y ['bʊʃɪ] (***-ier, -iest***) *adj.* çalılık...; gür, sık, fırça gibi (*saç, sakal*).

busi·ness ['bɪznɪs] *n.* iş; işyeri; ECON ticaret; **~ *of the day*** gündem; ***on*** **~** iş icabı, iş için, iş hakkında; ***you have no*** **~ *doing*** (*ya da* ***to do***) ***that*** onu yapaya hakkınız yok; ***this is none of your*** **~** size ne, sizi ilgilendirmez; *s.* ***mind 2***; **~ *hours*** *n. pl.* iş saatleri; **~-like** *adj.* ciddi; sistemli, düzenli; **~·man** (*pl.* ***-men***) *n.* iş adamı; **~ *trip*** *n.* iş gezisi; **~·wom·an** (*pl.* ***-women***) *n.* iş kadını.

bust[1] [bʌst] *n.* büst; göğüs.

bust[2] *Am.* F [~] *n.* iflas, topu atma.

bus·tle ['bʌsl] **1.** *n.* telaş, koşuşturma; **2.** *v/i.* **~ *about*** koşuşturmak, telaş etmek.

bus·y □ ['bɪzɪ] **1.** (***-ier, -iest***) meşgul; hareketli; işlek; *Am.* TELEPH meşgul; **2.** *vb. mst* **~ *o.s.*** uğraşmak, meşgul olmak (***with*** *ile*); **~·bod·y** *n.* işgüzar, ukala, her işe burnunu sokan kimse.

but [bʌt, bət] **1.** *cj.* fakat, ama; oysa; *a.* **~ *that*** ... olmasa; ***he could not*** **~ *laugh*** gülmeden edemedi; **2.** *prp.* *-den* başka; ***all*** **~ *him*** ondan başka herkes; ***the last*** **~ *one*** sondan ikinci; ***the next*** **~ *one*** birinci değil ikinci; ***nothing*** **~** *-den* sırf, hepsi, başka bir şey değil; **~ *for*** ... olmasa; **3.** *rel. pron.* ***there is no one*** **~ *knows*** bilmeyen yok; **4.** *adv.* ancak, yalnız, sırf; ***all*** **~** hemen hemen, neredeyse

butch·er ['bʊtʃə] **1.** *n.* kasap; **2.** *v/t.* (*hayvan*) kesmek; *fig.* öldürmek; **~·y** [~rɪ] *n.* kasaplık; *fig.* katliam.

but·ler ['bʌtlə] *n.* kâhya; sofracı.

butt[1] [bʌt] **1.** *n.* tos; dipçik; izmarit; kıç; *fig.* elâlemin maskarası; **2.** *vb.* tos vurmak; **~ *in*** F karışmak (***on*** *-e*).

butt[2] [~] *n.* damacana.

but·ter ['bʌtə] **1.** *n.* tereyağı; F yağcılık; **2.** *v/t.* tereyağı sürmek; **~·cup** *n.* BOT düğünçiçeği; **~·fly** *n.* ZO kelebek; **~·y** [~rɪ] *adj.* tereyağlı.

but·tocks ['bʌtəks] *n. pl.* arka, kıç.

but·ton ['bʌtn] **1.** *n.* düğme; BOT tomurcuk, gonca; **2.** *v/t. & v/i. mst* **~ *up*** ilikle(n)mek, düğmele(n)mek; **~·hole** *n.* ilik.

but·tress ['bʌtrɪs] **1.** *n.* payanda, destek (*a. fig.*); **2.** *v/t.* desteklemek.

bux·om ['bʌksəm] *adj.* dolgun, bıldırcın gibi (*kadın*).

buy [baɪ] **1.** *n.* F satın alma, alım; **2.** (***bought***) *v/t.* satın almak (***of, from*** *-den*); **~ *out*** tazminatı ödemek; tamamını satın almak; **~ *up*** hepsini satın almak, kapatmak; **~·er** ['baɪə] *n.* alıcı, müşteri; **~·out** ['baɪaʊt] *n. bir şirketin satın alınması.*

buzz [bʌz] **1.** *n.* vızıltı; uğultu; **2.** *v/i.* vızıldama; çınlamak; **~ *about*** ortada dolaşmak, koşturmak; **~ *off!*** *Brt.* F Defol!

buz·zard ZO ['bʌzərd] *n.* Şahin.

buzz·er ELECT ['bʌzə] *n.* vibratör, titreşimli aygıt.

by [baɪ] **1.** *prp.* ile, vasıtasıyla; tarafından; yanında, kenarında; önünden, yanından; *-mek* suretiyle; *-e* göre; *-e* kadar; **~ *the dozen*** düzine ile; **~ *o.s.*** kendi başına; **~ *land*** karayolu ile, karadan; **~ *rail*** trenle; ***day*** **~ *day*** günden güne; **~ *twos*** ikişer ikişer; **2.** *adv.* yakında; bir yana; **~ *and*** **~** çok geçmeden, daha sonra, birazdan; **~ *the*** **~** sırası gelmişken; **~ *and large*** genellikle.

by- [baɪ] *prefix* yan-; ara-.

bye *int.* F [baɪ], *a.* **bye-bye** [~'baɪ] Allahaısmarladık!, Hoşça kal!; Güle güle! **by|-e·lec·tion** ['baıilekʃn] *n*. ara seçim; **~·gone** **1.** *adj*. geçmiş, eski; **2.** *n*. ***let ~s be ~s*** geçmişe mazi, yenmişe kuzu derler; **~·pass** **1.** *n*. dolaşık yol; MED bypass; **2.** *vb*. uğramadan yanından geçmek; **~·path** *n*. dolaylı yol; **~-product** *n*. yan ürün; **~-road** *n*. yan yol; **~·stand·er** *n*. seyirci; **~-street** *n*. yan sokak.

byte [baıt] *n*. *bilgisayar*. bayt.

by|way ['baıweı] *n*. dolaşık yol; yan yol; **~·word** *n*. atasözü; çok kullanılan deyim; ***be a ~ for*** *ile* adı çıkmış olmak, dillere düşmek.

C

cab [kæeb] *n*. taksi; RAIL makinist yeri; (*otobüste*) şoför yeri.

cab·bage BOT ['kæbıdʒ] *n*. lahana.

cab·in ['kæbın] *n*. kulübe; NAUT kamara; AVIA kabin; **~-boy** *n*. NAUT kamarot; subay hizmet eri; **~ cruiser** *n*. NAUT kamaralı gemi.

cab·i·net ['kæbınıt] *n*. POL kabine, bakanlar kurulu; dolap, vitrin; küçük oda; ***~ meeting*** kabine toplantısı; **~-mak·er** *n*. marangoz, doğramacı.

ca·ble ['keıbl] **1.** *n*. kablo; telgraf; NAUT palamar; **2.** *vb*. telgraf çekmek; **~-car** *n*. teleferik; **~·gram** [_græm] *n*. telgraf; **~ tel·e·vision** *n*. kablolu televizyon.

cab|-rank ['kæbræŋk], **~·stand** *n*. taksi durağı.

ca·ca·o BOT [kə'kɑːəʊ] (*pl*. ***-os***) *n*. kakao; kakao ağacı.

cack·le ['kækl] **1.** *n*. gıdaklama; gevezelik; **2.** *v/i*. gıdaklamak; gevezelik etmek.

cad [kæd] *n*. kaba *ya da* alçak adam.

ca·dav·er MED [kə'deıvə] *n*. kadavra, ceset.

ca·dence ['keıdəns] *n*. MUS uyum, ritim; ses perdesi.

ca·det MIL [kə'det] *n*. Harp Okulu öğrencisi.

caf·é, caf·e ['kæfeı] *n*. kafe, kahvehane.

caf·e·te·ri·a [kæfı'tıərıə] *n*. kafeterya.

cage [keıdʒ] **1.** *n*. kafes; MIN asansör; F hapishane, cezaevi; **2.** *v/t*. kafese koymak; hapsetmek.

cag·ey □ F ['keıdʒı] (***-gier, -giest***) tedbirli; *Am*. kurnaz, uyanık; ağzı sıkı.

ca·jole [kə'dʒəʊl] *v/t*. tatlı sözlerle kandırmak.

cake [keık] **1.** *n*. kek, pasta; kalıp; **2.** *vb*. ***~d with mud*** çamurlanmış, çamurlu.

ca·lam·i|tous □ [kə'læmıtəs] felaketli, belalı; **~·ty** [_tı] *n*. felaket, afet, bela.

cal·cu|late ['kælkjʊleıt] *v/t*. hesaplamak; *Am*. F sanmak, inanmak; *v/i*. güvenmek, bel bağlamak (***on, upon*** *-e*); **~·la·tion** [kælkjʊ'leıʃn] *n*. hesaplama; *fig*. iyice düşünme; ECON hesap; **~·la·tor** ['kælkjʊleıtə] *n*. hesap makinesi.

cal·dron ['kɔːldrən] = ***cauldron***.

cal·en·dar ['kælındə] **1.** *n*. takvim; liste; **2.** *v/t*. zaman sırasıyla kaydetmek.

calf[1] [kɑːf] (*pl*. ***calves*** [_vz]) *n*. baldır.

calf[2] [_] (*pl*. ***calves***) *n*. buzağı, dana; **~·skin** *n*. dana postu.

cal·i·bre, *Am*. **-ber** ['kælıbə] *n*. kalibre, çap; *fig*. kabiliyet, yetenek.

cal·i·co ['kælıkəʊ] (*pl*. ***-coes, -cos***) *n*. kaliko; pamuk bez, basma.

call [kɔːl] **1.** *n*. çağırış, çağrı; seslenme, bağırma; davet (***to*** *-e*); TELEPH telefon etme, arama; kısa ziyaret, uğrama; gerek, neden; istek; yoklama; ***on ~*** emre hazır; ***make a ~*** telefon etmek; **2.** *v/t*. çağırmak; seslenmek; TELEPH telefon etmek, aramak; isim vermek; davet etmek (***to*** *-e*); uyandırmak; ***be ~ed*** ...denilmek; ***~ s.o. names*** *b-ne* sövüp saymak; ***~ up*** TELEPH telefon etmek, aramak; *v/i*. bağırmak; TELEPH telefon görüşmesi yapmak; ziyaret etmek, uğramak (***on s.o., at s.o.'s [house]*** *b-ne, b-nin evine*); ***~ at a port*** limana uğramak; ***~ for*** uğrayıp almak; gerektirmek; ***to be ~ed for*** postrestant, gelinip alınacak; ***~ on s.o.*** *b-ne* uğramak; ***~ on, ~ upon*** ziyaret etmek, uğramak; davet etmek (***for*** *-e*); başvurmak; **~box** ['kɔːlbɒks] *n*. *Am*. telefon kulübesi; **~·er** ['kɔːlə] *n*. TELEPH telefon eden kimse; ziyaretçi; ~ ***ID*** (*bazı telefonlarda görülebilen*) arayan numara; **~girl** *n.* tele-kız; **~·ing** [-ıŋ] *n.* seslenme; davet; iş, meslek.

cal·lous □ ['kæləs] nasırlı; *fig.* katı yürekli, duygusuz, hissiz.

cal·low ['kæləʊ] *adj.* tüysüz (kuş); *fig.* acemi çaylak, toy.

calm [kɑːm] **1.** □ sakin, durgun; **2.** *n.* sakinlik, durgunluk; **3.** *v/t. & v/i. oft* ~ ***down*** yatış(tır)mak, sakinleş(tir)mek.

cal·o·rie PHYS ['kælərı] *n.* kalori; **~-con·scious** *adj.* aldığı kalorinin hesabını tutan, kalori meraklısı.

ca·lum·ni·ate [kə'lʌmnıeıt] *v/t.* iftira etmek; **cal·um·ny** ['kæləmnı] *n.* iftira.

calve [kɑːv] *v/i.* buzağı doğurmak

calves [kɑːvz] *pl. of* ***calf***[1, 2]

cam·bric ['keımbrık] *n.* patiska.

came [keım] *pret. of* ***come.***

cam·el ['kæml] *n.* ZO deve; NAUT tombaz.

cam·e·ra ['kæmərə] *n.* fotoğraf makinesi, kamera; ***in*** ~ LEG gizli celsede.

cam·o·mile BOT ['kæməmaıl] *n.* bir tür papatya.

cam·ou·flage MIL ['kæmʊflɑːʒ] **1.** *n.* kamuflaj, alalama; **2.** *v/t.* kamufle etmek, alalamak, gizlemek.

camp [kæmp] **1.** *n.* kamp; MIL ordugâh; ~ ***bed*** portatif karyola; **2.** *v/i.* kamp kurmak; ~ ***out*** kamp yapmak.

cam·paign [kæm'peın] **1.** *n.* MIL sefer; *fig.* mücadele; POL kampanya; **2.** *v/i.* MIL sefere çıkmak; *fig.* mücadele etmek; POL kampanyaya katılmak; *Am.* adaylığını koymak (***for*** *-e*).

camp|ground ['kːæmpgraʊnd], **~-site** *n.* kamp yeri.

cam·pus ['kæmpəs] *n.* kampus.

can[1] *v/aux.* [kæn, kən] (*pret.* ***could***; *olumsuz*: ***cannot, can't***) -ebilmek; ~ ***you lift this box?*** bu kutuyu kaldırabilir misin?

can[2] [-] **1.** *n.* teneke kutu; konserve kutusu; **2.** (***-nn-***) *v/t.* konservesini yapmak.

Ca·na·di·an [kə'neıdjən] **1.** *adj.* Kanada'ya özgü; **2.** *n.* Kanadalı.

ca·nal [kə'næl] *n.* kanal (*a.* ANAT)

ca·nard [kæ'nɑːd] *n.* uydurma haber.

ca·nar·y ZO [kə'neərı] *n.* kanarya.

can·cel ['kænsl] (*esp. Brt.* ***-ll-***, *Am.* ***-l-***) *v/t.* silmek, çizmek; iptal etmek, bozmak; ***be*** **~(*l*)*ed*** iptal edilmek.

can·cer ['kænsə] *n.* AST Yengeç burcu; MED kanser; ~ ***screening*** kanser tarama; **~·ous** [-rəs] *adj.* kanserli.

C

can·did □ ['kændıd] dürüst; samimi, candan.

can·di·date ['kændıdət] *n.* aday (***for*** *-e*), istekli (***for*** *-e*).

can·died ['kændıd] *adj.* şekerli, şekerle kaplanmış.

can·dle ['kændl] *n.* mum; ***burn the*** ~ ***at both ends*** hareketli bir yaşam sürmek, hızlı yaşamak; **~·stick** *n.* şamdan.

can·do(u)r ['kændə] *n.* açık kalplilik, içtenlik, samimiyet.

can·dy ['kændı] **1.** *n.* şeker, şekerleme, bonbon; **2.** *v/t.* şekerlemesini yapmak, şekerleme haline getirmek.

cane [keın] **1.** *n.* BOT kamış; sopa, değnek; baston; **2.** *v/i.* dövmek, sopalamak.

ca·nine ['keınaın] *adj.* köpek ile ilgili, köpek…

canned *Am.* [kænd] *adj.* konserve yapılmış, konserve…

can·ne·ry *Am.* ['kænərı] *n.* konserve fabrikası.

can·ni·bal ['kænıbl] *n.* yamyam.

can·non ['kænən] *n.* top.

can·not ['kænɒt] *s.* ***can***[1]

can·ny □ ['kænı] (***-ier, -iest***) dikkatli, tedbirli; açıkgöz.

ca·noe [kə'nuː] **1.** *n.* kano; **2.** *v/t.* kano ile geçmek *ya da* taşımak.

can·on ['kænən] *n.* kanun; kilise kanunu; **~·ize** [-aız] *v/t.* evliya sırasına geçirmek, aziz olarak resmen tanımak.

can·o·py ['kænəpı] *n.* tente, gölgelik; ARCH saçak.

cant [kænt] *n.* ikiyüzlülük; yapmacık söz; argo.

can't [kɑːnt] = ***cannot.***

can·tan·ker·ous F □ [kæn'tæŋkərəs] huysuz, hırçın, geçimsiz.

can·teen [kæn'tiːn] *n.* kantin; MIL matara; MIL yemek kabı.

can·ter ['kæntə] **1.** *n.* (*at*) eşkin gitme; **2.** *v/i.* (*at*) eşkin gitmek.

can·vas ['kænvəs] *n.* çadır bezi, kanava; PAINT tuval.

can·vass [-] **1.** *n.* POL seçim kampanyası; ECON sipariş toplama; **2.** *v/t.* görüşmek, tartışmak; *v/i.* POL dolaşarak oy toplamak, dolaşarak seçim anketi yapmak.

can·yon ['kænjən] *n.* kanyon.

cap [kæp] **1.** *n.* başlık, kep, kasket; ARCH başlık; MED başlık; kapak; **2.** (**-pp-**) *v/t.* kapağını kapamak; *fig.* daha iyisini yapmak, bastırmak.

ca·pa|bil·i·ty [keɪpə'bɪlətɪ] *n.* yetenek; **~·ble** □ ['keɪpəbl] yetenekli (**of** *-e*).

ca·pa·cious □ [kə'peɪʃəs] geniş, büyük;**ca·pac·i·ty** [kə'pæsətɪ] *n.* kapasite; hacim; sığdırma; yetenek; görev, sıfat; MEC verim; ***in my ~ as.***, ... sıfatıyla.

cape¹ [keɪp] *n.* GEOGR burun.

cape² [~] *n.* pelerin.

ca·per ['keɪpə] **1.** *n.* oynayıp zıplama; muziplik; ***cut ~s*** = **2.** *v/i.* oynayıp zıplamak, muziplik etmek.

ca·pil·la·ry ANAT [kə'pɪlərɪ] *n.* kılcal damar.

cap·i·tal ['kæpɪtl] **1.** □ büyük, başlıca, baş...; ***~ crime*** cezası ölüm olan ağır suç; ***~ punishment*** ölüm cezası; **2.** *n.* başkent; kapital, sermaye, anamal; *mst.* ***~ letter*** büyük harf; **~·is·m** [~ɪzəm] *n.* kapitalizm, anamalcılık; **~·ist** [~ɪst] *n.* kapitalist, anamalcı; **~·ize** [~əlaɪz] *v/t.* anamala çevirmek; majüskül ile yazmak.

ca·pit·u·late [kə'pɪtjʊleɪt] *v/i.* teslim olmak, silahları bırakmak.

ca·price [kə'priːs] *n.* kapris, geçici heves; **ca·pri·cious** □ [~ɪʃəs] kaprisli, maymun iştahlı.

Cap·ri·corn AST ['kæprɪkɔːn] *n.* Oğlak burcu.

cap·size [kæp'saɪz] *v/i.* alabora olmak; *v/t.* alabora etmek, devirmek.

cap·sule ['kæpsjuːl] *n.* kapsül.

cap·tain ['kæptɪn] *n.* kaptan; deniz albayı; MIL yüzbaşı.

cap·tion ['kæpʃn] *n.* başlık; resmi sıfat; *film*: altyazı.

cap|ti·vate *fig.* ['kæptɪveɪt] *v/t.* cezbetmek, büyülemek; **~·tive** ['kæptɪv] **1.** *adj.* esir düşmüş; ***hold ~*** esir tutmak; ***take ~*** esir almak, tutsak etmek; **2.** *n.* esir, tutsak; **~·tiv·i·ty** [kæp'tɪvətɪ] *n.* tutsaklık.

cap·ture ['kæptʃə] **1.** *n.* esir alma, yakalama; zapt; **2.** *v/t.* yakalamak; ele geçirmek, zaptetmek; NAUT esir almak.

car [kɑː] *n.* araba, otomobil; vagon; balon sepeti; asansör kabini; ***by ~ araba ile.***

car·a·mel ['kærəmel] *n.* karamel; karamela.

car·a·van ['kærəvæn] *n.* kervan, katar; *Brt.* karavan; ***~ site*** karavanlı kamp yeri.

car·a·way BOT ['kærəweɪ] *n.* kimyon.

car·bine MIL ['kɑːbaɪn] *n.* karabina.

car·bo·hy·drate CHEM ['kɑːbəʊ'haɪdreɪt] *n.* karbonhidrat.

car·bon ['kɑːbən] *n.* CHEM karbon; *a.* ***~ copy*** kopya; *a.* ***~ paper*** karbon kâğıdı.

car·bu·ret·tor, *a.***-ret·ter** *esp. Brt.*, *Am.* **-ret.or**, *a.* **-ret·er** MEC [kɑːbjʊ'retə] *n.* karbüratör.

car·case, **car·cass** ['kɑːkəs] *n.* ceset, iskelet, kadavra, leş (*a. fig.*).

card [kɑːd] *n.* kart; iskambil kâğıdı; ***have a ~ up one's sleeve*** *fig.* gizli bir kozu olmak; **~·board** ['kɑːdbɔːd] *n.* mukavva, karton; ***~ box*** karton kutu.

car·di·ac MED ['kɑːdɪæk] *adj.* kalp ile ilgili, kalp...

car·di·gan ['kɑːdɪgən] *n.* hırka.

car·di·nal ['kɑːdɪnl] **1.** □ asıl, ana, baş; ***~ number*** asıl sayı; **2.** *n.* ECCL kardinal.

card-in·dex ['kɑːdɪndeks] *n.* kartotek.

card-sharp·er ['kɑːdʃɑːpə] *n.* *iskambil*: hileci.

care [keə] **1.** *n.* dikkat, özen, itina; bakım; kaygı, dert, üzüntü; ***medical ~*** tıbbi bakım; ***~ of*** (*abbr.* ***c/o.***) ...eliyle; ***take ~ of*** *-e* bakmak, *-e* göz kulak olmak; ***with ~!*** Dikkat!; **2.** *vb.* istemek (***to*** *inf. -meyi*); ***~ for*** ilgilenmek, istemek; sevmek; *-e* bakmak; ***I don't ~!*** F Umurumda değil!, Bana ne!; ***I couldn't ~ less*** F umurumda değil; ***well ~d-for*** bakımlı.

ca·reer [kə'rɪə] **1.** *n.* kariyer, meslek hayatı, meslek; **2.** *adj.* mesleki, meslek...; **3.** *v/i.* hızla gitmek.

care·free ['keəfriː] *adj.* kaygısız, gamsız.

care·ful □ ['keəfl] dikkatli, dikkat eden (***of*** *-e*); özenli; ***be ~!*** Dikkat et!; **~·ness** [~nɪs] *n.* dikkat; dikkatli olma.

care·less □ ['keəlɪs] dikkatsiz, ihmalci; kayıtsız; **~·ness** [~nɪs] *n.* dikkatsizlik, ihmal; düşüncesizlik.

ca·ress [kə'res] **1.** *n.* okşama; öpüş; **2.**

v/t. okşamak; öpmek.
care·tak·er ['keəteıkə] *n.* kapıcı; bina yöneticisi; bakıcı, bekçi.
care·worn ['keəwɔːn] *adj.* kederli, üzgün.
car·go ['kɑːgəʊ] (*pl.* ***-goes***, *Am. a.* ***-gos***) *n.* kargo, yük.
car·i·ca|ture ['kærıkətjʊə] **1.** *n.* karikatür; **2.** *v/t.* karikatürünü yapmak; **~·tur·ist** [~rıst] *n.* karikatürist, karikatürcü.
car·jack·ing ['kɑːdʒækıŋ] *n. silah zoruyla araç kaçırma.*
car·mine ['kɑːmaın] *n.* koyu kırmızı.
car·nal □ ['kɑːnl] cinsel, şehvetle ilgili; dünyevi.
car·na·tion [kɑː'neıʃn] *n.* BOT karanfil.
car·ni·val ['kɑːnıvl] *n.* karnaval.
car·niv·o·rous BOT, ZO [kɑː'nıvərəs] *adj.* etçil, etobur.
car·ol ['kærəl] *n.* ilahi.
carp ZO [kɑːp] *n.* sazan.
car-park *Brt.* ['kɑːpɑːk] *n.* otopark, park yeri.
car·pen|ter ['kɑːpıntə] *n.* marangoz, doğramacı; **~·try** [~rı] *n.* marangozluk.
car·pet ['kɑːpıt] **1.** *n.* halı; ***bring on the ~*** görüşmek, tartışmak; **2.** *v/t.* halı ile döşemek.
car|pool ['kɑːpuːl] *n.* (*tasarruf amacıyla*) otomobilleri sıra ile kullanma anlaşması; *v/i.* birlikte aynı arabayla işe, okula *v.b.* gitmek; **~·port** *n.* üstü örtülü otopark.
car·riage ['kærıdʒ] *n.* taşıma, nakliye; nakliye ücreti; araba; *Brt.* RAIL vagon; MEC şasi, alt düzen (*a.* AVIA); duruş; **~·way** *n.* araba yolu.
car·ri·er ['kærıə] *n.* taşıyıcı; nakliyeci; **~-bag** *n.* alışveriş torbası, plastik torba; **~ pi·geon** *n.* posta güvercini.
car·ri·on ['kærıən] *n.* leş; *attr.* leş…
car·rot BOT ['kærət] *n.* havuç.
car·ry ['kærı] *v/t.* taşımak; götürmek, nakletmek; (*yük*) çekmek, taşımak; ele geçirmek, almak; kabul ettirmek; yayınlamak; (*faiz*) getirmek; ***be carried*** kabul edilmek (*öneri v.b.*); ***~ the day*** üstün gelmek, kazanmak; ***~ s.th. too far*** bşi çok ileri götürmek; ***get carried away*** *fig.* kendinden geçmek, coşmak; ***~ forward, ~ over*** ECON (*hesabı*) nakletmek, geçirmek; ***~ on*** yönetmek, yürütmek; sürdürmek, *-e* devam etmek; ***~ out, ~ through*** bitirmek; başarmak, yerine getirmek; **~·cot** *Brt.* ['kærıkɒt] *n.* portatif çocuk karyolası.
cart [kɑːt] **1.** *n.* araba; ***put the ~ before the horse*** *fig.* bir işi tersinden yapmak; **2.** *v/t.* araba ile taşımak.
car·ti·lage ANAT ['kɑːtılıdʒ] *n.* kıkırdak.
car·ton ['kɑːtən] *n.* karton kutu, koli; ***a ~ of cigarettes*** bir karton sigara.
car·toon [kɑː'tuːn] *n.* karikatür; çizgi film; **~·ist** [~ıst] *n.* karikatürist.
car·tridge ['kɑːtrıdʒ] *n.* fişek; PHOT kartuş, kaset; **~pen** *n.* kartuşlu dolmakalem.
cart-wheel ['kɑːtwiːl] *n.* araba tekerleği; ***turn ~s*** yana perende atmak.
carve [kɑːv] *v/t.* oymak; kazımak; (*eti*) kesmek, dilimlemek; **carv·er** ['kɑːvə] *n.* oymacı; oyma bıçağı; **carv·ing** [~ıŋ] *n.* oymacılık; oyma sanat eseri.
car wash ['kɑːwɒʃ] *n.* otomatik araba yıkama yeri.
cas·cade [kæ'skeıd] *n.* çağlayan, şelale.
case[1] [keıs] **1.** *n.* kutu; kılıf; kasa; çanta; MEC kovan; **2.** *v/t.* kutuya koymak; MEC kaplamak.
case[2] [~] *n.* durum, vaziyet, hal; LEG dava; GR durum; MED hasta; olay; F garip herif, tip.
case·ment ['keısmənt] *n.* pencere kanadı; *a.* ***~ window*** kanatlı pencere.
cash [kæʃ] **1.** *n.* para; peşin para; ***~ down*** peşin para; ***~ on delivery*** mal karşılığı ödeme, ödemeli; **2.** *v/t.* paraya çevirmek, bozdurmak (*çek*); **~-book** ['kæʃbʊk] *n.* kasa defteri; **~ cow** *n. bol nakit para getiren bir kaynak*; **~ desk** *n.* kasa; **~ di·spens·er** *n.* bankamatik, para veren otomatik makine; **~·ier** [kæ'ʃıə] *n.* veznedar, kasiyer; ***~'s desk*** *ya da* ***office*** vezne, kasa; **~·less** [~lıs] *adj.* havale, çek *v.b.* ile yapılan (*ödeme*); **~·o·mat** [kæʃəʊ'mæt] = ***~ dispenser***; **~ re·gis·ter** *n.* otomatik kasa, yazar kasa.
cas·ing ['keısıŋ] *n.* kaplama; çerçeve.
cask [kɑːsk] *n.* fıçı, varil.
cas·ket ['kɑːskıt] *n.* değerli eşya kutusu; *Am.* tabut.
cas·se·role ['kæsərəʊl] *n.* güveç, saplı tencere.
cas·sette [kə'set] *n.* kaset; **~ deck** *n.*

kasetçalar; ~ **ra·di·o** *n.* radyolu teyp; ~ **re·cord·er** *n.* teyp.

cas·sock ECCL ['kæsək] *n.* cüppe.

cast [kɑːst] **1.** *n.* atış; MEC dökme, kalıp; görünüş; renk tonu; THEA oynayanlar; **2.** (***cast***) *v/t.* atmak, saçmak, fırlatmak; ZO (*deri v.b.*) dökmek; MEC dökmek, kalıplamak; *a.* ~ ***up*** toplamak, hesaplamak; THEA (*rol*) dağıtmak, vermek; ***be ~ in a lawsuit*** LEG dava kaybetmek; ~ ***lots*** kura çekmek (***for*** *için*); ~ ***in one's lot with s.o.*** *b-ne* katılmaya karar vermek, *b-i* ile herşeyi paylaşmak; ~ ***aside*** artık kullanmamak, kaldırmak; bir kenara itmek, terketmek; ~ ***away*** atmak; ***be ~ away*** NAUT kazaya uğramak; ***be ~ down*** keyfi kaçmak, yüreği kararmak; ~ ***off*** çıkarıp atmak, kaldırmak; tanımamak, bir kenara itmek; denize açılmak; *v/i.* MEC kalıplanmak; ~ ***about for,*** ~ ***around for*** arayıp durmak.

cas·ta·net [kæstə'net] *n.* kastanyet, çengi zili.

cast·a·way ['kɑːstəweɪ] **1.** *adj.* reddedilmiş; NAUT kazaya uğramış; **2.** *n.* reddedilmiş kimse; NAUT kazazede.

caste [kɑːst] *n.* kast (*a. fig.*).

cast·er ['kɑːstə] = ***castor***[2].

cast·i·gate ['kæstɪgeɪt] *v/t.* dövmek, cezalandırmak; *fig.* şiddetle eleştirmek, ipliğini pazara çıkarmak.

cast·i·ron ['kɑːst'aɪən] *n.* dökme demir; **cast-i·ron** *adj.* dökme demirden yapılmış; *fig.* demir gibi.

cas·tle ['kɑːsl] *n.* kale (*a. satranç*); şato.

cast·or[1] ['kɑːstə]: ~ ***oil*** hintyağı.

cast·or[2] [~] *n.* koltuk *v.b.* tekerleği; tuzluk, biberlik.

cas·trate [kæ'streɪt] *v/t.* hadım etmek, burmak.

cas·u·al □ ['kæʒjʊəl] rastlantı sonucu olan; rastgele; gelişigüzel; ara sıra çalışan, tembel; ~ ***wear*** gündelik giysi; ~**·ty** [~tɪ] *n.* kaza; MIL kayıp; ***casualties*** *pl.* MIL zayiat; ~ ***ward,*** ~ ***department*** MED acil servis.

cat ZO [kæt] *n.* kedi.

cat·a·logue, *Am.* **-log** ['kætəlɒg] **1.** *n.* katalog; *Am.* UNIV üniversite programı; **2.** *v/t.* kataloğunu yapmak, kataloglamak.

cat·a·pult ['kætəpʌlt] *n. Brt.* sapan; mancınık.

cat·a·ract ['kætərækt] *n.* şelale; MED katarakt, perde, akbasma.

ca·tarrh MED [kə'tɑː] *n.* akıntı.

ca·tas·tro·phe [kə'tæstrəfɪ] *n.* felaket, facia, afet.

catch [kætʃ] **1.** *n.* yakalama, tutma; av; MEC çengel, kanca, kilit dili; *fig.* bityeniği, tuzak; **2.** (***caught***) *v/t.* yakalamak, tutmak; yetişmek; ele geçirmek; (*nefesini*) tutmak; anlamak, kavramak; ~ (***a***) ***cold*** soğuk almak, üşütmek; ~ ***the eye*** göze çarpmak; ~ ***s. o. 's eye*** *b-nin* dikkatini çekmek; ~ ***s. o. up*** *b-ne* yetişmek; ***be caught up in*** *k-ni -e* kaptırmak, *ile* çok meşgul olmak; **3.** *v/i.* tutuşmak, ateş almak; (*hastalığa*) yakalanmak; ~ ***on*** F anlamak, kavramak; F moda olmak, tutulmak; ~ ***up with*** *-e* yetişmek; ~**·er** ['kætʃə] *n.* tutan kimse; ~**·ing** [~ɪŋ] *adj.* çekici; MED bulaşıcı; ~**·word** *n.* parola; slogan; ~**·y** □ [~ɪ] (***-ier, -iest***) kolayca hatırlanan (*melodi*).

cat·e·chis·m ['kætɪkɪzəm] *n.* ECCL sorulu cevaplı öğretme.

ca·te|gor·i·cal □ [kætɪ'gɒrɪkl] kategorik, kesin, açık; ~**·go·ry** ['kætɪgərɪ] *n.* kategori, ulam, grup, zümre.

ca·ter ['keɪtə]: ~ ***for*** *-in* gereksinimini karşılamak; *fig.* sağlamak; *-e* hitap etmek.

cat·er·pil·lar ['kætəpɪlə] *n.* ZO tırtıl; *TM* palet, tırtıl; ~ ***tractor*** *TM* tırtıllı traktör.

cat·gut ['kætgʌt] *n.* kiriş.

ca·the·dral [kə'θiːdrəl] *n.* katedral.

Cath·o·lic ['kæθəlɪk] *n. & adj.* Katolik.

cat·kin BOT ['kætkɪn] *n.* söğüt *v.b.* ağaçların çiçeği.

CAT scan ['kætskæn] *n. tıbbi amaçlarla bilgisayarla yapılan tarama.*

cat·tle ['kætl] *n.* sığır.

cat·ty F ['kætɪ] (***-ier, -iest***) *adj.* kurnaz, şeytan, sinsi.

caught [kɔːt] *pret. & p.p. of* ***catch 2***

caul·dron ['kɔːldrən] *n.* kazan.

cau·li·flow·er BOT ['kɒlɪflaʊə] *n.* karnabahar.

caus·al □ ['kɔːzl] nedensel, neden gösteren.

cause [kɔːz] **1.** *n.* neden, sebep; vesile; LEG dava; amaç, hedef; **2.** *v/t. -e* neden olmak, *-e* yol açmak, *fig. -i* doğurmak; ~**·less** □ ['kɔːzlɪs] nedensiz, asılsız.

cause·way ['kɔːzweı] *n.* yol, geçit; şose.

caus·tic ['kɔːstık] (**~ally**) *adj.* yakıcı, aşındırıcı; *fig.* dokunaklı, iğneli (*söz*).

cau·tion ['kɔːʃn] **1.** *n.* dikkat; uyarı, ikaz; tedbir; **2.** *v/t.* uyarmak, ikaz etmek; LEG ihtar etmek.

cau·tious □ ['kɔːʃəs] tedbirli, çekingen; **~·ness** [~nıs] *n.* tedbir, dikkat.

cav·al·ry *esp. hist* MIL ['kævlrı] *n.* süvari sınıfı.

cave [keıv] **1.** *n.* mağara, in; **2.** *v/i.* **~ in** yıkılmak, çökmek (*a. fig.*).

cav·ern ['kævən] *n.* mağara; **~·ous** *fig.* [~əs] *adj.* kocaman ve derin; çukura kaçmış (*göz*).

cav·i·ty ['kævətı] *n.* boşluk, oyuk, çukur.

caw [kɔː] **1.** *v/i.* (*karga*) gaklamak; **2.** *n.* karga sesi.

CD [siː'diː] *n.* CD; **~ play·er** *n.* CD-çalar; **~-ROM** [~'rɔm] CD-ROM.

cease [siːs] *v/t. & v/i.* dur(dur)mak, kes(il)mek; dinmek; **~-fire** MIL ['siːsfaıə] *n.* ateşkes; **~·less** □ [~lıs] sürekli, aralıksız.

cede [siːd] *v/t.* bırakmak, terketmek.

cei·ling ['siːlıŋ] *n.* tavan (*a. fig.*); **~ price** tavan fiyat.

ce·leb F [sə'leb] *n.* ünlü (*kimse*).

cel·e|brate ['selıbreıt] *v/t.* kutlamak; **~·brat·ed** *adj.* ünlü (**for** *ile*); **~·bra·tion** [selı'breıʃn] *n.* kutlama, anma; tören.

ce·leb·ri·ty [sı'lebrətı] *n.* ün; ünlü kimse, şöhret.

ce·ler·i·ty [si'lerətı] *n.* sürat, hız; çabukluk.

cel·e·ry BOT ['selərı] *n.* kereviz.

ce·les·ti·al □ [sı'lestjəl] göksel; kutsal, Tanrısal.

cel·i·ba·cy ['selıbəsı] *n.* bekârlık.

cell [sel] *n.* hücre; ELECT pil.

cel·lar ['selə] *n.* mahzen, kiler, bodrum.

cel|list MUS ['tʃelıst] *n.* viyolonselist; **~·lo** MUS [~əʊ] (*pl.* **-los**) *n.* viyolonsel.

cel·lo·phane *TM* ['seləʊfeın] *n.* selofan.

cell·phone ['selfəʊn] *n.* TELEPH *Am.* cep telefonu.

cel·lu·lar ['seljʊlə] *adj.* hücresel; hücreli.

Cel·tic ['keltık] *adj.* Keltler ile ilgili.

ce·ment [sı'ment] **1.** *n.* çimento; **2.** *v/t.* çimentolamak; yapıştırmak.

cem·e·tery ['semıtrı] *n.* mezarlık.

cen·sor ['sensə] **1.** *n.* sansür memuru, sansürcü; **2.** *v/t.* sansürden geçirmek; **~·ship** [~ʃıp] *n.* sansür.

cen·sure ['senʃə] **1.** *n.* eleştiri, kınama; **2.** *v/t.* eleştirmek, kınamak.

cen·sus ['sensəs] *n.* nüfus sayımı.

cent [sent] *n. Am.* sent (= *1/100 dolar*); **per ~** yüzde.

cen·te·na·ry [sen'tiːnərı] *n.* yüzüncü yıldönümü.

cen·ten·ni·al [sen'tenjəl] **1.** *adj.* yüz yıllık; **2.** *n. Am.* = **centenary.**

cen·ter *Am.* ['sentə] = **centre.**

cen·ti|grade ['sentıgreıd]: **10 degrees ~** 10 santigrat derece (10°C); **~·me·tre**, *Am.* **~·me·ter** *n.* santimetre; **~·pede** ZO [~piːd] *n.* kırkayak.

cen·tral □ ['sentrəl] merkezi, orta; temel, ana, baş...; **~ heating** merkezi ısıtma, kalorifer; **~·ize** [~aız] *v/t.* merkezileştirmek.

cen·tre, *Am.* **-ter** ['sentə] **1.** *n.* merkez, orta; **~ of gravity** PHYS ağırlık merkezi; **2.** *v/t.* ortaya koymak, merkeze toplamak, ortalamak; *v/i.* ortada olmak, merkezlenmek.

cen·tu·ry ['sentʃʊrı] *n.* yüzyıl.

CEO ECON [siːiː'əʊ] *n.* (= **chief executive officer**) Genel Müdür.

ce·ram·ics [sı'ræmıks] *n. pl.* çinicilik; seramik; seramik eşya.

ce·re·al ['sıərıəl] **1.** *adj.* tahıl türüden; **2.** *n.* tahıl; **~s** *pl.* tahıldan yapılmış yiyecek.

cer·e·bral ANAT ['serıbrəl] *adj.* beyin ile ilgili, beyin...

cer·e·mo|ni·al [serı'məʊnjəl] **1.** □ resmi, törensel; **2.** *n.* tören, ayin; **~·ni·ous** □ [~jəs] resmi, törensel; merasimli; merasime düşkün; **~·ny** ['serımənı] *n.* tören, merasim; ayin; nezaket kuralları, protokol; resmiyet.

cer·tain □ ['sɜːtn] kesin, muhakkak; emin; güvenilir; bazı, kimi, belli; **~·ly** [~lı] *adv.* elbette, muhakkak; **~·ty** [~tı] *n.* kesinlik.

cer|tif·i·cate 1. [sə'tıfıkət] *n.* sertifika, belge; diploma; ruhsat; **~ of birth** nüfus *ya da* doğum kâğıdı; **General ♀ of Education advanced level** (**A level**) *Brt.* Üniversiteye girmeyi sağlayan üst düzeyde bir tür belge; **General ♀ of Education ordinary level** (**O level**) orta öğretim süreci içinde alınan bir tür belge; ***medical*** ~ sağlık belgesi; **2.** [-keıt] *v/t.* belgelemek, belge vermek;~**·ti·fy** ['sɜːtıfaı] *v/t.* onaylamak; doğrulamak.

cer·ti·tude ['sɜːtıtjuːd] *n.* kesinlik, katiyet.

ces·sa·tion [se'seıʃn] *n.* kesilme, durma.

CFO ECON [siːef'əʊ] *n.* (= ***chief financial officer***) Mali İşler Müdürü.

chafe [tʃeıf] *v/t. & v/i.* sürt(ün)mek; ovarak ısıtmak; (*ayakkabı*) vurmak, sürterek yara yapmak; kız(dır)mak, gücen(dir)mek.

chaff [tʃɑːf] **1.** *n.* saman tozu, çöp; F şaka, takılma; **2.** *v/t.* F alay etmek, takılmak.

chaf·finch zo ['tʃæfıntʃ] *n.* ispinoz.

chag·rin ['ʃægrın] **1.** *n.* iç sıkıntısı, keder; **2.** *v/t.* canını sıkmak, üzmek.

chain [tʃeın] **1.** *n.* zincir (*a. fig.*); (*dağ*) silsile; ~ ***reaction*** zincirleme tepkime; ~***-smoke*** (*sigara*) birini söndürmeden ötekini yakmak; ~***-smoker*** sigara tiryakisi; ~ ***store*** mağaza zincirlerinden biri; **2.** *v/t.* zincirle bağlamak, zincirlemek.

chair [tʃeə] *n.* sandalye, iskemle; makam; kürsü; ***be in the*** ~ başkanlık etmek; ~ **lift** ['tʃeəlıft] *n.* telesiyej; ~**·man** (*pl.* ***-men***) *n.* başkan; ~**·man·ship** [-ʃıp] *n.* başkanlık; ~**·wom·an** (*pl.* ***-women***) *n.* kadın başkan.

chal·ice ['tʃælıs] *n.* tas, kâse; kadeh.

chalk [tʃɔːk] **1.** *n.* tebeşir; **2.** *v/t.* tebeşirle yazmak *ya da* çizmek; tebeşirle beyazlatmak; ~ ***up*** hesabına katmak, kaydetmek.

chal·lenge ['tʃælındʒ] **1.** *n.* meydan okuma, düelloya davet; MIL nöbetçinin kimlik *ya da* parola sorması; *esp.* LEG itiraz, ret; **2.** *vb.* meydan okumak; düelloya davet etmek; MIL kimlik *ya da* parola sormak; LEG itiraz etmek, reddetmek.

cham·ber ['tʃeımbə] *n.* oda, yatak odası; PARL meclis; ZO, BOT hücre; MEC fişek yatağı; ~***s*** *pl.* yargıcın özel odası;~**maid** *n.* oda hizmetçisi.

cham·ois ['ʃæmwɑː] *n.* dağkeçisi; *a.* ~ ***leather*** [*mst.* 'ʃæmıleðə] güderi.

champ F [tʃæmp] = ***champion.***

cham·pagne [ʃæm'peın] *n.* şampanya.

cham·pi·on ['tʃæmpjən] **1.** *n.* savunucu, destekleyici; SPOR: şampiyon; **2.** *v/t.* savunmak, desteklemek; **3.** *adj.* galip, üstün gelen; mükemmel, muhteşem; ~**·ship** *n.* SPOR: şampiyonluk; şampiyona.

chance [tʃɑːns] **1.** *n.* şans, talih; ihtimal, olasılık; fırsat; ***by*** ~ tesadüfen, şans eseri; ***take a*** ~ bir denemek, şansını kullanmak; ***take no*** ~***s*** şansa bırakmamak, riske girmemek; **2.** *adj.* şans eseri olan, tesadüfi; **3.** *v/i.* tesadüfen olmak; ***I*** ~***d to meet her*** tesadüfen onunla karşılaştım; *v/t.* bir denemek, göze almak.

chan·cel·lor ['tʃɑːnsələ] *n.* bakan; şansölye, başbakan; UNIV rektör.

chan·de·lier [ʃændə'lıə] *n.* avize.

change [tʃeındʒ] **1.** *n.* değiş(tir)me; değişiklik; bozuk para, bozukluk; ***for a*** ~ değişiklik olsun diye; ~ ***for the better*** (***worse***) iyiye (kötüye) gitme; **2.** *v/t. & v/i.* değiş(tir)mek; (*para*) boz(dur)mak; MOT, MEC vites değiştirmek; ~ ***over*** yöntem değiştirmek, geçmek; ~ ***trains*** aktarma yapmak; ~**·a·ble** □ ['tʃeındʒəbl] değişebilir; kararsız, dönek;~**·less** □ [-lıs] değişmez;~**·o·ver** *n.* yöntem değiştirme, geçiş.

chan·nel ['tʃænl] **1.** *n.* kanal (*a. fig.*), boğaz; nehir yatağı; **2.** (*esp. Brt.* ***-ll-***; *Am.* ***-l-***) *v/t.* -de kanal açmak; oymak; *fig.* yönlendirmek.

chant [tʃɑːnt] **1.** *n.* dinsel şarkı; monoton ses tonu; **2.** *vb.* şarkı söylemek; usulünce okumak.

cha·os ['keıɒs] *n.* kaos, karışıklık, kargaşa.

chap[1] [tʃæp] **1.** *n.* çatlak, yarık; **2.** (***-pp-***) *v/t. & v/i.* çatla(t)mak, yar(ıl)mak.

chap[2] [-] *n.* adam, arkadaş, ahbap.

chap[3] [-] *n.* çene; çenenin etli kısmı.

chap·el ['tʃæpl] *n.* küçük kilise, mabet.

chap·lain ['tʃæplın] *n.* papaz.

chap·ter ['tʃæptə] *n.* bölüm, kısım.

char [tʃɑː] (***-rr-***) *v/t. & v/i.* kömürleş(tir)mek, karbonlaş(tır)mak; kavurmak; kavrulmak.

char·ac·ter ['kærəktə] *n.* karakter, özyapı; nitelik, özellik; THEA, *roman*: karakter, kahraman, canlandırılan kişi; TYP karakter, harf türü;~**·is·tic** [kærəktə'rıstık] **1.** (~***ally***) *adj.* karakteristik, tipik; **2.** *n.* özellik;~**·ize** ['kærəktərauz] *v/t.* karakterize etmek, ayırt etmek; nitelendirmek.

char·coal ['tʃɑːkəʊl] *n.* mangal kömürü.

charge [tʃɑːdʒ] **1.** *n.* yük; ELECT şarj; sorumluluk, yükümlülük; görev; *esp. fig.* külfet, yük; MIL hücum, saldırı; LEG suçlama, itham; bakma, nezaret; masraf; vergi; ***free of ~*** parasız, bedava; ***be in ~ of*** *-e* bakmak, görevli olmak, *-in* başında olmak, *-den* sorumlu olmak; ***have ~ of*** korumak, himaye etmek; ***take ~*** üzerine almak, üstlenmek; **2.** *v/t.* yüklemek; doldurmak; ELECT şarj etmek; görevlendirmek; LEG suçlamak (***with*** *ile*); (*fiyat*) istemek; MIL saldırmak, hücum etmek; *v/i.* hucuma geçmek; ***~ at s.o.*** *b-ne* saldırmak.

char·i·ot *poet. ya da hist.* ['tʃærıət] *n.* savaş arabası.

char·i·ta·ble □ ['tʃærıtəbl] hayırsever, yardımsever, fukara babası.

char·i·ty ['tʃærətı] *n.* hayırseverlik; sadaka; hayır kurumu.

char·la·tan ['ʃɑːlətən] *n.* şarlatan.

charm [tʃɑːm] **1.** *n.* çekicilik, cazibe; büyü, sihir; muska; **2.** *v/t.* büyülemek, hayran bırakmak; **~·ing** □ ['tʃɑːmıŋ] büyüleyici, çekici, alımlı.

chart [tʃɑːt] **1.** *n.* NAUT deniz haritası; grafik, tablo, çizelge, kroki; **2.** *v/t.* haritasını yapmak; haritada *ya da* çizelgede göstermek.

char·ter ['tʃɑːtə] **1.** *n.* patent; kontrat; ayrıcalık; **2.** *v/t.* patent *ya da* ayrıcalık vermek; NAUT, AVIA kiralamak; **~ flight** *n.* kiralık uçakla uçuş.

char·wom·an ['tʃɑːwʊmən] (*pl.* ***-women***) *n.* gündelikçi kadın, temizlikçi kadın.

chase [tʃeıs] **1.** *n.* takip, kovalama; av; **2.** *v/t.* kovalamak, takip etmek; defetmek, kovmak; avlamak.

chas·m ['kæzəm] *n.* yarık, uçurum (*a. fig.*).

chaste □ [tʃeıst] iffetli, temiz; sade, gösterişsiz (*biçem*).

chas·tise [tʃæ'staız] *v/t.* cezalandırmak, dövmek.

chas·ti·ty ['tʃæstətı] *n.* iffet, temizlik; sadelik.

chat [tʃæt] **1.** *n.* sohbet, çene çalma; **2.** *v/i.* sohbet etmek, çene çalmak; **~ line** [~lain] *n. cinsel nitelikli konuşmalar için aranan ücretli telefon hattı*; **~ room** [~rum] *n.* chat odası.

chat·tels ['tʃætlz] *n. pl. mst.* ***goods and ~*** taşınır mal.

chat·ter ['tʃætə] **1.** *v/i.* çene çalmak, gevezelik etmek; (diş) çatırdamak; **2.** *n.* gevezelik; diş çatırdaması; **~·box** *n.* F geveze, çenesi düşük, çalçene; **~·er** [~rə] *n.* geveze, farfaracı.

chat·ty ['tʃætı] (***-ier, -iest***) *adj.* geveze, çenesi düşük.

chauf·feur ['ʃəʊfə] *n.* özel şoför.

chau|vin·ism ['ʃəʊvınızəm] *n.* şovenizm; **~·vin·ist** [~nıst] *n.* şoven.

cheap □ [tʃiːp] ucuz; değersiz; *fig.* adi, bayağı; **~·en** ['tʃiːpən] *v/t. & v/i.* ucuzla(t)mak; *fig.* küçük düşürmek.

cheat [tʃiːt] **1.** *n.* dalavere, hile, aldatma; dolandırıcı, üçkâğıtçı; **2.** *v/t.* aldatmak, dolandırmak, kandırmak.

check [tʃek] **1.** *n.* engel, durdurma; kontrol, denetim (**on** *-de*); engel; kontrol işareti; *Am.* eşya makbuzu, fiş; ekose kumaş; *Am.* ECON = ***cheque***; *Am.* (*lokantada*) hesap; **2.** *v/i.* çek yazmak; ***~ in*** (*otel defterine*) adını kaydetmek, kaydolmak; AVIA listeye kaydolmak; ***~ out*** hesabı ödeyip otelden ayrılmak; ***~ up*** (**on**) F soruşturmak, araştırmak; *v/t.* durdurmak, önlemek, engel olmak; kontrol etmek, denetlemek; doğruluğunu araştırmak; (*öfkesini*) tutmak, zaptetmek; *Am.* emanete vermek (*bagaj v.b.*); **~ card** *Am.* ECON ['tʃekkɑːd] *n.* çek kart; **~ed** [~t] *adj.* ekose; **~·ers** *Am.* [~əz] *n. sig.* dama oyunu; **~-in** *n.* (*otel defterine*) kaydolma; AVIA uçak listesine kaydolma; ***~ counter*** *ya da* ***desk*** AVIA yolcu kayıt kontuarı; **~·ing account** *n. Am.* ECON çek hesabı, ciro hesabı carisi; **~·list** *n.* kontrol listesi; **~·mate 1.** *n. satranç:* mat; **2.** *v/t. satranç:* mat etmek; **~-out** *n. a.* ***~ counter*** (*esp. süpermarkette*) kasa; **~·point** *n.* kontrol noktası; **~·room** *n. Am.* vestiyer; **~-up** *n.* kontrol; MED çekap, sağlık kontrolü.

cheek [tʃiːk] *n.* yanak; F yüzsüzlük, arsızlık; **~·y** □ F ['tʃiːkı] (***-ier, -iest***) yüzsüz, arsız, küstah.

cheer [tʃıə] **1.** *n.* alkış; alkış sesi; neşe, keyif; ruh hali; ***~s!*** Şerefe!; ***three ~s!*** Üç kez "yaşa!, yaşa!, yaşa!"; **2.** *v/t. & v/i.* neşelen(dir)mek, keyiflen(dir)-

mek; *a.* ~ ***on*** -*e* "yaşa!" diye bağırmak, tezahürat yapmak, alkışlamak; *a.* ~ ***up*** neşelendirmek; avutmak; ferahlamak; ~ ***up!*** Dert etme!, Keyfine bak!; **~·ful** □ ['tʃɪəfl] neşeli, keyifli; **~·i·o** *int.* F [ˌrɪ'əʊ] Allahaısmarladık!, Hoşça kal!; **~·less** □ [ˌlɪs] neşesiz; kasvetli; **~·y**□ [ˌrɪ] (***-ier, -iest***) neşeli, şen, güler yüzlü, candan.

cheese [tʃiːz] *n.* peynir.

chee·tah zo ['tʃiːtə] *n.* çita.

chef [ʃef] *n.* aşçıbaşı, ahçıbaşı, şef.

chem·i·cal ['kemɪkl] **1.** □ kimyasal; **2.** *n.* kimyasal madde.

che·mise [ʃə'miːz] *n.* kadın iç gömleği.

chem|ist ['kemɪst] *n.* kimyacı, kimyager; eczacı; ~***'s shop*** eczane; **~·is·try** [ˌrɪ] *n.* kimya.

cheque *Brt.* ECON [tʃek] (*Am.* ***check***) *n.* çek; ***crossed*** ~ çizgili çek; ~ **account** *n. Brt.* ECON çek hesabı; ~ **card** *n. Brt.* ECON çek kart.

chequ·er *Brt.* ['tʃekə] *n.* ekose desen.

cher·ish ['tʃerɪʃ] *v/t.* beslemek, bakmak; (*umut, kin v.b.*) beslemek, gütmek; aziz tutmak, üzerine titremek.

cher·ry BOT ['tʃerɪ] *n.* kiraz.

chess [tʃes] *n.* satranç; ***a game of*** ~ satranç partisi; **~·board** ['tʃesbɔːd] *n.* satranç tahtası; **~·man** (*pl.* ***-men***), ~ **piece** *n.* satranç taşı.

chest [tʃest] *n.* kutu, sandık; kasa; ANAT göğüs; ***get s.th. off one's*** ~ F içini dökmek, içini döküp rahatlamak; ~ ***of drawers*** konsol, çekmeceli dolap.

chest·nut ['tʃesnʌt] **1.** *n.* BOT kestane; **2.** *adj.* kestanerengi...

chew [tʃuː] *v/t.* çiğnemek; düşünmek, derin düşüncelere dalmak (***on, over*** *üzerinde*); **~·ing-gum** ['tʃuːɪŋgʌm] *n.* çiklet, sakız.

chick [tʃɪk] *n.* civciv; F kız, piliç.

chick·en ['tʃɪkɪn] *n.* piliç; tavuk eti; **~-heart·ed** *adj.* korkak, ödlek, tabansız; **~-pox** MED [ˌpɒks] *n.* suçiçeği.

chic·o·ry BOT ['tʃɪkərɪ] *n.* hindiba.

chief [tʃiːf] **1.** □ başlıca, en önemli, ana, baş...; ~ ***clerk*** başkâtip, başyazman; kalem amiri; **2.** *n.* şef, reis, amir, baş; ***...-in-chief*** baş...; **~·ly** ['tʃiːflɪ] *adv.* başlıca; her şeyden önce; **~·tain** [ˌtən] *n.* kabile reisi; şef, reis.

chil·blain ['tʃɪlbleɪn] *n.* soğuk şişliği.

child [tʃaɪld] (*pl.* ***children***) *n.* çocuk; ***from a*** ~ küçükten beri; ***with*** ~ gebe, hamile; ~ **a·buse** *n.* LEG çocuğa kötü davranma; **~·birth** ['tʃaɪldbɜːθ] *n.* çocuk doğurma, doğum; **~·hood** [ˌhʊd] *n.* çocukluk; **~·ish** □ [ˌɪʃ] çocuğa özgü, çocuk...; çocukça, saçma; **~·like** *adj.* çocuk gibi, çocuk ruhlu; **~-minder** *Brt.* [ˌmaɪndə] *n.* çocuk bakıcısı; **chil·dren** ['tʃɪldrən] *pl. of* ***child.***

chill [tʃɪl] **1.** *adj.* soğuk, buz gibi; **2.** *n.* soğuk; soğukluk; MED soğuk algınlığı; soğuk davranış; **3.** *v/t. & v/i.* soğu(t)mak, don(dur)mak; üşümek, donmak; (neşe) kaçırmak; ~***ed*** dondurulmuş; ~ ***out*** F dinlenmek, rahatlamak; **~·y** ['tʃɪlɪ] (***-ier, -iest***) *adj.* soğuk, buz gibi (*a. fig.*); hep üşüyen.

chime [tʃaɪm] **1.** *n.* çan takımı; çan sesi; *fig.* ahenk, uyum; **2.** *vb.* (*çanlar*) çalmak, çalınmak; ~ ***in*** söze karışmak.

chim·ney ['tʃɪmnɪ] *n.* baca; lamba şişesi; yanardağ ağzı; **~-sweep** *n.* baca temizleyicisi.

chimp zo [tʃɪmp], **chim·pan·zee** zo [ˌən'ziː] *n.* şempanze.

chin [tʃɪn] **1.** *n.* çene; (***keep your***) ~ ***up!*** Cesaretini kaybetme!, Metin ol!

chi·na ['tʃaɪnə] *n.* porselen, çini; porselen tabak çanak.

Chi·nese [tʃaɪ'niːz] **1.** *adj.* Çin'e özgü; **2.** *n.* Çinli; LING Çince, Çin dili; ***the*** ~ *pl.* Çinliler.

chink [tʃɪŋk] *n.* yarık, çatlak.

chip [tʃɪp] **1.** *n.* çentik; yonga; kırıntı, küçük parça; marka, fiş; ***have a*** ~ ***on one's shoulder*** F kavgacı olmak, meydan okumak; ~***s*** *pl. Brt.* kızartılmış patates; *Am.* cips; **2.** (***-pp-***) *v/t.* yontmak, çentmek; *v/i.* parçalara ayrılmak; **~·munk** zo ['tʃɪpmʌŋk] *n.* küçük Amerikan sincabı.

chirp [tʃɜːp] **1.** *v/i.* cıvıldamak, cır cır ötmek; **2.** *n.* cıvıltı.

chis·el ['tʃɪzl] **1.** *n.* kalem keski, çelik kalem; **2.** (*esp. Brt.* ***-ll-***, *Am.* ***-l-***) *v/t.* kalemle oymak, yontmak.

chit-chat ['tʃɪttʃæt] *n.* sohbet, hoşbeş.

chiv·al|rous □ ['ʃɪvlrəs] mert, kibar; **~·ry** [ˌɪ] *n. hist.* şövalyelik; mertlik, kibarlık.

chive(**s** *pl.*) BOT [tʃaɪv(z)] *n.* tazesoğan, frenksoğanı.

chlo|ri·nate ['klɔːrɪneɪt] *v/t.* klorlamak (*su v.b.*); **~·rine** CHEM [ˌriːn] *n.* klor;

chlor·o·form ['klɒrəfɔːm] **1.** *n.* CHEM, MED kloroform; **2.** *v/t.* kloroformla bayıltmak.

choc·o·late ['tʃɒkələt] *n.* çikolata; **~ s.** *pl.* çikolatalı şekerleme, fondan.

choice [tʃɔɪs] **1.** *n.* seçme, seçim, tercih; secenek, seçilen şey; **2.** ☐ seçkin, güzide, kalburüstü.

choice [tʃɔɪs] **1.** *n.* seçme, seçim, tercih; seçenek, seçilen şey; **2.** ☐ seçkin, güzide, kalburüstü.

choir ['kwaɪə] *n.* koro.

choke [tʃəʊk] **1.** *v/t. & v/i.* boğ(ul)mak, tıka(n)mak; **~ *back*** (*öfke v.b.*) tutmak, frenlemek, zaptetmek; **~ *down*** zorla yutmak; **~ *up*** tıkanmak; **2.** *n.* MOT jigle.

choose [tʃuːz] (***chose, chosen***) *v/t.* seçmek; yeğlemek; karar vermek; istemek; **~ *to do s.th.*** bş yapmaya karar vermek; bş yapmayı istemek.

chop [tʃɒp] **1.** *n.* kesme; darbe; pirzola, kotlet; çırpıntılı deniz; **2.** (***-pp-***) *v/t.* kesmek, yarmak, doğramak; **~ *down*** kesip düşürmek (*ağaç v.b.*); *v/i.* değişmek; **~·per** ['tʃɒpə] *n.* balta, satır; F helikopter; *Am. sl.* makineli tüfek, mitralyöz; **~·py** [~ɪ] (***-ier, -iest***) *adj.* çırpıntılı (*deniz*); değişken (*rüzgâr*); **~·stick** *n.* Çinlilerin yemek yerken kullandıkları çubuk.

cho·ral ☐ ['kɔːrəl] koro ile ilgili, koro…; **~(e)** MUS [kɒ'rɑːl] *n.* kilise ilahisi, koral.

chord MUS [kɔːd] *n.* tel; akort.

chore *Am.* [tʃɔː] *n.* zor *ya da* sıkıcı iş; *mst* **~s** *pl.* ev işi.

cho·rus ['kɔːrəs] *n.* koro; şarkının koro kısmı, nakarat.

chose [tʃəʊz] *pret. of* ***choose***; **chosen** ['tʃəʊzn] *p.p. of* ***choose.***

Christ [kraɪst] *n.* Hazreti İsa.

chris·ten ['krɪsn] *v/t.* vaftiz etmek; ad koymak; **~·ing** [~ɪŋ] *n.* vaftiz töreni; *attr.* vaftiz…

Chris|tian ['krɪstjən] *n. & adj.* Hıristiyan; **~ *name*** vaftizde verilen ad, ilk ad; **~·ti·an·i·ty** [krɪstɪ'ænətɪ] *n.* Hıristiyanlık.

Christ·mas ['krɪsməs] *n.* Noel; ***at* ~** Noel'de; **~ Day** *n.* Noel günü (*25 aralık*); **~ Eve** *n.* Noel arifesi.

chrome [krəʊm] *n.* krom; **chro·mi·um** CHEM ['krəʊmjəm] *n.* krom; ***~-plated*** krom kaplı, kromlu.

chron|ic ['krɒnɪk] (***~ally***) *adj.* kronik, süreğen (*mst* MED); **~·i·cle** [~l] **1.** *n.* kronik, tarih; **2.** *v/t.* tarih sırası ile kaydetmek.

chron·o·log·i·cal ☐ [krɒnə'lɒdʒɪkl] kronolojik, zamandizinsel; **chro·nol·o·gy** [krə'nɒlədʒɪ] *n.* kronoloji, zamanbilim; zamandizin.

chub·by F ['tʃʌbɪ] (***-ier, -iest***) *adj.* tombul; ablak (*yüz*).

chuck F [tʃʌk] *v/t.* atmak, fırlatmak; kovmak, sepetlemek; **~ *out*** kapı dışarı etmek, defetmek; **~ *up*** (işi) bırakmak.

chuck·le ['tʃʌkl] **1.** *v/i.* **~** (***to o.s.***) kendi kendine gülmek, kıkır kıkır gülmek; **2.** *n.* kıkır kıkır gülme.

chum F [tʃʌm] *n.* yakın arkadaş, ahbap; **~·my** F ['tʃʌmɪ] (***-ier, -iest***) *adj.* dostça, arkadaşça.

chump [tʃʌmp] *n.* kütük; F odun kafalı, sersem.

chunk [tʃʌŋk] *n.* kısa ve kalın parça; tıknaz adam.

church [tʃɜːtʃ] *n.* kilise; *attr.* kilise…; **~ *service*** ayin; ibadet, tapınma; **~·war·den** ['tʃɜːtʃ'wɔːdn] *n.* kilise yöneticisi, kilise cemaatinin başı; **~·yard** *n.* kilise avlusu *ya da* mezarlığı.

churl·ish ☐ ['tʃɜːlɪʃ] kaba, terbiyesiz; huysuz, ters.

churn [tʃɜːn] **1.** *n.* yayık; süt kabı; **2.** *v/t.* yayıkta çalkalamak; köpürtmek.

chute [ʃuːt] *n.* şelale, çağlayan; F paraşüt.

ci·der ['saɪdə] *n.* (*Am.* ***hard* ~**) elma şarabı; (***sweet***) **~** *Am.* elma suyu.

ci·gar [sɪ'gɑː] *n.* puro.

cig·a·rette, *Am. a.* **-ret** [sɪgə'ret] *n.* sigara.

cinch F [sɪntʃ] *n.* çok kolay şey, çantada keklik.

cin·der ['sɪndə] *n.* cüruf, dışık; **~s** *pl.* kül; **Cin·de·rel·la** [sɪndə'relə] *n. fig.* Sinderella, değer verilmemiş kız; **~-path**, **~-track** *n.* SPOR: atletizm pisti.

cin·e|cam·e·ra ['sɪnɪkæmərə] *n.* alıcı, film çekme makinesi; **~film** *n.* 8 *ya da* 16 mm.'lik film.

cin·e·ma *Brt.* ['sɪnəmə] *n.* sinema; sinema dünyası.

cin·na·mon ['sɪnəmən] *n.* tarçın.

ci·pher ['saɪfə] *n.* şifre; sıfır; *fig.* solda sıfır.

cir·cle ['sɜːkl] **1.** *n.* çember, daire, halka; devir; meydan; *fig.* çevre; THEA balkon; **2.** *v/t.* daire içine almak.

cir|cuit ['sɜːkɪt] *n.* dolaşma, deveran; ELECT devre; ***short ~*** ELECT kısa devre; **~·cu·i·tous** □ [sə'kjuːɪtəs] dolambaçlı, dolaşık; ~ ***route*** dolambaçlı yol.

cir·cu·lar ['sɜːkjʊlə] **1.** □ dairesel; dolaşık, dolambaçlı; ~ ***letter*** sirküler, genelge; **2.** *n.* sirküler, genelge.

cir·cu|late ['sɜːkjʊleɪt] *v/t.* & *v/i.* dolaş(tır)mak; dön(dür)mek; yay(ıl)mak; **~·lat·ing** [~ɪŋ]: ~ ***library*** dışarıya ödünç kitap veren kütüphane; **~·la·tion** [sɜːkjʊ'leɪʃn] *n.* sirkülasyon, dolanım; dolaşma; dolaşım; tiraj.

cir·cum-... ['sɜːkəm] *prefix* etrafında, çevresinde; **~·fer·ence** [sə'kʌmfərəns] *n.* çember; çevre; **~·nav·i·gate** [sɜːkəm'nævɪgeɪt] *v/t.* gemi ile etrafını dolaşmak; **~·scribe** ['sɜːkəmskraɪb] *v/t.* MATH daire içine almak; *fig.* sınırlamak; **~spect** □ [~spekt] dikkatli; tedbirli; **~·stance** [~stəns] *n.* durum, hal, koşul; **~s** *pl. a.* koşullar; ***in*** *ya da* ***under no ~s*** hiçbir şekilde, asla; ***in*** *ya da* ***under the ~s*** bu şartlar altında; **~·stan·tial** □ [sɜːkəm'stænʃl] ayrıntılı; ikinci derecede önemi olan; ~ ***evidence*** LEG ikinci derecede kanıt; **~·vent** *v/t.* aldatmak, hile ile üstün gelmek; (*plan*) bozmak.

cir·cus ['sɜːkəs] *n.* sirk; meydan.

cis·tern ['sɪstən] *n.* sarnıç, su deposu.

ci·ta·tion [saɪ'teɪʃn] *n.* LEG celp celpname, çağrı belgesi; alıntı **cite** [saɪt] *v/t.* LEG celbetmek, mahkemeye çağırmak; beyan etmek, zikretmek, anmak.

cit·i·zen ['sɪtɪzn] *n.* vatandaş, yurttaş; hemşeri; **~·ship** [~ʃɪp] *n.* vatandaşlık, yurttaşlık.

cit·y ['sɪtɪ] **1.** *n.* şehir, kent; ***the*** ♀ Londra'nın iş merkezi; **2.** *adj.* şehir ile ilgili, şehir..., kent...; ~ ***centre*** *Brt.* kent merkezi; ~ ***council(l)or*** belediye meclisi üyesi; ~ ***editor*** *Am.* yöresel haber editörü; *Brt.* mali haber editörü; ~ ***hall*** belediye dairesi; *esp. Am.* belediye.

civ·ic ['sɪvɪk] *adj.* kent ile ilgili; belediye ile ilgili; yurttaşlık ile ilgili; **~s** *n. sg.* yurttaşlık bilgisi.

civ·il ['sɪvl] *adj.* devlet ile ilgili; medeni; sivil; kibar, nazik; LEG medeni hukukla ilgili; ~ ***ceremony*** medeni nikah; ~ ***rights*** *pl.* medeni haklar, vatandaşlık hakları; ~ ***rights activist*** vatandaşlık hakları eylemcisi; ~ ***rights movement*** vatandaşlık hakları akımı; ~ ***servant*** devlet memuru; ~ ***service*** devlet hizmeti; ~ ***war*** iç savaş.

ci·vil·i|an [sɪ'vɪljən] *n.* sivil; **~·ty** [~lətɪ] *n.* nezaket, kibarlık.

civ·i·li|za·tion [sɪvɪlaɪ'zeɪʃn] *n.* uygarlık; **~ze** ['sɪvɪlaɪz] *v/t.* uygarlaştırmak, uygar düzeye çıkarmak.

clad [klæd] **1.** *pret.* & *p.p. of* **clothe**; **2.** *adj.* kaplı, örtülü, bürünmüş.

claim [kleɪm] **1.** *n.* istek, talep; iddia (***to*** *-e*); *Am.* paylaştırılan arazi; **2.** *vb.* iddia etmek; talep etmek, sahip çıkmak; gerektirmek; **clai·mant** ['kleɪmənt] *n.* davacı, hak talep eden kimse.

clair·voy·ant [kleə'vɔɪənt] *n.* kâhin.

clam·ber ['klæmbə] *v/i.* tırmanmak.

clam·my □ ['klæmɪ] (***-ier, -iest***) soğuk ve nemli; yapışkan.

clam·o(u)r ['klæmə] **1.** *n.* gürültü, patırtı; **2.** *vb.* gürültü yapmak, yaygara koparmak (***for*** *için*).

clamp MEC [klæmp] **1.** *n.* mengene, kenet; **2.** *v/t.* kenetlemek, bağlamak.

clan [klæn] *n.* klan, boy, kabile; *fig.* geniş aile.

clan·des·tine □ [klæn'destɪn] gizli, el altından yapılan.

clang [klæŋ] **1.** *n.* çınlama; **2.** *v/t.* & *v/i.* çınla(t)mak.

clank [klæŋk] **1.** *n.* şıkırtı, tınlama; **2.** *v/t.* & *v/i.* şıkırda(t)mak.

clap [klæp] **1.** *n.* gök gürültüsü, gürleme; el çırpma, alkış; **2.** (***-pp-***) *vb.* birbirine vurmak, çarpmak; alkışlamak, el çırpmak.

clar·et ['klærət] *n.* kırmızı şarap; *sl.* kan.

clar·i·fy ['klærɪfaɪ] *v/t.* arıtmak, süzmek; açıklamak, aydınlatmak; *v/i.* berraklaşmak, açılmak.

clar·i·net MUS [klærɪ'net] *n.* klarnet.

clar·i·ty ['klærətɪ] *n.* berraklık, açıklık.

clash [klæʃ] **1.** *n.* şakırtı; çatışma, çarpışma; uyuşmazlık; **2.** *v/t.* & *v/i.* şakırda(t)mak; çarpışmak, çatışmak; uyuşmamak.

clasp [klɑːsp] **1.** *n.* toka, kopça; el sıkma; sıkı tutma; *fig.* kucaklama, sarılma; **2.** *v/t.* toka ile tutturmak; (*el*) sıkmak; yakalamak, kavramak; *fig.* kucaklamak, sarılmak; **~-knife**

['klɑːspnaɪf] *n.* sustalı çakı.
class [klɑːs] **1.** *n.* sınıf; ders; çeşit; *Am.* UNIV aynı yıl okulu bitirenler; **~mate** sınıf arkadaşı; **~room** sınıf, derslik, dershane; **2.** *v/t.* sınıflara ayırmak.
clas|sic ['klæsɪk] **1.** *n.* klasik yazarı; **2.** (**~ally**) *adj.* klasik; birinci sınıf, mükemmel; **~·si·cal** □ [-kl] klasik.
clas·si|fi·ca·tion [klæsɪfɪ'keɪʃn] *n.* sınıflandırma, bölümlendirme; **~·fy** ['klæsɪfaɪ] *v/t.* sınıflandırmak, bölümlendirmek.
clat·ter ['klætə] **1.** *n.* takırtı; gürültü; **2.** *v/t. & v/i.* takırda(t)mak.
clause [klɔːz] *n.* LEG madde, fıkra, bent; GR cümlecik.
claw [klɔː] **1.** *n.* pençe; tırnak (*a.* MEC); **2.** *vb.* pençe atmak, tırmalamak.
clay [kleɪ] *n.* kil, balçık.
clean [kliːn] **1.** □ temiz, pak; kullanılmamış, yeni; masum; biçimli, düzgün; **2.** *adv.* tamamen, iyice; **3.** *v/t. & v/i.* temizle(n)mek, yıkamak, silmek; **~ out** temizlemek; *sl.* soyup soğana çevirmek; **~ up** temizlemek; bitirmek; **~·er** ['kliːnə] *n.* temizleyici, temizlikçi; temizleyici ilaç; *mst.* **~s** *pl.*, **~'s** kuru temizleyici; **~·ing** [-ɪŋ] *n.* temizlik; **do the ~** temizlik yapmak; **spring-cleaning** bahar temizliği; **~·li·ness** ['klenlɪnɪs] *n.* temizlik; **~·ly 1.** *adv.* ['kliːnlɪ] temiz biçimde; doğru dürüst, tam olarak; **2.** *adj.* ['klenlɪ] (**-ier, -iest**) temiz.
cleanse [klenz] *v/t.* temizlemek, arındırmak; **cleans·er** ['klenzə] *n.* temizleme maddesi.
clear [klɪə] **1.** □ açık, berrak, parlak; belli; arınmış (**of** *-den*); ECON net; tam; emin; **2.** *v/t.* kurtarmak, temizlemek (**of, from** *-den*); aydınlatmak, açmak; süzmek; toplayıp kaldırmak (*a.* **~ away**); ECON (*kâr*) getirmek, sağlamak; LEG temize çıkarmak, aklamak; **~ out** boşaltmak, içini temizlemek; **~ up** toplamak, düzene sokmak; çözmek, açıklığa kavuşturmak; *v/i.* (*hava*) açmak; **~ out** F çekip gitmek, ortadan kaybolmak; **~ up** (*hava*) açmak, aydınlanmak; **~·ance** ['klɪərəns] *n.* temizleme; boş yer; MEC boşluk; ECON gümrük muayenesi; NAUT geminin gümrük işlemlerini bitirme; **~·ing** [-rɪŋ] *n.* temizleme; açıklık, meydan; ECON kliring, takas.
cleave [kliːv] (**cleaved** *ya da* **cleft** *ya da* **clove, cleaved** *ya da* **cleft** *ya da* **cloven**) *v/t. & v/i.* yar(ıl)mak, böl(ün)mek, kes(il)mek.
cleav·er ['kliːvə] *n.* satır, balta.
clef MUS [klef] *n.* nota anahtarı.
cleft [kleft] **1.** *n.* yarık, çatlak; **2.** *pret. & p.p. of* **cleave.**
clem·en|cy ['klemənsɪ] *n.* şefkat, yumuşaklık; **~t** □ [-t] şefkatli, yumuşak.
clench [klentʃ] *v/t.* sıkmak; kavramak; perçinlemek.
cler·gy ['klɜːdʒɪ] *n.* rahipler sınıfı; **~·man** (*pl.* **-men**) *n.* rahip, papaz.
cler·i·cal □ ['klerɪkl] kâtip ile ilgili; daire işi ile ilgili.
clerk [klɑːk] *n.* kâtip, yazman, sekreter; ECCL rahip; *Am.* tezgâhtar.
clev·er □ ['klevə] akıllı, zeki; becerikli, usta.
click [klɪk] **1.** *n.* tıkırtı, "klik" sesi; MEC kilit çengeli; **2.** *v/i.* tıkırdamak, tıkırtı yapmak, "klik" etmek.
cli·ent ['klaɪənt] *n.* LEG müvekkil; müşteri.
cliff [klɪf] *n.* uçurum, kayalık.
cli·mate ['klaɪmɪt] *n.* iklim.
cli·max ['klaɪmæks] **1.** *n.* RHET doruk, doruk noktası; PHYSIOL *a.* doyum; **2.** *v/t. & v/i.* doruğa ulaş(tır)mak.
climb [klaɪm] *vb.* tırmanmak; **~·er** ['klaɪmə] *n.* tırmanıcı, dağcı; *fig.* yükselmek isteyen kimse; BOT tırmanıcı bitki; **~·ing** [-ɪŋ] *n.* tırmanma; *attr.* tırmanma...
clinch [klɪntʃ] **1.** *n.* MEC perçinleme; *boks*: birbirine sarılma; F kucaklama, sarılma; **2.** *v/t.* MEC perçinlemek; kökünden halletmek; *v/i. boks*: birbirine sarılmak.
cling [klɪŋ] (**clung**) *v/i.* yapışmak, sarılmak (**to** *-e*); bağlı kalmak (**to** *-e*).
clin|ic ['klɪnɪk] *n.* klinik; **~·i·cal** □ [-l] klinik ile ilgili, klinik...
clink [klɪŋk] **1.** *n.* şıngırtı; *sl.* kodes, delik; **2.** *v/t. & v/i.* şıngırda(t)mak; (*kadeh*) tokuşturmak.
clip¹ [klɪp] **1.** *n.* kırpma, kesme, kırkım; F hız, sürat; **2.** (**-pp-**) *v/t.* kesmek, kırkmak; (*bilet*) zımbalamak.
clip² [-] **1.** *n.* raptiye, ataş, klips, mandal; **2.** (**-pp-**) *v/t. a.* **~ on** ataşlamak, tutturmak, iliştirmek.

clip|per ['klıpə]: (**a pair of**) **~s** *pl.* saç kesme makinesi; NAUT sürat teknesi; AVIA pervaneli uçak; **~·pings** [-ıŋz] *n. pl.* kırpıntı; *esp. Am.* kupür, kesik.

clit·o·ris ANAT ['klıtərıs] *n.* klitoris, bızır.

cloak [kləʊk] **1.** *n.* pelerin, cüppe; **2.** *v/t. fig.* gizlemek, örtmek; **~·room** ['kləʊkrʊm] *n.* vestiyer; *Brt.* tuvalet.

clock [klɒk] **1.** *n.* saat; **2.** *vb.* saat tutmak; **~ in, ~ on** işbaşı yapmak; **~ out, ~ off** paydos etmek; **~·wise** ['klɒkwaız] *adv.* saat yelkovanı yönünde; **~·work** *n.* saat makinesi; **like ~** saat gibi, tıkır tıkır.

clod [klɒd] *n.* kesek.

clog [klɒg] **1.** *n.* nalın; engel, köstek; **2.** (**-gg-**) *v/t. & v/i.* tıka(n)mak; engel olmak, kösteklemek.

clois·ter ['klɔıstə] *n.* manastır; dehliz.

clone [kləʊn] **1.** *n.* klon; **2.** *v/t.* klonlamak.

clon·ing ['kləʊnıŋ] *n.* klonlama.

close 1. □ [kləʊs] kapalı; yakın, bitişik; sık; havasız; boğucu, sıkıntılı (*hava*); dar, sıkı; samimi, candan, yakın (arkadaş); cimri; **keep a ~ watch on** yakından izlemek; **~ fight** göğüs göğüse çarpışma; **~ season** HUNT avlanmanın yasak olduğu mevsim; **2.** *adv.* yakın, yakından; sıkıca; **~ by, ~ to** *-e* yakın, *-in* yakınında; **3.** [kləʊz] *n.* son, nihayet, bitim; **come** *ya da* **draw to a ~** sona ermek, bitmek; [kləʊs] avlu; çıkmaz sokak; **4.** [kləʊz] *v/t.* kapatmak; tıkamak, doldurmak; sona erdirmek, bitirmek; sıklaştırmak; *v/i.* kapanmak; sona ermek, bitmek; uyuşmak; **~ down** (*fabrika v.b.*) kapatmak; *radyo*, TV: yayına son vermek, kapanmak; **~ in** (*günler*) kısalmak; (*karanlık*) basmak; **~ up** (*yol v.b.*) kapatmak; (*yara*) kapanmak; yaklaştırmak, sıklaştırmak; **~d** *adj.* kapalı.

clos·et ['klɒzıt] **1.** *n.* küçük oda; dolap; tuvalet; **2.** *v/t.* **be ~ed with** *ile* özel görüşmek, odaya kapanmak.

close-up ['kləʊsʌp] *n.* PHOT, *film*: çok yakından çekilmiş resim.

clos·ing-time ['kləʊzıŋtaım] *n.* kapanma zamanı, kapanma saati.

clot [klɒt] **1.** *n.* pıhtı; *Brt.* F andavallı, ahmak; **2.** (**-tt-**) *v/t. & v/i.* pıhtılaş(tır)mak; (*süt*) kesilmek.

cloth [klɒθ] (*pl.* **cloths** [-θs, -ðz]) *n.* bez; kumaş; sofra örtüsü; **the ~** rahipler sınıfı; **lay the ~** sofrayı kurmak; **~-bound** bez ciltli.

clothe [kləʊð] (**clothed** *ya da* **clad**) *v/t.* giydirmek; kaplamak, örtmek.

clothes [kləʊðz] *n. pl.* elbise, giysi; çamaşır; **~-bas·ket** ['kləʊðzbɑːskıt] *n.* çamaşır sepeti; **~-horse** *n.* çamaşır askısı; **~-line** *n.* çamaşır ipi; **~·peg** *Brt.*, *Am.* **~·pin** *n.* çamaşır mandalı.

cloth·ing ['kləʊðıŋ] *n.* elbiseler, giysiler.

cloud [klaʊd] **1.** *n.* bulut (*a. fig.*); karartı, gölge; sürü, kalabalık; **2.** *v/t. & v/i.* bulutlan(dır)mak; *fig.* bulan(dır)mak; **~·burst** ['klaʊdbɜːst] *n.* ani sağanak; **~·less** □ [-lıs] bulutsuz, açık; **~·y** □ [-ı] (**-ier, -iest**) bulutlu; bulanık; belirsiz.

clout F [klaʊt] *n.* tokat, darbe; *esp. Am.* etki, nüfuz.

clove[1] [kləʊv] *n.* sarmısak dişi; **~ of garlic** bir diş sarmısak.

clove[2] [-] *pret. of* **cleave**[1]; **clo·ven** ['kləʊvn] **1.** *p.p. of* **cleave**[1]; **2.** *adj.* yarık, çatal; **~ hoof** zo çatal tırnak.

clo·ver BOT ['kləʊvə] *n.* yonca.

clown [klaʊn] *n.* palyaço, soytarı; kaba herif, hödük; **~·ish** □ ['klaʊnıʃ] kaba, yontulmamış.

club [klʌb] **1.** *n.* sopa; kulüp; **~s** *pl. iskambil*: sinek, ispati; **2.** (**-bb-**) *v/t.* sopa ile vurmak, sopalamak; *v/i.*: **~ together** masrafı bölüşmek; **~-foot** (*pl.* **-feet**) ['klʌb'fʊt] *n.* yumru ayak.

cluck [klʌk] **1.** *v/i.* gıdaklamak; **2.** *n.* gıdaklama.

clue [kluː] *n.* ipucu.

clump [klʌmp] **1.** *n.* küme, yığın; **2.** *v/t.* yığmak, kümelemek; *v/i.* ağır adımlarla yürümek.

clum·sy □ ['klʌmzı] (**-ier, -iest**) beceriksiz, sakar, hantal.

clung [klʌŋ] *pret. & p.p. of* **cling.**

clus·ter ['klʌstə] **1.** *n.* salkım, demet; küme; (*arı*) oğul; **2.** *v/i.* toplanmak.

clutch [klʌtʃ] **1.** *n.* tutma; MEC debriyaj, kavrama; **2.** *v/t.* tutmak, sarılmak, kavramak.

clut·ter ['klʌtə] **1.** *n.* dağınıklık, karmakarışıklık; **2.** *v/t. a.* **~ up** darmadağınık etmek, altüst etmek.

coach [kəʊtʃ] **1.** *n.* otobüs; gezinti arabası; *Brt.* RAIL vagon; SPOR: antrenör, çalıştırıcı; **2.** *v/t.* çalıştırmak, eğitmek, yetiştirmek; SPOR: antrenman yaptırmak; **~·man** ['kəʊtʃmən] (*pl.* ***-men***) *n.* arabacı.

co·ag·u·late [kəʊ'ægjʊleɪt] *v/t.* & *v/i.* pıhtılaş(tır)mak, koyulaş(tır)mak.

coal [kəʊl] *n.* kömür; ***carry ~s to Newcastle*** tereciye tere satmak.

co·a·lesce [kəʊə'les] *v/i.* birleşmek, birlik oluşturmak.

co·a·li·tion [kəʊə'lɪʃn] **1.** *n.* POL koalisyon; **2.** *adj.* POL koalisyon ile ilgili, koalisyon...

coal|-mine ['kəʊlmaɪn], **~-pit** *n.* kömür ocağı.

coarse □ [kɔːs] (**~r, ~st**) kaba; adi, bayağı; pürüzlü (*yüzey*).

coast [kəʊst] **1.** *n.* sahil, kıyı; *Am.* kızak kayma yolu; **2.** *v/i.* sahil boyunca gitmek; (*bisiklet, oto v.b.*) yokuş aşağı güç harcamadan inmek; *Am.* kızakla kaymak; **~·er** ['kəʊstə] *n.* *Am.* kızak; NAUT koster; **~ guard** *n.* sahil koruma; **~guard** *n.* sahil koruma görevlisi; **~·line** *n.* kıyı şeridi, sahil boyu.

coat [kəʊt] **1.** *n.* palto; manto; ceket; ZO post; tabaka, kat; **~ *of arms*** arma; **2.** *v/t.* kaplamak, örtmek; **~·hang·er** ['kəʊthæŋə] *n.* elbise askısı; **~·ing** ['kəʊtɪŋ] *n.* tabaka, kat; astar.

coax [kəʊks] *v/t.* kandırmak, gönlünü yapmak, dil dökmek.

cob [kɒb] *n.* küçük binek atı; mısır koçanı; erkek kuğu.

cob|bled ['kɒbld]: **~ *street*** parke yol; **~·bler** [~ə] *n.* ayakkabı tamircisi.

cob·web ['kɒbweb] *n.* örümcek ağı.

co·caine [kəʊ'keɪn] *n.* kokain.

cock [kɒk] **1.** *n.* ZO horoz; musluk, valf; silah horozu; **2.** *v/t.* *a.* **~ *up*** (*kulak*) dikmek, kabartmak; (şapka) yana yatırmak; (*silah horozunu*) kaldırmak, kurmak.

cock·a·too ZO [kɒkə'tuː] *n.* kakadu.

cock·chaf·er ['kɒktʃeɪfə] *n.* mayısböceği.

cock-eyed F ['kɒkaɪd] *adj.* şaşı; eğri, çarpık; saçma.

cock·ney ['kɒknɪ] *n.* *mst.* ♀ Londralı.

cock·pit ['kɒkpɪt] *n.* AVIA pilot kabini; NAUT kokpit, alçak güverte.

cock·roach ZO ['kɒkrəʊtʃ] *n.* hamamböceği.

cock|sure F ['kɒk'ʃʊə] *adj.* çok emin; **~·tail** *n.* kokteyl; **~·y** □ F ['kɒkɪ] (***-ier, -iest***) kendini beğenmiş; kendine çok güvenen.

co·co BOT ['kəʊkəʊ] (*pl.* ***-cos***) *n.* hindistancevizi ağacı.

co·coa ['kəʊkəʊ] *n.* kakao.

co·co·nut ['kəʊkənʌt] *n.* hindistancevizi.

co·coon [kə'kuːn] *n.* (*ipekböceği*) koza.

cod ZO [kɒd] *n.* morina balığı.

cod·dle ['kɒdl] *v/t.* özenle bakmak, üzerine titremek; hafif ateşte kaynatmak.

code [kəʊd] **1.** *n.* kod; şifre, şifre anahtarı; yasa kitabı; **2.** *v/t.* şifre ile yazmak, kodlamak.

cod|fish ZO ['kɒdfɪʃ] = ***cod***; **~liv·er oil** *n.* balıkyağı.

co·ed F ['kəʊ'ed] *n.* karma okul öğrencisi kız; **~·u·ca·tion** [kəʊedjuːkeɪʃn] *n.* karma öğretim.

co·erce [kəʊ'ɜːs] *v/t.* zorlamak, zorla yaptırmak.

co·ex·ist ['kəʊɪg'zɪst] *v/i.* bir arada var olmak; **~·ence** [~əns] *n.* bir arada var olma.

cof·fee ['kɒfɪ] *n.* kahve; **~ bean** *n.* kahve çekirdeği; **~-pot** *n.* cezve; **~-set** *n.* kahve takımı; **~-ta·ble** *n.* sehpa.

cof·fer ['kɒfə] *n.* kasa, kutu, sandık.

cof·fin ['kɒfɪn] *n.* tabut.

cog MEC [kɒg] *n.* diş, çark dişi.

co·gent □ ['kəʊdʒənt] inandırıcı, ikna edici.

cog·i·tate ['kɒdʒɪteɪt] *vb.* düşünmek; tasarlamak, planlamak.

cog·wheel MEC ['kɒgwiːl] *n.* dişli çark.

co·her|ence [kəʊ'hɪərəns] *n.* uyum, tutarlık; **~·ent** □ [~t] uyumlu, tutarlı; yapışık.

co·he|sion [kəʊ'hiːʒn] *n.* yapışma, birleşme; **~·sive** [~sɪv] *adj.* yapışık.

coif·fure [kwɑː'fjʊə] *n.* saç biçimi, saç tuvaleti.

coil [kɔɪl] **1.** *vb.* *a.* **~ *up*** sarılmak; kıvrılmak, kıvrılıp yatmak; **2.** *n.* kangal, roda, halka; MEC bobin.

coin [kɔɪn] **1.** *n.* madeni para; **2.** *v/t.* (*para*) basmak (*a. fig.*); (*yeni sözcük*) uydurmak, üretmek.

co·in|cide [kəʊɪn'saɪd] *v/i.* aynı zamana rastlamak, çakışmak; uymak, ben-

C

zemek; ~·ci·dence [kəʊ'ınsıdəns] *n.* tesadüf, rastlantı; *fig.* çakışma.
coke[1] [kəʊk] *n.* kokkömürü; *sl.* kokain.
Coke[2] *TM* F [~] *n.* Coca-Cola.
cold [kəʊld] **1.** □ soğuk (*a. fig.*); **2.** *n.* soğuk; nezle, soğuk algınlığı; **~-blood·ed** [~'blʌdıd] *adj.* soğukkanlı; **~-heart·ed** *adj.* acımasız, duygusuz; **~·ness** ['kəʊldnıs] *n.* soğukluk; **~ war** *n.* POL soğuk savaş.
cole·slaw ['kəʊlslɔː] *n.* lahana salatası.
col·ic MED ['kɒlık] *n.* kolik, sancı.
col·lab·o|rate [kə'læbəreıt] *v/i.* işbirliği yapmak, birlikte çalışmak; **~·ra·tion** [kə'læbə'reıʃn] *n.* işbirliği; ***in ~ with*** *ile* birlikte.
col|lapse [kə'læps] **1.** *v/t. & v/i.* çök(ert)mek, yık(ıl)mak; (*plan v.b.*) suya düşmek; (*sağlık*) bozulmak; (*masa v.b.*) katlamak; **2.** *n.* çöküş; yığılma; başarısızlık; **~·lap·si·ble** [~əbl] *adj.* açılır kapanır, katlanır (*masa v.b.*).
col·lar ['kɒlə] **1.** *n.* yaka; tasma; gerdanlık; **2.** *v/t.* tasma takmak; F yakalamak, yakasına yapışmak; **~-bone** *n.* ANAT köprücükkemiği.
col·lat·er·al dam·age MIL [kə'lætərəl dæmıdʒ] *n. bir askeri harekat sırasında sivil halka verilen zarar.*
col·league ['kɒliːg] *n.* meslektaş, iş arkadaşı.
col|lect **1.** ECCL ['kɒlekt] *n.* kısa dua; **2.** [kə'lekt] *v/t. & v/i.* topla(n)mak, birik(tir)mek; koleksiyon yapmak; uğrayıp almak; **~·lect·ed** □ *fig.* sakin, aklı başında; **~·lec·tion** [~kʃn] *n.* topla(n)ma; koleksiyon, derlem; ECON tahsilat; ECCL kilisede toplanan para; **~·lec·tive** □ [~tıv] toplu, ortak; ***~ bargaining*** ECON toplu görüşme; **~·lec·tive·ly** [~lı] *adv.* birlikte; **~·lec·tor** [~ə] *n.* toplayıcı; koleksiyoncu; RAIL biletçi; ELECT kolektör, toplaç.
col·lege ['kɒlıdʒ] *n.* yüksekokul; kolej.
col·lide [kə'laıd] *v/i.* çarpışmak; çatışmak.
col|li·er ['kɒlıə] *n.* kömür madeni işçisi; NAUT kömür gemisi; **~·lie·ry** [~jərı] *n.* kömür ocağı.
col·li·sion [kə'lıʒn] *n.* çarpışma; çatışma, fikir ayrılığı.
col·lo·qui·al □ [kə'ləʊkwıəl] konuşma dili ile ilgili.
col·lo·quy ['kɒləkwı] *n.* karşılıklı konuşma; sohbet.
co·lon ['kəʊlən] *n.* iki nokta üst üste (:).
colo·nel MIL ['kɜːnl] *n.* albay.
co·lo·ni·al □ [kə'ləʊnjəl] sömürge ile ilgili; **~·is·m** POL [~lızəm] *n.* sömürgecilik.
col·o|nize ['kɒlənaız] *vb.* koloni kurmak, sömürgeleştirmek; **~·ny** [~nı] *n.* koloni, sömürge.
co·los·sal □ [kə'lɒsl] koskocaman, dev gibi, muazzam.
col·o(u)r ['kʌlə] **1.** *n.* renk; boya; *fig.* görünüş; cilt rengi, ten; ***~s*** *pl.* bayrak, bandıra; ***what ~ is...*** ...ne renk?; **2.** *v/t.* boyamak; *fig.* değiştirmek, başka göstermek, yaldızlamak; *v/i.* yüzü kızarmak; renklenmek; **~ bar** *n.* ırk ayrımı; **~-blind** *adj.* renkkörü; **~ed** **1.** *adj.* renkli; ***~ man*** zenci; **2.** *n. oft contp.* zenci; **~-fast** *adj.* boyası solmaz; **~ film** *n.* PHOT renkli film; **~·ful** [~fl] *adj.* renkli; canlı, parlak; **~·ing** [~rıŋ] *n.* renk; boya; renklendirme; *fig.* sahte görünüş; **~·less** □ [~lıs] renksiz (*a. fig.*); **~ line** *n.* beyaz ve öteki ırklar arasındaki toplumsal ayrılık; **~ set** *n.* renkli televizyon; **~ tel·e·vi·sion** *n.* renkli televizyon.
colt [kəʊlt] *n.* tay; sıpa.
col·umn ['kɒləm] *n.* sütun (*a.* PRINT), direk; MIL kol; **~·ist** [~nıst] *n.* (*gazetede*) köşe yazarı.
comb [kəʊm] **1.** *n.* tarak; horoz ibiği; **2.** *v/t.* taramak; taraktan geçirmek (*keten*).
com|bat ['kɒmbæt] **1.** *n.* kavga, dövüş; savaş, çarpışma; ***single ~*** düello, teke tek çarpışma; **2.** (**-tt-**, *Am. a.* **-t-**) *vb.* mücadele etmek, savaşmak, çarpışmak; **~·ba·tant** [~ənt] *n.* savaşçı.
com|bi·na·tion [kɒmbı'neıʃn] *n.* birleş(tir)me; bileşim; *mst* ***~s*** *pl.* kombinezon; **~·bine** [kəm'baın] *v/t. & v/i.* birleş(tir)mek, karış(tır)mak.
com·bus|ti·ble [kəm'bʌstəbl] **1.** *adj.* yanabilir, tutuşabilir; **2.** *n.* yakıt, yakacak; akaryakıt; **~·tion** [~tʃən] *n.* yanma, tutuşma.
come [kʌm] (***came, come***) *v/i.* gelmek; ***to ~*** önümüzdeki, gelecek; ***~ about*** olmak, meydana gelmek; ***~ across*** *-e* rastlamak; F *-in* aklına gelmek, aklından geçmek; ***~ along*** acele etmek; (*fırsat*) çıkmak; ***~ apart*** dağılmak, par-

çalanmak; **~ at** *-e* ulaşmak; *-e* saldırmak; **~ back** geri gelmek, dönmek; **~ by** elde etmek, kazanmak; **~ down** aşağı inmek, düşmek; *fig.* çökmek; (*fiyat*) düşmek; kuşaktan kuşağa geçmek; **~ down with** F *ile* katkıda bulunmak; **~ for** uğrayıp almak; üzerine yürümek; **~ loose** gevşemek, çözülmek; **~ off** olmak, yapılmak; başarıya ulaşmak; (*düğme*) kopmak; **~ on!** Haydi!; Yok canım!; **~ over** uzaklardan gelmek; **~ round** dolaşmak; uğramak, ziyaret etmek; fikir *v.b.* değiştirmek; F ayılmak, kendine gelmek; **~ through** (*mesaj*) gelmek, ulaşmak; (*hastalık v.b.*) atlatmak; **~ to** *-e* varmak, *-e* ulaşmak; kendine gelmek, ayılmak; **what's the world coming to?** dünya nereye gidiyor?, dünyanın gidişatı nedir?; **~ to see** görmeye gelmek; **~ up to** *-e* ulaşmak; *-e* eşit olmak; **~·back** ['kʌmbæk] *n.* sert karşılık; eskiye dönüş.

co·me·di·an [kə'miːdjən] *n.* komedyen, güldürü oyuncusu.

com·e·dy ['kɒmədı] *n.* komedi, güldürü.

come·ly ['kʌmlı] (**-ier, -iest**) *adj.* güzel, hoş, zarif, yakışıklı.

com·fort ['kʌmfət] **1.** *n.* rahatlık, ferahlık; refah; teselli, avuntu; yardım, destek; *a.* **~s** *pl.* konfor; **2.** *v/t.* teselli etmek, avutmak; yardım etmek; **com·for·ta·ble** □ [˷əbl] rahat, konforlu; **~·er** [˷ə] *n.* avutan kimse; *esp. Brt.* boyun atkısı; *Brit.* emzik; *Am.* yorgan; **~·less** □ [˷lıs] konforsuz, rahatsız; **~ sta·tion** *n. Am.* umumi hela.

com·ic ['kɒmık] (**~ally**) *adj.* komik, gülünç; komedi…

com·i·cal □ ['kɒmıkl] komik, gülünç; tuhaf.

com·ics ['kɒmıks] *n. pl.* karikatür biçiminde hikaye serisi.

com·ing ['kʌmıŋ] **1.** *adj.* gelecek…; önümüzdeki; geleceği parlak; **2.** *n.* gelme, geliş.

com·ma ['kɒmə] *n.* virgül.

com·mand [kə'mɑːnd] **1.** *n.* yetki, otorite; (*fig.*) (*bir konuyu*) bilme; MIL komut, emir; komuta; **be (have) at ~** emrine hazır olmak; **2.** *vb.* emretmek; MIL komuta etmek; (*manzara*) *-e* bakmak, görmek; **~·er** [˷ə] *n.* MIL komutan; NAUT binbaşı; **~·er-in-chief** 'tʃiːf] (*pl.* **commanders-in-chief**) *n.* başkomutan; **·ing** □ [kə'mɑːndıŋ] emreden, hükmeden; etkili; **~·ment** [˷mənt] *n.* emir, buyruk; **~ mod·ule** *n.* komuta modülü.

com·man·do MIL [kə'mɑːndəʊ] (*pl* **-dos, -does**) *n.* komando.

com·mem·o|rate [kə'meməreıt] *v/t.* anmak, anısını kutlamak; **~·ra·tion** [kəmemə'reıʃn]: **in ~ of** *-in* anısına; **~·ra·tive** □ [kə'memərətıv] anmaya yarayan, hatıra…

com·mence [kə'mens] *vb.* başlamak; **~·ment** [˷mənt] *n.* başlama; başlangıç.

com·mend [kə'mend] *v/t.* övmek; tavsiye etmek, salık vermek; emanet etmek (**to** *-e*).

com·ment ['kɒment] **1.** *n.* yorum; düşünce, fikir; dedikodu, söz; **no ~!** Yorum yok!; **2.** *v/i.* yorum yapmak (**on, upon** *hakkında*); eleştiri yapmak; **~·men·ta·ry** ['kɒməntərı] *n.* yorum, açıklama; maç nakli; **~·men·tate** [˷eıt]: **~ on** *radyo*, TV: *-de* yorum yapmak; **~·men·ta·tor** [˷ə] *n.* yorumcu; *radyo*, TV: *a.* spiker, muhabir.

com·merce ['kɒmɜːs] *n.* ticaret, tecim.

com·mer·cial ['kɒmɜːʃl] **1.** □ ticari, tecimsel; **~ travel(l)er** gezici ticari temsilci; **2.** *n. radyo*, TV: reklam; **~·ize** [˷ʃəlaız] *v/t.* ticarileştirmek.

com·mis·e|rate [kə'mızəreıt]: **~ with** *-in* acısını paylaşmak; **~·ra·tion** [kəmızə'reıʃn] *n.* acıma (**for** *-e*).

com·mis·sa·ry ['kɒmısərı] *n.* vekil, yardımcı.

com·mis·sion [kə'mıʃn] **1.** *n.* komisyon, kurul; yüzdelik, komisyon; yetki belgesi; MIL emir, görev; **2.** *v/t.* görevlendirmek, memur etmek; yetki vermek; hizmete sokmak; (*gemi*) sefere hazırlamak; **~·er** [˷ə] *n.* komisyon üyesi; görevli memur; komiser.

com·mit [kə'mıt] (**-tt-**) *v/t.* emanet etmek, teslim etmek; LEG yapmak, işlemek (*cinayet v.b.*); söz vermek; **~ o.s.** üstüne almak, üstlenmek; *k-ni* adamak; **~·ment** [˷mənt] *n.* söz, taahhüt; (*suç*) işleme; **~·tal** LEG [˷l] *n.* (*suç*) işleme; **~·tee** [˷ı] *n.* komite, komisyon, yarkurul.

com·mod·i·ty [kə'mɒdətı] *n.* mal, eşya.

com·mon ['kɒmən] **1.** □ ortak, genel;

C

çok rastlanan, yaygın; adi, bayağı; F sıradan; ♀ ***Council*** Belediye Meclisi; **2.** *n.* ortak çayırlık; ***in ~*** ortak, ortaklaşa; ***in ~ with*** *ile* aynı, ...gibi; **~·er** [~ə] *n.* halk tabakasından olan kimse; **~ law***n.* örf ve âdet hukuku; ♀ **Mar·ket** *n.* ECON, POL Ortak Pazar; **~·place1.** *n.* sıradan iş, hergünkü olay; basmakalıp söz, klişe; **2.** *adj.* sıradan; *fig.* beylik; **~s** *n. pl.* halk tabakası, avam; ***House of*** ♀ PARL Avam Kamarası; **~ sense** *n.* sağduyu; **~·wealth**[~welθ] *n.* devlet, ulus; ***the*** ♀ (***of Nations***) İngiliz Uluslar Topluluğu.

com·mo·tion [kə'məʊʃn] *n.* karışıklık, gürültü; heyecan, telaş.

com·mu·nal □ ['kɒmjʊnl] ortak; toplumsal, halk...

com·mune1. [kə'mju:n] *v/i.* sohbet etmek, söyleşmek; **2.** ['kɒmju:n] *n.* komün; yöresel yönetim.

com·mu·ni|cate [kə'mju:nıkeıt] *v/t.* bildirmek; nakletmek, geçirmek; bulaştırmak; *v/i.* haberleşmek (***with s.o.*** *b-le*); bitişik olmak; **~·ca·tion** [kəmju:nı'keıʃn] *n.* komünikasyon, iletişim; haber, mesaj; ulaşım; ***~s*** *pl.* haberleşme; ***~s satellite*** haberleşme uydusu; **~·ca·tive** □ [kə'mju:nıkətıv] konuşkan.

com·mu·nion [kə'mju:njən] *n.* paylaşma; katılma; ♀ ECCL komünyon, şarap içme ve yemek yeme ayini.

com·mu·nis|m ['kɒmjʊnızəm] *n.* komünizm; **~t** [~ıst] *n.* & *adj.* komünist.

com·mu·ni·ty [kə'mju:nətı] *n.* topluluk; cemaat; paylaşma.

com|mute[kə'mju:t] *vb.* LEG (*ceza*) hafifletmek, çevirmek; RAIL *etc.* ev ile iş arasında mekik dokumak; **~·mut·er** [~ə] *n.* evi ile işi arasında mekik dokuyan kimse; ***~ train*** banliyö treni.

com·pact 1. ['kɒmpækt] *n.* sözleşme; pudralık; *Am.* MOT küçük otomobil; **2.** [kəm'pækt] *adj.* sıkı; yogun, sık; özlü, kısa; ***~ disc*** compact disk, CD; **3.** *v/t* sıkılaştırmak, yoğunlaştırmak.

com·pan|ion[kəm'pænjən] *n.* arkadaş, dost; eş; eldiven *v.b.* teki; refakatçi; el kitabı; **~·io·na·ble** □ [~əbl] girgin, sokulgan, arkadas canlısı; **~·ion·ship** [~ʃıp] *n.* arkadaşlık.

com·pa·ny ['kʌmpənı] *n.* arkadaşlık; eşlik; arkadaşlar, misafirler; MIL bölük; ECON şirket; NAUT mürettebat, tayfa; THEA trup, oyuncu topluluğu; ***have ~*** misafirleri olmak; ***keep ~ with*** *-e* arkadaşlık etmek, *-e* eşlik etmek.

com|pa·ra·ble □ ['kɒmpərəbl] karşılaştırılabilir; **~·par·a·tive** [kəm'pærətıv] **1.** □ karşılaştırmalı; orantılı; **2.** *n. a.* ***~ degree*** GR üstünlük derecesi; **~·pare**[~'peə] **1.** *n.* ***beyond ~, without ~, past ~*** essiz, üstün, tartışmasız; **2.** *v/t.* & *v/i.* karşılaştır(ıl)mak; benze(t)mek (***to*** *-e*); (***as***) ***~d with*** *-e* oranla; **~·pa·ri·son** [~'pærısn] *n.* karşılaştırma, kıyas; benzerlik.

com·part·ment [kəm'pɑ:tmənt] *n.* bölme, bölüm; RAIL kompartıman.

com·pass ['kʌmpəs] *n.* pusula; alan; sınır; MUS genişlik; ***pair of ~es*** pergel.

com·pas·sion [kəm'pæʃn] *n.* acıma, şefkat; **~·ate** □ [~ət] şefkatli, sevecen.

com·pat·i·ble □ [kəm 'pætəbl] uy gun, tutarlı, bağdaşan; MED tehlikesiz, iyicil, selim.

com·pat·ri·ot [kəm'pætrıət] *n.* vatandaş, yurttaş.

com·pel [kəm'pel] (***-ll-***) *v/t.* zorlamak, zorunda bırakmak; **~·ling** □ [~ıŋ] zorlayıcı.

com·pen|sate ['kɒmpenseıt] *v/t.* tazmin etmek, bedelini vermek; karşılamak; **~·sa·tion**[kɒmpen'seıʃn] *n.* tazminat, bedel; tazmin, karşılama; *Am.* ücret, maaş.

com|pe2re, **~·pere** *Brt.* ['kɒmpeə] **1.** *n.* eğlence programı sunucusu; **2.** *v/i.* sunuculuk yapmak.

com·pete [kəm'pi:t] *v/i.* yarışmak, çekişmek (***for*** *için*); boy ölçüşmek, aşık atmak.

com·pe|tence['kɒmpıtəns] *n.* yeterlik; yetenek, ehliyet; LEG yetki; **~·tent** □ [~t] yetenekli, ehil, yeterli; yetkili.

com·pe·ti·tion [kɒmpı'tıʃn] *n.* yarışma; rekabet.

com·pet·i|tive □ [kəm'petətıv] rekabet edebilen (*fiyat*); **~·tor**[~ə] *n.* yarışmacı; SPOR: rakip.

com·pile [kəm'paıl] *v/t.* derlemek.

com·pla|cence, **~·cen·cy** [kəm'pleısns, ~sı] *n.* halinden memnun olma; memnuniyet; **~·cent** □ [~nt] kendini beğenmiş; halinden memnun

com·plain [kəm'pleın] *v/i.* şikayet etmek, yakınmak (***of*** *-den*); **~t** [~t] *n.*

şikayet, yakınma; MED hastalık, rahatsızlık.

com·plai·sant □ [kəm'pleɪzənt] hoşgörülü, yumuşak.

com·ple·ment 1. ['kɒmplɪmənt] *n.* MIL [˷ənt] tamamlayıcı şey; GR tümleç; *a. **full** ~* tam miktar *ya da* sayı; **~·men·ta·ry** [kɒmplɪ'mentərɪ] *adj.* tamamlayıcı; tümler (*açı*).

com|plete [kəm'pliːt] **1.** □ tamam, tam, bütün; bitmiş; **2.** *v/t.* tamamlamak, bitirmek; **~·ple·tion** [˷iːʃn] *n.* tamamlama, bitirme; yerine getirme.

com·plex ['kɒmpleks] **1.** □ kompleks, karmaşık, karışık, çapraşık; **2.** *n.* karmaşa; PSYCH kompleks, karmaşa; **~·ion** [kəm'plekʃn] *n.* ten, cilt; genel görünüm, gidişat; **~·i·ty** [˷sətɪ] *n.* karmaşa; güçlük, zorluk.

com·pli|ance [kəm'plaɪəns] *n.* rıza; uyma, uyarlık, uysallık; ***in ~ with** -e* uygun olarak, *-e* göre; **~·ant** □ [˷t] uysal, yumuşak başlı.

com·pli|cate ['kɒmplɪkeɪt] *v/t.* karıştırmak, güçleştirmek; **~·cat·ed** *adj.* karmaşık; **~·ca·tion** [kɒmplɪ'keɪʃn] *n.* karmaşıklık, karışıklık; MED karışma.

com·plic·i·ty [kəm'plɪsətɪ] *n.* suç ortaklığı, yardakçılık (***in** -de*).

com·pli|ment 1. ['kɒmplɪmənt] *n.* kompliman, iltifat, övgü; selam; **2.** [˷ment] *v/t.* iltifat etmek; övmek, tebrik etmek (***on** -den dolayı*); **~·men·ta·ry** [kɒmplɪ'mentərɪ] *adj.* övücü; ücretsiz.

com·ply [kəm'plaɪ] *v/i.* razı olmak, uymak (***with** -e*).

com·po·nent [kəm'pəʊnənt] *n.* bileşim maddesi, element; MEC, ELECT parça.

com|pose [kəm'pəʊz] *v/t.* birleştirmek, oluşturmak; (şiir) yazmak; MUS bestelemek; PRINT dizmek; yatıştırmak; **~ o.s.** sakinleşmek; **~·posed** □ sakin, soğukkanlı; **~·pos·er** [˷ə] *n.* besteci; **~·pos·ite** ['kɒmpəzɪt] *adj.* bileşik, karma, karışık; **~·po·si·tion** [kɒmpə'zɪʃn] *n.* kompozisyon; beste; bileşim; dizgi; yaradılış; **~·po·sure** [kəm'pəʊʒə] *n.* sakinlik, soğukkanlılık.

com·pound[1] ['kɒmpaʊnd] *n.* çevrili arazi içindeki binalar topluluğu.

com·pound[2] **1.** [˷] *adj.* bileşik; ***~ interest*** bileşik faiz; **2.** *n.* bileşim, alaşım; GR bileşik sözcük; **3.** [kəm'paʊnd] *v/t.* bileştirmek, karıştırmak.

com·pre·hend [kɒmprɪ'hend] *v/t.* anlamak, kavramak; içine almak, kapsamak.

com·pre·hen|si·ble □ [kɒmprɪ'hensəbl] anlaşılır; **~·sion** [˷ʃn] *n.* anlayış, anlama; kapsam; ***past ~*** anlaşılmaz; **~·sive** [˷sɪv] **1.** □ kapsamlı, geniş, etraflı; **2.** *n. a. **~ school*** *Brt.* bir tür sanat okulu.

com|press [kəm'pres] *v/t.* sıkıştırmak; ***~ed air*** sıkıştırılmış hava, basınçlı hava; **~·pres·sion** [˷ʃn] *n.* PHYS basınç; MEC kompresyon.

com·prise [kəm'praɪz] *v/t.* kapsamak, içermek; *-den* oluşmak.

com·pro·mise ['kɒmprəmaɪz] **1.** *n.* uzlaşma, anlaşma; **2.** *v/t. & v/i.* uzlaş(tır)mak, anlaş(tır)mak; tehlikeye atmak.

com·pul|sion [kəm'pʌlʃn] *n.* zorlama, yüküm; **~·sive** □ [˷sɪv] zorlayıcı; **~·so·ry** □ [˷sərɪ] zorunlu.

com·punc·tion [kəm'pʌŋkʃn] *n.* pişmanlık; vicdan azabı.

com·pute [kəm'pjuːt] *v/t.* hesaplamak, hesap etmek.

com·put·er [kəm'pjuːtə] *n.* kompütür, bilgisayar; **~-con·trolled** *adj.* bilgisayar kontrollü, bilgisayarlı; **~·ize** [˷raɪz] *v/t.* bilgisayara vermek; bilgisayarla donatmak.

com·rade ['kɒmreɪd] *n.* arkadaş, yoldaş.

con[1] *abbr.* [kɒn] = ***contra.***

con[2] F [˷] (***-nn-***) *v/t.* aldatmak, kandırmak.

con·ceal [kən'siːl] *v/t.* gizlemek, saklamak, örtbas etmek.

con·cede [kən'siːd] *v/t.* kabul etmek; itiraf etmek; (*hak v.b.*) vermek, bahşetmek.

con·ceit [kən'siːt] *n.* kendini beğenme, kibir, kurum; **~·ed** □ kendini beğenmiş, kibirli.

con·cei|va·ble □ [kən'siːvəbl] düşünülebilir, akla uygun; **~ve** [kən'siːv] *v/i.* hamile kalmak; *v/t.* tasarlamak, kurmak; kavramak, anlamak; düşünmek.

con·cen·trate ['kɒnsəntreɪt] **1.** *v/t. & v/i.* bir noktaya topla(n)mak; (*dikkatini*) toplamak, vermek; **2.** *n.* derişik madde.

con·cept ['kɒnsept] *n.* kavram; fikir, görüş.

con·cep·tion [kən'sepʃn] *n.* kavram;

fikir, görüş; BIOL gebe kalma.

con|cern [kən'sɜːn] **1.** *n.* ilgi, ilişik; bağlantı; iş; endişe, kaygı (***with*** *ile*); kuruluş, işletme; pay, hisse; **2.** *v/t.* ilgilendirmek, ilgisi olmak; endişelendirmek, üzmek, kaygıya düşürmek; **~ed** □ endişeli; ilgili; **~·ing** *prp.* [~ɪŋ] ile ilgili, ilişkin, *-e* değgin.

con·cert **1.** ['kɒnsət] *n.* konser; **2.** [~sɜːt] *n.* uyum, ahenk, birlik; **~·ed** □ [kən'sɜːtɪd] planlı, birlikte yapılmış; MUS bölüm bölüm düzenlenmiş.

con·ces·sion [kən'seʃn] *n.* kabul; bağış; ödün; ayrıcalık.

con·cil·i|ate [kən'sɪlɪeɪt] *v/t.* yatıştırmak, gönlünü almak; *-in* dostluğunu kazanmak; **~·a·to·ry** [~ɪətərɪ] *adj.* gönül alıcı.

con·cise □ [kən'saɪs] kısa, özlü; **~·ness** [~nɪs] *n.* kısalık, özlülük.

con·clude [kən'kluːd] *v/t.* & *v/i.* bit(ir)mek, sona er(dir)mek; sonuçlan(dır)mak; sonucuna varmak; karara varmak (***from*** *-den*); ***to be ~d*** devamı var, sonuçlanacak, uygun bir sonuca varacak.

con·clu·sion [kən'kluːʒn] *n.* son; sonuç; karar; sonuç çıkarma; *s.* ***jump***; **~·sive** □ [~sɪv] kesin; son...

con|coct [kən'kɒkt] *v/t.* birbirine karıştırıp hazırlamak; *fig.* uydurmak (*hikaye v.b.*); **~·coc·tion** [~kʃn] *n.* karıştırma; karışım; *fig.* uydurma.

con·cord ['kɒŋkɔːd] *n.* uygunluk, uyum (*a.* GR); MUS harmoni, uyum.

con·course ['kɒŋkɔːs] *n.* biraraya toplanma; kalabalık, izdiham.

con·crete ['kɒnkriːt] **1.** □ somut; belirli, kesin; beton...; **2.** *n.* beton; **3.** *v/t.* & *v/i.* katılaş(tır)mak; somutlaş(tır)mak; betonla kaplamak (*yol*).

con·cur [kən'kɜː] (**-rr-**) *v/i.* aynı fikirde olmak, uyuşmak; aynı zamana rastlamak; **~·rence** [~'kʌrəns] *n.* fikir birliği, uyuşma; aynı zamanda olma, rastlantı.

con·cus·sion [kən'kʌʃn]: ***~ of the brain*** MED beyin sarsıntısı.

con|demn [kən'dem] *v/t.* kınamak, ayıplamak; LEG & *fig.* mahkûm etmek (***to death*** ölüme); kamulaştırmak; **~·dem·na·tion** [kɒndem'neɪʃn] LEG & *fig.* mahkûm etme; kınama, ayıplama; kamulaştırma.

con|den·sa·tion [kɒnden'seɪʃn] *n.* yoğunlaş(tır)ma, koyulaş(tır)ma; özet; **~·dense** [kən'dens] *v/t.* & *v/i.* yoğunlaş(tır)mak, koyulaş(tır)mak; MEC sıvılaştırmak; özetlemek, kısaltmak; **~·dens·er** MEC [~ə] *n.* kondansatör, yoğunlaç.

con·de|scend [kɒndɪ'send] *v/i.* tenezzül etmek, lütfetmek; **~·scen·sion** [~ʃn] *n.* tenezzül, alçakgönüllülük gösterme.

con·di·ment ['kɒndɪmənt] *n.* yemeğe çeşni veren şey.

con·di·tion [kən'dɪʃn] **1.** *n.* durum, hal, vaziyet; şart, koşul; sosyal durum, mevki; SPOR: kondisyon; **~*s*** *pl.* koşullar; ***on ~ that*** ... koşulu ile; ***~ out of ~*** kondisyonsuz, ham; sağlığı uygun olmayan; **2.** *v/t.* ayarlamak; şart koşmak; koşullandırmak; alıştırmak; **~·al** [~l] **1.** □ şartlı, koşullara bağlı; bağlı (***on, upon*** *-e*); **2.** *n.* *a.* ***~ clause*** GR şart cümleciği; *a.* ***~ mood*** GR şart kipi.

con|dole [kən'dəʊl] *v/i.* başsağlığı dilemek (***with*** *-e*); **~·do·lence** [~əns] *n.* başsağlığı.

con·done [kən'dəʊn] *v/t.* göz yummak, görmezden gelmek, bağışlamak.

con·du·cive [kən'djuːsɪv] *adj.* yardım eden, neden olan (***to*** *-e*).

con|duct **1.** ['kɒndʌkt] *n.* davranış, tavır; yönetim, idare; **2.** [kən'dʌkt] *v/t.* götürmek, rehberlik etmek; yönetmek (*a.* MUS); taşımak, nakletmek, geçirmek; ***~ed tour*** rehberli gezi; **~·duc·tion** [~kʃn] *n.* iletme, geçirme; **~·duc·tor** [~tə] *n.* rehber, kılavuz; *Am.* RAIL kondüktör, biletçi; MUS orkestra şefi; ELECT iletken madde.

cone [kəʊn] *n.* koni; külah; BOT kozalak.

con·fec·tion [kən'fekʃn] *n.* hazırlama; şekerleme, bonbon; **~·er** [~nə] *n.* şekerci; **~·e·ry** [~ərɪ] *n.* şekerlemeler; şekercilik; şekerci dükkânı.

con·fed·e|ra·cy [kən'fedərəsɪ] *n.* konfederasyon, birlik; ***the*** 2 *Am. hist.* Güney Eyaletleri Konfederasyonu; **~·rate** **1.** [~rət] *adj.* birleşik; **2.** [~] *n.* müttefik kimse *ya da* devlet; suç ortağı; **3.** [~reɪt] *v/t.* & *v/i.* birleş(tir)mek; **~·ra·tion** [kənfedə'reɪʃn] *n.* konfederasyon, birlik.

con·fer [kən'fɜː] (**-rr-**) *v/t.* vermek; *v/i.* danışmak, akıl sormak.

con·fe·rence ['kɒnfərəns] *n.* konferans, toplantı; görüşme.
con|fess [kən'fes] *vb.* kabul etmek, itiraf etmek; günah çıkartmak (***to*** *-e*); **~·fes·sion** [~ʃən] *n.* itiraf; günah çıkartma; **~·fes·sion·al** [~nl] *n.* günah çıkartma hücresi; **~·fes·sor** [~esə] *n.* günah çıkaran papaz.
con·fide [kən'faɪd] *v/t.* (*sır*) söylemek, açmak; emanet etmek; *v/i.*: **~ *in s. o.*** *b-ne* güvenmek.
con·fi·dence ['kɒnfɪdəns] *n.* güven; gizlilik; **~ man** (*pl.* ***-men***) *n.* dolandırıcı, üçkâğıtçı; **~ trick** *n.* dolandırıcılık, üçkâğıtçılık.
con·fi|dent □ ['kɒnfɪdənt] emin; **~·den·tial** □ [kɒnfɪ'denʃl] gizli; güvenilir.
con·fid·ing □ [kən'faɪdɪŋ] güvenen, çabuk inanan.
con·fine [kən'faɪn] *v/t.* sınırlandırmak; hapsetmek, kapatmak; ***be ~d of*** doğurmak; ***be ~d to bed*** yataktan dışarı çıkamamak; **~·ment** [~mənt] *n.* kapatılma, hapsedilme; loğusalık.
con|firm [kən'fɜːm] *v/t.* doğrulamak, gerçeklemek; onaylamak; ECCL kiliseye kabul etmek; **~·fir·ma·tion** [kɒnfə'meɪʃn] *n.* doğrulama, gerçekleme; ECCL kiliseye kabul etme.
con·fis|cate ['kɒnfɪskeɪt] *v/t.* kamulaştırmak; el koymak; **~·cation** [kɒnfɪ'skeɪʃn] *n.* kamulaştırma, el koyma.
con·fla·gra·tion [kɒnflə'greɪʃn] *n.* büyük yangın.
con·flict **1.** ['kɒnflɪkt] *n.* çarpışma, çatışma; uyuşmazlık, anlaşmazlık, ayrılık; **2.** [kən'flɪkt] *v/i.* birbirini tutmamak, çatışmak; **~·ing** [~ɪŋ] *adj.* birbirini tutmayan, çatışan.
con·form [kən'fɔːm] *v/t. & v/i.* uy(dur)mak, ayarlamak (***to*** *-e*).
con·found [kən'faʊnd] *v/t.* şaşırtmak, (*kafasını*) allak bullak etmek; **~ *it!*** F Allah kahretsin!; **~·ed** □ F kahrolası, Allahın cezası.
con|front [kən'frʌnt] *v/t.* yüzleştirmek; göğüs germek; (*ev v.b.*) *-e* bakmak, *-in* karşısında olmak; **~·fron·ta·tion** [kɒnfrʌn'teɪʃn] *n.* yüzleştirme.
con|fuse [kən'fjuːz] *v/t.* şaşırtmak; karıştırmak; **~·fused** □ şaşırmış, kafası allak bullak olmuş; belli belirsiz; **~·fu·sion** [~uːʒn] *n.* şaşkınlık; karıştırma; karışıklık.
con·geal [kən'dʒiːl] *v/t. & v/i.* don(dur)mak; pıhtılaş(tır)mak.
con|gest·ed [kən'dʒestɪd] *adj.* aşırı kalabalık, tıkalı (*trafik*); **~·gestion** [~tʃən] *n.* kalabalık, izdiham; *a.* ***traffic* ~** trafik tıkanıklığı.
con·glom·e·ra·tion [kənglɒmə'reɪʃn] *n.* yığ(ıl)ma, kümele(n)me; yığın, birikinti.
con·grat·u|late [kən'grætjʊleɪt] *v/t.* tebrik etmek, kutlamak; **~·la·tion** [kəngrætjʊ'leɪʃn] *n.* tebrik, kutlama; ***~s!*** Tebrikler!, Kutlarım!
con·gre|gate ['kɒŋgrɪgeɪt] *v/t. & v/i.* topla(n)mak; **~·ga·tion** [kɒŋgrɪ'geɪʃn] *n.* topla(n)ma; ECCL cemaat.
con·gress ['kɒŋgres] *n.* kongre; **♀** *Am.* PARL Kongre, Millet Meclisi; **♀·man** (*pl.* ***-men***) *n. Am.* PARL Kongre üyesi; **♀·wom·an** (*pl.* ***-women***) *n. Am.* PARL Kongre kadın üyesi.
con|ic *esp.* MEC ['kɒnɪk], **~·i·cal** □ [~kl] konik.
co·ni·fer BOT ['kɒnɪfə] *n.* kozalaklı ağaç.
con·jec·ture [kən'dʒektʃə] **1.** *n.* tahmin, sanı, varsayı; **2.** *v/t.* tahmin etmek.
con·ju·gal □ ['kɒndʒʊgl] evlilik ile ilgili, evlilik…
con·ju|gate GR ['kɒndʒʊgeɪt] *v/t.* (*fiil*) çekmek; **~·ga·tion** GR [kɒndʒʊ'geɪʃn] *n.* fiil çekimi.
con·junc·tion [kən'dʒʌŋkʃn] *n.* birleşme; GR bağlaç.
con·junc·ti·vi·tis MED [kəndʒʌŋktɪ'vaɪtɪs] *n.* konjonktivit.
con|jure ['kʌndʒə] *vb.* hokkabazlık yapmak; ruh çağırmak; **~·jur·er** [~rə] *n.* hokkabaz; sihirbaz; **~·jur·ing trick** [~rɪŋ trɪk] *n.* hokkabazlık, el çabukluğu; **~·jur·or** [~rə] = ***conjurer.***
con|nect [kə'nekt] *v/t. & v/i.* bağla(n)mak, birleş(tir)mek; ELECT cereyana bağlamak; RAIL, AVIA bağlantılı sefer yapmak (***with*** *ile*); **~·nect·ed** □ bağlı, bitişik; ***be well* ~** yüksek tabakadan olmak; **~·nec·tion**, *Brt. a.* **~·nex·ion** [~kʃn] *n.* bağlantı (*a.* ELECT), ilişki; süreklilik; akrabalık; RAIL, AVIA aktarma; müşteriler.
con·quer ['kɒŋkə] *v/t.* fethetmek, zaptetmek; *fig.* yenmek; **~·or** [~rə] *n.* fa-

tih.

con·quest['kɒŋkwest] *n.* fetih; *fig.* zafer, başarı.

C

con·science['kɒnʃəns] *n.* vicdan, bulunç.

con·sci·en·tious□ [kɒnʃı'enʃəs] vicdanlı, insaflı; **~ *objector*** askerlik yapmayı reddeden kimse; **~·ness**[~nıs] *n.* vicdan.

con·scious□ ['kɒnʃəs] bilinçli; farkında olan; ayık; ***be ~ of*** *-in* farkında olmak; **~·ness**[~nıs] *n.* bilinç.

con|script MIL **1.** [kən'skrıpt] *v/t.* askere almak; **2.** ['kɒnskrıpt] *n.* askere alınmış kimse; **~·scription** MIL [kən'skrıpʃn] *n.* askere alma.

con·se|crate ['kɒnsıkreıt] *v/t.* kutsamak; adamak; **~·cra·tion** [kɒnsı'kreıʃn] *n.* kutsama; kutsama töreni.

con·sec·u·tive□ [kən'sekjʊtıv] arka arkaya gelen, ardışık.

con·sent[kən'sent] **1.** *n.* rıza, izin; **2.** *v/i.* razı olmak, izin vermek.

con·se|quence ['kɒnsıkwəns] *n.* sonuç; semere; önem; **~·quent·ly**[~tlı] *adv.* sonuç olarak, bu nedenle.

con·ser·va|tion[kɒnsə'veıʃn] *n.* koruma, himaye; **~·tion·ist** [~ʃnıst] *n.* doğal kaynakları koruma yanlısı; **~·tive** [kən'sɜ:vətıv] **1.** □ tedbirli; ılımlı; tutucu; **2.** *n.* ♀POL Muhafazakâr Parti üyesi; **~·to·ry**[kɒn'sɜ:vətrı] *n.* limonluk, ser; MUS konservatuvar; **con·serve** [kən'sɜ:v] *v/t.* korumak; konservesini yapmak.

con·sid|er [kən'sıdə] *v/t.* düşünmek, göz önünde tutmak, hesaba katmak, dikkate almak; ...gözüyle bakmak, saymak; *v/i.* düşünüp taşınmak; **~·e·ra·ble** □ [~rəbl] çok, hayli, epey; önemli, hatırı sayılır; **~·e·ra·bly**[~lı] *adv.* epeyce, oldukça; **~·er·ate** □ [~rət] düşünceli, saygılı; **~·e·ra·tion** [kənsıdə'reıʃn] *n.* düşünüp taşınma, göz önüne alma; saygı; önem; neden, faktör; ***take into ~*** göz önüne almak, hesaba katmak; **~·er·ing**□ [kən'sıdərıŋ] **1.** *prp.* *-e* göre, *-e* nazaran; **2.** *adv.* F şartlar göz önünde tutulunca.

con·sign[kən'saın] *v/t.* vermek, teslim etmek; emanet etmek; ECON (*mal*) göndermek, sevketmek; **~·ment** ECON [~mənt] *n.* mal gönderme, sevk; gönderilen mal.

con·sist[kən'sıst]: **~ *in*** *-e* bağlı olmak, *-e* dayanmak; **~ *of*** *-den* oluşmak.

con·sis|tence, **~·ten·cy** [kən'sıstəns, ~sı] *n.* koyuluk, kıvam, yoğunluk; istikrar, kararlılık; tutarlık; **~·tent**□ [~ənt] istikrarlı; tutarlı, birbirini tutan (***with*** *ile*); SPOR *v.b.*: sürekli (*başarı*).

con|so·la·tion [kɒnsə'leıʃn] *n.* teselli, avuntu, avunç; **~·sole** [kən'səʊl] *v/t.* teselli etmek, avutmak.

con·sol·i·date[kən'sɒlıdeıt] *v/t.* & *v/i.* birleş(tir)mek; *fig.* sağlamlaş(tır)mak, pekiş(tir)mek.

con·so·nant ['kɒnsənənt] **1.** □ uyumlu, ahenkli; **2.** *n.* GR konsonant, ünsüz.

con·spic·u·ous□ [kən'spıkjʊəs] belli, açık seçik; göze çarpan, dikkat çeken; ***make o.s. ~*** dikkat çekmek.

con|spi·ra·cy [kən'spırəsı] *n.* suikast, komplo; **~·spi·ra·tor**[~tə] *n.* suikastçı; **~·spire** [~'spaıə] *vb.* suikast hazırlamak; kumpas kurmak.

con|sta·ble *Brt.* ['kʌnstəbl] *n.* polis memuru; **~·tab·u·la·ry** [kən'stæbjʊlərı] *n.* polis örgütü; jandarma.

con|stan·cy ['kɒnstənsı] *n.* azim, karar, sebat; değişmezlik; **~·stant** □ [~t] sürekli; sabit, değişmez; sadık.

con·stel·la·tion [kɒnstə'leıʃn] *n.* AST takımyıldız.

con·ster·na·tion [kɒnstə'neıʃn] *n.* şaşkınlık, hayret, donup kalma.

con·sti|pat·ed MED ['kɒnstıpeıtıd] *adj.* kabız; **~·pa·tion** MED [kɒnstı'peıʃn] *n.* kabızlık.

con·sti·tu|en·cy[kən'stıtjʊənsı] *n.* seçim bölgesi; seçmenler; **~·ent**[~t] **1.** *adj.* bir bütünü oluşturan; POL anayasayı değiştirme yetkisi olan; **2.** *n.* bileşen, öğe; POL seçmen.

con·sti·tute['kɒnstıtju:t] *v/t.* oluşturmak; kurmak; atamak, seçmek.

con·sti·tu·tion [kɒnstı'tju:ʃn] *n.* POL anayasa; yapı, bünye; bileşim, oluşum; **~·al**[~nl] **1.** □ yapısal, bünyesel; POL anayasal; **2.** *n.* sağlık için yapılan yürüyüş.

con·strain [kən'streın] *v/t.* zorlamak; **~ed** *adj.* zoraki; **~t** [~t] *n.* zorlama; kendini tutma, çekinme.

con|strict[kən'strıkt] *v/t.* sıkmak, büzmek, daraltmak; **~·stric·tion**[~kʃn] *n.* sıkma, büzme.

con|struct[kən'strʌkt] *v/t.* inşa etmek,

yapmak; *fig.* kurmak, düzenlemek; **~·struc·tion** [₋kʃn] *n.* inşaat, yapı, bina; *fig.* anlam, yorum; ***~site*** şantiye; **~·struc·tive** □ [₋tɪv] yapıcı, olumlu; yararlı; **~·struc·tor** [₋ə] *n.* inşaatçı; yapıcı.

con·strue [kən'struː] *v/t.* GR analiz etmek (*cümle*); yorumlamak; çevirmek.

con|sul ['kɒnsəl] *n.* konsolos; ***~general*** başkonsolos; **~·su·late** [₋sjʊlət] *n.* konsolosluk.

con·sult [kən'sʌlt] *v/t.* başvurmak, danışmak, sormak; gözönünde tutmak; (*sözlük v.b.'ne*) bakmak; *v/i.* görüşmek.

con·sul|tant [kən'sʌltənt] *n.* danışman; *Brt.* uzman doktor; **~·tation** [kɒnsl'teɪʃn] *n.* başvurma, danışma; konsültasyon; **~ *hour*** muayene saati; **~·ta·tive** [kən'sʌltətɪv] *adj.* danışmanlıkla ilgili, danışma...

con|sume [kən'sjuːm] *v/t.* tüketmek, yoğaltmak; yakıp kül etmek; *fig.* (*k-ni*) yiyip bitirmek; **~·sum·er** [₋ə] *n.* ECON tüketici, yoğaltıcı.

con·sum·mate 1. □ [kən'sʌmɪt] eksiksiz, tam, mükemmel; **2.** ['kɒnsəmeɪt] *v/t.* tamamlamak, bitirmek.

con·sump|tion [kən'sʌmpʃn] *n.* tüketim, yoğaltım; MED verem; **~·tive** □ [₋tɪv] tüketilecek; MED veremli.

con·tact ['kɒntækt] **1.** *n.* dokunma, temas; bağlantı; ELECT kontak; ***make ~s*** bağlantı kurmak, temaslar yapmak; **~ *lenses*** *pl.* kontaklensler; **2.** *v/t.* temasa geçmek, görüşmek.

con·ta·gious □ MED [kən'teɪdʒəs] bulaşıcı; *fig.* başkasına kolayca geçen (*gülme v.b.*).

con·tain [kən'teɪn] *v/t.* içermek, kapsamak; **~ *o.s.*** *k-ni* tutmak; **~·er** [₋ə] *n.* kap; ECON konteyner; **~·er·ize** ECON [₋əraɪz] *v/t.* konteynere koymak; konteynerle taşımak.

con·tam·i|nate [kən'tæmɪneɪt] *v/t.* kirletmek, pisletmek; bulaştırmak, geçirmek; **~·na·tion** [kəntæmɪ'neɪʃn] *n.* bulaş(tır)ma, pisletme; pislik.

con·tem|plate ['kɒntempleɪt] *vb.* seyretmek; düşünmek, tasarlamak; niyetinde olmak; **~·pla·tion** [kɒntem'pleɪʃn] *n.* düşünme; derin düşünce; niyet; beklenti; **~·pla·tive** □ ['kɒntempleɪtɪv] düşünceli; [kən'templətɪv] ECCL çile dolduran.

con·tem·po·ra|ne·ous □ [kəntempə'reɪnjəs] çağdaş, aynı zamanda olan; **~·ry** [kən'tempərərɪ] **1.** *adj.* çağdaş; **2.** *n.* yaşıt, akran.

con|tempt [kən'tempt] *n.* küçümseme, hor görme; **~·temp·ti·ble** □ [₋əbl] aşağılık, alçak, adi; **~·temp·tu·ous** □ [₋jʊəs] küçümseyici, hor gören.

con·tend [kən'tend] *v/i.* yarışmak, çekişmek (***for*** *için*); *v/t.* ileri sürmek, iddia etmek; **~·er** [₋ə] *n. esp.* SPOR: boksör.

con·tent [kən'tent] **1.** *adj.* memnun, hoşnut; **2.** *v/t.* memnun etmek, hoşnut etmek; **~ *o.s.*** yetinmek, idare etmek; **3.** *n.* memnuniyet, hoşnutluk; ***to one's heart's ~*** canı istediği kadar, doya doya; ['kɒntent] içerik; hacim; ***~s*** *pl.* içindekiler; **~·ed** □ [kən'tentɪd] memnun, hoşnut.

con·ten·tion [kən'tenʃn] *n.* tartışma, kavga; iddia.

con·tent·ment [kən'tentmənt] *n.* memnunluk, hoşnutluk.

con|test 1. ['kɒntest] *n.* yarışma; mücadele, çekişme; **2.** [kən'test] *vb.* karşı çıkmak, itiraz etmek; yarışmak, çekişmek; mücadele etmek; **~·tes·tant** [₋ənt] *n.* yarışmacı; rakip.

con·text ['kɒntekst] *n.* sözün gelişi; şartlar ve çevre, genel durum.

con·ti|nent ['kɒntɪnənt] **1.** □ kendine hâkim, nefsine hakim; **2.** *n.* kıta, anakara; ***the*** ♀ *Brt.* Avrupa Kıtası; **~·nen·tal** [kɒntɪ'nentl] **1.** □ kıtasal; karasal (*iklim*); **2.** *n.* Avrupalı.

con·tin·gen|cy [kən'tɪndʒənsɪ] *n.* olasılık; rastlantı; **~t** [₋t] **1.** □: ***be ~ on*** *ya da* ***upon*** *-e* bağlı olmak; **2.** *n.* grup.

con·tin|u·al □ [kən'tɪnjʊəl] sürekli, ardı arkası kesilmeyen; **~·u·a·tion** [kəntɪnjʊ'eɪʃn] *n.* devam, sürüp gitme; uzatma; **~ *school*** (*boş zamanları değerlendirmek için gidilen*) akşam okulu; **~ *training*** meslek eğitimi; **~·ue** [kən'tɪnjuː] *v/t. & v/i.* devam etmek, sür(dür)mek; uzatmak; ***to be ~d*** devamı var, arkası var; **con·ti·nu·i·ty** [kɒntɪ'njuːətɪ] *n.* süreklilik, devamlılık; **~·u·ous** □ [kən'tɪnjʊəs] sürekli, devamlı; **~ *form*** GR sürekli biçim.

con|tort [kən'tɔːt] *v/t.* eğmek, bükmek,

çarpıtmak (*a. fig.*); **~·tor·tion** [\~ɔːʃn] *n.* eğ(il)me, bük(ül)me.

con·tour ['kɒntʊə] *n.* dış hatlar; çevre.

con·tra ['kɒntrə] *prefix* karşı, zıt, aksi.

con·tra·band ECON ['kɒntrəbænd] *n.* kaçak eşya; kaçakçılık.

con·tra·cep|tion MED [kɒntrə'sepʃn] *n.* hamilelikten korunma; **~·tive** MED [\~tɪv] *n.* hamileliği önleyici hap *ya da* araç.

con|tract **1.** [kən'trækt] *v/t. & v/i.* daral(t)mak, büz(ül)mek; kısaltmak; kas(ıl)mak; (*hastalığa*) tutulmak; LEG kontrat yapmak, anlaşma yapmak; (*sözcük*) kaynaştırmak; **2.** ['kɒntrækt] *n.* kontrat, sözleşme; **~·trac·tion** [kən'trækʃn] *n.* büz(ül)me; GR kaynaştırma; kaynaştırılmış biçim; **~·trac·tor** [\~tə]: *a.* ***building ~*** müteahhit, üstenci.

con·tra|dict [kɒntrə'dɪkt] *v/t.* yalanlamak; aksini söylemek; ters düşmek, çelişmek; **~·dic·tion** [\~kʃn] *n.* yalanlama; çelişme, tutarsızlık; **~·dic·to·ry** □ [\~tərɪ] birbirini tutmaz, çelişkili.

con·tra·ry ['kɒntrərɪ] **1.** □ karşıt, zıt, aksi; ***~ to*** *-e* aykırı, *-e* ters; ***~ to expectations*** beklentilerin aksine; **2.** *n.* karşıt, zıt; ***on the ~*** aksine.

con·trast **1.** ['kɒntrɑːst] *n.* zıtlık, karşıtlık; **2.** [kən'trɑːst] *v/t.* karşılaştırmak; *v/i.* ters düşmek, çelişmek (***with*** *ile*).

con|trib·ute [kən'trɪbjuːt] *v/t.* katkıda bulunmak, yardım etmek (***to*** *-e*); **~·tri·bu·tion** [kɒntrɪ'bjuːʃn] *n.* yardım; katkı; **~·trib·u·tor** [kən'trɪbjʊtə] *n.* katkıda bulunan kimse; dergi *ya da* gazete yazarı; **~·trib·u·to·ry** [\~ərɪ] *adj.* neden olan.

con|trite □ ['kɒntraɪt] pişman; **~·trition** [kən'trɪʃn] *n.* pişmanlık, tövbe.

con·trive [kən'traɪv] *vb.* icat etmek, bulmak; tasarlamak, kurmak; başarmak, becermek (***to*** *inf. -meyi*); **~d** *adj.* sahte, yapmacık (*iyilik v. b.*).

con·trol [kən'trəʊl] **1.** *n.* kontrol, denetim, denetleme; hâkimiyet, idare; MEC kumanda; *mst* **~s** *pl.* MEC kumanda aygıtları; ***lose ~*** kontrolü kaybetmek, ipin ucunu kaçırmak; **2.** (**-ll-**) *v/t.* kontrol etmek, denetlemek; idare etmek, yönetmek; ECON düzenlemek; (*fiyat*) ayarlamak, kontrol etmek; ELECT, MEC ayar etmek; **~ desk** *n.* ELECT kontrol masası; **~ pan·el** *n.* ELECT kontrol paneli; **~ tow·er** *n.* AVIA kontrol kulesi.

con·tro·ver|sial □ [kɒntrə'vɜːʃl] çekişmeli, tartışmalı; **~·sy** ['kɒntrəvɜːsɪ] *n.* çekişme, tartışma, anlaşmazlık.

con·tuse MED [kən'tjuːz] *v/t.* çürütmek, berelemek.

con·va|lesce [kɒnvə'les] *v/i.* iyileşmek, ayağa kalkmak; **~·les·cence** [\~ns] *n.* iyileşme; **~·les·cent** [\~t] **1.** □ iyileşen; iyileşme ...; **2.** *n.* iyileşen kimse.

con·vene [kən'viːn] *v/t. & v/i.* topla(n)mak, toplantıya çağırmak (*parlamento v.b.*).

con·ve·ni|ence [kən'viːnjəns] *n.* uygunluk; rahatlık, kolaylık, elverişlilik; *Brt.* tuvalet; ***all*** (***modern***) **~s** *pl.* konfor, modern gereçler; ***at your earliest ~*** sizce mümkün olan en kısa zamanda; **~ent** □ [\~t] uygun, elverişli; rahat, kullanışlı.

con·vent ['kɒnvənt] *n.* manastır.

con·ven·tion [kən'venʃn] *n.* toplantı, kongre; anlaşma; gelenek; **~·al** □ [\~nl] geleneksel; basmakalıp; sıradan.

con·verge [kən'vɜːdʒ] *v/i.* bir noktada birleşmek.

con·ver·sant [kən'vɜːsənt] *adj.* bilgisi olan, iyi bilen.

con·ver·sa·tion [kɒnvə'seɪʃn] *n.* konuşma, sohbet; **~·al** □ [\~nl] konuşma ile ilgili, konuşma ...; konuşma dili ile ilgili.

con·verse **1.** □ ['kɒnvɜːs] zıt, aksi, ters; **2.** [kən'vɜːs] *v/i.* konuşmak, görüşmek.

con·ver·sion [kən'vɜːʃn] *n.* değiş(tir)me, dönüşme; ELECT, MEC çevirme; ECCL din değiştirme, dininden dönme; POL başka görüşü benimseme; ECON borçların tahvili.

con|vert **1.** ['kɒnvɜːt] *n.* dönme; ECCL dininden dönen kimse; **2.** [kən'vɜːt] *v/t.* değiştirmek, döndürmek; ELECT, MEC çevirmek, dönüştürmek (***into*** *-e*); ECCL inancını değiştirmek; ECON paraya çevirmek; **~·vert·er** ELECT [\~ə] *n.* konverter, çevirgeç; **~·ver·ti·ble** **1.** □ [\~əbl] değiştirilebilir; ECON çevrilebilir; **2.** *n.* MOT üstü açılır araba, kabriyole.

con·vey [kən'veɪ] *v/t.* taşımak, götürmek; nakletmek, iletmek; açığa vurmak; devretmek; **~·ance** [~əns] *n.* taşıma, nakil; taşıt, araba; LEG devretme, devir; feragatname; **~·er**, **~·or** MEC [~ıə] = **~·er belt** *n.* taşıma bandı.

con|vict 1. ['kɒnvıkt] *n.* hükümlü, mahkûm, suçlu; **2.** LEG [kən'vıkt] *v/t.* mahkûm etmek, suçlamak; **~·vic·tion** [~kʃn] *n.* LEG mahkûmiyet.

con·vince [kən'vıns] *v/t.* ikna etmek, inandırmak.

con·viv·i·al □ [kən'vıvıəl] neşeli, şen.

con·voy ['kɒnvɔı] **1.** *n.* konvoy (*a.* NAUT); koruma, himaye; **2.** *v/t.* eşlik etmek, korumak.

con·vul|sion MED [kən'vʌlʃn] *n.* çırpınma, kıvranma; **~·sive** □ [~sıv] çırpınmalı.

coo [kuː] *v/i.* (*kumru*) ötmek, üveymek.

cook [kʊk] **1.** *n.* aşçı, ahçı; **2.** *v/t. & v/i.* piş(ir)mek; F (*hesap*) üzerinde oynamak; **~ up** F uydurmak (*hikâye*); **~·book** *Am.* ['kʊkbʊk] *n.* yemek kitabı; **~·er** *Brt.* [~ə] *n.* ocak; **~·e·ry** [~ərı] *n.* aşçılık; **~ book** *Brt.* yemek kitabı; **~·ie** *Am.* [~ı] *n.* kurabiye, çörek; **~·ing** [~ıŋ] *n.* pişirme, pişirme sanatı; **~·y** *Am.* [~ı] = ***cookie.***

cool [kuːl] **1.** □ serin; *fig.* soğukkanlı, sakin; *esp. Am.* F güzel, hoş, mükemmel; **2.** *n.* serinlik; F soğukkanlılık; **3.** *v/t. & v/i.* serinle(t)mek, soğu(t)mak; yatışmak, geçmek (*sinir*); ***~ down, ~ off*** yatışmak, geçmek.

coon ZO F [kuːn] *n.* rakun.

coop [kuːp] **1.** *n.* kümes; **2.** *v/t.* ***~ up, ~ in*** tıkmak, sokmak.

co-op F ['kəʊɒp] *n.* kooperatif.

co(-)op·e|rate [kəʊ'ɒpəreıt] *v/i.* işbirliği yapmak, el ele vermek; **~·ra·tion** [kəʊɒpə'reıʃn] *n.* işbirliği, elbirliği; **~·ra·tive** [kəʊ'ɒpərətıv] **1.** □ işbirliği yapan; **2.** *n. a.* ***~ society*** kooperatif; *a.* ***~ store*** kooperatif; **~·ra·tor** [~reıtə] *n.* iş arkadaşı.

co(-)or·di|nate 1. □ [kəʊ'ɔːdınət] aynı derecede önemli, eşit; **2.** [~neıt] *v/t.* ayarlamak, düzenlemek, koordine etmek; **~·na·tion** [kəʊɔːdı'neıʃn] *n.* koordinasyon, eşgüdüm; ayarlama, düzenleme.

cop F [kɒp] *n.* polis, aynasız.

cope [kəʊp]: ***~ with*** *ile* başa çıkmak, *-in* üstesinden gelmek.

cop·i·er ['kɒpıə] *n.* fotokopi makinesi; = ***copyist.***

co·pi·ous □ ['kəʊpjəs] çok, bol, zengin.

cop·per[1] ['kɒpə] **1.** *n. min.* bakır; bakır para; **2.** *adj.* bakırdan yapılmış, bakır...

cop·per[2] F [~] *n.* polis, aynasız.

cop·pice, **copse** ['kɒpıs, kɒps] *n.* ağaçlık, koru.

cop·y ['kɒpı] **1.** *n.* kopya, suret; örnek; yazı, metin; ***fair*** *ya da* ***clean ~*** temiz kopya; **2.** *v/t.* kopya etmek, suretini çıkarmak; taklit etmek; **~-book** *n.* defter, karalama defteri; **~·ing** [~ıŋ] *adj.* kopya...; **~·ist** [~ıst] *n.* kopya eden kimse, taklitçi; **~·right** *n.* telif hakkı.

cor·al ZO ['kɒrəl] *n.* mercan.

cord [kɔːd] **1.** *n.* ip, sicim, kaytan; tel, şerit; ANAT kiriş; **2.** *v/t.* iple bağlamak.

cor·di·al ['kɔːdjəl] **1.** □ samimi, candan, yürekten, içten; MED kalbi harekete geçiren; **2.** *n.* likör; **~·i·ty** [kɔːdı'ælətı] *n.* samimiyet, içtenlik.

cor·don ['kɔːdn] **1.** *n.* kordon; **2.** *v/t.* ***~ off*** kordonla ayırmak, kordon içine almak.

cor·du·roy ['kɔːdərɔı] *n.* fitilli kadife; (***a pair of***) ***~s*** *pl.* kadife pantolon.

core [kɔː] **1.** *n.* meyve içi, göbek; *fig.* öz, esas, iç; **2.** *v/t.* içini çıkarmak.

cork [kɔːk] **1.** *n.* mantar, tıpa; **2.** *v/t. a.* ***~ up*** tıpalamak; **~·screw** ['kɔːkskruː] *n.* tirbuşon, tıpa burgusu.

corn [kɔːn] **1.** *n.* buğday, tahıl, ekin; *a.* ***Indian ~*** *Am.* mısır; MED nasır; **2.** *v/t.* tuzlayıp kurutmak.

cor·ner ['kɔːnə] **1.** *n.* köşe, köşe başı; *futbol*: korner; *fig.* çıkmaz; **2.** *adj.* köşe...; ***~ -kick*** *futbol*: korner atışı, köşe atışı; **3.** *v/t.* köşeye sıkıştırmak, kıstırmak (*a. fig.*); ECON (*piyasayı*) ele geçirmek; **~ed** *adj.* ...köşeli.

cor·net ['kɔːnıt] *n.* MUS kornet, boru; *Brt.* kâğıt külah.

corn·flakes ['kɔːnfleıks] *n. pl.* mısır gevreği.

cor·nice ARCH ['kɔːnıs] *n.* korniş, pervaz.

cor·o·na·ry ANAT ['kɒrənərı] *adj.* kalp damarları ile ilgili; ***~ artery*** kalp damarı.

cor·o·na·tion [kɒrə'neıʃn] *n.* taç giyme töreni.

C

cor·o·ner LEG ['kɒrənə] *n.* şüpheli ölüm olaylarını araştıran memur, sorgu yargıcı; **~'s inquest** bu memurun araştırması.
cor·o·net ['kɒrənıt] *n.* küçük taç.
cor·po|ral ['kɔ:pərəl] **1.** □ bedensel, maddi; **2.** *n.* MIL onbaşı; **~·ra·tion** [kɔ:pə'reıʃn] *n.* kurum, dernek, birlik; tüzelkişi; *Am.* anonim ortaklık.
corpse [kɔ:ps] *n.* ceset, ölü.
cor·pu|lence, **~·len·cy** ['kɔ:pjʊləns, ~sı] *n.* şişmanlık; **~·lent** [~t] *adj.* şişman.
cor·ral 1. *Am.* [kɔ:'rɑ:l, *Am.* kə'ræl] *n.* ağıl, ahır; **2.** (**-ll-**) *v/t.* ağıla kapatmak.
cor|rect [kə'rekt] **1.** □ doğru; tam; yakışık alır; **2.** *v/t.* düzeltmek; ayarlamak, ayar etmek; cezalandırmak; **~·rec·tion** [~kʃn] *n.* düzeltme; ayarlama; ıslah; ***house of ~*** ıslahevi.
cor·re|spond [kɒrı'spɒnd] *v/i.* uymak (***with, to*** *-e*); mektuplaşmak, yazışmak (***with*** *ile*); **~·spondence** [~əns] *n.* uygunluk; benzerlik; mektuplaşma, yazışma; ***~ course*** mektupla öğretim; **~·spon·dent** [~t] **1.** □ uygun; **2.** *n.* muhabir; mektup arkadaşı; **~·spon·ding** □ [~ıŋ] uygun, yerini tutan; *-in* karşılığı olan.
cor·ri·dor ['kɒrıdɔ:] *n.* koridor, geçenek, dehliz; ***~ train*** koridorlu tren.
cor·rob·o·rate [kə'rɒbəreıt] *v/t.* doğrulamak; desteklemek.
cor|rode [kə'rəʊd] *v/t.* & *v/i.* çürü(t)mek, paslan(dır)mak, aşın(dır)mak (*a.* MEC); **~·ro·sion** [~ʒn] *n.* çürüme, paslanma, aşınma; MEC korozyon; **~·ro·sive** [~sıv] **1.** □ aşındırıcı, çürütücü; **2.** *n.* aşındırıcı madde.
cor·ru·gate ['kɒrʊgeıt] *vb.* kırıştırmak, buruşturmak; MEC oluk açmak; ***~d iron*** oluklu demir levha.
cor|rupt [kə'rʌpt] **1.** □ bozulmuş, bozuk; pis; namussuz, fırsatçı, yiyici; **2.** *v/t.* & *v/i.* boz(ul)mak, çürü(t)mek; baştan çıkarmak, ayartmak; rüşvet vermek, para yedirmek; **~·rupt·i·ble** □ [~əbl] rüşvet almaya hazır, para yemeğe eğilimli; **~·rup·tion** [~pʃn] *n.* bozulma, çürüme; ahlak bozukluğu; rüşvet yeme, yiyicilik.
cor·set ['kɔ:sıt] *n.* korse.
cos|met·ic [kɒz'metık] **1.** (**~*ally***) *adj.* makyaj ile ilgili; **2.** *n.* kozmetik, makyaj malzemesi; **~·me·ti·cian** [kɒzmə'tıʃn] *n.* güzellik uzmanı.
cos·mo·naut ['kɒzmənɔ:t] *n.* kozmonot, uzayadamı.
cos·mo·pol·i·tan [kɒzmə'pɒlıtən] *n.* & *adj.* kozmopolit.
cost [kɒst] **1.** *n.* fıyat, paha, eder; masraf; maliyet; ***~ of living*** hayat pahalılığı, geçim masrafı; **2.** (***cost***) *v/i.* para tutmak, mal olmak; **~·ly** ['kɒstlı] (***-ier, -iest***) *adj.* pahalı; masraflı.
cos·tume ['kɒstju:m] *n.* kostüm, giysi, kıyafet.
co·sy ['kəʊzı] **1.** □ (***-ier, -iest***) rahat, sıcacık; **2.** = ***egg-cosy, teacosy.***
cot [kɒt] *n.* portatif karyola; *Brt.* çocuk karyolası.
cot|tage ['kɒtıdʒ] *n.* kulübe; *Am.* yazlık ev, sayfıye evi; ***~ cheese*** süzme peynir; **~·tag·er** [~ə] *n.* rençper; *Am.* sayfıye evinde oturan kimse.
cot·ton ['kɒtn] **1.** *n.* pamuk; pamuk bezi; pamuk ipliği; **2.** *adj.* pamuklu...; **3.** *v/i.* ***~ on to*** anlamak, çakmak; **~·wood** *n.* BOT bir tür kavak; **~ wool** *n. Brt.* hidrofil pamuk, ham pamuk.
couch [kaʊtʃ] **1.** *n.* divan, yatak, sedir, kanepe; **2.** *v/t.* & *v/i.* yat(ır)mak; ifade etmek.
cou·chette RAIL [ku:'ʃet] *n.* kuşet; *a.* ***~ coach*** kuşetli vagon.
couch po·ta·to *n.* F *oturduğu yerden kalkmayan miskin kimse.*
cou·gar ZO ['ku:gə] *n.* puma, Yenidünya aslanı.
cough [kɒf] **1.** *n.* öksürük; **2.** *v/i.* öksürmek.
could [kʊd] *pret. of* ***can***[1].
coun|cil ['kaʊnsl] *n.* konsey, meclis, encümen, divan, şûra, danışma kurulu; ***~ house*** *Brt.* kiraya verilmek üzere yerel yönetimce yapılan ev; **~·ci(l)·lor** [~sələ] *n.* meclis üyesi, konsey üyesi.
coun|sel ['kaʊnsl] **1.** *n.* fikir, öğüt, düşünce; danışma; *Brt.* LEG avukat, dava vekili; ***~ for the defence*** (*Am.* ***defense***) savunma avukatı; ***~ for the prosecution*** dava avukatı; **2.** (*esp. Brt.* **-ll-**, *Am.* **-l-**) *v/t.* öğüt vermek, akıl öğretmek; **~·se(l)·lor** [~sələ] *n.* danışman; *a.* ***~-at-law*** *Am.* LEG avukat, dava vekili.
count[1] [kaʊnt] *n.* kont.
count[2] [~] **1.** *n.* sayma, sayım; hesap;

LEG şikayet maddesi; **2.** *v/t.* saymak, hesaplamak; hesaba katmak, göz önünde tutmak; *fig.* addetmek, saymak; ~ ***down*** geriye saymak; *v/i.* güvenmek, bel bağlamak (***on, upon*** *-e*); değeri olmak (***for little*** az); **~·down**['kaʊntdaʊn] *n.* geriye sayma.
coun·te·nance['kaʊntɪnəns] *n.* çehre, yüz, sima; yüz ifadesi; onama, destek.
count·er[1]['kaʊntə] *n.* sayaç; *Brt.* marka, fiş.
coun·ter[2][~] *n.* tezgâh; kontuar.
coun·ter[3] [~] **1.** *adv.* karşı...; **2.** *v/t.* karşılamak, karşılık vermek; *boks*: savuşturmak (*yumruk*).
coun·ter·act[kaʊntə'rækt] *v/t.* karşılamak, karşı koymak; (*etkisini*) gidermek, yok etmek.
coun·ter·bal·ance 1. ['kaʊntəbæləns] *n.* karşılık, denk; **2.** [kaʊntə'bæləns] *v/t.* denkleştirmek; karşılamak.
coun·ter·clock·wise *Am.* [kaʊntə'klɒkwaɪz] = ***anticlockwise.***
coun·ter-es·pi·o·nage ['kaʊntər'espɪənɑːʒ] *n.* karşı casusluk.
coun·ter·feit ['kaʊntəfɪt] **1.** □ sahte, kalp, taklit; **2.** *n.* taklit; kalp para; **3.** *v/t.* sahtesini yapmak; taklit etmek.
coun·ter·foil ['kaʊntəfɔɪl] *n.* makbuz koçanı.
coun·ter·mand [kaʊntə'mɑːnd] *v/t.* (*yeni bir emirle eskisini*) iptal etmek.
coun·ter·pane ['kaʊntəpeɪn] = ***bedspread.***
coun·ter·part['kaʊntəpɑːt] *n.* karşılık; emsal, akran.
coun·ter·sign ['kaʊntəsaɪn] *v/t.* ikinci olarak imzalamak.
coun·tess['kaʊntɪs] *n.* kontes.
count·less['kaʊntlɪs] *adj.* çok, sayısız.
coun·try ['kʌntrɪ] **1.** *n.* ülke; vatan, yurt; taşra, kır, sayfiye, kent dışı; **2.** *adj.* ülke...; taşra...; **~·man** (*pl.* ***-men***) *n.* vatandaş; taşralı; *a.* ***fellow*** ~ hemşeri; ~ ***road*** *n.* şose; **~·side** *n.* kırsal bölge, kırlık; sayfiye, kent dışı; **~·wom·an** (*pl.* ***-women***) *n.* kadın vatandaş; taşralı kadın; *a.* ***fellow*** ~ kadın hemşeri.
coun·ty['kaʊntɪ] *n. Brt.* kontluk; idare bölümü; *Am.* ilçe, kaza; ~ **seat***n. Am.* ilçe merkezi; ~ **town***n. Brt.* ilçe merkezi.
coup [kuː] *n.* askeri darbe, hükümet darbesi.
cou·ple['kʌpl] **1.** *n.* çift; ***a*** ~ ***of*** F birkaç, bir iki; **2.** *v/t.* & *v/i.* birleş(tir)mek; MEC bağlamak; zo çiftleş(tir)mek.
coup·ling MEC ['kʌplɪŋ] *n.* kavrama, bağlama.
cou·pon['kuːpɒn] *n.* kupon; koçan.
cour·age ['kʌrɪdʒ] *n.* cesaret, yiğitlik, yürek; **cou·ra·geous** □ [kə'reɪdʒəs] cesur, yiğit, yürekli.
cou·ri·er['kʊrɪə] *n.* kurye, haberci; turist rehberi.
course[kɔːs] **1.** *n.* yön; alan, saha; yol; *fig.* akış, seyir, cereyan; NAUT, AVIA rota; SPOR: pist; ders; tahsil; kurs; yemek, öğün; ECON vade; MED kür, tedavi; ***of*** ~ elbette; **2.** *v/t.* (*av*) kovalamak; *v/i.* (*kan, gözyaşı*) akmak.
court[kɔːt] **1.** *n.* avlu, iç bahçe; saray; SPOR: kort; LEG mahkeme; kur; **2.** *vb.* kur yapmak; *fig.* (*hastalık, tehlike*) davet etmek.
cour·te|ous □ ['kɜːtjəs] kibar, nazik, ince; **~·sy**[~ɪsɪ] *n.* kibarlık, incelik.
court|-house['kɔːt'haʊs] *n.* mahkeme binası, adliye sarayı; **~·ier**[~jə] *n.* padişah nedimi; **~·ly**[~lɪ] *adj.* kibar, nazik; ~ **martial** (*pl.* ***~s martial,*** ~ ***martials***) *n.* askeri mahkeme; **~-mar·tial** [~'mɑːʃl] (*esp. Brt.* ***-ll-***, *Am.* ***-l-***) *v/t.* askeri mahkemede yargılamak; **~·room** *n.* mahkeme salonu; **~·ship**['kɔːtʃɪp] *n.* kur yapma, kur; **~·yard** *n.* avlu, iç bahçe.
cous·in['kʌzn] *n.* kuzen; kuzin.
cove[kəʊv] *n.* koy, küçük körfez.
cov·er ['kʌvə] **1.** *n.* kapak, örtü, kap, kılıf; cilt; zarf; barınak, sığınak, siper; himaye, koruma; sofra takımı; *fig.* maske, perde, kisve; ***take*** ~ sığınmak, barınmak; ***under plain*** ~ isimsiz zarfta *ya da* pakette; ***under separate*** ~ ayrı bir zarfta *ya da* pakette; **2.** *v/t.* örtmek, kapamak; kaplamak; katetmek, almak (*yol*); içine almak, içermek, kapsamak; ECON karşılamak (*masraf*); MIL korumak; *fig.* gizlemek, saklamak; *radyo*, TV: rapor etmek, bildirmek; ~ ***up*** örtmek, sarmak; *fig.* örtbas etmek; ~ ***up for s.o.*** *b-nin* yerine bakmak; *b-nin* açığını kapatmak; **~·age**[~rɪdʒ] *n.* rapor etme, bildirme, nakil; ~ **girl***n.* kapak kızı; **~·ing**[~rɪŋ] *n.* örtü, perde; ~ **sto·ry***n.* kapak konusu.

C

cov·ert □ ['kʌvərt] saklı, gizli, örtülü.
cov·et ['kʌvɪt] *v/t.* gıpta etmek, imrenmek, göz dikmek; **~·ous** □ [~əs] açgözlü, göz diken.
cow[1] ZO [kaʊ] *n.* inek.
cow[2] [~] *v/t.* korkutmak, sindirmek, yıldırmak.
cow·ard ['kaʊəd] *n. & adj.* korkak, ödlek, yüreksiz; **~·ice** [~ɪs] *n.* korkaklık, ödleklik; **~·ly** [~lɪ] *adj.* korkak, ödlek; alçakça (*davranış*).
cow·boy ['kaʊbɔɪ] *n.* kovboy, sığırtmaç, sığır çobanı.
cow·er ['kaʊə] *v/i.* çömelmek, sinmek, büzülmek.
cow|herd ['kaʊhɜːd] *n.* sığırtmaç, sığır çobanı; **~·hide** *n.* sığır derisi; **~·house** *n.* ahır.
cowl [kaʊl] *n.* başlıklı rahip cüppesi; kukuleta; baca şapkası.
cow|shed ['kaʊʃed] *n.* ahır; **~·slip** *n.* BOT çuhaçiçeği.
cox [kɒks] = ***coxswain.***
cox·comb ['kɒkskəʊm] *n.* züppe, hoppa.
cox·swain ['kɒksweɪn, NAUT *mst* 'kɒksn] *n.* dümenci, filika serdümeni.
coy □ [kɔɪ] çekingen, utangaç, ürkek; nazlı, cilveli.
coy·ote ZO ['kɔɪəʊt] *n.* kırkurdu.
co·zy *Am.* □ ['kəʊzɪ] (***-ier, -iest***) = ***cosy.***
crab [kræb] *n.* yengeç; F şikâyet, sızlanma, mızmızlık.
crack [kræk] **1.** *n.* çatlak, yarık; çatırdı, gümbürtü; şaklama; F şiddetli tokat, şamar; F deneme, girişim; espri; F *tütün gibi yakılıp içilmek üzere kristal haline getirilmiş kokain*; **2.** *adj.* birinci sınıf, mükemmel; **3.** *v/t. & v/i.* çatla(t)mak, kır(ıl)mak, yar(ıl)mak; şakla(t)mak; çatırda(t)mak; ***~ a joke*** espri yapmak, şaka yapmak; *a.* ***~ up*** *fig.* elden ayaktan düşmek; bunamak; ***get ~ing*** F meşgul olmak; **~·er** ['krækə] *n.* patlangaç; fındık *ya da* ceviz kıracağı; kraker, gevrek bisküvi; **~·le** [~kl] *v/i.* çatırdamak, çıtırdamak.
cra·dle ['kreɪdl] **1.** *n.* beşik (*a. fig.*); **2.** *v/t.* beşiğe yatırmak.
craft[1] [krɑːft] *n.* NAUT gemi, tekne; gemiler; AVIA uçak; uçaklar.
craft[2] [~] *n.* el sanatı, zanaat, hüner; hile, kurnazlık, şeytanlık; **~s·man** ['krɑːftsmən] (*pl.* ***-men***) *n.* zanaatçı, usta; **~·y** □ [~ɪ] (***-ier, -iest***) kurnaz, şeytan.
crag [kræg] *n.* sarp kayalık, uçurum.
cram [kræm] (***-mm-***) *v/t.* tıka basa doldurmak, tıkmak; çiğnemeden yutmak; *v/i.* tıkınmak; sınava hazırlanmak.
cramp [kræmp] **1.** *n.* kramp, kasınç; MEC mengene, kenet; *fig.* engel; **2.** *v/t.* engel olmak.
cran·ber·ry BOT ['krænbərɪ] *n.* kırmızı yabanmersini.
crane [kreɪn] **1.** *n.* ZO turna; MEC vinç; **2.** *v/t.* uzatmak (*boyun*); ***~ one's neck*** boynunu uzatmak (***for*** *için*).
crank [kræŋk] **1.** *n.* MEC krank; MEC manivela, kol; F sabit fikirli kimse, tip; **2.** *v/t.* krankla hareket ettirmek; **~·shaft** MEC ['kræŋkʃɑːft] *n.* krank mili; **~·y** [~ɪ] (***-ier, -iest***) *adj.* garip, tuhaf; aksi, huysuz; güvenilmez.
cran·ny ['krænɪ] *n.* çatlak, yarık.
crape [kreɪp] *n.* krepon.
craps *Am.* [kræps] *n. sg.* çift zarla oynanan bir oyun.
crash [kræʃ] **1.** *n.* çatırtı, şangırtı, gürültü; AVIA kaza; *esp.* ECON iflas, batkı, topu atma; **2.** *v/t. & v/i.* parçala(n)mak, kır(ıl)mak; yıkılmak, çökmek; AVIA düşüp parçalanmak, kaza geçirmek; *esp.* ECON mahvolmak, batmak; davetsiz girmek; çarpmak, toslamak (***against, into*** *-e*); **3.** *adj.* âcil, ivedili; **~ bar·ri·er** ['kræʃbærɪə] *n.* barikat, korkuluk; **~ course** *n.* yoğun kurs; **~ di·et** *n.* sıkı rejim; **~hel·met** *n.* miğfer, kask; **~-land** *v/t. & v/i.* AVIA zorunlu iniş yap(tır)mak; **~ land·ing** *n.* AVIA zorunlu iniş.
crate [kreɪt] *n.* kasa.
cra·ter ['kreɪtə] *n.* krater, yanardağ ağzı.
crave [kreɪv] *v/t.* yalvarmak, yalvararak istemek; *v/i.* çok istemek, can atmak (***for*** *-e*); **crav·ing** ['kreɪvɪŋ] *n.* şiddetli arzu, özlem.
craw·fish ZO ['krɔːfɪʃ] *n.* kerevides, kerevit.
crawl [krɔːl] **1.** *n.* ağır ilerleme; emekleme; **2.** *v/i.* sürünmek; emeklemek; ağır ilerlemek; dolu olmak, kaynamak (***with*** *ile*); krol yüzmek; ***it makes one's flesh ~*** insanın tüylerini ürpertiyor.
cray·fish ZO ['kreɪfɪʃ] *n.* kerevides, ke-

revit.

cray·on ['kreıən] *n.* boyalı kalem, pastel.

craze [kreız] *n.* çılgınlık; F geçici moda; ***be the ~*** moda olmak;**cra·zy** □ ['kreızı] (***-ier, -iest***) çılgın, deli; hayran, âşık, tutkun (***about*** *-e*).

creak [kri:k] *v/i.* gıcırdamak.

cream [kri:m] **1.** *n.* krem; krem rengi; krema, kaymak; **2.** *v/t. a.* ***~ off*** kaymağını almak; *fig.* kaymağını yemek; **~·e·ry** ['kri:mərı] *n.* sütçü dükkânı; yağ ve peynir fabrikası;**~·y** [~ı] (***-ier, -iest***) *adj.* kaymaklı.

crease [kri:s] **1.** *n.* buruşuk; pli, kat; **2.** *v/t. & v/i.* buruş(tur)mak, katla(n)mak.

cre|ate [kri:'eıt] *v/t.* yaratmak (*a. fig.*); neden olmak, yol açmak; **~·a·tion** [~'eıʃn] *n.* yaratma; yaratılış; evren; yaratılan şey, buluş;**~·a·tive** □ [~'eıtıv] yaratıcı; **~·a·tor** [~ə] *n.* yaratıcı kimse;**crea·ture** ['kri:tʃə] *n.* yaratık; insan, kul.

crèche [kreıʃ] *n.* kreş, bebek bakımevi.

cre|dence ['kri:dns] *n.* güven;**~·dentials** [krı'denʃlz] *n. pl.* itimatname, güven belgesi.

cred·i·ble □ ['kredəbl] inanılır, güvenilir.

cred|it ['kredıt] **1.** *n.* güven, inanma, emniyet; saygınlık, itibar; etki, nüfuz; ECON kredi; ECON borç; ***~ card*** ECON kredi kartı; **2.** *v/t.* inanmak; ECON alacak kaydetmek, alacaklandırmak; ***~ s.o. with s.o.*** *b-ni* ...sanmak;**~·i·table** □ [~əbl] şerefli, şeref kazandıran (***to*** *-e*); **~·i·tor** [~ə] *n.* alacaklı; **~·u·lous** □ [~jʊləs] herşeye inanan, saf.

creed [kri:d] *n.* inanç, iman.

creek [kri:k] *n. Brt.* koy; *Am.* çay, dere.

creel [kri:l] *n.* balık sepeti.

creep [kri:p] (***crept***) *v/i.* sürünmek, emeklemek; *fig.* sessizce sokulmak; ürpermek; (*sarmaşık*) sarılmak; ***~ in*** içeri süzülmek; ***it makes my flesh ~*** tüylerimi ürpertiyor;**~·er** BOT ['kri:pə] *n.* sürüngen bitki;**~s** *pl.* F: ***the sight gave me the ~*** manzara tüylerimi ürpertti.

crept [krept] *pret. & p. p. of* ***creep.***

cres·cent ['kresnt] **1.** *adj.* hilal biçiminde; **2.** *n.* hilal, yeniay, ayça.

cress BOT [kres] *n.* tere.

crest [krest] *n.* ibik; zirve, doruk; tepe; miğfer püskülü; ***family ~*** aile arması; **~·fal·len** ['krestfɔ:lən] *adj.* üzgün.

cre·vasse [krı'væs] *n.* buzul yarığı; *Am.* su bendi.

crev·ice ['krevıs] *n.* çatlak, yarık.

crew[1] [kru:] *n.* NAUT, AVIA mürettebat, NAUT *a.* tayfa; grup, takım; çete.

crew[2] [~] *pret. of* ***crow 2.***

crib [krıb] **1.** *n.* yemlik, ambar; kulübe; *Am.* çocuk karyolası; F *okul:* kopya; **2.** (***-bb-***) *vb.* F kopya çekmek.

crick [krık]: ***a ~ in one's back*** (***neck***) boyun tutulması.

crick·et ['krıkıt] *n.* ZO cırcırböceği; SPOR: kriket; ***not ~*** F haksız; sportmence olmayan.

crime [kraım] *n.* LEG cinayet, kıya; ayıp, günah; ***~ novel*** cinayet romanı.

crim·i·nal ['krımınl] **1.** □ cinayetle ilgili, kıyasal, cinayet...; **2.** *n.* suçlu, cani, kıyacı.

crimp [krımp] *v/t.* (*saçı*) kıvırcık yapmak, dalga dalga yapmak.

crim·son ['krımzn] *adj.* koyu kırmızı, fes rengi.

cringe [krındʒ] *v/i.* sinmek, büzülmek; yaltaklanmak.

crin·kle ['krıŋkl] **1.** *n.* kırışık, buruşuk; **2.** *v/t. & v/i.* kırış(tır)mak, buruş(tur)mak.

crip·ple ['krıpl] **1.** *n.* topal, sakat, kötürüm; **2.** *v/t.* sakatlamak; *fig.* felce uğratmak.

cri·sis ['kraısıs] (*pl.* ***-ses*** [-si:z]) *n.* kriz, buhran; bunalım.

crisp [krısp] **1.** □ gevrek; körpe; kuru, serin (*hava*); kıvırcık, kıvır kıvır (*saç*); **2.** *vb.* (*saç*) kıvırcık yapmak; gevretmek; **3.** *n.* ***~s*** *pl., a.* ***potato ~s*** *pl. Brt.* cips, patates kızartması;**~·bread** ['krıspbred] *n.* gevrek ekmek.

criss-cross ['krıskrɒs] **1.** *n.* birbirini kesen çapraz doğrular; **2.** *vb.* çapraz doğrular çizmek; çapraz biçimde hareket etmek.

cri·te·ri·on [kraı'tıərıən] (*pl.* ***-ria*** [-rıə], ***-rions***) *n.* kriter, ölçüt.

crit|ic ['krıtık] *n.* eleştirmen;**~·i·cal** □ [~kl] kritik, tehlikeli; eleştiren; **~·i·cis·m** [~ısızəm] *n.* eleştiri, kritik;**~·i·cize** [~saız] *v/t.* eleştirmek; kınamak, yermek.

cri·tique [krı'tiːk] *n.* eleştiri yazısı.
croak [krəʊk] *v/i.* vakvaklamak, vak vak diye bağırmak.
cro·chet ['krəʊʃeı] **1.** *n.* kroşe, tığla işlenen dantel; **2.** *vb.* kroşe yapmak.
crock·e·ry ['krɒkərı] *n.* çanak çömlek.
croc·o·dile ZO ['krɒkədaı] *n.* timsah.
crone F [krəʊn] *n.* kocakarı.
cro·ny F ['krəʊnı] *n.* yakın arkadaş, kafadar.
crook [krʊk] **1.** *n.* kanca; viraj, dönemeç; F dolandırıcı, üçkâğıtçı; **2.** *v/t.* bükmek, kıvırmak; **~·ed** ['krʊdıd] *adj.* dolandırıcı, namussuz; hileli; [krʊkt] eğri.
croon [kruːn] *v/i.* mırıldanmak; **~·er** ['kruːnə] *n.* duygulu şarkılar söyleyen şarkıcı.
crop [krɒp] **1.** *n.* ZO kursak; ekin, ürün; yığın; kısa saç; kırbaç sapı; **2.** (**-pp-**) *v/t.* kısa kesmek (*saç*); biçmek; kırpmak, kırkmak; dikmek, ekmek; **~ *up*** *fig.* ortaya çıkmak, doğmak.
cross [krɒs] **1.** *n.* çapraz işareti; haç; çarmıh; ıstavroz; elem, dert; **2.** ☐ karşıdan gelen (*rüzgâr*); huysuz, aksi, ters; dargın, öfkeli; çapraz; melez; **3.** *v/t.* geçmek, aşmak; (*kollarını*) kavuşturmak; (*bacaklarını*) üst üste atmak; iptal etmek, çıkarmak; *fig.* işini bozmak, engellemek; **~ *off*, ~ *out*** çizmek, silmek; **~ *o.s.*** istavroz çıkarmak, haç çıkarmak; ***keep one's fingers ~ed*** şans dilemek; *v/i.* karşıdan karşıya geçmek; **~·bar** ['krɒsbɑː] *n.* *futbol*: üst kale direği; **~-breed** *n.* melez; **~-coun·try** *adj.* kırları aşan, kır…; **~ *race*** kır koşusu; **~-ex·am·i·na·tion** *n.* sorgu; **~-ex·am·ine** *v/t.* sorguya çekmek; **~-eyed** *adj.* şaşı: ***be ~*** şaşı olmak; **~·ing** [-ıŋ] *n.* geçiş; geçit; NAUT karşıdan karşıya geçme; **~·road** *n.* yan yol, ara yol; **~·roads** *n. pl. ya da sg.* kavşak, dörtyol ağzı; *fig.* dönüm noktası; **~-sec·tion** *n.* kesit; **~·walk** *n. Am.* yaya geçidi; **~·wise** *adv.* çaprazlama; **~·word (puz·zle)** *n.* çapraz bulmaca.
crotch [krɒtʃ] *n.* BOT çatal, gövde ile dalın birleştiği yer.
crotch·et ['krɒtʃıt] *n.* garip fikir, akıl almaz düşünce; *esp. Brt.* MUS dörtlük.
crouch [kraʊtʃ] **1.** *v/i.* çömelmek, sinmek: **2.** *n.* çömelme, sinme.
crow [krəʊ] **1.** *n.* ZO karga; **2.** (***crowed*** *ya da* ***crew, crowed***) *v/i.* (*horoz*) ötmek; (***crowed***) F övünmek, kolukları kabarmak (***about*** *-den*).
crow·bar ['krəʊbɑː] *n.* manivela, kaldıraç.
crowd [kraʊd] **1.** *n.* kalabalık; yığın, kitle; halk; F arkadaş grubu; **2.** *v/i.* içeriye dolmak, doluşmak, toplanmak; *v/t.* doldurmak; **~·ed** ['kraʊdıd] *adj.* kalabalık.
crown [kraʊn] **1.** *n.* taç; krallık, hükümdarlık; baş, tepe: kuron; **2.** *v/t.* taç giydirmek; ödüllendirmek; *-in* tepesinde bulunmak; ***to ~ all*** üstelik, bu da yetmezmiş gibi.
cru·cial ☐ ['kruːʃl] kritik, önemli, can alıcı.
cru·ci·fix ['kruːsıfıks] *n.* İsalı haç; **~·fix·ion** [kruːsı'fıkʃn] *n.* çarmıha ger(il)me; **~·fy** ['kruːsıfaı] *v/t.* çarmıha germek.
crude ☐ [kruːd] işlenmemiş, ham (*petrol v.b.*); bitmemiş, yarım yamalak; kaba, çiğ (*davranış*).
cru·el ☐ [krʊəl] (**-ll-**) acımasız, zalim; *fig.* dayanılmaz, çok acı; **~·ty** ['krʊəltı] *n.* acımasızlık, zalimlik; **~ *to animals*** hayvanlara zulmetme; **~ *to children*** çocuklara acımasızca davranma.
cru·et ['kruːıt] *n.* küçük şişe.
cruise NAUT [kruːz] **1.** *n.* deniz gezintisi; **~ *missile*** AVIA *MIL* kruz füzesi; **2.** *v/i.* gemi ile gezmek; devriye gezmek, dolaşmak, kol gezmek; **cruis·er** ['kruːzə] *n.* NAUT *MIL* kruvazör; *Am.* devriye arabası.
crumb [krʌm] **1.** *n.* ekmek kırıntısı; az şey, kırıntı; **2.** *v/t.* ufalamak; **crum·ble** ['krʌmbl] *v/t.* & *v/i.* ufala(n)mak; *fig.* çökmek; (*umut*) suya düşmek.
crum·ple ['krʌmpl] *v/t.* & *v/i.* buruş(tur)mak, kırış(tır)mak; *fig.* çökmek.
crunch [krʌntʃ] *v/t.* çatır çutur yemek; *v/i.* gıcırdamak, gırç gırç etmek.
cru|sade [kruː'seıd] *n.* Haçlı seferi; *fig.* mücadele; **~·sad·er** *hist.* [-ə] *n.* Haçlı.
crush [krʌʃ] **1.** *n.* kalabalık, izdiham; ezme, sıkma; F tutku; ***have a ~ on s.o.*** *b-ne* tutulmak, âşık olmak; **2.** *v/t.* & *v/i.* ez(il)mek; kırmak; buruşturmak; *fig.* bastırmak, ezmek; **~-barri·er** ['krʌʃbærıə] *n.* bariyer.
crust [krʌst] **1.** *n.* ekmek kabuğu; kabuk; **2.** *v/t.* & *v/i.* kabukla(n)mak, ka-

buk bağlamak.
crus·ta·cean ZO [krʌ'steɪʃn] *n.* kabuklu hayvan.
crust·y☐ ['krʌstɪ] (**-ier, -iest**) kabuklu; *fig.* huysuz, ters.
crutch [krʌtʃ] *n.* koltuk değneği; *fig.* destek.
cry [kraɪ] **1.** *n.* ağlama; feryat, çığlık; haykırış, ses; nara; **2.** *v/i.* ağlamak; bağırmak; *v/t.* yalvarmak; bağırarak satmak; **~ *for*** ağlayarak istemek.
crypt [krɪpt] *n.* yeraltı kemeri; **cryp·tic** ['krɪptɪk] (**~ally**) *adj.* gizli, esrarlı: gizli anlamlı.
crys·tal ['krɪstl] *n.* kristal, billur; *Am.* saat camı; **~·line** [~təlaɪn] *adj.* billur gibi, berrak; kristal...; **~·lize** [~aɪz] *v/t. & v/i.* billurlaş(tır)mak.
cu IT ['siːjuː] (= ***see you***) (*kısa mesajda*) görüşmek üzere.
cub [kʌb] **1.** *n.* hayvan yavrusu; genç; **2.** *vb.* yavrulamak.
cube [kjuːb] *n.* küp (*a.* MATH); MATH kübik sayı; **~ *root*** MATH küp kök; **cu·bic** ['kjuːbɪk] (**~ally**), **cu·bical**☐ [~kl] kübik.
cu·bi·cle ['kjuːbɪkl] *n.* odacık, kabin.
cuck·oo ZO ['kʊkuː] (*pl.* **-oos**) *n.* guguk.
cu·cum·ber ['kjuːkʌmbə] *n.* salatalık, hıyar; ***as cool as a ~*** *fig.* sakin, kendine hâkim.
cud [kʌd] *n.* geviş; ***chew the ~*** geviş getirmek; *fig.* derin derin düşünmek.
cud·dle ['kʌdl] *v/t.* kucaklamak, sarılmak.
cud·gel ['kʌdʒəl] **1.** *n.* sopa; **2.** (*esp. Brt.* **-ll-**, *Am.* **-l-**) *v/t.* sopa atmak, sopalamak, dövmek.
cue [kjuː] *n. bilardo:* isteka; THEA oyuncunun sözü arkadaşına bırakmadan önceki son sözü; *fig.* işaret, ima.
cuff [kʌf] **1.** *n.* manşet, kolluk; kelepçe; tokat, sille; **2.** *v/t. -e* tokat atmak, tokatlamak.
cui·sine [kwiː'ziːn] *n.* yemek pişirme sanatı, mutfak.
cul·mi·nate ['kʌlmɪneɪt] *vb.* en son noktaya erişmek, sonuçlanmak (***in*** *ile*).
cu·lottes [kjuː'lɒts] *n.pl.* (***a pair of*** bir) pantolon-etek.
cul·pa·ble☐ ['kʌlpəbl] suçlu, kabahatli.
cul·prit ['kʌlprɪt] *n.* suçlu, sanık.
cul·ti|vate ['kʌltɪveɪt] *v/t.* AGR (*toprak*) işlemek, ekip biçmek; yetiştirmek; (*dostluk*) kazanmaya çalışmak; **~·vated** *adj.* AGR ekili, işlenmiş; *fig.* kültürlü, görgülü; **~·va·tion** [kʌltɪ'veɪʃn] *n.* AGR toprağı işleme, ekip biçme, tarım; *fig.* kültür, görgü.
cul·tu·ral☐ ['kʌltʃərəl] kültürel, ekinsel.
cul·ture ['kʌltʃə] *n.* kültür, ekin; **~d** *adj.* kültürlü.
cum·ber·some ['kʌmbəsəm] *adj.* sıkıcı; kullanışşız, biçimsiz, hantal.
cu·mu·la·tive☐ ['kjuːmjʊlətɪv] toplanmış, birikmiş; giderek artan.
cun·ning ['kʌnɪŋ] **1.**☐ kurnaz, açıkgöz, şeytan; *Am.* şirin, sevimli; **2.** *n.* kurnazlık, şeytanlık; hüner, marifet.
cup [kʌp] **1.** *n.* fincan; kadeh, bardak; BOT çanak; SPOR: kupa; **~ *final*** kupa finali; **~ *winner*** kupa galibi; **2.** (**-pp-**) *v/t.* fincan biçimine sokmak, çukurlaştırmak; ***she ~ped her chin in her hand*** çenesini elinin içine aldı; **~·board** ['kʌbəd] *n.* dolap, büfe; **~ *bed*** dolap-yatak.
cu·pid·i·ty [kjuː'pɪdətɪ] *n.* açgözlülük, hırs.
cu·po·la ['kjuːpələ] *n.* küçük kubbe.
cur [kɜː] *n.* sokak köpeği, it (*a. fig.*).
cu·ra·ble ['kjʊərəbl] *adj.* tedavi edilebilir.
cu·rate ['kjʊərət] *n.* papaz yardımcısı.
curb [kɜːb] **1.** *n.* atın suluk zinciri; *fig.* engel, fren; *esp. Am.* = **kerb(stone)**; **2.** *v/t.* (*atı*) kontrol altına almak; *fig.* zaptetmek, frenlemek, hâkim olmak.
curd [kɜːd] **1.** *n.* kesmik, lor; **2.** *mst*
cur·dle ['kɜːdl] *v/t. & v/i.* (*süt*) kes(il)mek; ***the sight made my blood ~*** manzara kanımı dondurdu.
cure [kjʊə] **1.** *n.* tedavi; iyileşme, şifa; ilaç; çare, derman; **2.** *v/t.* tedavi etmek, iyileştirmek; *-e* çare bulmak; tuzlamak; tütsülemek.
cur·few MIL ['kɜːfjuː] *n.* sokağa çıkma yasağı.
cu·ri|o ['kjʊərɪəʊ] (*pl.* **-os**) *n.* nadir ve pahalı eşya, antika; **~·os·i·ty** [kjʊərɪ'ɒsətɪ] *n.* merak; nadir şey, antika; **~·ous**☐ ['kjʊərɪəs] meraklı; garip, tuhaf.
curl [kɜːl] **1.** *n.* bukle, büklüm, lüle; **2.**

v/t. & v/i. bük(ül)mek, kıvırmak; kıvrılmak; **~·er** ['kɜːlə] *n.* saç maşası; **~·y** [~ı] (*-ier, -iest*) *adj.* kıvırcık, kıvır kıvır, bukleli.

cur·rant ['kʌrənt] *n.* BOT frenküzümü; kuşüzümü.

cur|ren·cy ['kʌrənsı] *n.* geçerlik, tedavül; revaç, sürüm; ECON para; ECON rayiç, sürüm değeri; ***foreign ~*** döviz; **~·rent** [~t] **1.** □ şimdiki, bugünkü; ECON yürürlükte olan, geçer, cari; **2.** *n.* akıntı; ELECT cereyan, akım; *fig.* akış, gidişat; **~·rent ac·count** *n.* ECON cari hesap, alacak verecek hesabı.

cur·ric·u·lum [kə'rıkjʊləm] (*pl.* ***-la*** [-lə], ***-lums***) *n.* müfredat programı, öğretim izlencesi; **~ vi·tae** [~'vaıtiː] *n.* özgeçmiş.

cur·ry[1] ['kʌrı] *n.* baharatlı bir yemek.

cur·ry[2] [~] *v/t.* kaşağılamak (*at*); tabaklamak (*deri*).

curse [kɜːs] **1.** *n.* beddua, lanet; küfür; **2.** *vb.* beddua etmek; küfretmek; **curs·ed** □ ['kɜːsıd] Allahın cezası, lanet olası.

cur·sor ['kɜːsə] *n.* MATH sürgülü hesap cetveli; cetvel sürgüsü.

cur·so·ry □ ['kɜːsrı] gelişigüzel yapılmış, üstünkörü, yarımyamalak.

curt □ [kɜːt] kısa ve sert.

cur·tail [kɜː'teıl] *v/t.* azaltmak, kısaltmak; *fig.* kısa kesmek.

cur·tain ['kɜːtn] **1.** *n.* perde; tiyatro perdesi; ***draw the ~s*** perdeleri çekmek; **2.** *v/t.* ***~ off perde*** ile ayırmak.

curt·s(e)y ['kɜːtsı] **1.** *n.* reverans; **2.** *v/i.* reverans yapmak (***to*** *-e*).

cur·va·ture ['kɜːvətʃə] *n.* eğilme; eğiklik.

curve [kɜːv] **1.** *n.* eğri, kavis, kıvrım; viraj, dönemeç; **2.** *v/t. & v/i.* eğ(il)mek, bük(ül)mek.

cush·ion ['kʊʃn] **1.** *n.* minder, yastık; *bilardo*: bant; **2.** *v/t.* kıtıkla doldurmak; MEC beslemek.

cuss F [kʌs] **1.** *n.* küfür; **2.** *v/i.* küfretmek.

cus·tard ['kʌstəd] *n.* krema.

cus·to·dy ['kʌstədı] *n.* gözetim, bakım; nezaret, gözaltı; tutuklama.

cus·tom ['kʌstəm] *n.* alışkanlık; örf, töre, görenek; ECON müşterisi olma, alışveriş; **~·a·ry** □ [~ərı] alışılmış, âdet olan; **~-built** *adj.* isteğe göre yapılmış; **~·er** [~ə] *n.* müşteri, alıcı; F herif; **~-house** *n.* gümrük dairesi; **~-made** *adj.* ısmarlama.

cus·toms ['kʌstəmz] *n. pl.* gümrük; **~ clear·ance** *n.* gümrük muayene belgesi; **~ of·fi·cer**, **~ of·fi·cial** *n.* gümrük memuru, gümrükçü.

cut [kʌt] **1.** *n.* kesme; kesik, yara; indirim, iskonto; ELECT kesinti; hisse, pay; kestirme yol (*mst* ***short-~***); dersi asma; parça, dilim; biçim; *fig.* iğneleyici söz, taş; *iskambil*: kesme; ***cold ~s*** *pl.* soğuk et yemekleri; ***give s. o. the ~ direct*** F *b-ni* görmezlikten gelmek; **2.** (***-tt-; cut***) *v/t.* kesmek; biçmek; (*yol*) açmak; (taş) yontmak, işlemek; (*fiyat*) indirmek; (diş) çıkarmak; (*film*) sansür etmek; (*okul*) asmak; (*oyun kâğıdı*) kesmek; ***~ teeth*** diş çıkarmak; ***~ short*** kısa kesmek, sözü uzatmamak; ***~ across*** kestirmeden gitmek; *-e* ters düşmek; ***~ back*** (*çalı v. b.*) budamak; azaltmak, düşürmek; ***~ down*** kesip devirmek; (*masraf*) kısmak; azaltmak; (*fiyat*) indirmek, kırmak; (*giysi*) kısaltmak; ***~ in*** F söze karışmak, araya girmek; ***~ in on s. o.*** MOT araya dalmak; ***~ off*** kesmek, uçurmak; TELEPH hattı kesmek; ***~ out*** kesip çıkarmak; *Am.* bırakmak, atlamak; *fig.* gölgede bırakmak; ***be ~ out for***...için istenilen nitelikte olmak; ***~ up*** parçalamak, doğramak; ***be ~ up*** F çok üzülmek, sarsılmak; **~-back** ['kʌtbæk] *n.* azaltma, kısıntı; *film*: tekrar oynatma.

cute □ F [kjuːt] (***~r, ~st***) zeki, akıllı; *Am.* şirin, sevimli, cici.

cu·ti·cle ['kjuːtıkl] *n.* ANAT epiderm, üstderi.

cut·le·ry ['kʌtlərı] *n.* çatal bıçak takımı; bıçakçılık.

cut·let ['kʌtlıt] *n.* kotlet, pirzola.

cut|-price ECON ['kʌtpraıs], **~-rate** *adj.* indirimli, düşük fiyatlı; **~·ter** [~ə] *n.* kesici; *film*: montajcı; MEC bıçak, freze; NAUT tek direkli gemi; filika; *Am.* hafif kızak; **~·throat** *n.* katil, cani; **~·ting** [~ıŋ] **1.** □ iğneleyici, taşlamalı (*söz*); MEC kesici, keskin; **2.** *n.* kesme; RAIL *etc.* yol, pasaj; BOT daldırma; *esp. Brt.* gazete kupürü; ***~s*** *pl.* MEC talaş, süprüntü, matkap tozu.

cy·ber... ['saıbə] siber...

cy·cle[1] ['saıkl] *n.* devir, dönme; seri;

dönem.
cy·cle[2] [~] **1.** *n.* bisiklet; motosiklet; **2.** *v/i.* bisiklete binmek; **cy·clist** [~lıst] *n.* bisikletçi; motosikletçi.
cy·clone ['saıkləʊn] *n.* siklon, kiklon, şiddetli fırtına.
cyl·in·der ['sılındə] *n.* silindir (*a.* MEC).
cym·bal MUS ['sımbl] *n.* zil.
cyn|ic ['sınık] *n.* sinik, kinik; **~·i·cal** □ [~kl] sinik, kinik.
cy·press BOT ['saıprıs] *n.* servi.
cyst MED [sıst] *n.* kist.
czar *hist.* [zɑː] = ***tsar.***
Czech [tʃek] **1.** *adj.* Çekler ile ilgili; **2.** *n.* Çek; LING Çekçe, Çek dili.
Czech·o·slo·vak ['tʃekəʊ'sləʊvæk] *n.* & *adj.* Çekoslovakyalı, Çek; Çekçe, Çek dili.

D

D

dab [dæb] **1.** *n.* hafif vuruş; temas, değme; usta; **2.** (***-bb-***) *v/t.* hafifçe vurmak, dokunmak; (*boya*) hafifçe sürmek.
dab·ble ['dæbl] *vb.* etrafa su sıçratmak, su serpmek, ıslatmak; suda oynamak; amatörce uğraşmak (***at, in*** *ile*).
dachs·hund ZO ['dækshʊnd] *n.* base, kısa bacaklı bir köpek türü.
dad F [dæd], **~·dy** F ['dædı] *n.* baba, babacık.
dad·dy-long·legs ZO ['dædı'lɒŋlegz] *n.* tipula sineği.
daf·fo·dil BOT ['dæfədıl] *n.* nergis, zerrin, fulya.
daft F [dɑːft] *adj.* aptal, kaçık; saçma.
dag·ger ['dægə] *n.* hançer; ***be at ~s drawn*** *fig.* kanlı bıçaklı olmak.
dai·ly ['deılı] **1.** *adj.* günlük; **2.** *n.* günlük gazete; gündelikçi.
dain·ty ['deıntı] **1.** □ (***-ier, -iest***) zarif, ince; narin, hoş, çıtı pıtı; lezzetli, leziz; titiz, güç beğenen; kolay kırılır; **2.** *n.* lezzetli yiyecek.
dair·y ['deərı] *n.* mandıra, süthane; sütçü dükkânı; **~ cat·tle** *n.* sağmal inek; **~·man** (*pl.* ***-men***) *n.* sütçü.
dai·sy BOT ['deızı] *n.* papatya.
dale *dial. ya da poet.* [deıl] *n.* vadi.
dal·ly ['dælı] *vb.* ciddiye almamak; cilveleşmek, oynaşmak.
dam[1] ZO [dæm] *n.* ana hayvan.
dam[2] [~] **1.** *n.* baraj, bent; **2.** (***-mm-***) *v/t.* *a.* **~ *up*** bentle tutmak; *fig.* frenlemek, tutmak.
dam·age ['dæmıdʒ] **1.** *n.* zarar, hasar; ***~s*** *pl.* LEG tazminat; **2.** *v/t.* zarar vermek, hasara uğratmak.
dam·ask ['dæməsk] *n.* damasko, bir tür kumaş.
dame *Am.* F [deım] *n.* hanım, bayan.
damn [dæm] **1.** *v/t.* lanetlemek, beddua etmek; **~ (*it*)!** F Allah kahretsin!; **2.** *adj.* & *adv.* F = ***damned***; **3.** *n.* ***I don't care a ~*** F umurumda değil, vız gelir tırıs gider; **dam·na·tion** [dæm'neıʃn] *n.* lanet; bela; **~ed** F [dæmd] **1.** *adj.* Allahın cezası, kahrolası; **2.** *adv.* çok, son derece; **~·ing** ['dæmıŋ] *adj.* bela getiren.
damp [dæmp] **1.** □ rutubetli, nemli, ıslak; **2.** *n.* rutubet, nem; **3.** *v/t.* & *v/i.* *a.* **~·en** ['dæmpən] nemlen(dir)mek, ıslatmak; ıslanmak; (neşesini) bozmak, kaçırmak; **~·ness** [~nıs] *n.* rutubet, nem.
dance [dɑːns] **1.** *n.* dans; balo; **2.** *v/t.* & *v/i.* dans et(tir)mek, oyna(t)mak; **danc·er** ['dɑːnsə] *n.* dansçı, dansör; dansöz; **danc·ing** [~ıŋ] *n.* dans etme; *attr.* dans...
dan·de·li·on BOT ['dændılaıən] *n.* karahindiba.
dan·dle ['dændl] *v/t.* (*çocuğu*) hoplatmak, zıplatmak.
dan·druff ['dændrʌf] *n.* (*saçta*) kepek.
Dane [deın] *n.* Danimarkalı.
dan·ger ['deındʒə] **1.** *n.* tehlike; ***be in ~ of doing s.th.*** b-şi yapma tehlikesiyle karşı karşıya olmak; ***be out of ~*** MED tehlikeyi atlatmak; **2.** *adj.* tehlike...; ***~ area, ~ zone*** tehlike bölgesi; **~·ous** □ [~rəs] tehlikeli.
dan·gle ['dæŋgl] *v/t.* & *v/i.* sark(ıt)mak, sallan(dır)mak.
Da·nish ['deınıʃ] **1.** *adj.* Danimarka'ya özgü; Danimarkalı; **2.** *n.* LING Danimarka dili.
dank [dæŋk] *adj.* ıslak, yaş, nemli.
dap·per ['dæpə] *adj.* üstü başı temiz,

şık; çevik.

dap·pled ['dæpld] *adj.* benekli.

dare [deə] *v/i.* cesaret etmek; ***I ~ say, I ~say*** bana kalırsa, sanırım, her halde; *v/t.* kalkışmak; göze almak, karşı koymak; **~·dev·il** ['deədevl] *n.* gözü pek kimse, korkusuz kimse; **dar·ing** [ˍrıŋ] **1.** □ cesur, korkusuz; **2.** *n.* cesaret, yiğitlik.

D

dark [dɑːk] **1.** □ karanlık; esmer; koyu; gizli, karanlık; **2.** *n.* karanlık; ***before*** (***at, after***) **~** karanlık basmadan önce (karanlık basınca, karanlık bastıktan sonra); ***keep s.o. in the ~ about s.th.*** b-ne bş hakkında bilgi vermemek; ♀ **Ag·es** *n. pl.* Karanlık Çağlar; **~·en** ['dɑːkən] *v/t. & v/i.* karar(t)mak; **~·ness** [ˍnıs] *n.* karanlık; koyuluk; esmerlik.

dar·ling ['dɑːlıŋ] *n. & adj.* sevgili.

darn [dɑːn] *v/t.* örerek onarmak, gözemek.

dart [dɑːt] **1.** *n.* kargı, cirit; sıçrama, fırlama; ***~s*** *sg.* ok atma oyunu; ***~board*** ok atma oyununun tahtası; **2.** *v/t. & v/i.* fırla(t)mak, at(ıl)mak.

dash [dæʃ] **1.** *n.* saldırı, hücum, hamle; canlılık, ataklık; gösteriş, caka, çalım; darbe, vuruş; *fig.* azıcık şey; tire, çizgi; SPOR: kısa mesafe koşusu; **2.** *v/t. & v/i.* at(ıl)mak, fırla(t)mak; sıçratmak (*su v.b.*); savurmak, serpmek; (*umut*) kırmak, yıkmak; **~·board** MOT ['dæʃbɔːd] *n.* kontrol paneli, konsol; **~·ing** □ [ˍıŋ] atılgan, cesur; F gösterişli, şık.

da·ta ['deıtə] *n. pl., a. sg.* bilgi, haber; veriler; *bilgisayar:* data, bilgi; **~ bank** *n.* bilgi merkezi; **~ input** *n. bilgisayar:* bilgi, giriş bilgisi; **~ out·put** *n.* çıkış bilgisi; **~ pro·cess·ing** *n.* bilgi işlem; **~ pro·tec·tion** *n.* bilgi koruma; **~ typ·ist** *n.* bilgi işlemci.

date[1] BOT [deıt] *n.* hurma.

date[2] [ˍ] **1.** *n.* tarih; zaman; randevu; *Am.* F flört; ***out of ~*** süresi geçmiş; eski, modası geçmiş; ***up to ~*** modern, çağcıl, yeni; **2.** *v/t.* -*e* tarih atmak; *Am.* F randevulaşmak; flört etmek, çıkmak; **dat·ed** ['deıtıd] *adj.* eski, modası geçmiş; artık kullanılmayan.

da·tive GR ['deıtıv] *n. a.* **~ *case*** datif, yönelme durumu, ismin -e hali.

daub [dɔːb] *v/t.* bulaştırmak, sürmek; kirletmek.

daugh·ter ['dɔːtə] *n.* kız evlat; **~ in-law** [ˍərınlɔː] (*pl.* ***daughters in-law***) *n.* gelin.

daunt [dɔːnt] *v/t.* korkutmak, yıldırmak; **~·less** ['dɔːntlıs] *adj.* korkusuz, yılmaz, yürekli.

daw zo [dɔː] *n.* küçük karga.

daw·dle F ['dɔːdl] *v/i.* tembellik etmek, aylaklık etmek.

dawn [dɔːn] **1.** *n.* şafak, gün ağarması, tan; **2.** *v/i.* gün ağarmak, şafak sökmek; ***it ~ed on*** *ya da* ***upon him*** *fig.* kafasına dank etti, sonunda anladı.

day [deı] *n.* gün; gündüz; *oft* ***~s*** *pl.* zaman, çağ; **~ *off*** izinli gün, boş gün; ***carry*** *ya da* ***win the ~*** kazanmak, üstün gelmek; ***any ~*** herhangi bir gün; ***these ~s*** bu günlerde; ***the other ~*** geçen gün; ***this ~ week*** haftaya bugün; ***let's call it a ~!*** Bu günlük bu kadar iş yeter!; **~·break** ['deıbreık] *n.* şafak, tan; **~·light** *n.* gündüz, gün ışığı; ***in broad ~*** güpegündüz, gün ortasında; **~ spa** [ˍspɑː] (*büyük otellerde v.b.*) *bir günlüğüne kullanılabilen sağlık ve güzellik merkezi*; **~·time** ***in the ~*** gündüz, gündüz vaktinde; **~ trad·ing** [ˍ treıdıŋ] *n. menkul değerleri bir günden fazla tutmadan o gün içindeki artışlarından para kazanmaya çalışmak* (*borsada*).

daze [deız] **1.** *v/t.* sersemletmek, serseme çevirmek; **2.** *n.* ***in a ~*** sersemlemiş bir durumda.

dead [ded] **1.** *adj.* ölü, ölmüş; hissiz, duygusuz (***to*** *-e karşı*); soluk, mat (*renk*); uyuşmuş (*el v.b.*); derin (*uyku*); ECON durgun; ECON işlemeyen, ölü (*sermaye v.b.*); tam; **~ *bargain*** kelepir fiyat; **~ *letter*** uygulamaya konmamış yasa; **~ *loss*** tam kayıp; ***a ~ shot*** keskin nişancı; **2.** *adv.* tamamen, adamakıllı, büsbütün; **~ *tired*** adamakıllı yorgun, bitkin, turşu gibi; **~ *against*** tamamen karşısında; **3.** *n.* ***the ~*** ölüler; ***in the ~ of winter*** karakışta, kış ortasında; ***in the ~ of night*** gecenin ortasında, gece yarısı; **~ cen·tre**, *Am.* **~ cen·ter** *n.* tam orta, tam merkez; **~·en** ['dedn] *v/t.* zayıflatmak, azaltmak, hafifletmek; **~ end** *n.* çıkmaz sokak; *fig.* çıkmaz; **~ heat** *n.* SPOR: berabere biten koşu; **~·line** *n. Am.* yasak bölge sınırı; son teslim tarihi; son fırsat; **~·lock** *n. fig.*

çıkmaz; **~·locked** *adj. fig.* çıkmaza girmiş (görüşme); **~·ly** [˷lı] **(-ier, -iest)** *adj.* öldürücü; ölü gibi; aşırı.
deaf [def] **1.** □ sağır; **~ and dumb** sağır ve dilsiz; **2.** *n.* **the ~** *pl.* sağırlar; **~·en** ['defn] *v/t.* sağırlaştırmak, sağır etmek.
deal [diːl] **1.** *n.* parça, kısım, miktar; *iskambil*: kâğıt dağıtma; F iş, alışveriş; **a good ~** çok, bir hayli; **a great ~** bir sürü, epeyce; **2.** **(dealt)** *v/t.* pay etmek, dağıtmak; *iskambil*: (*kağıtları*) dağıtmak; (*tokat*) atmak, indirmek; *v/i.* ticaret yapmak, alışveriş etmek; *sl.* uyuşturucu satmak; *iskambil*: kâğıtları dağıtmak; davranmak; **~ with** *-e* davranmak; ECON *ile* iş yapmak; *ile* ilgili olmak; **~·er** ['diːlə] *n.* ECON satıcı, tüccar; *iskambil*: kâğıdı dağıtan kimse; *sl.* uyuşturucu satıcısı; **~·ing** [˷ıŋ] *n.* dağıtım; davranış, tavır; ECON iş; **~s** *pl.* ilişki; iş ilişkisi; **~t** [delt] *pret. & p.p. of* **deal 2.**
dean [diːn] *n.* dekan.
dear [dıə] **1.** □ sevgili, aziz; pahalı; **2.** *n.* sevgili, gözde; **my ~** sevgili, canım; **3.** *int.* **(oh) ~!, ~~!, ~me!** F Aman yarabbi!, Hay Allah!; **~·ly** ['dıəlı] *adv.* çok; pahalı.
death [deθ] *n.* ölüm; **~·bed** ['deθbed] *n.* ölüm döşeği; **~·less** [˷lıs] *adj.* ölümsüz, ölmez; **~·ly** [˷lı] **(-ier, -iest)** *adj.* öldürücü; **~-war·rant** *n.* LEG idam kararı; *fig.* ölüm fermanı.
de·bar [dı'bɑː] **(-rr-)**: **~ from doing s.th.** bş. yapmaktan menetmek.
de·base [dı'beıs] *v/t.* alçaltmak, saygınlığım düşürmek.
de·ba·ta·ble □ [dı'beıtəbl] tartışma götürür, tartışılabilir; **de·bate** [dı'beıt] **1.** *n.* tartışma; **2.** *v/t.* tartışmak, görüşmek; düşünüp taşınmak.
de·bil·i·tate [dı'bılıteıt] *v/t.* zayıf düşürmek.
deb·it ECON ['debıt] **1.** *n.* borç; **~ and credit** borç ve alacak; **2.** *v/t.* borç kaydetmek, borçlandırmak; **~ card** *yapılan harcamaların doğrudan banka hesabına borç kaydedilmesini sağlayan kart*; ATM kartı..
deb·ris ['debriː] *n.* yıkıntı, enkaz, moloz.
debt [det] *n.* borç; **be in ~** borcu olmak; **be out of ~** borcu olmamak; **~·or** ['detə] *n.* borçlu.
de·bug MEC [diː'bʌg] **(-gg-)** *v/t.* kusurlarını gidermek.
de·bunk ['diː'bʌŋk] *v/t.* (*yanlış fikirleri*) yıkmak, gerçeği göstermek.
dè·but, *esp. Am.* **de·but** ['deıbuː] *n.* sosyeteye ilk giriş; ilk sahneye çıkış.
dec·ade ['dekeıd] *n.* on yıl.
dec·a|dence ['dekədəns] *n.* çöküş, gerileme; **~·dent** □ [˷t] çökmekte olan, gerileyen.
de·caf·fein·at·ed ['diː'kæfıneıtıd] *adj.* kafeinsiz.
de·camp [dı'kæmp] *v/i. esp.* MIL kampı bozup çekilmek; F sıvışmak, tüymek.
de·cant [dı'kænt] *v/t.* kaptan kaba boşaltmak (şarap v.b.); **~·er** [˷ə] *n.* sürahi.
de·cath|lete [dı'kæθliːt] *n.* SPOR: dekatloncu; **~·lon** [˷lɒn] *n.* SPOR: dekatlon.
de·cay [dı'keı] **1.** *n.* çürüme; çökme, gerileme; **2.** *v/i.* çürümek, bozulmak; çökmek.
de·cease *esp.* LEG [dı'siːs] **1.** *n.* ölüm; **2.** *v/i.* ölmek; **~d** *esp.* LEG **1.** *n.* **the ~** ölmüş kimse *ya.da* kimseler; **2.** *adj.* ölmüş.
de·ceit [dı'siːt] *n.* aldatma; hile, dalavere; yalan; **~·ful** □ [˷fl] hileci; yalancı.
de·ceive [dı'siːv] *v/t.* aldatmak; **de·ceiv·er** [˷ə] *n.* hileci, dubaracı.
De·cem·ber [dı'sembə] *n.* aralık ayı.
de·cen|cy ['diːsnsı] *n.* terbiye; **~t** □ [˷t] terbiyeli, edepli, saygıdeğer; F yeterli; F anlayışlı; uygun.
de·cep|tion [dı'sepʃn] *n.* aldatma; hile; **~·tive** □ [˷tıv]: **be ~** aldatıcı olmak, yanıltmak.
de·cide [dı'saıd] *v/t.* kararlaştırmak, karar vermek; belirlemek; **de·cid·ed** □ kararlı, azimli; kesin, belli, açık.
dec·i·mal ['desıml] *n. a.* **~ fraction** ondalık; *attr.* ondalık...
de·ci·pher [dı'saıfə] *v/t.* şifresini çözmek.
de·ci|sion [dı'sıʒn] *n.* karar; hüküm; **make a ~** karar vermek; **reach** *ya da* **come to a ~** karara varmak; **~·sive** □ [dı'saısıv] kararlı; kesin; sonucu belirleyen.
deck [dek] **1.** *n.* NAUT güverte; *Am. iskambil*: deste; **tape ~** teyp; **2.** *v/t.* **~ out** süslemek, donatmak; **~chair** ['dektʃeə] *n.* şezlong.
de·claim [dı'kleım] *vb.* (şiir v.b.) oku-

mak; sözle saldırmak, çatmak.
de·clar·a·ble [dɪ'kleərəbl] *adj.* gümrüğe tabi.
dec·la·ra·tion [deklə'reɪʃn] *n.* bildiri, duyuru; beyan, demeç; beyanname.
de·clare [dɪ'kleə] *v/t.* bildirmek, duyurmak, beyan etmek; ifade etmek, söylemek.
de·clen·sion GR [dɪ'klenʃn] *n.* ad çekimi.
dec·li·na·tion [deklɪ'neɪʃn] *n.* eğim, meyil; **de·cline** [dɪ'klaɪn] **1.** *n.* azalma, düşüş; gerileme, zayıflama; **2.** *v/t. & v/i.* eğ(il)mek; reddetmek; gerilemek, çökmek, zayıflamak; GR çekmek; (güneş) batmak.
de·cliv·i·ty [dɪ'klɪvətɪ] *n.* iniş, meyil.
de·clutch MOT ['diː'klʌtʃ] *v/t.* debriyaj yapmak.
de·code ['diː'kəʊd] *v/t.* şifresini çözmek.
de·com·pose [diːkəm'pəʊz] *v/t. & v/i.* çürü(t)mek; ayrıştırmak.
dec·o|rate ['dekəreɪt] *v/t.* dekore etmek, süslemek, donatmak; *-e* nişan vermek; **~·ra·tion** [dekə'reɪʃn] *n.* dekorasyon, süsleme; süs; nişan, madalya; **~·ra·tive** □ ['dekərətɪv] dekoratif, süsleyici; süslü; **~·ra·tor·** [˷reɪtə] *n.* dekoratör.
dec·o·rous □ ['dekərəs] terbiyeli, kibar; uygun; **de·co·rum** [dɪ'kɔːrəm] *n.* terbiye, edep.
de·coy **1.** ['diːkɔɪ] *n.* tuzak, yem (*a. fig.*); **2.** [dɪ'kɔɪ] *v/t.* kandırıp tuzağa düşürmek; hile ile çekmek (***into*** *-e*).
de·crease **1.** ['diːkriːs] *n.* azalma, düşüş; **2.** [diː'kriːs] *v/t. & v/i.* azal(t)mak, düş(ür)mek.
de·cree [dɪ'kriː] **1.** *n.* emir, ferman; kararname; LEG hüküm, karar; **2.** *vb.* emretmek, buyurmak; LEG karar çıkarmak.
ded·i|cate ['dedɪkeɪt] *v/t.* adamak; adına sunmak, armağan etmek; **~·cat·ed** *adj.* kendini adamış; **~·ca·tion** [dedɪ'keɪʃn] *n.* adama; adına sunma, armağan etme.
de·duce [dɪ'djuːs] *v/t.* ...sonucunu çıkarmak, ...sonucuna varmak.
de·duct [dɪ'dʌkt] *v/t.* hesaptan düşmek, çıkarmak; **de·duc·tion** [˷kʃn] *n.* hesaptan düşme; sonuç; ECON *a.* iskonto, indirim.
deed [diːd] **1.** *n.* iş, eylem; başarı; kahramanlık; LEG senet, tapu; belge; **2.** *v/t. Am.* LEG senetle devretmek (***to*** *-e*).
deem [diːm] *v/t.* sanmak, zannetmek, inanmak; saymak; *v/i.* hüküm vermek (***of*** *hakkında*).
deep [diːp] **1.** □ derin (*a. fig.*); boğuk, kalın (*ses*); anlaşılması güç; koyu; ciddi, ağır; şiddetli; **2.** *n.* derinlik; *poet.* deniz, engin; **~·en** ['diːpən] *v/t. & v/i.* derinleş(tir)mek; koyulaş(tır)mak; **~-freeze** **1.** (***-froze, -frozen***) *v/t.* (*yiyecek*) dondurmak; **2.** *n.* dipfriz, dondurucu, donduraç; **3.** *adj.* dondurucu...; **~ *cabinet*** dondurucu dolap; **~-fro·zen** *adj.* dondurulmuş; **~ *food*** dondurulmuş yiyecek; **~-fry** *v/t.* bol yağda kızartmak; **~·ness** [˷nɪs] *n.* derinlik; (*ses*) tokluk.
deer ZO [dɪə] *n.* geyik.
de·face [dɪ'feɪs] *v/t.* biçimini bozmak, çirkinleştirmek.
def·a·ma·tion [defə'meɪʃn] *n.* lekeleme; iftira; **de·fame** [dɪ'feɪm] *v/t.* iftira etmek, lekelemek, kara çalmak.
de·fault [dɪ'fɔːlt] **1.** *n.* ihmal, kusur; SPOR: maça çıkmama, sahaya çıkmama; ECON gecikme; **2.** *v/i.* işini yapmamak, ihmalkârlık etmek; mahkemeye çıkmamak; borcunu ödememek; SPOR: maça çıkmamak.
de·feat [dɪ'fiːt] **1.** *n.* yenilgi, bozgun; **2.** *v/t.* yenmek, bozguna uğratmak; boşa çıkarmak.
de·fect [dɪ'fekt] *n.* kusur, hata; eksiklik; **de·fec·tive** □ [˷ɪv] kusurlu; eksik.
de·fence, *Am.* **de·fense** [dɪ'fens] *n.* savunma; ***witness for the ~*** savunma tanığı; **~·less** [˷lɪs] *adj.* savunmasız.
defend [dɪ'fend] *v/t.* savunmak, korumak (***from, against*** *-den, -e karşı*); **de·fen·dant** [˷ənt] *n.* davalı; sanık; **de·fend·er** [˷ə] *n.* savunucu, koruyucu.
de·fen·sive [dɪ'fensɪv] **1.** *n.* savunma; **2.** □ savunma için yapılmış, koruyucu; savunmalı.
de·fer [dɪ'fɜː] (***-rr-***) *v/t.* ertelemek; *Am.* MIL tecil etmek.
def·er|ence ['defərəns] *n.* hürmet, saygı; **~·en·tial** □ [defə'renʃl] saygılı.
de·fi|ance [dɪ'faɪəns] *n.* meydan okuma, karşı koyma; **~·ant** □ [˷t] meydan okuyan, karşı koyan.

de·fi·cien|cy [dı'fıʃnsı] *n.* eksiklik, noksan; yetersizlik; = ***deficit***; **~t** □ [~t] eksik; yetersiz.
def·i·cit ECON ['defısıt] *n.* (*bütçe, hesap*) açık.
de·file **1.** ['di:faıl] *n.* geçit, boğaz; **2.** [dı'faıl] *v/t.* kirletmek, pisletmek, lekelemek (*a. fig.*).
de·fine [dı'faın] *v/t.* tarif etmek, tanımlamak; açıklamak; belirlemek; **def·i·nite** □ ['defınıt] kesin, belirli, belli; **def·i·ni·tion** [defı'nıʃn] *n.* tanım; tanımlama, açıklama; belirleme; **de·fin·i·tive** □ [dı'fınıtıv] kesin, son.
de·flect [dı'flekt] *v/t.* saptırmak, çevirmek.
de·form [dı'fɔ:m] *v/t.* biçimini bozmak, deforme etmek; **~ed** *adj.* deforme, biçimi bozulmuş; **de·for·mi·ty** [~ətı] *n.* biçimsizlik; biçimsiz kısım.
de·fraud [dı'frɔ:d] *v/t.* dolandırmak, elinden almak, hakkını yemek.
de·frost [di:'frɒst] *v/t.* & *v/i.* (*buz*) eri(t)mek, çöz(ül)mek.
deft □ [deft] becerikli, usta; eli çabuk.
de·fy [dı'faı] *v/t.* meydan okumak, karşı koymak; hiçe saymak.
de·gen·e·rate **1.** [dı'dʒenəreıt] *v/i.* dejenere olmak, yozlaşmak, soysuzlaşmak; **2.** □ [~rət] dejenere, yoz, soysuz.
deg·ra·da·tion [degrə'deıʃn] *n.* alçal(t)ma; **de·grade** [dı'greıd] *v/t.* alçaltmak, küçültmek, aşağılamak; (*rütbesini v.b.*) indirmek.
de·gree [dı'gri:] *n.* derece; aşama; rütbe, paye; düzey, mevki; ***by ~s*** azar azar, gitgide; ***take one's ~*** UNIV diploma almak, mezun olmak.
de·hy·drat·ed ['di:'haıdreıtıd] *adj.* susuz, kurumuş.
de·i·fy ['di:ıfaı] *v/t.* tanrılaştırmak; tapmak.
deign [deın] *v/i.* tenezzül etmek.
de·i·ty ['di:ıtı] *n.* tanrılık; tanrı; tanrıça.
de·jec|ted □ [dı'dʒektıd] kederli, üzgün, karamsar; **~·tion** [~kʃn] *n.* keder, neşesizlik.
de·lay [dı'leı] **1.** *n.* gecikme; **2.** *v/t.* & *v/i.* gecik(tir)mek; ertelemek; oyalanmak; ***~ in doing s.th.*** bş yapmayı sonraya bırakmak.
del·e|gate **1.** ['delıgeıt] *v/t.* yetki ile göndermek; temsilci seçmek; devretmek; **2.** [~gət] *n.* delege, temsilci; *Am.* PARL kongre üyesi; **~·ga·tion** [delı'geıʃn] *n.* delegasyon; görevlendirme; *Am.* PARL kongre üyeleri.
de·lete [dı'li:t] *v/t.* silmek, çizmek, çıkarmak.
de·lib·e|rate **1.** [dı'lıbəreıt] *v/t.* iyice düşünmek, tartmak; *v/i.* danışmak; görüşmek; **2.** □ [~rət] kasıtlı; tedbirli; iyice düşünülmüş; **~·ra·tion** [dılıbə'reıʃn] *n.* düşünüp taşınma; tartışma, görüşme; tedbirli olma.
del·i|ca·cy ['delıkəsı] *n.* kibarlık, incelik; zerafet; lezzetli yiyecek, eğlencelik; **~·cate** □ [~kət] nazik, ince; narin; zarif; lezzetli, nefis; **~·ca·tes·sen** [delıkə'tesn] *n.* meze; mezeci dükkânı.
de·li·cious □ [dı'lıʃəs] lezzetli, leziz, nefis.
de·light [dı'laıt] **1.** *n.* zevk, haz, sevinç; **2.** *v/t.* zevk vermek, sevindirmek; *v/i.*: ***~ in*** *-den* zevk almak; **~·ful** □ [~fl] nefis, hoş.
de·lin·e·ate [dı'lınıeıt] *v/t.* taslağını çizmek; betimlemek.
de·lin·quen|cy [dı'lıŋkwənsı] *n.* kusur, kabahat, suç; ihmal; **~t** [~t] **1.** *adj.* kabahatli, suçlu; **2.** *n.* suçlu kimse; *s.* ***juvenile 1.***
de·lir·i|ous □ [dı'lırıəs] MED sayıklayan; çılgına dönmüş; **~·um** [~əm] *n.* sayıklama; çılgınlık.
de·liv·er [dı'lıvə] *v/t.* teslim etmek, vermek, iletmek; dağıtmak; *esp.* ECON (*söylev, konferans*) vermek; (*tokat*) atmak, indirmek; kurtarmak; (*top*) atmak; MED doğurtmak; ***be ~ed of a child*** çocuk doğurmak; **~·ance** [~rəns] *n.* kurtarma; kurtuluş; hüküm, kanı; **~·er** [~rə] *n.* dağıtan; kurtarıcı; **~·y** [~rı] *n.* teslim; serbest bırakma; kurtarma; *POST* dağıtım; söyleyiş, konuşma tarzı; MED doğurma, doğum; **~·y van** *n. Brt.* kamyonet, eşya kamyonu.
dell [del] *n.* küçük vadi.
de·lude [dı'lu:d] *v/t.* aldatmak, kandırmak.
del·uge ['delju:dʒ] **1.** *n.* sel, tufan; **2.** *vb.* su basmak.
de·lu|sion [dı'lu:ʒn] *n.* hayal, düş; aldanma; **~·sive** □ [~sıv] aldatıcı; hayali, asılsız.
de·mand [dı'mɑ:nd] **1.** *n.* talep, istem, istek (***on*** *-e*); ECON rağbet, talep; LEG

talep, hak iddiası; **2.** *v/t.* talep etmek, istemek; gerektirmek; sormak; **~·ing** □ [~ɪŋ] yorucu, zahmetli, emek isteyen.

de·mean [dɪ'miːn]: **~ *o.s.*** davranmak, hareket etmek; **de·mea·no(u)r** [~ə] *n.* davranış, tavır.

D

de·men·ted □ [dɪ'mentɪd] çılgın, deli.

dem·i- ['demɪ] *prefix* yarım..., yarı...

dem·i·john ['demɪdʒɒn] *n.* damacana.

de·mil·i·ta·rize ['diː'mɪlɪtəraɪz] *v/t.* askerden arındırmak.

de·mo·bi·lize [diː'məʊbɪlaɪz] *v/t.* terhis etmek.

de·moc·ra·cy [dɪ'mɒkrəsɪ] *n.* demokrasi, elerki.

dem·o·crat ['deməkræt] *n.* demokrat; **~·ic** [demə'krætɪk] (***~ally***) *adj.* demokratik.

de·mol·ish [dɪ'mɒlɪʃ] *v/t.* yıkmak; yok etmek, son vermek; **dem·o·li·tion** [demə'lɪʃn] *n.* yık(ıl)ma; yok etme.

de·mon ['diːmən] *n.* şeytan, iblis.

dem·on|strate ['demənstreɪt] *v/t.* göstermek; kanıtlamak; göstererek anlatmak; *v/i.* gösteri yapmak; **~·stra·tion** [demən'streɪʃn] *n.* gösterme, açıklama; kanıt; gösteri; **de·mon·stra·tive** □ [dɪ'mɒnstrətɪv] duygularını açığa vuran, coşkun; inandırıcı; göze çarpan; ***be ~*** duygularını açığa vurmak; **~·stra·tor** ['demənstreɪtə] *n.* göstererek anlatan kimse; gösterici.

de·mote [diː'məʊt] *v/t.* (*rütbesini*) indirmek.

de·mur [dɪ'mɜː] (**-rr-**) *v/i.* itiraz etmek.

de·mure □ [dɪ'mjʊə] ağırbaşlı, ciddi.

den [den] *n.* mağara, in; gizli barınak, yatak; çalışma odası.

de·ni·al [dɪ'naɪəl] *n.* yalanlama; inkâr, yadsıma; ret.

den·ims ['denɪmz] *n. pl.* pamuklu kumaştan pantolon.

de·nom·i·na·tion [dɪnɒmɪ'neɪʃn] *n.* ECCL ad verme; ECCL mezhep, tarikat; ECON nominal değer.

de·note [dɪ'nəʊt] *v/t.* göstermek, anlamına gelmek, *-in* belirtisi olmak.

de·nounce [dɪ'naʊns] *v/t.* ihbar etmek, ele vermek; suçlamak; (anlaşma v.b.) sona erdiğini bildirmek.

dense □ [dens] (***~r, ~st***) yoğun, koyu; sık; anlayışı kıt, kalın kafalı; **den·si·ty** ['densətɪ] *n.* yoğunluk; sıklık.

dent [dent] **1.** *n.* çentik, kertik; **2.** *v/t.* çentmek, kertik açmak.

den|tal ['dentl] *adj.* diş *ya da* dişçilik ile ilgili; ***~ plaque*** kaplama; ***~ plate*** protez; ***~ surgeon*** diş hekimi; **~·tist** [~ɪst] *n.* diş doktoru; **~·tures** [~ʃəz] *n. pl.* takma dişler.

de·nun·ci·a|tion [dɪnʌnsɪ'eɪʃn] *n.* ele verme, ihbar; suçlama; **~·tor** [dɪ'nʌnsɪeɪtə] *n.* ihbarcı, muhbir.

de·ny [dɪ'naɪ] *v/t.* inkâr etmek, yadsımak; yalanlamak; reddetmek; vermemek, esirgemek, çok görmek.

de·part [dɪ'pɑːt] *v/i.* gitmek, ayrılmak; hareket etmek, kalkmak.

de·part·ment [dɪ'pɑːtmənt] *n.* departman, bölüm, kısım; daire; ECON branş, şube; POL bakanlık; ***♀ of Defence*** *Am.* Savunma Bakanlığı; ***♀ of the Environment*** *Brt.* Çevre Bakanlığı; ***♀ of the Interior*** *Am.* İçişleri Bakanlığı; ***♀ of State*** *Am.*, ***State ♀*** *Am.* Dışişleri Bakanlığı; ***~ store*** büyük mağaza.

de·par·ture [dɪ'pɑːtʃə] *n.* gidiş; RAIL, AVIA hareket, kalkış; değişiklik; **~ gate** *n.* AVIA çıkış kapısı; **~ lounge** *n.* AVIA çıkış salonu.

de·pend [dɪ'pend]: ***~ on, ~ upon*** *-e* bağlı olmak; geçimi *-e* bağlı olmak, *-in* eline bakmak; *-e* güvenmek; ***it ~s*** F duruma bağlı, belli olmaz.

de·pen|da·ble [dɪ'pendəbl] *adj.* güvenilir; **~·dant** [~ənt] *n.* bağlı kimse, *esp.* geçimi başkasına bağlı olan kimse, bakmakla yükümlü olunan kimse; **~·dence** [~əns] *n.* bağlılık, bağımlılık; güven, güvenme; **~·den·cy** [~ənsɪ] *n.* POL bağımlılık; sömürge; **~·dent** [~ənt] **1.** □ bağımlı, bağlı (***on*** *-e*); **2.** *n. Am.* = ***dependant.***

de·pict [dɪ'pɪkt] *v/t.* resmetmek; anlatmak, betimlemek, dile getirmek.

de·plor|a·ble □ [dɪ'plɔːrəbl] acıklı, içler acısı; **~e** [dɪ'plɔː] *v/t.* acımak, yanmak; üzülmek.

de·pop·u·late [diː'pɒpjʊleɪt] *v/t.* nüfusunu azaltmak.

de·port [dɪ'pɔːt] *v/t.* yurtdışı etmek, sürgün etmek; ***~ o.s.*** davranmak, hareket etmek; **~·ment** [~mənt] *n.* davranış, tavır.

de·pose [dɪ'pəʊz] *v/t.* görevine son vermek; tahttan indirmek; *v/i.* LEG yeminli ifade vermek.

de·pos|it [dı'pɒzıt] **1.** *n.* tortu, çökelti; mevduat; depozit; kaparo, pey akçası; emanet, rehin; ***make a ~*** depozit vermek; ***~ account*** *Brt.* vadeli hesap; **2.** *v/t.* koymak, bırakmak; bankaya yatırmak; depozit olarak vermek; (*tortu*) bırakmak, çökeltmek; **dep·o·si·tion** [depə'zıʃn] *n.* görevden alma; tahttan indirme; yeminli ifade; **~·i·tor** [dı'pɒzıtə] *n.* para yatıran kimse, mudi.
dep·ot ['depəʊ] *n.* depo, ambar, antrepo; *Am.* ['di:pəʊ] gar, istasyon; durak.
de·prave [dı'preıv] *v/t.* ahlakını bozmak, baştan çıkarmak.
de·pre·ci·ate [dı'pri:ʃıeıt] *v/t.* & *v/i.* (*değer*) düş(ür)mek, fiyatını kırmak; *fig.* küçümsemek.
de·press [dı'pres] *v/t.* bastırmak, basmak; (*değer, fiyat*) düşürmek; (*ses*) alçaltmak; keyfini kaçırmak, içini karartmak; (işleri) durgunlaştırmak; **~ed** *adj.* kederli, keyfi kaçmış; **de·pres·sion** [~eʃn] *n.* can sıkıntısı, kasvet; ECON durgunluk, ekonomik kriz; MED depresyon, çöküntü.
de·prive [dı'praıv]: ***~ s.o. of s.th.*** b-ni bşden yoksun bırakmak; **~d** *adj.* yoksun; temel sosyal haklardan yoksun.
depth [depθ] *n.* derinlik; derin yer; *attr.* derinlik…, sualtı…
dep·u|ta·tion [depjʊ'teıʃn] *n.* heyet, delegasyon; **~·tize** ['depjʊtaız]: ***~ for s.o.*** *b-ne* vekillik etmek; **~·ty** [~ı] *n.* PARL milletvekili; vekil; delege; *a.* ***~ sheriff*** *Am.* şerif yardımcısı.
de·rail RAIL [dı'reıl] *v/t.* & *v/i.* raydan çık(ar)mak.
de·range [dı'reındʒ] *v/t.* karıştırmak, bozmak; deli etmek; ***~d*** deli, aklı bozuk.
der·e·lict ['derəlıkt] *adj.* terkedilmiş, sahipsiz; kayıtsız, ihmalci.
de·ride [dı'raıd] *v/t.* alay etmek, alaya almak; **de·ri·sion** [dı'rıʒn] *n.* alay; **de·ri·sive** □ [dı'raısıv] alaylı; gülünç.
de·rive [dı'raıv] *v/t.* & *v/i.* türe(t)mek (***from*** *-den*); (*zevk*) almak (***from*** *-den*).
de·rog·a·to·ry □ [dı'rɒgətərı] küçük düşürücü, aşağılayıcı.
der·rick ['derık] *n.* MEC vinç, maçuna; NAUT bumba; MIL petrol sondaj kulesi.
de·scend [dı'send] *vb.* inmek (*a.* AVIA), alçalmak; (*miras*) geçmek, kalmak; ***~ on, ~ upon*** *-e* baskın yapmak, *-e* saldırmak; F *-e* ansızın konuk gelmek, *-e* baskın yapmak; **de·scen·dant** [~ənt] *n.* torun.
de·scent [dı'sent] *n.* iniş (*a.* AVIA); bayır, yokuş; baskın; soy; *fig.* çökme, düşüş; F ani ziyaret, baskın.
de·scribe [dı'skraıb] *v/t.* tanımlamak, tarif etmek; anlatmak.
de·scrip|tion [dı'skrıpʃn] *n.* tarif, tanım; tanımlama; cins, tür; eşkâl; **~·tive** □ [~tıv] tanımlayıcı, betimsel.
des·e·crate ['desıkreıt] *v/t.* kutsallığını bozmak.
de·seg·re·gate ['di:'segrıgeıt] *vb.* ırk ayrımını kaldırmak.
des·ert[1] ['dezət] **1.** *n.* çöl; **2.** *adj.* ıssız, boş.
de·sert[2] [dı'zɜ:t] *v/t.* terketmek, bırakmak; *v/i.* firar etmek, kaçmak; **~·er** MIL [~ə] *n.* asker kaçağı; **de·ser·tion** [~ʃn] *n.* terketme, terk (*a.* LEG); MIL askerlikten kaçma, firar.
de·serve [dı'zɜ:v] *v/t.* hak etmek, layık olmak; **de·serv·ed·ly** [~ıdlı] *adv.* haklı olarak; hak ettiği gibi; **de·serv·ing** [~ıŋ] *adj.* hak eden, layık (***of*** *-e*).
de·sign [dı'zaın] **1.** *n.* plan, proje; taslak, resim; model; maksat, niyet; entrika, komplo; ***have ~s on*** *ya da* ***against*** *-e* karşı niyeti bozuk olmak; **2.** *vb.* planını çizmek; MEC taslak çizmek; tasarlamak; tertiplemek, hazırlamak; niyet etmek.
des·ig|nate ['dezıgneıt] *v/t.* göstermek, belirtmek; adlandırmak; atamak, seçmek; **~·na·tion** [dezıg'neıʃn] *n.* gösterme; ad, unvan, sıfat; ata(n)ma.
de·sign·er [dı'zaınə] *n.* modelist, desinatör; MEC teknik ressam.
de·sir|a·ble □ [dı'zaıərəbl] arzu edilir, istenir, hoş; istek uyandıran; **~e** [dı'zaıə] **1.** *n.* arzu, istek, dilek; rica; **2.** *v/t.* arzu etmek, arzulamak, istemek; rica etmek; **~·ous** □ [~rəs] arzulu, istekli.
de·sist [dı'zıst] *v/i.* vazgeçmek (***from*** *-den*).
desk [desk] *n.* (*okul*) sıra; kürsü; yazı masası.
des·o·late □ ['desələt] ıssız, tenha, boş; harap; yalnız.
de·spair [dı'speə] **1.** *n.* umutsuzluk, çaresizlik; **2.** *v/i.* umudunu kesmek (***of*** *-den*); **~·ing** □ [~rıŋ] umutsuz, çaresiz.

D

de·spatch [dı'spætʃ] = ***dispatch.***

des·per|ate □ ['despərət] umutsuz; gözü dönmüş (*katil v.b.*); çok ciddi, çok tehlikeli; F çok, aşırı; **~·a·tion** [despə'reıʃn] *n.* umutsuzluk.

des·pic·a·ble □ ['despıkəbl] aşağılık, alçak, rezil.

D

de·spise [dı'spaız] *v/t.* küçümsemek, hor görmek, tepeden bakmak.

de·spite [dı'spaıt] **1.** *n.* kin, nefret; ***in ~ of*** *-e* karşın; **2.** *prp. a.* **~ *of*** *-e* karşın.

de·spon·dent □ [dı'spɒndənt] umutsuz, çaresiz.

des·pot ['despɒt] *n.* despot, tiran; **~·is·m** [˷pətızəm] *n.* despotluk.

des·sert [dı'zɜːt] *n.* (*yemek sonunda yenen*) tatlı, meyve *v.b.*; *attr.* tatlı...

des|ti·na·tion [destı'neıʃn] *n.* gidilecek yer, hedef; **~·tined** ['destınd] *adj.* kaderinde var olan, alnında yazılı olan; **~·ti·ny** [˷ı] *n.* kader, alın yazısı, yazgı.

des·ti·tute □ ['destıtjuːt] yoksul, muhtaç; **~ *of*** *-den* yoksun.

de·stroy [dı'strɔı] *v/t.* yıkmak, ortadan kaldırmak, mahvetmek; parçalamak; öldürmek; **~·er** [˷ə] *n.* yok eden kimse; NAUT *MIL* destroyer.

de·struc|tion [dı'strʌkʃn] *n.* yıkma, imha, ortadan kaldırma; yok olma; **~·tive** □ [˷tıv] yıkıcı; zararlı.

des·ul·to·ry □ ['desəltərı] düzensiz, gelişigüzel, amaçsız; tutarsız, daldan dala konan.

de·tach [dı'tætʃ] *v/t.* ayırmak, çıkarmak, çözmek, sökmek; MIL özel görevle göndermek; **~ed** *adj.* tarafsız, yansız; ayrı, müstakil (*ev*); **~·ment** [˷mənt] *n.* ayırma; ayrılma; tarafsızlık; ilgisizlik; MIL müfreze.

de·tail ['diːteıl] **1.** *n.* detay, ayrıntı; MIL müfreze; ***in ~*** ayrıntılı olarak, ayrıntıları ile; **2.** *v/t.* ayrıntıları ile anlatmak; MIL özel bir göreve seçmek; **~ed** *adj.* ayrıntılı.

de·tain [dı'teın] *v/t.* alıkoymak, tutmak; tutuklamak, gözaltına almak.

de·tect [dı'tekt] *v/t.* ortaya çıkarmak, keşfetmek, bulmak; **de·tec·tion** [˷kʃn] *n.* ortaya çıkarma, bulma; **de·tec·tive** [˷tıv] *n.* dedektif, gizli polis; **~ *novel,* ~ *story*** polisiye roman *ya da* hikâye.

de·ten·tion [dı'tenʃn] *n.* alıkoyma, tutma; gözaltına alma.

de·ter [dı'tɜː] (*-rr-*) *v/t.* vazgeçirmek, caydırmak (***from*** *-den*).

de·ter·gent [dı'tɜːdʒənt] *n.* deterjan, arıtıcı.

de·te·ri·o·rate [dı'tıərıəreıt] *v/t. & v/i.* boz(ul)mak, kötüye gitmek.

de·ter|mi·na·tion [dıtɜːmı'neıʃn] *n.* karar, azim; saptama, belirleme, bulma; **~·mine** [dı'tɜːmın] *vb.* belirlemek, saptamak; kararlaştırmak; **~·mined** *adj.* kararlı, azimli.

de·ter|rence [dı'terəns] *n.* caydırma; **~·rent** [˷t] **1.** *adj.* caydırıcı; **2.** *n.* caydırıcı şey.

de·test [dı'test] *v/t.* nefret etmek; **~·able** □ [˷əbl] iğrenç, berbat.

de·throne [dı'θrəʊn] *v/t.* tahttan indirmek.

de·to·nate ['detəneıt] *v/t. & v/i.* patla(t)mak, infilak et(tir)mek.

de·tour ['diːtʊə] *n.* dolaşık yol, servis yolu.

de·tract [dı'trækt]: **~ *from s.th.*** bşden azaltmak, eksiltmek, götürmek.

de·tri·ment ['detrımənt] *n.* zarar, hasar.

deuce [djuːs] *n. iskambil:* ikili; *zar:* dü; *tenis:* düs, beraberlik; F kör talih; ***how the ~*** hay kör şeytan.

de·val·u|a·tion ['diːvælju'eıʃn] *n.* devalüasyon, değerdüşürümü; **~e** ['diː'væljuː] *v/t.* devalüe etmek, değerini düşürmek.

dev·a|state ['devəsteıt] *v/t.* harap etmek, mahvetmek, yakıp yıkmak; **~·stat·ing** □ [˷ıŋ] yakıp yıkıcı, mahvedici; F çok iyi; **~·sta·tion** [devə'steıʃn] *n.* yakıp yıkma.

de·vel·op [dı'veləp] *v/t. & v/i.* geliş(tir)mek; (*alışkanlık*) edinmek, kazanmak; (*film*) banyo etmek; açığa vurmak, göstermek; **~·er** [˷ə] *n.* PHOT banyo ilacı; planlamacı; **~·ing** [˷ıŋ] *adj.* gelişmekte olan; **~ *country*** ECON gelişmekte olan ülke; **~·ment** [˷mənt] *n.* geliş(tir)me; kalkınma; PHOT banyo; **~ *aid*** ECON kalkınma yardımı.

de·vi|ate ['diːvıeıt] *v/i.* sapmak, ayrılmak; **~·a·tion** [diːvı'eıʃn] *n.* sapma, ayrılma.

de·vice [dı'vaıs] *n.* alet, aygıt; buluş, icat; hile, oyun; parola, slogan; ***leave s.o. to his own ~s*** *b-ni* kendi haline bırakmak.

dev•il ['devl] *n.* şeytan (*a. fig.*);~**•ish** □ [~ɪʃ] şeytanca.

de•vi•ous □ ['diːvjəs] dolaşık; hileli; ***take a ~ route*** yolu uzatmak, dolaşmak.

de•vise [dɪ'vaɪz] *v/t.* düşünüp bulmak, tasarlamak; LEG vasiyetle bırakmak.

de•void [dɪ'vɔɪd]: ~ ***of*** *-den* yoksun, ...sız.

de•vote [dɪ'vəʊt] *v/t.* adamak (***to*** *-e*); ayırmak (***to*** *-e*); **de•vot•ed** □ sadık, bağlı, vefalı; **dev•o•tee** [devəʊ'tiː] *n.* düşkün, hayran, meraklı; sofu; **de•vo•tion** [dɪ'vəʊʃn] *n.* bağlılık, vefa; sofuluk, dindarlık.

de•vour [dɪ'vaʊə] *v/t.* yemek, tıkınmak, silip süpürmek.

de•vout □ [dɪ'vaʊt] dindar; samimi, içten, yürekten.

dew [djuː] *n.* çiy, şebnem; ~**•y** ['djuːɪ] (***-ier, -iest***) *adj.* çiyle kaplı.

dex|ter•i•ty [dek'sterətɪ] *n.* beceri, ustalık; ~**•ter•ous**, ~**•trous** □ ['dekstrəs] becerikli, eli çabuk.

di•ag|nose ['daɪəgnəʊz] *v/t.* teşhis etmek, tanılamak; ~**•no•sis** [daɪəg'nəʊsɪs] (*pl.* ***-ses*** [-siːz]) *n.* teşhis, tanı, tanılama.

di•a•gram ['daɪəgræm] *n.* diyagram, grafik; şema, plan.

di•al ['daɪəl] **1.** *n.* kadran; TELEPH disk, kurs; MEC dereceli daire; **2.** (*esp. Brt.* ***-ll-***, *Am.* ***-l-***) *v/t.* TELEPH (*numaraları*) çevirmek; ~ ***direct*** direkt aramak (***to*** *-i*); ***direct dial(l)ing*** direkt arama.

di•a•lect ['daɪəlekt] *n.* diyalekt, lehçe, ağız.

di•a•logue, *Am.* **-log** ['daɪəlɒg] *n.* diyalog, karşılıklı konuşma.

di•am•e•ter [daɪ'æmɪtə] *n.* çap; ***in*** ~ çap olarak.

di•a•mond ['daɪəmənd] *n.* elmas; *beysbol*: oyun sahası; *iskambil*: karo.

di•a•per *Am.* ['daɪəpə] *n.* baklava desenli keten bezi.

di•a•phragm ['daɪəfræm] *n.* ANAT, OPT, TELEPH diyafram.

di•ar•rh(o)e•a MED [daɪə'rɪə] *n.* ishal, amel.

di•a•ry ['daɪərɪ] *n.* hatıra defteri, günlük.

dice [daɪs] **1.** *n. pl. of* ***die***[2]; **2.** *vb.* zar atmak; ~**-box** ['daɪsbɒks], ~**-cup** *n.* zar atma kabı.

dick *Am. sl.* [dɪk] *n.* dedektif, polis hafiyesi.

dick•(e)y(-bird) ['dɪkɪ(bɜːd)] *n.* (*çocuk dilinde*) kuş.

dic|tate [dɪk'teɪt] *vb.* yazdırmak, dikte etmek; *fig.* dikte etmek, zorla kabul ettirmek; ~**•ta•tion** [~ʃn] *n.* dikte, yazdırma.

dic•ta•tor [dɪk'teɪtə] *n.* diktatör; ~**•ship** [~ʃɪp] *n.* diktatörlük.

dic•tion ['dɪkʃn] *n.* diksiyon, söyleme biçimi.

dic•tion•a•ry ['dɪkʃnrɪ] *n.* sözlük.

did [dɪd] *pret. of* ***do.***

die[1] [daɪ] *v/i.* ölmek; sona ermek, sönmek; can atmak, çok istemek; ~ ***away*** (*rüzgâr, gürültü*) kesilmek; (*ses*) azalmak; (*ışık*, ateş) sönmek; ~ ***down*** azalmak, kesilmek, dinmek; sönmek; ~ ***off*** teker teker ölmek; ~ ***out*** ortadan kalkmak, yok olmak (*a. fig.*).

die[2] [~] (*pl.* ***dice*** [daɪs]) *n.* zar; (*pl.* ***dies*** [daɪz]) kalıp.

die-hard ['daɪhɑːd] *n.* gerici, tutucu, eski kafalı.

di•et ['daɪət] **1.** *n.* diyet, perhiz, rejim; ***be on a ~*** rejim yapmak; **2.** *v/t. & v/i.* rejim yap(tır)mak.

dif•fer ['dɪfə] *v/i.* farklı olmak, ayrılmak (***from*** *-den*); aynı fikirde olmamak (***with*** *ile*).

dif•fe|rence ['dɪfrəns] *n.* ayrılık, fark; anlaşmazlık; ~**•rent** □ [~t] başka, farklı (***from*** *-den*); çeşitli, değişik; ~**•ren•ti•ate** [dɪfə'renʃɪeɪt] *vb.* ayırt etmek, ayırmak; farklı olmak, ayrılmak.

dif•fi|cult ['dɪfɪkəlt] *adj.* zor, güç; ~**•cul•ty** [~ɪ] *n.* zorluk, güçlük.

dif•fi|dence ['dɪfɪdəns] *n.* çekingenlik, kendine güvensizlik; ~**•dent** □ [~t] çekingen, kendine güvenmeyen.

dif|fuse **1.** *fig.* [dɪ'fjuːz] *v/t. & v/i.* yay(ıl)mak; dağıtmak; dağılmak; **2.** □ [~s] yayılmış, dağınık; çok sözcük kullanan; ~**•fu•sion** [~ʒn] *n.* yay(ıl)ma, dağılma.

dig [dɪg] **1.** (***-gg-***; ***dug***) *vb.* kazmak; *oft* ~ ***up*** kazıp çıkarmak; *oft.* ~ ***up***, ~ ***out*** kazıp çıkarmak; *fig.* ortaya çıkarmak; **2.** *n.* F dürtme; F iğneli söz, taş; ~***s*** *pl. Brt.* F pansiyon.

di•gest **1.** [dɪ'dʒest] *v/t. & v/i.* sindir(il)mek; *fig.* özetlemek; **2.** ['daɪdʒest] *n.* özet; derleme; ~**•i•ble** [dɪ'dʒestəbl] *adj.* sindirimi kolay; **di·ges·tion** [₋tʃən] *n.* sindirim; **di·ges·tive** □ [₋tɪv] sindirim ile ilgili, sindirim...

dig·ger ['dɪgə] *n.* kazıcı, *esp.* altın arayıcısı; ekskavatör, kazaratar.

di·git ['dɪdʒɪt] *n.* parmak; rakam; ***three-~ number*** üç rakamlı bir sayı;

D

di·gi·tal □ ['dɪdʒɪtl] dijital; ***~ cable*** dijital kablo; ***~ camera*** dijital fotoğraf makinesi; ***~ clock, ~ watch*** dijital saat; ***~ photo*** dijital fotoğraf; ***~ projector*** dijital gösterici.

dig·it·ize ['dɪdʒɪtaɪz] *v/t. dijital hale getirmek.*

dig·ni·fied ['dɪgnɪfaɪd] *adj.* ağırbaşlı, ölçülü, olgun.

dig·ni·ta·ry ['dɪgnɪtərɪ] *n.* yüksek rütbeli kimse, yüksek mevki sahibi.

dig·ni·ty ['dɪgnɪtɪ] *n.* ağırbaşlılık; saygınlık.

di·gress [daɪ'gres] *v/i.* konu dışına çıkmak.

dike[1] [daɪk] **1.** *n.* set, bent; hendek; **2.** *vb.* setle kapatmak.

dike[2] *sl.* [₋] *n.* lezbiyen, sevici.

di·lap·i·dat·ed [dɪ'læpɪdeɪtɪd] *adj.* yıkık, harap, köhne.

di·late [daɪ'leɪt] *v/t.* & *v/i.* genişle(t)-mek, büyü(t)mek; **dil·a·to·ry** □ ['dɪlətərɪ] ağır, ağırdan alan, tembel; geciktirici.

dil·i|gence ['dɪlɪdʒəns] *n.* gayret, çaba, çalışkanlık; **~·gent** □ [₋nt] gayretli, çalışkan.

di·lute [daɪ'ljuːt] **1.** *v/t.* sulandırmak, seyreltmek; **2.** *adj.* sulandırılmış, seyreltik.

dim [dɪm] **1.** □ (**-*mm-***) bulanık, donuk; loş; **2.** (**-*mm-***) *v/t.* & *v/i.* soluklaş(tır)-mak; bulan(dır)mak; donuklaş(tır)-mak.

dime *Am.* [daɪm] *n.* on sent.

di·men·sion [dɪ'menʃn] *n.* boyut; ***~s*** *pl. a.* ebat, boyutlar; **~·al** [₋ʃnl] *adj.* ...boyutlu; ***three-~*** üç boyutlu.

di·min·ish [dɪ'mɪnɪʃ] *v/t.* & *v/i.* azal(t)-mak; küçül(t)mek.

di·min·u·tive □ [dɪ'mɪnjʊtɪv] küçücük, minicik.

dim·ple ['dɪmpl] *n.* gamze.

din [dɪn] *n.* gürültü, patırtı.

dine [daɪn] *v/i.* akşam yemeği yemek; *v/t.* yedirip içirmek, ziyafet vermek; ***~ in*** *ya da* ***out*** yemeği evde *ya da* dışarıda yemek; **din·er** ['daɪnə] *n.* akşam yemeği yiyen kimse; *esp. Am.* RAIL yemekli vagon; *Am.* yemekli vagon biçiminde lokanta.

din·gy □ ['dɪndʒɪ] (**-*ier, -iest***) rengi solmuş, pis görünümlü; cansız, hareketsiz.

din·ing|car RAIL ['daɪnɪŋkɑː] *n.* yemekli vagon; **~ room** *n.* yemek odası.

din·ner ['dɪnə] *n.* akşam yemeği; ziyafet; **~-jack·et** *n.* smokin; **~par·ty** *n.* ziyafet, yemek; **~ser·vice, ~-set** *n.* sofra takımı.

dint [dɪnt] **1.** *n.* kertik, çentik; ***by ~ of*** *-in* sayesinde; **2.** *v/t.* berelemek, yamru yumru etmek.

dip [dɪp] **1.** (**-*pp-***) *v/t.* & *v/i.* dal(dır)mak, bat(ır)mak, banmak; meyletmek; ***~ the headlights*** *esp. Brt.* MOT kısa farları yakmak; **2.** *n.* dal(dır)ma, bat(ır)-ma; iniş, meyil; F deniz banyosu, denize dalıp çıkma.

diph·ther·i·a MED [dɪf'θɪərɪə] *n.* difteri, kuşpalazı.

di·plo·ma [dɪ'pləʊmə] *n.* diploma.

di·plo·ma·cy [dɪ'pləʊməsɪ] *n.* diplomasi.

dip·lo·mat ['dɪpləmæt] *n.* diplomat; **~·ic** [dɪplə'mætɪk] (***~ally***) *adj.* diplomatik.

di·plo·ma·tist *fig.* [dɪ'pləʊmətɪst] *n.* diplomat, ilişkilerinde kurnaz kimse.

dip·per ['dɪpə] *n.* kepçe.

dire ['daɪə] (***~r, ~st***) *adj.* dehşetli, korkunç, müthiş; uğursuz.

di·rect [dɪ'rekt] **1.** □ direkt, dolaysız, doğrudan doğruya; açık, belirgin; ***~ current*** ELECT doğru akım; ***~ train*** direkt tren, aktarmasız tren; **2.** *adv.* doğrudan doğruya, doğruca, aktarmasız olarak; **3.** *v/t.* yönetmek, idare etmek; doğrultmak, çevirmek, yöneltmek; (*yolu*) tarif etmek, göstermek; (*orkestra*) yönetmek; emretmek; adresini yazmak.

di·rec·tion [dɪ'rekʃn] *n.* yön; idare, yönetim; emir; *film v.b.*: reji, yönetme; *mst* ***~s*** *pl.* talimat; ***~s for use*** kullanma talimatı; **~find·er** [₋faɪndə] *n.* yön bulma aleti; **~-in·di·ca·tor** *n.* MOT yön göstergesi; AVIA rota göstergesi.

di·rec·tive [dɪ'rektɪv] *n.* direktif, talimat, yönerge.

di·rect·ly [dɪ'rektlɪ] **1.** *adv.* doğrudan

doğruya; derhal; kısa zamanda; **2.** *cj.* -ir -irmez.
di·rec·tor [dı'rektə] *n.* direktör, müdür; *film v.b.*: rejisör, yönetmen; ***board of ~s*** yönetim kurulu.
di·rec·to·ry [dı'rektərı] *n.* adres rehberi; ***telephone ~*** telefon rehberi.
dirge [dɜːdʒ] *n.* ağıt.
dir·i·gi·ble ['dırıdʒəbl] **1.** *adj.* yönetilebilir, güdümlü; **2.** *n.* güdümlü balon, zeplin.
dirt [dɜːt] *n.* kir, pislik; çamur, leke; **~-cheap** F ['dɜːt'tʃiːp] *adj.* sudan ucuz; **~·y** [-ı] **1.** □ (***-ier, -iest***) kirli, pis; *fig.* iğrenç, alçak; **2.** *v/t.* kirletmek, pisletmek; *v/i.* kirlenmek, pislenmek.
dis·a·bil·i·ty [dısə'bılətı] *n.* sakatlık; yetersizlik.
dis·a·ble [dıs'eıbl] *v/t.* sakatlamak (*a.* MIL), güçsüz bırakmak; **~d 1.** *adj.* sakat (*a.* MIL); işe yaramaz; **2.** *n.* ***the ~*** *pl.* sakatlar.
dis·ad·van|tage [dısəd'vɑːntıdʒ] *n.* dezavantaj, sakınca, zarar; **~·ta·geous** □ [dısædvɑːn'teıdʒəs] dezavantajlı, sakıncalı, elverişsiz.
dis·a·gree [dısə'griː] *vb.* uymamak, çelişmek; aynı fikirde olmamak; (*yiyecek, hava*) dokunmak (***with s.o.*** *b-ne*); **~·a·ble** □ [-ıəbl] hoşa gitmeyen, tatsız; aksi, huysuz; **~·ment** [-iːmənt] *n.* anlaşmazlık, uyuşmazlık; fikir ayrılığı.
dis·ap·pear [dısə'pıə] *v/i.* gözden kaybolmak; yok olmak; **~·ance** [-rəns] *n.* gözden kaybolma; yok olma.
dis·ap·point [dısə'pɔınt] *v/t.* hayal kırıklığına uğratmak; (*beklenti, plan*) boşa çıkarmak, altüst etmek; **~·ment** [-mənt] *n.* hayal kırıklığı.
dis·ap·prov|al [dısə'pruːvl] *n.* onaylamama, uygun bulmama, beğenmeme; **~e** ['dısə'pruːv] *v/t.* onaylamamak, uygun bulmamak, beğenmemek.
dis|arm [dıs'ɑːm] *v/t. & v/i.* MIL, POL silahsızlan(dır)mak; *fig.* yumuşatmak, yatıştırmak; **~·ar·ma·ment** [-əmənt] *n.* MIL, POL silahsızlan(dır)ma.
dis·ar·range ['dısə'reındʒ] *v/t.* karıştırmak, bozmak.
dis·ar·ray ['dısə'reı] *n.* karışıklık, düzensizlik.
di·sas|ter [dı'zɑːstə] *n.* felaket, afet, yıkım, bela; **~·trous** □ [-trəs] felaket getiren, feci, korkunç.
dis·band [dıs'bænd] *v/t.* terhis etmek, dağıtmak; *v/i.* dağılmak.
dis·be|lief [dısbı'liːf] *n.* inançsızlık, imansızlık; güvensizlik, kuşku (***in*** *-e*); **~·lieve** [-iːv] *vb.* inanmamak, kuşku duymak.
disc [dısk] *n.* disk (*a.* ANAT, ZO, MEC); plak; ***slipped ~*** MED kaymış disk.
dis·card [dı'skɑːd] *v/t.* ıskartaya çıkarmak, atmak; (*dostlarını*) terketmek.
di·scern [dı'sɜːn] *v/t.* farketmek; sezmek; ayırt etmek, ayırmak; **~·ing** □ [-ıŋ] anlayışlı, zeki; **~·ment** [-mənt] *n.* ayırt etme, ayırma; anlayış, kavrayış.
dis·charge [dıs'tʃɑːdʒ] **1.** *v/t. & v/i.* boşal(t)mak, dökülmek; ateş etmek; (*ok v.b.*) atmak; terhis etmek; (*görev*) yerine getirmek; (*borç*) ödemek; ELECT cereyanı boşaltmak; işten çıkarmak, yol vermek; MED (*irin*) çıkarmak, akıtmak; (*öfkesini*) çıkarmak (***on*** *-den*); **2.** *n.* boşaltma; terhis; ödeme; MED irin; ELECT cereyanı boşaltma; ateş etme; (*görev*) yerine getirme.
di·sci·ple [dı'saıpl] *n.* havari; mürit.
dis·ci·pline ['dısıplın] **1.** *n.* disiplin, sıkıdüzen; **2.** *v/t.* disiplin altına almak, terbiye etmek; ***well ~d*** disiplinli; ***badly ~d*** disiplinsiz.
disc jock·ey ['dıskdʒɒkı] *n.* diskcokey.
dis·claim [dıs'kleım] *v/t.* reddetmek, inkâr etmek; LEG vazgeçmek.
dis|close [dıs'kləʊz] *v/t.* açığa vurmak, açmak; açığa çıkarmak, ortaya çıkarmak; **~·clo·sure** [-əʊʒə] *n.* açığa çıkarma.
dis·co F ['dıskəʊ] **1.** (*pl.* ***-cos***) *n.* disko, diskotek; **2.** *adj.* disko...; ***~ sound*** disko müziği.
dis·col·o(u)r [dıs'kʌlə] *v/t. & v/i.* sol(dur)mak.
dis·com·fort [dıs'kʌmfət] **1.** *n.* rahatsızlık, sıkıntı, huzursuzluk; **2.** *v/t.* rahatsız etmek, sıkıntı vermek.
dis·con·cert [dıskən'sɜːt] *v/t.* şaşırtmak; altüst etmek.
dis·con·nect ['dıskə'nekt] *v/t.* bağlantısını kesmek (*a.* MEC, ELECT), ayırmak; (*gaz, cereyan, telefon*) kesmek; **~·ed** □ bağlantısız.
dis·con·so·late □ [dıs'kɒnsələt] avutulamaz, çok kederli.

D

dis·con·tent ['dıskən'tent] *n.* hoşnutsuzluk; **~·ed** □ hoşnutsuz.
dis·con·tin·ue ['dıskən'tınju:] *v/t.* ara vermek, kesmek, durdurmak, devam etmemek.
dis·cord ['dıskɔ:d], **~·ance** [dıs'kɔ:dəns] *n.* anlaşmazlık, uyuşmazlık; MUS akortsuzluk; **~·ant** □ [~t] uyumsuz, ahenksiz; çelişik; MUS akortsuz.
dis·co·theque ['dıskətek] *n.* diskotek.
dis·count ['dıskaʊnt] **1.** *n.* ECON iskonto, indirim; **2.** *v/t.* ECON iskonto etmek, indirmek; (*senet*) kırmak.
dis·cour·age [dı'skʌrıdʒ] *v/t.* cesaretini kırmak; vazgeçirmek; **~·ment** [~mənt] *n.* cesaretsizlik, cesaretin kırılması.
dis·course **1.** ['dıskɔ:s] *n.* söylev, nutuk; konuşma; **2.** [dı'skɔ:s] *v/i.* söylev vermek, konuşmak (***on, upon*** *üzerine*).
dis·cour·te|ous □ [dıs'kɜ:tjəs] saygısız, kaba; **~·sy** [~təsı] *n.* saygısızlık, kabalık.
dis·cov|er [dı'skʌvə] *v/t.* keşfetmek, bulmak; ortaya çıkarmak; farkına varmak; **~·e·ry** [~ərı] *n.* keşif, buluş.
dis·cred·it [dıs'kredıt] **1.** *n.* saygınlığını yitirme, gözden düşme; güvensizlik; **2.** *v/t.* saygınlığını sarsmak, gözden düşürmek; güvenini sarsmak.
di·screet □ [dı'skri:t] tedbirli, denli; ağzı sıkı.
di·screp·an·cy [dı'krepənsı] *n.* farklılık, ayrılık, çelişki.
di·scre·tion [dı'skreʃn] *n.* ağzı sıkılık; akıllılık; yetki.
di·scrim·i|nate [dı'skrımıneıt] *vb.* ayırt etmek, ayırmak; fark gözetmek, farklı davranmak, taraf tutmak; **~ *against*** *-e* farklı davranmak; **~·nat·ing** □ [~ıŋ] ayırt eden, ayıran; ince zevk sahibi; farklı; **~·na·tion** [dıskrımı'neıʃn] *n.* ayırt etme, ayırım; farklı davranma, taraf tutma.
dis·cus ['dıskəs] *n.* SPOR: disk; **~ *throw*** disk atma; **~ *thrower*** disk atıcısı.
di·scuss [dı'skʌs] *v/t.* tartışmak; görüşmek; **di·scus·sion** [~ʌʃn] *n.* tartışma; görüşme.
dis·dain [dıs'deın] **1.** *n.* küçük görme; **2.** *v/t.* hor görmek, küçümsemek, hafife almak.
dis·ease [dı'zi:z] *n.* hastalık, sayrılık; **~d** *adj.* hasta, sayrı.
dis·em·bark ['dısım'bɑ:k] *v/t. & v/i.* karaya çık(ar)mak.
dis·en·chant·ed [dısın'tʃɑ:ntıd]: ***be ~ with*** aklı başına gelmek, gözü açılmak.
dis·en·gage ['dısın'geıdʒ] *v/t.* kurtarmak; serbest bırakmak, salıvermek; MEC sökmek.
dis·en·tan·gle ['dısın'tæŋgl] *v/t. & v/i.* çöz(ül)mek, aç(ıl)mak; kurtarmak (***from*** *-den*).
dis·fa·vo(u)r ['dıs'feıvə] *n.* gözden düşme; beğenmeme, hoşlanmama.
dis·fig·ure [dıs'fıgə] *v/t.* biçimini bozmak, çirkinleştirmek.
dis·grace [dıs'greıs] **1.** *n.* gözden düşme; yüzkarası, utanç; **2.** *v/t.* gözden düşürmek, yüzünü kara çıkarmak, utandırmak; ***be ~d*** rezil olmak; **~·ful** □ [~fl] yüz kızartıcı, ayıp, utandırıcı.
dis·guise [dıs'gaız] **1.** *v/t.* kılık değiştirmek (***as*** *olarak*); gizlemek, saklamak; **2.** *n.* kılık değiştirme; THEA kıyafet; *fig.* maske; ***in ~*** kılık değiştirmiş olarak; *fig.* maskeli; ***in the ~ of*** ...kılığında.
dis·gust [dıs'gʌst] **1.** *n.* tiksinti, nefret; **2.** *v/t.* tiksindirmek, nefret ettirmek; **~·ing** □ [~ıŋ] tiksindirici, iğrenç.
dish [dıʃ] **1.** *n.* tabak, çanak; yemek; ***the ~es*** *pl.* bulaşık; **2.** *v/t. mst.* **~ *up*** tabağa koymak; **~ *out*** F dağıtmak, vermek; **~·cloth** ['dıʃklɒθ] *n.* bulaşık bezi.
dis·heart·en [dıs'hɑ:tn] *v/t.* cesaretini kırmak.
di·shev·el(l)ed [dı'ʃevld] *adj.* darmadağınık; düzensiz.
dis·hon·est □ [dıs'ɒnıst] namussuz, onursuz; **~·y** [~ı] *n.* namussuzluk, onursuzluk.
dis·hon|o(u)r [dıs'ɒnə] **1.** *n.* onursuzluk, namussuzluk, yüzkarası; **2.** *v/t.* namusuna leke sürmek, rezil etmek; ECON (*çek, poliçe*) ödememek, kabul etmemek; **~·o(u)·ra·ble** □ [~rəbl] namussuz, onursuz.
dish|rag ['dıʃræg] = ***dishcloth***; **~·wash·er** *n.* bulaşıkçı; bulaşık makinesi; **~·wa·ter** *n.* bulaşık suyu.
dis·il·lu·sion [dısı'lu:ʒn] **1.** *n.* gözünü açma, hayalden kurtarma; **2.** *v/t.* gözünü açmak, hayalden kurtarmak; ***be ~ed with*** gözü açılmak, aklı başına gelmek.

dis·in·clined ['dısın'klaınd] *adj.* isteksiz, gönülsüz.
dis·in|fect ['dısın'fekt] *v/t.* dezenfekte etmek, mikropsuzlaştırmak; **~·fec·tant** [-ənt] *n.* dezenfektan, antiseptik.
dis·in·her·it [dısın'herıt] *v/t.* mirastan yoksun bırakmak.
dis·in·te·grate [dıs'ıntıgreıt] *v/t.* & *v/i.* parçala(n)mak, böl(ün)mek, dağıtmak; dağılmak.
dis·in·terest·ed □ [dıs'ıntrəstıd] tarafsız, yansız, önyargısız.
disk [dısk] *n. esp. Am.* = *Brt.* **disc**; *bilgisayar:* disk; **~ drive** disk sürücü.
disk·ette ['dısket, dı'sket] *n. bilgisayar:* disket.
dis·like [dıs'laık] **1.** *n.* hoşlanmama, antipati (**of, for** *-e*); **take a ~ to s.o.** *b-den* soğumaya başlamak; **2.** *v/t.* hoşlanmamak, sevmemek.
dis·lo·cate ['dısləkeıt] *v/t.* MED yerinden çıkarmak; *fig.* altüst etmek.
dis·lodge [dıs'lɒdʒ] *v/t.* yerinden atmak, çıkarmak, defetmek.
dis·loy·al □ ['dıs'lɔıəl] vefasız; hain.
dis·mal □ ['dızməl] kederli, üzgün; kasvetli.
dis·man·tle [dıs'mæntl] *v/t.* eşyasını boşaltmak; NAUT armasını soymak; NAUT donanımını sökmek; MEC sökmek.
dis·may [dıs'meı] **1.** *n.* üzüntü; korku, dehşet; **in ~, with ~** dehşet içinde, korku ile; **to one's ~** korktuğu gibi; **2.** *v/t.* korkutmak, dehşete düşürmek.
dis·miss [dıs'mıs] *v/t.* kovmak, işten çıkarmak; gitmesine izin vermek; (*konu v.b.*) vazgeçmek, bırakmak; LEG (*davayı*) reddetmek; **~·al** [-l] *n.* işten çıkarma; izin; LEG davanın reddi.
dis·mount ['dıs'maʊnt] *v/t.* MEC sökmek, parçalara ayırmak; attan düşürmek; *v/i.* inmek (**from** *-den*).
dis·o·be·di|ence [dısə'bi:djəns] *n.* itaatsizlik; **~·ent** □ [-t] itaatsiz, söz dinlemez.
dis·o·bey ['dısə'beı] *v/t.* itaat etmemek, dinlememek, uymamak.
dis·or·der [dıs'ɔ:də] **1.** *n.* düzensizlik, karışıklık; kargaşalık; MED hastalık; **2.** *v/t.* karıştırmak; MED rahatsız etmek, dokunmak; **~·ly** [-lı] *adj.* düzensiz, karışık, dağınık; karışıklık çıkaran.
dis·or·gan·ize [dıs'ɔ:gənaız] *v/t.* düzenini bozmak, altüst etmek.
dis·own [dıs'əʊn] *v/t.* tanımamak, yadsımak; evlatlıktan reddetmek.
di·spar·age [dı'spærıdʒ] *v/t.* kötülemek, yermek, küçük düşürmek.
di·spar·i·ty [dı'spærətı] *n.* eşitsizlik, fark; **~ of** *ya da* **in age** yaş farkı.
dis·pas·sion·ate □ [dı'spæʃnət] soğukkanlı, sakin; tarafsız, yansız.
di·spatch [dı'spætʃ] **1.** *n.* gönderme, yollama, sevk; mesaj, rapor; telgraf; mektup; sürat, acele; **2.** *v/t.* göndermek, yollamak, sevketmek; bitirivermek; öldürmek.
di·spel [dı'spel] (**-ll-**) *v/t.* defetmek, dağıtmak (*a. fig.*)
di·spen·sa|ble [dı'spensəbl] *adj.* zorunlu olmayan, vazgeçilebilir; **~·ry** [-rı] *n.* dispanser.
dis·pen·sa·tion [dıspen'seıʃn] *n.* dağıtma, dağıtım; yazgı, kader.
di·spense [dı'spens] *v/t.* dağıtmak, vermek; (*ilaç*) hazırlamak; (*yasa*) uygulamak; **~ with** *-den* vazgeçmek, *-sız* yapabilmek; *-i* ortadan kaldırmak; **di·spens·er** [-ə] *n.* ilaç hazırlayan kimse; dağıtıcı makine.
di·sperse [dı'spɜ:s] *v/t.* dağıtmak; yaymak; *v/i.* dağılmak.
di·spir·it·ed [dı'spırıtıd] *adj.* cesareti kırık; morali bozuk.
dis·place [dıs'pleıs] *v/t.* yerinden çıkarmak, yerini değiştirmek; yerine geçmek, yerini almak.
di·splay [dı'spleı] **1.** *n.* gösterme, sergileme; gösteriş; ECON sergi; **be on ~** sergilenmek; **2.** *v/t.* göstermek, sergilemek; ...eseri göstermek.
dis|please [dıs'pli:z] *v/t.* hoşuna gitmemek, gücendirmek, sinirlendirmek; **~·pleased** *adj.* hoşnutsuz, gücenmiş, kırgın; **~·pleasure** [-pleʒə] *n.* hoşnutsuzluk, gücenme.
dis|po·sa·ble [dı'spəʊzəbl] *adj.* bir kez kullanılıp atılan; **~·pos·al** [-zl] *n.* düzen, tertip; elden çıkarma, satma; kontrol, yönetim; yok etme, kurtulma; **be (put) at s.o. 's ~** *b-nin* emrine hazır olmak; **~·pose** [-əʊz] *vb.* düzenlemek, yerleştirmek; sevk etmek, meylettirmek; **~ of** *-den* kurtulmak, yok etmek; elden çıkarmak, satmak; yiyip bitirmek; **~·posed** *adj.* eğilimli, yatkın, istekli; **~·po·si·tion** [dıspə-

'zıʃn] *n.* düzen, tertip; eğilim, istek; yaradılış, huy; kullanma hakkı.
dis·pos·sess ['dıspɔ'zes] *v/t.* elinden almak, el koymak, yoksun bırakmak; (*kiracıyı*) çıkarmak.
dis·pro·por·tion·ate □ ['dısprə'pɔː-ʃənət] oransız.

D

dis·prove ['dıs'pruːv] *v/t.* aksini kanıtlamak, çürütmek.
di·spute [dı'spjuːt] **1.** *n.* tartışma; çekişme, kavga; anlaşmazlık, uyuşmazlık; **2.** *vb.* tartışmak; çekişmek, kavga etmek.
dis·qual·i·fy [dıs'kwɒlıfaı] *v/t.* yetkisini einden almak; SPOR: diskalifiye etmek, yarış dışı bırakmak.
dis·qui·et [dıs'kwaıət] *v/t.* huzurunu kaçırmak, endişeye düşürmek.
dis·re·gard ['dısrı'gɑːd] **1.** *n.* aldırmazlık, kayıtsızlık, ihmal; **2.** *v/t.* aldırmamak, önemsememek, saymamak.
dis|rep·u·ta·ble □ [dıs'repjʊtəbl] adı kötüye çıkmış; rezil, itibarsız; **~·re·pute** ['dısrı'pjuːt] *n.* kötü şöhret, itibarsızlık.
dis·re·spect ['dısrı'spekt] *n.* saygısızlık, kabalık; **~·ful** □ [-fl] saygısız, kaba.
dis·rupt [dıs'rʌpt] *v/t.* parçalamak, dağıtmak, ayırmak.
dis·sat·is|fac·tion ['dıssætıs'fækʃn] *n.* hoşnutsuzluk, tatminsizlik; **~·fy** ['dıs'sætısfaı] *v/t.* memnun etmemek, tatmin etmemek.
dis·sect [dı'sekt] *v/t.* parçalara ayırmak; *fig.* iyice incelemek.
dis·sem·ble [dı'sembl] *v/t.* (*duygu, fikir*) saklamak, gizlemek; *v/i.* yapmacık davranmak.
dis·sen|sion [dı'senʃn] *n.* anlaşmazlık, çekişme, kavga; **~t** [-t] **1.** *n.* anlaşmazlık, ayrılık, uyuşmazlık; **2.** *v/i.* ayrı görüşte olmak, ayrılmak (***from*** *-den*); **~t.er** [-ə] *n.* ayrı görüşte olan kimse.
dis·si·dent ['dısıdənt] **1.** *adj.* ayrı görüşte olan, karşıt fikirli, muhalif; **2.** *n.* karşıt fikirli kimse; POL muhalif kimse.
dis·sim·i·lar □ ['dı'sımılə] farklı, ayrı, benzemez (***to*** *-e*).
dis·sim·u·la·tion [dısımjʊ'leıʃn] *n.* duygularını gizleme; sahte tavır.
dis·si|pate ['dısıpeıt] *v/t.* dağıtmak; yok etmek, gidermek; (*para*) çarçur etmek, saçıp savurmak; *v/i.* dağılmak; **~·pat·ed** *adj.* eğlenceye düşkün, uçarı.
dis·so·ci·ate [dı'səʊʃıeıt] *v/t.* ayırmak; **~ *o.s.*** ayrılmak, ilgisini kesmek.
dis·so|lute □ ['dısəluːt] hovarda, uçarı, çapkın, ahlaksız; **~·lu·tion** [dısə'luːʃn] *n.* eri(t)me; dağıtma; LEG boz(ul)ma; ölüm.
dis·solve [dı'zɒlv] *v/t. & v/i.* eri(t)mek; PARL dağıtmak; geçersiz saymak, bozmak; dağılmak; gözden kaybolmak, yok olmak.
dis·so·nant □ ['dısənənt] MUS ahenksiz, akortsuz; *fig.* uyumsuz.
dis·suade [dı'sweıd] *v/t.* caydırmak, vazgeçirmek (***from*** *-den*).
dis|tance ['dıstəns] **1.** *n.* uzaklık, mesafe; ara, aralık; *fig.* uzak durma, soğukluk; ***at a ~*** uzakta; ***keep s.o. at a ~*** *b-ne* soğuk davranmak, araya mesafe koymak; **~ *race*** SPOR: uzun mesafe koşusu; **~ *runner*** SPOR: uzun mesafe koşucusu; **2.** *v/t.* geride bırakmak; **~·tant** □ [-t] uzak, ırak; samimi olmayan, soğuk; **~ *control*** uzaktan kontrol.
dis·taste [dıs'teıst] *n.* hoşlanmama, sevmeme, nefret; **~·ful** □ [-fl]: ***be ~ to s.o.*** *b-i* için hoş olmamak, *b-ne* ters gelmek.
dis·tem·per [dı'stempə] *n.* (*köpeklerde görülen*) gençlik hastalığı.
dis·tend [dı'stend] *v/t. & v/i.* genişle(t)-mek, şiş(ir)mek.
dis·til(l) [dı'stıl] (***-ll-***) *v/t. & v/i.* damla damla ak(ıt)mak; CHEM damıtmak, imbikten çekmek; **dis·til·le·ry** [-ləri] *n.* içki yapımevi.
dis|tinct □ [dı'stıŋkt] farklı, ayrı; açık, belli, belirgin; **~·tinc·tion** [-kʃn] *n.* ayırt etme, ayırım; fark; üstünlük; nişan, ödül; **~·tinc·tive** □ [-tıv] farklı, özellik belirten, özel.
dis·tin·guish [dı'stıŋgwıʃ] *v/t.* ayırt etmek, ayırmak, seçmek; **~ *o.s.*** *k-ni* göstermek, sivrilmek; **~ed** *adj.* seçkin, güzide; ünlü.
dis·tort [dı'stɔːt] *v/t.* çarpıtmak (*a. fig.*)
dis·tract [dı'strækt] *v/t.* (*dikkati v.b.*) başka yöne çekmek; rahatsız etmek; şaşırtmak; deli etmek; **~·ed** □ şaşırmış, şaşkına dönmüş (***by, with*** *-den*); çileden çıkmış, deliye dönmüş; **dis·trac·tion** [-kʃn] *n.* şaşkınlık; delilik, çılgınlık; eğlence.

dis·traught [dı'strɔːt] = ***distracted.***
dis·tress [dı'stres] **1.** *n.* acı, ıstırap, üzüntü; sıkıntı, yoksulluk; tehlike; **2.** *v/t.* üzmek, sarsmak; **~ed** *adj.* üzgün, kederli, acılı; ~ ***area*** *Brt.* işsizliğin yoğun olduğu bölge.
dis|trib·ute [dı'strıbjuːt] *v/t.* dağıtmak, vermek; yaymak, serpmek; gruplandırmak; **~·tri·bu·tion** [dıstrı'bjuːʃn] *n.* dağıtma, dağıtım; dağılım; gruplandırma.
dis·trict ['dıstrıkt] *n.* bölge; ilçe, mahalle.
dis·trust [dıs'trʌst] **1.** *n.* güvensizlik, kuşku; **2.** *v/t.* güvenmemek, inanmamak; **~·full** □ [-fl] güvensiz, kuşkulu.
dis·trub [dı'stɜːb] *v/t.* rahatsız etmek; karıştırmak, bozmak; üzmek; **~·ance** [-əns] *n.* karışıklık, kargaşa; üzüntü; ~ ***of the peace*** LEG huzurun bozulması; ***cause a*** ~ kargaşa yaratmak, karışıklık çıkarmak; **~ed** *adj.* üzgün, sarsılmış.
dis·used ['dıs'juːzd] *adj.* artık kullanılmayan; kör (*kuyu*).
ditch [dıtʃ] *n.* hendek.
di·van [dı'væn, *Am.* 'daıvæn] *n.* divan, sedir; ~ ***bed*** yatak.
dive [daıv] **1.** (***dived*** *ya da Am. a.* ***dove, dived***) *v/i.* dalmak; AVIA pike yapmak; **2.** *n.* dalış; F batakhane; **div·er** ['daıvə] *n.* karabatak; dalgıç.
di·verge [daı'vaːdʒ] *v/i.* ayrılmak, birbirinden uzaklaşmak; **di·vergence** [-əns] *n.* ayrılma, ayrılık; **di·ver·gent** □ [-t] birbirinden ayrılan, farklı, ayrı.
di·vers ['daıvɜːz] *adj.* çeşitli, birçok.
di·verse □ [daı'vɜːs] çeşitli, değişik, farklı; **di·ver·si·fy** [-sıfaı] *v/t.* çeşitlendirmek, değiştirmek; **di·ver·sion** [-ɜːʃn] *n.* saptırma, başka yöne çekme; eğlence; **di·ver·si·ty** [-ɜːsətı] *n.* farklılık, çeşitlilik; tür, çeşit.
di·vert [daı'vɜːt] *v/t.* başka yöne çevirmek, saptırmak; eğlendirmek, oyalamak.
di·vide [dı'vaıd] **1.** *v/t. & v/i.* taksim etmek, böl(ün)mek; (*a.* MATH); ayırmak; dağıtmak; dağılmak; PARL oy vermek için ayrılmak; **2.** *n.* GEOGR su bölümü çizgisi; **di·vid·ed** *adj.* bölünmüş; ~ ***highway*** *Am.* çift yönlü anayol; ~ ***skirt*** pantolon-etek.
div·i·dend ECON ['dıvıdend] *n.* kâr hissesi.
di·vid·ers [dı'vaıdəz] *n. pl.* (***a pair of*** ~ bir) pergel, yayçizer.
di·vine [dı'vaın] **1.** □ (**~r, ~st**) ilahi, tanrısal; ~ ***service*** ibadet, tapınma; **2.** *n.* papaz; **3.** *vb.* sezmek, hissetmek; kehanette bulunmak.
div·ing ['daıvıŋ] *n.* dalma; SPOR; tramplenden atlama; *attr.* dalgıç...; AVIA pike ...; **~-*board*** tramplen; **~-*suit*** dalgıç elbisesi.
di·vin·i·ty [dı'vınətı] *n.* tanrısallık; tanrı, ilah; teoloji, Tanrıbilim.
di·vis·i·ble □ [dı'vızəbl] bölünebilir; **di·vi·sion** [-ıʒn] *n.* böl(ün)me, taksim; kısım, bölüm; fikir ayrılığı; MATH bölme; MIL tümen.
di·vorce [dı'vɔːs] **1.** *n.* boşanma; ***get a*** ~ boşanmak (***from*** *-den*); **2.** *v/t.* boşamak; ayırmak; ***they have been*** **~*d*** boşandılar, ayrıldılar; **di·vor·cee** [dıvɔː'siː] *n.* boşanmış kadın.
DIY [diːai'wai] (= ***do-it-yourself***) *kişinin bir işi, uzmanına başvurmak yerine, kendisinin yapması.*
diz·zy □ ['dızı] (**-*ier*, -*iest***) başı dönen, sersem; baş döndürücü.
do [duː] (***did, done***) *v/t.* yapmak; etmek; bitirmek; (*rol*) oynamak; (*yemek*) pişirmek; (*yol*) almak; (*problem v.b.*) çözmek; çekidüzen vermek, düzeltmek; ~ ***you know him? — no, I don't*** onu tanıyor musunuz? — hayır, tanımıyorum; ***What can I*** ~ ***for you?*** sizin için ne yapabilirim; ~ ***London*** F Londra'yı gezmek; ***have one's hair done*** saçını yaptırmak; ***have done reading*** okumayı bitirmiş olmak; *v/i.* davranmak; yetmek, yeterli olmak; uygun olmak; ***that will*** ~ bu yeter; ***how*** ~ ***you*** ~ nasılsınız; memnun oldum; ~ ***be quick*** haydi acele et; ~ ***you like London?— I*** ~ Londra'yı seviyor musunuz? — evet; ~ ***well*** başarmak, başarılı olmak; işi iyi gitmek; ~ ***away with*** ortadan kaldırmak; öldürmek; ***I'm done in*** F çok yorgunum, turşu gibiyim; ~ ***up*** tamir etmek, onarmak; paketlemek, sarmak; (*giysi*) düğmelemek, kopçalamak; ~ ***o.s. up*** boyanmak, makyaj yapmak; ***I'm done up*** F çok yorgunum, turşu gibiyim; ***I could*** ~ ***with...*** ...se fena olmaz; ~ ***without*** *-den* vazgeçmek, *-sız* yapmak.

do·cile □ ['dəʊsaɪl] uysal, yumuşak başlı.
dock[1] [dɒk] *v/t.* (*kuyruk*) kesmek, kısaltmak; *fig.* (*ücret v.b.*) kesmek.
dock[2] [~] **1.** *n.* NAUT dok, havuz; rıhtım; LEG sanık yeri; **2.** *v/t.* havuza çekmek (*gemi*); (*uzaygemisi*) uzayda kenetlemek; *v/i.* NAUT rıhtıma yanaşmak; (*uzaygemisi*) uzayda kenetlenmek; **~·ing** ['dɒkıŋ] *n.* gemiyi havuza çekme; uzayda kenetlenme; **~·yard** *n.* NAUT tersane, gemilik.
doc·tor ['dɒktə] **1.** *n.* doktor; doktora vermiş kimse; **2.** *v/t.* tedavi etmek; F tamir etmek; F (*hesap*) üzerinde oynamak.
doc·trine ['dɒktrın] *n.* doktrin, öğreti.
doc·u·ment **1.** ['dɒkjʊmənt] *n.* döküman, belge; **2.** [~ment] *v/t.* belgelemek.
doc·u·men·ta·ry [dɒkjʊ'mentrı] **1.** *adj.* dökümanter, belgesel (*film*); **2.** *n.* belgesel film.
dodge [dɒdʒ] **1.** *n.* yana kaçılma; hile, dolap, oyun, kurnazlık; **2.** *v/i.* hızla yana kaçılmak; *v/t.* F atlatmak, kaytarmak.
doe ZO [dəʊ] *n.* dişi geyik *ya da* tavşan.
dog [dɒg] **1.** *n.* ZO köpek; **2.** (**-gg-**) *v/t.* izlemek, peşini bırakmamak; **~-eared** ['dɒgıəd] *adj.* köşesi kıvrık (*sayfa*); **~·ged** □ inatçı, bildiğinden şaşmaz.
dog·ma ['dɒgmə] *n.* dogma, inak; **~t·ic** [dɒg'mætık] (**~ally**) *adj.* dogmatik, inaksal.
dog-tired F ['dɒg'taıəd] *adj.* çok yorgun, turşu gibi.
do·ings ['du:ıŋz] *n. pl.* yapılan iş ler, olan şeyler.
do-it-your·self [du:ıtjɔ:'self] **1.** *n.* kendi kendine yapılan iş; **2.** *ad.* yardımsız yapılacak biçimde hazırlanmış.
dole [dəʊl] **1.** *n.* sadaka; *Brt.* F haftalık işsizlik parası; ***be ya da go on the ~ Brt.*** F haftalık işsizlik parası almak; **2.** *v/t.* **~ *out*** azar azar dağıtmak.
dole·ful □ ['dəʊlfl] üzüntülü, acılı; yaslı.
doll [dɒl] *n.* oyuncak bebek.
dol·lar ['dɒlə] *n.* dolar.
dol·phin ZO ['dɒlfın] *n.* yunusbalığı.
do·main [dəʊ'meın] *n.* arazi, mülk; IT etki alanı (*internette*); *fig.* saha, alan.
dome [dəʊm] *n.* kubbe; **~d** *adj.* kubbeli.
Domes·day Book ['du:mzdeıbʊk] *n.* 1086'da İngiltere'de Kral 1. William'ın emriyle hazırlanan tapu sicili.
do·mes|tic [də'mestık] **1.** (**~ally**) *adj.* ev ile ilgili, aile ile ilgili; evcil; yerli, iç...; **~ *animal*** evcil hayvan; **~ *flight*** AVIA iç uçuş; **~ *trade*** iç ticaret; **2.** *n.* hizmetçi; **~·ti·cate** [~eıt] *v/t.* evcilleştirmek.
dom·i·cile [ˌdɒmısaıe] *n.* konut, mesken.
dom·i|nant □ ['dɒmınənt] dominant, başat, hâkim, egemen, üstün, baskın; **~·nate** [~eıt] *vb.* egemen olmak, hükmetmek; (*manzara*) *-e* bakmak; **~·na·tion** [dɒmı'neıʃn] *n.* egemenlik, üstünlük; **~·neer·ing** □ [~ıərıŋ] otoriter, hükmeden, zorba.
do·min·ion [də'mınjən] *n.* egemenlik, hüküm, idare; ♀ dominyon.
don [dɒn] *v/t.* (*elbise*) giymek.
d·nate [dəʊ'neıt] *v/t.* bağışlamak, bağış olarak vermek; **do·na·tion** [~eıʃn] *n.* bağış.
done [dʌn] **1.** *p.p. of* **do**; **2.** *adj.* yapılmış, bitmiş; iyi pişmiş.
don·key ['dɒŋkı] *n.* ZO eşek; *attr.* yardımcı...
do·nor ['dəʊnə] *n.* (MED *esp.* kan) veren kimse, verici.
doom [du:m] **1.** *n.* kötü kader, yazgı; ölüm, kıyamet; **2.** *v/t.* (*ölüme v.b.*) mahkûm etmek; **~s·day** ['du:mzdeı]: ***till* ~** F kıyamete kadar, dünya durdukça.
door [dɔ:] *n.* kapı; kapak; ***next* ~** bitişik evde, bitişikte, kapı komşu; **~-han·dle** ['dɔ:hændl] *n.* kapı tokmağı, kapı kolu; **~-keep·er** *n.* kapıcı; **~-man** (*pl.* **-men**) *n.* kapıcı; **~·step** *n.* eşik; **~·way** *n.* giriş.
dope [dəʊp] **1.** *n.* çiriş; *esp.* AVIA bez cilası; F uyuşturucu madde; SPOR: doping; *Am.* F uyuşturucu tiryakisi, afyonkeş; *sl.* sersem, budala; *sl.* bilgi, haber; **2.** *vb.* AVIA cilalamak, verniklemek; F uyuşturucu vermek; SPOR: doping yapmak; **~ ad·dict**, **~ fiend** *n.* F uyuşturucu tiryakisi, afyonkeş; **~ test** *n.* doping kontrolü.
dorm F [dɔ:m] = ***dormitory.***
dor·mant *mst fig.* ['dɔ:mənt] *adj.* uyuşuk, cansız.
dor·mer (win·dow) ['dɔ:mə('wındəʊ)] *n.* çatı penceresi.

dor·mi·to·ry ['dɔːmıtrı] *n.* yatakhane, koğuş; *esp. Am.* öğrenci yurdu.

dose [dəʊs] **1.** *n.* doz; **2.** *v/t.* belirli dozda vermek.

dot [dɒt] **1.** *n.* nokta, benek, küçük leke; ***on the ~*** F tam zamanında; **2.** (**-*tt-***) *v/t.* noktalamak; *fig.* serpiştirmek, dağıtmak; ***~ted line*** (*bir belgede*) imza yeri.

dote [dəʊt]: ***~ on, ~ upon*** *-in* üzerine titremek, *-in* üstüne düşmek; **dot·ing** □ ['dəʊtıŋ] çılgınca seven, üstüne düşen.

doub·le ['dʌbl] **1.** □ iki, çift; iki katı; iki kişilik; **2.** *n.* benzer, eş; (*içki*) duble; *film*, TV: dublör; *mst **~s** sg., pl. tenis*: çiftler; ***men's*** *ya da* ***women's ~s*** *sg., pl. tenis*: çift erkekler *ya da* bayanlar; **3.** *v/t. & v/i.* iki katına çık (ar)mak; *film*, TV: dublörlük yapmak; *a.* ***~ up*** eğ(il)mek, ikiye katla(n)mak; ***~ back*** aynı yoldan dönmek; ***~ up*** ikiye katla(n)mak, bük(ül)mek; (*sancı v.b. 'den*) iki kat olmak; **~breast·ed** *adj.* kruvaze (*ceket*); **~check** *v/t.* iki kez kontrol etmek; **~ chin** *n.* gerdan; **~-click** IT *v/i.* çift tıklamak; **~-cross** *v/t.* dost görünüp aldatmak, kazık atmak; **~-deal·ing** **1.** *adj.* ikiyüzlü, dolandırıcı; **2.** *n.* ikiyüzlülük, dolandırıcılık; **~-deck·er** [~ə] *n.* iki katlı otobüs; **~-edged** *adj.* iki kenarlı; iki amaçlı; **~-en·try** *n.* ECON çift defter tutma; **~ feature** *n. film*: iki film birden; **~ head·er** *Am.* [~ə] *n.* SPOR: üst üste yapılan iki karşılaşma; **~-park** *vb.* MOT park etmiş aracın yanına park etmek; **~-quick** *adv.* F hemencecik, çabucak.

doubt [daʊt] **1.** *v/i.* kuşusu olmak; *v/t.* kuşkulanmak, şüphe etmek; **2.** *n.* kuşkulu olmak; ***no ~*** hiç kuşkusuz, elbette; **~·ful** □ ['daʊtfl] kuşkulu, şüpheli; kararsız; **~·less** [~lıs] *adj.* kuşkusuz, şüphesiz, muhakkak.

douche [duːʃ] **1.** *n.* duş; MED şırınga; **2.** *vb.* duş yapmak, sudan geçirmek; MED şırınga etmek.

dough [dəʊ] *n.* hamur; **~·nut** ['dəʊnʌt] *n.* tatlı çörek.

dove[1] ZO [dʌv] *n.* kumru.

dove[2] *Am.* [dəʊv] *pret. of* ***dive 1.***

dow·el MEC ['daʊəl] *n.* ağaç çivi, dübel, kama.

down[1] [daʊn] *n.* tüy; kuştüyü; hav; ***~s*** *pl.* ağaçsız tepeler, dağ sırtları.

down[2] [~] **1.** *adv.* aşağıya, aşağı; aşağıda, yer(d)e; güneye; **2.** *prp. -in* aşağısın(d)a; ***~ the river*** ırmağın aşağısına doğru; **3.** *adj.* aşağıdaki, yerdeki; düşük, inik; (*ateş*) sönmüş; üzgün; ***~ platform*** (*Londra'da*) hareket peronu, kalkış peronu; ***~ train*** Londra'dan kalkan tren; **4.** *v/t.* yere devirmek; yenmek, alt etmek; F (*esp. içki*) içmek, mideye indirmek; ***~ tools*** grev yapmak, işi bırakmak; **~·cast** ['daʊnkaːst] *adj.* üzgün, keyfi kaçık; **~·fall** *n.* sağanak; *fig.* yıkılma, düşüş; **~-heart·ed** □ üzgün, keyfi kaçık; **~·hill** **1.** *adv.* yokuş aşağı; **2.** *adj.* inişli, meyilli, eğik; *kayak*: depar...; **3.** *n.* iniş; *kayak*: depar, çıkış; **~·load** IT **1.** *v/t.* indirmek; **2.** *n.* indirilen dosya; **~ pay·ment** *n.* ECON kaparo, pey akçası; **~·pour** *n.* sağanak; **~·right** **1.** *adv.* tamamen, büsbütün; **2.** *adj.* açık, tam; dürüst, sözünü sakınmaz; **~·scale** *adj.*; *Am.* kalitesiz (*lokanta, ürün*); *Brit.* = ***downmarket***; **~·size** *v/t.* küçültmek; **~·siz·ing** *n.* küçültme; **~·stairs** *adv.* alt kat(t)a, aşağıda; **~·stream** *adv.* akıntı yönünde; **~-to-earth** *adj.* gerçekçi, realist; **~·town** *Am.* **1.** *adv.* kentin iş merkezin(d)e, çarşıya; **2.** *adj.* kentin iş merkezi ile ilgili, çarşı...; **3.** *n.* kentin iş merkezi, çarşı; **~·ward(s)** [~wəd(z)] *adv.* aşağı doğru.

down·y ['daʊnı] (***-ier, -iest***) *adj.* ince tüylü, havlı.

dow·ry ['daʊərı] *n.* çeyiz, drahoma.

doze [dəʊz] **1.** *v/i.* uyuklamak, kestirmek, şekerleme yapmak; **2.** *n.* uyuklama, şekerleme.

doz·en ['dʌzn] *n.* düzine.

drab [dræb] *adj.* sarımtırak kurşuni; sıkıcı, monoton.

draft [draːft] **1.** *n.* taslak, tasarı; ECON poliçe; MIL manga; hava akımı, cereyan; *Am.* MIL zorunlu askere alma; *esp. Brit.* = ***draught***; **2.** *v/t.* taslağını çizmek, tasarlamak; MIL özel olarak görevlendirmek; *Am.* MIL silah altına almak; **~·ee** *Am.* MIL [draːf'tiː] *n. kura askeri*; **~s·man** *esp. Am.* ['draːftsmən] (*pl.* ***-men***) *s.* ***draughtsman***; **~·y** *Am.* [~ı] (***-ier, -iest***) = ***draughty.***

drag [dræg] **1.** *n.* çekme, sürükleme; MED demir tarama; hava direnci; tırmık, tarak; *fig.* engel, köstek; F sıkıcı şey *ya da* kimse; **2.** (**-gg-**) *v/t.* & *v/i.* sürükle(n)mek, sürü(n)mek; tırmıklamak; *a.* **~ *behind*** geri kalmak; (*zaman*) geçmek bilmemek; **~ *on*** çekmek, sürüklemek; *fig.* uzadıkça uzamak, bitmek bilmemek; *fig.* zorla söyletmek; **~·lift** ['dræglıft] *n.* tele-ski.

D

drag·on ['drægən] *n.* ejderha; **~ fly** *n.* zo kızböceği, yusufçuk.

drain [dreın] **1.** *n.* kanalizasyon, lağım; *fig.* yük, masraf, külfet; **2.** *v/t.* & *v/i.* süz(ül)mek, ak(ıt)mak, kuru(t)mak; drenaj yapmak, akaçlamak; *fig.* (*para, güç*) bitirmek, tüketmek; **~ *away*, ~ *off*** ak(ıt)mak; göç et(tir)mek; zayıfla(t)mak; **~·age** ['dreınıdʒ] *n.* drenaj, akaçlama; akıtma, boşaltma; kanalizasyon; **~-pipe** *n.* su borusu, oluk, künk.

drake zo [dreık] *n.* erkek ördek, suna.

dram F [dræm] *n.* yudum, damla.

dra|ma ['drɑːmə] *n.* dram, drama, tiyatro oyunu; **~·mat·ic** [drə'mætık] (**~*ally***) *adj.* dramatik, coşku veren; **~m·atist** ['dræmətıst] *n.* oyun yazarı; **~ma·tize** [~taız] *v/t.* dramatize etmek, oyunlaştırmak.

drank [dræŋk] *pret. of drink 2.*

drape [dreıp] **1.** *v/t.* kumaşla örtmek *ya da* süslemek; (*bacak v.b.*) sallandırmak; **2.** *n. mst* **~*s*** *pl. Am.* kalın perde; **drap·er·y** ['dreıpərı] *n.* manifatura; kumaşçılık; kumaş, çuha.

dras·tic ['dræstık] (**~*ally***) *adj.* şiddetli, sert, ani.

draught [drɑːft] *n.* çekme, çekiş; hava akımı, cereyan; içme, yudum; NAUT geminin çektiği su; **~*s*** *sg. Brt.* dama oyunu; **~ *beer*** fıçı birası; **~·horse** ['drɑːfthɔːs] *n.* koşum atı; **~s·man** [~smən] (*pl.* **-*men***) *n. Brt.* dama oyuncusu; MEC teknik ressam; **~·y** [~ı] (**-*ier*, -*iest***) *adj.* cereyanlı.

draw [drɔː] **1.** (*drew*, *drawn*) *vb.* çekmek; çekip çıkarmak; MED (*kan*) akıtmak; ECON (*para*) çekmek; (*su, perde, silah*) çekmek; (*faiz*) getirmek; resmini yapmak, çizmek; (*çek*) yazmak; (*sonuç*) çıkarmak; (*dikkatini*) çemek (***to*** *-e*); (*kümes hayvanı*) içini temizlemek; yaklaşmak (***to*** *-e*); SPOR: berabere bitirmek; **~ *near*** yaklaşmak; **~ *on*, ~ *upon*** kullanmak; *-e* silah çekmek; **~ *out*** uzatmak; (*para*) çekmek; (*gün*) uzamak; **~ *up*** (*plan, anlaşma*) yapmak; yazmak, düzenlemek; **2.** *n.* çekme, çekiş; *piyango*: çekiliş, kura; SPOR: beraberlik; cazibe, çekicilik; **~·back** ['drɔːbæk] *n.* sakınca, dezavantaj, engel; **~·er** ['drɔːə] *n.* çeken kimse; teknik ressam; ECON keşideci; [drɔː] çekmece, göz; (***a. pair of***) **~*s*** *pl.* don, külot; *mst* ***chest of ~s*** konsol, şifoniyer.

draw·ing ['drɔːıŋ] *n.* resim, karakalem; çekiliş, piyango; **~ account** *n.* ECON vadesiz hesap; **~board** *n.* resim tahtası; **~-pin** *n. Brt.* raptiye; **~-room = *living room***; misafir odası, salon.

drawl [drɔːl] **1.** *v/i.* ağır ağır konuşmak; **2.** *n.* ağır ağır konuşma.

drawn [drɔːn] **1.** *p.p. of* ***draw 1***; **2.** *adj.* SPOR: berabere.

dread [dred] **1.** *n.* dehşet, korku; **2.** *v/t.* *-den* korkmak, endişe duymak; **~·ful** □ ['dredfl] korkunç, dehşetli; müthiş; sıkıcı.

dream [driːm] **1.** *n.* rüya, düş; hayal; **2.** (***dreamed*** *ya da* ***dreamt***) *vb.* rüya görmek; rüyasında görmek; düşlemek, hayal etmek; **~·er** ['driːmə] *n.* hayalci kimse; **~t** [dremt] *pret. & p.p. of* ***dream 2***; **~·y** □ ['driːmı] (**-*ier*, -*iest***) rüya gibi; hayalci, dalgın; belirsiz.

drear·y □ ['drıərı] (**-*ier*, -*iest***) can sıkıcı, kasvetli, iç karartıcı.

dredge [dredʒ] **1.** *n.* tarak dubası; ağlı kepçe; **2.** *v/t.* (*deniz dibini*) tarakla temizlemek, taramak.

dregs [dregz] *n. pl.* tortu; *fig.* ayaktakımı.

drench [drentʃ] *v/t.* adamakıllı ıslatmak, sırıksıklam etmek.

dress [dres] **1.** *n.* elbise, giysi; kıyafet, üstbaş; **2.** *v/t.* giydirmek; süslemek, donatmak; MIL hizaya sokmak; (*salata*) hazırlamak; MED (*yara*) sarmak, pansuman yapmak; **~ *down*** (*deri*) işlemek; azarlamak, haşlamak; *v/i.* giyinmek; **~ *up*** giyinip kuşanmak, süslenmek; **~ cir·cle** THEA ['dres'sɜːkl] *n.* protokol yeri; **~ de·sign·er** *n.* modacı; **~·er** [~ə] *n.* giydirici; pansumancı; tuvalet masası; mutfak dolabı.

dress·ing ['dresıŋ] *n.* giy(in)me; giydirme; MED pansuman, sargı; gübre; salata sosu; **~-down** *n.* azar; dayak; **~-gown** *n.* sabahlık; SPOR: bornoz; **~-ta·ble** *n.* tuvalet masası.

dress·mak·er ['dresmeıkə] *n.* kadın

terzisi.
drew [dru:] *pret. of* ***draw 1.***
drib·ble ['drıbl] *v/t. & v/i.* damla(t)-mak; (*çocuk*) salyası akmak; *futbol*: dripling yapmak.
dried [draıd] *adj.* kurutulmuş, kuru
dri·er ['draıə] = ***dryer.***
drift [drıft] **1.** *n.* sürükle(n)me; cereyan, akıntı; birikinti, yığın; *fig.* eğilim; **2.** *v/t. & v/i.* sürükle(n)mek; (*kar, kum v.b.*) *yığ(ıl)mak, birik(tir)mek.*
drill [drıl] **1.** *n.* matkap, delgi; AGR tohum ekme makinesi; alıştırma; MIL talim; **2.** *v/t. & v/i.* delmek, delik açmak; MIL talim et(tir)mek; alıştırma yap(tır)mak; tohum ekmek.
drink [drıŋk] **1.** *n.* içecek; içki; **2.** (***drank, drunk***) *v/t.* içmek; emmek; **~ *to s.o.*** *b-nin* şerefine içmek; **~·er** ['drıŋkə] *n.* içen kimse; içkici, ayyaş.
drip [drıp] **1.** *n.* damlama; damla; MED damardan verilen sıvı; **2.** (**-pp-**) *v/t. & v/i.* damla(t)mak, şıp şıp ak(ıt)mak; **~-dry shirt** [drıp'draı ʃɜ:t] *n.* bruşmaz gömlek; **~·ping** ['drıpıŋ] *n.* kızartılan etten damlayan yağ.
drive [draıv] **1.** *n.* araba gezintisi; araba yolu; MEC işletme mekanizması; PSYCH dürtü; *fig.* kampanya, hamle; *fig.* enerji, canlılık, şevk; sürgün avı, sürek avı; **2.** (***drove, driven***) *v/t. & v/i.* sür(ül)-mek, önüne katmak; (*araba*) kullanmak; MEC çalıştırmak, işletmek; *a.* **~ *off*** araba ile götürmek; zorlamak, sıkıştırmak; **~ *off*** araba ile gitmek; ***what are you driving at?*** F ne demek istiyorsun.
drive-by shoot·ing ['~baı ʃu:tıŋ] *geçmekte olan bir araçtan ateş ederek yaralama ya da öldürme.*
drive-in ['draıvın] **1.** *adj.* araba içinde servis yapan; **~ *cinema***, *Am.* **~ *motion-picture theater*** araba ile girilen sinema; **2.** *n.* araba ile girilen sinema *ya da* lokanta.
driv·el ['drıvl] **1.** (*esp. Brt. -ll-, Am. -l-*) *v/i.* saçmalamak, saçma sapan konuşmak; **2.** *n.* saçma, zırva.
driv·en ['drıvn] *p.p. of* ***drive 2.***
driv·er ['draıvə] *n.* MOT şoför, sürücü; RAIL makinist; **~'s li·cense** *n. Am.* ehliyet.
drive-thru *Am.* ['draıvıθru:] *n. araçla bir ucundan girilip yemek alındıktan sonra öbür ucundan çıkılanrestoran.*
driv·ing ['draıtıŋ] *adj.* süren; MEC işleten, çalıştıran; şiddetli; MOT şoför..., sürücü..., **~ li·cence** *n.* ehliyet.
driz·zle ['drızl] **1.** *n.* çisenti, ahmak ıslatan; **2.** *v/i.* çiselemek, serpiştirmek.
drone [drəʊn] **1.** *n.* zo erkek arı; *fig.* asalak, parazit; **2.** *v/i. vızıldamak; homurdanmak.*
droop [dru:p] *v/t. & v/i.* sark(ıt)mak, öne eğ(il)mek, boyun bükmek; kuvvetten düşmek.
drop [drɒp] **1.** *n.* damla; düşüş, iniş; *fig.* azıcık şey; tiyatro perdesi; bonbon, draje; ***fruit* ~*s*** *pl.* meyveli şekerleme; **2.** (**-pp-**) *v/t. & v/i.* düş(ür)mek; damla(t)mak; atmak; (*arabadan*) indirmek, bırakmak; vazgeçmek, bırakmak; son vermek, kesmek; görüşmemek, selamı sabahı kesmek; (*ses*) alçal(t)mak; **~ *s.o. a few lines*** *b-ne* iki satır yazmak; **~ *in*** uğramak; **~ *off*** azalmak; F içi geçmek, uyuya kalmak; **~ *out*** ayrılmak, çıkmak; *a.* **~ *out of school*** (***university***) okulu (üniversiteyi) bırakmak; **~-out** ['drɒpaʊt] *n. ayrılan kimse*; *okulu bırakan* öğrenci.
droght [draʊt] *n.* kraklık, susuzluk
drove [drəʊv] **1.** *n.* sürü; kalabalık, yığın; **2.** *pret. of* ***drive 2.***
drown [draʊn] *v/t. & v/i.* suda boğ(ul)-mak; *fig.* sesiyle bastırmak, boğmak.
drowse [draʊz] *v/i.* uyuklamak, pineklemek; **~ *off*** uyuklamak, dalmak; **drow·sy** ['draʊzı] (***-ier, -iest***) *adj.* uykulu; yku getiren, uyutucu.
drudge [drʌdʒ] *v/i.* ağır iş yapmak, köle gibi çalışmak; **drudg·e·ry** ['drʌdʒərı] *n.* ağır ve sıkıcı iş, angarya.
drug [drʌg] **1.** *n.* ecza; ilaç; uyşuturucu ilaç, hap; ***be on*** (***off***) **~*s*** hapçı olmak (hapçılığı bırakmak); **2.** (**-gg-**) *v/t.* ilaçla uyutmak; (*içkiye v.b.*) ilaç katmak; **~ a·buse** *n.* ilacı kötü amaçla kullanma; **~ ad·dict** *n.* hapçı, uyuşturucu düşkünü; **~·gist** *Am.* ['drʌgıst] *n.* eczacı; eczane sahibi; **~·store** *n. Am.* eczane.
drum [drʌm] **1.** *n.* MUS davul; trampet; davul sesi; ANAT kulakzarı, kulakdavulu; **~*s*** *pl.* MUS bateri; **2.** (***l-mm-***) *v/i.* davul çalmak; **~·mer** MUS ['drʌmə] *n.* davlcu, baterist.
drunk [drʌŋkr] **1.** *p.p. of* ***drink 2***; **2.** *adj.* sarhoş; ***get* ~** sarhoş olmak; **3.** *n.* sarhoş

kimse; = **~·ard** ['drʌŋkəd] *n.* içkici, ayyaş; **~·en** [~ən] *adj.* *sarhoş*; **~ *driving*** içkili araba kullanma.

dry [draı] **1.** □ (***-ier, -iest***) kuru; kurak; kör (*kuyu*); süt vermez (*inek*); F susamış; F sek (*içki*); sıkıcı, yavan; **~ *goods pl.*** tuhafiye, manifatura; **2.** *v/t. & v/i.* kuru(t)mak; kurulamak, silmek; **~ *up*** kupkuru yapmak *ya da* olmak; **~-clean** ['draı'kli:n] *v/t.* (*elbise v.b.*) temizlemek; **~-clean·er's** *n.* kuru temizleyici; **~·er** [~ə] *n. a.* ***drier*** kurutma makinesi.

du·al □ ['dju:əl] çift, iki; iki yönlü; **~ *carriageway*** *Brt.* çift yönlü yol.

dub [dʌb] (***-bb-***) *v/t.* (*film*) dublaj yapmak, sözlendirmek.

du·bi·ous □ ['dju:bjəs] belirsiz, şüpheli; kararsız.

duch·ess ['dvtʃıs] *n.* düşes.

duck [dʌk] **1.** *n.* zo ördek; ördek eti; F sevgili, yavru; **2.** *v/t. & v/i.* dal(dır)mak, sokup çıkarmak; **~·ling** zo ['dʌklıŋ] *n.* ördek yavrusu.

due [dju:] **1.** *adj.* ödenmesi gereken; vadesi gelmiş; gerekli; uygun; gelmesi beklenen; ***in ~ time*** zamanı gelince; **~ *to*** *-den* dolayı, … yüzünden; ***be ~ to*** *-den* ileri gelmek; …mek üzere olmak; **2.** *adv.* doğruca, doğru; **3.** *n.* hak; alacak; **~*s*** *pl.* ücret, vergi, resim; aidat.

du·el ['dju:ə] **1.** *n.* düello; **2.** (*esp. Brt. -ll-, Am. -l-*) *v/i.* düello etmek.

dug [dʌg] *pret. & p.p. of* ***dig 1.***

duke [dju:k] *n.* dük.

dull [dʌl] **1.** □ aptal, kalın kafalı; ağır, hantal; (*ses*) boğuk; neşesiz, sönük, renksiz; tatsız, yavan, sıkıcı; (*hava*) kapalı; (*renk*) donuk; kesmez, kör; ECON durgun, kesat, ölü; **2.** *v/t. & v/i.* donuklaş(tır)mak; sersemle(t)mek; körleş(tir)mek; *fig.* duygusuzlaş(tır)mak; (*ağrı*) uyuşturmak.

du·ly ['dju:lı] *adv.* tam zamanında; gerektiği gibi; hakkıyla.

dumb □ [dʌm] dilsiz; sessiz; *esp. Am.* F sersem, budala; **dum(b)found·ed** ['dʌm'faʊndıd] *adj.* hayretler içinde olan, dili tutulmuş.

dum·my ['dʌmı] *n.* yapma şey, taklit; vitrin mankeni; *fig.* kkla; *Brt.* emzik; *attr.* taklit…, uydurma…

dump [dʌmp] **1.** *v/t.* boşaltmak, dökmek, atmak; dışarı atmak, kovmak; ECON damping yapmak, ucuza satmak; **2.** *n.* çöplük (*a. fig.*); MIL cephanelik; **~·ing** ECON ['dʌmpıŋ] *n.* dampin, ucuzluk.

dune [dju:n] *n.* kum tepesi, kumul.

dung [dʌŋ] **1.** *n.* gübre; **2.** *v/t.* gübrelemek.

dun·ga·rees [dʌŋgə'ri:z] *n. pl.* (***a pair of*** bir) kaba pamuklu kumaştan tulum.

dun·geon ['dʌndʒən] *n.* zindan.

dunk F [dʌŋk] *v/t. & v/i.* suya dal(dır)mak; batırmak, banmak.

dupe [dju:p] *v/t.* aldatmak, dolandırmak.

du·plex ['dju:pleks] *adj.* çift; dubleks…; **~ (*apartment*)** *Am.* dubleks daire; **~ (*house*)** *Am.* dubleks ev.

du·pli·cate **1.** ['dju:plıkət] *adj.* çift, eş; benzer; **~ *key*** çift anahtar; **2.** [~] *n.* suret, kopya; **3.** [~keıt] *v/t.* suretini çıkarmak, kopya etmek; iki katına çıkarmak.

du·plic·i·ty [dj:'plısətı] *n.* ikiyüzlülük, hile.

dur·a·ble □ ['djʊərəbl] dayanıklı, sağlam; sürekli; **du·ra·tion** [djʊə'reıʃn] *n.* devam, süre.

du·ress [djʊə'res] *n.* zorlama, baskı, tehdit.

dur·ing ['djʊərıŋ] *prp.* esnasında; süresince, boyunca.

dusk [dʌsk] *n.* alacakaranlık; **~·y** □ ['dʌskı] (***-ier, -iest***) karanlık; esmer, koyu; *fig.* üzgün.

dust [dʌst] **1.** *n.* toz; toprak; **2.** *v/t.* tozunu almak, silmek; serpmek; *v/i.* toz almak; **~·bin** *Brt.* ['dʌstbın] *n.* çöp kutusu, çöp tenekesi; **~cart** *n. Brt.* çöp arabası; **~·er** [~ə] *n.* toz bezi; *okul*: silgi; **~ cov·er**, **~-jack·et** *n.* kitap cildini tozdan koruyan kap; **~·man** (*pl.* ***-men***) *n. Brt.* çöpçü; **~·y** □ [~ı] (***-ier, -iest***) tozl; toz gibi.

Dutch [dʌtʃ] **1.** *adj.* Hollandalı; **2.** *adv.*: ***go ~*** Alman usulü yapmak, hesabı paylaşmak; **3.** *n.* LING Felemenkçe; ***the ~*** Hollanda halkı.

du·ty ['dju:tı] *n.* görev, vazife; ECON gümrük vergisi; yükümlülük; hizmet, iş; ***be on ~*** görev başında olmak; ***be off ~*** izinli olmak; **~-free** *adj.* gümrüksüz.

DVD [di:vi:'di:] *n.* DVD; **~-ROM** DVD-

-ROM.

dwarf [dwɔːf] **1.** (*pl.* ***dwarfs*** [˷fs], ***dwarves*** [˷vz]) *n.* cüce; **2.** *v/t.* cüceleştirmek; küçük göstermek.

dwell [dwel] (***dwelt*** *ya da* ***dwelled***) *vb.* oturmak; üzerinde durmak (***on, upon*** *-in*); **~·ing** ['dwelıŋ] *n.* oturma; konut, ev.

dwelt [dwelt] *pret. & p.p. of* ***dwell.***

dwin·dle ['dwındl] *v/i.* azalmak; küçülmek.

dye [daı] **1.** *n.* boya; ***of the deepest ~*** *fig.* en kötüsünden; **2.** *v/t. & v/i.* boya(n)mak.

dy·ing ['daııŋ] **1.** *adj.* ölmekte olan, ölen; **2.** *n.* ölüm.

dyke [daık] = ***dike***[1, 2].

dy·nam·ic [daı'næmık] *adj.* dinamik, canlı, etkin, hareketli; **~s** *n. mst sg.* dinamik, devimbilim.

dy·na·mite ['daınəmaıt] **1.** *n.* dinamit; **2.** *v/t.* dinamitlemek, dinamitle havaya uçurmak.

dys·en·te·ry MED ['dısntrı] *n.* dizanteri, kanlı basur.

dys·pep·si·a MED [dıs'pepsıə] *n.* sindirim güçlüğü.

E

E

each [iːtʃ] *adj.* her, her bir; ***~ other*** birbirini; birbirine.

ea·ger □ ['iːgə] hevesli, istekli, can atan; **~·ness** ['iːgənıs] *n.* heves, istek, şevk.

ea·gle ['iːgl] *n.* zo kartal; *Am. hist.* on dolarlık madeni para; **~-eyed** *adj.* keskin gözlü.

ear [ıə] *n.* ANAT kulak; sap, başak; önem verme; ***keep an ~ to the ground*** olan bitenden haberdar olmak; **~-drum** ANAT ['ıədrʌm] *n.* kulakzarı, kulakdavulu; **~ed** *adj.* kulaklı.

earl [ɜːl] *n.* kont.

ear·lobe ['ıələub] *n.* kulakmemesi.

ear·ly ['ɜːlı] *adj. & adv.* erken, erkenden; erkenci; ilk, önceki; eski; (*meyve*) turfanda; ***as ~ as May*** daha mayısta; ***as ~ as possible*** mümkün olduğunca erken; ***~ bird*** erken kalkan kimse; ***~ warning system*** MIL erken uyarı sistemi

ear·mark ['ıəmɑːk] **1.** *n.* hayvanların kulağına takılan marka; işaret; **2.** *v/t.* (*para*) bir kenara koymak, ayırmak (***for*** *için*)

earn [ɜːn] *v/t.* kazanmak; hak etmek, hak kazanmak.

ear·nest ['ɜːnıst] **1.** □ ciddi, ağırbaşlı; samimi; hevesli; **2.** *n.* ciddiyet; ***in ~*** ciddi olarak, ciddi ciddi.

earn·ings ['ɜːnıŋz] *n. pl.* kazanç, edinti, gelir.

ear|phones ['ıəfəunz] *n. pl.* kulaklık; **~-piece** *n.* TELEPH kulaklık; işitme aygıtı; **~-ring** *n.* küpe; **~·shot**: ***within*** (***out of***) ***~*** duyula(maya)cak uzaklıkta.

earth [ɜːθ] **1.** *n.* yeryüzü, dünya; yer, toprak; hayvan ini; **2.** *v/t.* ELECT toprağa bağlamak, topraklamak; **~·en** ['ɜːθn] *adj.* topraktan yapılmış, toprak…; **~·en·ware** [˷nweə] **1.** *n.* çanak çömlek; **2.** *adj.* topraktan yapılmış, toprak…; **~·ly** ['ɜːθlı] *adj.* dünyasal, maddesel; F mümkün, olası; **~·quake** *n.* deprem, yersarsıntısı; **~·worm** *n.* zo yersolucanı.

ease [iːz] **1.** *n.* huzur, rahat, refah; kolaylık; serbestlik, rahatlık; ***at ~*** rahat, huzurl; ***ill at ~*** endişeli, huzursuz; **2.** *v/t.* rahat ettirmek; dindirmek, yatıştırmak; gevşetmek; *v/i. mst* ***~ off, ~ up*** azalmak, kesilmek; yumuşak.

ea·sel ['iːzl] *n.* ressam sehpası, şövalye.

east [iːst] **1.** *n.* doğu; ***the ♀*** A.B.D.'nin doğu eyaletleri; POL doğu; **2.** *adj.* doğu…; **3.** *adv.* doğuya doğru

Eas·ter ['iːstə] *n.* paskalya; *attr.* paskalya…

eas·ter·ly ['iːstəlı] **1.** *adv.* doğuya doğru; doğuda(n); **2.** *adj.* doğu…; **eastern** [˷n] *adj.* doğu ile ilgili, doğu…; **eastward(s)** [˷wəd(z)] *adv.* doğuya doğru, doğuya.

eas·y ['iːzı] □ (***-ier, -iest***) kolay; rahat, sıkıntısız; sakin, uysal; ***in ~ circumstances*** hali vakti yerinde olan, varlıklı; ***on ~ street*** *Am.* iyi koşullarda; ***go ~***, ***take it ~*** kendini fazla yormamak, keyfine bakmak, yan gelmek; ***take it ~!*** Boş ver!; **~ chair** *n.* koltuk; **~·going** *adj.* kaygısız, telaşsız, geniş.

eat [i:t] **1.** (***ate, eaten***) *v/t.* yemek; çürütmek, kemirmek, aşındırmak; **~ *out*** yemeği dışarıda yemek; **2.** *n.* **~s** *pl.* F yemek, yiyecek; **ea·ta·ble** ['i:təbl] **1.** *adj.* yenebilir, yenir; **2.** *n.* **~s** *pl.* yiyecek; **~·en** ['i:tn] *p.p. of **eat 1***; **~·er** [~ə] *n.* yiyen kimse.

E

eaves [i:vz] *n. pl.* saçak; **~·drop** ['i:vzdrɒp] (***-pp-***) *v/i.* gizlice dinlemek, kulak kabartmak.

ebb [eb] **1.** *n.* cezir, suların alçalması; *fig.* düşük seviye; *fig.* bozulma, düşüş; **2.** *v/i.* (*deniz*) çekilmek; *fig.* bozulmak, azalmak; **~ tide** ['eb'taɪd] *n.* cezir, inik deniz.

eb·o·ny ['ebənı] *n.* abanoz.

e-book ['i:bʊk] *n.* e-kitap.

e-card ['i:ka:d] *n.* e-kart.

ec·cen·tric [ık'sentrık] **1.** (***~ally***) *adj.* eksantrik, dışmerkezli; garip, tuhaf, ayrıksı; **2.** *n.* tuhaf kimse.

ec·cle·si·as|tic [ıkli:zı'æstık] (***~ally***), **~·ti·cal** ☐ [~kl] kilise ile ilgili, dinsel.

ECG ['i:si:dʒi:] *n.* elektrokardiyogram.

ech·o ['ekəʊ] **1.** (*pl.* ***-oes***) *n.* eko, yankı; **2.** *v/t.* & *v/i.* yankıla(n)mak; *fig.* aynen tekrarlamak, taklit etmek.

e·clipse [ı'klıps] **1.** *n.* AST tutulma; **2.** *v/t.* AST tutulmasına neden olmak, karartmak; ***be ~ d by fig. ...*** tarafından gölgede bırakılmak.

e·co·cide ['i:kəsaıd] *n.* çevre kirlenmesi.

e·co·friend·ly ['i:kəʊfrendlı] *adj.* çevre dostu.

e·co|lo·gi·cal ☐ [i:kə'lɒdʒıkl] ekolojik, çevrebilimsel; **~l·o·gist** [i:'kɒlədʒıst] *n.* ekolojist, çevrebilimci; **~l·o·gy** [~ı] *n.* ekoloji, çevrebilim.

e-com·merce ['i:kɒmɜ:s] *n.* e-ticaret.

ec·o·nom|ic [i:kə'nɒmık] (***~ally***) *adj.* ekonomik; az masraflı, hesaplı, kazançlı; **~ *aid*** ekonomik yardım; **~ *growth*** ekonomik gelişme; **~·i·cal** ☐ [~kl] tutumlu, idareli; **~·ics** *n. sg.* ekonomi.

e·con·o|mist [ı'kɒnəmıst] *n.* ekonomist, ekonomi uzmanı; **~·mize** [~aız] *vb.* idareli harcamak, ekonomi yapmak; **~·my** [~ı] **1.** *n.* ekonomi; idare, tutum; ekonomik, sistem; **2.** *adj.* ucuz, ekonomi...; **~ class** AVIA ekonomi sınıfı.

e·co·sys·tem [i:kəʊsıstəm] *n.* çevrebilimsel sistem.

ec·sta|sy ['ekstəsı] *n.* kendinden geçme, coşkunluk; **~t·ic** [ık'stætık] (***~ally***) *adj.* kendinden geçmiş, coşmuş; kendinden geçirici.

ed·dy ['edı] **1.** *n.* girdap, anafor; **2.** *v/i.* fırıl fırıl dönmek.

edge [edʒ] **1.** *n.* kenar, uç; bıçak ağzı; kıyı, sınır; şiddet, keskinlik; ***be on ~*** sinirli *ya da* endişeli olmak; **2.** *v/t.* & *v/i.* bilemek; kenar yapmak; yan yan sok(ul)mak; **~·ways**, **~·wise** ['edʒweız, ~waız] *adv.* yanlamasına, yan yan; yandan.

edg·ing ['edʒıŋ] *n.* kenar, şerit, dantela.

edg·y ['edʒı] (***-ier, -iest***) *adj.* keskin kenarlı; F sinirli; F endişeli.

ed·i·ble ['edıbl] *adj.* yenebilir, yenir.

e·dict ['i:dıkt] *n.* emir, ferman.

ed·i·fice ['edıfıs] *n.* büyük bina, muazzam yapı.

ed·i·fy·ing ☐ ['edıfaıŋ] yüksek duygulara ulaştıran.

ed·it ['edıt] *v/t.* (*yazı*) yayına hazırlamak; (*gazete v.b.*) yönetmek; **e·di·tion** [ı'dıʃn] *n.* baskı, yayım; **ed·i·tor** ['edıtə] *n.* editör, yayımcı, basıcı; yazı işleri müdürü; **ed·i·to·kri·al** [edı'tɔ:rıəl] **1.** *n.* başyazı; **2.** ☐ editör ile ilgili.

ed·u|cate ['edju:keıt] *v/t.* eğitmek, yetiştirmek; okutmak; **~·cat·ed** *adj.* okumuş, aydın; **~·ca·tion** [edju:'keıʃn] *n.* eğitim; öğrenim; ***Ministry of*** ♀ Eğitim Bakanlığı; **~·ca·tion·al** ☐ [~nl] eğitimsel; eğitsel, eğitici; **~·ca·tor** ['edju:keıtə] *n.* eğitimci, eğitmen.

eel zo [i:l] *n.* yılanbalığı.

ef·fect [ı'fekt] **1.** *n.* etki; sonuç; gösteriş; yürürlük; anlam; MEC verim, randıman; **~s** *pl.* ECON taşınır mallar; kişisel eşya; ***be of ~*** etkili olmak; ***take ~*** yürürlüğe girmek; ***in ~*** gerçekte, aslında; yürürlükte; ***to the ~*** anlamında; **2.** *v/t.* yapmak, yerine getirmek; **ef·fec·tive** ☐ [~ıv] etkili; yürürlükte olan, geçerli; gerçek; MEC randımanlı, verimli; **~ *date*** yürürlük tarihi, geçerli tarih.

ef·fem·i·nate ☐ [ı'femınət] kadınsı, çıtkırıldım.

ef·fer|vesce [efə'ves] *v/i.* köpürmek,

kabarmak; ~·**ves·cent**[~nt] *adj.* köpüren, kabaran; coşkun.
ef·fi·cien|cy [ɪ'fɪʃənsɪ] *n.* etki; yeterlik; ~ ***engineer***, ~ ***expert*** ECON rasyonalizasyon uzmanı; ~**t**☐ [~t] etkili; yeterli; verimli.
ef·flu·ent ['efluənt] *n.* pis su, artık su, akıntı.
ef·fort ['efət] *n.* gayret, çaba, uğraş; ***without*** ~ = ~·**less**☐ [~lɪs] zahmetsiz, kolay.
ef·fron·te·ry [ɪ'frʌntərɪ] *n.* küstahlık, yüzsüzlük.
ef·fu·sive☐ [ɪ'fjuːsɪv] bol; taşkın, coşkun.
egg[1] [eg]: ~ ***on*** teşvik etmek, gayrete getirmek.
egg[2] [~] *n.* yumurta; ***put all one's*** ~***s in one basket*** varını yoğunu bir işe bağlamak; ***as sure as*** ~***s is*** ~***s*** F hiç kuşkusuz; ~-**co·sy** ['egkəuzɪ] *n.* yumurta kılıfı; ~-**cup** *n.* yumurta kabı, yumurtalık; ~-**head** *n.* F entelektüel, aydın.
e·go·is|m ['egəuɪzəm] *n.* egoizm, bencillik; ~**t** [~ɪst] *n.* egoist, bencil.
E·gyp·tian [ɪ'dʒɪpʃn] **1.** *adj.* Mısır'a özgü; **2.** *n.* Mısırlı.
ei·der·down ['aɪdədaun] *n.* kuştüyü yorgan.
eight [eɪt] **1.** *adj.* sekiz; **2.** *n.* sekiz rakamı; **eigh·teen** ['eɪ'tiːn] **1.** *adj.* on sekiz; **2.** *n.* on sekiz rakamı; **eigh·teenth** [~θ] *adj.* & *n.* on sekizinci; ~·**fold** ['eɪtfəuld] *adj.* & *adv.* sekiz katı; ~**h** [eɪtθ] **1.** *adj.* sekizinci; **2.** *n.* sekizde bir; ~**h·ly** ['eɪtθlɪ] *adv.* sekizinci olarak; **eigh·ti·eth** ['eɪtɪɪθ] *adj.* sekseninci; **eigh·ty** ['eɪtɪ] **1.** *adj.* seksen; **2.** *n.* seksen rakamı.
ei·ther ['aɪðə; *Am.* 'iːðə] *cj.* ya ya da; ~ ***... or*** ya ... ya da; ***not*** ~ o da... değil.
e·jac·u·late [ɪ'dʒækjuleɪt] *v/t.* & *v/i.* PHYSIOL (*meni*) fışkır(t)mak; birden söyleyivermek; feryat etmek.
e·ject [ɪ'dʒekt] *v/t.* dışarı atmak, kovmak, kapı dışarı etmek (***from*** *-den*).
eke [iːk]: ~ ***out*** idareli kullanmak, idare etmek; ~ ***out a living*** kıt kanaat geçinmek.
EKG ['iːkeidʒiː] *n.* *Am.* elektrokardiyogram; *Brit.* = ***ECG.***
e·lab·o·rate **1.** ☐ [ɪ'læbərət] özenle hazırlanmış, özenilmiş; ayrıntılı, komplike; **2.** [~reɪt] *vb.* özenle hazırlamak; ayrıntılara inmek.
e·lapse [ɪ'læps] *v/i.* (*zaman*) geçmek, geçip gitmek.
e·las|tic [ɪ'læstɪk] **1.** (~***ally***) *adj.* esnek; ~ ***band*** *Brt.* = **2.** *n.* lastik bant; ~·**ti·ci·ty** [elæ'stɪsətɪ] *n.* esneklik.
e·lat·ed [ɪ'leɪtɪd] *adj.* sevinçli, mutlu.
el·bow ['elbəu] **1.** *n.* dirsek; viraj, dönemeç; MEC dirsek; ***at one's*** ~ elinin altında; ***out at*** ~***s*** *fig.* kılıksız, üstü başı dökülen; **2.** *v/t.* dirsekle dürtmek; ~ ***one's way through*** ite kaka *k-ne* yol açmak.
el·der[1] BOT ['eldə] *n.* mürver ağacı.
el·der[2] [~] **1.** *adj.* daha yaşlı, daha büyük; **2.** *n.* yaşlı, büyük; ~·**ly** [~lɪ] *adj.* yaşlıca, geçkin.
el·dest ['eldɪst] *adj.* en yaşlı, en büyük.
e·lect [ɪ'lekt] **1.** *adj.* seçkin; **2.** *v/t.* seçmek; karar vermek.
e·lec|tion [ɪ'lekʃn] *n.* seçim; *attr.* POL seçim...; ~·**tor** [~tə] *n.* seçmen; *Am.* POL seçmenler kurulu üyesi; *hist.* elektör; ~·**to·ral** [~ərəl] *adj.* seçim *ya da* seçmenle ilgili, seçim..., seçmen...; ~ ***college*** *Am.* POL seçmenler kurulu; ~·**to·rate** POL [~ərət] *n.* seçmenler.
e·lec|tric [ɪ'lektrɪk] (~***ally***) *adj.* elektrikle ilgili, elektrik...; elektrikli (*a. fig.*), elektro...; ~·**tri·cal**☐ [~kl] elektrik...; elektrikli; ~ ***engineer*** elektrik mühendisi; ~·**tric chair** *n.* elektrikli sandalye; ~·**tri·cian** [ɪlek'trɪʃn] *n.* elektrikçi; ~·**tri·ci·ty** [~ɪsətɪ] *n.* elektrik; elektrik akımı.
e·lec·tri·fy [ɪ'lektrɪfaɪ] *v/t.* elektriklendirmek; *fig.* heyecana düşürmek.
e·lec·tro- [ɪ'lektrəu] *prefix* elektro...
e·lec·tro·cute [ɪ'lektrəkjuːt] *v/t.* elektrikli sandalyede idam etmek.
e·lec·tron [ɪ'lektrɒn] *n.* elektron.
el·ec·tron·ic [ɪlek'trɒnɪk] **1.** (~***ally***) *adj.* elektronik; ~ ***data processing*** elektronik bilgi işlem; **2.** *n.* ~***s*** *sg.* elektronik bilimi.
el·e|gance ['elɪgəns] *n.* zariflik, şıklık; ~·**gant**☐ [~t] zarif, şık, kibar.
el·e|ment ['elɪmənt] *n.* *eleman*, *öğe*; CHEM element; ~***s*** *pl.* temel bilgiler; kötü hava; ~·**men·tal**☐ [elɪ'mentl] temel, esas; duyguları kuvvetli; doğaya özgü.
el·e·men·ta·ry☐ [elɪ'mentərɪ] temel; ilk; ~ ***school*** *Am.* ilkokul.

el·e·phant zo ['elɪfənt] *n.* fil.

el·e|vate ['elɪveɪt] *v/t.* yükseltmek (*a. fig.*); **~·vat·ed** *adj.* yüksek; *fig.* yüce, ulu; **~ (*railroad*)** *Am.* havai demiryolu; **~·va·tion** [elɪ'veɪʃn] *n.* yükseltme; yüceltme; yükseklik; tepe, yükselti; **~·va·tor** MEC ['elɪveɪtə] *n. Am.* asansör; AVIA yükselti dümeni.

e·lev·en [ɪ'levn] **1.** *adj.* on bir; **2.** *n.* on bir rakamı;**~th** [~θ] **1.** *adj.* on birinci; **2.** *n.* on birde bir.

E

elf [elf] (*pl.* ***elves***) *n.* cin, peri.

e·li·cit [ɪ'lɪsɪt] *v/t.* (*gerçek*) ortaya çıkarmak; (*bilgi*) sağlamak (***from*** *-den*); neden olmak.

el·i·gi·ble □ ['elɪdʒəbl] seçilebilir, uygun, elverişli.

e·lim·i|nate [ɪ'lɪmɪneɪt] *v/t.* çıkarmak, atmak, elemek, ortadan kaldırmak, gidermek; **~·na·tion** [ɪlɪmɪ'neɪʃn] *n.* çıkarma, atma, eleme.

é·lite [eɪ'liːt] *n.* seçkin sınıf, elit tabaka.

elk zo [elk] *n.* Kanada geyiği.

el·lipse MATH [ɪ'lɪps] *n.* elips.

elm BOT [elm] *n.* karaağaç.

el·o·cu·tion [elə'kjuːʃn] *n.* söz sanatı, etkili söz söyleme sanatı.

e·lon·gate ['iːlɒŋgeɪt] *v/t.* uzatmak.

e·lope [ɪ'ləʊp] *v/i.* âşığı ile kaçmak, evlenmek için evden kaçmak.

e·lo|quence ['eləkwəns] *n.* etkili söz söyleme sanatı; **~·quent** □ [~t] etkili konuşan; etkili.

else [els] *adv.* başka; yoksa; **~·where** ['els'weə] *adv.* başka yer(d)e.

e·lu·ci·date [ɪ'luːsɪdeɪt] *v/t.* açıklamak, aydınlatmak.

e·lude [ɪ'luːd] *v/t.* kurtulmak, yakasını kurtarmak, sıyrılmak, atlatmak; *fig. -in* aklına gelmemek.

e·lu·sive □ [ɪ'luːsɪv] yakalaması zor, ele geçmez; akılda tutulması zor.

elves [elvz] *pl. of* ***elf.***

e·ma·ci·ated [ɪ'meɪʃɪeɪtɪd] *adj.* çok sıska, bir deri bir kemik

e-mail ['iːmeɪl] **1.** *n.* e-posta; **~ *address*** e-posta adresi; **2.** *v/t.* e-posta göndermek.

em·a|nate ['eməneɪt] *v/t.* çıkmak, gelmek, yayılmak (***from*** *-den*); **~·nation** [emə'neɪʃn] *n.* çıkma, yayılma.

e·man·ci|pate [ɪ'mænsɪpeɪt] *v/t.* serbest bırakmak, özgürlüğüne kavuşturmak; **~·pa·tion** [ɪmænsɪ'peɪʃn] *n.* serbest bırakma; özgürlüğüne kavuşma.

em·balm [ɪm'bɑːm] *v/t.* mumyalamak.

em·bank·ment [ɪm'bæŋkmənt] *n.* toprak set, bent; şev.

em·bar·go [em'bɑːgəʊ] (*pl.* ***-goes***) *n.* ambargo.

em·bark [ɪm'bɑːk] *v/t. & v/i.* NAUT, AVIA bin(dir)mek; NAUT *a.* (*yolcu, eşya*) almak; **~ *on***, **~ *upon*** *-e* başlamak, *-e* girişmek.

em·bar·rass [ɪm'bærəs] *v/t.* şaşırtmak, bozmak; utandırmak; rahatsız etmek, sıkmak; engellemek, güçleştirmek; **~·ing** □ [~ɪŋ] can sıkıcı; sıkıntılı; utandırıcı; **~·ment** [~mənt] *n.* şaşkınlık; sıkılma, utanma; sıkıntı.

em·bas·sy ['embəsɪ] *n.* elçilik.

em·bed [ɪm'bed] (***-dd-***) *v/t.* yerleştirmek, oturtmak, gömmek.

em·bel·lish [ɪm'belɪʃ] *v/t.* süslemek, güzelleştirmek; *fig.* uydurma ayrıntılarla ilginçleştirmek.

em·bers ['embəz] *n. pl.* kor, köz.

em·bez·zle [ɪm'bezl] *v/t.* zimmetine geçirmek;**~·ment** [~mənt] *n.* zimmetine geçirme.

em·bit·ter [ɪm'bɪtə] *v/t.* acılaştırmak; *fig.* hayata küstürmek.

em·blem ['embləm] *n.* amblem, belirtke, simge.

em·bod·y [ɪm'bɒdɪ] *v/t.* cisimlendirmek, somutlaştırmak; içermek, kapsamak.

em·bo·lis·m MED ['embəlɪzəm] *n.* amboli, damar tıkanıklığı.

em·brace [ɪm'breɪs] **1.** *v/t. & v/i.* kucakla(ş)mak; benimsemek; içermek; **2.** *n.* kucakla(ş)ma.

em·broi·der [ɪm'brɔɪdə] *vb.* nakış işlemek; *fig.* süslemek, ballandırmak;**~·y** [~ərɪ] *n.* nakış; *fig.* süsleme, ballandırma.

em·broil [ɪm'brɔɪl] *v/t.* karıştırmak, araya sokmak.

e·men·da·tion [iːmen'deɪʃn] *n.* düzeltme.

em·e·rald ['emərəld] **1.** *n.* zümrüt; **2.** *adj.* zümrüt renginde.

e·merge [ɪ'mɜːdʒ] *v/i.* çıkmak, görünmek; *fig.* ortaya çıkmak, doğmak.

e·mer|gen·cy [ɪ'mɜːdʒənsɪ] *n.* olağanüstü durum, tehlike; *attr.* tehlike..., imdat...; **~ *brake*** imdat freni; **~ *call*** imdat isteme; **~ *exit*** tehlike çıkışı, imdat kapısı; ~ ***landing*** AVIA zorunlu iniş; ~ ***number*** imdat isteme; ~ ***ward*** MED ilk yardım koğuşu; **~·gent** [-t] *adj.* çıkan, ortaya çıkan; *fig.* gelişen, yükselen (*ulus*).

em·i|grant ['emıgrənt] *n.* göçmen; **~·grate** [-reıt] *v/i.* göç etmek; **~·gration** [emı'greıʃn] *n.* göç.

em·i|nence ['emınəns] *n.* yükseklik, tepe; saygınlık, ün, nam, rütbe; ♀ Kardinal sanı; **~·nent** □ [-t] *fig.* seçkin, güzide; ünlü; **~·nent·ly** [-lı] *adv.* pek, oldukça.

e·mit [ı'mıt] (**-tt-**) *v/t.* çıkarmak, yaymak, salmak.

e·mo·tion [ı'məʊʃn] *n.* heyecan, duygu, his; **~·al** □ [-l] duygusal; duygulu, heyecanlı; dokunaklı; **~·al·ly** [-lı] *adv.* duygusal olarak; ~ ***disturbed*** ruhen yıkık; ~ ***ill*** zihni bulanık; **~·less** [-lıs] *adj.* duygusuz, soğuk.

em·pe·ror ['empərə] *n.* imparator.

em·pha|sis ['emfəsıs] (*pl.* **-ses** [-si:z]) *n.* önem; şiddet; vurgu; **~·size** [-saız] *v/t.* vurgulamak (*a. fig.*); **~t·ic** [ım'fætık] (**~*ally***) *adj.* etkili; vurgulu.

em·pire ['empaıə] *n.* imparatorluk; ***the British*** ♀ Büyük Britanya İmparatorluğu.

em·pir·i·cal □ [em'pırıkl] deneyimsel.

em·ploy [ım'plɔı] **1.** *v/t.* çalıştırmak, iş vermek; kullanmak; (*zaman v.b.*) harcamak, vermek; **2.** *n.* görev, iş, hizmet; ***in the ~ of*** *-in* hizmetinde; **~·ee** [emplɔı'i:] *n.* işçi, hizmetli, memur; **~·er** [ım'plɔıə] *n.* işveren patron; **~·ment** [-mənt] *n.* iş verme; iş, memuriyet; ~ ***agency,*** ~ ***bureau*** iş bulma bürosu; ~ ***market*** iş piyasası; ~ ***service agency*** *Brt.* iş bürosu.

em·pow·er [ım'paʊə] *v/t.* yetki vermek, yetkili kılmak.

em·press ['emprıs] *n.* imparatoriçe.

emp|ti·ness ['emptınıs] *n.* boşluk (*a. fig.*); **~·ty** ['emptı] **1.** □ (**-ier, -iest**) boş (*a. fig.*); ~ ***of*** *-den* yoksun, -sız; **2.** *v/t.* & *v/i.* boşal(t)mak; dökmek; (*nehir*) dökülmek.

em·u·late ['emjʊleıt] *v/t.* rekabet etmek, geçmeye çalışmak.

e·mul·sion [ı'mʌlʃn] *n.* sübye, emülsiyon.

en·a·ble [ı'neıbl] *v/t.* olanak vermek, olası kılmak; yetki vermek; kolaylaştırmak.

en·act [ı'nækt] *v/t.* (*kanun*) çıkarmak, kabul etmek; hükmetmek, buyurmak; THEA (*rol*) oynamak.

e·nam·el [ı'næml] **1.** *n.* mine; ANAT diş minesi; **2.** (*esp. Brt. -ll-, Am. -l-*) *v/t.* minelemek; sıralamak.

en·am·o(u)red [ı'næməd]: ~ ***of*** *-e* tutkun, *-e* gönül vermiş.

en·camp·ment *esp.* MIL [ın'kæmpmənt] *n.* kamp, ordugâh.

en·cased [ın'keıst]: ~ ***in*** *ile* örtülü, *ile* kaplı.

en·chant [ın'tʃɑ:nt] *v/t.* büyülemek (*a. fig.*); **~·ing** □ [-ıŋ] büyüleyici; **~·ment** [-mənt] *n.* büyüleme (*a. fig.*); büyü.

en·cir·cle [ın'sɜ:kl] *v/t.* etrafını çevirmek, kuşatmak.

en·close [ın'kləʊz] *v/t.* etrafını çevirmek; içine koymak, iliştirmek; **en·clo·sure** [-əʊʒə] *n.* etrafını çevirme; etrafı çevrili arazi; çit; ilişikte gönderilen şey.

en·com·pass [ın'kʌmpəs] *v/t.* etrafını çevirmek, kuşatmak.

en·coun·ter [ın'kaʊntə] **1.** *n.* karşılaşma; çarpışma; **2.** *v/t.* karşılaşmak, rastlamak; çarpışmak.

en·cour·age [ın'kʌrıdʒ] *v/t.* cesaret vermek, özendirmek; **~·ment** [-mənt] *n.* cesaret verme, özendirme.

en·croach [ın'krəʊtʃ] *v/i.* tecavüz etmek, el uzatmak (***on, upon*** *-e*); sokulmak; **~·ment** [-mənt] *n.* tecavüz, el uzatma; sokulma.

en·cum|ber [ın'kʌmbə] *v/t.* tıka basa doldurmak; yüklemek; engel olmak; **~·brance** [-brəns] *n.* yük; engel; ***without*** ~ çocuksuz.

en·cy·clo·p(a)e·di·a [ensaıklə'pi:djə] *n.* ansiklopedi, bilgilik.

end [end] **1.** *n.* son; uç; gaye, amaç; ***no ~ of*** sayısız, dünya kadar; ***in the ~*** sonunda; ***on ~*** ayakta, dik; ***stand on ~*** (*tüyler*) ürpermek, diken diken olmak; ***to no ~*** boşuna; ***go off the deep ~*** *fig.* öfkelenmek, tepesi atmak; ***make both ~s meet*** iki yakayı bir araya getirmek; **2.** *v/t.* & *v/i.* bit(ir)mek, sona er(dir)mek.

en·dan·ger [ın'deındʒə] *v/t.* tehlikeye atmak.

en·dear [ın'dıə] *v/t.* sevdirmek (***to s.o.*** *b-ne*); **~·ing** □ [-rıŋ] çekici, alımlı;

~·ment [˷mənt] *n.* sevgi; sevgi dolu söz; ***term of*** **~** okşayıcı söz.

en·deav·o(u)r [ın'devə] **1.** *n.* çaba, gayret; **2.** *vb.* çabalamak, çalışmak.

end|ing ['endıŋ] *n.* son; GR sonek; **~·less** □ [˷lıs] bitmez tükenmez; MEC sonsuz (*kayış v.b.*).

en·dive BOT ['endıv] *n.* hindiba.

en·dorse [ın'dɔːs] *v/t.* ECON (*çek v.b.*) ciro etmek; desteklemek (***on*** *konusunda*); **~·ment** [˷mənt] *n.* destekleme, onay; ECON ciro.

en·dow [ın'daʊ] *v/t. fig.* vermek, bahşetmek; **~ *s.o. with s.th.*** b-ne bş bahşetmek; **~·ment** [˷mənt] *n.* bağışlama; bağış; *mst* **~*s*** *pl.* Allah vergisi, yetenek.

en·dur|ance [ın'djʊərəns] *n.* tahammül, katlanma, çekme, dayanma; ***beyond*** **~*, past*** **~** dayanılmaz; **~*e*** [ın'djʊə] *v/t.* tahammül etmek, katlanmak, dayanmak.

en·e·my ['enəmı] **1.** *n.* düşman; ***the*** **♀** şeytan; **2.** *adj.* düşmanca.

en·er|get·ic [enə'dʒetık] (**~*ally***) *adj.* enerjik, hareketli, çalışkan; **~·gy** ['enədʒı] *n.* enerji, erke, güç; **~ *crisis*** enerji krizi.

en·fold [ın'fəʊld] *v/t.* katlamak, sarmak; kucaklamak.

en·force [ın'fɔːs] *v/t.* (*yasa*) uygulamak, yürütmek; zorlamak, zorla yaptırmak; zorla kabul ettirmek (***upon*** *-e*); **~·ment** [˷mənt] *n.* zorlama; uygulama, yürütme.

en·fran·chise [ın'fræntʃaız] *v/t.* oy hakkı vermek; (*köle*) serbest bırakmak.

en·gage [ın'geıdʒ] *v/t.* ücretle tutmak, angaje etmek; (*ilgi*) çekmek; meşgul etmek; MIL saldırmak; nişanlamak; ***be*~*d*** nişanlı olmak (***to*** *ile*); meşgul olmak (***in*** *ile*); **~ *the clutch*** MOT kavramak; *v/i.* meşgul olmak (***to*** *inf. -mekle*); söz vermek, garanti vermek (***for*** *için*); MIL çarpışmak; MEC birbirine geçmek; **~·ment** [˷mənt] *n.* angajman, üstenme; söz, vaat; nişan; randevu; MIL çarpışma; MEC birbirine geçme.

en·gag·ing □ [ın'geıdʒıŋ] çekici, alımlı, sempatik.

en·gine ['endʒın] *n.* makine; motor; RAIL lokomotif; **~-driv·er** *n. Brt.* RAIL makinist.

en·gi·neer [endʒı'nıə] **1.** *n.* mühendis; makineci; *Am.* RAIL makinist; MIL istihkâmcı; **2.** *v/t.* planlayıp yapmak, inşa etmek; becermek, neden olmak; **~·ing** [˷rıŋ] *n.* mühendislik; makinistlik; inşa, yapılış; *attr.* mühendislik…

En·glish ['ıŋglıʃ] *n.* & *adj.* İngiliz; LING İngilizce; ***the*** **~** *pl.* İngilizler; ***in plain*** **~** *fig.* açık bir dille, açık açık; **~·man** (*pl.* ***-men***) *n.* İngiliz; **~·wom·an** (*pl.* ***-women***) *n.* İngiliz kadını.

en·grave [ın'greıv] *v/t.* hakketmek, oymak; *fig.* (*belleğinde*) derin izler bırakmak, yer etmek; **en·grav·er** [˷ə] *n.* oymacı; **en·grav·ing** [˷ıŋ] *n.* oymacılık; metal üzerine oyulmuş resim

en·grossed [ın'grəʊst] *adj.* dalmış, dalıp gitmiş (***in*** *-e*).

en·gulf [ın'gʌlf] *v/t.* içine çekmek, yutmak (*a. fig.*).

en·hance [ın'hɑːns] *v/t.* artırmak, yükseltmek.

e·nig·ma [ı'nıgmə] *n.* anlaşılmaz şey, muamma; **en·ig·mat·ic** [enıg'mætık] (**~*ally***) *adj.* anlaşılmaz, muammalı.

en·joy [ın'dʒɔı] *v/t.* beğenmek, hoşlanmak, zevk almak, tadını çıkarmak; sahip olmak; ***did you*** **~ *it?*** beğendiniz mi?; **~ *o.s.*** eğlenmek, hoşça vakit geçirmek; **~ *yourself!*** Keyfinize bakın!; ***I*** **~ *my dinner*** yemek güzel olmuş, elinize sağlık; **~·a·ble** □ [˷əbl] eğlenceli, zevkli; **~·ment** [˷mənt] *n.* eğlence, zevk.

en·large [ın'lɑːdʒ] *v/t.* & *v/i.* büyü(t)mek (*a.* PHOT), genişle(t)mek; daha çok bahsetmek (***on, upon*** *-den*); **~·ment** [˷mənt] *n.* büyü(t)me (*a.* PHOT).

en·light·en [ın'laıtn] *v/t. fig.* aydınlatmak, bilgi vermek; **~·ment** [˷mənt] *n.* aydınlatma, bilgi verme.

en·list [ın'lıst] *v/t.* MIL askere almak; (*yardım v.b.*) sağlamak; **~*ed men*** *pl.Am.* MIL asker; *v/i.* gönüllü yazılmak, asker olmak.

en·liv·en [ın'laıvn] *v/t.* canlandırmak, neşelendirmek.

en·mi·ty ['enmətı] *n.* düşmanlık.

en·no·ble [ı'nəʊbl] *v/t.* soylulaştırmak.

e·nor|mi·ty [ı'nɔːmətı] *n.* alçaklık, kötülük, çikinlik; **~·mous** □ [˷əs] kocaman, muazzam.

e·nough [ı'nʌf] *adj.* yeterli, yetişir, yeter.

en·quire, **en·qui·ry** [ɪn'kwaɪə, ˍrɪ] = ***inquire, inquiry.***

en·rage [ɪn'reɪdʒ] *v/t.* öfkelendirmek, çileden çıkarmak; **~d** *adj.* öfkeli (***at*** *-e*).

en·rap·ture [ɪn'ræptʃə] *v/t.* kendinden geçirmek; aklını başından almak; **~d** *adj.* kendinden geçmiş.

en·rich [ɪn'rɪtʃ] *v/t.* zenginleştirmek.

en·rol(l) [ɪn'rəʊl] (**-ll-**) *v/t.* & *v/i.* yaz(ıl)mak; kaydetmek; UNIV kaydını yap(tır)mak; MIL askere almak; **~·ment** [ˍmənt] *n.* yaz(ıl)ma; kaydetme; kayıt; UNIV kayıt yap(tır)ma; *esp.* MIL askere alma.

en·sign ['ensaɪn] *n.* bayrak, sancak, bandıra; *Am.* NAUT ['ensn] teğmen.

en·sue [ɪn'sjuː] *v/i.* ardından gelmek, daha sonra olmak.

en·sure [ɪn'ʃʊə] *v/t.* sağlamak, garanti etmek.

en·tail [ɪn'teɪl] *v/t.* LEG başkasına devredilmemek üzere miras bırakmak; *fig.* gerektirmek, istemek.

en·tan·gle [ɪn'tæŋgl] *v/t.* dolaştırmak, karıştırmak; **~·ment** [ˍmənt] *n.* karıştırma, dolaştırma; *fig.* ayak bağı; MIL dikenli tel engeli.

en·ter ['entə] *v/t.* girmek; yazdırmak; kaydetmek; ECON deftere geçirmek; SPOR: yarışmaya sokmak; ~ ***s.o. at school*** *b-ni* okula yazdırmak; *v/i.* yazılmak; adını yazmak; işe koyulmak; SPOR: yarışmaya girmek, yazılmak; ~ ***into*** *fig.* *-e* girmek, *-e* başlamak; ~ ***on*** *ya da* ***upon an inheritance*** mirasa konmak.

en·ter|prise ['entəpraɪz] *n.* girişim (*a.* ECON); ECON firma; **~·pris·ing** □ [ˍɪŋ] girişken, cesur.

en·ter·tain [entə'teɪn] *v/t.* eğlendirmek; misafir etmek, ağırlamak; göz önünde bulundurmak; **~·er** [ˍə] *n.* eğlendiren kimse; **~·ment** [ˍmənt] *n.* ağırlama; eğlence, gösteri; ziyafet, davet.

en·thral(l) *fig.* [ɪn'θrɔːl] (**-ll-**) *v/t.* büyülemek, hayran bırakmak.

en·throne [ɪn'θrəʊn] *v/t.* tahta çıkarmak.

en·thu·si·as|m [ɪn'θjuːzɪæzəm] *n.* coşkunluk; heves, şevk; **~t** [ˍst] *n.* hayran, meraklı; **~·tic** [ɪnθjuːzɪ'æstɪk] (**~*ally***) *adj.* heyecanlı, coşkun, şevkli, hevesli.

en·tice [ɪn'taɪs] *v/t.* ayartmak, baştan çıkarmak; **~·ment** [ˍmənt] *n.* ayartma, baştan çıkarma.

en·tire □ [ɪn'taɪə] bütün, tüm, tam; **~·ly** [ˍlɪ] *adv.* tamamen, büsbütün.

en·ti·tle [ɪn'taɪtl] *v/t.* hak kazandırmak, ...hakkını *ya da* yetkisini vermek (***to*** *inf.* *-meye*); ...adını vermek.

en·ti·ty ['entətɪ] *n.* varlık.

en·trails ['entreɪlz] *n. pl.* bağırsaklar; *fig.* iç kısımlar.

en·trance ['entrəns] *n.* giriş, girme; giriş yeri, antre, giriş kapısı.

en·treat [ɪn'triːt] *v/t.* yalvarmak, ısrarla rica etmek, dilemek; **en·trea·ty** [ˍɪ] *n.* yalvarma; yakarış, rica, dilek.

en·trench MIL [ɪn'trentʃ] *vb.* siper *ya da* hendek kazmak; *fig.* yerleştirmek.

en·trust [ɪn'trʌst] *v/t.* emanet etmek (***s.th. to s.o.*** bşi b-ne); görevlendirmek.

en·try ['entrɪ] *n.* giriş, girme; giriş yeri, antre; kayıt; yarışmaya sokulan şey *ya da* kimse; *sözlük*: madde başı sözcük; SPOR: yarışa katılma; ~ ***permit*** giriş izni; ~ ***visa*** giriş vizesi; ***book-keeping by double*** (***single***) ~ ECON çifte (tek taraflı) defter tutma; ***no ~!*** Girilmez! (*a.* MOT).

en·twine [ɪn'twaɪn] *v/t.* sarmak, dolamak.

e·nu·me·rate [ɪ'njuːməreɪt] *v/t.* birer birer saymak, sıralamak, sayıp dökmek.

en·vel·op [ɪn'veləp] *v/t.* sarmak, örtmek, kaplamak; kuşatmak.

en·ve·lope ['envələʊp] *n.* zarf.

en·vi|a·ble □ ['envɪəbl] imrenilecek, gıpta edilen; **~·ous** □ [ˍəs] kıskanç, çekemeyen, gıpta eden.

en·vi·ron|ment [ɪn'vaɪərənmənt] *n.* çevre, ortam (*a. sociol*); **~·men·tal** □ [ɪnvaɪərən'mentl] *sociol.* çevresel, çevre...; ~ ***law*** çevre yasası; ~ ***pollution*** çevre kirliliği; **~*ly friendly*** çevre dostu; **~·men·tal·ist** [ˍəlɪst] *n.* çevreyi temiz tutan kimse; **~s** ['envɪrənz] *n. pl.* civar, havali, dolay.

en·vis·age [ɪn'vɪzɪdʒ] *v/t.* göze almak (*tehlike*); gözünün önüne getirmek, zihninde canlandırmak.

en·voy ['envɔɪ] *n.* elçi, delege.

en·vy ['envɪ] **1.** *n.* kıskançlık, çekememezlik, gıpta; **2.** *v/t.* gıpta etmek,

kıskanmak.
ep·ic ['epɪk] **1.** *adj.* epik, destansı, destan gibi; **2.** *n.* destan.
ep·i·dem·ic [epɪ'demɪk] **1.** (**~ally**) *adj.* salgın; **~ disease** = **2.** *n.* salgın hastalık.
ep·i·der·mis [epɪ'dɜːmɪs] *n.* epiderm, üstderi.
ep·i·lep·sy MED ['epɪlepsɪ] *n.* sara.
ep·i·logue, *Am. a.* **-log** ['epɪlɒg] *n.* epilog, sonuç bölümü.
e·pis·co·pal □ ECCL [ɪ'pɪskəpl] piskopos ile ilgili; piskoposlarca yönetilen.
ep·i·sode ['epɪsəʊd] *n.* olay; (*roman*) bölüm.
ep·i·taph ['epɪtɑːf] *n.* mezar yazıtı, kitabe.
e·pit·o·me [ɪ'pɪtəmɪ] *n.* özet; ideal örnek, simge.
e·poch ['iːpɒk] *n.* devir, çağ, dönem; çığır.
eq·ua·ble □ ['ekwəbl] sakin, soğukkanlı; ılımlı.
e·qual ['iːkwəl] **1.** □ eşit, aynı, bir; **~ to** *fig.* ...yapabilecek güçte; **~ opportunities** *pl.* eşit fırsatlar; **~ rights for women** kadınlara eşit haklar; **2.** *n.* emsal, akran, eş; **3.** (*esp. Brt. -ll-, Am. -l-*) *vb. -e* eşit olmak, bir olmak; **~·i·ty** [iːkwɒlətɪ] *n.* eşitlik; akranlık; **~·i·zation** [iːkwəlaɪ'zeɪʃn] *n.* eşitle(n)me; **~·ize** ['iːkwəlaɪz] *v/t.* eşitlemek; *v/i.* SPOR: beraberliği sağlamak.
eq·ua·nim·i·ty [iːkwə'nɪmətɪ] *n.* soğukkanlılık, ılım.
e·qua·tion [ɪ'kweɪʒn] *n.* eşitleme; MATH denklem.
e·qua·tor ['ɪkweɪtə] *n.* ekvator, eşlek.
e·qui·lib·ri·um [iːkwɪ'lɪbrɪəm] *n.* denge.
e·quip [ɪ'kwɪp] (**-pp-**) *v/t.* teçhiz etmek, donatmak; **~·ment** [~mənt] *n.* donatma, donatım; donatı, teçhizat.
eq·ui·ty ['ekwətɪ] *n.* eşitlik, adalet, dürüstlük.
e·quiv·a·lent [ɪ'kwɪvələnt] **1.** □ eşit (**to** *-e*); **2.** *n.* bedel, karşılık, eşit miktar.
e·quiv·o·cal □ [ɪ'kwɪvəkl] iki anlamlı (*sözcük*); şüpheli, belirsiz.
e·ra ['ɪərə] *n.* çağ, devir; tarih.
e·rad·i·cate [ɪ'rædɪkeɪt] *v/t.* yok etmek, kökünü kurutmak.
e·rase [ɪ'reɪz] *v/t.* silmek, çizmek; *fig.* öldürmek, temizlemek; **e·ras·er** [~ə] *n.* silgi.
ere [eə] *cj. & prp. -den* önce.
e·rect [ɪ'rekt] **1.** □ dik, dimdik; **2.** *v/t.* (*direk, anıt*) dikmek; kurmak; **e·rection** [~kʃn] *n.* dikme, kurma; PHYSIOL (*penis*) sertleşme.
er·mine ZO ['ɜːmɪn] *n.* ermin, kakım, as.
e·ro·sion [ɪ'rəʊʒn] *n.* aşın(dır)ma; GEOL erozyon.
e·rot|ic [ɪ'rɒtɪk] (**~ally**) *adj.* erotik, erosal, kösnül, aşkla ilgili; **~·i·cis·m** [~ɪsɪzəm] *n.* erotizm, kösnüllük.
err [ɜː] *v/i.* hata etmek, yanılmak; günah işlemek.
er·rand ['erənd] *n.* ayak işi; sipariş; **go on** *ya da* **run an ~** haber götürüp getirmek, ayak işine bakmak; **~-boy** *n.* ayak işine koşulan çocuk.
er·rat·ic [ɪ'rætɪk] (**~ally**) *adj.* dolaşan, seyyar; düzensiz; kararsız.
er·ro·ne·ous □ [ɪ'rəʊnjəs] yanlış, hatalı.
er·ror ['erə] *n.* yanlışlık, hata; **~s excepted** hatalar kabul edilir.
e·rupt [ɪ'rʌpt] *v/i.* (*yanardağ*) püskürmek; *fig.* patlak vermek, çıkmak; **e·rup·tion** [~pʃn] *n.* (*yanardağ*) püskürme; MED döküntü; MED (*hastalık*) baş gösterme.
es·ca|late ['eskəleɪt] *v/t. & v/i.* (savaş v.b.) kızış(tır)mak; (*fiyat*) yüksel(t)mek; **~·la·tion** [eskə'leɪʃn] *n.* kızış(tır)ma; yüksel(t)me.
es·ca·la·tor ['eskəleɪtə] *n.* yürüyen merdiven.
es·ca·lope ['eskələʊp] *n.* ZO tarak.
es·cape [ɪ'skeɪp] **1.** *vb.* kaçmak; kurtulmak, yakayı kurtarmak; (*gaz*) sızıntı yapmak, sızmak; hatırından çıkmak; ağzından *ya da* gözünden kaçmak; **2.** *n.* kaçma, kaçış; (*gaz*) sızıntı, kaçak; **have a narrow ~** ucuz kurtulmak, dar atlatmak; **~ chute** AVIA imdat çıkış kızağı.
es·cort **1.** ['eskɔːt] *n.* MIL muhafız; maiyet; konvoy; kavalye; **2.** [ɪ'skɔːt] *v/t.* MIL korumak; AVIA, NAUT eşlik etmek; *-e* kavalyelik etmek.
es·cutch·eon [ɪ'skʌtʃən] *n.* armalı kalkan.
es·pe·cial [ɪ'speʃl] *adj.* özel; seçkin; **~·ly** [~lɪ] *adv.* özellikle.
es·pi·o·nage [espɪə'nɑːʒ] *n.* casusluk.
es·pla·nade [esplə'neɪd] *n.* gezinti yeri,

kordonboyu.

es·pres·so [e'spresəʊ] *n.* (*pl.* ***-sos***) espreso kahve, İtalyan usulü kahve.

Es·quire [ɪ'skwaɪə] (*abbr.* ***Esq.***) *n.* Bay; ***John Smith Esq.*** Bay John Smith.

es·say **1.** [e'seɪ] *v/t.* denemek; **2.** ['eseɪ] *n.* deneme; deneme yazısı.

es·sence ['esns] *n.* öz, esas, asıl; esans.

es·sen·tial [ɪ'senʃl] **1.** □ gerekli, zorunlu (***to*** *-e, için*); esaslı, başlıca; **2.** *n. mst.* ***~s*** *pl.* esaslar; gerekli şeyler; **~·ly** [~lı] *adv.* aslında, esasen.

es·tab·lish [ɪ'stæblɪʃ] *v/t.* kurmak; yerleştirmek; tanıtmak; kanıtlamak; ***~ o.s.*** yerleşmek; ***℘ed Church*** Yasal Kilise; **~·ment** [~mənt] *n.* kurma; kuruluş, kurum, tesis; ***the ℘*** egemen çevreler, ileri gelenler, kodamanlar.

es·tate [ɪ'steɪt] *n.* durum, hal; sınıf, tabaka; LEG mal, mülk, emlak; ***housing ~*** yerleşim bölgesi; ***industrial ~*** sanayi bölgesi; ***real ~*** taşınamaz mallar; (*Am.* **real**) **~ a·gent** *n.* emlakçi, emlak komisyoncusu; **~ car** *n. Brt.* MOT steyşın otomobil.

es·teem [ɪ'stiːm] **1.** *n.* saygı, itibar; **2.** *v/t.* saygı göstermek, saymak, değer vermek; sanmak, inanmak.

es·thet·ic(s) *Am.* [es'θetɪk(s)] = ***aesthetic(s).***

es·ti·ma·ble ['estɪməbl] *adj.* saygıdeğer, değerli.

es·ti|mate **1.** ['estɪmeɪt] *v/t.* tahmin etmek, değer biçmek; **2.** [~mɪt] *n.* tahmin, hesap; fikir, yargı; **~·ma·tion** [estɪ'meɪʃn] *n.* hesaplama; tahmin; saygı; kanı, fikir.

es·trange [ɪ'streɪndʒ] *v/t.* yabancılaştırmak, uzaklaştırmak, soğutmak.

es·tu·a·ry ['estjʊərɪ] *n.* haliç.

etch [etʃ] *vb.* asitle resim oymak; **~·ing** ['etʃɪŋ] *n.* asitle oyulmuş resim.

e·ter|nal □ ['tɜːnl] sonsuz, ölümsüz; **~·ni·ty** ['ətɪ] *n.* sonsuzluk.

e·ther ['iːθə] *n.* eter, lokmanruhu; **e·the·re·al** □ [iː'θɪərɪəl] göklerle ilgili; ruh gibi.

eth|i·cal □ ['eθɪkl] ahlaki; **~·ics** [~s] *n. sg.* etik, ahlakbilim, törebilim.

e-tick·et ['iːtɪkɪt] *n.* e-bilet.

Eu·ro- ['jʊərəʊ] *prefix* Avrupa-.

Eu·ro·pe·an [jʊərə'hɪən] **1.** *adj.* Avrupa'ya özgü; ***~ (Economic) Community*** Avrupa Ekonomik Topluluğu; **2.** *n.* Avrupalı.

e·vac·u·ate [ɪ'vækjʊeɪt] *v/t.* boşaltmak; vücuttan atmak.

e·vade [ɪ'veɪd] *v/t.* sakınmak, kaçınmak, yakasını kurtarmak, savmak.

e·val·u·ate [ɪ'væljʊeɪt] *v/t.* değerlendirmek, değer biçmek.

ev·a·nes·cent [iːvə'nesnt] *adj.* unutulan; gözden kaybolan, yok olan.

e·van·gel·i·cal □ [iːvæn'dʒelɪkl] Protestan.

e·vap·o|rate [ɪ'væpəreɪt] *v/t. & v/i.* buharlaş(tır)mak, uç(ur)mak; *fig.* (*umut*) uçup gitmek; ***~d milk*** kondanse süt; **~·ra·tion** [ɪvæpə'reɪʃn] *n.* buharlaş(tır)ma.

e·va|sion [ɪ'veɪʒn] *n.* kaç(ın)ma; kaçamak; (*vergi*) kaçırma; **~·sive** □ [~sɪv] kaçamaklı (*cevap*); ***be ~*** *fig.* yan çizmek.

eve [iːv] *n.* arife; ***on the ~ of*** *-in* arifesinde, *-in* öncesinde.

e·ven ['iːvn] **1.** □ düz, engebesiz; düzenli; eşit, aynı; bir düzeyde olan; denk; çift (*sayı*); ödeşmiş, fit olmuş; ***get ~ with s.o.*** *fig. b-le* hesaplaşmak, *b-den* acısını çıkarmak; **2.** *adv.* bile, hatta; tıpkı; tam; ***not ~ ...*** bile değil; ***~ though, ~ if*** ...se bile; **3.** *v/t.* düzlemek, düzeltmek; ***~ out*** eşitle(n)mek, bir olmak *ya da* yapmak.

eve·ning ['iːvnɪŋ] *n.* akşam; ***~ classes*** *pl.* akşam dersleri, akşam kursu; ***~ dress*** gece elbisesi, tuvalet; smokin, frak.

e·ven·song ['iːvnsɒŋ] *n.* akşam duası.

e·vent [ɪ'vent] *n.* olay; sonuç; SPOR: yarışma, maç; ***at all ~s*** ne olursa olsun, her halde; herşeye karşın; ***in the ~ of*** *-diği* takdirde, ... durumunda; **~·ful** [~fl] *adj.* olaylı, olaylarla dolu.

e·ven·tu·al □ [ɪ'ventʃʊəl] en sonunda olan, sonuncu; ***~ly*** en sonunda, sonuçta.

ev·er ['evə] *adv.* her zaman, hep; hiç, acaba; ***~ so*** çok, pek; ***as soon as ~ I can*** elimden geldiğince çabuk; ***~ after, ~ since*** o zamandan beri; ***~ and again*** ara sıra, zaman zaman; ***for ~*** sonsuza dek; temelli; ***Yours ~***, daima senin...; **~·glade** *n. Am.* bataklık alan; **~·green** **1.** *adj.* yaprağını dökmeyen; ***~ song*** ölmez şarkı; **2.** *n.* yaprağını dökmeyen ağaç; **~·last·ing** □ sonsuz; ölümsüz;

E

bitmez tükenmez; **~·more** [ˌ'mɔː] *adv.* her zaman, hep.
ev·ery ['evrı] *adj.* her, her ir; ***~ now and then*** ara sıra, zaman zaman; ***~ one of them*** hepsi, her biri; ***~ other day*** iki günde bir, günaşırı; **~·bod·y** *pron.* herkes; **~·day** *adj.* her günkü, günlük; **~·one** *pron.* herkes; **~·thing** *pron.* her şey; **~·where** *adv.* her yer(d)e.
e·vict [ı'vıkt] *v/t.* LEG yasa yoluyla boşalttırmak; (*kiracı*) çıkarmak.
ev·i|dence ['evıdəns] **1.** *n.* delil, kanıt; tanıklık; ifade; ***give ~*** ifade vermek, tanıklık etmek; ***in ~*** göze çarpan, kendini gösteren; ortaklıkta; **2.** *v/t.* kanıtlamak, göstermek; **~·dent** □ [ˌt] besbelli, açık, ortada olan.
e·vil ['iːvl] **1.** □ (*esp. Brt. -ll-, Am. -l-*) kötü; uğursuz, aksi; zararlı; ***the ~ One*** Şeytan; **2.** *n.* kötülük; bela, dert; zarar; **~-mind·ed** [ˌ'maındıd] *adj.* kötü niyetli, art düşünceli.
e·vince [ı'vıns] *v/t.* açıkça göstermek, ortaya koymak.
e·voke [ı'vəʊk] *v/t.* (*ruh*) çağırmak; (*hayranlık*) uyandırmak; neden olmak, yol açmak.
ev·o·lu·tion [iːvə'luːʃn] *n.* evrim; gelişme, gelişim.
e·volve [ı'vɒlv] *v/t. & v/i.* geliş(tir)mek; evrim geçirmek.
ewe zo [juː] *n.* dişi koyun.
ex [eks] *prp.* ECON *-den* dışarı; *borsa*: -sız, olmadan.
ex- [ˌ] *prefix* eski…, önceki…
ex·act [ıg'zækt] **1.** □ tam, kesin, doğru; dakik; **2.** *v/t.* zorla almak; ısrarla istemek; gerektirmek; **~·ing** [ˌıŋ] *adj.* emek isteyen, yorucu, zahmetli; sert, titiz; **~·i·tude** [ˌıtjuːd] = ***exactness***; **~·ly** [ˌlı] *adv.* tam, tamamen, tıpatıp; **~·ness** [ˌnıs] *n.* tamlık, kesinlik, doğruluk.
ex·ag·ge|rate [ıg'zædʒəreıt] *vb.* abartmak, büyütmek, şişirmek; **~·ra·tion** [ıgzædʒə'reıʃn] *n.* abartma, büyütme.
ex·alt [ıg'zɔːlt] *v/t.* (*bir makama*) yükseltmek; övmek, ululamak, göklere çıkarmak; **ex·al·ta·tion** [egzɔːl'teıʃn] *n.* yüksel(t)me; coşkunluk, heyecan.
ex·am F [ıg'zæm] *n.* sınav.
ex·am|i·na·tion [ıgzæmı'neıʃn] *n.* sınav; muayene, teftiş, yoklama; **~·ine** [ıg'zæmın] *v/t.* incelemek, gözden geçirmek; muayene etmek; LEG sorguya çekmek; *okul*: sınava tabi tutmak (***in, on*** *konusunda*).
ex·am·ple [ıg'zɑːmpl] *n.* örnek; ***for ~*** örneğin.
ex·as·pe|rate [ıg'zæspəreıt] *v/t.* kızdırmak, çileden çıkarmak, deli etmek; **~·rat·ing** □ [ˌıŋ] kızdıran, çileden çıkaran.
ex·ca·vate ['ekskəveıt] *v/t.* kazmak, kazıp ortaya çıkarmak.
ex·ceed [ık'siːd] *vb.* aşmak, geçmek; **~ing** □ [ˌıŋ] aşırı, ölçüsüz; **~·ing·ly** [ˌlı] *adv.* son derece, fazlasıyla.
ex·cel [ık'sel] (***-ll-***) *v/t.* geçmek, gölgede bırakmak; *v/i.* sivrilmek; **~·lence** ['eksələns] *n.* üstünlük, mükemmellik; **Ex·cel·len·cy** [ˌənsı] *n.* ekselans; **~·lent** □ [ˌənt] mükemmel, üstün.
ex·cept [ık'sept] **1.** *v/t.* hariç tutmak, ayrı tutmak; **2.** *prp. -den* başka, hariç; ***~ for*** *-in* dışında, hariç; **~·ing** [ˌıŋ] *prp. -den* başka, *-in* dışında.
ex·cep·tion [ık'sepʃn] *n.* istisna, ayrıklık; itiraz (***to*** *-e*); ***by way of ~*** farklı biçimde, istisna olarak; ***make an ~*** istisnalı davranmak, ayrı tutmak; ***take ~ to*** *e* gücenmek; sakıncalı bulmak, itiraz etmek; **~·al** □ [ˌnl] ayrı tutulan, ayrıcalı, ayrık; **~·al·ly** [ˌʃnəlı] *adv.* ayrıcalı derecede, son derece.
ex·cerpt ['eksɜːpt] *n.* seçme parça, alıntı.
ex·cess [ık'ses] *n.* aşırılık, ölçüsüzlük; fazlalık; taşkınlık; *attr.* fazla…; ***~ fare*** (*bilet*) mevki farkı, ücret farkı; ***~ baggage*** *esp. Am.*, ***~ luggage*** *esp. Brt.* AVIA fazla bagaj; ***~ postage*** taksa, cezalı olarak ödenen posta ücreti; **ex·ces·sive** □ [ˌıv] fazla, aşırı, ölçüsüz.
ex·change [ıks'tʃeındʒ] **1.** *v/t.* değiş tokuş etmek, trampa etmek (***for*** *ile*); karşılıklı alıp vermek; **2.** *n.* değiş tokuş, trampa; borsa; kambiyo; TELEPH santral; *a.* ***bill of ~*** poliçe; ***foreign ~*** (***s*** *pl.*) döviz; ***rate of ~, ~ rate*** döviz kuru, kambiyo rayici; ***~ office*** kambiyo gişesi; ***~ student*** mübadele öğrencisi.
ex·cheq·uer [ıks'tʃekə] *n.* devlet hazinesi; ***Chancellor of the ~*** *Brt.* Maliye Bakanı.
ex·cise¹ [ek'saız] *n.* tüketim vergisi; işletme vergisi.
ex·cise² MED [ˌ] *v/t.* kesip almak (*or-*

gan).

ex·ci·ta·ble [ɪk'saɪtəbl] *adj.* kolay heyecanlanır, çok duyarlı.

ex·cite [ɪk'saɪt] *v/t.* heyecanlandırmak; uyandırmak; uyarmak; **ex·cit·ed** □ heyecanlı; **ex·citement** [\~mənt] *n.* heyecan; telaş; uyarı; **ex·cit·ing** □ [\~ɪŋ] heyecan verici, heyecanlı.

ex·claim [ɪk'skleɪm] *vb.* haykırmak, bağırmak, çığlık koparmak.

ex·cla·ma·tion [ekskləˈmeɪʃn] *n.* bağırış, haykırış; ünlem; **\~ mark**, *Am. a.* **\~ point** ünlem işareti.

ex·clude [ɪk'skluːd] *v/t.* içeri almamak; kovmak; hesaba katmamak.

ex·clu|sion [ɪk'skluːʒn] *n.* hesaba katmama; çıkar(ıl)ma; **\~·sive** □ [\~sɪv] tek, özel, özgü; birbiriyle bağdaşmayan; **\~ of** …hariç, -sız.

ex·com·mu·ni|cate [ekskəˈmjuːnɪkeɪt] *v/t.* aforoz etmek; **\~·ca·tion** ['ekskəmjuːnɪ'keɪʃn] *n.* aforoz.

ex·cre·ment ['ekskrɪmənt] *n.* dışkı, pislik.

ex·crete [ek'skriːt] *v/t.* (*vücuttan*) çıkarmak, atmak, salgılamak.

ex·cru·ci·at·ing □ [ɪk'skruːʃɪeɪtɪŋ] çok kötü, dayanılmaz (*ağrı*).

ex·cur·sion [ɪk'skɜːʃn] *n.* gezi.

ex·cu·sa·ble □ [ɪk'skjuːzəbl] affedilebilir; **ex·cuse 1.** [ɪk'skjuːz] *v/t.* affetmek, bağışlamak; **\~ me** affedersiniz, kusuruma bakmayın; **2.** [\~uːs] *n.* özür; bahane.

ex·e|cute ['eksɪkjuːt] *v/t.* yapmak, yerine getirmek; yürütmek, uygulamak; MUS çalmak; idam etmek; **\~·cu·tion** [eksɪ'kjuːʃn] *n.* yapma, yerine getirme; yürütme, uygulama; MUS çalma; idam; ***put*** *ya da* ***carry a plan into \~*** bir planı gerçekleştirmek; **\~·cu·tioner** [\~ʃnə] *n.* cellat; **\~c·u·tive** [ɪg'zekjʊtɪv] **1.** □ uygulayan, yürüten; POL yürütme…; ECON icra…; ***\~ assistant*** *üst düzey bir yöneticinin yardımcılığını ya da sekreterliğini yapan kimse*; ***\~ board*** yürütme kurulu; ***\~ committee*** yürütme komitesi; **2.** *n.* POL yetkili kimse; yürütme organı; ECON yönetici; **\~c·u·tor** [\~ə] *n.* vasiyet hükümlerini yerine getiren kimse.

ex·em·pla·ry □ [ɪg'zemplərɪ] örnek…; ibret verici.

ex·em·pli·fy [ɪg'zemplɪfaɪ] *v/t.* örnek olarak göstermek, *-in* örneği olmak.

ex·empt [ɪg'zempt] **1.** *adj.* muaf, ayrıcalık tanınmış, ayrı tutulmuş; **2.** *v/t.* muaf tutmak, ayrıcalık tanımak, ayrı tutmak.

ex·er·cise ['eksəsaɪz] **1.** *n.* egzersiz, idman; talim; *okul*: alıştırma; MIL manevra; ***do one's \~s*** jimnastik yapmak; ***take \~*** idman yapmak, spor yapmak; *Am.* **\~s** *pl.* tören; **\~ *book*** karalama defteri; **2.** *v/t.* & *v/i.* idman yap(tır)mak; (*hak*) kullanmak; (*sabır v.b.*) göstermek; MIL talim ettirmek.

ex·ert [ɪg'zɜːt] *v/t.* (*güç, hak v.b.*) kullanmak; ***\~ o.s.*** uğraşmak, çabalamak; **ex·er·tion** [\~ɜːʃn] *n.* kullanma; çaba, uğraş, gayret.

ex·hale [eks'heɪl] *v/t.* (*nefes*) dışarı vermek; (*gaz, koku v.b.*) çıkarmak.

ex·haust [ɪg'zɔːst] **1.** *v/t.* yormak, bitkinleştirmek; tüketmek, bitirmek; **2.** *n.* MEC çürük gaz; egzoz, egzoz borusu; ***\~ fumes*** *pl.* egzoz dumanı, çürük gaz; ***\~ pipe*** egzoz borusu; **\~·ed** *adj.* tükenmiş (*a. fig.*); yorgun, bitkin; **ex·haus·tion** [\~tʃən] *n.* bitkinlik; tükenme, tüketme; **ex·haus·tive** □ [\~tɪv] ayrıntılı, adamakıllı, etraflı.

ex·hib·it [ɪg'zɪbɪt] **1.** *v/t.* sergilemek; LEG ibraz etmek, belge olarak göstermek; *fig.* (*cesaret v.b.*) göstermek, ortaya koymak; **2.** *n.* sergi; sergilenen şey; **ex·hi·bi·tion** [eksɪ'bɪʃn] *n.* sergi; gösterme, sergileme; *Brt.* burs.

ex·hil·a·rate [ɪg'zɪləreɪt] *v/t.* neşelendirmek, keyiflendirmek.

ex·hort [ɪg'zɔːt] *v/t.* teşvik etmek, tembih etmek.

ex·ile ['eksaɪl] **1.** *n.* sürgün; sürgüne gönderilen kimse; **2.** *v/t.* sürgüne göndermek, sürmek.

ex·ist [ɪg'zɪst] *v/i.* var olmak; bulunmak, olmak; yaşamak; **\~·ence** [\~əns] *n.* varlık; varoluş; yaşam, ömür; **\~·ent** [\~t] *adj.* var olan, bulunan, mevcut, eldeki.

ex·it ['eksɪt] **1.** *n.* çıkma, çıkış; çıkış kapısı; sahneden çıkış; **2.** *vb.* THEA sahneden çıkar.

ex·o·dus ['eksədəs] *n.* çıkış, göç; ***general \~*** toplu göç, toplu akın.

ex·on·e·rate [ɪg'zɒnəreɪt] *v/t.* temize çıkarmak, aklamak, suçsuzluğunu kanıtlamak.

ex·or·bi·tant □ [ɪg'zɔːbɪtənt] çok fazla, aşırı, fahiş (*fiyat v.b.*).
ex·or·cize ['eksɔːsaɪz] *v/t.* (*büyü ya da dua ile*) kovmak, defetmek (***from*** *-den*); kurtarmak (***of*** *-den*).
ex·ot·ic [ɪg'zɒtɪk] (***~ally***) *adj.* egzotik, yabancıl, dış ülkelerden gelme.
ex·pand [ɪk'spænd] *v/t.* & *v/i.* genişle(t)mek, yay(ıl)mak; büyü(t)mek, geliş(tir)mek; ***~ on*** ayrıntılarıyla anlatmak, ayrıntılara girmek; **ex·panse** [~ns] *n.* geniş yüzey; genişlik; **ex·pan·sion** [~ʃn] *n.* büyü(t)me; PHYS genleşme; *fig.* yayılma, genişleme; **ex·pan·sive** □ [~sɪv] geniş; genleşici; *fig.* açık sözlü, duygularını gizlemeyen.
ex·pat·ri·ate [eks'pætrɪeɪt] *v/t.* ülkeden kovmak, sürmek, sürgün etmek.
ex·pect [ɪk'spekt] *v/t.* beklemek; ummak; F sanmak, farzetmek; ***be ~ing*** hamile olmak, bebek beklemek; **ex·pec·tant** □ [~ənt] bekleyen; umutlu (***of*** *-den*); ***~ mother*** bebek bekleyen kadın; **ex·pec·ta·tion** [ekspek'teɪʃn] *n.* bekleme, umut; beklenti.
ex·pe·dient [ɪk'spiːdjənt] **1.** □ uygun, yerinde; **2.** *n.* çare, yol.
ex·pe·di|tion [ekspɪ'dɪʃn] *n.* sürat, acele; gezi; yollama, sevk; MIL sefer; **~·tious** □ [~ʃəs] süratli, seri, eli çabuk.
ex·pel [ɪk'spel] (**-ll-**) *v/t.* kovmak, defetmek, çıkarmak.
ex·pend [ɪk'spend] *v/t.* (*zaman, para*) harcamak; **ex·pen·di·ture** [~dɪtʃə] *n.* harcama, gider, masraf; **ex·pense** [ɪk'spens] *n.* gider, masraf; ***~s*** *pl.* masraflar, giderler; ***at the ~ of*** *-in* hesabına; *-in* pahasına; ***at any ~*** ne pahasına olursa olsun; **ex·pen·sive** □ [~sɪv] pahalı; masraflı.
ex·pe·ri·ence [ɪk'spɪərɪəns] **1.** *n.* tecrübe, deneyim; **2.** *v/t.* görüp geçirmek, tatmak, uğramak; **~d** *adj.* tecrübeli, deneyimli; görmüş geçirmiş.
ex·per·i|ment **1.** [ɪk'sperɪmənt] *n.* deney, tecrübe; **2.** [~ment] *v/t.* denemek, tecrübe etmek; **~·mental** □ [eksperɪ'mentl] deneysel, deney...
ex·pert ['ekspɜːt] **1.** □ [*pred.* eks'pɜːt] usta; **2.** *n.* eksper, bilirkişi, uzman.
ex·pi·ra·tion [ekspɪ'reɪʃn] *n.* nefes verme; sona erme, bitiş; **ex·pire** [ɪk'spaɪə] *v/i.* süresi dolmak, sona ermek; ölmek.
ex·plain [ɪk'spleɪn] *v/t.* açıklamak, anlatmak.
ex·pla·na·tion [eksplə'neɪʃn] *n.* açıklama; **ex·plan·a·to·ry** □ [ɪk'splænətərɪ] açıklayıcı.
ex·pli·ca·ble □ ['eksplɪkəbl] açıklanabilir, anlatılabilir.
ex·pli·cit □ [ɪk'splɪsɪt] açık, apaçık, kesin.
ex·plode [ɪk'spləʊd] *v/t.* & *v/i.* patla(t)mak; *fig.* patlamak (***with*** *ile*); *fig.* (*bir inancı*) çürütmek, yıkmak.
ex·ploit **1.** ['eksplɔɪt] *n.* kahramanlık; macera; **2.** [ɪk'splɔɪt] *v/t.* işletmek; *fig.* sömürmek; **ex·ploi·ta·tion** [eksplɔɪ'teɪʃn] *n.* işletme, kullanım; kendi çıkarına kullanma; *fig.* sömürü.
ex·plo·ra·tion [eksplə'reɪʃn] *n.* araştırma; keşif; **ex·plore** [ɪk'splɔː] *v/t.* araştırmak, incelemek; keşfetmek; **ex·plor·er** [~rə] *n.* araştırmacı; kâşif, bulucu.
ex·plo|sion [ɪk'spləʊʒn] *n.* patlama; *fig.* galeyan, parlama; *fig.* ani artış; **~·sive** [~əʊsɪv] **1.** □ patlayıcı; *fig.* çileden çıkaran, tartışmalı; *fig.* patlamaya hazır; **2.** *n.* patlayıcı madde.
ex·po·nent [ek'spəʊnənt] *n.* örnek, sembol; MATH üs.
ex·port **1.** [ek'spɔːt] *vb.* ihraç etmek; ihracat yapmak; **2.** ['ekspɔːt] *n.* ihracat, dışsatım; ihraç malı; **ex·por·ta·tion** [ekspɔː'teɪʃn] *n.* ihracat, dışsatım.
ex·pose [ɪk'spəʊz] *v/t.* maruz bırakmak; PHOT poz vermek; sergilemek; *fig.* açığa çıkarmak; **ex·po·si·tion** [ekspə'zɪʃn] *n.* sergi, fuar; açıklama.
ex·po·sure [ɪk'spəʊʒə] *n.* maruz kalma; *fig.* ortaya çıkarma, açığa vurma; PHOT poz; sergileme; (*ev*) cephe; ***~ meter*** fotometre, ışıkölçer.
ex·pound [ɪk'spaʊnd] *v/t.* açıklama; yorumlamak.
ex·press [ɪk'spres] **1.** □ açık, kesin; özel; süratli, hızlı, ekspres...; ***~ company*** *Am.* nakliye şirketi; ***~ train*** ekspres; **2.** *n.* acele posta; ekspres; ***by ~*** = **3.** *adv.* ekspresle; **4.** *v/t.* anlatmak, dile getirmek; açığa vurmak; **ex·pres·sion** [~eʃn] *n.* ifade, anlatım; **ex·pres·sion·less** □ [~lɪs] ifadesiz, anlamsız; **ex·pres·sive** □ [~sɪv] anlamlı; ...anlamına gelen; **~·ly** [~lɪ] *adv.* açıkça; özellikle; **~·way** *n.* *esp. Am.* ekspres yol.

ex·pro·pri·ate ['eks'prəuprıeıt] *v/t.* kamulaştırmak; elinden almak.
ex·pul·sion [ık'spʌlʃn] *n.* kov(ul)ma, çıkar(ıl)ma.
ex·pur·gate ['ekspɜːgeıt] *v/t.* (*bir kitabın uygunsuz bölümlerini*) çıkarmak, temizlemek.
ex·qui·site □ ['ekskwızıt] zarif; kibar, nazik; enfes; şiddetli, keskin (*soğuk, acı v.b.*).
ex·tant [ek'stænt] *adj.* hâlâ mevcut, günümüze dek gelen.
ex·tend [ık'stend] *v/t.* & *v/i.* uza(t)mak; büyü(t)mek, genişle(t)mek; (*yardım v.b.*) sunmak; (*çizgi*, TEL) çekmek; MIL avcı hattına yayılmak.
ex·ten|sion [ık'stenʃn] *n.* uzatma; yayılma; böyü(t)me; ek; TELEPH dahili numara; **~ *cord*** ELECT uzatma kordonu;**~·sive** [˷sıv] *adj.* geniş, yaygın; büyük.
ex·tent [ık'stent] *n.* ölçü, derece; kapsam, boyut, genişlik; ***to the ~ of*** *-e* kadar, *-e* derecede; ***to some*** *ya da* ***a certain ~*** bir dereceye kadar, bir ölçüde.
ex·ten·u·ate [ek'stenjʊeıt] *v/t.* hafifletmek; ***extenuating circumstances*** *pl.* LEG hafifletici nedenler.
ex·te·ri·or [ek'stıərıə] **1.** *adj.* dış...; **2.** *n.* dış kısım, dış; dış görünüş; *film*: dış sahne.
ex·ter·mi·nate [ek'stɜːmıneıt] *v/t.* yok etmek, kökünü kazımak.
ex·ter·nal □ [ek'stɜːnl] dıştan gelen, dış...; haricen kullanılan (*ilaç*).
ex·tinct [ık'stıŋkt] *adj.* soyu tükenmiş; sönmüş (*yanardağ*); **ex·tinc·tion** [˷kʃn] *n.* sön(dür)me; yok olma; soyu tükenme.
ex·tin·guish [ık'stıŋgwıʃ] *v/t.* söndürmek; (*umut*) yıkmak; **~·er** [˷ə] *n.* yangın söndürme aygıtı.
ex·tort [ık'stɔːt] *v/t.* zorla almak, gaspetmek, koparmak (***from*** *-den*); **extor·tion** [˷ʃn] *n.* zorla alma, gasp.
ex·tra ['ekstrə] **1.** *adj.* ekstra, üstün nitelikli; fazla, ek...; **~ *pay*** ek ödeme; **~ *time*** SPOR: uzatma; **2.** *adv.* ek olarak, fazladan; **3.** *n.* ek, ilave; zam; *gazete*: özel baskı; THEA, *film*: figüran.
ex·tract **1.** ['ekstrækt] *n.* öz; seçme parça, alıntı; **2.** [ık'strækt] *v/t.* çekmek, sökmek; çıkarmak; (*bilgi*) almak, koparmak;**ex·trac·tion** [˷kʃn] *n.* çekme, sökme; çıkarma; soy; öz.
ex·tra|dite ['ekstrədaıt] *v/t.* (*suçlu*) ülkesine iade etmek; **~·di·tion** [ekstrə'dıʃn] *n.* suçluların iadesi.
extra·or·di·na·ry □ [ık'strɔːdnrı] olağanüstü; görülmemiş, olağandışı, alışılmamış; garip.
ex·tra·ter·res·tri·al □ ['ekstrətı'restrıəl] dünyamız dışındaki.
ex·trav·a|gence [ık'strævəgəns] *n.* savurganlık; aşırılık, taşkınlık; **~·gant** □ [˷t] savurgan; aşırı, ölçüsüz, fazla.
ex·treme [ık'striːm] **1.** □ en uçtaki; aşırı; en son; **2.** *n.* uç, sınır; en son derece; **~·ly** [˷lı] *adv.* son derece, aşırı derecede.
ex·trem|is·m *esp.* POL [ık'striːmızm] *n.* aşırılık; **~·ist** [˷ıst] *n.* aşırı giden kimse.
ex·trem·i·ty [ık'stremətı] *n.* sınır, uç, son; zorluk, sıkıntı; son çare; ***extremities*** *pl.* eller ve ayaklar.
ex·tri·cate ['ekstrıkeıt] *v/t.* kurtarmak.
ex·tro·vert ['ekstrəʊvɜːt] *n.* dışadönük kimse.
ex·u·be|rance [ıg'zjuːbərəns] *n.* taşkınlık, coşkunluk; bolluk; **~·rant** □ [˷t] taşkın, coşkun; bol.
ex·ult [ıg'zʌlt] *vb.* sevinçten uçmak, bayram etmek.
eye [aı] **1.** *n.* göz; bakış, nazar; iğne deliği; ilik; ***see ~ to ~ with s.o.*** *b-le* tamamen aynı fikirde olmak; ***be up to the ~s in work*** işi başından aşkın olmak, dünya kadar işi olmak; ***with an ~ to s.th.*** bşi hesaba katarak, niyetiyle; **2.** *v/t.* bakmak, gözden geçirmek; **~·ball** ['aıbɔːl] *n.* gözküresi; **~·brow** *n.* kaş; **~-catch·ing** [˷ıŋ] *adj.* dikkat çeken; **~d** *adj.* ...gözlü; **~·glass** *n.* monokl, gözlük camı; (***a pair of***) **~*es*** *pl.* gözlük; **~·lash** *n.* kirpik; **~·lid** *n.* gözkapağı; **~·lin·er** *n.* göz kalemi; **~-o·pen·er**: ***that was an ~ to me*** şaştım kaldım, şaşkına döndüm; **~·shad·ow** *n.* göz farı; **~·sight** *n.* görme gücü; **~·strain** *n.* göz yorgunluğu, göz ağrısı; **~·witness** *n.* görgü tanığı.

F

fa·ble ['feɪbl] *n.* fabl, öykünce, hayvan masalı; efsane.

fab|ric ['fæbrɪk] *n.* kumaş, bez, dokuma; yapı, bünye; **~·ri·cate** [~eɪt] *v/t.* yapmak, üretmek; *fig.* uydurmak.

fab·u·lous ☐ ['fæbjʊləs] efsanevi; inanılmaz, muazzam.

F

fa·çade ARCH [fə'sɑːd] *n.* bina yüzü, cephe.

face [feɪs] **1.** *n.* yüz, çehre; görünüş; yüzey; saygınlık; küstahlık; ***~ to ~ with** ile* yüz yüze; ***save** ya da **lose one's ~*** saygınlığını kurtarmak *ya da* yitirmek; ***on the ~ of it*** görünüşe bakılırsa; ***pull a long ~*** surat asmak; ***have the ~ to do s.th.*** bş yapmaya yüzü olmak, cüret etmek; **2.** *v/t.* karşı karşıya getirmek; *-in* karşısında bulunmak; göğüs germek, karşı koymak; (*ev v.b.*) *-e* bakmak; ARCH kaplamak; *v/i.* ***~ about*** dönmek; **~-cloth** ['feɪsklɒθ] *n.* elbezi; yüz havlusu; **~d** *adj.* ...yüzlü; **~-flan·nel** *Brt.* = ***face-cloth***; **~-lift·ing** [~ɪŋ] *n.* estetik ameliyat; *fig.* yenileştirme, çehresini değiştirme.

fa·ce·tious ☐ [fə'siːʃəs] şakacı, matrak.

fa·cial ['feɪʃl] **1.** ☐ yüz ile ilgili, yüz...; **2.** *n.* yüz masajı.

fa·cile ['fæsaɪl] *adj.* kolay; **fa·cil·i·tate** [fə'sɪlɪteɪt] *v/t.* kolaylaştırmak; **fa·cil·i·ty** [~ətɪ] *n.* kolaylık; yetenek, ustalık; *mst* ***facilities*** *pl.* olanak, fırsat, kolaylık.

fac·ing ['feɪsɪŋ] *n.* MEC kaplama, astar; ***~s*** *pl.* volan, süs.

fact [fækt] *n.* gerçek; olay; olgu; iş; ***in ~*** aslında, gerçekte, doğrusu.

fac·tion *esp.* POL ['fækʃn] *n.* hizip, klik; ayrılık.

fac·ti·tious ☐ [fæk'tɪʃəs] fesatçı, fitneci.

fac·tor ['fæktə] *n. fig.* faktör, etken, etmen; simsar; *Scot.* kâhya.

fac·to·ry ['fæktrɪ] *n.* fabrika, üretimlik.

fac·ul·ty ['fækəltɪ] *n.* yeti; *fig.* yetenek; UNIV fakülte.

fad [fæd] *n.* geçici moda; geçici heves, tutku.

fade [feɪd] *v/t.* & *v/i.* sol(dur)mak; kurumak, zayıflamak; yavaş yavaş kaybolmak; *film, radyo,* TV: ***~ in*** (*ses*) yavaş yavaş duy(ul)mak, aç(ıl)mak; (*görüntü*) değiş(tir)mek, aç(ıl)mak; ***~ out*** yavaş yavaş yok olmak *ya da* karar(t)mak.

fag[1] [fæg] *n.* F yorucu iş, angarya; *Brt.* büyük öğrencilere hizmet eden küçük öğrenci, çömez.

fag[2] *sl.* [~] *n. Brt.* sigara; *Am.* homoseksüel erkek, ibne.

fail [feɪl] **1.** *v/i.* başarısızlığa uğramak; yetmemek, bitmek; zayıflamak; sınıfta kalmak; *v/t.* başaramamak, becerememek; yapmamak; ihmal etmek; sınıfta bırakmak; ***he ~ed to come*** gelemedi; ***he cannot ~ to come*** mutlaka gelir, gelmemezlik etmez; **2.** *n.* ***without ~*** mutlaka; **~·ing** ['feɪlɪŋ] **1.** *n.* kusur, hata; **2.** *prp.* ...olmadığında; **~·ure** [~jə] *n.* başarısızlık; eksiklik; fiyasko; yokluk, kıtlık; ihmal; bozulma, arıza.

faint [feɪnt] **1.** ☐ zayıf; belirsiz; soluk, donuk; bitkin; **2.** *v/i.* bayılmak (***with*** *-den*); **3.** *n.* baygınlık; **~-heart·ed** ☐ ['feɪnt'hɑːtɪd] korkak, tavşan yürekli.

fair[1] [feə] **1.** ☐ dürüst, doğru; tarafsız; sarışın; açık renkli (*cilt*); temiz (*kopya*); açık (*hava*); uygun, elverişli (*rüzgâr*); **2.** *adv.* dürüstçe, kuralına göre; kibarca.

fair[2] [~] *n.* fuar, panayır; sergi.

fair|ly ['feəlɪ] *adv.* dürüstçe, açık açık; oldukça; **~·ness** [~nɪs] *n.* dürüstlük, doğruluk; sarışınlık; *esp.* SPOR: tarafsızlık.

fai·ry ['feərɪ] *n.* peri; **~·land** *n.* periler ülkesi; **~-tale** *n.* peri masalı; *fig.* inanılmaz hikâye.

faith [feɪθ] *n.* güven; inanç, iman; **~·ful** ☐ ['feɪθfl] sadık, vefalı; güvenilir; ***Yours ~ly*** saygılarım(ız)la; **~·less** ☐ [~lɪs] vefasız; güvenilmez; inançsız.

fake [feɪk] **1.** *n.* taklit; sahtekâr, düzenbaz; **2.** *vb.* sahtesini yapmak; ...taklidi yapmak, ...numarası yapmak; **3.** *adj.*

sahte, kalp, taklit...
fal·con zo ['fɔːlkən] *n.* şahin, doğan.
fall [fɔːl] **1.** *n.* düşme, düşüş; yağış; azalma, alçalma; çöküş, yıkılış; *Am.* sonbahar, güz; *mst* **~s** *pl.* çağlayan, şelale; **2.** (**fell, fallen**) *v/i.* düşmek; yağmak; (*fiyat*) düşmek; çökmek, yıkılmak; (*kale*) zaptedilmek, düşmek; (*surat*) asılmak; yaralanmak; ölmek; **~ ill** *ya da* **sick** hastalanmak; **~ in love with** *-e* âşık olmak; **~ short of** *-e* erişememek; *-e*ulaşamamak; **~ back** geri çekilmek; **~ back on** *fig.* *-e* başvurmak; **~ for** *-e* aldanmak, *-e* kanmak; F *-e* abayı yakmak; **~ off** azalmak, düşmek; **~ on** *-e*saldırmak; **~ out** kavgaetmek, tartışmak (**with** *ile*); **~ through** *fig.* suya düşmek; **~ to** *-e* başlamak, *-e* koyulmak; *-e* düşmek.
fal·la·cious □ [fə'leɪʃəs] aldatıcı; yanlış, boş.
fal·la·cy ['fæləsɪ] *n.* yanlış düşünce, yanılgı.
fall·en ['fɔːlən] *p.p.* *of* **fall 2.**
fall guy *Am.* F ['fɔːlgaɪ] *n.* enayi, keriz; başkasının suçunu yüklenen kişi, abalı.
fal·li·ble □ ['fæləbl] yanılabilir, yanılgıya düşebilir.
fal·ling star AST ['fɔːlɪŋstɑː] *n.* akanyıldız.
fall-out ['fɔːlaʊt] *n.* radyoaktif serpinti.
fal·low ['fæləʊ] *adj.* zo devetüyü rengindeki; AGR nadasa bırakılmış.
false □ [fɔːls] yanlış; takma (diş); sahte; **~·hood** ['fɔːlshʊd], **~·ness** [~nɪs] *n.* yalancılık; yalan; sahtelik
fal·si|fi·ca·tion [fɔːlsɪfɪ'keɪʃn] *n.* değiştirme, kalem oynatma; **~·fy** ['fɔːlsɪfaɪ] *v/t.* değiştirmek, kalem oynatmak; **~·ty** [~tɪ] *n.* sahtelik; yanlışlık; yalan.
fal·ter ['fɔːltə] *v/i.* sendelemek, bocalamak; kekelemek; *fig.* duraksamak.
fame [feɪm] *n.* ün, şöhret; **~d** *adj.* ünlü, tanınmış (**for** *ile*).
fa·mil·i·ar [fə'mɪljə] **1.** □ bilen; alışılmış, olağan; samimi (*dost*); teklifsiz, laubali, senlibenli; **2.** *n.* samimi dost; **~·i·ty** [fəmɪlɪ'ærətɪ] *n.* bilme, tanıma; samimiyet; teklifsizlik, laubalilik; **~·ize** [fə'mɪljəraɪz] *v/t.* alıştırmak.
fam·i·ly ['fæməlɪ] *n.* aile; familya; *attr.* aile...; **be in the ~ way** F hamile olmak, bebek beklemek; **~ allowance** çocuk zammı; **~ planning** aile planlaması; **~ tree** soyağacı, hayatağacı.
fam|ine ['fæmɪn] *n.* kıtlık; **~ished** [~ʃt] *adj.* çok acıkmış, karnı zil çalan; **be ~** F karnı zil çalmak.
fa·mous □ ['feɪməs] ünlü, tanınmış
fan[1] [fæn] **1.** *n.* vantilatör; pervane; yelpaze; **~ belt** MEC pervane kayışı; **2.** (**-nn-**) *v/t.* yelpazelemek; *fig.* körüklemek.
fan[2] [~] *n.* meraklı, hayran, tutkun, hasta; **~ club** fan kulüp; **~ mail** hayran mektupları.
fa·nat|ic [fə'nætɪk] **1.** (**~ally**), *a.* **~·i·cal** □ *n.* [~kl] fanatik, bağnaz; **2.** bağnaz kimse.
fan·ci·er ['fænsɪə] *n.* meraklı, düşkün.
fan·ci·ful □ ['fænsɪfl] hayalci; hayal ürünü olan; acayip, tuhaf.
fan·cy ['fænsɪ] **1.** *n.* fantezi, hayal; hayal gücü; kuruntu; hoşlanma, beğeni; **2.** *adj.* fantezi, süslü; aşırı (*fiyat*); **~ ball** maskeli balo; **~ dress** maskeli balo giysisi; **~ goods** *pl.* fantezi eşya; **3.** *v/t.* hayal etmek, imgelemek; sanmak; beğenmek, canı istemek; **just ~!** Şaşılacak şey!; **~-free** *adj.* serbest, özgür; **~-work** *n.* işleme, süsleme, ince elişi.
fang [fæŋ] *n.* azıdişi; yılanın zehirli dişi.
fan|tas·tic [fæn'tæstɪk] (**~ally**) *adj.* fantastik, hayali; garip; harika; **~·ta·sy** ['fæntəsɪ] *n.* hayal.
fan·zine ['fænziːn] *n.* fan dergisi.
far [fɑː] (**farther, further**; **farthest, furthest**) **1.** *adj.* uzak; ötedeki, öbür; **2.** *adv.* uzağa; uzakta; çok, bir hayli; **as ~ as** *-e* kadar; **in so ~ as** *-diği* ölçüde, *-diği* derecede; **~·a·way** ['fɑːrəweɪ] *adj.* uzak; dalgın (*bakış*).
fare [feə] **1.** *n.* yol parası; yiyecek; **2.** *v/i.* başarılı olmak; (iş) iyi *ya da* kötü gitmek; **he ~d well** başarılı oldu; **~·well** ['feə'wel] **1.** *int.* Elveda!; **2.** *n.* veda.
far-fetched *fig.* ['fɑː'fetʃt] *adj.* doğal olmayan, zoraki, gıcırı bükme.
farm [fɑːm] **1.** *n.* çiftlik; **chicken ~** tavuk çiftliği; **2.** *vb.* sürüp ekmek; çiftçilik yapmak; **~ out** *v/t.* işi başkasına devretmek; **~·er** ['fɑːmə] *n.* çiftçi; **~·hand** *n.* rençper, ırgat; **~·house** *n.* çiftlik evi; **~·ing** [~ɪŋ] *n.* çiftçilik; *attr.* tarım...; **~·stead** *n.* çiftlik ve içindeki binaları; **~·yard** *n.* çiftlik avlusu.

F

far|-off ['fɑːr'ɒf] *adj.* uzak; **~sight·ed** *adj. esp. Am.* uzağı iyi gören; *fig.* ileri görüşlü.

far|ther ['fɑːðə] *comp. of* ***far***; **~·thest** ['fɑːðɪst] *sup. of* ***far.***

fas·ci|nate ['fæsɪneɪt] *v/t.* büyülemek, hayran bırakmak; **~·nat·ing** □ [~ɪŋ] büyüleyici; **~·na·tion** [fæsɪ'neɪʃn] *n.* büyüleme.

fas·cis|m POL ['fæʃɪzəm] *n.* faşizm; **~t** POL [~ɪst] *n. & adj.* faşist.

fash·ion ['fæʃn] **1.** *n.* moda; tarz, biçim; ***in*** (***out of***) **~** moda olan (modası geçmiş); **~ *parade*, ~ *show*** moda defilesi; **2.** *v/t.* yapmak; biçimlendirmek; **~·a·ble** □ [~nəbl] modaya uygun.

F

fast[1] [fɑːst] **1.** *n.* oruç; **2.** *v/i.* oruç tutmak.

fast[2] [~] *adj.* hızlı, çabuk, seri, süratli; sabit, sıkı; solmaz (*renk*); (*saat*) ileri; sadık, vefalı (*dost*); ***be* ~** (*saat*) ileri gitmek; **~·back** MOT ['fɑːstbæk] *n.* arkası yatık araba; **~ breed·er**, **~-breed·er re·ac·tor** *n.* PHYS seri üretici reaktör; **~ food** *n.* (*hamburger v.b.*) hazır yiyecek; **~-food res·tau·rant** *n.* hazır yiyecek satan lokanta; **~ lane** *n.* MOT: sürat şeridi.

fas·ten ['fɑːsn] *v/t. & v/i.* bağlamak; tutturmak, iliştirmek; kapa(n)mak; ilikle(n)mek; (*gözlerini*) dikmek (***on, upon*** *-e*); **~ *on*, ~ *upon*** *-e* sarılmak, *-e* yapışmak; *fig.* (*kabahati*) *-e* yüklemek; **~·er** [~ə] *n.* fermuar; sürgü, mandal; **~·ing** [~ɪŋ] *n.* sürgü, mandal.

fas·tid·i·ous □ [fə'stɪdɪəs] zor beğenen, titiz.

fat [fæt] **1.** □ (**-*tt-***) şişman; yağlı; dolgun, tombul; **2.** *n.* yağ; **3.** (**-*tt-***) *v/t. & v/i.* şişmanla(t)mak, semir(t)mek.

fa·tal □ ['feɪtl] ölümle biten, ölümcül, öldürücü; **~·i·ty** [fətæləti] *n.* ölümcüllük; kader, yazgı; ölüm.

fate [feɪt] *n.* kader, alınyazısı, yazgı; ölüm.

fat-free yağsız.

fa·ther ['fɑːðə] *n.* baba; **♀ Christmas** *n. esp. Brt.* Noel Baba; **~·hood** [~hʊd] *n.* babalık; **~-in-law** [~rɪnlɔː] (*pl.* ***fathers-in-law***) *n.* kayınpeder; **~·less** [~lɪs] *adj.* babasız, yetim; **~·ly** [~lɪ] *adj.* baba gibi; babacan.

fath·om ['fæðəm] **1.** *n.* NAUT kulaç; **2.** *v/t.* NAUT iskandil etmek, derinliğini ölçmek; *fig.* içyüzünü anlamak, çözmeye çalışmak; **~·less** [~lɪs] *adj.* dipsiz; *fig.* anlaşılmaz.

fa·tigue [fə'tiːg] **1.** *n.* yorgunluk; zahmet; **2.** *v/t.* yormak.

fat|ten ['fætn] *v/t. & v/i.* şişmanla(t)mak, semir(t)mek; **~·ty** [~tɪ] (***-ier, -iest***) *adj.* yağlı.

fat·u·ous □ ['fætjʊəs] ahmak, budala.

fau·cet *Am.* ['fɔːsɪt] *n.* musluk.

fault [fɔːlt] *n.* hata, yanlış; yanılgı; kabahat, suç; kusur, noksan; ***find* ~ *with*** *-e* kusur bulmak; ***be at* ~** hatalı olmak; yanılmak; **~·less** □ [~lɪs] kusursuz, mükemmel; **~·y** □ [~ɪ] (***-ier, -iest***) kusurlu, hatalı; MEC bozuk.

fa·vo(u)r ['feɪvə] **1.** *n.* güleryüz; lütuf; kayırma, arka çıkma, koruma; ***in* ~ *of*** *-in* lehin(d)e; *-den* yana; ***do s.o. a* ~** *b-ne* iyilik etmek; **2.** *v/t.* kayırmak; uygun görmek, onaylamak; kolaylaştırmak; *-e* benzemek; SPOR: *-in* taraftarı olmak, tutmak; **fa·vo(u)·ra·ble** □ [~rəbl] elverişli, uygun; **fa·vo(u)·rite** [~rɪt] **1.** *n.* en çok sevilen kimse *ya da* şey; SPOR: favori; **2.** *adj.* en çok sevilen, favori, gözde.

fawn[1] [fɔːn] **1.** *n.* ZO geyik yavrusu; açık kahverengi; **2.** *v/i.* (*geyik*) yavrulamak.

fawn[2] [~] *v/i.* (*köpek*) kuyruk sallamak; *fig.* yaltaklanmak (***on, upon*** *-e*).

fear [fɪə] **1.** *n.* korku, dehşet; endişe; **2.** *vb.* korkmak, çekinmek; endişe etmek; **~·ful** □ ['fɪəfl] korkunç, dehşetli; korku dolu; endişeli; **~·less** □ [~lɪs] korkusuz.

fea·si·ble □ ['fiːzəbl] yapılabilir, uygulanabilir, uygun.

feast [fiːst] **1.** *n.* ECCL yortu, bayram; ziyafet; **2.** *v/t.* *-e* ziyafet vermek; *v/i.* yiyip içmek (***on*** *-i*).

feat [fiːt] *n.* beceri, başarı.

fea·ther ['feðə] **1.** *n.* tüy; *a.* **~*s*** kuş tüyü; ***birds of a* ~ *flock together*** tencere yuvarlanmış kapağını bulmuş; ***in high* ~** neşesi yerinde; **2.** *vb.* tüy takmak; (*kuş*) tüylenmek; **~ bed** *n.* kuştüyü yatak; **~-bed** (**-*dd-***) *v/t.* *-e* iltimas geçmek, kayırmak; **~-brained**, **~-head·ed** *adj.* kuş beyinli, akılsız, aptal; **~ed** *adj.* tüylü; **~weight** *n.* SPOR: tüysıklet, tüyağırlık; *fig.* önemsiz kimse, solda sıfır; **~·y** [~rɪ] *adj.* tüylü; tüy gibi.

fea·ture ['fiːtʃə] **1.** *n.* yüz organlarından

biri; özellik; *a.* ~ ***article***, ~ ***story*** *gazete*: makale, öykü; *a.* ~ ***film*** asıl film; ~***s*** *pl.* yüz, çehre; **2.** *vb.* *-in* özelliği olmak; önem vermek; *film*: başrolde oynamak.

Feb·ru·a·ry ['februəri] *n.* şubat.

fed [fed] *pret.* & *p.p.* *of* ***feed 2.***

fed·e|ral □ ['fedərəl] federal; ♀ ***Bureau of Investigation*** (*abbr.* ***FBI***) Federal Araştırma Bürosu, Amerikan Ulusal Güvenlik Örgütü; ~ ***government*** federal hükümet; ~**·rate** [-eıt] *v/t.* & *v/i.* federasyon halinde birleş(tir)mek; ~**·ra·tion** [fedə'reıʃn] *n.* federasyon (*a.* ECON, POL), devletler birliği; birlik.

fee [fi:] *n.* ücret; giriş ücreti; vizite; harç.

fee·ble □ ['fi:bl] (~***r***, ~***st***) zayıf, güçsüz.

feed [fi:d] **1.** *n.* yiyecek, besin; yemek; yem; MEC besleme; **2.** (***fed***) *v/t.* beslemek (*a.* MEC); yemlemek, yedirmek; ***be fed up with*** *-den* bıkmak, *-den* bezmek; ***well fed*** iyi beslenmiş, besili; *v/i.* yemek yemek; otlamak; ~**·back** ['fi:dbæk] *n.* ELECT geri itilim; geri bildirim; geri verme; ~**·er** [-ə] *n.* besleyici; mama önlüğü; ~**·er road** *n.* yan yol; ~**·ing-bot·tle** [-ıŋbɒtl] *n.* biberon.

feel [fi:l] **1.** (***felt***) *v/t.* hissetmek, duymak; dokunmak; yoklamak; ***I*** ~ ***like drinking*** canım içmek istiyor; **2.** *n.* duygu, his; ~**·er** ZO ['fi:lə] *n.* anten, duyarga, dokunaç; ~**·ing** [-ıŋ] *n.* duygu, his; dokunma.

feet [fi:t] *pl.* *of* ***foot 1.***

feign [feın] *vb.* yalandan yapmak, ... numarası yapmak; (*bahane v.b.*) uydurmak.

feint [feınt] *n.* aldatıcı davranış, aldatmaca; MIL savaş hilesi.

fell [fel] **1.** *pret.* *of* ***fall 2***; **2.** *v/t.* vurup devirmek, yere sermek; (*ağaç*) kesmek.

fel·low ['feləʊ] **1.** *n.* adam, herif; kişi, insan; arkadaş; (*ayakkabı v.b.*) eş, tek; UNIV hoca; ***old*** ~ F eski dost; ***the*** ~ ***of a glove*** bir eldivenin teki; **2.** *adj.* bir başka...; ~ ***being*** hemcins; ~ ***countryman*** hemşeri, vatandaş; ~ ***travel(l)er*** yol arkadaşı, yoldaş; ~**·ship** [-ʃıp] *n.* arkadaşlık; dernek.

fel·o·ny LEG ['felənı] *n.* ağır suç.

felt[1] [felt] *pret.* & *p.p.* *of* ***feel 1.***

felt[2] [-] *n.* keçe, fötr; ~ ***tip***, ~***-tip(ped) pen*** keçeli kalem.

fe·male ['fi:meıl] **1.** *adj.* kadına özgü, dişi; dişil; **2.** *n.* kadın, dişi; ZO dişi hayvan.

fem·i|nine □ ['femının] kadına özgü; kadınsı; GR dişil; ~**·nis·m** [-ızəm] *n.* feminizm; ~**·nist** [-ıst] *n.* & *adj.* feminist, kadın hakları savunucusu.

fen [fen] *n.* bataklık.

fence [fens] **1.** *n.* tahta perde, parmaklık, çit; F çalıntı mal alıp satan kimse; **2.** *v/t.* ~ ***in*** etrafını çitle çevirmek; ~ ***off*** çitle kapatmak; *v/i.* SPOR: eskrim yapmak; *sl.* çalıntı mal alıp satmak; **fenc·er** ['fensə] *n.* SPOR: eskrimci, kılıçoyuncusu; **fenc·ing** [-ıŋ] *n.* parmaklık, çit; SPOR: eskrim, kılıçoyunu; *attr.* eskrim...

fend [fend]: ~ ***off*** defetmek, savuşturmak; ~ ***for o.s.*** *k-ni* geçindirmek, başının çaresine bakmak; ~**·er** ['fendə] *n.* şömine paravanası; *Am.* MOT çamurluk.

fen·nel BOT ['fenl] *n.* rezene.

fer|ment **1.** [fɜ:ment] *n.* maya; *fig.* karışıklık; **2.** [fə'ment] *v/t.* & *v/i.* mayala(n)mak; *fig.* galeyana getirmek; ~**·men·ta·tion** [fɜ:men'teıʃn] *n.* fermantasyon, mayalanma.

fern BOT [fɜ:n] *n.* eğreltiotu.

fe·ro|cious □ [fə'rəʊʃəs] yırtıcı, vahşi, yabanıl; ~**·ci·ty** [fə'rɒsətı] *n.* yırtıcılık, vahşilik.

fer·ret ['ferıt] **1.** *n.* ZO dağgelinciği; *fig.* hafiye, dedektif; **2.** *v/i.* dağgelinciği ile avlanmak; ~ ***out*** ortaya çıkarmak.

fer·ry ['ferı] **1.** *n.* feribot, araba vapuru; **2.** *v/t.* feribotla taşımak; ~**·boat** *n.* feribot, araba vapuru; ~**·man** (*pl.* ***-men***) *n.* feribot kullanan kimse.

fer|tile □ ['fɜ:taıl] verimli, bereketli; dolu (***of***, ***in*** *ile*); ~**·til·i·y** [fə'tılətı] *n.* verimlilik, bereket; *fig.* yaratıcılık; ~**·ti·lize** ['fɜ:tılaız] *v/t.* gübrelemek; döllemek; ~**·ti·liz·er** [-ə] *n.* gübre.

fer·vent □ ['fɜ:vənt] sıcak; hararetli, ateşli, coşkun.

fer·vo(u)r ['fɜ:və] *n.* sıcaklık; şevk, hararet, coşku.

fes·ter ['festə] *v/i.* iltihaplanmak, yangılanmak.

fes|ti·val ['festəvl] *n.* festival, şenlik; bayram, yortu; ~**·tive** □ [-tıv] bayram ile ilgili, bayram...; ~**·tiv·i·ty** [fe'stıvə-

F

tı] *n.* şenlik, eğlence.
fes·toon [fe'stuːn] *n.* çiçek, yaprak *v.b.* 'nden yapılmış kordon.
fetch [fetʃ] *v/t.* gidip getirmek; (*nefes*) almak; (*tokat*) atmak, indirmek; **~·ing** □ F ['fetʃıŋ] çekici, alımlı.
fet·id □ ['fetıd] pis kokulu, kokmuş.
fet·ter ['fetə] **1.** *n.* pranga, zincir; **2.** *v/t.* ayağına zincir vurmak.
feud [fjuːd] *n.* kavga, düşmanlık; kan davası; **~·al** □ ['fjuːdl] feodal, derebeylikle ilgili; **feu·dal·is·m** [~əlızəm] *n.* derebeylik.
fe·ver ['fiːvə] *n.* ateş; **~·ish** □ [~rıʃ] ateşli; *fig.* heyecanlı, telaşlı.
few [fjuː] *adj.* az; ***a ~*** birkaç; ***no ~er than*** *-den* az değil; ***quite a ~, a good ~*** birçok, epey.
fi·an·cé [fı'ɑ̃ːnseı] *n.* erkek nişanlı; **~e** [~] *n.* kız nişanlı.
fib F [fıb] **1.** *n.* yalan; **2.** (*-bb-*) *v/i.* yalan söylemek, atmak.
fi·bre, *Am.* **-ber** ['faıbə] *n.* elyaf, tel, iplik; **fi·brous** □ ['faıbrəs] lifli, telli.
fick·le ['fıkl] *adj.* dönek, kararsız; **~·ness** [~nıs] *n.* döneklik, kararsızlık.
fic·tion ['fıkʃn] *n.* uydurma, hayal; yalan, uyduruk; hayal ürünü öykü *ya da* roman; **~·al** □ [~l] hayali; roman yazınıyla ilgili.
fic·ti·tious □ [fık'tıʃəs] hayali; uydurma, sahte.
fid·dle ['fıdl] **1.** *n.* keman; ***play first*** (***second***) **~** *esp. fig.* birinci (ikinci) derecede rol oynamak; (***as***) ***fit as a ~*** sağlığı yerinde, turp gibi; **2.** *v/i.* MUS keman çalmak; *a.* **~ *about*** *ya da* ***around with*** *ile* oynayıp durmak; **~r** [~ə] *n.* kemancı; **~·sticks** *int.* Saçma!
fi·del·i·ty [fı'delətı] *n.* sadakat, bağlılık, vefa.
fid·get F ['fıdʒıt] **1.** *n.* yerinde duramayan kimse; **2.** *v/i.* yerinde duramamak, kıpır kıpır kıpırdanmak; **~·y** [~ı] *adj.* yerinde duramayan, kıpır kıpır kıpırdayan.
field [fiːld] *n.* tarla; çayır, otlak; alan, saha; ***hold the ~*** yerini korumak; **~ e·vents** *n. pl.* SPOR: atletizm karşılaşmaları; **~-glass·es** *n. pl* (***a pair of*** bir) dürbün; **~ mar·shal** *n.* MIL feldmareşal; **~ of·fi·cer** *n.* MIL üstsubay; **~ sports** *n. pl.* açık hava sporları; **~·work** *n.* açık hava çalışması.
fiend [fiːnd] *n.* şeytan, kötü ruh; düşkün, tiryaki; **~·ish** □ ['fiːndıʃ] şeytan gibi, şeytanca.
fierce □ [fıəs] (**~r, ~st**) vahşi, azgın, azılı; şiddetli; **~·ness** ['fıəsnıs] *n.* azgınlık, vahşet; şiddet.
fi·er·y □ ['faıərı] (***-ier, -iest***) ateş gibi, kızgın; coşkun, ateşli.
fif|teen ['fıf'tiːn] *n.* & *adj.* on beş; **~·teenth** [~'tiːnθ] *adj.* on beşinci; **~th** [fıfθ] **1.** *adj.* beşinci; **2.** *n.* beşte bir; **~·th·ly** ['fıfθlı] *adv.* beşinci olarak; **~·ti·eth** ['fıftııθ] *adj.* ellinci; **~·ty** [~tı] *n.* & *adj.* elli; **~·ty-fif·ty** *adj.* & *adv.* F yarı yarıya.
fig BOT [fıg] *n.* incir; incir ağacı.
fight [faıt] **1.** *n.* dövüş, kavga; MIL savaş; *boks*: maç, karşılaşma; **2.** (***fought***) *v/t.* (*savaş*) vermek, girmek; *ile* mücadele etmek, savaşmak; karşı koymak; SPOR: *ile* dövüşmek, boks yapmak; *v/i.* dövüşmek, kavga etmek; savaşmak, çarpışmak; **~·er** ['faıtə] *n.* savaşçı; SPOR: boksör; *a.* **~ *plane*** MIL av uçağı; **~·ing** [~ıŋ] *n.* kavga, mücadele, savaş.
fig·u·ra·tive □ ['figjʊrətıv] mecazi.
fig·ure ['figə] **1.** *n.* rakam; adet; biçim, şekil; endam, boy bos; fiyat; ***be good at ~s*** hesabı kuvvetli olmak; **2.** *v/t.* desenlerle süslemek; hesaplamak; temsil etmek; *Am.* F sanmak; **~ *out*** anlamak; (*problem*) çözmek; **~ *up*** hesaplamak, toplamak; *v/i.* hesap yapmak; yer almak, görünmek; **~ *on*** *esp. Am.* hesaba katmak; planlamak; **~ skat·er** *n.* SPOR: artistik patinajcı; **~ skat·ing** *n.* SPOR: artistik patinaj.
fil·a·ment ['fıləmənt] *n.* tel, lif; BOT ercik sapı; ELECT lamba teli.
fil·bert BOT ['fılbət] *n.* fındık; fındık ağacı.
filch F [fıltʃ] *v/t.* çalmak, aşırmak, yürütmek.
file[1] [faıl] **1.** *n.* dosya, klasör; dizi, sıra; MIL kol; ***on ~*** dosyalanmış; **2.** *v/t.* dosyalamak; sıralamak; (*dilekçe*) vermek; *v/i.* birerle kolda yürümek, tek sıra halinde yürümek.
file[2] [~] **1.** *n.* eğe, törpü; **2.** *v/t.* eğelemek, törpülemek.
fi·li·al □ ['filjəl] evlatla ilgili, evlat…
fil·ing ['faılıŋ] *n.* dosyalama; **~ *cabinet*** dosya dolabı.
fill [fıl] **1.** *v/t.* & *v/i.* dol(dur)mak; yap-

mak, yerine getirmek; doyurmak; (diş) doldurmak; ~ **in** (*çek, form v.b.*) doldurmak; *Am. a.* ~ **out** şişmek, tombullaşmak; (*çek, form v.b.*) doldurmak; ~ **up** ağzına kadar dol(dur)mak; ~ **her up!** F MOT Depoyu doldur!; **2.** *n.* doyumluk; **eat one's** ~ yiyebildiğince yemek, canının istediği kadar yemek.

fil·let, *Am. a.* **fil·et** ['fılıt] *n.* fileto.

fill·ing ['fılıŋ] *n.* doldurma; MED (diş) dolgu; ~ **station** benzin istasyonu.

fil·ly ['fılı] *n.* kısrak; *fig.* fıkırdak kız.

film [fılm] **1.** *n.* film (*a.* PHOT); ince tabaka, zar; **take** *ya da* **shoot a** ~ film çekmek, film çevirmek; **2.** *vb.* filme almak; film çevirmek.

fil·ter ['fıltə] **1.** *n.* filtre, süzgeç; **2.** *v/t. & v/i.* süz(ül)mek; ~**-tip** *n.* sigara filtresi; filtreli sigara; ~**tipped**: ~ **cigarette** filtreli sigara.

filth [fılθ] *n.* pislik, kir; ~**·y** □ ['fılθı] (**-ier, -iest**) pis, kirli; *fig.* açık saçık, çirkin.

fin [fın] *n.* ZO yüzgeç.

fi·nal ['faınl] **1.** □ son; kesin; ~ **storage** son bekletilme (yeri); **2.** *n.* SPOR: final; *gazete*: son baskı; *mst* ~**s** *pl.* final sınavı, final; ~**·ist** [~nəlıst] *n.* SPOR: finalist; ~**·ly** [~lı] *adv.* sonunda; son olarak.

fi·nance [faı'næns] **1.** *n.* maliye; ~**s** *pl.* mali durum; **2.** *v/t.* finanse etmek, gerekli parayı vermek; *v/i.* mali işleri yürütmek; **fi·nan·cial** □ [~nʃl] mali; **fi·nan·cier** [~nsıə] *n.* maliyeci.

finch ZO [fıntʃ] *n.* ispinoz.

find [faınd] **1.** (**found**) *v/t.* bulmak; keşfetmek; öğrenmek; LEG ...kararına varmak, hükmetmek; ulaşmak, varmak; rastlamak; **2.** *n.* bulunmuş şey; buluş; ~**·ings** ['faındıŋz] *n. pl.* sonuç; LEG karar.

fine[1] [faın] **1.** □ (~**r**, ~**st**) iyi, güzel, hoş, nefis; süslü, gösterişli; ince; saf (*altın*); **I'm** ~ iyiyim; **2.** *adv.* çok iyi; ince ince.

fine[2] [~] **1.** *n.* para cezası; **2.** *v/t.* para cezasına çarptırmak.

fi·ne·ry ['faınərı] *n.* süslü giysi; şıklık.

fin··ger ['fıŋgə] **1.** *n.* parmak; *s.* **cross 2**; **2.** *v/t.* parmakla dokunmak; MUS parmakla çalmak; ~**nail** *n.* tırnak; ~**·print** *n.* parmak izi; ~**-tip** *n.* parmak ucu.

fin·i·cky ['fınıkı] *adj.* titiz, kılı kırk yaran.

fin·ish ['fınıʃ] **1.** *v/t. & v/i.* bit(ir)mek, sona er(dir)mek; cilalamak; ~ **with** *ile* işi bitmek; *ile* ilişkisini kesmek; **have** ~**d with** *ile* işi bitmiş; **2.** *n.* son, bitiş; cila, rötuş; SPOR: finiş, varış; ~**·ing line** [~ıŋlaın] *n.* SPOR: varış çizgisi.

Finn [fın] *n.* Finlandiyalı; ~**·ish** ['fınıʃ] **1.** *adj.* Finlandiya'ya özgü; **2.** *n.* LING Fin dili.

fir BOT [fɜː] *n. a.* ~**-tree** köknar; ~**cone** ['fɜːkəʊn] *n.* köknar kozalağı.

fire ['faıə] **1.** *n.* ateş; yangın; **be on** ~ alevler içinde olmak, yanmak; **catch** ~ ateş almak, tutuşmak; **set on** ~, **set** ~ **to** ateşe vermek, tutuşturmak; **2.** *v/t. & v/i.* tutuş(tur)mak, yakmak; ateş etmek; pişirmek, fırınlamak; *fig.* gayrete getirmek; F kovmak, yol vermek; ~**-a·larm** [~rəlɑːm] *n.* yangın işareti *ya da* alarmı; ~**·arms** *n. pl.* ateşli silahlar; ~ **bri·gade** *n.* itfaiye; ~**-bug** *n.* F kundakçı; ~**·crack·er** *n.* kestanefişeği; ~ **de·part·ment** *n. Am.* itfaiye; ~**-en·gine** [~rendʒın] *n.* itfaiye arabası; ~**-es·cape** [~rıskeıp] *n.* yangın merdiveni; ~**-extin·guish·er** [~rıkstıŋgwıʃə] *n.* yangın söndürme aygıtı; ~**guard** *n.* şömine pervazı; ~**man** *n.* itfaiyeci; ateşçi; ~**·place** *n.* şömine; ~**-plug** *n.* yangın musluğu; ~**·proof** *adj.* ateşe dayanıklı, yanmaz; ~**-rais·ing** *Brt.* [~ıŋ] *n.* kundakçılık; ~**·side** *n.* ocak başı; ev hayatı; ~ **sta·tion** *n.* yangın istasyonu, itfaiye merkezi; ~**·wood** *n.* odun; ~**·works** *n. pl.* havai fişekler; *fig.* çıngar.

fir·ing squad MIL ['faıərıŋskwɒd] *n.* idam mangası.

firm[1] [fɜːm] *adj.* katı, sert; sağlam; sıkı; kararlı.

firm[2] [~] *n.* firma.

first [fɜːst] **1.** □ birinci, ilk; başta gelen; **2.** *adv.* ilk olarak, önce, başta; ~ **of all** her şeyden önce; **3.** *n.* başlangıç; birincilik; **at** ~ önce, öncelikle; önceleri; **from the** ~ başından beri; ~ **aid** *n.* ilkyardım; ~**-aid** ['fɜːsteıd] *adj.* ilkyardım...; ~ **kit** ilkyardım çantası; ~**-born** *adj.* ilk doğan, ilk (*çocuk*); ~ **class** *n.* birinci mevki; ~**-class** *adj.* birinci sınıf, mükemmel; ~**·ly** [~lı] *adv.* önce, öncelikle; ~**·hand** *adj. & adv.*

F

ilk elden, dolaysız, aracısız; ~ **name** *n.* ad, isim; ~**-rate** *adj.* birinci sınıf, en iyi cinsten.

firth [fɜːθ] *n.* haliç.

fish [fɪʃ] **1.** *n.* balık; balık eti; ***a queer*** ~ F garip herif, tip; **2.** *v/i.* balık tutmak; ~ ***around*** aramak (***for*** *-i*); (*cebini*) karıştırmak; ~**bone** ['fɪʃbəʊn] *n.* kılçık.

fish|er·man ['fɪʃəmən] (*pl.* ***-men***) *n.* balıkçı; ~**·e·ry** [~rɪ] *n.* balıkçılık; balık sahası.

fish·ing ['fɪʃɪŋ] *n.* balık avı; balıkçılık; ~**-line** *n.* olta; ~**-rod** *n.* olta kamışı; ~**-tack·le** *n.* balıkçı takımı, olta takımı.

fish|mon·ger *esp. Brt.* ['fɪʃmʌŋgə] *n.* balık satıcısı, balıkçı; ~**·y** □ [~ɪ] (***-ier, -iest***) balık kokan; balık gibi; F bityeniği olan.

fis|sile MEC ['fɪsaɪl] *adj.* yarılabilir, bölünebilir; ~**·sion** ['fɪʃn] *n.* bölünme; ~**·sure** ['fɪʃə] *n.* yarık, çatlak.

fist [fɪst] *n.* yumruk.

fit[1] [fɪt] **1.** □ (***-tt-***) uygun, elverişli; yakışır, yaraşır; hazır; SPOR: formda; **2.** (***-tt-***; ***fitted***, *Am. a.* ***fit***) *v/t. & v/i.* uy- (dur)mak; yakışmak, yaraşmak; (*kapak v.b.*) oturmak; (*kilit v.b.*) takmak; (*elbise*) prova etmek; (*elbise*) vücuda oturmak; ~ ***in*** içine sığmak; takmak; ~ ***on*** prova etmek; ~ ***out*** donatmak (***with*** *ile*); ~ ***up*** hazırlamak, düzenlemek; **3.** *n.* (*elbise*) vücuda oturma.

fit[2] [~] *n.* nöbet, kriz; MED sara, tutarık; ***by*** ~***s and starts*** kısa aralıklarla, düzensiz olarak; ***give s.o. a*** ~ F *b-ni* deli etmek, şaşırtmak.

fit|ful □ ['fɪtfl] düzensiz, kesintili; *fig.* uykusuz (*gece*); ~**·ness** [~nɪs] *n.* uygunluk; SPOR: formda olma; ~**·ted** *adj.* takılı; döşeli; ~ ***carpet*** döşeli halı; ~***kitchen*** döşeli mutfak; ~**·ter** [~ə] *n.* tesisatçı, montajcı; ~**·ting** [~ɪŋ] **1.** *adj.* uygun, yakışır, yerinde; **2.** *n.* montaj; prova; ~***s*** *pl.* tesisat; yedek parçalar.

five [faɪv] *n. & adj.* beş.

fix [fɪks] **1.** *v/t. & v/i.* yerleş(tir)mek, otur(t)mak, takmak; (*tarih, fiyat*) saptamak, belirlemek, kararlaştırmak; yapıştırmak; sabitleştirmek; (*gözlerini*) dikmek (***on*** *-e*); *esp. Am.* tamir etmek, onarmak; hazırlamak; öcünü almak, icabına bakmak; ~ ***on*** *-e* karar vermek, saptamak, seçmek; (*gözünü*) *-e* dikmek; (*dikkatini*) *-e* vermek; ~ ***up*** düzeltmek; onarmak; gerekli hazırlığı yapmak; resmi giyinmek; **2.** *n.* F çıkmaz; *sl.* vücuda vurulan uyuşturucu iğnesi; ~**ed** □ sabit; solmaz (*renk*); ~**·ing** ['fɪksɪŋ] *n.* tespit, bağlama; montaj; *Am.* ~***s*** *pl.* tertibat; garnitür; ~**·ture** [~stʃə] *n.* demirbaş (*a. fig.*); SPOR: fikstür; ***lighting*** ~ elektrik donanımı.

fizz [fɪz] **1.** *v/i.* fışırdamak; **2.** *n.* fışırtı; F şampanya.

flab·ber·gast F ['flæbəgɑːst] *v/t.* şaşırtmak, afallatmak; ***be*** ~***ed*** apışıp kalmak, afallamak.

flab·by □ ['flæbɪ] (***-ier, -iest***) gevşek, sarkık, yumuşak.

flac·cid □ ['flæksɪd] yumuşak, gevşek.

flag [flæg] **1.** *n.* bayrak, sancak, bandıra, flama; BOT süsen; **2.** (***-gg-***) *v/t.* bayraklarla donatmak; işaretle durdurmak, çevirmek (*taksi*); *v/i.* sarkmak, pörsümek; zayıflamak, gevşemek; ~**·pole** ['flægpəʊl] = ***flagstaff.***

fla·grant □ ['fleɪgrənt] çirkin, rezil; utanmaz.

flag|staff ['flægstɑːf] *n.* bayrak direği, gönder; ~**·stone** *n.* döşeme taşı, fayans, çini.

flair [fleə] *n.* yetenek, Allah vergisi; sezi̇ş, kavrayış.

flake [fleɪk] **1.** *n.* ince tabaka; kuşbaşı kar; **2.** *v/i.* tabaka tabaka ayrılmak; lapa lapa yağmak; **flak·y** ['fleɪkɪ] (***-ier, -iest***) *adj.* lapa lapa; kat kat; ~ ***pastry*** yufka.

flame [fleɪm] **1.** *n.* alev, ateş; *fig.* şiddet, hiddet; ***be in*** ~***s*** alevler içinde olmak, yanmak; **2.** *v/i.* alev alev yanmak; *fig.* öfkelenmek, parlamak.

flam·ma·ble *Am.*, MEC ['flæməbl] = ***inflammable.***

flan [flæn] *n.* meyveli turta.

flank [flæŋk] **1.** *n.* yan, böğür; MIL kanat; **2.** *vb. -in* yan tarafında olmak; MIL kanattan saldırmak.

flan·nel ['flænl] *n.* fanila, yumuşak kumaş; ~***s*** *pl.* fanila pantolon.

flap [flæp] **1.** *n.* masa kanadı; (*zarf, cep*) kapak; kanatçık; çarpma sesi; **2.** (***-pp-***) *v/t.* (*kanat*) çırpmak; hafifçe vurmak; *v/i.* kanat gibi sarkmak; (kuş) pır diye uçmak.

flare [fleə] **1.** *v/i.* titrek titrek yanmak; alev gibi parlamak; ~ ***up*** birden alevlenmek; *fig.* öfkelenmek, parlamak; *fig.* patlak vermek, başgöstermek; **2.** *n.* titrek alev *ya da* ışık; işaret fişeği.
flash [flæʃ] **1.** *n.* ışıltı, parıltı; gösteriş; *radyo v.b.*; haber, bülten; PHOT F flaş; kısa süre, an; *esp. Am.* F cep feneri; ***like a ~*** yıldırım gibi; ***in a ~*** hemencecik, çabucak; ***~ of lightning*** şimşek; **2.** *vb.* birden parlamak; (şimşek) çakmak; parıldamak, ışıldamak; (*haber*) göndermek, geçmek; ***it ~ed on me*** birden aklıma geldi; **~·back** ['flæʃbæk] *n. film, roman*: geçmiş bir olayı yeniden gösteren bölüm; **~·light** *n.* PHOT flaş; NAUT deniz feneri; *esp. Am.* cep feneri; **~·y** □ (***-ier, -iest***) parlak; gösterişli, fiyakalı.
flask [flɑːsk] *n.* küçük şişe; matara; termos.
flat [flæt] **1.** □ (***-tt-***) düz, yassı; yatay; tatsız, yavan; ECON durgun, kesat; donuk, mat; MOT inik, sönük (*lastik*); MUS bemol; ***~ price*** tek fiyat; **2.** *adv.* tamamen, büsbütün; tam; ***fall ~*** ilgi uyandırmamak, boşa gitmek; ***sing ~*** bemolden okumak; **3.** *n.* apartman dairesi, kat; düz arazi; MUS bemol; F avanak, enayi; *esp. Am.* MOT inik lastik; **~·foot** ['flætfʊt] (*pl.* ***-feet***) *n. sl.* polis, aynasız; **~-foot·ed** *adj.* düztaban; **~-i·ron** *n.* ütü; **~ screen mon·i·tor** *n.* yassı ekran monitör; **~·ten** [ˌtn] *v/t. & v/i.* düzleş(tir)mek, yassılaş(tır)mak.
flat·ter ['flætə] *v/t.* pohpohlamak, göklere çıkarmak; **~·er** [ˌrə] *n.* dalkavuk, yağcı; **~·y** [ˌrı] *n.* dalkavukluk, yağcılık.
fla·vo(u)r ['fleıvə] **1.** *n.* tat, lezzet, çeşni (*a. fig.*); **2.** *v/t.* tat *ya da* çeşni katmak; **~·ing** [ˌərıŋ] *n.* çeşni katan şey; **~·less** [ˌlıs] *adj.* tatsız, lezzetsiz.
flaw [flɔː] **1.** *n.* çatlak, yarık; kusur, defo; NAUT bora; **2.** *v/t. & v/i.* çatla(t)mak; defolu olmak; (*güzelliğini*) bozmak; **~·less** □ ['flɔːlıs] kusursuz.
flax BOT [flæks] *n.* keten.
flea ZO [fliː] *n.* pire.
fleck [flek] *n.* benek, leke, nokta.
fled [fled] *pret. & p.p. of* **flee.**
fledged [fledʒd] *adj.* (kuş) tüylenmiş; **fledg(e)·ling** ['fledʒlıŋ] *n.* yeni tüylenmiş kuş; *fig.* acemi çaylak.
flee [fliː] (***fled***) *v/i.* kaçmak.
fleece [fliːs] **1.** *n.* koyun postu; yapağa, yapak; **2.** *v/t.* F kazıklamak, yolmak; **fleec·y** ['fliːsı] (***-ier, -iest***) *adj.* yün gibi; yünle kaplı.
fleet [fliːt] **1.** □ çabuk, seri, hızlı; **2.** *n.* NAUT filo; ♀ ***Street*** Londra Basını; basın.
flesh [fleʃ] *n.* et; vücut; **~·y** ['fleʃı] (***-ier, -iest***) *adj.* etli; tombul.
flew [fluː] *pret. of* ***fly 2.***
flex[1] *esp.* ANAT [fleks] *v/t.* bükmek, esnetmek.
flex[2] *esp. Brt.* ELECT [ˌ] *n.* esnek kablo.
flex·i·ble □ ['fleksəbl] esnek, bükülgen; *fig.* uysal.
flick [flık] *v/t.* hafifçe vurmak, fiske atmak.
flick·er ['flıkə] **1.** *v/i.* titrek yanmak, titreşmek; **2.** *n.* titrek yanma, titreşme; titrek ışık; *Am.* ağaçkakan.
fli·er ['flaıə] = ***flyer.***
flight [flaıt] *n.* uçuş, uçma; uçak yolculuğu; uçak; *fig.* kaçış; AVIA, MIL hava filosu; sürü, küme; *a.* ***~ of stairs*** bir kat merdiven; ***put to ~*** kaçırtmak; ***take (to) ~*** kaçmak, tüymek; **~·less** ZO [ˌlıs] *adj.* uçamayan; **~·y** □ ['flaıtı] (***-ier, -iest***) dönek; maymun iştahlı; hafifmeşrep.
flim·sy ['flımzı] (***-ier, -iest***) *adj.* dayanıksız, çürük; *fig.* sudan (*bahane*).
flinch [flıntʃ] *v/i.* korkmak, ürkmek, çekinmek.
fling [flıŋ] **1.** *n.* atma, atış, fırlatma; ***have one's*** *ya da* ***a ~*** *fig.* kurtlarını dökmek; **2.** (***flung***) *v/t. & v/i.* fırla(t)mak, at(ıl)mak; *fig.* (*küfür*) savurmak; ***~ o.s.*** birden atılmak; ***~ open*** hızla açmak.
flint [flınt] *n.* çakmaktaşı.
flip [flıp] **1.** *n.* fiske; **2.** (***-pp-***) *vb.* fiske vurmak; havaya fırlatmak.
flip·pant □ ['flıpənt] küstah, kendini bilmez, saygısız.
flip·per ['flıpə] *n.* ZO yüzgeç; SPOR: palet.
flirt [flɜːt] **1.** *v/i.* flört etmek; = ***flip 2***; **2.** *n.* ***be a ~*** flört etmek; **flir·ta·tion** [flɜː'teıʃn] *n.* flört.
flit [flıt] (***-tt-***) *v/i.* (kuş) uçuşmak; taşınmak.
float [fləʊt] **1.** *n.* olta mantarı; şamandı-

ra, duba; **2.** *v/t. & v/i.* yüz(dür)mek, batmamak; NAUT denize indirmek; *fig.* sürüklenmek; ECON (şirket v.b.) kurmak; ECON (*hisse senedi v.b.*) çıkarmak; **~·ing** ['fləʊtɪŋ] **1.** *adj.* yüzen; ECON döner... (*sermaye v.b.*); değişen; seyyar; **~ *voter*** POL kararsız seçmen, belli bir siyasi partiyi tutmayan seçmen; **2.** *n.* ECON dalgalanmaya bırakma.

flock [flɒk] **1.** *n.* sürü; küme; *fig.* kalabalık, yığın; **2.** *v/i.* toplanmak, üşüşmek.

F

floe [fləʊ] *n.* yüzer buz kütlesi.

flog [flɒg] (**-*gg*-**) *v/t.* dövmek, kırbaçlamak, kamçılamak; **~·ging** ['flɒgɪŋ] *n.* kırbaçlama, dayak.

flood [flʌd] **1.** *n. a.* **~-tide** sel, tufan; su basması; **2.** *v/i.* su basmak, sel basmak; **~·gate** ['flʌdʒeɪt] *n.* bent kapağı; **~·light** *n.* ELECT projektör.

floor [flɔː] **1.** *n.* döşeme, zemin; kat; dip; AGR harman yeri; ***first* ~** *Brt.* birinci kat, *Am.* zemin kat; ***second* ~** *Brt.* ikinci kat, *Am.* birinci kat; **~ *leader*** *Am.* PARL parti grup başkanı; **~ *show*** eğlence programı; ***take the* ~** mecliste söz almak; **2.** *v/t.* döşemek; yere yıkmak, devirmek; şaşırtmak; **~board** ['flɔːbɔːd] *n.* döşeme tahtası; **~-cloth** *n.* tahta bezi; **~·ing** [~rɪŋ] *n.* döşemelik; **~ lamp** *n.* ayaklı abajur; **~·walk·er** *Am.* = ***shopwalker.***

flop [flɒp] **1.** (**-*pp*-**) *v/t. & v/i.* birden düş(ür)mek; çırpınmak; F başarısızlığa uğramak, tutmamak; **2.** *n.* çarpma; çarpma sesi, cup; F başarısızlık, fiyasko.

flor·id □ ['flɒrɪd] kırmızı, al; süslü, gösterişli.

flor·ist ['flɒrɪst] *n.* çiçekçi.

flounce[1] [flaʊns] *n.* volan, farbala, fırfır.

flounce[2] [~]: **~ *off*** çıkıp gitmek, fırlamak.

floun·der[1] ZO ['flaʊndə] *n.* dilbalığı.

floun·der[2] [~] *v/i.* bata çıka ilerlemek; *fig.* bocalamak.

flour ['flaʊə] *n.* un.

flour·ish ['flʌrɪʃ] **1.** *n.* gelişme; savurma, sallama; gösteriş; MUS coşkulu parça; **2.** *v/i.* gelişmek, ilerlemek; büyümek; *v/t.* sallamak, savurmak.

flout [flaʊt] *v/t.* hor görmek, küçümsemek, burun kıvırmak.

flow [fləʊ] **1.** *n.* akış; akıntı, cereyan; akın; NAUT met, kabarma; **2.** *v/i.* akmak; akın etmek; (*saç, giysi v.b.*) dökülmek; (*deniz*) kabarmak.

flow·er ['flaʊə] **1.** *n.* çiçek; *fig.* en güzel dönem, bahar; **2.** *v/i.* çiçek açmak, çiçeklenmek; **~-bed** *n.* çiçek tarhı; **~·pot** *n.* saksı; **~·y** [~rɪ] (**-*ier*, -*iest***) *adj.* çiçekli; *fig.* süslü.

flown [fləʊn] *p.p. of* ***fly 2.***

flu F [fluː] *n.* grip.

fluc·tu|ate ['flʌktjʊeɪt] *v/i.* dalgalanmak, inip çıkmak; **~·a·tion** [flʌktjʊ'eɪʃn] *n.* dalgalanma.

flue [fluː] *n.* boru, baca.

flu·en|cy *fig.* ['fluːənsɪ] *n.* akıcılık; **~t** □ [~t] akıcı.

fluff [flʌf] **1.** *n.* tüy, hav; *fig.* hata, gaf; **2.** *v/t.* (*tüylerini*) kabartmak; (*söyleyeceğini*) unutmak; **~·y** ['flʌfɪ] (**-*ier*, -*iest***) *adj.* yumuşak tüylü; kabarık.

flu·id ['fluːɪd] **1.** *adj.* akıcı, akışkan; **2.** *n.* sıvı.

flung [flʌŋ] *pret. & p.p. of* ***fling 2.***

flunk *Am. fig.* F [flʌnk] *v/i.* sınıfta kalmak, çakmak, topu atmak.

flu·o·res·cent [flʊə'resnt] *adj.* floresan, flüorışıl.

flur·ry ['flʌrɪ] *n.* telaş, heyecan; fırtına; *Am. a.* sağanak.

flush [flʌʃ] **1.** *adj.* MEC düz, bir hizada; F bol paralı; **2.** *n.* kızartı, kızarıklık; coşkunluk; sifon; **3.** *v/t. & v/i.* (*yüz*) kızar(t)mak; *a.* **~ *out*** basınçlı su ile temizlemek; coşturmak; **~ *down*** yıkayıp temizlemek; **~ *the toliet*** sifonu çekmek.

flus·ter ['flʌstə] **1.** *n.* heyecan, telaş; **2.** *v/t. & v/i.* telaşa düş(ür)mek.

flute [fluːt] **1.** *n.* MUS flüt; oluk, yiv; **2.** *v/i.* flüt çalmak; yiv açmak.

flut·ter ['flʌtə] **1.** *n.* telaş, heyecan; kanat çırpma; F bahis; **2.** *v/t.* (*kanat*) çırpmak; *v/i.* çırpınmak; telaşlanmak.

flux *fig.* [flʌks] *n.* sürekli değişim.

fly [flaɪ] **1.** *n.* ZO sinek; uçuş; fermuar; **2.** (***flew, flown***) *v/t. & v/i.* uç(ur)mak; AVIA uçakla gitmek; çabuk gitmek; kaçmak; (*bayrak*) dalgalanmak; (*zaman*) akıp gitmek; **~ *at s.o.*** *b-ne* saldırmak, *b-nin* üstüne atlamak; **~ *into a passion ya da rage*** öfkelenmek, küplere binmek; **~·er** ['flaɪə] *n.* havacı, pilot; *Am.* el ilanı; ~**·ing** [-ɪŋ] *adj.* uçan...; ~ ***saucer*** uçan daire; ~ ***squad*** (*polis*) çevik kuvvet; ~**·o·ver** *n. Brt.* üstgeçit; ~**·weight** *n. boks*: sineksıklet; ~**·wheel** *n.* volan, düzenteker.

foal zo [fəʊl] *n.* tay; sıpa.

foam [fəʊm] **1.** *n.* köpük; ~ ***rubber*** sünger; **2.** *v/i.* köpürmek (*a. fig.*); ~**·y** ['fəʊmɪ] (***-ier, -iest***) *adj.* köpüklü.

fo·cus ['fəʊkəs] **1.** (*pl.* ***-cuses, -ci*** [-saɪ]) *n.* odak; **2.** *vb.* OPT odaklaştırmak (*a. fig.*); konsantre olmak; dikkatini toplamak.

fod·der ['fɒdə] *n.* yem.

foe *poet.* [fəʊ] *n.* düşman.

fog [fɒg] **1.** *n.* sis; *fig.* zihin bulanıklığı; PHOT donukluk; **2.** (***-gg-***) *v/t. & v/i. mst. fig.* şaşırtmak; PHOT donuklaş(tır)mak; ~**·gy** □ ['fɒgɪ] (***-ier, -iest***) sisli; bulanık.

foi·ble *fig.* ['fɔɪbl] *n.* zaaf, zayıf yön.

foil[1] [fɔɪl] *n.* ince yaprak, varak; *fig.* engel.

foil[2] [-] *v/t.* engellemek, işini bozmak.

foil[3] [-] *n. eskrim*: meç.

fold[1] [fəʊld] **1.** *n.* ağıl; sürü (*a. fig.*); cemaat; **2.** *v/t.* ağıla kapamak.

fold[2] [-] **1.** *n.* kıvrım, kat, pli; **2.** *suffix* ...misli, ...kat; **3.** *v/t. & v/i.* katla(n)mak; bükmek; (*kollarını*) kavuşturmak; sarmak; *Am.* F (işyeri) kapanmak; ~ (***up***) iflas etmek, topu atmak; ~**·er** ['fəʊldə] *n.* dosya, klasör; broşür.

fold·ing ['fəʊldɪŋ] *adj.* katlanır...; ~ **bed** *n.* katlanır karyola; ~ **bi·cy·cle** *n.* katlanır bisiklet; ~ **boat** *n.* sökülüp takılabilen kayık; ~ **chair** *n.* katlanır iskemle; ~ **door**(**s** *pl.*) *n.* katlanır kapı.

fo·li·age ['fəʊlɪɪdʒ] *n.* ağaç yaprakları.

folk [fəʊk] *n. pl.* halk; ~**s** *pl.* F ev halkı, aile; ~**·lore** ['fəʊklɔː] *n.* folklor, halkbilim; ~**·song** *n.* halk türküsü.

fol·low ['fɒləʊ] *v/t.* izlemek, takip etmek; anlamak; (*öğüt*) tutmak, dinlemek; ...sonucu çıkmak; ~ ***through*** sonuna kadar götürmek, tamamen yerine getirmek (*plan v.b.*); ~ ***up*** (iş) peşini bırakmamak, kovalamak; ~**·er** [-ə] *n.* taraftar, yandaş, F hayran; ~**·ing** [-ɪŋ] **1.** *n.* taraftarlar; ***the*** ~ aşağıdakiler; **2.** *adj.* aşağıdaki; izleyen, ertesi; **3.** *prp. -den* sonra, *-in* ardından.

fol·ly ['fɒlɪ] *n.* aptallık, akılsızlık; çılgınlık.

fond □ [fɒnd] seven, düşkün (***of*** *-e*); ***be*** ~ ***of*** *-e* düşkün olmak, *-e* bayılmak; **fon·dle** ['fɒndl] *v/t.* okşamak, sevmek; ~**·ness** [-nɪs] *n.* düşkünlük, sevgi.

font [fɒnt] *n.* vaftiz kurnası; *Am.* basım harfleri takımı, font.

food [fuːd] *n.* yiyecek, gıda, besin; yemek.

food·ie F ['fuːdɪ] *n.* yemek düşkünü.

fool [fuːl] **1.** *n.* aptal kimse, budala kimse; ***make a*** ~ ***of s.o.*** *b-ni* enayi yerine koymak; *b-ni* maskaraya çevirmek; ***make a*** ~ ***of o.s.*** rezil olmak, gülünç olmak; **2.** *adj. Am.* F aptal, budala, sersem; **3.** *v/t.* aldatmak, elinden almak (***out of*** *-i*); ~ ***away*** F (*zamanı*) boşa geçirmek; *v/i.* maskaralık etmek; ~ (***a***)***round*** *esp. Am.* aylak aylak dolaşmak.

fool|e·ry ['fuːlərɪ] *n.* aptallık, budalalık; ~**·har·dy** □ [-hɑːdɪ] delifişek, çılgın; ~**·ish** □ [-ɪʃ] ahmak, akılsız; saçma; ~**·ish·ness** [-ɪʃnɪs] *n.* ahmaklık, akılsızlık; ~**·proof** *adj.* emniyetli; çok basit; kusursuz.

foot [fʊt] **1.** (*pl.* ***feet***) *n.* ayak; fut, ayak (= *0,3048 m*); MIL piyade; dağ eteği; dip; ***on*** ~ yürüyerek, yayan, tabanvayla; **2.** *v/t. mst* ~ ***up*** toplamak; ~ ***it*** yayan gitmek, tabanvayla gitmek; ~**·ball** ['fʊtbɔːl] *n. Brt.* futbol, ayaktopu; *Am.* Amerikan futbolu; *Brt.* rugbi; *Am.* futbol topu; ~**·board** *n.* basamak, ayak dayayacak tahta; ~**·bridge** *n.* yaya köprüsü, yaya geçidi; ~**·fall** *n.* ayak sesi; ~**gear** *n.* ayak giyecekleri; ~**·hold** *n.* ayak basacak yer; *fig.* sağlam yer.

foot·ing ['fʊtɪŋ] *n.* ayak basacak yer; esas, temel; mevki, yer; ilişki; MIL durum, hal; ***be on a friendly*** ~ ***with s.o.*** *b-le* arası iyi olmak, *b-le* dostça ilişkide olmak; ***lose one's*** ~ ayağı kaymak.

foot|lights THEA ['fʊtlaɪts] *n. pl.* sahnenin önündeki ışıklar; ~**loose** *adj.* başıboş; serbest; ~ ***and fancy-free*** başıboş ve kayıtsız; ~**·path** *n.* patika, keçiyolu; ~**·print** *n.* ayak izi; ~**s** *pl. a.* ayak izleri; ~**·sore** *adj.* yürümekten ayakları şişmiş *ya da* acımış; ~**·step** *n.* adım; ayak sesi; ayak izi; ~**·wear** = ***footgear.***

fop [fɒp] *n.* züppe.

for [fɔː, fə] **1.** *prp. mst* için; uğruna; süresince; yerine; *-den* beri; adına, namına; lehinde; *-e* göre; şerefine; *-e* karşın; ~ ***three days*** üç gündür, üç günden beri; ***I walked ~ a mile*** bir mil yürüdüm; ***I ~ one*** kendi adıma; ***~ sure*** Elbette!, Kuşkusuz!; **2.** *cj.* *-den* dolayı, çünkü.

for·age ['fɒrɪdʒ] *vb. a.* ***~ about*** aramak, karıştırmak; yiyecek aramak, yiyecek peşinde koşmak.

for·ay ['fɒreɪ] *n.* akın, yağma.

for·bear[1] [fɔː'beə] (***-bore, -borne***) *v/t.* sakınmak, vazgeçmek (***from*** *-den*); *v/i.* kendini tutmak, sabretmek.

for·bear[2] ['fɔːbeə] *n.* ata, cet, dede.

F

for·bid [fə'bɪd] (***-dd-***; ***-bade*** *ya da* ***-bad*** [-bæd], ***-bidden*** *ya da* ***-bid***) *v/t.* yasaklamak; **~·ding** □ [~ɪŋ] sert, haşin, ürkütücü.

force [fɔːs] **1.** *n.* güç, kuvvet; baskı, zor; etki, nüfuz, otorite; ***in ~*** yürürlükte; ***the*** (***police***) ***~*** polis; ***armed ~s*** *pl.* silahlı kuvvetler; ***come*** (***put***) ***in***(***to***) ***~*** yürürlüğe girmek (sokmak); **2.** *v/t.* zorlamak; sıkıştırmak; zorla açmak; zorla almak; turfanda yetiştirmek; ***~ open*** kırıp açmak; **~d**: ***~ landing*** zorunlu iniş; ***~ march*** *esp.* MIL zorunlu yürüyüş; **~·ful** □ ['fɔːsfl] nüfuzlu, güçlü; etkili, etkin.

for·ceps MED ['fɔːseps] *n.* forseps, kıskaç, pens.

for·ci·ble □ ['fɔːsəbl] zorla yapılan, zora dayanan; etkili, ikna edici.

ford [fɔːd] **1.** *n.* nehir geçidi; **2.** *v/t.* (*nehrin*) sığ yerinden geçmek.

fore [fɔː] **1.** *adv.* önde, ön tarafta; **2.** *n.* ön; ***come to the ~*** ön plana geçmek, sivrilmek, tanınmak; **3.** *adj.* öndeki, ön…; **~·arm** ['fɔːrɑːm] *n.* önkol; **~·bear** ['fɔːbeə] = ***forbear***[2]; **~·bod·ing** [fɔː'bəʊdɪŋ] *n.* içe doğma, önsezi; **~·cast** ['fɔːkɑːst] **1.** *n.* hava tahmini; tahmin; **2.** (***-cast*** *ya da* ***-casted***) *v/t.* tahmin etmek; **~·fa·ther** *n.* ata, cet, dede; **~·fin·ger** *n.* işaretparmağı, göstermeparmağı; **~·foot** (*pl.* ***-feet***) *n.* zo önayak; **~·gone** ['fɔːgɒn] *adj.* geçmiş, önceki, bitmiş; ***~ conclusion*** kaçınılmaz sonuç; **~·ground** ['fɔːgraʊnd] *n.* ön plan; **~·hand** **1.** *n.* SPOR: sağ vuruş; **2.** *adj.* SPOR: sağ vuruşla yapılan; **~·head** ['fɒrɪd] *n.* alın.

for·eign ['fɒrən] *adj.* yabancı; dış…; ***~ affairs*** dışişleri; ***~ language*** yabancı dil; ***~ minister*** POL dışişleri bakanı; ♀ ***Office*** *Brt.* POL Dışişleri Bakanlığı; ***~ policy*** dış politika; ♀ ***Secretary*** *Brt.* POL Dışişleri Bakanı; ***~ trade*** ECON dış ticaret; ***~ worker*** yabancı işçi; **~·er** [~ə] *n.* yabancı.

fore|knowl·edge ['fɔː'nɒlɪdʒ] *n.* önceden bilme; **~·leg** zo ['fɔːleg] *n.* ön bacak; **~·man** (*pl.* ***-men***) *n.* LEG juri başkanı; ustabaşı; MIN madenci ustabaşısı; **~·most** *adj.* en önde gelen; **~·name** *n.* ilk ad; **~·run·ner** *n.* haberci, müjdeci; öncü; **~·see** [fɔː'siː] (***-saw, -seen***) *v/t.* önceden görmek, sezmek; **~·shad·ow** *v/t.* önceden göstermek, *-in* belirtisi olmak; **~·sight** ['fɔːsaɪt] *n. fig.* sağgörü, önsezi.

for·est ['fɒrɪst] **1.** *n.* orman (*a. fig.*); ***~ ranger*** *Am.* orman bekçisi, korucu; **2.** *v/t.* ağaçlandırmak.

fore·stall [fɔː'stɔːl] *v/t.* *-den* önce davranmak, önlemek; önüne geçmek.

for·est|er ['fɒrɪstə] *n.* ormancı; **~·ry** [~rɪ] *n.* ormancılık.

fore|taste ['fɔːteɪst] *n.* önceden tatma; **~·tell** [fɔː'tel] (***-told***) *v/t.* önceden haber vermek; **~·thought** ['fɔːθɔːt] *n.* ileriyi görme, sağgörü.

for·ev·er, **for ev·er** [fə'revə] *adv.* sonsuzluğa dek, daima.

fore|wom·an (*pl.* ***-women***) *n.* kadın ustabaşı; **~·word** *n.* önsöz.

for·feit ['fɔːfɪt] **1.** *n.* ceza; bedel; **2.** *v/t.* kaybetmek.

forge[1] [fɔːdʒ] *v/i.* *mst* ***~ ahead*** ilerlemek, öne geçmek.

forge[2] [~] **1.** *n.* demirhane; **2.** *v/t.* (*demir*) dövmek; *fig.* kurmak, oluşturmak; sahtesini yapmak, taklit etmek; **forg·er** ['fɔːdʒə] *n.* sahtekâr, düzmeci; **for·ge·ry** [~ərɪ] *n.* sahtekârlık, düzmecilik; sahte şey.

for·get [fə'get] (***-got, -gotten***) *vb.* unutmak; **~·ful** □ [~fl] unutkan; **~-me-not** *n.* BOT unutmabeni.

for·give [fə'gɪv] (***-gave, -given***) *v/t.* bağışlamak, affetmek; **~·ness** [~nɪs] *n.* bağışla(n)ma; af; **for·giv·ing** □ [~ɪŋ] bağışlayıcı.

for·go [fɔː'gəʊ] (***-went, -gone***) *v/t.* vazgeçmek, bırakmak.

fork [fɔːk] **1.** *n.* çatal; bel; **2.** *vb.* (*yol v.b.*) çatallaşmak; çatalla kaldırmak; **~ed** *adj.* çatallı; **~-lift** ['fɔːklɪft], *a.* ***~ truck*** *n.* çatallı kaldırıcı.

for·lorn [fə'lɔːn] *adj.* terkedilmiş, kim-

sesiz; üzgün.
form [fɔːm] **1.** *n.* biçim, şekil; kalıp; âdet; form; *okul*: sınıf; SPOR: form; **2.** *v/t. & v/i.* oluş(tur)mak, kurmak; biçimlendirmek; MIL tertiplemek.
form·al □ ['fɔːml] resmi, teklifli; biçimsel; **for·mal·i·ty** [fɔː'mæləti] *n.* formalite; resmiyet, resmilik.
for·ma|tion [fɔː'meɪʃn] *n.* oluş(tur)ma; kuruluş; oluşum; **~·tive** ['fɔːmətɪv] *adj.* biçim veren; gelişme...; **~ *years*** *pl.* gelişme yılları.
for·mer ['fɔːmə] *adj.* eski, önceki; ilk bahsedilen; **~·ly** [~lı] *adv.* eskiden.
for·mi·da·ble □ ['fɔːmɪdəbl] korkunç, ürkütücü, heybetli; çok zor, çetin.
for·mu|la ['fɔːmjʊlə] (*pl.* ***-las, -lae*** [-liː]) *n.* formül; reçete; **~·late** [~leɪt] *v/t.* açıkça belirtmek; (*plan v.b.*) hazırlamak.
for|sake [fə'seɪk] (***-sook, -saken***) *v/t.* bırakmak, terketmek; *-den* vazgeçmek; **~·sak·en** [~ən] *p.p. of* ***forsake***; **~·sook** [fə'sʊk] *pret. of* ***forsake***; **~·swear** [fɔː'sweə] (***-swore, -sworn***) *v/t.* yeminle bırakmak, tövbe etmek.
fort MIL [fɔːt] *n.* kale, hisar; istihkâm.
forth [fɔːθ] *adv.* ileri; dışarı, açığa; **~·com·ing** ['fɔːθ'kʌmɪŋ] *adj.* gelecek, çıkacak; hazır; F yardımsever; **~·with** [~'wɪθ] *adv.* derhal, gecikmeksizin.
for·ti·eth ['fɔːtɪɪθ] *adj.* kırkıncı.
for·ti|fi·ca·tion [fɔːtɪfɪ'keɪʃn] *n.* sağlamlaştırma; **~·fy** ['fɔːtɪfaɪ] *v/t.* MIL sağlamlaştırmak; *fig.* canlandırmak; **~·tude** [~tjuːd] *n.* sağlamlık, dayanıklılık.
fort·night ['fɔːtnaɪt] *n.* iki hafta, on beş gün.
for·tress ['fɔːtrɪs] *n.* kale, hisar.
for·tu·i·tous □ [fɔː'tjuːɪtəs] rastlantı sonucu olan.
for·tu·nate ['fɔːtʃnət] *adj.* şanslı; uğurlu; ***be ~*** şanslı olmak; **~·ly** [~lı] *adv.* bereket versin, Allahtan, çok şükür.
for·tune ['fɔːtʃn] *n.* şans, talih; kader, kısmet; servet; **~-tell·er** *n.* falcı.
for·ty ['fɔːtı] *n. & adj.* kırk; ***~niner*** *Am.* (*1849'da*) altın arayıcısı; ***~ winks*** *pl.* F kısa uyku, şekerleme, kestirme.
for·ward ['fɔːwəd] **1.** *adj.* ilerdeki, öndeki; gelişmiş; istekli, hazır; küstah, şımarık; **2.** *adv. a.* ***~s*** ileri doğru, ileri; **3.** *n. futbol*: forvet, akıncı; **4.** *v/t.* iletmek; göndermek, sevketmek; (*mektup*) yeni adresine göndermek; **~·ing a·gent** [~ɪŋeɪdʒənt] *n.* nakliye acentesi.
fos·ter|-child ['fɒstətʃaɪld] (*pl.* ***-children***) *n.* evlatlık; **~-par·ents** *n. pl.* evlatlık edinen ana baba.
fought [fɔːt] *pret. & p.p. of* ***fight 2.***
foul [faʊl] **1.** □ kirli, pis; bozuk, berbat; fırtınalı, kötü, bozuk (*hava*); dolaşmış, karışmış (*ip*); SPOR: faullü; *fig.* ayıp, çirkin; *fig.* açık saçık; **2.** *n.* SPOR: faul; **3.** *vb. a.* ***~ up*** karmakarışık etmek, bozmak; kirletmek; kirlenmek; SPOR: faul yapmak.
found [faʊnd] **1.** *pret. & p.p. of* ***find 1***; **2.** *v/t.* kurmak; MEC kalıba dökmek.
foun·da·tion [faʊn'deɪʃn] *n.* ARCH temel (*a. fig.*); kuruluş, vakıf; *fig.* dayanak, esas.
found·er[1] ['faʊndə] *n.* kurucu; MEC dökümcü, dökmeci.
foun·der[2] [~] *v/i.* NAUT su dolup batmak; *fig.* boşa çıkmak, sonuçsuz kalmak.
found·ling ['faʊndlɪŋ] *n.* sokakta bulunmuş çocuk, buluntu.
foun·dry MEC ['faʊndrı] *n.* dökümhane.
foun·tain ['faʊntɪn] *n.* çeşme; pınar, kaynak; Fıskiye; **~ pen** *n.* dolmakalem.
four [fɔː] **1.** *adj.* dört; **2.** *n.* dört rakamı; dört kişilik yarış kayığı; ***on all ~s*** emekleyerek, dört ayak üzerinde; **~-square** [fɔː'skweə] *adj.* dört köşeli, kare; *fig.* sağlam, oturaklı; **~-stroke** ['fɔːstrəʊk] *adj.* MOT dört zamanlı...; **~·teen** ['fɔː'tiːn] *n. & adj.* on dört; **~teenth** [~'tiːnθ] *adj.* on dördüncü; **~th** [fɔːθ] **1.** *adj.* dördüncü; **2.** *n.* dörtte bir; **~th·ly** ['fɔːθlı] *adv.* dördüncü olarak.
fowl [faʊl] *n.* kümes hayvanı; kuş; **~·ing piece** ['faʊlɪŋpiːs] *n.* av tüfeği.
fox [fɒks] **1.** *n.* tilki; **2.** *v/t.* aldatmak; **~·glove** BOT ['fɒksglʌv] *n.* yüksükotu; **~·y** [~sı] (***-ier, -iest***) *adj.* tilki gibi; kurnaz.
frac·tion ['frækʃn] *n.* parça, azıcık miktar; MATH kesir.
frac·ture ['fræktʃə] **1.** *n.* kır(ıl)ma; kırık; **2.** *v/t. & v/i.* kır(ıl)mak.
fra·gile ['frædʒaɪl] *adj.* kolay kırılır, kırılgan.

F

frag·ment ['frægmənt] *n.* parça.
fra|grance ['freɪgrəns] *n.* güzel koku; **~·grant** □ [~t] güzel kokulu.
frail □ [freɪl] kolay kırılır, kırılgan; zayıf, az (şans); güçsüz; **~·ty** ['freɪltɪ] *n.* kırılganlık; zayıflık, zaaf.
frame [freɪm] **1.** *n.* çerçeve; iskelet, çatı; vücut, beden; şasi; PHOT poz; AGR limonluk, sera; **~ *of mind*** ruh durumu; **2.** *v/t.* çerçevelemek; yapmak, kurmak; dile getirmek; biçim vermek, uydurmak; **~-up** *esp. Am.* F ['freɪmʌp] *n.* komplo, tuzak; danışıklı dövüş; **~·work** *n.* MEC şasi; çatı, iskelet; *fig.* yapı, bünye.
fran·chise LEG ['fræntʃaɪz] *n.* oy hakkı; *esp. Am.* ayrıcalık.
frank [fræŋk] **1.** □ doğru sözlü, dobra, samimi; **2.** *v/t.* (*mektup*) damgalamak.
frank·fur·ter ['fræŋkfɜːtə] *n.* sosis.
frank·ness ['fræŋknɪs] *n.* doğru sözülük, dobralık.
fran·tic ['fræntɪk] (***~ally***) *adj.* çılgın, çılgına dönmüş.
fra·ter|nal □ [frə'tɜːnl] kardeşçe; **~·ni·ty** [~nətɪ] *n.* kardeşlik; *Am.* UNIV erkek öğrenci birliği *ya da* yurdu.
fraud [frɔːd] *n.* hile, dolandırıcılık; F dolandırıcı; **~·u·lent** □ ['frɔːdjʊlənt] dolandırıcı, sahtekâr; hileli.
fray [freɪ] *v/i.* yıpranmak, aşınmak; *v/t.* yıpratmak.
freak [friːk] **1.** *n.* çılgınca heves, kapris; maymun iştahlılık; anormal yaratık, hilkat garibesi; garip olay; meraklı, hayran; **~ *of nature*** hilkat garibesi, anormal yaratık; ***film ~*** film hayranı; **2.** *v/t. & v/i.* **~ *out*** *sl.* heyecanlan(dır)mak.
freck·le ['frekl] *n.* çil; **~d** *adj.* çilli.
free [friː] **1.** □ (***~r, ~st***) özgür, hür; serbest, boş; parasız, bedava; ***he is ~ to*** *inf.* ...mekte serbesttir; **~ *and easy*** teklifsiz, laubali, senli benli; tasasız; ***make ~*** laubali olmak; kendi malı gibi kullanmak; ***set ~*** serbest bırakmak; **2.** (***freed***) *v/t.* serbest bırakmak, kurtarmak; **~·dom** ['friːdəm] *n.* özgürlük, hürriyet; serbestlik; bağımsızlık; bağışıklık; açık sözlülük; laubalilik; **~ *of a city*** bir kentin onursal hemşerilik sanı; **~·hold·er** *n.* mülk sahibi; **~·lance** *v/i.* serbest çalışmak; **2·ma·son** *n.* farmason; **~·way** *n. Am.* çevre yolu; **~-wheel** MEC [friː'wiːl] **1.** *n.* pedal çevirmeden gitme; **2.** *v/i.* pedal çevirmeden gitmek.
freeze [friːz] **1.** (***froze, frozen***) *v/t. & v/i.* don(dur)mak; buz gibi olmak; çok üşümek, buz kesmek; donakalmak; ECON (*fiyatları*) dondurmak; **2.** *n.* donma; don; ECON, POL. fiyatların dondurulması; ***wage ~, ~ on wages*** ücretlerin dondurulması; **~-dry** [friːz'draɪ] *v/t.* (*yiyecek*) dondurup saklamak; **freez·er** ['friːzə] *n. a.* ***deep ~*** dipfriz, buzdolabı, donduraç; **freez·ing** □ [~ɪŋ] çok soğuk, buz gibi; MEC dondurucu...; **~ *compartment*** buzluk; **~ *point*** donma noktası.
freight [freɪt] **1.** *n.* navlun, taşıma ücreti; yük; *attr. Am.* yük...; **2.** *v/t.* yüklemek; göndermek, taşımak; **~ car** *Am.* RAIL ['freɪtkɑː] *n.* yük vagonu; **~·er** [~ə] *n.* şilep; nakliye uçağı; **~ train** *n. Am.* yük treni, marşandiz.
French [frentʃ] **1.** *adj.* Fransız; ***take ~ leave*** izinsiz sıvışmak; **~ *doors*** *pl. Am.* = ***French window(s)***; **~ *fries*** *pl. esp. Am.* kızartılmış patates, cips; **~ *window(s* *pl.*)** balkon kapısı; **2.** *n.* LING Fransızca; ***the ~*** *pl.* Fransızlar; **~·man** ['frentʃmən] (*pl.* ***-men***) *n.* Fransız.
fren|zied ['frenzɪd] *adj.* çılgın, çılgınca; **~·zy** [~ɪ] *n.* çılgınlık; kudurganlık.
fre·quen|cy ['friːkwənsɪ] *n.* sık sık olma, sıklık; ELECT frekans; **~t 1.** □ [~t] sık olan, sık; **2.** [frɪ'kwent] *vb.* sık sık gitmek, dadanmak, aşındırmak.
fresh □ [freʃ] taze; körpe; yeni; tatlı (*su*); temiz; serin (*hava*); *Am.* F küstah, arsız; **~·en** ['freʃn] *v/t. & v/i.* tazeleş(tir)mek; canlan(dır)mak; (*rüzgâr*) sertleşmek; **~ *up*** rahatlatmak, zindelik vermek; yenileştirmek; **~ (*o.s.*) *up*** yıkanıp rahatlamak; **~·man** (*pl.* ***-men***) *n.* UNIV birinci sınıf öğrencisi; **~·ness** [~nɪs] *n.* tazelik; yenilik; **~ wa·ter** *n.* tatlı su; **~·wa·ter** *adj.* tatlı su...
fret [fret] **1.** *n.* üzüntü; kabartma, oyma; MUS telli sazlarda perde; **2.** (***-tt-***) *v/t. & v/i.* üz(ül)mek; aşın(dır)mak, kemirmek; **~ *away, ~ out*** yıpratmak, mahvetmek.
fret·ful □ ['fretfl] huysuz, aksi, ters.
fret·saw ['fretsɔː] *n.* kıl testere.
fret·work ['fretwɜːk] *n.* oyma işi.
fri·ar ['fraɪə] *n.* papaz, keşiş.

fric·tion ['frıkʃn] *n.* sürt(ün)me; *fig.* sürtüşme.
Fri·day ['fraıdı] *n.* cuma.
fridge F [frıdʒ] *n.* buzdolabı.
friend [frend] *n.* arkadaş, dost; ***make ~s with*** *ile* arkadaş olmak; **~·ly** ['frendlı] *adj.* arkadaşça, dostça; **~·ship** [~ʃıp] *n.* arkadaşlık, dostluk.
frig·ate NAUT ['frıgıt] *n.* firkateyn.
fright [fraıt] *n.* korku, dehşet; *fig.* çirkin kılıklı kimse *ya da* şey; **~·en** ['fraıtn] *v/t.* korkutmak, ürkütmek; ***be ~ed of s.th.*** bşden korkmak; **~·en·ing** □ [~ıŋ] korkutucu, ürkütücü; **~·ful** □ [~fl] korkunç; berbat.
fri·gid □ ['frıdʒıd] çok soğuk, buz gibi; PSYCH cinsel yönden soğuk.
frill [frıl] *n.* volan, fırfır; farbala.
fringe [frındʒ] **1.** *n.* saçak; kenar; kâkül; ***~ benefits*** *pl.* ECON ek olanaklar; ***~ event*** ikincil olay; ***~ group*** aşırı fikirleri olan azınlık; **2.** *v/t.* saçak *ya da* kenar takmak.
Fri·si·an ['frızıən] *adj.* Frizye'li.
frisk [frısk] **1.** *n.* sıçrayıp oynama; **2.** *v/i.* sıçrayıp oynamak, koşuşmak; *v/t.* F üstünü aramak; **~·y** □ ['frıskı] (***-ier, -iest***) neşeli, oynak.
frit·ter ['frıtə] **1.** *n.* gözlemeye benzer börek; **2.** *v/t.* ***~ away*** (*zaman, para*) harcamak.
fri·vol·i·ty [frı'vɒlətı] *n.* hoppalık, havailik; **friv·o·lous** □ ['frıvələs] uçarı, hoppa, havai; önemsiz, boş.
friz·zle ['frızl] *v/i.* (*yemek*) cızırdamak.
frizz·y □ ['frızı] (***-ier, -iest***) kıvır kıvır, kıvırcık (*saç*).
fro [frəʊ]: ***to and ~*** ileri geri, öteye beriye.
frock [frɒk] *n.* cüppe; kadın elbisesi, rop.
frog ZO [frɒg] *n.* kurbağa; **~·man** ['frɒgmən] (*pl.* ***-men***) *n.* kurbağaadam, balıkadam.
frol·ic ['frɒlık] **1.** *n.* gülüp oynama, eğlence, neşe; **2.** (***-ck-***) *v/i* gülüp oynamak, oynayıp sıçra mak; **~·some** □ [~səm] şen, oy nak.
from [frɒm, frəm] *prp.* -den, -dan -den beri; -den ötürü; ***defend ~*** *-den* korumak; ***~ amidst*** arasından.
front [frʌnt] **1.** *n.* ön; yüz, cephe; çehre; tavır; MIL cephe; ***at the ~, in ~*** önde; ***in ~ of*** *-in* önünde; **2.** *adj.* ön…; ***~ door*** ön kapı; ***~ entrance*** ön giriş; **3.** *vb. a.* ***~ on, ~ towards*** *-e* bakmak; **~·age** ['frʌntıdʒ] *n.* (*bina*) cephe; **~·al** □ [~tl] ön…; cepheden yapılan; alınla ilgili, alın…
fron·tier ['frʌntıə] *n.* sınır; *Am. hist.* yerleşim bölgeleri ile vahşi bölgeler arasındaki sınır; *attr.* sınır…
front| page ['frʌntpeıdʒ] *n. gazete*: baş sayfa; **~-wheel drive** *n.* MOT önden çekiş.
frost [frɒst] **1.** *n.* ayaz, don; *a.* ***hoar ~, white ~*** kırağı; **2.** *v/t. & v/i.* don(dur)-mak, buz tutmak; şekerle kaplamak; ***~ed glass*** buzlucam; **~·bite** ['frɒstbaıt] *n.* soğuk ısırması, soğuğun yakması; **~·bit·ten** *adj.* soğuktan donmuş; **~·y** □ [~ı] (***-ier, -iest***) dondurucu; *fig.* soğuk.
froth [frɒθ] **1.** *n.* köpük; **2.** *v/i.* köpürmek; **~·y** □ ['frɒθı] (***-ier, -iest***) köpüklü; *fig.* ciddiyetten uzak, boş.
frown [fraʊn] **1.** *n.* kaş çatma; **2.** *v/i.* kaşlarını çatmak; ***~ on*** *ya da* ***upon s.th.*** bşi uygun görmemek, onaylamamak.
froze [frəʊz] *pret. of* ***freeze 1***; **fro·zen** ['frəʊzn] **1.** *p.p. of* ***freeze 1***; **2.** *adj.* don(durul)muş; ***~ food*** dondurulmuş yiyecek.
fru·gal □ ['fru:gl] tutumlu, idareli; ucuz.
fruit [fru:t] **1.** *n.* meyve; ürün; sonuç; **2.** *v/i.* meyve vermek; **~·er·er** ['fru:tərə] *n.* manav, yemişçi; **~·ful** □ [~fl] verimli, bereketli; **~·less** □ [~lıs] meyvesiz; verimsiz; faydasız; **~·y** [~ı] (***-ier, -iest***) *adj.* meyveli; meyve gibi; açık saçık (*hikâye v.b.*); dolgun (*ses*).
frus|trate [frʌ'streıt] *v/t.* engel olmak, bozmak; hüsrana uğratmak; **~·tra·tion** [~eıʃn] *n.* engel olma; hüsran.
fry [fraı] **1.** *n.* kızartma; yavru balık; **2.** *v/t. & v/i.* kızar(t)mak; **~·ing-pan** ['fraııŋpæn] *n.* tava.
fuch·sia BOT ['fju:ʃə] *n.* küpeçiçeği.
fuck V [fʌk] **1.** *v/t.* sikmek; ***~ it!*** Allah kahretsin!; ***get ~ed!*** Siktir!; **2.** *int.* Allah kahretsin!; **~·ing** V ['fʌkıŋ] *adj.* kahrolası; ***~ hell!*** Allahın cezası!, Dinine yandığım!
fudge [fʌdʒ] **1.** *v/t.* F uydurmak; aldatmak; **2.** *n.* saçma, boş laf; fondan.
fu·el [fjʊəl] **1.** *n.* yakacak; yakıt; MOT benzin; **2.** (*esp. Brt.* *-ll-*, *Am.* *-l-*) *v/i.*

AVIA yakıt almak; MOT benzin almak.

fu·gi·tive ['fjuːdʒɪtɪv] **1.** *adj.* kaçan; *fig.* geçici; **2.** *n.* kaçak; mülteci, sığınık.

ful·fil, *Am. a.* **-fill** [fʊl'fɪl] (**-ll-**) *v/t.* yerine getirmek, yapmak; bitirmek; **~·ment** [~mənt] *n.* yerine getirme, yapma.

full [fʊl] **1.** □ dolu; tam; doymuş, tok; bol, geniş; tok (*ses*); ***of ~ age*** ergin; **2.** *adv.* tamamen; çok; **3.** *n.* en son derece; ***in ~*** tamamen; ***to the ~*** son derece, tamamiyle; **~·blood·ed** ['fʊlblʌdɪd] *adj.* safkan; özbeöz; güçlü, zorlu; **~ dress** *n.* resmi elbise; **~-dress** *adj.* resmi; **~-fledged** *Am.* = ***fully-fledged***; **~-grown** *adj.* tamamen büyümüş, anaç; ergin; **~length** *adj.* tam boy (*fotoğraf, resim v.b.*); **~ moon** *n.* dolunay; **~ stop** *n.* LING nokta; **~ time** *n.* SPOR: maç süresi, karsılaşma sonu; **~-time** *adj.* fultaym, tamgünlük; ***~ job*** tamgünlük iş.

ful·ly ['fʊlı] *adv.* tamamen; en az, tam; **~-fledged** *adj.* (kuş) tamamen tüylenmiş; *fig.* dört dörtlük, tam; **~-grown** *Brt.* = ***full-grown.***

fum·ble ['fʌmbl] *vb.* el yordamıyla aramak, yoklamak.

fume [fjuːm] **1.** *v/t.* tütsülemek; *v/i.* tütmek; **2.** *n.* **~s** *pl.* duman.

fu·mi·gate ['fjuːmɪgeɪt] *v/t.* buharla dezenfekte etmek.

fun [fʌn] *n.* eğlence; alay, şaka; ***make ~ of*** *ile* alay etmek, dalga geçmek.

func·tion ['fʌŋkʃn] **1.** *n.* fonksiyon (*a.* MATH), işlev; görev; tören; **2.** *v/i.* işlemek, çalışmak; **~·a·ry** [~ərı] *n.* memur, görevli.

fund [fʌnd] **1.** *n.* fon, ayrılmış para; **~s** *pl.* sermaye, para, fon; ***a ~ of*** *fig.* birtakım; **2.** *vb.* para sağlamak, karşılamak; (*borç*) konsolide etmek, vadesini uzatmak.

fun·da·men·tal [fʌndə'mentl] **1.** □ esas, temel, ana; **2.** *n.* **~s** *pl.* temel kurallar.

fu·ne|ral ['fjuːnərəl] *n.* cenaze töreni; cenaze alayı; *attr.* cenaze…; **~·re·al** □ [fjuː'nıərıəl] hüzünlü, kasvetli.

fun-fair ['fʌnfeə] *n.* lunapark.

fu·nic·u·lar [fjuː'nıkjʊlə] *n. a.* ***~ railway*** kablolu demiryolu.

fun·nel ['fʌnl] *n.* huni; boru; NAUT, RAIL baca.

fun·nies *Am.* ['fʌnız] *n. pl.* çizgi öykü dizisi.

fun·ny □ ['fʌnı] (**-ier, -iest**) komik, gülünç; tuhaf.

fur [fɜː] **1.** *n.* kürk; dil pası; **~s** *pl.* kürklü giysiler; **2.** *v/t.* kürkle kaplamak; *v/i.* (*dil*) pas bağlamak.

fur·bish ['fɜːbɪʃ] *v/t.* parlatmak; yenilemek.

fu·ri·ous □ ['fjʊərıəs] öfkeli, kızgın; azgın, şiddetli.

furl [fɜːl] *v/t. & v/i.* sar(ıl)mak, katla(n)mak.

fur·lough MIL ['fɜːləʊ] *n.* sıla izni.

fur·nace ['fɜːnɪs] *n.* ocak, fırın.

fur·nish ['fɜːnɪʃ] *v/t.* döşemek; donatmak (***with*** *ile*); sağlamak, vermek.

fur·ni·ture ['fɜːnɪtʃə] *n.* mobilya; ***sectional ~*** parçalara ayrılabilen mobilya.

fur·ri·er ['fʌrıə] *n.* kürkçü.

fur·row ['fʌrəʊ] **1.** *n.* saban izi; kırışıklık; **2.** *vb.* iz açmak; kırıştırmak.

fur·ry ['fɜːrı] *adj.* kürk kaplı, kürklü.

fur·ther ['fɜːðə] **1.** *comp. of* ***far***; **2.** *v/t.* ilerletmek, yardım etmek; **~·ance** [~rəns] *n.* ilerleme; devam; **~·more** [~'mɔː] *adv.* ayrıca, üstelik; **~·most** [~məʊst] *adj.* en uzaktaki, en ilerideki.

fur·thest ['fɜːðɪst] *sup. of* ***far.***

fur·tive □ ['fɜːtɪv] gizli, kaçamak.

fu·ry ['fjʊərı] *n.* öfke, hiddet.

fuse [fjuːz] **1.** *v/t. & v/i.* eri(t)mek; eritip birleştirmek; ELECT sigorta atmak; **2.** *n.* ELECT sigorta; tapa.

fu·se·lage AVIA ['fjuːzılɑːʒ] *n.* uçak gövdesi.

fu·sion ['fjuːʒn] *n.* eri(t)me; birleşme; ***nuclear ~*** nükleer birleşme.

fuss F [fʌs] **1.** *n.* telaş, yaygara, velvele; **2.** *vb.* gereksiz yere telaşlanmak; sinirlendirmek, canını sıkmak; **~·y** □ ['fʌsı] (**-ier, -iest**) titiz, kılı kırk yaran; yaygaracı, telaşçı; cicili bicili (*giysi*).

fus·ty ['fʌstı] (**-ier, -iest**) *adj.* küflü; *fig.* eski kafalı.

fu·tile □ ['fjuːtaıl] faydasız, sonuçsuz, boş.

fu·ture ['fjuːtʃə] **1.** *adj.* gelecekteki, müstakbel; **2.** *n.* gelecek; GR gelecek zaman; ***in ~*** gelecekte, ileride.

fuzz[1] [fʌz] **1.** *n.* tüy, hav; **2.** *v/i.* tüylenmek.

fuzz[2] *sl.* [~] *n.* polis, aynasız.

G

gab F [gæb] *n.* gevezelik, konuşkanlık; ***have the gift of the ~*** çenesi kuvvetli olmak, ağzı laf yapmak.
gab·ar·dine ['gæbədi:n] *n.* gabardin.
gab·ble ['gæbl] **1.** *n.* anlaşılmaz konuşma; **2.** *v/i.* çabuk çabuk konuşmak.
gab·er·dine ['gæbədi:n] *n. hist.* cüppe; = ***gabardine.***
ga·ble ARCH ['geıbl] *n.* üçgen biçiminde duvar.
gad F [gæd] (***-dd-***): ***~ about, ~ around*** aylak aylak dolaşmak.
gad·fly ZO ['gædflaı] *n.* atsineği.
gad·get MEC ['gædʒıt] *n.* küçük makine, marifetli aygıt; *oft contp.* şey, zımbırtı.
gag [gæg] **1.** *n.* ağız tıkacı (*a. fig*); F şaka; **2.** (***-gg-***) *v/t.* ağzını tıkamak, susturmak (*a. fig.*).
gage *Am.* [geıdʒ] = ***gauge.***
gai·e·ty ['geıətı] *n.* neşe, keyif.
gai·ly ['geılı] *adv.* neşeyle, keyifle.
gain [geın] **1.** *n.* kazanç, edinti, kâr; yarar, çıkar; **2.** *v/t.* kazanmak; elde etmek, edinmek; (*kilo*) almak; *v/i.* (*saat*) ileri gitmek; ***~ in*** *-den* kilo almak.
gait [geıt] *n.* yürüyüş, gidiş.
gai·ter ['geıtə] *n.* tozluk, getr.
gal F [gæl] *n.* kız.
gal·ax·y AST ['gæləksı] *n.* galaksi, gökada.
gale [geıl] *n.* fırtına, bora.
gall [gɔ:l] **1.** *n.* safra, öd; F küstahlık, yüzsüzlük; **2.** *v/t.* sürterek yara etmek.
gal|lant ['gælənt] *adj.* cesur, yiğit; **~·lan·try** [~rı] *n.* cesaret, yiğitlik, kahramanlık; kibarlık.
gal·le·ry ['gælərı] *n.* galeri, yeraltı yolu, dehliz, pasaj; sergi salonu.
gal·ley ['gælı] *n.* NAUT kadırga; NAUT gemi mutfağı; *a.* ***~ proof*** PRINT ilk düzeltme.
gal·lon ['gælən] *n.* galon (*4,54 litre, Am. 3,78 litre*).
gal·lop ['gæləp] **1.** *n.* dörtnal; **2.** *v/i.* dörtnala gitmek.
gal·lows ['gæləuz] *n. sg.* darağacı.
ga·lore [gə'lɔ:] *adv.* bol bol.
gam·ble ['gæmbl] **1.** *v/i.* kumar oynamak; **2.** *n.* F kumar, riskli iş; **~r** [~ə] *n.* kumarbaz.
gam·bol ['gæmbl] **1.** *n.* hoplama, zıplama; **2.** (*esp. Brt. -ll-, Am. -l-*) *v/i.* hoplamak, zıplamak.
game [geım] **1.** *n.* oyun; oyun partisi; *fig.* hile, dolap; HUNT av; av eti; ***~s*** *pl.* oyunlar; *okul*: spor, beden eğitimi; **2.** *adj.* istekli, hazır (***for*** *-e*; ***to*** *inf. -meye*); **~·keep·er** ['geımki:pə] *n.* avlak bekçisi.
gam·mon *esp. Brt.* ['gæmən] *n.* tütsülenmiş jambon.
gan·der ZO ['gændə] *n.* erkek kaz.
gang [gæŋ] **1.** *n.* ekip, takım; çete; sürü; **2.** *vb.* ***~ up*** karşı gelmek, birlik olmak.
gang·ster ['gæŋstə] *n.* gangster.
gang·way ['gæŋweı] *n.* aralık, geçit, koridor; NAUT borda iskelesi; NAUT iskele tahtası.
gaol [dʒeıl], **~·bird** ['dʒeılbɜ:d], **~·er** [~ə] *s.* ***jail*** *etc.*
gap [gæp] *n.* boşluk, açıklık, gedik; *fig.* (*fikir*) ayrılık.
gape [geıp] *v/i.* açılmak, yarılmak.
gar·age ['gærɑ:ʒ] **1.** *n.* garaj; benzin istasyonu; **2.** *v/t.* (*araba*) garaja çekmek.
gar·bage *esp. Am.* ['gɑ:bıdʒ] *n.* çöp; ***~ can*** çöp tenekesi; ***~ truck*** çöp kamyonu.
gar·den ['gɑ:dn] **1.** *n.* bahçe; **2.** *v/i.* bahçede çalışmak, bahçıvanlık yapmak; **~·er** [~ə] *n.* bahçıvan; **~·ing** [~ıŋ] *n.* bahçıvanlık.
gar·gle ['gɑ:gl] **1.** *v/i.* gargara yapmak; **2.** *n.* gargara.
gar·ish □ ['geərıʃ] gösterişli, cafcaflı.
gar·land ['gɑ:lənd] *n.* çelenk.
gar·lic BOT ['gɑ:lık] *n.* sarmısak.
gar·ment ['gɑ:mənt] *n.* elbise, giysi.
gar·nish ['gɑ:nıʃ] *v/t.* süslemek; garnitür katmak.
gar·ret ['gærət] *n.* çatı arası, tavan arası.
gar·ri·son MIL ['gærısn] *n.* garnizon.
gar·ru·lous □ ['gærələs] geveze, boşboğaz.

G

gar·ter ['gɑːtə] *n.* çorap bağı; *Am.* jartiyer.
gas [gæs] **1.** *n.* gaz; *Am.* F benzin; **2.** (**-ss-**) *v/t.* gaz ile zehirlemek; *v/i.* F boş boş konuşmak, zevzeklik etmek; *a.* ~ **up** *Am.* F MOT depoyu doldurmak; **~·e·ous** ['gæsjəs] *adj.* gazlı; gaz gibi.
gash [gæʃ] **1.** *n.* derin yara, kesik; **2.** *v/t.* derin yara açmak, kesmek.
gas·ket MEC ['gæskıt] *n.* conta.
gas|light ['gæslaıt] *n.* gaz ışığı; ~ **me·ter** *n.* gaz sayacı, gaz saati; **~·o·lene, ~·o·line** *Am.* [~əliːn] *n.* benzin.
gasp [gɑːsp] **1.** *n.* soluma, nefes; **2.** *v/i.* solumak; ~ ***for breath*** nefes nefese kalmak, soluğu kesilmek.
gas| sta·tion *Am.* ['gæssteıʃn] *n.* benzin istasyonu; ~ **stove** *n.* gaz ocağı, fırın; **~·works** *n. sg.* gazhane.
gate [geıt] *n.* kapı; giriş; kanal kapağı; AVIA uçuş kapısı; **~·crash** ['geıtkræʃ] *v/i.* davetiyesiz girmek; biletsiz girmek; **~·post** *n.* kapı direği; **~·way** *n.* giriş, kapı; ~ ***drug*** *kendisi bağımlılık yaratmayan ama daha ağır uyuşturucuların kullanılmasına yol açabilecek uyuşturucu madde.*
gath·er ['gæðə] **1.** *v/t. & v/i.* topla(n)mak; (*çiçek v.b.*) toplamak, devşirmek; sonuç çıkarmak (***from*** *-den*); MED iltihaplanmak, yangılanmak; ~ ***speed*** hızlanmak, hız ka zanmak; **2.** *n.* kıvrım, büzgü; **~·ing** [~rıŋ] *n.* toplantı; toplanma.
gau·dy □ ['gɔːdı] (***-ier, -iest***) aşırı süslü, cicili bicili.
gauge [geıdʒ] **1.** *n.* ölçü, ayar; MEC geyç, ölçü aygıtı; RAIL ray açıklığı; *fig.* ölçüt; **2.** *v/t.* ölçmek; *fig.* ölçümlemek.
gaunt □ [gɔːnt] zayıf, sıska, kuru.
gaunt·let ['gɔːntlıt] *n.* zırh eldiveni; uzun eldiven, kolçak; *fig.* meydan okuma; ***run the*** ~ sıra dayağı yemek.
gauze [gɔːz] *n.* gazlı bez, gaz bezi.
gave [geıv] *pret. of* ***give.***
gav·el ['gævl] *n.* tokmak.
gaw·ky ['gɔːkı] (***-ier, -iest***) *adj.* be ceriksiz; hantal.
gay [geı] **1.** □ neşeli, şen; parlak, canlı (*renk*); F homoseksüel; **2.** *n.* F homoseksüel kimse, oğlan; ~ **marriage** eşcinsel evlilik.
gaze [geız] **1.** *n.* dik bakış; **2.** *v/i.* gözünü dikip bakmak; ~ ***at*** *-e* dik dik bakmak.
ga·zelle ZO [gə'zel] *n.* gazal, ceylan.
ga·zette [gə'zet] *n.* resmi gazete.
gear [gıə] **1.** *n.* MEC dişli; donanım; MOT vites, şanjman; giysi, giyecek; ***in*** ~ viteste; ***out of*** ~ boşta; ***change*** ~(***s***), *Am.* ***shift*** ~(***s***) MOT vites değiştirmek; ***landing*** ~ AVIA iniş takımı; ***steering*** ~ NAUT dümen donanımı; MOT direksiyon dişli donanımı; **2.** *vb.* vitese takmak; MEC birbirine geçmek; **~·le·ver** ['gıəliːvə], *Am.* **~·shift** *n.* MOT vites kolu.
geese [giːs] *pl. of* ***goose.***
geld·ing ZO ['geldıŋ] *n.* kısırlaştırılmış hayvan (*esp. at*).
gem [dʒem] *n.* değerli taş, mücevher; *fig.* cevher.
gen·der ['dʒendə] *n.* GR ismin cinsi; *coll.* F cinsiyet.
gene [dʒiːn] *n.* gen; ~ ***therapy*** gen tedavisi.
gen·e·ral ['dʒenərəl] **1.** □ genel; yaygın; şef…, amir…; ♀ ***Certificate of Education*** *s.* ***certificate 1***; ~ ***education*** *ya da* ***knowledge*** genel bilgi; ~ ***election*** *Brt.* POL genel seçim; ~ ***practitioner*** pratisyen; **2.** *n.* MIL general; ***in*** ~ genellikle; **~·i·ty** [dʒenə'rælətı] *n.* genellik; çoğunluk; genel ifade; **~·ize** [~laız] *v/t.* genelleştirmek; **gen·er·al·ly** [~lı] *adv.* genellikle, genel olarak.
gen·e|rate ['dʒenəreıt] *v/t.* üretmek; doğurmak; **~·ra·tion** [dʒenə'reıʃn] *n.* üretme; nesil, soy, kuşak; **~·ra·tor** ['dʒenəreıtə] *n.* üretici; MEC jeneratör, üreteç; *esp. Am.* MOT dinamo.
gen·e|ros·i·ty [dʒenə'rɒsətı] *n.* cömertlik; yüce gönüllülük; **~·rous** □ ['dʒenərəs] cömert, eli açık; yüce gönüllü.
ge·net·ic □ [dʒə'netık] genetik; ~ **code** [~kəʊd] *n.* genetik kod; ~ **en·gin·eer·ing** [~endʒı'nıərıŋ] *n.* genetik mühendisliği; ~ **fin·ger·print·ing** [~fıŋəprıntıŋ] *n. suçluların bulunması ya da hastalıkların önlenmesi için bir kimsenin genetik kimliğinin saptanması*; **~al·ly en·gin·eered** *genetik mühendisliği yoluyla elde edilmiş*; **~al·ly mod·i·fied** [~lı mɔdıfaıd] *genetik olarak değiştirilmiş*; *abbr.* GM.
ge·ni·al □ ['dʒiːnjəl] cana yakın, candan, güler yüzlü; elverişli, uygun (*iklim*).
gen·i·tive GR ['dʒenıtıv] *n. a.* ~ ***case*** ge-

nitif, tamlayan durumu, -in hali.
ge·ni·us ['dʒiːnjəs] *n.* deha, üstün yetenek.
gent F [dʒent] *n.* beyefendi, centilmen; **~s** *sg. Brt.* F erkekler tuvaleti.
gen·teel □ [dʒen'tiːl] nazik, kibar, terbiyeli.
gen·tile ['dʒentaıl] **1.** *adj.* Yahudi olmayan; **2.** *n.* Yahudi olmayan kimse.
gen·tle □ ['dʒentl] (**~r, ~st**) nazik, kibar; soylu; tatlı, ılık (*rüzgâr*); hafif (yokuş); **~·man** (*pl.* **-men**) *n.* centilmen, beyefendi; **~·man·ly** [~mənlı] *adj.* centilmence, centilmene yakışır; **~·ness** [~nıs] *n.* kibarlık; tatlılık, ılıklık.
gen·try ['dʒentrı] *n.* yüksek tabaka.
gen·u·ine □ ['dʒenjʊın] gerçek, hakiki; samimi, içten.
ge·og·ra·phy [dʒı'ɒgrəfı] *n.* coğrafya.
ge·ol·o·gy [dʒı'ɒlədʒı] *n.* jeoloji, yerbilim.
ge·om·e·try [dʒı'ɒmətrı] *n.* geometri.
germ [dʒɜːm] *n.* BIOL mikrop; BOT tohum.
Ger·man ['dʒɜːmən] **1.** *adj.* Almanya'ya özgü; **2.** *n.* Alman; LING Almanca.
ger·mi·nate ['dʒɜːmıneıt] *v/t. & v/i.* filizlen(dir)mek, çimlen(dir)mek.
ger·und GR ['dʒerənd] *n.* gerundium, bağfiil, ulaç.
ges·tic·u|late [dʒe'stıkjʊleıt] *v/i.* konuşurken el hareketleri yapmak; **~·la·tion** [dʒestıkjʊ'leıʃn] *n.* konuşurken el hareketleri yapma.
ges·ture ['dʒestʃə] *n.* el hareketi; jest.
get [get] (**-tt-**; **got, got** *ya da Am.* **gotten**) *v/t.* almak; elde etmek; bulmak; kazanmak; yakalamak, tutmak; anlamak; duymak, işitmek; (*soğuk*) almak; (*hastalığa*) yakalanmak, tutulmak; hazırlamak; **have got** sahip olmak, ...si olmak; **have got to** -mek zorunda olmak; **~ one's hair cut** saçını kestirmek; **~ by heart** ezberlemek; *v/i.* gelmek; varmak, ulaşmak; olmak; **~ ready** hazırlanmak; **~ about** iyileşmek, ayaga kalkmak; (*söylenti*) yayılmak, dolaşmak; **~ ahead** başarılı olmak, ilerlemek; **~ ahead of** -*i* geçmek, geride bırakmak; **~ along** geçinmek, anlaşmak (**with** *ile*); **~ at** -*e* ulaşmak, yetişmek; (*gerçeği*) yakalamak; **~ away** kaçmak; **~ in** varmak, gelmek; seçilmek, başa geçmek; **~ off** inmek; **~ on** binmek; **~ out** kaçmak; dışarı çıkmak; (*sır*) ortaya çıkmak; **~ over s.th.** bşi atlatmak, üzerinden atmak; **~ to** -*e* varmak; **~ together** biraraya toplanmak, buluşmak; **~ up** yataktan kalkmak; **~·a·way** ['getəweı] *n.* kaçış; **~ car** kaçarken kullanılan araba; **~-up** *n.* düzen, tertip; garip kıyafet.
ghast·ly ['gɑːstlı] (**-ier, -iest**) *adj.* korkunç, dehşetli; beti benzi atmış, solgun.
gher·kin ['gɜːkın] *n.* turşuluk salatalık.
ghost [gəʊst] *n.* hayalet, hortlak; *fig.* az şey, nebze; **~·ly** ['gəʊstlı] (**-ier, -iest**) *adj.* hayalet gibi; manevi.
gi·ant ['dʒaıənt] **1.** *adj.* dev gibi, kocaman; **2.** *n.* dev.
gib·ber ['dʒıbə] *v/t.* çetrefilli konuşmak; **~·ish** [~rıʃ] *n.* çetrefilli konuşma.
gib·bet ['dʒıbıt] *n.* darağacı.
gibe [dʒaıb] **1.** *v/t.* alay etmek, dalga geçmek (**at** *ile*); **2.** *n.* alay, alaylı söz.
gib·lets ['dʒıblıts] *n. pl.* tavuk sakatatı.
gid|di·ness ['gıdınıs] *n.* MED baş dönmesi; *fig.* hoppalık, havailik; **~·dy** □ ['gıdı] (**-ier, -iest**) başı dönen; baş döndürücü; *fig.* hoppa, havai.
gift [gıft] *n.* armağan, hediye; yetenek, Allah vergisi; **~ card** hediye çeki; **~·ed** ['gıftıd] *adj.* yetenekli.
gi·gan·tic [dʒaı'gæntık] (**~ally**) *adj.* dev gibi, koskocaman.
gig·gle ['gıgl] **1.** *v/i.* kıkır kıkır gülmek; **2.** *n.* kıkır kıkır gülme.
gild [gıld] (**gilded** *ya da* **gilt**) *v/t.* yaldızlamak; **~ed youth** zengin ve moda düşkünü gençlik.
gill [gıl] *n.* ZO solungaç; BOT ince yaprak.
gilt [gılt] **1.** *pret. & p.p. of* **gild**; **2.** *n.* yaldız.
gim·mick F ['gımık] *n.* hile, dolap, numara.
gin [dʒın] *n.* cin.
gin·ger ['dʒındʒə] **1.** *n.* zencefil; canlılık; **2.** *adj.* koyu kahverengi, kızılımsı; **~·bread** *n.* zencefilli çörek *ya da* bisküvi; **~·ly** [~lı] **1.** *adj.* dikkatli; **2.** *adv.* dikkatle.
gip·sy ['dʒıpsı] *n.* çingene.
gi·raffe ZO [dʒı'rɑːf] *n.* zürafa.
gir·der MEC ['gɜːdə] *n.* kiriş, direk.
gir·dle ['gɜːdl] *n.* kuşak, kemer; korse.
girl [gɜːl] *n.* kız; **~·friend** ['gɜːlfrend] *n.*

G

kız arkadaş; sevgili; ~ **guide** [~'gaɪd] *n.* kız izci; ~·**hood** [~hʊd] *n.* kızlık, kızlık çağı; ~·**ish** □ [~ɪʃ] kız gibi; kıza yakışır; ~ **scout** *n.* kız izci.
gi·ro ['dʒaɪrəʊ] **1.** *n.* banka cirosu, borçların banka aracılığı ile ödenmesi; **2.** *adj.* ciro…
girth [gɜːθ] *n.* kolan, çevre; kuşak.
gist [dʒɪst] *n.* ana fikir, öz.
give [gɪv] (***gave, given***) *v/t.* vermek; ödemek; armağan etmek; (*hastalık*) bulaştırmak, geçirmek; (*yumruk*) atmak; ~ ***birth to*** doğurmak, dünyaya getirmek; ~ ***away*** vermek; (*sır*) açığa vurmak; ele vermek, belli etmek; ~ ***back*** geri vermek; ~ ***in*** teslim olmak, pes etmek; teslim etmek; ~ ***off*** (*koku, duman v.b.*) çıkarmak, salmak; ~ ***out*** dağıtmak; bildirmek, duyurmak; bitmek, tükenmek; ~ ***up*** vazgeçmek, bırakmak; umudu kesmek; ~ ***o.s. up*** teslim olmak (***to the police*** polise); ~ **and take** ['gɪvən'teɪk] *n.* bir işi karşılıklı yapma, al gülüm ver gülüm;
giv·en ['gɪvn] **1.** *p.p. of* ***give***; **2.** *adj.* ***be*** ~ ***to*** *-e* düşkün olmak; **giv·en name** *n.* *Am.* ilk ad.
gla|cial □ ['gleɪsjəl] buzullarla ilgili; çok soğuk, buz gibi; ~·**ci·er** ['glæsjə] *n.* buzul.
glad □ [glæd] (***-dd-***) memnun, hoşnut; ~·**den** ['glædn] *v/t.* memnun etmek, sevindirmek.
glade [gleɪd] *n.* ormanda açıklık yer; *Am.* bataklık bölgesi.
glad|ly ['glædlɪ] *adv.* memnuniyetle, seve seve; ~·**ness** [~nɪs] *n.* memnunluk.
glam|or·ous, **-our·ous** □ ['glæmərəs] cazibeli, çekici, göz alıcı; ~·**o(u)r** ['glæmə] **1.** *n.* çekicilik, göz alıcılık; **2.** *v/t.* cezbetmek, büyülemek.
glance [glɑːns] **1.** *n.* bakış, göz atma; parıltı; ***at a*** ~ bir bakışta; **2.** *vb.* şöyle bir bakmak; parlamak; *mst.* ~ ***off*** sıyırmak; ~ ***at*** *-e* göz atmak, bakıvermek.
gland ANAT [glænd] *n.* bez, beze.
glare [gleə] **1.** *n.* göz kamaştırıcı ışık; öfkeli bakış; **2.** *v/i.* parıldamak; ters ters bakmak (***at*** *-e*).
glass [glɑːs] **1.** *n.* cam; bardak; ayna; barometre; (***a pair of***) ~***es*** *pl.* gözlük; **2.** *adj.* camdan yapılmış, cam…; **3.** *v/t.* camla kaplamak; ~ **case** ['glɑːskeɪs] *n.* cam dolap, vitrin; ~·**ful** [~fʊl] *n.* bir bardak dolusu; ~·**house** *n.* limonluk, ser; MIL F askeri hapishane; ~·**ware** *n.* zücaciye, cam eşya; ~·**y** [~ɪ] (***-ier, -iest***) *adj.* cam gibi; (*deniz*) çarşaf gibi; ifadesiz (*bakış*).
glaze [gleɪz] **1.** *n.* perdah, sır; **2.** *v/t.* perdahlamak, sırlamak; *-e* cam takmak; *v/i.* (*gözler*) donuklaşmak; **gla·zi·er** ['gleɪzjə] *n.* camcı.
gleam [gliːm] **1.** *n.* parıltı, ışık; **2.** *v/i.* parıldamak.
glean [gliːn] *v/t.* hasattan sonra toplamak; azar azar toplamak (*bilgi*); *v/i.* hasattan sonra ekin toplamak.
glee [gliː] *n.* neşe; ~·**ful** □ ['gliːfl] neşeli, şen.
glen [glen] *n.* küçük vadi, dere.
glib □ [glɪb] (***-bb-***) akıcı konuşan.
glide [glaɪd] **1.** *n.* kayma; AVIA havada süzülme; **2.** *v/i.* kayıp gitmek, süzülmek; **glid·er** AVIA ['glaɪdə] *n.* planör; **glid·ing** AVIA [~ɪŋ] *n.* planörcülük.
glim·mer ['glɪmə] **1.** *n.* parıltı; *min.* mika; **2.** *v/i.* parıldamak.
glimpse [glɪmps] **1.** *n.* kısa ve ani bakış, gözüne ilişme; **2.** *v/t.* bir an görmek, gözüne ilişmek.
glint [glɪnt] **1.** *v/i.* parıldamak; **2.** *n.* parıltı.
glis·ten ['glɪsn] *v/i.* parlamak.
glit·ter ['glɪtə] **1.** *v/i.* parlamak, parıldamak; **2.** *n.* parıltı.
gloat [gləʊt]: ~ ***over*** şeytanca bir zevkle seyretmek, oh demek; ~·**ing** □ ['gləʊtɪŋ] başkalarının başarısızlığından zevk duyan, oh diyen.
glo·bal □ ['gləʊbəl] küresel; ~ ***navigation system*** küresel seyir sistemi; ~ ***warming*** küresel ısınma; ~·**i·za·tion** [gləʊbəlaɪ'zeɪʃən] *n.* küreselleşme; ~·**ize** ['gləʊːbəlaɪz] *v/t.* (*ticareti*) küreselleştirmek.
globe [gləʊb] *n.* küre, top; dünya; dünya küresi modeli; lamba karpuzu.
gloom [gluːm] *n.* karanlık; hüzün, kasvet; ~·**y** □ ['gluːmɪ] (***-ier, -iest***) karanlık; kasvetli; kederli.
glo|ri·fy ['glɔːrɪfaɪ] *v/t.* yüceltmek, ululamak; övmek; ~·**ri·ous** □ [~ɪəs] şanlı, şerefli; görkemli, parlak; ~·**ry** [~ɪ] **1.** *n.* şan, şöhret, şeref; görkem; tapınma; **2.** *vb.* ~ ***in*** *-e* çok sevinmek; *ile* övünmek.
gloss [glɒs] **1.** *n.* cila, perdah; parlaklık;

aldatıcı görünüş; **2.** *v/t.* parlatmak, cilalamak; ~ ***over*** örtbas etmek.

glos·sa·ry ['glɒsərı] *n.* açıklamalı ek sözlük.

gloss·y □ ['glɒsı] (***-ier, -iest***) cilalı, parlak.

glove [glʌv] *n.* eldiven; ~ ***compartment*** MOT torpido gözü.

glow [gləʊ] **1.** *n.* kızıllık; parlaklık; **2.** *v/i.* kızıllaşmak; parlamak; (*yüz*) kızarmak.

glow·er ['glaʊə] *v/i.* ters ters bakmak, yiyecekmiş gibi bakmak.

glow-worm zo ['gləʊwɜːm] *n.* ateşböceği.

glu·cose ['gluːkəʊs] *n.* glikoz, üzüm şekeri.

glue [gluː] **1.** *n.* tutkal, yapışkan, zamk; **2.** *v/t.* yapıştırmak, tutkallamak.

glum □ [glʌm] (***-mm-***) asık suratlı, somurtkan; kederli, üzgün.

glut [glʌt] (***-tt-***) *v/t.* tıka basa doldurmak; ~ ***o.s. with*** *ya da* ***on*** tıka basa yemek.

glu·ti·nous □ ['gluːtınəs] yapışkan, yapış yapış.

glut·ton ['glʌtn] *n.* obur kimse; **~·ous** □ [~əs] obur, pisboğaz; **~·y** [~ı] *n.* oburluk, pisboğazlık.

gnarled [nɑːld] *adj.* budaklı, boğumlu; biçimi bozuk (*el, parmak*).

gnash [næʃ] *v/t.* (diş) gıcırdatmak.

gnat zo [næt] *n.* tatarcık, sivrisinek.

gnaw [nɔː] *v/t.* kemirmek; aşındırmak.

gnome [nəʊm] *n.* yeraltındaki hazinelerin bekçisi farzolunan yaşlı cüce.

go [gəʊ] **1.** (***went, gone***) *v/i.* gitmek; çalışmak, işlemek; (*zaman*) geçmek; (*söylenti*) dolaşmak; yaraşmak, uymak; verilmek (***to*** *-e*); satılmak; kaybolmak; sığmak; kopmak, kırılmak; gelişmek, ilerlemek; erişmek, varmak; (*ağrı*) geçmek; ***let*** ~ bırakmak, salmak; ~ ***shares*** bölüşmek, paylaşmak; ***I must be ~ing*** gitmem gerekiyor; ~ ***to bed*** yatmak; ~ ***to school*** okula gitmek; ~ ***to see*** görmeye gitmek; ~ ***ahead*** ilerlemek, ileri gitmek; ~ ***ahead with s.th.*** bşe başlamak; ~ ***at*** *-e* saldırmak; ~ ***between*** araya girmek, aralarını bulmak; ~ ***by*** geçmek; ~ ***for*** *-e* çıkışmak; *-den* hoşlanmak; ~ ***for a walk*** yürüyüşe çıkmak; ~ ***in*** girmek, sığmak; ~ ***in for an examination*** sınava girmek; ~ ***off*** patlamak; (*yiyecek*) bozulmak; ~ ***on*** olmak; *fig.* devam etmek (***doing*** *-meye*); (*zaman*) geçmek; ~ ***out*** dışarı çıkmak; gezip tozmak, çıkmak (***with*** *ile*); ~ ***through*** geçirmek, atlatmak; *-den* geçmek; ~ ***up*** artmak, yükselmek; ~ ***without*** *-den* yoksun olmak, *-sız* kalmak; **2.** *n.* F moda; başarı; canlılık, enerji; ***on the*** ~ hareket halinde; ***it is no*** ~ olacak iş değil, boşuna; ***in one*** ~ bir seferde; ***have a*** ~ ***at*** denemek.

goad [gəʊd] **1.** *n.* üvendire; *fig.* harekete geçiren şey; **2.** *fig. v/t.* harekete geçirmek, dürtmek.

go-a·head F ['gəʊəhed] *adj.* ilerleyen, gelişen.

goal [gəʊl] *n.* amaç, gaye; *futbol*: gol; kale; **~·keep·er** ['gəʊlkiːpə] *n.* kaleci.

goat zo [gəʊt] *n.* keçi.

gob·ble ['gɒbl] **1.** *v/i.* (*hindi*) glu glu etmek; *v/t. mst.* ~ ***up*** hapır hupur yemek; **~r** [~ə] *n.* baba hindi.

go-be·tween ['gəʊbıtwiːn] *n.* arabulucu, aracı.

gob·let ['gɒblıt] *n.* kadeh.

gob·lin ['gɒblın] *n.* gulyabani, cin.

god [gɒd] *n.* ECCL ♀ Tanrı, Allah; *fig.* çok sevilen kimse *ya da* şey; **~·child** ['gɒdtʃaıld] (*pl.* ***children***) *n.* vaftiz çocuğu; **~·dess** ['gɒdıs] *n.* tanrıça; **~·fa·ther** *n.* vaftiz babası; **~·for·sak·en** *adj. contp.* ıssız, tenha, boş; **~·head** *n.* Tanrılık; **~·less** [~lıs] *adj.* Allahsız; **~·like** *adj.* Allah gibi, tanrısal; **~·ly** [~lı] (***-ier, -iest***) *adj.* dindar; **~·moth·er** *n.* vaftiz anası; **~·pa·rent** *n.* vaftiz anası *ya da* babası; **~·send** *n.* Hızır gibi gelen yardım.

go-get·ter F ['gəʊ'getə] *n.* girişken kimse, tuttuğunu koparan kimse.

gog·gle ['gɒgl] **1.** *v/i.* gözlerini devirerek bakmak; **2.** *n.* **~s** *pl.* gözlük; **~-box** *n. Brt.* F televizyon.

go·ing ['gəʊıŋ] **1.** *adj.* hareket eden, giden; işleyen; ***be*** ~ ***to*** *inf.* -ecek olmak; **2.** *n.* gidiş, hareket; sürat; yol durumu; **~s-on** F [~z'ɒn] *n. pl.* olup bitenler, gidişat.

gold [gəʊld] **1.** *n.* altın; **2.** *adj.* altından yapılmış, altın...; ~ **dig·ger** *Am.* ['gəʊlddıgə] *n.* altın arayıcısı; **~·en** *mst fig.* [~ən] *adj.* altın gibi, altın...; **~·finch** *n.* zo saka; **~·fish** *n.* zo kırmızı

balık, havuz balığı; **~·smith** *n.* kuyumcu.
golf [gɒlf] **1.** *n.* golf; **2.** *v/i.* golf oynamak; **~ club** ['gɒlfklʌb] *n.* golf sopası; golf kulübü; **~ course**, **~ links** *n. pl. ya da sg.* golf sahası.
gon·do·la ['gɒndələ] *n.* gondol.
gone [gɒn] **1.** *p.p. of* **go 1**; **2.** *adj.* geçmiş; kaybolmuş; F mahvolmuş; F ümitsiz.
good [gʊd] **1.** (**better, best**) *adj.* iyi, güzel; uygun; becerikli; **~ at** *-de* becerikli, başarılı; **2.** *n.* iyilik; fayda, yarar; **~s** *pl.* ECON mal, eşya; **that's no ~** yararı yok; **for ~** temelli olarak; **~·by(e) 1.** [gʊd'baɪ]: **wish s.o. ~, say ~ to s.o.** *b-ne* veda etmek; **2.** *int.* ['gʊd'baɪ] Allahaısmarladık!, Hoşça kal!; Güle güle!; **♀ Fri·day** *n.* Paskalyadan önceki cuma; **~-humo(u)red** □ neşeli, şen; **~look·ing** [-ɪŋ] *adj.* güzel, yakışıklı; **~·ly** ['gʊdlɪ] *adj.* güzel, hoş; *fig.* çok, dolgun, yüklü; **~-natured** □ iyi huylu; **~·ness** [-nɪs] *n.* iyilik; **thank ~!** Tanrıya şükür!; (**my**) **~!, ~ gracious!** Allah Allah!, Aman Yarabbi!; **for ~'s sake** Allah aşkına!; **~ knows** Allah bilir; **~·will** *n.* iyi niyet; ECON prestij; ECON firma saygınlığı.
good·y F ['gʊdɪ] *n.* şekerleme, bonbon.
goose zo [gu:s] (*pl.* **geese**) kaz (*a. fig*).
goose·ber·ry BOT ['gʊzbərɪ] *n.* bektaşiüzümü.
goose|flesh ['gu:sfleʃ], **~ pim·ples** *n. pl.* ürpermiş insan derisi.
go·pher zo ['gəʊfə] *n.* Amerikan yersincabı.
gore [gɔ:] *v/t.* boynuzlamak.
gorge [gɔ:dʒ] **1.** *n.* geçit; boğaz, gırtlak; **2.** *v/i.* tıka basa yemek, tıkınmak.
gor·geous □ ['gɔ:dʒəs] nefis; görkemli, göz kamaştırıcı.
go·ril·la zo [gə'rɪlə] *n.* goril.
gor·y □ ['gɔ:rɪ] (**-ier, -iest**) kanlı; *fig.* şiddet dolu.
gosh *int.* F [gɒʃ]: **by ~** Aman Allahım!
gos·ling zo ['gɒzlɪŋ] *n.* kaz yavrusu.
go-slow *Brt.* ECON [gəʊ'sləʊ] *n.* işi yavaşlatma grevi.
Gos·pel ECCL ['gɒspəl] *n.* İncil.
gos·sa·mer ['gɒsəmə] *n.* ince örümcek ağı.
gos·sip ['gɒsɪp] **1.** *n.* dedikodu; dedikoducu kimse; **2.** *v/i.* dedikodu yapmak.
got [gɒt] *pret. & p.p. of* **get**.
Goth·ic ['gɒθɪk] *adj.* Gotlarla ilgili, gotik; **~ novel** korku romanı.
got·ten *Am.* ['gɒtn] *p.p. of* **get**.
gouge [gaʊdʒ] **1.** *n.* MEC oluklu keski, marangoz kalemi; **2.** *v/t.* **~ out** MEC kalemle işlemek; **~ out s.o.'s eye** *b-nin* gözünü oymak.
gourd BOT [gʊəd] *n.* sukabağı.
gout MED [gaʊt] *n.* gut, damla hastalığı.
gov·ern ['gʌvn] *v/t.* yönetmek; *fig.* frenlemek, tutmak; *v/i.* hüküm sürmek; **~·ess** [-ɪs] *n.* mürebbiye; **~·ment** [-mənt] *n.* hükümet; yönetim; *attr.* hükümet...; **~·men·tal** [gʌvən'mentl] *adj.* hükümetle ilgili, hükümet...;
gov·er·nor ['gʌvənə] *n.* vali; yönetici; F patron, şef, baba.
gown [gaʊn] **1.** *n.* kadın elbisesi; cüppe, rop; sabahlık, gecelik; **2.** *v/t.* giydirmek.
grab [græb] **1.** (**-bb-**) *v/t.* yakalamak, kapmak, elinden almak; **2.** *n.* kapma, elinden alma; MEC eşya kaldırmakta kullanılan kıskaçlı alet.
grace [greɪs] **1.** *n.* zerafet; cazibe; lütuf; erdem; iyi niyet; borç ertelemesi, vade; **Your ♀** Yüce Başpiskoposum; Yüce Düküm *ya da* Düşesim; **2.** *v/t.* şereflendirmek, şeref vermek; süslemek; **~·ful** □ ['greɪsfl] zarif; nazik; **~·less** □ [-lɪs] zarafetsiz, kaba.
gra·cious □ ['greɪʃəs] nazik, kibar, ince; (*Tanrı*) bağışlayıcı.
gra·da·tion [grə'deɪʃn] *n.* derece, basamak; yavaş yavaş geçiş.
grade [greɪd] **1.** *n.* derece; rütbe; cins; *esp. Am.* = **gradient**; *Am. okul*: sınıf; not; **make the ~** başarmak, hedefe ulaşmak; **~ crossing** *esp. Am.* hemzemin geçit; **2.** *v/t.* sınıflandırmak; MEC düzleştirmek.
gra·di·ent RAIL *etc.* ['greɪdjənt] *n.* meyil, eğim.
grad·u|al □ ['grædʒʊəl] derece derece olan, aşamalı; **~·al·ly** [-lɪ] *adv.* derece derece, yavaş yavaş; **~·ate 1.** [-ʊeɪt] *v/t.* derecelere ayırmak; mezun etmek; *v/i.* mezun olmak; **2.** [-ʊət] *n.* UNIV üniversite mezunu; *Am.* mezun; **~·a·tion** [grædjʊ'eɪʃn] *n.* mezuniyet; UNIV, *Am. a. okul*: mezuniyet töreni.
graft [grɑ:ft] **1.** *n.* AGR aşı; *Am.* rüşvet; *Am.* rüşvet alma, para yeme; **2.** *v/t.*

AGR aşılamak; MED doku nakli yapmak.

grain [greɪn] *n.* tane; tahıl; zerre; *fig.* huy.

gram [græm] *n.* gram.

gram·mar ['græmə] *n.* gramer, dilbilgisi; ~ **school** *n. Brt.* üniversite hazırlık okulu; *Am.* ilk ve ortaokul.

gram·mat·i·cal □ [grə'mætɪkl] gramatik, dilbilgisi kurallarına uygun.

gramme [græm] = ***gram.***

gra·na·ry ['grænərɪ] *n.* tahıl ambarı.

grand [grænd] **1.** □ büyük, yüce, ulu; görkemli; ♀ ***Old Party*** *Am.* Cumhuriyetçi Parti; **2.** (*pl.* ***grand***) *n.* F bin dolar; **~·child** ['græntʃaɪld] (*pl.* ***-children***) *n.* torun.

gran·deur ['grændʒə] *n.* büyüklük, görkem.

grand·fa·ther ['grændfɑːðə] *n.* büyükbaba, dede.

gran·di·ose □ ['grændɪəʊs] heybetli, muhteşem, görkemli.

grand|moth·er ['grænmʌðə] *n.* büyükanne, nine; **~·par·ents** [~npeərənts] *n. pl.* büyükanne ve büyükbaba; **~ pi·an·o** MUS (*pl.* ***-os***) *n.* kuyruklu piyano; **~·stand** *n.* SPOR: tribün.

grange [greɪndʒ] *n.* binalarıyla birlikte çiftlik.

gran·ny F ['grænɪ] *n.* büyükanne, nine.

grant [grɑːnt] **1.** *n.* bağış; ödenek; **2.** *v/t.* bahşetmek, vermek; kabul etmek, onaylamak, farzetmek; LEG bağışlamak; ***~ed, but*** evet ama, doğru fakat; ***take for ~ed*** doğru olarak kabul etmek.

gran|u·lat·ed ['grænjʊleɪtɪd] *adj.* taneli; ***~ sugar*** tozşeker; **~·ule** [~juːl] *n.* tanecik.

grape [greɪp] *n.* üzüm; asma; **~·fruit** BOT ['greɪpfruːt] *n.* greyfrut, altıntop; **~·vine** *n.* BOT asma.

graph [græf] *n.* grafik, çizelge; **~·ic** ['græfɪk] (***~ally***) *adj.* resim *ya da* yazı ile ilgili; ***~ arts*** *pl.* grafik sanatlar.

grap·ple ['græpl] *v/t.* tutmak, yakalamak; ***~ with s.th.*** *fig.* bşle boğuşmak, pençeleşmek.

grasp [grɑːsp] **1.** *n.* tutma, kavrama; anlama; **2.** *v/t.* yakalamak, kavramak, sımsıkı tutmak, yapışmak; anlamak.

grass [grɑːs] *n.* ot, çimen; otlak, çayır; *sl.* marihuana, haşiş; **~·hop·per** ZO ['grɑːshɒpə] *n.* çekirge; **~ wid·ow** *n.* eşinden bir süre ayrı kalmış kadın; *Am.* boşanmış kadın; **~ wid·ow·er** *n.* eşinden bir süre ayrı kalmış erkek; *Am.* boşanmış erkek; **gras·sy** [~ɪ] (***-ier, -iest***) *adj.* çimenli, otlu.

grate [greɪt] **1.** *n.* ızgara; demir parmaklık; **2.** *v/t.* rendelemek; ***~ on s.o.'s nerves*** *b-nin* sinirine dokunmak.

grate·ful □ ['greɪtfl] minnettar, teşekkür borçlu.

grat·er ['greɪtə] *n.* rende.

grat·i|fi·ca·tion [grætɪfɪ'keɪʃn] *n.* memnunluk, zevk, haz; **~·fy** ['grætɪfaɪ] *v/t.* memnun etmek.

grat·ing¹ □ ['greɪtɪŋ] kulakları tırmalayan, cırlak (*ses*).

grat·ing² [~] *n.* demir parmaklık, kafes.

grat·i·tude ['grætɪtjuːd] *n.* minnettarlık.

gra·tu·i|tous □ [grə'tjuːɪtəs] bedava, üçretsiz; gereksiz; **~·ty** [~'tjuːətɪ] *n.* armağan; bahşiş; ikramiye.

grave¹ □ [greɪv] (***~r, ~st***) ciddi, ağır, tehljkeli; ağırbaşlı.

grave² [~] *n.* mezar; **~-dig·ger** ['greɪvdɪgə] *n.* mezarcı.

grav·el ['grævl] **1.** *n.* çakıl; MED idrar taşı; **2.** (*esp. Brt. -ll-, Am. -l-*) *vb.* çakıl döşemek.

grave|stone ['greɪvstəʊn] *n.* mezar taşı; **~·yard** *n.* mezarlık.

grav·i·ta·tion [grævɪ'teɪʃn] *n.* PHYS yerçekimi; *fig.* cazibe, cezbolunma, akın.

grav·i·ty ['grævətɪ] *n.* ağırbaşlılık; önem, ağırlık; PHYS yerçekimi.

gra·vy ['greɪvɪ] *n.* et suyu, sos, salça.

gray *esp. Am.* [greɪ] *adj.* gri.

graze¹ [greɪz] *v/t. & v/i.* otla(t)mak.

graze² [~] **1.** *vb.* sıyırıp geçmek, sıyırmak; **2.** *n.* sıyrık.

grease 1. [griːs] *n.* makine yağı; içyağı; **2.** [griːz] *v/t.* yağlamak.

greas·y □ ['griːzɪ] (***-ier, -iest***) yağlı, yağlanmış.

great □ [greɪt] büyük, kocaman, muazzam; önemli; ünlü; F mükemmel; **~-grand·child** [greɪt'græntʃaɪld] (*pl.* ***-children***) *n.* evladının torunu; **~-grand·fa·ther** *n.* babanın dedesi; **~-grand·moth·er** *n.* babanın ninesi; **~-grand·par·ents** *n. pl.* babanın dedesi ve ninesi; **~·ly** ['greɪtlɪ] *adv.* çokça, adamakıllı;~·ness [-nıs] *n.* büyüklük; önem.

greed [gri:d] *n.* açgözlülük; ~·y □ ['gri:dı] (*-ier, -iest*) açgözlü, obur; *fig.* susamış (*for -e*).

Greek [gri:k] **1.** *adj.* Yunanistan'a özgü; **2.** *n.* Yunanlı, Rum; LING Yunanca.

green [gri:n] **1.** □ yeşil; ham; taze; *fig.* toy, acemi; **2.** *n.* yeşil renk; çayır, çimenlik; *~s pl.* yeşil yapraklı sebzeler; **~·back** *Am.* F ['gri:nbæk] *n.* banknot, dolar; **~ belt** *n.* yeşil arazi şeridi; **~·gro·cer** *n. esp. Brt.* manav; **~·gro·cer·y** *n. esp. Brt.* manavlık; **~·horn** *n.* toy kimse; **~·house** *n.* limonluk, ser; **~·ish** [-ıʃ] *adj.* yeşilimsi, yeşilimtırak.

G

greet [gri:t] *v/t.* selamlamak; karşılamak; **~·ing** ['gri:tıŋ] *n.* selam; *~s pl.* tebrik.

gre·nade MIL [grı'neıd] *n.* el bombası.

grew [gru:] *pret. of* ***grow***.

grey [greı] **1.** □ gri; ağarmış (*saç*); **2.** *n.* gri renk; **3.** *v/t. & v/i.* ağar(t)mak, kırlaş(tır)mak; **~·hound** ZO ['greıhaʊnd] *n.* tazı.

grid [grıd] **1.** *n.* ızgara; ELECT *etc.* şebeke; **2.** *adj.* ELECT şebeke...; *Am.* F futbol...; **~·i·ron** ['grıdaıən] *n.* ızgara.

grief [gri:f] *n.* üzüntü, keder, acı; ***come to ~*** başına iş gelmek, felakete uğramak.

griev|ance ['gri:vns] *n.* dert; **~e** [gri:v] *v/t. & v/i.* üz(ül)mek, kederlen(dir)mek; ***~ for*** *-in* yasını tutmak; **~·ous** □ ['gri:vəs] üzücü, kederli, acı.

grill [grıl] **1.** *v/t.* ızgarada pişirmek; **2.** *n.* ızgara; *a.* ***~-room*** ızgara yapılan yer.

grim □ [grım] (*-mm-*) sert, amansız, çetin; korkunç, tehlikeli; F sıkıcı.

gri·mace [grı'meıs] **1.** *n.* yüzünü ekşitme; **2.** *v/i.* yüzünü ekşitmek.

grime [graım] *n.* pislik, kir; **grim·y** □ ['graımı] (*-ier, -iest*) pis, kirli.

grin [grın] **1.** *n.* sırıtma; **2.** (*-nn-*) *v/i.* sırıtmak.

grind [graınd] **1.** (***ground***) *v/t. & v/i.* öğüt(ül)mek; bile(n)mek; (diş) gıcırda(t)mak; (*ders*) ineklemek; *fig.* ezmek, zulmetmek; **2.** *n.* öğütme; gıcırtı; uzun ve sıl ıcı iş; inek öğrenci; **~·er** ['graındə] *n.* öğütücü; bileyici; azıdişi; MEC öğütücü makine; MEC kahve değirmeni; **~·stone** *n.* bileğitaşı.

grip [grıp] **1.** (*-pp-*) *v/t.* sımsıkı tutmak, kavramak, yapışmak; *fig.* etkilemek; **2.** *n.* sımsıkı tutma, kavrama; *fig.* anlama; *Am.* yolcu çantası.

gripes [graıps] *n. pl.* karın ağrısı, sancı.

grip·sack *Am.* ['grıpsæk] *n.* yolcu çantası.

gris·ly ['grızlı] (*-ier, -iest*) *adj.* tüyler ürpertici, dehşetli.

gris·tle ['grısl] *n.* ANAT kıkırdak.

grit [grıt] **1.** *n.* iri taneli kum; *fig.* cesaret; **2.** (*-tt-*): ***~ one's teeth*** dişlerini gıcırdatmak.

griz·zly (bear) ['grızlı(beə)] *n.* boz ayı.

groan [grəʊn] **1.** *v/i.* inlemek; **2.** *n.* inilti.

gro·cer ['grəʊsə] *n.* bakkal; **~·ies** [-rız] *n. pl.* bakkaliye; **~·y** [-ı] *n.* bakkal dükkânı; bakkallık.

grog·gy F ['grɒgı] (*-ier, -iest*) *adj.* sallanan; sersemlemiş; halsiz.

groin ANAT [grɔın] *n.* kasık.

groom [grʊm] **1.** *n.* seyis; = ***bridegroom***; **2.** *v/t.* tımar etmek; (bir işe) hazırlamak.

groove [gru:v] *n.* oluk, yiv; tekerlek izi; **groov·y** *sl.* ['gru:vı] (*-ier, -iest*) *adj.* son modaya uygun, şık.

grope [grəʊp] *v/t.* el yordamıyla aramak; *sl.* (*kızın vücudunu*) okşamak.

gross [grəʊs] **1.** □ kaba, çirkin, terbiyesiz; şişko; yoğun, sık (*bitki örtüsü*); berbat (*yemek*); ECON brüt; **2.** *n.* grosa, on iki düzine; ***in the ~*** toptan.

gro·tesque □ [grəʊ'tesk] garip, acayip.

ground[1] [graʊnd] **1.** *pret. & p.p. of* ***grind 1***; **2.** *n.* ***~ glass*** kristal cam.

ground[2] [graʊnd] **1.** *n.* yer; toprak (*a.* ELECT); alan, saha; deniz dibi; temel, esas; *~s pl.* bahçe; arazi; kahve telvesi; neden, gerekçe; ***on the ~(s) of***...nedeniyle, ...gerekçesiyle; ***stand*** *ya da* ***hold*** *ya da* ***keep one's ~*** davasından vazgeçmemek, direnmek; **2.** *v/t. & v/i.* karaya otur(t)mak; yere indirmek; dayandırmak (***on*** *-e*); ELECT toprağa bağlamak; **~ crew** *n.* AVIA yer mürettebatı; **~ floor** *esp. Brt.* [graʊndflɔ:] *n.* zemin katı; **~ forc·es** *n. pl.* MIL kara kuvvetleri; **~·hog** *n.* ZO dağsıçanı; **~·ing** [-ıŋ] *n. Am.* ELECT toprağa bağlama; temel eğitim; **~·less** □ [-lıs] nedensiz, yersiz, asılsız; **~·nut** *n. Brt.* BOT yerfıstığı; **~ staff** *n. Brt.* AVIA yer mürettebatı;~ **sta·tion** *n. radyo*: sahra istasyonu;~**·work** *n.* temel, esas.

group [gru:p] **1.** *n.* grup, küme, öbek; **2.** *v/t.* gruplandırmak; *v/i.* gruplaşmak.

group·ie F ['gru:pı] *n.* pop müzik âşığı kız.

group·ing ['gru:pıŋ] *n.* gruplandırma.

grove [grəʊ] *n.* koru, ağaçlık.

grov·el ['grɒvl] (*esp. Brt. -ll-, Am. -l-*) *v/i.* yerde sürünmek; ayaklarına kapanmak.

grow [grəʊ] (***grew, grown***) *v/t. & v/i.* büyü(t)mek, yetiş(tir)mek; olmak, -leşmek; ~ ***into*** olmak; *-e* alışmak; ~ ***on*** gittikçe hoş gelmek, gittikçe sarmak; ~ ***out of*** (*elbise*) dar gelmek, içine sığmamak; (*alışkanlık*) bırakmak; ~ ***up*** büyümek, gelişmek;~**·er** ['grəʊə] *n.* yetiştirici, üretici.

growl [graʊl] *v/i.* hırlamak; homurdanmak.

grown [grəʊn] **1.** *p.p. of* ***grow***; **2.** *adj.* büyümüş, yetişkin; ~**-up** ['grəʊnʌp] **1.** *adj.* yetişkin; **2.** *n.* yetişkin kimse; **growth** [grəʊθ] *n.* büyüme, gelişme; artma, artış; ürün; MED ur.

grub [grʌb] **1.** *n.* zo kurtçuk, tırtıl; F yiyecek; **2.** (***-bb-***) *v/t.* eşelemek, kazmak; *v/i.* didinmek;~**·by** ['grʌbı] (***-ier, -iest***) *adj.* kirli, pis.

grudge [grʌdʒ] **1.** *n.* kin; **2.** *v/t.* vermek istememek, çok görmek, esirgemek; diş bilemek, kin gütmek.

gru·el [grʊəl] *n.* pişirilmiş yulaf ezmesi.

gruff □ [grʌf] boğuk (*ses*); kaba, sert, hırçın.

grum·ble ['grʌmbl] **1.** *v/i.* söylenmek, homurdanmak; **2.** *n.* homurdanma; ~**r** *fig.* [~ə] *n.* homurdanan kimse.

grunt [grʌnt] **1.** *v/i.* hırıldamak; homurdanmak; **2.** *n.* hırıltı; homurtu.

guar·an|tee [gærən'ti:] **1.** *n.* garanti; kefil; **2.** *v/t.* garanti etmek; kefil olmak; ~**·tor** [~'tɔ:] *n.* kefil, garantör; ~**·ty** ['gærəntı] *n.* garanti, kefalet.

guard [gɑ:d] **1.** *n.* koruma; MIL nöbet; nöbetçi; bekçi, gardiyan; RAIL tren memuru; ♀**s** *pl.* muhafız alayı; ***be on*** ~ nöbette *ya da* tetikte olmak; ***be on*** (***off***) ***one's*** ~ hazırlıklı (hazırlıksız) olmak; **2.** *v/t.* korumak (***from*** *-den*); *v/i.* önlem almak (***against*** *-e karşı*); nöbet tutmak;~**·ed** ['gɑ:dıd] *adj.* dikkatli, tedbirli;~**·i·an** [~jən] *n.* gardiyan, bekçi, koruyucu; LEG veli, vasi; *attr.* koruyucu...;~**·i·anship** LEG [~ʃıp] *n.* velilik, vasilik.

gue(r)·ril·la MIL [gə'rılə] *n.* gerilla; ~ ***warfare*** gerilla savaşı.

guess [ges] **1.** *n.* tahmin; **2.** *v/t.* tahmin etmek; *Am.* zannetmek, sanmak; ~***ing game*** bulmaca;~**·work** ['geswɜ:k] *n.* tahmin, varsayı.

guest [gest] *n.* misafir, konuk; *attr.* misafir...;~**-house** ['gesthaʊs] *n.* pansiyon;~**-room** *n.* misafir yatak odası.

guf·faw [gʌ'fɔ:] **1.** *n.* kaba gülüş; **2.** *v/i.* kabaca gülmek, kahkahayı koyvermek.

guid·ance ['gaıdns] *n.* rehberlik; öğüt, akıl.

guide [gaıd] **1.** *n.* rehber, kılavuz; MEC yatak, kızak; *a.* ~***book*** turist kılavuzu, yolculuk rehberi; ***a*** ~ ***to London*** Londra rehberi; *s.* ***girl guide***; **2.** *v/t.* yol göstermek, rehberlik etmek; **guid·ed mis·sile** *n.* MIL güdümlü roket; **guid·ed tour** *n.* rehberli tur; ~**-line** ['gaıdlaın] *n.* ana hatlar (***on*** *-de*).

guild *hist.* [gıld] *n.* lonca, dernek;♀**·hall** ['gıld'hɔ:l] *n.* Londra Belediye Dairesi.

guile [gaıl] *n.* hile, kurnazlık; ~**·ful** □ ['gaılfl] hileci;~**·less** □ [~lıs] dürüst, temiz kalpli.

guilt [gılt] *n.* suç; suçluluk; ~**·less** □ ['gıltlıs] suçsuz, masum; ~**·y** □ [~ı] (***-ier, -iest***) suçlu (***of*** *-den*).

guin·ea ['gını] *n.* 21 şilinlik eski İngiliz parası;~**-pig** *n.* zo kobay.

guise [gaız] *n.* elbise, kılık; *fig.* maske, kisve.

gui·tar MUS [gı'tɑ:] *n.* gitar.

gulch *esp. Am.* [gʌlʃ] *n.* küçük ve derin dere.

gulf [gʌlf] *n.* körfez; uçurum; (*fikir*) ayrılık.

gull zo [gʌl] *n.* martı.

gul·let ANAT ['gʌlıt] *n.* boğaz, gırtlak.

gulp [gʌlp] **1.** *n.* yutma, yudum; **2.** *v/t.* *oft.* ~ ***down*** yutuvermek, mideye indirmek.

gum [gʌm] **1.** *n.* zamk; sakız; ~, *Am.* ~***drop*** sakızlı şekerleme; ~***s*** *pl.* ANAT dişeti; *Am.* lastik ayakkabı; **2.** (***-mm-***) *v/t.* zamklamak, yapıştırmak.

gun [gʌn] **1.** *n.* silah, top, tüfek; *Am.* tabanca; ***big*** ~ F *fig.* kodaman; **2.** (***-nn-***):

G

mst ~ ***down*** öldürmek, vurmak; ~ **battle** *n.* silahlı çatışma; ~**·boat** ['gʌnbəʊt] *n.* NAUT gambot; ~**·fight** *n.* *Am.* = ***gun battle***; ~**·fire** *n.* MIL top ateşi; ~**·li·cence** *n.* silah taşıma ruhsatı; ~**·man** (*pl.* ***-men***) *n.* silahlı soyguncu, gangster; ~**·ner** MIL [~ə] *n.* topçu; ~**·point *at*** ~ ölüm tehdidi altında; ~**·pow·der** *n.* barut; ~**·run·ner** *n.* silah kaçakçısı; ~**·run·ning** *n.* silah kaçakçılığı; ~**·shot** *n.* silah atışı; ***within*** (***out of***) ~ menzil içinde (dışında); ~**·smith** *n.* silahçı, tüfekçi.

gur·gle ['gɜːgl] **1.** *v/i.* çağıldamak; (*bebek*) agulamak; **2.** *n.* çağıltı; (*bebek*) agu.

gush [gʌʃ] **1.** *n.* fışkırma; *fig.* coşku; **2.** *v/i.* fışkırmak (***from*** *-den*); *fig.* sevgisini dile getirmek.

gust [gʌst] *n.* bora.

gut [gʌt] *n.* ANAT bağırsak; MUS bağırsaktan yapılmış çalgı teli; ~***s*** *pl.* bağırsaklar; *fig.* cesaret, yürek.

gut·ter ['gʌtə] *n.* oluk, suyolu; *fig.* sefalet.

guy F [gaɪ] *n.* adam, herif.

guz·zle ['gʌzl] *v/t.* oburca yemek *ya da* içmek.

gym F [dʒɪm] = ***gymnasium***; ***gymnastics***; ~**·na·si·um** [dʒɪm'neɪzjəm] *n.* jimnastik salonu; ~**·nas·tics** [~'næstɪks] *n. sg.* jimnastik.

gy·n(a)e·col·o|gist [gaɪnɪ'kɒlədʒɪst] *n.* jinekolog, kadın hastalıkları uzmanı; ~**·gy** [~dʒɪ] *n.* jinekoloji, kadın hastalıkları bilimi.

gyp·sy *esp. Am.* ['dʒɪpsɪ] = ***gipsy***.

gy·rate [dʒaɪə'reɪt] *v/i.* dönmek.

H

H

hab·er·dash·er ['hæbədæʃə] *n. Brt.* tuhafiyeci; *Am.* erkek giyimi satıcısı; ~**·y** [~rɪ] *n. Brt.* tuhafiye dükkânı; tuhafiye eşyası; *Am.* erkek giyim eşyası; *Am.* erkek giyim mağazası.

hab|it ['hæbɪt] *n.* alışkanlık, âdet; *esp.* din adamlarının özel kıyafeti; ~ ***of mind*** ruhsal durum; ***drink has become a*** ~ ***with him*** içki onda alışkanlık yaptı, içmeyi alışkanlık haline getirdi; ~**·i·ta·ble** □ [~əbl] içinde yaşanabilir, oturulabilir.

ha·bit·u·al □ [hə'bɪtjʊəl] alışılmış, her zamanki.

hack[1] [hæk] *v/t.* kesmek, doğramak.

hack[2] [~] *n.* kira beygiri; yaşlı at; taksi; *a.* ~ ***writer*** kalitesiz yazar; ~**·neyed** ['hæknɪd] *adj.* basmakalıp, bayat, adi.

had [hæd] *pret. & p.p. of* ***have***.

had·dock ZO ['hædək] *n.* mezgit.

h(a)e·mor·rhage MED ['hemərɪdʒ] *n.* kanama.

hag *fig.* [hæg] *n.* kocakarı, cadı.

hag·gard □ ['hægəd] bitkin görünüşlü, çökmüş, süzgün.

hag·gle ['hægl] *v/i.* sıkı pazarlık etmek.

hail [heɪl] **1.** *n.* dolu; **2.** *v/i.* dolu yağmak; *v/t.* seslenmek, çağırmak; ~ ***from*** ...li olmak; ~**·stone** ['heɪlstəʊn] *n.* dolu tanesi; ~**·storm** *n.* dolu fırtınası.

hair [heə] *n.* kıl, tüy; *coll.* saç; ~**·breadth** ['heəbredθ]: ***by a*** ~ kıl payı, az kaldı; ~**·brush** *n.* saç fırçası; ~**·cut** *n.* saç traşı; ~**·do** (*pl.* ***-dos***) *n.* F saç tuvaleti; ~**·dress·er** *n.* kuaför; ~**·dri·er** ~**·dry·er** [~draɪə] *n.* saç kurutma makinesi; ~**·grip** *n. Brt.* saç tokası; ~**·less** [~lɪs] *adj.* saçsız, kel; ~**·pin** *n.* saç tokası, firkete; ~ ***bend*** keskin viraj; ~**·rais·ing** [~reɪzɪŋ] *adj.* tüyler ürpertici, korkunç; ~**'s breadth** = ***hairbreadth***; ~**·slide** *n. Brt.* kancalı iğne; ~**·splitting** *n.* kılı kırk yarma; ~ **spray** *n.* saç spreyi; ~**·style** *n.* saç biçimi, saç tuvaleti; ~ **styl·ist** *n.* kadın berberi; ~**·y** [~rɪ] (***-ier, -iest***) *adj.* tüylü, kıllı; *sl.* tehlikeli.

hale [heɪl]: ~ ***and hearty*** dinç ve sağlıklı, zinde.

half [hɑːf] **1.** (*pl.* ***halves*** [~vz]) *n.* yarı, yarım; ***by halves*** yarım yamalak, üstünkörü; ***go halves*** yarı yarıya bölüşmek; **2.** *adj.* yarım, buçuk; ~ ***an hour*** yarım saat; ~ ***a pound*** yarım pound; ~ ***past ten*** on buçuk; ~ ***way up*** yarı yolda; ~**·back** ['hɑːf'bæk] *n. futbol:* hafbek; ~**·breed** [~briːd] *n.* melez; ~ **broth·er** *n.* üvey kardeş; ~**·caste** *n.* melez; ~**·heart·ed** □ [~'hɑːtɪd] isteksiz, gönülsüz; **~length ~ *portrait*** büst portresi; **~-mast *fly at ~*** (*bayrak*) yarıya inmek, yarıda dalgalanmak; **~·pen·ny** ['heıpnı] (*pl.* ***-pennies, -pence***) *n.* yarım peni; **~ sis·ter** *n.* üvey kız kardeş; **~-term** *n. Brt.* UNIV sömestr tatili, yarıyıl tatili; **~-time** ['hɑːf'taım] *n.* SPOR: haftaym, yarı devre, ara; **~-way** *adj.* yarı yoldaki; yetersiz; **~wit·ted** *adj.* yarım akıllı, aptal.

hal·i·but ZO ['hælıbət] *n.* büyük dilbalığı.

hall [hɔːl] *n.* salon; hol, antre; resmi bina; UNIV yemek salonu; ***~ of residence*** öğrenci yurdu.

hal·lo *Brt.* [hə'ləʊ] = ***hello.***

hal·low ['hæləʊ] *v/t.* kutsamak; kutsallaştırmak; **♀·e'en** [hæləʊ'iːn] *n.* hortlaklar gecesi (*31 Ekim*).

hal·lu·ci·na·tion [həluːsı'neıʃn] *n.* kuruntu, sanrı.

hall·way *esp. Am.* ['hɔːlweı] *n.* koridor.

ha·lo ['heıləʊ] (*pl.* ***-loes, -los***) *n.* AST hale, ağıl, ayla.

halt [hɔːlt] **1.** *n.* durma; mola; **2.** *v/t. & v/i.* dur(dur)mak, mola vermek; duraksamak.

hal·ter ['hɔːltə] *n.* yular.

halve [hɒːv] *v/t.* yarıya bölmek; yarı yarıya azaltmak; **~s** [hɒːvz] *pl. of* ***half 1.***

ham [hæm] *n.* jambon; ***~ and eggs*** yumurtalı jambon.

ham·burg·er ['hæmbɜːgə] *n. Am.* sığır kıyması, sığır köftesi; *a.* ***♀ steak*** köfteli sandviç, hamburger.

ham·let ['hæmlıt] *n.* küçük köy.

ham·mer ['hæmə] **1.** *n.* çekiç; **2.** *v/t.* çekiçlemek.

ham·mock ['hæmək] *n.* hamak, ağyatak.

ham·per¹ ['hæmpə] *n.* kapaklı sepet; çamaşır sepeti.

ham·per² [~] *v/t.* engel olmak, güçleştirmek.

ham·ster ZO ['hæmstə] *n.* hamster, cırlak sıçan.

hand [hænd] **1.** *n.* el; yardım; işçi, amele; *fig.* nüfuz, yetki; *fig.* bir işe karışma, parmak; yelkovan; ibre; *iskambil:* el; ***at ~*** yakında; yanında, elinin altında; ***at first ~*** ilk elden; ***a good (poor) ~ at*** *-de* becerikli (beceriksiz); ***~ and glove*** el ele, yardımlaşarak; ***change ~s*** el değiştirmek, sahip değiştirmek; ***lend a ~*** yardım etmek; ***off ~*** derhal, hemen; ***on ~*** ECON elde mevcut, stokta; *esp. Am.* elde hazır; ***on one's ~s*** *-in* elinde; ***on the one ~*** bir taraftan; ***on the other ~*** diğer taraftan; **2.** *v/t.* el ile vermek, uzatmak; yardım etmek; ***~ around*** el ile dağıtmak; elden ele dolaştırmak; ***~ down*** kuşaktan kuşağa devretmek; ***~ in*** teslim etmek, vermek; ***~ on*** elden ele geçirmek; ***~ out*** dağıtmak; ***~ over*** teslim etmek, vermek; ***~ up*** vermek, uzatmak; **~·bag** ['hændbæg] *n.* el çantası; **~·bill** *n.* el ilanı; **~·brake** *n.* MEC el freni; **~·cuffs** *n. pl.* kelepçe; **~·ful** [~fʊl] *n.* avuç dolusu; F ele avuca sığmayan çocuk; **~·held** *n.* avuçiçi bilgisayar.

hand·i·cap ['hændıkæp] **1.** *n.* handikap, engel; SPOR: handikap koşusu; *s.* ***mental, physical***; **2.** (***-pp-***) *v/t.* sakatlamak; engel olmak, engellemek; SPOR: (*yarışta*) handikap koymak; **~ped 1.** *adj.* sakat, özürlü; *s.* ***mental, physical***; **2.** *n.* ***the ~*** *pl.* MED sakatlar, özürlüler.

hand·ker·chief ['hæŋkətʃıf] (*pl.* ***-chiefs***) *n.* mendil.

han·dle ['hændl] **1.** *n.* sap, kulp, kabza, tutamaç; *fig.* neden, bahane; ***fly off the ~*** F küplere binmek, zıvanadan çıkmak; **2.** *v/t.* ellemek; kullanmak; alıp satmak; **~·bar**(**s** *pl.*) *n.* bisiklet gidonu.

hand|lug·gage ['hændlʌgıdʒ] *n.* el bagajı; **~·made** *adj.* el yapımı; **~·rail** *n.* tırabzan.

hands-free *adj.* hands-free (*araba telefonu, alet*).

hand·shake *n.* el sıkma, toka; **~·some** □ ['hænsəm] (***~r, ~st***) yakışıklı; güzel; bol; **~·work** *n.* elişi; **~·writ·ing** *n.* el yazısı; **~·writ·ten** *adj.* el ile yazılmış; **~·y** □ [~ı] (***-ier, -iest***) yakın, el altında; kullanışlı; elinden iş gelir; ***come in ~*** işe yaramak.

hang¹ [hæŋ] **1.** (***hung***) *v/t.* asmak; (baş) eğmek; (*kâğıt*) kaplamak; (*kapı*) takmak; *v/i.* asılı durmak; sarkmak; ***~ about, ~ around*** aylakça dolaşıp beklemek, oyalanmak; ***~ back*** tereddüt etmek, geri durmak, çekinmek; ***~ on*** sımsıkı sarılmak (***to*** *-e*) (*a. fig.*); ***~ up*** TELEPH telefonu kapatmak; ***she hung up on me*** telefonu yüzüme kapadı; **2.**

n. (*elbise, perde*) duruş; kullanılış biçimi; ***get the ~ of s.th.*** bşin usulünü öğrenmek; bşin esasını kavramak.

hang[2] [~] (***hanged***) *v/t.* idam etmek, ipe çekmek, asmak; ***~ o.s.*** *k-ni* asmak.

han·gar ['hæŋə] *n.* hangar.

hang·dog ['hæŋdɒg] *adj.* aşağılık, alçak, sinsi.

hang·er ['hæŋə] *n.* askı, çengel; **~-on** *fig.* [~ər'ɒn] (*pl.* ***hangers-on***) *n.* beleşçi, asalak, lüpçü.

hang|-glid·er ['hæŋglaıdə] *n.* el uçurtması ile uçan kimse; **~glid·ing** [~ıŋ] *n.* el uçurtması ile uçma.

hang·ing ['hæŋıŋ] **1.** *adj.* asılı, sarkan; **2.** *n.* idam etme, asma; ***~s*** duvara asılan perde *v.b.*

hang·man ['hæŋmən] (*pl.* ***-men***) *n.* cellat.

hang·nail MED ['hæŋneıl] *n.* şeytantırnağı.

hang·o·ver F ['hæŋəʊvə] *n.* içki mahmurluğu, akşamdan kalmış olma.

han·ker ['hæŋkə] *v/t.* özlemini çekmek, yanıp tutuşmak (***after, for*** *için*).

hap·haz·ard ['hæp'hæzəd] **1.** *n.* rastlantı, şans; ***at ~*** rasgele, gelişigüzel; **2.** □ rasgele, gelişigüzel.

hap·pen ['hæpən] *v/i.* olmak, meydana gelmek, cereyan etmek; ***he ~ed to be at home*** tesadüfen evdeydi, Allahtan evdeydi; ***~ in*** *Am.* F geçerken şöyle bir uğramak; ***~ on, ~ upon*** *-e* rast gelmek, şans eseri bulmak; **~·ing** ['hæpnıŋ] *n.* olay.

hap·pi|ly ['hæpılı] *adv.* sevinçle, mutlu olarak; bereket versin ki, Allahtan; **~·ness** [~nıs] *n.* mutluluk.

hap·py □ ['hæpı] (***-ier, -iest***) mutlu; şanslı; memnun; isabetli, yerinde; F çakırkeyf; **~-go-luck·y** *adj.* gamsız, tasasız, vurdumduymaz.

ha·rangue [hə'ræŋ] **1.** *n.* uzun konuşma, nutuk; **2.** *v/t.* *-e* nutuk çekmek.

har·ass ['hærəs] *v/t.* rahat vermemek, canını sıkmak.

har·bo(u)r ['hɑːbə] **1.** *n.* liman; barınak; **2.** *v/t.* & *v/i.* barın(dır)mak; sığınmak; (*kin v.b.*) beslemek.

hard [hɑːd] **1.** □ sert, katı; zor, güç; zorlu, çetin; şiddetli, sert; acımasız, insafsız; ***~ of hearing*** kulağı ağır işiten; **2.** *adv.* gayretle, harıl harıl, sıkı; şiddetle; ***~ by*** çok yakın, yanı başında; ***~ up*** parasız, eli darda; **~-boiled** ['hɑːdbɔıld] *adj.* lop, katı (*yumurta*); *fig.* görmüş geçirmiş, pişkin; **~ cash** *n.* nakit para; **~ core** *n.* kırma taş; **~-core** *adj.* boyun eğmez, yolundan şaşmaz; açık saçık (*film*); **~·cov·er** PRINT **1.** *adj.* kalın ciltli; **2.** *n.* kalın ciltli kitap; **~·en** [~n] *v/t.* & *v/i.* sertleş(tir)mek; katılaş(tır)mak; *fig.* duygusuzlaştırmak; ECON (*fiyat*) yükselmek; **~ hat** *n.* miğfer; inşaat işçisi; **~head·ed** *adj.* becerikli, işini bilir; *esp. Am.* inatçı; **~·heart·ed** □ katı yürekli, acımasız; **~ la·bo(u)r** *n.* LEG ağır iş cezası; **~ line** *n. esp.* POL sabit düşünce; **~-line** *adj. esp.* POL sabit düşünceli, uzlaşmaz; **~·ly** [~lı] *adv.* hemen hiç, ancak; güçlükle; **~·ness** [~nıs] *n.* sertlik, katılık; güçlük; **~·ship** [~ʃıp] *n.* güçlük, sıkıntı; **~ shoul·der** *n.* MOT banket; **~·ware** *n.* madeni eşya, hırdavat; *bilgisayar*: donanım; **har·dy** □ [~ı] (***-ier, -iest***) cesur, gözü pek; dayanıklı; soğuğa dayanıklı (*bitki*).

hare ZO [heə] *n.* tavşan; **~·bell** BOT ['heəbel] *n.* çançiçeği, meryemanaeldiveni; **~-brained** *adj.* kuş beyinli, aptal; **~·lip** ANAT [~'lıp] *n.* tavşandudağı, yarık dudak.

ha·rem ['heərəm] *n.* harem.

hark [hɑːk]: ***~ back*** geçmişten söz etmek, geçmişe dönmek.

harm [hɑːm] **1.** *n.* zarar, ziyan; kötülük; **2.** *v/t.* zarar vermek; kötülük etmek; **~·ful** □ ['hɑːmfl] zararlı; **~·less** □ [~lıs] zararsız; masum, suçsuz.

har·mo|ni·ous □ [hɑː'məʊnjəs] uyumlu, ahenkli; **~·nize** ['hɑːmənaız] *v/t.* & *v/i.* uy(dur)mak, bağdaştırmak; **~·ny** [~ı] *n.* uyum, ahenk; harmoni.

har·ness ['hɑːnıs] **1.** *n.* koşum takımı; ***die in ~*** *fig.* işinin başında ölmek; **2.** *v/t.* (*atı*) arabaya koşmak; yararlanmak, kullanmak.

harp [hɑːp] **1.** *n.* MUS harp; **2.** *v/i.* MUS harp çalmak; ***~ on*** *fig.* aynı şeyleri tekrarlayıp durmak, *-in* üzerinde çok durmak.

har·poon [hɑː'puːn] **1.** *n.* zıpkın; **2.** *v/t.* zıpkınlamak.

har·row AGR ['hærəʊ] **1.** *n.* tırmık; **2.** *v/t.* tırmıklamak.

har·row·ing □ ['hærəʊıŋ] üzücü, yürek parçalayıcı.

harsh □ [hɑːʃ] sert, haşin; gaddar; ters, huysuz; kulakları tırmalayan (*ses*).
hart zo [hɑːt] *n.* erkek karaca.
har·vest ['hɑːvɪst] **1.** *n.* hasat; ürün, rekolte; *fig.* sonuç, semere; **2.** *v/t.* (*ürün*) toplamak, kaldırmak; biçmek; **~·er** [~ə] *n. esp.* orak makinesi, biçerdöver.
has [hæz] *3. sg. pres. of* ***have.***
hash[1] [hæʃ] **1.** *n.* kıymalı yemek; *fig.* karmakarışık şey; ***make a ~ of*** *fig.* yüzüne gözüne bulaştırmak; **2.** *v/t.* (*et*) kıymak, doğramak.
hash[2] F [~] *n.* haşiş, esrar.
hash·ish ['hæʃiːʃ] *n.* haşiş, esrar.
hasp [hɑːsp] *n.* asma kilit köprüsü.
haste [heɪst] *n.* acele; ***make ~*** acele etmek, ivmek; **has·ten** ['heɪsn] *v/t. & v/i.* acele et(tir)mek, hızlan(dır)mak; **hast·y** □ ['heɪstɪ] (***-ier, -iest***) acele, çabuk; aceleci.
hat [hæt] *n.* şapka.
hatch[1] [hætʃ] *v/t. & v/i. a.* ***~ out*** (*civciv*) yumurtadan çık(ar)mak.
hatch[2] [~] *n.* NAUT, AVIA ambar ağzı *ya da* kapağı; **~·back** MOT ['hætʃbæk] *n.* arkada da kapısı olan araba.
hatch·et ['hætʃɪt] *n.* küçük balta.
hatch·way NAUT ['hætʃweɪ] *n.* ambar ağzı, lombar ağzı.
hate [heɪt] **1.** *n.* nefret; **2.** *v/t.* *-den* nefret etmek; **~·ful** □ ['heɪtfl] nefret verici; nefret dolu; **ha·tred** [~rɪd] *n.* nefret, kin, düşmanlık.
haugh|ti·ness ['hɔːtɪnɪs] *n.* kibir, kurum; **~·ty** □ [~ɪ] kibirli, kendini beğenmiş.
haul [hɔːl] **1.** *n.* çekme, çekiş; taşıma uzaklığı; **2.** *vb.* çekmek; taşımak; MIN çıkarmak; NAUT vira etmek.
haunch [hɔːntʃ] *n.* kalça; zo but; *Am. a.* ***~es*** *pl.* kıç; zo sağrı.
haunt [hɔːnt] **1.** *n.* sık gidilen yer, uğrak; **2.** *vb.* sık sık uğramak, aşındırmak; (*hayalet*) sık sık görünmek; aklından çıkmamak; **~·ing** □ ['hɔːntɪŋ] hiç akıldan çıkmayan.
have [hæv] (***had***) *v/t.* sahip olmak, ... sı olmak; almak; elde etmek; yemek; içmek; ***~ to do*** yapmak zorunda olmak; ***I had my hair cut*** saçımı kestirdim; ***he will ~ it that...*** ...diğini iddia ediyor; ***I had better go*** gitsem iyi olur; ***I had rather go*** gitmeyi yeğlerim, gitsem daha iyi olur; ***~ about one*** üzerinde bulundurmak (*para v.b.*); ***~ on*** aldatmak; (*elbise*) giyiyor olmak, üzerinde olmak; ***~ it out with*** *ile* tartışarak çözümlemek; *v/aux.*: ***I ~ come*** geldim; *v/i. oft* olmak; ***~ come*** gelmiş olmak.
ha·ven ['heɪvn] *n.* liman; *fig.* sığınak, barınak.
hav·oc ['hævək] *n.* hasar, tahribat; ***play ~ with*** harabeye çevirmek; (*plan*) altüst etmek.
haw BOT [hɔː] *n.* alıç.
Ha·wai·i·an [hə'waɪɪən] **1.** *adj.* Hawaii'ye özgü; **2.** *n.* Hawaii'li; LING Hawaii dili.
hawk[1] zo [hɔːk] *n.* atmaca.
hawk[2] [~] *vb.* işportacılık yapmak; "öhö öhö" diye öksürmek.
haw·thorn BOT ['hɔːθɔːn] *n.* yabani akdiken, alıç.
hay [heɪ] **1.** *n.* kuru ot, saman; **2.** *vb.* kuru ot biçmek; **~·cock** ['heɪkɒk] *n.* ot yığını; tınaz; **~ fe·ver** *n.* saman nezlesi; **~·loft** *n.* samanlık; **~·rick**, **~·stack** *n.* ot yığını; tınaz.
haz·ard ['hæzərd] **1.** *n.* şans; şans işi; tehlike, riziko; **2.** *v/t.* şansa bırakmak; tehlikeye atmak; **~·ous** □ [~əs] tehlikeli; şansa bağlı.
haze [heɪz] *n.* hafif sis, pus.
ha·zel ['heɪzl] **1.** *n.* BOT fındık ağacı; **2.** *adj.* ela (*göz*); **~·nut** *n.* BOT fındık.
haz·y □ ['heɪzɪ] (***-ier, -iest***) puslu, dumanlı; *fig.* belirsiz, bulanık.
H-bomb MIL ['eɪtʃbɒm] *n.* hidrojen bombası.
he [hiː] **1.** *pron.* (*erkek*) o, kendisi; **2.** *n.* erkek (*a.* ZO); **3.** *adj. esp.* zo erkek...; ***~-goat*** erkek keçi, teke.
head [hed] **1.** *n.* baş, kafa (*a. fig.*); şef, baş; tane, adet, baş (*pl.* ~); (*para*) tura; (*bira v.b.*) köpük; başak; NAUT pruva; ***come to a ~*** (*sivilce, çıban*) baş vermek, olgunlaşmak; *fig.* son noktaya varmak, dananın kuyruğu kopmak; ***get it into one's ~ that...*** ...yi kafasına koymak; ***lose one's ~*** *fig.* pusulayı şaşırmak; ***~ over heels*** havada perende atma; **2.** *adj.* baş ile ilgili; baş..., şef...; **3.** *v/t.* *-in* başında olmak, başı çekmek; yönetmek; tepesini budamak; ***~ off*** yolunu kesmek; önlemek; *v/i.* (*lahana v.b.*) baş vermek; yönelmek, gitmek (***for*** *-e*); NAUT başı bir yöne doğru olmak; *futbol*: topa kafa at-

mak; **~·ache** ['hedeık] *n.* baş ağrısı; **~·band** *n.* saç bantı; **~·dress** *n.* başlık; **~·gear** *n.* başlık, şapka, başörtüsü; **~·hunt·er** bir kuruluş için gerekli önemli el*emanları bulup transfer eden kimse*; **~·ing** [-ıŋ] *n.* başlık; bölüm; **~·land** [-lənd] *n.* çıkıntı, burun; **~·light** *n.* MOT far; **~·line** *n.* başlık, manşet; **~s** *pl. radyo*, TV: haberlerden özetler; **~·long 1.** *adj.* düşüncesizce yapılmış; **2.** *adv.* düşüncesizce; balıklama; **~·mas·ter** *n. okul*: müdür; **~·mis·tress** *n. okul*: müdire; **~on** *adj.* önden; **~ *collision*** kafa kafaya çarpışma; **~·phones** *n. pl.* kulaklık; **~·quar·ters** *n. pl.* MIL karargâh; merkez; **~·rest**, **~ re·straint** *n.* koltuk başlığı; **~·set** *n. esp. Am.* kulaklık; **~ start** *n.* SPOR: avantaj (*a. fig.*); **~·strong** *adj.* bildiğini okuyan, dik kafalı; **~·wa·ters** *n. pl.* ırmağı besleyen kaynak; **~·way** *n. fig.* ilerleme; ***make* ~** ilerlemek; **~·word** *n.* (*sözlükte*) madde başı sözcük; **~·y** □ [-ı] (***-ier, -iest***) inatçı, dik başlı; başa vuran, çarpan (*içki*); düşüncesizce yapılan.

heal [hi:l] *v/t. & v/i.* iyileş(tir)mek; **~ *over*, ~ *up*** (*yara*) kapanmak.

health [helθ] *n.* sağlık; **~ *club*** sağlık kulübü; **~ *food*** besin değeri yüksek gıda; **~ *food shop*** (*esp. Am.* ***store***) besleyici yiyecek satan dükkân; **~ *insurance*** sağlık sigortası; **~ *resort*** ılıca; **~ *service*** sağlık hizmeti; **~·ful** □ ['helθfl] sağlıklı, sağlığa yararlı; **~·y** □ [-ı] (***-ier, -iest***) sağlıklı, sağlam; sağlığa yararlı.

heap [hi:p] **1.** *n.* yığın, küme; kalabalık; **2.** *v/t. a.* **~ *up*** yığmak; *fig. a.* yağdırmak.

hear [hıə] (***heard***) *v/t.* işitmek, duymak; dinlemek, kulak vermek; **~d** [hɜ:d] *pret. & p.p. of* ***hear***; **~·er** ['hıərə] *n.* dinleyici; **~·ing** [-rıŋ] *n.* işitme, işitim; LEG duruşma; LEG oturum, celse; ***within*** (***out of***) **~ *in*** işitilecek (işitilmeyecek) uzaklıkta; **~·say** *n.* söylenti; dedikodu; ***by* ~** söylentiye göre.

hearse [hɜ:s] *n.* cenaze arabası.

heart [hɑ:t] *n.* ANAT yürek, kalp (*a. fig.*); *fig.* gönül, can; merkez, göbek; *iskambil*: kupa; ***by* ~** ezbere; ***out of* ~** üzgün, cesareti kırılmış; ***cross my* ~** inan doğruyu söylüyorum; ***lay to* ~** akılda tutmak, unutmamak; ***lose* ~** cesaretini yitirmek, cesareti kırılmak; ***take* ~** cesaretlenmek; **~·ache** ['hɑ:teık] *n.* kalp ağrısı, üzüntü, keder; **~ at·tack** *n.* MED kalp krizi; **~·beat** *n.* kalp atışı; **~·break** *n.* kalp kırıklığı, gönül yarası; **~·breaking** □ [-ıŋ] keder verici, yürek parçalayıcı; **~·brok·en** *adj.* kalbi kırık, acılı; **~·burn** *n.* MED mide ekşimesi; **~en** [-n] *v/t.* cesaretlendirmek, yüreklendirmek; **~ fail·ure** *n.* MED kalp yetmezliği; **~·felt** *adj.* candan, yürekten.

hearth [hɑ:θ] *n.* ocak (*a. fig.*); aile ocağı, yurt.

heart|less □ ['hɑ:tlıs] kalpsiz, acımasız; **~·rend·ing** □ ['hɑ:trendıŋ] çok acıklı, yürekler acısı; **~ transplant** *n.* MED kalp nakli; **~·y** □ [-ı] (***-ier, -iest***) içten, candan, yürekten; sağlıklı, dinç.

heat [hi:t] **1.** *n.* sıcaklık; ısı; tav; SPOR: eleme koşusu; ZO kızgınlık dönemi; **2.** *v/t.* ısıtmak; *fig.* kızıştırmak; *v/i.* ısınmak; **~·ed** □ ['hi:tıd] ısınmış; *fig.* öfkeli; **~·er** MEC [-ə] *n.* soba, ocak, fırın.

heath [hi:θ] *n.* fundalık, çalılık; BOT funda.

hea·then ['hi:ðn] *n. & adj.* putperest, dinsiz.

heath·er BOT ['heðə] *n.* süpürgeotu, funda.

heat|ing ['hi:tıŋ] *n.* ısıtma; *attr.* ısıtıcı...; **~·proof**, **~-re·sis·tant**, **~-re·sist·ing** *adj.* ısıya dayanıklı; **~ shield** *n.* termik ekran; **~stroke** *n.* MED sıcak çarpması, güneş çarpması; **~ wave** *n.* sıoak dalgası.

heave [hi:v] **1.** *n.* kaldırma; fırlatma; **2.** (***heaved***, *esp.* NAUT ***hove***) *v/t.* kaldırmak; fırlatmak; (*göğüs*) şişirmek; (*inilti*) güçlükle çıkarmak; *v/i.* kabarmak; (*göğüs*) inip kalkmak; NAUT vira etmek.

heav·en ['hevn] *n.* cennet; **~·ly** [-lı] *adj.* göksel, gök...; Tanrısal.

heav·i·ness ['hevınıs] *n.* ağırlık; uyuşukluk, gevşeklik; sıkıcılık, kasvet.

heav·y □ ['hevı] (***-ier, -iest***) ağır; zor, güç; sert; şiddetli, kuvvetli; üzücü, acı (*haber*); üzgün, kederli; bulutlu, kapalı (*hava*); dalgalı (*deniz*); önemli, ciddi; **~ cur·rent** *n.* ELECT kuvvetli akım; **~-du·ty** *adj.* MEC dayanıklı; **~·hand·ed** □ beceriksiz, sakar, eli

ağır; **~-heart·ed** *adj.* üzgün, kederli; **~·weight** *n. boks*: ağır sıklet.
He·brew ['hiːbruː] **1.** *adj.* İbranilerle ilgili; **2.** *n.* İbrani; LING İbranice.
heck·le ['hekl] *vb.* sözünü kesip soru sormak, sıkıştırmak, soru yağmuruna tutmak.
hec·tic ['hektık] (**~ally**) *adj.* telaşlı, heyecanlı.
hedge [hedʒ] **1.** *n.* çit; **2.** *v/t.* çit ile çevirmek; engellemek; *v/i.* kaçamak cevap vermek, dolaylı konuşmak; **~·hog** ZO ['hedʒhɒg] *n.* kirpi; *Am.* oklukirpi; **~·row** *n.* çit.
heed [hiːd] **1.** *n.* dikkat; önem verme, aldırma; ***take ~ of, give*** *ya da* ***pay ~ to*** *-e* önem vermek, aldırmak; *-e* dikkat etmek; **2.** *v/t.* dikkat etmek, kulak vermek, önemsemek, aldırmak; **~·less**□ ['hiːdlıs] dikkatsiz, aldırmayan, önem vermeyen (***of*** *-e*).
heel [hiːl] **1.** *n.* topuk, ökçe; *Am. sl.* aşağılık adam; ***head over ~s*** tepetaklak, tepesi üstü; ***down at ~*** topukları aşınmış; *fig.* üstü başı perişan, kılıksız; **2.** *vb.* ökçe takmak.
hef·ty ['heftı] (**-ier, -iest**) *adj.* ağır; güçlü, kuvvetli; iriyarı.
heif·er ZO ['hefə] *n.* düve, doğurmamış inek.
height [haıt] *n.* yükseklik; boy; yükselti; doruk; **~·en** ['haıtn] *v/t. & v/i.* yüksel(t)mek, art(ır)mak.
hei·nous□ ['heınəs] berbat, iğrenç.
heir [eə] *n.* vâris, mirasçı, kalıtçı; ***~ apparent*** yasal vâris; **~·ess** ['eərıs] *n.* kadın vâris; **~·loom** ['eəluːm] *n.* evladiyelik, kuşaktan kuşağa geçen değerli eşya.
held [held] *pret. & p.p. of* ***hold 2.***
hel·i|cop·ter AVIA ['helıkɒptə] *n.* helikopter; **~·port** *n.* AVIA helikopter alanı.
hell [hel] **1.** *n.* cehennem; *attr.* cehennem…; ***what the ~…?*** Allah aşkına ne…?; ***raise ~*** F kıyameti koparmak, ortalığı birbirine katmak; **2.** *int.* F Allah kahretsin!, Hay aksi!; **~-bent** ['helbent] *adj.* azimli, kararlı (***for, on*** *-e*); **~·ish**□ [-ıʃ] korkunç, berbat.
hel·lo *int.* [hə'ləʊ] Merhaba!; Alo!
helm NAUT [helm] *n.* dümen.
hel·met ['helmıt] *n.* miğfer; kask.
helms·man NAUT ['helmzmən] (*pl.* **-men**) *n.* dümenci.
help [help] **1.** *n.* yardım; imdat; yardımcı; hizmetçi; **2.** *v/t.* *-e* yardım etmek; ***~ o.s.*** yemeğe buyurmak; ***I cannot ~ it*** elimde değil; ***I could not ~ laughing*** gülmekten kendimi alamadım, gülmemek elimde değildi; **~·er** ['helpə] *n.* yardımcı; hizmetçi; **~·ful**□ [-fl] yardımsever; işe yarar; **~·ing** [-ıŋ] *n.* (*yemek*) porsiyon; **~·less**□ [-lıs] çaresiz, âciz; beceriksiz; **~·less·ness** [-nıs] *n.* çaresizlik, âcizlik.
hel·ter-skel·ter ['heltə'skeltə] **1.** *adv.* alelacele, apar topar, palas pandıras; **2.** *adj.* alelacele yapılmış; **3.** *n. Brt.* (*lunaparkta*) büyük kaydırak.
helve [helv] *n.* sap.
Hel·ve·tian [hel'viːʃjən] *n.* İsviçreli; *attr.* İsviçreli…
hem [hem] **1.** *n.* elbise kenarı; **2.** (**-mm-**) *v/t. -in* kenarını bastırmak; ***~ in*** kuşatmak.
hem·i·sphere GEOGR ['hemısfıə] *n.* yarıküre.
hem·line ['hemlaın] *n.* (*elbisede*) etek ucu.
hem·lock BOT ['hemlɒk] *n.* bir çam türü; baldıran, ağıotu.
hemp BOT [hemp] *n.* kenevir, kendir.
hem·stitch ['hemstıtʃ] *n.* ajur.
hen [hen] *n.* ZO tavuk; dişi kuş.
hence [hens] *adv.* buradan; bu andan itibaren; ***a week ~*** bundan bir hafta sonra; **~·forth** ['hens'fɔːθ], **~·for·ward** [-'fɔːwəd] *adv.* bundan böyle.
hen|-house ['henhaʊs] *n.* kümes; **~·pecked** *adj.* kılıbık (*koca*).
her [hɜː, hə] *adj. & pron.* (dişil) onun; onu, ona.
her·ald ['herəld] **1.** *n. hist.* teşrifatçı; haberci, müjdeci; **2.** *v/t.* haber vermek, müjdelemek; ***~ in*** takdim etmek; **~·ry** [-rı] *n.* hanedan armacılığı.
herb BOT [hɜːb] *n.* ot, bitki; **her·ba·ceous** BOT [hɜː'beıʃəs] *adj.* ot türünden; ***~ border*** (*bahçede*) otlardan oluşmuş sınır; **herb·age** ['hɜːbıdʒ] *n.* ot, yeşillik; **her·biv·o·rous**□ ZO [hɜː'bıvərəs] otçul (*hayvan*).
herd [hɜːd] **1.** *n.* sürü (*a. fig.*); avam, ayaktakımı; **2.** *v/t.* (*sürü*) gütmek; *v/i. a.* ***~ together*** biraraya toplanmak, toplaşmak; **~s·man** ['hɜːdzmən] (*pl.* **-men**) *n.* çoban, sığırtmaç.

H

here [hɪə] *adv.* burada; buraya; ~ ***you are*** Buyurun!, İşte!; ~***'s to you!*** Şerefinize!
here|a·bout(s) ['hɪərəbaʊt(s)] *adv.* buralarda, bu çevrede; ~**·af·ter** [hɪər'ɑːftə] **1.** *adv.* bundan sonra, ileride; **2.** *n.* ahiret, öbür dünya; ~**·by** ['hɪə'baɪ] *adv.* bu nedenle, bu vesileyle.
he·red·i|ta·ry [hɪ'redɪtərɪ] *adj.* mirasla kalan; kalıtsal; ~**·ty** [~ɪ] *n.* kalıtım, soyaçekim.
here|in ['hɪər'ɪn] *adv.* bunun içinde, bunda; ~**·of** [~'ɒv] *adv.* bununla ilgili olarak, bundan.
her·e|sy ['herəsɪ] *n.* sapkın düşünce; ~**·tic** [~tɪk] *n.* sapkın düşünce yanlısı.
here|up·on ['hɪərə'pɒn] *adv.* bunun üzerine; ~**·with** *adv.* ilişik olarak, beraberce.
her·i·tage ['herɪtɪdʒ] *n.* miras, kalıt.
her·mit ['hɜːmɪt] *n.* yalnız kalmayı seven kimse; keşiş.
he·ro ['hɪərəʊ] (*pl.* ***-roes***) *n.* kahraman; ~**·ic** [hɪ'rəʊɪk] (~***ally***) *adj.* kahramanca; destansı (şiir).
her·o·in ['herəʊɪn] *n.* eroin.
her·o|ine ['herəʊɪn] *n.* kadın kahraman; ~**·is·m** [~ɪzəm] *n.* kahramanlık.
her·on ZO ['herən] *n.* balıkçıl.
her·ring ZO ['herɪŋ] *n.* ringa.
hers [hɜːz] *pron.* (dişil) onunki.
her·self [hɜː'self] *pron.* (dişil) kendisi; ***by*** ~ yalnız başına.
hes·i|tant □ ['hezɪtənt] tereddütlü, duraksayan; ~**·tate** [~eɪt] *v/i.* tereddüt etmek, duraksamak; kem küm etmek; ~**·ta·tion** [hezɪ'teɪʃn] *n.* tereddüt, duraksama; ***with out*** ~ tereddütsüz.
hew [hjuː] (***hewed, hewed*** *ya da* ***hewn***) *v/t.* kesmek, yontmak, yarmak; ~ ***down*** kesip devirmek; ~**n** [hjuːn] *p.p. of* ***hew.***
hey *int.* [heɪ] Hey!, Baksana!
hey·day ['heɪdeɪ] *n.* en parlak dönem, altın çağ.
hi *int.* [haɪ] Merhaba!, Selam!
hi·ber·nate ZO ['haɪbəneɪt] *v/i.* kış uykusuna yatmak.
hic|cup, ~**·cough** ['hɪkʌp] **1.** *n.* hıçkırık; **2.** *v/i.* hıçkırık tutmak, hıçkırmak.
hid [hɪd] *pret. of* ***hide***[2]; ~**·den** ['hɪdn] *p.p. of* ***hide***[2].
hide[1] [haɪd] *n.* post, deri.
hide[2] [~] (***hid, hidden***) *v/t.* & *v/i.* sakla(n)mak, gizle(n)mek; ~**and-seek** ['haɪdn'siːk] *n.* saklambaç; ~**·a·way** F [~əweɪ] *n.* saklanacak yer, yatak; kafa dinlemeye gidilen ev; ~**·bound** *adj.* eski kafalı.
hid·e·ous □ ['hɪdɪəs] iğrenç, çirkin, korkunç.
hide·out ['haɪdaʊt] *n.* saklanacak yer, yatak.
hid·ing[1] F ['haɪdɪŋ] *n.* dayak, kötek.
hid·ing[2] [~] *n.* sakla(n)ma; ~**place** *n.* saklanacak yer, yatak.
hi-fi ['haɪ'faɪ] **1.** (*pl.* ***hi-fis***) *n.* sesi çok doğal veren aygıt; **2.** *adj.* sesi çok doğal veren.
high [haɪ] **1.** □ yüksek; yüce, ulu; soylu; tiz (*ses*); fahiş, yüksek (*fiyat*); kendini beğenmiş, kibirli; lüks (*yaşantı*); şen, neşeli; kokmuş (*et*); sert, şiddetli (*rüzgâr v.b.*); F sarhoş, kafayı bulmuş; F esrarın etkisinde; ***with a*** ~ ***hand*** zorbalıkla, kaba kuvvetle; ***in*** ~ ***spirits*** keyfi yerinde; ~ ***society*** sosyete; ♀ ***Tech*** = ♀ ***Technology*** ileri teknoloji; ~ ***time*** *bşin* tam zamanı; ~ ***words*** öfkeli sözler, ağır sözler; **2.** *n.* METEOR yüksek basınç bölgesi; **3.** *adv.* yükseğe; yüksekte; ~**·ball** *Am.* ['haɪbɔːl] *n.* sodalı viski; ~**·brow** F *n.* & *adj.* entelektüel; ~**-class** *adj.* kaliteli, birinci sınıf; ~ **fi·del·i·ty** = ***hi-fi***; ~**-grade** *adj.* kaliteli; ~**-hand·ed** □ küstah, zorba; ~ **jump** *n.* SPOR: yüksek atlama; ~ **jump·er** *n.* SPOR: yüksek atlamacı; ~**·land** ['haɪlənd] *n. mst.* ~***s*** *pl.* dağlık arazi; ~**·lights** *n. pl. fig.* önemli olaylar; ~**·ly** [~lɪ] *adv.* son derece; iyi; ***speak*** ~ ***of s.o.*** *b-den* övgüyle söz etmek; ~**-mind·ed** *adj.* yüce gönüllü; ~**·ness** [~nɪs] *n.* yükseklik; *fig.* yücelik; ~**-pitched** *adj.* çok tiz (*ses*); dik (*çatı*); ~**-pow·ered** *adj.* MEC güçlü, dinamik; ~**-pres·sure** *adj.* METEOR, MEC yüksek basınçlı; ~**-rise** **1.** *adj.* yüksek (*bina*); **2.** *n.* yüksek bina; ~**·road** *n.* anayol; ~ **school** *n. esp. Am.* lise; ~ **street** *n.* ana cadde; ~**-strung** *adj.* çok sinirli, sinir köpü; ~ **tea** *n. Brt.* ikindi kahvaltısı; ~ **wa·ter** *n.* kabarma; taşkın; ~**·way** *n. esp. Am. ya da* LEG anayol, karayolu; ♀ ***Code*** *Brt.* Karayolları Tüzüğü; ~**·way·man** (*pl.* ***-men***) *n.* eşkiya, soyguncu.
hi·jack ['haɪdʒæk] **1.** *v/t.* (*uçak*) kaçır-

mak; (*kamyon v.b.*) soymak; **2.** *n.* uçak kaçırma; **~·er** [-ə] *n.* uçak korsanı; haydut.

hike F [haık] 1. *v/i.* yürüyüşe çıkmak; **2.** *n.* uzun yürüyüş; *Am.* (*fiyat*) artış; **hik·er** ['haıkə] *n.* yürüyüşe çıkan kimse; **hik·ing** [-ıŋ] *n.* yürüyüşe çıkma.

hi·lar·i|ous □ [hı'leərıəs] neşeli, şamatalı; **~·ty** [hı'lærətı] *n.* neşe, şamata.

hill [hıl] *n.* tepe; bayır; **~·bil·ly** *Am.* F ['hılbılı] *n.* orman köylüsü; **~ *music*** taşra müziği; **~·ock** ['hılək] *n.* tepecik; tümsek; **~side** ['hıl'saıd] *n.* yamaç; **~·top** *n.* tepe doruğu; **~·y** ['hılı] (**-*ier*, -*iest***) *adj.* tepelik.

hilt [hılt] *n.* kabza.

him [hım] *pron.* (*eril*) onu, ona; **~·self** [hım'self] *pron.* (*eril*) kendisi; bizzat; ***by* ~** yalnız başına.

hind[1] zo [haınd] *n.* dişi geyik.

hind[2] [-] *adj.* arka ..., art ...

hind·er[1] ['haındə] *adj.* arkadaki, arka ...

hin·der[2] ['hındə] *v/t.* engellemek, alıkoymak (***from*** *-den*).

hind·most ['haındməʊst] *adj.* en arkadaki.

hin·drance ['hındrəns] *n.* engel.

hinge [hındʒ] **1.** *n.* menteşe; *fig.* dayanak noktası; **2.** *v/t.* **~ *on*, ~ *upon*** *fig.* *-e* bağlı olmak, *-e* dayanmak.

hint [hınt] **1.** *n.* üstü kapalı söz, ima; ***take a* ~** lep demeden leblebiyi anlamak; **2.** *vb.* üstü kapalı söylemek, çıtlatmak.

hin·ter·land ['hıntəlænd] *n.* hinterlant, içbölge.

hip[1] ANAT [hıp] *n.* kalça.

hip[2] BOT [-] *n.* kuşburnu.

hip-hop MUS ['hiphɔp] *n.* hip-hop (*müzik*).

hip·pie, **hip·py** ['hıpı] *n.* hippi.

hip·po zo F ['hıpəʊ] (*pl.* **-*pos***) = **~·pot·a·mus** zo [hıpɔ'pɒtəməs] (*pl.* **-*muses*, -*mi*** [-maı]) *n.* suaygırı.

hire ['haıə] **1.** *n.* kira; ücret; ***for* ~** kiralık; **~ *car*** kiralık araba; **~ *charge*** kiralama ücreti; **~ *purchase*** *Brt.* ECON taksit; **2.** *v/t.* kiralamak; **~ *out*** kiraya vermek.

his [hız] **1.** *adj.* (*eril*) onun; **2.** *pron.* (*eril*) onunki.

hiss [hıs] **1.** *v/t.* tıslamak; ***a.* ~ *at*** ıslıklamak, ıslıklayarak yuhalamak; **2.** *n.* tıslama; ıslık.

his|to·ri·an [hı'stɔːrıən] *n.* tarihçi; **~·tor·ic** [hı'stɒrık] (**~*ally***) *adj.* tarihsel; **~·tor·i·cal** □ [-kl] tarihsel; önemli; **~·to·ry** ['hıstərı] *n.* tarih; **~ *of civilization*** uygarlık tarihi; ***contemporary* ~** çağdaş tarih, günümüz tarihi.

hit [hıt] **1.** *n.* vurma, vuruş, darbe; çarpışma; isabet; liste başı yapıt; iğneli söz, taş; **2.** (**-*tt-*; *hit***) *vb.* vurmak, çarpmak; isabet etmek; **~ *it off with*** F *ile* iyi geçinmek, anlaşmak; **~ *on*, ~ *upon*** rasgele bulmak; **~-and-run** [hıtənd'rʌn] **1.** *n. a.* **~ *accident*** çarpanın kaçtığı kaza; **2.** *adj.* **~ *driver*** çarpıp kaçan şoför.

hitch [hıtʃ] **1.** *n.* ani çekme; NAUT adidüğüm; aksaklık, pürüz; **2.** *v/t.* & *v/i.* çk(iştir)mek; iliş(tir)mek, tak(ıl)mak; **~-hike** ['hıtʃhaık] *v/i.* otostop yapmak; **~-hik·er** *n.* otostopçu.

hith·er ['hıðə]: **~ *and thither*** oraya buraya; **~·to** *adv.* şimdiye dek, bu zamana dek.

hive [haıv] *n.* arı kovanı (*a. fig.*)

hoard [hɔːd] **1.** *n.* istif; **2.** *v/t.* *a.* **~ *up*** istiflemek, biriktirmek.

hoard·ing ['hɔdıŋ] *n.* tahta perde; *Brt.* ilan tahtası.

hoar·frost ['hɔː'frɔst] *n.* kırağı.

hoarse □ [hɔːs] (**~*r*, ~*st***) boğuk (*ses*); boğuk sesli.

hoar·y ['hɔːrı] (**-*ier*, -*iest***) *adj.* ağarmış, ak düşmüş, kır.

hoax [həʊks] **1.** *n.* muziplik, oyun; **2.** *v/t.* aldatmak, oyun etmek, işletmek.

hob·ble ['hɒbl] **1.** *n.* topallama, aksama; **2.** *v/i.* topallamak, aksamak (*a. fig.*); *v/t.* köstеklemek; engel olmak.

hob·by [hɒbı] *n. fig.* hobi, düşkü, merak, özel zevk; **~-horse** *n.* oyuncak at; çocuğun at diye bindiği değnek.

hob·gob·lin ['hɒbgɒblın] *n.* gulyabani.

ho·bo *Am.* ['həʊbəʊ] (*pl.* **-*boes*, -*bos***) *n.* aylak, boş gezenin boş kalfası.

hock[1] [hɒk] *n.* Ren şarabı.

hock[2] zo [-] *n.* içdiz.

hock·ey ['hɒkı] *n.* *Brt.*, *Am.* ***field* ~** SPOR: çim hokeyi; *Am.* buz hokeyi.

hoe AGR [həʊ] **1.** *n.* çapa; **2.** *v/t.* çapalamak.

hog [hɒg] *n.* domuz; **~·gish** □ ['hɒgıʃ] domuz gibi; pis; bencil.

hoist [hɔıst] **1.** *n.* (*bayrak v.b.*) çekme; kaldıraç, vinç; yük asansörü; **2.** *v/t.* kaldırmak; (*bayrak*) çekmek.

H

hold[həʊld] **1.** *n.* tutma; tutunacak yer; otorite, nüfuz; hapishane, hücre; NAUT gemi ambarı; ***catch*** (*ya da* ***get, lay, take, seize***) **~ *of*** tutmak, yakalamak; ***keep* ~ *of*** kontrol altına almak; **2.** (***held***) *v/t.* tutmak; alıkoymak, durdurmak; içine almak; savunmak, korumak (*kale*); işgal etmek (*makam*); inanmak, kabul etmek; (*toplantı v.b.*) düzenlemek, yapmak; (*ağırlık*) taşımak, çekmek, tartmak; **~ *one's ground,* ~ *one's own*** yerini korumak, ayak diremek; **~ *the line*** TELEPH telefonu açık tutmak, beklemek; ***a.* ~ *good*** geçerli olmak; **~ *still*** kıpırdamamak, kıpırdamadan durmak; **~ *against*** (*suçu*) *-e* yüklemek; **~ *back*** kontrol altına almak; *fig.* (*duygularını*) zaptetmek; **~ *forth*** *fig.* nutuk atmak (***on*** *konusunda*); **~ *off*** uzak tutmak, yaklaştırmamak; (*karar*) ertelemek; **~ *on*** tutmak, yapışmak (***to*** *-e*); dayanmak, direnmek; devam etmek; TELEPH beklemek; **~ *on to*** tutmak; **~ *over*** ertelemek; **~ *together*** birarada tutmak; **~ *up*** geciktirmek; kaldırmak; yolunu kesip soymak; **~·all**['həʊldɔːl] *n.* valiz, çanta, bavul; **~·er**[~ə] *n.* sap, kulp; *esp.* ECON hamil, sahip; **~·ing** [~ɪŋ] *n.* tutma; mülk, arazi; **~ *company*** ECON holding; **~-up***n.* gecikme; yol kesme, soygun.

hole [həʊl] **1.** *n.* delik; çukur; F *fig.* çıkmaz; ***pick* ~*s in*** *-de* kusur bulmak; **2.** *vb.* delik açmak.

hol·i·day['hɒlədɪ] *n.* tatil günü; bayram günü; *esp. Brt. mst* **~*s*** *pl.* tatil; **~-maker** *n.* tatile çıkmış kimse.

hol·i·ness['həʊlɪnɪs] *n.* kutsallık; ***His*** ♀ Papa Cenapları.

hol·ler *Am.* F ['hɒlə] *v/i.* bağırmak.

hol·low['hɒləʊ] **1.** □ oyuk, içi boş; yalan, sahte; **2.** *n.* boşluk, çukur; **3.** *v/t.* **~ *out*** oymak.

hol·ly BOT ['hɒlɪ] *n.* çobanpüskülü.

hol·o·caust ['hɒləkɔːst] *n.* büyük yıkım, yangın felaketi; ***the*** ♀ *hist.* Nazilerce yapılan Musevi katliamı.

hol·ster['həʊlstə] *n.* deri tabanca kılıfı.

ho·ly ['həʊlɪ] (***-ier, -iest***) *adj.* kutsal; ♀ ***Thursday*** Kutsal Haftadaki Perşembe günü; **~ *water*** kutsanmış su; ♀ ***Week*** Kutsal Hafta, paskalyadan önceki hafta.

home[həʊm] **1.** *n.* ev, yuva, aile ocağı; vatan, ülke; SPOR: bir takımın kendi sahası; ***at* ~** evde; ***make oneself at* ~** kendi evindeymiş gibi davranmak, rahatına bakmak; ***at* ~ *and abroad*** yurt içi ve dışında; **2.** *adj.* ev ile ilgili, ev...; ülke ile ilgili, iç...; **3.** *adv.* ev(d)e; ülkesin(d)e; ***strike* ~** can evinden vurmak; **~ com·put·er** *n.* ev tipi bilgisayar; ♀ **Coun·ties** *n. pl.* Kontluklar; **~ e·co·nom·ics** *n. sg.* ev ekonomisi; **~-felt** ['həʊmfelt] *adj.* kendini evindeymiş gibi hisseden; **~·less** [~lɪs] *adj.* evsiz barksız; **~·like** *adj.* evindeki gibi, rahat; **~·ly**[~lɪ] (***-ier, -iest***) *adj.* sade, basit, gösterişsiz; *Am.* çirkin; **~-made** *adj.* evde yapılmış; ♀ **Of·fice** *n. Brt.* POL İçişleri Bakanlığı; ♀ **Sec·re·ta·ry** *n. Brt.* POL İçişleri Bakanı; **~·sick** ***be* ~** evi *ya da* ülkesi burnunda tütmek, sıla hasreti çekmek; **~·sick·ness** *n.* sıla hasreti; **~·stead***n.* çiftlik ve eklentileri; LEG *Am.* sahibinin sürmesi koşuluyla verilen arazi; **~ team***n.* SPOR: ev sahibi takım; **~·ward**[~wəd] **1.** *adj.* eve doğru giden; **2.** *adv. Am.* eve doğru; **~·wards** [~wədz] *adv.* = ***homeward 2***; **~·work***n.* ev ödevi.

hom·i·cide LEG ['hɒmɪsaɪd] *n.* cinayet, adam öldürme; katil; **~ *squad*** cinayetleri saptayan yargıç ve polislerden kurulu komisyon.

ho·mo F ['həʊməʊ] (*pl.* ***-mos***) *n.* homoseksüel, eşcinsel.

ho·mo·ge·ne·ous □ [hɒmə'dʒiːnjəs] homojen, bağdaşık, türdeş.

ho·mo·sex·u·al[hɒməʊ'seksjʊəl] *n. & adj.* homoseksüel, eşcinsel.

hone MEC [həʊn] *v/t.* bilemek.

hon|est □ ['ɒnɪst] dürüst, namuslu; doğru; **~·es·ty** [~ɪ] *n.* dürüstlük, namus; doğruluk.

hon·ey ['hʌnɪ] *n.* bal; *fig.* sevgili; **~·comb** [~kəʊm] *n.* bal peteği; **~ed** [~ɪd] *adj.* tatlı, okşayıcı (*söz*); **~·moon** **1.** *n.* balayı; **2.** *v/i.* balayına çıkmak.

honk MOT [hɒŋk] *v/i.* klakson çalmak.

hon·ky-tonk *Am. sl.* ['hɒŋkɪtɒŋk] *n.* adi gece kulübü, batakhane.

hon·or·ar·y ['ɒnərərɪ] *adj.* onursal (başkan v.b.).

hon·o(u)r ['ɒnə] **1.** *n.* şeref, onur, namus; *fig.* şan, şöhret; **~*s*** *pl.* şeref payesi; ***Your*** ♀ Sayın Yargıç; **2.** *v/t.* şereflen-

dirmek, şeref vermek; ECON (*çek*) kabul edip ödemek; **~·a·ble**□ [~rəbl] namuslu, şerefli; saygıdeğer.
hood [hʊd] *n.* başlık, kukuleta, kapşon; MOT arabanın üst kısmı; *Am.* motor kapağı, kaput; MEC kapak.
hood·lum *Am.* F ['hu:dləm] *n.* serseri, kabadayı.
hood·wink ['hʊdwɪŋk] *v/t.* aldatmak, oyuna getirmek.
hoof [hu:f] (*pl.* ***hoofs*** [~fs], ***hooves*** [~vz]) *n.* toynak.
hook [hʊk] **1.** *n.* çengel, kanca; kopça; orak; ***by ~ or by crook*** öyle ya da böyle, o ya da bu biçimde; **2.** *v/t.* oltayla yakalamak; çengellemek; *fig.* aldatmak, ökseye bastırmak; **~ed** *adj.* çengelli; çengel gibi; F düşkün (***on*** *-e*); ***~ on heroin*** (***television***) eroine (televizyona) düşkün; **~·y** ['hʊkı]: ***play ~*** *Am.* F okulu asmak, okulu kırmak.
hoo·li·gan ['hu:lıgən] *n.* serseri, külhanbeyi; **~·is·m** [~ızəm] *n.* serserilik.
hoop [hu:p] **1.** *n.* çember; MEC tasma kelepçe; **2.** *v/t.* çemberlemek.
hoot [hu:t] **1.** *n.* baykuş sesi; MOT klakson sesi; **2.** *v/i.* (baykuş) ötmek; MOT klakson çalmak; *v/t.* yuhalamak, ıslıklamak.
Hoo·ver *TM* ['hu:və] **1.** *n.* elektrik süpürgesi; **2.** *v/t. mst.* ♀elektrik süpürgesiyle temizlemek.
hooves [hu:vz] *pl. of* ***hoof.***
hop¹ [hɒp] **1.** *n.* sıçrama, sekme; F dans; **2.** (***-pp-***) *v/i.* sıçramak, sekmek; ***be ~ping mad*** F çok öfkeli olmak, zıvanadan çıkmak.
hop² BOT [~] *n.* şerbetçiotu.
hope [həʊp] **1.** *n.* umut, ümit; **2.** *vb.* ümit etmek, ummak (***for*** *-i*); **~ *in*** *-e* güvenmek; **~·ful** □ ['həʊpfl] umutlu; umut verici; **~·less** □ [~lıs] umutsuz, ümitsiz.
horde [hɔ:d] *n.* kalabalık, sürü.
ho·ri·zon [hə'raızn] *n.* ufuk, çevren, gözerimi.
hor·i·zon·tal □ [hɒrı'zɒntl] yatay, düz.
horn [hɔ:n] *n.* ZO boynuz; MUS boru; MOT klakson, korna; **~*s*** *pl.* geyik boynuzları; **~ *of plenty*** bolluk sembolü.
hor·net ZO ['hɔ:nıt] *n.* eşekarısı.
horn·y ['hɔ:nı] (***-ier, -iest***) *adj.* nasırlaşmış (*el*); V şehvete gelmiş, abazan (*erkek*).
hor·o·scope [hɒrəskəʊp] *n.* zayiçe, yıldız falı.
hor|ri·ble □ ['hɒrəbl] dehşetli, korkunç; F berbat; **~·rid** □ ['hɒrıd] korkunç; berbat, çirkin; **~·ri·fy** [~faı] *v/t.* korkutmak, dehşete düşürmek; **~·ror** [~ə] *n.* korku, dehşet.
horse [hɔ:s] *n.* ZO at, beygir; *jimnastik*: atlama beygiri; ***wild ~s will not drag me there*** F dünyada hiçbir şey beni oraya götüremez; **~·back** ['hɔ:sbæk]: ***on ~*** at sırtında, atla; **~ chest·nut** *n.* BOT arkestanesi; **~·hair** *n.* at kılı; **~·man** (*pl.* ***-men***) *n.* binici, süvari; **~·man·ship** [~mənʃıp] *n.* binicilik; **~ op·e·ra** *n.* F kovboy filmi; **~·pow·er** *n.* PHYS beygir gücü; **~·rac·ing** *n.* at yarışı; **~rad·ish** *n.* yabanturpu, acırga; **~·shoe** *n.* nal; **~·wom·an** (*pl.* ***-women***) *n.* kadın binici.
hor·ti·cul·ture ['hɔ:tıkʌltʃə] *n.* bahçıvanlık, bahçecilik.
hose¹ [həʊz] *n.* hortum.
hose² [~] *n. pl.* çorap.
ho·sier·y ['həʊzjərı] *n.* çoraplar; mensucat.
hos·pi·ta·ble □ ['hɒspıtəbl] misafirperver, konuksever.
hos·pi·tal ['hɒspıtl] *n.* hastane; MIL askeri hastane; ***in*** (*Am.* ***in the***) **~** hastanede; **~·i·ty** [hɒspı'tælətı] *n.* misafirperverlik, konukseverlik; **~·ize** ['hɒspıtəlaız] *v/t.* hastaneye yatırmak.
host¹ [həʊst] *n.* ev sahibi; otelci, hancı; *radyo*, TV: protokol müdürü, program sunucusu; ***your ~ was…*** programda size ev sahipliği eden… idi.
host² [~] *n.* kalabalık.
host³ ECCL [~] *n. oft.* ♀okunmuş ekmek.
hos·tage ['hɒstıdʒ] *n.* rehine, tutak; ***take s.o. ~*** *b-ni* rehin almak.
hos·tel ['hɒstl] *n. esp. Brt.* öğrenci yurdu; han; *mst.* ***youth ~*** genç turistler için ucuz otel.
host·ess ['həʊstıs] *n.* ev sahibesi; konsomatris; hancı kadın; AVIA hostes.
hos|tile ['hɒstaıl] *adj.* düşman; düşmanca; **~ *to foreigners*** yabancı düşmanı; **~·til·i·ty** [hɒ'stılətı] *n.* düşmanlık (***to*** *-e*).
hot [hɒt] (***-tt-***) *adj.* sıcak; kızgın; acı (*biber*); çabuk kızan, öfkeli; taze, yeni (*haber, iz*); F şiddetli, sert; radyoaktif; **~·bed** ['hɒtbed] *n.* camekânlı fidelik;

H

fig. yatak, yuva.

hotch·potch ['hɒtʃpɒtʃ] *n.* karman çorman şey; türlü yemeği.

hot dog [hɒt'dɒg] *n.* sosisli sandviç.

ho·tel [həʊ'tel] *n.* otel.

hot|head ['hɒthed] *n.* aceleci; **~·house** *n.* limonluk, ser; **~ line** *n.* POL (*devlet başkanları arasında*) direkt telefon hattı; **~·pot** *n.* güveç; **~ spot** *n. esp.* POL kargaşalık bölgesi; **~·spur** *n.* aceleci; **~ wa·ter** *adj.* sıcak su...; **~ *bottle*** sıcak su torbası, buyot.

hound [haʊnd] **1.** *n.* tazı, av köpeği; *fig.* adi adam, it; **2.** *v/t.* tazı ile avlamak; *fig.* rahat vermemek.

hour ['aʊə] *n.* saat; zaman; **~·ly** [~lı] *adv.* saat başı.

house 1. [haʊs] *n.* ev; ***the ~*** borsa; **2.** [haʊz] *v/t. & v/i.* barın(dır)mak; **~-a·gent** ['haʊseıdʒənt] *n.* ev komisyoncusu; **~·bound** *adj. fig.* evden dışarı çıkamayan, eve tıkılmış; **~·hold** *n.* ev halkı; *attr.* ev...; **~·hold·er** *n.* ev sahibi; aile reisi; **~·hus·band** *n. esp. Am.* işe gitmeyip ev işlerini gören koca; **~·keeper** *n.* evi yöneten kadın, kâhya kadın; **~·keep·ing** *n.* ev idaresi; **~·maid** *n.* orta hizmetçisi; **~·man** (*pl.* ***-men***) *n. Brt.* MED asistan doktor, stajyer doktor; **~-warm·ing (par·ty)** [~wɔːmıŋ(pɑːtı)] *n.* yeni eve taşınanların eşe dosta verdikleri ziyafet; **~·wife** ['haʊswaıf] (*pl.* ***-wives***) *n.* ev kadını; ['hʌzıf] dikiş kutusu; **~·work** *n.* ev işi.

hous·ing ['haʊzıŋ] *n.* evler; iskân, yurtlandırma; **~ *estate*** *Brt.* iskân mahallesi.

hove [həʊv] *pret. & p.p. of* ***heave 2.***

hov·el ['hɒvl] *n.* açık ağıl; harap kulübe.

hov·er ['hɒvə] *v/i.* havada durmak; *fig.* tereddüt etmek; **~·craft** (*pl.* ***craft[s]***) *n.* hoverkraft.

how [haʊ] *adv.* nasıl; ne kadar; kaç; ***~ do you do?*** nasılsınız?; ***~ about...?*** ...ne dersin?

how·dy *Am. int.* F ['haʊdı] Merhaba!

how·ev·er ['haʊ'evə] **1.** *adv.* bununla beraber, fakat; **2.** *cj.* ne kadar... olursa olsun.

howl [haʊl] **1.** *v/i.* ulumak; inlemek; **2.** *n.* uluma; inilti; **~·er** F ['haʊlə] *n.* gülünç hata, gaf.

hub [hʌb] *n.* poyra, tekerlek göbeği; *fig.* merkez.

hub·bub ['hʌbʌb] *n.* gürültü, velvele.

hub·by F ['hʌbı] *n.* koca, eş.

huck·le·ber·ry BOT ['hʌklberı] *n.* Amerikan yabanmersini.

huck·ster ['hʌkstə] *n.* seyyar satıcı.

hud·dle ['hʌdl] **1.** *v/t. & v/i. a.* ***~ together*** biraraya sıkış(tır)mak; ***~ (o.s.) up*** iyice sokulmak; **2.** *n.* karışıklık, yığın.

hue[1] [hjuː] *n.* renk; renk tonu.

hue[2] [~]: ***~ and cry*** *fig.* karşı çıkma, protesto.

huff [hʌf] *n.* surat asma, küsme, dargınlık; ***be in a ~*** küsmek, içerlemek.

hug [hʌg] **1.** *n.* kucaklama; **2.** (***-gg-***) *v/t.* kucaklamak, sarılmak; *fig.* benimsemek.

huge ☐ [hjuːdʒ] koskocaman, dev gibi, muazzam; **~·ness** ['hjuːdʒnıs] *n.* koskocamanlık, muazzamlık.

hulk·ing ['hʌlkıŋ] *adj.* hantal, azman; sakar.

hull [hʌl] **1.** *n.* BOT kabuk; NAUT gövde; **2.** *v/t.* -*in* kabuğunu soymak.

hul·la·ba·loo ['hʌləbə'luː] (*pl.* ***-loos***) *n.* gürültü, velvele.

hul·lo *int.* [hə'ləʊ] Merhaba!; Alo!

hum [hʌm] (***-mm-***) *v/i.* vızıldamak; mırıldanmak.

hu·man ['hjuːmən] **1.** ☐ insani, insanca; ***~ly possible*** insanın elinden geldiğince; ***~ being*** insan; ***~ rights*** *pl.* insan hakları; **2.** *n.* insan; **~e** ☐ [hjuː'meın] insancıl; **~·i·tar·i·an** [hjuːmænı'teərıən] *n. & adj.* insaniyetperver, insancıl; **~·i·ty** [hjuː'mænətı] *n.* insanlık; acıma, sevecenlik; ***humanities*** *pl.* klasik Yunan ve Latin edebiyatı üzerine çalışma.

hum·ble ['hʌmbl] **1.** ☐ (***~r, ~st***) alçak gönüllü; önemsiz; **2.** *v/t.* kibrini kırmak, burnunu sürtmek.

hum·ble-bee ZO ['hʌmblbiː] *n.* yabanarısı.

hum·ble·ness ['hʌmblnıs] *n.* alçak gönüllülük.

hum·drum ['hʌmdrʌm] *adj.* can sıkıcı, yavan.

hu·mid ['hjuːmıd] *adj.* nemli, rutubetli, yaş; **~·i·ty** [hjuː'mıdətı] *n.* nem, rutubet.

hu·mil·i|ate [hjuː'mılıeıt] *v/t.* küçük düşürmek, bozmak, burnunu sürt-

H

mek; ~·a·tion [hju:mılı'eıʃn] *n.* küçük düşürme, bozma; ~·ty [hju:'mılətı] *n.* alçak gönüllülük.

hum·ming·bird ZO ['hʌmıŋbɜ:d] *n.* sinekkuşu, kolibri.

hu·mor·ous □ ['hju:mərəs] gülünç, komik.

hu·mo(u)r ['hju:mə] **1.** *n.* güldürü, mizah, şaka, komiklik; huy; ***out of*** ~ canı sıkkın, keyifsiz; **2.** *v/t.* *-in* kaprisine boyun eğmek, suyuna gitmek.

hump [hʌmp] **1.** *n.* hörgüç; kambur; tümsek; **2.** *v/t.* kamburlaştırmak; *Brt.* F sırtında taşımak; ~ ***o.s.*** *Am. sl.* gayrete gelmek; ~**·back(ed)** ['hʌmpbæk(t)] = ***hunchback(ed).***

hunch [hʌntʃ] **1.** = ***hump 1***; önsezi, içe doğma; **2.** *v/t.* *a.* ~ ***up*** kamburlaştırmak; ~**·back** ['hʌntʃbæk] *n.* kambur kimse; ~**·backed** *adj.* kambur.

hun·dred ['hʌndrəd] *n.* & *adj.* yüz; ~**th** [~θ] **1.** *adj.* yüzüncü; **2.** *n.* yüzde bir; ~**·weight** *n.* 50,8 kilo.

hung [hʌŋ] **1.** *pret.* & *p.p.* *of* **hang**[1]; **2.** *adj.* asılmış, asılı.

Hun·gar·i·an [hʌŋ'geərıən] **1.** *adj.* Macar...; **2.** *n.* Macar; LING Macarca.

hun·ger ['hʌŋgə] **1.** *n.* açlık; *fig.* özlem (***for*** *-e*); **2.** *v/t.* şiddetle arzulamak, susamak (***for, after*** *-e*); ~ **strike** *n.* açlık grevi.

hun·gry □ ['hʌŋgrı] (***-ier, -iest***) acıkmış, aç.

hunk [hʌŋk] *n.* iri parça.

hunt [hʌnt] **1.** *n.* avlanma, av; avlanma bölgesi; *fig.* arama (***for*** *-i*); **2.** *v/t.* & *v/i.* avla(n)mak; ~ ***after,*** ~ ***for*** aramak, araştırmak; ~ ***out,*** ~ ***up*** arayıp bulmak; ~**·er** ['hʌntə] *n.* avcı; av atı; ~**·ing** [~ıŋ] *n.* avcılık; *attr.* av...; ~**·ing-ground** *n.* avlanma bölgesi.

hur·dle ['hɜ:dl] *n.* SPOR: engel (*a. fig.*); ~**r** [~ə] *n.* SPOR: engelli yarış koşucusu; ~ **race** *n.* SPOR: engelli koşu.

hurl [hɜ:l] **1.** *n.* fırlatma, savurma; **2.** *v/t.* fırlatmak, savurmak; (*küfür v.b.*) yağdırmak.

hur·ri·cane ['hʌrıkən] *n.* kasırga.

hur·ried □ ['hʌrıd] aceleyle yapılmış.

hur·ry ['hʌrı] **1.** *n.* acele, telaş; ***be in a*** (***no***) ~ acelesi ol(ma)mak; ***not... in a*** ~ F kolay kolay ...memek; **2.** *v/t.* & *v/i.* acele et(tir)mek, hızlandırmak; acele ile göndermek; ~ ***up*** acele etmek, çabuk olmak.

hurt [hɜ:t] **1.** *n.* yara, bere; ağrı, sızı; zarar; **2.** (***hurt***) *v/t.* & *v/i.* yaralamak, incitmek; acı(t)mak, ağrı(t)mak; zarar vermek; *fig.* kalbini kırmak, incitmek; ~**·ful** □ ['hɜ:tfl] zararlı.

hus·band ['hʌzbənd] **1.** *n.* koca, eş; **2.** *v/t.* idareli kullanmak, ölçülü harcamak; ~**·ry** [~rı] *n.* AGR çiftçilik, tarım; *fig.* idareli kullanma (***of*** *-i*).

hush [hʌʃ] **1.** *int.* Sus!; **2.** *n.* sessizlik; **3.** *v/t.* & *v/i.* sus(tur)mak; yatış(tır)mak; ~ ***up*** örtbas etmek; ~ **mon·ey** ['hʌʃmʌnı] *n.* sus payı.

husk [hʌsk] **1.** *n.* BOT kabuk; *fig.* işe yaramaz dış kısım; **2.** *v/t.* *-in* kabuğunu soymak; **hus·ky** ['hʌskı] **1.** □ (***-ier, -iest***) kabuklu; boğuk, kısık (*ses*); F güçlü kuvvetli, kapı gibi; **2.** *n.* F kapı gibi kimse.

hus·sy ['hʌsı] *n.* ahlaksız kadın; arsız kız, haspa.

hus·tle ['hʌsl] **1.** *v/t.* & *v/i.* acele et(tir)mek; itip kakmak; fahişelik yapmak; **2.** *n.* ~ ***and bustle*** telaş, koşuşma.

hut [hʌt] *n.* kulübe; MIL baraka.

hutch [hʌtʃ] *n.* *esp.* tavşan kafesi.

hy·a·cinth BOT ['haıəsınθ] *n.* sümbül.

hy·ae·na ZO [haı'i:nə] *n.* sırtlan.

hy·brid BIOL ['haıbrıd] *n.* melez hayvan *ya da* bitki; *attr.* melez...; ~**·ize** [~aız] *v/t.* & *v/i.* melez olarak yetiş(tir)mek.

hy·drant ['haıdrənt] *n.* yangın musluğu.

hy·draul·ic [haı'drɔ:lık] (~***ally***) *adj.* hidrolik; ~**s** *n.* *sg.* hidrolik bilimi.

hy·dro- ['haıdrəʊ] *prefix* hidro..., su...; ~**·car·bon** *n.* hidrokarbon; ~**·chlor·ic ac·id** [~rə'klorık'æsıd] *n.* hidroklorik asit; ~**·foil** NAUT [~fɔıl] *n.* gemi kayağı; kızaklı tekne; ~**·gen** [~ədʒən] *n.* hidrojen; ~**·gen bomb** *n.* hidrojen bombası; ~**·plane** *n.* AVIA deniz uçağı; NAUT denizaltıyı daldırıp yükseltmeye yarayan dümen.

hy·e·na ZO [haı'i:nə] *n.* sırtlan.

hy·giene ['haıdʒi:n] *n.* hijyen, sağlıkbilgisi; **hy·gien·ic** [haı'dʒi:nık] (~***ally***) *adj.* hijyenik, sağlıksal.

hymn [hım] **1.** *n.* ilahi; **2.** *v/t.* ilahi okuyarak ifade etmek.

hy·per- ['haıpə] *prefix* hiper..., yüksek..., aşırı...; ~**·mar·ket** *n.* büyük süpermarket; ~**·sen·si·tive** [haıpə'sensətıv] *adj.* aşırı duyarlı (***to*** *-e*).

hy·phen['haɪfn] *n.* tire, kısa çizgi; **~·ate** [~eɪt] *v/t.* tire ile birleştirmek.

hyp·no·tize ['hɪpnətaɪz] *v/t.* ipnotize etmek, uyutmak.

hy·po·chon·dri·ac ['haɪpəʊkɒndrɪæk] *n.* kuruntulu kımse, hastalık hastası.

hy·poc·ri·sy [hɪ'pɒkrəsɪ] *n.* ikiyüzlülük; **hyp·o·crite**['hɪpəkrɪt] *n.* ikiyüzlü kimse; **hyp·o·crit·i·cal** □ [hɪpə'krɪtɪkl] ikiyüzlü.

hy·poth·e·sis [haɪ'pɒθɪsɪs] (*pl.* ***-ses*** [-siːz]) *n.* hipotez, varsayım.

hys|te·ri·a MED [hɪ'stɪərɪə] *n.* isteri, histeri; **~·ter·i·cal** □ [~'sterɪkl] isterik, histerik; **~·ter·ics**[~ɪks] *n.pl.* isteri nöbeti; ***go into ~*** isterikleşmek; F çılgınlaşmak.

I

I [aɪ] *pron.* ben; ***it is ~*** benim.

ice [aɪs] **1.** *n.* **buz 2.** *v/t.* dondur mak, soğutmak; (*pasta*) krema ile kaplamak; *v/i. a.* ***~ up*** buzlanmak, buz tutmak; **~ age** ['aɪseɪdʒ] *n.* buzul çağı; **~·berg** [~bɜːg] *n.* aysberg, buzdağı; **~·bound** *adj.* her tarafı donmuş (*liman*); **~·box** *n.* buzluk; *Am.* buzdolabı; **~ cream** *n.* dondurma; **~ cube** *n.* küçük buz kalıbı; **~ floe** *n.* buzul; **~ lol·ly** *n. Brt.* meyveli dondurma; **~ rink** *n.* buz pateni alanı; **~ show** *n.* buz pateni gösterisi.

i·ci·cle ['aɪsɪkl] *n.* saçaklardan sarkan buz salkımı, saçak buzu.

ic·ing ['aɪsɪŋ] *n.* şekerli krema.

i·cy □ ['aɪsɪ] (***-ier, -iest***) buz gibi (*a. fig.*); buz kaplı, buzlu.

i·dea [aɪ'dɪə] *n.* fikir, düşünce; kanaat, kanı; plan; **~l** [~l] **1.** □ ideal, ülküsel; mükemmel; **2.** *n.* ideal, ülkü; **~l·is·m** [~ɪzəm] *n.* idealizm, ülkücülük; **~·l·ize** [~aɪz] *vb.* idealleştirmek, ülküleştirmek.

i·den·ti|cal □ [aɪ'dentɪkl] aynı, benzer, tıpkı, özdeş; **~·fi·ca·tion** [aɪdentɪfɪ'keɪʃn] *n.* kimlik; kimlik saptaması; **~·fy** [aɪ'dentɪfaɪ] *v/t.* kimliğini saptamak, tanımak; bir tutmak, aynı saymak; **~·ty**[~ətɪ] *n.* benzerlik, özdeşlik; kimlik; ***~ card*** kimlik kartı; ***~ disk***, *Am.* ***~ tag*** MIL künye.

i·de|o·log·i·cal □ [aɪdɪə'lɒdʒɪdl] ideolojik; **~·ol·ogy**[aɪdɪ'ɒlədʒɪ] *n.* ideoloji.

id·i|om ['ɪdɪəm] *n.* deyim; şive, lehçe; üslup, deyiş; **~·o·mat·ic** [ɪdɪə'mætɪk] (***~ally***) *adj.* deyimsel.

id·i·ot ['ɪdɪət] *n.* aptal kimse, budala kimse; **~·ic**[ɪdɪ'ɒtɪk] (***~ally***) *adj.* aptal, budala, sersem.

i·dle['aɪdl] **1.** □ (***~r, ~st***) aylak, işsiz güçsüz, başıboş; tembel, haylaz; asılsız; boşa ğeçen (*zaman*); ECON kâr getirmeyen, ölü; ***~ hours*** *pl.* boşa geçen saatler; **2.** *v/t. mst.* ***~ away*** boşa geçirmek (*zaman*); *v/i.* aylak aylak dolaşmak, boş gezmek; MEC boşta çalışmak; **~·ness** [~nɪs] *n.* aylaklık, avarelik; tembellik; işsizlik.

i·dol ['aɪdl] *n.* put; *fig.* çok sevilen kimse *ya da* şey; **~·a·trous**□ [aɪ'dɒlətrəs] putlara tapan, putperest; **~·a·try** *n.* putperestlik; *fig.* büyük sevgi, hayranlık; **~·ize** ['aɪdəlaɪz] *v/t.* putlaştırmak; *fig.* tap(ın)mak.

i·dyl·lic [aɪ'dɪlɪk] (***~ally***) *adj.* pastoral.

if[ɪf] **1.** *cj.* eğer, ise; …ip …ipmediği; **2.** *n.* şart.

ig·nite [ɪg'naɪt] *v/t. & v/i.* tutuş(tur)mak; MOT ateşlemek; **ig·ni·tion** [ɪg'nɪʃən] *n.* tutuş(tur)ma; MOT marş.

ig·no·ble□ [ɪg'nəʊbl] alçak, rezil; yüz kızartıcı, utanılacak.

ig·no·min·i·ous □ [ɪgnə'mɪnɪəs] küçük düşürücü, yüz kızartıcı.

ig·no·rance ['ɪgnərəns] *n.* cahillik; **ig·no·rant** [~t] *adj.* cahil; F habersiz; **ig·nore** [ɪg'nɔː] *v/t.* aldırmamak, önemsememek; bilmezlikten gelmek; LEG kabul etmemek, reddetmek.

ill[ɪl] **1.** (***worse, worst***) *adj.* hasta; kötü; yaralı; ***fall ~, be taken ~*** hastalanmak, yatağa düşmek; **2.** *n.* **~s** *pl.* kötülük, zarar; **~-advised** □ ['ɪləd'vaɪzd] tedbirsiz, düşüncesiz; **~-bred** *adj.* terbiyesiz, görgüsüz, kaba; **~ breed·ing** *n.* kötü davranışlar.

il·le·gal □ [ɪ'liːgl] illegal, yasadışı; LEG

yolsuz; ~ ***parking*** yasak yere park etme.

il·le·gi·ble☐ [ɪ'ledʒəbl] okunaksız.

il·le·git·i·mate ☐ [ılı'dʒıtımət] yasadışı, yolsuz; evlilikdışı; saçma.

ill|-fat·ed ['ıl'feıtıd] *adj.* talihsiz, bahtsız; uğursuz; ~**-fa·vo(u)red** *adj.* çirkin; ~**-hu·mo(u)red***adj.* huysuz, aksi.

il·lib·e·ral☐ [ı'lıbərəl] dar kafalı, hoşgörüsüz; cimri, eli sıkı.

il·li·cit☐ [ı'lısıt] yasadışı, yasaya aykırı; haram.

il·lit·e·rate [ı'lıtərət] *n.* & *adj.* okuma yazma bilmez, kara cahil.

ill|-judged ['ıl'dʒʌdʒd] *adj.* tedbirsiz, düşüncesiz; ~**-man·nered** *adj.* kaba, terbiyesiz; ~**-na·tured**☐ huysuz, aksi, ters.

ill·ness ['ılnıs] *n.* hastalık.

il·lo·gi·cal ☐ [ı'lɒdʒıkl] mantıksız, mantığa aykırı.

ill-tem·pered ['ıl'tempəd] *adj.* huysuz, aksi; ~**-timed***adj.* zamansız.

il·lu·mi|nate[ı'lju:mıneıt] *v/t.* aydınlatmak (*a. fig.*); ışıklandırmak; *fig.* açıklamak; ~**·nat·ing**[~ıŋ] *adj.* aydınlatıcı (*a. fig.*); *fig.* açıklayıcı; ~**·na·tion** [ılju:mı'neıʃn] *n.* aydınlatma (*a. fig.*); *fig.* açıklama; ~***s*** *pl.* kitap süslemeleri.

ill-use ['ıl'ju:z] *v/t.* kötü davranmak; hor kullanmak.

il·lu|sion [ı'lu:ʒn] *n.* illüzyon, yanılsama; hayal, kuruntu; ~**·sive** [~sıv], ~**·so·ry**☐ [~ərı] aldatıcı, yanıltıcı.

il·lus|trate ['ıləstreıt] *v/t.* resimlerle süslemek, resimlemek; örneklerle açıklamak, anlatmak; ~**·tra·tion** ['ılə'streıʃn] *n.* resimleme; örneklerle açıklama; illüstrasyon, resim; örnek; ~**·tra·tive** ☐ ['ıləstrətıv] açıklayıcı, aydınlatıcı.

il·lus·tri·ous ☐ [ı'lʌstrıəs] ünlü, tanınmış.

ill will['ıl'wıl] *n.* kötü niyet, düşmanlık, kin.

im·age['ımıdʒ] *n.* imaj, hayal, imge; resim; heykel, put; benzer, kopya; **im·ag·e·ry** [~ərı] *n.* betim, betimleme; imge, düş, hayal.

i·ma·gi·na|ble☐ [ı'mædʒınəbl] hayal edilebilir, gözönüne getirilebilir; ~**·ry** [~ərı] *adj.* hayal ürünü, düşsel; ~**·tion** [ımædʒı'neıʃn] *n.* hayal gücü; hayal, kuruntu; ~**·tive**☐ [ı'mædʒınətıv] hayal gücü kuvvetli; hayal ürünü;

i·ma·gine[ı'mædʒın] *v/t.* hayal etmek, hayalinde canlandırmak; sanmak, farzetmek.

im·bal·ance [ım'bæləns] *n.* dengesizlik; oransızlık.

im·be·cile['ımbısi:l] *n.* & *adj.* budala, ahmak, bön; *contp.* geri zekâlı.

im·bibe[ım'baıb] *v/t.* içmek; *fig.* kafasına yerleştirmek, kapmak.

im·bue*fig.* [ım'bju:] *v/t.* zihnini doldurmak, aşılamak (***with*** *ile*).

im·i|tate ['ımıteıt] *v/t.* taklit etmek, benzetmek; *-in* taklidini yapmak; ~**·ta·tion**[ımı'teıʃn] **1.** *n.* taklit etme; taklit; **2.** *adj.* sahte, taklit, yapma…

im·mac·u·late☐ [ı'mækjʊlət] lekesiz, tertemiz; kusursuz; saf, masum.

im·ma·te·ri·al☐ [ımə'tıərıəl] manevi, tinsel, cisimsiz; önemsiz (***to*** *için*).

im·ma·ture ☐ [ımə'tjʊə] ham, olmamış.

im·mea·su·ra·ble ☐ [ı'meʒərəbl] ölçülmez; sınırsız, sonsuz.

im·me·di·ate ☐ [ı'mi:djət] doğrudan doğruya; yakın; şimdiki; âcil, derhal olan; ~**·ly**[~lı] **1.** *adv.* derhal, hemen; **2.** *cj.* …ir …irmez.

im·mense ☐ [ı'mens] koskocaman, muazzam (*a. fig.*)

im·merse[ı'mɜ:s] *v/t.* daldırmak, suya batırmak; *fig.* daldırmak, kaptırmak (***in*** *-e*); **im·mer·sion**[~ʃn] *n.* dal(dır)ma, bat(ır)ma; ~ ***heater*** daldırma ısıtıcı, elektrikli su ısıtıcısı.

im·mi|grant ['ımıgrənt] *n.* göçmen; ~**·grate** [~greıt] *v/i.* göç etmek; *v/t.* göçmen olarak yerleştirmek (***into*** *-e*); ~**·gra·tion**[ımı'greıʃn] *n.* göç.

im·mi·nent☐ ['ımınənt] olması yakın, eli kulağında; ~ ***danger*** eli kulağında tehlike

im·mo·bile[ı'məʊbaıl] *adj.* hareketsiz; sabit, durağan.

im·mod·e·rate☐ [ı'mɒdərət] aşırı, ölçüsüz.

im·mod·est ☐ [ı'mɒdıst] utanmaz, arsız; terbiyesiz, haddini bilmez.

im·mor·al☐ [ı'mɒrəl] ahlaksız; ahlaka aykırı.

im·mor·tal[ı'mɔ:tl] **1.** ☐ ölümsüz; **2.** *n.* ölümsüz şey; ~**·i·ty** [ımɔ:'tælətı] *n.* ölümsüzlük.

im·mo·va·ble [ɪ'muːvəbl] **1.** □ yerinden oynamaz, kımıldamaz; taşınmaz; **2.** *n.* **~s** *pl.* taşınmaz mallar.

im·mune [ɪ'mjuːn] *adj.* bağışık (***against, to*** *-e karşı*); muaf (***from*** *-den*);**im·mu·ni·ty** [-ətɪ] *n.* bağışıklık; dokunulmazlık.

im·mu·ta·ble □ [ɪ'mjuːtəbl] değişmez, sabit, durağan.

imp [ɪmp] *n.* afacan çocuk, yaramaz.

im·pact ['ɪmpækt] *n.* çarp(ış)ma; vuruş; etki.

im·pair [ɪm'peə] *v/t.* bozmak, zayıflatmak.

im·part [ɪm'pɑːt] *v/t.* vermek (***to*** *-e*); söylemek, bildirmek.

im·par|tial □ [ɪm'pɑːʃl] tarafsız, yansız; **~·ti·al·i·ty** ['ɪmpɑːʃɪ'ælətɪ] *n.* tarafsızlık, yansızlık.

im·pass·a·ble □ [ɪm'pɑːsəbl] geçilmez, geçit vermez.

im·passe [æm'pɑːs] *n.* çıkmaz sokak; *fig.* çıkmaz, açmaz.

im·pas·sioned [ɪm'pæʃnd] *adj.* heyecanlı, ateşli.

im·pas·sive □ [ɪm'pæsɪv] duygusuz; kayıtsız, vurdumduymaz.

im·pa|tience [ɪm'peɪʃns] *n.* sabırsızlık; **~·tient** □ [-t] sabırsız; hoşgörüsüz.

im·peach [ɪm'piːtʃ] *v/t.* suçlamak (***for, of, with*** *ile*); *-den* kuşkulanmak.

im·pec·ca·ble □ [ɪm'pekəbl] kusursuz; günahsız.

im·pede [ɪm'piːd] *v/t.* engellemek, sekte vurmak.

im·ped·i·ment [ɪm'pedɪmənt] *n.* engel, sekte.

im·pel [ɪm'pel] (**-ll-**) *v/t.* sürmek, itmek; sevketmek, zorlamak.

im·pend·ing [ɪm'pendɪŋ] *adj.* olması yakın, eli kulağında; **~ *danger*** eli kulağında tehlike.

im·pen·e·tra·ble □ [ɪm'penɪtrəbl] içinden geçilmez; *fig.* akıl ermez; *fig.* kabul etmeyen, kapalı (***to*** *-e*).

im·per·a·tive [ɪm'perətɪv] **1.** □ zorunlu; gerekli; emredici, buyurucu; GR emir belirten; **2.** *n.* emir; *a.* **~ *mood*** GR emir kipi.

im·per·cep·ti·ble □ [ɪmpə'septəbl] hissedilmez, algılanmaz.

im·per·fect [ɪm'pɜːfɪkt] **1.** □ eksik, noksan; kusurlu; **2.** *n. a.* **~ *tense*** GR bitmemiş bir eylemi gösteren zaman.

im·pe·ri·al·is|m POL [ɪm'pɪərɪəlɪzəm] *n.* emperyalizm, yayılımcılık; **~t** POL [-ɪst] *n.* emperyalist.

im·per·il [ɪm'perəl] (*esp. Brt. -ll-, Am. -l-*) *v/t.* tehlikeye sokmak.

im·pe·ri·ous □ [ɪm'pɪərɪəs] buyurucu, otoriter; acil, ivedili; zorunlu.

im·per·me·a·ble □ [ɪm'pɜːmjəbl] su *ya da* hava geçirmez, geçirimsiz.

im·per·son·al □ [ɪm'pɜːsnl] kişisel olmayan.

im·per·so·nate [ɪm'pɜːsəneɪt] *v/t.* THEA *etc.* (*rol*) canlandırmak, temsil etmek; *-in* taklidini yapmak.

im·per·ti|nence [ɪm'pɜːtɪnəns] *n.* küstahlık, laubalilik, sululuk; **~·nent** □ [-t] küstah, laubali, sulu.

im·per·tur·ba·ble □ [ɪmpə'tɜːbəbl] soğukkanlı, sakin, istifini bozmayan.

im·per·vi·ous □ [ɪm'pɜːvjəs] etkilenmez, kapalı (***to*** *-e*); geçirimsiz.

im·pe·tu·ous □ [ɪm'petjʊəs] atılgan, aceleci, coşkun; şiddetli.

im·pe·tus ['ɪmpɪtəs] *n.* şiddet, hız; dürtü.

im·pi·e·ty [ɪm'paɪətɪ] *n.* (*esp.* dinsel) saygısızlık.

im·pinge [ɪm'pɪndʒ]: **~ *on*, ~ *upon*** *-de* etkisi olmak; (*b-nin hakkına*) tecavüz etmek, el uzatmak.

im·pi·ous □ ['ɪmpɪəs] dinsiz, kâfir; dine karşı saygısız.

im·plac·a·ble □ [ɪm'plækəbl] yatıştırılamaz, sönmeyen (*nefret v.b.*); amansız (düşman).

im·plant [ɪm'plɑːnt] *v/t.* MED dikmek; *fig.* aklına sokmak, aşılamak.

im·ple·ment **1.** ['ɪmplɪmənt] *n.* alet, araç; **2.** [-ment] *v/t.* yerine getirmek, uygulamak.

im·pli|cate ['ɪmplɪkeɪt] *v/t.* sokmak, karıştırmak, bulaştırmak; **~·ca·tion** [ɪmplɪ'keɪʃn] *n.* işin içine sokma, bulaştırma.

im·pli·cit □ [ɪm'plɪsɪt] dolayısıyla anlatılan, üstü kapalı; tam, kesin.

im·plore [ɪm'plɔː] *v/t.* dilemek, yalvarmak, rica etmek.

im·ply [ɪm'plaɪ] *v/t.* dolaylı anlatmak, imlemek, anıştırmak; ... anlamına gelmek; gerektirmek.

im·po·lite □ [ɪmpə'laɪt] kaba, terbiyesiz.

im·pol·i·tic □ [ɪm'pɒlɪtɪk] uygunsuz,

isabetsiz.

im·port **1.** ['ımpɔːt] *n.* ECON ithal; ECON ithalat, dışalım; anlam; önem; **~s** *pl.* ECON ithal malları; **2.** [ım'pɔːt] *v/t.* ECON ithal etmek.

im·por|tance [ım'pɔːtəns] *n.* önem; **~·tant** □ [-t] önemli; nüfuzlu, etkin.

im·por·ta·tion [ımpɔː'teıʃn] *n.* ithalat, dışalım.

im·por|tu·nate □ [ım'pɔːtjʊnət] ısrarla isteyen; acil, ivedili; **~·tune** [ım'pɔːtjuːn] *vb.* ısrarla istemek, sıkboğaz etmek.

im·pose [ım'pəʊz] *v/t.* (*vergi*) koymak (***on, upon*** *-e*); (*ceza*) vermek; zorla kabul ettirmek; *v/i.* **~ *on*, ~ *upon*** *-den* yararlanmak; *-e* zahmet vermek, yük olmak; **im·pos·ing** □ [-ıŋ] heybetli, görkemli.

im·pos·si|bil·i·ty [ımpɒsə'bılətı] *n.* olanaksızlık; **~·ble** [ım'pɒsəbl] *adj.* olanaksız.

im·pos·tor [ım'pɒstə] *n.* dolandırıcı, düzenbaz.

im·po|tence ['ımpətəns] *n.* güçsüzlük; MED iktidarsızlık; **~·tent** □ [-t] güçsüz, zayıf; MED iktidarsız.

im·pov·e·rish [ım'pɒvərıʃ] *v/t.* yoksullaştırmak; *fig.* tüketmek.

im·prac·ti·ca·ble □ [ım'præktıkəbl] uygulanamaz, yapılamaz; kullanışsız; geçit vermez (*yol*).

im·prac·ti·cal □ [ım'præktıkl] uygulanamaz, yapılamaz; pratik olmayan; mantıksız (*kimse*).

im·preg|na·ble □ [ım'pregnəbl] zaptedilemez, alınamaz; **~·nate** ['ımpregneıt] *v/t.* BIOL hamile bırakmak, döllemek; CHEM doyurmak; MEC emprenye etmek.

im·press [ım'pres] *v/t.* basmak; etkilemek; aklına sokmak; **im·pres·sion** [-ʃn] *n.* izlenim, etki; PRINT baskı; ***be under the ~ that*** ...izleniminde olmak, ...gibi gelmek; **im·pres·sive** □ [-sıv] etkileyici.

im·print **1.** [ım'prınt] *v/t.* (*damga, mühür*) basmak; *fig.* iyice yerleştirmek, nakşetmek, sokmak (***on, in*** *-e*); **2.** ['ımprınt] *n.* damga, iz (*a. fig.*); PRINT yayınevinin adı.

im·pris·on LEG [ım'prızn] *v/t.* hapsetmek; **~·ment** LEG [-mənt] *n.* hapsetme; hapis, tutukluluk.

im·prob·a·ble □ [ım'prɒbəbl] olası olmayan, olmayacak.

im·prop·er □ [ım'prɒpə] uygunsuz, yersiz, yakışık almaz; yanlış.

im·pro·pri·e·ty [ımprə'praıətı] *n.* uygunsuzluk, yersizlik.

im·prove [ım'pruːv] *v/t. & v/i.* düzel(t)mek; geliş(tir)mek; iyileşmek; (*fiyat, değer*) artmak; **~ *on*, ~ *upon*** düzeltmek, mükemmelleştirmek; **~·ment** [-mənt] *n.* düzel(t)me; gelişme, ilerleme (***on, upon*** *-de*).

im·pro·vise ['ımprəvaız] *v/t.* doğaçtan söylemek, içine doğduğu gibi konuşmak.

im·pru·dent □ [ım'pruːdənt] tedbirsiz, düşüncesiz.

im·pu|dence ['ımpjʊdəns] *n.* yüzsüzlük, arsızlık; **~·dent** □ [-t] yüzsüz, arsız, küstah.

im·pulse ['ımpʌls] *n.* itme, itiş, dürtü; *fig.* güdü, içtepi; **im·pul·sive** □ [ım'pʌlsıv] itici; *fig.* düşüncesiz, atılgan.

im·pu·ni·ty [ım'pjuːnətı] *n.* cezasız kalma; ***with ~*** cezasız, ceza görmeden.

im·pure □ [ım'pjʊə] kirli, pis; ECCL cenabet; katışık, karışık; *fig.* açık saçık.

im·pute [ım'pjuːt] *v/t.* (*suç*) üstüne atmak, yüklemek, yıkmak (***to*** *-e*); ***~ s.th. to s.o.*** bşi b-nin üstüne atmak.

in [ın] **1.** *prp.* içinde, -de, -da (***~ the street*** caddede); içine, -e, -a; esnasında, -de, -leyin (***~ the morning*** sabahleyin); için, -e (***~ honour of*** *-in* şerefine); -ken (***~ crossing the road*** yolu geçerken); olarak (***~ English*** İngilizce olarak); -den yapılmış (***coat ~ velvet*** kadifeden yapılmış palto); ile meşgul (***engaged ~ reading*** okumakla meşgul); -ce, -ca (***~ number*** sayıca; ***~ my opinion*** kanımca); yüzünden, ile (***cry out ~ alarm*** korku ile bağırmak); ***~ 1989*** 1989'da; ***~ that*** ...yüzünden, -den dolayı; **2.** *adv.* içeriye, içeri; içeride; evde; seçilmiş, iktidarda; moda; ***be ~ for*** başına gelecek olmak, karşı karşıya olmak; ***be ~ with*** *ile* arası iyi olmak, dost olmak; **3.** *adj.* iç...; iktidardaki; moda olan.

in·a·bil·i·ty [ınə'bılətı] *n.* yetersizlik; güçsüzlük; beceriksizik.

in·ac·ces·si·ble □ [ınæk'sesəbl] yanına girilmez; erişilmez (***to*** *-e*).

in·ac·cu·rate □ [ın'ækjʊrət] yanlış, ha-

I

talı.

in·ac|tive□ [ɪn'æktɪv] hareketsiz; tembel; ECON durgun; CHEM etkisiz; **~·tiv·i·ty**[ɪnæk'tɪvətɪ] *n.* hareketsizlik; tembellik; ECON durgunluk; CHEM etkisizlik.

in·ad·e·quate□ [ɪn'ædɪkwət] yetersiz; eksik, noksan.

in·ad·mis·si·ble□ [ɪnəd'mɪsəbl] kabul olunmaz, uygun görülmez.

in·ad·ver·tent□ [ɪnəd'vɜːtənt] dikkatsiz; kasıtsız.

in·a·li·e·na·ble □ [ɪn'eɪljənəbl] geri verilemez, elden çıkarılamaz.

i·nane□ *fig.* [ɪ'neɪn] boş, anlamsız, saçma.

in·an·i·mate□ [ɪn'ænɪmət] cansız, ölü; donuk, sönük.

in·ap·pro·pri·ate□ [ɪnə'prəʊprɪət] uygunsuz, yersiz.

in·apt □ [ɪn'æpt] beceriksiz, yeteneksiz; uygunsuz.

in·ar·tic·u·late □ [ɪnɑː'tɪkjʊlət] anlaşılmaz, açık seçik olmayan; derdini anlatamayan; iyi ifade edilmemiş.

in·as·much[ɪnəz'mʌtʃ]: **~ *as*** -diği için, -den dolayı, madem ki.

in·at·ten·tive□ [ɪnə'tentɪv] dikkatsiz.

in·au·di·ble□ [ɪn'ɔːdəbl] işitilemez.

in·au·gu|ral [ɪ'nɔːgjʊrəl] *n.* açılış konuşması *ya da* töreni; *attr.* açılış...; **~·rate**[-reɪt] *v/t.* törenle açmak; *-e* törenle baslamak; başlatmak; **~·ra·tion** [ɪnɔːgjʊ'reɪʃn] *n.* açılış töreni; açılış; **≗ *Day*** *Am.* cumhurbaşkanının resmen göreve başladığı gün.

in·born ['ɪn'bɔːn] *adj.* doğuştan, yaradılıştan.

in-built['ɪnbɪlt] *adj.* gömme.

in·cal·cu·la·ble□ [ɪn'kælkjʊləbl] hesaplanamaz, haddi hesabı olmayan.

in·can·des·cent □ [ɪnkæn'desnt] akkor.

in·ca·pa·ble□ [ɪn'keɪpəbl] yeteneksiz, güçsüz, elinden gelmez; **~ *of deceiving*** aldatmak elinden gelmez.

in·ca·pa·ci|tate[ɪnkə'pæsɪteɪt] *v/t.* yapamaz duruma getirmek, olanak vermemek; **~·ty**[-sətɪ] *n.* güçsüzlük, yeteneksizlik, olanaksızlık.

in·car·nate[ɪn'kɑːnət] *adj.* ECCL insan biçiminde olan; *fig.* cisimlenmiş, kişileşmiş.

in·cau·tious □ [ɪn'kɔːʃəs] tedbirsiz, düşüncesiz.

in·cen·di·a·ry[ɪn'sendjərɪ] **1.** *adj.* kasten yangın çıkaran; *fig.* kışkırtıcı, arabozucu, ortalığı karıştıran; **2.** *n.* kundakçı; ortalığı karıştıran kimse.

in·cense[1] ['ɪnsens] *n.* tütsü, günlük, buhur.

in·cense[2][ɪn'sens] *v/t.* öfkelendirmek.

in·cen·tive[ɪn'sentɪv] *n.* dürtü, güdü, neden.

in·ces·sant □ [ɪn'sesnt] sürekli, aralıksız, ardı arkası kesilmeyen.

in·cest ['ɪnsest] *n.* akraba ile zina, kızılbaşlık.

inch[ɪntʃ] **1.** *n.* inç, parmak (*= 2,54 cm*); *fig.* az miktar; ***by ~es*** azar azar; ***every ~*** tepeden tırnağa, sapına kadar; **2.** *v/t.* yavaş yavaş hareket ettirmek.

in·ci|dence ['ɪnsɪdəns] *n.* isabet; oluş derecesi; **~·dent**[-t] *n.* olay; **~·den·tal** □ [ɪnsɪ'dentl] rastlantı sonucu olan; önemsiz, küçük; **~*ly*** aklıma gelmişken.

in·cin·e|rate[ɪn'sɪnəreɪt] *v/t.* yakıp kül etmek; **~·ra·tor**[-ə] *n.* fırın.

in·cise[ɪn'saɪz] *v/t.* oymak, hakketmek; **in·ci·sion** [ɪn'sɪʒn] *n.* yarma, deşme; **in·ci·sive**□ [ɪn'saɪsɪv] keskin, kesici; zeki; **in·ci·sor**[-aɪzə] *n.* ANAT kesicidiş.

in·cite[ɪn'saɪt] *v/t.* kışkırtmak, körüklemek; **~·ment**[-mənt] *n.* kışkırtma, körükleme, tahrik.

in·clem·ent[ɪn'klemənt] *adj.* sert (*iklim*).

in·cli·na·tion [ɪnklɪ'neɪʃn] *n.* eğim, eğiklik; *fig.* eğilim; **in·cline**[ɪn'klaɪn] **1.** *v/t.* & *v/i.* eğ(il)mek; **~ *to*** *fig.* *-e* eğilim göstermek, *-e* meyletmek; **2.** *n.* yokuş, meyil.

in·close[ɪn'kləʊz], **in·clos·ure**[-əʊʒə] *s.* ***enclose, enclosure.***

in·clude[ɪn'kluːd] *v/t.* dahil etmek, katmak; içermek; **in·clu·ded** *adj.* dahil; ***tax ~*** vergi dahil; **in·clud·ing** *adj.* dahil; **in·clusion** [-ʒn] *n.* dahil etme, kat(ıl)ma; **in·clu·sive**□ [-sɪv] dahil, içine alan (***of** -i*); ***be ~ of*** içine almak, kapsamak; **~ *terms*** *pl.* herşey dahil olan fiyatlar.

in·co·her|ence [ɪnkəʊ'hɪərəns] *n.* tutarsızlık; **~·ent**□ [-t] tutarsız, abuk sabuk, ipe sapa gelmez.

in·come ECON ['ɪnkʌm] *n.* gelir, kazanç; **~ tax** *n.* ECON gelir vergisi.

in·com·ing['ınkʌmıŋ] *adj.* gelen; göreve yeni başlayan, yeni; ~ **orders** *pl.* ECON gelen siparişler.

in·com·mu·ni·ca·tive□ [ınkə'mju:nıkətıv] bildiğini söylemez, ağzı sıkı.

in·com·pa·ra·ble □ [ın'kɒmpərəbl] eşsiz, emsalsiz.

in·com·pat·i·ble □ [ınkəm'pætəbl] uyuşamaz, bağdaşmaz; birbirine uymayan, zıt.

im·com·pe|tence [ın'kɒmpıtəns] *n.* beceriksizlik, yetersizlik; ~**·tent** □ [~t] beceriksiz, yetersiz.

in·com·plete □ [ınkəm'pli:t] eksik, noksan, bitmemiş.

in·com·pre·hen|si·ble □ [ınkɒmprı'hensəbl] anlaşılmaz, akıl almaz; ~**·sion** [~ʃn] *n.* anlaşılmazlık, akıl almazlık.

in·con·cei·va·ble □ [ınkən'si:vəbl] kavranılmaz, anlaşılmaz.

in·con·clu·sive □ [ınkən'klu:sıv] sonuçsuz, yetersiz, ikna edici olmayan.

in·con·gru·ous □ [ın'kɒŋgrʊəs] uygunsuz, yersiz; uyuşmaz, bağdaşmaz, aykırı.

in·con·se|quent □ [ın'kɒnsıkwənt] mantıksız, tutarsız; ~**·quen·tial** □ [ınkɒnsı'kwenʃl] önemsiz.

in·con·sid|e·ra·ble□ [ınkən'sıdərəbl] önemsiz, küçük, az; ~**·er·ate**□ [~rət] düşüncesiz.

in·con·sis|ten·cy [ınkən'sıstənsı] *n.* tutarsızlık, bağdaşmazlık, uyumsuzluk; kararsızlık; ~**·tent**□ [~t] tutarsız, bağdaşmaz, uyumsuz; kararsız, değişken.

in·con·so·la·ble □ [ınkən'səuləbl] avutulamaz.

in·con·spic·u·ous□ [ınkən'spıkjʊəs] göze çarpmaz, farkedilmeyen; önemsiz.

in·con·stant□ [ın'kɒnstənt] kararsız, değişken; vefasız.

in·con·ti·nent□ [ın'kɒntınənt] kendini tutamayan; MED idrarını tutamayan.

in·con·ve·ni|ence [ınkən'vi:njəns] **1.** *n.* rahatsızlık, zahmet, sıkıntı; sakınca; **2.** *v/t.* *-e* zahmet vermek; ~**·ent**□ [~t] zahmetli, zahmet verici, güç; uygunsuz, elverişsiz; sakıncalı.

in·cor·po|rate [ın'kɔ:pəreıt] *v/t. & v/i.* birleş(tir)mek, kat(ıl)mak; cisimlendirmek; ECON, LEG anonim şirket durumuna getirmek; ~**·ra·tion** [ınkɔ:pə'reıʃn] *n.* birleş(tir)me, kat(ıl)ma; ECON, LEG şirket.

in·cor·rect□ [ınkə'rekt] yanlış, hatalı; uygunsuz, yakışıksız.

in·cor·ri·gi·ble□ [ın'kɒrıdʒəbl] adam olmaz, düzelmez, yola gelmez.

in·cor·rup·ti·ble□ [ınkə'rʌptəbl] rüşvet yemez, dürüst; bozulmaz, çürümez.

in·crease 1. [ın'kri:s] *v/t. & v/i.* art(ır)mak, çoğal(t)mak; büyü(t)mek, geliş(tir)mek; **2.** ['ınkri:s] *n.* artma, çoğalma, artış; **in·creas·ing·ly**[ın'kri:sıŋlı] *adv.* gittikçe artarak, giderek, gitgide; ~ ***difficult*** giderek zorlaşan.

in·cred·i·ble□ [ın'kredəbl] inanılmaz, akıl almaz.

in·cre·du·li·ty[ınkrı'dju:lətı] *n.* inanılmazlık; **in·cred·u·lous** □ [ın'kredjʊləs] inanılmaz, kuşkulu.

in·crim·i·nate[ın'krımıneıt] *v/t.* suçlamak; suçlu çıkarmak.

in·cu|bate ['ınkjʊbeıt] *v/i.* kuluçkaya yatmak; ~**·ba·tor**[~ə] *n.* kuluçka makinesi; kuvöz.

in·cum·bent□ [ın'kʌmbənt] zorunlu, yükümlü; ***it is ~ on her*** ona düşer, onun görevi.

in·cur[ın'kɜ:] (***-rr-***) *v/t.* tutulmak, yakalanmak, uğramak, girmek; üstüne çekmek.

in·cu·ra·ble□ [ın'kjʊərəbl] tedavi edilemez, iyi olmaz, iyileşmez, devasız.

in·cu·ri·ous□ [ın'kjʊərıəs] meraksız; kayıtsız, ilgisiz.

in·cur·sion [ın'kɜ:ʃn] *n.* akın, saldırı, baskın.

in·debt·ed[ın'detıd] *adj.* ECON borçlu; *fig.* teşekkür borçlu, minnettar.

in·de·cent □ [ın'di:snt] uygunsuz, yakışıksız; edepsiz, çirkin; LEG toplum töresine aykırı; ~ ***assault*** LEG ırza tecavüz.

in·de·ci|sion[ındı'sıʒn] *n.* kararsızlık; ~**·sive**□ [~'saısıv] kararsız; kesin olmayan, ortada.

in·deed[ın'di:d] **1.** *adv.* gerçekten, cidden; ***thank you very much ~!*** Gerçekten çok teşekkür ederim!; **2.** *int.* öyle mi?

in·de·fat·i·ga·ble□ [ındı'fætıgəbl] yorulmak bilmez, yorulmaz.

in·de·fen·si·ble□ [ındı'fensəbl] savu-

I

nulamaz.

in·de·fi·na·ble □ [ɪndɪ'faɪnəbl] tanımlanamaz, anlatılmaz, tarifsiz.

in·def·i·nite □ [ɪn'defɪnət] belirsiz, şüpheli, bulanık.

in·del·i·ble □ [ɪn'delɪbl] silinmez (*a. fig.*), çıkmaz; ~ ***pencil*** kopya kalemi.

in·del·i·cate [ɪn'delɪkət] *adj.* terbiyesiz, kaba.

in·dem·ni|fy [ɪn'demnɪfaɪ] *v/t.* *-in* zararını ödemek (***for*** *-e karşı*); LEG zarar görmeyeceğine dair kefil olmak; ~**·ty** [~ətɪ] *n.* tazminat; LEG teminat, güvence.

in·dent [ɪn'dent] *vb.* çentmek, diş diş oymak; PRINT satır başı yapmak; LEG senede bağlamak; ~ ***on s.o. for s.th.*** *esp. Brt.* ECON b-ne bş sipariş etmek.

in·den·tures ECON, LEG [ɪn'dentʃəz] *n. pl.* sözleşme.

in·de·pen|dence [ɪndɪ'pendəns] *n.* bağımsızlık; ♀ ***Day*** *Am.* Bağımsızlık Günü (*4 Temmus*); ~**·dent** □ [~t] bağımsız; başına buyruk.

in·de·scri·ba·ble □ [ɪndɪ'skraɪbəbl] tanımlanamaz, anlatılmaz, tarifsiz.

in·de·struc·ti·ble □ [ɪndɪ'strʌktəbl] yok edilemez, yıkılmaz.

in·de·ter·mi·nate □ [ɪndɪ'tɜːmɪnət] belirsiz, belli olmayan.

in·dex ['ɪndeks] **1.** (*pl.* ***-dexes, -dices*** [-dɪsiːz]) *n.* indeks, dizin; işaret; MEC gösterge, ibre; ***cost of living*** ~ geçim indeksi; **2.** *v/t.* indeks içine koymak, indeksini yapmak; ~ **card** *n.* fiş; ~ **finger** *n.* işaretparmağı, göstermeparmağı.

In·di·an ['ɪndjən] **1.** *adj.* Hindistan'a özgü; **2.** *n.* Hintli; *a.* ***American*** ~, ***Red*** ~ kızılderili; ~ **corn** *n.* BOT mısır; ~ **file**: ***in*** ~ tek sıra halinde; ~ **pud·ding** *n.* mısır muhallebisi; ~ **sum·mer** *n.* pastırma yazı.

In·di·a rub·ber, in·di·a·rub·ber ['ɪndjə'rʌbə] *n.* kauçuk, lastik; *attr.* kauçuk...

in·di|cate ['ɪndɪkeɪt] *v/t.* göstermek, belirtmek, işaret etmek; *v/i.* MOT sinyal vermek; ~**·ca·tion** [ɪndɪ'keɪʃn] *n.* gösterme; işaret, belirti; **in·dic·a·tive** [ɪn'dɪkətɪv] *n. a.* ~ ***mood*** GR bildirme kipi; ~**·ca·tor** ['ɪndɪkeɪtə] *n.* gösterge, ibre; belirti; MOT sinyal.

in·di·ces ['ɪndɪsiːz] *pl. of* ***index.***

in·dict LEG [ɪn'daɪt] *v/t.* suçlamak (***for*** *-den*); ~**·ment** LEG [~mənt] *n.* suçlama; iddianame.

in·dif·fer|ence [ɪn'dɪfrəns] *n.* aldırmazlık, ilgisizlik, kayıtsızlık; ~**·ent** □ [~t] aldırmaz, ilgisiz, kayıtsız (***to*** *-e*); şöyle böyle, orta derecede.

in·di·gent ['ɪndɪdʒənt] *adj.* yoksul.

in·di·ges|ti·ble □ [ɪndɪ'dʒestəbl] sindirimi güç; ~**·tion** [~tʃən] *n.* sindirim güçlüğü, hazımsızlık.

in·dig|nant □ [ɪn'dɪgnənt] öfkeli, kızgın, içerlemiş (***at, over, about*** *-e*); ~**·na·tion** [ɪndɪg'neɪʃn] *n.* öfke, kızgınlık (***at, over, about*** *konusunda*); ~**·ni·ty** [ɪn'dɪgnətɪ] *n.* küçük düşürücü hareket, hakaret.

in·di·rect □ [ɪndɪ'rekt] dolaşık, dolambaçlı, dolaylı (*a.* GR); ***by*** ~ ***means*** dolambaçlı yoldan.

in·dis|creet □ [ɪndɪ'skriːt] boşboğaz, patavatsız, düşüncesiz; ~**·cre·tion** [~reʃn] *n.* boşboğazlık, patavatsızlık, düşüncesizlik.

in·dis·crim·i·nate □ [ɪndɪ'skrɪmɪnət] gelişigüzel, rasgele, karışık.

in·di·spen·sa·ble □ [ɪndɪ'spensəbl] çok gerekli, vazgeçilmez, zorunlu.

in·dis|posed [ɪndɪ'spəʊzd] *adj.* rahatsız, keyifsiz; isteksiz; ~**·po·si·tion** [ɪndɪspə'zɪʃn] *n.* rahatsızlık; isteksizlik (***to*** *-e karşı*).

in·dis·pu·ta·ble □ [ɪndɪ'spjuːtəbl] tartışılmaz, su götürmez, kesin.

in·dis·pu·ta·ble □ [ɪndɪ'spjuːtəbl] tartışılmaz, su götürmez, kesin.

in·dis·tinct □ [ɪndɪ'stɪŋkt] iyice görülmeyen, belli belirsiz, seçilemez.

in·dis·tin·guish·a·ble □ [ɪndɪ'stɪŋgwɪʃəbl] ayırt edilemez, seçilemez.

in·di·vid·u·al [ɪndɪ'vɪdjʊəl] **1.** □ bireysel; kişisel, özel; tek, yalnız; **2.** *n.* birey, kimse; ~**·is·m** [~ɪzəm] *n.* bireycilik; ~**·ist** [~ɪst] *n.* bireyci; ~**·i·ty** [ɪndɪvɪdjʊ'ælətɪ] *n.* bireylik, kişilik; özellik, kendine özgülük; ~**·ly** [ɪndɪ'vɪdjʊəlɪ] *adv.* ayrı ayrı, teker teker.

in·di·vis·i·ble □ [ɪndɪ'vɪzəbl] bölünmez.

in·do·lent □ ['ɪndələnt] tembel, üşengeç; MED ağrısız.

in·dom·i·ta·ble □ [ɪn'dɒmɪtəbl] boyun eğmez, direngen, yılmaz.

in·door ['ɪndɔː] *adj.* ev içinde olan *ya*

da yapılan, ev…; SPOR: salonda yapılan, salon…; ~s ['ın'dɔːz] *adv.* ev(d)e.

in·dorse [ın'dɔːs] = ***endorse*** *etc.*

in·duce [ın'djuːs] *v/t.* ikna etmek, kandırıp yaptırmak; *-e* neden olmak; **~·ment** [-mənt] *n.* ikna; neden.

in·duct [ın'dʌkt] *v/t.* resmen göreve getirmek; **in·duc·tion** [-kʃn] *n.* resmen göreve getirme; ELECT indüksiyon, indükleme.

in·dulge [ın'dʌldʒ] *v/t.* anlayış göstermek, (*isteklerine*) boyun eğmek; yüz vermek; ~ ***in s.th.*** bşe kapılmak; bşe düşkün olmak; **in·dul·gence** [-əns] *n.* hoşgörü, anlayış gösterme; düşkünlük; **in·dul·gent** □ [-nt] hoşgörülü, anlayış gösteren.

in·dus·tri·al □ [ın'dʌstrıəl] endüstriyel, sanayi…; ~ ***area*** sanayi bölgesi; **~·ist** ECON [-əlıst] *n.* sanayici; **~·ize** ECON [-əlaız] *v/t.* & *v/i.* sanayileş(tir)mek.

in·dus·tri·ous □ [ın'dʌstrıəs] çalışkan.

in·dus·try ['ındəstrı] *n.* ECON endüstri, sanayi; çalışkanlık.

in·ed·i·ble □ [ın'edıbl] yenmez.

in·ef·fa·ble □ [ın'efəbl] anlatılmaz, tarifsiz.

in·ef·fec|tive □ [ını'fektıv], **~·tu·al** □ [-tʃʊəl] etkisiz, sonuçsuz; beceriksiz.

in·ef·fi·cient □ [ını'fıʃnt] etkisiz; yetersiz; verimsiz, randımansız.

in·el·e·gant □ [ın'elıgənt] çirkin, kaba, incelikten yoksun.

in·eli·gi·ble □ [ın'elıdʒəbl] seçilemez; uygun olmayan; *esp.* MIL çürük, hizmete yaramaz.

in·ept □ [ı'nept] uygunsuz, yersiz, aptalca; beceriksiz, hünersiz.

in·e·qual·i·ty [ını'kwɒlətı] *n.* eşitsizlik.

in·ert □ [ı'nɜːt] PHYS süreduran, hareketsiz; *fig.* tembel, uyuşuk; CHEM etkisiz; **in·er·tia** [ı'nɜːʃjə] *n.* süredurum; *fig.* tembellik.

in·es·ca·pa·ble [ını'skeıpəbl] *adj.* kaçınılmaz.

in·es·sen·tial [ını'senʃl] *adj.* gereksiz (***to*** *-e*).

in·es·ti·ma·ble □ [ın'estıməbl] paha biçilmez.

in·ev·i·ta·ble □ [ın'evıtəbl] kaçınılmaz, çaresiz.

in·ex·act □ [ınıg'zækt] yanlış, hatalı.

in·ex·cu·sa·ble □ [ınık'skjuːzəbl] bağışlanamaz, affedilmez.

in·ex·haus·ti·ble □ [ınıg'zɔːstəbl] bitmez tükenmez; yorulmaz.

in·ex·o·ra·ble □ [ın'eksərəbl] acımasız, amansız, insafsız.

in·ex·pe·di·ent □ [ınık'spiːdjənt] uygunsuz, akıllıca olmayan.

in·ex·pen·sive □ [ınık'spensıv] ucuz, masrafı az.

in·ex·pe·ri·ence [ınık'spıərıəns] *n.* tecrübesizlik, deneyimsizlik; **~d** *adj.* tecrübesiz, deneyimsiz, acemi.

in·ex·pert □ [ın'ekspɜːt] deneyimsiz, acemi; beceriksiz.

in·ex·plic·a·ble □ [ınık'splıkəbl] açıklanamaz, anlaşılmaz.

in·ex·pres·si|ble □ [ınık'spresəbl] anlatılamaz, tanımlanamaz, tarifsiz; **~ve** [-sıv] *adj.* anlamsız, ifadesiz.

in·ex·tri·ca·ble □ [ın'ekstrıkəbl] içinden çıkılmaz, karışık; kaçınılmaz.

in·fal·li·ble □ [ın'fæləbl] yanılmaz, şaşmaz.

in·fa|mous □ ['ınfəməs] adı çıkmış, rezil; utanç verici; **~·my** [-ı] *n.* rezalet, kepazelik.

in·fan|cy ['ınfənsı] *n.* çocukluk, küçüklük, bebeklik; LEG ergin olmama; ***in its*** ~ *fig.* başlangıcında, işin başında; **~t** [-t] *n.* küçük çocuk, bebek; LEG ergin olmayan kimse.

in·fan·tile ['ınfəntaıl] *adj.* çocukla ilgili, çocuk …; çocukça.

in·fan·try MIL ['ınfəntrı] *n.* piyade.

in·fat·u·at·ed [ın'fætjʊeıtıd] *adj.* deli gibi âşık (***with*** *-e*).

in·fect [ın'fekt] *v/t.* MED bulaştırmak, geçirmek (*a. fig.*); **in·fection** [-kʃn] *n.* MED bulaş(tır)ma, geç(ir)me (*a. fig.*); enfeksiyon; **in·fec·tious** □ [-kʃən] MED bulaşıcı; *fig.* başkalarına geçen (*gülme v.b.*).

in·fer [ın'fɜː] (***-rr-***) *v/t.* sonucunu çıkarmak, anlamak (***from*** *-den*); **~·ence** ['ınfərəns] *n.* sonuç çıkarma; sonuç.

in·fe·ri·or [ın'fıərıə] **1.** *adj.* aşağı, alt; ikinci derecede, adi (***to*** *-e göre*); ***be*** ~ ***to s.o.*** *b-den* daha alt derecede olmak; **2.** *n.* ast, alt derecede bulunan kimse; **~·i·ty** [ınfıərı'ɒrətı] *n.* aşağılık; astlık; âdilik; ~ ***complex*** PSYCH aşağılık duygusu.

in·fer|nal □ [ın'fɜːnl] cehennem ile ilgili, cehennem …; **~·no** [-əʊ] (*pl.* ***-nos***) *n.* cehennem; cehennem gibi yer.

in·fer·tile [ın'fɜ:taıl] *adj.* verimsiz, kıraç, çorak.

in·fest [ın'fest] *vb.* (*fare, böcek v.b.*) sarmak, bürümek, istila etmek; *fig.* dolu olmak, kaynamak (***with*** *ile*).

in·fi·del·i·ty [ınfı'delətı] *n.* ihanet, aldatma.

in·fil·trate ['ınfıltreıt] *v/t.* & *v/i.* süz(ül)mek; sok(ul)mak, sızmak (***into*** *-e*); POL sızmak, katılmak (***into*** *-e*).

in·fi·nite □ ['ınfınət] sonsuz, sınırsız.

in·fin·i·tive [ın'fınətıv] *n. a.* ~ ***mood*** GR mastar.

in·fin·i·ty [ın'fınətı] *n.* sonsuzluk.

in·firm □ [ın'fɜ:m] zayıf, dermansız, halsiz; **in·fir·ma·ry** [-ərı] *n.* revir; hastane; **in·fir·mi·ty** [-ətı] *n.* zayıflık, dermansızlık; *fig.* hata, zaaf.

in·flame [ın'fleım] *v/t.* & *v/i.* tutuş(tur)mak; *fig.* öfkelen(dir)mek; MED iltihaplan(dır)mak, yangılan(dır)mak.

in·flam·ma|ble [ın'flæməbl] *adj.* çabuk tutuşur, parlayıcı; çabuk kızar; **~·tion** MED [ınflə'meıʃn] *n.* iltihap, yangı; **~·to·ry** [ın'flæmətərı] *adj.* MED iltihaplı, yangılı; *fig.* tahrik edici.

in·flate [ın'fleıt] *v/t.* şişirmek; ECON (*fiyat*) suni olarak yükseltmek; (*para*) piyasaya çok sürmek; **in·fla·tion** [-ʃn] *n.* şiş(ir)me; ECON enflasyon, paraşişkinliği.

in·flect GR [ın'flekt] *v/t.* çekmek; **in·flec·tion** [-kʃn] = ***inflexion.***

in·flex|i·ble □ [ın'fleksəbl] eğilmez, bükülmez; *fig.* kararından dönmez, boyun eğmez, azimli; **~·ion** *esp. Brt.* [-kʃn] *n.* GR çekim; MUS ses tonunun değişmesi.

in·flict [ın'flıkt] *v/t.* (*dayak, yumruk*) atmak; *-e* uğratmak, çektirmek, vermek; *fig.* yüklemek, yamamak (***on, upon*** *-e*); **in·flic·tion** [-kʃn] *n.* ceza; eziyet, sıkıntı.

in·flu|ence ['ınflʊəns] **1.** *n.* etki, nüfuz; **2.** *v/t.* etkilemek, sözünü geçirmek; **~·en·tial** □ [ınflʊ'enʃl] etkili, nüfuzlu, sözü geçer.

in·flu·en·za MED [ınflʊ'enzə] *n.* grip.

in·flux ['ınflʌks] *n.* içeriye akma; ECON giriş, akış; *fig.* üşüşme, akın.

in·fo·mer·cial ['ınfəʊmɜ:ʃl] *n. TV'de bilgi vermek amacıyla yapılan kısa yayın.*

in·form [ın'fɔ:m] *v/t.* haber vermek, bilgi vermek (***of*** *hakkında*); bildirmek, haberdar etmek (***of*** *-den*); ~ ***against*** *ya da* ***on*** *ya da* ***upon s.o.*** *b-ni* ihbar etmek.

in·for·mal [ın'fɔ:ml] *adj.* resmi olmayan; teklifsiz, içlidışlı, sıkı fıkı; **~·i·ty** [ınfɔ:'mælətı] *n.* teklifsizlik.

in·for·ma|tion [ınfə'meıʃn] *n.* bilgi, haber; danışma; ~ ***storage*** *bilgisayar:* bilgi belleği; **~·tive** [ın'fɔ:mətıv] *adj.* bilgi verici, aydınlatıcı; öğretici.

in·form·er [ın'fɔ:mə] *n.* ihbarcı, muhbir, jurnalcı.

in·fre·quent □ [ın'fri:kwənt] seyrek.

in·fringe [ın'frındʒ]: ~ ***on,*** ~ ***upon*** *-e* tecavüz etmek, *-e* el uzatmak.

in·fu·ri·ate [ın'fjʊərıeıt] *v/t.* öfkelendirmek, çileden çıkarmak.

in·fuse [ın'fju:z] *v/t.* (*çay*) demlemek; *fig.* aşılamak (***with*** *ile*); **in·fu·sion** [-ʒn] *n.* demleme; çay; MED damarlara zerketme; *fig.* aşılama.

in·ge|ni·ous □ [ın'dʒi:njəs] hünerli, becerikli; usta; yaratıcı; ustaca yapılmış; **~·nu·i·ty** [ındʒı'nju:ətı] *n.* marifet, hüner; yaratıcılık.

in·gen·u·ous □ [ın'dʒenjʊəs] samimi, candan; temiz yürekli, saf.

in·got ['ıŋgət] *n.* külçe.

in·gra·ti·ate [ın'greıʃıeıt]: ~ ***o.s. with s.o.*** *b-ne k-ni* sevdirmek, gözüne girmek.

in·grat·i·tude [ın'grætıtju:d] *n.* nankörlük.

in·gre·di·ent [ın'gri:djənt] *n.* parça; yemek harcı.

in·grow·ing ['ıngrəʊıŋ] *adj.* içe doğru büyüyen.

in·hab|it [ın'hæbıt] *vb.* oturmak; **~·it·a·ble** [-əbl] *adj.* oturmaya elverişli, oturulabilir; **~·i·tant** [-ənt] *n.* oturan, sakin.

in·hale [ın'heıl] *v/t.* MED içine çekmek; *v/i.* nefes almak, solumak.

in·her·ent □ [ın'hıərənt] doğuştan olan, yaradılıştan, içinde olan (***in*** *-in*).

in·her|it [ın'herıt] *v/t.* miras olarak almak; mirasa konmak; **~·itance** [-əns] *n.* miras, kalıt; BIOL kalıtım, soyaçekim.

in·hib·it [ın'hıbıt] *v/t.* tutmak, alıkoymak, zaptetmek, dizginlemek; PSYCH içine atmak; **~·ed** *adj.* PSYCH çekingen;

in·hi·bi·tion PSYCH [ɪnhɪ'bɪʃn] *n.* engelleme, alıkoyma, dizginleme.
in·hos·pi·ta·ble □ [ɪn'hɒspɪtəbl] konuk sevmez; barınılmaz (*yer*).
in·hu·man□ [ɪn'hjuːmən] insanlık dışı, gaddarca; **~e** □ [ɪnhjuː'meɪn] insaniyetsiz, acımasız.
in·im·i·cal □ [ɪ'nɪmɪkl] düşman, karşı (***to*** *-e*); ters, aksi, zıt (***to*** *-e*).
in·im·i·ta·ble□ [ɪ'nɪmɪtəbl] taklit edilemez; eşsiz.
i·ni|tial[ɪ'nɪʃl] **1.** □ birinci, ilk, baş ...; **2.** *n.* ilk harf; büyük harf; **~·tial·ly**[~ʃəlɪ] *adv.* ilk olarak, önce; **~·ti·ate 1.** [~ʃɪət] *n.* yeni üye; **2.** [~ʃɪeɪt] *v/t.* başlatmak, önayak olmak; göstermek, öğretmek; *-e* başlamak; **~·ti·a·tion** [ɪnɪʃɪ'eʃn] *n.* başla(t)ma; üyeliğe kabul töreni; **~ *fee*** *esp. Am.* kayıt ücreti; **~·tia·tive** [ɪ'nɪʃɪətɪv] *n.* ilk adım, önayak olma; girişim; ***take the ~*** ilk adımı atmak, önayak olmak; ***on one's own ~*** kişisel girişimiyle, kendince.
in·ject MED [ɪn'dʒekt] *v/t.* iğne yapmak, şırınga etmek; **in·jec·tion** MED [~kʃn] *n.* enjeksiyon, iğne yapma.
in·ju·di·cious□ [ɪndʒuː'dɪʃəs] düşüncesiz, akılsız; akılcı olmayan.
in·junc·tion[ɪn'dʒʌŋkʃn] *n.* LEG uyarı, ihtar; emir.
in·jure ['ɪndʒə] *v/t.* incitmek, yaralamak; zedelemek; zarar vermek; **in·ju·ri·ous** □ [ɪn'dʒʊərɪəs] zararlı, dokunur; incitici, onur kırıcı (*söz*); ***be ~ to*** *-e* dokunmak; ***~ to health*** sağlığa zararlı; **in·ju·ry** ['ɪndʒərɪ] *n.* MED yara, bere; zarar, hasar; haksızlık.
in·jus·tice [ɪn'dʒʌstɪs] *n.* haksızlık, adaletsizlik; ***do s.o. an ~*** *b-ne* haksızlık etmek.
ink[ɪŋk] *n.* mürekkep; *mst.* ***printer's ~*** matbaa mürekkebi; *attr.* mürekkep ...
ink·ling['ɪŋklɪŋ] *n.* işaret, iz, ipucu; seziş.
ink|pad ['ɪŋkpæd] *n.* ıstampa; **~·y** [~ɪ] (***-ier, -iest***) *adj.* mürekkepli; kapkara, zifiri.
in·laid ['ɪnleɪd] *adj.* kakma, işlemeli; ***~ work*** kakma işi.
in·land 1. ['ɪnlənd] *adj.* iç ...; **2.** [~] *n.* ülkenin iç kısmı; **3.** [ɪn'lænd] *adv.* ülke içlerine doğru; iç kısımlara doğru; **~ rev·e·nue***n. Brt.* vergilerden elde edilen devlet geliri; **♀ Rev·e·nue** *n. Brt.* Maliye Tahsil Dairesi.
in·lay['ɪnleɪ] *n.* kakma işi; (diş) dolgu.
in·let['ɪnlet] *n.* giriş, geçit; koy; MEC giriş deliği.
in·mate['ɪnmeɪt] *n.* oturan, sakin.
in·most['ɪnməʊst] = ***innermost.***
inn[ɪn] *n.* han, otel.
in·nate □ ['ɪ'neɪt] doğuştan, yaradılıştan.
in·ner['ɪnə] *adj.* iç ...; ruhsal; **~·most** *adj.* en içerideki, en içteki (*a. fig.*)
in·nings['ɪnɪŋz] (*pl.* ***innings***) *n. kriket, basketbol*: oyun süresi.
inn·keep·er['ɪnkiːpə] *n.* hancı.
in·no|cence ['ɪnəsns] *n.* masumluk suçsuzluk; **~·cent** [~t] *n. & adj.* masum, suçsuz; saf; zararsız.
in·noc·u·ous □ [ɪ'nɒkjʊəs] incitmeyen, zararsız.
in·no·va·tion [ɪnəʊ'veɪʃn] *n.* yenilik, değişiklik, buluş.
in·nu·en·do [ɪnjuː'endəʊ] (*pl.* ***-does, -dos***) *n.* üstü kapalı söz, taş; imleme, dolaylı söyleme.
in·nu·me·ra·ble □ [ɪ'njuːmərəbl] sayısız.
i·noc·u|late MED [ɪ'nɒkjʊleɪt] *v/t.* aşılamak; **~·la·tion** MED [ɪnɒkjʊ'leɪʃn] *n.* aşılama; aşı.
in·of·fen·sive□ [ɪnə'fensɪv] incitmeyen, zararsız.
in·op·e·ra·ble [ɪn'ɒpərəbl] *adj.* MED ameliyat edilemez; uygulanamaz (*plan v.b.*).
in·op·por·tune □ [ɪn'ɒpətjuːn] zamansız, yersiz, uygunsuz.
in·or·di·nate□ [ɪ'nɔːdɪnət] aşırı, ölçüsüz; düzensiz.
in·pa·tient MED ['ɪnpeɪʃnt] *n.* hastanede yatan hasta.
in·put['ɪnpʊt] *n.* ECON girdi; ELECT giriş, besleme; *bilgisayar*: bilgi.
in·quest LEG ['ɪnkwest] *n.* resmi soruşturma; ***coroner's ~*** *s.* ***coroner.***
in·quir|e[ɪn'kwaɪə] *vb.* sormak, soruşturmak, sorup öğrenmek; ***~ into*** araştırmak, soruşturmak; **in·quir·ing** □ [~rɪŋ] araştıran; meraklı; **in·quir·y** [~rɪ] *n.* araştırma, soruşturma; ***make inquiries*** soruşturma yapmak.
in·qui·si·tion[ɪnkwɪ'zɪʃn] *n.* LEG soruşturma, sorgu; ECCL *hist.* engizisyon;
in·quis·i·tive□ [ɪn'kwɪzətɪv] meraklı.
in·road['ɪnrəʊd] akın, baskın (***into*** *-e*);

fig. gedik (***on*** *-de*).
in·sane □ [ɪn'seɪn] deli; anlamsız, delice
in·san·i·ta·ry [ɪn'sænɪtərɪ] *adj*. sağlığa zararlı.
in·san·i·y [ɪn'sænətɪ] *n*. delilik.
in·sa·tia·ble □ [ɪn'seɪʃjəbl] doymak bilmez, obur, açgözlü.
in·scribe [ɪn'skraɪb] *v/t*. yazmak, kaydetmek; hakketmek, oymak; (*kitap v.b.*) ithaf etmek, adına sunmak, armağan etmek.
in·scrip·tion [ɪn'skrɪpʃn] *n*. kayıt; kitabe, yazıt; ithaf.
in·scru·ta·ble □ [ɪn'skru:təbl] anlaşılmaz, esrarengiz, akıl sır ermez.
in·sect ZO ['ɪnsekt] *n*. böcek; **in·sec·ti·cide** [ɪn'sektɪsaɪd] *n*. böcek ilacı.
in·se·cure □ [ɪnsɪ'kjʊə] emniyetsiz, güvenilmez, çürük; endişeli; korumasız.
in·sen·si|ble □ [ɪn'sensəbl] duygusuz (***to*** *-e karşı*); kendinden geçmiş, baygın; farkında olmayan, habersiz (***of*** *-den*); **~·tive** [~sətɪv] *adj*. duyarsız (***to*** *-e karşı*); aldırışsız, düşüncesiz.
in·sep·a·ra·ble □ [ɪn'sepərəbl] ayrılmaz; içtikleri su ayrı gitmez.
in·sert **1.** [ɪn'sɜ:t] *v/t*. sokmak; içine koymak; (*ilan*) vermek; **2.** ['ɪnsɜ:t] *n*. ek, ilave; **in·ser·tion** [ɪn'sɜ:ʃn] *n*. sokma; ekleme; eklenen şey; ilan.
in·shore ['ɪn'ʃɔ:] *adj*. kıyıya yakın; kıyı ...
in·side [ɪn'saɪd] **1.** *n*. iç taraf, iç; ***turn ~ out*** tersyüz etmek, içini dışına çevirmek; **2.** *adj*. içteki, iç ...; **3.** *adv*. içerde; içeriye; ***~ of a week*** F bir haftaya kadar; **4.** *prp*. *-in* için(d)e; **in·sid·er** [~ə] *n*. bilgi edinebilecek durumda olan kimse.
in·sid·i·ous □ [ɪn'sɪdɪəs] sinsi, hain, gizlice fırsat kollayan.
in·sight ['ɪnsaɪt] *n*. anlayış, kavrayış, sezgi.
in·sig·ni·a [ɪn'sɪgnɪə] *n*. *pl*. nişanlar; rütbe işaretleri.
in·sig·nif·i·cant [ɪnsɪg'nɪfɪkənt] *adj*. önemsiz, değersiz; anlamsız, saçma.
in·sin·cere □ [ɪnsɪn'sɪə] samimiyetsiz, ikiyüzlü.
in·sin·u|ate [ɪn'sɪnjʊeɪt] *v/t*. üstü kapalı söylemek, anıştırmak, çıtlatmak; **~·a·tion** [ɪnsɪnjʊ'eɪʃn] *n*. dolaylı söz, çıtlatma.
in·sip·id [ɪn'sɪpɪd] *adj*. lezzetsiz, tatsız; sıkıcı, yavan.
in·sist [ɪn'sɪst] *v/i*. ısrar etmek, ayak diremek, dayatmak (***on, upon*** *-de*); **in·sis·tence** [~əns] *n*. ısrar, ayak direme; **in·sis·tent** □ [~t] ısrarlı, inatçı, direngen.
in·so·lent □ ['ɪnsələnt] küstah, terbiyesiz, saygısız.
in·sol·u·ble □ [ɪn'sɒljʊbl] erimez, çözünmez (*sıvı*); çözülmez, halledilemez (*problem v.b.*)
in·sol·vent [ɪn'sɒlvənt] *adj*. iflas etmiş, batkın.
in·som·ni·a [ɪn'ʃɒmnɪə] *n*. uykusuzluk, uyuyamazlık.
in·spect [ɪn'spekt] *v/t*. teftiş etmek, denetlemek; gözden geçirmek, yoklamak; **in·spec·tion** [~kʃn] *n*. teftiş, denetleme; yoklama; **in·spec·tor** [~ktə] *n*. müfettiş; kontrol memuru; polis müfettişi.
in·spi·ra·tion [ɪnspə'reɪʃn] *n*. ilham, esin; ilham kaynağı; **inspire** [ɪn'spaɪə] *v/t*. ilham etmek, esinlemek; (*duygu*) uyandırmak; etkilemek.
in·stall [ɪn'stɔ:l] *v/t*. MEC kurmak, takmak, döşemek, yerleştirmek; makamına getirmek, atamak; **in·stal·la·tion** [ɪnstə'leɪʃn] *n*. MEC tesisat, döşem; kurma, takma.
in·stal·ment, *Am*. *a*. **-stall-** [ɪn'stɔ:lmənt] *n*. ECON taksit; *radyo*, TV: bölüm, kısım.
in·stance ['ɪnstəns] *n*. defa, kere, sefer; örnek; rica, istek; hal, durum, basamak, aşama; LEG dava; ***for ~*** örneğin; ***at s.o. 's ~*** *b-nin* isteği üzerine.
in·stant ['ɪnstənt] **1.** □ hemen olan, ani; acil, ivedi, zorlayıcı; ECON içinde bulunulan ayda olan; ***~ coffee*** sıcak su *ya da* süt katılarak yapılan toz kahve; ***~ message*** IT *anında görülen e-posta mesajı*; **2.** *n*. çok kısa zaman, an; **in·stan·ta·ne·ous** □ [ɪnstən'teɪnjəs] bir anda olan, bir anlık, ani; **~·ly** ['ɪnstəntlɪ] *adv*. hemen, derhal.
in·stead [ɪn'sted] *adv*. yerine; ***~ of*** *-in* yerine, *-ecek* yerde.
in·step ANAT ['ɪnstep] *n*. ayağın üst kısmı, ağım.
in·sti|gate ['ɪnstɪgeɪt] *v/t*. kışkırtmak, ayartmak, fitlemek; **~ga·tor** [~ə] *n*.

kışkırtıcı, elebaşı.
in·stil, *Am. a.*-**still** *fig.* [ɪn'stɪl] (-**ll**-) kafasına sokmak, aşılamak (***into*** -*e*).
in·stinct ['ɪnstɪŋkt] *n.* içgüdü; sezgi, içe doğma; **in·stinc·tive** □ [ɪn'stɪŋktɪv] içgüdüsel.
in·sti|tute ['ɪnstɪtjuːt] **1.** *n.* enstitü, kurum, kuruluş; **2.** *v/t.* kurmak; atamak, tayin etmek; ~·**tu·tion** [ɪnstɪ'tjuːʃn] *n.* kurma, yerleştirme; yerleşmiş gelenek; kurum, kuruluş
in·struct [ɪn'strʌkt] *v/t.* eğitmek, öğretmek, ders vermek; talimat vermek; bilgi vermek; **in·struction** [~kʃn] *n.* eğitim, öğretim; öğrenim; ders; bilgi; ***~s for use*** kullanma talimatı; ***operating ~s*** çalıştırma talimatı; **in·structive** □ [~ktɪv] eğitici, öğretici; **instruc·tor** [~ə] *n.* eğitmen, öğretmen, okutman; *Am.* UNIV doçent.
in·stru|ment ['ɪnstrʊmənt] *n.* alet, araç; MUS enstrüman, çalgı; *fig.* maşa, alet; ~ ***panel*** MEC alet tablası; ~·**men·tal** □ [ɪnstrʊ'mentl] yardımcı olan, aracı olan; MUS enstrümantal.
in·sub·or·di|nate [ɪnsə'bɔːdənət] *adj.* itaatsiz, asi, baş kaldıran; ~·**na·tion** ['ɪnsəbɔːdɪ'neɪʃn] *n.* itaatsizlik, asilik, baş kaldırma.
in·suf·fe·ra·ble □ [ɪn'sʌfərəbl] dayanılmaz, çekilmez, katlanılmaz.
in·suf·fi·cient □ [ɪnsə'fɪʃnt] yetersiz, yetmez, eksik, az.
in·su·lar □ ['ɪnsjʊlə] ada ile ilgili, ada ...; *fig.* dar görüşlü.
in·su|late ['ɪnsjʊleɪt] *v/t.* izole etmek, yalıtmak; ~·**la·tion** [ɪnsjʊ'leɪʃn] *n.* yalıtım; yalıtım maddesi.
in·sult **1.** ['ɪnsʌlt] *n.* hakaret, aşağılama; **2.** [ɪn'sʌlt] *v/t.* hakaret etmek, onurunu kırmak, hor görmek.
in·sur|ance [ɪn'ʃʊərəns] *n.* sigorta; sigorta primi; ~ ***company*** sigorta şirketi; ~ ***policy*** sigorta poliçesi; ~**e** [ɪn'ʃʊə] *v/t.* sigorta et(tir)mek (***against*** -*e karşı*); sağlamak; sağlama bağlamak.
in·sur·gent [ɪn'sɜːdʒənt] *n. & adj.* asi, baş kaldıran, ayaklanan.
in·sur·moun·ta·ble □ *fig.* [ɪnsə'maʊntəbl] başa çıkılmaz, üstesinden gelinemez, yenilmez.
in·sur·rec·tion [ɪnsə'rekʃn] *n.* isyan, ayaklanma, baş kaldırma.
in·tact [ɪn'tækt] *adj.* dokunulmamış, el sürülmemiş, zarar görmemiş, sağlam.
in·tan·gi·ble □ [ɪn'tændʒəbl] elle tutulamaz, dokunulamaz; kolay anlaşılmaz.
in·te|gral □ ['ɪntɪgrəl] bütün, tam, eksiksiz; gerekli, ayrılmaz; ~·**grate** [~eɪt] *v/t. & v/i.* tamamlamak, bütünlemek; birleş(tir)mek, eklemek, kat(ıl)mak; *Am.* (*ırk ayrımını*) kaldırmak; ~**grat·ed** *adj.* ırk ayrımı olmayan, karışık; MEC entegre; ~·**gra·tion** [ɪntɪ'greɪʃn] *n.* bütünleş(tir)me, birleş(tir)me; ırk ayrımını kaldırma.
in·teg·ri·ty [ɪn'tegrətɪ] *n.* bütünlük; dürüstlük, doğruluk.
in·tel|lect ['ɪntəlekt] *n.* akıl, zihin, idrak; anlık; ~·**lec·tual** [ɪntə'lektjʊəl] **1.** □ akıl ile ilgili, zihinsel; çok akıllı; **2.** *n.* entelektüel, aydın.
in·tel·li|gence [ɪn'telɪdʒəns] *n.* akıl, zekâ, anlayış; haber, bilgi; istihbarat, haber alma; *a.* ~ ***department*** haber alma dairesi, istihbarat dairesi; ~·**gent** □ [~t] zeki, akıllı, anlayışlı.
in·tel·li·gi·ble □ [ɪn'telɪdʒəbl] anlaşılır, açık (***to*** *için*).
in·tem·per·ate □ [ɪn'tempərət] aşırı, ölçüsüz, taşkın; sert, şiddetli, bozuk (*hava*).
in·tend [ɪn'tend] *v/t.* niyetinde olmak, niyetlenmek; demek istemek, kastetmek; ***~ed for*** *için* amaçlanmış, -*e* yönelik.
in·tense □ [ɪn'tens] şiddetli, kuvvetli; hararetli, ateşli, gergin; ciddi, derin (düşünce).
in·ten|si·fy [ɪn'tensɪfaɪ] *v/t. & v/i.* şiddetlen(dir)mek, art(ır)mak, yoğunlaştırmak; ~·**si·ty** [~sətɪ] *n.* şiddet, kuvvet; ~·**sive** [~sɪv] *adj.* yoğun; şiddetli, kuvvetli; ~ ***care*** unit MED yoğun bakım ünitesi.
in·tent [ɪn'tent] **1.** □ istekli, gayretli, kararlı; kendini vermiş, dalmış; ~ ***on*** -*e* istekli; -*e* dalmış; **2.** *n.* amaç, niyet, kasıt; ***to all ~s and purposes*** her bakımdan; **in·ten·tion** [~ʃn] *n.* amaç, niyet, maksat; LEG kasıt; **in·ten·tional** □ [~nl] kasıtlı, maksatlı.
in·ter [ɪn'tɜː] (-**rr**-) *v/t.* gömmek, toprağa vermek.
in·ter- ['ɪntə] *prefix* arasında, arası; karşılıklı.
in·ter·act [ɪntər'ækt] *v/i.* birbirini etki-

lemek.

in·ter·cede [ɪntə'siːd] *v/i.* aracılık etmek, arasına girmek (***with*** *ile*; ***for*** *için*).

in·ter|cept [ɪntə'sept] *v/t.* durdurmak, engellemek; yolunu kesmek, yolda iken yakalamak; **~·ception** [~pʃn] *n.* durdurma, yolunu kesme.

in·ter·ces·sion [ɪntə'seʃn] *n.* aracılık, araya girme, başkası adına rica.

in·ter·change 1. [ɪntə'tʃeɪndʒ] *v/t. & v/i.* değiş(tir)mek, değiş tokuş etmek; birbirinin yerine koymak; **2.** ['ɪntə'tʃeɪndʒ] *n.* değiş tokuş etme, karşılıklı alıp verme.

in·ter·course ['ɪntəkɔːs] *n.* ilişki; *a.* ***sexual ~*** cinsel ilişki.

in·ter|dict 1. [ɪntə'dɪkt] *v/t.* yasaklamak, menetmek (***s.th. to s.o.*** bşi b-ne; ***s.o. from doing s.th*** b-ni bş yapmaktan); **2.** ['ɪntədɪkt], **~·dic·tion** [ɪntə'dɪkʃn] *n.* yasak.

in·terest ['ɪntrɪst] **1.** *n.* ilgi, merak (***in*** *-e*); çıkar, yarar; kâr, kazanç; ECON faiz; ECON pay, hisse; ***take an ~ in*** *-e* ilgi duymak, *ile* ilgilenmek; **2.** *v/t.* ilgilendirmek, merakını uyandırmak; **~·ing** □ [~ɪŋ] enteresan, ilginç, ilgi çekici.

in·ter·face ['ɪntəfeɪs] *n. bilgisayar*: arayüz.

in·ter|fere [ɪntə'fɪə] *vb.* engel olmak; karışmak, burnunu sokmak (***in*** *-e*); çatışmak; **~·fer·ence** [~rəns] *n.* karışma; engel; *radyo*: parazit.

in·te·ri·or [ɪn'tɪərɪə] **1.** □ içerdeki, iç ...; kıyıdan *ya da* sınırdan uzaktaki; ***~ decorator*** içmimar, dekoratör; **2.** *n.* iç; iç kısımlar; POL içişleri; ***Department of the*** ♀ *Am.* İçişleri Bakanlığı.

in·ter|ject [ɪntə'dʒekt] *v/t.* arada söylemek, araya sokmak (*söz*); **~·jec·tion** [~kʃn] *n.* arada söyleme; LING ünlem.

in·ter·lace [ɪntə'leɪs] *v/t. & v/i.* beraber doku(n)mak, birbirine geç(ir)mek.

in·ter·lock [ɪntə'lɒk] *v/t. & v/i.* birbirine bağla(n)mak, kenetle(n)mek.

in·ter·lop·er ['ɪntələʊpə] *n.* başkasının işine burnunu sokan kimse.

in·ter·lude ['ɪntəluːd] *n.* ara; perde arası, antrakt; ***~s of bright weather*** geçici güzel hava.

in·ter·me·di|a·ry [ɪntə'miːdjərɪ] *n.* arabulucu, aracı; **~·ate** □ [~ət] ortadaki, aradaki, orta ...; ***~range missile*** orta menzilli füze.

in·ter·ment [ɪn'tɜːmənt] *n.* gömme, toprağa verme.

in·ter·mi·na·ble □ [ɪn'tɜːmɪnəbl] sonsuz, sonu gelmez, bitmez tükenmez.

in·ter·mis·sion [ɪntə'mɪʃn] *n.* ara; *esp. Am.* THEA, *film v.b.*: antrakt, ara.

in·ter·mit·tent □ [ɪntə'mɪtənt] aralıklı, kesik kesik, bir durup bir başlayan; ***~ fever*** MED sıtma.

in·tern[1] [ɪn'tɜːn] *v/t.* enterne etmek, gözaltına almak.

in·tern[2] *Am.* MED ['ɪntɜːn] *n.* stajyer doktor.

in·ter·nal □ [ɪn'tɜːnl] iç ...; içilir (*ilaç*); içişleri ile ilgili; ***~-combustion engine*** içten yanmalı motor.

in·ter·na·tion·al [ɪntə'næʃnl] **1.** □ uluslararası; ***~ law*** LEG uluslararası hukuk; **2.** *n.* SPOR: uluslararası karşılaşma; milli oyuncu; POL uluslararası dört sol kanat kurumundan biri.

In·ter·net ['ɪntənet] *n.* internet.

in·ter·po·late [ɪn'tɜːpəleɪt] *v/t.* eklemek, katmak.

in·ter·pose [ɪntə'pəʊz] *v/t.* araya koymak, araya sıkıştırmak; *v/i.* araya girmek, karışmak.

in·ter|pret [ɪn'tɜːprɪt] *v/t.* yorumlamak; anlamını açıklamak; çevirmek; **~·pre·ta·tion** [ɪntɜːprɪ'teɪʃn] *n.* açıklama, yorum; çeviri; **~·pret·er** [ɪn'tɜːprɪtə] *n.* tercüman, çevirici, dilmaç.

in·ter·ro|gate [ɪn'terəgeːt] *v/t.* sorguya çekmek, sorgulamak; **~·gation** [ɪnterə'geɪʃn] *n.* sorgu; soru; ***note*** *ya da* ***mark*** *ya da* ***point of ~*** LING soru işareti; **~g·a·tive** □ [ɪntə'rɒgətɪv] soru ifade eden, sorulu; GR soru biçiminde, soru ...

in·ter|rupt [ɪntə'rʌpt] *v/t.* yarıda kesmek; engel olmak, kapatmak; sözünü kesmek; **~·rup·tion** [~pʃn] *n.* ara, kesilme, kesiklik; sözünü kesme.

in·ter|sect [ɪntə'sekt] *v/t. & v/i.* kes(iş)mek, ikiye bölmek; **~·section** [~kʃn] *n.* kes(iş)me; kavşak.

in·ter·sperse [ɪntə'spɜːs] *v/t.* arası na serpiştirmek.

in·ter·state *Am.* [ɪntə'steɪt] *adj.* eyaletlerarası.

in·ter·twine [ɪntə'twaɪn] *v/t.& v/i.* birbiriyle ör(ül)mek, birbirine geçmek, dolaşmak.

in·ter·val ['ıntəvl] *n.* aralık, ara; süre; MUS es; ***at ~s of*** ...lık aralıklarla.

in·ter|vene [ıntə'vi:n] *v/i.* araya girmek, karışmak; arada gelmek, geçmek; **~·ven·tion**[~'venʃn] *n.* araya girme, karışma.

in·ter·view ['ıntəvju:] **1.** *n. basın,* TV: röportaj; görüşme; **2.** *v/t.* görüşmek, röportaj yapmak; **~·er** [~ə] *n.* röportajcı, görüşmeci.

in·ter·weave [ıntə'wi:v] (***-wove, -woven***) *v/t.* beraber dokumak, birbirine karıştırmak.

in·tes·tate LEG [ın'testeıt]: ***die~*** vasiyet bırakmadan ölmek.

in·tes·ine ANAT [ın'testın] *n.* bağırsak; ***~s*** *pl.* bağırsaklar.

in·ti·ma·cy['ıntıməsı] *n.* yakın dostluk, samimiyet; cinsel temas.

in·ti·mate[1] ['ıntımət] **1.** □ samimi, içten, yakın, içlidışlı, candan; **2.** *n.* yakın dost, candan arkadaş.

in·ti|mate[2] ['ıntımeıt] *v/t.* üstü kapalı söylemek, çıtlatmak; **~·ma·tion** [ıntı'meıʃn] *n.* üstü kapalı söyleme, çıtlatma.

in·tim·i|date [ın'tımıdeıt] *v/t.* korkutmak, sindirmek, gözdağı vermek; **~·da·tion** [ıntımı'deıʃn] *n.* korkutma, gözdağı verme.

in·to['ıntʊ, 'ıntə] *prp. -in* içine, -ye, -ya; ***4 ~ 20 goes five times*** 20'de 4 beş kere var.

in·tol·e·ra·ble□ [ın'tɒlərəbl] dayanılmaz, çekilmez.

in·tol·e|rance[ın'tɒlərəns] *n.* hoşgörüsüzlük; **~·rant**[~t] *adj.* hoşgörüsüz (***of*** *-e karşı*).

in·to·na·tion[ıntəʊ'neıʃn] *n.* GR tonlama; MUS ses perdesi, seslem, tonötüm.

in·tox·i|cant [ın'tɒksıkənt] **1.** *adj.* sarhoş edici; **2.** *n.* sarhoş edici içki; **~·cate** [~eıt] *v/t.* sarhoş etmek; *fig.* mest etmek, kendinden geçirmek; **~·ca·tion** [ıntɒksı'keıʃn] *n.* sarhoşluk; *fig.* kendinden geçme.

in·trac·ta·ble□ [ın'træktəbl] söz dinlemez, ele avuca sığmaz, dik kafalı.

in·tran·si·tive□ GR [ın'trænsətıv] geçişsiz *(eylem).*

in·tra·ve·nous MED [ıntrə'vi:nəs] *adj.* damariçi ...

in·trep·id□ [ın'trepıd] korkusuz, gözüpek, yılmaz.

in·tri·cate □ ['ıntrıkət] karışık, karmaşık, içinden çıkılması güç.

in·trigue[ın'tri:g] **1.** *n.* entrika, dolap, hile; gizli aşk macerası; **2.** *v/i.* entrika çevirmek, dalavere yapmak; *v/t.* ilgisini çekmek.

in·trin·sic[ın'trınsık] (***~ally***) *adj.* aslında var olan, gerçek, asıl.

in·tro|duce [ıntrə'dju:s] *v/t.* tanıştırmak, tanıtmak (***to*** *-e*); ileri sürmek, önermek, sunmak; (*yeni fikir*) ortaya koymak, getirmek; **~·duc·tion** [~'dʌkʃn] *n.* tanıştırma, takdim; giriş, önsöz; başlangıç; ***letter of ~*** tavsiye mektubu; **~·duc·to·ry** [~tərı] *adj.* tanıtıcı, tanıtım amacıyla yapılan.

in·tro·spec|tion [ıntrəʊ'spekʃn] *n.* PSYCH içebakış; **~·tive**[~tıv] *adj.* içebakışla ilgili.

in·tro·vert PSYCH ['ıntrəʊvɜ:t] *n.* içedönük kimse, içine kapanık kimse; **~·ed** *adj.* PSYCH içedönük, içine kapanık.

in·trude [ın'tru:d] *v/t.* & *v/i.* zorla sok(ul)mak; davetsiz girmek, izinsiz dalmak; ***am I intruding?*** rahatsız ediyor muyum?, zamansız mı geldim?; **intrud·er**[~də] *n.* davetsiz misafır; **in·tru·sion**[~ʒn] *n.* davetsiz girme, izinsiz dalma; içeri sokulma; **in·tru·sive**□ [~sıv] davetsiz giren, içeri dalan; sokulgan.

in·tu·i|tion [ıntju:'ıʃn] *n.* sezgi, içine doğma; önsezi; **~·tive** □ [ın'tju:ıtıv] sezgiyle öğrenilen; sezgileri güçlü, sezgili.

in·un·date ['ınʌndeıt] *v/t.* sel basmak, su altında bırakmak; *fig.* garketmek, boğmak.

in·vade [ın'veıd] *v/t.* istila etmek, ele geçirmek; *fig.* akın etmek, doldurmak; (*hak*) tecavüz etmek, el uzatmak; **~r** [~ə] *n.* istilacı.

in·va·lid[1] ['ınvəlıd] *n.* & *adj.* hasta, sakat, yatalak.

in·val|id[2]□ [ın'vælıd] geçersiz, hükümsüz; **~·i·date** [~eıt] *v/t.* zayıflatmak, kuvvetten düşürmek; LEG geçersiz kılmak.

in·val·u·a·ble□ [ın'væljʊəbl] paha biçilmez, çok değerli.

in·var·i·a|ble□ [ın'veərıəbl] değişmez, sürekli; **~·bly**[~lı] *adv.* değişmeyerek, aynı biçimde, sürekli.

I

in·va·sion [ɪn'veɪʒn] *n.* istila, ele geçirme, akın; *fig.* akın etme.
in·vec·tive [ɪn'vektɪv] *n.* küfür, hakaret, kalay, sövme.
in·vent [ɪn'vent] *v/t.* icat etmek, bulmak; (*bahane*) uydurmak; **in·ven·tion** [‿nʃn] *n.* icat, buluş; uydurma, atma, yalan; **in·ven·tive** □ [‿tɪv] yaratıcı; **in·ven·tor** [‿ə] *n.* mucit, icat eden kimse; **in·ven·to·ry** ['ɪnvəntrɪ] *n.* envanter defteri; *Am.* envanter, mal stoku.
in·verse ['ɪn'vɜːs] **1.** □ ters, aksi; **2.** *n.* zıt şey; **in·ver·sion** [ɪn'vɜːʃn] *n.* ters çevirme; GR devriklik.
in·vert [ɪn'vɜːt] *v/t.* tersine çevirmek, ters yüz etmek; GR sırasını değiştirmek, devrikleştirmek; *~ed commas* *pl.* tırnak işareti.
in·ver·te·brate ZO [ɪn'vɜːtɪbrət] **1.** *adj.* omurgasız; **2.** *n.* omurgasız hayvan.
in·vest [ɪn'vest] *v/t.* (*para*) yatırmak; sarmak, kaplamak.
in·ves·ti|gate [ɪn'vestɪgeɪt] *v/t.* araştırmak, incelemek, soruşturmak; **~·ga·tion** [ɪnvestɪ'geɪʃn] *n.* araştırma, inceleme, soruşturma; **~·ga·tor** [ɪn'vestɪgeɪtə] *n.* soruşturmacı, müfettiş; ***private ~*** özel dedektif.
in·vest·ment ECON [ɪn'vestmənt] *n.* yatırım, para koyma; yatırılan sermaye
in·vet·e·rate □ [ɪn'vetərət] yerleşmiş, kökleşmiş; tiryaki.
in·vid·i·ous □ [ɪn'vɪdɪəs] kıskandırıcı; gücendirici.
in·vig·o·rate [ɪn'vɪgəreɪt] *v/t.* güçlendirmek, canlandırmak, dinçleştirmek.
in·vin·ci·ble □ [ɪn'vɪnsəbl] yenilmez.
in·vi·o·la|ble □ [ɪn'vaɪələbl] dokunulmaz; bozulamaz, çiğnenemez; **~te** [‿lət] *adj.* bozulmamış, çiğnenmemiş.
in·vis·i·ble [ɪn'vɪzəbl] *adj.* görülmez, görünmeyen.
in·vi·ta·tion [ɪnvɪ'teɪʃn] *n.* davet, çağrı; davetiye; **in·vite** [ɪn'vaɪt] *v/t.* davet etmek, çağırmak; istemek, rica etmek; *fig.* davet etmek, yol açmak; ***~ s.o. in*** *b-ni* eve davet etmek, içeri buyur etmek; **in·vit·ing** □ [‿ɪŋ] davet edici, çekici.
in·voice ECON ['ɪnvɔɪs] **1.** *n.* fatura; **2.** *v/t.* faturasını çıkarmak, fatura etmek.
in·voke [ɪn'vəʊk] *v/t.* yalvarmak, yakarmak; (*cin*) çağırmak; riça etmek, istemek (*yardım v.b.*).
in·vol·un·ta·ry □ [ɪn'vɒləntərɪ] istemeyerek yapılan, istemsiz; iradedışı, istençdışı.
in·volve [ɪn'vɒlv] *v/t.* karıştırmak, bulaştırmak, sokmak (***in*** *-e*); gerektirmek, istemek; içermek, kapsamak; sarmak, bürümek; **~d** *adj.* karışık, karmaşık, anlaşılması güç; **~·ment** [‿mənt] *n.* ilgi, bağlılık; karıştırma, bulaştırma.
in·vul·ne·ra·ble □ [ɪn'vʌlnərəbl] yaralanmaz, incitilemez; *fig.* çürütülemez.
in·ward ['ɪnwəd] **1.** *adj.* içerdeki, iç …; içe kıvrık; **2.** *adv. mst.* **~s** içeriye doğru.
i·o·dine CHEM ['aɪədiːn] *n.* iyot.
i·on PHYS ['aɪən] *n.* iyon, yükün.
IOU ['aɪəʊ'juː] (= ***I owe you***) size olan borcum; borç senedi.
I·ra·ni·an [ɪ'reɪnjən] **1.** *adj.* İran'a özgü; **2.** *n.* İranlı; LING Farsça.
I·ra·qi [ɪ'rɑːkɪ] **1.** *adj.* Irak'a özgü; **2.** *n.* Iraklı; LING Irak Arapçası.
i·ras·ci·ble □ [ɪ'ræsəbl] çabuk öfkelenir, çabuk parlar, öfkesi burnunda.
i·rate □ [aɪ'reɪt] öfkeli, kızgın.
ir·i·des·cent [ɪrɪ'desnt] *adj.* yanar döner, şanjan.
i·ris ['aɪərɪs] *n.* ANAT iris; BOT süsen.
I·rish ['aɪərɪʃ] **1.** *adj.* İrlanda'ya özgü; **2.** *n.* LING İrlanda dili; ***the ~*** *pl.* İrlanda halkı, İrlandalılar; **~·man** (*pl.* ***-men***) *n.* İrlandalı; **~·wom·an** (*pl.* ***-women***) *n.* İrlandalı kadın.
irk·some ['ɜːksəm] *adj.* sıkıcı, usandırıcı, bıktırıcı.
i·ron ['aɪən] **1.** *n.* demir; *a.* ***flat-~*** ütü; **~s** *pl.* zincir, pranga; ***strike while the ~ is hot*** *fig.* demiri tavında dövmek, su akarken testiyi doldurmak; **2.** *adj.* demirden yapılmış, demir …; demir gibi; **3.** *v/t.* ütülemek; zincire vurmak; ***~ out*** *fig.* (*güçlük v.b.*) ortadan kaldırmak, çözüm bulmak; *v/i.* ütü yapmak; (*giysi*) ütü tutmak; **♀ Cur·tain** *n.* POL demirperde.
i·ron·ic [aɪ'rɒnɪk] (**~ally**), **i·ron·i·cal** □ [‿kl] alaylı, alay eden.
i·ron|ing ['aɪənɪŋ] *n.* ütü işi; ütülenmiş *ya da* ütülenecek giysiler; **~-board** *n.* ütü tahtası; **~ lung** *n.* MED çelik ciğer, yapay ciğer; **~·mon·ger** *Brt.* [‿mʌŋgə] *n.* demirci, hırdavatçı, nalbur; **~·mon-**

ger·y *Brt.* [˷ərı] *n.* demir eşya, hırdavat; **˷·works** *n. sg.* demirhane.
i·ron·y ['aıərənı] *n.* alay; (*kader*) cilve.
ir·ra·tion·al □ [ı'ræʃənl] mantıksız, akılsız; saçma, yersiz.
ir·rec·on·ci·la·ble □ [ı'rekənsaıləbl] barıştırılamaz, uzlaşmaz; uyuşmaz, bağdaşmaz (*fikir v.b.*).
ir·re·cov·e·ra·ble □ [ırı'kʌvərəbl] geri alınamaz; düzeltilemez.
ir·re·fu·ta·ble □ [ı'refjʊtəbl] inkâr edilemez, çürütülemez, su götürmez.
ir·reg·u·lar □ [ı'regjʊlə] düzensiz, tertipsiz, karışık; engebeli; yolsuz, usulsüz; GR düzensiz, kuraldışı.
ir·rel·e·vant □ [ı'reləvənt] ilgisiz, ilgisi olmayan, konudışı.
ir·rep·a·ra·ble □ [ı'repərəbl] onarılamaz, düzeltilemez, çaresiz.
ir·re·place·a·ble [ırı'pleısəbl] *adj.* yeri doldurulamaz.
ir·re·pres·si·ble □ [ırı'presəbl] bastırılamaz, önüne geçilmez, frenlenemez.
ir·re·proa·cha·ble □ [ırı'prəʊtʃəbl] hatasız, kusursuz, dört dörtlük.
ir·re·sis·ti·ble □ [ırı'zıstəbl] karşı konulmaz, dayanılmaz.
ir·res·o·lute □ [ı'rezəlu:t] kararsız, tereddütlü.
ir·re·spec·tive □ [ırı'spektıv]: ***˷of*** *-e* bakmazsızın, *-e* aldırmayarak.
ir·re·spon·si·ble □ [ırı'spɒnsəbl] sorumsuz; güvenilmez.
ir·re·trie·va·ble □ [ırı'tri:vəbl] bir daha ele geçmez, yeri doldurulamaz, onarılmaz.
ir·rev·e·rent □ [ı'revərənt] saygısız.
ir·rev·o·ca·ble □ [ı'revəkəbl] geri alınamaz, değiştirilemez, bozulamaz (*karar*); ECON iptal edilemez, dönülemez, gayri kabili rücu (*akreditif*).
ir·ri·gate [ı'rıgeıt] *v/t.* sulamak.
ir·ri·ta|ble □ [ı'rıtəbl] çabuk kızar, sinirli; **˷nt** [˷ənt] *n.* tahriş edici madde; **˷te** [˷teıt] *v/t.* sinirlendirmek, kızdırmak; tahriş etmek, kaşındırmak; **˷t·ing** □ [˷tıŋ] sinirlendirici; tahriş edici; **˷·tion** [ırı'teıʃn] *n.* sinirlendirme; öfke, kızgınlık; kaşıntı
IRS ['aia:es] *n.* (= ***Internal Revenue Service***) *Am.* Vergi İdaresi.
is [ız] *3. sg. pres. of* ***be.***
Is·lam ['ızla:m] *n.* İslam, İslamiyet; İslam dünyası.
is·land ['aılənd] *n.* ada; *a.* ***traffic ˷*** refüj; **˷·er** [˷ə] *n.* adalı.
isle *poet.* [aıl] *n.* ada.
is·let ['aılıt] *n.* adacık.
i·so|late ['aısəleıt] *v/t.* izole etmek, yalıtmak; yalnız bırakmak; karantinaya almak; **˷·lat·ed** *adj.* ayrı kalmış, yalnız, tek; **˷·la·tion** [aısə'leıʃn] *n.* izolasyon, yalıtım; ayırma; karantinaya alma; ***˷ ward*** MED karantina odası.
Is·rae·li [ız'reılı] **1.** *adj.* İsrail'e özgü; **2.** *n.* İsrailli.
is·sue ['ıʃu:] **1.** *n.* akma, akış, çıkış; çıkış yeri, delik, ağız; dağıtım; LEG evlat, çocuk, döl, soy sop; ECON piyasaya çıkarma, emisyon, ihraç; PRINT (*dergi v.b.*) sayı; PRINT (*kitap v.b.*) yayım; *esp.* LEG tartışma konusu, sorun; *fig.* sonuç, netice, son, akıbet; ***at ˷*** söz konusu olan, tartışılan; ***point at ˷*** tartışma konusu; **2.** *v/t. & v/i.* çık(ar)mak, akmak; ECON piyasaya çıkarmak; yayımlamak; dağıtmak; ortaya çıkmak, doğmak; sonuçlanmak.
isth·mus ['ısməs] *n.* kıstak.
it [ıt] *pron.* (*cinssiz*) o; onu, ona; *edattan sonra*: ***by ˷*** onun ile; ***for ˷*** onun için
I·tal·i·an [ı'tæljən] **1.** *adj.* İtalya'ya özgü; **2.** *n.* İtalyan; LING İtalyanca.
i·tal·ics PRINT [ı'tælıks] *n.* italik.
itch [ıtʃ] **1.** *n.* MED kaşıntı, kaşınma; uyuz hastalığı; şiddetli arzu, özlem, can atma; **2.** *vb.* kaşınmak; (*yara v.b.*) kaşıntı yapmak; *fig.* şiddetle arzu etmek, can atmak; ***I ˷ all over*** her yanım kaşınıyor; ***be ˷ing to*** *inf. -meye* can atmak.
i·tem ['aıtəm] *n.* parça, adet, çeşit, kalem; madde, fıkra; *a.* ***news ˷*** haber; **˷·ize** [˷aız] *v/t.* ayrıntılarıyla yazmak.
i·tin·e|rant □ [ı'tınərənt] dolaşan, gezgin, seyyar; **˷·ra·ry** [aı'tınərərı] *n.* yol; yolcu rehberi; gezi programı.
its [ıts] *adj.* (*cinssiz*) onun, kendi; onunki.
it·self [ıt'self] *pron.* kendisi, kendi; ***by ˷*** kendi başına; kendiliğinden, kendi kendine; ***in ˷*** aslında, başlı başına.
i·vo·ry ['aıvərı] *n.* fildişi; fildişi rengi.
i·vy BOT ['aıvı] *n.* sarmaşık.

I

J

jab[dʒæb] **1.** (**-bb-**) *v/t.* dürtmek, itmek; saplamak; **2.** *n.* dürtme; saplama; F MED enjeksiyon, iğne.
jab·ber['dʒæbə] *v/i.* çabuk çabuk konuşmak.
jack[dʒæk] **1.** *n.* MEC kriko; MEC kaldıraç, bocurgat; ELECT priz; NAUT cavadra sancağı, fors; *iskambil*: vale, bacak, oğlan; *sl.* polis, aynasız; **2.** *v/t. a.* ~ ***up*** (*araba*) kriko ile kaldırmak.
jack·al zo ['dʒækɔːl] *n.* çakal.
jack|ass ['dʒækæs] *n.* erkek eşek; *fig.* eşek herif; **~·boots** *n.* MIL uzun süvari çizmesi; **~·daw** *n.* zo küçük karga.
jack·et['dʒækɪt] *n.* ceket; MEC silindir ceketi, gömlek; (*patates*) kabuk; *Am.* plak zarfı; kitap zarfı.
jack|-knife['dʒæknaɪf] **1.** (*pl.* ***-knives***) *n.* sustalı çakı; **2.** *v/i.* (araç) 'v' biçimini almak, ortadan kırılmak; **~ of all trades** *n.* elinden her iş gelen kimse; **~·pot** *n. poker*: ortada biriken para, pot; ***hit the*** ~ F büyük ikramiyeyi kazanmak; *fig.* turnayı gözünden vurmak.
jade[dʒeɪd] *n.* yeşim; yeşim yeşili renk.
jag [dʒæg] *n.* sivri uç, diş; **~·ged** □ ['dʒægɪd] sivri uçlu, diş diş, çentikli.
jag·u·ar zo ['dʒægjʊə] *n.* jaguar.
jail [dʒeɪl] **1.** *n.* hapishane, cezaevi; **2.** *v/t.* hapsetmek, içeri atmak; **~·bird** F ['dʒeɪlbɜːd] *n.* hapishane gediklisi, mahküm; ip kaçkını; **~·er**[~ə] *n.* gardiyan; **~·house** *n. Am.* hapishane, cezaevi.
jam¹[dʒæm] *n.* reçel, marmelat.
jam²[~] **1.** *n.* sıkışma; MEC tutukluk, kilitlenme; kalabalık, izdiham; *radyo*: parazit; zor durum, çıkmaz; ***traffic*** ~ trafik sıkışıklığı; ***be in a*** ~ F zor durumda olmak, hapı yutmak; **2.** (**-mm-**) *v/t.* & *v/i.* sıkış(tır)mak; tık(ıştır)mak; (*yol v.b.*) tıkamak; MEC tutukluk yapmak, kenetlenmek; ~ ***the breakes on***, ~ ***on the brakes*** zınk diye fren yapmak.
jamb[dʒæm] *n.* kapı *ya da* pencere pervazı.
jam·bo·ree [dʒæmbə'riː] *n.* izci toplantısı; eğlenti, cümbüş, âlem.
jan·gle ['dʒæŋgl] *v/i.* ahenksiz ses çıkarmak; ağız kavgası etmek.
jan·i·tor['dʒænɪtə] *n.* kapıcı, odacı, hademe.
Jan·u·a·ry['dʒænjʊərɪ] *n.* ocak ayı.
Jap·a·nese[dʒæpə'niːz] **1.** *adj.* Japonya'ya özgü; **2.** *n.* Japon; LING Japonca; ***the*** ~ *pl.* Japon halkı, Japonlar.
jar¹[dʒɑː] *n.* kavanoz; çömlek, küp.
jar²[~] **1.** (**-rr-**) *v/t.* & *v/i.* sars(ıl)mak, titre(t)mek; (*fikir v.b.*) çatışmak; (*renk*) gitmemek, sırıtmak; (*kulak*) tırmalamak; (*sinirine*) dokunmak; **2.** *n.* sarsıntı; gıcırtı; geçimsizlik, kavga.
jar·gon ['dʒɑːgən] *n.* anlaşılmaz dil; teknik dil, meslek argosu.
jaun·dice MED ['dʒɔːndɪs] *n.* sarılık; **~d** *adj.* MED sarılıklı; *fig.* önyargılı, kıskanç.
jaunt[dʒɔːnt] **1.** *n.* gezinti; **2.** *v/i.* gezinti yapmak, gezinmek; **jaun·ty**□ ['dʒɔːntɪ] (**-ier, -iest**) neşeli, canlı; şık, gösterişli.
jav·e·lin ['dʒævlɪn] *n.* SPOR: cirit; ~ (***throw[ing]***), ***throwing the*** ~ cirit atma; ~ ***thrower*** ciritçi.
jaw[dʒɔː] *n.* ANAT çene; **~s** *pl.* ağız; dar geçit, boğaz; MEC sap, çene; **~-bone** ANAT ['dʒɔːbəʊn] *n.* çene kemiği.
jay zo [dʒeɪ] *n.* alakarga; **~·walk**['dʒeɪwɔːk] *v/i.* trafik işaretlerine aldırmadan caddeyi geçmek; **~·walk·er** *n.* caddeyi trafik işaretlerine aldırmadan geçen kimse.
jazz MUS [dʒæz] *n.* caz.
jeal·ous□ ['dʒeləs] kıskanç, kıskanan (***of*** *-i*); titiz; **~·y**[~sɪ] *n.* kıskançlık; çekememezlik.
jeans[dʒiːnz] *n. pl.* cin, blucin.
jeep *TM* [dʒiːp] *n.* cip.
jeer[dʒɪə] **1.** *n.* alay; **2.** *v/i.* alay etmek, eğlenmek, dalga geçmek (***at*** *ile*).
jel·lied['dʒelɪd] *adj.* pelteli; jelatinli.
jel·ly['dʒelɪ] **1.** *n.* pelte; jelatin; **2.** *v/t.* & *v/i.* pelteleş(tir)mek; ~ **ba·by** *n. Brt.* jöle bebek; ~ **bean** *n.* fasulye biçiminde jöle şeker; **~·fish** *n.* zo denizanası.

jeop·ar|dize ['dʒepədaɪz] *v/t.* tehlikeye atmak; **~·dy** [~ɪ] *n.* tehlike.

jerk [dʒɜːk] **1.** *n.* ani çekiş *ya da* itiş; sarsıntı, silkinme; MED büzülme, gerilme, burkulma; **2.** *v/t.* birden çekmek *ya da* itmek; atmak, fırlatmak; *v/i.* sarsıla sarsıla gitmek; **~·y** □ ['dʒɜːkɪ] (*-ier, -iest*) sarsıntılı; düzensiz, kesik kesik (konuşma).

jer·sey ['dʒɜːzɪ] *n.* kazak.

jest [dʒest] **1.** *n.* alay, şaka; **2.** *v/i.* şaka etmek, alaylı konuşmak; **~·er**['dʒestə] *n.* şakacı; maskara, soytarı.

jet[dʒet] **1.** *n.* fışkırma, püskürme; fıskiye; MEC meme; = **~ *engine*, ~ *plane*; 2.** (**-*tt*-**) *v/t.* & *v/i.* fışkır(t)mak, püskür(t)mek; AVIA jet ile seyahat etmek; **~ engine** *n.* MEC jet motoru; **~ lag** *n.* saat farkı sersemliği; **~ plane** *n.* jet uçağı; **~-pro·pelled** ['dʒetprəpeld] *adj.* tepkili; **~ pro·pul·sion** *n.* MEC tepkili çalıştırma, jetli sürüş; **~ set** *n.* jet sosyete; **~ set·ter** *n.* jet sosyeteden bir kimse.

jet·ty NAUT ['dʒetɪ] *n.* dalgakıran, mendirek; iskele, rıhtım.

Jew [dʒuː] *n.* Yahudi; *attr.* Yahudi ...

jew·el ['dʒuːəl] *n.* mücevher, değerli taş; **~·ler**, *Am.* **~·er** [~ə] *n.* kuyumcu; **~·lery**, *Am.* **~·ry** [~lrɪ] *n.* kuyumculuk; mücevherat.

Jew|ess ['dʒuːɪs] *n.* Yahudi kadın; **~·ish**[~ɪʃ] *adj.* Yahudilere özgü, Yahudi ...

jib NAUT [dʒɪb] *n.* flok yelkeni.

jif·fy F ['dʒɪfɪ]: ***in a ~*** hemencecik, göz açıp kapayıncaya kadar.

jig·saw['dʒɪgsɔː] *n.* makineli oyma testeresi; = **~ puz·zle** *n.* tahta parçalarından oluşan bilmece.

jilt [dʒɪlt] *v/t.* (*sevgilisini*) terketmek, yüzüstü bırakmak, reddetmek.

jin·gle ['dʒɪŋgl] **1.** *n.* şıngırtı, şıkırtı, tıngırtı; vezinsiz şiir; ***advertising ~*** melodili reklam sloganı; **2.** *v/t.* & *v/i.* şıngırda(t)mak, şıkırda(t)mak.

jit·ters F ['dʒɪtəz] *n. pl.*: ***the ~*** aşırı sinirlilik, heyhey.

job [dʒɒb] *n.* iş, görev, vazife, memuriyet; ECON götürü iş; dalavere, hileli iş; ***by the ~*** götürü usulü; ***out of ~*** işsiz, boşta; **~·ber** *Brt.* ['dʒɒbə] *n.* borsa simsarı; **~hop·ping** *Am.* [~hɒpɪŋ] *n.* sürekli iş değiştirme; **~ hunt·er** *n.* iş arayan kimse; **~ hunt·ing** ***be ~*** iş aramak; **~·less** [~lɪs] *adj.* işsiz, boşta; **~ work** *n.* götürü iş.

jock·ey ['dʒɒkɪ] *n.* jokey, cokey.

joc·u·lar □ ['dʒɒkjʊlə] şaka yollu, şakalı; şakacı.

jog [dʒɒg] **1.** *n.* dürtme, hafifçe sarsma; SPOR: tırıs yürüyüş; **2.** (**-*gg*-**) *v/t.* hafifçe sarsmak, dürtmek; (*bellek*) canlandırmak, tazelemek; *v/i. mst.* ***~ along, ~ on*** ağır ağır gezinmek; SPOR: yavaş yavaş koşmak; **~·ging** ['dʒɒgɪŋ] *n.* SPOR: yavaş yavaş koşma.

join [dʒɔɪn] **1.** *v/t.* & *v/i.* birleş(tir)mek, bitiş(tir)mek, kavuş(tur)mak; *-e* katılmak; üye olmak, *-e* girmek; ***~ hands*** el ele tutuşmak; *fig.* el ele vermek, birlik olmak; ***~ in*** *-e* katılmak; *-e* eşlik etmek; ***~ up*** askere yazılmak, orduya katılmak; **2.** *n.* birleşme, bitişme; katılma; ek yeri.

join·er ['dʒɔɪnə] *n.* marangoz, doğramacı; **~·y** *esp. Brt.* [~ərɪ] *n.* marangozluk; doğrama işi.

joint [dʒɔɪnt] **1.** *n.* ek; ek yeri; ANAT eklem; MEC conta; BOT boğum, düğüm; *Brt.* et parçası; *sl.* batakhane; *sl.* esrarlı sigara; ***out of ~*** çıkık; *fig.* çığrından çıkmış; **2.** □ ortak, birleşik; ***~ heir*** ortak vâris; ***~ stock*** ECON ana sermaye; **2.** *v/t.* bitiştirmek, birleştirmek, eklemek; (*et*) parçalamak; **~·ed**['dʒɔɪntɪd] *adj.* eklemli; birleştirilmiş; **~-stock** *adj.* ECON anonim ...; ***~ company*** *Brt.* anonim şirket.

joke [dʒəʊk] **1.** *n.* şaka; fıkra; ***practical ~*** eşek şakası; **2.** *vb.* şaka etmek; dalga geçmek, takılmak; **jok·er**['dʒəʊkə] *n.* şakacı kimse; *iskambil:* joker.

jol·ly ['dʒɒlɪ] **1.** (*-ier, -iest*) *adj.* neşeli, şen; mutlu; güzel, hoş; **2.** *adv. Brt.* F çok, son derece; ***~ good*** çok iyi.

jolt[dʒəʊlt] **1.** *v/t.* & *v/i.* sars(ıl)mak; *fig.* şaşkına çevirmek; **2.** *n.* sarsıntı; *fig.* sürpriz, şok.

jos·tle ['dʒɒsl] **1.** *v/t.* itip kakmak; dürtüklemek; **2.** *n.* itip kakma, iteleme.

jot [dʒɒt] **1.** *n.* ***not a ~*** zerresi yok; **2.** (**-*tt*-**): ***~ down*** yazıvermek, not etmek.

jour·nal ['dʒɜːnl] *n.* gazete, dergi; günlük, hatıra defteri; gündem; ECON yevmiye defteri; NAUT seyir defteri; **~·is·m** ['dʒɜːnəlɪzəm] *n.* gazetecilik; **~·ist** [~ɪst] *n.* gazeteci.

jour·ney ['dʒɜːnı] **1.** *n.* seyahat, gezi; **2.** *v/i.* seyahat etmek; **~·man** (*pl.* ***-men***) *n.* ustabaşı.

jo·vi·al □ ['dʒəʊvjəl] neşeli, şen, güler yüzlü.

joy [dʒɔı] *n.* neşe, sevinç, keyif; ***for ~*** sevincinden; **~·ful** □ ['dʒɔıfʊl] neşeli, sevinçli; sevindirici; **~·less** □ [~lıs] neşesiz, keyifsiz, kederli; **~·stick** *n.* AVIA manevra kolu.

jub·i·lant ['dʒuːbılənt] *adj.* çok sevinçli, sevinçinden uçan.

ju·bi·lee ['dʒuːbıliː] *n.* ellinci yıldönümü; jübile.

judge [dʒʌdʒ] **1.** *n.* LEG hâkim, yargıç; hakem; bilirkişi; **2.** *v/i.* yargıçlık yapmak; *v/t.* LEG yargılamak; karara bağlamak; eleştirmek, kınamak; LEG hüküm vermek.

judg(e)·ment ['dʒʌdʒmənt] *n.* LEG yargılama; yargı, hüküm, karar; fikir, düşünce, kanı; ***pass ~ on*** LEG *-de* karara varmak; ♀ ***Day, Day of*** ♀ ECCL kıyamet günü.

ju·di·cial □ [dʒuː'dıʃl] LEG adli, türel, hukuksal; yargıçlarla ilgili.

ju·di·cia·ry LEG [dʒuː'dıʃıərı] *n.* yargıçlar; adliye.

ju·di·cious □ [dʒuː'dıʃəs] akıllı, aklı başında; sağgörülü.

jug [dʒʌg] *n.* testi, sürahi; çömlek.

jug·gle ['dʒʌgl] *vb.* hokkabazlık yapmak; *fig.* (*hesap*) üzerinde oynamak, değiştirmek; **~r** [~ə] *n.* hokkabaz; hileci.

juice [dʒuːs] *n.* sebze, meyve *ya da* et suyu; özsu; *sl.* MOT benzin; **juic·y** □ ['dʒuːsı] (***-ier, -iest***) sulu, özlü; F ilgi çekici.

juke·box ['dʒuːkbɒks] *n.* para ile çalışan müzik dolabı.

Ju·ly [dʒuː'laı] *n.* temmuz.

jum·ble ['dʒʌmbl] **1.** *n.* karmakarışık şey, karmaşa; **2.** *v/t.* & *v/i.* *a.* ***~ together, ~ up*** karmakarışık etmek *ya da* olmak; **~ sale** *n. Brt.* yardım için kullanılmış eşya satışı.

jum·bo ['dʒʌmbəʊ] *adj.* *a.* ***~-sized*** büyük boy …

jump [dʒʌmp] **1.** *n.* atlama, sıçrama, zıplama; ***~s*** *pl.* sinirlilik, heyhey; ***high*** (***long***) **~** SPOR: yüksek (uzun) atlama; ***get the ~ on*** F *-den* önce davranmak, baskın çıkmak; **2.** *v/t.* & *v/i.* atla(t)mak, sıçra(t)mak, zıpla(t)mak; üzerinden atlamak; irkilmek, hoplamak; (*fiyat*) fırlamak; ***~ at the chance*** çıkan fırsatı hemen kabul etmek; ***~ the lights*** kırmızı ışıkta geçmek; ***~ the queue*** *Brt.* haksız yere elde etmek, başkasının sırasını kapmak; ***~ to conclusions*** hemen karara varmak; **~·er** ['dʒʌmpə] *n.* atlayan; *Brt.* kazak; *Am.* süveter; **~·ing jack** *n.* kukla; **~·y** [~ı] (***-ier, -iest***) *adj.* sinirli, heyheyleri üstünde.

junc|tion ['dʒʌŋkʃn] *n.* birleşme, bitişme; kavşak; RAIL makas; **~·ture** [~ktʃə]: ***at this ~*** bu bunalımlı zamanda.

June [dʒuːn] *n.* haziran.

jun·gle ['dʒʌŋgl] *n.* orman, cengel.

ju·ni·or ['dʒuːnjə] **1.** *adj.* küçük, genç; kıdemsiz, ast; SPOR: genç…; **2.** *n.* küçük, genç kimse; F oğul, zade; *Am.* UNIV üçüncü sınıf öğrencisi.

junk[1] NAUT [dʒʌŋk] *n.* Çin yelkenlisi.

junk[2] F [~] *n.* eski püskü eşya, döküntü; çerçöp; hurda; *sl.* eroin; **~ food** abur cubur yiyecek; **~·ie, ~·y** *sl.* ['dʒʌŋkı] *n.* eroinman; **~ yard** *n.* hurdalık.

jur·is·dic·tion ['dʒʊərıs'dıkʃn] *n.* yargı hakkı; yargı, kaza; kaza dairesi.

ju·ris·pru·dence ['dʒʊərıs'pruːdəns] *n.* hukuk.

ju·ror LEG ['dʒʊərə] *n.* jüri üyesi.

ju·ry ['dʒʊərı] *n.* LEG jüri, yargıcılar kurulu; **~·man** (*pl.* ***-men***) *n.* LEG jüri üyesi; **~·wom·an** (*pl.* ***-women***) *n.* LEG kadın jüri üyesi.

just [dʒʌst] **1.** □ dürüst, doğru; adaletli, âdil; yerinde, haklı; **2.** *adv.* sadece, yalnız; tam tamına, tam; az önce, demin; hemen, şimdi; ancak, güçlükle, darı darına; ***~ now*** hemen şimdi.

jus·tice ['dʒʌstıs] *n.* adalet, hak; dürüstlük, doğruluk; yargıç; LEG yargı hakkı; ♀ ***of the Peace*** sulh yargıcı; ***court of ~*** sulh mahkemesi.

jus·ti|fi·ca·tion [dʒʌstıfı'keıʃn] *n.* haklı gösterme; haklı neden, gerekçe; **~·fy** ['dʒʌstıfaı] *v/t.* haklı göstermek, haklı çıkarmak; temize çıkarmak, aklamak.

just·ly ['dʒʌstlı] *adv.* haklı olarak.

jut [dʒʌt] (***-tt-***): ***~ out*** ileri çıkmak, çıkıntı yapmak.

ju·ve·nile ['dʒuːvənaıl] **1.** *adj.* genç;

gençlere özgü; çocuklar için, çocuk ...; ~ **court** çocuk mahkemesi; ~ **delinquency** çocuğun suç işlemesi; ~ **delinquent** çocuk suçlu; **2.** *n.* genç, çocuk.

K

kan·ga·roo zo [kæŋgə'ruː] (*pl.* **-roos**) *n.* kanguru.

keel NAUT [kiːl] **1.** *n.* gemi omurgası; **2.** *v/i.* ~ **over** alabora olmak.

keen □ [kiːn] keskin, sivri; şiddetli, sert (*soğuk v.b.*); zeki; doymak bilmez (iştah); ~ **on** F *-e* meraklı, düşkün; **be ~ on hunting** avcılığa meraklı olmak; **~·ness** ['kiːnnɪs] *n.* keskinlik; şiddet; düşkünlük, merak.

keep [kiːp] **1.** *n.* geçim; kale, hisar; bakım; **for ~s** F temelli olarak; **2.** (**kept**) *v/t.* tutmak; saklamak, atmamak; (*sır*) söylememek, tutmak, saklamak; (*söz*) yerine getirmek, tutmak; (*yasa v.b.*) uymak; korumak (**from** *-den*); (*aile*) geçindirmek, bakmak; yönetmek, işletmek; ~ **s.o. company** *b-ne* eşlik etmek; ~ **company with** *ile* arkadaşlık etmek; ~ **one's head** soğukkanlılığını korumak; ~ **early hours** erken kalkmak; ~ **one's temper** soğukkanlılığını korumak, *k-ne* hâkim olmak; ~ **time** (*saat*) doğru gitmek; tempo tutmak; ~ **s.o. waiting** *b-ni* beklemek; ~ **away** uzak tutmak; ~ **s.th. from s.o.** bşi b-den saklamak; ~ **in** içerde tutmak, alıkoymak; ~ **on** *-e* devam etmek; (*giysi*) çıkarmamak; ~ **up** (*fiyat*) yüksek tutmak; devam ettirmek, sürdürmek; yataktan kaldırmak; (*ev, araba v.b.*) bakımını sağlamak; ~ **it up** devam etmek, sürdürmek; *v/i.* oturmak, yaşamak; devam etmek, sürüp gitmek; durmak, kalmak; ~ **doing s.th.** bşi yapadurmak; ~ **going** gidedurmak; ~ **away** uzak durmak; ~ **from doing s.th.** bşi yapmaktan *k-ni* alıkoymak; ~ **off** uzak durmak, yaklaşmamak; ~ **on** devam etmek; ~ **on talking** konuşmaya devam etmek, konuşadurmak; ~ **to** *-e* bağlı kalmak; *-e* saklamak; ~ **up** devam etmek, sürmek; ~ **up with** *-e* yetişmek; ~ **up with the Joneses** komşularıyla rekabet etmek, sidik yarışı yapmak.

keep|er ['kiːpə] *n.* bakıcı; bekçi; gardiyan; **~·ing** [~ɪŋ] *n.* koruma, himaye; geçim; bakım; uyum; **be in** (**out of**) ~ **with** *-e* uygun ol(ma)mak, uygun düş(me)mek; **~·sake** [~seɪk] *n.* hatıra, andaç, anmalık.

keg [keg] *n.* varil, fıçı.

ken·nel ['kenl] *n.* köpek kulübesi; **~s** *pl.* köpek bakımevi.

kept [kept] *pret. & p.p. of* **keep 2.**

kerb [kɜːb], **~·stone** ['kɜːbstəʊn] *n.* kaldırım taşı.

ker·chief ['kɜːtʃɪf] *n.* başörtüsü, eşarp; fular, boyun atkısı; mendil.

ker·nel ['kɜːnl] *n.* çekirdek (*a. fig.*).

ket·tle ['ketl] *n.* çaydanlık; tencere; güğüm; kazan; **~·drum** *n.* MUS davul; dümbelek.

key [kiː] **1.** *n.* anahtar (*a.* MUS); *fig.* çözüm yolu; cevap, çözüm, cevap anahtarı; *fig.* kilit nokta; (*piyano, daktilo v.b.*) tuş; *attr.* anahtar ...; **2.** *v/t.* uydurmak, ayarlamak, uygun duruma getirmek (**to** *-e*); **~ed up** heyecanlı, sinirli; **~·board** ['kiːbɔːd] *n.* klavye; **~·hole** *n.* anahtar deliği; ~ **man** (*pl.* **-men**) *n.* kilit adam; ~ **mon·ey** *n. Brt.* hava parası, anahtar parası; **~·note** *n.* MUS ana nota; *fig.* temel, ilke, anafikir; ~ **ring** *n.* anahtarlık; **~·stone** *n.* ARCH anahtar taşı, kilit taşı; *fig.* temel prensip, esas; **~·word** *n.* sözlükte sayfa başına gelen sözcük; IT anahtar sözcük.

kick [kɪk] **1.** *n.* tekme; çifte; (*silah*) geri tepme; topa vurma; F zevk, heyecan; F tutku, heves, merak; **get a ~ out of s.th.** bşden zevk almak; **for ~s** zevk için; **2.** *v/t.* tekmelemek; çiftelemek, tepmek; *futbol*: (*gol*) atmak; ~ **off** (*ayakkabı v.b.*) çıkarıp fırlatmak; ~ **out** kovmak, kapı dışarı etmek; ~ **up** neden olmak, yol açmak; ~ **up a fuss** *ya da* **row** F olay çıkarmak, ortalığı birbirine katmak; *v/i.* tekme atmak; çifte atmak; (*silah*) geri tepmek; ~

off *futbol*: oyuna başlamak; **~·er** ['kıkə] *n.* futbolcu; **~-off** *n. futbol*: başlama vuruşu.

kid [kıd] **1.** *n.* oğlak; oğlak eti; oğlak derisi; F çocuk; **~ *brother*** F küçük kardeş; **2.** (***-dd-***) *v/t.* aldatmak, kandırmak, işletmek; **~ *s.o.*** *b-ni* işletmek; *v/i.* (*keçi*) yavrulamak; şaka etmek, takılmak; ***he is only ~ding*** şaka ediyor, takılıyor; ***no ~ding!*** Şakayı bırak!, Hadi canım!; **~ glove** *n.* oğlak derisinden eldiven; *fig.* yumuşaklık.

kid·nap ['kıdnæp] (***-pp-***, *Am. a.* ***-p-***) *v/t.* (*çocuk v.b.*) kaçırmak; **~·per**, *Am. a.* **~·er** [~ə] *n.* çocuk hırsızı; adam kaçıran kimse; **~·ping**, *Am. a.* **~·ing** [~ıŋ] *n.* çocuk hırsızlığı; adam kaçırma.

kid·ney ['kıdnı] *n.* ANAT böbrek; **~ *bean*** BOT fasulye; barbunya; **~ *machine*** yapay böbrek aygıtı.

kill [kıl] **1.** *v/t.* öldürmek; yok etmek, mahvetmek; PARL veto etmek, reddetmek; (*zaman*) öldürmek; (*ağrı*) dindirmek, kesmek; HUNT avlamak, öldürmek; ***be ~ed in an accident*** kazada ölmek; **~ *time*** zaman öldürmek; **2.** *n.* öldürme; HUNT av; **~·er** ['kılə] *n.* katil, cani; **~·ing** □ [~ıŋ] öldürücü; yorucu, yıpratıcı; çok komik, gülmekten kırıp geçiren.

kiln [kıln] *n.* tuğla ocağı, fırın.

ki·lo F ['ki:ləʊ] (*pl.* ***-los***) *n.* kilo.

kil·o|gram(me) ['kıləgræm] *n.* kilogram; **~·me·tre**, *Am.* **~·me·ter** *n.* kilometre.

kilt [kılt] *n.* İskoç erkeklerinin giydiği eteklik.

kin [kın] *n.* akraba.

kind [kaınd] **1.** □ iyi kalpli, sevecen, müşfik; nazik; **2.** *n.* tür, çeşit, cins; huy, karakter; ***pay in ~*** eşya ile ödemek, aynıyla ödemek; *fig.* aynen karşılık vermek.

kin·der·gar·ten ['kındəgɑ:tn] *n.* anaokulu.

kind-heart·ed ['kaınd'hɑ:tıd] *adj.* iyi kalpli, sevecen.

kin·dle ['kındl] *v/t.* & *v/i.* tutuş(tur)mak, yakmak; *fig.* uyandırmak, çekmek.

kin·dling ['kındlıŋ] *n.* çalı çırpı.

kind|ly ['kaındlı] **1.** (***-ier, -iest***) *adj.* iyi kalpli, sevecen; **2.** *adv.* şefkatle, iyilikle; kibarca; **~·ness** [~nıs] *n.* şefkat, sevecenlik; iyilik.

kin·dred ['kındrıd] **1.** *adj.* akraba olan; aynı türden olan, benzer; **~ *spirits*** *pl.* aynı huylara sahip kimseler; **2.** *n.* akraba; akrabalık; soy.

king [kıŋ] *n.* kral (*a. fig.*); *iskambil*: papaz; *satranç*: şah; **~·dom** ['kıŋdəm] *n.* krallık; ***animal*** (***mineral, vegetable***) **~** hayvanlar (mineraller, bitkiler) âlemi; **~·ly** ['kıŋlı] (***-ier, -iest***) *adj.* kral ile ilgili; krala yaraşır; **~-size(d)** *adj.* büyük boy.

kink [kıŋk] *n.* ip, saç *vb.* dolaşması; *fig.* kaçıklık, üşütüklük; **~·y** ['kıŋkı] (***-ier, -iest***) *adj.* (*saç*) karmakarışık, dolaşık.

ki·osk ['ki:ɒsk] *n.* kulübe, baraka; *Brt.* telefon kulübesi.

kip·per ['kıpə] *n.* tuzlanmış isli ringa balığı, çiroz.

kiss [kıs] **1.** *n.* öpücük; **2.** *v/t.* & *v/i.* öp(üş)mek.

kit [kıt] *n.* alet takımı, avadanlık; malzeme, donatı (*a.* MIL, SPOR); takım çantası; *s.* ***first-aid***; **~·bag** ['kıtbæg] *n.* asker hurcu, sırt çantası.

kitch·en ['kıtʃın] *n.* mutfak; *attr.* mutfak ...; **~·ette** [kıtʃı'net] *n.* küçük mutfak; **~ gar·den** ['kıtʃın'gɑ:dn] *n.* sebze bahçesi.

kite [kaıt] *n.* uçurtma; zo çaylak.

kit·ten ['kıtn] *n.* kedi yavrusu.

knack [næk] *n.* ustalık, hüner; beceriklilik.

knave [neıv] *n.* düzenbaz, üçkâğıtçı; *iskambil*: vale, bacak, oğlan.

knead [ni:d] *v/t.* yoğurmak; masaj yapmak, ovmak.

knee [ni:] *n.* diz; MEC dirsek; **~·cap** ANAT ['ni:kæp] *n.* dizkapağı; **~-deep** *adj.* diz boyu ...; **~-joint** *n.* ANAT diz eklemi; MEC bükümlü mafsal; **~l** [ni:l] (***knelt***, *Am. a.* ***kneeled***) *v/i.* diz çökmek (***to*** *-in önünde*); **~-length** *adj.* diz boyu.

knell [nel] *n.* matem çanı; kara haber.

knelt [nelt] *pret.* & *p.p. of* ***kneel.***

knew [nju:] *pret. of* ***know.***

knick·er|bock·ers ['nıkəbɒkəz] *n. pl.* golf pantolonu; **~s** *Brt.* F [~z] *n. pl.* dizde büzülen kadın donu.

knick-knack ['nıknæk] *n.* süs eşyası, biblo.

knife [naıf] **1.** (*pl.* ***knives*** [~vz]) *n.* bıçak; **2.** *v/t.* bıçaklamak; bıçakla kesmek; arkadan vurmak.

knight[naɪt] **1.** *n.* şövalye, silahşör; *satranç:* at; **2.** *v/t.* *-e* şövalyelik payesi vermek; **~·hood**['naɪthʊd] *n.* şövalyelik; şövalyeler.
knit[nɪt] (***-tt-***; ***knit*** *ya da* ***knitted***) *v/t.* & *v/i.* örmek; *a.* ***~ together*** (*kemik*) kayna(t)mak; birleş(tir)mek; ***~ one's brows*** kaşlarını çatmak; **~·ting**['nɪtɪŋ] *n.* örme; örgü; *attr.* örgü ...; **~·wear** *n.* örme eşya, trikotaj eşyası.
knives[naɪvz] *pl. of* ***knife 1.***
knob [nɒb] *n.* tokmak, topuz; yumru, top; tepecik.
knock [nɒk] **1.** *n.* vurma, vuruş; kapı çalınması; MOT vuruntu; ***there is a ~*** kapı çalınıyor; **2.** *v/i.* vurmak, çalmak; çarpmak (***against, into*** *-e*); çarpışmak; MOT vuruntu yapmak; ***~ about, ~ around*** F dolaşmak, gezmek; ***~ at the door*** kapıyı çalmak; ***~ off*** F paydos etmek; durmak, kesmek; *v/t.* vura vura yapmak; F eleştirmek; ***~ about, ~ around*** kaba davranmak, hırpalamak; ***~ down*** devirmek, yere sermek; *açık artırma:* son fiyatı verene satmak; (*fiyat*) indirmek, kırmak; MEC sökmek; (*ev*) yıkmak; (*araba*) çarpmak, ezmek; ***be ~ed down*** araba çarpmak, ezilmek; ***~ off*** (işi) bırakmak; F çalmak, yürütmek; F öldürmek, temizlemek; (*fiyat*) indirmek, kırmak; *Brt.* F (*banka*) soymak; ***~ out*** *boks:* nakavt etmek; *fig.* F şaşırtmak; ***be ~ed out of*** oyun dışı kalmak; ***~ over*** devirmek; şaşırtmak; ***be ~ed over*** araba çarpmak ezilmek; ***~ up*** alelacele yapmak; *Brt.* F yormak, bitkin düşürmek; **~·er**['nɒkə] *n.* kapı tokmağı; **~-kneed**[~'niːd] *adj.* çarpık bacaklı; **~·out**[~kaʊt] *n. boks:* nakavt.
knoll[nəʊl] *n.* tepecik, tümsek.
knot[nɒt] **1.** *n.* düğüm; boğum, budak; fiyonk; NAUT deniz mili; grup, küme; **2.** (***-tt-***) *v/t.* & *v/i.* düğümle(n)mek; karışmak, dolaşmak, düğüm olmak; **~·ty** ['nɒtɪ] (***-ier, -iest***) *adj.* budaklı; *fig.* çözülmesi güç, karışık, çetrefil.
know[nəʊ] (***knew, known***) *vb.* bilmek; tanımak; seçmek, ayırmak, farketmek; haberi olmak; farkında olmak; ***~ French*** Fransızca bilmek; ***come to ~*** zamanla öğrenmek; ***get to ~*** bilmek, tanımak; ***~ one's business, ~ the ropes, ~ a thing or two, ~ what's what*** F işi bilmek, neyin ne olduğunu bilmek; ***you ~*** biliyorsunuz ki; **~-how** ['nəʊhaʊ] *n.* teknik ustalık; hüner, beceri; **~·ing**□ [~ɪŋ] bilen, haberi olan; zeki, kurnaz, şeytan; **~·ing·ly**[~lɪ] *adv.* bile bile, bilerek, kasten; **~l·edge** ['nɒlɪdʒ] *n.* bilgi; haber; bilim; ***to my ~*** bildiğime göre, bildiğim kadarıyla; **~n** [nəʊn] *p.p. of* ***know***; bilinen, tanınmış; ***make ~*** tanıştırmak; bildirmek.
knuck·le['nʌkl] **1.** *n.* parmağın oynak yeri, boğum; **2.** *v/i.* ***~ down to work*** işe koyulmak, işe sarılmak.
Krem·lin['kremlɪn]: ***the ~*** Kremlin.

L

lab F [læb] *n.* laboratuvar.
la·bel['leɪbl] **1.** *n.* etiket; *fig.* sıfat, unvan; **2.** (*esp. Brt. -ll-, Am. -l-*) *v/t.* etiketlemek; *fig.* nitelendirmek, ... damgasını vurmak.
la·bor·a·to·ry[lə'bɒrətərɪ] *n.* laboratuvar; ***~ assistant*** laborant.
la·bo·ri·ous □ [lə'bɔːrɪəs] çalışkan; emek isteyen, yorucu, zahmetli (iş).
la·bo(u)r['leɪbə] **1.** *n.* iş, çalışma; emek, zahmet; işçi sınıfı; MED doğum sancısı; ***Labour*** POL İşçi Partisi; ***hard ~*** LEG ağır iş cezası; **2.** *adj.* iş ..., çalışma ...; **3.** *v/i.* çalışmak, çabalamak, uğraşmak; emek vermek; zorlukla ilerlemek; ***~ under*** *fig.* *-in* altında ezilmek; acı çekmek, *-in* kurbanı olmak; *v/t.* emekle meydana getirmek; ayrıntısına girmek; **~ed** *adj.* güç, zahmetli (iş); fazla özenilmiş, yapmacıklı (*biçem*); **~·er**[~rə] *n.* emekçi, işçi; rençper; **La·bour Ex·change** *n. Brt.* F *ya da hist.* İş ve İşçi Bulma Kurumu; **La·bour Par·ty** *n.* POL İşçi Partisi; **la·bor u·ni·on** *n. Am.* POL işçi sendikası.
lace[leɪs] **1.** *n.* (*ayakkabı*) bağ, bağcık; şerit; dantela; kaytan; **2.** *v/t.* ***~ up*** (*ayakkabı v.b.*) bağlamak; ***~d with***

brandy konyak karıştırılmış, konyaklı (*içki*).

la·ce·rate ['læsəreɪt] *v/t.* yırtmak, parçalamak, kesmek; *fig.* incitmek, yaralamak.

lack [læk] **1.** *n.* eksiklik, yokluk, gereksinim; yoksunluk; **2.** *v/t.* -*e* gereksinimi olmak, -*den* yoksun olmak, -*si* olmamak; ***he ~s money*** paraya gereksinimi var, parası yok; *v/i.* ***be ~ing*** -*si* eksik olmak; ***he is ~ing in courage*** o kim cesur olmak kim; **~-lus·tre**, *Am.* **~-lus·ter** ['læklʌstə] *adj.* donuk, mat, sönük, cansız.

la·con·ic [lə'kɒnɪk] (***~ally***) *adj.* az ve öz, özlü.

lac·quer ['lækə] **1.** *n.* laka, vernik; saç spreyi; **2.** *v/t.* verniklemek.

lad [læd] *n.* delikanlı, genç.

lad·der ['lædə] *n.* merdiven; *Brt.* çorap kaçığı; **~·proof** *adj.* kaçmaz (*çorap*).

la·den ['leɪdn] *adj.* yüklü; üzgün.

la·ding ['leɪdɪŋ] *n.* yükleme; gemi yükü, kargo.

la·dle ['leɪdl] **1.** *n.* kepçe; **2.** *v/t.* ***~ out*** kepçe ile dağıtmak; *fig.* bol keseden dağıtmak.

la·dy ['leɪdɪ] *n.* bayan, hanım; hanımefendi, leydi; ***~ doctor*** kadın doktor; ***Ladies***('), *Am.* ***Ladies' room*** bayanlar tuvaleti; **~·bird** *n.* ZO hanımböceği, gelinböceği; **~·like** *adj.* hanıma yaraşır, hanım hanımcık; **~·ship** [-ʃɪp]: ***her*** *ya da* ***your ~*** hanımefendi.

lag [læg] **1.** (***-gg-***) *v/i.* ***~ behind*** geride kalmak; oyalanmak; **2.** *n.* geride kalma; oyalanma.

la·ger ['lɑːgə] *n.* Alman birası.

la·goon [lə'guːn] *n.* GEOGR denizkulağı, lagün.

laid [leɪd] *pret. & p.p. of* **lay**[3].

lain [leɪn] *p.p. of* ***lie***[2] ***2.***

lair [leə] *n.* in, yatak (*a. fig.*)

la·i·ty ['leɪətɪ] *n.* aynı meslekten olmayanlar.

lake [leɪk] *n.* göl.

lamb [læm] **1.** *n.* kuzu; kuzu eti; **2.** *v/i.* kuzulamak.

lame [leɪm] **1.** □ topal, aksak; *fig.* sudan (*bahane*); **2.** *v/t.* topal etmek, sakatlamak.

la·ment [lə'ment] **1.** *n.* ağlama, sızlama, feryat; matem; ağıt; **2.** *vb.* ağlayıp sızlamak, dövünmek; yasını tutmak;

lam·en·ta·ble □ ['læməntəbl] acınacak, acı, içler acısı; acılı, kederli, yaslı;

lam·en·ta·tion [læmən'teɪʃn] *n.* ağlama, sızlama, feryat.

lamp [læmp] *n.* lamba; fener.

lam·poon [læm'puːn] **1.** *n.* taşlama, yergi; **2.** *v/t.* taşlamak, yermek.

lamp|post ['læmppəʊst] *n.* elektrik direği; **~·shade** *n.* abajur.

lance [lɑːns] *n.* mızrak.

land [lænd] **1.** *n.* kara; AGR arazi, toprak; ülke; arsa; ***by ~*** kara yoluyla, karadan; ***~s*** *pl.* arazi, emlak; **2.** *v/t. & v/i.* karaya çık(ar)mak, yere in(dir)mek; boşaltmak, indirmek; F (*yumruk*) atmak, indirmek; F (*ödül v.b.*) kazanmak; **~-a·gent** ['lændeɪdʒənt] *n.* emlakçi; **~·ed** *adj.* arazi sahibi; araziden oluşan, taşınmaz; **~·hold·er** *n.* arazi sahibi.

land·ing ['lændɪŋ] *n.* karaya çık(ar)ma; iniş; iskele; merdiven sahanlığı; **~-field** *n.* AVIA iniş pisti; **~-gear** *n.* AVIA iniş takımı; **~-stage** *n.* iskele, rıhtım.

land|la·dy ['lændleɪdɪ] *n.* arazi sahibi kadın; mal sahibi; pansiyoncu, hancı; **~·lub·ber** NAUT *contp.* [-dlʌbə] *n.* denizcilikten anlamayan kimse; **~·mark** *n.* sınır taşı, sınır işareti; *fig.* dönüm noktası; **~·own·er** *n.* arazi sahibi; **~·scape** ['lændskeɪp] *n.* manzara; kır resmi, peyzaj; **~·slide** *n.* toprak kayması, heyelan; POL ezici oy üstünlüğü; ***a ~ victory*** POL ezici zafer; **~·slip** *n.* toprak kayması, heyelan.

lane [leɪn] *n.* dar yol, geçit; dar sokak; NAUT rota; AVIA uçuş rotası; MOT şerit; SPOR: kulvar.

lan·guage ['læŋgwɪdʒ] *n.* lisan, dil; ***~ laboratory*** dil laboratuvarı.

lan·guid □ ['læŋgwɪd] gevşek, cansız, sönük; isteksiz.

lank □ [læŋk] uzun ve zayıf, boylu; düz (*saç*); **~·y** □ ['læŋkɪ] (***-ier, -iest***) uzun ve zayıf, sırık gibi.

lan·tern ['læntən] *n.* fener.

lap[1] [læp] *n.* kucak; etek.

lap[2] [~] **1.** *n.* SPOR: tur; **2.** (***-pp-***) *vb.* SPOR: tur bindirmek; üst üste bindirmek.

lap[3] [~] (***-pp-***) *v/t.*: ***~ up*** yalayarak içmek; *v/i.* (*dalga*) hafif hafif çarpmak (***against*** -*e*).

la·pel [lə'pel] *n.* klapa.

lapse [læps] **1.** *n.* yanlış, hata, kusur; (*zaman*) geçme; LEG zamanaşımı, sü-

reaşımı; **2.** *v/i.* düşmek, sapmak, dalmak; LEG zamanaşımına uğramak, hükmü kalmamak.
lap·top ['læptɔp] *n.* dizüstü bilgisayar.
lar·ce·ny LEG ['lɑːsənı] *n.* hırsızlık.
larch BOT [lɑːtʃ] *n.* karaçam.
lard [lɑːd] **1.** *n.* domuz yağı; **2.** *v/t.* domuz yağı ile yağlamak; **lar·der** ['lɑːdə] *n.* kiler.
large □ [lɑːdʒ] (**~r, ~st**) geniş; büyük, kocaman, iri; bol; cömert, eli açık; ***at ~*** serbest, ortalıkta dolaşan; ayrıntılı olarak; genellikle; tamamen; **~·ly** ['lɑːdʒlı] *adv.* büyük ölçüde, çoğunlukla; bol bol; **~-mind·ed** *adj.* geniş görüşlü, serbest düşünüşlü; **~·ness** [~nıs] *n.* genişlik; büyüklük; bolluk.
lar·i·at *esp. Am.* ['lærıət] *n.* kement.
lark[1] ZO [lɑːk] *n.* tarlakuşu.
lark[2] F [~] *n.* şaka, muziplik; eğlenti, cümbüş.
lark·spur BOT ['lɑːkspɜː] *n.* hezaren çiçeği.
lar·va ZO ['lɑːvə] (*pl.* ***-vae*** [-viː]) *n.* tırtıl, kurtçuk.
lar·ynx ANAT ['lærıŋks] *n.* gırtlak.
las·civ·i·ous □ [lə'sıvıəs] şehvetli.
la·ser PHYS ['leızə] *n.* lazer; **~ beam** *n.* lazer ışını; **~ sur·ge·ry** *n.* MED lazerle ameliyat.
lash [læʃ] **1.** *n.* kamçı darbesi; kırbaç cezası; kirpik; acı söz; **2.** *v/t.* kamçılamak, kırbaçlamak; yermek, eleştirmek; kışkırtmak; ***~ out*** saldırmak; *fig.* çatmak, çıkışmak.
lass, **~·ie** [læs, 'læsı] *n.* kız; kız arkadaş.
las·si·tude ['læsıtjuːd] *n.* yorgunluk, bitkinlik.
las·so [læ'suː] (*pl.* ***-sos, -soes***) *n.* kement.
last[1] [lɑːst] **1.** *adj.* sonuncu, son; önceki, geçen; ***~ but one*** sondan bir önceki; ***~ night*** dün gece; **2.** *n.* son; ***at ~*** en sonunda; ***to the ~*** sonuna kadar; **3.** *adv.* son olarak, en son, son kez; ***~ but not least*** son fakat önemli.
last[2] [~] *v/i.* devam etmek, sürmek; bitmemek, yetmek; dayanmak.
last[3] [~] *n.* ayakkabı kalıbı.
last·ing □ ['lɑːstıŋ] sürekli, uzun süreli.
last·ly ['lɑːstlı] *adv.* son olarak.
latch [lætʃ] **1.** *n.* mandal, sürgü; kilit dili; **2.** *v/t.* & *v/i.* mandalla(n)mak; **~·key** ['lætʃkiː] *n.* kapı anahtarı.
late □ [leıt] (**~r, ~st**) geç; gecikmiş, geç kalmış; önceki, eski; ölü, merhum; yakında olmuş, yeni; ***be ~*** geç kalmak, gecikmek; ***at (the) ~st*** en geç; ***as ~ as*** *-e* kadar; ***of ~*** son zamanlarda; ***~r on*** daha sonra; **~·ly** ['leıtlı] *adv.* son zamanlarda, geçenlerde, yakında.
la·tent □ ['leıtənt] gizli, gizli kalmış.
lat·e·ral □ ['lætərəl] yanal, yan ...; yandan gelen.
lath [lɑːθ] *n.* lata, tiriz.
lathe MEC [leıð] *n.* torna tezgâhı.
la·ther ['lɑːðə] **1.** *n.* sabun köpüğü; **2.** *v/t.* sabunlamak; *v/i.* köpürmek.
Lat·in ['lætın] **1.** *adj.* LING Latince ...; **2.** *n.* LING Latince.
lat·i·tude ['lætıtjuːd] *n.* GEOGR enlem; *fig.* serbestlik, hoşgörü.
lat·ter ['lætə] *adj.* sonuncusu, ikincisi; **~·ly** [~lı] *adv.* son zamanlarda; bu günlerde.
lat·tice ['lætıs] *n.* kafes.
lau·da·ble □ ['lɔːdəbl] övgüye değer.
laugh [lɑːf] **1.** n. gülme, gülüş; **2.** *vb.* gülmek; ***~ at*** *-e* gülüp alay etmek; ***have the last ~*** sonunda başarmak, son gülen olmak; **~·a·ble** □ ['lɑːfəbl] gülünç, komik; **~·ter** [~tə] *n.* kahkaha, gülme.
launch [lɔːntʃ] **1.** *v/t.* (*gemi*) kızaktan suya indirmek; (*roket*) fırlatmak; *fig.* başlatmak; **2.** *n.* NAUT işkampaviye; = **~·ing** ['lɔːntʃıŋ] NAUT kızaktan suya indirme; (*roket*) fırlatma; *fig.* başlatma; ***~ pad*** fırlatma rampası; ***~ site*** fırlatma yeri.
laun|de·rette [lɔːndə'ret], *esp. Am.* **~·dro·mat** ['lɔːndrəmæt] *n.* çamaşırhane; **~·dry** [~rı] *n.* çamaşırhane; çamaşır.
laur·el BOT ['lɒrəl] *n.* defne; *fig.* şöhret, ün.
lav·a·to·ry ['lævətərı] *n.* tuvalet; lavabo; ***public ~*** umumi hela.
lav·en·der ['lævəndə] *n.* lavanta.
lav·ish ['lævıʃ] **1.** □ savurgan, tutumsuz; bol, aşırı; **2.** *v/t.* ***~ s.th. on s.o.*** *b-ne* aşırı bş göstermek.
law [lɔː] *n.* kanun, yasa; kural; hukuk; F polis; ***~ and order*** yasa ve düzen; **~-a·bid·ing** ['lɔːəbaıdıŋ] *adj.* yasalara uyan; **~·court** *n.* mahkeme; **~·ful** □ [~fl] yasal, yasaya uygun; **~·less** □ [~lıs] kanunsuz; yasaya aykırı, yolsuz; azılı (*haydut v.b.*)

L

lawn [lɔːn] *n.* çimen, çimenlik, çayır.
law|suit ['lɔːsjuːt] *n.* dava; **~·yer** [~jə] *n.* avukat, dava vekili.
lax □ [læks] gevşek; ihmalci, savsak; **~·a·tive** MED ['læksətıv] **1.** *adj.* ishal edici (*ilaç*); **2.** *n.* müshil.
lay¹ [leı] *pret. of* ***lie*² 2.**
lay² [~] *adj.* ECCL layik; meslekten olmayan.
lay³ [~] (***laid***) *v/t. & v/i.* yat(ır)mak; koymak; yaymak, sermek; döşemek; (*masa*) kurmak, hazırlamak; yumurtlamak; (*suç*) yüklemek; (*vergi*) koymak; (*plan v.b.*) kurmak; (*tuğla*) örmek; yatıştırmak, bastırmak; ***~ in*** biriktirmek, stoklamak, depo etmek; ***~ low*** yere sermek; yatağa düşürmek; ***~ off*** ECON geçici olarak işten çıkarmak; ***~ open*** açığa vurmak, ortaya çıkarmak; ***~ out*** planını çizmek; (*para*) harcamak; F yere sermek, devirmek; PRINT düzenlemek; ***~ up*** biriktirmek, depo etmek; ***be laid up*** yatağa düşmek.
lay·by *Brt.* MOT ['leıbaı] *n.* yol kenarındaki park yeri.
lay·er ['leıə] *n.* tabaka, kat, katman.
lay·man ['leımən] (*pl.* ***-men***) *n.* meslek sahibi olmayan kimse.
lay|-off ECON ['leıɒf] *n.* geçici olarak işten çıkarma; **~·out** *n.* düzen, tertip; plan; PRINT mizampaj.
la·zy □ ['leızı] (***-ier, -iest***) tembel, miskin, uyuşuk, ağır, hantal.
lead¹ [led] *n.* CHEM kurşun; NAUT iskandil.
lead² [liːd] **1.** *n.* rehberlik, kılavuzluk; tasma kayışı; THEA başrol; THEA başrol oyuncusu; SPOR *& fig.* önde bulunma, başta olma; *iskambil:* ilk oynama hakkı; ELECT ana tel; **2.** (***led***) *v/t.* yol göstermek, götürmek; yönetmek; (yaşam) sürmek; neden olmak, yol açmak (***to*** *-e*); *iskambil:* (*oyunu*) açmak; ***~ on*** F ayartmak, kandırmak; *v/i.* (*yol*) gitmek, çıkmak; SPOR: başta olmak; ***~ off*** başlamak; ***~ up to*** *-e* getirmek, *-in* yolunu yapmak.
lead·en ['ledn] *adj.* kurşundan yapılmış, kurşun ...; *fig.* sıkıcı, ağır.
lead·er ['liːdə] *n.* lider, önder; rehber; orkestra şefi; *Brt.* başmakale; **~·ship** [~ʃıp] *n.* liderlik, önderlik.
lead-free ['ledfriː] *adj.* kurşunsuz (*benzin*).
lead·ing ['liːdıŋ] *adj.* önde gelen, en önemli; yol gösteren.
leaf [liːf] **1.** (*pl.* ***leaves*** [~vz]) *n.* yaprak; (*kapı, masa*) kanat; **2.** *v/t.* ***~ through*** *-in* yapraklarını çabuk çabuk çevirmek; **~·let** ['liːflıt] *n.* broşür; yaprakçık; **~·y** [~ı] (***-ier, -iest***) *adj.* yapraklı.
league [liːg] *n.* birlik, topluluk; dernek; SPOR: lig.
leak [liːk] **1.** *n.* akıntı, sızıntı (*a. fig.*); **2.** *v/t. & v/i.* sız(dır)mak; ***~ out*** sız(dır)mak (*a. fig.*); **~·age** ['liːkıdʒ] *n.* sızıntı, sızma (*a. fig.*); **~·y** [~ı] (***-ier, -iest***) *adj.* sızıntılı, delik.
lean¹ [liːn] (*esp. Brt.* ***leant*** *ya da esp. Am.* ***leaned***) *v/t. & v/i.* daya(n)mak, yasla(n)mak; eğilmek; eğilim göstermek; ***~ on, ~ upon*** *-e* güvenmek.
lean² [~] **1.** *adj.* zayıf, cılız; yağsız; **2.** *n.* yağsız et.
leant *esp. Brt.* [lent] *pret. & p.p. of* ***lean*¹**.
leap [liːp] **1.** *n.* sıçrama, atlama; **2.** (***leapt*** *ya da* ***leaped***) *v/t. & v/i.* sıçra(t)mak, atla(t)mak; ***~ at*** *fig.* (*fırsat v.b.*) kaçırmamak, havada kapmak; **~t** [lept] *pret. & p.p. of* ***leap 2***; **~ year** ['liːpjɜː] *n.* artıkyıl.
learn [lɜːn] (***learned*** *ya da* ***learnt***) *vb.* öğrenmek; haber almak, duymak; **~·ed** ['lɜːnıd] *adj.* bilgili; bilgin; **~·er** [~ə] *n.* acemi; ***~ driver*** MOT acemi şoför; **~·ing** [~ıŋ] *n.* öğrenme; bilgi; bilim; **~t** [lɜːnt] *pret. & p.p. of* ***learn.***
lease [liːs] **1.** *n.* kiralama; kira kontratı; **2.** *v/t.* kiralamak; kiraya vermek.
leash [liːʃ] *n.* tasma kayışı.
least [liːst] **1.** (*sup. of* ***little 1***) *adj.* en küçük, en az; **2.** (*sup. of* ***little 2***) *adv.* en az derecede; ***~ of all*** hiç, zerre kadar; **3.** *n.* en küçük şey; ***at ~*** en azından, bari, hiç olmazsa; ***to say the ~*** en azından.
leath·er ['leðə] **1.** *n.* deri; **2.** *adj.* deriden yapılmış, deri ...
leave [liːv] **1.** *n.* veda, ayrılma; *a.* ***~ of absence*** izin; ***take*** (***one's***) ***~*** ayrılmak, veda etmek; **2.** (***left***) *v/t.* terketmek, bırakmak; *-den* ayrılmak, çıkmak; vazgeçmek; miras olarak bırakmak; *v/i.* hareket etmek, kalkmak; gitmek, yola çıkmak.
leav·en ['levn] *n.* maya.
leaves [liːvz] *pl. of* ***leaf 1.***

L

leav·ings ['li:vɪŋz] *n. pl.* artık; çöp.
lech·er·ous□ ['letʃərəs] şehvet düşkünü, çapkın.
lec|ture ['lektʃə] **1.** *n.* UNIV ders; konferans; azarlama, azar; **2.** *v/i.* UNIV ders vermek; konferans vermek; *v/t.* azarlamak, paylamak; **~·tur·er** [-rə] *n.* UNIV doçent; okutman.
led [led] *pret. & p.p. of* ***lead² 2.***
ledge [ledʒ] *n.* düz çıkıntı; kaya tabakası.
led·ger ECON ['ledʒə] *n.* defteri kebir, ana defter.
leech [li:tʃ] *n.* zo sülük (*a. fig.*).
leek BOT [li:k] *n.* pırasa.
leer [lɪə] **1.** *n.* yan yan bakma; **2.** *v/i.* yan yan bakmak, yan gözle bakmak (***at*** *-e*).
lee|ward NAUT ['li:wəd] *adj.* boca yönündeki; **~·way** *n.* NAUT rüzgâr altına düşme; *fig.* zaman kaybı; *fig.* geri kalma.
left¹ [left] *pret. & p.p. of* ***leave 2.***
left² [-] **1.** *adj.* soldaki, sol ...; **2.** *adv.* sola doğru, sola; **3.** *n.* sol taraf, sol (*a.* POL, *boks*); ***on*** *ya da* ***to the ~*** solda *ya da* sola; **~-hand** ['lefthænd] *adj.* soldaki, sol koldaki, sol ...; **~ *drive*** MOT soldan işleyen trafik; **~-hand·ed** □ ['left'hændɪd] solak; solaklar için yapılmış.
left|-lug·gage of·fice *Brt.* RAIL ['left-'lʌgɪdʒɒfɪs] *n.* emanet; **~o·vers** *n. pl.* yemek artığı; **~wing** *adj.* POL sol kanat, sol ...
leg [leg] *n.* bacak; mobilya ayağı; but; MATH pergel ayağı; ***pull s.o.'s ~*** *b-ne* şaka yapmak, takılmak; ***stretch one's ~s*** yürüyüşe çıkmak.
leg·a·cy ['legəsɪ] *n.* miras, kalıt.
le·gal □ ['li:gl] legal, yasal; hukuksal; **~·ize** [-aɪz] *v/t.* yasallaştırmak, kanunlaştırmak.
le·ga·tion [lɪ'geɪʃn] *n.* ortaelçilik; ortaelçilik binası.
le·gend ['ledʒənd] *n.* efsane, söylence; altyazı; para *v.b.* üstündeki yazı; **le·gen·da·ry** [-ərɪ] *adj.* efsanevi.
leg·gings ['legɪŋz] *n. pl.* tozluk, getr.
le·gi·ble □ ['ledʒəbl] okunaklı.
le·gion *fig.* ['li:dʒən] *n.* kalabalık, sürü.
le·gis·la|tion [ledʒɪs'leɪʃn] *n.* yasama; **~·tive** POL ['ledʒɪslətɪv] **1.** □ yasamalı; **2.** *n.* yasama meclisi; **~·tor** [-eɪtə] *n.* yasa koyucu.
le·git·i·mate □ [lɪ'dʒɪtɪmət] yasal; yasal olarak doğmuş.
lei·sure ['leʒə] *n.* boş zaman; ***at ~*** boş zamanlarda; **~·ly** [-lɪ] *adj.* acelesiz yapılan, rahat, yavaş.
lem·on BOT ['lemən] *n.* limon; limon ağacı; **~·ade** [lemə'neɪd] *n.* limonata; **~ squash** *n.* limon suyu.
lend [lend] (***lent***) *v/t.* ödünç vermek, borç vermek; *fig.* vermek, katmak.
length [leŋθ] *n.* uzunluk, boy; süre; ***at ~*** en sonunda; uzun uzadıya; ***go to any*** *ya da* ***great*** *ya da* ***considerable ~s*** her çareye başvurmak; **~·en** ['leŋθən] *v/t. & v/i.* uza(t)mak; **~·ways** [-weɪz], **~·wise** [-waɪz] *adv.* uzunlamasına; **~·y** □ [-ɪ] (***-ier, -iest***) upuzun.
le·ni·ent □ ['li:njənt] yumuşak huylu, merhametli.
lens OPT [lenz] *n.* mercek; objektif; göz merceği.
lent¹ [lent] *pret. & p.p. of* ***lend.***
Lent² [-] *n.* büyük perhiz.
len·til BOT ['lentɪl] *n.* mercimek.
leop·ard ZO ['lepəd] *n.* leopar, pars.
le·o·tard ['li:əʊtɑ:d] *n.* dansçıların giydiği sıkı giysi.
lep·ro·sy MED ['leprəsɪ] *n.* cüzam.
les·bi·an ['lezbɪən] *n. & adj.* lezbiyen, sevici.
less [les] **1.** (*comp. of* ***little 1,2***) *adj. & adv.* daha az, daha küçük; **2.** *prp.* eksik, noksan.
less·en ['lesn] *v/t. & v/i.* azal(t)mak, küçül(t)mek, eksil(t)mek; *fig.* küçümsemek.
less·er ['lesə] *adj.* daha az; daha küçük.
les·son ['lesn] *n.* ders; *fig.* ibret, ders; **~s** *pl.* dersler, öğretim.
lest [lest] *cj.* ...mesin diye, ... korkusu ile.
let [let] (***let***) *v/t.* izin vermek, *-mesine* ses çıkarmamak, bırakmak; kiraya vermek; **~ *alone*** rahat bırakmak, dokunmamak; **~ *down*** hayal kırıklığına uğratmak; (*elbise*) uzatmak; **~ *go*** serbest bırakmak, salıvermek; **~ *o.s. go*** *k-ni* koyvermek; taşkınlık yapmak, coşmak; **~ *in*** içeri almak; **~ *o.s. in for s.th.*** fig. bşi başına sarmak; **~ *s.o. in on s.th.*** b-ni bşe katmak, dahil etmek; **~ *off*** serbest bırakmak; cezasını bağışlamak; **~ *out*** (*elbise*) genişletmek; (*sır*) ağzından kaçırmak; kira-

ya vermek; **~ up** (*yağmur*) kesilmek, dinmek.

le·thal □ ['li:θl] öldürücü.

leth·ar·gy ['leθədʒı] *n.* uyuşukluk, bitkinlik.

let·ter ['letə] **1.** *n.* mektup; PRINT harf; **~s** *pl.* edebiyat, yazın; *attr.* mektup ...; **2.** *v/t.* kitap harfleriyle yazmak; **~-box** *n.* mektup kutusu; **~-card** *n.* katlanınca zarf olan mektup kağıdı; **~ car·ri·er** *n. Am.* postacı; **~ed** *adj.* okumuş, tahsilli, aydın, münevver; **~·ing** [~rıŋ] *n.* harflerle yazma; harfler.

let·tuce BOT ['letıs] *n.* salata, marul.

leu·k(a)e·mia MED [lju:'ki:mıə] *n.* lösemi, kan kanseri.

lev·el ['levl] **1.** *adj.* düz; yatay; eşit; dengeli, ölçülü; **my ~ best** F elimden gelen, tüm yapabileceğim; **~ crossing** *Brt.* hemzemin geçit; **2.** *n.* düz yer, düzlük; hiza; düzey, seviye (*a. fig.*); **sea ~** deniz seviyesi; **on the ~** F dürüst, doğru sözlü; **3.** (*esp. Brt. -ll-, Am. -l-*) *v/t.* düzlemek; yıkmak; eşit düzeye getirmek; **~ at** (*silah*) *-e* doğrultmak; (*suç*) *-e* yüklemek; **~-headed** *adj.* sağlıklı düşünen, mantıklı, dengeli.

le·ver ['li:və] *n.* manivela; **~·age** [~rıdʒ] *n.* manivela gücü.

lev·y ['levı] **1.** *n.* (*vergi v.b.*) toplama; MIL zorla asker toplama; **2.** *v/t.* (*vergi v.b.*) toplamak; MIL (*asker*) zorla toplamak.

lewd □ [lju:d] şehvet düşkünü, uçkuruna gevşek; açık saçık.

li·a·bil·i·ty [laıə'bılətı] *n.* LEG yükümlülük; sorumluluk; **liabilities** *pl.* borç; ECON pasif.

li·a·ble ['laıəbl] *adj.* LEG yükümlü; sorumlu; **be ~ for** *-den* sorumlu olmak; **be ~ to** *-e* maruz olmak, *ile* karşı karşıya bulunmak.

li·ar ['laıə] *n.* yalancı.

lib F [lıb] *abbr. for* **liberation.**

li·bel LEG ['laıbl] **1.** *n.* iftira; onur kırıcı yayın; **2.** (*esp. Brt. -ll-, Am. -l-*) *v/t. -e* iftira etmek, leke sürmek, kara çalmak.

lib·e·ral ['lıbərəl] **1.** □ serbest düşünceli, geniş fikirli; POL liberal, erkinci; cömert, eli açık; **2.** *n.* liberal; **~·i·ty** [lıbə'rælətı] *n.* liberallik; cömertlik.

lib·e|rate ['lıbəreıt] *v/t.* özgür kılmak, kurtarmak; salıvermek; **~·ra·tion** [lıbə'reıʃn] *n.* kurtarma; **~·ra·tor** ['lıbəreıtə] *n.* kurtarıcı.

lib·er·ty ['lıbətı] *n.* özgürlük; **take liberties** küstahlık etmek, terbiyesizlik etmek; **be at ~** özgür olmak.

li·brar·i·an [laı'breərıən] *n.* kütüphaneci; **li·bra·ry** ['laıbrərı] *n.* kütüphane, kitaplık.

lice [laıs] *pl. of* **louse.**

li·cence, *Am.* **-cense** ['laısəns] *n.* izin, ruhsat, lisans; ehliyet; serbestlik, çapkınlık; **license plate** *Am.* MOT plaka; **driving ~** ehliyet.

li·cense, -cence [~] *v/t. -e* izin *ya da* yetki vermek; *-e* ruhsat vermek.

li·cen·tious □ [laı'senʃəs] şehvet düşkünü, ahlaksız.

li·chen BOT, MED ['laıkən] *n.* liken.

lick [lık] **1.** *n.* yalama, yalayış; **2.** *v/t.* yalamak; F dövmek, pataklamak; F yenmek, alt etmek; *v/i.* (*alev, dalga*) yalayıp geçmek.

lic·o·rice ['lıkərıs] = **liquorice.**

lid [lıd] *n.* kapak; gözkapağı.

lie[1] [laı] **1.** *n.* yalan; **give s.o. the ~** *b-ni* yalancılıkla suçlamak; **2.** *v/i.* yalan söylemek.

lie[2] [~] **1.** *n.* yatış; mevki; **2.** (**lay, lain**) *v/i.* yatmak, uzanmak; olmak, bulunmak; **~ behind** *fig.* ardında yatmak; **~ down** yatmak, uzanmak; **let sleeping dogs ~** *fig.* uyuyan yılanın kuyruğuna basma; **~-down** F [laı'daʊn] *n.* yatıp uzanma, dinlenme; **~-in** ['laıın]: **have a ~** *Brt.* F geç saatlere kadar yatmak.

lieu [lju:]: **in ~ of** *-in* yerine, bedel olarak.

lieu·ten·ant [lef'tenənt; NAUT le'tenənt; *Am.* lu:'tenənt] *n.* teğmen; NAUT yüzbaşı.

life [laıf] (*pl.* **lives** [~vz]) *n.* yaşam, ömür, hayat; yaşam tarzı; canlılık; biyografi, yaşam öyküsü; **for ~** ömür boyu (*a.* LEG); **~ imprisonment, ~ sentence** ömür boyu hapis cezası; **~ assur·ance** *n.* yaşam sigortası; **~·belt** ['laıfbelt] *n.* cankurtaran kemeri; **~·boat** *n.* cankurtaran sandalı, filika; **~guard** *n.* MIL hassa askeri; cankurtaran (*yüzücü*); **~ in·sur·ance** *n.* yaşam sigortası; **~·jack·et** *n.* cankurtaran yeleği; **~·less** □ [~lıs] cansız; ölü; sönük; **~·like** *adj.* canlı gibi görünen; **~·long**

adj. ömür boyu süren; ~ **pre·serv·er** *Am.* [-prɪzɜːvə] *n.* cankurtaran yeleği *ya da* kemeri; ~ **sup·port** *n. ağır hasta bir kimsenin hayatta kalmasını sağlayan tıbbi aygıt ya da makine*, yaşam destek (*ünitesi/makinesi*); ~**·time** *n.* yaşam süresi, ömür.

lift [lɪft] **1.** *n.* kaldırma, yüksel(t)me; PHYS, AVIA kaldırma gücü; asansör; *esp. Brt.* arabasına alma; ***give s.o. a ~*** *b-ni* arabasına almak; **2.** *v/t. & v/i.* kaldırmak, yüksel(t)mek; (*kulaklarım*) dikmek; F çalmak, aşırmak, yürütmek; (*sis v.b.*) dağılmak, kalkmak; ***~ off*** (*uzaygemisi v.b.*) havalanmak, kalkmak; ~**-off** ['lɪftɒf] *n.* (*uzaygemisi v.b.*) havalanma, kalkma.

lig·a·ture ['lɪgətʃʊə] *n.* bağ; bağlama; MED kanı durduran bağ.

light[1] [laɪt] **1.** *n.* ışık (*a. fig.*), aydınlık; ateş; bilgi kaynağı; lamba, elektrik; gün ışığı, gündüz; görüş; ***can you give me a ~, please?*** sigaramı yakabilir misiniz lütfen?, ateşinizi rica edebilir miyim?, ***put a ~ to*** tutuşturmak, ateşe vermek, yakmak; **2.** *adj.* aydınlık; açık (*renk*); sarı (*saç*); **3.** (***lit*** *ya da* ***lighted***) *v/t. & v/i.* tutuş(tur)mak, yakmak; aydınlatmak; neşelen(dir)mek; yanmak; ***~ up*** aydınlatmak; aydınlanmak.

light[2] [-] **1.** □ hafif; önemsiz; sindirimi kolay (*yemek*); hafifmeşrep, mal (*kadın*); ***make ~ of*** önemsememek, hafife almak; **2.** *adv.* az eşya ile, fazla bagajı olmadan.

light·en[1] ['laɪtn] *v/t.* aydınlatmak; *v/i.* aydınlanmak; şimşek çakmak.

light·en[2] [-] *v/t. & v/i.* hafifle(t)mek; neşelen(dir)mek, sevin(dir)mek.

light·er ['laɪtə] *n.* çakmak; NAUT mavna, salapurya.

light|-head·ed ['laɪthedɪd] *adj.* başı dönen, sersemlemiş; sayıklayan; düşüncesiz; ~**-heart·ed** □ gamsız, kaygısız, şen şakrak, neşeli; ~**·house** *n.* deniz feneri, fener kulesi.

light·ing ['laɪtɪŋ] *n.* aydınlatma, ışıklandırma.

light|-mind·ed ['laɪt'maɪndɪd] *adj.* düşüncesiz, ciddiyetten yoksun; ~**·ness** ['laɪtnɪs] *n.* hafiflik; parlaklık; açıklık.

light·ning ['laɪtnɪŋ] *n.* şimşek; yıldırım; *attr.* yıldırım ...; ~ **con·duc·tor**, *Am.* ~ **rod** *n.* ELECT paratoner, yıldırımsavar, yıldırımkıran.

light·weight ['laɪtweɪt] *n. boks*: hafifsıklet.

like [laɪk] **1.** *adj. & prp.* gibi, benzer; eşit, aynı; ***~ that*** onun gibi, öyle; ***feel ~*** hoşlanmak, canı istemek; ***what is he ~?*** nasıl biri?, neye benziyor?; ***that is just ~ him!*** Ondan başka ne beklenir ki!; **2.** *n.* benzer, eş, tıpkı; ***his ~*** eşi, ben; zeri; ***the ~*** gibi, aynı; ***the ~s of you*** senin gibiler, senin gibi kimseler; ***my ~s and dislikes*** sevdiklerim ve sevmediklerim; **3.** *v/t.* sevmek, hoşlanmak, beğenmek; istemek; ***how do you ~ it?*** onu nasıl buluyorsun?; ***I ~ that!*** *iro.* Ne sıkıcı!, İşe bak!; ***I should ~ to come*** gelmek isterdim; *v/i.* arzusunda olmak; ***as you ~*** nasıl arzu ederseniz, siz bilirsiniz; ***if you ~*** arzu ederseniz, isterseniz; nasıl isterseniz; ~**·li·hood** ['laɪklɪhʊd] *n.* olasılık; ~**·ly** [-lɪ] **1.** (***-ier, -iest***) *adj.* olası; uygun; inanılır, akla yakın; *-eceğe* benzeyen, *-cek* gibi olan; **2.** *adv.* muhtemelen, belki de; ***not ~!*** F Ne münasebet!, Sanmam!

lik·en ['laɪkən] *v/t.* benzetmek (***to*** *-e*).

like|ness ['laɪknɪs] *n.* benzerlik; resim, portre; ~**·wise** [-waɪz] *adv.* aynı biçimde, aynen, aynısı; ayrıca, bundan başka.

lik·ing ['laɪkɪŋ] *n.* sevme, düşkünlük, beğeni (***for*** *-e karşı*).

li·lac ['laɪlək] **1.** *adj.* açık mor ...; **2.** *n.* BOT leylak; leylak rengi.

lil·y BOT ['lɪlɪ] *n.* zambak; ***~ of the valley*** inciçiçeği; ~**-white** *adj.* bembeyaz.

limb [lɪm] *n.* organ; BOT dal.

lim·ber ['lɪmbə]: ***~ up*** SPOR: vücudu ısıtmak, ısınmak.

lime[1] [laɪm] *n.* kireç.

lime[2] BOT [-] *n.* ıhlamur; misket limonu.

lime·light *fig.* ['laɪmlaɪt] *n.* ilgiyi üzerine çekme; herkesçe bilinme, dillerde dolaşma.

lim·it ['lɪmɪt] **1.** *n. fig.* limit, sınır, uç; ***within ~s*** belli sınırlar içinde, belli ölçüde; ***off ~s*** *Am.* yasak bölge (***to*** *için*); ***that is the ~!*** F Bu kadarı da fazla!, Yetti be!; ***go to the ~*** F sınıra dayanmak; her şeyi göze almak; **2.** *v/t.* sınırlamak, kısıtlamak (***to*** *-e*).

lim·i·ta·tion [lɪmɪ'teɪʃn] *n.* sınırlama, kısıtlama (*a. fig.*)

L

lim·it|ed ['lımıtıd] *adj.* sınırlı, kısıtlı; ~ (*liability*) *company Brt.* sınırlı sorumlu şirket; ~·**less** □ [-lıs] sınırsız, sonsuz, uçsuz bucaksız.
limp [lımp] **1.** *v/i.* topallamak, aksamak; **2.** *n.* topallama; **3.** *adj.* gevşek, yumuşak; zayıf, kuvvetsiz.
lim·pid □ ['lımpıd] berrak, duru, pırıl pırıl.
line [laın] **1.** *n.* dizi, sıra, seri; yol, hat; olta; ip, sicim; satır; plan, desen; not, pusula; hiza; çığır, devir; iş, meslek; kuyruk; demiryolu hattı; ekvator çizgisi; TEL, TELEPH hat; SPOR: çizgi; ECON mal; *fig.* yol, yöntem; ~*s pl.* THEA rol; ***be in ~ for*** elde etme şansı olmak; ***be in ~ with*** *ile* uyuşmak; ***draw the ~*** reddetmek, geri çevirmek; ***hold the ~*** TELEPH telefonu kapatmamak, ayrılmamak; ***stand in ~*** *Am.* kuyrukta beklemek; **2.** *v/t.* dizmek, sıralamak; (*yüz v.b.*) kırıştırmak; (*giysi*) astarlamak; MEC kaplamak; ~ ***up*** sıraya dizmek.
lin·e·a·ments ['lınıəmənts] *n. pl.* yüz hatları.
lin·e·ar ['lınıə] *adj.* çizgisel, doğrusal; uzunluk ...
lin·en ['lının] **1.** *n.* keten bezi; iç çamaşır; **2.** *adj.* ketenden yapılmış, keten ...; ~-**clos·et**, ~**cup·board** *n.* çamaşır dolabı.
lin·er ['laınə] *n.* transatlantik; yolcu uçağı; = ***eyeliner.***
lin·ger ['lıŋgə] *v/i.* gecikmek, ayrılamamak, oyalanmak; ölüm döşeğinde yatmak; *a.* ~ ***on*** (*ağrı v.b.*) kolay kolay geçmemek.
lin·ge·rie ['lænʒəriː] *n.* kadın iç çamaşırı.
lin·i·ment PHARM ['lınımənt] *n.* liniment, merhem.
lin·ing ['laınıŋ] *n.* astarlama; astar; MEC iç kaplama.
link [lıŋk] **1.** *n.* zincir halkası; IT bağlantı; *fig* bağlantı, bağ, ilişki; **2.** *v/t.* & *v/i.* bağla(n)mak, birleş(tir)mek; zincirlemek; ~ ***up*** bağla(n)mak, birleş(tir)mek.
links [lıŋks] *n. pl.* kol düğmesi; *a.* ***golf ~*** golf sahası.
link-up ['lıŋkʌp] *n.* birleşme noktası, bağlantı noktası.
lin·seed ['lınsiːd] *n.* BOT ketentohumu; ~ ***oil*** beziryağı.
li·on ZO ['laıən] *n.* aslan; *fig.* ünlü kimse, şöhret; ~·**ess** ZO [-nıs] *n.* dişi aslan.
lip [lıp] *n.* dudak; kenar, uç; *sl.* küstahlık, yüzsüzlük.
lip·o·suc·tion ['lıpəʊsʌkʃən] *n.* liposuction.
lip·stick ['lıpstık] *n.* ruj, dudak boyası.
liq·ue·fy ['lıkwıfaı] *v/t.* & *v/i.* sıvılaş(tır)mak.
liq·uid ['lıkwıd] **1.** *adj.* sıvı, akışkan, akıcı; berrak, parlak; **2.** *n.* sıvı.
liq·ui·date ['lıkwıdeıt] *v/t.* ortadan kaldırmak, yok etmek; öldürmek; ECON tasfiye etmek, kapatmak.
liq·uid|ize ['lıkwıdaız] *v/t.* (*meyve v.b.*) sıkmak, suyunu çıkarmak; ~·**iz·er** [-ə] *n.* meyve sıkacağı, mikser.
liq·uor ['lıkə] *n. Brt.* alkollü içki; *Am.* sert içki; et suyu.
liq·uo·rice ['lıkərıs] *n.* meyankökü.
lisp [lısp] **1.** *n.* peltek konuşma; **2.** *v/i.* peltek konuşmak.
list [lıst] **1.** *n.* liste, cetvel; **2.** *v/t.* -*in* listesini yapmak; listeye geçirmek.
lis·ten ['lısn] *v/i.* dinlemek, kulak vermek (***to*** -*e*); önem vermek, dikkat etmek, kulak asmak (***to*** -*e*); ~ ***in*** radyodan dinlemek (***to*** -*i*); kulak misafiri olmak; ~·**er** [-ə] *n.* dinleyici.
list·less ['lıstlıs] *adj.* halsiz, bitkin; kaygısız, kayıtsız.
lit [lıt] *pret.* & *p.p. of* ***light***[1] ***3.***
lit·e·ral □ ['lıtərəl] harf ile ilgili, harf ...; harfi harfine, kelimesi kelimesine; doğru, gerçek.
lit·e·ra|ry □ ['lıtərərı] edebi, yazınsal; ~·**ture** [-rətʃə] *n.* edebiyat, yazın.
lithe □ [laıð] esnek, kıvrak, çevik.
lit·i·ga·tion LEG [lıtı'geıʃn] *n.* dava; dava etme.
li·tre, *Am.* -**ter** ['liːtə] *n.* litre.
lit·ter ['lıtə] **1.** *n.* tahtırevan; sedye; samandan hayvan yatağı; ZO bir batında doğan yavrular; *esp.* çerçöp, döküntü; **2.** *v/t.* ZO (*yavru*) doğurmak; karmakarışık etmek, saçmak, dağıtmak; ***be ~ed with*** üstü ... ile örtülü olmak; *v/i.* ZO yavrulamak; ~ **bas·ket**, ~ **bin** *n.* çöp kutusu.
lit·tle ['lıtl] **1.** (***less, least***) *adj.* küçük, ufak; önemsiz, değersiz; kısa, az, biraz; ~ ***one*** küçük çocuk, ufaklık; **2.** (***less, least***) *adv.* az miktarda, azıcık, birazcık; hemen hiç; seyrek olarak;

3. *n.* az miktar; az zaman; ***a ~*** biraz; ***~ by ~*** azar azar, yavaş yavaş; ***not a ~*** çok, bir hayli, epey.

live¹ [lıv] *v/i.* yaşamak; oturmak; ***~ to see*** görecek kadar yaşamak; ***~ off*** *-in* parasıyla geçinmek; ekmeğini *-den* çıkarmak, *-den* geçinmek; ***~ on*** *ile* beslenmek; *ile* geçinmek; ***~ through*** görüp geçirmek, görmek; ***~ up to*** *-e* uygun biçimde yaşamak; *-e* göre davranmak; yerine getirmek; ***~ with*** *ile* birlikte yaşamak, dost hayatı yaşamak; kabullenmek; *v/t.* (yaşam) sürmek; ***~ s.th. down*** bşi unutturmak, unutturacak biçimde yaşamak.

live² [laıv] **1.** *adj.* canlı, diri; hayat dolu, enerjik; yanan, sönmemiş (*kömür v.b.*); patlamamış (*bomba v.b.*); ELECT akımlı, cereyanlı (TEL); *radyo*, TV: canlı (*yayın*); **2.** *adv. radyo*, TV: (*yayın*) canlı olarak.

live|li·hood ['laıvlıhʊd] *n.* geçinme, geçim; **~·li·ness** [~nıs] *n.* canlılık, zindelik; parlaklık; **~·ly** [~lı] (**-ier, -iest**) *adj.* canlı, neşeli, şen, keyifli; hayat dolu; parlak (*renk*).

liv·er ANAT ['lıvə] *n.* karaciğer.

liv·e·ry ['lıvərı] *n.* hizmetçi üniforması; kıyafet, kılık.

lives [laıvz] *pl. of* **life.**

live·stock ['laıvstɒk] *n.* çiftlik hayvanları.

liv·id□ ['lıvıd] mavimsi, morumsu; solgun (*yüz*); F çok öfkeli, tepesi atmış.

liv·ing ['lıvıŋ] **1.** □ yaşayan, canlı, sağ, diri; ***the ~ image of*** *-in* tıpkısı, hık demiş burnundan düşmüş; **2.** *n.* yaşayış; yaşama, geçinme, geçim; ECCL maaşlı papazlık makamı; ***the ~*** *pl.* yaşayanlar; ***standard of ~*** yaşam standardı; **~ room** *n.* oturma odası.

liz·ard ZO ['lızəd] *n.* kertenkele.

load [ləʊd] **1.** *n.* yük (*a. fig.*); ELECT şarj; kaygı, endişe; **2.** *v/t. & v/i.* yükle(n)mek; (*silah*) doldurmak; (*küfür, hediye v.b.*) yağdırmak, boğmak (***with*** *-e*); ***~ camera*** makineye film koymak; **~·ing** ['ləʊdıŋ] *n.* yükleme; yük; *attr.* yükleme ...; yük ...

loaf¹ [ləʊf] (*pl.* **loaves** [~vz]) *n.* (*ekmek*) somun; *sl.* kafa, kelle, saksı.

loaf² [~] *v/i.* zamanını boşa geçirmek, aylaklık etmek, boşta gezmek; **~·er** ['ləʊfə] *n.* aylak, boşta gezen kimse.

loam [ləʊm] *n.* lüleci çamuru, balçık; bereketli toprak; **~·y** ['ləʊmı] (**-ier, -iest**) *adj.* balçık gibi.

loan [ləʊn] **1.** *n.* ödünç verme; ödünç alma, borçlanma; ödünç; ***on ~*** ödünç olarak; **2.** *v/t. esp. Am.* ödünç vermek.

loath□ [ləʊθ] isteksiz, gönülsüz; ***be ~ to do s.th.*** bşi yapmaya isteksiz olmak; **~e** [ləʊð] *v/t.* iğrenmek, tiksinmek, nefret etmek; **~·ing** ['ləʊðıŋ] *n.* iğrenme, nefret; **~·some**□ [~ðsəm] iğrenç, tiksindirici, nefret verici.

loaves [ləʊvz] *pl. of* ***loaf¹***.

lob·by ['lɒbı] **1.** *n.* lobi, dalan, bekleme salonu; THEA, *film*: fuaye; PARL kulis faaliyeti; POL kulis yapanlar, lobi; **2.** *v/i.* POL kulis yapmak, lobi oluşturmak.

lobe ANAT, BOT [ləʊb] *n.* lop; *a.* ***ear~*** kulakmemesi.

lob·ster ZO ['lɒbstə] *n.* ıstakoz.

lo·cal ['ləʊkl] **1.** □ yöresel, yerel; lokal ...; ***~ government*** yerel yönetim; **2.** *n.* meyhane, bar; *a.* ***~ train*** banliyö treni; ***the ~*** *Brt.* F semt sakinleri, mahalleli; **~·i·ty** [ləʊ'kælətı] *n.* yer, yöre, mevki; semt, mahalle; **~·ize** ['ləʊkəlaız] *v/t.* yerelleştirmek, sınırlamak; yerini belirlemek.

lo(w) carb [ləʊ'kɑːb] *adj.* düşük karbonhidratlı (*yiyecek*).

lo·cate [ləʊ'keıt] *v/t.* yerleştirmek; tam yerini bulmak, yerini saptamak; ***be ~d*** yeri *-de* olmak, bulunmak; **lo·ca·tion** [~eıʃn] *n.* yer, mevki; yerini saptama; *film*: stüdyo dışındaki çekim yeri; ***on ~*** stüdyo dışında.

loch *Scot.* [lɒk] *n.* göl; haliç, körfez.

lock¹ [lɒk] **1.** *n.* kilit; silah çakmağı; yükseltme havuzu; MEC kilitlenme; **2.** *v/t. & v/i.* kilitle(n)mek; kenetle(n)mek; MEC bloke etmek; ***~ away*** kilitleyip kaldırmak; ***~ in*** kapıyı üzerine kilitlemek, hapsetmek, kapatmak; ***~ out*** dışarıda bırakmak; lokavt yapmak; ***~ up*** kilitleyip kaldırmak, kilit altında saklamak; hapsetmek; (*para*) yatırmak, bağlamak.

lock² [~] *n.* saç lülesi, bukle.

lock|er ['lɒkə] *n.* dolap; ***~ room*** SPOR: soyunma odası; **~·et** [~ıt] *n.* madalyon; **~·out** *n. ecom.* lokavt; **~·smith** *n.* çilingir; **~-up** *n.* nezarethane; F hapishane, dam.

L

lo·co *Am. sl.* ['ləukəu] *adj.* deli, kaçık.

lo·co·mo|tion [ləukə'məuʃn] *n.* hareket, devinim; **~·tive** ['ləukəməutıv] **1.** *adj.* hareket ile ilgili, hareket ...; hareket ettirici; **2.** *n. a.* **~ *engine*** lokomotif.

lo·cust ZO ['ləukəst] *n.* çekirge.

lodge [lɒdʒ] **1.** *n.* kulübe; kapıcı evi; kır evi; mason locası; hayvan ini; **2.** *v/t. & v/i.* yerleş(tir)mek, barın(dır)mak; emaneten vermek; kirada oturmak; misafir etmek *ya da* olmak; (şikâyet) arzetmek, sunmak; **lodg·er** ['lɒdʒə] *n.* kiracı, pansiyoner; **lodg·ing** [~ıŋ] *n.* kiralık oda; geçici konut; **~*s*** *pl.* pansiyon.

loft [lɒft] *n.* tavan arası; güvercinlik; samanlık; kilise balkonu; **~·y** □ ['lɒftı] (***-ier, -iest***) çok yüksek, yüce; kibirli, tepeden bakan.

log [lɒg] *n.* kütük; NAUT parakete; = **~-book** ['lɒgbʊk] NAUT, AVIA rota *ya da* seyir defteri; MOT ruhsatname; **~ cab·in** *n.* kütüklerden yapılmış kulübe; **~·ger·head** [~əhed]: ***be at ~s*** kavgalı olmak, arası açık olmak.

lo·gic ['lɒdʒık] *n.* mantık, eseme; **~·al** □ [~kl] mantıksal; mantıklı, mantığa uygun.

log in IT [lɔg'ın] *v/i.* oturum açmak.

log on IT [lɔg'ɔn] *v/i.* oturum açmak.

log out IT [lɔg'aʊt] *v/i.* oturum kapamak.

loins [lɔınz] *n. pl.* ANAT bel; fileto.

loi·ter ['lɔıtə] *v/i.* aylak aylak dolaşmak, sürtmek; oyalanmak, sallanmak.

loll [lɒl] *v/i.* yayılıp oturmak, uzanmak; **~ *out*** (*dil*) dışarı sark(ıt)mak.

lol|li·pop ['lɒlıpɒp] *n.* lolipop, saplı şeker; **~ *man*, ~ *woman*** *Brt.* öğrencilerin caddeden geçmeleri için trafiği durduran görevli; **~·ly** F ['lɒlı] *n.* lolipop, saplı şeker; ***ice(d)* ~** saplı dondurma.

lone|li·ness ['ləunlınıs] *n.* yalnızlık; ıssızlık; **~·ly** [~lı] (***-ier, -iest***), **~·some** □ [~səm] yalnız, kimsesiz; ıssız, tenha.

long[1] [lɒŋ] **1.** *n.* uzun süre, uzun zaman; ***before* ~** çok geçmeden; ***for* ~** uzun süre; ***take* ~** uzun sürmek; **2.** *adj.* uzun; uzak (*tarih*); ***in the* ~ *run*** eninde sonunda; zamanla, uzun vadede; ***be* ~** uzun sürmek; **3.** *adv.* uzun zamandır, epeydir; süresince, boyunca; ***as*** *ya da* ***so* ~ *as*** kadar; -dikçe; *-mek* koşulu ile; **~ *ago*** çok önce; ***no* ~*er*** artık ... değil; ***so* ~!** F Hoşça kal!, Görüşürüz!

long[2] [~] *v/i.* özlemek, can atmak (***for*** *-e*).

long|-dis·tance ['lɒŋ'dıstəns] *adj.* uzun mesafeli; TELEPH şehirlerarası; **~ *call*** TELEPH şehirlerarası konuşma; **~ *runner*** SPOR: uzun mesafe koşucusu.

lon·gev·i·ty [lɒn'dʒevətı] *n.* uzun ömürlülük.

long·hand ['lɒŋhænd] *n.* el yazısı.

long·ing ['lɒŋıŋ] **1.** □ özlem dolu, arzulu; **2.** *n.* özlem, arzu, hasret.

lon·gi·tude GEOGR ['lɒndʒıtju:d] *n.* boylam.

long| jump ['lɒŋdʒʌmp] *n.* SPOR: uzun atlama; **~·shore·man** [~ʃɔ:mən] (*pl.* ***-men***) *n.* dok işçisi; **~-sight·ed** □ [lɒŋ'saıtıd] uzağı iyi gören; **~-stand·ing** *adj.* çok eski, eskiden beri sürgelen; **~term** *adj.* uzun vadeli; **~ wave** *n.* ELECT uzun dalga; **~-wind·ed** □ sözü uzatan, kafa ütüleyen.

loo *Brt.* F [lu:] *n.* tuvalet, yüznumara.

look [lʊk] **1.** *n.* bakma, bakış, nazar; yüz ifadesi; (***good***) **~*s*** *pl.* kişisel görünüm, güzellik; ***have a* ~ *at s.th.*** bşe göz atmak, bakıvermek; ***I don't like the* ~ *of it*** onu beğenmiyorum, gözüm tutmadı; **2.** *v/i.* bakmak (***at, on*** *-e*); ... gibi durmak, görünmek, benzemek; **~ *here!*** Bana bak!, Baksana!; **~ *like*** *-e* benzemek; ***it* ~*s as if*** *-ceğe* benziyor, sanki *-cek* gibi; **~ *after*** *-e* bakmak, *ile* ilgilenmek; **~ *ahead*** ileriye bakmak; *fig.* ileriye yönelik plan yapmak, ileriyi görmek; **~ *around*** etrafına bakınmak; **~ *at*** *-e* bakmak; **~ *back*** geriye bakmak; *fig.* eskiyi hatırlamak, geçmişe bakmak; **~ *down*** aşağıya bakmak; *fig.* hor görmek, tepeden bakmak (***on s.o.*** *b-ne*); **~ *for*** aramak; beklemek, ummak; **~ *forward to*** sabırsızlıkla beklemek, iple çekmek, dört gözle beklemek; **~ *in*** F uğramak (***on*** *-e*); F televizyon seyretmek; **~ *into*** araştırmak, incelemek; **~ *on*** *-e* bakmak, seyretmek; **~ *on to*** *-e* nazır olmak, *-e* bakmak; **~ *on*, ~ *upon as ...*** gözüyle bakmak, ... olarak görmek; **~ *out*** dışarı bakmak; dikkat etmek, sakınmak; seçmek, ayırmak; bakınmak, aranmak (***for*** *-i*); **~ *over*** gözden geçirmek, göz gezdirmek, incelemek; **~ *round*** etrafı-

L

na bakınmak; gezmek, dolaşmak; enine boyuna düşünmek; ~ ***through*** gözden geçirmek, incelemek; ~ ***up*** başını kaldırıp bakmak; iyiye gitmek, düzelmek, canlanmak; arayıp bulmak.

look·ing-glass ['lʊkɪŋglɑːs] *n.* ayna.

look-out ['lʊkaʊt] *n.* gözetleme; gözetleme yeri; gözcü; *fig.* F iş, sorun, dert; ***that is my*** ~ F o benim bileceğim iş, o benim sorunum.

loom [luːm] **1.** *n.* dokuma tezgâhı; **2.** *v/i. a.* ~ ***up*** karaltı gibi görünmek, olduğundan daha korkunç görünmek.

loop [luːp] **1.** *n.* ilmik, ilmek, düğüm; AVIA takla; *bilgisayar:* döngü; **2.** *v/t.* ilmiklemek, düğümlemek; *v/i.* ilmik olmak; AVIA takla atmak; ~**·hole** ['luːphəʊl] *n.* MIL mazgal; *fig.* kaçamak; ***a*** ~ ***in the law*** yasada açık.

loose [luːs] **1.** □ (~***r***, ~***st***) gevşek, çözük; sarkık; bol, dökümlü (*giysi*); sallanan; seyrek, dağınık; hafifmeşrep, mal (*kadın*); ***let*** ~ gevşetmek, salıvermek; **2.** *n.* ***be on the*** ~ serbest olmak; **loos·en** ['luːsn] *v/t. & v/i.* çöz(ül)mek, gevşe(t)mek; ~ ***up*** SPOR: ısınmak.

loot [luːt] **1.** *v/i.* yağma etmek; **2.** *n.* yağma, ganimet.

lop [lɒp] (**-pp-**) *v/t.* budamak, kesmek; ~ ***off*** durdurmak, kaldırmak; ~**·sid·ed** □ ['lɒp'saɪdɪd] bir yana yatmış; dengesiz, oransız.

loq·ua·cious □ [ləʊ'kweɪʃəs] konuşkan, geveze, dilli, çenebaz.

lord [lɔːd] *n.* lord; sahip, efendi; mal sahibi; ***the*** ♀ Allah, Tanrı; ***my*** ~ [mɪ'lɔːd] efendim, lord hazretleri; ♀ ***Mayor*** *Brt.* belediye başkanı; ***the*** ♀ ***'s Prayer*** İsa'nın öğrettiği dua; ***the*** ♀ ***'s Supper*** Aşai Rabbani ayini; ~**·ly** ['lɔːdlɪ] (**-*ier*, -*iest***) *adj.* lorda yaraşır; görkemli, haşmetli; gururlu, kibirli; ~**·ship** [~ʃɪp]: ***his*** *ya da* ***your*** ~ sayın lordum, efendim; sayın yargıç.

lore [lɔː] *n.* bilim; bilgi.

lor·ry *Brt.* ['lɒrɪ] *n.* kamyon; RAIL furgon, dekovil vagonu.

lose [luːz] (***lost***) *v/t. & v/i.* kaybet(tir)mek, yitirmek; tutamamak, kaçırmak; duyamamak, anlayamamak, kaçırmak; (*saat*) geri kalmak; ~ ***o.s.*** *k-ni* kaybetmek, *k-den* geçmek; yolunu şaşırmak, kaybolmak; *k-ni* vermek, dalmak (***in*** *-e*); **los·er** ['luːzə] *n.* kaybeden *ya da* yenik kimse.

loss [lɒs] *n.* kayıp; zarar, ziyan; ***at a*** ~ ECON zararına (*satış*); ***be at a*** ~ ne yapacağını bilememek, şaşırmak.

lost [lɒst] **1.** *pret. & p.p. of* ***lose***; **2.** *adj.* kaybolmuş, kayıp; kaybedilmiş; harap olmuş; boşa gitmiş (*zaman*); yolunu şaşırmış, kaybolmuş; ***be*** ~ ***in thought*** düşünceye dalmak; ~ ***property office*** kayıp eşya bürosu.

lot [lɒt] *n.* kura, adçekme; kader, alınyazısı, yazgı; pay, hisse; piyango; ECON (*mal*) parti; *esp. Am.* arazi, arsa; *esp. Am.* park yeri; *esp. Am.* film stüdyosu; F çok miktar, yığın; ***the*** ~ F hepsi, tamamı; ***a*** ~ ***of*** F, ~***s of*** F birçok, bir sürü, bir yığın; ~***s and*** ~***s of*** F yığınla, sürüsüne bereket; ***a bad*** ~ F yaramaz herif; ***cast*** *ya da* ***draw*** ~***s*** kura çekmet, adçekmek.

loth □ [ləʊθ] = ***loath.***

lo·tion ['ləʊʃn] *n.* losyon.

lot·te·ry ['lɒtərɪ] *n.* pıyango.

loud [laʊd] **1.** □ yüksek (*ses*); gürültülü, patırtılı; göz alıcı, parlak, çiğ (*renk*); **2.** *adv.* yüksek sesle, bağıra bağıra; ~**·speak·er** ['laʊd'spiːkə] *n.* hoparlör.

lounge ['laʊndʒ] **1.** *v/i.* tembelce uzanmak, yayılıp oturmak; aylak aylak dolaşmak; **2.** *n.* dinlenme salonu; bekleme salonu; şezlong; divan, kanepe; ~ **suit** *n.* gündelik kıyafet.

louse ZO [laʊs] (*pl.* ***lice*** [laɪs]) *n.* bit; **lou·sy** ['laʊzɪ] (**-*ier*, -*iest***) *adj.* bitli; F iğrenç, berbat, pis.

lout [laʊt] *n.* kaba adam, hödük, eşek.

lov·a·ble □ ['lʌvəbl] sevimli, hoş, cana yakın, cici.

love [lʌv] **1.** *n.* sevgi (***of, for, to, towards*** *-e karşı*); aşk, sevda; *Brt.* sevgili; *tenis:* sıfır; ***be in*** ~ ***with s.o.*** *b-ne* âşık olmak; ***fall in*** ~ ***with s.o.*** *b-ne* âşık olmak, gönül vermek, vurulmak; ***make*** ~ sevişmek; ***give my*** ~ ***to her*** ona selamımı söyle; ***send one's*** ~ ***to*** *-e* selam göndermek; ~ ***from*** (*mektupta*) *-den* sevgiler; **2.** *vb.* sevmek, âşık olmak; tapmak; çok hoşlanmak, bayılmak; ~ **affair** *n.* aşk macerası; ~**·ly** ['lʌvlɪ] (**-*ier*, -*iest***) *adj.* hoş, sevimli, cana yakın, güzel; eğlenceli; **lov·er** [~ə] *n.* âşık, sevgili; düşkün, meraklı.

lov·ing □ ['lʌvɪŋ] seven; sevgi dolu, sevgi ifade eden.

L

low¹[ləʊ] **1.** *adj.* aşağı, alçak, basık; sığ; yavaş, alçak (*ses*); kısa, bodur; alçak, aşağılık, rezil; kaba, terbiyesiz; ucuz, düşük; güçsüz, zayıf, bitkin; dekolte (*giysi*); neşesiz, üzgün; **2.** *adv.* alçak sesle; alçaktan; ucauza; **3.** *n.* METEOR alçak basınç alanı; alçak nokta, alçak düzey; düşük fıyat.

low²[.] *v/i.* böğürmek.

low·brow F ['ləʊbraʊ] **1.** *n.* kültürsüz kimse, basit adam; **2.** *adj.* kültürsüz, basit.

low·er['ləʊə] **1.** *adj.* daha aşağı, daha alçak; **2.** *v/t.* & *v/i* in(dir)mek, alçal(t)-mak, düş(ür)mek, azal(t)mak, eksil(t)mek; zayıflatmak; (*gurur*) kırmak; (güneş) batmak; ~ ***o.s.*** küçük düşmek, rezil olmak, alçalmak.

low|-fat□ ['ləʊfæt] az yağlı (*margarin, peynir*); **~land** [.lənd] *n. mst.* **~s** *pl.* düz arazi, ova; **~·li·ness**[.lınıs] *n.* alçak gönüllülük; **~·ly** [.lı] (***-ier, -iest***) *adj.* ikinci derecede olan, aşağı; alçak gönüllü; **~necked***adj.* açık yakalı, dekolte (*elbise*); **~-pitched***adj.* MUS pes sesli; **~-pres·sure** *adj.* METEOR alçak basınçlı. alçak basınç ... (*a.* MEC); **~-rise***adj.* asansörsüz ve alçak (*bina*); **~-spir·it·ed***adj.* üzgün, neşesiz, keyfi kaçık, süngüsü düşük.

loy·al□ ['lɔıəl] sadık, vefalı; **~·ty**[.tı] *n.* sadakat, vafa, bağlılık.

loz·enge['lɒzındʒ] *n.* eşkenar dörtgen; pastil.

lu·bri|cant ['lu:brıkənt] *n.* yağlayıcı madde; **~·cate**[.keıt] *v/t.* yağlamak; **~·ca·tion**[lu:brı'keıʃn] *n.* yağlama.

lu·cid□ ['lu:sıd] kolay anlaşılır, açık; parlak; duru, berrak.

luck[lʌk] *n.* şans, talih, baht; uğur; ***bad ~, hard ~*** şanssızlık; uğursuzluk; aksilik; ***good ~*** şans, talih, uğur; ***good ~!*** İyi şanslar!; ***be in*** (***out of***) ~ şanslı (şanssız) olmak, şansı yaver git(me)-mek; **~·i·ly**['lʌkılı] *adv.* bereket versin ki, Allahtan, iyi ki; **~·y**□ [.ı] (***-ier, -iest***) şanslı, talihli; uğurlu; ***be ~*** şanslı olmak.

lu·cra·tive □ ['lu:krətıv] kârlı, kazançlı.

lu·di·crous□ ['lu:dıkrəs] gülünç, komik; saçma.

lug [lʌg] (***-gg-***) *v/t.* çekmek, sürüklemek.

lug·gage*esp. Brt.* ['lʌgıdʒ] *n.* bagaj; **~ car·ri·er***n.* hamal, portbagaj; **~ rack***n.* bagaj filesi; üst bagaj; **~ van***n. esp. Brt.* eşya vagonu, furgon.

luke·warm ['lu:kwɔ:m] *adj.* ılık; *fig.* kayıtsız, ilgisiz.

lull[lʌl] **1.** *v/t.* & *v/i.* yatış(tır)mak, din-(dir)mek; *mst.* ~ ***to sleep*** ninni ile uyutmak; **2.** *n.* geçici durgunluk (*a.* ECON), ara.

lul·la·by['lʌləbaı] *n.* ninni.

lum·ba·goMED [lʌm'beıgəʊ] *n.* lumbago, bel ağrısı.

lum·ber['lʌmbə] **1.** *n. esp. Am.* kereste; *esp. Brt.* gereksiz eşya. ıvır zıvır; **2.** *v/t.* ~ ***s.o. with s.th.*** *Brt.* F b-ne bş yüklemek, b-ne bş vererek zorda bırakmak; *v/i.* ağaç kesmek, kereste kesmek; hantal hantal yürümek; **~·jack ~·man**(*pl* ***-men***) *n. esp. Am.* ağaç kesen kimse, keresteci; **~ mill***n.* bıçkıhane, hızarhane; **~ room***n.* sandık odası; **~·yard***n.* kereste deposu.

lu·mi|na·ry['lu:mınərı] *n.* ışık veren cisim; *fig.* aydın kimse; **~nous**□ [.əs] parlak, ışık veren; *fig.* anlaşılır, açık.

lump[lʌmp] **1.** *n.* topak, yumru, şiş; küme, öbek; toptan şey, yığın; ***in the ~*** toptan; ~ ***sugar*** kesmeşeker; ~ ***sum*** toptan ödenen pata; **2.** *v/t.* & *v/i.* yığ(ıl)mak; bir araya toplamak; hantal hantal dolaşmak; **~·y**□ [.ı] (***-ier, -iest***) yumrulu, topaklı, topak topak; ağır, hantal; çırpıntılı (*su*).

lu·na·cy['lu:nəsı] *n.* delilik, cinnet.

lu·nar['lu:nə] *adj.* ay ile ilgili, ay ...; ~ ***module*** ay modülü.

lu·na·tic['lu:nətık] **1.** *adj.* deli ...; delice; saçma sapan; **2.** *n.* deli, akıl hastası.

lunch [lʌntʃ], (*teklifli dil*) **luncheon** ['lʌntʃən] **1.** *n.* öğle yemeği; **2.** *v/t.* & *v/i.* öğle yemeği ye(dir)mek; **~ hour ~ time***n.* yemek vakti.

lungANAT [lʌŋ] *n.* akciğerlerin her biri; ***the ~s*** *pl.* akciğer.

lunge[lʌndʒ] **1.** *n. eskrim*: hamle; **2.** *v/i. eskrim*: hamle yapmak (***at*** *-e*); saldırmak (***at*** *-e*).

lurch[lɜ:tʃ] **1.** *v/i.* yalpalamak, sendelemek; **2.** *n.* ***leave in the ~*** yüzüstü bırakmak, ortada bırakmak.

lure[ljuə] **1.** *n.* yem; *fig.* tuzak; **2.** *v/i.* cezbetmek, çekmek, ayartmak.

lu·rid□ ['ljʊərıd] parlak, pırıl pırıl; *fig.*

korkunç, dehşetli.
lurk [lɜːk] *v/i.* gizlenmek; (*tehlike*) kol gezmek; ~ ***about,*** ~ ***around*** gizli gizli dolaşmak.
lus·cious □ ['lʌʃəs] çok that, bal gibi; çekici, güzel, enfes (*kız*); olgun (*meyve*).
lush [lʌʃ] *adj.* bereketli, bol, verimli; taze ve sulu, özlü.
lust [lʌst] **1.** *n.* şehvet; *fig.* hırs, arzu; **2.** *v/t.* ~ ***after,*** ~ ***for*** şehvetle arzu etmek, çok istemek.
lus|tre, *Am.* **-ter** ['lʌstə] *n.* cila; parlaklık; görkem, şaşaa; **~trous** □ [~rəs] cilalı; parlak, pırıl pırıl.
lust·y □ ['lʌstı] (***-ier, -iest***) dinç, gürbüz, güçlü; şehvetli; *fig.* canlı.
lute MUS [luːt] *n.* ut, kopuz.
Lu·ther·an ['luːθərən] *adj.* Martin Luther'e özgü.
lux·ate MED ['lʌkseıt] *v/t.* eklemden çıkarmak, burkmak.
lux·u|ri·ant □ [lʌg'zjʊərıənt] bol, bereketli; süslü, şatafatlı; **~·ri·ate** [~ıeıt] *v/t.* büyük zevk almak (***in*** *-den*), tadını çıkarmak (***in*** *-in*); **~·ri·ous** □ [~ıəs] lüks, konforlu; pahalı; **~·ry** ['lʌkʃərı] *n.* lüks, konfor; *attr.* lüks ...
lye [laı] *n.* kül suyu, boğada suyu.
ly·ing ['laııŋ] **1.** *p.pr. of* ***lie***[1] ***2*** **&** ***lie***[2] ***2***; **2.** *adj.* yalan, uydurma, asılsız; **~-in** [~'ın] *n.* loğusalık.
lymph MED [lımf] *n.* lenfa, akkan.
lynch [lıntʃ] *v/t.* linç etmek; **~law** ['lıntʃlɔː] *n.* linç kanunu.
lynx ZO [lıŋks] *n.* vaşak, karakulak.
lyr|ic ['lırık] **1.** *adj.* lirik; **2.** *n.* lirik şiir; **~*s*** *pl.* güfte; **~·i·cal** □ [~kl] lirik; heyecanlı, coşmuş.

M

ma F [mɑː] *n.* anne.
ma'am [mæm] *n.* hanımefendi, efendim; F [məm] *n.* madam, bayan.
mac *Brt.* F [mæk] = ***mackintosh***
ma·cad·am [mə'kædəm] *n.* makadam, şose.
mac·a·ro·ni [mækə'rəʊnı] *n.* makarna.
mac·a·roon [mækə'ruːn] *n.* bademli kurabiye.
mach·i·na·tion [mækı'neıʃn] *n.* entrika çevirme; **~*s*** *pl.* entrika, dolap, dümen, dalavere.
ma·chine [mə'ʃiːn] **1.** *n.* makine; motorlu araç; mekanizma (*a. fig.*); **2.** *v/t.* makine ile yapmak; makine ile biçim vermek; **~-made** *adj.* makine yapımı, makineyle yapılmış.
ma·chin|e·ry [mə'ʃiːnərı] *n.* makineler; mekanizma (*a. fig.*); **~·ist** [~ıst] *n.* makinist; makine yapımcısı.
mack *Brt.* F [mæk] = ***mackintosh.***
mack·e·rel ZO ['mækrəl] *n.* uskumru.
mack·in·tosh *esp. Brt.* ['mækıntɒʃ] *n.* yağmurluk.
mac·ro- ['mækrəʊ] *prefix* makro..., büyük ...
mad □ [mæd] deli, çılgın; kuduz; F çok düşkün, deli, hasta; *fig.* öfkeden kudurmuş, çılgına dönmüş; ***go*** ~, *Am.* ***get*** ~ çılgına dönmek; ***drive s.o.*** ~ *b-ni* deli etmek, çileden çıkarmak, çılgına çevirmek; ***like*** ~ deli gibi.
mad·am ['mædəm] *n.* madam, bayan, hanımefendi.
mad|cap ['mædkæp] **1.** *adj.* ele avuca sığmaz, delişmen; zıpır; delice (düşünce v.b.); **2.** *n.* delişmen kimse; **~·den** [~n] *v/t.* & *v/i.* çıldır(t)mak; öfkelen(dir)mek; **~·den·ing** □ [~ıŋ] çıldırtıcı; can sıkıcı, sinirlendirici.
made [meıd] *pret.* & *p.p. of* ***make 1***; **~ *of gold*** altından yapılmış.
mad|house ['mædhaʊs] *n.* akıl hastanesi, tımarhane; **~·ly** [~lı] *adv.* deli gibi, çılgınca; F çok epey; **~·man** (*pl.* ***-men***) *n.* deli; **~·ness** [~nıs] *n.* delilik, çılgınık; delice davranış; **~·wom·an** (*pl.* ***-women***) *n.* deli kadın.
mag·a·zine [mægə'ziːn] *n.* magazin, dergi, mecmua; cephanelik; şarjör; depo, ambar.
mag·got ZO ['mægət] *n.* kurt, kurtçuk.
Ma·gi ['meıdʒaı] *pl.:* ***the*** (***three***) ~ gördükleri yıldız aracılığıyla Hz. İsa'yı ziyarete gelen üç yıldız falcısı.
ma·gic ['mædʒık] **1.** (***~ally***) *a.* **~·al** □

[-l] sihirli, büyülü; **2.** *n.* sihirbazlık, büyücülük; *fig.* sihir, büyü; **ma·gi·cian** [mə'dʒıʃn] *n.* sihirbaz, büyücü.
ma·gis|tra·cy ['mædʒıstrəsı] *n.* yargıçlık; yargıçlar; **~·trate** [-eıt] *n.* sulh yargıcı.
mag|na·nim·i·ty [mægnə'nımətı] *n.* yüce gönüllülük; **~·nan·i·mous** □ [mæg'nænıməs] yüce gönüllü.
mag·net ['mægnıt] *n.* mıknatıs; **~·ic** [mæg'netık] (**~ally**) *adj.* mıknatıslı, manyetik.
mag·nif|i·cence [mæg'nıfısns] *n.* görkem, ihtişam, debdebe; **~·i·cent** [-t] *adj.* görkemli, mükemmel, ihtişamlı.
mag·ni|fy ['mægnıfaı] *v/t.* büyütmek (*a. fig.*); **~ing glass** büyüteç; **~·tude** [-tju:d] *n.* büyüklük; önem.
mag·pie zo ['mægpaı] *n.* saksağan.
ma·hog·a·ny [mə'hɒgənı] *n.* maun ağacı; kırmızımsı kahverengi.
maid [meıd] *n. lit.* kız; kız oğlan kız, bakire; hizmetçi kız; **old ~** gençliği geçmiş kız, kız kurusu; **~ of all work** her işe bakan hizmetçi kız; **~ of honour** nedime; *esp. Am.* küçük kek.
maid·en ['meıdn] **1.** = **maid**; **2.** *adj.* evlenmemiş; el değmemiş, bakir; *fig.* ilk; **~ name** kızlık adı, evli kadının bekârlık soyadı; **~head** *n.* kızlık, erdenlik; himen, kızlık zarı; **~·hood** *lit.* [-hud] *n.* kızlık, erdenlik; kızlık çağı; **~·ly** [-lı] *adj.* genç kız gibi; mahçup.

M

mail¹ [meıl] *n.* zırh.
mail² [-] **1.** *n.* posta; posta arabası; posta treni; **by ~** posta ile; **2.** *v/t. esp. Am.* posta ile göndermek, postaya vermek; **~·a·ble** *Am.* ['meıləbl] *adj.* posta ile gönderilebilir; **~-bag** *n.* posta torbası; *Am.* postacı çantası; **~·box** *n. Am.* posta kutusu; **~ car·ri·er** *Am.*, **~·man** (*pl.* **-men**) *n.* postacı; **~ or·der** *n.* posta ile sipariş; **~or·der firm**, *esp. Am.* **~-order house** *n.* posta ile sipariş alan mağaza.
maim [meım] *v/t.* sakatlamak, sakat etmek.
main [meın] **1.** *adj.* asıl, ana, temel, esas, başlıca; **by ~ force** var gücüyle, kuvvetle; **~ road** anayol; **2.** *n. mst.* **~s** *pl.* ana boru; ELECT şebeke; **in the ~** çoğunlukla; **~·land** [-lənd] *n.* ana toprak, kara; **~·ly** [-lı] *adv.* başlıca, esasen, çoğu; **~·spring** *n.* ana yay, büyük zemberek; *fig.* baş etken, asıl neden; **~·stay** *n.* NAUT grandi ana istralyası; *fig.* başlıca dayanak, direk; **♀ Street** *n. Am.* ana cadde; taşra gelenekleri; **♀ Street·er** *n. Am.* taşralı kimse.
main·tain [meın'teın] *v/t.* devam ettirmek, sürdürmek; korumak, tutmak; bakmak, geçindirmek; MEC bakımını sağlamak; iddia etmek.
main·te·nance ['meıntənəns] *n.* devam, sürdürme; koruma; geçim; nafaka; MEC bakım.
maize *esp. Brt.* BOT [meız] *n.* mısır.
ma·jes|tic [mə'dʒestık] (**~ally**) *adj.* görkemli, heybetli, muhteşem; **~·ty** ['mædʒəstı] *n.* görkem, heybet, haşmet.
ma·jor ['meıdʒə] **1.** *adj.* daha büyük, daha önemli; *fig.* başlıca, esas, ana; LEG ergin, reşit; **C ~** MUS do majör; **~ key** MUS majör perdesi; **~ league** *Am. beysbol*: en büyük iki ligden biri; **~ road** anayol; **2.** *n.* MIL binbaşı; MUS ergin, reşit; *Am.* UNIV ana ders; MUS majör; **~gen·e·ral** *n.* MIL tümgeneral; **~·i·ty** [mə'dʒɒrətı] *n.* çoğunluk; LEG erginlik, reşitlik; MIL binbaşılık.
make [meık] **1.** (**made**) *v/t.* yapmak, etmek; yaratmak; inşa etmek; sağlamak; elde etmek, kazanmak; (şiir) yazmak; (*yatak v.b.*) hazırlamak, düzeltmek; yerine getirmek; atamak; (*fiyat*) koymak; (*devre*) kapatmak; zorlamak, yaptırmak; varmak, ulaşmak; içine almak; yakalamak, yetişmek; anlamak, kavramak; göstermek; (*yol*) katetmek, almak; **~ s.th. do, ~ do with s.th.** bşle yetinmek, idare etmek; **do you ~ one of us?** bize katılır mısınız?; **what do you ~ of it?** ondan ne anlıyorsunuz?; **~ friends with** *ile* arkadaş olmak; **~ good** (*zararı*) ödemek; yerine getirmek; başarılı olmak; **~ haste.** acele etmek; **~ way** ilerlemek; *v/i.* davranmak, hareket etmek; yola koyulmak; (*met*) yükselmek, kabarmak; **~ away with** (*para v.b.*) çalmak, yürütmek; öldürmek; **~ for** *-e* gitmek, *-in* yolunu tutmak; *-e* saldırmak; **~ into** *-e* dönüştürmek, *-e* durumuna getirmek; **~ off** tüymek, kaçmak, sıvışmak; **~ out** (*çek v.b.*) yazmak; anlamak, çıkarmak; ayırt etmek, seçmek; ayartmak, tavlamak; (*liste v.b.*) yapmak; **~ over** biçimini değiştirmek, *-e* dönüştürmek;

~ up barışmak; makyaj yapmak, boyanmak; yapmak, hazırlamak; oluşturmak, kurmak; (*bahane*) uydurmak; **~ up one's mind** karar vermek; **be made up of** *-den* yapılmış olmak; **~ up (for)** telafi etmek, tamamlamak; **2.** *n.* biçim, yapı; marka, model, tip, çeşit; imal, yapım; **~be·lieve** ['meıkbıli:v] *n.* yalandan yapma, yapmacık, taklit; **~r** [-ə] *n.* yapımcı; fabrikatör; ♀ Yaradan, Allah; **~·shift 1.** *n.* geçici çare; **2.** *adj.* geçici, eğreti; **~-up** *n.* TYP mizanpaj; makyaj; yaradılış, huy; bileşim.

mak·ing ['meıkıŋ] *n.* yapma, etme; yapım; başarı nedeni; ***this will be the ~ of him*** bu, başarısının nedeni olacak; ***he has the ~s of*** ...mek için gerekli nitelikleri vardır.

mal- [mæl] *s.* **bad(ly).**

mal·ad·just|ed [mælə'dʒʌstıd] *adj.* çevreye uyamayan, uyumsuz; **~·ment** [-mənt] *n.* çevreye uyamama, uyumsuzluk.

mal·ad·min·i·stra·tion ['mælədmınıs'treıʃn] *n.* kötü yönetim (*a.* POL).

mal·a·dy ['mælədı] *n.* hastalık.

mal·con·tent ['mælkəntent] **1.** *adj.* memnun olmayan, hoşnutsuz; **2.** *n.* hoşnutsuz kimse.

male [meıl] *n.* & *adj.* erkek (*a.* ZO).

mal·e·dic·tion [mælı'dıkʃn] *n.* lanet, beddua.

mal·e·fac·tor ['mælıfæktə] *n.* kötülük eden kimse; suçlu.

ma·lev·o|lence [mə'levələns] *n.* kötü niyet; **~·lent** □ [-t] kötü niyetli, hain.

mal·for·ma·tion [mælfɔ:'meıʃn] *n.* sakatlık, kusurlu oluşum; biçimsizlik.

mal·ice ['mælıs] *n.* kötü niyet; kötülük, kin, garaz.

ma·li·cious □ [mə'lıʃəs] kötü niyetli, hain, kinci; **~·ness** [-nıs] *n.* kötü niyetlilik, hainlik.

ma·lign [mə'laın] **1.** □ kötü, zararlı; MED habis, kötücül; **2.** *v/t.* yermek, kötülemek, iftira etmek, dil uzatmak; **ma·lig·nant** □ [mə'lıgnənt] kötü yürekli, kötü niyetli; MED habis, kötücül; **ma·lig·ni·ty** [-ətı] *n.* kötü yüreklilik, kötücülük; MED habislik, kötücüllük.

mall *Am.* [mɔ:l, mæl] *n.* gezinti yolu.

mal·le·a·ble ['mælıəbl] *adj.* dövülgen (*maden*); *fig.* yumuşak başlı, uysal.

mal·let ['mælıt] *n.* tokmak, çekiç; *kriket, polo*: sopa.

mal·nu·tri·tion ['mælnju:'trıʃn] *n.* kötü *ya da* yetersiz beslenme; gıdasızlık.

mal·o·dor·ous □ [mæl'əudərəs] pis kokulu, leş gibi kokan.

mal·prac·tice ['mæl'præktıs] *n.* LEG yolsuzluk, görevi kötüye kullanma; MED yanlış tedavi.

malt [mɔ:lt] *n.* malt, biralık arpa.

mal·treat [mæl'tri:t] *v/t.* *-e* kötü davranmak, eziyet etmek.

ma·ma, mam·ma [mə'mɑ:] *n.* anne.

mam·mal ZO ['mæml] *n.* memeli hayvan.

mam·moth ['mæməθ] **1.** *n.* ZO mamut; **2.** *adj.* muazzam, dev gibi.

mam·my F ['mæmı] *n.* anne; *Am. contp.* zenci sütnine, Arap dadı.

man [mæn] **1.** [*sonek durumunda*: -mən] (*pl.* **men** [men; *sonek durumunda*: -mən]) *n.* erkek, adam; insan, kimse, kişi; insanoğlu; uşak; erkek işçi; koca; satranç *ya da* dama taşı; MIL er, asker; ***the ~ in*** (*Am. a.* ***on***) ***the street*** sıradan kimse, sokaktaki adamı; **2.** *adj.* erkek gibi; erkek ...; **3.** (**-nn-**) *v/t.* MIL, NAUT adamla donatmak; **~ o.s.** cesaretlenmek.

man·age ['mænıdʒ] *v/t.* yönetmek, idare etmek; kullanmak; becermek; çekip çevirmek (*ticarethane v.b.*); terbiye etmek (*hayvan*); F bir yolunu bulup yapmak, çaresine bakmak; **~ to** *inf.* *-meği* becermek, -ebilmek; *v/i.* geçinmek; işini uydurmak, işin içinden sıyrılmak; müdür olmak; **~·a·ble** □ [-əbl] idare edilebilir; kullanışlı; **~·ment** [-mənt] *n.* ECON idare, yönetim; ECON yönetim kurulu; ***~ studies*** işletme ekonomisi; ***labo(u)r and ~*** işçi ve yönetim.

man·ag·er ['mænıdʒə] *n.* müdür, direktör; ECON idareci, yönetici; THEA menejer; THEA rejisör; SPOR: antrenör, çalıştırıcı; ***be a good ~*** iyi bir yönetici olmak; **~·ess** [mænıdʒə'res] *n.* müdire; ECON kadın yönetici, kadın idareci.

man·a·ge·ri·al ECON [mænə'dʒıərıəl] *adj.* yönetimsel, idari; ***~ position*** yönetici mevkii; ***~ staff*** yönetim kadrosu.

man·ag·ing ECON ['mænıdʒıŋ] *adj.* yöneten ...; idari, yönetimsel.

man|date ['mændeıt] *n.* emir, ferman;

M

LEG manda; **~·da·to·ry** [-ətərı] *adj.* emir türünden; zorunlu, gerekli, aranan.
mane [meın] *n.* yele.
ma·neu·ver [mə'nu:və] = ***manoeuvre.***
man·ful □ ['mænfl] erkekçe, mert.
mange VET [meındʒ] *n.* uyuz hastalığı.
manger ['meındʒə] *n.* yemlik.
man·gle ['mæŋgl] **1.** *n.* çamaşır mengenesi; ütü cenderesi; **2.** *v/t.* çamaşır mengenesinde sıkmak, cendereden geçirmek; *fig.* ezmek, parçalamak.
mang·y □ ['meındʒı] (***-ier, -iest***) VET uyuz; *fig.* iğrenç, pis, tiksinti veren.
man·hood ['mænhʊd] *n.* erkeklik; cesaret, yiğitlik; erkekler.
ma·ni·a ['meınjə] *n.* delilik, cinnet; *fig.* merak, tutku, düşkünlük (***for** -e*); **~c** ['meınıæk] *n.* deli, manyak; *fig.* meraklı, düşkün, hasta.
man·i·cure ['mænıkjʊə] **1.** *n.* manikür; **2.** *v/t.* -*e* manikür yapmak.
man·i|fest ['mænıfest] **1.** □ belli, açık, anlaşılır, ortada; **2.** *v/t.* açıkça göstermek, belirtmek, ortaya koymak; işaret etmek; **3.** *n.* NAUT manifesto, gümrük beyannamesi; **~·fes·ta·tion** [mænıfe'steıʃn] *n.* açıkça gösterme, ortaya koyma; belirti, kanıt; gösteri; **~·fes·to** [mænı'festəʊ] (*pl.* ***-tos, -toes***) *n.* beyanname, bildiri; POL parti programı.
man·i·fold ['mænıfəʊld] **1.** □ birçok, türlü türlü, çeşitli; **2.** *v/t.* teksir etmek, çoğaltmak.
ma·nip·u|late [mə'nıpjʊleıt] *v/t.* becermek; beceriyle kullanmak, idare etmek; el ile idare etmek; hile karıştırmak; **~·la·tion** [mənıpjʊ'leıʃn] *n.* beceriyle kullanma; el ile idare etme; hile, dalavere.
man|jack [mæn'dʒæk]: ***every ~*** herkes; **~·kind** [mæn'kaınd] *n.* insanlık; ['mænkaınd] erkekler; **~·ly** ['mænlı] (***-ier, -iest***) *adj.* erkek gibi; erkekçe; yiğit, mert.
man·ner ['mænə] *n.* tarz, biçim, usul, yol; tavır, davranış; çeşit, tür, cins; **~s** *pl.* terbiye, görgü; örf, töre; ***in a ~*** bir bakıma, bir anlamda; **~ed** *adj.* özentili, yapmacıklı, yapma tavırlı; ... tavırlı; **~·ly** [-lı] *adj.* terbiyeli, görgülü, nazik.
ma·noeu·vre, *Am.* **ma·neu·ver** [mə'nu:və] **1.** *n.* manevra; *fig.* hile, oyun, dolap; **2.** *vb.* manevra yapmak; *fig.* dolap çevirmek.
man-of-war ['mænəv'wɔ:] (*pl.* ***men-of-war***) *n.* savaş gemisi.
man·or *Brt.* ['mænə] *n. hist.* derebeyi tımarı; malikâne, yurtluk; *sl.* polis bölgesi; ***lord of the ~*** derebeyi; = **~-house** *n.* şato, malikâne konağı.
man·pow·er ['mænpaʊə] *n.* insan gücü, el emeği; işgücü; işçi sayısı, personel.
man·ser·vant ['mænsɜ:vənt] (*pl.* ***menservants***) *n.* erkek hizmetçi, uşak.
man·sion ['mænʃn] *n.* konak.
man·slaugh·ter LEG ['mænslɔ:tə] *n.* kasıtsız adam öldürme.
man·tel|piece ['mæntlpi:s], **~·shelf** (*pl.* ***-shelves***) *n.* şömine rafı.
man·tle ['mæntl] **1.** *n.* MEC lüks gömleği; pelerin, harmani; *fig.* örtü, perde; ***a ~ of snow*** kardan bir örtü; **2.** *v/t.* üstünü örtmek; *fig.* gizlemek, örtbas etmek; *v/i.* (*yüz v.b.*) kızarmak.
man·u·al ['mænjʊəl] **1.** □ el ile ilgili; elle yapılan; elle çalıştırılan; **2.** *n.* el kitabı; (*org*) klavye.
man·u·fac|ture [mænjʊ'fæktʃə] **1.** *n.* imal, yapım; mamul, yapılmış şey; **2.** *v/t.* imal etmek, yapmak; (*bahane v.b.*) uydurmak; **~·tur·er** [-rə] *n.* yapımcı, fabrikatör; **~·tur·ing** [-ıŋ] *n.* imalat; *attr.* imalat ...
ma·nure [mə'njʊə] **1.** *n.* gübre; **2.** *v/t.* gübrelemek.
man·u·script ['mænjʊskrıpt] *n.* el yazması; müsvedde.
man·y ['menı] **1.** (***more, most***) *adj.* çok, birçok; **~** (***a***) sayıca çok; **~ *times*** çok kez, birçok kereler; ***as ~*** aynı derecede çok; ***be one too ~ for s.o.*** *b-den* çok üstün olmak, *b-ni* cebinden çıkarmak; **2.** *n.* çokluk; çoğunluk; ***a good ~, a great ~*** birçok, çok sayıda, hayli.
map [mæp] **1.** *n.* harita; **2.** (***-pp-***) *v/t.* *-in* haritasını yapmak; kaydetmek, geçirmek; **~ *out*** *fig.* planlamak, düzenlemek.
ma·ple BOT ['meıpl] *n.* akçaağaç.
mar [mɑ:] (***-rr-***) *v/t.* bozmak, mahvetmek.
ma·raud [mə'rɔ:d] *vb.* çapulculuk etmek, yağma etmek.
mar·ble ['mɑ:bl] **1.** *n.* mermer; bilye, misket; **2.** *v/t.* ebrulamak, harelemek.
March[1] [mɑ:tʃ] *n.* mart.

march[2] [~] **1.** *n.* yürüyüş; marş; *fig.* ilerleme, gelişme; ***the ~ of events*** olayların seyri, olayların gelişmesi; **2.** *v/t.* & *v/i.* yürü(t)mek; *fig.* ilerlemek.
mar·chio·ness ['mɑːʃənıs] *n.* markiz.
mare [meə] *n.* zo kısrak; ***~'s nest*** *fig.* umulduğu gibi çıkmayan buluş.
mar·ga·rine [mɑːdʒə'riːn], *Brt.* F **marge** [mɑːdʒ] *n.* margarin.
mar·gin ['mɑːdʒın] *n.* sınır, kenar (*a. fig.*); marj; ***by a narrow ~*** *fig.* kıl payı; **~·al** □ [~l] kenarda olan; marjinal; ***~ note*** derkenar, çıkma.
ma·ri·na [mə'riːnə] *n.* yat limanı.
ma·rine [mə'riːn] *n.* denizcilik, bahriye; NAUT, MIL deniz kuvvetleri; donanma; PAINT: deniz tablosu; *attr.* deniz ile ilgili, deniz ...; denizcilikle ilgili, denizcilik ...; **mar·i·ner** ['mærınə] *n.* denizci, gemici.
mar·i·tal □ ['mærıtl] evlilikle ilgili; ***~ status*** LEG medeni hal.
mar·i·time ['mærıtaım] *adj.* deniz *ya da* denizcilikle ilgili, deniz ..., denizcilik ...; denize yakın.
mark[1] [mɑːk] *n.* Alman parası, mark.
mark[2] [~] **1.** *n.* belirti, iz, eser; (*a. fig.*) işaret, nişan, çizgi; leke, çizik, benek, nokta; yara izi; marka; ECON etiket, damga; hedef, nişan; *fig.* norm, standart; *okul*: not, numara; SPOR: başlama çizgisi; ***a man of ~*** önemli kimse; ünlü adam; ***be up to the ~*** istenilen düzeyde olmak; ***be wide of the ~*** *fig.* konu dışı olmak; doğruluktan uzak olmak, yanlış olmak; ***hit the ~*** *fig.* amacına ulaşmak, turnayı gözünden vurmak; ***miss the ~*** hedefe isabet ettirememek, karavana atmak, ıskalamak; *fig.* amacına ulaşamamak; **2.** *v/t.* işaretlemek, işaret koymak; damgalamak; numara vermek, not atmak; açıkça göstermek, belirtmek; dikkat etmek, hesaba katmak; ECON etiketlemek, markalamak; ECON (*fiyat*) etiketlere yazmak; SPOR: marke etmek; ***~ my words*** sözlerime dikkat edin, bana kulak verin; ***to mark the occasion*** anmak için; ***~ time*** yerinde saymak (*a. fig.*); ***~ down*** not etmek, kaydetmek, yazmak; ECON (*fiyat*) indirmek; ***~ off*** sınırlarını çizmek, ayırmak; (*listeye*) geçirmek; ***~ out*** sınırlarını çizmek, işaretlemek; seçip ayırmak; ***~ up*** ECON (*fiyat*) yükseltmek, artırmak, zam yapmak; *v/i.* iz yapmak; SPOR: markaj yapmak; **~ed** □ işaretli; belirgin, göze çarpan; şüpheli, mimli.
mar·ket ['mɑːkıt] **1.** *n.* çarşı, pazar; *Am.* dükkân, mağaza; ECON piyasa; ECON istek, talep, rağbet (***for*** *-e*); alışveriş, ticaret; ***in the ~*** piyasada; satın almaya hazır; ***be on the ~*** piyasaya çıkarılmak, satışa sunulmak; ***play the ~*** borsada alışveriş yaparak para kazanmak, spekülasyon yapmak; **2.** *v/t.* satışa çıkarmak; pazarlamak; *v/i. esp. Am.* ***go ~ing*** alışveriş yapmak; **~·a·ble** □ [~əbl] satılabilir, sürümlü; **~ gar·den** *n. Brt.* bostan, bahçe; **~·ing** [~ıŋ] *n.* ECON pazarlama.
marks·man ['mɑːksmən] (*pl.* ***-men***) *n.* nişancı, atıcı.
mar·ma·lade ['mɑːməleıd] *n.* marmelat, *esp.* portakal marmeladı.
mar·mot zo ['mɑːmət] *n.* marmot, dağsıçanı.
ma·roon [mə'ruːn] **1.** *adj.* kestane renginde olan; **2.** *v/t.* ıssız bir kıyıya çıkarıp bırakmak; **3.** *n.* kestanefişeği.
mar·quee [mɑː'kiː] *n.* büyük çadır, otağ.
mar·quis ['mɑːkwıs] *n.* marki.
mar·riage ['mærıdʒ] *n.* evlilik; evlenme; nikâh, evlenme töreni; ***civil ~*** medeni nikâh; **mar·riagea·ble** [~dʒəbl] *adj.* evlenme çağına gelmiş, gelinlik; **~ ar·ticles** *n. pl.* evlenme sözleşmesi; **~ cer·tif·i·cate**, **~ lines** *n. pl. esp. Brt.* F evlenme cüzdanı *ya da* kâğıdı; **~ por·tion** *n.* çeyiz, drahoma.
mar·ried ['mærıd] *adj.* evli; evlilikle ilgili; ***~ couple*** evli çift, karı koca; ***~life*** evlilik yaşamı.
mar·row ['mærəʊ] *n.* ANAT ilik; *fig.* öz, esas; (***vegetable***) **~** *Brt.* BOT sakızkabağı.
mar·ry ['mærı] *v/t.* & *v/i.* evlen(dir)mek; ECCL nikâh kıymak; birleş(tir)mek; ***get married to*** *ile* evlenmek.
marsh [mɑːʃ] *n.* bataklık.
mar·shal ['mɑːʃl] **1.** *n.* MIL mareşal; *hist.* saray nazırı; protokol sorumlusu; *Am.* polis müdürü; ***US ~*** *Am.* icra memuru; **2.** (*esp. Brt. -ll-, Am. -l-*) *v/t.* sıraya koymak, dizmek, sıralamak; yer göstermek; RAIL manevra yaptırmak.

M

marsh·y ['mɑːʃı] (**-ier, -iest**) *adj.* bataklık ...
mart [mɑːt] *n.* pazar, çarşı; pazar yeri.
mar·ten ZO ['mɑːtın] *n.* ağaçsansarı.
mar·tial □ ['mɑːʃl] savaş ile ilgili; askeri; savaşçı, savaşkan; **~ law** MIL sıkıyönetim; **(state of) ~ law** MIL sıkıyönetim durumu.
mar·tyr ['mɑːtə] **1.** *n.* şehit; **2.** *v/t.* şehit etmek.
mar·vel ['mɑːvl] **1.** *n.* şaşılacak şey, mucize, harika; **2.** (*esp. Brt. -ll-, Am. -l-*) *vb.* hayret etmek, şaşmak; **~·(l)ous** □ ['mɑːvələs] harika, olağanüstü, inanılır gibi değil.
mar·zi·pan [mɑːzı'pæn] *n.* badem ezmesi; badem kurabiyesi.
mas·ca·ra [mæ'skɑːrə] *n.* maskara, rimel, kirpik boyası.
mas·cot ['mæskət] *n.* maskot, uğur sayılan şey *ya da* kimse.
mas·cu·line ['mæskjʊlın] *adj.* erkekle ilgili, eril; erkeklere özgü, erkeksi.
mash [mæʃ] **1.** *n.* lapa; ezme; püre; **2.** *v/t.* ezmek; püre yapmak; ***~ed potatoes*** *pl.* patates püresi.
mask [mɑːsk] **1.** *n.* maske (*a. fig.*) **2.** *vb.* maske takmak; *fig.* gizlemek, maskelemek; **~ed** *adj.* maskeli; ***~ ball*** maskeli balo.
ma·son ['meısn] *n.* duvarcı, taşçı; *mst* ♀ farmason, mason; **~·ry** [~rı] *n.* duvarcılık; masonluk.
masque THEA *hist.* [mɑːsk] *n.* maskeli oyun.
mas·que·rade [mæskə'reıd] **1.** *n.* maskeli balo; *fig.* gerçeği gizleme, ... gibi görünme; **2.** *v/i. fig.* ... gibi görünmek, ... kılığına girmek.
mass [mæs] **1.** *n.* ECCL *a.* ♀ kudas, liturya; yığın, küme; kütle; büyük çoğunluk; ***the ~es*** *pl.* halk kitleleri; ***~ media*** *pl.* kitle iletişim; ***~ meeting*** halka açık toplantı; **2.** *v/t. & v/i.* biraraya topla(n)mak, yığ(ıl)mak.
mas·sa·cre ['mæsəkə] **1.** *n.* katliam, kırım, topluca öldürme; **2.** *v/t.* katletmek, kırıp geçirmek.
mas·sage ['mæsɑːʒ] **1.** *n.* masaj; **2.** *v/t.* -*e* masaj yapmak.
mas·sif ['mæsiːf] *n.* dağ kitlesi.
mas·sive ['mæsıv] *adj.* masif, som; ağır, kalın, iri, kocaman; *fig.* büyük, esaslı, etkin.
mast NAUT [mɑːst] *n.* gemi direği.
mas·ter ['mɑːstə] **1.** *n.* efendi (*a. fig.*); sahip; patron, işveren; erkek öğretmen; üstat, usta; kaptan, süvari; master derecesi, yüksek lisans; UNIV rektör; ***♀ of Arts*** (*abbr.* ***MA***) Edebiyat Fakültesi Master Derecesi; ***~ of ceremonies*** *esp. Am.* teşrifatçı, protokol görevlisi; **2.** *adj.* esas, asıl, temel, baş; *fig.* ileri gelen, usta; **3.** *v/t.* yenmek, hakkından gelmek; iyice bilmek, uzmanlaşmak; **~-build·er** *n.* kalfa; mimar; **~·ful** □ [~fl] buyurucu, buyurgan; ustaca; **~-key** *n.* maymuncuk; **~·ly** [~lı] *adj.* ustaca, hünerli, mükemmel; **~·piece** *n.* şaheser, başyapıt; **~·ship** [~ʃıp] *n.* ustalık, üstatlık; *esp. Brt.* öğretmenlik, müdürlük; **~·y** [~rı] *n.* hüküm, hakimiyet, egemenlik; üstünlük; üstatlık, ustalık.
mas·ti·cate ['mæstıkeıt] *v/t.* çiğnemek.
mas·tur·bate ['mæstəbeıt] *v/i.* mastürbasyon yapmak, elle tatmin olmak.
mat [mæt] **1.** *n.* hasır; minder; paspas; **2.** (**-tt-**) *v/t. & v/i.* hasır döşemek; keçeleş(tir)mek; *fig.* birbirine dolaşmak, düğümlenmek; **3.** *adj.* mat, donuk.
match[1] [mætʃ] *n.* kibrit.
match[2] [~] **1.** *n.* maç, karşılaşma, oyun; evlenme; eş, benzer, denk, akran; ***be a ~ for*** -*e* denk olmak, -*in* ayarında olmak; ***find*** *ya da* ***meet one's ~*** dişine göre birini bulmak; **2.** *v/t. & v/i.* birbirine uy(dur)mak; boy ölçüş(tür)mek; evlen(dir)mek; ***be well ~ed*** uygun olmak; denk olmak; ***gloves to ~*** uygun eldivenler.
match·box ['mætʃbɒks] *n.* kibrit kutusu; ***~ car TM*** oyuncak araba.
match|less □ ['mætʃlıs] eşsiz, emsalsiz, rakipsiz; **~·mak·er** *n.* çöpçatan.
mate[1] [meıt] *s.* ***checkmate.***
mate[2] [~] **1.** *n.* arkadaş, dost; karı *ya da* koca, eş; yardımcı, muavin; yamak; NAUT ikinci kaptan; **2.** *v/t. & v/i.* evlen(dir)mek; çiftleş(tir)mek; eşlemek.
ma·te·ri·al [mə'tıərıəl] **1.** □ maddi, özdeksel; bedensel; esaslı, önemli; **2.** *n.* materyal, gereç, malzeme; madde, özdek; kumaş, dokuma; ***writing ~s*** *pl.* yazı gereçleri.
ma·ter|nal □ [mə'tɜːnl] ana ile ilgili, ana ...; anaya özgü; ana tarafından; **~·ni·ty** [~ətı] **1.** *n.* analık, annelik; **2.**

adj. hamilelikle ilgili, hamile ...; ~ ***hospital*** doğumevi; ~ ***ward*** doğum koğuşu.

math *Am.* F [mæθ] *n.* matematik.

math·e|ma·ti·cian [mæθəmə'tıʃn] *n.* matematikçi; **~·mat·ics** [~'mætıks] *n. mst. sg.* matematik.

maths *Brt.* F [mæθs] *n.* matematik.

mat·i·née THEA, MUS ['mætıneı] *n.* matine, gündüz gösterisi.

ma·tric·u·late [mə'trıkjʊleıt] *v/t. & v/i.* üniversiteye aday olarak kaydetmek *ya da* kaydolmak.

mat·ri·mo|ni·al □ [mætrı'məʊnjəl] evlilikle ilgili, evlilik ...; **~·ny** ['mætrımənı] *n.* evlilik; evlenme

ma·trix MEC ['meıtrıks] (*pl.* ***-trices*** [-trısi:z], ***-trixes***) *n.* matris, baskı kalıbı.

ma·tron ['meıtrən] *n.* evli kadın; ana kadın; amir kadın; *Brt.* başhemşire.

mat·ter ['mætə] **1.** *n.* madde, özdek, cisim; mesele, sorun, iş; konu, içerik; neden; önem; MED cerahat, irin; ***printed*** ~ *POST* matbua, basma; ***what's the*** ~ ***(with you)?*** neyin var?, ne oldu?; ***no*** ~ önemli değil, zararı yok; ***no*** ~ ***who*** kim olursa olsun, her kimse; ***a*** ~ ***of course*** doğal bir şey; ***for that*** ~, ***for the*** ~ ***of that*** ona gelince, o konuda; ***a*** ~ ***of fact*** işin doğrusu, işin aslı; **2.** *v/i.* önemli olmak, önem taşımak; ***it doesn't*** ~ önemi yok; **~-of-fact** *adj.* gerçekçi, gerçek.

mat·tress ['mætrıs] *n.* döşek, yatak, şilte.

ma·ture [mə'tjʊə] **1.** (***~r, ~st***) □ olgunlaşmış; reşit, ergin; ECON vadesi gelmiş; *fig.* olgun; **2.** *v/t. & v/i.* olgunlaş(tır)mak; erginleşmek; ECON vadesi gelmek; **ma·tu·ri·ty** [~rətı] *n.* olgunluk, erginlik; ECON vade.

maud·lin □ ['mɔ:dlın] aşırı duygusal.

maul [mɔ:l] *v/t.* hırpalamak, berelemek, yaralamak; *fig.* yerden yere vurmak.

Maun·dy Thurs·day ECCL ['mɔ:ndı'θɜ:zdı] *n.* Paskalya'dan önceki Perşembe günü.

mauve [məʊv] **1.** *n.* leylak rengi; **2.** *adj.* leylak renginde olan.

maw ZO [mɔ:] *n.* hayvan ağzı; *esp.* kursak, mide.

mawk·ish □ ['mɔ:kıʃ] tiksindirici; aşırı dokunaklı.

max·i ['mæksı] **1.** *n.* maksi giysi; **2.** *adj.* maksi, uzun.

max·im ['mæksım] *n.* özdeyiş, atasözü.

max·i·mum ['mæksıməm] **1.** (*pl.* ***-ma*** [-mə], ***-mums***) *n.* maksimum derece, en büyük derece; **2.** *adj.* maksimum, en büyük.

May[1] [meı] *n.* mayıs.

may[2] [~] (*pret.* ***might***) *v/aux.* olası olmak, -ebilmek; ***he*** ~ ***come or he*** ~ ***not*** gelebilir de gelmeyebilir de.

may·be ['meıbi:] *adv.* belki, olabilir.

may|-bee·tle ZO ['meıbi:tl], **~-bug** *n.* ZO mayısböceği.

May Day ['meıdeı] *n.* 1 Mayıs günü.

mayor [meə] *n.* belediye başkanı.

may·pole ['meıpəʊl] *n.* bahar bayramında etrafında dans edilen süslü direk.

maze [meız] *n.* labirent; *fig.* şaşkınlık, hayret; ***in a*** ~ = **~d** [meızd] *adj.* şaşkın, hayretler içinde.

me [mi:, mı] *pron.* beni; bana; F ben.

mead[1] [mi:d] *n.* bal likörü.

mead[2] *poet.* [~] = ***meadow.***

mead·ow ['medəʊ] *n.* çayır, çimenlik, otlak.

mea·gre, *Am.* **-ger** □ ['mi:gə] zayıf, sıska, kuru, çelimsiz; *fig.* yetersiz, kıt, yavan.

meal [mi:l] *n.* yemek.

mean[1] □ [mi:n] adi, bayağı, alçak, aşağılık; zavallı, acınacak; yırtık pırtık, lime lime olmuş; cimri, eli sıkı.

mean[2] [~] **1.** *adj.* orta ...; ortalama ...; **2.** *n.* orta; ortalama; **~s** *pl.* olanak, çare, yol; araç, vasıta; para, servet, gelir, mali durum; ***by all*** **~s** elbette, kuşkusuz; ne yapıp yapıp; ***by no*** **~s** hiç bir suretle, asla, katiyen; ***by*** **~s** ***of*** *-in* vasıtasıyla, *-in* sayesinde, *-in* yardımıyla.

mean[3] [~] (***meant***) *vb.* demek istemek, kastetmek; ... anlamına gelmek, demek; niyet etmek, düşünmek, kurmak; *-in* belirtisi olmak; ~ ***well*** (***ill***) niyeti iyi (kötü) olmak.

mean·ing ['mi:nıŋ] **1.** □ anlamlı; **2.** *n.* anlam; niyet, maksat, fikir, kasıt; **~·ful** □ [~fl] anlamlı; **~·less** [~lıs] *adj.* anlamsız, boş; önemsiz.

meant [ment] *pret. & p.p. of* ***mean***[3].

mean|time ['mi:ntaım] **1.** *adv.* bu arada; **2.** *n.* ***in the*** ~ bu arada; **~·while** = ***meantime 1.***

M

mea·sles MED ['mi:zlz] *n. sg.* kızamık.
mea·su·ra·ble □ ['meʒərəbl] ölçülebilir.
mea·sure ['meʒə] **1.** *n.* ölçü; ölçü birimi; ölçme aygıtı; oran, derece, ölçü; önlem, tedbir; MUS usul, ölçü; *fig.* kriter, ölçüt; **~ *of capacity*** yük sınırı; ***beyond ~*** haddinden fazla, son derece; ***in a great ~*** büyük ölçüde; ***made to ~*** ısmarlama yapılmış; ***take ~s*** önlem almak; **2.** *vb.* ölçmek; ölçüsünü almak; boyu ... kadar olmak; denemek; ayarlamak, düzenlemek; **~ *up to*** *-e* denk olmak, *-e* uymak; **~d** *adj.* ölçülü; hesaplı, ılımlı, ölçülü; düzenli; **~·less** □ [-lıs] ölçüsüz, sınırsız; **~·ment** [-mənt] *n.* ölçme, ölçüm; ölçü.
meat [mi:t] *n.* et; *fig.* büyük zevk; ***cold ~*** soğuk yiyecek; **~·y** ['mi:tı] (***-ier, -iest***) *adj.* etli; *fig.* özlü, değerli fikirlerle dolu.
me·chan|ic [mı'kænık] *n.* makinist, makine ustası; tamirci; **~·i·cal** □ [-kl] mekanik; makine ile ilgili, makine ...; **~·ics** *n.* PHYS *mst sg.* mekanik.
mech·a|nis·m ['mekənızəm] *n.* mekanizma; **~·nize** [-aız] *v/t.* makineleştirmek; MIL motorize etmek; **~d** MIL motorize ...
med·al ['medl] *n.* madalya; nişan; **~·(l)ist** [-ıst] *n.* SPOR: madalya kazanan kimse.
med·dle ['medl] *v/i.* karışmak, burnunu sokmak (***with, in*** *-e*); **~·some** [-səm] *adj.* herşeye burnunu sokan, başkasının işine karışan.
me·di·a ['mi:djə] *n. pl.* kitle iletişim araçları (*gazete, televizyon, radyo*).
med·i·ae·val □ [medı'i:vl] = ***medieval.***
me·di·al □ ['mi:djəl] orta; ortada olan.
me·di·an ['mi:djn] *adj.* orta ...; ortadan geçen.
me·di|ate ['mi:dıeıt] *vb.* arabuluculuk etmek, aracı olmak, araya girmek; **~·a·tion** [mi:dı'eıʃn] *n.* arabuluculuk, aracılık; **~·a·tor** ['mi:dıeıtə] *n.* arabulucu, aracı.
med·i·cal □ ['medıkl] tıpla ilgili, tıbbi; **~ *certificate*** doktor raporu; **~ *man*** F doktor.
med·i·cate ['medıkeıt] *v/t.* ilaçla tedavi etmek; içine ilaç katmak; **~d *bath*** ilaç banyosu, ilaçlı banyo.
me·di·ci·nal □ [me'dısınl] tıbbi; iyileştirici, tedavi edici, şifalı.
medi·cine ['medsın] *n.* ilaç; tıp.
med·i·e·val □ [medı'i:vl] ortaçağ ile ilgili, ortaçağa özgü.
me·di·o·cre [mi:dı'əʊkə] *adj.* şöyle böyle, orta.
med·i|tate ['medıteıt] *v/i.* düşünceye dalmak; düşünüp taşınmak; *v/t.* tasarlamak, planlamak, kurmak, düşünmek; **~·ta·tion** [medı'teıʃn] *n.* düşünceye dalma, düşünüp taşınma; **~·tative** □ ['medıtətıv] düşünceye dalmış, düşünceli.
Med·i·ter·ra·ne·an [medıtə'reınjən] *adj.* Akdeniz ile ilgili, Akdeniz ...
me·di·um ['mi:djəm] **1.** (*pl.* ***-dia*** [-djə], ***-diums***) *n.* orta, orta durum; çevre, ortam; araç, vasıta; medyum; **2.** *adj.* orta ...
med·ley ['medlı] *n.* karışıklık, karışım; MUS potpuri.
meek □ [mi:k] yumuşak huylu, uysal; alçak gönüllü; **~·ness** ['mi:knıs] *n.* uysallık; alçak gönüllülük.
meer·schaum ['mıəʃəm] *n.* lületaşı, eskişehirtaşı.
meet [mi:t] (***met***) *v/t.* rastlamak, rast gelmek; karşılamak; tanışmak; ödemek; (*gereksinime*) cevap vermek; (*felakete*) çatmak, uğramak; *v/i.* buluşmak, görüşmek; kavuşmak, bitişmek; toplanmak; SPOR: karşılaşmak, karşı karşıya gelmek; **~ *with*** *ile* karşılaşmak; *ile* görüşmek; *-e* çatmak, *-e* uğramak; **~·ing** ['mi:tıŋ] *n.* karşılaşma; buluşma; toplantı; miting.
mel·an·chol·y ['melənkəlı] **1.** *n.* melankoli, karasevda; **2.** *adj.* melankolik, karasevdalı; hüzünlü, içi kararmış.
me·li·o·rate ['mi:ljəreıt] *v/t. & v/i.* iyileş(tir)mek, düzel(t)mek.
mel·low ['meləʊ] **1.** □ olgun, olmuş; yıllanmış (şarap); tatlı, hoş (*renk, ses*); *fig.* görmüş geçirmiş; **2.** *v/t. & v/i.* olgunlaş(tır)mak; yumuşa(t)mak.
me·lo·di·ous □ [mı'ləʊdjəs] melodik, ahenkli, kulağa hoş gelen.
mel·o|dra·mat·ic [meləʊdrə'mætık] *adj.* melodrama uygun; aşırı duygusal, acıklı; **~·dy** ['melədı] *n.* melodi, ezgi.
mel·on BOT ['melən] *n.* kavun.
melt [melt] *v/t. & v/i.* eri(t)mek; ergi(t)mek; *fig.* yumuşa(t)mak.
mem·ber ['membə] *n.* üye; organ; mil-

M

letvekili; ♀ ***of Parliament*** PARL milletvekili; **~·ship** [~ʃɪp] *n.* üyelik; üye sayısı, üyeler; **~ *card*** üyelik kartı.

mem·brane ['membreɪn] *n.* zar.

me·men·to [mɪ'mentəʊ] (*pl.* ***-toes, -tos***) *n.* hatıra, anmalık, andaç, yadigâr.

mem·o ['meməʊ] (*pl.* ***-os***) = ***memorandum.***

mem·oir ['memwɑː] *n.* yaşam öyküsü; inceleme yazısı; **~*s*** *pl.* hatırat, anılar.

mem·o·ra·ble □ ['memərəbl] anmağa değer, unutulmaz.

mem·o·ran·dum [memə'rændəm] (*pl.* ***-da*** [-də], ***-dums***) *n.* not; POL memorandum, muhtıra, diplomatik nota; LEG layiha.

me·mo·ri·al [mɪ'mɔːrɪəl] *n.* anıt; muhtıra, önerge; dilekçe; *attr.* hatırlatıcı ...

mem·o·rize ['meməraɪz] *v/t.* ezberlemek, bellemek.

mem·o·ry ['memərɪ] *n.* hatıra, anı; hafıza, bellek; hatır; *bilgisayar*: hafıza; ***commit to ~*** ezberlemek, bellemek; ***in ~ of*** *-in* anısına.

men [men] *pl. of* ***man 1***; takım, ekip; tayfa.

men·ace ['menəs] **1.** *v/t.* tehdit etmek, gözünü korkutmak; **2.** *n.* tehdit; tehlike.

mend [mend] **1.** *v/t. & v/i.* tamir etmek, onarmak; düzel(t)mek, iyileş(tir)mek; ***~ one's ways*** davranışlarına dikkat etmek, gidişini düzeltmek; **2.** *n.* tamir, onarım; yama; düzel(t)me; ***on the ~*** iyileşmekte, düzelmekte.

men·da·cious □ [men'deɪʃəs] uydurma, asılsız, yalan; yalancı, yalana şerbetli.

men·di·cant ['mendɪkənt] **1.** *adj.* dilenen, dilencilik eden, sadaka ile geçinen; **2.** *n.* dilenci.

me·ni·al ['miːnjəl] **1.** hizmetçilere yakışır; adi, bayağı; **2.** *n. contp.* uşak, hizmetçi.

men·in·gi·tis MED [menɪn'dʒaɪtɪs] *n.* menenjit, beyin zarı yangısı.

men·stru·ate PHYSIOL ['menstrʊeɪt] *v/i.* (*kadın*) âdet görmek, aybaşı olmak.

men·tal □ ['mentl] akıl ile ilgili, akılsal, zihinsel; *esp. Brt.* F deli, kaçık, üşütük; ***~ arithmetic*** akıldan yapılmış hesap; ***~ handicap*** zihinsel özür; ***~ home, ~ hospital*** akıl hastanesi; ***~ly handicapped*** akıl hastası, zihinsel özürlü; **~·i·ty** [men'tælətɪ] *n.* zihniyet, düşünüş biçimi.

men·tion ['menʃn] **1.** *n.* adını anma, söyleme; **2.** *v/t.* anmak, söylemek, *-den* söz etmek; ***don't ~ it!*** Bir şey değil!, Estağfurullah!

men·u ['menjuː] *n.* mönü, yemek listesi.

mer·can·tile ['mɜːkəntaɪl] *adj.* ticari, tecimsel, ticaret ...

mer·ce·na·ry ['mɜːsɪnərɪ] **1.** *adj.* para ile çalışan, paralı, ücretli; çıkarını düşünen, para canlısı; **2.** *n.* MIL paralı asker.

mer·cer ['mɜːsə] *n.* kumaş satıcısı, kumaşçı.

mer·chan·dise ['mɜːtʃəndaɪz] *n.* ticaret eşyası, mal.

mer·chant ['mɜːtʃənt] **1.** *n.* tüccar, tacir; *esp. Am.* perakendeci, satıcı; **2.** *adj.* ticaretle ilgili, ticari, ticaret ...; **~·man** (*pl.* ***-men***) *n.* ticaret gemisi.

mer·ci|ful □ ['mɜːsɪfl] merhametli, insaflı, sevecen; **~·less** □ [~lɪs] merhametsiz, acımasız, insafsız, amansız.

mer·cu·ry ['mɜːkjʊrɪ] *n.* cıva.

mer·cy ['mɜːsɪ] *n.* merhamet, acıma, insaf, aman; af, lütuf; ***be at the ~ of s.o.*** *b-nin* insafına kalmış olmak, *b-nin* elinde olmak.

mere □ [mɪə] (***~r, ~st***) yalnız, ancak, sırf; saf, katışıksız; **~·ly** ['mɪəlɪ] *adv.* yalnızca, sadece.

mer·e·tri·cious □ [merɪ'trɪʃəs] gösterişli, cicili bicili, cacaflı; tumturaklı (*anlatım v.b.*).

merge [mɜːdʒ] *v/t. & v/i.* birleş(tir)mek (*a.* ECON), kaynaş(tır)mak (***in*** *-e*); **merg·er** ['mɜːdʒə] *n.* birleşme; ECON füzyon.

me·rid·i·an [mə'rɪdɪən] *n.* GEOGR meridyen; *fig.* doruk, zirve.

mer|it ['merɪt] **1.** *n.* değer; erdem, fazilet; **~*s*** *pl.* LEG gerçek değer; **2.** *v/t.* hak etmek, layık olmak; **~·i·to·ri·ous** □ [merɪ'tɔːrɪəs] övülmeye değer; değerli.

mer·maid ['mɜːmeɪd] *n.* denizkızı.

mer·ri·ment ['merɪmənt] *n.* eğlence, şenlik; neşe, keyif.

mer·ry □ ['merɪ] (***-ier, -iest***) neşeli, şen,

keyifli; neşe verici, eğlenceli; ***make ~*** eğlenmek, âlem yapmak; **~ an·drew** *n.* soytarı, palyaço, maskara; **~-go-round** *n.* atlıkarınca; **~-mak·ing** [~meıkıŋ] *n.* eğlence, âlem, cümbüş.

mesh [meʃ] **1.** *n.* ağ gözü, file ilmiği; *fig. oft.* ***~es*** *pl.* tuzak; ***be in ~*** MEC birbirine geçmek; **2.** *vb.* ağ ile yakalamak; birbirine geçmek.

mess[1] [mes] **1.** *n.* karmakarışıklık, dağınıklık, düzensizlik; kirlilik, pislik; F karışık durum, kaos; F sıkıntı, darlık; ***make a ~ of*** yüzüne gözüne bulaştırmak, berbat etmek; altüst etmek; **2.** *v/t.* yüzüne gözüne bulaştırmak, berbat etmek; altüst etmek, karıştırmak; *v/i.* ***~ about, ~ around*** F tembellik etmek; plansız programsız iş yapmak.

mess[2] [~] *n.* yemek, karavana; subay gazinosu.

mes·sage ['mesıdʒ] *n.* mesaj, haber, ileti (***to*** *-e*); ***~ board*** IT ilan tahtası.

mes·sen·ger ['mesındʒə] *n.* haberci, ulak; kurye.

mess·y □ ['mesı] (***-ier, -iest***) karmakarışık, dağınık; kirli, pis.

met [met] *pret. & p.p. of* ***meet.***

met·al ['metl] **1.** *n.* maden, metal; *Brt.* çakıl, kırma taş, balast; **2.** (*esp. Brt. -ll-, Am. -l-*) *v/t.* (*yol*) çakılla kaplamak, çakıl döşemek; **me·tal·lic** [mı'tælık] (***~ally***) *adj.* metalik, madensel; **~·lur·gy** [me'tælədʒı] *n.* metalurji, metalbilim.

met·a·mor·phose [metə'mɔːfəʊz] *v/t. & v/i.* başkalaş(tır)mak, değiş(tir)mek.

met·a·phor ['metəfə] *n.* mecaz.

me·te·or ['miːtjə] *n.* meteor, akanyıldız.

me·te·o·rol·o·gy [miːtjə'rɒlədʒı] *n.* meteoroloji, havabilgisi.

me·ter MEC ['miːtə] *n.* sayaç, saat, ölçü aleti.

meth·od ['meθəd] *n.* metot, yöntem; düzen, tertip, sistem; **method·ic** [mı'θɒdık] (***~ally***), **me·thod·i·cal** □ [~kl] metotlu, yöntemli; düzenli, sistemli.

me·tic·u·lous □ [mı'tıkjʊləs] titiz, kılı kırk yaran.

me·tre, *Am.* **-ter** ['miːtə] *n.* metre; ölçü, vezin.

met·ric ['metrık] (***~ally***) *adj.* metre sistemini kullanan, metrik; ***~ system*** metrik sistem, metre sistemi.

me·trop·o·lis [mı'trɒpəlıs] *n.* metropol, anakent; **met·ro·pol·i·tan** [metrə'pɒlıtən] *adj.* metropoliten, anakente ilişkin.

met·tle ['metl] *n.* cesaret, yürek, şevk, çaba, gayret; ***be on one's ~*** elinden geleni yapmaya hazır olmak.

mews *Brt.* [mjuːz] *n.* ahırlar sokağı, sıra ahırlar; dar sokak.

Mex·i·can ['meksıkən] **1.** *adj.* Meksika'ya özgü; **2.** *n.* Meksikalı.

mi·aow [miː'aʊ] *v/i.* miyavlamak.

mice [maıs] *pl. of* ***mouse.***

Mich·ael·mas ['mıklməs] *n.* 29 Eylül'de kutlanan St. Mişel festivali.

mi·cro- ['maıkrəʊ] *prefix* mikro ..., küçük ...

mi·cro|chip ['maikrəʊtʃip] *n.* mikroçip; **~ fi·ber** [~faibə] *n.* mikrolif; **~·phone** [~fəʊn] *n.* mikrofon; **~·pro·ces·sor** *n.* mikroişleyici; **~·scope** *n.* mikroskop.

mid [mıd] *adj.* orta; ortasında olan; ***in ~-air*** havada; **~·day** ['mıddeı] **1.** *n.* öğle vakti; **2.** *adj.* öğle ...

mid·dle ['mıdl] **1.** *n.* orta yer, orta; bel; **2.** *adj.* orta ...; ortadaki, ortada bulunan; **~-aged** *adj.* orta yaşlı; **♀ Ag·es** *n. pl.* ortaçağ; **~class** *adj.* orta tabaka ile ilgili; **~ class** (**·es** *pl.*) *n.* orta tabaka, F orta direk; **~·man** (*pl.* ***-men***) *n.* komisyoncu, aracı; **~ name** *n.* göbek adı; **~-sized** *adj.* orta boy ..., orta boylu; **~ weight** *n. boks*: ortasıklet, ortaağırlık.

mid·dling ['mıdlıŋ] *adj.* orta; ne iyi ne kötü, şöyle böyle.

midge ZO ['mıdʒ] *n.* tatarcık;

midg·et ['mıdʒıt] *n.* cüce.

mid|land ['mıdlənd] *adj.* ülkenin iç bölgelerinde bulunan; **~·most** *adj.* en ortadaki, tam ortadaki; **~·night** *n.* gece yarısı; **~·riff** ANAT ['mıdrıf] *n.* diyafram; **~·ship·man** (*pl.* ***-men***) *n.* Deniz Harp Okulu öğrencisi; *Am.* deniz asteğmeni; **~st** [mıdst] *n.* orta, merkez; ***in the ~ of*** *-in* ortasında; **~·sum·mer** *n.* AST yaz ortası; yaz dönümü; **~·way** **1.** *adj.* yarı yolda olan; **2.** *adv.* yarı yolda; **~·wife** (*pl.* ***-wives***) *n.* ebe; **~·wif·e·ry** [~wıfərı] *n.* ebelik; **~·win·ter** *n.* AST kış ortası, karakış; ***in ~*** kış ortasında, karakışta.

mien *lit.* [mi:n] *n.* surat, çehre; tavır, eda.
might [maıt] **1.** *n.* güç, kuvvet, kudret; ***with ~ and main*** olanca gücüyle, elden geldiğince; **2.** *pret. of* ***may***[2]; **~·y** □ ['maıtı] (***-ier, -iest***) güçlü, kuvvetli, kudretli.
mi·grate [maı'greıt] *v/i.* göç etmek (*a.* ZO); **mi·gra·tion** [~ʃn] *n.* göç; **mi·gra·to·ry** ['maıgrətərı] *adj.* göçle ilgili; ZO göçmen.
mike F [maık] *n.* mikrofon.
mil·age ['maılıdʒ] = ***mileage.***
mild □ [maıld] yumuşak başlı, uysal, ılımlı; hafif; ılıman (*hava*).
mil·dew BOT ['mıldju:] *n.* mildiyu; küf.
mild·ness ['maıldnıs] *n.* yumuşak başlılık, uysallık; ılımlılık; hafiflik.
mile [maıl] *n.* mil (*1,609 km*).
mile·age ['maılıdʒ] *n.* mil hesabıyla uzaklık; *a.* **~ *allowance*** mil başına ödenen ücret.
mile·stone ['maılstəʊn] *n.* kilometre taşı; *fig.* dönüm noktası.
mil·i|tant □ ['mılıtənt] militan; kavgacı; **~·ta·ry** [~ərı] **1.** □ askeri, askerlikle ilgili, askere özgü; harp ...; ♀ ***Government*** askeri hükümet; **2.** *n.* asker, ordu.
mi·li·tia [mı'lıʃə] *n.* milis, halk gücü.
milk [mılk] **1.** *n.* süt; ***it's no use crying over spilt ~*** olan oldu, iş işten geçti, üzülmek için çok geç; **2.** *v/t.* sağmak; *v/i.* (*koyun, inek v.b.*) süt vermek; **~·maid** ['mılkmeıd] *n.* sütçü kız, süt sağan kız; **~·man** (*pl.* ***-men***) *n.* sütçü; **~ pow·der** *n.* süttozu; **~ shake** *n.* dondurmalı süt; **~·sop** *n.* muhal lebi çocuğu, hanım evladı, çıtkırıldım; **~·y** [~kı] (***-ier, -iest***) *adj.* sütlü; süt gibi; süt ...; ♀ ***Way*** AST Samanyolu, gökyolu, hacılar yolu.
mill[1] [mıl] **1.** *n.* değirmen; el değirmeni; fabrika, yapımevi; **2.** *vb.* öğütmek, çekmek; MEC frezelemek; (*para*) kenarını diş diş yapmak.
mill[2] *Am.* [~] *n.* doların binde biri.
mil·le·pede ZO ['mılıpi:d] *n.* kırkayak.
mill·er ['mılə] *n.* değirmenci.
mil·let ['mılıt] *n.* darı.
mil·li|ner ['mılınə] *n.* kadın şapkacısı; **~·ne·ry** [~rı] *n.* kadın şapkacılığı; kadın şapkaları.
mil·lion ['mıljən] *n.* milyon; **~aire** [mıljə'neə] *n.* milyoner; **~th** ['mıljənθ] **1.** *adj.* milyonuncu; **2.** *n.* milyonda bir.
mil·li·pede ZO ['mılıpi:d] = ***millepede.***
mill|-pond ['mılpɒnd] *n.* değirmen havuzu; **~·stone** *n.* değirmentaşı.
milt [mılt] *n.* balık menisi.
mim·ic ['mımık] **1.** *adj.* taklit eden, taklitçi; sözde, yalandan ...; **2.** *n.* taklitçi kimse; **3.** (***-ck-***) *v/t.* taklit etmek, kopya etmek; taklidini yapmak; **~·ry** [~rı] *n.* taklitçilik; ZO benzeme.
mince [mıns] **1.** *v/t.* doğramak, kıymak; ***he does not ~ matters*** dobra dobra konuşur, sözünü sakınmaz; *v/i.* kırıtmak; yapmacık nezaketle konuşmak; **2.** *n. a.* **~*d meat*** kıyma; **~·meat** ['mınsmi:t] *n.* tatlı ve etli börek dolgusu; **~ pie** *n.* tatlı ve et dolgulu börek; **minc·er** [~ə] *n.* kıyma makinesi.
mind [maınd] **1.** *n.* akıl; zihin, hatıra; dikkat, özen; zekâ, kafa; düşünce, fikir, kanı; maksat, niyet; ***to my ~*** benim düşünceme göre, kanımca; ***out of one's ~, not in one's right ~*** deli, kaçık, aklı başında olmayan; ***change one's ~*** fikrini değiştirmek; ***bear*** *ya da* ***keep s.th. in ~*** bşi akılda tutmak; ***have*** (***half***) ***a ~ to*** *-meği* oldukça istemek, niyet etmek; ***have s.th. on one's ~*** zihni hep bşle meşgul olmak, aklına takılmak; ***make up one's ~*** kararını vermek; *s.* ***presence***; **2.** *vb.* dikkat etmek, bakmak; *ile* meşgul olmak; kulak vermek; itaat etmek, saymak; aldırış etmek, aldırmak, önemsemek; endişe duymak, kaygılanmak; **~*!*** Dikkat!; ***never ~!*** Zararı yok!, Önemi yok!; **~ *the step!*** Basamağa dikkat!, Önüne bak!; ***I don't ~*** (***it***) bence sakıncası yok, aldırmam; ***do you ~ if I smoke?*** sigara içmemde sakınca var mı?; ***would you ~ taking off your hat?*** lütfen şapkanızı çıkarır mısınız?; **~ *your own business!*** Kendi işine bak!; **~·ful** □ ['maındfl] dikkatli, dikkat eden (***of*** *-e*); **~·less** □ [~lıs] aldırış etmeyen (***of*** *-e*); akılsızca yapılan, aptalca.
mine[1] [maın] *pron.* benimki.
mine[2] [~] **1.** *n.* maden ocağı; MIL mayın; *fig.* maden, kaynak, hazine; **2.** *vb.* MIN (*maden*) çıkarmak; MIL mayın döşemek; kazmak; **min·er** ['maınə] *n.* madenci, maden işçisi.

M

min·e·ral ['mɪnərəl] **1.** *n.* mineral; **~s** *pl. Brt.* madensuyu; **2.** *adj.* mineral ...; madensel.
min·gle ['mɪŋgl] *v/t. & v/i.* karış(tır)-mak, kat(ıl)mak (**with** *-e*).
min·i ['mɪnɪ] **1.** *n.* mini giysi; mini etek; **2.** *adj.* mini ..., küçük.
min·i- ['mɪnɪ] *prefix* mini ..., küçük ...
min·i·a·ture ['mɪnjətʃə] **1.** *n.* minyatür; **2.** *adj.* küçücük, ufacık, minyatür ...; **~ camera** 35 mm'lik *ya da* daha dar film kullanılan fotoğraf makinesi.
min·i|mize ['mɪnɪmaɪz] *v/t.* azaltmak, en aza indirgemek; *fig.* küçümsemek, önemsememek; **~·mum** [~əm] **1.** (*pl.* **-ma** [-mə], **-mums**) *n.* en az miktar, en düşük derece; **2.** *adj.* minimum, en küçük, en az.
min·ing ['maɪnɪŋ] *n.* madencilik; *attr.* madencilik ..., maden ...
min·i·on *contp.* ['mɪnjən] *n.* yardakçı, köle, uydu.
min·i·skirt ['mɪnɪskɜːt] *n.* mini etek.
min·is·ter ['mɪnɪstə] **1.** *n.* bakan; papaz; ortaelçi; **2.** *vb.* yardım etmek, hizmet sunmak, bakmak (**to** *-e*).
min·is·try ['mɪnɪstrɪ] *n.* bakanlık; papazlık; hizmet, görev, yardım.
mink ZO [mɪŋk] *n.* vizon, mink.
mi·nor ['maɪnə] **1.** *adj.* daha küçük, daha az; *fig. a.* önemsiz, ikinci derecede olan, küçük; LEG ergin olmayan, yaşi küçük; *A* **~** MUS minör; **~ key** MUS minör anahtarı; **~ league** *Am. beysbol*: ikinci lig; **2.** *n.* LEG ergin olmayan kimse; *Am.* UNIV ikinci branş, yardımcı dal; MUS minör; **~·i·ty** [maɪ'nɒrətɪ] *n.* azınlık; LEG ergin olmama, yaşı tutmama.
min·ster ['mɪnstə] *n.* büyük kilise.
min·strel ['mɪnstrəl] *n.* saz şairi, halk ozanı, âşık.
mint[1] [mɪnt] **1.** *n.* darphane; çok miktar, yığın; **a ~ of money** bir sürü para, dünya kadar para; **2.** *v/t.* (*para*) basmak; (*sözcük v.b.*) uydurmak, yaratmak.
mint[2] BOT [~] *n.* nane.
min·u·et MUS [mɪnjʊ'et] *n.* menuet, bir dans türü.
mi·nus ['maɪnəs] **1.** *prp.* eksi; F *-si* eksik, -sız; **2.** *adj.* eksi ...; negatif, sıfırdan aşağı olan.
min·ute[1] ['mɪnɪt] *n.* dakika; an; **in a ~** hemencecik, hemen şimdi; **just a ~** bir dakika; **~s** *pl.* tutanak.
mi·nute[2] □ [maɪ'njuːt] küçücük, minnacık; azıcık; çok ince, dakik; **~·ness** [~nɪs] *n.* küçücüklük; azıcıklık.
mir·a·cle ['mɪrəkl] *n.* mucize, tansık;
mi·rac·u·lous □ [mɪ'rækjʊləs] mucize türünden, şaşılacak, harika.
mi·rage ['mɪrɑːʒ] *n.* serap, ılgım, yalgın, pusarık.
mire ['maɪə] **1.** *n.* çamur, batak; pislik, kir; **2.** *v/t. & v/i.* çamura sapla(n)mak; çamurlamak.
mir·ror ['mɪrə] **1.** *n.* ayna; **2.** *v/t.* yansıtmak (*a. fig.*)
mirth [mɜːθ] *n.* neşe, sevinç, şenlik; **~·ful** □ ['mɜːθfl] neşeli, şen; **~·less** □ [~lɪs] neşesiz.
mir·y ['maɪərɪ] (**-ier, -iest**) *adj.* çamurlu; pis, kirli.
mis- [mɪs] *prefix* kötü ..., yanlış ...; -sızlık.
mis·ad·ven·ture ['mɪsəd'ventʃə] *n.* aksilik, terslik, talihsizlik; kaza, bela.
mis·an|thrope ['mɪzənθrəʊp], **~·thro·pist** [mɪ'zænθrəpɪst] *n.* insanlardan kaçan kimse.
mis·ap·ply ['mɪsə'plaɪ] *v/t.* yanlış uygulamak, yerinde kullanmamak.
mis·ap·pre·hend ['mɪsæprɪ'hænd] *v/t.* yanlış anlamak.
mis·ap·pro·pri·ate ['mɪsə'prəʊprɪeɪt] *v/t.* haksız kullanmak, zimmetine geçirmek.
mis·be·have ['mɪsbɪ'heɪv] *v/i.* yaramazlık etmek, terbiyesizlik yapmak.
mis·cal·cu·late [mɪs'kælkjʊleɪt] *v/t.* yanlış hesaplamak.
mis·car|riage [mɪs'kærɪdʒ] *n.* boşa gitme, suya düşme, başarısızlık; (*mektup, mal v.b.*) yerine varmama, yolda kaybolma; MED çocuk düşürme; **~ of justice** adli hata; **~·ry** [~ɪ] *v/i.* boşa çıkmak, suya düşmek; (*mektup v.b.*) yerine varmamak, yolda kaybolmak; MED çocuk düşürmek.
mis·cel·la|ne·ous □ [mɪsɪ'leɪnjəs] çeşitli, türlü türlü, karışık; **~·ny** [mɪ'seləni] *n.* derleme.
mis·chief ['mɪstʃɪf] *n.* kötülük, fesat; zarar, ziyan; yaramazlık, haylazlık, afacanlık; **~-mak·er** *n.* arabozucu, fitneci.
mis·chie·vous □ ['mɪstʃɪvəs] zararlı; yaramaz, haylaz, afacan.

mis·con·ceive ['mıskən'si:v] *vb.* yanlış anlamak.
mis·con·duct 1. [mıs'kɒndʌkt] *n.* kötü davranış, uygunsuz hareket; zina; kötü yönetim; **2.** ['mıskən'dʌkt] *v/t.* kötü yönetmek; **~ *o.s.*** kötü davranmak; zina yapmak.
mis·con·strue ['mıskən'stru:] *v/t.* yanlış yorumlamak, yanlış anlamak.
mis·deed ['mısdi:d] *n.* kötülük, kabahat, günah.
mis·de·mea·no(u)r LEG ['mısdı'mi:nə] *n.* hafif suç; kötü davranış.
mis·di·rect ['mısdı'rekt] *v/t.* (*mektup v.b.*) adresini yanlış yazmak; yanıltmak.
mis·do·ing ['mısdu:ıŋ] *mst* **~*s*** *pl.* = ***misdeed.***
mise en sce2ne THEA ['mi:zɑ:n'seın] *n.* mizansen.
mi·ser ['maızə] *n.* cimri kimse.
mis·e·ra·ble □ ['mızərəbl] mutsuz, dertli, perişan; acınacak, hazin; kötü, berbat; yoksul, sefil.
mi·ser·ly ['maızəlı] *adj.* cimri, pinti, F eli sıkı.
mis·e·ry ['mızərı] *n.* yoksulluk, sefalet; mutsuzluk, perişanlık; acı, ıstırap.
mis·fire ['mıs'faıə] *v/i.* (*silah*) ateş almamak; MOT çalışmamak, işlememek.
mis·fit ['mısfıt] *n.* uygunsuzluk; iyi oturmayan giysi; yerinin adamı olmayan kimse.
mis·for·tune [mıs'fɔ:tʃən] *n.* talihsizlik, aksilik, terslik; bela, felaket, kaza.
mis·giv·ing ['mıs'gıvıŋ] *n.* endişe, kuşku, korku, şüphe.
mis·guide ['mıs'gaıd] *v/t.* yanlış yola saptırmak, baştan çıkarmak.
mis·hap ['mıshæp] *n.* talihsizlik, aksilik, terslik; kaza, felaket.
mis·in·form ['mısın'fɔ:m] *v/t.* yanlış bilgi *ya da* haber vermek.
mis·in·ter·pret ['mısın'tɜ:prıt] *v/t.* yanlış yorumlamak, yanlış anlam vermek.
mis·lay [mıs'leı] (***-laid***) *v/t.* yanlış yere koymak, kaybetmek.
mis·lead [mıs'li:d] (***-led***) *v/t.* yanlış yoldan götürmek; aldatmak, baştan çıkarmak; yanıltmak, yanlış bilgi vermek.
mis·man·age ['mıs'mænıdʒ] *v/t.* kötü yönetmek, yanlış yönetmek.
mis·place ['mıs'pleıs] *v/t.* yanlış yere koymak.
mis·print 1. [mıs'prınt] *v/t.* yanlış basmak; **2.** ['mısprınt] *n.* baskı hatası.
mis·read ['mıs'ri:d] (***-read*** [-red]) *v/t.* yanlış okumak; yanlış yorumlamak
mis·rep·re·sent ['mısreprı'zent] *v/t.* kötü temsil etmek; yanlış betimlemek.
miss[1] [mıs] *n.* bayan.
miss[2] [~] **1.** *n.* başarısızlık; hedefe vuramama, karavana, ıska; **2.** *v/t.* vuramamak, isabet ettirememek, ıskalamak; yetişememek, kaçırmak; özlemek, göreceği gelmek; *v/i.* eksik olmak; kurtulmak.
mis·shap·en ['mıs'ʃeıpən] *adj.* biçimsiz, deforme olmuş.
mis·sile ['mısaıl, *Am.* 'mısəl] **1.** *n.* atılan şey; MIL füze; **2.** *adj.* MIL füze ...
miss·ing ['mısıŋ] *adj.* olmayan, eksik; MIL kayıp; ***be* ~** yokluğu hissedilmek, onsuz yapılamamak.
mis·sion ['mıʃn] *n.* POL özel görev; ECCL, POL misyon, heyet; MIL uçuş; misyoner heyeti; POL sefarethane, elçilik; **~·a·ry** ['mıʃənrı] **1.** *n.* misyoner; **2.** *adj.* dinsel görevle ilgili; misyonerlerle ilgili.
mis·sive ['mısıv] *n.* uzun mektup.
mis·spell ['mıs'spel] (***-spelt*** *ya da* ***-spelled***) *v/t.* yanlış hecelemek *ya da* yazmak.
mis·spend ['mıs'spend] (***-spent***) *v/t.* boş yere harcamak, saçıp savurmak (*para*); boşa geçirmek (*zaman*).
mist [mıst] **1.** *n.* sis, duman, pus; **2.** *v/t. & v/i.* sis ile kapla(n)mak, sis basmak; buğulan(dır)mak.
mis|take [mı'steık] **1.** (***-took, -taken***) *v/t.* yanlış anlamak, kazı koz anlamak; benzetmek (***for*** *-e*); **2.** *n.* yanılma, yanlışlık; hata, yanlış; **~·tak·en** □ [~ən] yanlış; yanılmış; ***be* ~** yanılmak, yanılgıya düşmek.
mis·ter ['mıstə] *n.* bay, bey (*abbr.* **Mr.**).
mis·tle·toe BOT ['mısltəʊ] *n.* ökseotu.
mis·tress ['mıstrıs] *n.* ev sahibesi, evin hanımı; metres, kapatma, dost; *esp. Brt.* kadın öğretmen.
mis·trust ['mıs'trʌst] **1.** *v/t.* *-e* güvenmemek, *-den* kuşku duymak; **2.** *n.* güvensizlik, kuşku; **~·ful** □ [~fl] güvensiz, kuşkulu.
mist·y □ ['mıstı] (***-ier, -iest***) sisli, puslu,

M

dumanlı; *fig.* bulanık, karanlık.
mis·un·der·stand ['mɪsʌndə'stænd] (***-stood***) *v/t.* yanlış anlamak, ters anlamak, kazı koz anlamak; **~·ing** [~ɪŋ] *n.* yanlış anlama.
mis|us·age [mɪs'juːzɪdʒ] *n.* yanlış kullanılış; kötü davranma; **~·use 1.** ['mɪs'juːz] *v/t.* yanlış kullanmak; kötü davranmak; hor kullanmak; **2.** [~s] *n.* yanlış kullanma; kötü davranış.
mite [maɪt] *n.* zo kene, peynirkurdu; küçücük çocuk; *fig.* azıcık şey.
mit·i·gate ['mɪtɪgeɪt] *v/t.* yatıştırmak, dindirmek, hafifletmek.
mi·tre, *Am.* **-ter** ['maɪtə] *n.* piskoposluk tacı.
mitt [mɪt] *n. beysbol:* eldiven; *sl.* boks eldiveni; = ***mitten.***
mit·ten ['mɪtn] *n.* parmaksız eldiven, kolçak.
mix [mɪks] *v/t. & v/i.* karış(tır)mak; karmak; katmak; kaynaş(tır)mak, bağdaş(tır)mak (***with*** *ile*); ***~ed*** karışık, karma; ***~ed school*** *esp. Brt.* karma okul; ***~ up*** karış(tır)mak; ***be ~ed up with*** *ile* ilişkisi olmak; **~·ture** ['mɪkstʃə] *n.* karış(tır)ma; karışım.
moan [məʊn] **1.** *n.* inilti; (*rüzgâr*) uğultu; **2.** *v/i.* inlemek; sızlanmak; (*rüzgâr*) uğuldamak.
moat [məʊt] *n.* kale hendeği.
mob [mɒb] **1.** *n.* ayaktakımı, avam; kalabalık; gangster çetesi; **2.** (***-bb-***) *vb.* saldırmak; doluşmak, üşüşmek.
mo·bile ['məʊbaɪl] *adj.* oynak, hareketli, devingen, yer değiştirebilen; MIL seyyar (*ordu*); ***~ home*** *esp. Am.* karavan.
mo·bil·i|za·tion MIL [məʊbɪlaɪ'zeɪʃn] *n.* seferberlik; **~ze** MIL ['məʊbɪlaɪz] *v/t.* silah altına almak.
moc·ca·sin ['mɒkəsɪn] *n.* mokasen (*ayakkabı*).
mock [mɒk] **1.** *n.* dalga geçme, alay; **2.** *adj.* sahte, taklit, yalandan yapılan; **3.** *vb.* dalga geçmek, alay etmek, eğlenmek (***at*** *ile*); taklidini yapmak; karşı koymak; **~·e·ry** ['mɒkərɪ] *n.* dalga geçme, alay; taklit; alaya alınan şey; **~·ing-bird** zo [~ɪŋbɜːd] *n.* alaycı kuş.
mode [məʊd] *n.* tarz, yol, biçim, üslup, biçem; GR kip.
mod·el ['mɒdl] **1.** *n.* model, örnek; kalıp, biçim; manken; ***male ~*** erkek manken; **2.** *adj.* model ..., örnek ...; örnek alınacak; **3.** (*esp. Brt. -ll-, Am. -l-*) *v/t. -in* modelini yapmak; kalıbını çıkarmak; *fig.* örnek almak; *v/i.* mankenlik *ya da* modellik yapmak.
mod·e|rate 1. □ ['mɒdərət] ılımlı, ölçülü; orta; usa uygun, akıllıca; **2.** [~reɪt] *v/t. & v/i.* hafifle(t)mek, azal(t)mak, yumuşa(t)mak; başkanlık etmek; **~·ra·tion** [mɒdə'reɪʃn] *n.* ılımlılık, ölçülülük; hafifletme, azaltma.
mod·ern ['mɒdən] *adj.* modern, yeni, çağdaş, çağcıl; **~·ize** [~aɪz] *v/t. & v/i.* modernleş(tir)mek, yenileş(tir)mek, çağdaşlaş(tır)mak.
mod|est □ ['mɒdɪst] alçak gönüllü; gösterişsiz, sade; ılımlı; **~·es·ty** [~ɪ] *n.* alçak gönüllülük; sadelik; ılımlılık.
mod·i|fi·ca·tion [mɒdɪfɪ'keɪʃn] *n.* değiştirme; değişiklik; **~·fy** ['mɒdɪfaɪ] *v/t.* değiştirmek; azaltmak, hafifletmek; GR nitelemek.
mods *Brt.* [mɒdz] *n. pl.* Oxford Üniversitesi'nde edebiyat fakültesi diploması için ilk genel sınav.
mod·u·late ['mɒdjʊleɪt] *v/t.* ayarlamak; (*ses*) tatlılaştırmak, yumuşatmak.
mod·ule ['mɒdjuːl] *n.* ölçü birimi; MEC çap; MEC modül; *radyo:* kapsül.
moi·e·ty ['mɔɪətɪ] *n.* yarım, yarı; küçük parça, kısım.
moist [mɔɪst] *adj.* nemli, rutubetli; ıslak; (*göz*) yaşlı; **~·en** ['mɔɪsn] *v/t.* ıslatmak; *v/i.* ıslanmak; (*göz*) yaşarmak; **mois·ture** [~stʃə] *n.* nem, rutubet; ıslaklık.
mo·lar ['məʊlə] *n.* azıdişi.
mo·las·ses [mə'læsɪz] *n. sg.* melas, şeker pekmezi; *Am.* şurup.
mole[1] zo [məʊl] *n.* köstebek.
mole[2] [~] *n.* ben, leke.
mole[3] [~] *n.* dalgakıran, mendirek.
mol·e·cule ['mɒlɪkjuːl] *n.* molekül, özdek.
mole·hill ['məʊlhɪl] *n.* köstebek tepesi; ***make a mountain out of a ~*** pireyi deve yapmak.
mo·lest [mə'lest] *v/t.* rahatsız etmek, tedirgin etmek; (*kızlara*) laf atmak, sarkıntılık etmek.
mol·li·fy ['mɒlɪfaɪ] *v/t.* yatıştırmak, yumuşatmak.
mol·ly·cod·dle ['mɒlɪkɒdl] **1.** *n.* muhal-

lebi çocuğu, hanım evladı, anasının kuzusu; **2.** *v/t.* üstüne titremek, nazlı büyütmek.

mol·ten ['məʊltən] *adj.* erimiş; dökme …

mom *Am.* F [mɒm] *n.* anne.

mo·ment ['məʊmənt] *n.* an; önem; = ***momentum***; **mo·men·ta·ry** □ [-ərı] bir anlık, geçici, kısa, ani; her an olan; **mo·men·tous** □ [mə'mentəs] çok önemli, ciddi; **mo·men·tum** PHYS [-əm] (*pl.* ***-ta*** [-tə], ***-tums***) *n.* moment.

mon|arch ['mɒnək] *n.* hükümdar, kral; **~·ar·chy** [-ı] *n.* monarşi, tekerklik.

mon·as·tery ['mɒnəstrı] *n.* manastır.

Mon·day ['mʌndı] *n.* pazartesi.

mon·e·ta·ry ECON ['mʌnıtərı] *adj.* parayla ilgili, parasal, para …

mon·ey ['mʌnı] *n.* para; ***ready ~*** nakit para, peşin para; **~-box** *n.* kumbara; **~-chang·er** [-tʃeındʒə] *n.* sarraf; *Am.* otomatik para makinesi; **~ or·der** *n.* para havalesi.

mon·ger ['mʌŋgə] *n.* satıcı.

mon·grel ['mʌŋgrəl] *n.* melez köpek, bitki *ya da* insan; *attr.* melez …

mon·i·tor ['mɒnıtə] *n.* MEC, TV: monitör; *okul*: sınıf başkanı.

monk [mʌŋk] *n.* keşiş, rahip.

mon·key ['mʌŋkı] **1.** *n.* zo maymun; MEC şahmerdan başı; ***put s.o.'s ~ up*** F *b-nin* tepesini attırmak, *b-ni* kızdırmak; ***~ business*** F düzenbazlık, oyun; **2.** *v/i.* ***~ about, ~ around*** F oynamak; ***~ (about** ya da **around) with*** F *ile* oynamak, kurcalamak, ellemek; **~wrench** *n.* MEC İngiliz anahtarı; ***throw a ~ into s.th.*** Am. bşe engel olmak, çomak sokmak.

monk·ish ['mʌŋkıʃ] *adj.* keşiş gibi.

mon·o F ['mɒnəʊ] (*pl.* ***-os***) *n. radyo v.b.*: mono ses; mono aygıt; *attr.* mono …

mon·o- ['mɒnəʊ] *prefix* mono …, tek …, bir …

mon·o·cle ['mɒnəkl] *n.* monokl, tek gözlük.

mo·nog·a·my [mɒ'nɒgəmı] *n.* monogami, tekeşlilik.

mon·o|logue, *Am. a.* **~·log** ['mɒnəlɒg] *n.* monolog.

mo·nop·o|list [mə'nɒpəlıst] *n.* tekelci; **~·lize** [-aız] *v/t.* tekeline almak; (*a. fig.*); **~·ly** [-ı] *n.* monopol, tekel.

mo·not·o|nous □ [mə'nɒtənəs] monoton, tekdüze, sıkıcı; **~·ny** [-ı] *n.* monotonluk, tekdüzelik.

mon·soon [mɒn'suːn] *n.* muson.

mon·ster ['mɒnstə] *n.* canavar, dev (*a. fig.*); *attr.* koskocaman, dev gibi.

mon|stros·i·ty [mɒn'strɒsətı] *n.* canavarlık; anormal yaratık; çirkin şey; **~·strous** □ ['mɒnstrəs] canavar gibi; anormal; koskocaman; ürkünç, korkunç; inanılmaz.

month [mʌnθ] *n.* ay; ***this day ~*** önümüzdeki ay bugün; **~·ly** ['mʌnθlı] **1.** *adj.* ayda bir olan, aylık; **2.** *n.* aylık dergi.

mon·u·ment ['mɒnjʊmənt] *n.* anıt, abide; eser, yapıt; **~·al** □ [mɒnjʊ'mentl] anıtsal; koskocaman, muazzam.

moo [muː] *v/i.* böğürmek.

mood [muːd] *n.* ruhsal durum, ruh durumu; ***~s*** *pl.* huysuzluk, aksilik; **~·y** □ ['muːdı] (***-ier, -iest***) dargın, küskün; huysuz, ters, aksi; umutsuz, karamsar.

moon [muːn] **1.** *n.* ay; ***once in a blue ~*** F kırk yılda bir; **2.** *v/i.* ***~ about, ~ around*** F dalgın dalgın gezinmek; **~·light** ['muːnlaıt] *n.* mehtap; **~·lit** *adj.* mehtaplı; **~·struck** *adj.* aysar, çılgın, deli; **~ walk** *n.* ayda yürüyüş.

Moor[1] [mʊə] *n.* Faslı.

moor[2] [-] *n.* kır, avlak.

moor[3] NAUT [-] *v/t. & v/i.* palamarla bağla(n)mak; **~·ings** NAUT ['mʊərıŋz] *n. pl.* palamar takımı; gemi bağlama yeri.

moose ZO [muːs] *n.* mus, Kuzey Amerika geyiği.

mop [mɒp] **1.** *n.* saplı tahta bezi, paspas; dağınık saç; **2.** (***-pp-***) *v/t.* paspas yapmak, paspaslamak.

mope [məʊp] *v/i.* üzgün olmak, canı sıkkın olmak.

mo·ped *Brt.* MOT ['məʊped] *n.* moped, motorlu bisiklet.

mor·al ['mɒrəl] **1.** □ ahlaki; ahlaklı, dürüst; manevi, tinsel; **2.** *n.* ahlak dersi; ***~s*** *pl.* ahlak; **morale** [mɒ'rɑːl] *n. esp.* MIL moral, yürek gücü; **mo·ral·i·ty** [mə'rælətı] *n.* ahlak, ahlaklılık; erdem; **mor·al·ize** ['mɒrəlaız] *vb.* ahlak dersi vermek; ahlak yönünden değerlendirmek.

mo·rass [mə'ræs] *n.* bataklık; engel,

güçlük.

mor·bid □ ['mɔːbɪd] hastalıklı; bozuk, çarpık (*fikir*).

more [mɔː] *adj. & adv.* daha çok; daha; ***no*** **~** artık ... değil; ***no*** **~** ***than*** *-den* daha çok değil; ***once*** **~** bir kez daha; (***all***) ***the*** **~**, ***so much the*** **~** haydi haydi.

mo·rel BOT [mɒ'rel] *n.* siyah mantar.

more·o·ver [mɔː'rəʊvə] *adv.* bundan başka, ayrıca, üstelik.

morgue [mɔːg] *n. Am.* morg; F bir gazetenin eski sayıları.

morn·ing ['mɔːnɪŋ] *n.* sabah; ***good*** **~*!*** Günaydın!, İyi sabahlar!; ***in the*** **~** sabahleyin; ***tomorrow*** **~** yarın sabah; **~ dress** *n.* resmi sabah kıyafeti.

mo·ron ['mɔːrən] *n.* doğuştan geri zekâlı kimse; *contp.* kuş beyinli kimse.

mo·rose □ [mə'rəʊs] somurtkan, suratsız, asık suratlı.

mor|phi·a ['mɔːfjə], **~·phine** ['mɔːfiːn] *n.* morfin.

mor·sel ['mɔːsl] *n.* lokma; parça.

mor·tal ['mɔːtl] **1.** □ ölümlü, gelip geçici, kalımsız; öldürücü; ölene dek süren; **2.** *n.* insan, insanoğlu; **~·i·ty** [mɔː'tælətɪ] *n.* ölümlülük, gelip geçicilik; ölüm oranı; ölü sayısı, can kaybı.

mor·tar ['mɔːtə] *n.* havan; MIL havan topu.

mort|gage ['mɔːgɪdʒ] **1.** *n.* ipotek; **2.** *v/t.* ipotek etmek, rehine koymak; **~·gag·ee** [mɔːgə'dʒiː] *n.* ipotekli alacak sahibi; **~·gag·er** ['mɔːgɪdʒə], **~·ga·gor** [mɔːgə'dʒɔː] *n.* ipotek yapan borçlu.

mor·tice MEC ['mɔːtɪs] = ***mortise.***

mor·ti·cian *Am.* [mɔː'tɪʃn] *n.* cenaze kaldırıcısı.

mor·ti|fi·ca·tion [mɔːtɪfɪ'keɪʃn] *n.* küçük düşme, rezil olma; MED kangren; **~·fy** ['mɔːtɪfaɪ] *v/t.* küçük düşürmek, rezil etmek, yerin dibine geçirmek.

mor·tise MEC ['mɔːtɪs] *n.* zıvana, yuva.

mor·tu·a·ry ['mɔːtjʊərɪ] *n.* morg.

mo·sa·ic [mə'zeɪɪk] *n.* mozaik.

mosque [mɒsk] *n.* cami.

mos·qui·to zo [mə'skiːtəʊ] (*pl.* ***-toes***) *n.* sivrisinek.

moss BOT [mɒs] *n.* yosun; **~·y** BOT ['mɒsɪ] (***-ier, -iest***) *adj.* yosunlu; yosun gibi, yosunumsu.

most [məʊst] **1.** □ en çok, en fazla; **~** ***people*** *pl.* çoğu kimse; **2.** *adv.* en; son derece, pek; ***the*** **~** ***important point*** en önemli nokta; **3.** *n.* en çok miktar; çoğunluk, çokluk; ***at*** (***the***) **~** en çok, olsa olsa; ***make the*** **~** ***of*** *-den* sonuna kadar yararlanmak; **~·ly** ['məʊstlɪ] *adv.* çoğu kez, çoğunlukla.

mo·tel [məʊ'tel] *n.* motel.

moth zo [mɒθ] *n.* güve; pervane; **~-eat·en** ['mɒθiːtn] *adj.* güve yemiş.

moth·er ['mʌðə] **1.** *n.* anne, ana; **2.** *v/t.* annelik etmek, bakmak; **~ coun·try** *n.* anavatan, anayurt; **~·hood** [~hʊd] *n.* annelik, analık; **~-in-law** [~rɪnlɔː] (*pl.* ***mothers-in-law***) *n.* kayınvalide, kaynana; **~·ly** [~lɪ] *adj.* ana gibi; anaya yakışır; **~-of-pearl** [~rəv'pɜːl] *n.* sedef; **~ tongue** *n.* anadili.

mo·tif [məʊ'tiːf] *n.* motif, örge; anakonu.

mo·tion ['məʊʃn] **1.** *n.* hareket, devinim (*a.* MEC); PARL önerge, teklif; MED dışkılama; *oft* **~s** *pl.* vücut hareketi; **2.** *vb.* elle işaret etmek; **~·less** [~lɪs] *adj.* hareketsiz; **~ pic·ture** *n.* sinema filmi.

mo·ti|vate ['məʊtɪveɪt] *v/t.* harekete getirmek, sevketmek; *-e* neden olmak; **~·va·tion** [məʊtɪ'veɪʃn] *n.* sevketme; neden, dürtü.

mo·tive ['məʊtɪv] **1.** *n.* güdü, dürtü, neden; **2.** *adj.* hareket ettirici, devindirici; güdüsel; **3.** *v/t.* harekete getirmek.

mot·ley ['mɒtlɪ] *adj.* alacalı, renk renk.

mo·tor ['məʊtə] **1.** *n.* motor; otomobil; MED adale, kas; *fig.* hareket ettirici güç; **2.** *adj.* motorlu, motorla işleyen; hareket ettirici; **3.** *v/i.* otomobille gezmek *ya da* gitmek; **~ bi·cy·cle** *n.* motosiklet; *Am.* moped; **~·bike** *n.* F motosiklet; *Am.* moped; **~·boat** *n.* deniz motoru, motorbot; **~ bus** *n.* otobüs; **~·cade** [~keɪd] *n.* araba korteji, konvoy; **~ car** *n.* otomobil; **~ coach** *n.* otobüs; **~ cy·cle** *n.* motosiklet; **~-cy·clist** *n.* motosiklet sürücüsü; **~·ing** [~rɪŋ] *n.* otomobilcilik; otomobil kullanma; ***school of*** **~** şoförlük okulu; **~·ist** [~rɪst] *n.* sürücü, otomobil kullanan kimse; **~·ize** [~raɪz] *v/t.* motorla donatmak, motorize etmek; **~ launch** *n.* motorbot, gezinti motoru; **~·way** *n. Brt.* karayolu, otoyol, otoban.

mot·tled ['mɒtld] *adj.* benekli; alacalı.

mo(u)ld [məʊld] **1.** *n.* AGR gübreli top-

rak, bahçıvan toprağı; MEC döküm kalıbı; *fig*. yapı, karakter; **2.** *v/t*. kalıba dökmek; biçim vermek (***on, upon*** *-e*).
mo(u)l·der ['məʊldə] *v/i*. çürümek, çürüyüp gitmek.
mo(u)ld·ing ARCH ['məʊldıŋ] *n*. tiriz, silme, korniş, pervaz.
mo(u)ld·y ['məʊldı] (***-ier, -iest***) *adj*. küflü, küflenmiş; küf kokulu.
mo(u)lt [məʊlt] *v/i*. tüy dökmek.
mound [maʊnd] *n*. tepecik, tümsek; höyük.
mount [maʊnt] **1.** *n*. dağ, tepe; binek hayvanı; **2.** *v/t*. & *v/i*. ata bin(dir)mek; tırmanmak, çıkmak; binmek; takmak, oturtmak; çerçeveye geçirmek; monte etmek, kurmak; ***~ed police*** atlı polis.
moun·tain ['maʊntın] **1.** *n*. dağ; ***~s*** *pl*. dağ silsilesi; **2.** *adj*. dağlara özgü, dağ ...; **~·eer** [maʊntı'nıə] *n*. dağlı; dağcı; **~·eer·ing** [~rıŋ] *n*. dağcılık; **~·ous** ['maʊntınəs] *adj*. dağlık; dağ gibi.
moun·te·bank ['maʊntıbæŋk] *n*. şarlatan kimse.
mourn [mɔːn] *vb*. yas tutmak, ölümüne ağlamak; **~·er** ['mɔːnə] *n*. yaslı kimse; **~·ful** ☐ [~fl] yaslı; kederli, üzgün; acıklı; **~·ing** [~ıŋ] *n*. yas; ağlayıp sızlanma; *attr*. yas ...
mouse [maʊs] (*pl*. ***mice*** [maıs]) *n*. fare, sıçan.
mous·tache [mə'stɑːʃ], *Am*. **mus·tache** ['mʌstæʃ] *n*. bıyık.
mouth [maʊθ] (*pl*. ***mouths*** [maʊðz]) *n*. ağız; haliç, boğaz; giriş yeri; **~·ful** ['maʊθful] *n*. ağız dolusu; lokma; **~·or·gan** *n*. ağız mızıkası, armonika; **~·piece** *n*. ağızlık; *fig*. sözcü.
mo·va·ble ☐ ['muːvəbl] taşınır; kımıldayabilir.
move [muːv] **1.** *v/t*. & *v/i*. hareket et(tir)mek, kımılda(t)mak, oyna(t)mak; nakletmek, taşı(n)mak; duygulandırmak, etkilemek, dokunmak; teklif etmek, önermek; MED (*bağırsak*) işle(t)mek; *satranç*: taş sürmek; ***~ away*** taşınmak; ***~ down*** (*öğrenciyi*) daha alt bir sınıfa yerleştirmek; ***~ for s.th.*** bş için öneride bulunmak; ***~ in*** eve taşınmak; kontrolü ele almak; üzerine yürümek (***on*** *-in*); ***~ on*** ilerlemek, yürümek; gitmek; değiştirmek; ***~ out*** evden çıkmak, taşınmak; ***~ up*** (*öğrenciyi*) daha yüksek bir sınıfa yerleştirmek; ***~ house*** *Brt*. taşınmak, evi taşımak; ***~ heaven and earth*** her çareye başvurmak; **2.** *n*. hareket, kımıldama; göç; taşınma; *satranç*: taş sürme, hamle; *fig*. tedbir; ***on the ~*** hareket halinde, ilerlemekte; ***get a ~ on!*** Çabuk ol!, Acele et!; ***make a ~*** kıpırdamak; *fig*. harekete geçmek; **~·a·ble** ['muːvəbl] = ***movable***; **~·ment** [~mənt] *n*. hareket; MUS tempo, ritim; MUS ölçü, usul; MEC mekanizma; MED bağırsakların işlemesi.
mov·ie *esp*. *Am*. F ['muːvı] *n*. film; ***~s*** *pl*. sinema.
mov·ing ☐ ['muːvıŋ] hareketli, oynar; hareket ettirici; *fig*. dokunaklı, duygulandırıcı; ***~ staircase*** yürüyen merdiven.
mow [məʊ] (***~ed, ~n*** *ya da* ***~ed***) *v/t*. biçmek; **~·er** ['məʊə] *n*. biçen kimse, orakçı; ekin biçme makinesi, *esp*. çim biçme makinesi; **~·ing-ma·chine** [~ıŋməʃiːn] *n*. ekin biçme makinesi; **~n** [məʊn] *p.p. of* ***mow***
much [mʌtʃ] **1.** (***more, most***) *adj*. çok, epey; **2.** *adv*. çokca, hayli; büyük bir farkla, kat kat; ***~ as I would like*** sevmeme karşın, çok isterdim ama; ***I thought as ~*** bunu bekliyordum, aklıma gelmedi de değil; **3.** *n*. çok miktarda şey; önemli şey; ***make ~ of*** *-e* çok önem vermek, üzerinde önemle durmak; ***I am not ~ of a dancer*** F iyi bir dansöz değilimdir, ben kim dansöz olmak kim.
muck [mʌk] *n*. gübre; F pislik (*a. fig.*); **~·rake** ['mʌkreık] **1.** *n*. gübre yabası; **2.** *vb*. karanlık olayları ortaya çıkarmak.
mu·cus ['mjuːkəs] *n*. sümük.
mud [mʌd] *n*. çamur (*a. fig.*).
mud·dle ['mʌdl] **1.** *v/t*. bulandırmak; *a*. ***~ up, ~ together*** birbirine karıştırmak, karman çorman etmek; F yüzüne gözüne bulaştırmak; *v/i*. kafası karışmak; ***~ through*** F işin içinden başarıyla, sıyrılmak; **2.** *n*. karışıklık, dağınıklık; şaşkınlık, sersemlik.
mud|dy ☐ ['mʌdı] (***-ier, -iest***) çamurlu; kirli, bulanık; karmaşık, karışık; **~·guard** *n*. çamurluk.
muff [mʌf] *n*. manşon, el kürkü.
muf·fin ['mʌfın] *n*. yassı pide.
muf·fle ['mʌfl] *v/t*. *oft*. ***~ up*** sarıp sar-

M

malamak, sarmak; (*ses*) boğmak; ~r [-ə] *n.* fular, boyun atkısı; *Am.* MOT susturucu.

mug[1] [mʌg] *n.* maşrapa; *sl.* surat, yüz.

mug[2] F [-] (**-gg-**) *v/t.* saldırıp soymak; **~·ger** F ['mʌgə] *n.* soyguncu, eşkiya; **~·ging** F [-ɪŋ] *n.* saldırıp soyma, eşkiyalık.

mug·gy ['mʌgɪ] *adj.* bunaltıcı, sıkıntılı, kapalı (*hava*).

mug·wump *Am. iro.* ['mʌgwʌmp] *n.* kendini beğenmiş kimse; POL bağımsız üye.

mu·lat·to [mjuː'lætəʊ] (*pl.* **-tos**, *Am.* **-toes**) *n.* beyaz ile zenci melezi kimse.

mul·ber·ry BOT ['mʌlbərɪ] *n.* dut; dut ağacı.

mule [mjuːl] *n.* zo katır; F katır gibi inatçı kimse; arkalıksız terlik, şıpıdık; **mu·le·teer** [mjuːlɪ'tɪə] *n.* katırcı.

mull[1] [mʌl] *n.* ince muslin kumaş.

mull[2] [-]: **~ over** uzun uzadıya düşünmek, düşünüp taşınmak.

mulled [mʌld]: **~ claret, ~ wine** şekerli ve baharatlı sıcak şarap.

mul·li·gan *Am.* F ['mʌlɪgən] *n.* türlü yemeği, güveç.

mul·li·on ARCH ['mʌljən] *n.* pencere tirizi.

mul·ti- ['mʌltɪ] *prefix* çok ...

mul·ti|cul·tu·ral □ [mʌltɪ'kʌltʃərəl] *birden fazla kültür grubu barındıran* (*toplum*), çok kültürlü; **~far·i·ous** □ [-'feərɪəs] çeşitli, çeşit çeşit, türlü türlü; **~·form** ['mʌltɪfɔːm] *adj.* çok biçimli; **~·lat·e·ral** [mʌltɪ'lætərəl] *adj.* çok kenarlı; POL çok taraflı, çok yanlı; **~·ple** ['mʌltɪpl] **1.** *adj.* birçok, çok yönlü; katmerli; **2.** *n.* MATH katsayı.

mul·ti·plex ['mʌltɪpleks] *adj.* multipleks (*sinema*).

mul·ti|pli·ca·tion [mʌltɪplɪ'keɪʃn] *n.* çoğal(t)ma; MATH çarpma, çarpım; **~ table** çarpım tablosu; **~·pli·ci·ty** [-'plɪsətɪ] *n.* çokluk, fazlalık; çeşitlilik; **~·ply** ['mʌltɪplaɪ] *v/t. & v/i.* çoğal(t)mak, art(ır)mak; BIOL üremek; MATH çarpmak (**by** *ile*); **~·task·ing** [-'tɑːskɪŋ] *adj. birden fazla görevi aynı anda yerine getirebilen* (*bilgisayar, kişi*); **~·tude** [-tjuːd] *n.* çokluk; kalabalık, halk yığını; **~·tu·di·nous** [mʌltɪ'tjuːdɪnəs] *adj.* çok, pek çok.

mum[1] [mʌm] **1.** *adj.* sessiz; **2.** *int.* Sus!

mum[2] *Brt.* F [-] *n.* anne.

mum·ble ['mʌmbl] *v/t. & v/i.* mırılda(n)mak, ağzında gevelemek; kemirmek.

mum·mer·y *contp.* ['mʌmərɪ] *n.* maskeli gösteri; anlamsız ayin.

mum·mi·fy ['mʌmɪfaɪ] *v/t.* mumyalamak.

mum·my[1] ['mʌmɪ] *n.* mumya.

mum·my[2] *Brt.* F [-] *n.* anne, anneciğim.

mumps MED [mʌmps] *n.sg.* kabakulak.

munch [mʌntʃ] *v/t.* katır kutur yemek, şapır şupur yemek.

mun·dane □ [mʌn'deɪn] dünya ile ilgili, dünyevi.

mu·ni·ci·pal □ [mjuː'nɪsɪpl] belediye ile ilgili, belediye ...; kent ile ilgili, kent ...; **~·i·ty** [mjuːnɪsɪ'pælətɪ] *n.* belediye.

mu·nif·i|cence [mjuː'nɪfɪsns] *n.* cömertlik, eli açıklık; **~·cent** [-t] *adj.* cömert, eli açık.

mu·ni·tions MIL [mjuː'nɪʃnz] *n. pl.* cephane.

mu·ral ['mjʊərəl] **1.** *n.* fresk, duvar resmi; **2.** *adj.* duvar ile ilgili, duvar ...; duvara asılan.

mur·der ['mɜːdə] **1.** *n.* cinayet, adam öldürme; **2.** *v/t.* öldürmek, katletmek (*a. fig.*); *fig.* F berbat etmek, rezil etmek; **~·er** [-rə] *n.* cani, katil; **~·ess** [-rɪs] *n.* kadın katil; **~·ous** □ [-rəs] öldürücü, kanlı.

murk·y □ ['mɜːkɪ] (**-ier, -iest**) karanlık; yoğun (*sis*); utanç verici, utanılacak.

mur·mur ['mɜːmə] **1.** *n.* mırıldanma, mırıltı; uğultu; **2.** *vb.* mırılda(n)mak, homurdanmak, söylenmek; uğuldamak.

mur·rain ['mʌrɪn] *n.* bulaşıcı bir hayvan hastalığı.

mus|cle ['mʌsl] *n.* adale, kas; **~·cle-bound**: **be ~** kasları tutulmuş olmak; **~·cu·lar** ['mʌskjʊlə] *adj.* kas ile ilgili; adeleli, kaslı, güçlü.

Muse[1] [mjuːz] *n.* Müzlerden biri.

muse[2] [-] *v/i.* düşünceye dalmak, dalıp gitmek.

mu·se·um [mjuː'zɪəm] *n.* müze.

mush [mʌʃ] *n.* lapa, pelte; *Am.* mısır unu lapası.

mush·room ['mʌʃrʊm] **1.** *n.* BOT mantar; **2.** *v/i.* mantar gibi türemek; **~ up** göklere yükselmek.

M

mu·sic ['mju:zɪk] *n.* müzik; makam; nota; ***set to ~*** bestelemek; **~·al** [~əl] **1.** *n.* müzikal; **2.** □ müzikle ilgili, müzikal, müzik ...; kulağa hoş gelen, tatlı; **~ *box*** *esp. Brt.* müzik kutusu; **~ box** *esp. Am.* müzik kutusu; **~-hall** *n. Brt.* müzikhol; **mu·si·cian** [mju:'zɪʃn] *n.* müzisyen, müzikçi; çalgıcı; **~stand** *n.* nota sehpası; **~-stool** *n.* piyano taburesi.

musk [mʌsk] *n.* misk; misk kokusu; **~-deer** ZO ['mʌsk'dɪə] *n.* misk geyiği.

mus·ket MIL *hist.* ['mʌskɪt] *n.* eski bir tüfek, alaybozan.

musk-rat ['mʌskræt] *n.* ZO miskfaresi.

mus·lin ['mʌzlɪn] *n.* muslin.

mus·quash ['mʌskwɒʃ] *n.* ZO miskfaresi kürkü.

muss *Am.* F [mʌs] *n.* karışıklık, arapsaçı.

mus·sel ['mʌsl] *n.* midye.

must¹ [mʌst] **1.** *v/aux.* zorunda olmak, -meli, -malı; ***I ~ not*** (F ***mustn't***) ***talk during lessons*** derslerde konuşmamalıyım; **2.** *n.* zorunluluk, şart.

must² [~] *n.* şıra.

must³ [~] *n.* küf; küf kokusu.

mus·tache *Am.* ['mʌstæʃ] = ***moustache.***

mus·ta·chi·o [mə'stɑ:ʃɪəʊ] (*pl.* ***-os***) *n. mst.* ***~s*** *pl.* bıyık.

mus·tard ['mʌstəd] *n.* hardal.

mus·ter ['mʌstə] **1.** *n.* MIL içtima; ***pass ~*** *fig.* yeterli olmak, kabul edilmek; **2.** *v/t. & v/i.* MIL topla(n)mak, içtima yapmak; *a.* ***~ up*** (*cesaret*) toplamak.

must·y ['mʌstɪ] (***-ier, -iest***) *adj.* küflü, küf kokulu.

mu·ta|ble □ ['mju:təbl] değişebilir; *fig.* kararsız, dönek; **~·tion** [mju:'teɪʃn] *n.* değişme, dönüşme; BIOL mutasyon, değişinim.

mute [mju:t] **1.** □ dilsiz; sessiz, suskun; **2.** *n.* dilsiz kimse; **3.** *v/t.* sesini kısmak.

mu·ti·late ['mju:tɪleɪt] *v/t.* kötürüm etmek, sakatlamak.

mu·ti|neer [mju:tɪ'nɪə] *n.* isyancı, asi; **~·nous** □ ['mju:tɪnəs] isyankâr, asi, başkaldırıcı; **~·ny** [~ɪ] **1.** *n.* isyan, başkaldırma, ayaklanma; **2.** *v/i.* isyan etmek, ayaklanmak, başkaldırmak.

mut·ter ['mʌtə] **1.** *n.* mırıltı; **2.** *v/i.* mırıldanmak, homurdanmak.

mut·ton ['mʌtn] *n.* koyun eti; ***leg of ~*** koyun budu; **~ chop** *n.* koyun pirzolası.

mu·tu·al □ ['mju:tʃʊəl] karşılıklı, iki taraflı; ortak ...

muz·zle ['mʌzl] **1.** *n.* ZO hayvan burnu; burunsalık; top *ya da* tüfek ağzı; **2.** *v/t.* *-e* burunsalık takmak; *fig.* susturmak.

my [maɪ] *pron.* benim.

myrrh BOT [mɜ:] *n.* mürrüsafi, mür.

myr·tle BOT ['mɜ:tl] *n.* mersin.

my·self [maɪ'self] *pron.* ben, kendim, bizzat; ***by ~*** kendi kendime, yalnız başıma.

mys·te|ri·ous □ [mɪ'stɪərɪəs] esrarengiz, esrarlı, gizemli; **~·ry** ['mɪstərɪ] *n.* gizem, sır, esrar.

mys|tic ['mɪstɪk] **1.** *a.* **~·tic·al** □ [~kl] mistik, gizemsel; **2.** *n.* mistik, gizemci; **~·ti·fy** [~faɪ] *v/t.* şaşırtmak, hayretler içinde bırakmak.

myth [mɪθ] *n.* mit, mitos, efsane, halk öyküsü.

N

nab F [næb] (***-bb-***) *v/t.* yakalamak, enselemek, tutuklamak; kapmak.

na·cre ['neɪkə] *n.* sedef.

na·dir ['neɪdɪə] *n.* AST ayakucu; *fig.* en düşük nokta.

nag [næg] **1.** *n.* F yaşlı at; **2.** (***-gg-***) *v/i.* dırdır etmek, söylenip durmak; ***~ at*** başının etini yemek; *v/i.* hiç rahat vermemek.

nail [neɪl] **1.** *n.* tırnak (*a.* ZO); MEC çivi, mıh; **2.** *v/t.* çivilemek, mıhlamak (***to*** *-e*); yakalamak, tutmak; **~ e·nam·el, ~ pol·ish** *n. Am.* tırnak cilası, oje; **~ scis·sors** *n. pl.* tırnak makası; **~ var·nish** *n. Brt.* tırnak cilası, oje.

na·ï·ve □ [nɑ:'i:v], **na·ive** □ [neɪv] saf, bön; toy.

na·ked □ ['neɪkɪd] çıplak; *fig.* yalın, açık; salt (*gerçek*); **~·ness** [~nɪs] *n.* çıplaklık; *fig.* yalınlık.

name [neɪm] **1.** *n.* ad, isim; şöhret, ün; ***by the ~ of ...*** ... adında; ***what's your ~?*** adınız ne?; ***call s.o. ~s*** *b-ne* sövüp saymak, *b-ni* kalaylamak; **2.** *v/t.* -*e* ad koymak; atamak, seçmek; saptamak; **~.less** □ ['neɪmlɪs] adsız, isimsiz; **~·ly** [-lı] *adv.* yani, şöyle ki; **~·plate** *n.* tabela; **~·sake** [-seɪk] *n.* adaş.
nan·ny ['nænı] *n.* dadı; **~-goat** *n.* zo dişi keçi.
nap¹ [næp] *n.* tüy, hav.
nap² [-] **1.** *n.* kısa uyku, şekerleme, kestirme; ***have*** *ya da* ***take a ~*** = *2*; **2.** (**-pp-**) *v/i.* kestirmek, uyuklamak, şekerleme yapmak.
nape [neɪp] *n. mst.* ***~ of the neck*** ense.
nap|kin ['næpkın] *n.* peçete; *Brt.* kundak bezi; **~·py** *Brt.* F [-ı] *n.* kundak bezi.
nar·co·sis MED [nɑː'kəʊsɪs] (*pl.* **-ses** [-siːz]) *n.* narkoz.
nar·cot·ic [nɑː'kɒtık] **1.** (**~*ally***) *adj.* narkotik, uyuşturucu; ***~ addiction*** uyuşturucu düşkünlüğü; ***~ drug*** uyuşturucu ilaç; **2.** *n.* uyuşturucu ilaç; ***~s squad*** narkotik ekibi.
nar|rate [nə'reɪt] *v/t.* anlatmak; **~·ra·tion** [-ʃn] *n.* anlatma; öykü; **~·ra·tive** ['nærətıv] **1.** □ öykü biçiminde olan, öykülü; **2.** *n.* öykü; **~·ra·tor** [nə'reıtə] *n.* öykücü, anlatıcı.
nar·row ['nærəʊ] **1.** *adj.* dar, ensiz; sınırlı, kısıtlı; darlık içinde olan; cimri sıkı; dar görüşlü; **2.** *n.* **~s** *pl.* dar boğaz; **3.** *v/t.* & *v/i.* daral(t)mak; sınırlamak; (*göz*) kısmak; **~-chest·ed** *adj.* dar göğüslü; **~-mind·ed** □ dar görüşlü; **~·ness** [-nıs] *n.* darlık (*a. fig.*).
na·sal □ [neɪzl] burunla ilgili, burun ...; genzel, genizsi (*ses*).
nas·ty □ ['nɑːstı] (**-ier, -iest**) kirli, pis; kötü, berbat; açık saçık, ayıp; mide bulandırıcı, iğrenç.
na·tal ['neɪtl] *adj.* doğumla ilgili, doğum ...
na·tion ['neɪʃn] *n.* ulus, millet.
na·tion·al ['næʃənl] **1.** □ ulusal, milli; **2.** *n.* vatandaş, yurttaş, uyruk; **~·i·ty** [næʃə'nælətı] *n.* ulusallık, milliyet; uyrukluk; **~·ize** ['næʃnəlaız] *v/t.* ulusallaştırmak; devletleştirmek.
na·tion-wide ['neɪʃnwaɪd] *adj.* ulus çapında, ülke çapında.
na·tive ['neɪtıv] **1.** □ doğuştan olan; doğal; yerli; Allah vergisi (*yetenek*); ***~ language*** anadili; **2.** *n.* yerli; **♀ A·mer·i·can** *n.* & *adj.* Amerikan yerlisi; **~-born** *adj.* doğma büyüme, yerli.
Na·tiv·i·ty ECCL [nə'tıvətı] *n.* İsa Peygamber'in doğuşu.
nat·u·ral □ ['nætʃrəl] doğal; doğuştan olan; evlilikdışı (*çocuk*); ***~ science*** doğa bilgisi; **~·ist** [-ıst] *n.* doğabilimci; PHLS doğacı, natürist; **~·ize** [-aız] *v/t.* vatandaşlığa kabul etmek; kabul etmek, benimsemek; **~·ness** [-nıs] *n.* doğallık.
na·ture ['neɪtʃə] *n.* doğa; ***~ reserve*** doğal rezerv; ***~ trail*** doğa içinde gezinmeyi amaçlayan bir tür oyunda takibedilen yol.
-na·tured ['neɪtʃəd] *adj.* ... huylu.
naught [nɔːt] *n.* sıfır, hiç; ***set at ~*** önemsememek, hiçe saymak.
naugh·ty □ ['nɔːtı] (**-ier, -iest**) yaramaz, haylaz; açık saçık.
nau·se|a ['nɔːsjə] *n.* mide bulantısı; iğrenme; **~·ate** ['nɔːsıeıt]: ***~ s.o.*** *b-nin* midesini bulandırmak; ***be ~d*** midesi bulanmak; **~·at·ing** [-ıŋ] *adj.* nefret verici, iğrenç; **~·ous** □ ['nɔːsjəs] mide bulandırıcı, iğrenç.
nau·ti·cal ['nɔːtıkl] *adj.* gemicilik *ya da* denizcilikle ilgili, deniz ...
na·val MIL ['neɪvl] *adj.* savaş gemileriyle ilgili, deniz ...; ***~ base*** deniz üssü.
nave¹ ARCH [neɪv] *n.* kilisede halkın oturduğu orta kısım.
nave² [-] *n.* tekerlek poyrası.
na·vel ['neɪvl] *n.* ANAT göbek; *fig.* merkez.
nav·i|ga·ble □ ['nævıgəbl] gidiş gelişe elverişli; dümen kullanılabilir (*gemi*); **~·gate** [-eıt] *v/i.* gemi ile gezmek, seyretmek; *v/t.* (*gemi, uçak*) kullanmak; **~·ga·tion** [nævı'geıʃən] *n.* deniz yolculuğu, sefer; denizcilik; gemicilik; **~·ga·tor** ['nævıgeıtə] *n.* NAUT denizci, gemici, dümenci; NAUT seyir subayı; AVIA kaptan pilot.
na·vy ['neɪvı] *n.* donanma, deniz kuvvetleri.
nay [neı] *n.* ret; PARL ret oyu; ***the ~s have it*** reddedildi.
near [nıə] **1.** *adj.* & *adv.* yakın; samimi, içlidışlı; cimri; yakında; hemen hemen, az daha, neredeyse; ***~ at hand*** yakınında, el altında; **2.** *prp.* -*in*

yakınında, -*e* bitişik; **3.** *v/i.* yaklaşmak; **~·by** ['nıəbaı] *adj.* & *adv.* yakın(da); **~·ly** [-lı] *adv.* hemen hemen, az kalsın, neredeyse; **~·ness** [-nıs] *n.* yakınlık; **~·side** *n.* MOT solda bulunan, sol ...; **~ *door*** sol kapı; **~-sighted** *adj.* miyop.

neat □ [ni:t] temiz, düzenli, derli toplu; zarif, biçimli, nefis; *esp. Brt.* sek (*viski v.b.*); **~·ness** ['ni:tnıs] *n.* temizlik, düzgünlük; zariflik.

neb·u·lous □ ['nebjʊləs] bulutlu, dumanlı; belirsiz, bulanık.

ne·ces|sa·ry ['nesəsərı] **1.** □ gerekli, lüzumlu, lazım; zorunlu; kaçınılmaz; **2.** *n. mst.* ***necessaries*** *pl.* gereksinim, gerekli şeyler; **~·sitate** [nı'sesıteıt] *v/t.* gerektirmek, zorunlu kılmak; **~·si·ty** [-ətı] *n.* zorunluluk; gereksinim.

neck [nek] **1.** *n.* boyun; şişe boğazı; elbise yakası; GEOGR boğaz, kıstak, dil; ***~ and ~*** başa baş, at başı beraber; ***~ or nothing*** herşeyi göze alarak, ya hep ya hiç; **2.** *v/i.* F kucaklaşıp öpüşmek, sevişmek; **~·band** ['nekbænd] *n.* dik elbise yakası; **~·er·chief** ['nekətʃıf] *n.* boyun atkısı; **~·ing** F [-ıŋ] *n.* kucaklaşıp öpüşme, sevişme; **~·lace** ['neklıs], **~·let** [-lıt] *n.* kolye, gerdanlık; **~·line** *n.* boyunla göğüsün kesiştiği çizgi; **~·tie** *n. Am.* kravat, boyunbağı.

nec·ro·man·cy ['nekrəʊmænsı] *n.* ruh çağırma.

née, *Am. a.* **nee** [neı] *adv.* kızlık soyadıyla.

need [ni:d] **1.** *n.* gereksinim, gereksinme; yoksulluk; ***be** ya da **stand in ~ of*** -*e* gereksinim duymak; **2.** *v/t.* -*e* gereksinimi olmak, muhtaç olmak; gerektirmek, istemek; **~·ful** ['ni:dfl] *adj.* gerekli, lazım.

nee·dle ['ni:dl] **1.** *n.* iğne; ibre; örgü şişi; tığ; **2.** *v/t.* iğne ile dikmek; *fig.* F kızdırmak, sataşmak.

need·less □ ['ni:dlıs] gereksiz.

nee·dle|wom·an ['ni:dlwʊmən] (*pl.* ***-women***) *n.* dikişçi kadın; **~·work** *n.* iğne işi; işleme.

need·y □ ['ni:dı] (***-ier, -iest***) yoksul, fakir

ne·far·i·ous □ [nı'feərıəs] kötü, şeytansı, çirkin.

ne·gate [nı'geıt] *v/t.* reddetmek, inkâr etmek; **ne·ga·tion** [-ʃn] *n.* ret, inkâr; yokluk; **neg·a·tive** ['negətıv] **1.** □ olumsuz; negatif, eksi; **2.** *n.* olumsuz yanıt; PHOT negatif; ***answer in the ~*** olumsuz yanıt vermek; **3.** *v/t.* olumsuz yanıt vermek; reddetmek; çürütmek.

ne·glect [nı'glekt] **1.** *n.* ihmal, boşlama, savsaklama; **2.** *v/t.* ihmal etmek, boşlamak, savsaklamak; **~·ful** □ [-fl] ihmalci, savsak.

neg·li|gence ['neglıdʒəns] *n.* dikkatsizlik, kayıtsızlık, ihmal; **~·gent** □ [-t] kayıtsız, ihmalci, savsak.

neg·li·gi·ble ['neglıdʒəbl] *adj.* önemsemeye değmez, az.

ne·go·ti|ate [nı'gəʊʃıeıt] *v/t.* görüşmek; (*çek*) ciro etmek; (*senet*) kırdırmak; (*engel*) geçmek, aşmak; **~·a·tion** [nıgəʊʃı'eıʃn] *n.* görüşme; (*çek*) ciro etme; (*senet*) kırdırma; **~·a·tor** [nı'gəʊʃıeıtə] *n.* görüşmeci, delege; arabulucu.

Ne·gress ['ni:grıs] *n.* zenci kadın; **Ne·gro** [-əʊ] (*pl.* ***-groes***) *n.* zenci.

neigh [neı] **1.** *n.* kişneme; **2.** *v/i.* kişnemek.

neigh·bo(u)r ['neıbə] *n.* komşu; **~·hood** [-hʊd] *n.* komşuluk; komşular; semt, mahalle; **~·ing** [-rıŋ] *adj.* komşu ...; bitişik ...; **~·ly** [-lı] *adj.* dostça, komşuya yakışır; **~·ship** [-ʃıp] *n.* komşuluk.

nei·ther ['naıðə, *Am.* 'ni:ðə] **1.** *adj.* & *pron.* hiçbiri, hiçbir; **2.** *cj.* ne ... ne; ***~ ... nor ...*** ne ... ne de ...

ne·on CHEM ['ni:ən] *n.* neon; ***~ lamp*** neon lambası; ***~ sign*** ışıklı tabela, ışıklı reklam.

neph·ew ['nevju:] *n.* erkek yeğen.

nerve [nɜ:v] **1.** *n.* sinir; cesaret; yüzsüzlük, arsızlık; ***lose one's ~*** cesaretini kaybetmek; ***get on s.o.'s ~s*** *b-nin* sinirine dokunmak; ***you've got a ~!*** F Kendine çok güveniyorsun!, İyi cesaret doğrusu!; **2.** *v/t.* -*e* cesaret vermek; **~·less** □ ['nɜ:vlıs] güçsüz, zayıf; cesaretsiz.

ner·vous □ ['nɜ:vəs] sinirli; sinirsel; ürkek, çekingen; **~·ness** [-nıs] *n.* sinirlilik; ürkeklik.

nest [nest] **1.** *n.* yuva (*a. fig.*); **2.** *v/i.* yuva yapmak.

nes·tle ['nesl] *vb.* barındırmak; yaslamak (***to, against*** -*e*); bağrına basmak; *a.* ***~ down*** rahatça yerleşmek, kurulmak, gömülmek.

N

net[1] [net] **1.** *n.* ağ; file; tuzak; IT internet; **2.** (**-tt-**) *v/t.* ağ ile tutmak; ağ ile örtmek.
net[2] [~] **1.** *adj.* net, kesintisiz; **2.** (**-tt-**) *v/t.* kazanmak, kâr etmek.
neth·er ['neðə] *adj.* aşağı, alt …
net·tle ['netl] **1.** *n.* BOT ısırgan; **2.** *v/t.* kızdırmak.
net·work ['netwɜːk] *n.* ağ; şebeke (*a. radyo*); **~·ing** ['netwəːkıŋ] *n. sosyal amaçlı bir toplantıda iş alanında yararlı olacak ilişkiler geliştirmek.*
neu·ro·sis MED [njʊə'rəʊsıs] (*pl.* **-ses** [-siːz]) *n.* nevroz, sinirce.
neu·ter ['njuːtə] **1.** *adj.* cinsiyetsiz, cinsliksiz, eşeysiz; GR geçissiz (*eylem*); **2.** *n.* cinsiyetsiz hayvan *ya da* bitki; GR cinssiz sözcük.
neu·tral ['njuːtrəl] **1.** *adj.* tarafsız, yansız; nötr; **~ gear** MOT boş vites; **2.** *n.* tarafsız kimse *ya da* ülke; MOT boş vites; **~·i·ty** [njuː'trælətı] *n.* tarafsızlık; **~·ize** ['njuːtrəlaız] *v/t.* etkisiz duruma getirmek; tarafsız kılmak.
neu·tron PHYS ['njuːtrɒn] *n.* nötron; **~ bomb** *n.* MIL nötron bombası.
nev·er ['nevə] *adv.* asla, hiçbir zaman; **~·more** [~'mɔː] *adv.* bir daha hiç, asla; **~·the·less** [nevəðə'les] *adv.* bununla birlikte, yine de.
new [njuː] *adj.* yeni; taze; acemi; **~·born** ['njuːbɔːn] *adj.* yeni doğmuş; **~·com·er** [~kʌmə] *n.* yeni gelmiş kimse; **~·ly** ['njuːlı] *adv.* geçenlerde, yeni; yeni bir biçimde.
news [njuːz] *n. mst. sg.* haber; **~·a·gent** ['njuːzeıdʒənt] *n.* gazeteci; **~-boy** *n.* gazeteci çocuk; **~·cast** *n. radyo*, TV: haber yayını; **~·cast·er** *n. radyo*, TV: haber spikeri; **~·deal·er** *n. Am.* gazeteci; **~·mon·ger** *n.* dedikoducu; **~·pa·per** [~speıpə] *n.* gazete; *attr.* gazete …; **~·print** [~zprınt] *n.* gazete kâğıdı; **~·reel** *n. film*: aktüalite filmi; **~·room** *n.* haber alma ve derleme bürosu; **~·stand** *n.* gazete tezgâhı.
new year ['njuː'jɜː] *n.* yılbaşı; ***New Year's Day*** yılbaşı günü; ***New Year's Eve*** yılbaşı arifesi.
next [nekst] **1.** *adj.* bir sonraki; en yakın; bitişik; ertesi, gelecek; (***the***) **~ *day*** ertesi gün; **~ *to*** *-e* bitişik; *fig.* hemen hemen; **~ *but one*** bir önceki, ikinci; **~ *door to*** *fig.* hemen hemen, neredeyse; **2.** *adv.* ondan sonra, daha sonra; **3.** *n.* bir sonraki şey; **~-door** *adj.* bitişik; **~ of kin** *n.* en yakın akraba.
nib·ble ['nıbl] *v/t.* kemirmek; *v/i.* **~ *at*** dişlemek; *fig.* iyice düşünmek.
nice □ [naıs] (**~r, ~st**) hoş, güzel, sevimli; kibar, nazik, ince; titiz; cazip; **~·ly** ['naıslı] *adv.* güzel biçimde, güzelce, iyi; **ni·ce·ty** [~ətı] *n.* incelik, titizlik; doğruluk, kesinlik.
niche [nıtʃ] *n.* duvarda oyuk, girinti.
nick [nık] **1.** *n.* çentik, kertik; ***in the ~ of time*** tam zamanında; **2.** *v/t.* çentmek; *Brt. sl.* yakalamak, enselemek.
nick·el ['nıkl] **1.** *n. min.* nikel; *Am.* beş sent; **2.** *v/t.* nikel ile kaplamak.
nick-nack ['nıknæk] = ***knick-knack.***
nick·name ['nıkneım] **1.** *n.* takma ad, lakap; **2.** *v/t.* *-e* lakap takmak.
niece [niːs] *n.* kız yeğen.
nif·ty F ['nıftı] (**-ier, -iest**) *adj.* hoş, güzel, alımlı; şık.
nig·gard ['nıgəd] *n.* cimri kimse; **~·ly** [~lı] *adj.* cimri, eli sıkı.
night [naıt] *n.* gece; akşam; ***at ~, by ~, in the ~*** geceleyin; **~·cup** ['naıtkʌp] *n. yatmadan önce içilen içecek*; **~·cap** ['naıtkæp] *n.* yatarken giyilen bere, takke; **~·club** *n.* gece kulübü; **~-dress** *n.* gecelik; **~·fall** *n.* akşam vakti; **~·gown** *esp. Am.*, **~·ie** F [~ı] = ***nightdress***; **nigh·tin·gale** ZO [~ıŋgeıl] *n.* bülbül; **~·ly** [~lı] *adv.* geceleyin; her gece; **~·mare** *n.* kâbus, karabasan; **~ school** *n.* gece okulu; **~·shirt** *n.* erkek geceliği; **~·y** F [~ı] = ***nightie.***
nil [nıl] *n. esp.* SPOR: sıfır; hiç.
nim·ble □ ['nımbl] (**~r, ~st**) çevik, atik, tez; zeki.
nine [naın] *n. & adj.* dokuz; **~ *to five*** saat beşe dokuz var; ***a ~-to-five job*** sabah 9'dan akşam 5'e kadar çalışılan iş; **~·pin** ['naınpın] *n.* kuka; **~*s*** *sg.* dokuz kuka oyunu; **~·teen** ['naın'tiːn] *n. & adj.* on dokuz; **~·teenth** [~θ] *adj.* on dokuzuncu; **~·ti·eth** ['naıntııθ] *adj.* doksanıncı; **~·ty** ['naıntı] *n. & adj.* doksan.
nin·ny F ['nını] *n.* ahmak, alık, salak.
ninth [naınθ] **1.** *adj.* dokuzuncu; **2.** *n.* dokuzda bir; **~·ly** ['naınθlı] *adv.* dokuzuncu olarak.
nip [nıp] **1.** *n.* çimdik; ayaz; yudum; MEC büküm; **2.** (**-pp-**) *v/t.* çimdiklemek,

N

kıstırmak; (*soğuk*) sızlatmak; *sl.* aşırmak, yürütmek; ~ ***in the bud*** dal budak salmadan önlemek, bastırmak.

nip·per ['nıpə] *n.* zo ıstakoz kıskacı; (***a pair of***) ~***s*** *pl.* kıskaç, pense.

nip·ple ['nıpl] *n.* meme ucu.

ni·tre, *Am.* **-ter** CHEM ['naıtə] *n.* güherçile.

ni·tro·gen CHEM ['naıtrədʒən] *n.* nitrojen, azot.

no [nəʊ] **1.** *adj.* hiç; ***at ~ time*** hiçbir zaman; ***in ~ time*** derhal, çarçabuk; **2.** *adv.* hayır, yok, olmaz, değil; **3.** (*pl.* ***noes***) *n.* yok yanıtı; ret; aleyhte oy.

no·bil·i·ty [nəʊ'bılətı] *n.* soyluluk (*a. fig.*).

no·ble ['nəʊbl] **1.** (***~r, ~st***) ☐ soylu; yüce gönüllü; görkemli, ulu; **2.** *n.* soylu kimse, asilzade; **~·man** (*pl.* ***-men***) *n.* soylu kimse, asilzade; **~-mind·ed** *adj.* asil fikirli.

no·bod·y ['nəʊbədı] *pron.* hiç kimse.

no-brain·er F [nəʊ'breınə] *n. çok kolay, apaçık bir şey; the math test was a no-brainer* matematik sınavı çok kolaydı.

noc·tur·nal [nɒk'tɜːnl] *adj.* gece ile ilgili, gece ...

nod [nɒd] **1.** (***-dd-***) *vb.* başını sallamak, başını sallayarak onaylamak; ~ ***off*** uyuklamak; ***~ding acquaintance*** az tanıma; yalnızca selamlaşılan kimse; **2.** *n.* baş sallama.

node [nəʊd] *n.* boğum, düğüm (*a.* BOT, MATH, AST); MED yumru, şiş.

noise [nɔız] **1.** *n.* gürültü, ses, patırtı; ***big ~*** *contp.* kodaman; **2.** *v/t.* ~ ***abroad*** (***about, around***) etrafa yaymak, söylemek; **~·less** ☐ ['nɔızlıs] gürültüsüz, sessiz.

noi·some ['nɔısəm] *adj.* iğrenç, berbat; zararlı.

nois·y ☐ ['nɔızı] (***-ier, -iest***) gürültülü; gürültücü, yaygaracı.

nom·i|nal ☐ ['nɒmınl] itibari, saymaca; sözde, adı var kendisi yok; çok düşük (*fiyat*); nominal; ~ ***value*** ECON nominal değer; **~·nate** [~eıt] *v/t.* aday göstermek; atamak; **~·na·tion** [nɒmı'neıʃn] *n.* aday gösterme; atama; **~·nee** [~'niː] *n.* aday.

nom·i·na·tive GR ['nɒmınətıv] *n. a.* ~ ***case*** nominatif, yalın durum.

non- [nɒn] *prefix* -siz, -sız, -sızlık, olmayan.

no·nage ['nəʊnıdʒ] *n.* ergin olmama, çocukluk.

non-al·co·hol·ic ['nɒnælkə'hɒlık] *adj.* alkolsüz.

non·a·ligned POL [nɒnə'laınd] *adj.* müttefik olmayan.

nonce [nɒns]: ***for the ~*** şimdilik.

non-com·mis·sioned ['nɒnkə'mıʃnd] *adj.* resmen görevli olmayan; ~ ***officer*** MIL assubay.

non-com·mit·tal ['nɒnkə'mıtl] *adj.* tarafsız, yansız.

non-con·duc·tor *esp.* ELECT ['nɒnkəndʌktə] *n.* yalıtkan madde.

non·con·form·ist ['nɒnkən'fɔːmıst] *n.* topluma uymayan kimse; ♀ *Brt.* ECCL Anglikan kilisesine bağlı olmayan kimse.

non·de·script ['nɒndıskrıpt] *adj.* kolay tanımlanamaz, sıradan, ne olduğu belirsiz.

none [nʌn] **1.** *pron.* hiçbiri; hiç kimse; **2.** *adv.* hiçbir biçimde, hiç; ~ ***the less*** yine de, bununla birlikte.

non·en·ti·ty [nɒ'nentətı] *n.* önemsiz kimse; *fig.* hiçlik, yokluk.

non-ex·ist·ence ['nɒnıg'zıstəns] *n.* varolmama, yokluk.

non-fic·tion ['nɒn'fıkʃn] *n.* kurgusal olmayan düzyazı.

non-par·ty ['nɒn'pɑːtı] *adj.* partisiz.

non-per·form·ance LEG ['nɒnpə'fɔːməns] *n.* yerine getirmeme, yapmama.

non·plus ['nɒn'plʌs] **1.** *n.* şaşkınlık, hayret; **2.** (***-ss-***) *v/t.* şaşırtmak.

non-pol·lut·ing ['nɒnpə'luːtıŋ] *adj.* çevreyi kirletmeyen.

non-res·i·dent ['nɒn'rezıdənt] *adj.* görevli olduğu yerde oturmayan.

non|sense ['nɒnsəns] *n.* saçma, zırva; **~·sen·si·cal** ☐ [nɒn'sensıkl] saçma, anlamsız, abuk sabuk, ipe sapa gelmez.

non-skid ['nɒn'skıd] *adj.* kaymaz (*lastik*).

non-smok·er ['nɒn'sməʊkə] *n.* sigara içmeyen kimse; RAIL sigara içilmeyen kompartıman.

non-stop ['nɒn'stɒp] *adj.* (*uçak, tren v.b.*) aktarmasız, direkt; aralıksız.

non-u·ni·on ['nɒn'juːnjən] *adj.* sendikaya bağlı olmayan, sendikasız.

non-vi·o·lence ['nɒn'vaıələns] *n.* pasif

direniş.
noo·dle ['nu:dl] *n.* şehriye, erişte.
nook [nʊk] *n.* bucak, köşe, kuytu yer.
noon [nu:n] *n.* öğle; ***at (high) ~*** öğlende; **~·day** ['nu:ndeı], **~tide**, **~·time** *Am.* = ***noon.***
noose [nu:s] **1.** *n.* ilmik; **2.** *v/t.* ilmiklemek.
nope F [nəʊp] *int.* Olmaz!, Hayır!, Yok!
nor [nɔ:] *cj.* ne de, ne.
norm [nɔ:m] *n.* norm, düzgü; ortalama; **nor·mal** □ ['nɔ:ml] normal, düzgülü; **nor·mal·ize** [~əlaız] *v/t. & v/i.* normalleş(tir)mek.
north [nɔ:θ] **1.** *n.* kuzey; **2.** *adj.* kuzeyden gelen *ya da* esen, kuzey ...; **~-east** ['nɔ:θ'i:st] **1.** *n.* kuzeydoğu; **2.** *adj. a.* **~-east·ern** [~ən] kuzeydoğu ile ilgili, kuzeydoğu ...; **nor·ther·ly** ['nɔ:ðəlı], **nor·thern** [~ən] *adj.* kuzey ile ilgili, kuzey ...; kuzeyden esen; **~·ward(s)** ['nɔ:θwəd(z)] *adv.* kuzeye doğru; **~-west** ['nɔ:θ'west] **1.** *n.* kuzeybatı; **2.** *adj. a.* **~west·ern** [~ən] kuzeybatı ile ilgili, kuzeybatı ...
Nor·we·gian [nɔ:'wi:dʒən] **1.** *adj.* Norveç'e özgü; **2.** *n.* Norveçli; LING Norveççe.
nose [nəʊz] **1.** *n.* burun; koklama duyusu; uç, burun; **2.** *v/t.* burunla itmek; ***~ one's way*** dikkatle ilerlemek; *v/i.* koklamak; **~·bleed** ['nəʊzbli:d] *n.* burun kanaması; ***have a ~*** burnu kanamak; **~cone** *n.* uzayroketinin huni biçimli ön kısmı; **~·dive** *n.* AVIA pike; **~·gay** [~geı] *n.* çiçek demeti.
nos·ey ['nəʊzı] = ***nosy.***
nos·tal·gia [nɒ'stældʒıə] *n.* özlem; vatan özlemi.
nos·tril ['nɒstrəl] *n.* burun deliği.
nos·y F ['nəʊzı] (***-ier, -iest***) *adj.* meraklı, başkasının işine burnunu sokan.
not [nɒt] *adv.* değil, yok; ***~ a*** hiç, hiçbir.
no·ta·ble ['nəʊtəbl] **1.** □ dikkate değer; tanınmış; **2.** *n.* tanınmış kimse.
no·ta·ry ['nəʊtərı] *n. mst.* ***~ public*** noter.
no·ta·tion [nəʊ'teıʃn] *n.* not etme, kayıt; sembollerle gösterme yöntemi.
notch [nɒtʃ] **1.** *n.* çentik, kertik; *Am.* GEOL dar dağ geçidi; **2.** *v/t.* çentmek, kertmek.
note [nəʊt] **1.** *n.* not, pusula; *okul:* not, numara; PRINT not; *esp. Brt.* banknot; POL, MUS nota; MUS ses; *fig.* şan, şöhret, saygınlık; senet; önem verme, dikkat; iz, eser, belirti; ***take ~s*** not almak; **2.** *v/t.* dikkat etmek, önem vermek; *-den* söz etmek, anmak; *a.* ***~ down*** not etmek, kaydetmek; **~·book** ['nəʊtbʊk] *n.* defter; **not·ed** *adj.* ünlü, tanınmış (***for*** *ile*); **~·pa·per** *n.* mektup kâğıdı; **~·wor·thy** *adj.* dikkate değer, önemli.
noth·ing ['nʌθıŋ] **1.** *adv.* hiçbir biçimde, asla; **2.** *n.* hiçbir şey; hiçlik, yokluk; ***~ but*** *-den* başka bir şey değil, sırf; ***for ~*** boş yere, boşuna; parasız, bedava; ***good for ~*** hayırsız, hiçbir işe yaramaz; ***come to ~*** boşa gitmek, suya düşmek; ***to say ~ of*** üstelik, bir de, ... şöyle dursun; ***there is ~ like*** *...den* iyisi yoktur, *...nin* üstüne yoktur.
no·tice ['nəʊtıs] **1.** *n.* ilan, duyuru; bildiri, ihbar; ihbarname; dikkat, önemseme; ***at short ~*** kısa ihbar süreli; ***give ~ that*** önceden bildirmek; ***give (a week's) ~*** (bir hafta) önceden bildirmek; ***take ~ of*** dikkate almak, aldırmak; ***without ~*** haber *ya da* süre vermeden; **2.** *v/t. -e* dikkat etmek; farketmek, farkına varmak; saygı göstermek; **~·a·ble** □ [~əbl] farkedilir, belli, apaçık; **~ board** *n. Brt.* ilan tahtası.
no·ti|fi·ca·tion [nəʊtıfı'keıʃn] *n.* bildirme, haber; bildiri; **~·fy** ['nəʊtıfaı] *v/t.* bildirmek, haber vermek.
no·tion ['nəʊʃn] *n.* kanı, görüş; bilgi, fikir, düşünce; **~s** *pl. Am.* tuhafiye.
no·to·ri·ous □ [nəʊ'tɔ:rıəs] adı kötüye çıkmış, dillere düşmüş.
not·with·stand·ing ['nɒtwıθ'stændıŋ] *prp. -e* karşın.
nought [nɔ:t] *n.* sıfır; *poet.* hiç.
noun GR [naʊn] *n.* isim, ad.
nour·ish ['nʌrıʃ] *v/t.* beslemek (*a. fig.*); *fig.* desteklemek; **~·ing** [~ıŋ] *adj.* besleyici; **~·ment** [~mənt] *n.* besle(n)me; gıda, yiyecek.
nov·el ['nɒvl] **1.** *adj.* yeni; alışılmamış, tuhaf; **2.** *n.* roman; **~·ist** [~ıst] *n.* romancı; **no·vel·la** [nəʊ'velə] (*pl.* ***-las, -le*** [-li:]) *n.* kısa öykü; **~·ty** ['nɒvltı] *n.* yenilik.
No·vem·ber [nəʊ'vembə] *n.* kasım.
nov·ice ['nɒvıs] *n.* acemi, toy (***at*** *-de*); ECCL rahip *ya da* rahibe çömezi.
now [naʊ] **1.** *adv.* şimdi, şu anda; ***just ~***

N

demin, hemen şimdi; ~ ***and again*** *ya da* ***then*** bazen, zaman zaman; **2.** *cj. a.* ~ ***that*** madem ki, artık.
now·a·days ['naʊədeɪz] *adv.* bugünlerde, günümüzde.
no·where ['nəʊweə] *adv.* hiçbir yer(d)e.
nox·ious □ ['nɒkʃəs] zararlı.
noz·zle MEC ['nɒzl] *n.* ağızlık, meme.
nu·ance [njuː'ɑːns] *n.* nüans, ayırtı.
nub [nʌb] *n.* yumru, topak; ***the*** ~ *fig.* öz, püf noktası (***of*** *-in*).
nu·cle·ar ['njuːklɪə] *adj.* nükleer, çekirdeksel; ~**-free** *adj.* nükleer olmayan; ~**-pow·ered** *adj.* nükleer güçle çalışan; ~ **pow·er station** *n.* nükleer santral; ~ **re·ac·tor** *n.* atom reaktörü; ~ **warhead** *n.* MIL nükleer harp başlığı; ~ **weapons** *n. pl.* nükleer silahlar; ~ **waste** *n.* nükleer artık.
nu·cle·us ['njuːklɪəs] (*pl.* ***-clei*** [-klɪaɪ]) *n.* çekirdek, öz.
nude [njuːd] **1.** *adj.* çıplak; **2.** *n.* PAINT çıplak vücut resmi, nü.
nudge [nʌdʒ] **1.** *v/t.* dirsekle dürtmek; **2.** *n.* dürtme.
nug·get ['nʌgɪt] *n.* (*esp.* altın) külçe.
nui·sance ['njuːsns] *n.* sıkıntı veren kimse *ya da* şey, baş belası, dert; ***what a*** ~***!*** Tüh be!, İşe bak!, Hay Allah!; ***be a*** ~ ***to s.o.*** *b-nin* başına bela olmak, sıkıntı vermek; ***make a*** ~ ***of o.s.*** sıkıntı vermek, baş belası olmak.
nuke *Am. sl.* [njuːk] *n.* nükleer silah.
null [nʌl] **1.** *adj.* geçersiz, hükümsüz; değersiz, önemsiz; ~ ***and void*** hükümsüz, geçersiz; **2.** *n.* MEC, MATH sıfır; **nul·li·fy** ['nʌlɪfaɪ] *v/t.* geçersiz kılmak, iptal etmek; **nul·li·ty** [~ətɪ] *n.* geçersizlik; iptal; hiçlik.
numb [nʌm] **1.** *adj.* uyuşuk, uyuşmuş (***with*** *-den*); **2.** *v/t.* uyuşturmak; ~***ed*** uyuşmuş.
num·ber ['nʌmbə] **1.** *n.* MATH rakam; sayı, numara; miktar; (*dergi v.b.*) sayı; ***without*** ~ sayısız; ***in*** ~ sayıca; **2.** *v/t.* numaralamak; saymak; dahil etmek, katmak; ~**·less** [~lɪs] *adj.* sayısız; ~**·plate** *n. esp. Brt.* MOT plaka.
nu·me|ral ['njuːmərəl] **1.** *adj.* sayısal, sayı ...; **2.** *n.* MATH rakam; LING sayı; ~**·rous** □ [~əs] pek çok, dünya kadar.
nun [nʌn] *n.* rahibe; ~**·ne·ry** ['nʌnərɪ] *n.* rahibe manastırı.
nup·tial ['nʌpʃl] **1.** *adj.* evlenme *ya da* düğünle ilgili; gerdek ...; **2.** *n.* ~***s*** *pl.* düğün, nikâh.
nurse [nɜːs] **1.** *n.* hemşire, hastabakıcı; *a.* ***dry-***~ dadı; *a.* ***wet-***~ sütnine; ***at*** ~ bakılmakta; ***put out to*** ~ emzirmek; bakmak; **2.** *v/t.* emzirmek; (*çocuğa, hastaya*) bakmak; beslemek; ~**·ling** ['nɜːslɪŋ] *n.* süt çocuğu; ~**·maid** *n.* dadı; **nur·se·ry** [~sərɪ] *n.* çocuk odası; çocuk yuvası, kreş; AGR fidanlık; ~ ***rhymes*** *pl.* çocuk şarkıları *ya da* şiirleri; ~ ***school*** anaokulu; ~ ***slope*** *kayak:* acemiler için yamaç.
nurs·ing ['nɜːsɪŋ] *n.* hemşirelik; bakım; ~ **bot·tle** *n.* biberon; ~ **home** *n. Brt.* bakımevi.
nurs·ling ['nɜːslɪŋ] = ***nurseling.***
nur·ture ['nɜːtʃə] **1.** *n.* büyütme, terbiye; eğitim; **2.** *v/t.* büyütmek, yetiştirmek; eğitmek.
nut [nʌt] *n.* BOT kuruyemiş; MEC somun; *sl.* kafadan çatlak kimse, kaçık; ***be*** ~***s*** *sl.* kafadan çatlak olmak; ~**·crack·er** ['nʌtkrækə] *n. mst.* ~***s*** *pl.* fındıkkıran, fındık kıracağı; ~**·meg** BOT ['nʌtmeg] *n.* küçük hindistancevizi ağacı.
nu·tri·ment ['njuːtrɪmənt] *n.* gıda, besin, yemek.
nu·tri|tion [njuː'trɪʃn] *n.* besle(n)me; gıda, yiyecek, besin; ~**·tious** □ [~ʃəs], ~**·tive** □ ['njuːtrɪtɪv] besleyici.
nut|shell ['nʌtʃel] *n.* kuruyemiş kabuğu; ***in a*** ~ kısaca, özet olarak; ~**·ty** ['nʌtɪ] (***-ier, -iest***) *adj.* kuruyemiş tadında olan; *sl.* kaçık, çatlak.
ny·lon ['naɪlɒn] *n.* naylon; ~***s*** *pl.* naylon çorap.
nymph [nɪmf] *n.* peri.

N

O

o [əʊ] **1.** *int.* O!, Ya!; **2.** *n.* TELEPH sıfır.
oaf [əʊf] *n.* budala kimse.
oak BOT [əʊk] *n.* meşe.
oar [ɔː] **1.** *n.* kürek; **2.** *v/i.* kürek çekmek; **~s·man** ['ɔːzmən] (*pl.* ***-men***) *n.* kürekçi.
o·a·sis [əʊ'eɪsɪs] (*pl.* ***-ses*** [-siːz]) *n.* vaha.
oat [əʊt] *n. mst.* **~s** *pl.* BOT yulaf; ***feel one's ~s*** F *k-ni* zinde hissetmek; *Am. k-ni* bir şey sanmak; ***sow one's wild ~s*** gençliğinde çapkınca bir yaşam sürmek.
oath [əʊθ] (*pl.* ***oaths*** [əʊðz]) *n.* yemin, ant; ***be on ~*** yeminli olmak; ***take*** (***make, swear***) ***an ~*** yemin etmek, ant içmek.
oat·meal ['əʊtmiːl] *n.* yulaf unu.
ob·du·rate □ ['ɒbdjʊrət] inatçı, boyun eğmez.
o·be·di|ence [ə'biːdjəns] *n.* itaat, söz dinleme; **~·ent** □ [~t] itaatli, söz dinler.
o·bei·sance [əʊ'beɪsəns] *n.* saygıyla eğilme; saygı; ***do*** (***make, pay***) ***~ to s.o.*** *b-ne* saygı göstermek.
o·bese [əʊ'biːs] *adj.* çok şişman, şişko; **o·bes·i·ty** [~ətɪ] *n.* şişmanlık, şişkoluk.
o·bey [ə'beɪ] *vb.* itaat etmek, söz dinlemek; (*yasa v.b'ne*) uymak.
o·bit·u·a·ry [ə'bɪtjʊərɪ] *n.* ölüm ilanı; *attr.* ölüm ...
ob·ject 1. ['ɒbdʒɪkt] *n.* şey, cisim, eşya, nesne (*a.* GR); amaç, gaye, maksat; hedef; **2.** [əb'dʒekt] *vb.* itiraz etmek, karşı gelmek (***to*** *-e*).
ob·jec|tion [əb'dʒekʃn] *n.* itiraz; sakınca; **~·tio·na·ble** □ [~əbl] hoş karşılanmaz, çirkin; sakıncalı.
ob·jec·tive [əb'dʒektɪv] **1.** □ objektif, nesnel; tarafsız, yansız; **2.** *n.* amaç, gaye; hedef; OPT, PHOT objektif.
ob·li·ga·tion [ɒblɪ'geɪʃn] *n.* zorunluluk; yükümlülük; ECON senet, tahvil; ***be under an ~ to s.o.*** *b-ne* minnet borcu olmak; ***be under ~ to*** *inf. -mek* zorunda olmak; **ob·lig·a·to·ry** □ [ə'blɪgətərɪ] zorunlu, gerekli.
o·blige [ə'blaɪdʒ] *v/t.* zorunda bırakmak, zorlamak; minnettar bırakmak; ***~ s.o.*** *b-ne* iyilikte bulunmak, lütfetmek; ***much ~d*** çok minnettar; **o·blig·ing** □ [~ɪŋ] yardımsever, nazik.
o·blique □ [ə'bliːk] eğri, eğik; dolaylı.
o·blit·er·ate [ə'blɪtəreɪt] *v/t.* silmek, yok etmek (*a. fig.*).
o·bliv·i|on [ə'blɪvɪən] *n.* unut(ul)ma; **~·ous** □ [~əs]: ***be ~ of s.th.*** bşi unutmak; ***be ~ to s.th.*** bşi önemsememek.
ob·long ['ɒblɒŋ] *adj.* dikdörtgen biçiminde, boyu eninden fazla.
ob·nox·ious □ [əb'nɒkʃəs] iğrenç, uygunsuz, çirkin.
ob·scene □ [əb'siːn] açık saçık, ayıp; ağza alınmaz (*söz*).
ob·scure [əb'skjʊə] **1.** □ karanlık, loş; *fig.* anlaşılmaz, çapraşık; belirsiz; **2.** *v/t.* karartmak; gizlemek, saklamak; **ob·scu·ri·ty** [~rətɪ] *n.* karanlık; *fig.* çapraşıklık; belirsizlik.
ob·se·quies ['ɒbsɪkwɪz] *n. pl.* cenaze töreni.
ob·se·qui·ous □ [əb'siːkwɪəs] dalkavukluk eden, yaltakçı (***to*** *-e*).
ob·ser|va·ble □ [əb'zɜːvəbl] farkedilir, göze çarpan; **~·vance** [~ns] *n.* uyma; âdet, örf; tören; **~·vant** □ [~t] dikkatli; itaatli, uyan; **~·va·tion** [ɒbzə'veɪʃn] *n.* inceleme; gözetleme; gözlem; *attr.* gözetleme ...; inceleme ...; **~·vato·ry** [əb'zɜːvətrɪ] *n.* observatuar, gözlemevi.
ob·serve [əb'zɜːv] *v/t.* dikkat etmek, gözlemek; incelemek; gözlemlemek; (*kural*) uymak; kutlamak; *v/i.* gözlem yapmak.
ob·sess [əb'ses] *vb.* kafasına takılmak, hiç aklından çıkmamak; ***~ed by*** *ya da* ***with*** *-e* kafayı takmış, *ile* aklını bozmuş; **ob·session** [~eʃn] *n.* kafaya takılan düşünce, saplantı; **ob·ses·sive** □ PSYCH [~sɪv] saplantıyla ilgili; saplantı gibi.
ob·so·lete ['ɒbsəliːt] *adj.* artık kullanılmayan, eskimiş; modası geçmiş.
ob·sta·cle ['ɒbstəkl] *n.* engel.

O

ob·sti|na·cy ['ɒbstɪnəsɪ] *n.* inatçılık, direngenlik; **~·nate** □ [~t] inatçı, direngen, dik başlı.

ob·struct [əb'strʌkt] *v/t.* tıkamak, kapamak; engel olmak, engellemek; **ob·struc·tion** [~kʃn] *n.* engelleme; engel; **ob·struc·tive** □ [~ktɪv] engelleyici.

ob·tain [əb'teɪn] *v/t.* elde etmek, sağlamak, edinmek, almak; kazanmak; **ob·tai·na·ble** ECON [~əbl] *adj.* elde edilebilir, satın alınabilir.

ob·trude [əb'truːd] *v/t.* zorla kabul ettirmek (***on*** *-e*); **ob·tru·sive** □ [~sɪv] sıkıntı veren, yılışık.

ob·tuse □ [əb'tjuːs] kesmez, kör, küt; *fig.* kalın kafalı.

ob·vi·ate ['ɒbvɪeɪt] *v/t.* önlemek, önüne geçmek, gidermek.

ob·vi·ous □ ['ɒbvɪəs] apaçık, belli, gün gibi ortada.

oc·ca·sion [ə'keɪʒn] **1.** *n.* fırsat, vesile; durum, vaziyet; neden; gerek, lüzum; ***on the ~ of …*** dolayısıyla, … nedeniyle; **2.** *v/t. -e* neden olmak; **~·al** □ [~l] ara sıra olan, seyrek.

Oc·ci|dent ['ɒksɪdənt] *n.* batı yarıküresi, batı; **♀·den·tal** □ [ɒksɪ'dentl] batı ile ilgili, batı …

oc·cu|pant ['ɒkjʊpənt] *n. esp.* LEG bir evde oturan kimse; kiracı; **~·pa·tion** [ɒkjʊ'peɪʃn] *n.* bir yerde oturma, kullanım; meslek, iş, sanat; MIL işgal; **~·py** ['ɒkjʊpaɪ] *v/t. -de* oturmak; (*zaman*) almak, tutmak; MIL işgal etmek, ele geçirmek; meşgul etmek.

oc·cur [ə'kɜː] (***-rr-***) *v/i.* olmak, meydana gelmek; var olmak, bulunmak; ***it ~red to me*** aklıma geldi; **~·rence** [ə'kʌrəns] *n.* meydana gelme, olma; olay.

o·cean ['əʊʃn] *n.* okyanus.

o'clock [ə'klɒk] *adv.* saate göre; (***at***) ***five ~*** saat beş(te).

Oc·to·ber [ɒk'təʊbə] *n.* ekim ayı.

oc·u|lar □ ['ɒkjʊlə] gözle ilgili, göz …; **~·list** [~ɪst] *n.* göz doktoru.

odd □ [ɒd] garip, tuhaf, acayip; tek (*sayı*); (*eldiven, çorap v.b.*) tek; küsur; ara sıra olan, düzensiz, seyrek; **~·i·ty** ['ɒdətɪ] *n.* gariplik, tuhaflık; **~s** [ɒdz] *n. oft. sg.* eşitsizlik, oransızlık; üstünlük, avantaj; olasılık, şans; avans sayı; ***be at ~ with s.o.*** *b-le* arası açık olmak; ***the ~ are that*** olasıdır ki; ***~ and ends*** ufak tefek şeyler, öteberi.

ode [əʊd] *n.* gazel; kaside.

o·di·ous □ ['əʊdjəs] iğrenç, nefret verici, çirkin.

o·do(u)r ['əʊdə] *n.* koku; şöhret.

of [ɒv, əv] *prp.* -(n)in (***the works ~ Dickens*** Dickens'ın yapıtları); -den (***die ~*** -den ölmek; ***afraid ~*** -den korkan; ***proud ~*** -den gurur duyan; ***ashamed ~*** -den utanan); -li (***a man ~ honour*** şerefli bir adam); hakkında, ile ilgili (***speak ~ s.th.*** bş hakkında konuşmak); ***nimble ~ foot*** ayağına çabuk; ***the city ~ London*** Londra kenti; ***your letter ~ …*** … tarihli mektubunuz; ***five minutes ~ twelve*** *Am.* on ikiye beş var.

off [ɒf] **1.** *adv.* uzakta, ileride, ötede; uzağa, ileriye, öteye; ***be ~*** gitmek, yola çıkmak; deli olmak; ***~ and on*** ara sıra; ***well*** (***badly***) ***~*** para durumu iyi (kötü) **2.** *prp.* -den, -dan; -den uzak; NAUT açıklarında; ***be ~ duty*** izinli olmak; ***be ~ smoking*** sigarayı bırakmak; **3.** *adj.* sağdaki; (*su, elektrik*) kesik; kötü, şanssız; boş, serbest; öteki, öbür; ECON durgun, cansız, ölü (*sezon v.b.*); **4.** *int.* Defol!, Çek arabanı!

of|fal ['ɒfl] *n.* çerçöp, süprüntü; **~s** *pl. esp. Brt.* sakatat.

of·fence, *Am.* **-fense** [ə'fens] *n.* gücendirme, hatır kırma, hakaret; saldırı, tecavüz; LEG suç, kabahat, kusur.

of·fend [ə'fend] *v/t.* gücendirmek, darıltmak, kırmak; *v/i.* suç işlemek (***against*** *-e karşı*); **~·er** [~ə] *n.* suçlu (*a.* LEG); ***first ~*** LEG ilk kez suç işlemiş kimse.

of·fen·sive [ə'fensɪv] **1.** □ iğrenç, çirkin, pis; saldırmaya yarayan, saldırı …; **2.** *n.* saldırı, hücum.

of·fer ['ɒfə] **1.** *n.* teklif, öneri; ***~ of marriage*** evlenme teklifi; **2.** *v/t.* teklif etmek, önermek; (*fiyat*) vermek; sunmak; göstermek; *v/i.* meydana çıkmak, görünmek; **~·ing** [~rɪŋ] *n.* ECCL kurban, adak; teklif; sunma.

off·hand ['ɒf'hænd] *adj.* düşünmeden yapılmış, rasgele yapılmış; ters, kaba (*davranış, söz*).

of·fice ['ɒfɪs] *n.* ofis, büro, işyeri, daire; iş, memuriyet; görev; ECCL ayin; ***~ hours*** *pl.* çalışma saatleri; **of·fi·cer** [~ə] *n.* memur, görevli; polis memuru;

MIL subay.

of·fi·cial [ə'fıʃl] **1.** □ resmi; memuriyetle ilgili; **2.** *n.* memur.

of·fi·ci·ate [ə'fıʃıeıt] *v/i.* görev yapmak, resmi bir görevi yerine getirmek.

of·fi·cious □ [ə'fıʃəs] işgüzar, gereksiz yere işe karışan.

off|-li·cence *Brt.* ['ɒflaısəns] *n.* içki satılan dükkân; **~·print** *n.* ayrı baskı; **~·set** *v/t.* denkleştirmek; ofset basmak; **~·shoot** *n.* BOT dal, filiz, sürgün; **~·side** ['ɒf'saıd] **1.** *n.* SPOR: ofsayt; MOT sağ taraf; **~ *door*** sağ kapı; **2.** *adj.* SPOR: ofsayta düşmüş olan; **~·spring** ['ɒfsprıŋ] *n.* döl, evlat; *fig.* sonuç, ürün.

of·ten ['ɒfn] *adv.* çoğu kez, sık sık.

o·gle ['əʊgl]: **~ (*at*)** *-e* göz süzerek bakmak.

o·gre ['əʊgə] *n.* dev, canavar.

oh [əʊ] *int.* Ya!, Öyle mi?

oil [ɔıl] **1.** *n.* yağ; petrol; yağlıboya; **2.** *v/t.* yağlamak; *fig.* yağ çekmek, pohpohlamak; **~·cloth** ['ɔılklɒθ] *n.* muşamba; **~ rig** *n.* petrol çıkarma aygıtı; **~·skin** *n.* muşamba; **~*s*** *pl.* muşamba giysi; **~·y** □ ['ɔılı] **(*-ier, -iest*)** yağlı; *fig.* dalkavuk, yağcı, yaltakçı.

oint·ment ['ɔıntmənt] *n.* merhem.

O·K·, o·kay F ['əʊ'keı] **1.** *adj.* doğru; iyi; geçer; **2.** *int.* Peki!, Tamam!, Oldu!; **3.** *v/t.* onaylamak, kabul etmek.

old [əʊld] **(~*er*, ~*est*,** *a.* ***elder, eldest*)** *adj.* ihtiyar, yaşlı; eski, köhne; deneyimli; **~ *age*** yaşlılık; **~ *people's home*** yaşlılar yurdu; **~age** ['əʊld'eıdʒ] *adj.* yaşlılık ...; **~-fash·ioned** ['əʊld'fæʃnd] *adj.* modası geçmiş, demode; **ℒ Glo·ry** *n.* A.B.D. bayrağı; **~·ish** ['əʊldıʃ] *adj.* oldukça yaşlı.

ol·fac·to·ry ANAT [ɒl'fæktərı] *adj.* koklama ile ilgili, koklama ...

ol·ive ['ɒlıv] *n.* BOT zeytin; zeytin ağacı.

O·lym·pic Games [ə'lımpık'geımz] *n. pl.* Olimpiyat Oyunları; ***Summer*** **(*Winter*) ~** *pl.* Yaz (Kış) Olimpiyatları.

om·i·nous □ ['ɒmınəs] uğursuz.

o·mis·sion [əʊ'mıʃn] *n.* yapmama, atlama; ihmal.

o·mit [ə'mıt] **(*-tt-*)** *v/t.* bırakmak, atlamak, geçmek; ihmal etmek.

om·nip·o|tence [ɒm'nıpətəns] *n.* her şeye gücü yetme; **~·tent** □ [~t] her şeye gücü yeten.

om·nis·ci·ent □ [ɒm'nısıənt] her şeyi bilen.

on [ɒn] **1.** *prp.* üstün(d)e, üzerin(d)e (**~ *the wall*** duvarın üstünde); -de, -da (**~ *the Thames*** Thames'de; **~ *a committee*** komitede; **~ *the "Daily Mail"*** "Daily Mail" de; **~ *the street*** *Am.* caddede); esnasında, süresinde (**~ *Sunday*** pazar günü; **~ *the 1st of April*** 1 nisanda); hakkında, konusunda (***talk* ~ *a subject*** bir konu hakkında konuşmak); -e doğru (***march* ~ *London*** Londra'ya doğru yürümek); kenarında (***a house* ~ *the main road*** anayolun kenarında bir ev); ile (***live* ~ *s.th.*** bşle geçinmek); ***get* ~ *a train*** *esp. Am.* trene binmek; **~ *hearing it*** onu duyması üzerine, onu duyunca; **2.** *adv.* ileriye; ileride; aralıksız, durmadan; (*giysi*) üzerinde, giyilmiş durumda (***have a coat* ~** üzerinde bir palto olmak, bir palto giymiş olmak; ***keep one's hat* ~** şapkası başında olmak); ***and so* ~** vesaire, ve benzerleri; **~ *and* ~** durmadan, sürekli; **~ *to ...*** (y)e; ***be* ~** (*ışık*) açık olmak; THEA, *film.* oynuyor olmak, oynamak.

once [wʌns] **1.** *adv.* bir defa, bir kez; eskiden, bir zamanlar; ***at* ~** derhal, hemen; aynı anda; ***all at* ~** aniden, birden; ***for* ~** bu seferlik, bir defalık; **~ (*and*) *for all*** ilk ve son olarak; **~ *again*, ~ *more*** bir kez daha, tekrar; **~ *in a while*** ara sıra, bazen; **2.** *cj. a.* **~ *that*** -ir -irmez.

one [wʌn] *adj. & pron.* bir, tek; biri, birisi; herhangi bir; **~*'s*** birinin, insanın; **~ *day*** bir gün, günün birinde; **~ *Smith*** Smith diye biri; **~ *another*** birbirine, birbirini; **~ *by* ~, ~ *after another*, ~ *after the other*** birer birer, arka arkaya; ***be at* ~ *with s.o.*** *b-le* uyuşmak, barışmak; ***I for* ~** bana kalırsa; ***the little* ~*s*** *pl.* küçük çocuklar.

o·ner·ous □ ['ɒnərəs] ağır, külfetli, sıkıntılı.

one|self [wʌn'self] *pron.* kendisi, bizzat; kendi kendini; **~-sid·ed** □ ['wʌn'saıdıd] tek taraflı; **~way** ['wʌnweı]: **~ *street*** tek yönlü cadde; **~ *ticket*** *Am.* gidiş bileti.

on·ion BOT ['ʌnjən] *n.* soğan.

online ['ɒnlaın] *adj. & adv.* online; **~ *banking*** online bankacılık; **~ *dating*** *karşı cinsten kimselerle online olarak*

tanışıp arkadaşlık kurmak; **~ *shopping*** online alışveriş.
on·look·er ['ɒnlʊkə] *n.* seyirci.
on·ly ['əʊnlı] **1.** *adj.* tek, biricik; **2.** *adv.* sadece, yalnızca, ancak; daha; **~ *yesterday*** daha dün; **3.** *cj.* **~ (*that*)** ne var ki, ne çare ki.
on·rush ['ɒnrʌʃ] *n.* üşüşme, saldırma.
on·set ['ɒnset], **on·slaught** ['ɒnslɔːt] *n.* başlangıç; saldırı, hücum; MED ilk belirtiler.
on·ward ['ɒnwəd] **1.** *adj.* ileri giden, ilerleyen; **2.** *adv. a.* **~s** ileri doğru, ileri.
ooze [uːz] **1.** *n.* sızma; sızıntı; **2.** *v/t. & v/i.* sız(dır)mak; **~ *away*** *fig.* kaybolmak, yok olmak.
o·paque □ [əʊ'peık] (**~r, ~st**) ışık geçirmez, donuk.
o·pen ['əʊpən] **1.** □ açık; üstü açık; herkesçe bilinen, ortada olan; açmış (*çiçek*); çözümlenmemiş (*sorun*); kapanmamış (*hesap*); **2.** *n.* ***in the* ~ (*air*)** açık havada; ***come out into the* ~** *fig.* açığa çıkmak; **3.** *v/t. & v/i.* aç(ıl)mak; başla(t)mak; sermek, yaymak; *fig.* açığa vurmak; **~ *into*** (*kapı v.b.*) *-e* açılmak; **~ *on to*** *-e* açılmak; **~ *out*** yaymak, sermek; açılmak; **~air** ['əʊpən'eə] *adj.* açık havada yapılan, açık hava ...; **~-armed** ['əʊpən'ɑːmd] *adj.* samimi, candan, içten; **~·er** ['əʊpnə] *n.* açacak; **~-eyed** ['əʊpən'aıd] *adj.* uyanık, açıkgöz; şaşkın, afallamış; **~-hand·ed** ['əʊpən'hændıd] *adj.* eli açık, cömert; **~-heart·ed** ['əʊpənhɑːtıd] *adj.* açık kalpli, samimi; **~·ing** ['əʊpnıŋ] *n.* açıklık, delik, ağız; başlangıç; aç(ıl)ma; fırsat; *attr.* ilk ...; **~-mind·ed** *fig.* ['əʊpən'maındıd] *adj.* açık fikirli.
op·e·ra ['ɒpərə] *n.* opera; **~glass**(**·es** *pl.*) *n.* opera dürbünü.
op·e|rate ['ɒpəreıt] *v/t. & v/i.* işle(t)mek, çalış(tır)mak (*a.* MEC); etkilemek; MIL tatbikat yapmak; MED ameliyat etmek (***on*** *ya da* ***upon s.o.*** *b-ni*); ***operating room*** *Am.*, ***operating-theatre*** *Brt.* ameliyathane; **~·ra·tion** [ɒpə'reıʃn] *n.* işle(t)me, çalışma (*a.* MEC); iş, çalışma; etki; MIL harekât; MED ameliyat, operasyon; ***be in* ~** yürürlükte olmak; ***come into* ~** LEG yürürlüğe girmek; **~·ra·tive** ['ɒpərətıv] **1.** □ işleyen, çalışan, faal; etkili; yürürlükte olan; MED ameliyatla ilgili; **2.** *n.* usta işçi; **~·ra·tor** [ˌeıtə] *n.* MEC operatör, teknisyen; santral memuru.
o·pin·ion [ə'pınjən] *n.* fikir, düşünce, kanı; ***in my* ~** bence, kanımca.
op·po·nent [ə'pəʊnənt] *n.* düşman, rakip.
op·por|tune □ ['ɒpətjuːn] elverişli, uygun; tam zamanında yapılan; **~·tu·ni·ty** [ɒpə'tjuːnətı] *n.* fırsat.
op·pose [ə'pəʊz] *v/t.* karşı çıkmak; engel olmak, karşı koymak, direnmek; **op·posed** *adj.* karşı; zıt, aksi; ***be* ~ *to*** *-e* karşı olmak; **op·po·site** ['ɒpəzıt] **1.** □ karşı, karşıki; zıt, ters, karşıt; **2.** *prp. & adv.* karşı karşıya; karşılıklı; karşısında; **3.** *n.* zıt şey *ya da* kimse; **op·po·si·tion** [ɒpə'zıʃn] *n.* karşıtlık, zıtlık; karşı çıkma; POL muhalefet; ECON rekabet.
op·press [ə'pres] *v/t.* sıkıntı vermek, bunaltmak; sıkıştırmak, baskı yapmak; eziyet etmek; **op·pres·sion** [ˌʃn] *n.* sıkıntı; baskı, zulüm; **op·pres·sive** □ [ˌsıv] ezici, ağır; sıkıcı, bunaltıcı (*hava*).
op·tic ['ɒptık] *adj.* optik, görmeyle ilgili, göz ...; = **op·ti·cal** □ [ˌl] görmeyle ilgili; **op·ti·cian** [ɒp'tıʃn] *n.* gözlükçü.
op·ti·mis·m ['ɒptımızəm] *n.* iyimserlik.
op·tion ['ɒpʃn] *n.* seçme; seçme hakkı; seçenek; ECON satma *ya da* satın alma hakkı; **~·al** □ [ˌl] isteğe bağlı olan, seçmeli.
op·u·lence ['ɒpjʊləns] *n.* servet, zenginlik; bolluk.
or [ɔː] *cj.* veya, ya da; **~ *else*** yoksa.
o·rac·u·lar □ [ɒ'rækjʊlə] kehanetle ilgili; gizli anlamlı.
o·ral □ ['ɔːrəl] ağızdan söylenen, sözlü; ağızla ilgili, oral, ağız ...; ağızdan alınan.
or·ange ['ɒrındʒ] **1.** *n.* BOT portakal; portakal rengi, turuncu; **2.** *adj.* portakal renginde olan, turuncu ...; **~·ade** ['ɒrındʒ'eıd] *n.* portakal şurubu.
o·ra·tion [ɔː'reıʃn] *n.* nutuk, söylev; **or·a·tor** ['ɒrətə] *n.* hatip, konuşmacı; **or·a·to·ry** [ˌrı] *n.* hatiplik; ECCL küçük tapınak.
orb [ɔːb] *n.* küre; gökcismi; *poet.* göz.
or·bit ['ɔːbıt] **1.** *n.* yörünge; ***get*** *ya da* ***put into* ~** yörüngeye otur(t)mak; **2.** *v/t. & v/i.* yörüngesinde dön(dür)mek;

O

-*in* etrafında dön(dür)mek.
or·chard ['ɔːtʃəd] *n.* meyve bahçesi.
or·ches·tra ['ɔːkɪstrə] *n.* MUS orkestra; *Am.* THEA parter.
or·chid BOT ['ɔːkɪd] *n.* orkide.
or·dain [ɔː'deɪn] *v/t.* (*papaz*) atamak; (*Tanrı*) takdir etmek, nasip etmek.
or·deal *fig.* [ɔː'diːl] *n.* sıkıntı, çile.
or·der ['ɔːdə] **1.** *n.* düzen, tertip; sıra, dizi; yol, usul, yöntem; emir, buyruk; ECON ısmarlama, sipariş; sınıf, tabaka; ECCL mezhep, tarikat; şeref rütbesi, nişan; mimari tarz, biçem; cins, tür; ***take (holy) ~s*** papaz olmak; ***in ~ to*** *inf. -mek* için; ***in ~ that*** *-sin* diye; ***out of ~*** bozuk, arızalı; ***make to ~*** ısmarlama yapmak; **2.** *v/t.* emretmek, buyurmak; ECON ısmarlamak, sipariş etmek; düzenlemek, düzene koymak; **~·ly** ['ɔːdəlɪ] **1.** *adj.* düzenli, derli toplu; *fig.* uslu, uysal; **2.** *n.* MIL emir eri; hastane hademesi.
or·di·nal ['ɔːdɪnl] **1.** *adj.* sıra gösteren, sıra...; **2.** *n. a.* ***~ number*** MATH sıra sayısı
or·di·nance ['ɔːdɪnəns] *n.* emir; kural; yasa; yönetmelik.
or·di·nary □ ['ɔːdnrɪ] alışılmış, olağan, her zamanki; sıradan, alelade.
ord·nance MIL ['ɔːdnəns] *n.* savaş gereçleri; ordonat.
ore [ɔː] *n.* maden cevheri, maden filizi.
or·gan ['ɔːgən] *n.* MUS org; organ; **~-grind·er** [-graɪndə] *n.* laternacı; **~·ic** [ɔː'gænɪk] (***~ally***) *adj.* organik, örgensel; **~·ism** ['ɔːgənɪzəm] *n.* organizma; oluşum; **~·i·za·tion** [ɔːgənaɪ'zeɪʃn] *n.* organizasyon, düzenleme; örgüt; kuruluş, bünye; **~·ize** ['ɔːgənaɪz] *v/t.* organize etmek, düzenlemek; örgütlemek; **~·iz·er** [-ə] *n.* organizatör, düzenleyici.
o·ri|ent ['ɔːrɪənt] **1.** *n.* ♀ Doğu ülkeleri, Doğu; doğu; **2.** *v/t.* doğuya yöneltmek; yönlendirmek; **~·en·tal** [ɔːrɪ'entl] **1.** □ doğuya özgü, doğu ...; **2.** *n.* ♀ Doğulu kimse; **~·en·tate** ['ɔːrɪənteɪt] *v/t.* yönlendirmek, alıştırmak, yol göstermek.
or·i·fice ['ɒrɪfɪs] *n.* delik, ağız.
or·i·gin ['ɒrɪdʒɪn] *n.* köken, kaynak; başlangıç; esas, asıl neden.
o·rig·i·nal [ə'rɪdʒənl] **1.** □ orijinal, özgün, yeni; ilk, asıl; yaratıcı; **2.** *n.* orijinal, asıl kopya; **~·i·ty** [ərɪdʒə'nælətɪ] *n.* orijinallik, özgünlük; **~·ly** [ə'rɪdʒnəlɪ] *adv.* aslında; özgün biçimde.
o·rig·i|nate [ə'rɪdʒəneɪt] *v/t. & v/i.* meydana getirmek, çık(ar)mak; meydana gelmek, kaynaklanmak, başla(t)mak; **~·na·tor** [-ə] *n.* yaratıcı kimse.
or·na|ment **1.** ['ɔːnəmənt] *n.* süs; süsle(n)me; *fig.* şeref kaynağı; **2.** [-ment] *v/t.* süslemek; **~·men·tal** □ [ɔːnə'mentl] süs olarak kullanılan; süsleyici.
or·nate □ [ɔː'neɪt] çok süslü, gösterişli; dili süslü (*yazı*).
or·phan ['ɔːfn] **1.** *n.* öksüz *ya da* yetim kimse; **2.** *adj. a.* **~ed** öksüz, yetim; **~·age** [-ɪdʒ] *n.* yetimhane, öksüzler yurdu.
or·tho·dox □ ['ɔːθədɒks] ortodoks; dinsel inançlarına bağlı; geleneksel, göreneksel.
os·cil·late ['ɒsɪleɪt] *v/i.* sallanmak, salınmak; *fig.* tereddüt etmek, bocalamak.
o·si·er BOT ['əʊʒə] *n.* sepetçisöğüdü, sorkun.
os·prey ZO ['ɒsprɪ] *n.* balık kartalı.
os·ten·si·ble □ [ɒ'stensəbl] görünüşteki, görünen, sözde.
os·ten·ta|tion [ɒstən'teɪʃn] *n.* gösteriş, caka, fiyaka; **~·tious** □ [-ʃəs] gösterişli, fiyakalı.
os·tra·cize ['ɒstrəsaɪz] *v/t.* toplum dışına itmek.
os·trich ZO ['ɒstrɪtʃ] *n.* devekuşu.
oth·er ['ʌðə] *adj. & pron.* başka, öbür, diğer; başkası, diğeri, öbürü; ***the ~ day*** geçen gün; ***the ~ morning*** geçen sabah; ***every ~ day*** gün aşırı; **~·wise** [-waɪz] *adv.* başka türlü; aksi taktirde, yoksa.
ot·ter ['ɒtə] *n.* ZO susamuru.
ought [ɔːt] *v/aux.* (*olumsuz:* ***~ not, oughtn't***) -meli, -malı; ***you ~ to have done it*** onu yapmalıydın, yapman gerekirdi.
ounce [aʊns] *n.* ons (= *28,35 g*).
our ['aʊə] *adj.* bizim; **~s** ['aʊəz] *pron.* bizimki; **~·selves** [aʊə'selvz] *pron.* kendimiz, biz.
oust [aʊst] *v/t.* dışarı atmak, çıkarmak, kovmak, defetmek.
out [aʊt] **1.** *adv.* dışarı, dışarıda; dışarıya; dışında; bağırarak, yüksek sesle; sonuna dek; tamamen, adamakıllı; SPOR: autta, çizgi dışında; ***~ and about***

(*hasta*) ayağa kalkmış, iyileşmiş; ***way~*** çıkış yolu; ***~ of*** -si olmayan, -siz, -sız; -den dolayı; -den yapılmış; den (***in nine cases ~ of ten*** on durumdan dokuzunda); ***be ~ of s.th.*** bşi kalmamak, bitmek; **2.** *n.* dışarısı; mazeret; ***the ~s*** *pl.* PARL muhalefet; **3.** *adj.* ECON zararda olan; **4.** *int.* Dışarı!, Defol!

out|bal·ance ['aʊt'bæləns] *v/t. -den* fazla gelmek, ağır çekmek; **~·bid** [aʊt'bɪd] (***-dd-***; ***-bid***) *v/t.* (*fiyat*) artırmak; **~·board** ['aʊtbɔːd] *adj.* dıştan motorlu, takma motorlu; **~·break** ['aʊtbreɪk] *n.* patlak verme, patlama; salgın; ayaklanma; **~·build·ing** ['aʊtbɪldɪŋ] *n.* ek bina; **~·burst** ['aʊtbɜːst] *n.* patlak verme, patlama; *fig.* (*kahkaha*) tufan; **~·cast** ['aʊtkɑːst] **1.** *adj.* toplumdan atılmış; **2.** *n.* toplumdan atılmış kimse; **~·come** ['aʊtkʌm] *n.* sonuç, akıbet; **~·cry** ['aʊtkraɪ] *n.* bağırma, çığlık, feryat; protesto; **~·dat·ed** ['aʊt'deɪtɪd] *adj.* modası geçmiş; **~·dis·tance** [aʊt'dɪstəns] *v/t.* geçmek, geride bırakmak; **~·do** [aʊt'duː] (***-did, -done***) *v/t. -den* üstün olmak, geçmek; **~door** ['aʊtdɔː] *adj.* açık havada yapılan, açık hava ...; **~·doors** [aʊt'dɔːz] *adv.* dışarıda, açık havada.

out·er ['aʊtə] *adj.* dış ..., dışarıdaki; **~·most** [‿məʊst] *adj.* en dıştaki.

out|fit ['aʊtfɪt] *n.* araç gereç, donatı, takım; F grup, ekip; *Am.* MIL birlik; **~·fit·ter** *Brt.* [‿ə] *n.* giyim eşyası satıcısı; **~·go·ing** ['aʊtgəʊɪŋ] **1.** *adj.* giden, ayrılan, kalkan; **2.** *n.* gidiş, kalkış; ***~s*** *pl.* masraf, gider, harcama; **~·grow** ['aʊt'grəʊ] (***-grew, -grown***) *v/t. -den* daha çabuk büyümek; (*giysi*) dar gelmek, içine sığmamak; **~·house** ['aʊthaʊs] *n.* ek bina; *Am.* dışarıda olan tuvalet.

out·ing ['aʊtɪŋ] *n.* gezinti, gezi.

out|last ['aʊt'lɑːst] *v/t. -den* daha fazla dayanmak; **~·law** ['aʊtlɔː] *n.* kanun kaçağı; **~·lay** ['aʊtleɪ] *n.* masraf, gider, harcama; **~·let** ['aʊtlet] *n.* çıkış yeri, ağız, delik; ECON pazar; *Am.* ELECT priz, fiş; *fig.* açılma fırsatı; **~·line** ['aʊtlaɪn] **1.** *n.* taslak, plan, kroki; **2.** *v/t. -in* taslağını çizmek; **~·live** ['aʊt'lɪv] *v/t. -den* fazla yaşamak; **~·look** ['aʊtlʊk] *n.* görünüş (*a. fig.*); manzara; görüş açısı; **~·ly·ing** ['aʊtlaɪɪŋ] *adj.* uzakta bulunan, uzak ...; **~·match** ['aʊt'mætʃ] *v/t.* üstün gelmek, geçmek; **~·num·ber** [aʊt'nʌmbə] *v/t.* sayıca üstün gelmek.

out-of-pock·et ex·pens·es [aʊtɒv'pɒkɪt‿] *n.pl. makbuz aranmaksızın masraf olarak gösterilebilen küçük harcamalar.*

out-pa·tient ['aʊtpeɪʃnt] *n.* ayakta tedavi gören hasta; **~·post** ['aʊtpəʊst] *n.* ileri karakol; **~·pour·ing** ['aʊtpɔːrɪŋ] *n.* içini dökme, duygularını açığa vurma; **~·put** ['aʊtpʊt] *n.* verim, randıman (*a.* ECON, MEC); ELECT çıkış gücü; *bilgisayar:* çıkış; **~·rage** ['aʊtreɪdʒ] **1.** *n.* zorbalık, tecüvüz; hakaret; rezalet; **2.** *v/t.* hakaret etmek; hiçe saymak; ırzına geçmek; **~·ra·geous** □ [aʊt'reɪdʒəs] insafsız, zalim; çok çirkin, iğrenç; **~·reach** ['aʊt'riːtʃ] *v/t.* geçmek, aşmak, *-den* fazla gelmek; **~·right** **1.** ['aʊtraɪt] *adj.* tam, bütün; açık, kesin; **2.** [aʊt'raɪt] *adv.* açıkça, açık açık; tamamen; **~·run** [aʊt'rʌn] (***-nn-***; ***-ran, -run***) *v/t. -den* daha hızlı koşmak; *fig.* aşmak; **~·set** ['aʊtset] *n.* başlangıç; **~·shine** ['aʊt'ʃaɪn] (***-shone***) *v/t. -den* daha çok parlamak; *fig.* gölgede bırakmak; **~·side** [aʊt'saɪd] **1.** *n.* dış taraf; dış görünüş; SPOR: açık; ***at the*** (***very***) ***~*** en fazla, olsa olsa, taş çatlasa; *attr.:* ***~ left*** (***right***) SPOR: solaçık (sağaçık); **2.** *adj.* dış ...; en fazla, en yüksek; **3.** *adv.* dışarıda, dışarıya; açık havada; dıştan; **4.** *prp. -in* dışında; **~·sid·er** [‿ə] *n.* bir grubun dışında olan kimse, yabancı; **~·size** ['aʊtsaɪz] *n.* büyük boy; **~·skirts** ['aʊtskɜːts] *n. pl.* dış mahalle, varoş; (*dağ*) etek; **~·smart** F ['aʊt'smɑːt] *v/t.* kurnazlıkla yenmek; **~source** ['aʊtsɔːs] v/t. (işi) başkasına devretmek; **~·spo·ken** [aʊt'spəʊkən] *adj.* açık sözlü, sözünü sakınmaz; **~·spread** ['aʊt'spred] *adj.* yayılmış, açılmış, açık; **~·stand·ing** ['aʊt'stændɪŋ] *adj.* göze çarpan, seçkin; çıkıntılı, fırlak, kepçe (*kulak*); kalmış (*borç*); **~·stretched** ['aʊtstretʃt] = ***outspread***; **~·strip** ['aʊt'strɪp] (***-pp-***) *v/t.* (*yarışta*) geçmek; *fig. -den* üstün çıkmak.

out·ward ['aʊtwəd] **1.** *adj.* dış ...; **2.** *adv. mst.* ***~s*** *dışa doğru*; **~·ly** [‿lɪ] *adv. dışa doğru*; görünüşte, *dıştan.*

O

out|weigh ['aʊt'weɪ] *v/t. -den* daha ağır gelmek; *fig.* daha ağır basmak; **~·wit** [aʊt'wɪt] (**-tt**) *v/t.* kurnazca davranıp atlatmak; **~·worn** ['aʊtwɔːn] *adj.* çok eskimiş; *fig.* modası geçmiş.

o·val ['əʊvl] **1.** □ oval; **2.** *n.* oval şey.

ov·en ['ʌvn] *n.* fırın.

o·ver ['əʊvə] **1.** *adv.* yukarıda; tamamen, baştan başa; yine, tekrar; karşı taraf(t)a; bitmiş, sona ermiş; (***all***) **~** ***again*** bir daha, tekrar; **~** ***against** -in* karşısın(d)a; ***all*** **~** her tarafında, büsbütün; **~** ***and*** **~** ***again*** tekrer tekrar, defalarca; **2.** *prp. -in* üzerin(d)e; *-in* öbür tarafına; **~** ***and above** -den* başka, *-den* fazla olarak.

o·ver|act ['əʊvər'ækt] *v/t.* (*rol*) abartmalı biçimde oynamak; **~·all** ['əʊvərɔːl] **1.** *n. Brt.* önlük, gömlek; **~s** *pl.* iş elbisesi, tulum; **2.** *adj.* kapsamlı, ayrıntılı; baştan başa olan; **~·awe** ['əʊvər'ɔː] *v/t.* çok korkutmak; **~·bal·ance** [əʊvə'bæləns] **1.** *n.* fazla ağırlık; **2.** *v/t.* dengesini bozmak, devirmek; *fig.* ağır basmak; **~·bear·ing** □ [əʊvə'beərɪŋ] buyurucu, amirlik taslayan, küstah; **~·board** NAUT ['əʊvəbɔːd] *adv.* gemiden denize; **~·cast** ['əʊvəkɑːst] *adj.* bulutlu, kapalı (*hava*); **~·charge** [əʊvə'tʃɑːdʒ] **1.** *v/t.* ELECT, MEC aşırı yüklemek; fazla fiyat istemek, kazıklamak; **2.** *n.* aşırı yük; fazla fiyat; **~·coat** ['əʊvəkəʊt] *n.* palto; **~·come** ['əʊvə'kʌm] (**-came, -come**) *v/t.* yenmek, üstesinden gelmek, hakkından gelmek; **~·crowd** [əʊvə'kraʊd] *v/t.* fazla kalabalık etmek; **~·do** [əʊvə'duː] (**-did, -done**) *v/t.* abartmak; abartarak oynamak (*rol*); fazla pişirmek; çok yormak; **~·draw** ['əʊvə'drɔː] (**-drew, -drawn**) *vb.* ECON (*hesaptan*) fazla para çekmek; *fig.* abartmak; **~·dress** [əʊvə'dres] *v/i.* aşırı şık giyinmek; *v/t.* aşırı şık giydirmek; **~·due** [əʊvə'djuː] *adj.* gecikmiş, rötarlı; vadesi geçmiş; **~·eat** [əʊvər'iːt] (**-ate, -eaten**): *a.* **~** ***o.s.*** tıka basa yemek; **~·flow** **1.** ['əʊvə'fləʊ] *vb.* su basmak, taşmak; **2.** ['əʊvəfləʊ] *n.* taşma, sel; MEC oluk; **~·grow** [əʊvə'grəʊ] (**-grew, -grown**) *v/t. -den* daha çok büyümek; *v/i.* hızla büyümek; **~·grown** [~n] *adj.* yaşına göre fazla büyümüş, azman; **~·hang** **1.** [əʊvə'hæŋ] (**-hung**) *v/t.* (*tehlike v.b.*) tehdit etmek; *v/i.* üzerine sarkmak; **2.** ['əʊvəhæŋ] *n.* çıkıntı; **~·haul** ['əʊvə'hɔːl] *v/t.* elden geçirmek, bakımını yapmak; **~·head** **1.** [əʊvə'hed] *adv.* yukarıda, tepede, üstte; **2.** ['əʊvəhed] *adj.* havadan geçen, havai; ECON genel (*gider*); **3.** *n. mst. Brt.* **~s** *pl.* ECON genel giderler; **~·hear** [əʊvə'hɪə] (**-heard**) *v/t.* kulak misafiri olmak; **~·joyed** [əʊvə'dʒɔɪd] *adj.* çok sevinmiş (***at*** *-e*); **~·kill** ['əʊvəkɪl] *n.* MIL gereğinden fazla silah; *fig.* aşırılık, fazlalık; **~·lap** [əʊvə'læp] (**-pp-**) *v/t. & v/i.* üst üste bin(dir)mek; aynı zamana rastlamak, çatışmak; **~·lay** [əʊvə'leɪ] (**-laid**) *v/t.* kaplamak; **~·leaf** ['əʊvə'liːf] *adv.* sayfanın öbür tarafında; **~·load** [əʊvə'ləʊd] *v/t.* aşırı yüklemek *ya da* doldurmak; **~look** [əʊvə'lʊk] *v/t.* gözden kaçırmak; *fig.* göz yummak; **~*ing the sea*** denize bakan, denize nazır; **~·much** ['əʊvə'mʌtʃ] *adv.* gereğinden fazla; **~·night** [əʊvə'naɪt] **1.** *adv.* geceleyin; bir gecede; ***stay*** **~** geceyi geçirmek; **2.** *adj.* bir gece süren; **~·pass** *esp. Am.* ['əʊvəpɑːs] *n.* üstgeçit; **~·pay** [əʊvə'peɪ] (**-paid**) *v/t.* fazla ödemek; **~peo·pled** ['əʊvə'piːpld] *adj.* aşırı kalabalık; **~·plus** ['əʊvəplʌs] *n.* fazlalık; **~·pow·er** ['əʊvə'paʊə] *v/t.* zararsız duruma getirmek, boyun eğdirmek; **~·rate** ['əʊvə'reɪt] *v/t.* çok önemsemek; **~·reach** ['əʊvə'riːtʃ] *v/t.* aldatmak, dolandırmak; **~** ***o.s.*** boyundan büyük işlere kalkışıp başaramamak; **~·ride** *fig.* [əʊvə'raɪd] (**-rode, -ridden**) *v/t.* önem vermemek, hiçe saymak; **~·rule** [əʊvə'ruːl] *v/t.* etkisi altına almak; LEG geçersiz kılmak, bozmak; **~·run** [əʊvə'rʌn] (**-nn-; -ran, -run**) *v/t.* geçmek, aşmak; MIL istila etmek, kaplamak; ***be*** **~** ***with*** *ile* dolu olmak, kayna(ş)mak; **~·sea(s)** ['əʊvə'siː(z)] *adj. & adv.* denizaşırı; **~·see** [əʊvə'siː] (**-saw, -seen**) *v/t.* yönetmek, denetlemek; **~·seer** ['əʊvəsɪə] *n.* ustabaşı; yönetici, denetçi; **~·shad·ow** ['əʊvə'ʃædəʊ] *v/t.* gölgelemek, gölge düşürmek (*a. fig.*); **~·sight** ['əʊvəsaɪt] *n.* kusur, yanlış; gözetim, bakım; **~·sleep** [əʊvə'sliːp] (**-slept**) *v/i.* uyuyup kalmak; **~·state** [əʊvə'steɪt] *v/t.* abartmak, büyütmek; **~·state·ment** [~mənt] *n.* abartma, abartı; **~·strain** **1.** [əʊvə-

O

'streın] v/t. fazla yormak; ~ **o.s.** çok zorlanmak, bir tarafını incitmek; **2.** ['əʊvəstreın] n. fazla yorma.

o·vert □ ['əʊvɜːt] açık, belli, ortada olan.

o·ver|take ['əʊvə'teık] (**-took, -taken**) v/t. yetişmek, yakalamak; geçmek, sollamak; **~·tax** ['əʊvə'tæks] v/t. -e ağır vergi koymak; fig. -e aşırı yüklenmek; **~·throw** **1.** ['əʊvə'θrəʊ] (**-threw, -thrown**) v/t. düşürmek, devirmek, yıkmak (a. fig.); **2.** ['əʊvəθrəʊ] n. devirme, yık(ıl)ma; **~·time** ECON ['əʊvətaım] n. fazla mesai; **be on ~, do ~** fazla mesai yapmak.

o·ver·ture ['əʊvətjʊə] n. MUS uvertür; mst. **~s** pl. teklif, öneri.

o·ver|turn ['əʊvə'tɜːn] v/t. devirmek (a. fig.); v/i. devrilmek; **~·weight** ['əʊvəweıt] n. fazla ağırlık; **~·whelm** ['əʊvə'welm] v/t. yenmek, alt etmek, ezmek; fig. garketmek, boğmak; **~·work** ['əʊvə'wɜːk] **1.** n. fazla çalışma; **2.** v/t. & v/i. fazla çalış(tır)mak; **~·wrought** ['əʊvə'rɔːt] adj. çok heyecanlı, fazla gergin; sinirleri bozuk.

owe [əʊ] vb. borcu olmak, borçlu olmak; (kin v.b.) beslemek.

ow·ing ['əʊıŋ]: **be ~** borç olarak kalmak; **~ to** -den dolayı, ... yüzünden; -in sayesinde.

owl zo [aʊl] n. baykuş.

own [əʊn] **1.** adj. kendinin, kendisine özgü, kendi ...; öz (kardeş); **2. my ~** kendi malım, benim; **a house of one's ~** b-nin kendi evi; **hold one's ~** dayanmak, yerini korumak, karşı koymak; **3.** v/t. sahip olmak, ... si olmak; kabul etmek, tanımak.

own·er ['əʊnə] n. sahip, mal sahibi; **~·ship** ['əʊnəʃıp] n. sahiplik.

ox zo [ɒks] (pl. **oxen** ['ɒksn]) n. öküz.

ox·i·da·tion CHEM [ɒksı'deıʃn] n. oksidasyon, oksitlenme; **ox·ide** CHEM ['ɒksaıd] n. oksit; **ox·i·dize** CHEM ['ɒksıdaız] v/t. & v/i. oksitle(n)mek.

ox·y·gen CHEM ['ɒksıdʒən] n. oksijen.

oy·ster zo ['ɔıstə] n. istiridye.

o·zone CHEM ['əʊzəʊn] n. ozon.

P

pace [peıs] **1.** n. adım; yürüyüş, gidiş; **2.** v/t. adımlamak; (sürat) ayarlamak; v/i. yürümek, gezinmek; (at) rahvan gitmek; **~ up and down** bir aşağı bir yukarı yürümek.

pa·cif·ic [pə'sıfık] (**~ally**) adj. barışsever, barışçı.

pac·i|fi·ca·tion [pæsıfı'keıʃn] n. barış(tır)ma, uzlaş(tır)ma; **~·fi·er** Am. ['pæsıfaıə] n. emzik; **~·fy** [~aı] v/t. yatıştırmak, sakinleştirmek; barıştırmak.

pack [pæk] **1.** n. bohça, çıkın; sürü; balya, denk: Am. (sigara) paket; MED kompres, buz torbası; a. **~ of cards** iskambil destesi; **a ~ of lies** bir sürü yalan; **2.** v/t. bohçalamak, denk etmek; ECON ambalajlamak; paketlemek; MEC kalafatlamak; Am. F (silah) taşımak; oft. **~ up** (bavul) hazırlamak, toplamak; mst. **~ off** göndermek, yollamak; v/i. birleşmek, sıkışmak; oft. **~ up** (makine) durmak; **send s.o. ~ing** F b-ni sepetlemek, pılıyı pırtıyı toplatıp defetmek; **~·age** ['pækıdʒ] n. paket; bohça; ambalaj; **~ tour** grup turu, paket tur; **~·er** [~ə] n. ambalajcı, paketçi; Am. konserve fabrikasında çalışan kimse; **~·et** [~ıt] n. paket; çıkın, bohça, deste; a. **~-boat** NAUT posta gemisi; **~·ing** [~ıŋ] n. paketleme, ambalaj; **~·thread** n. sicim, kınnap.

pact [pækt] n. pakt, antlaşma.

pad [pæd] **1.** n. yastık; kâğıt destesi; sumen, altlık; SPOR: tekmelik; a. **ink-~** ıstampa; **2.** (**-dd-**) v/t. içini doldurmak; (konuşma, yazı v.b.) şişirmek; **~·ding** ['pædıŋ] n. kıtık; vatka.

pad·dle ['pædl] **1.** n. tokaç; NAUT kısa kürek, pala; **2.** v/t. kısa kürekle yürütmek; **~-wheel** n. NAUT geminin yan çarkı.

pad·dock ['pædək] n. çayırlık, otlak; SPOR: pist.

pad·lock ['pædlɒk] n. asma kilit.

pa·gan ['peıgən] **1.** adj. putperestlerle

ilgili; **2.** *n.* putperest.
page[1] [peɪdʒ] **1.** *n.* sayfa; **2.** *v/t.* numaralamak.
page[2] [˷] **1.** *n.* otel garsonu; **2.** *v/t.* (*otelde*) ismini bağırarak aramak.
pag·eant ['pædʒənt] *n.* parlak gösteri.
paid [peɪd] *pret.* & *p.p.* of **pay 2.**
pail [peɪl] *n.* kova.
pain [peɪn] **1.** *n.* ağrı, sızı; acı **˷s** *pl.* özen, emek; **on** *ya da* **under ˷ of death** yoksa cezası ölümdür; **be in (great) ˷** her yanı ağrımak; **take ˷s** zahmete girmek, özen göstermek; **2.** *v/t.* canını yakmak, acıtmak; üzmek; **˷·ful** □ ['peɪnfl] ağrılı; zahmetli, yorucu; acıklı, üzücü; **˷·less** □ [˷lɪs] ağrısız, acısız; **˷s·tak·ing** □ [˷zteɪkɪŋ] *adj.* özenen, emek veren.
paint [peɪnt] **1.** *n.* boya; allık; **2.** *v/t.* boyamak; tasvir etmek, betimlemek; **˷·box** ['peɪntbɒks] *n.* boya fırçası; **˷·er** [˷ə] *n.* boyacı; ressam; **˷·ing** [˷ɪŋ] *n.* yağlıboya resim, tablo; ressamlık.
pair [peə] **1.** *n.* çift; **a ˷ of ...** bir çift ...; **a ˷ of scissors** bir makas; **2.** *vb.* eşleştirmek; çift olmak; **˷ off** eşleş(tir)mek, bir çift oluşturmak.
pa·ja·ma(s) *Am.* [pə'dʒɑːmə(z)] = **pyjama(s).**
pal [pæl] *n.* arkadaş, dost.
pal·ace ['pælɪs] *n.* saray; palas.
pal·a·ta·ble □ ['pælətəbl] lezzetli; *fig.* hoşa giden, hoş.
pal·ate ['pælɪt] *n.* ANAT damak; *fig.* ağız tadı, damak zevki.
pale[1] [peɪl] *n.* kazık; *fig.* sınır, limit.
pale[2] [˷] **1.** □ (**˷r, ˷st**) solgun, soluk; açık, uçuk (*renk*); **˷ ale** beyaz bira; **2.** *v/t.* & *v/i.* sarar(t)mak, sol(dur)mak; *fig.* sönük kalmak; **˷·ness** ['peɪlnɪs] *n.* solgunluk, solukluk.
pal·ings ['peɪlɪŋz] *n. pl.* çit, parmaklık.
pal·i·sade [pælɪ'seɪd] *n.* kazıklardan yapılmış çit; **˷s** *pl. Am.* bir sıra uçurum kayalar.
pal·let ['pælɪt] *n.* ressam paleti.
pal·li|ate ['pælɪeɪt] *v/t.* MED geçici olarak dindirmek, hafifletmek; *fig.* önemsizmiş gibi göstermek; **˷·a·tive** MED [˷ətɪv] *n.* geçici olarak dindiren şey.
pal|lid □ ['pælɪd] solgun, soluk; **˷·lid·ness** [˷nɪs], **˷·lor** [˷ə] *n.* solgunluk.
palm [pɑːm] **1.** *n.* avuç içi, aya; BOT hurma ağacı; **2.** *v/t.* avcunda saklamak; **˷ s.th. off on** *ya da* **upon s.o.** b-ne bşi hile ile satmak, yutturmak; **˷-tree** BOT ['pɑːmtriː] *n.* hurma ağacı.
pal·pa·ble □ ['pælpəbl] elle dokunulabilir; *fig.* belli, açık, ortada.
pal·pi|tate MED ['pælpɪteɪt] *v/i.* (*kalp*) atmak, çarpmak; **˷·ta·tion** MED [pælpɪ'teɪʃn] *n.* yürek çarpıntısı.
pal·sy ['pɔːlzɪ] **1.** *n.* MED inme, felç; *fig.* kuvvetsizlik; **2.** *v/t. fig.* felce uğratmak.
pal·ter ['pɔːltə] *v/t.* ciddiye almamak (**with s.o.** *b-ni*).
pal·try □ ['pɔːltrɪ] (**-ier, -iest**) önemsiz, değersiz.
pam·per ['pæmpə] *v/t.* nazlı büyütmek, şımartmak, yüz vermek.
pam·phlet ['pæmflɪt] *n.* broşür, kitapçık.
pan [pæn] *n.* tava; terazi gözü, kefe.
pan- [˷] *prefix* bütün ..., tüm ..., her ...
pan·a·ce·a [pænə'sɪə] *n.* her derde deva ilaç.
pan·cake ['pænkeɪk] *n.* gözleme, börek.
pan·da ZO ['pændə] *n.* panda; **˷ car** *n. Brt.* polis otosu, devriye arabası; **˷ cross·ing** *n. Brt.* yaya geçidi.
pan·de·mo·ni·um *fig.* [pændɪ'məʊnjəm] *n.* kargaşa, curcuna, kıyamet.
pan·der ['pændə] **1.** *vb.* kötülüğe özendirmek; pezevenklik etmek; **2.** *n.* pezevenk.
pane [peɪn] *n.* pencere camı.
pan·e·gyr·ic [pænɪ'dʒɪrɪk] *n.* övme, övgü; kaside.
pan·el ['pænl] **1.** *n.* ARCH panel, kaplama tahtası; kapı aynası; ELECT, MEC levha, pano; panel, tartışma; LEG jüri listesi; **2.** (*esp. Brt. -ll-, Am. -l-*) *v/t.* lambri ile kaplamak.
pang [pæŋ] *n.* sancı; *fig.* acı, ıstırap.
pan·han·dle ['pænhændl] **1.** *n.* tava sapı; *Am.* ileri uzanan kara parçası; **2.** *v/i. Am.* F dilenmek, avuç açmak.
pan·ic ['pænɪk] **1.** *adj.* yersiz, nedensiz (*korku*); **2.** *n.* panik, büyük korku, ürkü; **3.** (**-ck-**) *v/i.* paniğe kapılmak.
pan·sy BOT ['pænzɪ] *n.* alacamenekşe.
pant [pænt] *v/i.* nefes nefese kalmak, solumak.
pan·ther ZO ['pænθə] *n.* panter, pars; *Am.* puma, Yenidünya aslanı.

P

pan·ties ['pæntız] *n. pl.* kadın külotu; çocuk şortu.
pan·ti·hose *esp. Am.* ['pæntıhəʊz] *n.* külotlu çorap.
pan·try ['pæntrı] *n.* kiler.
pants [pænts] *n. pl. esp. Am.* pantolon; *esp. Brt.* don, külot.
pap [pæp] *n.* sulu yemek, lapa.
pa·pa [pə'pɑː] *n.* baba.
pa·pal ☐ ['peıpl] Papa *ya da* Papalıkla ilgili.
pap·a·raz·zi [pæpə'rætsiː] *n. pl.* paparazzi *sg.*
pa·per ['peıpə] **1.** *n.* kâğıt; gazete; sınav kâğıdı; duvar kâğıdı; **~s** *pl.* evrak; **2.** *v/t.* kâğıtlamak, kâğıtla kaplamak; **~·back** *n.* kâğıt kapaklı kitap; **~-bag** *n.* kesekâğıdı; **~-clip** *n.* ataş, kâğıt maşası; **~hang·er** *n.* duvar kâğıtçısı; **~mill** *n.* kâğıt fabrikası; **~·weight** *n.* prespapye.
pap·py ['pæpı] (**-ier, -iest**) *adj.* sulu, yumuşak; lapa gibi.
par [pɑː] *n.* ECON parite; eşitlik; ***at ~*** başabaş; ***be on a ~ with*** *ile* aynı düzeyde olmak.
par·a·ble ['pærəbl] *n.* ders alınacak öykü, mesel.
par·a|chute ['pærəʃuːt] *n.* paraşüt; **~·chut·ist** [~ıst] *n.* paraşütçü.
pa·rade [pə'reıd] **1.** *n.* MIL geçit töreni, alay; gösteriş; gezinti yeri; ***make a ~ of*** *fig.* gösteriş yapmak, sergilemek; **2.** *vb.* MIL geçit töreni yapmak, alay halinde yürümek; gösteriş olsun diye sergilemek; **~ground** *n.* MIL tören alanı, talim alanı.
par·a·dise ['pærədaıs] *n.* cennet.
par·a·gon ['pærəgən] *n.* örnek, simge, sembol.
par·a·graph ['pærəgrɑːf] *n.* PRINT paragraf.
par·al·lel ['pærəlel] **1.** *adj.* paralel, koşut; benzer, aynı; **2.** *n.* MATH paralel çizgi; *fig.* benzerlik, aynılık; ***without*** (***a***) **~** eşsiz, eşi görülmemiş; **3.** (*-l-*, *Brt. a. -ll-*) *vb. -e* paralel olmak; *-e* benzemek, aynı olmak.
par·a·lyse, *Am.* **-lyze** ['pærəlaız] *v/t.* MED felç etmek, kötürüm etmek; *fig.* felce uğratmak; **pa·ral·y·sis** MED [pə'rælısıs] (*pl.* ***-ses*** [-siːz]) *n.* felç, inme.
par·a·mount ['pærəmaʊnt] *adj.* üstün, başlıca, en önemli, yüce.
par·a·pet ['pærəpıt] *n.* MIL siper; korkuluk, parmaklık.
par·a·pher·na·li·a [pærəfə'neıljə] *n. pl.* öteberi; kişisel eşyalar; takım, donatı.
par·a·site ['pærəsaıt] *n.* parazit, asalak (*a. fig.*).
par·a·sol ['pærəsɒl] *n.* güneş şemsiyesi.
par·a·troop|er MIL ['pærətruːpə] *n.* paraşütçü; **~s** MIL [~s] *n. pl.* paraşütçü kıtası.
par·boil ['pɑːbɔıl] *v/t.* yarı kaynatmak.
par·cel ['pɑːsl] **1.** *n.* paket, koli; parsel; **2.** (*esp. Brt. -ll-, Am. -l-*) *v/t.* **~ *out*** hisselere ayırmak, pay etmek.
parch [pɑːtʃ] *v/t.* yakmak, kavurmak.
parch·ment ['pɑːtʃmənt] *n.* parşömen, tirşe.
pard *Am. sl.* [pɑːd] *n.* ahbap, dost, arkadaş.
par·don ['pɑːdn] **1.** *n.* bağışlama, af (*a.* LEG); **2.** *v/t.* bağışlamak, af fetmek (*a.* LEG); **~*?*** efendim?; **~ *me!*** Affedersiniz!; **~·a·ble** ☐ [~əbl] affedilebilir, bağışlanabilir.
pare [peə] *v/t.* yontmak; kabuğunu soymak; (*tırmak*) kesmek.
par·ent ['peərənt] *n.* ana *ya da* baba; **~s** *pl.* ebeveyn, ana ve baba; **~ *-teacher meeting*** *okul*: veli-öğretmen toplantısı; **~·age** [~ıdʒ] *n.* analık *ya da* babalık; soy, kuşak; **pa·ren·tal** [pə'rentl] *adj.* ana *ya da* baba ile ilgili.
pa·ren·the·sis [pə'renθısıs] (*pl.* **-ses** [-siːz]) *n.* parantez, ayraç; PRINT parantez imi.
par·ing ['peərıŋ] *n.* kabuğunu soyma; **~s** *pl.* kırpıntı.
par·ish ['pærıʃ] **1.** *n.* cemaat; bir papazın ruhani bölgesi; bucak; **2.** *adj.* kilise ...; papaz ...; **pa·rish·io·ner** [pərıʃənə] *n.* kilise cemiyeti üyesi.
par·i·ty ['pærətı] *n.* başabaş olma, eşitlik; ECON parite.
park [pɑːk] **1.** *n.* park; ulusal park; *Am.* oyun alanı; ***the ~*** *Brt.* F futbol sahası; *mst.* ***car-~*** otopark, park yeri; **2.** *v/t.* MOT park etmek.
par·ka ['pɑːkə] *n.* parka.
park·ing MOT ['pɑːkıŋ] *n.* park etme; ***no ~*** park yapılmaz; **~ disc** *n.* park saati kadranı; **~ fee** *n.* park ücreti; **~ lot** *n.* *Am.* otopark, park yeri; **~ me·ter** *n.*

P

park saati; ~ **tick·et** *n.* park bileti.
par·lance ['pɑːləns] *n.* deyiş, dil, deyim.
par·ley ['pɑːlı] **1.** *n. esp.* MIL barış görüşmesi; **2.** *v/i. esp.* MIL barış görüşmesi yapmak.
par·lia|ment ['pɑːləmənt] *n.* parlamento; **~·men·tar·i·an** [pɑːləmen'teərıən] *n.* parlamenter, parlamento üyesi; **~·men·ta·ry** □ [pɑːlə'mentərı] parlamentoyla ilgili.
par·lo(u)r ['pɑːlə] *n.* salon; ***beauty ~*** *Am.* güzellik salonu; **~ *car*** *Am.* RAIL lüks vagon; **~·maid** *n.* sofra hizmetçisi.
pa·ro·chi·al □ [pə'rəʊkjəl] cemaatle ilgili, cemaat ...; *fig.* dar, sınırlı.
pa·role [pə'rəʊl] **1.** *n.* MIL parola; LEG şartlı tahliye; LEG şeref sözü; ***he is out on ~*** LEG şartlı tahliye edildi; **2.** *v/t.* **~ *s.o.*** LEG *b-ni* şartlı tahliye etmek
par·quet ['pɑːkeı] *n.* parke; *Am.* THEA orkestra ile parter arasındaki kısım
par·rot ['pærət] **1.** *n.* ZO papağan (*a. fig.*); **2.** *v/t.* papağan gibi tekrarlamak.
par·ry ['pærı] *v/t.* savuşturmak.
par·si·mo·ni·ous □ [pɑːsı'məʊnjəs] aşırı tutumlu, cimri.
pars·ley BOT ['pɑːslı] *n.* maydanoz.
par·son ['pɑːsn] *n.* papaz; **~·age** [~ıdʒ] *n.* papaz evi.
part [pɑːt] **1.** *n.* parça, bölüm, kısım; pay, hisse; THEA, *fig.* rol; görev; katkı; *Am.* saç ayrımı; ***a man of*** (***many***) **~*s*** çok yönlü bir adam; ***take ~ in s.th.*** bşe katılmak; ***take s.th. in bad*** (***good***) **~** bşi kötü (iyi) yönünden almak; ***for my ~*** bana kalırsa, bence; ***for the most ~*** çoğunlukla; ***in ~*** kısmen; ***on the ~ of*** *-in* tarafından; ***on my ~*** benim tarafımdan; **2.** *adj.* kısmi, bölümsel; **3.** *adv.* kısmen; **4.** *v/t.* ayırmak; kesmek, yarmak; (*saç*) tarakla ayırmak; **~ *company*** ayrılmak (***with*** *ile*); *v/i.* ayrılmak (***with*** *ile*).
par·take [pɑː'teık] (***-took, -taken***) *v/i.* katılmak; **~ *of ...*** niteliğinde olmak, *-i* andırmak.
par|tial □ ['pɑːʃl] kısmi, bölümsel; taraf tutan; düşkün (***to*** *-e*); **~·ti·al·i·ty** [pɑːʃı'ælətı] *n.* taraf tutma; düşkünlük (***for*** *-e*).
par·tic·i|pant [pɑː'tısıpənt] *n.* katılan kimse, iştirakçi; **~·pate** [~eıt] *v/i.* katılmak (***in*** *-e*); **~·pa·tion** [pɑːtısı'peıʃn] *n.* katılma.
par·ti·ci·ple GR ['pɑːtısıpl] *n.* ortaç, partisip, sıfat-fiil.
par·ti·cle ['pɑːtıkl] *n.* tanecik; GR takı, ek.
par·tic·u·lar [pə'tıkjʊlə] **1.** □ belirli; özel; özgü; kişisel; ayrıntılı; titiz, meraklı; **2.** *n.* madde, husus; **~*s pl.*** ayrıntılar, özellikler; ***in ~*** özellikle; **~·i·ty** [pətıkjʊ'lærətı] *n.* özellik; titizlik; **~·ly** [pə'tıkjʊləlı] *adv.* özellikle.
part·ing ['pɑːtıŋ] **1.** *n.* ayrılma; veda; saçı ayırma çizgisi; **~ *of the ways*** *esp. fig.* iki şıktan birini seçme; **2.** *adj.* ayrılırken yapılan, veda ...
par·ti·san [pɑːtı'zæn] *n.* partizan, taraftar; MIL gerillacı; *attr.* partizan ...
par·ti·tion [pɑː'tıʃn] **1.** *n.* bölünme; taksim; duvar, bölme; **2.** *v/t.* **~ *off*** ayırmak, bölmek.
part·ly ['pɑːtlı] *adv.* kısmen, kimi yönden.
part·ner ['pɑːtnə] **1.** *n.* ortak; partner, dans arkadaşı, dam, kavalye; eş; **2.** *v/t.* & *v/i.* ortak etmek *ya da* olmak; **~·ship** [~ʃıp] *n.* partnerlik; ECON ortaklık.
part-own·er ['pɑːtəʊnə] *n.* hissedar.
par·tridge ZO ['pɑːtrıdʒ] *n.* keklik.
part-time ['pɑːt'taım] **1.** *adj.* yarım günlük; **2.** *adv.* yarım gün olarak.
par·ty ['pɑːtı] *n.* parti, eğlence; grup, ekip, takım; POL parti; MIL birlik; *co.* kişi, kimse; **~ line** *n.* POL parti siyaseti; **~ pol·i·tics** *n. sg. ya da pl.* parti politikası.
pass [pɑːs] **1.** *n.* geçme, geçiş; paso, şebeke; MIL giriş-çıkış izni; *Brt.* UNIV sınavda geçme; SPOR: pas; *iskambil*: pas; boğaz, geçit; durum, hal; el çabukluğu; F kur, flört; ***free ~*** parasız giriş kartı; **2.** *v/i.* geçmek; ileri gitmek, ilerlemek; gitmek, ayrılmak; dönüşmek; karar vermek, hüküm vermek; miras kalmak; olmak, meydana gelmek; SPOR: pas vermek, paslaşmak; PARL kabul edilmek; *iskambil*: pas demek; **~ *away*** ölmek, vefat etmek; **~ *by*** yanından geçmek; **~ *for*** *ya da* ***as ...*** gözüyle bakılmak, ... diye kabul edilmek; **~ *off*** (*fırtına, yağmur v.b.*) dinmek, geçmek; **~ *out*** F bayılmak; *v/t.* geçmek, aşmak; geçirmek, atlatmak; (*hak*) devretmek; (*para*) piyasaya sür-

mek; vermek, uzatmak; dolaştırmak, gezdirmek; (*fikir, karar v.b.*) bildirmek, söylemek, açıklamak; dışarı atmak, boşaltmak; SPOR: (*topa*) vurmak; **~·a·ble** □ ['pɑːsəbl] (*yol*) geçit verir, geçilebilir; kabul edilir, geçerli.

pas·sage ['pæsɪdʒ] *n.* geçme, gitme; yol; geçit, boğaz; yolculuk; koridor, dehliz; pasaj; geçiş hakkı; geçiş ücreti; PARL tasarının kabul edilip kanunlaşması; MUS geçiş; ***bird of ~*** göçmen kuş.

pass·book ECON ['pɑːsbʊk] *n.* hesap cüzdanı.

pas·sen·ger ['pæsɪndʒɪ] *n.* yolcu.

pass·er-by ['pɑːsə'baɪ] (*pl.* ***passers-by***) *n.* yoldan gelip geçen kimse.

pas·sion ['pæʃn] *n.* hırs, tutku, ihtiras; cinsel istek, şehvet; hiddet, öfke; ♀ ECCL Hz.İsa'nın çarmıha gerilmesinde çektiği acı; ♀ ***Week*** ECCL paskalyadan bir önceki hafta; **~·ate** □ [~ət] heyecanlı, ateşli, tutkulu, ihtiraslı; hiddetli, öfkeli.

pas·sive □ ['pæsɪv] pasif, eylemsiz, edilgin; GR edilgen; ***~ smoking*** *başkalarının sigara içtiği bir ortamda duman soluyarak dolaylı olarak sigara içmek zorunda kalmak*, pasif sigara kullanımı.

pass·port ['pɑːspɔːt] *n.* pasaport.

pass·word ['pɑːswɜːd] *n.* parola.

past [pɑːst] **1.** *adj.* geçmiş, geçen, bitmiş, olmuş; GR geçmiş zaman ...; ***for some time ~*** bir süreden beri; ***~ tense*** GR geçmiş zaman; **2.** *adv.* yanından *ya da* önünden geçerek; **3.** *prp.* *-den* daha ileride, *-den* sonra; *-in* ötesinde; ***half ~ two*** iki buçuk; ***~ endurance*** tahammül edilmez, dayanılmaz; ***~ hope*** ümitsiz; **4.** *n.* geçmiş, mazi; bir kimsenin geçmişi; GR geçmiş zaman kipi.

paste [peɪst] **1.** *n.* macun; çiriş, kola; hamur; lapa, ezme; **2.** *v/t.* yapıştırmak; **~·board** ['peɪstbɔːd] *n.* mukavva; *attr.* mukavva ...

pas·tel [pæ'stel] *n.* pastel kalemi; pastel resim.

pas·teur·ize ['pæstəraɪz] *v/t.* pastörize etmek.

pas·time ['pɑːstaɪm] *n.* eğlence, oyun, uğraşı.

pas·tor ['pɑːstə] *n.* papaz; **~·al** □ [~rəl] pastoral, çobanlama ...; ECCL papazlıkla ilgili.

pas·try ['peɪstrɪ] *n.* hamur işi; pasta; **~·cook** *n.* pastacı.

pas·ture ['pɑːstʃə] **1.** *n.* çayır, otlak, mera; **2.** *v/t.* & *v/i.* çayırda otla(t)mak.

pat [pæt] **1.** *n.* hafifçe vurma; (*tereyağ*) küçük kalıp; **2.** (**-tt-**) *v/t.* *-e* hafifçe vurmak; **3.** *adv.* hemen, anında, tam zamanında.

patch [pætʃ] **1.** *n.* yama; benek, ben, leke; arazi parçası; MED yakı; ***in ~es*** kısmen; **2.** *v/t.* yamamak; **~·work** ['pætʃwɜːk] *n.* yama işi; *contp.* uydurma iş, şişirme iş.

pate F [peɪt]: ***bald ~*** kel kafa.

pa·tent ['peɪtənt, *Am.* 'pætənt] **1.** *adj.* belli, açık, ortada; patentli; ***~ agent***, *Am.* ***~ attorney*** patent işleri uzmanı; ***letters ~*** ['pætənt] *pl.* patent; ***~ leather*** güderi; **2.** *n.* patent; patentli mal; **3.** *v/t.* *-in* patentini almak; **~·ee** [peɪtən'tiː] *n.* patent sahibi.

pa·ter|nal □ [pə'tɜːnl] baba ile ilgili, baba ...; baba tarafından olan; **~·ni·ty** [~ətɪ] *n.* babalık.

path [pɑːθ] (*pl.* ***paths*** [pɑːðz]) *n.* patika, keçiyolu.

pa·thet·ic [pə'θetɪk] (**~*ally***) *adj.* acıklı, dokunaklı, etkileyici.

pa·thos ['peɪθɒs] *n.* acıma *ya da* sempati uyandırma gücü.

pa·tience ['peɪʃns] *n.* sabır, dayanç; *Brt.* tek başına oynanan iskambil oyunu; **pa·tient** [~t] **1.** □ sabırlı; **2.** *n.* hasta.

pat·i·o ['pætɪəʊ] (*pl.* ***-os***) *n.* avlu, teras, veranda.

pat·ri·mo·ny ['pætrɪmənɪ] *n.* babadan kalan miras.

pat·ri·ot ['pætrɪət] *n.* vatansever kimse; **~·ic** [pætrɪ'ɒtɪk] (**~*ally***) *adj.* vatansever, yurtsever.

pa·trol [pə'trəʊl] **1.** *n.* MIL devriye, karakol; devriye gezme; ***on ~*** devriye gezen; **2.** (**-ll-**) *v/i.* devriye gezmek; **~ car** *n.* devriye arabası; **~·man** [~mæn] (*pl.* ***-men***) *n.* *Am.* devriye polis.

pa·tron ['peɪtrən] *n.* patron, efendi; veli; devamlı müşteri; ***~ saint*** ECCL koruyucu aziz, evliya; **pat·ron·age** ['pætrənɪdʒ] *n.* koruma; atama yetkisi; müşteriler; iş, ticaret; **pat·ron·ize** [~aɪz] *v/t.* korumak, kanatları altına almak; *-in* müşterisi olmak, *-den* alışveriş etmek.

pat·ter ['pætə] *v/t.* hızlı hızlı söylemek;

P

v/i. hızlı hızlı konuşmak.
pat·tern ['pætən] **1.** *n.* model, örnek (*a. fig.*); kalıp, patron; mostra; resim, desen, süs; **2.** *v/t.* örnek almak (***after, on s.o.*** *b-ni*).
paunch ['pɔːntʃ] *n.* göbek.
pau·per ['pɔːpə] *n.* fakir, yoksul.
pause [pɔːz] **1.** *n.* durma, ara, mola, teneffüs; **2.** *v/i.* durmak, duraklamak; tereddüt etmek.
pave [peɪv] *v/t. -e* kaldırım döşemek; ~ ***the way for*** *fig. -in* yolunu açmak; **~·ment** ['peɪvmənt] *n. Brt.* kaldırım; *Am.* şose, yol.
paw [pɔː] **1.** *n.* pençe; **2.** *vb.* F ellemek, kabaca ellemek; ~ (***the ground***) yeri eşelemek.
pawn [pɔːn] **1.** *n.* satranç: piyon, piyade, paytak; *fig.* maşa, kukla, alet; rehin; *in ya da* ***at*** ~ rehinde; **2.** *v/t.* rehine koymak; **~·bro·ker** ['pɔːnbrəʊkə] *n.* rehinci, tefeci; **~·shop** *n.* rehinci dükkânı.
pay [peɪ] **1.** *n.* ödeme; ücret, maaş; bedel, karşılık; **2.** (***paid***) *v/t.* ödemek; yararı olmak; (kâr) getirmek; karşılığını vermek; (*kur*) yapmak; ~ ***attention*** *ya da* heed to *-e* dikkat etmek; ~ ***down***, ~ ***cash*** peşin ödemek; ~ ***in*** (*para*) banka hesabına yatırmak; ~ ***into*** (*hesaba*) yatırmak; ~ ***off*** (*borç*) ödemek, kapatmak, temizlemek; ücretini verip kovmak; *v/i.* borcunu ödemek; masrafına *ya da* çabasına değmek; ~ ***for*** *-in* cezasını çekmek; *-in* parasını vermek; **~·a·ble** ['peɪəbl] *adj.* ödenebilir; ödenmesi gereken; **~-day** *n.* maaş günü, ay başı; **~·ee** [peɪ'iː] *n.* alacaklı; ~ **en·ve·lope** *n. Am.* maaş zarfı; **~·ing** ['peɪɪŋ] *adj.* kârlı, kazançlı; **~·mas·ter** *n.* mutemet; **~·ment** [~mənt] *n.* ödeme; ücret, maaş; karşılık, ödül *ya da* ceza; ~ **pack·et** *n. Brt.* maaş zarfi; **~-per-view** *n. seyredilen program başına ücret ödenen kablolu ya da uydu antenli* TV *sistemi*; ~ **phone** *n. Brt.* umumi telefon; **~·roll** *n.* maaş bordrosu; ~ **slip** *n.* ücret bordrosu; ~ **sta·tion** *Am.*, ~ **tel·e·phone** *n.* umumi telefon.
PDA [piːdiː'ei] (= ***personal digital assistant***) avuçiçi bilgisayar.
pea BOT [piː] *n.* bezelye.
peace [piːs] *n.* barış; huzur; güvenlik; ***at*** ~ barış halinde; huzur içinde; **~·a·ble** □ ['piːsəbl] barışsever; sakin; **~·ful** □ [~fl] barışsever; sakin, uysal; **~·mak·er** *n.* arabulucu, barıştırıcı kimse.
peach BOT [piːtʃ] *n.* şeftali.
pea|cock ZO ['piːkɒk] *n.* tavus; **~·hen** *n.* ZO dişi tavus.
peak [piːk] *n.* tepe, doruk; kasket siperi; *attr.* doruk …; ~ ***hours*** *pl.* (*trafik*) sıkışık saatler; **~ed** [~t] *adj.* zayıf, kemikleri sayılan; tepeli; siperli (*kasket*)
peal [piːl] **1.** *n.* gürültü; çan sesi; **~*s of laughter*** kahkaha tufanı; **2.** *v/t. & v/i.* (*çan*) çal(ın)mak.
pea·nut BOT ['piːnʌt] *n.* yerfıstığı.
pear BOT [peə] *n.* armut.
pearl [pɜːl] **1.** *n.* inci (*a. fig.*); *attr.* inci …; **2.** *v/i.* inci avlamak; **~·y** ['pɜːlɪ] (***-ier, -iest***) *adj.* inci gibi; incilerle süslenmiş.
peas·ant ['peznt] *n.* köylü, rençper; *attr.* köylü …; **~·ry** [~rɪ] *n.* köylü sınıfı, köylüler.
peat [piːt] *n.* turba.
peb·ble ['pebl] *n.* çakıl taşı.
peck [pek] **1.** *n.* hacim ölçüsü birimi (= *9,087 litre*); *fig.* çok miktar, yığın, sürü; **2.** *vb.* gagalamak (***at*** *-i*); gaga ile toplamak.
pe·cu·li·ar □ [pɪ'kjuːljə] özel; özgü; garip, acayip, tuhaf; **~·i·ty** [pɪkjuːlɪ'ærətɪ] *n.* özellik; gariplik, tuhaflık.
pe·cu·ni·a·ry [pɪ'kjuːnjərɪ] *adj.* parayla ilgili, parasal, para …
ped·a|gog·ics [pedə'gɒdʒɪks] *n. mst. sg.* pedagoji, eğitbilim; **~·gogue**, *Am. a.* **~·gog** ['pedəgɒg] *n.* pedagog, eğitimci; F işgüzar öğretmen.
ped·al ['pedl] **1.** *n.* pedal; *attr.* ayak …; **2.** (*esp.* ***Brt. -ll-***, *Am.* ***-l-***) *v/t.* pedalla işletmek.
pe·dan·tic [pɪ'dæntɪk] (***~ally***) *adj.* ukala, bilgiçlik taslayan.
ped·dle ['pedl] *v/i.* seyyar satıcılık yapmak; ***~drugs*** uyuşturucu ilaç satmak; **~r** [~lə] *n. Am.* = ***pedlar***; uyuşturucu ilaç satıcısı.
ped·es·tal ['pedɪstl] *n.* heykel *v.b.* kaidesi, taban, ayaklık, duraç; *fig.* temel, esas.
pe·des·tri·an [pɪ'destrɪən] **1.** *adj.* yürüme ile ilgili; *fig.* sıkıcı, yavan, ağır; **2.** *n.* yaya; ~ **cross·ing** *n.* yaya geçidi; ~ **pre·cinct** *n.* yalnızca yayalara özgü yol, yaya yolu.

P

ped·i·gree ['pedɪgriː] *n.* soy; soyağacı, hayatağacı.
ped·lar ['pedlər] *n.* seyyar satıcı.
peek [piːk] **1.** *v/i.* gizlice bakmak, dikizlemek; **2.** *n.* gizlice bakma, dikiz.
peel [piːl] **1.** *n.* kabuk; **2.** *v/t. & v/i.* (*kabuk*) soy(ul)mak; derisini yüzmek; **~ off** (*elbise*) çıkarmak.
peep [piːp] **1.** *n.* gizlice bakma, dikiz; **2.** *v/i.* gizlice bakmak, gözetlemek, dikizlemek, röntgencilik etmek; *a.* **~ out** yavaş yavaş ortaya çıkmak; **~-hole** ['piːphəʊl] *n.* gözetleme deliği.
peer [pɪə] **1.** *v/i.* dikkatle bakmak (**at** *-e*); **2.** *n.* eş, akran, emsal; **Brt.** asılzade; **~·less** □ ['pɪəlɪs] eşsiz, emsalsiz.
peev·ish □ ['piːvɪʃ] titiz, huysuz, hırçın.
peg [peg] **1.** *n.* ağaç çivi; askı, kanca; küçük kazık; MUS akort anahtarı; **Brt.** mandal; *fig.* bahane, neden; **take s.o. down a ~ (or two)** F *b-ni* küçük düşürmek; **2.** (**-gg-**) *v/t.* ağaç çiviyle mıhlamak; (*çamaşır*) asmak; (*fiyat, ücret*) saptamak; *mst* **~ out** kazıklar çakarak işaretlemek; **~ away, ~ along** F azimle çalışmak (**at** *-de*); **~·top** ['pegtɒp] *n.* topaç.
pel·i·can ZO ['pelɪkən] *n.* pelikan, kaşıkçıkuşu.
pel·let ['pelɪt] *n.* küçük topak; saçma tanesi; hap.
pell-mell ['pel'mel] *adv.* paldır küldür, palas pandıras, apar topar; allak bullak.
pelt [pelt] **1.** *n.* deri, post, kürk; **2.** *v/t.* atmak, fırlatmak; *v/i. a.* **~ down** (*yağmur*) boşanmak.
pel·vis ANAT ['pelvɪs] (*pl.* **-vises, -ves** [-viːz]) *n.* pelvis, leğen.
pen [pen] **1.** *n.* dolmakalem; tükenmezkalem; tüy kalem; ağıl, kümes; **2.** (**-nn-**) *v/t.* mürekkepli kalemle yazmak; **~ in, ~ up** ağıla kapatmak
pe·nal □ ['piːnl] ceza ile ilgili, ceza ...; **~ code** ceza yasası; **~ servitude** ağır hapis cezası; **~·ize** [~əlaɪz] *v/t.* cezalandırmak; **pen·al·ty** ['penltɪ] *n.* ceza; *futbol*: penaltı; **~ area** *futbol*: ceza sahası; **~ goal** *futbol*: penaltıdan atılan gol, penaltı golü; **~ kick** *futbol*: penaltı atışı
pen·ance ['penəns] *n.* ceza; pişmanlık.
pence [pens] *pl.* of **penny.**
pen·cil ['pensl] **1.** *n.* kurşunkalem; **2.** (*esp.* **Brt. -ll-**, *Am.* **-l-**) *v/t.* kurşunkalemle yazmak *ya da* çizmek; **~·sharpen·er** *n.* kalemtıraş.
pen|dant, ~·dent ['pendənt] *n.* asılı şey; pandantif; flama.
pend·ing ['pendɪŋ] **1.** *adj.* LEG karara bağlanmamış, askıda; **2.** *prp.* esnasında, sırasında.
pen·du·lum ['pendjʊləm] *n.* sarkaç, rakkas.
pen·e|tra·ble □ ['penɪtrəbl] delinebilir, nüfuz edilebilir; **~·trate** [~eɪt] *vb.* içine girmek, işlemek; delip geçmek; içeriye sızmak; anlamak, kavramak; **~·trating** □ [~ɪŋ] içe işleyen, delip geçen; keskin; **~·tra·tion** [penɪ'treɪʃn] *n.* içine işleme, nüfuz etme; sokulma, sızma; anlayış, kavrama; **~·tra·tive** □ ['penɪtrətɪv] *s.* **penetrating.**
pen-friend ['penfrend] *n.* mektup arkadaşı, kalem arkadaşı.
pen·guin ZO ['peŋgwɪn] *n.* penguen.
pen·hold·er ['penhəʊldə] *n.* kalem sapı.
pe·nin·su·la [pə'nɪnsjʊlə] *n.* yarımada.
pe·nis ANAT ['piːnɪs] *n.* penis, erkeklik organı.
pen·i|tence ['penɪtəns] *n.* pişmanlık, tövbe; **~·tent** [~t] **1.** □ pişman, tövbekâr; **2.** *n.* pişman kimse; **~·ten·tia·ry** *Am.* [penɪ'tenʃərɪ] *n.* hapishane, cezaevi.
pen|knife ['pennaɪf] (*pl.* **-knives**) *n.* çakı; **~-name** *n.* yazarın takma adı.
pen·nant NAUT ['penənt] *n.* flama, flandra.
pen·ni·less □ ['penɪlɪs] meteliksiz, cebi delik.
pen·ny ['penɪ] (*pl.* **-nies**, *coll.* **pence** [pens]) *n. a.* **new ~** *Brt.* peni; *Am.* sent; *fig.* azıcık para; **~-we·ight** *n.* eczacı tartısı (= *1,5 g*).
pen·sion ['penʃn] **1.** *n.* emekli aylığı; pansiyon; **2.** *v/t. oft.* **~ off** *-e* emekli aylığı bağlamak; **~·er** [~ə] *n.* emekli; pansiyoner.
pen·sive □ ['pensɪv] düşünceli, dalgın.
pen·tath|lete [pen'tæθliːt] *n.* SPOR: pentatloncu; **~·lon** [~ɒn] *n.* SPOR: pentatlon.
Pen·te·cost ['pentɪkɒst] *n.* Hıristiyanların Hamsin yortusu.
pent·house ['penthaʊs] *n.* çatı katı,

P

çekme kat.

pent-up ['pent'ʌp] *adj.* bastırılmış (*duygu*).

pe·nu·ri·ous □ [pɪ'njʊərɪəs] fakir; cimri; az, kıt; **pen·u·ry** ['penjʊrɪ] *n.* fakirlik; eksiklik.

peo·ple ['piːpl] **1.** *n.* halk, ahali, insanlar; akrabalar; **2.** *v/t.* insanla doldurmak.

pep F [pep] **1.** *n.* kuvvet, enerji; azim; ~ ***pill*** amfetaminli hap; **2.** (***-pp-***) *v/t. mst.* ~ ***up*** canlandırmak.

pep·per ['pepə] **1.** *n.* biber; **2.** *v/t.* biberlemek; ~**·mint** *n.* BOT nane; ~**·y** [~rɪ] *adj.* biberli; *fig.* geçimsiz.

per [pɜː] *prp.* vasıtasıyla, eliyle; tarafından; herbiri için, başına.

per·am·bu·la·tor *esp. Brt.* ['præmbjʊleɪtə] = ***pram.***

per·ceive [pə'siːv] *v/t.* anlamak, kavramak, algılamak; farketmek, görmek.

per cent, *Am.* **per·cent** [pə'sent] *n.* yüzde.

per·cen·tage [pə'sentɪdʒ] *n.* oran; yüzde oranı; pay, hisse, yüzdelik.

per·cep|ti·ble □ [pə'septəbl] anlasılabilir, agılanabilir; ~**·tion** [~pʃn] *n.* anlama, algı, seziş.

perch [pɜːtʃ] **1.** *n.* zo perki, tatlı su levreği; uzunluk ölçüsü (= *5,029 m*); tünek; **2.** *vb.* tünemek, konmak; oturmak.

per·co|late ['pɜːkəleɪt] *v/t. & v/i.* süz(ül)mek, sız(dır)mak, filtreden geçirmek (*kahve v.b.*); ~**·la·tor** [~ə] *n.* süzgeçli kahve ibriği.

per·cus·sion [pə'kʌʃn] *n.* vurma, çarpma; MED perküsyon; MUS *coll.* vurmalı çalgılar; ~ ***instrument*** MUS vurmalı çalgı.

per·e·gri·na·tion [perɪgrɪ'neɪʃn] *n.* yolculuk.

pe·remp·to·ry □ [pə'remptərɪ] kesin, mutlak; otoriter, buyurucu.

pe·ren·ni·al □ [pə'renjəl] bir yıllık; sürekli, uzun süreli; BOT iki yıldan fazla yaşayan (*bitki*).

per|fect **1.** ['pɜːfɪkt] □ kusursuz, mükemmel, eksiksiz, tam; **2.** [~] ***n. a.*** ~ ***tense*** GR geçmiş zaman; **3.** [pə'fekt] *v/t.* mükemmelleştirmek; tamamlamak; ~**·fec·tion** [~kʃn] *n.* kusursuzluk, mükemmellik; *fig.* doruk.

per|fid·i·ous □ [pə'fɪdɪəs] hain, kalleş, vefasız (***to*** *-e karşı*); ~**·fidy** ['pɜːfɪdɪ] *n.* hainlik, kalleşlik, vefasızlık.

per·fo·rate ['pɜːfəreɪt] *v/t.* delmek.

per·force [pə'fɔːs] *adv.* ister istemez, zorunlu olarak.

per·form [pə'fɔːm] *v/t.* yapmak, yerine getirmek; THEA (*oyun*) sunmak, oynamak; MUS çalmak; ~**ance** [~əns] *n.* yapma, yerine getirme; THEA gösteri, oyun, temsil; MUS çalma; ~**·er** [~ə] *n.* oyuncu; müzisyen.

per·fume **1.** ['pɜːfjuːm] *n.* parfüm, güzel koku; **2.** [pə'fjuːm] *v/t. -e* parfüm sürmek.

per·func·to·ry □ [pə'fʌŋktərɪ] yarım yamalak yapılan, baştan savma

per·haps [pə'hæps, præps] *adv.* belki, olasılıkla.

per·il ['perəl] **1.** *n.* tehlike, risk; **2.** *v/t.* tehlikeye atmak; ~**·ous** □ [~əs] tehlikeli, riskli.

pe·rim·e·ter [pə'rɪmɪtə] *n.* MATH çevre

pe·ri·od ['pɪərɪəd] *n.* devir, çağ, dönem; süre; GR *esp. Am.* nokta; GR tam cümle; PHYSIOL aybaşı, âdet; ~**·ic** [pɪərɪ'ɒdɪk] *adj.* periyodik, süreli; ~**·i·cal** [~ɪkl] **1.** □ periyodik, süreli; **2.** *n.* periyodik, süreli yayın, dergi, mecmua.

per·ish ['perɪʃ] *vb.* ölmek; bozulmak, çürümek; yok olmak, soyu tükenmek; ~**·a·ble** □ [~əbl] kolay bozulan (*yiyecek*); ~**·ing** □ [~ɪŋ] *esp. Brt.* F çok üşüyen; F çok soğuk (*hava*).

per|jure ['pɜːdʒə]: ~ ***o.s.*** yalan yere yemin etmek; ~**·ju·ry** [~rɪ] *n.* yalan yere yemin; ***commit*** ~ yalan yere yemin etmek.

perk [pɜːk]: ~ ***up*** *v/t. & v/i.* neşelen(dir)mek, canlan(dır)mak; başını kaldırmak.

perk·y □ ['pɜːkɪ] (***-ier, -iest***) canlı, neşeli, hoppa; şımarık, yüzsüz.

perm F [pɜːm] **1.** *n.* perma, permanant; **2.** *v/t.* perma yapmak.

per·ma|nence ['pɜːmənəns] *n.* süreklilik, devam; ~**·nent** □ [~t] sürekli, devamlı; ~ ***wave*** perma, permanant.

per·me|a·ble □ ['pɜːmjəbl] geçirgen, geçirimli; ~**·ate** [~ɪeɪt] *vb.* içinden geçmek, nüfuz etmek, sızmak (***into*** *-e*, ***through*** *-den*).

per·mis|si·ble □ [pə'mɪsəbl] izin verilebilir, hoş görülebilir; ~**·sion** [~ʃn] *n.* izin; ruhsat; ~**·sive** □ [~sɪv] izin veren;

hoşgörülü, serbest; ~ ***society*** serbest fikirli toplum.
per·mit 1. [pə'mɪt] (***-tt-***) *vb.* izin vermek; fırsat vermek, olanak tanımak, bırakmak; kabul etmek; **2.** ['pɜːmɪt] *n.* izin; izin kâğıdı, ruhsat, permi.
per·ni·cious □ [pə'nɪʃəs] zararlı, tehlikeli; MED öldürücü.
per·pen·dic·u·lar □ [pɜːpən'dɪkjʊlə] dik, dikey.
per·pe·trate ['pɜːpɪtreɪt] *v/t.* (*suç v.b.*) işlemek; (*şaka*) yapmak.
per·pet·u|al □ [pə'petʃʊəl] sürekli, aralıksız; kalıcı; **~·ate** [~eɪt] *v/t.* sürekli kılmak, sonsuzlaştırmak, ölümsüzleştirmek.
per·plex [pə'pleks] *v/t.* şaşırtmak, (*zihin*) allak bullak etmek; **~·i·ty** [~ətɪ] *n.* şaşkınlık; karışıklık.
per·se|cute ['pɜːsɪkjuːt] *v/t.* işkence etmek, zulmetmek; **~·cu·tion** [pɜːsɪ'kjuːʃn] *n.* işkence, zulüm, eziyet; **~·cutor** ['pɜːsɪkjuːtə] *n.* zalim, gaddar.
per·se·ver|ance [pɜːsɪ'vɪərəns] *n.* azim, sebat, direşme; **~e** [pɜːsɪ'vɪə] *v/i.* sebat etmek, direşmek, azimle devam etmek.
per|sist [pə'sɪst] *v/i.* ısrar etmek, ayak diremek, üstelemek, inat etmek (***in*** *-de*); **~·sis·tence**, **~·sis·ten·cy** [~əns, ~sɪ] *n.* ısrar, inat; sebat, direşme; **~·sis·tent** □ [~ənt] ısrarlı, inatçı; sürekli.
per·son ['pɜːsn] *n.* kimse, kişi, şahıs (*a.* GR, LEG); **~·age** [~ɪdʒ] *n.* önemli kişi, zat, şahsiyet; **~·al** □ [~l] kişisel; özel; bedensel; ~ ***data*** *pl.* kişisel bilgi; **~·al·i·ty** [pɜːsə'nælətɪ] *n.* kişilik; önemli kişi, zat; ***personalities*** *pl.* kaba sözler; **~·i·fy** [pɜː'sɒnɪfaɪ] *v/t.* kişilik vermek, kişileştirmek; **~·nel** [pɜːsə'nel] *n.* personel, kadro; MIL erler, erat; NAUT, AVIA tayfa, mürettebat; ~ ***department*** personel dairesi; ~ ***manager***, ~ ***officer*** personel müdürü.
per·spec·tive [pə'spektɪv] *n.* perspektif; görüş açısı.
per·spic·u·ous □ [pə'spɪkjʊəs] açık, anlaşılır.
per|spi·ra·tion [pɜːspə'reɪʃn] *n.* ter; terleme; **~·spire** [pə'spaɪə] *v/i.* terlemek.
per|suade [pə'sweɪd] *v/t.* ikna etmek, razı etmek, kandırmak; **~·sua·sion** [~ʒn] *n.* ikna; inanç; mezhep; **~·suasive** □ [~sɪv] ikna edici, inandırıcı, kandırıcı.
pert □ [pɜːt] sırnaşık, yılışık, yüzsüz.
per·tain [pɜː'teɪn] *v/i.* ilgili olmak, ait olmak (***to*** *-e*); uygun olmak.
per·ti·na·cious □ [pɜːtɪ'neɪʃəs] azimli, kararlı, direşken.
per·ti·nent □ ['pɜːtɪnənt] ilgili; uygun, uyumlu, yerinde.
per·turb [pə'tɜːb] *v/t.* canını sıkmak, rahatsız etmek; altüst etmek.
pe·rus|al [pə'ruːzl] *n.* dikkatle okuma; **~e** [~z] *v/t.* dikkatle okumak; incelemek.
per·vade [pə'veɪd] *v/t.* istila etmek, yayılmak, kaplamak, sarmak, bürümek.
per|verse □ [pə'vɜːs] PSYCH sapık; ters, aksi, zıt; **~·ver·sion** [~ʃn] *n.* baştan çıkarma, ayartma; PSYCH cinsel sapıklık; **~·ver·si·ty** [~ətɪ] *n.* PSYCH cinsel sapıklık; yoldan çıkma.
per·vert 1. [pə'vɜːt] *v/t.* ayartmak, baştan çıkarmak; (*anlam*) saptırmak; **2.** PSYCH ['pɜːvɜːt] *n.* cinsel sapık.
pes·si·mis·m ['pesɪmɪzəm] *n.* kötümserlik, karamsarlık.
pest [pest] *n.* baş belası, sıkıntı veren kimse *ya da* şey; ZO veba.
pes·ter ['pestə] *v/t.* sıkıntı vermek, sıkmak, başını ağrıtmak.
pes·ti|lent □ ['pestɪlənt], **~·lential** □ [pestɪ'lenʃl] tehlikeli, öldürücü; *mst. co.* baş belası, rahatsız edici.
pet[1] [pet] **1.** *n.* ev hayvanı; sevgili, gözde; **2.** *adj.* evcil ...; çok sevilen, gözde ...; ~ ***dog*** ev köpeği; ~ ***name*** takma ad; ~ ***shop*** ev hayvanları satan dükkân; **3.** (***-tt-***) *v/t.* okşamak, sevmek; F sevişip koklaşmak.
pet[2] [~]: ***in a*** ~ kızgın, öfkeli.
pet·al BOT ['petl] *n.* petal, çiçek yaprağı.
pe·ti·tion [pɪ'tɪʃn] **1.** *n.* dilekçe; rica, dilek; **2.** *vb.* dilekçe vermek; rica etmek, ricada bulunmak (***for*** *için*).
pet·ri·fy ['petrɪfaɪ] *v/t.* & *v/i.* taşlaş(tır)mak.
pet·rol ['petrəl] *n.* benzin; (~) ***pump*** benzin pompası; ~ ***station*** benzin istasyonu.
pe·tro·le·um CHEM [pɪ'trəʊljəm] *n.* petrol; ~ ***refinery*** petrol rafinerisi.
pet·ti·coat ['petɪkəʊt] *n.* jüpon, iç etek-

P

liği.
pet·ting F ['petıŋ] *n.* okşama, sevme.
pet·tish □ ['petıʃ] hırçın, huysuz.
pet·ty □ ['petı] (*-ier, -iest*) küçük; önemsiz; adi; ~ *cash* küçük kasa; ~ *larceny* LEG adi hırsızlık.
pet·u·lant □ ['petjʊlənt] hırçın, huysuz.
pew [pju:] *n.* oturacak yer, sıra.
pew·ter ['pju:tə] *n.* kalay ve kurşun alaşımı.
phan·tom ['fæntəm] *n.* hayal; hayalet; görüntü, aldanış.
phar·ma·cy ['fɑ:məsı] *n.* eczane; eczacılık.
phase [feız] *n.* safha, evre; faz.
phat □ *sl.* [fæt] *sl. çok kaliteli* (*şarkı*).
pheas·ant ZO ['feznt] *n.* sülün.
phe·nom·e·non [fı'nɒmınən] (*pl.* *-na* [ə]) *n.* fenomen, olay, olgu.
phi·al ['faıəl] *n.* küçük şişe.
phi·lan·thro·pist [fı'lænθrəpıst] *n.* hayırsever, yardımsever.
phi·lol·o|gist [fı'lɒlədʒıst] *n.* filolog, filoloji bilgini; ~**·gy** [~ı] *n.* filoloji.
phi·los·o|pher [fı'lɒsəfə] *n.* filozof, felsefeci; ~**·phize** [~aız] *v/i.* filozofça konuşmak *ya da* düşünmek; ~**·phy** [~ı] *n.* felsefe.
phlegm [flem] *n.* balgam; kayıtsızlık.
phone F [fəʊn] = *telephone.*
phone-card ['fəʊnkɑ:d] *n.* telefon kartı.
pho·net·ics [fə'netıks] *n. sg.* fonetik, sesbilgisi.
pho·n(e)y *sl.* ['fəʊnı] **1.** *n.* düzenbaz; **2.** (*-ier, -iest*) *adj.* sahte, düzme, yapmacık.
phos·pho·rus CHEM ['fɒsfərəs] *n.* fosfor.
pho·to F ['fəʊtəʊ] (*pl.* *-tos*) *n.* fotoğraf, foto.
pho·to- [~] *prefix* foto...; ~**·cop·i·er** *n.* fotokopi makinesi; ~**·cop·y** **1.** *n.* fotokopi; **2.** *v/t.* fotokopisini çekmek.
pho|to·graph ['fəʊtəgrɑ:f] **1.** *n.* fotoğraf; **2.** *v/t.* fotoğrafını çekmek; ~**·tog·ra·pher** [fə'tɒgrəfə] *n.* fotoğrafçı; ~**·tog·ra·phy** [~ı] *n.* fotoğrafçılık.
phras·al ['freızl]: ~ *verb* iki sözcüklü eylem; **phrase** [freız] **1.** *n.* tabir, deyim; ibare; ~ *book* dil rehberi; **2.** *v/t.* sözcüklerle anlatmak
phys|i·cal □ ['fızıkl] fiziksel; bedensel; ~ *education*, ~ *training* beden eğitimi; ~ *handicap* bedensel özür; ~*ly handicapped* bedensel özürlü; **phy·si·cian** [fı'zıʃn] *n.* doktor; ~**·i·cist** ['fızısıst] *n.* fizikçi; ~**·ics** [~ıks] *n. sg.* fizik.
phy·sique [fı'zi:k] *n.* fizik yapısı, bünye, beden.
pi·an·o ['pjænəʊ] (*pl.* *-os*) *n.* piyano.
pi·az·za [pı'ætsə] *n.* kent meydanı, pazar yeri; *Am.* taraça, veranda.
pick [pık] **1.** *n.* seçme; kazma; kürdan; *take your* ~ seçin, seçiminizi yapın; **2.** *vb.* delmek, kazmak; (*meyve, çiçek*) toplamak, koparmak; seçmek; çalmak, aşırmak; gagalamak; didiklemek; *Am.* MUS parmakla çalmak; ~ *one's nose* burnunu karıştırmak; ~ *one's teeth* kürdanla dişlerini temizlemek; ~ *s.o.'s pocket* *b-nin* cebinden yürütmek, *b-ni* çarpmak; *have a bone to* ~ *with s.o.* *b-le* paylaşılacak kozu olmak; ~ *out* seçmek; ayırt etmek, görmek; ~ *up* eğilip yerden almak; kaldırmak; (*dil*) kulaktan öğrenmek; rasgele bulmak; iyileşmek; tanışmak; beraberinde götürmek, arabasına almak; *a.* ~ *up speed* MOT hızlanmak; ~**-a-back** ['pıkəbæk] *adv.* omuzda, sırtta; ~**·axe**, *Am.* ~**·ax** *n.* kazma.
pick·et ['pıkıt] **1.** *n.* kazık; grev gözcüsü; MIL ileri karakol; ~ *line* grev gözcüleri grubu; **2.** *vb.* kazıklarla etrafını çevirmek; nöbetçi dikmek; kazığa bağlamak.
pick·ings ['pıkıŋz] *n. pl.* aşırma mallar; avanta.
pick·le ['pıkl] **1.** *n.* salamura, tuzlu su; *mst* ~*s pl.* turşu; F zor durum; **2.** *v/t.* turşusunu kurmak; ~*d herring* salamura ringa balığı.
pick|lock ['pıklɒk] *n.* maymuncuk; hırsız; ~**·pock·et** *n.* yankesici; ~ **up** *n.* pikap kolu; kamyonet, pikap; gelişme, düzelme; F sokakta tanışılan kadın.
pic·nic ['pıknık] **1.** *n.* piknik; **2.** (*-ck-*) *v/i.* piknik yapmak.
pic·to·ri·al [pık'tɔ:rıəl] **1.** □ resimlerle ilgili; resimli; **2.** *n.* resimli dergi.
pic·ture ['pıktʃə] **1.** *n.* resim, tablo; film; tanımlama; *-in* tıpatıp benzeri, kopya; *attr.* resım ...; ~*s pl. esp. Brt.* sinema; *put s.o. in the* ~ *b-ni* haberdar etmek; **2.** *v/t.* resmini yapmak; *fig.* ha-

P

yal etmek, canlandırmak; *fig.* tanımlamak; ~ **post·card** *n.* resimli kartpostal;
pic·tur·esque [pɪktʃə'resk] *adj.* pitoresk, resme elverişli.
pie [paɪ] *n.* börek, turta.
pie·bald ['paɪbɔːld] *adj.* alaca, benekli.
piece [piːs] **1.** *n.* parça, bölüm, kısım; piyes, oyun; eser, yapıt; *satranç, dama:* taş; örnek; ***by the ~*** parça başına; ***a ~ of advice*** bir öğüt; ***a ~ of news*** bir haber; ***of a ~*** aynı, tıpkısı; ***give s.o. a ~ of one's mind*** *b-ne* hakkında düşündüklerini söylemek, azarlamak; ***take to ~s*** parçalara ayırmak, sökmek; **2.** *v/t.* ***~ together*** biraraya getirmek, birleştirmek; ~**·meal** ['piːsmiːl] *adv.* parça parça; ~ **work** *n.* parça başı iş; ***do ~*** parça başı iş yapmak.
pier [pɪə] *n.* iskele, rıhtım; destek, payanda.
pierce [pɪəs] *vb.* delmek; delip geçmek; nüfuz etmek, geçmek, işlemek; yarmak
pi·e·ty ['paɪətɪ] *n.* dindarlık.
pig [pɪg] *n.* zo domuz; *esp. Am.* pis herif; *sl. contp.* polis, aynasız.
pi·geon ['pɪdʒɪn] *n.* güvercin; ~ **hole 1.** *n.* (*masa v.b. 'nde*) göz; **2.** *v/t.* göze yerleştirmek.
pig|head·ed ['pɪg'hedɪd] *adj.* inatçı, aksi; ~**-i·ron** ['pɪgaɪən] *n.* pik demiri; ~**·skin** *n.* domuz derisi; ~**·sty** *n.* domuz ağılı; ~**·tail** *n.* saç örgüsü.
pike [paɪk] *n.* MIL hist. mızrak, kargı; anayol; paralı yol; zo turnabalığı.
pile [paɪl] **1.** *n.* yığın, küme; F çok para; ELECT pil; tüy, hav; ***~ s*** *pl.* MED hemoroid; **(*atomic*) ~** atom reaktörü; **2.** *v/t.* & *v/i. oft* ***~ up, ~ on*** yığ(ıl)mak, birik(tir)mek; doluşmak, üşüşmek.
pil·fer ['pɪlfə] *v/t.* çalmak, F aşırmak, yürütmek.
pil·grim ['pɪlgrɪm] *n.* hacı; ~**·age** [~ɪdʒ] *n.* hacılık.
pill [pɪl] *n.* hap; ***the ~*** doğum kontrol hapı.
pil·lage ['pɪlɪdʒ] **1.** *n.* yağma, talan; **2.** *v/t.* yağmalamak.
pil·lar ['pɪlə] *n.* direk, sütun; destek; ~**-box** *n. Brt.* posta kutusu.
pil·li·on MOT ['pɪljən] *n.* motosiklet arkalığı.
pil·lo·ry ['pɪlərɪ] **1.** *n.* teşhir direği; **2.** *v/t.* teşhir direğine bağlamak; *fig.* elaleme rezil etmek.
pil·low ['pɪləʊ] *n.* yastık; ~**·case**, ~**·slip** *n.* yastık yüzü.
pi·lot ['paɪlət] **1.** *n.* AVIA pilot; NAUT kılavuz; *fig.* rehber; **2.** *adj.* pilot ..., deneme ...; ***~ film*** deneme filmi; ***~ scheme*** deneme projesi; **3.** *v/t.* *-e* kılavuzluk etmek; (*uçak*) kullanmak.
pimp [pɪmp] **1.** *n.* pezevenk; **2.** *v/i.* pezevenklik etmek.
pim·ple ['pɪmpl] *n.* sivilce.
pin [pɪn] **1.** *n.* topluiğne; broş, iğne; MEC mil; MUS akort anahtarı; **(*clothes*) ~** *esp. Am.* çamaşır mandalı; **(*drawing-*) ~** *Brt.* raptiye, pünez; **2.** **(-*nn*-)** *v/t.* iğnelemek, tutturmak, iliştirmek; kıpırdayamaz hale sokmak, sıkıştırmak.
pin·a·fore ['pɪnəfɔː] *n.* çocuk önlüğü, göğüslük.
pin·cers ['pɪnsəz] *n. pl.* (***a pair of*** *bir*) kerpeten, kıskaç.
pinch [pɪntʃ] **1.** *n.* çimdik, tutam; *fig.* sıkıntı, darlık; **2.** *v/t.* çimdiklemek; kıstırmak, sıkıştırmak; F çalmak, aşırmak; *v/i.* (*ayakkabı*) vurmak, sıkmak; *a.* ***~ and scrape*** dişinden tırnağından artırmak.
pin·cush·ion ['pɪnkʊʃn] *n.* iğnelik, iğnedenlik.
pine [paɪn] **1.** *n.* BOT çam; **2.** *v/i.* zayıflamak, erimek; özlemek (***for****-i*); ~**·apple** BOT ['paɪnæpl] *n.* ananas; ~**-cone** *n.* BOT çam kozalağı.
pin·ion ['pɪnjən] **1.** *n.* zo kanat; zo kanat tüyü; MEC pinyon, dişli çark; **2.** *v/t.* uçmasın diye ucunu kesmek (*kanat*).
pink [pɪŋk] **1.** *n.* BOT karanfil; pembe renk; ***be in the ~*** (***of condition*** *ya da* ***health***) sapasağlam olmak, turp gibi olmak; **2.** *adj.* pembe.
pin-mon·ey ['pɪnmʌnɪ] *n.* kadının çalışarak kazandığı para, harçlık.
pin·na·cle ['pɪnəkl] *n.* ARCH sivri tepeli kule; *fig.* doruk.
PIN num·ber ['pɪnnʌmbə] *n.* PIN numarası, kart şifresi.
pint [paɪnt] *n.* galonun sekizde biri (= *0,57 ya da Am. 0,47 litre*); *Brt.* F yarım litre bira.
pi·o·neer [paɪə'nɪə] **1.** *n.* öncü; MIL istihkâm eri; **2.** *vb.* yol açmak, önayak olmak.
pi·ous □ ['paɪəs] dindar.

pip [pıp] *n.* VET kurbağacık; F can sıkıntısı, efkâr; meyve çekirdeği; MIL *Brt.* F yıldız işareti
pipe [paıp] **1.** *n.* boru; çubuk; pipo; düdük, kaval (*a.* MUS); MUS gayda; 470 litrelik şarap fıçısı; **2.** *vb.* düdük çalmak; borularla iletmek; **~·line** ['paıplaın] *n.* boru hattı; **~r** [~ə] *n.* kavalcı; gaydacı.
pip·ing ['paıpıŋ] **1.** *adj.* tiz, cırlak, ince (*ses*); **~ hot** çok sıcak, buram buram; dumanı üstünde; **2.** *n.* borular; şerit biçiminde süs; kaval çalma.
pi·quant □ ['pi:kənt] keskin, acı; iştah açıcı.
pique [pi:k] **1.** *n.* incinme, darılma, güceniklik; **2.** *v/t.* gücendirmek; **~ o.s. on** *ile* övünmek.
pi·ra·cy ['paıərəsı] *n.* korsanlık; **pi·rate** [~ət] *n.* korsan; korsan gemisi; **~ radio station** korsan radyo istasyonu.
piss V [pıs] *vb.* işemek; **~ off!** Defol!, Siktir!
pis·tol ['pıstl] *n.* tabanca.
pis·ton MEC ['pıstən] *n.* piston; **~ rod** *n.* piston kolu; **~-stroke** *n.* piston siası.
pit [pıt] **1.** *n.* çukur; MIN maden ocağı; ANAT koltuk altı; AGR meyve çekirdeği; MED çopur; pilot kabini; THEA.*Brt.* parter; *a.* **orchestra ~** THEA orkestra yeri; *Am. borsa*: bölüm; **2.** (**-tt-**) *vb.* AGR çekirdekle rini çıkarmak; çukura yerleştirmek.
pitch [pıtʃ] **1.** *n. min.* zift; *Brt.* işportacı tezgâhı; MUS perde; atış; eğim, meyil; *esp. Brt.* SPOR: saha; NAUT baş kıç vurma; **2.** *v/t.* atmak, fırlatmak; (*çadır*) kurmak; MUS tam perdesini vermek; **~ too high** *fig.* sesini yükseltmek; *v/i.* MIL ordugâh kurmak; NAUT baş kıç vurmak; **~ in to** F *-e* saldırmak; *-e* girişmek; **~ black** ['pıtʃ'blæk], **~-dark** *adj.* simsiyah, zifiri karanlık.
pitch·er ['pıtʃə] *n.* testi; sürahi, ibrik; *beysbol*: atıcı.
pitch·fork ['pıtʃfɔ:k] *n.* tırmık, diren.
pit·e·ous □ ['pıtıəs] acınacak, yürekler acısı.
pit·fall ['pıtfɔ:l] *n.* tuzak; *fig.* gizli tehlike.
pith [pıθ] *n.* ilik; *fig.* öz; *fig.* güç, enerji; **~·y** □ ['pıθı] (**-ier -iest**) özlü; anlamlı.
pit·i|a·ble □ ['pıtıəbl] acınacak; değersiz; **~·ful** □ [~fl] acınacak; şefkatli; *contp.* değersiz; **~·less** □ [~lıs] acımasız, merhametsiz.
pit·tance ['pıtəns] *n.* çok az ücret.
pit·y ['pıtı] **1.** *n.* acıma (**on** *-e*); **it is a ~** yazık, vah vah, tüh; **2.** *v/t.* acımak.
piv·ot ['pıvət] **1.** *n.* MEC mil, eksen; *fig.* önemli kimse *ya da* şey; **2.** *v/t.* bağlı olmak, üzerinde dönmek (**on, upon** *-in*)
piz·za ['pi:tsə] *n.* pızza.
pla·ca·ble □ ['plækəbl] kolay yatışır, uysal.
plac·ard ['plækɑ:d] **1.** *n.* afiş, poster; pankart; **2.** *v/t.* *-e* afiş yapıştırmak.
place [pleıs] **1.** *n.* yer; meydan, alan; koltuk; ev, konut; iş, memuriyet; görev; semt, bölge; **~ of delivery** ECON teslim yeri; **give ~ to** *-e* yer vermek; **in ~ of** *-in* yerine; **out of ~** yersiz, yakışıksız; **2.** *vb.* yerleştirmek, koymak; atamak; (*para*) yatırmak; (*sipariş*) vermek; **be ~ d** SPOR: ilk üçe girmek; **I can't ~ him** *fig.* kim olduğunu çıkaramadım; **~-name** ['pleısneım] *n.* yer ismi.
plac·id □ ['plæsıd] uysal, sakin, yumuşak.
pla·gia|rism ['pleıdʒjərızəm] *n.* aşırma, yapıt hırsızlığı; **~·rize** [~raız] *vb.* (*başkasının yapıtından*) aşırmalar yapmak.
plague [pleıg] **1.** *n.* veba; baş belası, dert; **2.** *v/t.* başına dert olmak, bezdirmek.
plaice ZO [pleıs] *n.* pisibalığı.
plaid [plæd] *n.* ekose desen; ekose kumaş.
plain [pleın] **1.** □ düz, engebesiz; sade, süssüz, basit; anlaşılır, açık, belli, net; yavan (*yiyecek*); alımsız, çirkin; **2.** *adv.* açıkça; **3.** *n.* ova; **the Great** **℘s** *pl. Am.* çayırlık; **~ choc·olate** *n.* acı çikolata, bitter; **~-clothes man** ['pleın'kləuðzmən] (*pl.* **-men**) *n.* sivil polis; **~ deal·ing** *n.* dürüstlük; **~s·man** (*pl.* **-men**) *n. Am.* çayırlıkta yaşayan kimse.
plain|tiff LEG ['pleıntıf] *n.* davacı; **~·tive** □ [~v] kederli, ağlamaklı, yakınan.
plait [plæt, *Am.* pleıt] **1.** *n.* saç örgüsü; **2.** *v/t.* (*saç*) örmek.
plan [plæn] **1.** *n.* plan; niyet, düşünce; **2.** (**-nn-**) *v/t.* planını çizmek; tasarlamak, planlamak.
plane [pleın] **1.** *adj.* düz, dümdüz; **2.** *n.* yüzey; düzlem; seviye, düzey; AVIA uçak; MEC planya, rende; *fig.* derece,

P

kademe, evre; ***by ~*** uçakla; **3.** *vb.* MEC rendelemek; AVIA uçmak, havada süzülmek.

plan·et AST ['plænɪt] *n.* gezegen.

plank [plæŋk] **1.** *n.* kalas; POL parti programı ana maddesi; **2.** *v/t.* tahta ile kaplamak; ***~ down*** F gürültüyle yere bırakmak; *(para)* derhal ödemek.

plant [plɑːnt] **1.** *n.* BOT bitki, ot; MEC makine, aygıt; fabrika, atelye; **2.** *vb.* dikmek, ekmek; kurmak; *fig.* *(fikir)* aşılamak; **plan·ta·tion** [plæn'teɪʃn] *n.* plantasyon, geniş tarla; fidanlık; **~·er** ['plɑːntə] *n.* çiftlik sahibi; AGR ekici, tarımcı.

plaque [plɑːk] *n.* levha, plaket; MED diş taşı, diş kiri.

plash [plæʃ] *vb.* su sıçratmak.

plas·ter ['plɑːstə] **1.** *n.* MED yakı; plaster; ARCH sıva; *a.* ***~ of Paris*** alçı (*a.* MED); **2.** *v/t.* sıvamak; MED *-e* yakı yapıştırmak; ***~ cast*** *n.* alçı (*a.* MED).

plas·tic ['plæstɪk] **1.** (***~ally***) *adj.* plastik ...; biçim verilebilen ...; **2.** *n. oft.* **~s** *sg.* plastik.

plate [pleɪt] **1.** *n.* tabak; levha; plaka; kupa, şilt; *beysbol*: kale işareti olan levha; MEC maden baskı kalıbı; takma diş, protez; **2.** *v/t.* madenle kaplamak.

plat·form ['plætfɔːm] *n.* sahanlık; kürsü; podyum; GEOL plato, yayla; RAIL peron; MEC platform; POL parti programı; *esp. Am.* POL çalışma programı.

plat·i·num *min.* ['plætɪnəm] *n.* platin

plat·i·tude *fig.* ['plætɪtjuːd] *n.* adilik, bayağılık; yavan söz.

pla·toon MIL [plə'tuːn] *n.* müfreze, takım.

plat·ter *Am.* ['plætə] *n.* servis tabağı.

plau·dit ['plɔːdɪt] *n.* alkış, tezahürat.

plau·si·ble □ ['plɔːzəbl] akla yatkın, makul.

play [pleɪ] **1.** *n.* oyun, eğlence; THEA piyes, oyun; şaka; MEC işleme; *fig.* hareket serbestliği; **2.** *v/t.* & *v/i.* oyna(t)mak; eğlenmek; MUS çalmak; MEC işletmek; THEA oynamak, temsil etmek; ***~ back*** *(kayıt)* yeniden göstermek *ya da* dinlemek, tekrarlamak; ***~ off*** *fig.* birbirine düşürmek; ***~ on, ~ upon*** *fig. -den* yararlanmak, fırsatı ganimet bilmek; ***~ed out*** *fig.* bitkin; modası geçmiş; işe yaramaz; **~-back** ['pleɪbæk] *n.* pleybek; **~·bill** *n.* tiyatro afişi; *Am.* oyun programı; **~·boy** *n.* zevk ve eğlenceye düşkün kimse, sefa pezevengi; **~·er** [~ə] *n.* oyuncu; aktör; çalgıcı; kumarbaz; **~·fel·low** *n.* oyun arkadaşı; **~·ful** □ [~fl] şen, şakacı, oyunbaz; **~·girl** *n.* zevk ve eğlenceye düşkün kız; **~·go·er** [~gəʊə] *n.* tiyatro meraklısı; **~ ground** *n.* oyun alanı; **~·house** *n.* THEA tiyatro; bebeklerin içinde oynadıkları küçük ev; **~·mate** = ***playfellow***; **~·thing** *n.* oyuncak; **~·wright** *n.* oyun yazarı.

plea [pliː] *n.* LEG savunma; dava; rica, yalvarma; bahane, özür; ***on the ~ of*** *ya da* ***that ...*** bahanesiyle.

plead [pliːd] (***~ed***, *esp. Scot., Am.* ***pled***) *v/i.* LEG dava açmak; ***~ for*** yalvarmak; savunmak; ***~ (not) guilty*** suçlu olduğunu kabul et(me)mek; *v/t.* iddia etmek, ileri sürmek; suçlamak; LEG savunmak; **~·ing** LEG ['pliːdɪŋ] *n.* dava açma.

pleas·ant □ ['pleznt] hoş, güzel, tatlı, cana yakın; **~·ry** [~rɪ] *n.* şaka; neşe, hoşbeş.

please [pliːz] *v/t.* memnun etmek, hoşnut etmek, sevindirmek; (***yes***) ~ evet lütfen, oh teşekkür ederim; ***~ come in!*** Lütfen girin!; ***~ yourself*** nasıl isterseniz; **~d** *adj.* memnun, hoşnut; ***be ~ at*** *-den* memnun olmak; ***be ~ to do s.th.*** bşi seve seve yapmak; ***~ to meet you!*** Tanıştığımıza memnun oldum!; ***be ~ with*** *-den* memnun olmak.

pleas·ing □ ['pliːzɪŋ] hoş, sevimli, hoşa giden

plea·sure ['pleʒə] *n.* zevk, keyif, sevinç, memnuniyet; *attr.* zevk veren; ***at ~*** istenildiği kadar, arzuya göre; **~-boat** *n.* gezinti vapuru; **~-ground** *n.* lunapark.

pleat [pliːt] **1.** *n.* pli, plise; **2.** *v/t.* pli yapmak.

pled [pled] *pret. & p.p. of* **plead.**

pledge [pledʒ] **1.** *n.* söz, yemin, ant; rehin; güvence; **2.** *v/t.* rehine koymak; güvence olarak vermek; ***he ~d himself*** söz verdi, vaat etti.

ple·na·ry ['pliːnərɪ] *adj.* sınırsız, tam (*yetki v.b.*); tüm üyelerin katıldığı (*toplantı*).

plen·i·po·ten·tia·ry [plenɪpə'tenʃərɪ] *n.* tam yetkili elçi.

plen·ti·ful □ ['plentɪfl] bol, bereketli, verimli.

plen·ty ['plentɪ] **1.** *n.* bolluk, çokluk; ~

of bol, çok; **2.** *adj.* F bol, bereketli.

pli·a·ble □ ['plaıəbl] esnek, bükülebilir; *fig.* uysal.

pli·ers ['plaıəz] *n. pl.* (***a pair of*** bir) pense, kerpeten, kıskaç.

plight [plaıt] *n.* durum, hal; çıkmaz.

plim·soll *Brt.* ['plımsəl] *n.* tenis ayakkabısı.

plod [plɒd] (***-dd-***) *v/i. a.* ***~ along, ~ on*** zorlukla yürümek, ağır ağır yürümek; ***~ away*** gayretle çalışmak (***at*** *-de*).

plop [plɒp] (***-pp-***) *v/i.* "cup" diye düşmek.

plot [plɒt] **1.** *n.* arsa, parsel; entrika, gizli plan, dolap; romanın konusu; **2.** (*-tt-*) *v/t.* planını çizmek; haritasını çıkarmak; *v/i.* gizli plan yapmak, komplo kurmak (***aganist*** *-e*).

plough, *Am.* **plow** [plaʊ] **1.** *n.* saban, pulluk; **2.** *v/t.* sabanla sürmek; **~·share** ['plaʊʃeə] *n.* saban demiri *ya da* kulağı.

pluck [plʌk] **1.** *n.* koparma, yolma; *fig.* cesaret, yiğitlik; **2.** *v/t.* koparmak, yolmak; çekmek; MUS parmakla çalmak; ***~ up courage*** cesaretini toplamak; **~·y** F □ ['plʌkı] (***-ier, -iest***) cesur, yürekli.

plug [plʌg] **1.** *n.* tapa, tıkaç, tampon; ELECT fiş; yangın musluğu; MOT buji; tütün parçası; *radyo*, TV: F reklam; **2.** (***-gg-***) *v/t.* (diş) doldurmak; F *radyo*, TV: reklamını yapmak; *a.* ***~ up*** tıkamak; ***~ in*** ELECT prize sokmak

plum [plʌm] *n.* BOT erik; *fig.* en güzel lokma, kıyak şey.

plum·age ['plu:mıdʒ] *n.* kuşun tüyleri.

plumb [plʌm] **1.** *adj.* dikey, düşey; **2.** *n.* çekül, şakül; **3.** *vb.* iskandil etmek, şaküllemek; *fig.* araştırmak, kökenine inmek; **~·er** ['plʌmə] *n.* lehimci, muslukçu, tesisatçı; **~·ing** [~ıŋ] *n.* su tetisatı; muslukçuluk.

plume [plu:m] **1.** *n.* kuş tüyü, sorguç; **2.** *v/t.* tüylerle süslemek; ***~ o.s. on*** *ile* övünmek.

plum·met ['plʌmıt] *n.* çekül.

plump [plʌmp] **1.** *adj.* tombul, dolgun; semiz (*hayvan*); **2.** *v/t. & v/i. a.* ***~ down*** "küt" diye düş(ür)mek; **3.** *n.* ani düşüş; **4.** *adv.* F birden, pat diye.

plum pud·ding ['plʌm'pʊdıŋ] *n.* baharatlı Noel pudingi.

plun·der ['plʌndə] **1.** *n.* yağma; **2.** *v/t.* yağmalamak, yağma etmek.

plunge [plʌndʒ] **1.** *n.* dalış, dalma; tehlikeli girişim; ***take the ~*** *fig.* tehlikeli bir işe girişmek; **2.** *v/t. & v/i.* dal(dır)mak, batırmak (***into*** *-e*); sokmak; saplamak; at(ıl)mak; NAUT baş kıç vurmak.

plu·per·fect GR ['plu:'pɜ:fıkt] *n. a.* ***~ tense*** -mişli geçmişin hikâyesi.

plu·ral GR ['plʊərəl] *n.* çoğul; **~·i·ty** [plʊə'rælətı] *n.* çokluk; çoğunluk.

plus [plʌs] **1.** *prp.* fazlasıyla; ayrıca, ve; **2.** *adj.* fazla; pozitif; **3.** *n.* artı işareti.

plush [plʌʃ] *n.* pelüş.

ply [plaı] **1.** *n.* kat, katmer, tabaka; *fig.* eğilim; ***three-~*** üç bükümlü; **2.** *v/t.* işletmek, kullanmak; *fig.* (*yiyecek, içki*) durmadan vermek; *v/i.* (*otobüs, gemi v.b.*) gidip gelmek, işlemek (***between*** *arasında*); **~·wood** ['plaıwʊd] *n.* kontrplak.

pneu·mat·ic [nju:'mætık] (***~ally***) *adj.* hava basıncıyla çalışan, havalı; ***~ (tyre)*** MEC balon lastik, otomobil lastiği.

pneu·mo·ni·a MED [nju:'məʊnjə] *n.* zatürree, batar.

poach¹ [pəʊtʃ] *v/i.* kaçak avlanmak.

poach² [~] *v/t.* sıcak suda haşlamak; ***~ed eggs*** *pl.* sıcak suya kırılıp pişirilmiş yumurtalar.

poach·er ['pəʊtʃə] *n.* kaçak avlanan kimse.

pock MED [pɒk] *n.* çiçek hastalığı kabarcığı

pock·et ['pɒkıt] **1.** *n.* cep; AVIA = ***air pocket***; **2.** *v/t.* cebe koymak; *fig.* cebine indirmek, iç etmek; *Am.* POL veto etmek; **3.** *adj.* cebe sığan, cep ...; **~-book** *n.* cep defteri; *Am.* cüzdan; *Am.* el çantası; **~ cal·cu·la·tor** *n.* cep hesap makinesi; **~-knife** (*pl.* ***-knives***) *n.* çakı

pod BOT [pɒd] *n.* kabuk, zarf.

po·em ['pəʊım] *n.* şiir.

po·et ['pəʊıt] *n.* şair; **~·ess** [~ıs] *n.* kadın şair; **~·ic** [pəʊ'etık] (***~ally***), **~·i·cal** □ [~kl] şiirle ilgili, şiir ...; **~·ics** [~ks] *n. sg.* vezin tekniği; **~·ry** ['pəʊıtrı] *n.* şiir sanatı; *coll.* şiirler.

poi·gnan|cy ['pɔınənsı] *n.* keskinlik, acılık; **~t** [~t] *adj.* keskin, acı; *fig.* etkili; *fig.* dokunaklı.

point [pɔınt] **1.** *n.* nokta (*a.* GR, MATH, PHYS); GEOGR uç, burun; sayı, puan; derece; NAUT pusula kertesi; ana fikir, sadet, asıl konu; neden; özellik; *fig*. etki; **~s** *pl. Brt*. RAIL makas; **~ *of view*** bakış açısı; ***the ~ is that ...*** mesele şu ki ...; ***make a ~ of s.th.*** bşe özen göstermek; ***there is no ~ in doing ...*** yapmanın bir anlamı yok; ***in ~ of ...*** bakımından; ***to the ~*** isabetli, uygun; ***off*** *ya da* ***beside the ~*** konu dışı; ***on the ~ of*** *ger. -mek* üzere; ***beat s.o. on ~s*** *boks*: *b-ni* sayı ile yenmek; ***win*** *ya da* ***lose on ~s*** sayı ile kazanmak *ya da* kaybetmek; ***winner on ~s*** sayı ile galip gelen kimse; **2.** *v/t*. ucunu sivriltmek; **~ *at*** *-e* doğrultmak, *-e* çevirmek; **~ *out*** işaret etmek, göstermek; *fig*. dikkati çekmek, belirtmek; *v/i*. **~ *at*** *-e* işaret etmek, *-i* göstermek; **~ *to*** göstermek, *-e* işaret etmek; **~·ed** □ ['pɔıntıd] sivri uçlu; *fig*. anlamlı; **~·er** [~ə] *n*. işaret değneği; ibre, gösterge; zo zağar; **~·less** [~lıs] *adj*. uçsuz; anlamsız; amaçsız.

poise [pɔız] **1.** *n*. denge; duruş, hal; **2.** *v/t*. & *v/i*. dengele(n)mek; havada tutmak *ya da* durmak.

poi·son ['pɔızn] **1.** *n*. zehir; **2.** *v/t*. zehirlemek; **~·ous** □ [~əs] zehirli; *fig*. fesat ...

poke [pəʊk] **1.** *n*. itme, dürtme; F yumruk; **2.** *v/t*. dürtmek; (*yumruk*) atmak; **~ *fun at*** *ile* alay etmek, dalga geçmek; **~ *one's nose into everything*** F herşeye burnunu sokmak; *v/i*. aylak aylak dolaşmak.

pok·er ['pəʊkə] *n*. ocak demiri.

pok·y ['pəʊkı] (***-ier, -iest***) *adj*. küçük; sıkıcı, kasvetli.

po·lar ['pəʊlə] *adj*. kutupsal, kutup ...; **~ *bear*** zo kutupayısı.

Pole[1] [pəʊl] *n*. Polonyalı.

pole[2] [~] *n*. kutup; kazık, sırık; SPOR: direk.

pole·cat zo ['pəʊlkæt] *n*. kokarca; *Am*. sansar.

po·lem|ic [pə'lemık], *a*. **~·i·cal** □ [~kl] tartışmalı.

pole-star ['pəʊlstɑː] *n*. AST Kutupyıldızı, Demirkazık; *fig*. önder.

pole-vault ['pəʊlvɔːlt] **1.** *n*. SPOR: sırıkla yüksek atlama; **2.** *v/i*. sırıkla yüksek atlamak; **~·er** [~ə] *n*. sırıkla yüksek atlamacı; **~·ing** [~ıŋ] *n*. sırıkla yüksek atlama.

po·lice [pə'liːs] **1.** *n*. polis; **2.** *v/t*. polis kuvvetiyle sağlamak; **~·man** (*pl*. ***-men***) *n*. polis; **~·of·fi·cer** *n*. polis memuru; **~ sta·tion** *n*. karakol; **~·woman** (*pl*. ***-women***) *n*. kadın polis.

pol·i·cy ['pɒləsı] *n*. politika, siyaset; poliçe; *Am*. bir tür lotarya.

po·li·o MED ['pəʊlıəʊ] *n*. çocuk felci.

Pol·ish[1] ['pəʊlıʃ] **1.** *adj*. Polonya'ya özgü; **2.** *n*. LING Lehçe.

pol·ish[2] ['pɒlıʃ] **1.** *n*. cila; ayakkabı boyası; *fig*. incelik, kibarlık; **2.** *v/t*. & *v/i*. cilala(n)mak; (*ayakkabı*) boyamak; *fig*. terbiye etmek.

po·lite □ [pə'laıt] (***~r, ~st***) kibar, nazik; **~·ness** [~nıs] *n*. kibarlık, nezaket.

pol·i|tic □ ['pɒlıtık] politik, siyasal; tedbirli, sağgörülü; **po·lit·i·cal** □ [pə'lıtıkl] politik, siyasal; devletle ilgili; **~·ti·cian** [pɒlı'tıʃn] *n*. politikacı; **~·tics** ['pɒlıtıks] *n*. *oft. sg*. politika, siyaset.

pol·ka ['pɒlkə] *n*. polka dansı; **~ dot** *n*. (kumaşta) puan, benek.

poll [pəʊl] **1.** *n*. seçim; oy verme; oy sayısı; seçim bürosu; **2.** *v/t*. kesmek, kırpmak; (*oy*) toplamak; *v/i*. oy vermek.

pol·len BOT ['pɒlən] *n*. çiçek tozu.

poll·ing ['pəʊlıŋ] *n*. oy verme; **~ *booth*** oy verme hücresi; **~ *district*** seçim bölgesi; **~ *place*** *Am*., **~ *station*** *esp. Brt*. oy verme yeri.

poll-tax ['pəʊltæks] *n*. kişi başına düşen vergi; oy kullanma vergisi.

pol|lut·ant [pə'luːtənt] *n*. kirletici madde; **~·lute** [~t] *v/t*. kirletmek, pisletmek; ECCL kutsallığını bozmak; **~·lu·tion** [~ʃn] *n*. kirletme; kirlilik.

po·lo ['pəʊləʊ] *n*. SPOR: polo, çevgen; **~-neck** *n*. balıkçı yaka.

pol|yp zo, MED ['pɒlıp], **~·y·pus** MED [~əs] (*pl*. ***-pi*** [-paı], ***-puses***) *n*. polip.

pom·mel ['pʌml] **1.** *n*. eyer kaşı; **2.** (*esp. Brt*. ***-ll-***, *Am*. ***-l-***) = ***pummel.***

pomp [pɒmp] *n*. gösteriş, görkem.

pom·pous □ ['pɒmpəs] gösterişli, görkemli; kendini beğenmiş, gururlu.

pond [pɒnd] *n*. havuz; gölcük.

pon·der ['pɒndə] *vb*. uzun uzun düşünmek, düşünüp taşınmak; **~·a·ble** [~rəbl] *adj*. ölçülebilir, tartılabilir; **~·ous** □ [~rəs] ağır, hantal, iri.

pon·tiff ['pɒntıf] *n*. papa; piskopos.

pon·toon [pɒn'tuːn] *n*. duba, tombaz;

P

~·**bridge** *n.* tombaz köprü.
po·ny ZO ['pəʊnı] *n.* midilli.
poo·dle ZO ['pu:dl] *n.* kaniş köpeği.
pool [pu:l] **1.** *n.* havuz; su birikintisi; gölcük; *iskambil*: ortaya konulan para; ECON tüccarlar birliği; *mst* ~***s*** *pl.* toto; ~***room*** *Am.* bilarda salonu; **2.** *v/t.* ECON birlik kurmak; (*para v.b.*) birleştirmek, ortaklaşa toplamak.
poop NAUT [pu:p] *n.* pupa; *a.* ~ ***deck*** kıç güverte.
poor □ [pʊə] fakir, yoksul; zavallı; kötü; verimsiz, kısır; ~·**ly** ['pʊəlı] **1.** *adj.* hasta, rahatsız; **2.** *adv.* kötü biçimde, fena; ~·**ness** [~nıs] *n.* fakirlik.
pop[1] [pɒp] **1.** *n.* patlama sesi; F gazoz; **2.** (**-*pp-***) *v/t.* & *v/i.* patla(t)mak; ateş etmek; *Am.* (*mısır*) patlatmak; ~ ***in*** uğramak.
pop[2] [~] **1.** *n. a.* ~ ***music*** pop müziği; pop şarkısı; **2.** *adj.* sevilen, tutulan; pop ...; ~ ***concert*** pop konseri; ~ ***singer*** pop şarkıcısı; ~ ***song*** pop şarkısı.
pop[3] *Am.* F [~] *n.* baba; yaşlı adam, amca.
pop·corn ['pɒpkɔ:n] *n.* patlamış mısır.
pope [pəʊp] *n. mst.* ♀ papa.
pop-eyed F ['pɒpaıd] *adj.* patlak gözlü.
pop·lar BOT ['pɒplə] *n.* kavak.
pop·py BOT ['pɒpı] *n.* gelincik; haşhaş; ~·**cock** *n.* F boş laf, saçma.
pop·u|lace ['pɒpjʊləs] *n.* halk, kitle; *contp.* ayaktakımı; ~·**lar** □ [~ə] popüler, herkesçe sevilen; halk ile ilgili; genel, yaygın; ~·**lar·i·ty** [pɒpjʊ'lærətı] *n.* popülerlik, herkesçe sevilme.
pop·u|late ['pɒpjʊleıt] *v/t.* nüfuslandırmak, şeneltmek; *mst. pass.* yaşamak, oturmak; ~·**la·tion** [pɒpjʊ'leıʃn] *n.* nüfus; ~·**lous** □ ['pɒpjʊləs] yoğun nüfuslu, kalabalık.
porce·lain ['pɔ:slın] *n.* porselen.
porch [pɔ:tʃ] *n.* sundurma; *Am.* veranda, taraça.
por·cu·pine ZO ['pɔ:kjʊpaın] *n.* oklukirpi.
pore [pɔ:] **1.** *n.* gözenek; **2.** *v/i.* ~ ***over*** -*e* dikkatle bakmak, incelemek.
pork [pɔ:k] *n.* domuz eti; ~·**y** F ['pɔ:kı] **1.** (**-*ier*, -*iest***) *adj.* yağlı, semiz; şişko; **2.** *n. Am.* = ***porcupine.***
porn F [pɔ:n] = ***porno.***
por|no F ['pɔ:nəʊ] **1.** (*pl.* **-*nos***) *n.* porno film, açık saçik film; **2.** *adj.* porno ...; açık saçık ...; ~·**no·gra·phy** [pɔ:'nɒgrəfı] *n.* pornografi, edebe aykırılık.
po·rous □ ['pɔ:rəs] gözenekli.
por·poise ZO ['pɔ:pəs] *n.* yunusbalığı.
por·ridge ['pɒrıdʒ] *n.* yulaf lapası.
port[1] [pɔ:t] *n.* liman; liman kenti.
port[2] [~] *n.* NAUT lombar.
port[3] NAUT, AVIA [~] *n.* gemi *ya da* uçağın sol yanı, iskele.
port[4] [~] *n.* porto şarabı.
por·ta·ble ['pɔ:təbl] *adj.* taşınabilir, portatif.
por·tal ['pɔ:tl] *n.* büyük kapı.
por|tent ['pɔ:tent] *n.* kehanet; belirti, işaret; mucize; ~·**ten·tous** □ [pɔ:'tentəs] uğursuz; olağanüstü, şaşılacak.
por·ter ['pɔ:tə] *n.* kapıcı; bekçi, hademe; *esp. Brt.* hamal, taşıyıcı; *Am.* RAIL yataklı vagon görevlisi; siyah bira.
port·hole NAUT, AVIA ['pɔ:thəʊl] *n.* lombar.
por·tion ['pɔ:ʃn] **1.** *n.* kısım, bölüm; pay; porsiyon; *fig.* kader; **2.** *v/t.* ~ ***out*** bölüştürmek (***among*** *arasında*).
port·ly ['pɔ:tlı] (**-*ier*, -*iest***) *adj.* iriyarı, yapılı, heybetli.
por·trait ['pɔ:trıt] *n.* portre.
por·tray [pɔ:'treı] *v/t.* -*in* resmini yapmak; tanımlamak, betimlemek; ~·**al** [~əl] *n.* resmetme; tanımlama.
pose [pəʊz] **1.** *n.* poz, duruş; tavır; yapmacık tavır, numara; **2.** *v/t.* & *v/i.* yerleş(tir)mek; poz vermek; (*soru*) ortaya atmak; (*sorun*) yaratmak; ~ ***as*** kendine ... süsü vermek, taslamak.
posh F [pɒʃ] *adj.* şık, modaya uygun.
po·si·tion [pə'zıʃn] *n.* durum, vaziyet; yer, mevki; konum; tavır, hal; iş, görev, memuriyet; MIL mevzi; *fig.* toplumsal durum, pozisyon.
pos·i·tive ['pɒzətıv] **1.** □ pozitif, olumlu; kesin, mutlak; gerçek; yapıcı; emin; **2.** *n.* PHOT pozitif resim.
pos|sess [pə'zes] *v/t.* sahip olmak, ...si olmak; (*zihin*) kurcalamak; *fig.* -*e* egemen olmak; ~ ***o.s. of*** -*i* ele geçirmek; ~·**sessed** *adj.* deli, çılgın; ~·**ses·sion** [~ʃn] *n.* sahip olma, sahiplik, iyelik; cinnet, delilik; sömürge, koloni; *fig.* egemenlik; ~·**ses·sive** GR [~sıv] **1.** □ iyelik gösteren, iyelik ...; ~ ***case*** genitif, tamlayan durumu, -in hali; **2.** *n.* iyelik sözcüğü; tamlayan durumu;

~**·ses·sor** [˷sə] *n.* mal sahibi.
pos·si|bil·i·ty [pɒsə'bɪlətɪ] *n.* olanak; olasılık; ~**·ble** ['pɒsəbl] *adj.* olası; akla yatkın; ~**·bly** [˷lɪ] *adv.* olabilir, belki; ***if I ~ can*** olurda ...bilirsem.
post [pəʊst] **1.** *n.* direk, kazık; polis noktası, karakol; iş, görev; *esp. Brt.* posta; ~ ***exchange*** *Am.* kantin, ordu pazarı; **2.** *v/t.* yerleştirmek; görevlendirmek; *esp. Brt.* (*mektup*) postalamak, atmak; ~ ***up*** bildirmek, bilgi vermek.
post- [pəʊst] *prefix -den* sonra.
post·age ['pəʊstɪdʒ] *n.* posta ücreti; ~ **stamp** *n.* posta pulu.
post·al ['pəʊstl] **1.** □ posta ile ilgili, posta ...; ~ ***order*** *Brt.* posta havalesi; **2.** *n. a.* ~ **card** *Am.* kartpostal.
post|-bag *esp. Brt.* ['pəʊstbæg] *n.* posta çantası; ~**-box** *n. esp. Brt.* posta kutusu; ~**·card** *n.* kartpostal; *a.* ***picture ~*** resimli kartpostal; ~**·code** *n. Brt.* posta kodu.
post·er ['pɔstə] *n.* poster, afiş.
pos·te·ri·or [pɒ'stɪərɪə] **1.** □ sonra gelen, sonraki (***to*** *-den*); **2.** *n. oft.* ~***s*** *pl.* kaba etler, kıç.
pos·ter·i·ty [pɒ'sterətɪ] *n.* gelecek kuşaklar; döl, soy.
post-free *esp. Brt.* ['pəʊst'friː] *adj.* posta ücretine tabi olmayan.
post-grad·u·ate ['pəʊst'grædjʊət] **1.** *adj.* üniversite sonrası öğrenimle ilgili; **2.** *n.* üniversite mezunu, doktora öğrencisi.
post-haste ['pəʊst'heɪst] *adv.* büyük bir telaşla, apar topar.
post·hu·mous □ ['pɒstjʊməs] ölümden sonra olan; yazarın ölümünden sonra yayımlanan.
post|man *esp. Brt.* ['pəʊstmən] (*pl.* ***-men***) *n.* postacı; ~**·mark** **1.** *n.* posta damgası; **2.** *v/t.* damgalamak; ~**-master** *n.* postane müdürü; ~ **of·fice** *n.* postane; ~**·of·fice box** *n.* posta kutusu; ~**paid** *adj.* posta ücreti ödenmiş.
post·pone [pəʊs'pəʊn] *v/t.* ertelemek; ~**·ment** [˷mənt] *n.* erteleme.
post·script ['pəʊsskrɪpt] *n.* dipnot.
pos·ture ['pɒstʃə] **1.** *n.* poz, duruş; durum, gidişat; davranış, tutum; **2.** *v/t. v/i.* poz ver(dir)mek; tavır takınmak.
post-war ['pəʊst'wɔː] *adj.* savaş sonrası ...
po·sy ['pəʊzɪ] *n.* çiçek demeti.
pot [pɒt] **1.** *n.* kavanoz, çömlek, kap; saksı; F SPOR: gümüş kupa; *sl.* haşiş; **2.** (***-tt-***) *v/t.* saksıya dikmek; avlamak.
po·ta·to [pə'teɪtəʊ] (*pl.* ***-toes***) *n.* patates; *s.* ***chip 1, crisp 3.***
pot-bel·ly ['pɒtbelɪ] *n.* göbek.
po·ten|cy ['pəʊtənsɪ] *n.* güç, kuvvet; PHYSIOL cinsel güç; ~**t** [˷t] *adj.* güçlü, kudretli; PHYSIOL cinsel iktidarı olan; ~**·tial** [pə'tenʃl] **1.** *adj.* kuvvetli; olası; **2.** *n.* potansiyel; olasılık; güç.
poth·er ['pɒðə] *n.* dert, sıkıntı.
pot-herb ['pɒthɜːb] *n.* yemeğe çeşni veren yeşillik.
po·tion ['pəʊʃn] *n.* ilaç dozu.
pot·ter[1] ['pɒtə]: ~ ***about*** oyalanmak.
pot·ter[2] [˷] *n.* çömlekçi; ~**·y** [˷rɪ] *n.* çömlekçilik; çanak çömlek.
pouch [paʊtʃ] *n.* torba, kese (*a.* ZO); ANAT göz altındaki şişlik.
poul·ter·er ['pəʊltərə] *n.* tavukçu.
poul·tice MED ['pəʊltɪs] *n.* yara lapası.
poul·try ['pəʊltrɪ] *n.* kümes hayvanları.
pounce [paʊns] **1.** *n.* saldırma, atılma; **2.** *v/i.* atılmak (***on, upon*** *üzerine*).
pound[1] [paʊnd] *n.* libre; ~ (***sterling***) pound, sterlin (*abbr.* £ = *100 pens*).
pound[2] [˷] *n.* ağıl; cezaevi.
pound[3] [˷] *v/t.* dövmek, vurmak; yumruklamak; *v/i.* (*kalp*) küt küt atmak.
pound·er ['paʊndə] *n.* ... librelik bir şey.
pour [pɔː] *v/t. & v/i.* dök(ül)mek, ak(ıt)mak; (*çay v.b.*) koymak; akın etmek, üşüşmek; ~ ***out*** *fig.* içini dökmek.
pout [paʊt] **1.** *n.* somurtma, surat asma; **2.** *v/t.* (*dudaklarını*) sarkıtmak; *v/i.* somurtmak, surat asmak.
pov·er·ty ['pɒvətɪ] *n.* fakirlik; yetersizlik, eksiklik.
pow·der ['paʊdə] **1.** *n.* toz; pudra; barut; **2.** *v/t.* toz haline getirmek; pudralamak; ~**-box** *n.* pudralık, pudriyer; ~**-room** *n.* kadınlar tuvaleti.
pow·er ['paʊə] **1.** *n.* kuvvet, güç; yetki; etki; nüfuz; LEG vekâlet; MATH üs; ***in ~*** iktidarda; **2.** *v/t.* MEC mekanik güçle çalıştırmak; ***rocket~ed*** roketle işleyen; ~**-cur·rent** *n.* ELECT yüksek gerilimli akım; ~ **cut** *n.* ELECT cereyan kesilmesi; ~**·ful** □ [˷fl] güçlü, kuvvetli; nüfuzlu; etkili; ~**·less** □ [˷lɪs] güçsüz; beceriksiz; ~**-plant** = ***power-station***;

P

~ **pol·i·tics** *n. oft. sg.* kuvvet politikası; ~**-sta·tion** *n.* elektrik santralı.

pow·wow *Am.* F [paʊwaʊ] *n.* toplantı.

prac·ti|ca·ble □ ['præktɪkəbl] yapılabilir; elverişli, kullanışlı; ~**cal** □ [~l] pratik; elverişli, kullanışlı; gerçekçi; ~ ***joke*** eşek şakası; ~**·cal·ly** [~lı] *adv.* hemen hemen; gerçekte.

prac·tice, *Am. a.* **-tise** ['præktɪs] **1.** *n.* uygulama; alışkanlık, âdet; idman, egzersiz; ***it is common*** ~ yaygın bir alışkanlıktır; ***put into*** ~ uygulamaya koymak; **2.** *Am.* = ***practise.***

prac·tise, *Am. a.* **-tice** [~] *v/t.* yapmak, etmek, uygulamak; eğitmek; *v/i.* pratik yapmak; idman yapmak; ~ ***on***, ~ ***upon*** *-de* pratik yapmak, egzersiz yapmak; ~**d** *adj.* deneyimli (***in*** *-de*).

prac·ti·tion·er [præk'tɪʃnə]: ***general*** ~ pratisyen doktor; ***legal*** ~ avukat.

prai·rie ['preərı] *n.* büyük çayırlık, bozkır; ~ **schoo·ner** *n. Am.* üstü kapalı at arabası.

praise [preɪz] **1.** *n.* övgü; **2.** *v/t.* övmek; ~**·wor·thy** ['preɪzwɜːðı] *adj.* övgüye değer.

pram *esp. Brt.* F [præm] *n.* çocuk arabası.

prance [prɑːns] *v/i.* (*at*) fırlamak; zıp zıp zıplamak; *v/t.* (*at*) zıplatıp oynatmak.

prank [præŋk] *n.* eşek şakası; oyun, muziplik.

prate [preɪt] **1.** *n.* gevezelik; **2.** *v/i.* gevezelik etmek.

prat·tle ['prætl] **1.** *n.* gevezelik, boş laf; **2.** *v/i.* gevezelik etmek, çene çalmak.

prawn zo [prɔːn] *n.* büyük karides.

pray [preɪ] *v/i.* dua etmek; namaz kılmak; rica etmek, yalvarmak.

prayer [preə] *n.* dua; ibadet, namaz; *oft.* ~***s*** *pl.* rica, yalvarma; ***the Lord's*** ♀ Hıristiyanların duası; ~**-book** ['preəbʊk] *n.* dua kitabı.

pre- [priː; prɪ] *prefix* önce, ön.

preach [priːtʃ] *vb.* vaız vermek; öğütlemek, salık vermek; ~**·er** ['priːtʃə] *n.* vaiz.

pre·am·ble [priː'æmbl] *n.* önsöz, başlangıç, giriş.

pre·car·i·ous □ [prɪ'keərıəs] kararsız, şüpheli; güvenilmez; tehlikeli

pre·cau·tion [prɪ'kɔːʃn] *n.* önlem, tedbir; ~**·a·ry** [~ʃnərı] *adj.* önlem niteliğinde olan.

pre|cede [priː'siːd] *vb. -den* önce gelmek, *-den* önde olmak; ~**·ce·dence**, ~**·ce·dency** [~əns, ~sı] *n.* önce gelme, öncelik; kıdem; ~**·ce·dent** ['presıdənt] *n.* örnek.

pre·cept ['priːsept] *n.* emir, buyruk; ilke; yönerge.

pre·cinct ['priːsıŋkt] *n.* bölge, yöre; *Am.* seçim bölgesi; *Am.* polis bölgesi; ~***s*** *pl.* çevre, havali; ***pedestrian*** ~ yaya yolu.

pre·cious ['preʃəs] **1.** □ değerli, pahalı; aziz; F kötü, rezil; **2.** *adv.* F çok, pek.

pre·ci·pice ['presıpıs] *n.* uçurum; dik kaya.

pre·cip·i|tate **1.** [prɪ'sıpıteıt] *v/t. & v/i. -den* aşağı at(ıl)mak, düş(ür)mek; CHEM çökel(t)mek; *fig.* hızlandırmak; **2.** □ [~tət] aceleci; düşüncesiz; **3.** CHEM [~] *n.* çökelti; ~**·ta·tion** [prısıpı'teıʃn] *n.* CHEM çökelme; METEOR yağış; *fig.* acelecilik, telaş; ~**·tous** □ [prı'sıpıtəs] dik, sarp; aceleci, atılgan.

pré·cis ['preısiː] (*pl.* ***-cis*** [-siːz]) *n.* özet.

pre|cise □ [prı'saıs] kesin, tam, doğru; ~**·ci·sion** [~'sıʒn] *n.* kesinlik, doğruluk; açıkık.

pre·clude [prı'kluːd] *v/t.* önlemek, meydan vermemek.

pre·co·cious □ [prı'kəʊʃəs] erken gelişmiş, F büyümüş de küçülmüş.

pre·con|ceived ['priːkən'siːvd] *adj.* önyargılı; ~**·cep·tion** [~'sepʃn] *n.* önyargı.

pre·cur·sor [priː'kɜːsə] *n.* haberci, müjdeci.

pred·a·to·ry ['predətərı] *adj.* çapulcu, yağmacı ...

pre·de·ces·sor ['priːdısesə] *n.* selef, öncel.

pre·des·ti·nate [priː'destıneıt] *v/t.* kaderini önceden belirlemek, alnına yazmak.

pre·de·ter·mine ['priːdı'tɜːmın] *v/t.* önceden belirlemek; önceden kararlaştırmak.

pre·dic·a·ment [prı'dıkəmənt] *n.* tatsız durum, çıkmaz.

pred·i·cate **1.** ['predıkeıt] *v/t.* doğrulamak; belirtmek; dayandırmak (***on*** *-e*); **2.** GR [~kət] *n.* yüklem.

pre|dict [prı'dıkt] *v/t.* önceden bildirmek, kehanette bulunmak; ~**·dic·tion**

P

[₋kʃn] *n.* önceden bildirme, kehanet.
pre·di·lec·tion [priːdɪ'lekʃn] *n.* yeğleme, tercih.
pre·dis|pose ['priːdɪ'spəʊz] *v/t.* önceden hazırlamak (***to*** *-e*); yatkınlaştırmak; **~·po·si·tion** [₋pə'zɪʃn]: **~** ***to*** *-e* yatkınlık; *esp.* MED *-e* eğilim.
pre·dom·i|nance [prɪ'dɒmɪnəns] *n.* üstünlük, ağır basma; **~·nant** □ [₋t] üstün, ağır basan; **~·nate** [₋eɪt] *v/i.* üstün olmak, ağır basmak.
pre-em·i·nent □ [priː'emɪnənt] üstün, seçkin.
pre-emp|tion [priː'empʃn] *n.* başkalarından önce satın alma hakkı; **~·tive** [₋tɪv] *adj.* önceden satın almaya hakkı olan; MIL kendi ülkesini korumak için önce davranan.
pre-ex·ist ['priːɪg'zɪst] *v/i.* daha önce var olmak.
pre·fab F ['priːfæb] *n.* prefabrik yapı.
pre·fab·ri·cate ['priː'fæbrɪkeɪt] *v/t.* parçalarını önceden hazırlamak.
pref·ace ['prefɪs] **1.** *n.* önsöz; **2.** *v/t.* *-in* önsözünü yazmak.
pre·fect ['priːfekt] *n.* eski Roma'da vali; *Brt. okul*: sınıf başkanı.
pre·fer [prɪ'fɜː] (**-rr-**) *v/t.* tercih etmek, yeğlemek; atamak; LEG sunmak, arzetmek, ileri sürmek.
pref·e|ra·ble □ ['prefərəbl] tercih edilir (***to*** *-e*), daha iyi (***to*** *-den*); **~·ra·bly** [₋lɪ] *adv.* tercihen; **~·rence** [₋əns] *n.* tercih, yeğleme; öncelik; **~·ren·tial** □ [prefə'renʃl] tercihli, ayrıcalıklı; tercih hakkı olan.
pre·fer·ment [prɪ'fɜːmənt] *n.* terfi, yükselme.
pre·fix ['priːfɪks] *n.* önek.
preg·nan|cy ['pregnənsɪ] *n.* hamilelik, gebelik; *fig.* dolgunluk; **~t** □ [₋t] hamile, gebe; *fig.* dolu, yüklü; *fig.* anlamlı.
pre·judge ['priː'dʒʌdʒ] *v/t.* önceden hüküm vermek.
prej·u|dice ['predʒʊdɪs] **1.** *n.* önyargı; haksız hüküm; taraf tutma, kayırma; **2.** *v/t.* haksız hüküm verdirmek (***in favour of*** *-in lehine*; ***against*** *-e karşı*); **~d** taraf tutan; zarar görmüş; **~·di·cial** □ [predʒʊ'dɪʃl] önyargılı; zararlı.
pre·lim·i·na·ry [prɪ'lɪmɪnərɪ] **1.** □ ilk, ön, hazırlayıcı; **2.** *n.* ön sınav, yeterlik sınavı.
prel·ude ['preljuːd] *n.* prelüd, peşrev; giriş, başlangıç.
pre·ma·ture □ [premə'tjʊə] prematüre, erken doğmuş (*bebek*); *fig.* zamansız, mevsimsiz.
pre·med·i|tate [priː'medɪteɪt] *v/t.* önceden tasarlamak; **~d** önceden tasarlanmış; **~·ta·tion** [priːmedɪ'teɪʃn] *n.* önceden tasarlama, kasıt.
prem·i·er ['premjə] **1.** *adj.* baştaki, ilk; **2.** *n.* başbakan.
prem·is·es ['premɪsɪz] *n. pl.* arazi, emlak, ev ve eklentileri; lokal.
pre·mi·um ['priːmjəm] *n.* prim; ödül; ikramiye; ECON acyo, prim; ***at a*** **~** fazla fiyatla; *fig.* aranılan, rağbette, tutulan.
pre·mo·ni·tion [priːmə'nɪʃn] *n.* önsezi; uyarma.
pre·oc·cu|pied [priː'ɒkjʊpaɪd] *adj.* zihni meşgul, dalgın; **~·py** [₋aɪ] *v/t.* (*zihni*) meşgul etmek, kurcalamak; başkasından önce ele geçirmek.
prep F [prep] = ***preparation, preparatory school.***
prep·a·ra·tion [prepə'reɪʃn] *n.* hazırlama; hazırlık; hazır ilaç; **pre·par·ato·ry** □ [prɪ'pærətərɪ] hazırlayıcı, hazırlık ...; **~** (***school***) özel hazırlık okulu.
pre·pare [prɪ'peə] *v/t.* & *v/i.* hazırla(n)mak; donatmak; düzenlemek; **~d** □ hazırlıklı, hazır.
pre·pay ['priː'peɪ] (***-paid***) *v/t.* peşin ödemek.
pre·pon·de|rance [prɪ'pɒndərəns] *n.* çoğunluk, üstünlük; **~·rant** [₋t] *adj.* ağır basan, baskın, üstün; **~·rate** [₋reɪt] *v/i.* ağır basmak, baskın çıkmak, üstün gelmek.
prep·o·si·tion GR [prepə'zɪʃn] *n.* edat, ilgeç.
pre·pos·sess [priːpə'zes] *v/t.* gönlünü çelmek, etkilemek; (*zihni*) meşgul etmek; **~·ing** □ [₋ɪŋ] çekici, alımlı, hoş.
pre·pos·ter·ous [prɪ'pɒstərəs] *adj.* akıl almaz, inanılmaz, saçma.
pre·req·ui·site ['priː'rekwɪzɪt] *n.* önceden gerekli olan şey.
pre·rog·a·tive [prɪ'rɒgətɪv] *n.* ayrıcalık, yetki.
pres·age ['presɪdʒ] **1.** *n.* önsezi; belirti; **2.** *v/t.* önceden bildirmek; önceden sezmek.
pre·scribe [prɪ'skraɪb] *vb.* emretmek; MED ilaç vermek; reçete yazmak.
pre·scrip·tion [prɪ'skrɪpʃn] *n.* emir;

MED reçete.
pres·ence ['prezns] *n.* hazır bulunma, huzur, varlık; ~ ***of mind*** soğukkanlılık.
pres·ent[1] ['preznt] **1.** □ bulunan, hazır, mevcut; şimdiki, şu anki; ~ ***tense*** GR şimdiki zaman; **2.** *n.* GR şimdiki zaman; hediye, armağan; ***at*** ~ şu anda, şimdi; ***for the*** ~ şimdilik.
pre·sent[2] [prɪ'zent] *v/t.* sunmak; THEA, *film*: göstermek; tanıtmak; (*silah*) doğrultmak.
pre·sen·ta·tion [prezən'teɪʃn] *n.* sunma; tanıtma; armağan, hediye; THEA, *film*: temsil, oyun; gösterme.
pres·ent-day [preznt'deɪ] *adj.* şimdiki, günümüz …
pre·sen·ti·ment [prɪ'zentɪmənt] *n.* önsezi, içe doğma.
pres·ent·ly ['prezntlɪ] *adv.* birazdan, yakında; *Am.* şu anda.
pres·er·va·tion [prezə'veɪʃn] *n.* sakla(n)ma, koru(n)ma; **pre·serva·tive** [prɪ'zɜːvətɪv] **1.** *adj.* saklayan, koruyan, koruyucu; **2.** *n.* koruyucu madde.
pre·serve [prɪ'zɜːv] **1.** *v/t.* korumak; saklamak, esirgemek; konservesini yapmak; sürdürmek; **2.** *n.* HUNT avlanma bölgesi; *fig.* alan, saha; *mst.* ~***s*** *pl.* reçel
pre·side [prɪ'zaɪd] *v/i.* başkanlık etmek (***at, over*** *-e*).
pres·i|den·cy ['prezɪdənsɪ] *n.* başkanlık; ~**·dent** [\~t] *n.* başkan; réktör; *Am.* ECON müdür.
press [pres] **1.** *n.* sık(ıştır)ma, baskı (*a. fig.*); basın; matbaa, basımevi; pres, cendere, mengene; kalabalık, izdiham; elbise dolabı; *a.* ***printing-***~ matbaa makinesi; **2.** *v/t.* sık(ıştır)mak; basmak; sıkıp suyunu çıkarmak; ütülemek; ısrar etmek, üstelemek; zorla kabul ettirmek (***on*** *-e*); ***be*** ~***ed for time*** zamanı dar olmak, sıkışmak; *v/i.* kitle halinde ilerlemek; üşüşmek; koşuşturmak; ~ ***for*** ısrarla istemek, … *için* sıkıştırmak; ~ ***on*** *-e* zorla kabul ettirmek; ~ **a·gen·cy** *n.* basın sözcülüğü; ~ **a·gent** *n.* basın sözcüsü; ~**-but·ton** ELECT ['presbʌtn] *n.* elektrik düğmesi; ~**·ing** □ [\~ɪŋ] acele, ivedi; sıkboğaz eden; ~**-stud** *n. Brt.* çıtçıt; **pres·sure** [\~ʃə] *n.* basınç; baskı (*a. fig.*).
pres·tige [pre'stiːʒ] *n.* prestij, saygınlık.
pre·su|ma·ble □ [prɪ'zjuːməbl] tahmin olunur, varsayılır; ~**me** [\~'zjuːm] *v/t.* tahmin etmek, sanmak; varsaymak, farzetmek; *v/i.* haddini bilmemek; ~ ***on***, ~ ***upon*** kötüye kullanmak.
pre·sump|tion [prɪ'zʌmpʃn] *n.* tahmin, varsayım; küstahlık, cüret; ~**·tive** □ [\~tɪv] olası; varsayılı; ~**·tu·ous** □ [\~tjʊəs] kendine çok güvenen; haddini bilmez, küstah.
pre·sup|pose ['priːsə'pəʊz] *v/t.* önceden varsaymak; koşul olarak gerektirmek; ~**·po·si·tion** ['priːsʌpə'zɪʃn] *n.* önceden varsayma; tahmin.
pre·tence, *Am.* **-tense** [prɪ'tens] *n.* yalandan yapma, numara; bahane, hile.
pre·tend [prɪ'tend] *vb.* yalandan yapmak, … numarası yapmak; *k-ne* … süsü vermek, taslamak; iddia etmek; ~**·ed** □ yapmacık, sahte, sözde.
pre·ten·sion [prɪ'tenʃn] *n.* iddia, sav; hak iddiası; gösteriş.
pre·ter·it(e) GR ['pretərɪt] *n.* geçmiş zaman kipi.
pre·text ['priːtekst] *n.* bahane, sudan neden, kulp.
pret·ty ['prɪtɪ] **1.** □ (***-ier, -iest***) güzel, hoş; iyi; **2.** *adv.* oldukça, çok, epey.
pre·vail [prɪ'veɪl] *vb.* üstün gelmek, baskın çıkmak; egemen olmak, hüküm sürmek, yaygın olmak; ~ ***on*** *ya da* ***upon s.o. to do s.th.*** b-ni bş yapmaya ikna etmek; ~**·ing** □ [\~ɪŋ] üstün gelen, galip; hüküm süren, egemen; geçerli, yaygın.
prev·a·lent □ ['prevələnt] yaygın, olagelen, hüküm süren.
pre·var·i·cate [prɪ'værɪkeɪt] *v/i.* kaçamaklı söz söylemek, boğuntuya getirmek.
pre|vent [prɪ'vent] *v/t.* engellemek, önlemek, alıkoymak, meydan vermemek; ~**·ven·tion** [\~ʃn] *n.* engelleme, önleme; ~**·ven·tive** □ [\~tɪv] *esp.* MED önleyici, koruyucu.
pre·view ['priːvjuː] *n. film*: gelecek program.
pre·vi·ous □ ['priːvjəs] önceki, eski, sabık; ~ ***to*** *-den* önce; ~ ***knowledge*** ön bilgi; ~**·ly** [\~lɪ] *adv.* önceden, önce.
pre-war ['priː'wɔː] *adj.* savaş öncesi …
prey [preɪ] **1.** *n.* av; *fig.* yem; ***beast of*** ~ yırtıcı hayvan; ***bird of*** ~ yırtıcı kuş; ***be*** *ya da* ***fall a*** ~ ***to*** *-e* av olmak; *fig.* *-in*

kurbanı olmak; **2.** *vb.* **~ on, ~ upon** zo *ile* beslenmek; *fig.* sıkıntı vermek, içine dert olmak; *fig.* -*in* sırtından geçinmek; *fig.* yağma etmek, soymak.

price [praıs] **1.** *n.* fiyat, eder; karşılık, bedel; **2.** *v/t.* -*e* fiyat koymak, paha biçmek; -*in* fiyatını sormak; *fig.* değer biçmek; **~·less** ['praıslıs] *adj.* paha biçilmez; gülünç, komik, yaman.

prick [prık] **1.** *n.* iğne, diken; V penis, kamış; **~s of conscience** vicdan azabı; **2.** *v/t.* (*iğne, diken*) sokmak, batmak; *fig.* azap vermek; *a.* **~ out** (*fide*) toprağa dikmek; **~ up one's ears** kulaklarını dikmek; *v/i.* batma acısı duymak; **~·le** ['prıkl] *n.* sivri uç; diken; karıncalanma; **~·ly** [-lı] (**-ier, -iest**) *adj.* dikenli; çabuk öfkelenen, huysuz.

pride [praıd] **1.** *n.* gurur, kibir; övünme; küme, sürü; **take** (**a**) **~ in** -*den* gurur duymak, *ile* iftihar etmek; **2.** *vb.* **~ o.s. on** *ya da* **upon** *ile* övünmek, iftihar etmek.

priest [pri:st] *n.* papaz, rahip.

prig [prıg] *n.* kendini beğenmiş kimse, ukala.

prim □ [prım] (**-mm-**) fazla resmi, biçimci, formaliteci.

pri·ma|cy ['praıməsı] *n.* öncelik, üstünlük; **~·ri·ly** [-rəlı] *adv.* öncelikle; aslında; **~·ry** [-rı] **1.** □ ilk, birinci, asıl; başlıca, ana, temel; **2.** *n.* *a.* **~ election** *Am.* POL parti aday seçimi; **~·ry school** *n.* *Brt.* ilkokul.

prime [praım] **1.** □ birinci, ilk; başlıca, asıl; en iyi, seçme; **~ cost** ECON maliyet; **~ minister** başbakan; **~ number** MATH asal sayı; **~ time TV**: ana yayın saati, **2.** *n.* *fig.* en iyi devir; gençlik çağı, bahar; **3.** *v/t.* hazırlamak; ne söyleyeceğini öğretmek; (*tulumbaya*) su koymak; PAINT astar vurmak.

prim·er ['praımə] *n.* ilk okuma kitabı.

pri·m(a)e·val [praı'mi:vl] *adj.* eski çağlarla ilgili, çok eski; ilkel.

prim·i·tive □ ['prımıtıv] ilkel; basit, kaba.

prim·rose BOT ['prımrəʊz] *n.* çuhaçiçeği.

prince [prıns] *n.* prens; **prin·cess** [prın'ses, *attr.* 'prınses] *n.* prenses.

prin·ci·pal ['prınsəpl] **1.** □ en önemli, belli başlı, başlıca, temel; **2.** *n.* yönetici, başkan, müdür; okul müdürü; şef, patron; LEG müvekkil; ECON sermaye, anapara; **~i·ty** [prınsı'pælətı] *n.* prenslik.

prin·ci·ple ['prınsəpl] *n.* prensip, ilke; kural; **on ~** prensip olarak.

print [prınt] **1.** *n.* PRINT bası; basılmış yazı; damga, kalıp; ayak *ya da* parmak izi; basma kumaş, emprime; PHOT negatiften yapılmış resim; *esp.* *Am.* gazete, dergi; **in ~** basılı; **out of ~** baskısı tükenmiş; **2.** *v/t.* basmak, yayımlamak; *fig.* nakşetmek (**on** -*e*); **~** (**off** *ya da* **out**) PHOT negatiften çıkarmak (*resim*); **~-out** *bilgisayar*: yazılı bilgi; **~ed matter** *POST* matbua, basma; **~·er** ['prıntə] *n.* basımcı; *bilgisayar*: yazıcı.

print·ing ['prıntıŋ] *n.* matbaacılık; PHOT basma, bası; **~-ink** *n.* matbaa mürekkebi; **~-of·fice** *n.* matbaa, basımevi; **~-press** *n.* matbaa makinesi.

pri·or ['praıə] **1.** *adj.* önceki, sabık; kıdemli; **2.** *adv.* **~ to** -*den* önce; **3.** *n.* ECCL başrahip; **~·i·ty** [praı'ɒrıtı] *n.* öncelik, kıdem; MOT yol hakkı.

prise *esp.* *Brt.* [praız] = **prize²**.

pris·m ['prızəm] *n.* prizma.

pris·on ['prızn] *n.* hapishane, cezaevi; **~·er** [-ə] *n.* tutuklu, mahkûm, hükümlü; **take s.o. ~** *b-ni* esir almak.

priv·a·cy ['prıvəsı] *n.* gizlilik; kişisel dokunulmazlık; yalnız kalma, yalnızlık.

pri·vate ['praıvıt] **1.** □ özel, kişisel; gizli; gözden uzak, yalnız; **~ parts** *pl.* edep yerleri; **2.** *n.* MIL er, asker; **in ~** gizlice, özel olarak.

pri·va·tion [praı'veıʃn] *n.* yoksunluk, sıkıntı.

priv·i·lege ['prıvılıdʒ] *n.* ayrıcalık; özel izin; **~d** *adj.* ayrıcalıklı.

priv·y □ ['prıvı] (**-ier, -iest**): **~ to** -*den* haberi olan, -*e* sır ortağı olan; **♀ Council** *Brt.* kralın danışma meclisi; **♀ Councillor** kralın danışma meclisi üyesi; **♀ Seal** resmi devlet mührü.

prize¹ [praız] **1.** *n.* ödül; ikramiye; ganimet; **2.** *adj.* ödüle layık; ödül kazanan; **~-winner** ödül kazanan kimse; **3.** *v/t.* -*e* değer vermek; paha biçmek.

prize², *esp.* *Brt.* **prise** [praız] *v/t.* kaldıraçla açmak; **~ open** zorla açmak.

pro¹ [prəʊ] *prp.* için.

pro² F [-] *n.* SPOR: profesyonel oyuncu.

pro- [prəʊ] *prefix* lehinde, taraftarı; -*in*

P

yerine geçen.

prob·a|bil·i·ty [prɒbə'bɪlətɪ] *n*. olasılık; **~·ble** □ ['prɒbəbl] olası, muhtemel, mümkün.

pro·ba·tion [prə'beɪʃn] *n*. deneme süresi; LEG gözaltında tutma koşuluyla salıverme; **~ *officer*** suçluyu gözaltında tutan memur.

probe [prəʊb] **1.** *n*. MED, MEC mil, sonda; *fig*. araştırma; ***lunar* ~** ay araştırması; **2.** *v/t*. sonda ile yoklamak; derinlemesine araştırmak.

prob·lem ['prɒbləm] *n*. sorun; MATH problem; **~·at·ic** [prɒblə'mætɪk] (***~al-ly***), **~·at·i·cal** □ [~kl] belli olmayan, şüpheli.

pro·ce·dure [prə'siːdʒə] *n*. yöntem, işlem, yol, prosedür.

pro·ceed [prə'siːd] *v/i*. ilerlemek (*a. fig*.); devam etmek; girişmek, başlamak, girişimde bulunmak; *Brt*. UNIV doktor unvanını kazanmak; **~ *from*** *-den* doğmak, *-den* ileri gelmek; **~ *to*** *-e* başlamak, *-e* geçmek; **~·ing** [~ɪŋ] *n*. işlem, yöntem; ***~s*** *pl*. LEG yargılama yöntemleri; tutanak, zabıt; **~s** ['prəʊsiːdz] *n. pl*. gelir, kazanç, edinti.

pro|cess ['prəʊses] **1.** *n*. yöntem, işlem, yol, metot; gidiş, gelişme, ilerleme; süreç; ***in* ~** yapılmakta; ***in* ~ *of construction*** inşa halinde; **2.** *v/t*. MEC işlemek; LEG dava açmak; **~·ces·sion** [prə'seʃn] *n*. tören alayı; geçit töreni; **~·ces·sor** ['prəʊsesə] *n*. MEC işleyici.

P

pro·claim [prə'kleɪm] *v/t*. ilan etmek; açığa vurmak.

proc·la·ma·tion [prɒklə'meɪʃn] *n*. ilan; bildiri.

pro·cliv·i·ty *fig*. [prə'klɪvətɪ] *n*. eğilim, meyil.

pro·cras·ti·nate [prəʊ'kræstɪneɪt] *vb*. ağırdan almak, sürüncemede bırakmak.

pro·cre·ate ['prəʊkrɪeɪt] *vb*. döllemek; doğurmak.

pro·cu·ra·tor LEG ['prɒkjʊəreɪtə] *n*. vekil.

pro·cure [prə'kjʊə] *v/t*. sağlamak, edinmek, kazanmak; *v/i*. pezevenklik etmek.

prod [prɒd] **1.** *n*. dürtme, dürtüş; üvendire; *fig*. hatırlatıcı şey; **2.** **(*-dd-*)** *v/t*. dürtmek; *fig*. teşvik etmek.

prod·i·gal ['prɒdɪgl] **1.** □ savurgan; bol; ***the* ~ *son*** mirasyedi kimse; **2.** *n*. savurgan kimse.

pro·di·gious □ [prə'dɪdʒəs] olağanüstü, şaşılacak; kocaman, muazzam;

prod·i·gy ['prɒdɪdʒɪ] *n*. olağanüstü şey *ya da* kimse; ***child*** *ya da* ***infant* ~** harika çocuk.

prod·uce[1] ['prɒdjuːs] *n*. ürün; MEC randıman.

pro|duce[2] [prə'djuːs] *v/t*. üretmek, yapmak; doğurmak; yetiştirmek; (*faiz*) getirmek; MATH (*doğru*) uzatmak; (*film*) yapmak, *fig*. *-e* neden olmak, yol açmak; **~·duc·er** [~ə] *n*. üretici; *film*, TV: yapımcı; THEA, *radyo*: *Brt*. rejisör, sahneye koyan.

prod·uct ['prɒdʌkt] *n*. ürün; sonuç.

pro·duc|tion [prə'dʌkʃn] *n*. üretim; yapım; ürün; eser, yapıt; THEA *etc*. sahneye koyma; **~·tive** □ [~tɪv] verimli, bereketli; kazançlı; yaratıcı; **~·tive·ness** [~nɪs], **~·tiv·i·ty** [prɒdʌk'tɪvətɪ] *n*. verimlilik.

prof F [prɒf] *n*. profesör.

pro|fa·na·tion [prɒfə'neɪʃn] *n*. kutsal şeylere saygısızlık; **~·fane** [prə'feɪn] **1.** □ kutsal şeylere saygısızlık eden; layik; puta tapan, dinsiz; **2.** *vb*. kutsal şeylere saygısızlık etmek; **~·fan·i·ty** [~'fænətɪ] *n*. kutsal şeylere saygısızlık; ağız bozukluğu, küfür.

pro|fess [prə'fes] *vb*. itiraf etmek; iddia etmek; (*meslek*) icra etmek, -lik yapmak; **~·fessed** □ iddia edilen; itiraf edilmiş; sözde; **~·fes·sion** [~ʃn] *n*. meslek, iş, sanat; itiraf; iddia; **~·fes·sion·al** [~nl] **1.** □ mesleki, meslekle ilgili; profesyonel; **~ *man*** üniversite mezunu; **2.** *n*. uzman; SPOR: profesyonel sporcu; **~·fes·sor** [~sə] *n*. profesör; *Am*. üniversite hocası.

prof·fer ['prɒfə] **1.** *v/t*. teklif etmek, önermek; **2.** *n*. teklif, öneri.

pro·fi·cien|cy [prə'fɪʃənsɪ] *n*. ustalık, yeterlik; **~t** [~t] □ usta, yeterli, becerikli.

pro·file ['prəʊfaɪl] *n*. profil, yandan görünüş.

prof|it ['prɒfɪt] **1.** *n*. kâr, kazanç, edinti; yarar, çıkar; **2.** *v/t*. *-e* kazanç sağlamak; *v/i*. **~ *from*** *ya da* ***by*** *-den* yararlanmak; **~·i·ta·ble** □ [~əbl] kârlı, kazançlı; yararlı; **~·i·teer** [prɒfɪ'tɪə] **1.** *v/i*. vurgunculuk yapmak; **2.** *n*. vurguncu; **~·it**

shar·ing ['prɒfɪtʃeərɪŋ] *n.* kârı bölüşme.
prof·li·gate ['prɒflɪgət] *adj.* ahlaksız; savurgan; hovarda, uçarı.
pro·found □ [prə'faʊnd] derin, engin; adamakıllı, esaslı.
pro|fuse □ [prə'fjuːs] çok, bol; savurgan; verimli; **~·fu·sion** *fig.* [~ʒn] *n.* savurganlık, aşırılık.
pro·gen·i·tor [prəʊ'dʒenɪtə] *n.* ata, dede; **prog·e·ny** ['prɒdʒənɪ] *n.* soy, torunlar; zo yavrular.
prog·no·sis MED [prɒg'nəʊsɪs] (*pl.* ***-ses*** [~siːz]) *n.* prognoz, tahmin.
prog·nos·ti·ca·tion [prəgnɒstɪ'keɪʃn] *n.* kehanet; belirti, işaret.
pro·gram ['prəʊgræm] **1.** *n. bilgisayar:* program; *Am.* = *Brt.* ***programme 1***; **2.** (***-mm-***) *v/t. bilgisayar:* programlamak; *Am.* = *Brt.* ***programme 2***; **~·er** [~ə] = ***programmer.***
pro|gramme, *Am.* **-gram** ['prəʊgræm] **1.** *n.* program; *radyo*, TV: *a.* yayın; **2.** *v/t.* programlamak; planlamak; **~·gram·mer** [~ə] *n. bilgisayar:* programcı.
pro|gress 1. ['prəʊgres] *n.* gelişme, kalkınma, ilerleme (*a.* MIL); iyileşme; ***in ~*** yapılmakta; sürmekte; **2.** [prə'gres] *v/i.* gelişmek, kalkınmak, ilerlemek; iyileşmek; **~·gres·sion** [~ʃn] *n.* ilerleme; devam; MATH dizi; **~·gres·sive** [~sɪv] **1.** □ ilerleyen; kalkınan, gelişen; **2.** *n.* POL ilerici kimse.
pro|hib·it [prə'hɪbɪt] *v/t.* yasaklamak, menetmek; **~·hi·bi·tion** [prəʊhɪ'bɪʃn] *n.* yasak; içki yasağı; **~·hi·bi·tion·ist** [~ʃənɪst] *n.* içki yasağı yanlısı; **~·hib·i·tive** □ [prə'hɪbɪtɪv] yasaklayıcı; engelleyici; aşırı, fahiş (*fiyat*).
proj·ect¹ ['prɒdʒekt] *n.* proje, plan, tasarı.
pro|ject² [prə'dʒekt] *v/t.* tasarlamak, düşünmek; (*film*) perdede göstermek; planını çizmek; fırlatmak, atmak; *v/i.* çıkıntı oluşturmak; **~·jec·tile** [~aɪl] *n.* mermi, top güllesi; **~·jec·tion** [~kʃn] *n.* fırlatma, atma; çıkıntı; MATH izdüşüm; PHOT projeksiyon, gösterim; **~·jec·tor** OPT [~tə] *n.* projektör, gösterici.
pro·le·tar·i·an [prəʊlɪ'teərɪən] **1.** *adj.* emekçi sınıfından olan; **2.** *n.* proleter, emekçi.
pro·lif·ic [prə'lɪfɪk] (***~ally***) *adj.* doğurgan; bereketli, verimli.
pro·logue, *Am. a.* **-log** ['prəʊlɒg] *n.* prolog, öndeyiş.
pro·long [prə'lɒŋ] *v/t.* uzatmak, sürdürmek.
prom·e·nade [prɒmə'nɑːd] **1.** *n.* gezme; gezinti yeri; **2.** *v/i.* gezinmek.
prom·i·nent □ ['prɒmɪnənt] çıkıntılı, çıkık; önemli; *fig.* seçkin, ileri gelen.
pro·mis·cu·ous □ [prə'mɪskjʊəs] karmakarışık, dağınık; farksız; önüne çıkanla sevişen, uçkuru gevşek.
prom|ise ['prɒmɪs] **1.** *n.* söz, vaat; *fig.* umut verici şey; **2.** *vb.* söz vermek; *-in* belirtisi olmak; **~·is·ing** □ [~ɪŋ] umut verici, geleceği parlak; **~·is·sory** [~ərɪ] *adj.* vaat içeren; ***~ note*** ECON emre yazılı senet.
prom·on·to·ry ['prɒməntrɪ] *n.* GEOGR burun.
pro|mote [prə'məʊt] *v/t.* ilerletmek; terfi ettirmek, *-e* yükseltmek; *Am. okul:* sınıf geçirmek; PARL desteklemek; ECON kurmak; ECON reklamını yaparak tanıtmak; **~·mot·er** [~ə] *n.* teşvikçi: girişim sahibi, kurucu; SPOR: organizatör; **~·mo·tion** [~əʊʃn] *n.* terfi, yüksel(t)me; rütbe, mevki; ECON kurma; ECON reklam.
prompt [prɒmpt] **1.** □ acele, çabuk, seri; dakik; **2.** *vb.* sevketmek, harekete getirmek; THEA suflörlük yapmak; **~·er** ['prɒmptə] *n.* THEA suflör; **~·ness** [~nɪs] *n.* sürat, çabukluk.
prom·ul·gate ['prɒməlgeɪt] *v/t.* resmen ilan etmek, duyurmak; yaymak.
prone □ [prəʊn] (***~r, ~st***) yüzükoyun yatmış; eğilimli; ***be ~ to*** *fig. -e* eğilimi olmak.
prong [prɒŋ] *n.* çatal dişi; sivri uç.
pro·noun GR ['prəʊnaʊn] *n.* zamir, adıl.
pro·nounce [prə'naʊns] *v/t.* telaffuz etmek, söylemek; resmen bildirmek, ilan etmek.
pron·to F ['prɒntəʊ] *adv.* hemen, derhal.
pro·nun·ci·a·tion [prənʌnsɪ'eɪʃn] *n.* telaffuz, söyleyiş, söyleniş.
proof [pruːf] **1.** *n.* delil, kanıt; tecrübe, deneme; PRINT prova; PRINT, PHOT ayar; **2.** *adj.* dayanıklı, dirençli; (kurşun, *ses v.b.*) geçirmez; **~-read** ['pruːfriːd] (***-read*** [-red]) *vb.* provaları okuyup

P

düzeltmek; ~-**read·er** *n.* düzeltmen.

prop [prɒp] **1.** *n.* destek (*a. fig.*); **2.** (**-pp-**) *v/t. a.* ~ **up** desteklemek; dayamak, yaslamak (***against*** *-e*).

prop·a|gate ['prɒpəgeɪt] *v/t. & v/i.* üre(t)mek, çoğal(t)mak; ~·**ga·tion** [prɒpə'geɪʃn] *n.* üreme, yavrulama; yay(ıl)ma.

pro·pel [prə'pel] (**-ll-**) *v/t.* sevketmek, itmek; ~·**ler** [~ə] *n.* pervane; ~·**ling pen·cil** [~ɪŋ'pensl] *n.* sürgülü kurşunkalem.

pro·pen·si·ty *fig.* [prə'pensətɪ] *n.* doğal eğilim.

prop·er □ ['prɒpə] uygun, yakışır; özgü, özel; saygıdeğer; doğru, gerçek; *esp. Brt.* F adamakıllı, tam, temiz; ~ ***name*** özel ad; ~·**ty** [~tɪ] *n.* mal; mülk, arazi; sahiplik, iyelik; özellik.

proph·e|cy ['prɒfɪsɪ] *n.* kâhinlik, kehanet; tahmin; ~·**sy** [~aɪ] *vb.* kehanette bulunmak; önceden tahmin etmek.

proph·et ['prɒfɪt] *n.* peygamber; kâhin.

pro·pi|ti·ate [prə'pɪʃɪeɪt] *v/t.* sakinleştirmek, yatıştırmak; gönlünü almak; ~·**tious** □ [~ʃəs] uygun, elverişli; bağışlayıcı; hayırlı.

pro·por·tion [prə'pɔːʃn] **1.** *n.* oran, orantı; hisse, pay; ~**s** *pl.* boyutlar; **2.** *v/t.* oranlamak; ~·**al** □ [~l] orantılı; = ~·**ate** □ [~nət] uygun, orantılı (***to*** *-e*).

pro·pos|al [prə'pəʊzl] *n.* teklif, öneri; evlenme teklifi; ~**e** [~z] *v/t.* teklif etmek, önermek; niyet etmek; ~ ***s.o.'s health*** *b-nin* şerefine kadeh kaldırmak; *v/i.* evlenme teklif etmek (***to*** *-e*); **prop·o·si·tion** [prɒpə'zɪʃn] *n.* mesele, sorun; ECON teklif, öneri.

pro·pound [prə'paʊnd] *v/t.* ortaya atmak, ileri sürmek, önermek.

pro·pri·e|ta·ry [prə'praɪətərɪ] *adj.* sicilli, markalı; sahipli, özel; ECON patentli, tescilli (*mal*); ~·**tor** [~ə] *n.* mal sahibi; ~·**ty** [~ɪ] *n.* uygunluk, yerindelik; ***the proprieties*** *pl.* görgü kuralları, adap.

pro·pul·sion MEC [prə'pʌlʃn] *n.* itici güç.

pro·rate *Am.* [prəʊ'reɪt] *v/t.* eşit olarak dağıtmak.

pro·sa·ic *fig.* [prəʊ'zeɪɪk] (~***ally***) *adj.* sıkıcı, bayağı, yavan.

prose [prəʊz] *n.* nesir, düzyazı.

pros·e|cute ['prɒsɪkjuːt] *vb.* yürütmek, sürdürmek, *-e* devam etmek; LEG kovuşturmak; ~·**cu·tion** [prɒsɪ'kjuːʃn] *n.* sürdürme, devam; LEG kovuşturma; LEG davacı; ~·**cu·tor** LEG ['prɒsɪkjuːtə] *n.* davacı; ***public***~ savcı.

pros·pect 1. ['prɒspekt] *n.* manzara, görünüş (*a. fig.*); olasılık; umut; ECON olası müşteri; **2.** [prə'spekt]: ~ ***for*** MIN araştırmak, aramak.

pro·spec·tive □ [prə'spektɪv] umulan, beklenen; olası.

pro·spec·tus [prə'spektəs] (*pl.* ***-tuses***) *n.* prospektus, tanıtmalık, tarife.

pros·per ['prɒspə] *v/i.* başarılı olmak; gelişmek, büyümek; zenginleşmek; *v/t.* başarısına yardımcı olmak; ~·**i·ty** [prɒ'sperətɪ] *n.* başarı; refah, gönenç; ECON gelişme; ~·**ous** □ ['prɒspərəs] başarılı; refah içinde, zengin.

pros·ti·tute ['prɒstɪtjuːt] *n.* fahişe, orospu; ***male*** ~ erkek fahişe, oğlan.

pros|trate 1. ['prɒstreɪt] *adj.* yüzükoyun yatmış; bitkin, takati kalmamış; **2.** [prɒ'streɪt] *v/t.* yıkmak, devirmek; *fig.* sarsmak; ~·**tra·tion** [~ʃn] *n.* yere kapanma; bitkinlik, takatsizlik.

pros·y *fig.* ['prəʊzɪ] (***-ier, -iest***) *adj.* sıkıcı, yavan, ağır.

pro·tag·o·nist [prəʊ'tægənɪst] *n.* THEA başrol oyuncusu, kahraman; *fig.* öncü.

pro|tect [prə'tekt] *v/t.* korumak; ~·**tec·tion** [~kʃn] *n.* koruma; ECON yerli malları koruma; ~·**tec·tive** [~tɪv] *adj.* koruyucu; ~ ***duty*** koruyucu gümrük resmi; ~·**tec·tor** [~ə] *n.* koruyucu; ~·**tec·tor·ate** [~ərət] *n.* başka devletin korumasındaki küçük devlet.

pro·test 1. ['prəʊtest] *n.* protesto; **2.** [prə'test] *v/i.* protesto etmek, karşı çıkmak (***against*** *-e*); *v/t. Am.* iddia etmek.

Prot·es·tant ['prɒtɪstənt] **1.** *adj.* Protestanlarla ilgili; **2.** *n.* Protestan.

prot·es·ta·tion [prɒte'steɪʃn] *n.* protesto, karşı çıkma (***against*** *-e*).

pro·to·col ['prəʊtəkɒl] **1.** *n.* protokol; tutanak; **2.** (**-ll-**) *vb.* protokol; yapmak.

pro·to·type ['prəʊtətaɪp] *n.* prototip, ilk tip, ilk örnek.

pro·tract [prə'trækt] *v/t.* uzatmak.

pro|trude [prə'truːd] *v/t. & v/i.* dışarı çık(ar)mak, çıkıntı yapmak, pırtlamak; ~·**tru·sion** [~ʒn] *n.* çıkıntı.

pro·tu·ber·ance [prə'tjuːbərəns] *n.* çıkıntı, şiş, yumru; tümsek.

P

proud □ [praʊd] gururlu, gurur duyan (*of* -*den*).

prove [pruːv] (*proved, proved ya da esp. Am. proven*) *v/t.* ispatlamak, kanıtlamak; denemek, sınamak; *v/i.* olmak, çıkmak; **prov·en** ['pruːvən] **1.** *Am. p.p. of* **prove**; **2.** *adj.* kanıtlanmış; sınanmış.

prov·e·nance ['prɒvənəns] *n.* kaynak, köken.

prov·erb ['prɒvɜːb] *n.* atasözü.

pro·vide [prə'vaɪd] *v/t.* sağlamak, bulmak; donatmak; LEG şart koşmak; *v/i.* hazırlıklı bulunmak; **~d** (**that**) ... koşuluyla, yeter ki.

prov·i|dence ['prɒvɪdəns] *n.* sağgörü; Allahın takdiri; **~·dent** □ [~t] sağgörülü, tedbirli; tutumlu; **~·den·tial** □ [prɒvɪ'denʃl] Allahtan gelen; talihli.

pro·vid·er [prə'vaɪdə] *n.* aile geçindiren kimse; ECON sağlayan kimse.

prov·ince ['prɒvɪns] *n.* il, vilayet; *fig.* taşra; *fig.* yetki alanı; **pro·vin·cial** [prə'vɪnʃl] **1.** □ vilayetle ilgili; taşralı; kaba, görgüsüz; **2.** *n.* taşralı kimse.

pro·vi·sion [pro'vɪʒn] *n.* hazırlık, tedarik; LEG hüküm, madde, şart; **~s** *pl.* erzak; **~·al** □ [~l] geçici.

pro·vi·so [prə'vaɪzəʊ] (*pl.* **-sos**, *Am. a.* **-soes**) *n.* koşul, şart, kayıt.

prov·o·ca·tion [prɒvə'keɪʃn] *n.* kızdırma; kışkırtma; **pro·voc·a·tive** [prə'vɒkətɪv] *adj.* kışkırtıcı.

pro·voke [prə'vəʊk] *v/t.* kızdırmak; kışkırtmak; -*e* neden olmak.

prov·ost ['prɒvəst] *n.* rektör; *Scot.* belediye başkanı; MIL [prə'vəʊ]: **~ marshal** inzibat amiri, adli subay.

prow NAUT [praʊ] *n.* pruva.

prow·ess ['praʊɪs] *n.* yiğitlik, cesaret.

prowl [praʊl] **1.** *v/i. a.* **~ about, ~ around** sinsi sinsi dolaşmak; *v/t.* kolaçan etmek; **2.** *n.* sinsi sinsi dolaşma; **~ car** *Am.* ['praʊlkɑː] *n.* polis devriye arabası.

prox·im·i·ty [prɒk'sɪmətɪ] *n.* yakınlık.

prox·y ['prɒksɪ] *n.* vekil; vekillik; vekâletname; **by ~** vekâleten.

prude [pruːd] *n.* erdemlilik taslayan kimse; **be a ~** erdemlilik taslamak.

pru|dence ['pruːdns] *n.* sağgörü; tedbir; akıl, sağduyu; **~·dent** □ [~t] tedbirli, sağgörülü; tutumlu.

prud|er·y ['pruːdərɪ] *n.* aşırı erdem taslama; **~·ish** □ [~ɪʃ] aşırı erdem taslayan.

prune [pruːn] **1.** *n.* kuru erik, çir; **2.** *v/t.* AGR budamak; *a.* **~ away, ~ off** fazla kısımları atmak, kısaltmak.

pru·ri·ent □ ['prʊərɪənt] şehvetli; şehvet düşkünü.

pry[1] [praɪ] *vb.* merakla bakmak, gözetlemek; **~ about** etrafı kolaçan etmek; **~ into** -*e* burnunu sokmak.

pry[2] [~] = **prize**[2].

psalm [sɑːm] *n.* ilahi.

pseu·do- ['sjuːdəʊ] *prefix* sahte ..., takma ...

pseu·do·nym ['sjuːdənɪm] *n.* takma ad.

psy·chi·a|trist [saɪ'kaɪətrɪst] *n.* psikiyatr; **~·try** [~ɪ] *n.* psikiyatri.

psy|chic ['saɪkɪk] (**~ally**), **~·chi·cal** □ [~kl] ruhsal; zihinsel.

psy|cho·log·i·cal □ [saɪkə'lɒdʒɪkl] psikolojik, ruhbilimsel; **~·chol·ogist** [saɪ'kɒlədʒɪst] *n.* psikolog, ruhbilimci; **~·chol·o·gy** [~ɪ] *n.* psikoloji, ruhbilim.

pub *Brt.* F [pʌb] *n.* birahane, meyhane.

pu·ber·ty ['pjuːbətɪ] *n.* ergenlik çağı.

pu·bic ANAT ['pjuːbɪk] *adj.* kasık kemiğiyle ilgili; **~ bone** kasık kemiği; **~ hair** etek kılları.

pub·lic ['pʌblɪk] **1.** □ halk ile ilgili; genel; herkese özgü; devletle ilgili; **~ spirit** yardımseverlik; **2.** *n.* halk, ahali, kamu.

pub·li·can *esp. Brt.* ['pʌblɪkən] *n.* birahaneci, meyhaneci.

pub·li·ca·tion [pʌblɪ'keɪʃn] *n.* yayımlama, yayım; yayın; **monthly ~** aylık dergi.

pub·lic| con·ve·ni·ence *Brt.* ['pʌblɪk kən'viːnjəns] *n.* umumi hela; **~ health** *n.* kamu sağlığı; **~ hol·i·day** *n.* resmi tatil günü; **~ house** *Brt. s.* **pub.**

pub·lic·i·ty [pʌb'lɪsətɪ] *n.* alenilik, açıklık; şöhret; tanıtma, reklam.

pub·lic| li·bra·ry ['pʌblɪk 'laɪbrərɪ] *n.* halk kütüphanesi; **~ re·la·tions** *n. pl.* halkla ilişkiler; **~ school** *n. Brt.* özel okul; *Am.* parasız resmi okul.

pub·lish ['pʌblɪʃ] *v/t.* yayımlamak; (*kitap v.b.*) bastırmak; ilan etmek; açığa vurmak; **~ing house** yayınevi; **~·er** [~ə] *n.* yayımcı.

puck·er ['pʌkə] **1.** *n.* kırışık, buruşukluk; **2.** *v/t. & v/i. a.* **~ up** kırış(tır)mak,

buruş(tur)mak; (*dudak*) büzmek.
pud·ding ['pʊdɪŋ] *n.* puding, muhallebi; ***black ~*** kan, yulaf ezmesi *v.b.* ile doldurulmuş domuz bağırsağı; ***white ~*** bir tür İngiliz pudingi.
pud·dle ['pʌdl] *n.* su birikintisi, gölcük.
pu·er·ile ['pjʊəraɪl] *adj.* çocuksu, çocukça.
puff [pʌf] **1.** *n.* üfleme, püf; soluk; pufböreği; pudra ponponu; saç lülesi; **2.** *v/t.* şişirmek; abartarak övmek; ***~ out, ~ up*** üfleyerek söndürmek; ***~ed eyes*** şişmiş gözler; ***~ed sleeve*** büzgülü kol; *v/i.* üflemek; solumak;**~ pastry** ['pʌf 'peɪstrɪ] *n.* püfböreği; **~·y** [-ɪ] (***-ier, -iest***) *adj.* şişkin, kabarık; abartmalı; nefesi kesilmiş; püfür püfür esen.
pug ZO [pʌg] *n. a.* ***~-dog*** buldoğa benzer bir köpek.
pug·na·cious □ [pʌg'neɪʃəs] kavgacı, hırçın.
pug-nose ['pʌgnəʊz] *n.* basık burun.
puke *sl.* [pjuːk] *v/t. & v/i.* kus(tur)mak.
pull [pʊl] **1.** *n.* çekme, çekiş; yudum, fırt; PRINT prova; sap, tutamaç; *fig.* gayret; **2.** *v/t.* çekmek; koparmak, yolmak; sürüklemek; (*kürek*) çekmek; (diş, *silah*) çekmek; ***~ about*** çekiştirmek; ***~ ahead of*** *-in* önüne geçmek, sollamak; ***~ away*** kurtulmak; (*otobüs v.b.*) hareket etmek, kalkmak; geçmek, daha hızlı gitmek (***from*** *-den*); ***~ down*** yıkmak, indirmek; ***~ in*** (*otomobil*) kenara çekip durmak; (*tren*) istasyona girmek; ***~ off*** F başarmak; ***~ out*** çekip çıkarmak; sökmek, yolmak; (*tren*) hareket etmek, kalkmak; ***~ over*** (*araç*) kenara yanaş(tır)mak; ***~ round*** (*hasta*) iyileş(tir)mek; ***~ through*** iyileş(tir)mek; kurtarmak; ***~ o.s. together*** *k-ne* gelmek, *k-ni* toparlamak; ***~ up*** (*araç*) dur(dur)mak; (*kök v.b.*) sökmek; ***~ up with, ~ up to*** *-e* yetişmek.
pul·ley MEC ['pʊlɪ] *n.* makara; kasnak.
pull|-in *Brt.* ['pʊlɪn] *n.* mola yeri, yol kenarı;**~-o·ver** *n.* kazak;**~up** *Brt.* = ***pull-in.***
pulp [pʌlp] *n.* meyve eti; MEC kâğıt hamuru; ***~ magazine*** ucuz dergi, avam dergisi.
pul·pit ['pʊlpɪt] *n.* kürsü, mimber.
pulp·y □ ['pʌlpɪ] (***-ier, -iest***) etli, özlü; hamur gibi.
pul·sate [pʌl'seɪt] *v/i.* (*nabız, kalp*) atmak, çarpmak; **pulse** [pʌls] *n.* nabız; nabız atışı.
pul·ver·ize ['pʌlvəraɪz] *v/t.* toz haline getirmek, ezmek; *v/i.* toz haline gelmek.
pum·mel ['pʌml] (*esp. Brt.* ***-ll-***, *Am.* ***-l-***) *v/t.* yumruklamak, dövmek.
pump [pʌmp] **1.** *n.* pompa, tulumba; **2.** *v/t.* pompalamak; F ağzını aramak; ***~ up*** (*lastik*) şişirmek; **~ at·tend·ant** *n.* benzin pompacısı.
pump·kin BOT ['pʌmpkɪn] *n.* helvacıkabağı.
pun [pʌn] **1.** *n.* sözcük oyunu, cinas; **2.** (***-nn-***) *v/i.* sözcük oyunu yapmak.
Punch[1] [pʌntʃ] *n.* kukla; ***~ -and-Judy show*** Karagöz-Hacivat'a benzer bir kukla oyunu.
punch[2] [-] **1.** *n.* zımba, delgi; matkap; yumruk, muşta; **2.** *v/t.* zımbalamak; zımba ile açmak (*delik*); ıstampa ile basmak; yumruklamak; *Am.* (*sığır*) gütmek; ***~(ed) card*** delikli kart; ***~(ed) tape*** delikli şerit.
punc·til·i·ous □ [pʌŋk'tɪlɪəs] resmiyet düşkünü, titiz.
punc·tu·al □ [pʌŋktjʊəl] dakik; **~·i·ty** [pʌŋktjʊ'ælətɪ] *n.* dakiklik.
punc·tu|ate GR ['pʌŋktjʊeɪt] *v/t.* noktalamak; **~·a·tion** GR [pʌŋktjʊ'eɪʃn] *n.* noktalama; ***~ mark*** noktalama imi.
punc·ture ['pʌŋktʃə] **1.** *n.* delik; lastik patlaması; patlak; **2.** *v/t. & v/i.* patla(t)mak; MOT lastiği patlamak.
pun·gen|cy ['pʌndʒənsɪ] *n.* keskinlik, acılık;**~t** [-t] *adj.* keskin, acı; iğneleyici (*söz*).
pun·ish ['pʌnɪʃ] *v/t.* cezalandırmak; **~·a·ble** □ [-əbl] cezalandırılabilir; **~·ment** [-mənt] *n.* cezalandırma; ceza.
punk [pʌŋk] *n. sl.* serseri, it, kopuk; ***~ rock(er)*** MUS "punk rock" (hayranı).
pu·ny □ ['pjuːnɪ] (***-ier, -iest***) çelimsiz, zayıf; önemsiz, küçük.
pup ZO [pʌp] *n.* hayvan yavrusu.
pu·pa ZO ['pjuːpə] (*pl.* ***-pae*** [-piː], ***-pas***) *n.* krizalit.
pu·pil ['pjuːpl] *n.* ANAT gözbebeği; öğrenci.
pup·pet ['pʌpɪt] *n.* kukla (*a. fig.*); **~-show** *n.* kukla oyunu.
pup·py ['pʌpɪ] *n.* ZO köpek yavrusu; *fig.* züppe genç.
pur|chase ['pɜːtʃəs] **1.** *n.* satın alma,

P

alım; sıkı tutma, kavrama; MEC makara; ***make ~s*** alışveriş yapmak; **2.** *v/t.* satın almak; MEC kaldıraçla kaldırmak *ya da* çekmek; **~·chas·er** [~ə] *n.* müşteri, alıcı.

pure □ [pjʊə] (**~r, ~st**) saf, som; kusursuz, lekesiz; **~-bred** ['pjʊəbred] *adj.* safkan.

pur·ga|tive MED ['pɜːgətɪv] *n. & adj.* müshil; **~·to·ry** [~ərɪ] *n.* ECCL Araf.

purge [pɜːdʒ] **1.** *n.* MED müshil; POL tasfiye; **2.** *v/t.* *mst fig.* temizlemek, arındırmak; POL tasfiye etmek; MED ishal vermek.

pu·ri·fy ['pjʊərɪfaɪ] *v/t.* temizlemek; arıtmak.

pu·ri·tan ['pjʊərɪtən] (*hist.* ♀) **1.** *n.* Püriten; **2.** *adj.* sofu.

pu·ri·ty ['pjʊərətɪ] *n.* temizlik, saflık (*a. fig.*).

purl [pɜːl] *v/i.* çağıldayarak akmak.

pur·lieus ['pɜːljuːz] *n. pl.* dış mahalleler, çevre.

pur·loin [pɜː'lɔɪn] *v/t.* çalmak, aşırmak.

pur·ple ['pɜːpl] **1.** *adj.* mor; **2.** *n.* mor renk; **3.** *v/t.* mor renge boyamak.

pur·port ['pɜːpət] **1.** *n.* anlam, kavram; **2.** *v/t.* … anlamında olmak, göstermek.

pur·pose ['pɜːpəs] **1.** *n.* niyet, amaç, maksat; karar; ***for the ~ of*** *ger.* *-mek* amacıyla; ***on ~*** kasten, mahsus, bile bile; ***to the ~*** isabetli, yerinde; ***to no ~*** boş yere, boşuna; **2.** *v/t.* niyetlenmek, tasarlamak; **~·ful** □ [~fl] maksatlı; önemli; anlamlı; **~·less** □ [~lɪs] maksatsız, amaçsız; anlamsız; **~·ly** [~lɪ] *adv.* bile bile, muhsus, kasıtlı olarak.

purr [pɜː] *v/i.* (*kedi*) mırlamak; (*motor*) hırıldamak.

purse [pɜːs] **1.** *n.* para kesesi; *Am.* el çantası; fon; hazine; *boks*: torba; ***~ snatcher*** *Am.* kapkaççı; **2.** *v/t.* ***~ (up) one's lips*** dudaklarını büzmek.

pur·su|ance [pə'sjuːəns]: ***in (the) ~ of*** ***…*** yaparken, … yerine getirirken; **~·ant** □ [~t]: ***~ to*** *-e* göre, *-e* uygun olarak, … doğrultusunda.

pur|sue [pə'sjuː] *vb.* izlemek, kovalamak, peşine düşmek; sürdürmek; (*amaç*) gütmek; (*talihsizlik v.b.*) peşini bırakmamak; **~·su·er** [~ə] *n.* izleyen kimse; **~·suit** [~t] *n.* izleme, kovalama; *mst.* ***~s*** *pl.* iş, uğraş.

pur·vey [pə'veɪ] *v/t.* sağlamak, temin etmek; **~·or** [~ə] *n.* sağlayan kimse.

pus [pʌs] *n.* irin.

push [pʊʃ] **1.** *n.* itme, itiş; girişkenlik; atak, hücum; F gayret, çaba, güç; **2.** *v/t.* itmek, dürtmek; yürütmek, sürmek; saldırmak; (*düğme v.b.'ne*) basmak; *a.* ***~ through*** zorla kabul ettirmek; F yasadışı yoldan satmak (uyuşturucu); ***~ s.th. on s.o.*** b-ne bşi zorla kabul ettirmek; ***~ one's way*** ite kaka ilerlemek; ***~ along, ~ on, ~ forward*** gitmek, ayrılmak; **~but·ton** MEC ['pʊʃbʌtn] *n.* pusbuton, elektrik düğmesi; **~-chair** *n. Brt.* portatif bebek arabası; **~·er** F [~ə] *n.* uyuşturucu satıcısı; **~·o-ver** *n.* kolay iş, çocuk oyuncağı; ***be a ~ for …*** *için* çocuk oyuncağı olmak.

pu·sil·lan·i·mous □ [pjuːsɪ'lænɪməs] korkak, ürkek, çekingen, pısırık.

puss [pʊs] *n.* kedi; *fig.* kız; **pus·sy** ['pʊsɪ] *n. a.* ***~-cat*** kedi; **pus·sy-foot** *v/i.* F fikrini açığa vurmamak.

put [pʊt] (**-tt-; put**) *v/t.* koymak, yerleştirmek; sokmak, takmak; öne sürmek, söylemek; oya koymak; uyarlamak; ***~ to school*** okula göndermek; ***~ s.o. to work*** *b-ni* çalıştırmak; ***~ about*** (*dedikodu*) yaymak; NAUT (*geminin başını*) çevirmek; ***~ across*** başarıyla yapmak; yutturmak; ***~ back*** (*saat*) geri almak; *fig.* sekte vurmak; ***~ by*** (*para*) bir kenara ayırmak, biriktirmek; ***~ down*** yerleştirmek; (*ayaklanma v.b.*) bastırmak; susturmak; yazmak, kaydetmek; AVIA indirmek; ***~ forth*** çıkarmak, yayımlamak; (*tomurcuk*) sürmek; ***~ forward*** (*saat*) ileri almak; ileri sürmek, ortaya atmak; ***~ o.s. forward*** adaylığını koymak; ***~ in*** başvurmak; sokmak; yerleştirmek; sunmak, arz etmek; (*yumruk*) vurmak; (*vakit*) geçirmek; ***~ off*** ertelemek; (*giysi*) çıkarmak; engellemek; vazgeçirmek, caydırmak; *fig.* (*korku*, şüphe v.b.) üstünden atmak; ***~ on*** (*giysi*) giymek; (şapka, *gözlük*) takmak; (*saat*) ileri almak; (*tavır*) takınmak; ***~ on airs*** hava atmak, caka satmak; ***~ on weight*** kilo almak, şişmanlamak; ***~ out*** (*ışık*, ateş) söndürmek; (*para*) faize vermek; üretmek; kovmak; (*haber*) yayınlamak; sinirlendirmek; ***~ right*** düzeltmek; ***~ through*** TELEPH bağlamak (***to*** *-e*); ***~ to-***

P

gether birleştirmek, monte etmek; (*fikir v.b.*) kafasında toplamak; ~ ***up*** kaldırmak; (*bayrak v.b.*) çekmek; (*çadır*) kurmak; (*ilan*) asmak; artırmak, yükseltmek; ortaya koymak; (*para*) temin etmek, sağlamak; (*saç*) toplamak; misafir etmek; *v/i.* ~ ***up at*** *-de* konaklamak, gecelemek; ~ ***up for*** *-e* adaylığını koymak; ~ ***up with*** *-e* katlanmak, dayanmak, çekmek.

pu·tre·fy ['pju:trıfaı] *v/t.* & *v/i.* çürü(t)mek, kork(ut)mak; bozulmak.

pu·trid □ ['pju:trıd] çürük, kokmuş, bozuk; *sl.* iğrenç; **~·i·ty** [pju:'trıdətı] *n.* çürüklük; çürük şey.

put·ty ['pʌtı] **1.** *n.* camcı macunu; **2.** *vb.* macunlamak.

put-you-up *Brt.* F ['pʊtju:ʌp] *n.* çek-yat, divan.

puz·zle ['pʌzl] **1.** *n.* bilmece, bulmaca; mesele, sorun; şaşkınlık, hayret; **2.** *v/t.* & *v/i.* şaşır(t)mak, hayrete düş(ür)mek; ~ ***out*** kafa yorarak çözmek; **~-head·ed** *adj.* şaşırmış, kafası bulanık.

pyg·my ['pıgmı] *n.* pigme; cüce; *attr.* cüce ..., bodur ...

py·ja·ma *Brt.* [pə'dʒɑ:mə] *adj.* pijamayla ilgili, pijama ...; **~s** *Brt.* [~əz] *n. pl.* pijama.

py·lon ['paılən] *n.* pilon, çelik direk.

pyr·a·mid ['pırəmıd] *n.* piramit.

pyre ['paıə] *n.* odun yığını.

Py·thag·o·re·an [paıθægə'rıən] **1.** *adj.* Pitagor ile ilgili; **2.** *n.* Pitagor yanlısı.

py·thon ZO ['paıθn] *n.* piton yılanı.

pyx ECCL [pıks] *n.* kutsal ekmeğin konduğu kutu.

Q

quack¹ [kwæk] **1.** *n.* ördek sesi; **2.** *v/i.* vakvaklamak, vaklamak.

quack² [~] **1.** *n.* şarlatan; *a.* ~ ***doctor*** yalancı doktor, doktor taslağı; **2.** *adj.* şarlatan ...; **3.** *v/i.* şarlatanlık etmek; **~·er·y** ['kwækərı] *n.* şarlatanlık.

quad·ran|gle ['kwɑdræŋgl] *n.* dörtgen; (*okul v.b.*) bahçe, avlu; **~·gu·lar** □ [kwɑ'dræŋgjʊlə] dörtgen biçiminde olan.

quad·ren·nial □ [kwɒ'drenıəl] dört yılda bir olan; dört yıl süren.

quad·ru|ped ['kwɒdrʊped] *n.* dört ayaklı hayvan; **~·ple** [~pl] **1.** □ dört kısımlı; dört kişilik; **2.** *v/t.* & *v/i.* dört misli art(ır)mak; **~·plets** [~plıts] *n. pl.* dördüz.

quag·mire ['kwægmaıə] *n.* bataklık.

quail¹ ZO [kweıl] *n.* bıldırcın.

quail² [~] *v/i.* ürkmek, yılmak, sinmek.

quaint □ [kweınt] garip, tuhaf, antika.

quake [kweık] **1.** *v/i.* sallanmak, sarsılmak (***with, for*** *-den*); **2.** *n.* F sarsıntı, deprem.

Quak·er ['kweıkə] *n.* Kuveykır mezhebi üyesi.

qual·i|fi·ca·tion [kwɒlıfı'keıʃn] *n.* nitelik, özellik; kayıt, şart; GR niteleme; **~·fy** ['kwɒlıfaı] *v/t.* & *v/i.* hak kazan(dır)mak, ehliyetli kılmak; kısıtlamak, sınırlamak; tanımlamak; GR nitelemek; **~·ty** [~ətı] *n.* özellik, nitelik; üstünlük; ECON kalite; ~ ***time*** *başka birisine gerçekten ilgi ve dikkat gösterilerek geçirilen zaman.*

qualm [kwɑ:m] *n.* vicdan azabı, pişmanlık; *oft.* **~s** *pl.* huzursuzluk, kuşku, tereddüt.

quan·da·ry ['kwɒndərı] *n.* şüphe, tereddüt; güç durum, ikilem.

quan·ti·ty ['kwɒntətı] *n.* nicelik; miktar.

quan·tum ['kwɒntəm] (*pl.* ***-ta*** [-tə]) *n.* miktar, tutar; pay, hisse; PHYS kuantum.

quar·an·tine ['kwɒrənti:n] **1.** *n.* karantina; **2.** *v/t.* karantinaya almak.

quar·rel ['kwɒrəl] **1.** *n.* tartışma, kavga; **2.** (*esp. Brt.* ***-ll-***, *Am.* ***-l-***) *v/i.* tartışmak, kavga etmek; **~·some** □ [~səm] kavgacı, huysuz.

quar·ry ['kwɒrı] **1.** *n.* taşocağı; HUNT av; *fig.* zengin kaynak, maden; **2.** *vb.* taşocağından çıkarmak.

quart [kwɔ:t] *n.* kuart (= *1,136 l*).

quar·ter ['kwɔ:tə] **1.** *n.* çeyrek; çeyrek saat; üç aylık süre; *Am.* 25 sent; MIL hayatını bağışlama, aman; yön, taraf;

bölge, semt, mahalle, yaka; **~s** *pl.* MIL kışla, ordugâh, konak; ***a ~ (of an hour)*** bir çeyrek saat; ***a ~ to*** (*Am.* ***of***) *ya da* ***a ~ past*** (*Am.* ***after***) *saat*: çeyrek kala *ya da* geçe; ***at close ~s*** yan yana, çok yakından; göğüs göğüse; ***from official ~s*** resmi makamdan; **2.** *v/t.* dörte ayırmak; parçalara ayırmak; MIL (*asker*) yerleştirmek; **~·back** *n. Amerikan futbolu*: oyunu yöneten oyuncu; **~day** *n.* üç aylık ödeme günü; **~deck** *n.* NAUT kıç güvertesi; **~-fi·nal** *n.* SPOR: çeyrek final karşılaşması; **~s** *pl.* çeyrek final; **~·ly** [˷lı] **1.** *adj.* üç aylık; **2.** *n.* üç ayda bir çıkan dergi; **~·mas·ter** *n.* MIL levazım subayı.

quar·tet(te) MUS [kwɔː'tet] *n.* kuartet.

quar·to ['kwɔːtəʊ] (*pl.* ***-tos***) *n.* dört yapraklık forma.

quartz *min.* [kwɔːts] *n.* kuvars; ***~ clock, ~ watch*** kuvars saat.

qua·si ['kweızaı] *prefix.* sözde, sözümona, güya, sanki.

qua·ver ['kweıvə] **1.** *n.* titreme; MUS sesi titretme, tril; **2.** *vb.* (*ses*) titremek; MUS (*şarkı v.b.*) titrek sesle söylemek.

quay [kiː] *n.* rıhtım, iskele.

quea·sy □ ['kwiːzı] (***-ier, -iest***) mide bulandırıcı; midesi bulanmış; ***I feel ~*** midem bulanıyor.

queen [kwiːn] *n.* kraliçe (*a.* ZO); *satranç*: vezir; *iskambil*: kız; *sl.* ibne; ***~ bee*** arı beyi, ana arı; **~·like** ['kwiːnlaık], **~·ly** [˷lı] *adj.* kraliçe gibi; kraliçeye yaraşır.

queer [kwıə] *adj.* tuhaf, acayip, alışılmamış; F homoseksüel.

quench [kwentʃ] *v/t.* (*susuzluk v.b.*) gidermek; (*ateş v.b.*) söndürmek; (*ayaklanma v.b.*) bastırmak; (*çelik*) su vermek.

quer·u·lous □ ['kwerʊləs] şikayetçi, yakınan, titiz, aksi.

que·ry ['kwıərı] **1.** *n.* soru; kuşku; **2.** *v/t.* sormak; kuşkulanmak.

quest [kwest] **1.** *n.* arama, araştırma; **2.** *vb.* aramak, araştırmak (***for*** *-i*).

ques·tion ['kwestʃən] **1.** *n.* soru; sorun, konu; kuşku, şüphe; öneri, teklif; ***beyond (all) ~*** elbette, kuşkusuz; ***in ~*** söz konusu; ***call in ~*** şüphe etmek; ***that is out of the ~*** söz konusu olamaz, olanak yok; **2.** *v/t.* *-e* soru sormak; LEG sorguya çekmek; *-den* kuşku duymak; **~·a·ble** □ [˷əbl] kuşkulu; kesin olmayan; **~·er** [˷ə] *n.* soru soran kimse; **~ mark** *n.* soru imi **~·mas·ter** *n. Brt.* (TV *ya da radyo programlarında*) soru soran kimse; **~·naire** [kwestıə'neə] *n.* anket, sormaca.

queue [kjuː] **1.** *n.* kuyruk, sıra; **2.** *v/i. mst.* ***~ up*** kuyruğa girmek; kuyruk olmak.

quib·ble ['kwıbl] **1.** *n.* kaçamaklı yanıt, yanıltmaca; **2.** *v/i.* kaçamaklı yanıt vermek; ***~ with s.o. about*** *ya da* ***over s.th.*** b-le bş hakkında tartışmak.

quick [kwık] **1.** *adj.* çabuk, hızlı, seri; anlayışlı, zeki; işlek, faal; ***be ~!*** Çabuk ol!; **2.** *n.* tırnak altındaki hassas et; ***cut s.o. to the ~*** *b-ni* can evinden vurmak; **~·en** ['kwıkən] *v/t. & v/i.* çabuklaş(tır)mak; canlan(dır)mak; **~-freeze** (***-froze, -frozen***) *v/t.* (*yiyecek*) çabucak dondurmak; **~·ie** F [˷ı] *n.* çabucak yapılan şey; **~·ly** [˷lı] *adv.* çabukça, hızlı hızlı; **~·ness** [˷nıs] *n.* çabukluk, sürat, hız; **~·sand** *n.* bataklık kumu; **~·set hedge** *n. esp. Brt.* köklü bitkilerden oluşan çit; **~·sil·ver** *n.* cıva; **~-wit·ted** *adj.* zeki, kavrayışlı, hazırcevap.

quid[1] [kwıd] *n.* ağızda çiğnenen tütün parçası.

quid[2] *Brt. sl.* [˷] (*pl.* **~**) *n.* bir sterlin.

qui·es|cence [kwaı'esns] *n.* sakinlik, sessizlik, hareketsizlik; **~·cent** □ [˷t] sakin, sessiz, hareketsiz; *fig.* uyuşuk.

qui·et ['kwaıət] **1.** □ sessiz, sakin; hareketsiz, durgun; uslu (*çocuk*); ***be ~!*** Sessiz olun!, Susun!; **2.** *n.* sessizlik; huzur; ***on the ~*** gizlice, çaktırmadan; **3.** *esp. Am.* = **~·en** *esp. Brt.* [˷tn] *v/t. & v/i.* sus(tur)mak, sakinleş(tir)mek (*a.* ***~ down***); **~·ness** [˷nıs], **qui·e·tude** ['kwaııtjuːd] *n.* sessizlik, sakinlik; huzur.

quill [kwıl] *n. a.* ***~-feather*** ZO büyük tüy; *a.* ***~-pen*** tüy kalem; ZO kirpi oku.

quilt [kwılt] **1.** *n.* yorgan; **2.** *vb.* yorgan gibi dikmek.

quince BOT [kwıns] *n.* ayva.

quin·ine [kwı'niːn, *Am.* 'kwaınaın] *n.* kinin.

quin·quen·ni·al □ [kwıŋ'kwenıəl] beş yılda bir olan; beş yıllık.

quin·sy MED ['kwınzı] *n.* anjin.

quin·tal ['kwıntl] *n.* kental, 100 kilo.

quin·tes·sence [kwın'tesns] *n.* öz,

cevher; asıl nokta.

quin·tu|ple ['kwıntjʊpl] **1.** □ beş misli, beş kat; **2.** *v/t.* & *v/i.* beş kat art(ır)mak; **~·plets** [-lıts] *n. pl.* beşiz.

quip [kwıp] **1.** *n.* alaylı şaka, iğneli söz; **2.** (**-pp-**) *v/i.* iğneli söz söylemek.

quirk [kwɜːk] *n.* acayiplik, tuhaflık; garip davranış; ARCH kabartmalı süslemede girinti.

quit [kwıt] **1.** (**-tt-**; *Brt.* **~ted** *ya da* **~**, *Am. mst.* **~**) *v/t.* bırakmak, terketmek; (*evden*) çıkmak; (işten) ayrılmak; *v/i.* durmak, kesilmek, dinmek; gitmek; ***give notice to ~*** (işten, *evden*) çıkmasını bildirmek; **2.** *pred. adj.* serbest, kurtulmuş (***of*** *-den*).

quite [kwaıt] *adv.* tamamen, büsbütün; hayli, epey, pek; **~ *nice*** pek güzel, çok iyi; **~ (*so*)!** Ya öyle!, Gerçekten öyle!; **~ *the thing*** F moda olmuş, modaya uygun; ***she's ~ a beauty*** gerçekten güzel bir kız, değişik bir güzelliği var.

quits *pred. adj.* [kwıts]: ***be ~ with*** *s.o. b-le* başabaş olmak; *b-le* fit olmak.

quit·ter F ['kwıtə] *n.* bir işi yarım bırakan kimse.

quiv·er[1] ['kwıvə] *v/t.* & *v/i.* titre(t)mek.

quiv·er[2] [-] *n.* ok kılıfı, sadak.

quiz [kwız] **1.** (*pl.* ***quizzes***) *n.* alay, eğlence; test, kısa sınav; **2.** (**-zz-**) *v/t.* alay etmek; sorguya çekmek; sınavdan geçirmek; **~·mas·ter** *esp. Am.* ['kwızmɑːstə] *n.* soru soran kimse; **~·zi·cal** □ [-ıkl] şakaci, alaycı; tuhaf, gülünç.

quoit [kɔıt] *n.* oyunda atılan çember, halka; **~*s*** *sg.* halka oyunu.

quo·rum ['kwɔːrəm] *n.* yetersayı, çoğunluk.

quo·ta ['kwəʊtə] *n.* hisse, pay; kota; kontenjan.

quo·ta·tion [kwəʊ'teıʃn] *n.* aktarma; aktarılan söz, alıntı; ECON piyasa rayici, fiyat; **~ marks** *n. pl.* tırnak imi.

quote [kwəʊt] *vb.* aktarmak, alıntı yapmak; tırnak içine almak; ECON (*fiyat*) vermek.

quoth [kwəʊθ]: **~ *I*** dedim.

quo·tid·i·an [kwɒ'tıdıən] *adj.* her gün olan, günlük.

quo·tient MATH ['kwəʊʃnt] *n.* bölüm.

R

rab·bi ['ræbaı] *n.* haham.

rab·bit ['ræbıt] *n.* tavşan.

rab·ble ['ræbl] *n.* ayaktakımı; **~·rous·er** [-ə] *n.* demagog, halkavcısı; **~·rous·ing** □ [-ıŋ] demagojik, halkın duygularını kamçılayan.

rab·id □ ['ræbıd] kudurmuş (*hayvan*); *fig.* öfkeden kudurmuş.

ra·bies VET ['reıbiːz] *n.* kuduz.

rac·coon ZO [rə'kuːn] *n.* rakun.

race[1] [reıs] *n.* ırk, soy; tür, cins; familya, aile.

race[2] [-] **1.** *n.* yarış, koşu; yaşam süresi; akıntı; **~*s*** *pl.* at yarışı; **2.** *v/t.* & *v/i.* yarış(tır)mak; koşturmak; MEC çok hızlı işle(t)mek; **~·course** ['reıskɔːs] *n.* yarış pisti, parkur; **~·horse** *n.* yarış atı; **rac·er** ['reısə] *n.* yarış atı; yarış kayığı; yarış otomobili; yarışçı, koşucu.

ra·cial □ ['reıʃl] ırksal, ırk …

rac·ing ['reısıŋ] *n.* yarış; yarışçılık; *attr.* yarış …

rack [ræk] **1.** *n.* parmaklık; raf; portmanto, askılık; yemlik; ***go to ~ and ruin*** harabeye dönmek; mahvolmak; **2.** *v/t.* yormak; işkence etmek; acı vermek; **~ *one's brains*** kafa yormak *ya da* patlatmak.

rack·et ['rækıt] **1.** *n.* raket; gürültü, şamata; F dolandırıcılık; **2.** *v/i.* gürültü etmek, şamata yapmak.

rack·e·teer [rækə'tıə] *n.* şantajcı, haraççı; **~·ing** [-ıərıŋ] *n.* şantajcılık, haraç kesme.

ra·coon *Brt.* ZO [rə'kuːn] = ***raccoon.***

rac·y □ ['reısı] (**-*ier*, -*iest***) canlı, dinç, zinde; baharlı, çeşnili; açık saçık.

ra·dar ['reıdɑː] *n.* radar.

ra·di|ance ['reıdjəns] *n.* parlaklık, aydınlık; **~·ant** □ [-t] parlak, parlayan; ışık saçan; *fig.* muhteşem, şaşaalı.

ra·di|ate ['reıdıeıt] *v/i.* ışın yaymak; *v/t.* yaymak, saçmak; **~·a·tion** [reıdı'eıʃn] *n.* yayılma, radyasyon, ışınım; **~·a·tor** ['reıdıeıtə] *n.* radyatör (*a.* MOT)

rad·i·cal ['rædıkl] **1.** □ BOT, MATH kök ile ilgili; esaslı, köklü; POL radikal; **2.** *n.* POL radikal kimse, köktenci; MATH kök; CHEM anamadde, eleman.

ra·di·o ['reıdıəʊ] **1.** (*pl.* ***-os***) *n.* radyo; telsiz telefon *ya da* telgraf; ~ ***play*** radyo oyunu ~ ***set*** radyo; ***by*** ~ radyo ile, radyodan; ***on the*** ~ radyoda; **2.** *vb.* radyo ile yayımlamak; ~**·ac·tive** *adj.* radyoaktif, ışınetkin; ~ ***waste*** radyoaktif kalıntı; ~**·ac·tiv·i·ty** *n.* radyoaktivite; ~**·ther·a·py** *n.* radyoterapi, röntgen ile tedavi.

rad·ish BOT ['rædıʃ] *n.* turp; (***red***) ~ kırmızıturp.

ra·di·us ['reıdjəs] (*pl.* ***-dii*** [-dıaı], ***-uses***) *n.* yarıçap.

raf·fle ['ræfl] **1.** *n.* piyango, çekiliş; **2.** *vb.* piyango çekmek.

raft [rɑːft] **1.** *n.* sal; **2.** *v/t.* salla taşımak; ~**·er** MEC ['rɑːftə] *n.* kiriş; ~**s·man** (*pl.* ***-men***) *n.* salcı.

rag[1] [ræg] *n.* bez parçası, paçavra; ***in*** ~***s*** eski püskü, yırtık pırtık; ~***and-bone man*** *esp. Brt.* paçavracı, eskici.

rag[2] *sl.* [~] **1.** *n.* kaba şaka, muziplik; gürültü, şamata; **2.** (***-gg-***) *vb.* kızdırmak, takılmak; muziplik yapmak; etrafı gürültüye boğmak.

rag·a·muf·fin ['rægəmʌfın] *n.* üstü başı perişan sokak çocuğu.

rage [reıdʒ] **1.** *n.* öfke, hiddet; hırs, düşkünlük (***for*** *-e*); heyecan, coşkunluk; ***it is*** (***all***) ***the*** ~ çok rağbet görüyor, moda oldu; **2.** *v/i.* öfkelenmek, kudurmak.

rag·ged □ ['rægıd] pürüzlü, pütürlü; yırtık pırtık, lime lime; dağınık (*saç*).

raid [reıd] **1.** *n.* akın, baskın; polis baskını; **2.** *vb.* baskın yapmak; akın etmek; yağma etmek.

rail[1] [reıl] *v/i.* küfretmek.

rail[2] [~] **1.** *n.* parmaklık, tırabzan; NAUT küpeşte; RAIL ray; demiryolu; ***by*** ~ demiryolu ile, trenle; ***off the*** ~***s*** *fig.* raydan çıkmış; ***run off*** (***leave, jump***) ***the*** ~***s*** raydan çıkmak; **2.** *v/t. a.* ~ ***in***, ~ ***off*** parmaklıkla çevirmek.

rail·ing ['reılıŋ] *n. a.* ~***s*** *pl.* parmaklık, korkuluk, tırabzan.

rail·ler·y ['reılərı] *n.* alay, şaka.

rail·road *Am.* ['reılrəʊd] *n.* demiryolu.

rail·way *esp. Brt.* ['reılweı] *n.* demiryolu; ~**·man** (*pl.* ***-men***) *n.* demiryolu işçisi.

rain [reın] **1.** *n.* yağmur; ~***s*** *pl.* yağış; ***the*** ~***s*** *pl.* yağmur mevsimi; ~ ***or shine*** ne olursa olsun, her halde; **2.** *v/i.* yağmur yağmak; ***it never*** ~***s but it pours*** aksilikler üst üste gelir; ~**·bow** ['reınbəʊ] *n.* gökkuşağı; ~**·coat** *n.* yağmurluk; ~**·fall** *n.* yağış miktarı; sağanak; ~**-proof** **1.** *adj.* su *ya da* yağmur geçirmez; **2.** *n.* yağmurluk; ~**·y** □ ['reını] (***-ier, -iest***) yağmurlu; ***a*** ~ ***day*** *fig.* kara gün.

raise [reız] *v/t.* *oft* ~ ***up*** kaldırmak; artırmak, çoğaltmak; inşa etmek, dikmek; ödünç almak (*para*); ayağa kaldırmak; büyütmek, yetiştirmek; (*ses*) yükseltmek; neden olmak, yol açmak; (kuşatma) kaldırmak.

rai·sin ['reızn] *n.* kuru üzüm.

rake [reık] **1.** *n.* tırmık; **2.** *v/t.* tırmıklamak, taramak; *fig.* karıştırmak, deşmek; *v/i.* ~ ***about*** aranıp durmak; ~**-off** F ['reıkɒf] *n.* yolsuz kazanç, anafor.

rak·ish □ ['reıkıʃ] şık, zarif, modaya uygun.

ral·ly ['rælı] **1.** *n.* toplama; toplantı, miting; (*hasta*) iyileşme, toparlanma; MOT ralli; **2.** *v/i.* toplanmak; iyileşmek, toparlanmak.

ram [ræm] **1.** *n.* ZO koç; ♀ AST Koç takımyıldızı; MEC şahmerdan; NAUT mahmuz; **2.** (***-mm-***) *v/t.* vurmak, çakmak; toslamak; NAUT mahmuzlamak; ~ ***s.th. down s.o.'s throat*** *fig.* bşi b-ne zorla kabul ettirmek.

ram|ble ['ræmbl] **1.** *n.* gezinme, gezinti; **2.** *v/i.* boş gezinmek; konuyu dağıtmak; ~**·bler** [~ə] *n.* dolaşan kimse; *a.* ~ ***rose*** BOT çardak gülü; ~**·bling** [~ıŋ] *adj.* dolaşan, avare; değişken, kararsız.

ram·i·fy ['ræmıfaı] *v/i.* çatallaşmak, dallanıp budaklanmak.

ramp [ræmp] *n.* dolandırıcılık, kazık atma.

ram·pant □ ['ræmpənt] şahlanmış; *fig.* başıboş kalmış, azgın.

ram·part ['ræmpɑːt] *n.* kale duvarı, sur, siper.

ram·shack·le ['ræmʃækl] *adj.* yıkılmaya yüz tutan, harap; cılız, sıska.

ran [ræn] *pret. of* ***run 1.***

ranch [rɑːntʃ, *Am.* ræntʃ] *n.* büyük çiftlik; ~**·er** ['rɑːntʃə, *Am.* 'ræntʃə] *n.* çiftlik sahibi; kovboy.

R

ran·cid □ ['rænsıd] acımış, ekşimiş, kokmuş.
ran·co(u)r ['ræŋkə] *n.* kin, garaz.
ran·dom ['rændəm] **1.** *n.* ***at ~*** rasgele, gelişigüzel; **2.** *adj.* rasgele yapılan, gelişigüzel.
rang [ræŋ] *pret. of* ***ring***[1] ***2.***
range [reındʒ] **1.** *n.* sıra, dizi, seri; menzil, erim; alan, saha; ECON seçme mal, koleksiyon; mutfak ocağı; hareket serbestliği; atış meydanı, poligon; ***at close ~*** yakın mesafede; ***within ~ of vision*** görüş alanı içinde; ***a wide ~ of ...*** geniş ölçüde ...; **2.** *v/t. & v/i.* diz(il)mek, sıralamak; gezmek, dolaşmak; sınıflandırmak; uzanmak, yetişmek; ***~ from ... to ..., ~ between ... and ... ...*** arasında değişmek; **rang·er** ['reındʒə] *n.* orman bekçisi, korucu; komando.
rank [ræŋk] **1.** *n.* sıra, dizi, saf; MIL rütbe; aşama, mevki, derece; ***~s*** *pl.*, ***the ~ and file*** erler, erat; *fig.* aşağı tabaka, halk tabakası; **2.** *v/t. & v/i.* sırala(n)mak, diz(il)mek; say(ıl)mak; rütbece üstün olmak (***above*** *-den*); ***~ as ...*** sayılmak; **3.** *adj.* verimli, bereketli; gür, bol; acımış, kokmuş.
ran·kle *fig.* ['ræŋkl] *v/i.* için için yemek, yüreğine dert olmak.
ran·sack ['rænsæk] *v/t.* araştırmak, altını üstüne getirmek; yağma etmek.
ran·som ['rænsəm] **1.** *n.* fidye, kurtulmalık; **2.** *v/t.* fidye ile kurtarmak.
rant [rænt] **1.** *n.* ağız kalabalığı; **2.** *vb.* ağız kalabalığı yapmak.
rap[1] [ræp] **1.** *n.* hafif vuruş; **2.** (***-pp-***) *v/t.* hafifçe vurmak, çarpmak.
rap[2] *fig.* [~] *n.* mangır, metelik; MUS rap (*müzik*).
ra·pa|cious □ [rə'peıʃəs] açgözlü, doymak bilmez; yırtıcı; **~·ci·ty** [rə'pæsətı] *n.* açgözlülük; yırtıcılık.
rape[1] [reıp] **1.** *n.* ırza geçme; zorla kaçırma; **2.** *v/t.* ırzına geçmek; (*kız*) kaçırmak.
rape[2] BOT [~] *n.* kolza.
rap·id ['ræpıd] **1.** □ hızlı, çabuk, tez, süratli; **2.** *n.* ***~s*** *pl.* ivinti yeri; **ra·pid·i·ty** [rə'pıdətı] *n.* sürat, hız.
rap·proche·ment POL [ræ'prɒʃmɑ̃:ŋ] *n.* uzlaşma.
rapt □ [ræpt] dalgın, dalmış; hayran; **rap·ture** ['ræptʃə] *n.* kendinden geçme; ***go into ~s*** kendinden geçmek, sevinçten deliye dönmek.
rare □ [reə] (***~r, ~st***) seyrek, nadir, az bulunur; PHYS yoğun olmayan (*hava*); F olağanüstü, nefis.
rare·bit ['reəbıt]: ***Welsh ~*** kızarmış ekmeğe sürülen peynir.
rar·e·fy ['reərıfaı] *v/t. & v/i.* seyrekleş(tir)mek.
rar·i·ty ['reərətı] *n.* seyreklik, nadirlik.
ras·cal ['rɑ:skəl] *n.* çapkın, serseri, alçak herif, teres; *co.* kerata, yaramaz; **~·ly** [~ı] *adj.* alçak, hain.
rash[1] □ [ræʃ] aceleci, sabırsız, düşüncesiz.
rash[2] MED [~] *n.* isilik.
rash·er ['ræʃə] *n.* ince jambon *v.b.* dilimi.
rasp [rɑ:sp] **1.** *n.* raspa, kaba törpü; **2.** *v/t.* törpülemek, rendelemek.
rasp·ber·ry BOT ['rɑ:zbərı] *n.* ahududu.
rat [ræt] *n.* ZO sıçan; POL karşı tarafa geçen milletvekili; ***smell a ~*** bir hile sezmek, kuşkulanmak; ***~s!*** *sl.* Saçma!, Boş laf!
rate [reıt] **1.** *n.* oran; hız, sürat; fiyat, ücret; rayiç; sınıf, çeşit, derece; belediye vergisi; ***at any ~*** her nasılsa, her halde; ***~ of exchange*** döviz kuru; ***~ of interest*** faiz oranı; **2.** *vb.* değer biçmek; vergi koymak; ***~ among ...*** arasında sayılmak, ... gözü ile bakılmak.
ra·ther ['rɑ:ðə] *adv.* oldukça, bir hayli, epeyce; daha doğrusu; ***~!*** F Hem de nasıl!, Sorulur mu!; ***I had*** *ya da* ***would ~ (not) go*** gitme(me)yi yeğlerim, git(me)sem daha iyi.
rat·i·fy POL ['rætıfaı] *v/t.* onaylamak.
rat·ing ['reıtıŋ] *n.* değerlendirme, takdir; vergi oranı; NAUT deniz eri, tayfa; NAUT hizmet derecesi.
ra·ti·o MATH ['reıʃıəʊ] (*pl.* ***-os***) *n.* oran.
ra·tion ['ræʃn] **1.** *n.* pay, hisse; **2.** *v/t.* karneye bağlamak.
ra·tion·al □ ['ræʃənl] aklı başında, mantıklı, akıl sahibi; **~·i·ty** [ræʃə'nælətı] *n.* akıl, aklıselim; **~·ize** ['ræʃnəlaız] *v/t.* mantıklı kılmak.
rat race ['rætreıs] *n.* anlamsız mücadele, hengâme.
rat·tle ['rætl] **1.** *n.* takırtı, çıtırtı; gevezelik, boş laf; çıngırak; **2.** *v/t. & v/i.* takırda(t)mak; gevezelik etmek; ***~ off*** çabucak okumak; **~brain**, **~-pate** *n.* geve-

R

ze kimse, çalçene; ~**·snake** *n.* zo çıngıraklıyılan; ~**·trap** *n. fig.* külüstür araba.
rat·tling ['rætlıŋ] **1.** *adj.* tıkırdayan; F vızır vızır işleyen, canlı; **2.** *adv.* F son derece, çok; ~ ***good*** son derece iyi.
rau·cous □ ['rɔːkəs] boğuk, kısık.
rav·age ['rævıdʒ] **1.** *n.* harap etme; **2.** *v/t.* harap etmek, yakıp yıkmak.
rave [reıv] *v/i.* küplere binmek, kudurmak; *fig.* bayılmak (***about, of*** *-e*).
rav·el ['rævl] (*esp. Brt.* **-ll-**, *Am.* **-l-**) *v/t.* dolaştırmak, karıştırmak; ~ (***out***) sökmek, ayırmak; *v/i. a.* ~ ***out*** açılmak, çözülmek.
ra·ven zo ['reıvn] *n.* kuzgun.
rav·e·nous □ ['rævənəs] obur, pisboğaz, doymak bilmez.
ra·vine [rə'viːn] *n.* dağ geçidi, boğaz.
rav·ings ['reıvıŋz] *n. pl.* deli saçması sözler.
rav·ish ['rævıʃ] *v/t.* çok sevindirmek, coşturmak, kendinden geçirmek; ~**·ing** □ [_ıŋ] alımlı, büyüleyici, aklını başından alan; ~**·ment** [_mənt] *n.* kendinden geçme; ırza tecüvüz.
raw □ [rɔː] pişmemiş, çiğ; işlenmemiş, ham; soğuk ve rutubetli (*hava*); acemi, toy; ~**·boned** ['rɔːbəʊnd] *adj.* zayıf, çelimsiz; ~ **hide** *n.* ham deri.
ray [reı] *n.* ışın; *fig.* iz, eser.
ray·on ['reıɒn] *n.* yapay ipek.
raze [reız] *v/t.* (*ev v.b.*) temelinden yıkmak; ~ ***s.th. to the ground*** bşi yerle bir etmek.
ra·zor ['reızə] *n.* ustura; traş makinesi; ~**-blade** *n.* jilet; ~**-edge** *n. fig.* kritik durum; ***be on a*** ~ kritik durumda olmak.
re- [riː] *prefix* yeniden, tekrar; geriye.
reach [riːtʃ] **1.** *n.* uzanma, yetişme; menzil, erim; ***beyond*** ~, ***out of*** ~ erişilmez, yetişilmez; ***within easy*** ~ kolay erişilebilir; **2.** *v/i.* varmak, ulaşmak, gelmek; erişmek, uzanmak; *v/t.* elini uzatıp almak; elden ele geçirmek, uzatmak; *a.* ~ ***out*** (*elini, kolunu*) uzatmak.
re·act [rı'ækt] *vb.* tepki göstermek (***to*** *-e*); karşılık vermek; etki etmek (***on, upon*** *-e*).
re·ac·tion [rı'ækʃn] *n.* tepki; CHEM reaksiyon, tepkime; POL gericilik; ~**·a·ry** [_nərı] *n. & adj.* gerici.
re·ac·tor PHYS [rı'æktə] *n.* reaktör.
read 1. [riːd] (***read*** [red]) *vb.* okumak; yorumlamak; (*termometre*) göstermek; çözmek; ~ ***to s.o.*** *b-ne* okumak; ~ ***medicine*** tıpta okumak; **2.** [red] *pret. & p.p. of* ***1***; **rea·da·ble** □ ['riːdəbl] okunaklı; okumaya değer; **read·er** [_ə] *n.* okuyucu, okur; PRINT düzeltmen; UNIV okutman; okuma kitabı.
read·i|ly ['redılı] *adv.* gönüllü olarak, seve sev; kolayca; ~**·ness** [_nıs] *n.* hazır olma; isteklilik; kolaylık.
read·ing ['riːdıŋ] *n.* oku(n)ma (*a.* PARL); (*termometre*) kaydedilen ölçüm; okuma biçimi; yorum; *attr.* okuma ...
re·ad·just ['riːə'dʒʌst] *v/t.* yeniden düzenlemek; MEC yeniden ayarlamak; ~**·ment** [_mənt] *n.* yeniden düzenleme; MEC yeniden ayarlama.
read·y □ ['redı] (**-ier, -iest**) hazır; istekli, gönüllü, razı; elde bulunan, hazır; seri, çabuk; ECON nakit (*para*); ~ ***for use*** kullanıma hazır; ***get*** ~ hazırla(n)mak; ~ ***cash***, ~ ***money*** nakit para, hazır para; ~**made** *adj.* hazır, konfeksiyon ...
re·a·gent CHEM [riː'eıdʒənt] *n.* miyar.
real □ [rıəl] gerçek, asıl; samimi, içten; ~ **estate** *n.* taşınmaz mal, mülk.
re·a·lis|m ['rıəlızəm] *n.* realizm, gerçekçilik; ~**t** [_ıst] *n.* realist, gerçekçi; ~**·tic** [rıə'lıstık] (~***ally***) *adj.* gerçekçi; gerçeğe uygun.
re·al·i·ty [rı'ælətı] *n.* realite, gerçeklik.
re·a·li|za·tion [rıəlaı'zeıʃn] *n.* gerçekleştirme; farketme, anlama; ECON paraya çevirme; ~**ze** ['rıəlaız] *v/t.* farkına varmak, anlamak; gerçekleştirmek; ECON paraya çevirmek.
real·ly ['rıəlı] *adv.* gerçekten; ~***!*** Gerçekten mi!, Öyle mi!
realm [relm] *n.* krallık; ülke, diyar.
real|tor *Am.* ['rıəltə] *n.* emlakçi; ~**·ty** LEG [_ı] *n.* taşınmaz mal, mülk.
reap [riːp] *vb.* biçmek, oraklamak; *fig.* semeresini almak; ~**·er** ['riːpə] *n.* orakçı; biçerdöver.
re·ap·pear ['riːə'pıə] *v/i.* yeniden ortaya çıkmak.
rear [rıə] **1.** *v/t.* yetiştirmek, büyütmek; *v/i.* yükselmek, şahlanmak; **2.** *n.* arka, geri; MOT, NAUT kıç; MIL artçı; ***at*** (*Am.* ***in***) ***the*** ~ ***of*** *-in* arkasında; **3.** *adj.* arka-

R

daki, arka ..., geri ...; ~ ***wheel drive*** arkadan itiş; ~**-ad·mi·ral** NAUT ['rıə'ædmərəl] *n.* tuğamiral; ~**·guard** *n.* MIL artçı; ~**-lamp**, ~**-light** *n.* MOT arka lamba, kuyruk lambası.

re·arm MIL ['riː'ɑːm] *v/t. & v/i.* yeniden silahlan(dır)mak; **re·arma·ment** MIL [ˌməmənt] *n.* yeniden silahlan(dır)ma.

rear|most ['rıəməʊst] *adj.* en arkadaki; ~**-view mir·ror** *n.* MOT dikiz aynası; ~**·ward** [ˌwəd] **1.** *adj.* arkadaki; **2.** *adv. a.* ~***s*** arkaya doğru.

rea·son ['riːzn] **1.** *n.* neden, sebep; akıl, sağduyu; insaf, hak; ***by ~ of ...*** nedeniyle, *-den* dolayı; ***for this ~*** bu nedenle; ***listen to ~*** laf anlamak, söz dinlemek; ***it stands to ~ that*** belli bir şey ki, apaçıktır ki; **2.** *v/i.* mantıklı olmak; tartışmak, görüşmek; *v/t.* sonuç çıkarmak (***from*** *-den*); *a.* ~ ***out*** düşünmek, usa vurmak; ~ ***away*** konuşarak bir sonuca varmak, nedenlerini bulmak; ~ ***s.o. into*** (***out of***) ***s.th.*** b-ne bşi nedenlerini anlatarak yaptırmak (vazgeçirmek); **rea·so·na·ble** □ [ˌəbl] mantıklı, akla yatkın.

re·as·sure ['riːəʃʊə] *v/t.* yeniden güven vermek.

re·bate ['riːbeıt] *n.* ECON indirim, iskonto.

reb·el[1] ['rebl] **1.** *n.* isyancı, asi; **2.** *adj.* ayaklanan, baş kaldıran.

re·bel[2] [rı'bel] *v/i.* isyan etmek, ayaklanmak; ~**·lion** [ˌljən] *n.* isyan, ayaklanma; ~**·lious** [ˌljəs] = ***rebel***[1] ***2.***

re·birth ['riː'bɜːθ] *n.* yeniden doğma.

re·bound [rı'baʊnd] **1.** *v/i.* geri sekmek; **2.** [*mst.* 'riːbaʊnd] *n.* geri sekme; SPOR: ribaunt.

re·buff [rı'bʌf] **1.** *n.* ret; ters cevap, tersleme; **2.** *v/t.* reddetmek; terslemek.

re·build ['riː'bıld] (**-*built***) *v/t.* yeniden yapmak.

re·buke [rı'bjuːk] **1.** *n.* azar, paylama; **2.** *v/t.* azarlamak, paylamak.

re·but [rı'bʌt] (**-*tt*-**) *v/t.* boşa çıkarmak, çürütmek (*iddia v.b.*).

re·call [rı'kɔːl] **1.** *n.* geri çağırma; hatırlama, anımsama; ***beyond ~, past ~*** geri alınamaz, dönülemez; hatırlanamaz; **2.** *v/t.* geri çağırmak; hatırlatmak, anımsatmak; geri almak, iptal etmek; ECON (*sermaye*) geri çekmek.

re·ca·pit·u·late [riːkə'pıtjʊleıt] *v/t.* özetlemek.

re·cap·ture ['riː'kæptʃə] *v/t.* yeniden ele geçirmek, geri almak (*a.* MIL); *fig.* hatırlamak.

re·cast ['rı'kɑːst] (**-*cast***) *v/t.* MEC yeniden dökmek; yeni bir biçime sokmak; THEA (*oyuncuları*) değiştirmek.

re·cede [rı'siːd] *v/i.* geri çekilmek; ***receding*** basık, içeri kaçık (*alın, çene*).

re·ceipt [rı'siːt] **1.** *n.* alındı, makbuz; reçete; ~***s*** *pl.* gelir; **2.** *v/t.* makbuz vermek.

re·cei·va·ble [rı'siːvəbl] *adj.* alınabilir; ECON tahsil edilebilir, toplanabilir; **receive** [ˌv] *v/t.* almak; kabul etmek, misafir etmek; içine almak, taşımak; **received** *adj.* teslim alınmış; **re·ceiv·er** [ˌə] *n.* alıcı; TELEPH ahize; ***official ~*** LEG iflas masası görevlisi.

re·cent □ ['riːsnt] yakında olmuş, yeni, son; ~ ***events*** *pl.* son günlerde olmuş olaylar, aktüalite; ~**·ly** [ˌlı] *adv.* son zamanlarda, geçenlerde, şu yakınlarda.

re·cep·ta·cle [rı'septəkl] *n.* kap; depo.

re·cep·tion [rı'sepʃn] *n.* kabul; kabul töreni; *radyo*, TV: yayını alma; *otel*: resepsiyon; ~ **desk** *n. otel*: resepsiyon; ~**·ist** [ˌıst] *n.* resepsiyon memuru; ~ **room** *n.* kabul odası.

re·cep·tive □ [rı'septıv] çabuk kavrayan, kavrayışı güçlü.

re·cess [rı'ses] *n.* paydos, ara, *Am. a.* tenefüs; *esp.* PARL tatil; girinti, boşluk; ~***es*** *pl. fig.* iç taraf, gizli bölüm; **reces·sion** [ˌʃn] *n.* geri çekilme, gerileme; ECON durgunluk.

re·ci·pe ['resıpı] *n.* yemek tarifi; reçete.

re·cip·i·ent [rı'sıpıənt] *n.* alıcı, alan kimse.

re·cip·ro|cal [rı'sıprəkl] *adj.* karşılıklı; ~**·cate** [ˌeıt] *v/i.* misillemede bulunmak, karşılık vermek; MEC ileri geri çalışmak; *v/t.* karşılıklı alıp vermek; *-in* karşılığını vermek; ~**·ci·ty** [resı'prɒsətı] *n.* karşılıklı durum, karşılıklık.

re·cit·al [rı'saıtl] *n.* ezberden okuma; anlatma; MUS resital; **re·ci·ta·tion** [resı'teıʃn] *n.* ezberden okuma; ezberlenecek parça; **re·cite** [rı'saıt] *v/t.* ezberden okumak; anlatmak, sayıp dökmek.

R

reck·less □ ['reklɪs] kayıtsız, umursamaz, aldırmaz, düşüncesiz.
reck·on ['rekən] *v/t.* hesaplamak, saymak; *a.* **~ for, ~ as …** gözüyle bakmak, … olarak görmek; **~ up** hesaplamak; *v/i.* sayı saymak; **~ on, ~ upon** *-e* güvenmek, *-e* bel bağlamak; **~·ing** ['reknɪŋ] *n.* hesap; hesaplama; ***be out in one's ~*** hesabında yanılmak.
re·claim [rɪ'kleɪm] *v/t.* geri istemek; iyileştirmek, yoluna koymak, elverişli duruma getirmek; MEC temizlemek.
re·cline [rɪ'klaɪn] *vb.* arkaya dayanmak, yaslanmak; uzanmak, yatmak; **~d** uzanmış, yatmış.
re·cluse [rɪ'klu:s] *n.* dünyadan elini eteğini çekmiş kimse.
rec·og·ni|tion [rekəg'nɪʃn] *n.* tanı(n)ma; kabul, onama; **~ze** ['rekəgnaɪz] *v/t.* tanımak; kabul etmek, onaylamak; farkına varmak, görmek.
re·coil 1. [rɪ'kɔɪl] *v/i.* geri çekilmek; (*silah*) geri tepmek; **2.** ['ri:kɔɪl] *n.* geri çekilme; (*silah*) geri tepme.
rec·ol·lect[1] [rekə'lekt] *v/t.* hatırlamak.
re-col·lect2 ['ri:kə'lekt] *v/t.* yeniden toplamak; **~ o.s.** *k-ni* toplamak.
rec·ol·lec·tion [rekə'lekʃn] *n.* hatırlama; hatıra, anı.
rec·om|mend [rekə'mend] *v/t.* tavsiye etmek, salık vermek; öğütlemek; **~·men·da·tion** [rekəmen'deɪʃn] *n.* tavsiye, salık verme; tavsiye mektubu.
rec·om·pense ['rekəmpens] **1.** *n.* ödül; karşılık; ceza; tazminat; **2.** *v/t.* ödüllendirmek; cezalandırmak; tazminat vermek.
rec·on|cile ['rekənsaɪl] *v/t.* barıştırmak, uzlaştırmak; bağdaştırmak; **~·cil·i·a·tion** [rekənsɪlɪ'eɪʃn] *n.* barış(tır)ma, uzlaştırma.
re·con·di·tion ['ri:kən'dɪʃn] *v/t.* onarıp yenilemek; MEC rektifiye etmek.
re·con|nais·sance [rɪ'kɒnɪsəns] *n.* MIL keşif; *fig.* kavrama, anlayış; **~·noi·tre**, *Am.* **~·noi·ter** [rekə'nɔɪtə] *vb.* MIL keşif yapmak, incelemek.
re·con·sid·er ['ri:kən'sɪdə] *v/t.* tekrar düşünmek.
re·con·sti·tute ['ri:'kɒnstɪtju:t] *v/t.* yeniden kurmak *ya da* oluşturmak.
re·con|struct ['ri:kən'strʌkt] *v/t.* yeniden yapmak; **~·struc·tion** [~kʃn] *n.* yeniden yapma.
re·con·vert ['ri:kən'vɜ:t] *v/t.* yeniden düzenlemek.
rec·ord[1] ['rekɔ:d] *n.* kayıt, not; LEG tutanak; belge; sicil, dosya; liste, cetvel; plak; SPOR: rekor; ***place on ~*** kaydetmek; **~ *office*** arşiv; ***off the ~*** resmi olmayan.
re·cord[2] [rɪ'kɔ:d] *v/t.* kaydetmek, yazmak, not etmek; banda almak; **~·er** [~ə] *n.* sicil memuru, kayıt memuru; yargıç; teyp; MUS blokflüt; **~·ing** [~ɪŋ] *n. radyo*, TV: kayıt; bant; **~ player** ['rekɔ:d-] *n.* pikap.
re·count [rɪ'kaʊnt] *v/t.* anlatmak.
re·coup [rɪ'ku:p] *v/t.* zararını ödemek, karşılamak.
re·course [rɪ'kɔ:s] *n.* başvuru; ***have ~ to*** *-e* başvurmak.
re·cov·er [rɪ'kʌvə] *v/t.* yeniden ele geçirmek, geri almak; yeniden bulmak; telafi etmek, karşılamak; ***be ~ed*** eski sağlığına kavuşmak; *v/i.* iyileşmek; kendine gelmek; **~·y** [~rɪ] *n.* geri alma; iyileşme; ***past ~*** umutsuz, çaresiz.
re·cre|ate ['rekrɪeɪt] *v/t.* eğlendirmek, dinlendirmek; *v/i. a.* **~ o.s.** eğlenmek, dinlenmek; **~·a·tion** [rekrɪ'eɪʃn] *n.* eğlence, dinlenme.
re·crim·i·na·tion [rɪkrɪmɪ'neɪʃn] *n.* birbirini suçlama.
re·cruit [rɪ'kru:t] **1.** *n.* acemi er; *fig.* acemi, deneyimsiz kimse; **2.** *v/t. & v/i.* iyileş(tir)mek; MIL asker toplamak, silah altına çağırmak.
rec·tan·gle MATH ['rektæŋgl] *n.* dikdörtgen.
rec·ti|fy ['rektɪfaɪ] *v/t.* düzeltmek, doğrultmak; ELECT doğru akıma çevirmek; **~·tude** [~tju:d] *n.* doğruluk, dürüstük.
rec|tor ['rektə] *n.* papaz; rektör; **~·to·ry** [~rɪ] *n.* papaz konutu.
re·cum·bent □ [rɪ'kʌmbənt] yatan, uzanmış; yaslanan.
re·cu·pe·rate [rɪ'kju:pəreɪt] *v/i.* iyileşmek.
re·cur [rɪ'kɜ:] (**-rr-**) *v/i.* tekrar dönmek (**to** *-e*); (*olay v.b.*) tekrar olmak, tekrarlamak; **~·rence** [rɪ'kʌrəns] *n.* tekrar olma, yinelenme; **~·rent** □ [~nt] tekrar olan, yinelenen.
re·cy|cla·ble [ri:'saɪkləbəl] *adj.* geri kazanılabilir (*madde, atık*); **~cle** [~kl] *v/t.* (*kullanılmış maddeyi*) yeniden

R

işlemek, değerlendirmek; **~·cling** [ˌɪŋ] *n.* yeniden işleme.

red [red] **1.** *adj.* kırmızı, al; **~ *heat*** (*metal*) tav; **~ *tape*** bürokrasi, kırtasiyecilik; **2.** *n.* kırmızı renk; *esp.* POL kızıl, komünist; ***be in the* ~** borç içinde olmak.

red|breast ZO ['redbrest] *n. a.* ***robin* ~** kızılgerdan; **~·cap** *n.* askeri polis, inzibat; *Am.* bagaj hamalı; **~·den** ['redn] *v/t.* & *v/i.* kırmızılaş(tır)mak, kızıllaş(tır)mak; **~·dish** [ˌɪʃ] *adj.* kırmızımsı, kırmızımtırak.

re·dec·o·rate ['riː'dekəreɪt] *v/t.* yeniden dekore etmek.

re·deem [rɪ'diːm] *v/t.* fidye vererek kurtarmak; rehinden kurtarmak; (*günahını*) bağışlatmak; paraya çevirmek; **♀·er** ECCL [ˌə] *n.* Hazreti İsa.

re·demp·tion [rɪ'dempʃn] *n.* rehinden kurtarma; kurtarma; kurtulma.

re·de·vel·op [riːdɪ'veləp] *v/t.* yeniden inşa etmek.

red|-hand·ed ['red'hændɪd]: ***catch s.o.* ~** *b-ni* suçüstü yakalamak; **~·head** *n.* kızıl saçlı kimse; **~head·ed** *adj.* kızıl saçlı; **~-hot** *adj.* kızgın; *fig.* öfkesi burnunda; **♀ In·di·an** *n.* Kızılderili; **~letter day** *n.* yortu günü; *fig.* önemli gün; **~·ness** [ˌnɪs] *n.* kırmızılık, kızıllık; **~-nosed** *adj.* kızarmış burunlu.

red·o·lent ['redələnt] *adj.* güzel kokulu.

re·dou·ble ['riː'dʌbl] *v/t.* & *v/i.* büyük ölçüde art(ır)mak.

re·dress [rɪ'dres] **1.** *n.* düzeltme, çare; LEG tazminat; **2.** *v/t.* düzeltmek; telafi etmek.

R

red-tap·ism ['red'teɪpɪzəm] *n.* bürokrasi, kırtasiyecilik.

re·duce [rɪ'djuːs] *v/t.* azaltmak, indirmek; küçültmek; (*fiyat*) düşürmek, kırmak; zorunda bırakmak, *-e* düşürmek; fethetmek; MATH, CHEM indirgemek; MED (*çıkık kol v.b.*) yerine oturtmak; **~ *to writing*** yaz(dır)mak, kaleme almak; **re·duc·tion** [rɪ'dʌkʃn] *n.* azal(t)ma, indirme; indirim, iskonto; küçültülmüş şey; MED çıkık kol *v.b.* 'ni yerine oturtma.

re·dun·dant□ [rɪ'dʌndənt] gereğinden fazla; fazla sözle anlatılmış, ağdalı.

reed [riːd] *n.* BOT kamış, saz; kamış düdük.

re-ed·u·ca·tion ['riːedjʊ'keɪʃn] *n.* yeniden eğitme.

reef [riːf] *n.* resif, kayalık; NAUT camadan.

ree·fer ['riːfə] *n.* denizci ceketi; *sl.* esrarlı sigara.

reek [riːk] **1.** *n.* duman, sis; pis koku; **2.** *v/i.* tütmek; pis kokmak.

reel [riːl] **1.** *n.* makara, bobin; film makarası; çıkrık; **2.** *v/t.* **~ (*up*)** makaraya sarmak; *v/i.* sendelemek; başı dönmek.

re-e·lect ['riːɪ'lekt] *v/t.* yeniden seçmek.

re-en·ter [riː'entə] *vb.* yeniden girmek *ya da* katılmak.

re-es·tab·lish ['riːɪ'stæblɪʃ] *v/t.* yeniden kurmak.

ref F [ref] = ***referee.***

re·fer [rɪ'fɜː]: **~ *to*** *-e* göndermek, *-e* havale etmek; *-e* başvurmak, *-e* bakmak; *-e* atfetmek, *-e* bağlamak; *-den* söz etmek, anmak; *-e* ilişkin olmak, *-e* ait olmak.

ref·er·ee [refə'riː] *n.* hakem; *boks*: ring hakemi.

ref·er·ence ['refrəns] *n.* referans; gönderme, havale etme; başvurma; ilgi, ilişki; ima; ***in*** *ya da* ***with* ~ *to*** *-e* ilişkin olarak, *ile* ilgili olarak; *-e* gelince; *-e* göre; **~ *book*** başvuru kitabı; **~ *library*** araştırma için başvurulan kütüphane; **~ *number*** dosya *ya da* evrak numarası; ***make* ~ *to*** *-den* söz etmek; *-e* başvurmak, *-e* bakmak.

ref·e·ren·dum [refə'rendəm] *n.* referandum, halkoylaması.

re·fill 1. ['riːfɪl] *n.* yedek; yedek kalem içi; **2.** ['riː'fɪl] *v/t.* yeniden doldurmak.

re·fine [rɪ'faɪn] *v/t.* arıtmak; inceltmek, kabalığını gidermek; geliştirmek; **~ *on*, ~ *upon*** geliştirmek; **~d** *adj.* arıtılmış; kibar, zarif; **~·ment** [ˌmənt] *n.* arıtma; kibarlık, incelik; geliştirme; **re·fine·ry** [ˌərɪ] *n.* MEC rafineri, arıtımevi; METALL dökümhane.

re·fit NAUT ['riː'fɪt] **(*-tt-*)** *v/t.* (*gemi*) yeniden donatmak; *v/i.* yeniden donatılıp sefere hazır olmak.

re·flect [rɪ'flekt] *v/t.* & *v/i.* yansı(t)mak, akset(tir)mek (*a. fig.*); **~ *on*, ~ *upon*** iyice düşünmek, ölçüp biçmek; *fig.* *-e* leke sürmek; **re·flec·tion** [ˌkʃn] *n.* yansıma, aksetme; yankı; düşünce, fi-

kir; *fig.* leke; **re·flec·tive** □ [_tıv] yansıtan; yansıyan; düşünceli.
re·flex ['ri:fleks] **1.** *adj.* yansımalı; tepkeli; refleks ...; **2.** *n.* refleks, tepke, yansı (*a.* PHYSIOL).
re·flex·ive □ GR [rı'fleksıv] dönüşlü.
re·for·est ['ri:'fɒrıst] *v/t.* ağaçlandırmak.
re·form[1] [rı'fɔ:m] **1.** *n.* reform, düzeltme, iyileştirme; **2.** *v/t. & v/i.* düzel(t)mek, iyileş(tir)mek.
re-form[2] ['ri:fɔ:m] *v/t.* yeniden kurmak; MIL yeniden sıraya dizmek.
ref·or·ma·tion [refə'meıʃn] *n.* düzel(t)me, iyileş(tir)me; ECCL ♀ Reformasyon, dinsel devrim; **re·for·ma·to·ry** [rı'fɔ:mətərı] **1.** *adj.* düzeltici, iyileştirici; **2.** *n.* ıslahevi; **re·form·er** [_ə] *n.* reformcu.
re·fract [rı'frækt] *v/t.* (*ışın*) kırmak; **re·frac·tion** [_kʃn] *n.* kırılma; **re·frac·to·ry** □ [_ktərı] inatçı, dik başlı; MED tedavisi güç; MEC ısıya dayanıklı.
re·frain [rı'freın] **1.** *v/i.* çekinmek, sakınmak (***from*** *-den*); vazgeçmek (***from*** *-den*); **2.** *n.* MUS nakarat.
re·fresh [rı'freʃ] *v/t. & v/i.* canlan(dır)mak, dinçleş(tir)mek; serinle(t)mek; yenilemek, tazelemek; ~ ***o.s.*** dinlenmek; ferahlamak; **~·ment** [_mənt] *n.* canlan(dır)ma; meşrubat.
re·fri·ge|rate [rı'frıdʒəreıt] *v/t.* soğutmak; **~·ra·tor** [_ə] *n.* buzdolabı; ~ ***van***, *Am.* ~ ***car*** RAIL frigorifik vagon, soğutucu vagon.
re·fu·el ['ri:'fjʊəl] *v/i.* yeniden yakıt almak.
ref|uge ['refju:dʒ] *n.* sığınık, barınak; çare; **~·u·gee** [refjʊ'dʒi:] *n.* mülteci, sığınık; ~ ***camp*** mülteci kampı.
re·fund 1. [ri:'fʌnd] *v/t.* (*para*) geri ödemek; **2.** ['ri:fʌnd] *n.* geri ödeme; geri ödenen para.
re·fur·bish ['ri:'fɜ:bıʃ] *v/t.* yeniden cilalamak; *fig.* (*bilgi*) tazelemek.
re·fus·al [rı'fju:zl] *n.* ret, kabul etmeme, geri çevirme; ret hakkı.
re·fuse[1] [rı'fju:z] *v/t.* reddetmek, kabul etmemek, geri çevirmek; ~ ***to do s.th.*** bş yapmayı reddetmek; *v/i.* (*at*) ürkmek.
ref·use[2] ['refju:s] *n.* süprüntü, çöp, döküntü.
re·fute [rı'fju:t] *v/t.* yalanlamak, çürütmek.
re·gain [rı'geın] *v/t.* yeniden ele geçirmek *ya da* kazanmak.
re·gal □ ['ri:gl] kral ile ilgili; şahane.
re·gale [rı'geıl] *v/t.* ağırlamak; eğlendirmek; ~ ***o.s. on*** *-in* tadını çıkarmak; ağız tadıyla yemek.
re·gard [rı'gɑ:d] **1.** *n.* bakış, nazar; saygı; dikkat, önem; ilişki; ***with ~ to*** *-e* ilişkin olarak; *-e* gelince; **~*s*** *pl.* selam; ***kind ~s*** saygılar; **2.** *vb.* dikkatle bakmak; göz önünde tutmak, hesaba katmak; saygı göstermek; aldırmak, dikkat etmek; ~ ***s.o. as*** *b-ne* ... gözüyle bakmak; ***as ~s*** *ile* ilişkin olarak; *-e* gelince; **~·ing** [_ıŋ] *prp.* ilişkin, hakkında, *ile* ilgili; *-e* gelince; **~·less** □ [_lıs]: ~ ***of*** *-e* aldırmayarak, *-e* bakmayarak.
re·gen·e·rate [rı'dʒenəreıt] *v/t. & v/i.* yeniden hayat vermek, canlandırmak; iyileş(tir)mek; yeniden oluş(tur)mak.
re·gent ['ri:dʒənt] *n.* kral naibi; ***Prince*** ♀ naip prens.
re·gi·ment MIL ['redʒımənt] **1.** *n.* alay; **2.** [_ment] *vb.* alay oluşturmak; **~·als** MIL [redʒı'mentlz] *n. pl.* askeri üniforma.
re·gion ['ri:dʒən] *n.* bölge, yöre; *fig.* alan, çevre; **~·al** □ [_l] bölgesel, yöresel.
re·gis·ter ['redʒıstə] **1.** *n.* sicil; kayıt; kütük; liste, katalog, fihrist; MEC supap, valf; MUS ses perdesi; ***cash ~*** otomatik yazar kasa; **2.** *v/t.* kaydetmek; sicile geçirmek; (*termometre v.b.*) göstermek, kaydetmek; (*mektup*) taahhütlü göndermek; *v/i.* kaydolmak, yazılmak; ***~ed letter*** taahhütlü mektup.
re·gis|trar [redʒı'strɑ:] *n.* sicil memuru; nüfus memuru; kayıt memuru; **~·tra·tion** [_eıʃn] *n.* kayıt, tescil; MOT ruhsat; ~ ***fee*** kayıt ücreti; **~·try** ['redʒıstrı] *n.* kayıt, tescil; sicil dairesi; ~ ***office*** evlendirme memurluğu.
re·gress ['ri:gres], **re·gres·sion** [rı'greʃn] *n.* geri dönüş, eskiye dönme.
re·gret [rı'gret] **1.** *n.* üzüntü, acı; pişmanlık; **2.** (***-tt-***) *vb.* üzülmek, kederlenmek; pişman olmak; özlemini çekmek; **~·ful** □ [_fl] üzüntülü, kederli; pişman; **~·ta·ble** □ [_əbl] üzücü, acınacak.

R

reg·u·lar □ ['regjʊlə] düzgün; düzenli, kurallı; her zamanki; devamlı, gedikli (müşteri); F tam, su katılmadık; MIL muvazzaf; **~·i·ty** [regjʊ'lærətı] *n.* düzen; düzgünlük; kurala uygunluk.

reg·u|late ['regjʊleıt] *v/t.* düzenlemek; yoluna koymak; ayarlamak; **~·la·tion** [regjʊ'leıʃn] **1.** *n.* düzen; kural, hüküm; **~s** *pl.* tüzük; **2.** *adj.* tüzüğe uygun.

re·hash *fig.* ['riːhæʃ] **1.** *v/t.* (*bir konuyu*) yeniden gündeme getirmek, tekrar açmak; **2.** *n.* bir konuyu tekrar açma.

re·hears|al [rı'hɜːsl] *n.* THEA, MUS prova; tekrarlama; **~e** [rı'hɜːs] *vb.* THEA prova yapmak; tekrarlamak.

reign [reın] **1.** *n.* hükümdarlık, saltanat; *a. fig.* egemenlik, nüfuz; **2.** *v/i.* hüküm sürmek.

re·im·burse ['riːım'bɜːs] *v/t.* (*parasını*) geri ödemek; (*masraf*) kapatmak.

rein [reın] **1.** *n.* dizgin; yönetim; **2.** *v/t.* gem vurmak, frenlemek.

rein·deer zo ['reındıə] *n.* rengeyiği.

re·in·force ['riːın'fɔːs] *v/t.* kuvvetlendirmek; sağlamlaştırmak, pekiştirmek, desteklemek; **~·ment** [‿mənt] *n.* kuvvetlendirme; sağlamlaştırma.

re·in·state ['riːın'steıt] *v/t.* eski görevine iade etmek; eski durumuna getirmek.

re·in·sure ['riːın'ʃʊə] *v/t.* yeniden sigorta etmek.

re·it·e·rate [riː'ıtəreıt] *v/t.* tekrarlamak.

re·ject [rı'dʒekt] *v/t.* reddetmek, kabul etmemek, geri çevirmek; **re·jec·tion** [‿kʃn] *n.* ret, geri çevirme.

re·joice [rı'dʒɔıs] *v/t.* & *v/i.* sevin(dir)mek, neşelen(dir)mek; **re·joic·ing** [‿ıŋ] **1.** □ sevinçli; sevindiren; **2.** *n.* sevinç, neşe; **~s** *pl.* şenlik, eğlence.

re·join ['riː'dʒɔın] *v/t.* & *v/i.* birleş(tir)mek, kavuş(tur)mak; [rı'dʒɔın] cevap vermek, yanıtlamak.

re·ju·ve·nate [rı'dʒuːvıneıt] *v/t.* & *v/i.* gençleş(tir)mek.

re·kin·dle ['riː'kındl] *v/t.* & *v/i.* yeniden tutuş(tur)mak.

re·lapse [rı'læps] **1.** *n.* eski duruma dönme; **2.** *v/i.* (*hastalık*) yeniden başlamak, depreşmek; tekrar kötü yola düşmek.

re·late [rı'leıt] *v/t.* anlatmak; aralarında bağlantı kurmak; *v/i.* ilgili olmak (***to*** *ile*); **re·lat·ed** *adj.* ilgili, ait (***to*** *-e*).

re·la·tion [rı'leıʃn] *n.* ilişki; ilgi; oran; akrabalık; akraba; **~s** *pl.* ilişkiler; ***in ~ to*** *-e* ilişkin; *-e* göre; *-e* oranla; **~·ship** [‿ʃıp] *n.* ilişki, ilgi; akrabalık.

rel·a·tive ['relətıv] **1.** □ bağıntılı, göreli; bağlı, ait, ilişkin (***to*** *-e*); GR ilgi ...; **2.** *n.* GR ilgi zamiri *ya da* adılı; akraba.

re·lax [rı'læks] *v/t.* & *v/i.* gevşe(t)mek; yumuşa(t)mak, hafifle(t)mek; dinlen(dir)mek; **~·ation** [riːlæk'seıʃn] *n.* gevşe(t)me; yumuşa(t)ma; dinlenme.

re·lay[1] **1.** ['riːleı] *n.* menzil atı; vardiya, posta; ELECT röle; *radyo*: naklen yayın; SPOR: bayrak koşusu; **2.** [riː'leı] *v/t.* *radyo*: yayınlamak.

re·lay[2] ['riː'leı] *v/t.* (*kablo, halı v.b.*) yeniden döşemek *ya da* sermek.

re·lay race ['riːleıreıs] *n.* SPOR: bayrak koşusu.

re·lease [rı'liːs] **1.** *n.* kurtarma, salıverme; *film*: *oft.* ***first ~ ilk*** temsil, vizyona sokma; MEC, PHOT deklanşör; **2.** *v/t.* affetmek, kurtarmak; salıvermek, bırakmak; *film*: gösterilmesine izin vermek; MEC harekete geçirmek.

rel·e·gate ['relıgeıt] *v/t.* sürgüne göndermek; havale etmek (***to*** *-e*).

re·lent [rı'lent] *v/i.* acıyıp merhamete gelmek, yumuşamak; **~·less** □ [‿lıs] acımasız, amansız.

rel·e·vant □ ['reləvənt] ilgili, konu ile ilgili.

re·li·a|bil·i·ty [rılaıə'bılətı] *n.* güvenilirlik; **~·ble** □ [rı'laıəbl] güvenilir, emin, sağlam.

re·li·ance [rı'laıəns] *n.* güven, inan, emniyet.

rel·ic ['relık] *n.* kalıntı, artık; kutsal emanet; hatıra, anmalık.

re·lief [rı'liːf] *n.* iç rahatlaması, ferahlama; avuntu; yardım, imdat; MIL nöbet değişimi; MIL takviye kuvvetleri; ARCH rölyef, kabartma.

re·lieve [rı'liːv] *v/t.* sıkıntısını hafifletmek, ferahlatmak; avutmak; yardım etmek; MIL nöbet değiştirmek; **~ *o.s.*** *ya da* ***nature*** tuvaletini yapmak, dışarı çıkmak.

re·li|gion [rı'lıdʒən] *n.* din; **~gious** □ [‿əs] dinsel, din ...; dindar.

re·lin·quish [rı'lıŋkwıʃ] *v/t.* terketmek,

R

bırakmak; vazgeçmek.

rel·ish ['relıʃ] **1.** *n.* tat, çeşni, lezzet; *fig.* tadımlık, mostra, örnek; zevk, haz; ***with great*** ~ büyük bir iştahla; *fig.* büyük bir zevkle; **2.** *vb.* çeşni katmak; *-den* hoşlanmak, zevk almak.

re·luc|tance [rı'lʌktəns] *n.* isteksizlik; *esp.* PHYS manyetik direnç; ~**·tant** □ [~t] isteksiz, gönülsüz, nazlanan.

re·ly [rı'laı]: ~ ***on***, ~ ***upon*** *-e* güvenmek, *-e* bel bağlamak.

re·main [rı'meın] **1.** *v/i.* kalmak; arta kalmak; **2.** *n.* ~***s*** *pl.* kalıntı; artık, posa; *a.* ***mortal*** ~***s*** cenaze; ~**·der** [~də] *n.* arta kalan, kalıntı; bakiye; artık.

re·mand LEG [rı'mɑːnd] **1.** *v/t.* ~ ***s.o.*** (***in custody***) *b-ni* cezaevine iade etmek; **2.** *n. a.* ~ ***in custody*** cezaevine iade etme; ***prisoner on*** ~ tutuklu; ~ ***home centre*** *Brt.* (*çocuklar için*) tutukevi.

re·mark [rı'mɑːk] **1.** *n.* söz; dikkat etme; uyarı; **2.** *v/t.* farketmek; söylemek, demek; *v/i.* düşüncesini söylemek (***on, upon*** *-de*); **re·mar·ka·ble** □ [~əbl] dikkate değer; olağanüstü.

rem·e·dy ['remədı] **1.** *n.* çare, çıkar yol; ilaç; **2.** *v/t.* tedavi etmek; çaresini bulmak; düzeltmek.

re·mem|ber [rı'membə] *v/t.* hatırlamak, anımsamak; aklında tutmak; anmak; ~ ***me to her*** ona benden selam söyle; ~**·brance** [~rəns] *n.* hatırlama; hatıra, andaç; ~***s*** *pl.* selam.

re·mind [rı'maınd] *v/t.* hatırlatmak, anımsatmak (***of*** *-i*); ~**·er** [~ə] *n.* hatırlatıcı şey.

rem·i·nis|cence [remı'nısns] *n.* hatırlama, anımsama; hatıra; ~**·cent** □ [~t] hatırlatan, anımsatan, andıran.

re·miss □ [rı'mıs] üşengeç, miskin, tembel; **re·mis·sion** [~ıʃn] *n.* bağışlama, af; hafifle(t)me, azal(t)ma.

re·mit [rı'mıt] (**-tt-**) *v/t.* & *v/i.* bağışlamak, affetmek; (*borç*) silmek; havale etmek, göndermek; azal(t)mak, hafifle(t)mek; ~**tance** ECON [~əns] *n.* para havalesi.

rem·nant ['remnənt] *n.* kalıntı, artık; bakiye; kumaş parçası.

re·mod·el ['riː'mɒdl] *v/t.* biçimini değiştirmek.

re·mon·strance [rı'mɒnstrəns] *n.* itiraz, protesto; sitem; **rem·on·strate** ['remənstreıt] *vb* protesto etmek, itirazda bulunmak; söylenmek, çıkışmak (***about*** *hakkında*; ***with s.o.*** *b-ne*).

re·morse [rı'mɔːs] *n.* vicdan azabı, pişmanlık; ***without*** ~ acımasız, vicdansız; ~**·less** □ [~lıs] acımasız, vicdansız, amansız.

re·mote □ [rı'məʊt] (~***r***, ~***st***) uzak; sapa, ücra; az, zayıf (*olasılık v.b.*); ~ ***control*** MEC uzaktan kontrol, uzaktan kumanda; ~**·ness** [~nıs] *n.* uzaklık.

re·mov|al [rı'muːvl] *n.* kaldır(ıl)ma; taşınma, nakil; işten kovma, yol verme; ~ ***van*** nakliye kamyonu; ~**e** [~uːv] **1.** *v/t.* kaldırmak; ortadan kaldırmak, yok etmek; temizlemek, çıkarmak, gidermek; *v/i.* taşınmak; **2.** *n.* uzaklaş(tır)ma; taşınma; *fig.* derece, kademe; ~**·er** [~ə] *n.* nakliyeci.

re·mu·ne|rate [rı'mjuːnəreıt] *v/t.* ödüllendirmek; hakkını vermek; ~**·ra·tive** □ [~rətıv] kârlı, kazançlı.

Re·nais·sance [rə'neısəns] *n.* Rönesans.

re·nas|cence [rı'næsns] *n.* yeniden doğma, canlanma; Rönesans; ~**·cent** [~nt] *adj.* yeniden doğan, canlanan.

ren·der ['rendə] *v/t.* yapmak, etmek, vermek, sunmak, kılmak; geri vermek; teslim etmek; tercüme etmek, çevirmek; anlatmak, açıklamak; (*ürün*) vermek; MUS çalmak; THEA (*rol*) oynamak; ECON (*hesap*) görmek; (*yağ*) eritmek; ~**·ing** [~ərıŋ] *n.* ödeme; tercüme, çeviri; yorum; MUS çalma.

ren·di·tion [ren'dıʃn] *n.* geri verme, iade; çeviri; yorum; temsil.

ren·e·gade ['renıgeıd] *n.* dininden dönen kimse, dönme.

re·new [rı'njuː] *v/t.* yenilemek; canlandırmak, gençleştirmek; (*pasaport v.b.*) süresini uzatmak; ~**able** [~əbl] *adj.* yenilenebilir (*kaynaklar*); ~**·al** [~əl] *n.* yenile(n)me; süresini uzatma.

re·nounce [rı'naʊns] *v/t.* terketmek; vazgeçmek, bırakmak; reddetmek, tanımamak.

ren·o·vate ['renəʊveıt] *v/t.* yenilemek; tazelemek.

re·nown [rı'naʊn] *n.* şöhret, ün; **re·nowned** *adj.* ünlü, tanınmış.

rent[1] [rent] *n.* yırtık; yarık, çatlak.

rent[2] [~] **1.** *n.* kira; **2.** *v/t.* kiralamak; kiraya vermek; ~**·al** ['rentl] *n.* kira bedeli.

R

re·nun·ci·a·tion [rɪnʌnsɪ'eɪʃn] *n.* vazgeçme; el etek çekme.
re·pair [rɪ'peə] **1.** *n.* tamir, onarma; **~s** *pl.* onarım; **~ shop** tamirci dükkânı; **in good ~** iyi durumda; **out of ~** yıkılmaya yüz tutan; **2.** *v/t.* tamir etmek, onarmak; düzeltmek, gidermek.
rep·a·ra·tion [repə'reɪʃn] *n.* onarma, onarım; özür dileme; **~s** *pl.* POL tazminat.
rep·ar·tee [repɑː'tiː] *n.* hazırcevaplık; hazır cevap.
re·past *lit.* [rɪ'pɑːst] *n.* yemek.
re·pay [riː'peɪ] (**-paid**) *v/t.* geri ödemek; karşılığını vermek; zararını ödemek; **~·ment** [-mənt] *n.* geri ödeme; karşılık.
re·peal [rɪ'piːl] **1.** *n.* iptal, yürürlükten kaldırma; **2.** *v/t.* (*yasa*) yürürlükten kaldırmak, iptal etmek.
re·peat [rɪ'piːt] **1.** *v/t.* & *v/i.* tekrarla(n)mak, yinele(n)mek; ezberden okumak; **2.** *n.* tekrarla(n)ma; MUS tekrar; *oft.* **~ order** ECON yeniden sipariş verme.
re·pel [rɪ'pel] (**-ll-**) *v/t.* defetmek, püskürtmek; reddetmek; *fig.* tiksindirmek; **~·lent** [-ənt] *adj.* uzaklaştırıcı; *fig.* tiksindirici, itici.
re·pent [rɪ'pent] *vb.* pişman olmak; tövbe etmek; **re·pent·ance** [-əns] *n.* pişmanlık; tövbe; **re·pen·tant** [-t] *adj.* pişman; tövbeli.
re·per·cus·sion [riːpə'kʌʃn] *n.* geri tepme; *mst.* **~s** *pl.* ters tepki, yankı.
rep·er·to·ry ['repətərɪ] *n.* THEA repertuar; *fig.* zengin kaynak.
rep·e·ti·tion [repɪ'tɪʃn] *n.* tekrarla(n)ma, tekrar; ezberden okuma.
re·place [rɪ'pleɪs] *v/t.* eski yerine koymak; yenisiyle değiştirmek; yerine geçmek; *-in* yerini almak; *-in* yerini tutmak; **~·ment** [-mənt] *n.* yerine koyma; vekil; yedek.
re·plant ['riː'plɑːnt] *v/t.* etrafına dikmek (*ağaç v.b.*).
re·plen·ish [rɪ'plenɪʃ] *v/t.* tekrar doldurmak; **~·ment** [-mənt] *n.* tekrar doldurma, ikmal.
re·plete [rɪ'pliːt] *adj.* dolu, dolmuş (**with** *ile*); tıka basa doymuş.
rep·li·ca ['replɪkə] *n.* PAINT kopya.
re·ply [rɪ'plaɪ] **1.** *vb.* yanıtlamak, cevap vermek (**to** *-e*); **2.** *n.* yanıt, cevap; karşılık; **in ~ to your letter** mektubunuza yanıt olarak; **~-paid envelope** pullu zarf.
re·port [rɪ'pɔːt] **1.** *n.* rapor; haber; bilgi; bildiri; söylenti; şöhret, ün; (**school**) **~** karne; **2.** *v/t.* bildirmek, haber vermek; anlatmak; **it is ~ed that ...** diği söyleniyor; **~ed speech** GR dolaylı anlatım; **~·er** [-ə] *n.* muhabir; raportör.
re·pose [rɪ'pəʊz] **1.** *n.* huzur, rahat; **2.** *v/t.* & *v/i.* yat(ır)mak, dinlen(dir)mek; uyumak; dayanmak, yaslanmak (**on** *-e*); **~ trust**, *etc.* **in** *-e* güvenmek.
re·pos·i·to·ry [rɪ'pɒzɪtərɪ] *n.* kutu, kap; ambar, depo; *fig.* sırdaş.
rep·re·hend [reprɪ'hend] *v/t.* azarlamak, paylamak.
rep·re|sent [reprɪ'zent] *v/t.* temsil etmek; göstermek, betimlemek; belirtmek, açıklamak; THEA (*rol*) oynamak, canlandırmak; ifade etmek, anlatmak; **~·sen·ta·tion** [reprɪzen'teɪʃn] *n.* temsil edilme; THEA oyun, temsil; vekillik; **~·sen·ta·tive** [reprɪ'zentətɪv] **1.** □ temsil eden; tipik, örnek ...; *a.* PARL temsili; **2.** *n.* temsilci; vekil; PARL milletvekili; **House of** ℛ **s** *Am.* PARL Temsilciler Meclisi.
re·press [rɪ'pres] *v/t.* baskı altında tutmak; PSYCH içine atmak, bastırmak; **re·pres·sion** [-ʃn] *n.* baskı altında tukma; PSYCH baskı.
re·prieve [rɪ'priːv] **1.** *n.* erteleme; geciktirme; *fig.* ferahlama, rahat bir nefes alma; **2.** *v/t.* ertelemek; *fig.* ferahlatmak, içine su serpmek.
rep·ri·mand ['reprɪmɑːnd] **1.** *n.* azar, paylama; **2.** *v/t.* azarlamak, paylamak.
re·print 1. [riː'prɪnt] *v/t.* yeniden basmak; **2.** ['riːprɪnt] *n.* yeni baskı.
re·pri·sal [rɪ'praɪzl] *n.* misilleme, karşılık.
re·proach [rɪ'prəʊtʃ] **1.** *n.* azarlama, paylama; kınama, sitem; ayıp, rezalet, yüzkarası; **2.** *v/t.* ayıplamak (**s.o. with s.th.** *b-ni bşden dolayı*); azarlamak, paylamak; kınamak; **~·ful** □ [-fl] sitem dolu, ayıplayan; utanılacak, yüz kızartıcı.
rep·ro·bate ['reprəbeɪt] **1.** *adj.* ahlaksız, serseri; **2.** *n.* ahlaksız kimse; **3.** *v/t.* ayıplamak, uygun görmemek, onaylamamak.
re·pro·cess [riː'prəʊses] *v/t.* yeniden

işlemek; **~·ing plant** *n.* (*pamuk v.b.*) yeniden işleme fabrikası.

re·pro|duce [riːprə'djuːs] *v/t.* & *v/i.* üre(t)mek, çoğal(t)mak; yeniden oluşturmak; taklit etmek, kopyasını yapmak; **~·duc·tion** [~'dʌkʃn] *n.* üreme, çoğalma; reprodüksiyon, kopya, taklit; **~·duc·tive** [~tɪv] *adj.* üreyen, üretken.

re·proof [rɪ'pruːf] *n.* azar, paylama.

re·prove [rɪ'pruːv] *v/t.* azarlamak; ayıplamak.

rep·tile zo ['reptaɪl] *n.* sürüngen.

re·pub|lic [rɪ'pʌblɪk] *n.* cumhuriyet; **~·li·can** [~ən] **1.** *adj.* cumhuriyetle ilgili; **2.** *n.* cumhuriyetçi.

re·pu·di·ate [rɪ'pjuːdɪeɪt] *v/t.* reddetmek, tanımamak, kabul etmemek.

re·pug|nance [rɪ'pʌgnəns] *n.* tiksinme, nefret; **~·nant** □ [~t] tiksindirici, iğrenç, çirkin.

re·pulse [rɪ'pʌls] **1.** *n.* MIL püskürtme; ret, geri çevirme; **2.** *v/t.* MIL püskürtmek; reddetmek, geri çevirmek; **re·pul·sion** *n.* tiksinme, nefret; PHYS iteleme; **re·pul·sive** □ [~ɪv] tiksindirici, iğrenç, itici (*a.* PHYS).

rep·u·ta|ble □ ['repjʊtəbl] saygıdeğer, saygın; tanınmış, namlı; **~·tion** [repjʊ'teɪʃn] *n.* ün, şöhret, nam; **re·pute** [rɪ'pjuːt] **1.** *n.* ün, şöhret; **2.** *v/t.* … gözüyle bakmak, saymak; ***be ~d (to be)*** … olduğu sanılmak; **re·put·ed** *adj.* ünlü, namlı; sözde, güya.

re·quest [rɪ'kwest] **1.** *n.* rica, dilek, istek; ECON talep, istem; ***by ~, on ~*** istek üzerine; ***in (great) ~*** çok rağbette; ***~ stop*** ihtiyari *ya da* seçmeli durak; **2.** *v/t.* rica etmek, dilemek, istemek.

re·quire [rɪ'kwaɪə] *v/t.* gerektirmek, istemek; talep etmek; *-e* gereksinimi olmak; ***if ~d*** gerekirse; **~d** *adj.* gerekli, lüzumlu; **~·ment** [~mənt] *n.* gereksinim, lüzum; istek, talep; **~s** *pl.* gerek.

req·ui|site ['rekwɪzɪt] **1.** *adj.* gerekli; **2.** *n.* gerekli şey; malzeme; ***toilet ~s*** *pl.* tuvalet malzemesi; **~·si·tion** [rekwɪ'zɪʃn] **1.** *n.* istek, talep; MIL el koyma; **2.** *v/t.* istemek; MIL el koymak.

re·quite [rɪ'kwaɪt] *v/t.* karşılığını vermek.

re·sale ['riːseɪl] *n.* yeniden satış; ***~ price*** yeniden satış fiyatı.

re·scind [rɪ'sɪnd] *v/t.* iptal etmek, feshetmek; (*yasa*) yürürlükten kaldırmak; **re·scis·sion** [rɪ'sɪʒn] *n.* iptal; yürürlükten kaldırma.

res·cue ['reskjuː] **1.** *n.* kurtarma; kurtulma, kurtuluş; **2.** *v/t.* kurtarmak.

re·search [rɪ'sɜːtʃ] **1.** *n.* araştırma, inceleme; **2.** *v/t.* araştırmak, incelemek; *v/i.* araştırma yapmak; **~·er** [~ə] *n.* araştırmacı.

re·sem|blance [rɪ'zembləns] *n.* benzeme, benzerlik (***to*** *-e*); **~·ble** [rɪ'zembl] *v/t.* -*e* benzemek, andırmak.

re·sent [rɪ'zent] *v/t.* içerlemek, gücenmek, darılmak, *-den* alınmak; **~·ful** □ [~fl] gücenik, dargın, içerlemiş; **~·ment** [~mənt] *n.* içerleme, gücenme, darılma.

res·er·va·tion [rezə'veɪʃn] *n.* rezervasyon, yer ayırtma; LEG ihtiraz kaydı; koşul, şart, kayıt; ***central ~*** *Brt.* MOT orta şerit.

re·serve [rɪ'zɜːv] **1.** *n.* rezerv, saklanmış şey, yedek; ECON fon, karşılık; SPOR: yedek oyuncu; MIL ihtiyat; **2.** *v/t.* saklamak, ayırmak; (*hakkını*) saklı tutmak; (*yer*) ayırtmak; ertelemek; **~d** □ *fig.* ağzı sıkı.

res·er·voir ['rezəvwɑː] *n.* su haznesi, su deposu; *fig.* hazne.

re·side [rɪ'zaɪd] *v/i.* oturmak; ***~ in*** *fig.* (*güç, hak v.b.*) *-e* ait olmak, *-de* bulunmak.

res·i|dence ['rezɪdəns] *n.* oturma; ev, konut, mesken; ***~ permit*** oturma izni; **~·dent** [~t] **1.** *adj.* oturan, sakin; **2.** *n.* bir yerde oturan kimse; (*sömürgede*) genel vali; **~·den·tial** [rezɪ'denʃl] *adj.* oturmaya ayrılmış; ***~ area*** meskûn *ya da* şenelmiş bölge.

re·sid·u·al [rɪ'zɪdjʊəl] *adj.* artan, kalan, artık …; **res·i·due** ['rezɪdjuː] *n.* artık, kalıntı; tortu.

re·sign [rɪ'zaɪn] *v/t.* bırakmak, terketmek; vazgeçmek; ***~ o.s. to*** *-e* razı olmak, *-e* boyun eğmek; *ile* yetinmek; *v/i.* istifa etmek, çekilmek; **res·ig·na·tion** [rezɪg'neɪʃn] *n.* istifa, çekilme; boyun eğme; **~ed** □ kaderine boyun eğmiş, işi oluruna bırakmış.

re·sil·i|ence [rɪ'zɪlɪəns] *n.* esneklik; *fig.* zorlukları yenme gücü; **~·ent** [~t] *adj.* esnek; *fig.* *k-ni* çabuk toparlayan, güçlükleri yenebilen.

res·in ['rezɪn] **1.** *n.* reçine; **2.** *v/t.* reçine-

lemek.

re·sist [rı'zıst] *v/t.* karşı koymak, direnmek, göğüs germek; dayanmak; **~·ance** [_əns] *n.* karşı koyma, direnme; ELECT, PHYS rezistans, direnç; MED dayanma gücü; ***line of least ~*** en kolay yol; **re·sis·tant** [_nt] *adj.* karşı koyan, direnen; dirençli.

res·o|lute □ ['rezəlu:t] kararlı, azimli; **~·lu·tion** [rezə'lu:ʃn] *n.* kararlılık, azim; karar; çözüm, açıklama; POL önerge, teklif.

re·solve [rı'zɒlv] **1.** *v/t.* (*sorun v.b.*) çözmek, halletmek; kararlaştırmak; *-e* dönüştürmek; (kuşku) ortadan kaldırmak; *v/i.* **~ *o.s.*** ayrışmak; karar vermek; **~ *on*, ~ *upon*** *-e* karar vermek; **2.** *n.* karar; azim; **~d** □ kararlı, azimli.

res·o|nance ['rezənəns] *n.* rezonans, seselim; yankılama; **~·nant** □ [_t] yankılanan, çınlayan.

re·sort [rı'zɔ:t] **1.** *n.* dinlenme yeri, mesire; uğrak; çare; ***health ~*** kaplıca; ***seaside ~*** plaj; ***summer ~*** sayfiye, yazlık; **2.** *v/t.* **~ *to*** *-e* başvurmak, çareyi *-de* aramak; *-e* sık sık gitmek.

re·sound [rı'zaʊnd] *v/i.* yankılanmak, çınlamak.

re·source [rı'sɔ:s] *n.* çare; olanak; doğal kaynak, zenginlik; beceriklilik, iş bilme; **~*s*** *pl.* doğal kaynaklar, zenginlikler; mali olanaklar; **~·ful** □ [_fl] becerikli, hünerli, iş bilen.

re·spect [rı'spekt] **1.** *n.* saygı, hürmet; ilgi, alaka, bakım; oran; ***with ~ to*** *ile* ilgili olarak; *-e* göre; *-e* gelince; ***in this ~*** bu konuda; bu bakımdan; **~*s*** *pl.* selamlar, saygılar; ***give my ~s to*** *-e* selam söyleyin; **2.** *v/t.* *-e* saygı göstermek; *-e* uymak; ***as ~s ...*** ... ile ilgili olarak; **re·spec·ta·ble** □ [_əbl] saygıdeğer; saygın; namuslu; epeyce, hayli; **~·ful** □ [_fl] saygılı; ***yours ~ly*** saygılarımla; **~·ing** [_ıŋ] *prp.* *-e* ilişkin.

re·spect·ive □ [rı'spektıv] her biri kendi; ***we went to our ~ places*** her birimiz kendi evimize gittik; **~·ly** [_lı] *adv.* sırasıyla.

res·pi·ra|tion [respə'reıʃn] *n.* soluma, solunum; **~·tor** MED ['respəreıtə] *n.* solunum aygıtı.

re·spire [rı'spaıə] *v/i.* nefes almak, solumak.

re·spite ['respaıt] *n.* erteleme, tecil; ara, paydos; ***without (a) ~*** aralıksız, durup dinlenmeden.

re·splen·dent □ [rı'splendənt] parlak, göz kamaştırıcı, görkemli.

re·spond [rı'spɒnd] *v/i.* cevap vermek, yanıt vermek; **~ *to*** *-e* tepki göstermek.

re·sponse [rı'spɒns] *n.* cevap, yanıt; *fig.* tepki; ***meet with little ~*** az bir karşılık görmek, ilgisizlik görmek.

re·spon·si|bil·i·ty [rıspɒnsə'bılətı] *n.* sorumluluk; ***on one's own ~*** kendi sorumluluğunda; ***sense of ~*** sorumluluk duygusu; ***take (accept, assume) the ~ for ...*** sorumluluğunu üzerine almak; **~·ble** □ [rı'spɒnsəbl] sorumlu; güvenilir.

rest[1] [rest] **1.** *n.* dinlenme; huzur, rahat; uyku; MEC işlemezlik; dayanak, destek; ***have*** *ya da* ***take a ~*** dinlenmek; ***be at ~*** çalışmamak, işlememek; ölmüş olmak; **2.** *v/t.* & *v/i.* dinlen(dir)mek; uyumak; rahat etmek; dayamak, yaslamak, koymak (***on*** *-e*); **~ *on*, ~ *upon*** (*gözlerini*) *-e* dikmek; *fig.* *-e* bağlı olmak, *-e* dayanmak; **~ *with*** *fig.* *-in* elinde olmak, *-e* kalmak.

rest[2] [_]: ***the ~*** geriye kalan, artan; ötekiler; ***and all the ~ of it*** ve kalanı; ***for the ~*** belirtilenin dışında.

res·tau·rant ['restərɔ̃:ŋ, _rɒnt] *n.* restoran, lokanta.

rest·ful ['restfl] *adj.* rahat, sakin, huzurlu; huzur verici, dinlendirici.

rest·ing-place ['restıŋpleıs] *n.* konak yeri, dinlenme yeri; mezar.

res·ti·tu·tion [restı'tju:ʃn] *n.* sahibine geri verme; zararı ödeme.

res·tive □ ['restıv] rahat durmaz, huzursuz; inatçı.

rest·less □ ['restlıs] yerinde durmaz, kıpır kıpır; huzursuz; uykusuz (*gece*); **~·ness** [_nıs] *n.* huzursuzluk; yerinde duramama.

res·to·ra|tion [restə'reıʃn] *n.* restorasyon, onarım, yenileme; geri verme, iade; eski görevine iade etme; **~·tive** [rı'stɒrətıv] **1.** *adj.* güçlendiren; ayıltıcı; **2.** *n.* kuvvet ilacı.

re·store [rı'stɔ:] *v/t.* restore etmek, onarmak, yenilemek; iade etmek, geri vermek; yeniden canlandırmak; **~ *s.o.* (*to health*)** *b-ni* sağlığına kavuşturmak, iyileştirmek.

re·strain [rı'streın] *v/t.* alıkoymak

(**from** *-den*); tutmak, zaptetmek; sınırlamak; **~t** [~t] *n.* kendini tutma; baskı; çekinme, sıkılma; sınırlama.

re·strict [rı'strıkt] *v/t.* sınırlamak, kısıtlamak; **re·stric·tion** [~kʃn] *n.* sınırlama, kısıtlama; koşul, kayıt; ***without ~s*** sınırsız.

rest room *Am.* ['restru:m] *n.* tuvalet, hela.

re·sult [rı'zʌlt] **1.** *n.* sonuç; semere, ürün; **2.** *v/i.* ileri gelmek, doğmak, çıkmak (**from** *-den*); **~ in** *ile* sonuçlanmak, sonu *-e* varmak.

re·sume [rı'zju:m] *vb.* yeniden başlamak, kaldığı yerden devam etmek; geri almak; **re·sump·tion** [rı'zʌmpʃn] *n.* yeniden başlama; geri alma.

re·sur·rec·tion [rezə'rekʃn] *n.* yeniden canlanma; ♀ ECCL İsa'nın dirilişi.

re·sus·ci·tate [rı'sʌsıteıt] *v/t.* & *v/i.* yeniden canlan(dır)mak; *fig.* hortlatmak.

re·tail 1. ['ri:teıl] *n.* perakende satış; ***by ~***, *adv.* **~** perakende; **2.** [~] *adj.* perakende ...; **3.** [ri:'teıl] *v/t.* & *v/i.* perakende sat(ıl)mak; **~·er** [~ə] *n.* perakendeci.

re·tain [rı'teın] *v/t.* alıkoymak, tutmak; elinden kaçırmamak; hatırında tutmak; (*avukat*) ücretle tutmak.

re·tal·i|ate [rı'tælıeıt] *v/t.* dengiyle karşılamak, misillemek; *v/i.* öç olmak; **~·a·tion** [rıtælı'eıʃn] *n.* misilleme; kısas; öç.

re·tard [rı'tɑ:d] *v/t.* geciktirmek, sürüncemede bırakmak; (***mentally***) ***~ed*** PSYCH geri zekâlı.

retch [retʃ] *v/i.* öğürmek.

re·tell [ri:'tel] (***-told***) *v/t.* yeniden anlatmak.

re·ten·tion [rı'tenʃn] *n.* alıkoyma, tutma; hatırda tutma.

re·think [ri:'θıŋk] (***-thought***) *vb.* yeniden düşünmek.

re·ti·cent ['retısənt] *adj.* ağzı sıkı, sır saklayan; sesi çıkmaz.

ret·i·nue ['retınju:] *n.* maiyet.

re·tire [rı'taıə] *v/t.* & *v/i.* geri çekilmek; bir köşeye çekilmek; emekliye ayırmak; emekli olmak; **~d** □ emekli; bir köşeye çekilmiş, dünyadan elini eteğini çekmiş; **~ *pay*** emekli maaşı; **~·ment** [~mənt] *n.* emeklilik; geri çekilme; bir köşeye çekilme; **re·tir·ing** [~rıŋ] *adj.* çekingen, utangaç; **~ *pension*** emekli maaşı.

re·tort [rı'tɔ:t] **1.** *n.* sert cevap, ters yanıt; karşılık; **2.** *vb.* sert cevap vermek; karşılık vermek.

re·touch ['ri:'tʌtʃ] *v/t.* gözden geçirmek, düzeltmek; PHOT rötuş yapmak.

re·trace [rı'treıs] *v/t.* izini takip ederek kaynağına gitmek; **~ *one's steps*** geldiği yoldan geri dönmek.

re·tract [rı'trækt] *v/t.* & *v/i.* geri çek(il)mek; (*sözünü*) geri almak; caymak, sözünden dönmek; AVIA (*tekerlekleri*) içeri çekmek.

re·train [ri:'treın] *v/t.* yeniden eğitmek, başka bir meslek için eğitmek.

re·tread 1. [ri:'tred] *v/t.* (*lastik tekerlek*) dışını kaplamak; **2.** ['ri:tred] *n.* kaplanmış lastik tekerlek.

re·treat [rı'tri:t] **1.** *n.* geri çek(il)me; bir köşeye çekilme; kafa dinleyecek yer; ***sound the ~*** MIL geri çekilme borusu çalmak; **2.** *v/i.* geri çekilmek.

ret·ri·bu·tion [retrı'bju:ʃn] *n.* misilleme; ceza, günahların bedeli.

re·trieve [rı'tri:v] *v/t.* yeniden ele geçirmek, yeniden edinmek; düzeltmek; HUNT bulup getirmek.

ret·ro- ['retrəʊ] *prefix* geriye ..., arkaya ...; **~·ac·tive** □ LEG [retrəʊ'æktıv] önceyi kapsayan, geriye dönük (*yasa*); **~·grade** ['retrəʊgreıd] *adj.* geri giden, gerileyen; giderek kötüleşen; **~·spect** [~spekt] *n.* geçmişe bakış; **~·spec·tive** □ [retrəʊ'spektıv] geçmişle ilgili; geçmişi hatırlayan; LEG geriye dönük (*yasa*).

re·try LEG ['ri:'traı] *v/t.* yeniden yargılamak.

re·turn [rı'tɜ:n] **1.** *n.* geri dönüş; geri verme, iade; cevap, karşılık; AVIA dönüş bileti; ECON resmi rapor; PARL seçim; SPOR: rövans maçı; MED yeniden başlama; *attr.* dönüş ...; **~s** *pl.* ECON kazanç, kâr, gelir; ***many happy ~s of the day*** nice yıllara; ***in ~ for*** *-in* karşılığında, *-e* karşılık; ***by ~*** (***of post***), ***by ~ mail*** *Am.* ilk posta ile; **~ *match*** SPOR: rövanş maçı; **~ *ticket*** *Brt.* gidiş dönüş bileti; **2.** *v/i.* geri dönmek, dönüp gelmek; eski durumuna dönmek; *v/t.* geri vermek, iade etmek; geri göndermek; karşılık vermek; (*kâr*) getirmek; PARL seçmek; *tenis v.b.*: (*topa*) geri vurmak; **~ *a ver-***

dict of guilty LEG suçlu olduğuna karar vermek.
re•u•ni•fi•ca•tion POL [ˈrɪːjuːnɪfɪˈkeɪʃn] *n.* yeniden birleşme, uzlaşma.
re•u•nion [ˈriːˈjuːnjən] *n.* yeniden birleşme, bir araya gelme.
re•val•ue ECON [riːˈvæljuː] *v/t.* yeniden değerlendirmek.
re•veal [rɪˈviːl] *v/t.* açığa vurmak; göstermek, belli etmek; **~•ing** [~ɪŋ] *adj.* anlamlı.
rev•el [ˈrevl] (*esp. Brt.* **-ll-**, *Am.* **-l-**) *v/i.* eğlenmek, cümbüş yapmak; **~ *in*** *-den* zevk almak.
rev•e•la•tion [revəˈleɪʃn] *n.* açığa vurma.
rev•el•ry [ˈrevlrɪ] *n.* eğlenti, cümbüş.
re•venge [rɪˈvendʒ] **1.** *n.* öç, intikam; *esp.* SPOR: rövanş; ***in ~ for*** *-den* öç almak için; **2.** *v/t.* öç almak; **~•ful** □ [~fl] kinci, kin tutan; **re•veng•er** [~ə] *n.* öç alan kimse.
rev•e•nue ECON [ˈrevənjuː] *n.* gelir; devletin yıllık gelirleri.
re•ver•be•rate PHYS [rɪˈvɜːbəreɪt] *v/t.* & *v/i.* akset(tir)mek, yankıla(n)mak.
re•vere [rɪˈvɪə] *v/t.* saygı göstermek, ululamak.
rev•e|rence [ˈrevərəns] **1.** *n.* derin saygı; reverans; **2.** *v/t.* saygı göstermek; **~•rend** [~d] **1.** *adj.* saygıdeğer; **2.** *n.* muhterem (*papaz lakabı*).
rev•e|rent □ [ˈrevərənt], **~•rential** □ [revəˈrenʃl] saygılı; saygıdan ileri gelen.
rev•er•ie [ˈrevərɪ] *n.* dalgınlık; düş, hayal.
re•vers|al [rɪˈvɜːsl] *n.* tersine çevirme, evirtim; **~e** [~ɜːs] **1.** *n.* arka yüz, arka; aksilik; geri tepme; MOT geri vites; **2.** □ ters, aksi; arka …; ***in ~ order*** aksi düzende; **~ *gear*** MOT geri vites; **~ *side*** (kumaşta) arka yüz; **3.** *vb.* ters çevirmek; tersine dönmek; LEG iptal etmek; (*araba*) geri gitmek; **~•i•ble** □ [~əbl] tersine çevrilebilir; tersi de kullanılabilir (*ceket v.b.*).
re•vert [rɪˈvɜːt] *vb.* yeniden dönmek (***to*** *-e*); çevirmek (*bakış*); LEG mülk sahibine geçmek.
re•view [rɪˈvjuː] **1.** *n.* gözden geçirme, tetkik, inceleme; MIL geçit töreni; eleştiri; dergi, mecmua; ***pass s.th. in ~*** bşi gözden geçirmek; **2.** *v/t.* yeniden incelemek, gözden geçirmek; MIL teftiş etmek; (*kitap v.b.*) eleştirmek; *fig.* (geçmişi) zihninden geçirmek; **~•er** [~ə] *n.* eleştirmen.
re•vise [rɪˈvaɪz] *v/t.* okuyup düzeltmek, elden geçirmek; değiştirmek; *Brt.* (*ders*) yeniden çalışmak; **re•vi•sion** [rɪˈvɪʒn] *n.* okuyup düzeltmek; yeniden gözden geçirme, inceleme, revizyon; *Brt.* (*ders*) yeniden çalışma.
re•viv•al [rɪˈvaɪvl] *n.* yeniden canlan(dır)ma, diril(t)me; *fig.* uyanma, uyanış; **re•vive** [~aɪv] *v/t.* & *v/i.* yeniden canlan(dır)mak; yenilemek; yeniden oyna(t)mak; yeniden ilgi görmek.
re•voke [rɪˈvəʊk] *v/t.* geri almak; iptal etmek.
re•volt [rɪˈvəʊlt] **1.** *n.* isyan, ayaklanma; **2.** *v/i.* isyan etmek, ayaklanmak (***against*** *-e karşı*); *v/t. fig.* tiksindirmek; **~•ing** □ [~ɪŋ] tiksindirici.
rev•o•lu•tion [revəˈluːʃn] *n.* MEC devir, dönme; *fig.* devrim (*a.* POL); **~•ar•y** [~ərɪ] *n.* & *adj.* devrimci; **~•ize** *fig.* [~ʃnaɪz] *v/t. -de* devrim yapmak, kökünden değiştirmek.
re•volve [rɪˈvɒlv] *v/t.* & *v/i.* dön(dür)mek (***about, round*** *etrafında*); **~ *around*** *fig.* düşünüp taşınmak, evirip çevirmek; **re•volv•ing** [~ɪŋ] *adj.* dönen, döner …
re•vue THEA [rɪˈvjuː] *n.* revü, kabare.
re•vul•sion *fig.* [rɪˈvʌlʃn] *n.* nefret, tiksinme.
re•ward [rɪˈwɔːd] **1.** *n.* ödül; karşılık; **2.** *v/t.* ödüllendirmek; **~•ing** □ [~ɪŋ] yapmaya değer.
re•write [ˈriːˈraɪt] (***-wrote, -written***) *v/t.* yeniden yazmak, başka biçimde yazmak.
rhap•so•dy [ˈræpsədɪ] *n.* MUS rapsodi; *fig.* coşkunluk, heyecan.
rhe•to•ric [ˈretərɪk] *n.* iyi konuşma yeteneği; *fig. contp.* abartmalı dil *ya da* yazı.
rheu•ma•tism MED [ˈruːmətɪzəm] *n.* romatizma.
rhu•barb BOT [ˈruːbɑːb] *n.* ravent.
rhyme [raɪm] **1.** *n.* kafiye, uyak; ***without ~ or reason*** anlamsız, ipe sapa gelmez; **2.** *vb.* kafiyeli yazmak.
rhyth|m [ˈrɪðəm] *n.* ritim, ahenk, uyum; **~•mic** [~mɪk] (***~ally***), **~•mi•cal** □ [~mɪkl] ritmik, ahenkli.

R

rib [rıb] **1.** *n.* ANAT kaburga, eğe; **2.** (*-bb-*) *v/t.* F alaya almak, takılmak.
rib·ald ['rıbəld] *adj.* ağzı bozuk, kaba; açık saçık.
rib·bon ['rıbən] *n.* şerit, kurdele, bant; daktilo şeridi; **~s** *pl.* bez parçası, paçavra.
rib cage ANAT ['rıbkeıdʒ] *n.* göğüs kafesi.
rice [raıs] *n.* BOT pirinç; pilav.
rich [rıtʃ] **1.** □ zengin; bol, fazla; değerli; verimli, bereketli; gür, tok (*ses*); yağlı, ağır (*yemek*); koyu, canlı (*renk*); **2.** *n.* **the ~** *pl.* zenginler; **~·es** [ˈ~rıtʃız] *n. pl.* zenginlik, servet.
rick AGR [rık] *n.* kuru ot yığını, tınaz.
rick·ets MED ['rıkıts] *n. sg. ya da pl.* raşitizm; **rick·et·y** [ˈ~ı] *adj.* MED raşitik; çürük, köhne (*mobilya*).
rid [rıd] (*-dd-; rid*) *v/t.* kurtarmak (*of -den*); ***get ~ of*** başından atmak, savmak, defetmek.
rid·dance F ['rıdəns]: ***Good ~!*** Hele şükür kurtulduk!, Oh be!
rid·den ['rıdn] **1.** *p.p. of* ***ride 2***; **2.** *adj.* (*böcek*) sarmış, bürümüş.
rid·dle¹ ['rıdl] *n.* bilmece, bulmaca.
rid·dle² [~] **1.** *n.* kalbur; **2.** *v/t.* kalburdan geçirmek, elemek.
ride [raıd] **1.** *n.* atla gezinti; binme, biniş; gezinti yolu; **2.** (***rode, ridden***) *v/i.* binmek (***on a bircycle*** *bisiklete*; ***in***, *Am.* ***on a bus*** *otobüse*); ata binmek; *v/t.* (*at, bisiklet v.b.*) sürmek; **rid·er** ['raıdə] *n.* atlı, binici.
ridge [rıdʒ] *n.* sırt, bayır; ARCH çatı sırtı; AGR tarla kenarı.
rid·i·cule ['rıdıkju:l] **1.** *n.* alay, eğlenme; **2.** *v/t.* alay etmek, eğlenmek; **ri·dic·u·lous** □ [rı'dıkjʊləs] gülünç, alay edilecek, saçma.
rid·ing ['raıdıŋ] *n.* biniş; binicilik; *attr.* binek ...
riff-raff ['rıfræf] *n.* ayak takımı, avam.
ri·fle¹ ['raıfl] *n.* tüfek.
ri·fle² [~] *v/t.* yağma etmek, soyup soğana çevirmek.
rift [rıft] *n.* yarık, çatlak.
rig¹ [rıg] (*-gg-*) *v/t.* *-e* hile karıştırmak.
rig² [~] **1.** *n.* NAUT arma, donanım; MEC takım, donatım; F kılık, giysi; **2.** (*-gg-*) *v/t.* donatmak; ***~ up*** F yapıvermek, uyduruvermek; **~·ging** NAUT ['rıgıŋ] *n.* donanım.

right [raıt] **1.** □ doğru; haklı; dürüst, insaflı; hatasız; uygun; ***all ~!*** Peki!, Hay hay!; ***that's all ~!*** Rica ederim!, Bir şey değil!; ***I am perfectly all ~*** turp gibiyim, sağlığım yerinde; ***that's ~!*** Doğru!; ***be ~*** haklı olmak; doğru olmak; ***put ~, set ~*** düzeltmek, yoluna koymak; onarmak; **2.** *adv.* sağa doğru, sağa; doğru olarak; uygun biçimde; ***~ away*** derhal, hemen; ***~ on*** doğruca; ***turn ~*** sağa dönmek; **3.** *n.* sağ taraf; POL sağ kanat; *boks*: sağ; ***by ~ of ...*** yüzünden, ... nedeniyle; ***on*** *ya da* ***to the ~*** sağ taraf(t)a; **4.** *v/t.* düzeltmek; ayarlamak; **~-down** ['raıtdaʊn] *adj.* uygun; tam, sapına kadar; **~eous** □ ['raıtʃəs] dürüst, adil, namuslu; **~·ful** □ [ˈ~fl] haklı; yasal; gerçek; **~-hand** *adj.* sağdaki; sağ elle yapılan; ***~ drive*** sağdan direksiyon; **~-hand·ed** *adj.* sağ elini kullanan; **~·ly** [ˈ~lı] *adv.* doğru olarak; haklı olarak; **~ of way** *n.* geçiş hakkı (*a.* MOT); **~-wing** *adj.* POL sağ kanat ...
rig·id □ ['rıdʒıd] bükülmez, sert, kaskatı; *fig.* boyun eğmez, katı; **~·i·ty** [rı'dʒıdətı] *n.* bükülmezlik, sertlik.
rig·ma·role ['rıgmərəʊl] *n.* boş laf, gevezelik.
rig·or·ous □ ['rıgərəs] sert, şiddetli.
rig·o(u)r ['rıgə] *n.* sertlik, şiddet.
rile F [raıl] *v/t.* kızdırmak.
rim [rım] *n.* kenar; jant; çerçeve; **~·less** ['rımlıs] *adj.* çerçevesiz (*gözlük*); **~med** *adj.* çerçeveli.
rime *lit.* [raım] *n.* kafiye, uyak.
rind [raınd] *n.* kabuk; dış yüzey.
ring¹ [rıŋ] **1.** *n.* zil sesi, çan sesi, çınlama; zil çalma; telefon etme; ***give s.o. a ~*** *b-ne* telefon etmek; **2.** (***rang, rung***) *v/t.* & *v/i.* çal(ın)mak; çınla(t)mak; *esp. Brt. telep.* telefon etmek; ***~ the bell*** zili çalmak; *esp. Brt.* TELEPH: ***~ back*** yeniden telefon etmek, tekrar aramak; ***~ off*** telefonu kapatmak; ***~ s.o. up*** *b-ne* telefon etmek.
ring² [~] **1.** *n.* halka, çember; yüzük; *boks*: ring; şebeke, çete, grup; **2.** *v/t.* daire içine almak; **~ bind·er** ['rıŋbaındə] *n.* telli defter; **~·lead·er** *n.* çete başı, elebaşı; **~·let** [ˈ~lıt] *n.* saç lülesi; **~·mas·ter** *n.* sirk müdürü; **~ road** *n.* *Brt.* çevreyolu; **~·side**: ***at the ~*** *boks*: ring kenarında; ***~ seat*** ring kenarındaki koltuk; olaya yakın yer.

R

rink [rɪŋk] *n.* paten sahası; buz pisti.

rinse [rɪns] *v/t. oft.* ~ **out** çalkalamak, durulamak.

ri·ot ['raɪət] **1.** *n.* kargaşalık, gürültü; ayaklanma, isyan; eğlenti, cümbüş; **run** ~ azmak, azıtmak; **2.** *v/i.* kargaşalık yaratmak; azmak, azıtmak, kudurmak; ayaklanmak; **~·er** [~ə] *n.* asi, ayaklanan kimse, gösterici; **~·ous** □ [~əs] gürültülü; gürültücü, kargaşalık çıkaran.

rip [rɪp] **1.** *n.* yırtık, yarık; **2.** (**-pp-**) *v/t. & v/i.* yırt(ıl)mak, yar(ıl)mak; sök(ül)mek.

ripe □ [raɪp] olgun (*a. fig.*), olmuş; **rip·en** ['raɪpən] *v/t. & v/i.* olgunlaş(tır)mak; **~·ness** [~nɪs] *n.* olgunluk.

rip·ple ['rɪpl] **1.** *n.* dalgacık; **2.** *v/t. & v/i.* hafifçe dalgalan(dır)mak; çağıldamak, şırıldamak.

rise [raɪz] **1.** *n.* artış, yükseliş; yükselme; (güneş) doğuş; bayır, tepe, yokuş; *fig.* kaynak; **give** ~ **to** *-e* neden olmak, yol açmak; **2.** (**rose, risen**) *v/i.* yukarı çıkmak; yükselmek, artmak; ayağa kalkmak; (güneş) doğmak; (**nehir**) doğmak, çıkmak; kaynaklanmak; ortaya çıkmak, görünmek; ayaklanmak, baş kaldırmak; ~ **to the occasion** zoru başarabileceğini göstermek; **ris·en** ['rɪzn] *p.p. of* **rise 2**; **ris·er** ['raɪzə]: **early** ~ sabah erken kalkan kimse.

ris·ing ['raɪzɪŋ] *n.* yükselme; AST doğuş; artma, çoğalma; ayaklanma, isyan.

risk [rɪsk] **1.** *n.* tehlike, risk, riziko (*a.* ECON); **be at** ~ tehlikede olmak; **run the** ~ **of doing s.th.** bş yapmak riskini göze almak; **run** *ya da* **take a** ~ riske girmek; **2.** *v/t.* tehlikeye atmak, riske sokmak; **~·y** □ ['rɪskɪ] (**-ier, -iest**) riskli, tehlikeli.

rite [raɪt] *n.* ayin; tören; **rit·u·al** ['rɪtʃʊəl] **1.** □ törensel; ayin ...; **2.** *n.* ayin.

ri·val ['raɪvl] **1.** *n.* rakip; **2.** *adj.* rekabet eden, rakip ...; **3.** (*esp. Brt.* **-ll-**, *Am.* **-l-**) *v/t. ile* rekabet etmek, çekişmek; **~·ry** [~rɪ] *n.* rekabet, çekişme.

riv·er ['rɪvə] *n.* nehir, ırmak; *fig.* sel; **~·side 1.** *n.* nehir kıyısı; **2.** *adj.* nehir kıyısında bulunan.

riv·et ['rɪvɪt] **1.** *n.* MEC perçin; **2.** *v/t.* MEC perçinlemek; *fig.* (*ilgi*) çekmek; *fig.* gözünü dikmek.

riv·u·let ['rɪvjʊlɪt] *n.* dere, çay.

road [rəʊd] *n.* yol, cadde; **on the** ~ yolda; THEA turnede; ~ **ac·ci·dent** *n.* trafik kazası; **~·block** ['rəʊdblɒk] *n.* barikat; ~ **rage** *n. araç kullanırken saldırgan davranışlar*; ~ **safe·ty** *n.* yol güvenliği; **~·side 1.** *n.* yol kenarı; **2.** *adj.* yol kenarında bulunan; **~·way** *n.* yol, asfalt; ~ **works** *n. pl.* yolda çalışma; **~·wor·thy** *adj.* MOT yola çıkmaya elverişli, yola hazır (*araç*).

roam [rəʊm] *vb.* gezinmek, dolaşmak, sürtmek.

roar [rɔː] **1.** *v/i.* gürlemek; gümbürdemek; (*aslan*) kükremek; **2.** *n.* gürleme; gümbürdeme,; kükreme.

roast [rəʊst] **1.** *n.* kızartma; kebap; **2.** *v/t.* kızartmak; kavurmak; **3.** *adj.* kızartılmış; ~ **beef** rozbif, kızartılmış sığır eti.

rob [rɒb] (**-bb-**) *v/t.* soymak; çalmak; **~·ber** ['rɒbə] *n.* soyguncu; hırsız; **~·ber·y** [~rɪ] *n.* soygun; ~ **with violence** LEG şiddet kullanarak yapılan soygun.

robe [rəʊb] *n.* rop, cüppe; kaftan; urba; sabahlık.

rob·in ZO ['rɒbɪn] *n.* kızılgerdan kuşu.

ro·bot ['rəʊbɒt] *n.* robot.

ro·bust □ [rə'bʌst] dinç, sağlam, dayanıklı, gürbüz.

rock [rɒk] **1.** *n.* kaya; kayalık; taş; *Brt.* naneli çubuk şekeri; **on the ~s** buzlu (*viski v.b.*); meteliksiz, eli darda; ~ **crystal** necef taşı; **2.** *v/t. & v/i.* salla(n)mak, sars(ıl)mak (*a. fig.*).

rock·er ['rɒkə] *n.* kavisli beşik *v.b.* ayağı; *Am.* salıncaklı koltuk; **off one's** ~ *sl.* kafadan çatlak, tahtası noksan.

rock·et ['rɒkɪt] *n.* roket, füze; *attr.* roket ...; **~-pro·pelled** *adj.* roket tahrikli; **~·ry** [~rɪ] *n.* roket kullanma tekniği.

rock·ing|-chair ['rɒkɪŋtʃeə] *n.* salıncaklı koltuk; **~-horse** *n.* salıncaklı oyuncak at.

rock·y ['rɒkɪ] (**-ier, -iest**) *adj.* kayalık; kaya gibi.

rod [rɒd] *n.* çubuk, değnek; MEC rot.

rode [rəʊd] *pret. of* **ride 2.**

ro·dent ZO ['rəʊdənt] *n.* kemirgen hayvan.

ro·de·o [rəʊ'deɪəʊ] (*pl.* **-os**) *n.* rodeo.

roe[1] ZO [rəʊ] *n.* karaca.

roe[2] ZO [~] *n. a.* **hard** ~ balık yumurtası; *a.* **soft** ~ balık menisi.

rogue [rəʊg] *n.* dolandırıcı, düzenbaz, hergele, it; çapkın, kerata; **ro·guish** □ ['rəʊgɪʃ] düzenbaz, namussuz; çapkın; yaramaz.

role, rôle THEA [rəʊl] *n.* rol (*a. fig.*).

roll [rəʊl] **1.** *n.* yuvarla(n)ma; rulo, top; sicil, kayıt, liste; merdane; tomar; NAUT yalpa; **2.** *v/t. & v/i.* yuvarla(n)-mak; sar(ıl)mak; silindirle düzlemek; (*gözlerini*) devirmek; (*gök*) gürlemek; dalgalanmak; NAUT yalpa vurmak; **~ *up*** sarmak, dürmek; birikmek, yığılmak; MOT araba ile gelmek; **~-call** ['rəʊlkɔːl] *n.* yoklama (*a.* MIL).

roll·er ['rəʊlə] *n.* silindir; merdane; NAUT büyük dalga; bigudi; **~ coast·er** *n.* (*lunaparklarda*) keskin viraj ve iniş çıkışları olan tren; **~ skate** *n.* tekerlekli paten; **~-skate** *v/i.* tekerlekli patenle kaymak; **~-skat·ing** *n.* tekerlekli paten; **~ tow·el** *n.* bir makaraya asılarak kullanılan uçları dikili havlu.

rol·lick·ing ['rɒlɪkɪŋ] *adj.* gürültülü, şamatalı.

roll·ing ['rəʊlɪŋ] *adj.* yuvarlanan; inişli yokuşlu (*arazi*); **~ *mill*** MEC haddehane; **~ *pin*** oklava.

roll-neck ['rəʊlnek] **1.** *n.* yuvarlak yaka; **2.** *adj.* yuvarlak yakalı; **~ed** [~t] *adj.* yuvarlak yakalı.

Ro·man ['rəʊmən] **1.** *adj.* Roma'ya *ya da* Romalılara özgü; **2.** *n.* Romalı.

ro·mance[1] [rəʊ'mæns] *n.* macera; aşk macerası; macera romanı; romantiklik.

Ro·mance[2] LING [~] *n. a.* **~ *languages*** Latince kökenli diller.

Ro·ma·ni·an [ruː'meɪnjən] **1.** *adj.* Romen; **2.** *n.* Romanyalı, Romen; LING Romence.

ro·man|tic [rə'mæntɪk] **1.** (**~*ally***) *adj.* romantik; roman gibi; **2.** *n.* romantik kimse; **~·ti·cis·m** [~sɪzəm] *n.* romantizm.

romp [rɒmp] **1.** *n.* sıçrayıp oynama; haşarı çocuk; **2.** *v/i. a.* **~ *about*, ~ *around*** sıçrayıp oynamak, boğuşmak, kudurmak; **~·ers** ['rɒmpəz] *n. pl.* çocuk tulumu.

roof [ruːf] **1.** *n.* dam, çatı (*a. fig.*); **~ *of the mouth*** ANAT damak; **2.** *v/t.* çatı ile örtmek; **~ *in*, ~ *over*** çatı ile kapatmak; **~·ing** ['ruːfɪŋ] **1.** *n.* çatı malzemesi; **2.** *adj.* çatı ...; **~ *felt*** tavan keçesi; **~ rack** *n. esp. Brt.* MOT üst bagaj.

rook [rʊk] **1.** *n. satranç*: kale; ZO ekinkargası; **2.** *v/t.* dolandırmak, kazıklamak.

room [ruːm] **1.** *n.* oda; yer; *fig.* neden; **~*s*** *pl.* apartman dairesi; pansiyon; **2.** *vb. Am.* oturmak, kalmak; **~·er** ['ruːmə] *n. esp. Am.* pansiyoner; **~·ing-house** [~ɪŋhaʊs] *n.* pansiyon; **~·mate** *n.* oda arkadaşı; **~·y** □ [~ɪ] (**-*ier*, -*iest***) geniş, ferah.

roost [ruːst] **1.** *n.* tünek; **2.** *v/i.* tünemek; **~·er** *esp. Am.* ZO ['ruːstə] *n.* horoz.

root [ruːt] **1.** *n.* kök; **2.** *v/t. & v/i.* kökleş(tir)mek, kök salmak; **~ *about*, ~ *around*** eşelemek, aramak (***among*** *arasında*); **~ *out*** kökünü kazımak, yok etmek; **~ *up*** kökünden sökmek; **~·ed** ['ruːtɪd] *adj.* köklü; kökleşmiş; ***deeply* ~** *fig.* sabit (*fikir*); ***stand* ~ *to the spot*** çakılıp kalmak.

rope [rəʊp] **1.** *n.* halat; ip; idam; ipe çekme; ***be at the end of one's* ~** çaresiz kalmak; ***know the* ~*s*** bir işin yolunu yordamını bilmek; **2.** *v/t.* iple bağlamak; **~ *off*** iple çevirmek; **~ lad·der** *n.* ip merdiven; **~ tow** *n.* teleski; **~·way** ['rəʊpweɪ] *n.* asma hat, teleferik.

ro·sa·ry ECCL ['rəʊzərɪ] *n.* tespih.

rose[1] [rəʊz] *n.* BOT gül; gül rengi; hortum süzgeci.

rose[2] [~] *pret. of* ***rise 2.***

ros·trum ['rɒstrəm] (*pl.* **-*tra*** [-trə], **-*trums***) *n.* kürsü.

ros·y □ ['rəʊzɪ] (**-*ier*, -*iest***) gül gibi; kırmızı, al.

rot [rɒt] **1.** *n.* çürüme; çürük; *Brt.* F saçma, zırva; **2.** (**-*tt*-**) *v/t. & v/i.* çürü(t)-mek.

ro·ta·ry ['rəʊtərɪ] *adj.* dönen, döner ...; **ro·tate** [rəʊ'teɪt] *v/t. & v/i.* dön(dür)-mek; sırayla çalış(tır)mak; AGR her yıl değişik ekin yetiştirmek; **ro·ta·tion** [~ʃn] *n.* dönme, dönüş; devir; rotasyon.

ro·tor *esp.* AVIA ['rəʊtə] *n.* helikopter pervanesi.

rot·ten □ ['rɒtn] çürük, bozuk; kokmuş, cılk (*yumurta*); ***feel* ~** *sl.* keyfi olmamak; kendini turşu gibi hissetmek.

ro·tund □ [rəʊ'tʌnd] yuvarlak; tombul; dolgun (*ses*).

rough [rʌf] **1.** □ pürüzlü; engebeli, inişli

yokuşlu (*yol*); kaba, sert; çetin, zor (yaşam); fırtınalı (*hava*); dalgalı (*deniz*); ~ ***copy*** taslak; ~ ***draft*** müsvedde, taslak; **2.** *adv.* sıkıntı içinde; kabaca, sertçe; **3.** *n.* engebeli arazi; külhanbeyi, kabadayı; **4.** *v/t.* hırpalamak, dövmek; bozmak; ~ ***it*** F sefalet çekmek, sürünmek; **~·age** ['rʌfɪdʒ] *n.* selülozu bol yiyecek; **~·cast 1.** *n.* MEC kaba sıva; **2.** *adj.* bitmemiş, eksik; **3.** (***-cast***) *v/t.* MEC kaba sıva vurmak; **~·en** [~n] *v/t.* & *v/i.* pürüzlen(dir)mek; kabar(t)mak; **~·neck** *n. Am.* F kabadayı, külhanbeyi; **~·ness** [~nɪs] *n.* kabalık, sertlik; **~·shod**: ***ride ~ over*** adam yerine koymamak, önemsememek.

round [raʊnd] **1.** □ yuvarlak; toparlak, top ...; tombul; yuvarlak (*sayı*); okkalı (*küfür*); bütün, tam; ***a ~ dozen*** tam bir düzine; ***in ~ figures*** (*sayı*) yuvarlak olarak; **2.** *adv.* etraf(t)a, civarında; ***ask s.o. ~*** *b-ni* davet etmek, çağırmak; ***~ about*** bu civarda, buralarda; ***all the year ~*** tüm yıl boyunca; ***the other way ~*** aksine, tam tersine; **3.** *prp.* *-in* etrafın(d)a; **4.** *n.* daire, yuvarlak; devir, sefer, posta; sıra; MED vizite; MUS kanon; *boks*: raunt, ravnt; ***100 ~s*** MIL 100 el atış; **5.** *v/t.* & *v/i.* yuvarlaklaş(tır)mak; etrafını dolaşmak, dönmek; ***~ off*** (*sayı*) yuvarlak yapmak; *fig.* bitirmek, tamamlamak; ***~ up*** (*sayı*) yuvarlak yapmak; toplamak; (*suçlu*) yakalamak; **~·a·bout** ['raʊndəbaʊt] **1.** *adj.* ~ ***away*** *ya da* ***route*** dolambaçlı yol; ***in a ~ way*** *fig.* dolaylı yoldan; **2.** *n. Brt.* atlıkarınca; *Brt.* döner kavşak, döner ada; **~·ish** [~ɪʃ] *adj.* yuvarlakça; ~ **trip** *n.* gidiş dönüş, tur; AVIA dönüş uçuşu; **~-trip** ***~ ticket*** *Am.* gidiş dönüş bileti; **~-up** *n.* bir araya toplama; suçluların toplanması.

rouse [raʊz] *v/t.* & *v/i.* uyan(dır)mak; canlandırmak; kışkırtmak; ***~ o.s.*** tüm gücünü toplamak, canlanmak.

route [ruːt, MIL *a.* raʊt] *n.* yol; rota; MIL yürüyüş yolu.

rou·tine [ruː'tiːn] **1.** *n.* âdet, usul; iş programı; **2.** *adj.* her zamanki, alışılmış.

rove [rəʊv] *vb.* dolaşmak, gezinmek.

row¹ [rəʊ] *n.* sıra, dizi, saf.

row² F [raʊ] **1.** *n.* patırtı, gürültü, kargaşa; kavga, hır; **2.** *v/i.* tartışmak, kavga etmek.

row³ [rəʊ] **1.** *n.* kürek çekme; sandal gezintisi; **2.** *v/i.* kürek çekmek; **~·boat** *Am.* ['rəʊbəʊt] *n.* sandal, kayık; **~·er** [~ə] *n.* kürekçi, kayıkçı; **~·ing boat** *Brt.* [~ɪŋbəʊt] *n.* kayık, sandal.

roy·al □ ['rɔɪəl] kral *ya da* krallıkla ilgili; **~·ty** [~tɪ] *n.* krallık, hükümdarlık; *coll.* kraliyet ailesi; kitap yazarına verilen pay.

rub [rʌb] **1.** *n.* ***give s.th. a good ~*** bşi iyice ovmak; **2.** (***-bb-***) *v/t.* & *v/i.* ov(ala)mak; sür(t)mek; ovuşturmak; sürtünmek (***against, on*** *-e*); ***~ down*** kurula(n)mak; zımparalayarak düzeltmek; ***~ in*** (*krem v.b.*) ovarak yedirmek; ***~ it in*** *fig.* F tekrar tekrar söylemek, başına vurmak; ***~ off*** çık(ar)mak, sil(in)mek; ***~ out*** *Brt.* sil(in)mek; ***~ up*** ovarak cilalamak, silip parlatmak; ***~ s.o. up the wrong way*** *b-nin* canını sıkmak, sinirlendirmek.

rub·ber ['rʌbə] *n.* lastik, kauçuk; silgi; **~s** *pl. Am.* şoson, galoş; *Brt.* lastik ayakkabı; ~ **band** *n.* lastik bant; ~ **cheque** *Am.* ~ **check** *n.* karşılıksız *ya da* sahte çek, naylon çek; **~·neck** *Am.* F **1.** *n.* meraklı; turist; **2.** *v/i.* merakla bakmak, dönüp dönüp bakmak; **~·y** [~rɪ] *adj.* lastik gibi.

rub·bish ['rʌbɪʃ] *n.* çöp, süprüntü; *fig.* boş laf, saçma; ~ **bin** *n. Brt.* çöp kutusu; ~ **chute** *n.* çöp bacası.

rub·ble ['rʌbl] *n.* moloz.

ru·by ['ruːbɪ] *n.* yakut.

ruck·sack ['rʌksæk] *n.* sırt çantası.

rud·der ['rʌdə] *n.* NAUT, AVIA dümen.

rud·dy □ ['rʌdɪ] (***-ier, -iest***) kırmızı, al; al yanaklı.

rude □ [ruːd] (***~r, ~st***) kaba, terbiyesiz; edepsiz; sert, şiddetli; kaba saba; ilkel.

ru·di|men·ta·ry [ruːdɪ'mentərɪ] *adj.* gelişmemiş; temel; **~·ments** ['ruːdɪmənts] *n. pl.* temel bilgiler, esaslar.

rue·ful □ ['ruːfl] pişman; acıklı.

ruff [rʌf] *n.* kırmalı yaka.

ruf·fi·an ['rʌfjən] *n.* kabadayı, zorba, kavgacı.

ruf·fle ['rʌfl] **1.** *n.* farbala, fırfır; **2.** *v/t.* & *v/i.* (*saç, tüy*) kabartmak; buruşturmak; büzgü yapmak; *fig.* rahatsız etmek, huzurunu kaçırmak.

rug [rʌg] *n.* halı, kilim; seccade; örtü.

rug·ged □ ['rʌgɪd] engebeli, pürüzlü;

R

düzensiz; kaba; kırışık; *fig.* sert, haşin.

ru·in ['ruɪn] **1.** *n.* yıkım, yıkılma; iflas, batkı; *mst.* **~s** *pl.* yıkıntı, kalıntı, harabe; **2.** *v/t.* yıkmak, harap etmek; mahvetmek, altüst etmek; bozmak; **~·ous** □ ['~əs] yıkıcı; yıkık, harap.

rule [ruːl] **1.** *n.* kural; kanun, hüküm; âdet, usul; yönetim, idare, hükümet, saltanat; ***as a ~*** genellikle; ***work to ~*** kurallara uygun çalışmak; **~s** *pl.* tüzük, yönetmelik; **~(*s*) *of the road*** trafik kuralları; **2.** *v/t.* yönetmek; *-e* hükmetmek; egemen olmak; ***~ out*** çıkarmak, silmek; *v/i.* hüküm sürmek; **ruler** ['ruːlə] *n.* hükümdar; cetvel.

rum [rʌm] *n.* rom; *Am.* içki.

rum·ble ['rʌmbl] *v/i.* (*gök*) gümbürdemek, gürlemek; (*mide*) guruldamak.

ru·mi|nant zo ['ruːmɪnənt] **1.** *adj.* gevişgetiren; **2.** *n.* gevişgetiren hayvan; **~·nate** [~eɪt] *v/i.* zo geviş getirmek; *fig.* derin derin düşünmek (***about, over*** *üzerinde*).

rum·mage ['rʌmɪdʒ] **1.** *n.* adamakıllı arama; ***~ sale*** *Am.* fakirlerin yararına yapılan eşya satışı; **2.** *vb. a.* ***~ about*** didik didik aramak, karıştırmak.

ru·mo(u)r ['ruːmə] **1.** *n.* söylenti; dedikodu; **2.** *v/t.* (*dedikodu*) çıkarmak; ***it is ~ed*** söylentiye göre, ... olduğu söylentisi dolaşıyor.

rump [rʌmp] *n.* but; popo, kıç.

rum·ple ['rʌmpl] *v/t.* buruşturmak; karmakarışık etmek, bozmak.

run [rʌn] **1.** (***-nn-; ran, run***) *v/i.* koşmak; (*nehir*) akmak, dökülmek; gitmek, uzanmak; kaçmak, tüymek; MEC işlemek, çalışmak; (*tren, otobüs*) gidip gelmek, işlemek; (*çorap*) kaçmak; yarışmak; (*yağ*) erimek; irin akıtmak; yönelmek; (*piyes*) oynanmak; LEG geçerli olmak, yürürlükte olmak; ECON (*fiyat v.b.*) değişmek; *esp. Am.* POL adaylığını koymak (***for*** *-e*); ***~ across s.o.*** *b-ne* rastlamak; ***~ after*** peşinden koşmak; ***~ along*** F Çekin gidin!; ***~ away*** kaçmak; ***~ away with*** çalmak, aşırmak; âşığıyla kaçmak; ***~ down*** (*saat*) durmak; *fig.* kuvvetten düşmek; ***~ dry*** kurumak; ***~ into*** *-e* girmek; *ile* karşılaşmak, *-e* çatmak; *-e* akmak, dökülmek; ***~ low*** azalmak; ***~ off with*** = ***~ away with***; ***~ out*** (*süre*) bitmek; tükenmek; ***~ out of petrol*** benzin bitmek; ***~ over*** bir koşu gitmek; taşmak; ***~ short*** bitmek; ***~ short of petrol*** benzin bitmek; ***~ through*** akmak; (*haber v.b.*) dolaşmak; ***~ up to*** *-e* ulaşmak; *-e* yaklaşmak; *v/t.* sürmek, kullanmak; yarıştırmak; aday göstermek; (*davar*) gütmek; (*abluka*) yarmak; işletmek, çalıştırmak; yönetmek; (*petrol*) arıtmak; ***~ down*** arayıp bulmak; *fig.* yermek, kötülemek; ***~ errands*** haber götürmek; ***~ s.o. home*** F *b-ni* eve götürmek; ***~ in*** (*motor*) alıştırmak, açmak; F hapsetmek, içeri atmak; ***~ over*** ezmek, çiğnemek; ***~ s.o. through*** *b-ne* kılıç saplamak; ***~ up*** (*fiyat v.b.*) yükseltmek; (*bayrak*) çekmek; **2.** *n.* koşma, koşuş; gezi, gezinti; yol, rota; akış, seyir; ECON talep, istem, rağbet; *Am.* dere, çay; *Am.* çorap kaçığı; SPOR: koşu; THEA, *film*: gösterim süresi; ***have a ~ of 20 nights*** THEA 20 gece oynamak; ***in the long ~*** eninde sonunda, dönüp dolaşıp; ***in the short ~*** kısa vadede; ***on the ~*** kaçmakta; koşuşturmakta.

run|a·bout F MOT ['rʌnəbaʊt] *n.* küçük araba; **~·a·way** *n.* kaçak.

rung[1] [rʌŋ] *p.p. of* ***ring***[1] ***2.***

rung[2] [~] *n.* merdiven basamağı; *fig.* kademe.

run|let ['rʌnlɪt] *n.* dere, çay; **~·nel** [~l] *n.* dere, çay; su oluğu.

run·ner ['rʌnə] *n.* koşucu, atlet; haberci, ulak; kaçakçı; masa örtüsü; yol halısı, yolluk; BOT yan filiz; **~ bean** *n.* *Brt.* BOT çalıfasulyesi; **~up** [~'rʌp] (*pl.* ***runners-up***) *n.* SPOR: ikinci gelen yarışmacı *ya da* takım.

run·ning ['rʌnɪŋ] **1.** *adj.* koşan; akar (*su*); peş peşe gelen; ***two days ~*** peş peşe iki gün; **2.** *n.* koşu, koşma; **~-board** *n.* MOT marşpiye, basamak.

run·way AVIA ['rʌnweɪ] *n.* pist.

rup·ture ['rʌptʃə] **1.** *n.* kopya, kır(ıl)ma; kesilme; **2.** *v/t.* & *v/i.* kop(ar)mak, kır(ıl)mak.

ru·ral □ ['rʊərəl] köyle ilgili, kırsal; tarımsal.

ruse [ruːz] *n.* hile, oyun, tuzak.

rush[1] BOT [rʌʃ] *n.* saz, hasırotu.

rush[2] [~] **1.** *n.* hamle, saldırma, hücum; koşuşturma, telaş; üşüşme; ECON talep, istem; **2.** *v/t.* & *v/i.* koş(tur)mak, acele et(tir)mek; saldırmak, atılmak;

aceleyle yapmak; ~ ***at*** *-e* saldırmak; ~ ***in*** hızla girmek, içeri dalmak; ~ **hour** ['rʌʃaʊə] *n.* kalabalık saat, sıkışık saat; ~**·hour traf·fic** *n.* sıkışık saatte oluşan trafik.

Rus·sian ['rʌʃn] **1.** *adj.* Rusya'ya özgü; **2.** *n.* Rus; LING Rusça.

rust [rʌst] **1.** *n.* pas; pas rengi; **2.** *v/t.* & *v/i.* paslan(dır)mak.

rus·tic ['rʌstık] **1.** (~***ally***) *adj.* köyle ilgili, kırsal; *fig.* kaba, yontulmamış; **2.** *n.* kaba adam.

rus·tle ['rʌsl] **1.** *v/t.* & *v/i.* hışırda(t)mak; *Am.* (*davar*) çalmak; **2.** *n.* hışırtı.

rust|less ['rʌstlıs] *adj.* paslanmaz; ~**·y** □ [~ı] (***-ier, -iest***) paslı; *fig.* körelmiş, paslanmış.

rut[1] [rʌt] *n.* tekerlek izi; *esp. fig.* alışkı.

rut[2] ZO [~] *n.* kösnüme, cinsel azgınlık.

ruth·less □ ['ru:θlıs] acımasız, insafsız.

rut|ted ['rʌtıd], ~**·ty** [~ı] (***-ier, -iest***) *adj.* tekerlek izleriyle dolu (*yol*).

rye BOT [raı] *n.* çavdar.

S

sa·ble ['seıbl] *n.* ZO samur; samur kürkü.

sab·o·tage ['sæbətɑ:ʒ] **1.** *n.* sabotaj, baltalama **2.** *v/t.* sabote etmek, baltalamak.

sa·bre, *Am. mst.* **-ber** ['seıbə] *n.* süvari kılıcı.

sack [sæk] **1.** *n.* çuval, torba; *Am.* kesekâğıdı; yağma, çapul; ***get the*** ~ F kovulmak, sepetlenmek; ***give s.o. the*** ~ F *b-ni* kovmak, sepetlemek; **2.** *v/t.* çuvala koymak; F kovmak, sepetlemek; F yağma etmek; ~**·cloth** ['sækklɑθ], ~**·ing** [~ıŋ] *n.* çuval bezi, çul.

sac·ra·ment ECCL ['sækrəmənt] *n.* kutsal ayin.

sa·cred □ ['seıkrıd] kutsal; dinsel.

sac·ri·fice ['sækrıfaıs] **1.** *n.* kurban; özveri; ***at a*** ~ ECON zararına; **2.** *vb.* kurban etmek; feda etmek; ECON zararına satmak.

sac·ri|lege ['sækrılıdʒ] *n.* kutsal şeylere saygısızlık; ~**·le·gious** □ [sækrı'lıdʒəs] kutsal şeylere saygısız.

sad □ [sæd] üzgün, kederli; üzücü, acıklı; donuk (*renk*).

sad·den ['sædn] *v/t.* & *v/i.* kederlen(dir)mek, üz(ül)mek.

sad·dle ['sædl] **1.** *n.* eyer; **2.** *v/t.* eyerlemek; *fig.* (iş v.b.) sırtına yüklemek, başına sarmak; ~**r** [~ə] *n.* saraç.

sa·dis·m ['seıdızəm] *n.* sadizm, elezerlik.

sad·ness ['sædnıs] *n.* üzüntü, keder.

safe [seıf] **1.** □ (~***r***, ~***st***) emin, güvenilir, emniyetli, sağlam; tehlikesiz; **2.** *n.* kasa; teldolap; ~ **con·duct** *n.* geçiş izni; ~**·guard** ['seıfgɑ:d] **1.** *n.* koruma; koruyucu şey (***against*** *-e karşı*); **2.** *v/t.* korumak (***against*** *-e karşı*).

safe·ty ['seıftı] *n.* güvenlik, emniyet; ~**-belt** *n.* emniyet kemeri; ~ **is·land** *n. Am.* trafik adası, refüj; ~**-lock** *n.* emniyet kilidi; ~**-pin** *n.* çengelliiğne; ~ **ra·zor** *n.* traş makinesi.

saf·fron ['sæfrən] *n.* BOT safran.

sag [sæg] (***-gg-***) *v/i.* eğilmek, sarkmak; MEC bel vermek; batmak; (*fiyat*) düşmek.

sa·ga|cious □ [sə'geıʃəs] sağgörülü, akıllı, keskin görüşlü; ~**·ci·ty** [sə'gæsətı] *n.* sağgörü, akıllılık.

sage[1] [seıdʒ] **1.** □ (~***r***, ~***st***) akıllı; ağırbaşlı; **2.** *n.* bilge.

sage[2] BOT [~] *n.* adaçayı.

said [sed] *pret.* & *p.p. of* ***say 1.***

sail [seıl] **1.** *n.* yelken; yelkenli; deniz yolculuğu; ***set*** ~ yelken açmak; **2.** *v/i.* yelkenliyle *ya da* gemiyle gitmek; gemi yolculuğuna çıkmak; süzülmek; *v/t.* NAUT (*yelkenli*) yönetmek, kullanmak; ~**·boat** *Am.* ['seılbəʊt] *n.* yelkenli gemi; ~**·er** [~ə] *n.* yelkenli gemi; ~**·ing-boat** *Brt.* [~ıŋbəʊt] *n.* yelkenli gemi; ~**·ing-ship** [~ıŋʃıp], ~**·ing-ves·sel** [~ıŋvesl] *n.* yelkenli gemi; ~**·or** [~ə] *n.* gemici, denizci; ***be a good*** (***bad***) ~ deniz tut(ma)mak; ~**·plane** *n.* planör.

saint [seınt] **1.** *n.* aziz, ermiş, evliya; **2.** *v/t.* azizler aşamasına çıkarmak; ~**·ly** ['seıntlı] *adj.* azizlere yakışır; aziz gibi,

S

mübarek.
saith *poet.* [seθ] *3. sg. pres. of* ***say 1.***
sake [seɪk]: ***for the ~ of*** *-in* uğruna, *-in* aşkına; *-in* hatırı için; ***for my ~*** hatırım için; ***for God's ~*** Allah aşkına.
sa·la·ble ['seɪləbl] = ***saleable.***
sal·ad ['sæləd] *n.* salata.
sal·a·ried ['sælərɪd] *adj.* maaşlı; ***~ employee*** maaşlı işçi, ücretli, aylıkçı.
sal·a·ry ['sælərɪ] *n.* maaş, aylık; **~ earn·er** [~ɜːnə] *n.* aylıkçı, maaşlı kimse.
sale [seɪl] *n.* satış; indirimli satış, ucuzluk; talep, istem; ***for ~*** satılık; ***be on ~*** satışa çıkmak.
sale·a·ble *esp. Brt.* ['seɪləbl] *adj.* satılabilir.
sales|clerk *Am.* ['seɪlzklɑːk] *n.* tezgâhtar; **~·man** [~mən] (*pl.* ***-men***) *n.* satıcı; tezgâhtar; **~wom·an** (*pl.* ***-women***) *n.* satıcı kadın; kadın tezgâhtar.
sa·li·ent □ ['seɪljənt] çıkıntılı; *fig.* göze çarpan, belirgin, dikkati çeken.
sa·line ['seɪlaɪn] *adj.* tuzlu; tuz gibi.
sa·li·va [sə'laɪvə] *n.* salya, tükürük.
sal·low ['sæləʊ] *adj.* soluk yüzlü, benzi sararmış.
sal·ly ['sælɪ]: ***~ forth, ~ out*** dışarı çıkmak, yola koyulmak.
salm·on zo ['sæmən] *n.* som balığı.
sa·loon [sə'luːn] *n.* büyük salon; (*gemide*) birinci mevki salon; *Am.* meyhane; **~ (*car*)** *Brt.* MOT büyük otomobil, limuzin.
salt [sɔːlt] **1.** *n.* tuz; *fig.* lezzet, tat tuz; **2.** *adj.* tuzlu; tuzlanmış; **3.** *v/t.* tuzlamak, salamura yapmak; **~·cel·lar** ['sɔːltselə] *n.* tuzluk; **~·pe·tre**, *Am.* **~·pe·ter** CHEM [~piːtə] *n.* güherçile; **~-wa·ter** *adj.* tuzlu su ...; **~·y** [~ɪ] (***-ier, -iest***) *adj.* tuzlu.
sa·lu·bri·ous □ [sə'luːbrɪəs], **sal·u·ta·ry** □ ['sæljʊtərɪ] sağlığa yararlı, sağlam.
sal·u·ta·tion [sæljuː'teɪʃn] *n.* selamlama; selam.
sa·lute [sə'luːt] **1.** *n.* selam; MIL selamlama; **2.** *v/t.* selamlamak (*a.* MIL).
sal·vage ['sælvɪdʒ] **1.** *n.* kurtarma; kurtarılan mal; **2.** *v/t.* kurtarmak.
sal·va·tion [sæl'veɪʃn] *n.* kurtuluş; kurtar(ıl)ma; ♀ ***Army*** Selamet Ordusu.
salve[1] [sælv] *v/t.* kurtarmak.
salve[2] [~] **1.** *n.* merhem, pomat; *fig.* teselli; **2.** *v/t. fig.* teselli etmek, acısına merhem olmak.
same [seɪm]: ***the ~*** aynı, tıpkı; eşit; ***all the ~*** yine de, bununla birlikte; ***it is all the ~ to me*** benim için hava hoş, bence hepsi bir.
sam·ple ['sɑːmpl] **1.** *n.* örnek; mostra; model; **2.** *v/t.* örnek olarak denemek.
san·a·to·ri·um [sænə'tɔːrɪəm] (*pl.* ***-ums, -a*** [-ə]) *n.* sanatoryum.
sanc|ti·fy ['sæŋktɪfaɪ] *v/t.* kutsamak; kutsallaştırmak; **~·ti·moni·ous** □ [sæŋktɪ'məʊnjəs] yalancı sofu; **~·tion** ['sæŋkʃn] **1.** *n.* onay; yaptırma gücü, yaptırım; **2.** *v/t.* uygun bulmak, onaylamak; **~·ti·ty** [~tətɪ] *n.* kutsallık; **~·tu·a·ry** [~jʊərɪ] *n.* kutsal yer; tapınak; sığınak; ***seek ~ with*** sığınacak yer aramak.
sand [sænd] **1.** *n.* kum; ***~s*** *pl.* kumsal; kumluk; **2.** *v/t.* kumla örtmek.
san·dal ['sændl] *n.* çarık, sandal.
sand|-glass ['sændglɑːs] *n.* kum saati; **~-hill** *n.* kum tepesi, kumul; **~·pip·er** *n.* zo kumçulluğu.
sand·wich ['sænwɪdʒ] **1.** *n.* sandviç; **2.** *v/t. a.* ***~ in*** *fig.* araya sıkıştırmak.
sand·y ['sændɪ] (***-ier, -iest***) *adj.* kumlu; kum ...; saman sarısı (*saç*).
sane [seɪn] (***~r, ~st***) *adj.* akla uygun, mantıklı; LEG aklı başında.
sang [sæŋ] *pret. of* ***sing.***
san|gui·na·ry □ ['sæŋgwɪnərɪ] kana susamış, kan dökücü; kanlı; **~·guine** □ [~wɪn] neşeli, sıcak kanlı; iyimser; kan gibi kırmızı (*cilt*).
san·i·tar·i·um *Am.* [sænɪ'teərɪəm] (*pl.* ***-ums, -a*** [-ə]) = ***sanatorium.***
san·i·ta·ry □ ['sænɪtərɪ] sağlıkla ilgili; sağlıklı, temiz; ***~ napkin*** *Am.*, ***~ towel*** âdet bezi.
san·i·ta·tion [sænɪ'teɪʃn] *n.* sağlık önlemleri, sağlık işleri.
san·i·ty ['sænətɪ] *n.* akıl sağlığı, aklı başında olma (*a.* LEG).
sank [sæŋk] *pret. of.* ***sink 1.***
San·ta Claus ['sæntə'klɔːz] *n.* Noel Baba.
sap [sæp] **1.** *n.* özsu; *fig.* canlılık, dirilik; **2.** (***-pp-***) *v/t.* altını kazmak; *fig.* (*gücünü*) azaltmak; **~·less** ['sæplɪs] *adj.* kuvvetsiz, gücü tükenmiş; **~·ling** [~ɪŋ] *n.* fidan.
sap·phire ['sæfaɪə] *n.* safir, gökyakut.

sap·py ['sæpı] (*-ier, -iest*) *adj.* özlü; *fig.* dinç.

sar·cas·m ['sɑːkæzəm] *n.* dokunaklı alay, iğneli söz, ince alay.

sar·dine zo [sɑː'diːn] *n.* sardalye, ateşbalığı.

sash [sæʃ] *n.* pencere çerçevesi; **~-window** ['sæʃwındəʊ] *n.* sürme pencere.

sat [sæt] *pret. & p.p. of* ***sit.***

Sa·tan ['seıtən] *n.* Şeytan.

satch·el ['sætʃəl] *n.* okul çantası.

sate [seıt] *v/t.* doyurmak.

sa·teen [sæ'tiːn] *n.* saten benzeri pamuklu kumaş.

sat·el·lite ['sætəlaıt] *n.* uydu; *a.* **~ *state*** uydu devlet; **~ *dish*** çanak anten; **~ *radio*** uydu antenli radyo.

sa·ti·ate ['seıʃıeıt] *v/t.* doyurmak.

sat·in ['sætın] *n.* saten, atlas.

sat|ire ['sætaıə] *n.* yergi, taşlama; **~·irist** [~ərıst] *n.* yergici, taşlamacı; **~·irize** [~raız] *v/t.* yermek, taşlamak.

sat·is·fac|tion [sætıs'fækʃn] *n.* hoşnutluk, memnuniyet; tatmin; **~·to·ry** □ [~'fæktərı] memnun edici, tatmin edici, doyurucu.

sat·is·fy ['sætısfaı] *v/t.* memnun etmek, hoşnut etmek; tatmin etmek, doyurmak; inandırmak; ***be satisfied with*** *-den* memnun olmak.

sat·u·rate CHEM, *fig.* ['sætʃəreıt] *v/t.* doyurmak.

Sat·ur·day ['sætədı] *n.* cumartesi.

sat·ur·nine □ ['sætənaın] asık suratlı, yüzü gülmez, soğuk.

sauce [sɔːs] **1.** *n.* sos, salça; *Am.* komposto; *fig.* tat, lezzet; F yüzsüzlük; ***none of your ~!*** Yüzsüzlüğün gereği yok!; **2.** *vb.* F yüzsüzlük etmek; **~-boat** ['sɔːsbəʊt] *n.* salçalık; **~·pan** *n.* saplı tencere.

S

sau·cer ['sɔːsə] *n.* fincan tabağı.

sauc·y □ ['sɔːsı] (*-ier, -iest*) yüzsüz, arsız, sırnaşık, sulu; F işveli, şuh.

saun·ter ['sɔːntə] **1.** *n.* aylak aylak dolaşma; **2.** *v/i.* aylak aylak dolaşmak.

saus·age ['sɒsıdʒ] *n.* salam, sucuk; *a.* ***small ~*** sosis.

sav|age ['sævıdʒ] **1.** □ vahşi, yabanıl; acımasız; **2.** *n.* vahşi kimse; barbar; **~·ag·e·ry** [~ərı] *n.* vahşilik, yabanıllık; barbarlık.

sav·ant ['sævənt] *n.* bilgin, âlim.

save [seıv] **1.** *v/t.* kurtarmak; korumak; (*para*) biriktirmek; idareli kullanmak; saklamak, ayırmak; **2.** RHET *prp. & cj.* *-den* başka; **~ *for*** hariç; **~ *that*** yalnız, ancak.

sav·er ['seıvə] *n.* kurtarıcı; ***it is a time-~*** zaman kazandıran bir aygıttır.

sav·ing ['seıvıŋ] **1.** □ tutumlu, idareli; **2.** *n.* kurtarma; **~s** *pl.* birikim, artırım, tasarruf.

sav·ings| ac·count ['seıvıŋzə'kaʊnt] *n.* tasarruf hesabı; **~ bank** *n.* tasarruf bankası; **~ de·pos·it** *n.* tasarruf, artırım.

sa·vio(u)r ['seıvjə] *n.* kurtarıcı; ***the*** ♀ ECCL Hazreti İsa.

sa·vo(u)r ['seıvə] **1.** *n.* tat, lezzet, çeşni; *fig.* tat tuz; *fig.* iz, eser; **2.** *v/i.* tadı olmak; kokmak; *v/t.* tadına bakmak; *fig.* tadını çıkarmak; **~·y** [~rı] lezzetli, tadı tuzu yerinde.

saw[1] [sɔː] *pret. of* ***see***[1].

saw[2] [~] *n.* atasözü, özdeyiş.

saw[3] [~] **1.** (**~*ed*** *ya da* **~*n***, **~*ed***) *v/t.* testere ile kesmek, bıçkılamak; **2.** *n.* testere, bıçkı, hızar; **~·dust** ['sɔːdʌst] *n.* testere talaşı, bıçkı tozu; **~·mill** *n.* hızarhane; **~n** [sɔːn] *p.p. of* ***saw***[3] ***1.***

Sax·on ['sæksn] **1.** *adj.* Saksonya'ya özgü; LING *oft.* Cermen …; **2.** *n.* Saksonyalı.

say [seı] **1.** (***said***) *v/t.* söylemek, demek; **~ *grace*** sofra duası etmek; ***what do you ~ to …?***, *oft.* ***what ~ you to …?*** …e ne dersin?; ***it ~s*** (*mektup v.b.*) … diyor; ***it ~s here*** burada diyor ki; ***that is to ~*** yani, demek ki; (***and***) ***that's ~ing s.th.*** az bile dedin; ***you don't ~*** (***so***)***!*** Yok canım!, Deme!; ***I ~*** Bana bak!, Hey!; ***he is said to be …*** … olduğu söyleniyor; ***no sooner said than done*** demesiyle yapması bir oldu; **2.** *n.* söz; söz sırası; ***let him have his ~*** bırak diyeceğini desin; ***have a*** *ya da* ***some*** (***no***) **~ *in s.th.*** bşde söz sahibi ol(ma)mak; **~·ing** ['seııŋ] *n.* söz, laf; atasözü, özdeyiş; ***it goes without ~*** hiç kuşku yok ki; ***as the ~ goes*** dedikleri gibi.

scab [skæb] *n.* MED, BOT kabuk; VET uyuz; *sl.* grev bozan işçi.

scab·bard ['skæbəd] *n.* (*kılıç v.b.*) kın.

scaf·fold ['skæfəld] *n.* yapı iskelesi; darağacı; **~·ing** [~ıŋ] *n.* yapı iskelesi kerestesi.

scald [skɔːld] **1.** *n.* haşlama; kaynar sudan ileri gelen yara; **2.** *v/t.* (*kaynar su*) haşlamak, yakmak; (*süt*) kaynatmak; ~***ing hot*** yakıcı sıcak (*hava*); kaynar (*su*).
scale[1] [skeıl] **1.** *n.* balık pulu; MED diş pası, kefeki, pesek; **2.** *v/t.* pullarını ayıklamak; MEC (*kefeki*) kazıyıp temizlemek; MED (*diş pası*) temizlemek.
scale[2] [~] **1.** *n.* terazi gözü, kefe; (***a pair of***) ~***s*** *pl.* terazi; **2.** *v/t.* tartmak.
scale[3] [~] **1.** *n.* ölçek; dereceli cetvel; MUS gam, ıskala; *fig.* ölçü; **2.** *v/t.* tırmanmak, çıkmak; ~ ***up*** (***down***) belli oranda yükseltmek (azaltmak).
scal·lop ['skɒləp] **1.** *n.* zo tarak; fisto; **2.** *v/t.* tavada pişirmek.
scalp [skælp] **1.** *n.* kafatası derisi; **2.** *v/t.* *-in* kafatası derisini yüzmek.
scal·y ['skeılı] (***-ier, -iest***) *adj.* pullarla kaplı, pul pul olan.
scamp [skæmp] **1.** *n.* yaramaz, haylaz; **2.** *v/t.* baştan savma yapmak, şişirmek.
scam·per ['skæmpə] **1.** *v/i. a.* ~ ***about,*** ~ ***around*** koşuşturmak; **2.** *n.* acele kaçış, tüyme.
scan [skæn] **1.** (***-nn-***) *v/t.* incelemek, gözden geçirmek; göz gezdirmek, göz atmak; *bilgisayar, radyo,* TV, MED: taramak; **2.** *n.* MED, *bilgisayar*: tarama.
scan·dal ['skændl] *n.* skandal, rezalet; dedikodu, iftira; ~**·ize** [~dəlaız]: ***be*** ~***d at s.th.*** bşi sakıncalı bulmak, hoş görmemek; ~**·ous** □ [~əs] rezil, ayıp, utanılacak.
Scan·di·na·vi·an [skændı'neıvjən] **1.** *adj.* İskandinavya'ya özgü; **2.** *n.* İskandinavyalı; LING İskandinav dili.
scan·ner MED ['skænə] *n. bilgisayar*: tarayıcı.
scant □ [skænt] kıt, az, eksik; ~**·y** □ ['skæntı] (***-ier, -iest***) az, eksik, kıt, yetersiz, dar.
-scape [skeıp] *suffix* … manzaralı.
scape|goat ['skeıpgəʊt] *n. fig.* şamar oğlanı, abalı; ~**·grace** [~greıs] *n.* hayırsız kimse, yaramaz.
scar [skɑː] **1.** *n.* yara izi; *fig.* namus lekesi; yalçın kaya; **2.** (***-rr-***) *v/t.* *-de* yara izi bırakmak; ~ ***over*** (*yara v.b.*) iz bırakmak.
scarce [skeəs] (~***r,*** ~***st***) *adj.* seyrek, nadir, az bulunur; kıt; ~**·ly** ['skeəslı] *adv.* hemen hiç; güçlükle; **scar·ci·ty** [~ətı] *n.* azlık, kıtlık, eksiklik.
scare [skeə] **1.** *v/t.* korkutmak; ~ ***away,*** ~ ***off*** korkutup kaçırmak; ***be*** ~***d*** (***of s.th.***) (bşden) korkmak, ürkmek; **2.** *n.* ani korku, panik; ~**·crow** ['skeəkrəʊ] *n.* bostan korkuluğu (*a. fig.*).
scarf [skɑːf] (*pl.* ***scarfs*** [~fs], ***scarves*** [~vz]) *n.* boyun atkısı, eşarp, kaşkol; fular; şal.
scar·let ['skɑːlət] **1.** *n.* kırmızı renk; **2.** *adj.* kırmızı, al; ~ ***fever*** MED kızıl hastalığı; ~ ***runner*** BOT çalıfasulyesi.
scarred [skɑːd] *adj.* yara izi olan.
scarves [skɑːvz] *pl. of.* ***scarf.***
scath·ing *fig.* ['skeıðıŋ] *adj.* sert, kırıcı.
scat·ter ['skætə] *v/t. & v/i.* saç(ıl)mak, dağılmak; dağıtmak, serpmek; ~**·brain** *n.* F zihni darmadağınık kimse; ~**ed** *adj.* dağınık, seyrek.
sce·na·ri·o [sı'nɑːrıəʊ] (*pl.* ***-os***) *n. film*: senaryo.
scene [siːn] *n.* sahne; olay yeri; ~***s*** *pl.* kulis; **sce·ne·ry** ['siːnərı] *n.* doğal manzara; THEA dekor.
scent [sent] **1.** *n.* güzel koku; *esp. Brt.* parfüm; HUNT iz kokusu, iz; koku alma duyusu; **2.** *v/t.* *-in* kokusunu almak; *esp. Brt.* *-e* parfüm sürmek; ~**·less** ['sentlıs] *adj.* kokusuz.
scep|tic, *Am.* **skep-** ['skeptık] *n.* şüpheci kimse; ~**·ti·cal**, *Am.* **skep-** □ [~l] şüpheci, kuşkulu.
scep·tre, *Am.* **-ter** ['septə] *n.* hükümdarlık asası.
sched·ule ['ʃedjuːl, *Am.* 'skedʒuːl] **1.** *n.* liste, program; cetvel; envanter; *esp. Am.* tarife; ***be ahead of*** ~ planlanan zamandan önce olmak; ***be behind*** ~ planlanan zamandan sonra olmak; ***be on*** ~ planlanan zamanda olmak; **2.** *v/t.* *-in* listesini yapmak; programını yapmak, kararlaştırmak; ~**d** *adj.* programlı, tarifeli; ~ ***flight*** AVIA tarifeli sefer.
scheme [skiːm] **1.** *n.* plan, proje, tasarı; entrika; **2.** *v/t.* planlamak, tasarlamak; *v/i.* plan yapmak; entrika çevirmek.
schol·ar ['skɒlə] *n.* bilgin, âlim; UNIV burslu öğrenci; öğrenci; ~**·ly** [~lı] *adj.* bilgince …; çok bilgili; ~**·ship** [~ʃıp] *n.* bilginlik; UNIV burs.
school [skuːl] **1.** *n.* okul; UNIV fakülte, yüksekokul; zo oğul, küme, sürü; ***at*** ~

okulda; **2.** *v/t.* eğitmek, öğretmek, okutmak; **~·boy** ['sku:lbɔı] *n.* erkek öğrenci; **~·chil·dren** *n. pl.* okul çocukları; **~·fel·low** *n.* okul arkadaşı; **~·girl** *n.* kız öğrenci; **~·ing** [~ıŋ] *n.* eğitim, öğretim; **~·mas·ter** *n.* erkek öğretmen; **~·mate** *n.* okul arkadaşı; **~·mis·tress** *n.* kadın öğretmen; **~·teach·er** *n.* öğretmen.

schoo·ner ['sku:nə] *n.* NAUT uskuna; *Am.* büyük bira bardağı; *Brt.* büyük şarap bardağı; *Am.* = ***prairie schooner.***

sci·ence ['saıəns] *n.* bilim; fen, teknik; *a.* ***natural ~*** doğa bilimleri; **~ fic·tion** *n.* bilimkurgu.

sci·en·tif·ic [saıən'tıfık] (**~*ally***) *adj.* bilimsel; sistematik.

sci·en·tist ['saıəntıst] *n.* bilim adamı.

scin·til·late ['sıntıleıt] *v/i.* parıldamak, ışıldamak.

sci·on ['saıən] *n.* aşılanacak filiz.

scis·sors ['sızəz] *n. pl.* (***a pair of ~*** bir) makas.

scoff [skɒf] **1.** *n.* alay; küçümseme; **2.** *v/i.* alay etmek.

scold [skəʊld] **1.** *n.* hırçın kadın; **2.** *v/t.* azarlamak, paylamak.

scol·lop ['skɒləp] = ***scallop.***

scone [skɒn] *n.* küçük francala.

scoop [sku:p] **1.** *n.* kepçe, kürek; MED spatül; F vurgun; *gazete:* F (*haber*) atlatma; **2.** *vb.* kepçeyle boşaltmak; *gazete:* (*haber*) atlatmak; ***~ up*** kaldırmak, almak.

scoot·er ['sku:tə] *n.* küçük motosiklet; çocuk kızağı.

scope [skəʊp] *n.* saha, alan; faaliyet alanı; konu; olanak, fırsat.

scorch [skɔ:tʃ] *v/t.* kavurmak, yakmak; *v/i.* F küplere binmek, kudurmak.

score [skɔ:] **1.** *n.* çentik, kertik; hesap, masraf, fatura; 20 sayısı; SPOR: skor, sayı, puan; neden, vesile; hınç; MUS partisyon; ***~s of*** pek çok; ***four ~*** seksen; ***run up a ~*** borçlanmak; ***on the ~ of*** *-den* dolayı, ... nedeniyle; **2.** *vb.* çentmek; (*puan*) saymak; SPOR: (*sayı*) yapmak, (*gol*) atmak; MUS orkestralamak; *Am.* F eleştirmek.

scorn [skɔ:n] **1.** *n.* küçümseme, hor görme; **2.** *v/t.* küçümsemek, hor görmek; **~·ful** □ ['skɔ:nfl] küçümseyen, hor gören.

scor·pi·on ZO ['skɔ:pjən] *n.* akrep.

Scot [skɒt] *n.* İskoçyalı.

Scotch [skɒtʃ] **1.** *adj.* İskoçya'ya özgü; **2.** *n.* LING İskoçya lehçesi; İskoçya viskisi; ***the ~*** İskoçya halkı, İskoçyalılar; **~·man** ['skɒtʃmən], **~·wom·an** = ***Scotsman, Scotswoman.***

scot-free ['skɒt'fri:] *adj.* sağ salim; cezasız.

Scots [skɒts] = ***Scotch***; ***the ~*** *pl.* İskoçya halkı; **~·man** ['skɒtsmən] (*pl.* ***-men***) *n.* İskoçyalı; **~·wom·an** (*pl.* ***-women***) *n.* İskoçyalı kadın.

Scot·tish ['skɒtıʃ] *adj.* İskoçya halkı *ya da* diliyle ilgili.

scoun·drel ['skaʊndrəl] *n.* alçak herif, hergele, teres.

scour[1] ['skaʊə] *v/t.* ovarak temizlemek.

scour[2] [~] *v/i.* koşuşturmak; *v/t.* köşe bucak aramak.

scourge [skɜ:dʒ] **1.** *n.* kırbaç, kamçı; *fig.* bela, felaket; **2.** *v/t.* kırbaçlamak, kamçılamak.

scout [skaʊt] **1.** *n. esp.* MIL keşif eri, casus, gözcü, öncü; NAUT keşif gemisi; AVIA keşif uçağı; (***boy***) **~** erkek izci; (***girl***) **~** *Am.* kız izci; ***talent ~*** genç aktör, şarkıcı *vb.* arayan kimse; **2.** *vb.* keşfetmek, taramak; *esp.* MIL gözetlemek; ***~ about, ~ around*** aramaya çıkmak (***for*** *-i*).

scowl [skaʊl] **1.** *n.* kaş çatma; **2.** *vb.* kaşlarını çatmak, surat asmak.

scrab·ble ['skræbl] *vb.* kazımak, sıyırmak; karalamak, çiziktirmek.

scrag *fig.* [skræg] *n.* çok zayıf kimse, iskelet.

scram·ble ['skræmbl] **1.** *vb.* *-e* tırmanmak; çekişmek, kapışmak (***for*** *için*); ***~d eggs*** *pl.* karıştırılıp yağda pişirilmiş yumurtalar; **2.** *n.* tırmanış; *fig.* mücadele, kapışma.

scrap [skræp] **1.** *n.* parça, döküntü, hurda, kırpıntı; kupür; ***~s*** *pl.* artık; **2.** (***-pp-***) *vb.* hurdaya çıkarmak, atmak; parçalamak; **~-book** ['skræpbʊk] *n.* koleksiyon defteri, albüm.

scrape [skreıp] **1.** *n.* kazıma; sürtme; sıyrık; *fig.* dert, sıkıntı, varta; **2.** *v/t.* kazımak; tırmalamak, sıyırmak; (*ayak*) sürtmek.

scrap|-heap ['skræphi:p] *n.* hurda yığını; **~-i·ron**, **~-met·al** *n.* hurda demir; **~-pa·per** *n.* karalama kâğıdı;

kırpıntı kâğıt.

scratch [skrætʃ] **1.** *n.* çizik, sıyrık, tırmık; gıcırtı, cızırtı; SPOR: başlama çizgisi; **2.** *adj.* gelişigüzel, rasgele; SPOR: avanssız, handikapsız; **3.** *v/t. & v/i.* kaşı(n)mak; tırmalamak; cızırdamak; SPOR: yarıştan çekilmek; **~ *out*, ~ *through*, ~ *off*** karalamak, çizmek, silmek; **~ pad** *n. Am.* notblok; **~ paper** *n. Am.* karalama kâğıdı.

scrawl [skrɔːl] **1.** *v/t.* kargacık burgacık yazmak, karalamak; **2.** *n.* kargacık burgacık yazı.

scraw·ny ['skrɔːnı] (**-*ier*, -*iest***) *adj.* zayıf, cılız, kemikleri sayılan.

scream [skriːm] **1.** *n.* feryat, çığlık; ***he is a ~*** F ömür adamdır, çok komiktir; **2.** *v/i.* feryat etmek, haykırmak.

screech [skriːtʃ] = ***scream***; **~owl** ZO ['skriːtʃaʊl] *n.* cüce baykuş.

screen [skriːn] **1.** *n.* paravana, bölme; perde, örtü; *film*: beyaz perde, ekran, sinema; kalbur, elek; *radar*, TV, *bilgisayar*: ekran; *fig.* maske; **2.** *v/t.* gizlemek, korumak (***from*** *-den*); kalburdan geçirmek, elemek; MIL kamufle etmek, örtmek; (*film*) perdeye yansıtmak; filme almak; *fig.* elekten geçirmek, yoklamak; **~-play** ['skriːnpleı] *n.* senaryo.

screw [skruː] **1.** *n.* vida; pervane; **2.** *v/t.* vidalamak; V seks yapmak, atlamak; ***~ up*** bozmak, berbat etmek; ***~ up one's courage*** cesaretini toplamak; **~·ball** *Am. sl.* ['skruːbɔːl] *n.* deli, kaçık, çatlak; **~·driv·er** *n.* tornavida; **~-jack** *n.* kriko.

scrib·ble ['skrıbl] **1.** *n.* karalama, çiziktirme; **2.** *v/i.* karalamak, çiziktirmek.

scrimp [skrımp], **~·y** ['skrımpı] (**-*ier*, -*iest***) = ***skimp*(*y*)**.

script [skrıpt] *n.* el yazısı; yazı; PRINT el yazısı gibi harf; *film*, TV: senaryo.

Scrip·ture ['skrıptʃə]: (***Holy***) **~, *The* (*Holy*) ~*s*** *pl.* Kutsal Kitap.

scroll [skrəʊl] *n.* (*kâğıt*) tomar; liste, cetvel; ARCH sarmal kıvrım.

scro·tum ANAT ['skrəʊtəm] (*pl.* **-*ta*** [-tə], **-*tums***) *n.* haya torbası, safen.

scrub[1] [skrʌb] *n.* çalılık, fundalık; *contp.* cüce, bacaksız; *Am.* SPOR: B takımı.

scrub[2] [~] **1.** *n.* ovarak temizleme; **2.** (**-*bb*-**) *v/t.* fırçalayarak temizlemek, ovmak.

scru|ple ['skruːpl] **1.** *n.* şüphe, tereddüt, kararsızlık; **2.** *vb.* tereddüt etmek; **~·pu·lous** □ [~jʊləs] dikkatli, titiz; dürüst.

scru·ti|nize ['skruːtınaız] *v/t.* incelemek; **~·ny** [~ı] *n.* inceleme.

scud [skʌd] **1.** *n.* sürüklenme; **2.** (**-*dd*-**) *v/i.* sürüklenmek, hızla gitmek.

scuff [skʌf] *v/i.* ayaklarını sürümek.

scuf·fle ['skʌfl] **1.** *n.* dövüşme, boğuşma; **2.** *v/i.* itişip kakışmak, boğuşmak.

scull [skʌl] **1.** *n.* NAUT boyna küreği; **2.** *v/i.* kürek çekmek, boyna etmek.

scul·le·ry ['skʌlərı] *n.* bulaşık odası.

sculp|tor ['skʌlptə] *n.* heykeltıraş, yontucu; **~·tress** [~trıs] *n.* kadın heykeltıraş; **~·ture** [~tʃə] **1.** *n.* heykel; heykeltıraşlık, yontuculuk; **2.** *v/t.* -*in* heykelini yapmak; oymak.

scum [skʌm] *n.* kir tabakası; pis köpük; ***the ~ of the earth*** *fig.* ayaktakımı.

scurf [skɜːf] *n.* kepek.

scur·ri·lous □ ['skʌrıləs] iğrenç, pis, kaba; küfürlü.

scur·ry ['skʌrı] *v/i.* acele etmek, koşmak.

scur·vy[1] MED ['skɜːvı] *n.* iskorbüt.

scur·vy[2] □ [~] (**-*ier*, -*iest***) adi, alçak, iğrenç.

scut·tle ['skʌtl] **1.** *n.* kömür kovası; **2.** *v/i.* acele etmek; kaçmak.

scythe AGR [saıð] *n.* tırpan.

sea [siː] *n.* deniz, derya (*a. fig.*); büyük dalga; ***at ~*** denizde; (***all***) ***at ~*** *fig.* şaşkın, çaresiz; ***by ~*** gemi ile, deniz yoluyla; **~·board** ['siːbɔːd] *n.* kıyı şeridi, sahil; **~·coast** *n.* deniz kıyısı, sahil; **~·far·ing** ['siːfeərıŋ] *adj.* denizcilikle uğraşan; **~·food** *n.* yenebilen deniz ürünü; **~·go·ing** *adj.* NAUT açık denizde gidebilen; **~-gull** *n.* ZO martı.

seal[1] [siːl] **1.** *n.* mühür, damga; MEC conta; *fig.* onay; **2.** *v/t.* mühürlemek, damgalamak; *fig.* onaylamak; ***~ off*** *fig.* tıkamak, kapatmak; ***~ up*** sıkıca kapatmak.

seal[2] ZO [~] *n.* fok, ayıbalığı.

sea-lev·el ['siːlevl] *n.* deniz düzeyi.

seal·ing-wax ['siːlıŋwæks] *n.* mühür mumu.

seam [siːm] **1.** *n.* dikiş yeri; NAUT armuz; GEOL tabaka, damar, yatak; **2.** *v/t.* ***~ together*** birbirine dikmek; ***~ed with*** *-den* kırışmış, yara izleri olan (*yüz*).

S

sea·man ['si:mən] (*pl.* **-men**) *n.* denizci, gemici.
seam·stress ['semstrıs] *n.* dikişçi kadın.
sea|plane ['si:pleın] *n.* deniz uçağı; **~·port** *n.* liman; liman kenti; **~ pow·er** *n.* deniz gücü, donanma.
sear [sıə] *v/t.* kurutmak; yakmak, dağlamak; MED koterize etmek; *fig.* katılaştırmak, körletmek.
search [sɜ:tʃ] **1.** *n.* araştırma, arama; yoklama; LEG arama tarama (**for** *-i*); **in ~ of** aramakta, peşinde; **2.** *v/t.* aramak, araştırmak; MED sondalamak; **~me!** F Ne bileyim ben!; *v/i.* arama tarama yapmak (**for** *için*); **~ into** içyüzünü araştırmak; **~·ing** □ ['sɜ:tʃıŋ] araştırıcı; keskin, içe işleyen (*rüzgâr v.b.*); **~·light** *n.* projektör; **~·par·ty** *n.* bşi aramaya çıkmış kimseler; **~war·rant** *n.* LEG arama emri.
sea|-shore ['si:ʃɔ:] *n.* sahil; **~·sick** *adj.* deniz tutmuş; **~·side**: **at the ~** deniz kıyısında; **go to the ~** deniz kıyısına gitmek; **~ place, ~ resort** plaj.
sea·son ['si:zn] **1.** *n.* mevsim; sezon, dönem; zaman; *Brt.* F = **season-ticket**; **cherries are now in ~** şimdi kirazın tam mevsimidir; **out of ~** mevsimsiz, zamansız; *fig.* yersiz; **with the compliments of the ~** yeni yılda, bayramda *v.b.* en iyi dileklerimle; **2.** *v/t.* & *v/i.* çeşnilendirmek; yumuşatmak; alış(tır)mak (**to** *-e*); **sea·so·na·ble** □ [~əbl] zamanında olan; uygun; **~·al** □ [~ənl] mevsimlik; mevsime uygun; **~·ing** [~ıŋ] *n.* yemeğe çeşni veren şey, baharat; **~-tick·et** *n.* RAIL abonman kartı; THEA abone bileti.
seat [si:t] **1.** *n.* oturacak yer, iskemle, sandalye, tabure; konak, yalı, çiftlik; yer, merkez; THEA koltuk; insan *ya da* pantolon kıçı; POL koltuk, mevki; *s.* **take 1**; **2.** *v/t.* oturtmak; yerleştirmek; **~ed** oturmuş, yerleşmiş; **be ~ed** oturmak; **be ~ed!** Oturun!; **remain ~ed** oturup kalmak; **~-belt** AVIA, MOT ['si:tbelt] *n.* emniyet kemeri.
sea|-ur·chin ZO ['si:ɜ:tʃın] *n.* denizkestanesi; **~·ward** ['si:wəd] **1.** *adj.* denize doğru giden; **2.** *adv. a.* **~s** denize doğru; **~·weed** *n.* BOT yosun; **~·wor·thy** *adj.* denize elverişli *ya da* dayanıklı.
se·cede [sı'si:d] *v/i.* ayrılmak, çekilmek (**from** *-den*).
se·ces·sion [sı'seʃn] *n.* ayrılma, çekilme; **~·ist** [~ıst] *n.* ayrılma yanlısı.
se·clude [sı'klu:d] *v/t.* ayrı tutmak, ayırmak; **se·clud·ed** *adj.* sapa, kuytu, tenha; dünyadan el çekmiş; **se·clu·sion** [~ʒn] *n.* dünyadan el çekme, köşeye çekilme.
sec·ond ['sekənd] **1.** □ ikinci; **~ to none** hepsinden iyi, aşağı kalmayan; **on ~ thought** iyice düşündükten sonra; **2.** *n.* ikinci kimse *ya da* şey; yardımcı; saniye; **~s** *pl.* ikinci kalite mal; **3.** *v/t.* yardım etmek; desteklemek; **~·a·ry** □ [~ərı] ikincil, ikinci derecede olan; ast ...; **~ education** orta öğretim; **~ modern (school)** *Brt.* öğrencileri üniversiteye hazırlamayan ortaokul; **~ school** ortaokul; **~·hand** *adj.* kullanılmış, elden düşme; **~·ly** [~lı] *adv.* ikinci olarak; **~·rate** *adj.* ikinci derecede olan.
se·cre|cy ['si:krısı] *n.* gizlilik; sır saklama; **~t** [~t] **1.** □ gizli, saklı; **2.** *n.* sır; **in ~** gizlice; **be in the ~** sırra ortak olmak; **keep s.th. a ~ from s.o.** b-den bşi saklamak.
sec·re·ta·ry ['sekrətrı] *n.* sekreter, yazman; ♀ **of State** *Brt.* Devlet Bakanı; *Brt.* Bakan; *Am.* Dışişleri Bakanı.
se·crete [sı'kri:t] *v/t.* gizlemek, saklamak; BIOL salgılamak; **se·cre·tion** [~ʃn] *n.* gizleme; BIOL, MED salgı; **se·cre·tive** [~tıv] *adj.* ağzı sıkı, kapalı kutu.
se·cret·ly ['si:krıtlı] *adv.* gizlice.
sec·tion ['sekʃn] *n.* MED operasyon; kesme, kesiş; MATH kesit; kısım, parça; şube, dal, kol; LEG paragraf; PRINT kesim, makta.
sec·u·lar □ ['sekjʊlə] layik; dünyasal.
se·cure [sı'kjʊə] **1.** □ güvenli, sağlam, emin; **2.** *v/t.* sağlamak, elde etmek; sağlama bağlamak; **se·cu·ri·ty** [~rətı] *n.* güvenlik; güvence; rehin, kefalet; **securities** *pl.* taşınır kıymetler; **~ check** güvenlik kontrolü.
se·dan [sı'dæn] *n. Am.* MOT büyük otomobil, limuzin; **~(-chair)** sedye; tahtırevan.
se·date □ [sı'deıt] ağırbaşlı, sakin, ciddi.
sed·a·tive *mst.* MED ['sedətıv] **1.** *adj.* yatıştırıcı, rahatlatıcı; **2.** *n.* yatıştırıcı

ilaç.
sed·en·ta·ry □ ['sedntrı] bir yere yerleşmiş, yerleşik; evden dışarı çıkmayan, oturmaya alışmış.
sed·i·ment ['sedımənt] *n.* tortu, posa; GEOL çöküntü.
se·di|tion [sı'dıʃn] *n.* ayaklanma, isyan; kargaşalık; **~·tious** □ [~əs] isyana teşvik eden, kışkırtıcı, fitneci.
se·duce [sı'dju:s] *v/t.* baştan çıkarmak, ayartmak; **se·duc·er** [~ə] *n.* baştan çıkaran kimse; **se·duc·tion** [sı'dʌkʃn] *n.* baştan çıkarma, ayartma; **se·duc·tive** □ [~tıv] baştan çıkaran, ayartıcı.
sed·u·lous □ ['sedjʊləs] çalışkan, gayretli, faal.
see[1] [si:] (***saw, seen***) *v/i.* görmek; bakmak; ***I ~!*** Anlıyorum!; **~ *about*** meşgul olmak, ilgilenmek, icabına bakmak; ***I'll ~ about it*** icabına bakarım, ben ilgilenirim; **~ *into*** araştırmak, *-e* bakmak; **~ *through*** (*para v.b.*) yetmek, idare etmek; **~ *to*** *ile* ilgilenmek, *-e* bakmak; *v/t.* anlamak, kavramak; ziyaret etmek; **~ *s.o. home*** *b-ni* evine bırakmak; **~ *you!*** Görüşürüz!, Hoşça kal!; **~ *off*** yolcu etmek, uğurlamak, geçirmek (***at*** *-de*); **~ *out*** kapıya kadar geçirmek; bitirmek; **~ *through*** sonuna kadar götürmek; ***live to see*** yaşayıp görmek.
see[2] [~] *n.* piskoposluk.
seed [si:d] **1.** *n.* tohum; meyve çekirdeği; *coll.* sperma, meni; *mst.* **~*s*** *pl. fig.* kaynak; ***go*** *ya da* ***run to ~*** *fig.* tohuma kaçmak; **2.** *v/t.* çekirdeğini çıkarmak; *v/i.* tohum ekmek; **~·less** ['si:dlıs] *adj.* çekirdeksiz (*meyve*); **~·ling** AGR [~ıŋ] *n.* fide; **~·y** □ F [~ı] (***-ier, -iest***) yırtık pırtık, eski püskü; keyifsiz.
seek [si:k] (***sought***) *v/t.* aramak; araştırmak; çok arzu etmek.
seem [si:m] *v/i.* görünmek, benzemek; gibi gelmek; **~·ing** □ ['si:mıŋ] görünüşte, güya; **~·ly** [~lı] (***-ier, -iest***) *adj.* yakışık alır, uygun.
seen [si:n] *p.p. of* **see**[1].
seep [si:p] *v/i.* sızıntı yapmak, sızmak.
seer ['si:ə] *n.* seyirci; peygamber; kâhin.
see-saw ['si:sɔ:] **1.** *n.* tahterevalli; iniş çıkış; **2.** *v/i.* inip çıkmak; *fig.* kararsız olmak, duraksamak.
seethe [si:ð] *v/t. & v/i.* kayna(t)mak, haşla(n)mak; *fig.* öfkelenmek, köpürmek.
seg·ment ['segmənt] *n.* parça, kısım.
seg·re|gate ['segrıgeıt] *vb.* ayırmak; bir bütünden ayrılmak; **~·ga·tion** [segrı'geıʃn] *n.* fark gözetme, ayrım; ırk ayrımı.
seize [si:z] *v/t.* yakalamak, tutmak, kavramak; ele geçirmek; LEG haczetmek, el koymak; *fig.* anlamak, kavramak.
sei·zure ['si:ʒə] *n.* yakalama, tutma; LEG haciz, el koyma; MED inme, felç.
sel·dom ['seldəm] *adv.* seyrek, nadiren.
se·lect [sı'lekt] **1.** *v/t.* seçmek, ayırmak, seçip almak; **2.** *adj.* seçkin; **se·lec·tion** [~kʃn] *n.* seçme, ayırma; seçme parçalar; **~·man** (*pl.* ***-men***) *n.* belediye meclisi üyesi.
self [self] **1.** (*pl.* ***selves*** [selvz]) *n.* kişi, kendi; kişilik, karakter; **2.** *pron.* kendisi, bizzat; ECON *ya da* F = ***myself****, etc.*; **~-as·sured** ['selfə'ʃʊəd] *adj.* kendine güvenen; **~cen·t(e)red** *adj.* kendini düşünen, bencil; **~-col·o(u)red** *adj.* düz renkli (*esp.* BOT); **~-com·mand** *n.* kendini tutma, nefsini yenme; **~con·ceit** *n.* kendini beğenmişlik; **~-con·ceit·ed** *adj.* kendini beğenmiş, kibirli; **~-con·fi·dence** *n.* kendine güven; **~-con·fi·dent** □ kendine güvenen; **~-con·scious** □ utangaç, sıkılgan; ne yaptığını bilen; **~-con·tained** *adj.* kendine yeten; *fig.* az konuşur; **~ *flat*** *Brt.* müstakil daire; **~-con·trol** *n.* kendine hâkim olma; **~-de·fence**, *Am.* **~-de·fense** *n.* kendini savunma; ***in ~*** kendini korumak için; **~-de·ni·al** *n.* özveri; **~de·ter·min·a·tion** *n. esp.* POL hür irade; (*toplum*) kendi geleceğini saptama; **~-em·ployed** *adj.* serbest çalışan; **~-ev·ident** *adj.* belli, açık; **~-gov·ern·ment** *n.* POL özerklik, kendi kendini yönetme; **~-help** *n.* kendi gereksinimini kendi karşılama, kendine yetme; **~-in·dul·gent** *adj.* keyfine düşkün, tembel; **~-in·struc·tion** *n.* kendi kendine öğrenme, öğretmensiz öğrenim; **~-in·terest** *n.* kişisel çıkar, bencillik; **~·ish** □ [~ʃ] bencil, egoist; **~-made** *adj.* kendini yetiştirmiş; **~ *man*** kendini yetiştir-

S

miş kimse; **~-pit·y** *n.* kendine acıma; **~-pos·ses·sion** *n.* kendine hâkim olma, soğukkanlılık; **~-re·li·ant** [ˌrı'laıənt] *adj.* kendine güvenen; **~-re·spect** *n.* onur; özsaygı; **~-righteous** □ kendini beğenmiş; **~-serv·ice 1.** *adj.* selfservis ...; **2.** *n.* selfservis; **~-willed** *adj.* inatçı, dik başlı.
sell [sel] (***sold***) *v/t.* & *v/i.* sat(ıl)mak; (*fikir*) kabul ettirmek, benimsetmek; ***~ off, ~ out*** ECON hepsini satmak, elden çıkarmak; **~·er** ['selə] *n.* satıcı; ***good*** ECON çok satılan mal.
selves [selvz] *pl. of* ***self 1.***
sem·blance ['sembləns] *n.* benzerlik; dış görünüş.
se·men BIOL ['siːmen] *n.* sperma, meni, bel.
sem·i- ['semı] *prefix* yarı ..., yarım ...; **~·co·lon** *n.* noktalı virgül; **~de·tached (house)** *n.* ortak duvarlı iki daireyi içeren ev; **~·fi·nal** *n.* SPOR: yarı final; ***~s*** *pl.* yarı finaller.
sem·i·nar·y ['semınərı] *n.* seminer; *fig.* okul.
semp·stress ['sempstrıs] *n.* dikişçi kadın.
sen·ate ['senıt] *n.* senato.
sen·a·tor ['senətə] *n.* senatör.
send [send] (***sent***) *v/t.* göndermek, yollamak; fırlatmak, atmak; etmek; ***~ s.o. mad*** *b-ni* deli etmek; ***~ for*** çağırmak, getirtmek; ***~ forth*** (*ışık, koku v.b.*) yaymak, çıkarmak, salmak; ***~ in*** göndermek, sunmak; ***~ up*** *fig.* (*fiyat v.b.*) yükseltmek; ***~ word to s.o.*** *b-ne* haber yollamak; **~·er** ['sendə] *n.* gönderen; verici.
se·nile ['siːnaıl] *adj.* ihtiyarlıkla ilgili; bunak; **se·nil·i·ty** [sı'nılətı] *n.* ihtiyarlık; bunaklık.
se·ni·or ['siːnjə] **1.** *adj.* yaşça büyük; kıdemli; son sınıfla ilgili; üst ...; ***~ citizens*** *pl.* yaşlı kimseler, yaşlılar; ***~ partner*** ECON patron, baş; **2.** *n.* yaşça büyük kimse; son sınıf öğrencisi; kıdemli kimse; ***he is my ~ by a year*** benden bir yaş büyük; **~·i·ty** [siːnı'ɒrətı] *n.* yaşça büyüklük; kıdemlilik.
sen·sa·tion [sen'seıʃn] *n.* duygu, his; heyecan, merak; sansasyon; **~·al** □ [ˌl] duygusal; sansasyonel, heyecan verici.
sense [sens] **1.** *n.* duyu, his; duyarlık; akıl, zekâ, anlayış; anlam; düşünce, kanı; ***in*** (***out of***) ***one's ~s*** aklı başında (aklı başından gitmiş, deli); ***bring s.o. to his*** *ya da* ***her ~s*** *b-nin* aklını başına getirmek; ***make ~*** anlamı olmak, bir şey ifade etmek; ***talk ~*** akıllıca konuşmak; **2.** *v/t.* hissetmek, duymak; anlamak.
sense·less □ ['senslıs] kendinden geçmiş, baygın; duygusuz; anlamsız, saçma; **~·ness** [ˌnıs] *n.* baygınlık; duygusuzluk; anlamsızlık.
sen·si·bil·i·ty [sensı'bılətı] *n.* duyarlık; ayırt etme yetisi; PHYS hassasiyet; ***sensibilities*** *pl.* anlayış.
sen·si·ble □ ['sensəbl] aklı başında, mantıklı; hissedilir; duyarlı; ***be ~ of s.th.*** bşi sezmek, farkına varmak.
sen·si|tive □ ['sensıtıv] duyarlı (***to*** *-e*); duygulu, içli; alıngan; **~·tiveness** [ˌnıs], **~·tiv·i·ty** [sensı'tıvətı] *n.* duyarlık; alınganlık.
sen·sor MEC ['sensə] *n.* alıcı aygıt.
sen·su·al □ ['sensjʊəl] şehvete düşkün, şehvetli.
sen·su·ous □ ['sensjʊəs] hislerle ilgili, duyusal.
sent [sent] *pret. & p.p. of* ***send.***
sen·tence ['sentəns] **1.** *n.* LEG yargı, hüküm, karar; GR cümle, tümce; ***serve one's ~*** cezasını hapiste doldurmak; **2.** *v/t.* mahkûm etmek.
sen·ten·tious □ [sen'tenʃəs] kısa ve özlü, anlamlı; anlamlı sözlerle dolu.
sen·tient □ ['senʃnt] hisseden, sezgili.
sen·ti|ment ['sentımənt] *n.* duygu, his; düşünce, fikir, kanı; = ***sentimentality***; **~·ment·al** □ [sentı'mentl] duygusal, hisli; **~·men·tal·i·ty** [sentımen'tælətı] *n.* aşırı duygusallık, içlilik.
sen|ti·nel MIL ['sentınl], **~·try** MIL [ˌrı] *n.* nöbetçi, gözcü.
sep·a|ra·ble □ ['sepərəbl] ayrılabilir; **~·rate 1.** □ ['seprət] ayrı, ayrılmış; **2.** ['sepəreıt] *v/t.* ayırmak; bölmek; *v/i.* ayrılmak; **~·ra·tion** [sepə'reıʃn] *n.* ayırma; ayrılma.
sep·sis MED ['sepsıs] (*pl.* ***-ses*** [-siːz]) *n.* septisemi.
Sep·tem·ber [sep'tembə] *n.* eylül.
sep·tic MED ['septık] (***~ally***) *adj.* bulaşık, mikroplu.
se·pul·chral □ [sı'pʌlkrəl] mezarla ilgili; *fig.* kasvetli, hüzünlü.

sep·ul·chre, *Am.* **-cher** ['sepəlkə] *n.* mezar, kabir.
se·quel ['si:kwəl] *n.* bşin devamı, arka; son, sonuç; ***a four-~ program(me)*** dört dizilik bir program.
se·quence ['si:kwəns] *n.* art arda gelme, sürüp gitme, ardıllık; *film*: sahne; ***~ of tenses*** GR zaman uyumu; **se·quent** [~t] *adj.* art arda gelen, ardıl.
se·ques·trate LEG [sı'kwestreıt] *v/t.* el koymak, haczetmek.
ser·e·nade MUS [serə'neıd] **1.** *n.* serenat; **2.** *v/i.* seranat yapmak.
se·rene □ [sı'ri:n] açık, belli; sakin, durgun; **se·ren·i·ty** [sı'renətı] *n.* sakinlik, durgunluk.
ser·geant ['sɑ:dʒənt] *n.* MIL çavuş; komiser yardımcısı.
se·ri·al ['sıərıəl] **1.** □ seri halinde olan, seri ..., dizi ...; **2.** *n.* dizi; yazı dizisi.
se·ries ['sıəri:z] (*pl.* ***-ries***) *n.* dizi, sıra; seri.
se·ri·ous □ ['sıərıəs] ciddi, ağırbaşlı; önemli; tehlikeli, ağır; ***be ~*** ciddiye almak (***about*** *-i*); **~·ness** [~nıs] *n.* ciddiyet, ağırbaşlılık.
ser·mon ['sɜ:mən] *n.* ECCL vaaz, dinsel konuşma; *iro.* sıkıcı öğüt.
ser|pent ZO ['sɜ:pənt] *n.* yılan; **~·pentine** [~aın] *adj.* yılan gibi kıvrılan, dolambaçlı.
se·rum ['sıərəm] (*pl.* ***-rums, -ra*** [-rə]) *n.* serum.
ser·vant ['sɜ:vənt] *n. a.* ***domestic ~*** hizmetçi, uşak; ***civil ~*** *s.* ***civil***; ***public ~*** devlet memuru.
serve [sɜ:v] **1.** *v/t. -e* hizmet etmek; yardım etmek; sofraya koymak, servis yapmak; *-e* yaramak; sağlamak, vermek; LEG (*ceza*) çekmek; (***it***) ***~s him right*** bunu hak etti, oh olsun; ***~ out*** dağıtmak; *v/i.* hizmette bulunmak (*a.* MIL); işini görmek; amaca uymak, işe yaramak; *tenis, voleybol*: servis atmak; ***~ at table*** (*garson*) masaya bakmak; **2.** *n. tenis v.b.*: servis.
ser|vice ['sɜ:vıs] **1.** *n.* hizmet (*a.* MIL); görev, iş; hizmetçilik; ECON müşteriye hizmet; askerlik; yardım, fayda; ibadet, ayin; *tenis, voleybol*: servis; ***be at s.o.'s ~*** *b-nin* hizmetinde olmak; **2.** *v/t.* MEC bakımını yapmak, bakmak; **~·vi·ceable** □ [~əbl] işe yarar, yararlı; dayanıklı; ***~ ar·e·a*** *n. Brt.* servis yapılan yer; ***~ charge*** *n.* servis ücreti, garsoniye; ***~ sta·tion*** *n.* benzin istasyonu.
ser|vile □ ['sɜ:vaıl] kölelere özgü; köle gibi, aşağılık; **~·vil·i·ty** [sɜ:'vılətı] *n.* kölelik.
serv·ing ['sɜ:vıŋ] *n.* porsiyon, tabak.
ser·vi·tude ['sɜ:vıtju:d] *n.* kölelik, uşaklık.
ses·sion ['seʃn] *n.* oturum, celse; toplantı; dönem; ***be in ~*** LEG, PARL toplantı halinde olmak.
set [set] **1.** (***-tt-***; ***set***) *v/t.* koymak, yerleştirmek; (*bitki*) dikmek; (*saat*) kurmak; düzeltmek; (*bıçak*) bilemek; (*zaman*) kararlaştırmak; pıhtılaştırmak; MED (*çıkık*) yerine oturtmak; kuluçkaya yatırmak; PRINT dizmek; MUS bestelemek; ***~ s.o. laughing*** *b-ni* güldürmek; ***~ an example*** örnek vermek; ***~ one's hopes on*** umudunu *-e* bağlamak; ***~ the table*** sofrayı kurmak; ***~ one's teeth*** dişini sıkmak, azmetmek; ***~ at ease*** yatıştırmak, rahatlatmak; ***~ s.o.'s mind at rest*** *b-ni* rahatlatmak, huzura kavuşturmak; ***~ great*** (***little***) ***store by*** *-e* çok (az) değer vermek; ***~ aside*** bir kenara koymak; LEG feshetmek; ***~ forth*** göstermek, bildirmek; ***~ off*** belirtmek; hesaba katmak; ***~ up*** kurmak, dikmek; yoluna koymak; girişmek; *v/i.* (güneş v.b.) batmak; MED pıhtılaşmak; HUNT av grubunu yönetmek; (*elbise*) oturmak; ***~ about doing s.th.*** bş yapmaya koyulmak; ***~ about s.o.*** F *b-nin* üzerine atılmak; ***~ forth*** yola koyulmak; ***~ in*** (*kış v.b.*) başlamak, bastırmak; ***~ off*** yola koyulmak; ***~ on*** üzerine saldırmak; ***~ out*** yola çıkmak; ***~ to*** *-e* başlamak, girişmek (***to do*** *-meğe*); ***~ up*** (işe) başlamak, atılmak; ***~ up as ...*** olarak hayata atılmak; kendine ... süsü vermek; **2.** *adj.* sabit, değişmez, hareketsiz; belirli; düzenli; ***~ fair*** *barometre*: sürekli açık hava; ***~ phrase*** klişe ifade, beylik deyim; ***~ speech*** klişe konuşma; **3.** *n.* sıra, dizi, seri; sofra takımı; *radyo*, TV: alıcı; koleksiyon, takım, set; AGR fide, fidan; *tenis*: set; (*elbise*) kesim, biçim; *poet.* batma; THEA, *film*: set; (güneş) batma, gurup; HUNT ferma; *contp.* klik; *fig.* eğilim, istek, heves; ***have a shampoo and ~*** saçını yıkatıp mizampli yaptırmak; **~-back** *fig.* ['setbæk] *n.* terslik,

S

aksilik.

set·tee [se'tiː] *n.* kanepe.

set the·o·ry MATH ['set'θıərı] *n.* dizi teorisi.

set·ting ['setıŋ] *n.* koyma, yerleştirme; çerçeve, yuva; THEA sahne, dekor; MUS beste; MEC ayar; (güneş) batma, gurup; *fig.* çevre, ortam.

set·tle ['setl] **1.** *n.* tahta kanepe, sıra; **2.** *v/t.* kararlaştırmak; yerleştirmek; düzeltmek; çözmek, halletmek; bitirmek, sona erdirmek; ECON (*hesap*) ödemek; yatıştırmak, rahatlatmak; yerine getirmek; *~ **o.s.*** oturmak, yerleşmek; *~ **one's affairs*** işlerini halletmek; ***that ~s** it* F demek oluyor ki, tamam işte; *v/i.* konmak, tünemek; dibe çökmek, batmak; *a. ~ **down*** oturmak, yerleşmek; (*öfke v.b.*) yatışmak, geçmek; *a. ~ **down** fig.* sakin bir yaşam sürmek; (*hava*) durulmak; *~ **down to*** *-e* girişmek, *-e* sarılmak; *~ **in*** yerleşmek; (*kış*) bastırmak; *~ **on**, ~ **upon*** *-de* karar vermek; **~d** *adj.* sabit; sürekli; kesin; sakin, durgun (*rüzgâr*); **~·ment** [_mənt] *n.* yerleş(tir)me, oturma; anlaşma, uzlaşma; yeni sömürge; hesap görme; halletme; LEG ferağ, gelir bağlama; **~r** [_ə] *n.* yeni göçmen.

sev·en ['sevn] **1.** *adj.* yedi; **2.** *n.* yedi sayısı; **~·teen** [_'tiːn] *n. & adj.* on yedi; **~·teenth** [_θ] *adj.* onyedinci; **~th** ['sevnθ] **1.** □ yedinci; **2.** *n.* yedide bir; **~th·ly** [_lı] *adv.* yedinci olarak; **~·ti·eth** [_tııθ] *adj.* yetmişinci; **~·ty** [_tı] **1.** *adj.* yetmiş; **2.** *n.* yetmiş sayısı.

sev·er ['sevə] *v/t. & v/i.* ayırmak; ayrılmak; kop(ar)mak; *fig.* (ilişki) son vermek, bozmak.

sev·e·ral □ ['sevrəl] birçok, birkaç; çeşitli, bazı; ayrı, başka; **~·ly** [_ı] *adv.* ayrı ayrı; teker teker.

sev·er·ance ['sevərəns] *n.* ayrılma, ayrılık; *fig.* (*ılişki*) kopma.

se·vere □ [sı'vıə] (**~r, ~st**) sert, şiddetli, haşin; sert (*hava*); acı, sert (eleştiri); şiddetli (*ağrı*); **se·ver·i·ty** [sı'verətı] *n.* sertlik, şiddet.

sew [səʊ] (***sewed, sewn*** *ya da* ***sewed***) *vb.* dikiş dikmek; dikmek.

sew·age ['sjuːıdʒ] *n.* pis su, lağım suyu.

sew·er[1] ['səʊə] *n.* dikişçi.

sew·er[2] [sjʊə] *n.* lağım; **~·age** ['sjʊərıdʒ] *n.* kanalizasyon.

sew|ing ['səʊıŋ] *n.* dikiş; *attr.* dikiş ...; **~n** [səʊn] *p.p. of* ***sew.***

sex [seks] *n.* seks, cinsiyet, cinsellik; cinsel ilişki.

sex·ton ['sekstən] *n.* zangoç.

sex|u·al □ ['seksjʊəl] cinsel; *~ **intercourse*** cinsel ilişki; **~·y** F [_ı] (**-ier, -iest**) *adj.* seksi, cinsel çekiciliği olan.

shab·by □ ['ʃæbı] (**-ier, -iest**) kılıksız, yırtık pırtık, sefil; alçak, adi.

shack [ʃæk] *n.* baraka, kulübe.

shack·le ['ʃækl] **1.** *n.* zincir, pranga, boyunduruk (*fig. mst. pl.*); **2.** *v/t.* zincire vurmak.

shade [ʃeıd] **1.** *n.* gölge; karanlık; gölgelik yer; abajur; şapka siperi; *fig.* nüans, ayırtı; *fig.* F himaye, koruma; **2.** *vb.* gölgelendirmek; korumak; PAINT resme gölge vermek; *~ **off*** yavaş yavaş değişmek (***into*** *-e*).

shad·ow ['ʃædəʊ] **1.** *n.* gölge (*a. fig.*); hayal, karaltı; iz, eser; koruma, himaye; **2.** *v/t.* gölgelemek, karartmak; örtmek, gizlemek; gölge gibi izlemek; **~·y** [_ı] (**-ier, -iest**) *adj.* gölgeli, karanlık; şüpheli; belirsiz, hayal meyal.

shad·y □ ['ʃeıdı] (**-ier, -iest**) gölgeli, karanlık; F şüpheli, namussuz.

shaft [ʃɑːft] *n.* sap, kol; destek, payanda, sütun; *poet.* aydınlık, parıltı; MEC şaft; MIN kuyu.

shag·gy ['ʃægı] (**-ier, -iest**) *adj.* kaba tüylü, kabarık.

shake [ʃeık] **1.** (***shook, shaken***) *v/t. & v/i.* salla(n)mak, sars(ıl)mak, titre(t)mek; MUS sesini titretmek; *~ **down*** sarsarak düşürmek; alışmak; para sızdırmak; *~ **hands*** el sıkışmak, tokalaşmak; *~ **off*** silkip atmak; *-den* yakasını kurtarmak; *~ **up*** çalkalamak; *fig.* allak bullak etmek, sarsmak; **2.** *n.* sarsıntı, titreme; MUS sesi titretme; deprem; **~·down** ['ʃeıkdaʊn] **1.** *n.* yer yatağı; *Am.* F para sızdırma, şantaj; *Am.* F deneme, tecrübe; **2.** *adj.*: *~ **flight*** AVIA deneme uçuşu; *~ **voyage*** NAUT deneme seferi; **shak·en** [_ən] **1.** *p.p. of* ***shake 1***; **2.** *adj.* sarsılmış; etkilenmiş.

shak·y □ ['ʃeıkı] (**-ier, -iest**) titrek, sarsak; sallanan; *fig.* şüpheli, sallantıda.

shall [ʃæl] (*pret.* ***should***; *olumsuz*; *~ **not, shan't***) *v/aux.* -ecek; ***I ~ go*** gideceğim.

shal·low ['ʃæləʊ] **1.** □ sığ; *fig.* üstünkörü; **2.** *n.* sığ yer, sığlık; **3.** *v/t.* & *v/i.* sığlaş(tır)mak.
sham [ʃæm] **1.** *adj.* sahte, yapma, taklit, yapay; **2.** *n.* yalan, taklit; hileci, dolandırıcı; **3.** (**-mm-**) *vb.* yalandan yapmak, numara yapmak; ~ ***ill(ness)*** hasta numarası yapmak.
sham·ble ['ʃæmbl] *v/i.* ayaklarını sürüyerek yürümek; **~s** *n. sg. fig.* karmakarışık yer, savaş alanı.
shame [ʃeɪm] **1.** *n.* ayıp, rezalet; utanç; ***for ~!, ~ on you!*** Ayıp!, Utan!; ***put to ~*** utandırmak; **2.** *v/t.* utandırmak; gölgede bırakmak; **~·faced** □ ['ʃeɪmfeɪst] utangaç, sıkılgan; **~·ful** □ [~fl] utanç verici, ayıp, yüz kızartıcı; **~·less** □ [~lɪs] utanmaz, arsız.
sham·poo [ʃæm'puː] **1.** *n.* şampuan; saçı şampuanla yıkama; *s.* ***set 3***; **2.** *v/t.* şampuanla yıkamak, şampuanlamak.
sham·rock BOT ['ʃæmrɒk] *n.* yonca.
shank [ʃæŋk] *n.* baldır, incik; BOT sap; NAUT demir bedeni.
shan·ty ['ʃæntɪ] *n.* kulübe, baraka, gecekondu.
shape [ʃeɪp] **1.** *n.* biçim, şekil; kalıp; hal, durum; **2.** *v/t.* biçim vermek, biçimlendirmek; uydurmak, ayarlamak (***to*** *-e göre*); *v/i. a.* ~ ***up*** gelişmek, ortaya çıkmak; **~d** [~t] *adj.* biçimli; ... biçimindeki; **~·less** ['ʃeɪplɪs] *adj.* biçimsiz; **~·ly** [~lɪ] (***-ier, -iest***) *adj.* biçimli, endamlı.
share [ʃeə] **1.** *n.* pay, hisse; ECON hisse senedi; MIN itibari değeri olmayan madencilik hisse senedi; AGR saban demiri; ***have a ~ in*** *-e* katılmak; ***go ~s*** paylaşmak, bölüşmek; **2.** *v/t.* paylaşmak; *v/i.* katılmak (***in*** *-e*); **~·crop·per** ['ʃeəkrɒpə] *n.* ortakçı, tarla kiracısı; **~·holder** *n.* ECON hissedar.
shark [ʃɑːk] *n.* ZO köpekbalığı; dolandırıcı; *Am. sl.* bir işin ehli, uzman.
sharp [ʃɑːp] **1.** □ keskin (*a. fig.*); sivri; şiddetli (*ağrı*); belirgin; çıkıntılı; dokunaklı, iğneleyici (*söz*); tiz (*ses*); MUS diyez; ***C ~*** MUS do diyez; **2.** *adv.* dakikası dakikasına, tam; MUS diyez olarak, tiz sesle; ***at eight o'clock ~*** tam saat sekizde; ***look ~!*** F Çabuk ol!, Acele et!; **3.** *n.* MUS diyez nota; F dolandırıcı, hileci; **~·en** ['ʃɑːpən] *v/t.* bilemek, keskinleştirmek; sivriltmek; şiddetlendirmek; **~·en·er** [~nə] *n.* kalemtıraş; **~·er** [~ə] *n.* dolandırıcı, hileci; **~-eyed** [~'aɪd] *adj.* keskin gözlü; *fig. a.* keskin görüşlü; **~·ness** [~nɪs] *n.* keskinlik (*a. fig.*); şiddet; **~·shoot·er** *n.* keskin nişancı; **~-sight·ed** [~'saɪtɪd] *adj.* keskin gözlü; *fig. a.* keskin görüşlü; **~-wit·ted** [~'wɪtɪd] *adj.* zeki, şeytan gibi.
shat·ter ['ʃætə] *v/t.* & *v/i.* kır(ıl)mak, parçala(n)mak; (*umut*) kırmak, yıkmak; (*sinir*) bozmak.
shave [ʃeɪv] **1.** (***shaved, shaved*** *ya da* ***shaven***) *v/t.* tıraş etmek; rendelemek; sıyırıp geçmek; *v/i.* tıraş olmak; **2.** *n.* tıraş; rende; ***have*** *ya da* ***get a ~*** tıraş olmak; ***have a close*** *ya da* ***narrow ~*** kıl payı kurtulmak, dar kurtulmak; ***that was a close ~*** kıl payı kurtulduk;
shav·en ['ʃeɪvn] *p.p. of* ***shave 1***;
shav·ing [~ɪŋ] **1.** *n.* tıraş; **~s** *pl.* talaş, yonga; **2.** *adj.* tıraş ..., berber ...
shawl [ʃɔːl] *n.* şal, atkı.
she [ʃiː] **1.** *pron.* (dişil) o; **2.** *n.* kadın; ZO dişi; **3.** *adj.* dişi ...; **~-dog** dişi köpek; **~-goat** dişi keçi.
sheaf [ʃiːf] (*pl.* ***sheaves***) *n.* AGR demet, deste, bağlam.
shear [ʃɪə] **1.** (***sheared, shorn*** *ya da* ***sheared***) *v/t.* kırpmak, kırkmak, makaslamak; **2.** *n.* (***a pair of***) **~s** *pl.* büyük makas.
sheath [ʃiːθ] (*pl.* ***sheaths*** [~ðz]) *n.* kın, kılıf; mahfaza, zarf; **~e** [ʃiːð] *v/t.* kınına sokmak; gizlemek; *esp.* MEC kaplamak.
sheaves [ʃiːvz] *pl. of* ***sheaf.***
she·bang *esp. Am. sl.* [ʃə'bæŋ]: ***the whole ~*** hepsi, tümü.
shed[1] [ʃed] (***-dd-; shed***) *v/t.* dökmek, (*kan*) akıtmak; yaymak, saçmak; (*kıl, deri*) dökmek.
shed[2] [~] *n.* baraka, kulübe; sundurma; ahır.
sheen [ʃiːn] *n.* parlaklık, parıltı.
sheep [ʃiːp] (*pl.* ***sheep***) *n.* ZO koyun; koyun derisi; **~-dog** ZO ['ʃiːpdɒg] *n.* çoban köpeği; **~-fold** *n.* koyun ağılı; **~·ish** □ [~ɪʃ] sıkılgan, utangaç; koyun gibi; **~·man** (*pl.* ***-men***) *Am.*, **~-mas·ter** *Brt. n.* koyun yetiştiricisi; **~·skin** *n.* koyun postu, pösteki; *Am.* F diploma.
sheer [ʃɪə] *adj.* saf, katışıksız; bütün, tam; sarp, dik.

S

sheet [ʃiːt] *n.* yatak çarşafı; yaprak, tabaka; MEC levha; NAUT ıskota; ***the rain came down in ~s*** bardaktan boşanırcasına yağmur yağdı; **~ i•ron** *n.* MEC saç; **~ light•ning** *n.* çakınca ortalığı aydınlatan şimşek.

shelf [ʃelf] (*pl.* ***shelves***) *n.* raf; GEOL şelf; ***on the ~*** *fig.* rafa kaldırılmış, bir kenara atılmış.

shell [ʃel] **1.** *n.* kabuk (*a.* BOT); ZO kaplumbağa kabuğu, bağa; ARCH *a.* bina iskeleti; MIL top mermisi; *Am.* mermi kovanı; **2.** *v/t.* *-in* kabuğunu soymak; MIL bombardıman etmek; **~-fire** ['ʃelfaɪə] *n.* top ateşi; **~•fish** *n.* ZO kabuklu hayvan; **~** *pl.* kabuklular; **~-proof** *adj.* mermi *ya da* bomba işlemez.

shel•ter ['ʃeltə] **1.** *n.* barınak, sığınak; siper, örtü; koru(n)ma; ***take ~*** sığınmak, barınmak; ***bus ~*** kapalı otobüs durağı; **2.** *v/t.* & *v/i.* barın(dır)mak, koru(n)mak, saklamak; sığınmak.

shelve [ʃelv] *v/t.* rafa koymak; *fig.* rafa kaldırmak; *fig.* ertelemek; *v/i.* (*toprak*) meyletmek.

shelves [ʃelvz] *pl. of* ***shelf.***

she•nan•i•gans F [ʃɪ'nænɪgəns] *n. pl.* kurnazlık, açıkgözlük; maskaralık.

shep•herd ['ʃepəd] **1.** *n.* çoban; **2.** *v/t.* (*sürü*) otlatmak, gütmek; götürmek.

sher•iff *Am.* ['ʃerɪf] *n.* şerif.

shield [ʃiːld] **1.** *n.* kalkan (*a. fig.*); siper, koruyucu şey; **2.** *v/t.* korumak (***from*** *-den*).

shift [ʃɪft] **1.** *n.* değiş(tir)me; değişiklik; taşınma; vardiya, posta; çare, tedbir; ***work in ~s*** vardiyalı çalışmak, nöbetleşe çalışmak; ***make ~*** çaresini bulmak; işin içinden sıyrılmak; **2.** *v/t.* & *v/i.* değiş(tir)mek; yerini değiştirmek; (*rüzgâr*) dönmek; *esp. Am.* MOT vites değiştirmek (***into, to*** *-e*); ***~ from one foot to the other*** ağırlığı bir ayağından diğerine geçirmek; ***~ gear(s)*** *esp. Am.* MOT vites değiştirmek; ***~ in one's chair*** sandalyesinde kıpırdanıp durmak; ***~ for o.s.*** başının çaresine bakmak; **~•less** □ ['ʃɪftlɪs] beceriksiz, tembel, uyuşuk; **~•y** □ [-ɪ] (***-ier, -iest***) *fig.* kurnaz, hileci, aldatıcı.

shil•ling ['ʃɪlɪŋ] *n.* şilin.

shin [ʃɪn] **1.** *n. a.* ***~-bone*** incik kemiği; **2.** (***-nn-***) *vb.* ***~ up*** tırmanmak, çıkmak.

shine [ʃaɪn] **1.** *n.* parlaklık; cila; **2.** (***shone***) *v/i.* parlamak; parıldamak, ışıldamak; *fig.* üstün olmak; *v/t.* (***shined***) parlatmak; (*ayakkabı*) boyamak.

shin•gle ['ʃɪŋgl] *n.* çatı padavrası, ince tahta; *Am.* F tabela, levha; **~s** *sg.* MED zona.

shin•y ['ʃaɪnɪ] (***-ier, -iest***) *adj.* parlak; açık, berrak.

ship [ʃɪp] **1.** *n.* gemi; F uçak; **2.** (***-pp-***) *v/t.* NAUT gemiye yüklemek; NAUT gemiyle yollamak; ECON göndermek, sevketmek; *v/i.* NAUT gemiye binmek; **~•board** NAUT ['ʃɪpbɔːd]: ***on ~*** gemide; **~•ment** [-mənt] *n.* gemiye yükleme; yüklenen eşya, gönderilen mal, yük; **~•own•er** *n.* armatör; **~•ping** [-ɪŋ] *n.* gemiye yükleme; gemicilik; deniz nakliyatı; *coll.* filo; *attr.* gemi ..., denizcilik ...; **~•wreck** *n.* deniz kazası; gemi enkazı; **~•wrecked 1.** ***be ~*** deniz kazası geçirmek; (*umut*) yıkılmak; **2.** *adj.* deniz kazası geçirmiş, kazazede; *fig. a.* yıkık (*umut*); **~•yard** *n.* tersane.

shire ['ʃaɪə, bileşik sözcüklerde: ... ʃə] *n.* kontluk.

shirk [ʃɜːk] *vb.* (*görev v.b.'nden*) kaçmak, kaytarmak, yan çizmek; **~•er** ['ʃɜːkə] *n.* görevden kaçan, kaytarıcı, dalgacı.

shirt [ʃɜːt] *n.* gömlek; *a.* ***~ blouse*** gömlek biçiminde bluz; **~-sleeve** ['ʃɜːtsliːv] **1.** *n.* gömlek kolu; **2.** *adj.* ceketsiz; **~•waist** *n. Am.* gömlek biçiminde bluz.

shit V [ʃɪt] **1.** *n.* bok; sıçma; **2.** (***-tt-; shit***) *v/i.* sıçmak.

shiv•er ['ʃɪvə] **1.** *n.* küçük parça, kıymık; titreme; **2.** *v/t.* & *v/i.* parçala(n)mak; titremek, ürpermek; **~•y** [-rɪ] *adj.* titrek; soğuk (*hava*).

shoal [ʃəʊl] **1.** *n.* kalabalık; sürü; sığ yer, sığlık, resif; **2.** *vb.* (*balık*) sürü oluşturmak.

shock [ʃɒk] **1.** *n.* AGR ekin yığını, dokurcun; sars(ıl)ma, sarsıntı, darbe; çarpışma; elektrik çarpması; MED şok; **2.** *v/t.* sarsmak; *fig.* çok şaşırtmak; dehşet *ya da* nefret uyandırmak; **~ ab•sorb•er** *n.* MEC amortisör, yumuşatmalık; **~•ing** □ ['ʃɒkɪŋ] şok etkisi yapan, korkunç, iğrenç; şaşılacak; F berbat.

shod [ʃɒd] *pret.* & *p.p. of* ***shoe 2.***

shod•dy ['ʃɒdɪ] **1.** *n.* kumaş tiftiği; *fig.*

S

kalitesiz şey; **2.** (**-ier, -iest**) *adj.* adi, bayağı, kalitesiz.

shoe [ʃuː] **1.** *n.* ayakkabı; nal; **2.** (***shod***) *v/t.* ayakkabı giydirmek; nallamak; **~·black** ['ʃuːblæk] *n.* ayakkabı boyacısı; **~·horn** *n.* ayakkabı çekeceği, kerata; **~-lace** *n.* ayakkabı bağı; **~·mak·er** *n.* ayakkabıcı; **~·shine** *n.* *esp. Am.* ayakkabı boyama; **~ *boy*** *Am.* ayakkabı boyacısı; **~-string** *n.* ayakkabı bağı.

shone [ʃɒn, *Am.* ʃəʊn] *pret. & p.p. of* ***shine 2.***

shook [ʃʊk] *pret. of* ***shake 1.***

shoot [ʃuːt] **1.** *n.* atış, atım; av partisi; BOT filiz, sürgün; **2.** (***shot***) *v/t.* atmak, fırlatmak; ateşlemek; vurmak, öldürmek; (*resim*) çekmek; MED enjekte etmek; **~ *up*** *sl.* (*eroin v.b.*) damardan almak; *v/i.* ateş etmek; (*organ*) zonklamak, sancımak; BOT filizlenmek, sürmek; film çekmek; **~ *ahead of*** hızla geçmek, geride bırakmak; **~·er** ['ʃuːtə] *n.* nişancı, atıcı, vurucu.

shoot·ing ['ʃuːtɪŋ] **1.** *n.* atış; avcılık; filme alma, çekim; **2.** *adj.* zonklayan (*organ*); **~-gal·le·ry** *n.* atış poligonu; **~-range** *n.* atış poligonu; **~ star** *n.* göktaşı, akanyıldız.

shop [ʃɒp] **1.** *n.* dükkân, mağaza; atelye; ***talk* ~** iş konuşmak; **2.** (**-pp-**) *v/i.* *mst.* ***go ~ping*** alışverişe çıkmak; **~a·hol·ic** [~ə'hɒlɪk] *n.* *alışveriş hastası kimse*; **~ as·sis·tant** *Brt.* ['ʃɒpəsɪstənt] *n.* tezgâhtar; **~·keeper** *n.* dükkâncı, mağaza sahibi; **~-lift·er** [~lɪftə] *n.* dükkân hırsızı; **~-lift·ing** [~ɪŋ] *n.* dükkân hırsızlığı; **~·per** [~ə] *n.* alıcı, müşteri; **~·ping** [~ɪŋ] **1.** *n.* alışveriş; ***do one's* ~** alışveriş yapmak; **2.** *adj.* alışveriş …; **~ *bag*** *Am.* alışveriş çantası, pazar çantası; **~ *centre*** (*Am.* ***center***) alışveriş merkezi; **~ *street*** mağazalar caddesi; **~-stew·ard** [~'stjʊəd] *n.* işçi temsilcisi; **~·walk·er** *Brt.* [~wɔːkə] *n.* mağazalarda müşterilere yardımcı olan görevli; **~-win·dow** *n.* vitrin.

shore [ʃɔː] **1.** *n.* sahil, kıyı; ***on* ~** karada; **2.** *v/t.* **~ *up*** *-e* destek vurmak.

shorn [ʃɔːn] *p.p. of* ***shear 1.***

short [ʃɔːt] **1.** □ kısa; kısa boylu, bodur; az (*zaman*); yetersiz, eksik; ters (*yanıt*); gevrek (*çörek v.b.*); ***in* ~** kısacası, sözün kısası; **~ *of*** *-si* eksik; **2.** *adv.* aniden, birden; **~ *of*** *-den* aşağı; ***come** ya da **fall* ~ *of*** *-e* erişememek; yetmemek; ***cut* ~** kısa kesmek; ***stop* ~** aniden durmak; ***stop* ~ *of*** *-e* ara vermek; *s.* ***run 1***; **~·age** ['ʃɔːtɪdʒ] *n.* yokluk, kıtlık, sıkıntı; **~·com·ing** [~'kʌmɪŋ] *n.* kusur; eksik, noksan; **~ cut** *n.* kestirme yol; ***take a* ~** kestirmeden gitmek; **~-dat·ed** *adj.* ECON kısa vadeli; **~-dis·tance** *adj.* kısa mesafe …; **~·en** ['ʃɔːtn] *v/t. & v/i.* kısal(t)mak; **~·ening** [~ɪŋ] *n.* yağ; **~·hand** ['ʃɔːthænd] *n.* stenografi, steno; **~ *typist*** stenograf, steno; **~·ly** [~lɪ] *adv.* kısaca, sözün kısası; birazdan, az sonra; **~·ness** [~nɪs] *n.* kısalık; eksiklik; **~s** *n. pl.* (***a. pair of ~s***) şort; *esp. Am.* külot; **~-sight·ed** □ ['ʃɔːt'saɪtɪd] miyop; *fig.* sağgörüsüz; **~-term** ECON ['ʃɔːttɜːm] *adj.* kısa vadeli; **~ wave** *n.* ELECT kısa dalga; **~-wind·ed** □ ['ʃɔːt'wɪndɪd] nefes darlığı olan, tıknefes.

shot [ʃɒt] **1.** *pret. & p.p. of* ***shoot 2***; **2.** *n.* atış, atım; gülle, top; menzil, erim; girişim; *a.* ***small* ~** av saçması; nişancı, avcı; *futbol*: şut; SPOR: atış, vuruş; PHOT, *film*: resim, film; MED F şırınga, iğne; F tahmin; ***have a* ~ *at*** bir kez denemek, şansını denemek; ***not by a long* ~** F hiç, katiyen; ***big* ~** F kodaman; **~·gun** ['ʃɒtgʌn] *n.* av tüfeği, çifte; **~ *marriage*** *ya da* ***wedding*** F zorla yapılan evlilik; **~ put** *n.* SPOR: gülle atma; **~-put·ter** [~pʊtə] *n.* SPOR: gülle atıcısı.

should [ʃʊd, ʃəd] *pret. of* ***shall.***

should·der ['ʃəʊldə] **1.** *n.* omuz; *fig.* sırt; dağ yamacı; *Am.* banket; **2.** *v/t.* omuzlamak, omuz vurmak; *fig.* (*sorumluluk*) yüklenmek; **~-blade** *n.* ANAT kürekkemiği; **~-strap** *n.* (*giysilerde*) omuz askısı; MIL apolet.

shout [ʃaʊt] **1.** *n.* bağırma, çığlık; **2.** *v/i.* bağırmak, haykırmak; seslenmek.

shove [ʃʌv] **1.** *n.* itme, kakma; **2.** *v/t.* itmek, dürtmek, itip kakmak.

shov·el ['ʃʌvl] **1.** *n.* kürek; faraş; **2.** (*esp. Brt.* **-ll-**, *Am.* **-l-**) *v/t.* kürekle atmak, kürelemek.

show [ʃəʊ] **1.** (***showed, shown*** *ya da* ***showed***) *v/t.* göstermek; sergilemek; açıklamak, öğretmek, anlatmak; kanıtlamak; (*duygu*) belli etmek, göstermek; (*iyilik v.b.*) yapmak, etmek; **~**

S

in içeri almak, buyur etmek; ~ ***off*** göstermek, ortaya koymak; ~ ***out*** kapıya kadar geçirmek, uğurlamak; ~ ***round*** gezdirmek; ~ ***up*** gün ışığına çıkarmak, ortaya koymak, maskesini düşürmek; *v/i. a.* ~ ***up*** çıkagelmek, görünmek; ~ ***off*** gösteriş yapmak, hava atmak; ~ ***up*** F ortaya çıkmak, belli olmak; **2.** *n.* gösterme; görünüş; sergi; F temsil, oyun, şov; iş, girişim; ***on*** ~ sergilenmekte; ~**·biz** F ['ʃəʊbɪz], ~ **busi·ness** *n.* tiyatroculuk; ~**-case** *n.* vitrin; ~**-down** *n. iskambil*: eldeki kâğıtları açma; *fig.* fikrini açıkça söyleme.

show·er ['ʃaʊə] **1.** *n.* sağanak; duş; *fig.* (*küfür v.b.*) yağmur; **2.** *v/t. & v/i.* sağanak halinde yağ(dır)mak; duş yapmak; *fig.* ... yağmuruna tutmak, yağdırmak; ~ ***down*** aşağı dökülmek; ~**·y** [~rɪ] (***-ier, -iest***) *adj.* yağmurlu.

show|-jump·er ['ʃəʊdʒʌmpə] *n.* SPOR: binici; ~**-jump·ing** [~ɪŋ] *n.* SPOR: binicilik; ~**n** [~n] *p.p. of* ***show 1***; ~**·room** *n.* sergi salonu; ~**-win·dow** *n.* vitrin; ~**·y** □ [~ɪ] (***-ier, -iest***) gösterişli, göz alıcı.

shrank [ʃræŋk] *pret. of* ***shrink.***

shred [ʃred] **1.** *n.* parça, dilim; *fig.* azıcık şey, bir parça; **2.** (***-dd-***) *v/t.* parçalamak, küçük küçük doğramak.

shrew [ʃruː] *n.* şirret kadın, cadaloz.

shrewd □ [ʃruːd] kurnaz, açıkgöz, cin gibi.

shriek [ʃriːk] **1.** *n.* acı feryat, çığlık; **2.** *v/i.* çığlık koparmak, çığlığı basmak.

shrill [ʃrɪl] **1.** □ tiz, keskin, kulak tırmalayan; **2.** *vb.* acı sesle bağırmak.

shrimp [ʃrɪmp] *n.* ZO karides; *fig. contp.* bodur, cüce, bücür.

shrine [ʃraɪn] *n.* türbe.

shrink [ʃrɪŋk] (***shrank, shrunk***) *v/t. & v/i.* büz(ül)mek, daral(t)mak, çekmek; korkmak, kaçınmak (***from*** *-den*); ~**·age** ['ʃrɪŋkɪdʒ] *n.* çekme payı; fire; *fig.* değerden düşme.

shriv·el ['ʃrɪvl] (*esp. Brt.* ***-ll-***, *Am.* ***-l-***) *v/i.* büzülmek, buruşmak, pörsümek.

shroud [ʃraʊd] **1.** *n.* kefen; *fig.* örtü; **2.** *v/t.* kefenlemek; *fig.* örtmek, gizlemek.

Shrove|tide ['ʃrəʊvtaɪd] *n.* (*Hıristiyanlıkta*) etkesimi, apukurya; ~ **Tues·day** *n.* büyük perhizin arife günü.

shrub [ʃrʌb] *n.* çalı, funda; ~**·be·ry** ['ʃrʌbərɪ] *n.* çalılık, fundalık.

shrug [ʃrʌg] **1.** (***-gg-***) *v/i.* omuz silkmek; **2.** *n.* omuz silkme.

shrunk [ʃrʌŋk] *p.p. of* ***shrink***; ~**·en** ['ʃrʌŋkən] *adj.* daralmış, çekmiş.

shuck *esp. Am.* [ʃʌk] **1.** *n.* kabuk; ~***s!*** F Allah Allah!; Hadi be!; **2.** *v/t.* kabuğunu soymak.

shud·der ['ʃʌdə] **1.** *v/i.* titremek, ürpermek; **2.** *n.* titreme, ürperti.

shuf·fle ['ʃʌfl] **1.** *vb.* (*oyun kâğıdı*) karıştırmak, karmak; karman çorman etmek; ayaklarını sürümek; kaçamaklı yanıt vermek; ~ ***off*** (*yılan*) deri değiştirmek; *fig.* (*sorumluluk*) üstünden atmak, yüklemek (***on, upon*** *-e*); **2.** *n.* (*oyun kâğıdı*) karıştırma, karma; ayak sürüme; *fig.* hile.

shun [ʃʌn] (***-nn-***) *v/t.* sakınmak, kaçınmak.

shunt [ʃʌnt] **1.** *n.* RAIL manevra; RAIL makas; ELECT paralel devre; **2.** *vb.* RAIL makas değiştirmek, manevra yapmak; ELECT paralel bağlamak; *fig.* başından atmak.

shut [ʃʌt] (***-tt-; shut***) *v/t.* kapa(t)mak; *v/i.* kapanmak; ~ ***down*** (işyeri) kapatmak; ~ ***off*** kapatmak, kesmek; ~ ***up*** kapamak; susturmak; ~ ***up!*** F Kapa çeneni!; ~**·ter** ['ʃʌtə] *n.* kepenk; panjur; PHOT objektif kapağı; ~ ***speed*** PHOT poz süresi.

shut·tle ['ʃʌtl] **1.** *n.* MEC mekik; *s.* ***space*** ~; **2.** *v/i.* RAIL gidip gelmek, mekik dokumak; ~**·cock** *n.* SPOR: ucu tüylü raket topu; ~ **di·plo·ma·cy** *n.* POL seyahati gerektiren diplomatik görüşme, mekik diplomasisi; ~ **ser·vice** *n.* otobüs, tren *vb.* seferi.

shy [ʃaɪ] **1.** □ (~***er*** *ya da* ***shier,*** ~***est*** *ya da* ***shiest***) ürkek, korkak, çekingen, utangaç; **2.** *v/i.* ürkmek (***at*** *-den*); ~ ***away from*** *fig. -den* vazgeçmek, kaçınmak; ~**·ness** ['ʃaɪnɪs] *n.* ürkeklik, çekingenlik.

Si·be·ri·an [saɪ'bɪərɪən] *n. & adj.* Sibiryalı.

sick [sɪk] *adj.* hasta; midesi bulanmış; *fig.* bıkmış, bezmiş (***of*** *-den*); ***be*** ~ kusmak, çıkarmak; ***be*** ~ ***of s.th.*** bşden bıkmak; ***fall*** ~ hastalanmak; ***I feel*** ~ midem bulanıyor; ***go*** ~, ***report*** ~ *k-ni* hasta diye bildirmek; ~**-ben·e·fit** *Brt.* ['sɪkbenɪfɪt] *n.* hastalık parası; ~**·en** [~ən] *v/i.* hastalanmak; ~ ***at*** *-den* tiksin-

mek; *v/t.* hasta etmek; bıktırmak.
sick·le ['sıkl] *n.* orak.
sick|-leave ['sıkli:v] *n.* hastalık izni; ***be on ~*** hastalandığı için izinli olmak; **~·ly** [~lı] (***-ier, -iest***) *adj.* hastalıklı; zayıf bünyeli; solgun; tiksindirici, mide bulandırıcı; **~·ness** [~nıs] *n.* hastalık; bulantı; kusma.
side [saıd] **1.** *n.* kenar, yan; taraf; ***~ by ~*** yan yana; ***take ~s with*** *-in* tarafını tutmak; **2.** *adj.* yan ...; ikinci derecede ...; **3.** *vb.* tarafını tutmak (***with*** *-in*); **~·board** ['saıdbɔ:d] *n.* büfe; **~-car** *n.* MOT motosiklet sepeti; **sid·ed** *adj.* ... taraflı; **~-dish** *n.* garnitür; **~·long 1.** *adv.* yanlamasına; yandan; **2.** *adj.* yan ...; **~-road, ~-street** *n.* yan yol, yan cadde; **~-stroke** *n.* SPOR: yan kulaç; **~-track 1.** *n.* RAIL yan hat; **2.** *v/t.* RAIL yan yola geçirmek; *fig.* geriye bıraktırmak; **~·walk** *n. Am.* yaya kaldırımı; **~·ward(s)** [~wəd(z)], **~·ways** *adv.* yana doğru, yanlamasına, yan yan.
sid·ing RAIL ['saıdıŋ] *n.* yan hat.
si·dle ['saıdl]: ***~ up to s.o.*** *b-ne* sokulmak.
siege [si:dʒ] *n.* kuşatma; ***lay ~ to*** kuşatmak; *fig.* ikna etmeye çalışmak.
sieve [sıv] **1.** *n.* kalbur, elek; **2.** *v/t.* elemek.
sift [sıft] *v/t.* elemek; *fig.* incelemek.
sigh [saı] **1.** *n.* iç çekme; **2.** *v/i.* iç çekmek; can atmak (***for*** *-e*).
sight [saıt] **1.** *n.* görme, görüş; manzara, görünüş; nişangâh; *fig.* bakış, nazar; ***~s*** *pl.* gezip görülecek yerler; ***at ~, on ~*** görür görmez, görülünce; ***at ~*** ECON ibrazında, gösterilince; ***at the ~ of*** *-i* görünce, karşısında; ***at first ~*** ilk görüşte, bir bakışta; ***catch ~ of*** gözüne ilişmek; ***know by ~*** yüzünden tanımak, göz aşinalığı olmak; ***lose ~ of*** gözden kaybetmek; **(*with*)** ***in ~*** göz önünde, gözle görünür; **2.** *vb.* görmek; nişan almak; **~·ed** ['saıtıd] *adj.* ... görüşlü; **~·ly** [~lı] (***-ier, -iest***) *adj.* güzel, yüzüne bakılır; **~·see** (***-saw, -seen***): ***go ~ing*** görülmeye değer yerleri gezmek; **~·see·ing** [~ıŋ] *n.* görülmeye değer yerleri gezme; ***~ tour*** görülmeye değer yerlere yapılan tur; **~·se·er** [~ə] *n.* turist.
sign [saın] **1.** *n.* işaret; belirti, iz; levha, tabela; ***in ~ of*** *-in* işareti olarak; **2.** *v/t.* *-e* işaret etmek; imzalamak.
sig·nal ['sıgnl] **1.** *n.* işaret, sinyal (*a. fig.*) **2.** *adj.* dikkate değer, göze çarpan; **3.** (*esp. Brt.* **-ll-**, *Am.* **-l-**) *vb.* işaretle bildirmek, işaret etmek; **~·ize** [~nəlaız] *v/t.* işaretle bildirmek.
sig·na|to·ry ['sıgnətərı] **1.** *n.* imza sahibi; **2.** *adj.* imzalayan; ***~ powers*** *pl.* POL anlaşma imzalayan devletler; **~·ture** [~tʃə] *n.* imza; ***~ tune*** *radyo,* TV: tanıtma müziği, jenerik müziği.
sign|board ['saınbɔ:d] *n.* tabela, afiş; **~·er** [~ə] *n.* imza sahibi.
sig·net ['sıgnıt] *n.* mühür, damga.
sig·nif·i|cance [sıg'nıfıkəns] *n.* anlam; önem; **~·cant** □ [~t] anlamlı; önemli; **~·ca·tion** [sıgnıfı'keıʃn] *n.* anlam.
sig·ni·fy ['sıgnıfaı] *vb.* belirtmek, bildirmek; anlamı olmak, demek olmak; önemi olmak.
sign·post ['saınpəʊst] *n.* yol levhası, işaret direği.
si·lence ['saıləns] **1.** *n.* sessizlik; susma; ***~!*** Sus!; ***put*** *ya da* ***reduce to ~*** = **2.** *v/t.* susturmak; **si·lenc·er** [~ə] *n.* MEC, MOT susturucu.
si·lent □ ['saılənt] sessiz, sakin; suskun; ***~ partner*** *Am.* ECON işlere karışmayan ortak.
silk [sılk] *n.* ipek; *attr.* ipekli, ipek ...; **~·en** ['sılkən] *adj.* ipekli; **~stock·ing** *n. Am.* kibar, soylu, aristokrat; **~·worm** *n.* zo ipekböceği; **~·y** □ [~ı] (***-ier, -iest***) ipek gibi; yumuşacık.
sill [sıl] *n.* eşik.
sil·ly □ ['sılı] (***-ier, -iest***) ahmak, budala, aptal, bön.
silt [sılt] **1.** *n.* çamur, balçık; **2.** *v/t. & v/i.* *mst.* ***~ up*** çamurla dol(dur)mak.
sil·ver ['sılvə] **1.** *n.* gümüş; **2.** *adj.* gümüşten, gümüş ...; **3.** *v/t.* gümüş kaplamak; **~ plate, ~·ware** *n.* gümüş kaplama; gümüş eşya; **~·y** [~rı] *adj.* gümüş gibi; *fig.* tatlı ve berrak (*ses*).
sim·i·lar □ ['sımılə] benzer; **~·i·ty** [sımı'lærətı] *n.* benzerlik.
sim·i·le ['sımılı] *n.* benzetme, teşbih.
si·mil·i·tude [sı'mılıtju:d] *n.* benzerlik, benzeşme; benzetme, teşbih.
sim·mer ['sımə] *v/t. & v/i.* yavaş yavaş kayna(t)mak; *fig.* galeyana getirmek; ***~ down*** sakinleşmek, yatışmak.
sim·per ['sımpə] **1.** *n.* aptalca sırıtma; **2.** *v/i.* aptal aptal sırıtmak.

sim·ple □ ['sɪmpl] (**~r, ~st**) basit; sade, gösterişsiz, yalın; yapmacıksız; alçak gönüllü; **~-heart·ed**, **~-mind·ed** *adj.* temiz kalpli, saf; **~·ton** [~tən] *n.* ahmak, budala.

sim·pli|ci·ty [sɪm'plɪsətɪ] *n.* kolaylık; basitlik; sadelik, yalınlık; saflık; **~·fi-ca·tion** [sɪmplɪfɪ'keɪʃn] *n.* basitleş(tir)me; **~·fy** ['sɪmplɪfaɪ] *v/t.* basitleştirmek, kolaylaştırmak.

sim·ply ['sɪmplɪ] *adv.* sadece, yalnız, ancak; tamamen, sırf.

sim·u·late ['sɪmjʊleɪt] *v/t.* yalandan yapmak, ... gibi görünmek; MIL, MEC taklidini yapmak.

sim·ul·ta·ne·ous □ [sɪml'teɪnjəs] aynı zamanda olan, eşzamanlı.

sin [sɪn] **1.** *n.* günah; suç, kabahat; **2.** (**-nn-**) *v/i.* günah işlemek.

since [sɪns] **1.** *prp.* *-den* beri; **2.** *adv.* o zamandan beri; **3.** *cj.* madem ki, *-diği* için.

sin·cere □ [sɪn'sɪə] samimi, içten; ***Yours ~ly*** (*mektupta*) saygılarımla; **sin·cer·i·ty** [~'serətɪ] *n.* samimiyet, içtenlik.

sin·ew ANAT ['sɪnju:] *n.* kiriş, veter; **~·y** [~ju:ɪ] *adj.* kiriş gibi; *fig.* güçlü, kuvvetli.

sin·ful □ ['sɪnfl] günahkâr.

sing [sɪŋ] (***sang, sung***) *v/i.* şarkı söylemek; ötmek, şakımak; ***~ to s.o.*** *b-ne* şarkı okumak.

singe [sɪndʒ] *v/t.* yakmak, alazlamak.

sing·er ['sɪŋə] *n.* şarkıcı, okuyucu.

sing·ing ['sɪŋɪŋ] *n.* şarkı söyleme; şakıma; ***~ bird*** ötücü kuş.

sin·gle ['sɪŋgl] **1.** □ tek, bir; yalnız; bekâr; tek kişilik; ***bookkeeping by ~ entry*** tek taraflı defter tutma; ***in ~ file*** tek sıra olarak; **2.** *n.* *Brt.* tek kişilik oda; AVIA gidiş bileti; *Brt.* bir pound, *Am.* bir dolar; **~s** *sg., pl. tenis*: tekler; **3.** *v/t.* ***~ out*** seçmek, ayırmak; **~-breast·ed** *adj.* tek sıra düğmeli (*ceket v.b.*); **~-en·gined** *adj.* AVIA tek motorlu; **~-hand·ed** *adj.* tek başına, yalnız; **~-heart·ed** □, **~-minded** □ samimi, içten, temiz kalpli.

sin·glet *Brt.* ['sɪŋglɪt] *n.* fanila, kolsuz tişört.

sin·gle-track RAIL ['sɪŋgltræk] *adj.* tek yönlü; F *fig.* tek açıdan değerlendiren.

sin·gu·lar ['sɪŋgjʊlə] **1.** □ yalnız, tek, ayrı; eşsiz; tuhaf, garip; GR tekil; **2.** *n.* *a.* ***~ number*** GR tekil sözcük; **~·i·ty** [sɪŋgjʊ'lærətɪ] *n.* özellik; tuhaflık; eşsizlik.

sin·is·ter □ ['sɪnɪstə] uğursuz; kötülük saçan; kötü, fesat.

sink [sɪŋk] **1.** (***sank, sunk***) *v/t.* & *v/i.* bat(ır)mak; ağır ağır inmek; çökmek, çukurlaşmak; (*uykuya*) dalmak; (*hasta*) ölüme yaklaşmak; (*para*) yatırmak; **2.** *n.* lağım; bulaşık taşı, lavabo; **~·ing** ['sɪŋkɪŋ] *n.* düşüş, batış; MED halsizlik, bitkinlik; ECON amorti etme; ***~-fund*** amortisman sandığı.

sin·less □ ['sɪnlɪs] *n.* günahsız.

sin·ner ['sɪnə] *n.* günahkâr.

sin·u·ous □ ['sɪnjʊəs] dolambaçlı, dolaşık.

sip [sɪp] **1.** *n.* yudum; yudumlama; **2.** (**-pp-**) *v/t.* yudumlamak; *v/i.* yudum yudum içmek (***at*** *-den*).

sir [sɜ:] *n.* bay, efendi; efendim; ♀ [sə] sör (*asalet unvanı*).

sire ['saɪə] *n.* *mst. poet.* baba, peder; ZO bir hayvanın babası.

si·ren ['saɪərən] *n.* siren, canavar düdüğü.

sir·loin ['sɜ:lɔɪn] *n.* sığır filetosu.

sis·sy F ['sɪsɪ] *n.* muhallebi çocuğu, çıtkırıldım, hanım evladı.

sis·ter ['sɪstə] *n.* kız kardeş; hastabakıcı, hemşire; **~·hood** [~hʊd] *n.* kız kardeşlik; **~-in-law** [~rɪnlɔ:] (*pl.* ***sisters-in-law***) *n.* görümce, baldız, elti, yenge; **~·ly** [~lɪ] *adj.* kız kardeşe yakışır.

sit [sɪt] (**-tt-**; ***sat***) *v/t.* & *v/i.* otur(t)mak; konmak, tünemek; (*meclis*) toplanmak; binmek; *fig.* durmak, bulunmak; ***~ down*** oturmak; ***~ in*** katılmak; ***~ in for*** *-e* girmek, *-e* katılmak; ***~ up*** dik oturmak; uyumamak, yatmamak.

site [saɪt] *n.* yer, mevki, alan.

sit-in ['sɪtɪn] *n.* oturma grevi.

sit·ting ['sɪtɪŋ] *n.* oturma; oturum, celse; ***~ room*** *n.* oturma odası.

sit·u|at·ed ['sɪtjʊeɪtɪd] *adj.* yerleşmiş, bulunan; ***be ~*** bulunmak; **~·a·tion** [sɪtjʊ'eɪʃn] *n.* yer, konum; durum, hal; iş, memuriyet.

six [sɪks] *n.* & *adj.* altı; **~-pack** *n.* altılı paket (*maden suyu*); **~·teen** ['sɪks'ti:n] *n.* & *adj.* on altı; **~teenth** [~θ] *adj.* on altıncı; **~th** [sɪksθ] **1.** *adj.* altıncı; **2.** *n.*

S

altıda bir; **~th·ly** ['sıksθlı] *adv.* altıncı olarak; **~·ti·eth** [~tııθ] *adj.* altmışıncı; **~·ty** [~tı] *n.* & *adj.* altmış.

size [saız] **1.** *n.* boy; büyüklük; hacim, oylum; boyut, ölçü; (*ayakkabı v.b.*) numara; (*elbise*) beden; **2.** *v/t.* büyüklüğüne göre ayırmak; **~ *up*** F değerlendirmek, tartmak; **~d** *adj.* ... boyunda, ... büyüklübüyüklüğünde.

siz(e)·a·ble □ ['saızəbl] oldukça büyük, büyücek.

siz·zle ['sızl] *v/i.* cızırdamak; hışırdamak; ***sizzling*** (***hot***) bunaltıcı sıcak.

skate [skeıt] **1.** *n.* paten; **2.** *v/i.* patenle kaymak; **~·board** ['skeıtbɔːd] **1.** *n.* tekerlekli paten; **2.** *v/i.* tekerlekli patenle kaymak; **skater** [~ə] *n.* patenci; **skat·ing** [~ıŋ] *n.* patenle kayma, patinaj.

ske·dad·dle F [skı'dædl] *v/i.* tüymek, tabanları yağlamak.

skein [skeın] *n.* yumak, çile; kangal.

skel·e·ton ['skelıtn] *n.* iskelet; çatı, kafes; *attr.* iskelet ...; MIL kadro ...; **~ *key*** maymuncuk.

skep|tic ['skeptık], **~·ti·cal** [~l] *Am.* = ***sceptic(al)***.

sketch [sketʃ] **1.** *n.* taslak, kroki; THEA skeç; **2.** *v/t.* taslağını çizmek.

ski [skiː] **1.** (*pl.* ***skis, ski***) *n.* ski, kayak; *attr.* kayak ...; **2.** *v/i.* kayak yapmak.

skid [skıd] **1.** *n.* takoz; AVIA kayma kızağı; MOT patinaj, kayma; **~ *mark*** MOT patinaj izi; **2.** (**-*dd*-**) *v/i.* MOT patinaj yapmak; kaymak.

skid·doo *Am. sl.* [skı'duː] *v/i.* tüymek, sıvışmak.

ski|er ['skiːə] *n.* kayakçı; **~·ing** [~ıŋ] *n.* kayak yapma, kayakçılık.

skil·ful □ ['skılfl] becerikli, marifetli, hünerli.

skill [skıl] *n.* beceri, hüner, ustalık; **~ed** *adj.* usta, vasıflı, kalifiye; **~ *worker*** vasıflı *ya da* kalifiye işçi.

skill·ful *Am.* □ ['skılfl] = ***skilful.***

skim [skım] **1.** (**-*mm*-**) *vb.* köpüğünü *ya da* kaymağını almak; sıyırmak, sıyırıp geçmek; (taş) sektirmek; **~ *through*** göz gezdirmek, sayfalarını karıştırmak; **2.** *n.* **~ *milk*** kaymağı alınmış süt.

skimp [skımp] *vb.* cimrilik etmek; kıt vermek, hesaplı davranmak (***on*** *-de*); **~·y** □ ['skımpı] (***-ier, -iest***) kıt, az, eksik; üstünkörü.

skin [skın] **1.** *n.* deri, cilt; post, pösteki; kabuk; **2.** (**-*nn*-**) *v/t.* derisini yüzmek; kabuğunu soymak; *v/i. a.* **~ *over*** (*yara v.b.*) kabuk bağlamak, kapanmak; **~·deep** ['skın'diːp] *adj.* yüzeysel; **~ div·ing** *n.* aletsiz dalış; **~·flint** *n.* cimri kimse; **~·ny** [~ı] (***-ier, -iest***) *adj.* zayıf, kuru, sıska, çelimsiz; **~·ny-dip** *v/i.* F çırılçıplak yüzmek.

skip [skıp] **1.** *n.* atlama, zıplama; sekme; **2.** (**-*pp*-**) *v/i.* atlamak, sıçramak; sekmek; ip atlamak; *v/t.* okumadan geçmek, atlamak.

skip·per ['skıpə] *n.* NAUT, AVIA, SPOR: kaptan.

skir·mish ['skɜːmıʃ] **1.** *n.* MIL, *fig.* çatışma; **2.** *v/i.* çatışmak, çarpışmak.

skirt [skɜːt] **1.** *n.* etek; *oft.* **~*s*** *pl.* kenar mahalle, varoş; **2.** *v/t.* *-in* kenarından geçmek; **~·ing-board** *Brt.* ['skɜːtıŋbɔːd] *n.* süpürgelik.

skit [skıt] *n.* dokunaklı söz, iğneleme; yergi; **~·tish** □ ['skıtıʃ] cilveli, oynak; ürkek (*at*).

skit·tle ['skıtl] *n.* dokuz kuka oyunu; ***play*** (***at***) **~*s*** dokuz kuka oynamak; **~·al·ley** *n.* dokuz kuka oyunu alanı.

skulk [skʌlk] *v/i.* gizlenmek; işten kaytarmak.

skull [skʌl] *n.* kafatası.

skul(l)·dug·ge·ry F [skʌl'dʌgərı] *n.* dalavere, hile.

skunk ZO [skʌŋk] *n.* kokarca.

sky [skaı] *n. oft.* ***skies*** *pl.* gökyüzü, gök, sema; **~·jack** F ['skaıdʒæk] *v/t.* (*uçak*) kaçırmak; **~·jack·er** F [~ə] *n.* hava korsanı; **~·lab** *n. Am.* uzay laboratuvarı; **~·lark** **1.** *n.* ZO tarlakuşu; **2.** *v/i.* F eğlenmek, cümbüş yapmak; **~·light** *n.* dam penceresi; **~·line** *n.* ufuk çizgisi; siluet; **~·rock·et** *v/i.* F (*fiyat*) birden artmak, fırlamak; **~·scrap·er** *n.* gökdelen; **~·ward(s)** [~wəd(z)] *adv.* göğe doğru.

slab [slæb] *n.* kalın dilim.

slack [slæk] **1.** □ gevşek; ağır, yavaş; tembel, miskin; ECON kesat, durgun; **2.** *n.* NAUT halat boşu; ECON durgun dönem; **~·en** ['slækən] *v/t.* & *v/i.* gevşe(t)mek; yavaşla(t)mak; hafiflemek, durulmak; **~s** *n. pl.* bol pantolon.

slag [slæg] *n.* cüruf, dışık.

slain [sleın] *p.p. of* ***slay.***

slake [sleık] *v/t.* (*susuzluk, hasret*) gidermek; (*kireç*) söndürmek.

slam [slæm] **1.** *n.* çarparak kapa(n)ma; **2.** (**-mm-**) *v/t.* (*kapı*) çarparak kapamak, çarpmak, vurmak; şiddetle eleştirmek, çatmak.
slan·der ['slɑːndə] **1.** *n.* iftira; **2.** *v/t.* iftira etmek, karalamak; **~·ous** □ [-rəs] iftira niteliğinde, karalayıcı.
slang [slæŋ] **1.** *n.* argo; **2.** *vb.* argo konuşmak.
slant [slɑːnt] **1.** *n.* eğim, meyil; görüş; **2.** *v/t.* & *v/i.* eğ(il)mek, meyilli olmak; **~·ing** □ ['slɑːntɪŋ] eğri; **~·wise** [-waɪz] *adv.* eğri olarak, verev olarak.
slap [slæp] **1.** *n.* tokat, şamar; **2.** (**-pp-**) *v/t.* tokatlamak; gelişigüzel yapmak; **~·jack** *Am.* ['slæpdʒæk] *n.* gözleme; **~·stick** *n.* güldürü; *a.* **~ commedy** THEA kaba komedi, hareketli komedi.
slash [slæʃ] **1.** *n.* uzun yara, kesik; kamçı vuruşu; yırtmaç; **2.** *v/t.* kesmek, biçmek; kamçılamak; *fig.* şiddetle eleştirmek.
slate [sleɪt] **1.** *n.* kayağantaş, ardu vaz; taş tahta; *esp. Am.* POL aday listesi; **2.** *v/t.* arduvazla kaplamak; *Brt.* F şiddetle eleştirmek; *Am.* F bir göreve seçmek; **~-pen·cil** ['sleɪt'pensl] *n.* taş kalem.
slat·tern ['slætən] *n.* pasaklı kadın.
slaugh·ter ['slɔːtə] **1.** *n.* hayvan kesme, kesim; *fig.* katliam; **2.** *v/t.* kesmek; *fig.* katletmek; **~·house** *n.* mezbaha, kesimevi.
Slav [slɑːv] **1.** *n.* İslav; İslav dili; **2.** *adj.* İslav diliyle ilgili.
slave [sleɪv] **1.** *n.* köle, esir (*a. fig.*); **2.** *v/i.* köle gibi çalışmak.
slav·er ['slævə] **1.** *n.* salya; **2.** *v/i.* salyası akmak.
sla·ve·ry ['sleɪvərɪ] *n.* kölelik, esirlik; **slav·ish** □ [-ɪʃ] köle gibi; köleye yakışır.
slay RHET [sleɪ] (**slew, slain**) *v/t.* öldürmek, katletmek.
sled [sled] **1.** = **sledge**[1] **1**; **2.** (**-dd-**) = **sledge**[1] **2.**
sledge[1] [sledʒ] **1.** *n.* kızak; **2.** *v/i.* kızağa binmek.
sledge[2] [-] *n.* *a.* **~-hammer** balyoz.
sleek [sliːk] **1.** □ ipek gibi parlak (*saç v.b.*); kaypak tavırlı; **2.** *v/t.* düzeltmek.
sleep [sliːp] **1.** (**slept**) *v/i.* uyumak; **~ (up)on** *ya da* **over** kararı ertesi güne bırakmak; **~ with s.o.** *b-le* cinsel ilişkide bulunmak, *b-le* yatmak; *v/t.* *-e* yatacak yer sağlamak; **~ away** uyuyarak geçirmek; **2.** *n.* uyku; **get** *ya da* **go to ~** uyumak, uykuya dalmak; **put to ~** uyutmak, yatırmak; **~·er** ['sliːpə] *n.* uyuyan kimse; RAIL yataklı vagon; RAIL travers; **~·ing** [-ɪŋ] *adj.* uyuyan, uykuda olan; uyku ...; **⁀ing Beau·ty** *n.* Uyuyan Güzel; **~ing·car(·riage)** *n.* RAIL yataklı vagon; **~·ing part·ner** *n. Brt.* ECON iş yönetimine karışmayan ortak; **~less** □ [-lɪs] uykusuz; **~-walk·er** *n.* uyurgezer; **~·y** □ [-ɪ] (**-ier, -iest**) uykulu; hareketsiz, sakin.
sleet [sliːt] **1.** *n.* sulusepken kar; **2.** *v/i.* **it was ~ing** sulusepken kar yağıyordu.
sleeve [sliːv] *n.* elbise kolu; MEC rakor, bilezik; *Brt.* kitap kabı; **~-link** ['sliːvlɪŋk] *n.* kol düğmesi.
sleigh [sleɪ] **1.** *n.* kızak; **2.** *v/i.* kızakla gitmek.
sleight [slaɪt]: **~ of hand** el çabukluğu, hokkabazlık.
slen·der □ ['slendə] ince, narin; zayıf (*umut*); *fig.* az, kıt, yetersiz.
slept [slept] *pret.* & *p.p. of* **sleep 1.**
sleuth [sluːθ] *n. a.* **~-hound** bir av köpeği; *fig.* dedektif.
slew [sluː] *pret. of* **slay.**
slice [slaɪs] **1.** *n.* dilim; hisse, pay; **2.** *v/t.* dilimlemek, dilmek.
slick [slɪk] **1.** □ düz, parlak; kaygan; F yapmacık kibar, yüze gülücü; **2.** *adv.* ustalıkla, kurnazca; **3.** *n.* kaliteli mecmua; **~·er** *Am.* F ['slɪkə] *n.* yağmurluk; hileci kimse.
slid [slɪd] *pret.* & *p.p. of* **slide 1.**
slide [slaɪd] **1.** (**slid**) *v/t.* & *v/i.* kay(dır)mak; sessizce kaybolmak, savuşmak; **~ into** *fig.* (*kötü yola*) düşmek; **let things ~** *fig.* işleri oluruna bırakmak; **2.** *n.* kayma; MEC sürgü, sürme; PHOT slayt; *Brt.* saç tokası; *a.* **land~** toprak kayması; **~-rule** ['slaɪdruːl] *n.* sürgülü hesap cetveli.
slid·ing □ ['slaɪdɪŋ] kayan, sürme ...
slight [slaɪt] **1.** □ ince, narin; önemsiz, hafif; az, zayıf (*umut v.b.*); sudan (*bahane*); **2.** *n.* saygısızlık, küçümseme; **3.** *v/t.* önemsememek, hiçe saymak, küçümsemek.
slim [slɪm] **1.** □ ince, zayıf, narin; *fig.* az, kıt; **2.** (**-mm-**) *v/i.* incelmek, zayıflamak.

S

slime [slaım] *n.* sümük; balçık; **slim·y** ['slaımı] (**-ier, -iest**) *adj.* sümüksü; balçıklı, çamurlu; *fig.* pis, iğrenç.

sling [slıŋ] **1.** *n.* sapan; kayış; bocurgat; MED askı; **2.** (**slung**) *v/t.* sapanla atmak; askıyla kaldırmak; *a.* **~ up** kaldırıp asmak.

slink [slıŋk] (**slunk**) *v/i.* sinsi sinsi yürümek.

slip [slıp] **1.** (**-pp-**) *v/t. & v/i.* kay(dır)mak; kaç(ır)mak; ayağı kaymak; (*dil*) sürçmek; hata etmek, yanılmak; **~ away** sıvışmak; (*zaman*) geçip gitmek; **~ in** (*laf*) arasına girmek; **~ into** *-e* sıkıştırmak, *-e* tutuşturmak; sokuvermek; **~ off** (**on**) (*giysi*) çıkarmak (giymek); **~ up** yanlışlık yapmak; **have ~ped s.o.'s memory** *ya da* **mind** *b-nin* aklından çıkmak, unutup gitmek; **2.** *n.* kayma; hata, yanlışlık; sürçme; jüpon; kadın külodu; yastık kılıfı; **a ~ of a boy** (**girl**) ince bir çocuk (kız); **~ of the tongue** dil sürçmesi; **give s.o. the ~** *b-ni* atlatmak, elinden kurtulmak; **~ped disc** MED [slıpt'dısk] *n.* disk kayması; **~·per** ['slıpə] *n.* terlik; **~·per·y** □ [~rı] (**-ier, -iest**) kaygan; *fig.* kaypak; **~-road** *n. Brt.* yan yol; **~·shod** [~ʃɒd] *adj.* pasaklı, özensiz; baştan savma, yarımyamalak.

slit [slıt] **1.** *n.* yarık, kesik; yırtmaç; **2.** (**-tt-; slit**) *v/t.* yarmak.

slith·er ['slıðə] *v/i.* kaymak; kayarak gitmek.

sliv·er ['slıvə] *n.* parça, kıymık.

slob·ber ['slɒbə] **1.** *n.* salya; **2.** *v/i.* salyası akmak.

slo·gan ['sləʊgən] *n.* slogan, parola.

sloop NAUT [slu:p] *n.* şalopa.

slop [slɒp] **1.** *n.* sulu çamur, pis su; **~s** *pl.* bulaşık suyu; **2.** (**-pp-**) *v/t.* dökmek; *v/i.* **~ over** dökülmek.

slope [sləʊp] **1.** *n.* bayır, yokuş, iniş; **2.** *v/t. & v/i.* meyillen(dir)mek; MEC meyilli kesmek; eğ(il)mek.

slop·py □ ['slɒpı] (**-ier, -iest**) çamurlu, balçıklı; kirli, pasaklı; sulu, çorba gibi.

slot [slɒt] *n.* yarık, delik; yiv, oluk.

sloth [sləʊθ] *n.* tembellik, miskinlik; ZO yakalı tembel hayvan.

slot-ma·chine ['slɒtməʃi:n] *n.* otomatik oyun makinesi.

slouch [slaʊtʃ] **1.** *v/i.* sarkmak; omuzları düşük yürümek; **2.** *n.* yorgun yürüyüş; sarkma; **~ hat** sarkık kenarlı şapka.

slough[1] [slaʊ] *n.* bataklık.

slough[2] [slʌf] *v/i.* derisi soyulmak, pul pul olmak.

slov·en ['slʌvn] *n.* pasaklı kimse, şapşal adam; **~·ly** [~lı] *adj.* pasaklı, hırpani, şapşal.

slow [sləʊ] **1.** □ yavaş, ağır; geri kalmış (*saat*); hantal, üşengeç; can sıkıcı, ağır; **be ~** (*saat*) geri kalmak; **2.** *adv.* yavaş yavaş, ağır ağır; **3. ~ down, ~ up** *v/t.* yavaşlatmak; **v/i.** yavaşlamak; **~·coach** ['sləʊkəʊtʃ] *n.* ağır kimse; **~-down** (**strike**) *n. Am.* ECON işi yavaşlatma grevi; **~ mo·tion** *n.* PHOT ağır çekim; **~·poke** *Am.* **slowcoach**; **~-worm** *n.* ZO köryılan.

sludge [slʌdʒ] *n.* sulu çamur, balçık.

slug [slʌg] **1.** *n.* ZO sümüklüböcek; işlenmemiş metal; *esp. Am.* kurşun, mermi; *Am.* jeton; **2.** (**-gg-**) *v/t. Am.* F sertçe vurmak.

slug|gard ['slʌgəd] *n.* tembel kimse; **~·gish** □ [~ıʃ] tembel, uyuşuk; ECON durgun, cansız.

sluice MEC [slu:s] *n.* bent kapağı, savak.

slums [slʌmz] *n. pl.* kenar mahalle, gecekondu bölgesi, teneke mahallesi.

slum·ber ['slʌmbə] **1.** *n. mst.* **~s** *pl.* uyku, uyuklama; **2.** *v/i.* uyumak, uyuklamak.

slump [slʌmp] **1.** *v/i.* yığılmak, çökmek; ECON (*fiyat*) düşmek; **2.** *n.* ECON fiyat düşmesi; durgunluk, ekonomik bunalım.

slung [slʌŋ] *pret. & p.p. of* **sling 2.**

slunk [slʌŋk] *pret. & p.p. of* **slink.**

slur [slɜ:] **1.** (**-rr-**) *v/t.* heceleri karıştırarak kötü söylemek; MUS bağlama işareti koymak; **2.** *n.* leke, ayıp; eleştiri; MUS bağ işareti.

slush [slʌʃ] *n.* erimiş kar; sulu çamur; değersiz eser.

slut [slʌt] *n.* pasaklı kadın.

sly □ [slaı] (**~er, ~est**) kurnaz, şeytan gibi; sinsi; **on the ~** gizlice, sezdirmeden.

smack [smæk] **1.** *n.* tat, lezzet; *fig.* az miktar, zerre; şapırtı; (*kırbaç*) şaklayış; şamar, tokat; **2.** *vb.* çeşnisi olmak; tokatlamak, şaplatmak; şapır şupur öpmek; **~ one's lips** dudaklarını şapırdatmak.

small [smɔːl] **1.** *adj.* küçük, ufak; az, önemsiz; ***feel ~*** utanmak, küçük düşmek; ***look ~*** rezil olmak; ***the ~ hours*** gece yarısından sonraki saatler; ***in a ~ way*** alçak gönüllülükle; **2.** *n.* ***~ of the back*** ANAT kuyruksokumu; **~*s*** *pl. Brt.* F (*mendil v.b. gibi*) ufak tefek çamaşır; ***wash one's ~s*** ufak tefek çamaşırını yıkamak; **~ arms** ['smɔːlɑːmz] *n. pl.* (*tabanca gibi*) el silahları; **~ change** *n.* bozuk para, bozukluk; **~·ish** [˷ɪʃ] *adj.* ufakça, küçükçe; **~·pox** MED [˷pɒks] *n.* çiçek hastalığı; **~ talk** *n.* havadan sudan konuşma, hoşbeş; **~-time** *adj.* F önemsiz.

smart [smɑːt] **1.** □ keskin, şiddetli; çabuk, çevik; şık, zarif; yakışıklı, gösterişli; zeki, kurnaz; **~ *aleck*** F ukala dümbeleği; **2.** *n.* ağrı, sızı; **3.** *v/i.* ağrımak, sızlamak; **~·ness** ['smɑːtnɪs] *n.* şıklık; açıkgözlük; şiddet.

smash [smæʃ] **1.** *v/t. & v/i.* ez(il)mek, parçala(n)mak; kır(ıl)mak; *fig.* mahvetmek, ezmek; *fig.* mahvolmak; **2.** *n.* şangırtı ile kırılma; şangırtı; çarpışma, kaza; mahvolma, iflas (*a.* ECON); *tenis v.b.*: küt inme; *a.* **~ *hit*** F liste başı eser; **~·ing** *esp. Brt.* F ['smæʃɪŋ] *adj.* çok güzel, harika; **~-up** *n.* büyük kaza; çöküş.

smat·ter·ing ['smætərɪŋ] *n.* çat pat bilgi, az buçuk bilme.

smear [smɪə] **1.** *v/t.* sürmek, bulaştırmak; *fig.* şerefini lekelemek, karalamak; **2.** *n.* leke; iftira.

smell [smel] **1.** *n.* koku; pis koku; koklama duygusu; **2.** (***smelt*** *ya da* ***smelled***) *v/t.* koklamak; *v/i.* kokmak; kokuşmak; **~·y** ['smelɪ] (***-ier, -iest***) *adj.* pis kokan.

smelt[1] [smelt] *pret. & p.p. of* ***smell 2.***

smelt[2] METALL [˷] *v/t.* eritmek.

smile [smaɪl] **1.** *n.* gülümseme; **2.** *v/i.* gülümsemek; **~ *at*** *-e* gülümsemek.

smirch [smɜːtʃ] *v/t.* kirletmek, lekelemek.

smirk [smɜːk] *v/i.* sırıtmak.

smith [smɪθ] *n.* demirci, nalbant.

smith·e·reens ['smɪðə'riːnz] *n. pl.* küçük parçalar.

smith·y ['smɪðɪ] *n.* demirhane; nalbant dükkânı.

smit·ten ['smɪtn] *adj.* çarpılmış; *fig.* etkilenmiş, şaşkın; *humor.* âşık, vurgun, abayı yakmış (***with*** *-e*).

smock [smɒk] *n.* iş gömleği, önlük.

smog [smɒg] *n.* dumanlı sis.

smoke [sməʊk] **1.** *n.* duman; ***have a ~*** sigara içmek; **2.** *v/i.* tütmek; *v/t.* tütsülemek; (*sigara*) içmek; **~-dried** ['sməʊkdraɪd] *adj.* tütsülenmiş; **smok·er** [˷ə] *n.* sigara içen kimse; RAIL F sigara içilebilen vagon; **~-free** sigara içilmeyen (*bölge, bina*); **~-stack** *n.* RAIL, NAUT baca.

smok·ing ['sməʊkɪŋ] *n.* sigara içme; *attr.* sigara içilebilen; **~-com·part·ment** *n.* RAIL sigara içilebilen vagon.

smok·y □ ['sməʊkɪ] (***-ier, -iest***) dumanlı, tüten.

smooth [smuːð] **1.** □ düz, düzgün, pürüzsüz; *fig.* engelsiz; sakin, yumuşak; tatlı dilli; akıcı, kaygan; **2.** *v/t.* düzeltmek; yatıştırmak; *fig.* kolaylaştırmak; **~ *away*** *fig.* (*sıkıntı v.b.*) ortadan kaldırmak; **~ *down*** düzlenmek; **~ *out*** düzeltmek, düzlemek; **~·ness** ['smuːðnɪs] *n.* düzgünlük, düzlük.

smoth·er ['smʌðə] *v/t. & v/i.* boğ(ul)mak.

smo(u)l·der ['sməʊldə] *v/i.* için için yanmak.

smudge [smʌdʒ] **1.** *v/t. & v/i.* bulaş(tır)mak, pisle(n)mek, kirletmek; kirlenmek; **2.** *n.* leke, kir.

smug [smʌg] (***-gg-***) *adj.* kendini beğenmiş; şıklık meraklısı.

smug·gle ['smʌgl] *vb.* (*mal*) kaçırmak, kaçakçılık yapmak; **~r** [˷ə] *n.* kaçakçı.

smut [smʌt] **1.** *n.* is, kurum; *fig.* açık saçık söz; **2.** (***-tt-***) *v/t.* kirletmek; **~·ty** □ ['smʌtɪ] (***-ier, -iest***) isli, kirli; açık saçık.

snack [snæk] *n.* hafif yemek; çerez; ***have a ~*** hafif bir yemek yemek; **~-bar** ['snækbɑː] *n.* hafif yemek yenen lokanta *v.b.* yer.

snaf·fle ['snæfl] *n. a.* **~ *bit*** gem ağızlığı.

snag [snæg] *n.* kırık dal; *esp. Am.* (*nehirde*) ağaç gövdesi; *fig.* beklenmedik güçlük.

snail zo [sneɪl] *n.* salyangoz; **~ mail** F *n. e-postanın aksine, gönderilenleri fiziksel yöntemlerle alıcısına ulaştıran normal posta.*

snake zo [sneɪk] *n.* yılan.

snap [snæp] **1.** *n.* aniden kopma, kırılma; çatırtı; kopça, çıtçıt; ağzıyla kapma, ısırma; F PHOT şipşak resim, enstantane; *fig.* F güç, gayret, enerji; ***cold ~*** soğuk dalgası; **2.** (**-pp-**) *v/i.* kopmak, kırılmak; (*kilit*) birden kapanmak; ***~ at s.o.*** *b-ni* terslemek, *b-ne* ters cevap vermek; ***~ to it!***, *Am. a.* ***~ it up!*** *sl.* Acele et!; ***~ out of it!*** *sl.* Kendine gel!; *v/t.* kırmak; şaklatmak; (*parmak*) çıtırdatmak; PHOT şipşak resmini çekmek; ***~ one's fingers*** parmaklarını çıtırdatmak; ***~ one's fingers at*** *fig.* umursamamak, hiçe saymak; ***~ out*** birden söyleyivermek; ***~ up*** kapmak, almak; **~-fas·ten·er** ['snæpfɑːsnə] *n.* çıtçıt; **~·pish** □ [~ɪʃ] huysuz, kavgacı, aksi; **~·py** [~ɪ] (***-ier, -iest***) *adj.* huysuz, kavgacı; F canlı, çevik; F şık; ***make it ~!***, *Brt. a.* ***look ~!*** F Elini çabuk tut!, Sallanma!; **~·shot** *n.* enstantane fotoğraf, şipşak.

snare [sneə] **1.** *n.* tuzak (*a. fig.*), kapan; **2.** *v/t.* tuzağa düşürmek (*a. fig.*).

snarl [snɑːl] **1.** *v/i.* hırlamak; homurdanmak; **2.** *n.* hırlama; *fig.* homurdanma.

snatch [snætʃ] **1.** *n.* kapma, kapış; kısa zaman, an; **2.** *v/t.* kapmak, kavramak; ***~ at*** elde etmeye çalışmak, yakalamaya uğraşmak.

sneak [sniːk] **1.** *v/i.* sinsice dolaşmak, gizlice sokulmak; *Brt. sl.* ispiyonculuk etmek; *v/t. sl.* çalmak, aşırmak; **2.** *n.* F sinsi kimse; *Brt. sl.* ispiyoncu; **~·ers** *esp. Am.* ['sniːkəz] *n. pl.* lastik ayakkabı, tenis ayakkabısı.

sneer [snɪə] **1.** *n.* alay; hakaret; **2.** *v/i.* alay etmek, gülmek, küçümsemek.

sneeze [sniːz] **1.** *v/i.* hapşırmak, aksırmak; **2.** *n.* hapşırma, aksırık.

snick·er ['snɪkə] *v/i. esp. Am.* kıs kıs gülmek; *esp. Brt.* (*at*) kişnemek.

sniff [snɪf] *vb.* burnuna çekmek; koklamak; *fig.* küçümsemek, burun kıvırmak.

snig·ger *esp. Brt.* ['snɪgə] *v/i.* kıs kıs gülmek.

snip [snɪp] **1.** *n.* kesme, biçme; kesilmiş parça; **2.** (**-pp-**) *v/t.* makasla kesmek.

snipe [snaɪp] **1.** *n.* zo çulluk; **2.** *v/i.* pusudan ateş etmek; **snip·er** ['snaɪpə] *n.* pusuya yatan nişancı.

sniv·el ['snɪvl] (*esp. Brt.* **-ll-**, *Am.* **-l-**) *v/i.* burnu akmak; burnunu çekmek.

snob [snɒb] *n.* züppe kimse; **~·bish** □ ['snɒbɪʃ] züppe.

snoop F [snuːp] **1.** *v/i.* ***~ about, ~ around*** F *fig.* merakla bakınmak, dolanıp durmak; **2.** *n.* dedektif; casus.

snooze F [snuːz] **1.** *n.* uyuklama, şekerleme; **2.** *v/i.* şekerleme yapmak, kestirmek.

snore [snɔː] **1.** *v/i.* horlamak; **2.** *n.* horlama, horultu.

snort [snɔːt] *v/i.* burnundan solumak, horuldamak.

snout [snaʊt] *n.* hayvan burnu; hortum başlığı.

snow [snəʊ] **1.** *n.* kar; *sl.* kokain; **2.** *v/i.* kar yağmak; ***~ed in*** *ya da* ***up*** kardan kapanmış; ***be ~ed under*** *fig.* (işten) başını kaldıramamak; **~-bound** ['snəʊbaʊnd] *adj.* kardan mahzur kalmış; **~capped**, **~·clad**, **~·cov·ered** *adj.* karla kaplı, karlı; **~-drift** *n.* kar yığıntısı; **~·drop** *n.* BOT kardelen; **~-white** *adj.* kar gibi, bembeyaz; **♀ White** *n.* Pamuk Prenses; **~·y** □ [~ɪ] (***-ier, -iest***) karlı; kar gibi, bembeyaz.

snub [snʌb] **1.** (**-bb-**) *v/t.* küçümsemek, hor davranmak, terslemek; **2.** *n.* küçümseme; **~-nosed** ['snʌbnəʊzd] *adj.* kısa ve kalkık burunlu.

snuff [snʌf] **1.** *n.* fitilin yanık ucu; enfiye; ***take ~*** enfiye çekmek; **2.** *vb.* fitilin yanık ucunu kesmek; enfiye çekmek.

snuf·fle ['snʌfl] *v/i.* burnunu çekmek; burnundan konuşmak.

snug □ [snʌg] (**-gg-**) rahat, konforlu; kuytu; iyi oturmuş (*giysi*); **~·gle** ['snʌgl] *v/i.* sokulmak (***up to s.o.*** *b-ne*).

so [səʊ] *adv.* böyle, öyle; bu derece, bu kadar; çok, pek; bu yüzden, onun için; dahi, de, da; ***I hope ~*** umarım öyledir, inşallah; ***I think ~*** sanırım öyle; ***are you tired?—~ I am*** yorgun musun?—ya öyle; ***you are tired, ~ am I*** yorgunsun, ben de; ***~ far*** şimdiye dek.

soak [səʊk] *v/t.* ıslatmak, sırılsıklam etmek; ***~ in*** emmek, içine çekmek; ***~ up*** emmek; (*yumruk v.b.*) almak; *v/i.* ıslanmak.

soap [səʊp] **1.** *n.* sabun; ***soft ~*** arapsabunu; *fig.* yağcılık; **2.** *v/t.* sabunlamak; **~-box** ['səʊpbɒks] *n.* sabunluk; söylev verenlerin üstüne çıktıkları sandık; **~·y** □ [~ɪ] (***-ier, -iest***) sabunlu; *fig.* F yağcı, dalkavuk.

S

soar [sɔː] *v/i.* yükselmek; (*fiyat*) artmak, fırlamak; AVIA havada süzülmek.
sob [sɒb] **1.** *n.* hıçkırık; **2.** (**-bb-**) *v/i.* hıçkıra hıçkıra ağlamak.
so·ber ['səʊbə] **1.** □ ayık; akla yakın; **2.** *v/t.* & *v/i.* ayıl(t)mak; **~ *down*, ~ *up*** aklını başına getirmek; **so·bri·e·ty** [səʊ'braıətı] *n.* ayıklık; ciddiyet.
so-called ['səʊ'kɔːld] *adj.* ... diye anılan, güya, sözde.
soc·cer ['sɒkə] *n.* futbol; **~ mom** F *n.* *çocuklarına futbol eğitimi veren anne.*
so·cia·ble ['səʊʃəbl] **1.** □ sokulgan, girgin; sempatik; **2.** *n.* sohbet toplantısı.
so·cial ['səʊʃl] **1.** □ toplumsal, sosyal; girgin, sokulgan; **2.** *n.* sohbet toplantısı; **~ in·sur·ance** *n.* sosyal sigorta.
so·cial|is·m ['səʊʃəlızəm] *n.* sosyalizm, toplumculuk; **~·ist** [~ıst] **1.** *n.* sosyalist, toplumcu; **2.** = **~·is·tic** [səʊʃə'lıstık] (**~*ally***) *adj.* sosyalizmle ilgili; toplumcu, sosyalist; **~·ize** ['səʊʃəlaız] *v/t.* kamulaştırmak; sosyalleştirmek.
so·cial| sci·ence ['səʊʃl'saıəns] *n.* sosyal bilim; **~ se·cu·ri·ty** *n.* sosyal sigorta; ***be on ~*** sosyal sigortalı olmak; **~ serv·ices** *n. pl.* sosyal hizmetler; **~ work** *n.* sosyal görev; **~ work·er** *n.* sosyal görevli.
so·ci·e·ty [sə'saıətı] *n.* toplum; topluluk; dernek, kulüp; ortaklık, şirket.
so·ci·ol·o·gy [səʊsı'ɒlədʒı] *n.* sosyoloji, toplumbilim.
sock [sɒk] *n.* kısa çorap, şoset.
sock·et ['sɒkıt] *n.* ANAT eklem oyuğu; ELECT duy, priz; MEC oyuk, yuva; ANAT (*göz*) çukur.
sod [sɒd] *n.* çim.
so·da ['səʊdə] *n.* CHEM soda; **~-fountain** *n. Am.* büfe, büvet.
sod·den ['sɒdn] *adj.* sırılsıklam.
soft [sɒft] **1.** □ yumuşak; tatlı (*ses*); ılık, tatlı (*iklim*); yumuşak başlı, uysal; zayıf, gevşek; kolay, rahat (iş); *a.* **~ *in the head*** F akılsız, aklı kıt; alkolsüz (*içki*); **2.** *adv.* yavaşça; **~·en** ['sɒfn] *v/t.* & *v/i.* yumuşa(t)mak (*a. fig.*); yatış(tır)mak; (*ses*) kısmak; **~-headed** *adj.* bunak, budala; **~-heart·ed** *adj.* yumuşak kalpli; **~-land** *vb.* yumuşak iniş yapmak; **~ landing** *n.* yumuşak iniş; **~·ware** *n. bilgisayar:* yazılım; **~·y** F [~ı] *n.* ahmak, sünepe, avanak.
sog·gy ['sɒgı] (**-*ier*, -*iest***) *adj.* sırılsıklam.
soil [sɔıl] **1.** *n.* toprak; arazi; ülke; kir, leke; **2.** *v/t.* & *v/i.* lekele(n)mek, kirletmek; kirlenmek.
soj·ourn ['sɒdʒɜːn] **1.** *n.* geçici olarak oturma; **2.** *v/i.* geçici olarak oturmak, kalmak.
sol·ace ['sɒləs] **1.** *n.* avuntu; **2.** *v/t.* avutmak.
so·lar ['səʊlə] *adj.* güneşle ilgili, güneş ...
sold [səʊld] *pret.* & *p.p. of* **sell.**
sol·der MEC ['sɒldə] **1.** *n.* lehim; **2.** *v/t.* lehimlemek.
sol·dier ['səʊldʒə] *n.* asker; **~·like**, **~·ly** [~lı] *adj.* asker gibi, askerce; **~·y** [~rı] *n.* askerler.
sole[1] □ [səʊl] tek, yalnız, biricik; **~ *agent*** tek temsilci.
sole[2] [~] **1.** *n.* pençe, taban; **2.** *v/t.* -*e* pençe vurmak.
sole[3] ZO [~] *n.* dilbalığı.
sol|emn □ ['sɒləm] resmi; kutsal; ciddi, ağırbaşlı; **so·lem·ni·ty** [sə'lemnətı] *n.* tantanalı tören; ciddiyet; **~·em·nize** ['sɒləmnaız] *v/t.* törenle kutlamak; (*nikâh*) kıymak.
so·li·cit [sə'lısıt] *vb.* istemek, rica etmek; (fahişe) ayartmaya çalışmak, asılmak.
so·lic·i|ta·tion [səlısı'teıʃn] *n.* istek, rica; **~·tor** [sə'lısıtə] *n. Brt.* LEG dava vekili; *Am.* acente, reklamcı; **~·tous** □ [~əs] endişeli, meraklı (***about, for*** *için*); **~ *of*** -*e* istekli; **~ *to do ...*** yapmaya arzulu; **~·tude** [~juːd] *n.* endişe, kaygı; ilgi, dikkat.
sol·id ['sɒlıd] **1.** □ katı; sağlam, dayanıklı; som, yekpare; MATH cisimsel; güvenilir, emin; yoğun, koyu; ***a ~ hour*** tam bir saat; **2.** *n.* katı madde; GEOM üç boyutluluk; **~*s*** *pl.* katı yiyecek; **sol·i·dar·i·ty** [sɒlı'dærətı] *n.* dayanışma.
so·lid·i|fy [sə'lıdıfaı] *v/t.* & *v/i.* katılaş(tır)mak, sertleş(tir)mek; **~·ty** [~tı] *n.* katılık; sağlamlık, dayanıklılık.
so·lil·o·quy [sə'lıləkwı] *n.* kendi kendine konuşma; *esp.* THEA monolog.
sol·i·taire [sɒlı'teə] *n.* mücevherde tek taş; *Am.* tek kişilik iskambil oyunu.
sol·i|ta·ry □ ['sɒlıtərı] tek, yalnız; ıssız; **~·tude** [~juːd] *n.* yalnızlık; ıssızlık.
so·lo ['səʊləʊ] (*pl.* **-*los***) *n.* solo; AVIA tek başına uçuş; **~·ist** MUS [~ıst] *n.* solist.

S

sol·u·ble ['sɒljʊbl] *adj.* eriyebilir, çözünür; *fig.* çözülebilir; **so·lu·tion** [sə'luːʃn] *n.* erime, çözünme; eriyik; çare, çözüm.
solve [sɒlv] *v/t.* çözmek, halletmek; **sol·vent** ['sɒlvənt] **1.** *adj.* CHEM eritici, çözücü; ECON ödeme gücü olan; **2.** *n.* CHEM eritici sıvı, eritken.
som·bre, *Am.* **-ber** □ ['sɒmbə] loş, karanlık; *fig.* kasvetli.
some [sʌm, səm] *pron. & adj.* bazı, kimi; biraz, birkaç; hayli, birçok, epey; bazısı, kimisi; *~ 20 miles* yaklaşık 20 mil; *to ~ extent* bir dereceye kadar; **~·bod·y** ['sʌmbədı] *pron.* biri, birisi; **~·day** *adv.* bir gün; **~·how** *adv.* bir yolunu bulup; *~ or other* her nasıl olursa olsun; **~·one** *pron.* biri, birisi; **~·place** *Am.* = **somewhere.**
som·er·sault ['sʌməsɔːlt] **1.** *n.* perende, takla; *turn a ~* = **2.** *v/i.* takla atmak.
some|thing ['sʌmθıŋ] *pron.* bir şey; *~ like ...* gibi bir şey; **~·time 1.** *adv.* günün birinde; **2.** *adj.* eski; **~·times** *adv.* bazen, ara sıra; **~·what** *adv.* bir dereceye kadar; **~·where** *adv.* bir yer(d)e.
son [sʌn] *n.* erkek evlat, oğul.
sonde [sɒnd] *n.* sondaj balonu.
song [sɒŋ] *n.* şarkı, türkü; şiir, destan; *for a ~* çok ucuza, yok pahasına; **~·bird** ['sɒŋbɜːd] *n.* ötücü kuş; **~·ster** [ˌstə] *n.* şarkıcı; ötücü kuş; **~·stress** [ˌrıs] *n.* şantöz.
son·ic ['sɒnık] *adj.* sesle ilgili; *~ boom*, *Brt. a. ~ bang n.* ses duvarını aşan bir uçağın çıkardığı patlama sesi.
son-in-law ['sʌnınlɔː] (*pl.* ***sons-in--law***) *n.* damat.
son·net ['sɒnıt] *n.* sone.
so·nor·ous □ [sə'nɔːrəs] tınlayan, yankılı, sesli.
soon [suːn] *adv.* birazdan, biraz sonra; yakında; çabuk, hemen; *as ya da so ~ as* ...ir ...irmez; **~·er** ['suːnə] *adv.* daha önce, daha erken; *~ or later* er ya da geç; *the ~ the better* ne kadar önce olursa o kadar iyi; *no ~ ... than* ...ir ...irmez; *no ~ said than done* demesiyle yapması bir oldu.
soot [sʊt] **1.** *n.* is, kurum; **2.** *v/t.* ise bulaştırmak.
soothe [suːð] *v/t.* yatıştırmak, sakinleştirmek; (*ağrı*) dindirmek; **sooth·ing** □ ['suːðıŋ] yatıştırıcı; ağrı dindirici;
sooth·say·er ['suːθseıə] *n.* falcı.
soot·y □ ['sʊtı] (*-ier, -iest*) isli, kurumlu.
sop [sɒp] **1.** *n.* tirit, lokma; rüşvet; **2.** (*-pp-*) *v/t.* ıslatarak yumuşatmak, banmak.
so·phis·ti·cat·ed [sə'fıstıkeıtıd] *adj.* hayatı bilen, pişmiş, kaşarlanmış; entelektüel, kültürlü; MEC karışık, komplike; **soph·ist·ry** ['sɒfıstrı] *n.* safsata; safsatacılık.
soph·o·more *Am.* ['sɒfəmɔː] *n.* ikinci sınıf öğrencisi.
sop·o·rif·ic [sɒpə'rıfık] **1.** (*~ally*) *adj.* uyutucu; **2.** *n.* uyutucu ilaç.
sor·cer|er ['sɔːsərə] *n.* büyücü, sihirbaz; **~·ess** [ˌıs] *n.* büyücü kadın, cadı; **~·y** [ˌı] *n.* büyü, sihir; büyücülük.
sor·did □ ['sɔːdıd] adi, bayağı, alçak, aşağılık; pis, kirli; cimri, pinti.
sore [sɔː] **1.** □ (*~r, ~st*) acıyan, ağrılı; kırgın, küskün; şiddetli, sert; *a ~ throat* boğaz ağrısı; **2.** *n.* yara; **~·head** *Am.* F ['sɔːhed] *n.* huysuz *ya da* aksi kimse.
sor·rel ['sɒrəl] **1.** *adj.* doru (*at*); **2.** *n.* zo doru at; BOT kuzukulağı.
sor·row ['sɒrəʊ] **1.** *n.* keder, acı, tasa, üzüntü; **2.** *v/i.* üzülmek, kederlenmek; **~·ful** □ [ˌfl] kederli, acılı, dertli; üzücü.
sor·ry □ ['sɒrı] (*-ier, -iest*) üzgün; pişman; *be ~ about s.th.* bşe üzülmek, bş için üzgün olmak; *I am* (*so*) *~!* (Çok) Üzgünüm!, Kusura bakma!; *~!* Affedersiniz!, Pardon!; *I am ~ for him* ona acıyorum; *we are ~ to say* üzülerek söylüyoruz ki.
sort [sɔːt] **1.** *n.* tür, çeşit; *what ~ of* ne tür; *of a ~, of ~s* F sıradan, Allahlık; *~ of* F bir dereceye kadar; âdeta, sanki; *out of ~s* F rahatsız, keyifsiz; neşesiz; **2.** *v/t.* sınıflandırmak; *~ out* seçip ayırmak, ayıklamak; *fig.* (*bir konuyu*) halletmek.
sot [sɒt] *n.* ayyaş.
sough [saʊ] **1.** *n.* vızıltı, uğultu; **2.** *v/i.* (*esp. rüzgâz*) uğuldamak.
sought [sɔːt] *pret. & p.p. of* **seek.**
soul [səʊl] *n.* can, ruh (*a. fig.*); öz, esas; MUS zenci müziğinin uyandırdığı duygu.
sound [saʊnd] **1.** □ sağlam; derin, deliksiz (*uyku*); ECON emin, güvenilir;

LEG yasal; **2.** *n.* ses; gürültü; izlenim, etki, anlam; MED sonda; balık solungacı; **3.** *v/t.* MED sondalamak; NAUT iskandil etmek; ~ **bar·ri·er** *n.* ses duvarı; ~**·film** ['saʊndfılm] *n.* sesli film; ~**·ing** NAUT [~ıŋ] *n.* iskandil etme; ~**s** *pl.* iskandil edilen suyun derinliği; ~**·less** □ [~lıs] sessiz; ~**·ness** [~nıs] *n.* sağlamlık; doğruluk; ~ **pol·lu·tion** *n.* sesin rahatsız etmesi; ~**-proof** *adj.* ses geçirmez; ~**track** *n. film*: ses yolu; ~**-wave** *n.* ses dalgası.

soup [suːp] **1.** *n.* çorba; **2.** *v/t.* ~ ***up*** F (*motor*) gücünü artırmak, takviye etmek.

sour ['saʊə] **1.** □ ekşi; *fig.* yüzü gülmez, asık suratlı; **2.** *v/t.* & *v/i.* ekşi(t)mek; (*süt*) kesilmek; *fig.* surat asmak.

source [sɔːs] *n.* kaynak, memba; köken; ~ **code** IT *n.* köken kodu.

sour|ish □ ['saʊərıʃ] ekşice, mayhoş; ~**·ness** [~nıs] *n.* ekşilik; *fig.* somurtkanlık.

souse [saʊs] *v/t.* batırmak, banmak, daldırmak; (*balık v.b.*) salamura yapmak.

south [saʊθ] **1.** *n.* güney; **2.** *adj.* güneyde olan, güney ...; ~**-east** ['saʊθ'iːst] **1.** *n.* güneydoğu; **2.** *adj.* güneydoğu ...; ~**-east·er** *n.* keşişleme, akçayel; ~**-east·ern** *adj.* güneydoğu ile ilgili.

south·er|ly ['sʌðəlı], ~**n** [~n] *adj.* güneyle ilgili, güney ...; ~**n·most** *adj.* en güneyde olan.

south·ward(s) ['saʊθwəd(z)] *adv.* güneye doğru.

south|-west ['saʊθ'west] **1.** *n.* güneybatı; **2.** *adj.* güneybatı ...; güneyden esen; ~**-west·er** [~ə] *n.* lodos; NAUT muşamba başlık; ~**-west·er·ly**, ~**-west·ern** *adj.* güneybatıda olan, güneybatı ...

sou·ve·nir [suːvə'nıə] *n.* hatıra, andaç.

sove·reign ['sɒvrın] **1.** □ yüce, en yüksek; egemen; bağımsız; etkili (*ilaç*); **2.** *n.* hükümdar; eski altın İngiliz lirası; ~**·ty** [~əntı] *n.* hükümranlık, egemenlik; bağımsızlık.

So·vi·et ['səʊvıət] *n.* Sovyet; *attr.* Sovyet ...

sow[1] [saʊ] *n.* ZO dişi domuz; MEC erimiş maden oluğu; MEC maden külçesi.

sow[2] [səʊ] (***sowed, sown*** *ya da* ***sowed***) *v/t.* (*tohum*) ekmek; yaymak; ~**·n** [~n] *p.p. of* **sow**[2].

spa [spɑː] *n.* kaplıca, içmeler.

space [speıs] **1.** *n.* uzay; alan, saha; süre; aralık, boşluk; **2.** *v/t. mst.* ~ ***out*** PRINT aralıklı dizmek; ~ **age** *n.* uzay çağı; ~ **cap·sule** ['speıskæpsjuːl] *n.* uzay kapsülü; ~**·craft** *n.* uzaygemisi; ~ **flight** *n.* uzay uçuşu; ~**·lab** *n.* uzay laboratuvarı; ~**·port** *n.* roket alanı; ~ **probe** *n.* uzaydan bilgi gönderen uydu; ~ **re·search** *n.* uzay araştırması; ~**·ship** *n.* uzaygemisi; ~ **shut·tle** *n.* uzay mekiği; ~ **sta·tion** *n.* uzay istasyonu; ~**·suit** *n.* uzay giysisi; ~ **walk** *n.* uzayda yürüyüş; ~**·wom·an** (*pl.* ***-women***) *n.* kadın astronot.

spa·cious □ ['speıʃəs] geniş, ferah; engin.

spade [speıd] *n.* bahçıvan beli; *iskambil*: maça; ***king of ~s*** *pl.* maça papazı; ***call a ~ a ~*** dobra dobra konuşmak, kadıya körsün demek.

spam (mail) [spæm] spam.

span [spæn] **1.** *n.* karış; ARCH köprü ayakları arasındaki açıklık; **2.** (***-nn-***) *v/t.* karışlamak.

span·gle ['spæŋgl] **1.** *n.* pul; **2.** *vb.* pullarla süslemek; *fig.* pırıldamak.

Spang·lish ['spæŋglıʃ] *n. İspanyolca-İngilizce karışımı.*

Span·iard ['spænjəd] **1.** *adj.* İspanyol; **2.** *n.* LING İspanyolca; ***the ~*** *pl. coll.* İspanyol halkı.

spank F [spæŋk] **1.** *v/t. -in* kıçına şaplak vurmak, dizine yatırıp dövmek; **2.** *n.* şaplak; ~**·ing** ['spæŋkıŋ] **1.** □ şiddetli, kuvvetli (*rüzgâr*); hızlı koşan; **2.** *adv.* ~ ***clean*** tertemiz; ~ ***new*** yepyeni; **3.** *n.* F temiz bir dayak.

span·ner MEC ['spænə] *n.* somun anahtarı.

spar [spɑː] **1.** *n.* NAUT seren, direk; AVIA kanat ana kirişi; **2.** (***-rr-***) *v/i. boks*: antrenman maçı yapmak; *fig.* ağız kavgası yapmak.

spare [speə] **1.** □ az, yetersiz, kıt; boş (*zaman*); zayıf, sıska; yedek; ~ ***part*** yedek parça; ~ ***room*** misafir yatak odası; ~ ***time*** *ya da* ***hours*** boş zaman; **2.** *n.* MEC yedek parça; **3.** *v/t.* esirgemek; canını bağışlamak; *-den* kurtarmak; idareli kullanmak.

spar·ing □ ['speərıŋ] tutumlu; az kullanan.

S

spark [spɑːk] **1.** *n.* kıvılcım; **2.** *v/i.* kıvılcım saçmak; **~·ing-plug** *Brt.* MOT ['spɑːkɪŋplʌg] *n.* buji.

spar|kle ['spɑːkl] **1.** *n.* kıvılcım; parıltı; **2.** *v/i.* parıldamak; (şarap) köpürmek; **~·kling** □ [~ɪŋ] parıldayan (*a. fig.*); **~ wine** köpüklü şarap.

spark-plug *Am.* MOT ['spɑːkplʌg] *n.* buji.

spar·row ZO ['spærəʊ] *n.* serçe; **~-hawk** *n.* ZO atmaca.

sparse □ [spɑːs] seyrek.

spas·m ['spæzəm] *n.* MED spazm; **spas·mod·ic** [spæz'mɒdɪk] (**~ally**) *adj.* MED spazm türünden; *fig.* düzensiz, süreksiz.

spas·tic MED ['spæstɪk] **1.** (**~ally**) *adj.* ıspazmozlu; **2.** *n.* ıspazmozlu felci olan kimse.

spat [spæt] *pret. & p.p. of* ***spit***[2] ***2.***

spa·tial □ ['speɪʃl] uzaysal.

spat·ter ['spætə] *v/t.* sıçratmak.

spawn [spɔːn] **1.** *n.* ZO balık yumurtası; *fig. conıp.* sonuç; **2.** *vb.* ZO (*balık v.b.*) yumurta dökmek; *fig.* meydana getirmek.

speak [spiːk] (***spoke, spoken***) *v/i.* konuşmak (***to*** *ile*; ***about*** *hakkında*); konuşma yapmak; **~ *out*, ~ *up*** açıkça söylemek; **~ *to s.o.*** *b-le* konuşmak; *v/t.* söylemek, ifade etmek

speak·er ['spiːkə] *n.* konuşmacı, sözcü; hoparlör; ♀ PARL meclis başkanı; ***Mr.* ♀*!*** Sayın Başkan!; **~ phone** TELEPH *n.* hoparlörlü telefon.

spear [spɪə] **1.** *n.* mızrak, kargı; **2.** *v/t.* mızrakla vurmak; saplamak.

spe·cial ['speʃl] **1.** □ özel; olağanüstü; **2.** *n.* özel şey; yardımcı polis; özel baskı; *radyo*, TV: özel program; *Am.* (*lokantada*) spesiyal yemek; *Am.* ECON indirimli fiyat; ***on* ~** *Am.* ECON indirimli fiyata; **~·ist** [~əlɪst] *n.* uzman; MED uzman hekim; **spe·ci·al·i·ty** [speʃɪ'æləti] *n.* özellik; uzmanlık; **~·ize** ['speʃəlaɪz] *vb.* uzmanlaşmak; **~·ty** *esp. Am.* [~tɪ] = ***speciality.***

spe·cies ['spiːʃiːz] (*pl.* ***-cies***) *n.* tür, çeşit.

spe|cif·ic [spɪ'sɪfɪk] (**~ally**) *adj.* kendine özgü; özel; kesin, açık; **~·ci·fy** ['spesɪfaɪ] *v/t.* belirtmek; **~·ci·men** [~mɪn] *n.* örnek.

spe·cious □ ['spiːʃəs] aldatıcı, yanıltıcı, sahte.

speck [spek] *n.* benek, nokta; leke; **~·le** ['spekl] *n.* nokta, benek; çil; **~·led** *adj.* benekli; çilli.

spec·ta·cle ['spektəkl] *n.* manzara, görünüş; (***a pair of***) **~*s*** *pl.* gözlük.

spec·tac·u·lar [spek'tækjʊlə] **1.** □ görülmeye değer, göz alıcı, olağanüstü; **2.** *n.* hayret verici manzara.

spec·ta·tor [spek'teɪtə] *n.* seyirci.

spec|tral □ ['spektrəl] hayalet gibi; **~·tre**, *Am.* **~·ter** [~ə] *n.* hayalet.

spec·u|late ['spekjʊleɪt] *vb.* kuramsal olarak düşünmek; ECON spekülasyon yapmak; **~·la·tion** [spekjʊ'leɪʃn] *n.* kuram; ECON spekülasyon, vurgunculuk; **~·la·tive** □ ['spekjʊlətɪv] spekülatif, kurgusal; kuramsal; ECON spekülasyonla ilgili; **~·la·tor** [~eɪtə] *n.* ECON spekülatör, vurguncu.

sped [sped] *pret. & p.p. of* ***speed 2.***

speech [spiːtʃ] *n.* konuşma; nutuk, söylev; dil, lisan; ***make a* ~** konuşma yapmak; **~-day** *Brt.* ['spiːtʃdeɪ] *n. okul*: diploma ve ödül dağıtım günü; **~·less** □ [~lɪs] dili tutulmuş; sözle anlatılamaz.

speed [spiːd] **1.** *n.* hız, sürat, çabukluk; MEC devir sayısı; MOT vites; PHOT ışığa duyarlılık; *sl.* amfetamin; **2.** (***sped***) *v/i.* hızla gitmek, çabuk gitmek; **~ *up*** (*pret. & p.p.* ***speeded***) hızlanmak; *v/t.* hızlandırmak; **~ *up*** (*pret. & p.p.* ***speeded***) hızlandırmak; **~·boat** ['spiːdbəʊt] *n.* sürat motoru; **~ dial (-ing)** TELEPH *n. telefonda bir numarayı tek bir düğmeye basarak çevirme*; hızlı çağrı; **~-di·al but·ton** hızlı çağrı tuşu; **~·ing** MOT [~ɪŋ] *n.* hız sınırını aşma, süratli gitme; **~ lim·it** *n.* hız sınırı, azami sürat; **~·o** F MOT [~əʊ] (*pl.* ***-os***) *n.* kilometre saati, takometre, hızölçer; **~·om·e·ter** MOT [spɪ'dɒmɪtə] *n.* kilometre saati, takometre, hızölçer; **~-up** ['spiːdʌp] *n.* hızlanma; ECON randıman artırma; **~·way** *n.* SPOR: sürat yolu; *Am.* MOT yarış pisti; *Am.* SPOR: MOT motosiklet yarışı; **~·y** □ [~ɪ] (***-ier, -iest***) hızlı, çabuk.

spell [spel] **1.** *n.* nöbet; süre; dönem, devre; büyü, sihir; *fig.* tılsım; ***a* ~ *of fine weather*** havanın güzel olduğu dönem; ***hot* ~** sıcak dalgası; **2.** *vb.* **~ *s.o. at s.th.*** *b-le* nöbet değiştirmek;

S

(***spelt*** *ya da Am.* ***spelled***) büyülemek; hecelemek; ifade etmek; **~·bound** ['spelbaʊnd] *adj.* büyülenmiş; **~·er** [ˌə]: ***be a good*** *ya da* ***bad ~*** doğru *ya da* yanlış yazmak; **~·ing** [ˌɪŋ] *n.* imlâ, yazım; **~·ing-book** *n.* yazım kılavuzu.

spelt [spelt] *pret. & p.p. of* ***spell 2.***

spend [spend] (***spent***) *v/t.* (*para, çaba*) harcamak; (*zaman*) geçirmek; tüketmek; (*gücünü, hızını*) kaybetmek; **~ *o.s.*** *k-ni* tüketmek, yırtınmak; **~·thrift** ['spendθrɪft] *n.* savurgan kimse.

spent [spent] **1.** *pret. & p.p. of* ***spend***; **2.** *adj.* yorgun, bitkin.

sperm [spɜːm] *n.* sperma, bel, ersuyu.

sphere [sfɪə] *n.* yerküre, küre, yuvarlak; alan; sınıf, tabaka; *fig.* çevre; **spher·i·cal** □ ['sferɪkl] küresel.

spice [spaɪs] **1.** *n.* baharat; *fig.* tat, çeşni; **2.** *v/t. -e* baharat koymak.

spick and span ['spɪkən'spæn] *adj.* tertemiz, pırıl pırıl; yepyeni, gıcır gıcır.

spic·y □ ['spaɪsɪ] (***-ier, -iest***) baharatlı; *fig.* açık saçık.

spi·der ZO ['spaɪdə] *n.* örümcek.

spig·ot ['spɪgət] *n.* tıpa, tıkaç, musluk.

spike [spaɪk] **1.** *n.* uçlu demir; sivri uçlu şey; BOT başak; SPOR: kabara; **~*s*** *pl.* MOT ekser; **2.** *v/t.* çiviyle tutturmak; çiviyle delmek; **~ heel** *n.* sivri topuk.

spill [spɪl] **1.** (***spilt*** *ya da* ***spilled***) *v/t. & v/i.* dök(ül)mek, saç(ıl)mak; (*kan*) akıtmak; (*at*) üstünden atmak; *sl.* (*sır v.b.*) açığa vurmak, söylemek; *s.* ***milk 1***; **2.** *n.* (*at v.b.'nden*) düşme.

spilt [spɪlt] *pret. & p.p. of* ***spill 1.***

spin [spɪn] **1.** (***-nn-***; ***spun***) *v/t. & v/i.* dön(dür)mek; eğirmek, bükmek; *fig.* (*hikâye*) uydurmak; AVIA dikine düşmek, vril yapmak; **~ *along*** hızlı gitmek; **~ *s.th. out*** bşi uzatmak; **2.** *n.* fırıl fırıl dönme; gezinti; AVIA dikine düşüş; ***go for a ~*** gezintiye çıkmak.

spin·ach BOT ['spɪnɪdʒ] *n.* ıspanak.

spin·al ANAT ['spaɪnl] *adj.* belkemiği ile ilgili; **~ *column*** belkemiği; **~ *cord,* ~ *marrow*** omurilik.

spin·dle ['spɪndl] *n.* iğ; mil.

spin|-dri·er ['spɪndraɪə] *n.* santrifüjlü çamaşır kurutma makinesi; **~-dry** *v/t.* (*çamaşır*) makinede kurutmak; **~-dry·er** = ***spin-drier.***

spine [spaɪn] *n.* ANAT omurga, belkemiği; BOT, ZO ok, diken.

spin·ning|-mill ['spɪnɪŋmɪl] *n.* iplikhane; **~-top** *n.* topaç; **~-wheel** *n.* çıkrık.

spin·ster ['spɪnstə] *n.* LEG evlenmemiş kız, yaşı geçmiş kız.

spin·y BOT, ZO ['spaɪnɪ] (***-ier, -iest***) *adj.* dikenli.

spi·ral ['spaɪərəl] **1.** □ spiral, sarmal; **~ *staircase*** döner merdiven; **2.** *n.* helezon.

spire ['spaɪə] *n.* tepe.

spir·it ['spɪrɪt] **1.** *n.* ruh, can; peri, cin; canlılık, şevk; insan, kimse; CHEM ispirto; **~*s*** *pl.* alkollü içkiler; ***high*** (***low***) **~*s*** *pl.* keyif (keder); **2.** *vb.* **~ *away*** *ya da* ***off*** gizlice götürmek, ortadan yok etmek; **~·ed** □ [ˌɪd] canlı, ateşli, faal; **~·less** □ [ˌlɪs] ruhsuz, cansız; üzgün, neşesiz; cesaretsiz.

spir·i·tu·al ['spɪrɪtjʊəl] **1.** □ ruhani; manevi, tinsel; kutsal, dinsel; **2.** *n.* MUS *Am.* zencilere özgü ilahi; **~·is·m** [ˌɪzəm] *n.* spiritualizm, tinselcilik.

spirt [spɜːt] = ***spurt***[2].

spit[1] [spɪt] **1.** *n.* kebap şişi; GEOGR dil; **2.** (***-tt-***) *v/t.* şişlemek, saplamak.

spit[2] [ˌ] **1.** *n.* tükürük; F tıpatıp benzeme; **2.** (***-tt-***; ***spat*** *ya da* ***spit***) *v/i.* tükürmek; (*kedi*) tıslamak; (*yağmur*) çiselemek; *v/t. a.* **~ *out*** söylemek, haykırmak.

spite [spaɪt] **1.** *n.* kin, garez; ***in ~ of*** *-e* karşın; **2.** *v/t.* üzmek, inadına yapmak; **~·ful** □ ['spaɪtfl] kinci.

spit·fire ['spɪtfaɪə] *n.* ateş püsküren kimse.

spit·tle ['spɪtl] *n.* tükürük, salya.

spit·toon [spɪ'tuːn] *n.* tükürük hokkası.

splash [splæʃ] **1.** *n.* sıçrayan çamur, zifos; şıpırtı; leke; **2.** *v/t. & v/i.* (*su, çamur*) sıçra(t)mak; etrafa sıçratarak suya dalmak; **~ *down*** (*uzaygemisi*) denize inmek; **~-down** *n.* (*uzaygemisi*) denize inme.

splay [spleɪ] **1.** *n.* yayvanlık; **2.** *v/t. & v/i.* yayvanlaş(tır)mak, dışa doğru meyletmek; **~-foot** ['spleɪfʊt] *n.* düztaban.

spleen [spliːn] *n.* ANAT dalak; huysuzluk, terslik.

splen|did □ ['splendɪd] görkemli, muhteşem, gösterişli; F mükemmel; **~·do(u)r** [ˌə] *n.* görkem; parlaklık.

splice [splaɪs] *v/t.* uçlarını birbirine ek-

S

lemek; (*film*) yapıştırarak eklemek.
splint MED [splɪnt] **1.** *n.* kırık tahtası, cebire, süyek; **2.** *vb.* cebireyle kırık bağlamak.
splin·ter ['splɪntə] **1.** *n.* kıymık; **2.** *v/t.* & *v/i.* parçala(n)mak, yar(ıl)mak; **~ off** ayrılmak, kopmak.
split [splɪt] **1.** *n.* yarık, çatlak; *fig.* bölünme, ayrılık; **2.** *adj.* yarılmış, yarık; **3.** (**-tt-**; ***split***) *v/t.* & *v/i.* yar(ıl)mak, çatla(t)mak, kır(ıl)mak; dağıtmak, bölüşmek; **~ *hairs*** kılı kırk yarmak; **~ *one's sides laughing*** *ya da* ***with laughter*** gülmekten kasıkları çatlamak; **~·ting** ['splɪtɪŋ] *adj.* şiddetli (*baş ağrısı*).
splut·ter ['splʌtə] *vb.* cızırdamak; (*motor*) gürültü yapmak.
spoil [spɔɪl] **1.** *n.* *mst.* **~s** *pl.* ganimet, yağma, çapul; *fig.* hasılat; **2.** (***spoilt*** *ya da* ***spoiled***) *v/t.* & *v/i.* boz(ul)mak, mahvetmek; (*çocuk*) şımartmak, yüz vermek; **~·er** MOT ['spɔɪlə] *n.* korumalık; **~·sport** *n.* oyunbozan, mızıkçı; **~t** [~t] *pret.* & *p.p. of* ***spoil 2.***
spoke[1] [spəʊk] *n.* tekerlek parmağı.
spoke[2] [~] *pret. of* ***speak***; **spok·en** ['spəʊkən] **1.** *p.p. of* ***speak***; **2.** *adj.* ... konuşan; **~s·man** [~smən] (*pl.* ***-men***) *n.* sözcü; **~s·wom·an** (*pl.* ***-women***) *n.* kadın sözcü.
sponge [spʌndʒ] **1.** *n.* sünger; F *fig.* asalak, parazit; *Brt.* = ***spongecake***; **2.** *v/t.* süngerle silmek; **~ *off*** süngerle temizlemek; **~ *up*** emmek; *v/i.* F *fig.* otlakçılık etmek; **~-cake** ['spʌndʒkeɪk] *n.* pandispanya; **spong·er** F *fig.* [~ə] *n.* asalak, otlakçı, beleşçi; **spong·y** [~ɪ] (***-ier, -iest***) *adj.* sünger gibi, gözenekli.
spon·sor ['spɒnsə] **1.** *n.* vaftiz babası; kefil; hami, koruyucu; **2.** *v/t.* *-e* kefil olmak; korumak; desteklemek; *radyo*, TV: program giderlerini karşılamak; **~·ship** [~ʃɪp] *n.* kefalet, kefillik; destek.
spon·ta·ne|i·ty [spɒntə'neɪətɪ] *n.* kendiliğinden olma; **~·ous** □ [spɒn'teɪnjəs] spontane, kendiliğinden olan.
spook [spu:k] *n.* hayalet, hortlak; **~·y** ['spu:kɪ] (***-ier, -iest***) *adj.* hayalet gibi.
spool [spu:l] *n.* makara, bobin; *a.* **~ *of thread*** *Am.* bir makara iplik.
spoon [spu:n] **1.** *n.* kaşık; **2.** *v/t.* kaşıklamak; **~·ful** ['spu:nfʊl] *n.* kaşık dolusu.
spo·rad·ic [spə'rædɪk] (**~*ally***) *adj.* seyrek, tek tük.
spore BOT [spɔ:] *n.* spor.
sport [spɔ:t] **1.** *n.* spor; oyun, eğlence; şaka, alay; F iyi bir kimse; **~*s*** *pl.* spor; *Brt. okul*: spor bayramı; **2.** *v/i.* eğlenmek, oynamak; *v/t.* F övünmek; **spor·tive** □ ['spɔ:tɪv] oynamayı seven; neşeli; **~s** [~s] *adj.* spor ...; **~s·man** (*pl.* ***-men***) *n.* sporcu; **~s·wom·an** (*pl.* ***-women***) *n.* kadın sporcu.
spot [spɒt] **1.** *n.* nokta, benek, leke (*a.* MED); kusur, ayıp; mevki, yer; MED sivilce; *radyo*, TV: reklam spotu; *Brt.* F az miktar, azıcık şey; ***a* ~ *of*** birazcık; ***on the* ~** derhal, hemen; yerinde; **2.** *adj.* ECON peşin; **3.** (**-tt-**) *v/t.* & *v/i.* lekele(n)mek, beneklemek; ayırt etmek, seçmek; **~·less** □ ['spɒtlɪs] lekesiz, temiz; **~·light** *n.* THEA spot, projektör; **~·ter** [~ə] *n.* MIL gözcü; **~·ty** [~ɪ] (***-ier, -iest***) *adj.* lekeli, benekli, noktalı.
spouse [spaʊz] *n.* koca *ya da* karı, eş.
spout [spaʊt] **1.** *n.* ağız; emzik, meme; oluk ağzı; **2.** *v/t.* & *v/i.* fışkır(t)mak.
sprain MED [spreɪn] **1.** *n.* burkulma; **2.** *v/t.* burkmak.
sprang [spræŋ] *pret. of* ***spring 2.***
sprat ZO [spræt] *n.* çaçabalığı.
sprawl [sprɔ:l] *v/i.* yayılıp oturmak *ya da* uzanmak; BOT yayılmak.
spray [spreɪ] **1.** *n.* serpinti; çise, çisinti; püskürgeç; = ***sprayer***; **2.** *v/t.* toz halinde serpmek, püskürtmek; (*saç*) spreylemek; **~·er** ['spreɪə] *n.* sprey.
spread [spred] **1.** (***spread***) *v/t.* & *v/i.* *a.* **~ *out*** yay(ıl)mak, genişle(t)mek; sermek, açmak; (*söylenti, hastalık v.b.*) yaymak; (*yağ*) sürmek; (*kanat*) açmak; **~ *the table*** sofrayı kurmak; **2.** *n.* yayılma; genişlik; kanatların yayılımı; örtü; F ziyafet.
spree F [spri:]: ***go*** (***out***) ***on a* ~** âlem yapmak; ***go on a buying*** (***shopping, spending***) **~** eldeki tüm parayı alışverişe yatırmak *ya da* harcamak.
sprig BOT [sprɪg] *n.* sürgün, filiz.
spright·ly ['spraɪtlɪ] (***-ier, -iest***) *adj.* neşeli, şen, canlı.
spring [sprɪŋ] **1.** *n.* ilkbahar, bahar; sıçrama, fırlama; MEC yay, zemberek;

esneklik; pınar, kaynak; *fig.* köken; **2.** (***sprang*** *ya da Am.* ***sprung, sprung***) *v/t.* & *v/i.* fırla(t)mak, sıçra(t)mak; çıkmak, doğmak; çıkıvermek, türemek; çatla(t)mak; BOT çimlenmek; **~ *a leak*** NAUT su almak; **~ *a surprise on s.o.*** *b-ne* sürpriz yapmak; **~ *up*** ayağa fırlamak; baş göstermek; **~·board** ['sprıŋbɔːd] *n.* tramplen; **~ tide** *n.* şiddetli met hareketi; **~·tide** *poet.*, **~·time** *n.* ilkbahar; **~·y** □ [~ı] (***-ier, -iest***) esnek.

sprin|kle ['sprıŋkl] *vb.* serpmek, ekmek; sulamak; (*yağmur*) çiselemek; **~·kler** [~ə] *n.* püskürgeç; emzikli kova; **~·kling** [~ıŋ] *n.* serpinti, çise; ***a ~ of*** *fig.* azıcık, az buçuk.

sprint [sprınt] SPOR: **1.** *v/i.* süratle koşmak; **2.** *n.* sürat koşusu; **~·er** ['sprıntə] *n.* SPOR: sürat koşucusu.

sprite [spraıt] *n.* hayalet; peri.

sprout [spraʊt] **1.** *v/i.* filizlenmek, çimlenmek; tomurcuklanmak; **2.** *n.* BOT filiz, tomurcuk; (***Brussels***) **~*s*** *pl.* BOT brüksellahanası, frenklahanası.

spruce[1] □ [spruːs] şık, zarif; temiz.

spruce[2] BOT [~] *n. a.* **~ *fir*** alaçam, ladin.

sprung [sprʌŋ] *pret.* & *p.p. of* ***spring 2.***

spry [spraı] *adj.* çevik, canlı.

spun [spʌn] *pret.* & *p.p. of* ***spin 1.***

spur [spɜː] **1.** *n.* mahmuz (*a.* ZO); BOT mahmuz biçiminde çıkıntı; *fig.* güdü; ***on the ~ of the moment*** anında, derhal; **2.** (***-rr-***) *v/t.* mahmuzlamak; *oft.* **~ *on*** *fig.* teşvik etmek.

spu·ri·ous □ ['spjʊərıəs] sahte, taklit, yapma.

spurn [spɜːn] *v/t.* hakaretle reddetmek, hiçe saymak.

spurt[1] [spɜːt] **1.** *v/i.* ani hamle yapmak; SPOR: finişe kalkmak; **2.** *n.* ani hamle; SPOR: finişe kalkma.

spurt[2] [~] **1.** *v/t.* & *v/i.* (*su*) fışkır(t)mak; **2.** *n.* fışkırma.

sput·ter ['spʌtə] = ***splutter.***

spy [spaı] **1.** *n.* casus, ajan; **2.** *vb.* gözetlemek; casusluk etmek; **~ *on,* ~ *upon*** gözetlemek; **~·glass** ['spaıglɑːs] *n.* küçük dürbün; **~·hole** *n.* gözetleme deliği.

squab·ble ['skwɒbl] **1.** *n.* ağız kavgası, atışma; **2.** *v/i.* atışmak, dalaşmak.

squad [skwɒd] *n.* takım, ekip; MIL manga; **~ *car*** *Am.* devriye arabası; **~·ron** ['skwɒdrən] *n.* MIL süvari bölüğü; AVIA uçak filosu; NAUT filo.

squal·id □ ['skwɒlıd] pis, bakımsız, perişan.

squall [skwɔːl] **1.** *n.* METEOR bora; **~*s*** *pl.* bağrışma; **2.** *v/i.* yaygara koparmak, bağrışmak.

squal·or ['skwɒlə] *n.* pislik, kir, bakımsızlık.

squan·der ['skwɒndə] *v/t.* çarçur etmek, saçıp savurmak.

square [skweə] **1.** □ kare biçiminde, kare ...; dik açılı; kesirsiz, tam; dürüst, insaflı, doğru; kesin, açık; F doyurucu (*yemek*); **2.** *n.* kare, dördül; gönye; meydan, alan; *sl.* eski kafalı kimse; **3.** *v/t.* dört köşeli yapmak; MATH *-in* karesini almak; halletmek, düzeltmek; ECON ödemek; *v/i.* uymak, bağdaşmak (***with*** *ile*); **~-built** ['skweə'bılt] *adj.* iri yapılı, kaba saba; **~ dance** *n. esp. Am.* dört çiftle yapılan bir dans; **~ mile** *n.* mil kare; **~-toed** *adj. fig.* eskiye düşkün, tutucu.

squash[1] [skwɒʃ] **1.** *n.* ezme; *Brt.* meyve suyu; SPOR: duvar tenisi; **2.** *v/t.* ezmek; (*isyan*) bastırmak; F susturmak, haddini bildirmek.

squash[2] BOT [~] *n.* kabak.

squat [skwɒt] **1.** (***-tt-***) *v/i.* çömelmek; boş topraklara yerleşmek; **~ *down*** çömelip oturmak; **2.** *adj.* bodur, bücür; çok alçak (*bina*); **~·ter** ['skwɒtə] *n.* sahipsiz bir araziye yerleşen kimse, gecekonducu; (*Avustralya'da*) koyun yetiştiricisi.

squawk [skwɔːk] **1.** *v/i.* cıyaklamak; **2.** *n.* cıyaklama.

squeak [skwiːk] *v/i.* cırlamak; gıcırdamak.

squeal [skwiːl] *v/i.* domuz gibi bağırmak; çığlık atmak; *sl.* ele vermek.

squeam·ish □ ['skwiːmıʃ] güç beğenir, titiz; alıngan; midesi hemen bulanan.

squeeze [skwiːz] **1.** *v/t.* sıkmak; sıkıştırmak; tıkıştırmak; zorla koparmak, sızdırmak; **2.** *n.* sıkma; el sıkma; kalabalık; **squeez·er** ['skwiːzə] *n.* sıkacak, pres.

squelch *fig.* [skweltʃ] *v/t.* susturmak; bastırmak.

squid ZO [skwıd] *n.* mürekkepbalığı.

squint [skwınt] *v/i.* şaşı bakmak; yan bakmak.

S

squire ['skwaıə] *n.* asılzade; köy ağası; kavalye.

squirm F [skwɜːm] *v/i.* kıpır kıpır kıpırdanmak.

squir·rel zo ['skwırəl, *Am.* 'skwɜːrəl] *n.* sincap.

squirt [skwɜːt] **1.** *n.* fışkır(t)ma; F kendini beğenmiş genç; **2.** *v/t. & v/i.* fışkır(t)mak.

stab [stæb] **1.** *n.* bıçaklama; bıçak yarası; **2.** (**-bb-**) *v/t.* bıçaklamak; (*hançer v.b.*) saplamak.

sta·bil|i·ty [stə'bılətı] *n.* denge; sağlamlık; istikrar, kararlılık; **~·ize** ['steıbəlaız] *v/t.* dengelemek; sağlamlaştırmak.

sta·ble¹ □ ['steıbl] sağlam, dayanıklı; sürekli.

sta·ble² [~] **1.** *n.* ahır; **2.** *v/t.* ahıra koymak.

stack [stæk] **1.** *n.* AGR ot yığını, tınaz; tüfek çatısı; F küme, yığın; **~s** *pl.* kütüphanede kitap deposu; **2.** *v/t. a.* **~ up** yığmak.

sta·di·um ['steıdjəm] (*pl.* **-diums, -dia** [-djə]) *n.* SPOR: stadyum.

staff [stɑːf] **1.** *n.* değnek, sopa, asa; (*bayrak*) direk, gönder; MIL kurmay; (*pl.* **staves** [steıvz]) MUS porte; personel, kadro; **2.** *vb.* kadro sağlamak; **~ mem·ber** *n.* iş arkadaşı; **~ room** *n.* öğretmenler odası.

stag zo [stæg] *n.* erkek geyik.

stage [steıdʒ] **1.** *n.* THEA sahne; tiyatro; meydan, saha; *fig.* aşama; konak; MEC yapı iskelesi; **2.** *v/t.* sahneye koymak; **~·coach** *hist.* ['steıdʒkəʊtʃ] *n.* posta arabası; **~·craft** *n.* sahneye koyma sanatı; **~ de·sign** *n.* sahne dekoru; **~ de·sign·er** *n.* sahne dekorcusu; **~ di·rec·tion** *n.* senaryo; **~ fright** *n.* sahne heyecanı; **~ man·ag·er** *n.* rejisör; **~ prop·er·ties** *n. pl.* sahne dekoru.

stag·ger ['stægə] **1.** *v/i.* sendelemek, sallanmak; *fig.* tereddüt etmek; *v/t.* şaşırtmak; sersemletmek; *fig.* tereddüte düşürmek; **2.** *n.* sendeleme.

stag|nant □ ['stægnənt] durgun (*su*); ECON kesat, durgun; **~·nate** [stæg'neıt] *v/i.* durgunlaşmak.

staid □ [steıd] ciddi, aklı başında, ağırbaşlı.

stain [steın] **1.** *n.* leke (*a. fig.*), benek; boya; **2.** *v/t. & v/i.* lekele(n)mek, kirletmek; kirlenmek; **~ed glass** renkli cam; **~·less** □ ['steınlıs] lekesiz; paslanmaz (*çelik*); *esp. fig.* tertemiz.

stair [steə] *n.* merdiven basamağı; **~s** *pl.* basamak; **~·case** ['steəkeıs], **~·way** *n.* merdiven.

stake [steık] **1.** *n.* kazık, direk; kumarda ortaya konan para; *fig.* menfaat, çıkar; **~s** *pl. at yarışı:* ödül; ***pull up ~s*** *esp. Am. fig.* F başka yere taşınmak; ***be at ~*** *fig.* tehlikede olmak; **2.** *v/t.* tehlikeye sokmak; **~ *off,* ~ *out*** sınırını kazıkla işaretlemek.

stale □ [steıl] (**~r, ~st**) bayat; çok yinelenmiş, bayat (*haber, espri*); *fig.* bitkin.

stalk¹ BOT [stɔːk] *n.* sap.

stalk² [~] *v/i.* HUNT sezdirmeden ava yaklaşmak; *oft.* **~ *along*** çalımlı çalımlı yürümek; *v/t.* sinsice izlemek.

stall¹ [stɔːl] **1.** *n.* ahır; ahır bölmesi; tezgâh, sergi; soyunma kabini; **~s** *pl. Brt.* THEA koltuk; **2.** *v/t. & v/i.* ahıra kapamak; (*motor*) dur(dur)mak, stop et(tir)mek.

stall² [~] *vb.* oyalamak, estek köstek etmek; *a.* **~ *for time*** zaman kazanmaya çalışmak.

stal·li·on zo ['stæljən] *n.* aygır.

stal·wart □ ['stɔːlwət] sağlam, yapılı; cesur, gözü pek; *esp.* POL güvenilir.

stam·i·na ['stæmınə] *n.* dayanıklılık, güç, dayanma gücü.

stam·mer ['stæmə] **1.** *v/i.* kekelemek; **2.** *n.* kekemelik.

stamp [stæmp] **1.** *n.* pul, posta pulu; damga; ıstampa; zımba; *fig.* iz, eser; *fig.* nitelik, karakter; **2.** *v/t.* -*e* pul yapıştırmak; damgalamak; zımbalamak; tepinmek; **~ *out*** yok etmek, kökünü kurutmak.

stam·pede [stæm'piːd] **1.** *n.* panik, bozgun; **2.** *v/t. & v/i.* panik halinde kaç(ır)mak.

stanch [stɑːntʃ] *s.* ***staunch***¹ ²

stand [stænd] **1.** (***stood***) *v/i.* ayakta durmak; durmak, bulunmak; kalmak; *mst.* **~ *still*** kımıldamamak; *v/t.* karşı koymak, dayanmak; tahammül etmek, katlanmak; F ısmarlamak; **~ *a round*** F herkese içki ısmarlamak; **~ *about*** aylak aylak durmak; **~ *aside*** bir kenara çekilmek; **~ *back*** geri çekilmek; **~ *by*** yanında durmak, hazır beklemek; *fig.* uzaktan seyretmek; **~ *for*** aday olmak;

S

desteklemek; anlamına gelmek; F tahammül etmek; ~ ***in*** yerine geçmek (***for s.o.*** *b-nin*); ~ ***in for*** *film*: *-in* dublörlüğünü yapmak; ~ ***off*** uzak durmak; geçici olarak işten çıkarmak; ~ ***on*** ısrar etmek; ~ ***out*** göze çarpmak; karşı koymak, dayanmak (***against*** *-e*); ~ ***over*** başında durmak, durup bakmak; ertelenmek; ~ ***to*** ısrar etmek; MIL tüfek asmak; ~ ***up*** ayağa kalkmak; ~ ***up for*** savunmak; ~ ***up to*** *-e* karşı koymak; ~ ***upon*** = ~ ***on***; **2.** *n.* durma, duruş; durak; direnme; tezgâh, sergi, stand; destek, sehpa, ayak; tribün; *esp. Am.* tanık kürsüsü; ***make a ~ against*** *-e* karşı koymak.

stan·dard ['stændəd] **1.** *n.* sancak, flama, bayrak; ölçü; standart; düzey, seviye; para ayarı; **2.** *adj.* standart, tekbiçim; normal; **~·ize** [~aız] *v/t.* tek tipe indirmek, ayarlamak.

stand|-by ['stændbaı] **1.** (*pl.* ***-bys***) *n.* yardım, destek; yedek; **2.** *adj.* yedek ...; **~-in** *n. film*: dublör.

stand·ing ['stændıŋ] **1.** *adj.* ayakta duran; sürekli, değişmez; ECON daimi; **2.** *n.* durum; mevki, saygınlık; süreklilik; ***of long ~*** uzun süreli, eski; ~ **or·der** *n.* ECON içtüzük; **~-room** *n.* ayakta duracak yer.

stand|-off·ish ['stænd'ɒfıʃ] *adj.* ilgisiz, soğuk, sokulmaz; **~·point** *n.* görüş, bakım; **~·still** *n.* durma, duraklama; ***be at a ~*** yerinden kımıldamamak; **~-up** *adj.* kalkık, dik (*yaka*); ~ ***collar*** dik yaka.

stank [stæŋk] *pret. of* ***stink 2.***

stan·za ['stænzə] *n.* şiir kıtası.

sta·ple[1] ['steıpl] *n.* başlıca ürün; başlıca konu, esas; *attr.* temel ..., esas ...

sta·ple[2] [~] **1.** *n.* tel raptiye, zımba; **2.** *v/t.* zımbalamak; **~r** [~ə] *n.* zımba.

star [stɑː] **1.** *n.* yıldız (*a.* THEA, *film*, SPOR); yıldız işareti; ***The ♀s and Stripes*** *pl.* A.B.D. bayrağı; **2.** (***-rr-***) *v/t.* yıldızla işaretlemek; *v/i.* başrolde oynamak; ***a film ~ring ...*** başrolünü ...'nin oynadığı bir film.

star·board NAUT ['stɑːbəd] *n.* sancak.

starch [stɑːtʃ] **1.** *n.* nişasta; kola; *fig.* katılık; **2.** *v/t.* kolalamak.

stare [steə] **1.** *n.* sabit bakış; **2.** *v/i.* gözünü dikip bakmak (***at*** *-e*).

stark [stɑːk] **1.** ☐ sert, katı; bütün, tam; sade; **2.** *adv.* tamamen.

star·light ['stɑːlaıt] *n.* yıldız ışığı.

star·ling ZO ['stɑːlıŋ] *n.* sığırcık.

star·lit ['stɑːlıt] *adj.* yıldızlarla aydınlanmış.

star|ry ['stɑːrı] (***-ier, -iest***) *adj.* yıldızlı; **~·ry-eyed** *adj.* F hayran hayran bakan; **~-span·gled** [~spæŋgld] *adj.* yıldızlarla süslü; ***The ♀ Banner*** A.B.D. bayrağı.

start [stɑːt] **1.** *n.* başlama; başlangıç; irkilme, sıçrama; AVIA hareket; SPOR: start, çıkış; *fig.* avans, avantaj; ***get the ~ of s.o.*** *b-den* önce başlamak; **2.** *v/t. & v/i.* başla(t)mak; (*tren, uçak v.b.*) hareket etmek, kalkmak; yola çıkmak; ürküp sıçramak, irkilmek; MEC çalıştırmak, işletmek; SPOR: başlatmak; **~·er** ['stɑːtə] *n.* SPOR: çıkış işareti veren kimse; MOT marş; **~s** *pl.* F ordövr, meze.

start|le ['stɑːtl] *v/t.* ürkütmek, korkutmak; **~·ling** [~ın] *adj.* ürkütücü; şaşırtıcı.

start-up ['stɑːtʌp] *n.* start-up (şirket).

starv|a·tion [stɑː'veıʃn] *n.* açlık; açlıktan ölme; *attr.* açlık ...; **~e** [stɑːv] *v/t. & v/i.* açlıktan öl(dür)mek; *fig.* özlemini çekmek.

state [steıt] **1.** *n.* hal, durum; görkem; eyalet; *mst.* ♀ POL devlet; *attr.* devlet ...; ***lie in ~*** (*cenaze*) üstü açık tabutta yatmak; **2.** *v/t.* bildirmek, söylemek, dile getirmek; saptamak, belirlemek; ♀ **De·part·ment** *n. Am.* POL Dışişleri Bakanlığı; **~·ly** ['steıtlı] (***-ier, -iest***) *adj.* görkemli, heybetli; **~·ment** [~mənt] *n.* ifade, söz, beyan; demeç; *esp.* ECON rapor; ~ ***of account*** hesap raporu; **~·room** *n.* tören odası; NAUT özel kamara; **~·side, ♀·side** *Am.* **1.** *adj.* A.B.D.'ye özgü, A.B.D. ...; **2.** *adv.* A.B.D.'ye doğru; **~s·man** POL [~smən] (*pl.* ***-men***) *n.* devlet adamı.

stat·ic ['stætık] (***~ally***) *adj.* statik, duruk.

sta·tion ['steıʃn] **1.** *n.* istasyon; durak; yer, mevki; sosyal mevki; makam, rütbe; NAUT, MIL karakol; **2.** *v/t.* yerleştirmek, dikmek (*nöbetçi v.b.*); **~·a·ry** ☐ [~ərı] sabit, değişmez, hareketsiz; **~·er** [~ə] *n.* kırtasiyeci; **~'s (*shop*)** kırtasiye dükkânı; **~·er·y** [~rı] *n.* kırtasiye, yazı malzemesi; **~-mas·ter** *n.* RAIL

istasyon müdürü; ~ **wag·on** *n. Am.* MOT steyşın.
sta·tis·tics [stə'tıstıks] *n. pl. ya da sg.* istatistik, sayımlama; sayımbilim.
stat|u·a·ry ['stætjʊərı] *n.* heykeltıraşlık, yontuculuk; heykeller; **~·ue** [~uː] *n.* heykel, yontu.
stat·ure ['stætʃə] *n.* boy bos, endam.
sta·tus ['steıtəs] *n.* hal, durum; medeni durum; sosyal durum.
stat·ute ['stætjuːt] *n.* kanun, yasa; tüzük, statü.
staunch[1] [stɔːntʃ] *v/t.* (*kanı*) durdurmak.
staunch[2] □ [~] güvenilir, sadık.
stave [steıv] **1.** *n.* fıçı tahtası; değnek; **2.** (***staved*** *ya da* ***stove***) *v/t. & v/i. mst.* **~ *in*** kır(ıl)mak, çök(ert)mek; **~ *off*** savmak, defetmek.
stay [steı] **1.** *n.* MEC destek; LEG erteleme; kalma, durma; **~*s*** *pl.* korse; **2.** *v/t. & v/i.* dur(dur)mak; kalmak (***with s.o.*** *b-le*); ertelemek; devam etmek, dayanmak; (*açlık*) bastırmak; **~ *away*** (***from***) *-den* uzak durmak; **~ *up*** yatmamak.
stead [sted]: ***in his* ~** onun yerine; **~·fast** □ ['stedfəst] sabit, sarsılmaz; metin, sebatlı, sabırlı.
stead·y ['stedı] **1.** □ (***-ier, -iest***) devamlı, sürekli; sallanmaz, sabit; şaşmaz, dönmez; **2.** *adv.*: ***go* ~ *with s.o.*** F *b-le* çıkmak, flört etmek; **3.** *v/t. & v/i.* sağlamlaş(tır)mak; yatış(tır)mak; sabitleştirmek; **4.** *n.* F flört, sevgili.
steak [steık] *n.* biftek.
steal [stiːl] (***stole, stolen***) *v/t.* çalmak, aşırmak; *v/i.* gizlice hareket etmek; **~ *away*** sıvışmak, tüymek.
stealth [stelθ]: ***by* ~** gizlice; **~·y** □ ['stelθı] (***-ier, -iest***) gizli, hırsızlama; sinsi.
steam [stiːm] **1.** *n.* istim, buhar; buğu; *attr.* buharlı, buhar ...; **2.** *v/i.* buhar salıvermek; istimle gitmek; **~ *up*** (*cam*) buğulanmak; *v/t.* buharda pişirmek; **~·er** NAUT ['stiːmə] *n.* vapur; **~·y** □ [~ı] (***-ier, -iest***) buharlı; buğulu (*cam*).
steel [stiːl] **1.** *n.* çelik; **2.** *adj.* çelik gibi; çelik ...; **3.** *v/t. fig.* sertleştirmek, katılaştırmak; **~·work·er** ['stiːlwɜːkə] *n.* çelik fabrikası işçisi; **~·works** *n. sg.* çelik fabrikası.
steep [stiːp] **1.** □ dik, sarp, yalçın; F fahiş (*fiyat*); **2.** *v/t.* ıslatmak, suda bırakmak; (*çay*) demlemek; ***be* ~*ed in s.th.*** *fig.* bşe dalmış olmak.
stee·ple ['stiːpl] *n.* çan kulesi; **~·chase** *n.* engelli koşu.
steer[1] ZO [stıə] *n.* öküz yavrusu.
steer[2] [~] *v/t.* dümenle idare etmek; **~·age** NAUT ['stıərıdʒ] *n.* dümen kullanma; ara güverte; **~·ing col·umn** MOT [~ıŋkɒləm] *n.* direksiyon mili; **~·ing wheel** *n.* NAUT dümen dolabı; MOT *a.* direksiyon.
stem [stem] **1.** *n.* ağaç gövdesi; sap; sözcük kökü; **2.** (***-mm-***) *vb.* doğmak, çıkmak, ileri gelmek (***from*** *-den*); (*kan*) durdurmak.
stench [stentʃ] *n.* pis koku.
sten·cil ['stensl] *n.* stensil, mumlu kâğıt; PRINT matris.
ste·nog·ra|pher [ste'nɒgrəfə] *n.* stenograf, steno; **~·phy** *n.* stenografi.
step [step] **1.** *n.* adım; basamak; ayak sesi; ayak izi; *fig.* kademe, derece; (***a pair of***) **~*s*** *pl.* taş merdiven; ***mind the* ~*!*** Basamağa dikkat!; ***take* ~*s*** *fig.* önlem almak; **2.** (***-pp-***) *v/i.* adım atmak; yürümek, gitmek; **~ *out*** hızlı yürümek; *v/t.* **~ *off*, ~ *out*** adımlamak; **~ *up*** hızlandırmak, artırmak.
step- [~] *prefix* üvey ...; **~·fa·ther** ['stepfɑːðə] *n.* üvey baba; **~·moth·er** *n.* üvey ana.
steppe [step] *n.* step, bozkır.
step·ping-stone *fig.* ['stepıŋstəʊn] *n.* atlama taşı, basamak.
ster·e·o ['sterıəʊ] (*pl.* ***-os***) *n.* stereo; stereo teyp; *attr.* stereo ...
ster|ile ['steraıl] *adj.* steril, mikroptan arınmış; verimsiz, kısır; **ste·ril·i·ty** [ste'rılətı] *n.* verimsizlik, kısırlık; **~·il·ize** ['sterəlaız] *v/t.* sterilize etmek, mikroptan arındırmak.
ster·ling ['stɜːlıŋ] **1.** *adj.* gerçek, hakiki; **2.** *n.* ECON sterlin, İngiliz lirası.
stern [stɜːn] **1.** □ sert, haşin; acımasız, amansız; **2.** *n.* NAUT kıç; **~·ness** ['stɜːnnıs] *n.* sertlik, haşinlik.
stew [stjuː] **1.** *v/t. & v/i.* hafif ateşte kayna(t)mak; **2.** *n.* yahni; heyecan, telaş; ***be in a* ~** telaşlı olmak.
stew·ard [stjʊəd] *n.* kâhya, vekilharç; NAUT kamarot; AVIA erkek hostes; **~·ess** ['stjʊədıs] *n.* NAUT kadın kamarot; AVIA hostes.

S

stick [stık] **1.** *n.* değnek, sopa, çubuk; baston; sap; **~s** *pl.* küçük odun; **2.** (***stuck***) *v/t.* & *v/i.* sapla(n)mak; yapış(tır)mak; koymak; sokmak; takmak; **~ *at nothing*** hiçbir şeyden çekinmemek; **~ *out*** dışarı çıkarmak, uzatmak; ucu dışarı çıkmak; **~ *it out*** F dayanmak, katlanmak; **~ *to*** *-e* devam etmek, *-den* ayrılmamak; (*sözünü*) tutmak; **~·er** ['stıkə] *n.* etiket, çıkartma; **~·ing plas·ter** [˷ıŋplɑːstə] *n.* yara bandı.

stick·y □ ['stıkı] (***-ier, -iest***) yapışkan; güç, berbat; aksi, huysuz.

stiff [stıf] **1.** □ katı, sert; eğilmez, bükülmez; tutulmuş (*kas*); sert (*içki*); ***be bored ~*** F sıkıntıdan patlamak; ***keep a ~ upper lip*** cesaretini yitirmemek; **2.** *n. sl.* ceset; **~·en** ['stıfn] *v/t.* & *v/i.* katılaş(tır)mak, sertleş(tir)mek; **~-necked** [˷'nekt] *adj.* dik başlı, inatçı.

sti·fle ['staıfl] *v/t.* & *v/i.* boğ(ul)mak; *fig.* (*isyan v.b.*) bastırmak.

stile [staıl] *n.* çit *ya da* duvar basamağı.

sti·let·to [stı'letəʊ] (*pl.* ***-tos, -toes***) *n.* küçük hançer; **~ heel** *n.* ince uzun demir topuk.

still [stıl] **1.** □ durgun, hareketsiz; sessiz, sakin; **2.** *adv.* hâlâ; yine, her şeye karşın; **3.** *cj.* yine de, ama; **4.** *v/t.* yatıştırmak, sakinleştirmek; **5.** *n.* imbik, damıtıcı; **~·born** ['stılbɔːn] *adj.* ölü doğmuş; **~ life** (*pl.* ***still lifes*** *ya da* ***lives***) *n.* PAINT natürmort; **~·ness** [˷nıs] *n.* durgunluk; sessizlik.

stilt [stılt] *n.* cambaz ayaklığı; **~·ed** □ ['stıltıd] tumturaklı.

stim·u|lant ['stımjʊlənt] **1.** *adj.* MED uyarıcı; **2.** *n.* MED uyarıcı ilaç; teşvik, dürtü; **~·late** [˷eıt] *v/t.* MED uyarmak; *fig.* gayrete getirmek, özendirmek; **~·la·tion** [stımjʊ'leıʃn] *n.* MED uyarma, uyarım; teşvik, dürtü; **~·lus** ['stımjʊləs] (*pl.* ***-li*** [-liː]) *n.* MED uyarıcı; dürtü.

sting [stıŋ] **1.** *n.* (*arı v.b.*) iğne; sokma, ısırma; **2.** (***stung***) *v/t.* & *v/i.* (*arı, akrep*) sokmak; ısırmak; *fig.* acı(t)mak, sızla(t)mak.

stin|gi·ness ['stındʒınıs] *n.* cimrilik; **~·gy** □ [˷ı] (***-ier, -iest***) cimri; az, kıt.

stink [stıŋk] **1.** *n.* pis koku; **2.** (***stank*** *ya da* ***stunk, stunk***) *v/i.* pis kokmak.

stint [stınt] **1.** *n.* sınır, limit, had; görev, vazife; **2.** *vb.* yeterince vermemek, kısmak, esirgemek.

stip·u|late ['stıpjʊleıt] *vb. a.* **~ *for*** şart koşmak; kararlaştırmak; **~·la·tion** [stıpjʊ'leıʃn] *n.* şart koyma; şart, kayıt.

stir [stɜː] **1.** *n.* karıştırma; hareket, telaş, heyecan; **2.** (***-rr-***) *v/t.* & *v/i.* kımılda(t)mak; karıştırmak; (*ilgi*) uyandırmak; *fig.* heyecanlan(dır)mak; **~ *up*** karıştırmak; kışkırtmak.

stir·rup ['stırəp] *n.* üzengi.

stitch [stıtʃ] **1.** *n.* dikiş; ilmik; sancı, ağrı; **2.** *vb.* dikmek; dikiş dikmek.

stock [stɒk] **1.** *n.* ağaç gövdesi, kütük; sap, kabza, dipçik; nesil, soy; ECON stok, mevcut mal; *a.* ***live ~*** çiftlik hayvanları; ECON sermaye; ECON hisse senedi; **~s** *pl.* ECON taşınır mallar; ***in*** (***out of***) **~** ECON elde mevcut (olmayan); ***take ~*** ECON mal sayımı yapmak; ***take ~ of*** *fig.* değerlendirme yapmak, tartmak; **2.** *adj.* stok ...; standart ...; *fig.* basmakalıp, beylik; **3.** *vb.* ECON stok etmek; depo etmek, saklamak.

stock·ade [stɒ'keıd] *n.* şarampol.

stock|breed·er ['stɒkbriːdə] *n.* büyükbaş hayvan yetiştiricisi; **~·brok·er** *n.* ECON borsacı; **~ ex·change** *n.* ECON borsa; **~ farm·er** *n.* büyükbaş hayvan yetiştiricisi; **~·hold·er** *n. esp. Am.* ECON hissedar.

stock·ing ['stɒkıŋ] *n.* çorap.

stock|job·ber ECON ['stɒkdʒɒbə] *n.* borsacı; *Am.* borsa spekülatörü; **~ mar·ket** *n.* ECON borsa; **~-still** *adv.* hiç kımıldamadan; **~-tak·ing** *n.* ECON stok sayımı, envanter yapma; **~·y** [˷ı] (***-ier, -iest***) *adj.* bodur, tıknaz.

stok·er ['stəʊkə] *n.* ateşçi.

stole [stəʊl] *pret. of* ***steal 1***; **sto·len** ['stəʊlən] *p.p. of* ***steal 1.***

stol·id □ ['stɒlıd] vurdumduymaz, kayıtsız.

stom·ach ['stʌmək] **1.** *n.* mide; karın; *fig.* istek, heves; **2.** *v/t. fig.* katlanmak, sineye çekmek; **~ache** *n.* mide ağrısı; **~ up·set** *n.* mide bozukluğu.

stone [stəʊn] **1.** *n.* taş; meyve çekirdeği; mücevher; (*pl.* ***stone***) *Brt.* bir ağırlık ölçüsü (*= 14 lb. = 6,35 kg*); **2.** *adj.* taştan yapılmış, taş ...; **3.** *vb.* taşlamak; çekirdeklerini çıkarmak; **~-blind** ['stəʊn'blaınd] *adj.* kör mü kör;

~-**dead** *adj.* ölmüş gitmiş; ~-**deaf** *adj.* duvar gibi sağır; ~·**ma·son** *n.* taşçı, duvarcı; ~·**ware** [~weə] *n.* taşlı topraktan çanak çömlek.
ston·y □ ['stəʊnɪ] (**-ier, -iest**) taşlı; *fig.* taş gibi, katı.
stood [stʊd] *pret. & p.p. of* **stand 1.**
stool [stu:l] *n.* tabure; MED büyük aptes; ~-**pigeon** ['stu:lpɪdʒɪn] *n.* çığırtkan güvercin; polis muhbiri, gammaz.
stoop [stu:p] **1.** *v/t. & v/i.* eğ(il)mek; *fig.* alçalmak, tenezzül etmek; **2.** *n.* eğilme; kambur duruş.
stop [stɒp] **1.** (**-pp-**) *v/t. & v/i.* dur(dur)mak, kes(il)mek; önlemek, engellemek; tıkamak; (diş) doldurmak; ~ **dead** aniden durmak; ~ **off** F mola vermek; ~ **over** mola vermek; ~ **short** aniden durmak; ~ **up** tıkamak; **2.** *n.* dur(dur)ma; mola; RAIL istasyon; durak; NAUT iskele; PHOT diyafram; *mst.* **full** ~ GR nokta; ~·**gap** ['stɒpgæp] *n.* geçici önlem; ~·**light** *n.* MOT stop lambası; ~·**o·ver** *n. esp. Am.* mola, konaklama; AVIA ara iniş; ~·**page** [~ɪdʒ] *n.* dur(dur)ma; tıka(n)ma, kes(il)me; stopaj; (*trafik*) tıkanıklık; maaştan kesinti; ~·**per** [~ə] *n.* tıkaç, tapa; ~·**ping** MED [~ɪŋ] *n.* dolgu; ~ **sign** *n.* MOT durma işareti; ~·**watch** *n.* kronometre, süreölçer.
stor·age ['stɔ:rɪdʒ] *n.* depolama; depo, ambar; ardiye ücreti; *bilgisayar*: bellek; *attr.* depo ...; *bilgisayar*: bellek ...
store [stɔ:] **1.** *n.* stok, depo mevcudu; *Brt.* ambar, depo; *esp. Am.* dükkân, mağaza; *fig.* bolluk; **in** ~ elde, hazırda; olması beklenen, yakın; **2.** *v/t.* depo etmek, ambara koymak; saklamak; *a.* ~ **up,** ~ **away** yerleştirmek, koymak; doldurmak; ELECT, *bilgisayar*: depolamak; ~·**house** ['stɔ:haʊs] *n.* depo, ambar; *fig.* hazine; ~·**keep·er** *n.* ambar memuru; *esp. Am.* mağazacı.
sto·rey, *esp. Am.* **-ry** ['stɔ:rɪ] *n.* bina katı.
-sto·reyed, *esp. Am.* **-sto·ried** ['stɔ:rɪd] *adj.* ... katlı.
stork ZO [stɔ:k] *n.* leylek.
storm [stɔ:m] **1.** *n.* fırtına; (*alkış v.b.*) tufan; öfke; **2.** *vb.* kıyameti koparmak; ~·**y** □ ['stɔ:mɪ] (**-ier, -iest**) fırtınalı.
sto·ry[1] ['stɔ:rɪ] *n.* hikâye, öykü; THEA *etc.* aksiyon, öykü, gelişim; F palavra, martaval; **short** ~ kısa öykü.
sto·ry[2] *esp. Am.* [~] = **storey.**
stout □ [staʊt] sağlam, sağlıklı, gürbüz; şişman, göbekli; cesur, yiğit.
stove[1] [stəʊv] *n.* soba; fırın, ocak.
stove[2] [~] *pret. & p.p. of* **stave 2.**
stow [stəʊ] *v/t.* istiflemek, yerleştirmek; saklamak; ~ **away** kaçak yolculuk etmek; ~·**a·way** NAUT, AVIA ['stəʊəweɪ] *n.* kaçak yolcu.
strad·dle ['strædl] *vb.* ata biner gibi oturmak, apışmak.
strag|gle ['strægl] *vb.* sürüden *ya da* gruptan ayrılmak; dağınık olmak; BOT orada burada türemek; ~·**gly** [~ɪ] (**-ier, -iest**) *adj.* BOT orada burada türeyen; dağınık (*saç*).
straight [streɪt] **1.** □ düz, dümdüz; doğru; derli toplu, düzgün; dürüst, namuslu; saf (*içki*); **put** ~ düzeltmek, yoluna koymak; **2.** *adv.* doğruca, dümdüz, dosdoğru; doğrudan doğruya; *a.* ~ **out** açıkça, açık açık; ~ **away** derhal, hemen; ~·**en** ['streɪtn] *v/t. & v/i.* düzel(t)mek, doğrul(t)mak; ~ **out** düzeltmek; yoluna koymak; ~ **up** doğrulmak, kalkmak; ~·**for·ward** □ [~'fɔ:wəd] dürüst, doğru sözlü; kolay anlaşılır, açık.
strain [streɪn] **1.** *n.* BIOL soy, ırk, kan; zorlama, baskı; MEC gerginlik, ger(il)me; MED burkulma; *fig.* tarz, ifade, hava; *mst.* ~**s** *pl.* MUS melodi, makam; **2.** *v/t. & v/i.* ger(il)mek, zorla(n)mak; süz(ül)mek; MED burkmak, incitmek; (*halat v.b.*) çekmek, asılmak (**at** *-e*); (*gerçeği*) saptırmak; ~**ed** [~d] *adj.* saptırılmış; sinirli; yorgun; ~·**er** ['streɪnə] *n.* süzgeç, filtre; elek.
strait [streɪt] *n.* (*özel adlarda* **S**~**s** *pl.*) GEOGR boğaz; ~**s** *pl.* sıkıntı, darlık; ~·**ened** ['streɪtnd]: **in** ~ **circumstances** darlık içinde, eli darda; ~·**jack·et** *n.* deli gömleği.
strand [strænd] **1.** *n.* halat bükümü; (*saç*) iplik, tel; *poet.* sahil, kıyı; **2.** *v/t. & v/i.* NAUT karaya otur(t)mak; *fig.* zor durumda kalmak.
strange □ [streɪndʒ] (~**r**, ~**st**) garip, tuhaf, acayip; yabancı; **strang·er** ['streɪndʒə] *n.* yabancı; bir yerin yabancısı.
stran·gle ['stræŋgl] *v/t. & v/i.* boğ(ul)mak.

S

strap [stræp] **1.** *n.* kayış; şerit, bant; **2.** (**-pp-**) *v/t.* kayışla bağlamak; kayışla dövmek.
strat·a·gem ['strætədʒəm] *n.* savaş hilesi.
stra·te·gic [strə'ti:dʒık] (**~ally**) *adj.* stratejik, **strat·e·gy** ['strætıdʒı] *n.* strateji.
stra·tum GEOL ['strɑ:təm] (*pl.* **-ta** [-tə]) *n.* katman, tabaka; *fig.* toplumsal sınıf.
straw [strɔ:] **1.** *n.* saman; kamış; **2.** *adj.* saman ..., hasır ...; **~·berry** BOT ['strɔ:bərı] *n.* çilek.
stray [streı] **1.** *v/i.* yolunu kaybetmek; başıboş dolaşmak; doğru yoldan sapmak; **2.** *adj.* kaybolmuş; dağınık, tek tük; serseri (kurşun); **3.** *n.* kaybolmuş hayvan; başıboş kimse.
streak [stri:k] **1.** *n.* çizgi, çubuk, yol; *fig.* damar, eser, iz; *fig.* şans; **~ of lightning** yıldırım; **2.** *vb.* çizgilerle süslemek; yıldırım gibi gitmek.
stream [stri:m] **1.** *n.* akarsu, çay, dere; akıntı; yağmur, sel; **2.** *v/i.* akmak; (*saç, bayrak*) dalgalanmak; **~·er** ['stri:mə] *n.* flama, fors.
street [stri:t] *n.* cadde, sokak; *attr.* sokak ...; ***in*** (*Am.* ***on***) ***the* ~** caddede, sokakta; **~·car** *Am.* ['stri:tkɑ:] *n.* tramvay.
strength [streŋθ] *n.* güç, kuvvet; ***on the* ~ *of*** *-e* dayanarak, *-e* güvenerek; **~·en** ['streŋθən] *v/t. & v/i.* güçlen(dir)mek; *fig.* desteklemek.
stren·u·ous □ ['strenjʊəs] gayretli, faal, çalışkan; yorucu, ağır.
stress [stres] **1.** *n.* baskı, tazyik; vurgu, aksan; *fig.* önem; PSYCH stres, gerginlik; **2.** *v/t.* üzerinde durmak, vurgulamak, belirtmek.
stretch [stretʃ] **1.** *v/t. & v/i.* ger(il)mek, uza(t)mak; sermek, yaymak; *fig.* abartmak; **~ *out*** (*elini*) uzatmak; **2.** *n.* ger(il)me; gerinme; abartma; süre; saha, yüzey; **~·er** ['stretʃə] *n.* sedye.
strew [stru:] (***strewed, strewn*** *ya da* ***strewed***) *v/t.* saçmak, yaymak, dağıtmak; **~n** [~n] *p.p. of* ***strew.***
strick·en ['strıkən] *adj.* tutulmuş, yakalanmış, uğramış.
strict [strıkt] *adj.* sert, hoşgörüsüz; sıkı; katı (*kural*); tam, harfi harfine; **~*ly speaking*** doğrusunu söylemek gerekirse; **~·ness** ['strıktnıs] *n.* sertlik; sıkılık.
strid·den ['strıdn] *p.p. of* ***stride 1.***
stride [straıd] **1.** (***strode, stridden***) *v/i. a.* **~ *out*** uzun adımlarla yürümek; *v/t.* tek adımda geçmek; **2.** *n.* uzun adım.
strife [straıf] *n.* çekişme, mücadele, kavga.
strike [straık] **1.** *n.* ECON grev, işbırakımı; vurma, vuruş; (*maden, petrol v.b.*) bulma; MIL hava saldırısı; ***be on* ~** grevde olmak; ***go on* ~** grev yapmak; ***a lucky* ~** beklenmedik şans; **2.** (***struck***) *v/t.* vurmak, çarpmak; (*kibrit*) çakmak; (*bayrak, yelken*) indirmek; (*saat, nota*) çalmak; rastlamak, bulmak; **~ *off***, **~ *out*** *-den* çıkarmak, silmek; **~ *up*** MUS çalmaya *ya da* söylemeye başlamak; (*dostluk*) kurmak; *v/i.* çarpmak; NAUT mezestre etmek; ECON grev yapmak; **~ *home*** *fig.* etkilemek, etkili olmak; **strik·er** ECON ['straıkə] *n.* grevci, işbırakımcı; **strik·ing** □ [~ıŋ] göze çarpan, çarpıcı; şaşırtıcı.
string [strıŋ] **1.** *n.* sicim, ip; kordon, bağ, şerit; dizi, sıra; BOT lif; MUS tel; **~*s*** *pl.* MUS telli çalgılar; ***pull* ~*s*** *fig.* torpil yaptırmak; ***no* ~*s attached*** şartsız, kayıtsız; **2.** (***strung***) *v/t.* ipliğe dizmek; MUS (*çalgıya*) tel takmak; kılçıklarını ayıklamak; ***be strung up*** çok heyecanlı, sinirli *ya da* endişeli olmak; **~ band** MUS ['strıŋ'bænd] *n.* telli sazlar orkestrası.
strin·gent □ ['strındʒənt] sert, katı (*kural*); para sıkıntısı çeken.
string·y ['strıŋı] (***-ier, -iest***) *adj.* lifli, tel tel olan; kılçıklı.
strip [strıp] **1.** (**-pp-**) *v/t. & v/i.* soy(un)mak; *a.* **~ *off*** (*giysi*) çıkarmak; *a.* **~ *down*** MEC sökmek; *fig.* soyup soğana çevirmek; **2.** *n.* şerit.
stripe [straıp] *n.* çizgi, çubuk, yol, şerit; MIL sırma.
strip·ling ['strıplıŋ] *n.* delikanlı.
strip mall ['stripmɔ:l] *n. şehir dışında yer alan alışveriş sokağı.*
strive [straıv] (***strove, striven***) *vb.* uğraşmak, çabalamak, çalışmak (***for*** *için*); **striv·en** ['strıvn] *p.p. of* ***strive.***
strode [strəʊd] *pret. of* ***stride 1.***
stroke [strəʊk] **1.** *n.* vuruş, çarpma; MED inme, felç; yüzme tarzı; kulaç; **~ *of* (*good*) *luck*** beklenmedik şans; **2.** *v/t.* okşamak; sıvazlamak.

S

stroll [strəʊl] **1.** *v/i.* gezinmek, dolaşmak; **2.** *n.* gezinti, dolaşma; **~·er** ['strəʊlə] *n.* gezinen kimse; *Am.* portatif çocuk arabası.
strong □ [strɒŋ] güçlü, kuvvetli; sağlam; şiddetli; sert (*içki*); koyu, demli (*çay*); **~-box** ['strɒŋbɒks] *n.* çelik kasa; **~·hold** *n.* kale; *fig.* merkez; **~-mind·ed** *adj.* iradesi güçlü, azimli; **~-room** *n.* hazine odası.
strove [strəʊv] *pret. of* ***strive.***
struck [strʌk] *pret. & p.p. of* ***strike 2.***
struc·ture ['strʌktʃə] *n.* yapı, bünye; bina; kuruluş biçimi, çatı.
strug·gle ['strʌgl] **1.** *v/i.* çabalamak, uğraşmak; mücadele etmek; çırpınmak; **2.** *n.* çaba, gayret; mücadele, savaş.
strum [strʌm] (**-mm-**) *v/t.* (*müzik aleti*) tıngırdatmak.
strung [strʌŋ] *pret. & p.p. of* ***string 2.***
strut [strʌt] **1.** (**-tt-**) *v/i.* şişinerek yürümek; *v/t.* MEC desteklemek; **2.** *n.* şişinerek yürüme, çalım; MEC destek.
stub [stʌb] **1.** *n.* kütük; izmarit; koçan; **2.** (**-bb-**) *vb.* ayağını bir yere çarpmak; ***~ out*** (*sigara*) söndürmek.
stub·ble ['stʌbl] *n.* ekin anızı; uzamış sakal.
stub·born □ ['stʌbən] inatçı, dik başlı, aksi; azimli.
stuck [stʌk] *pret. & p.p. of* ***stick 2***; **~-up** F ['stʌk'ʌp] *adj.* burnu havada.
stud¹ [stʌd] **1.** *n.* çivi; yaka düğmesi; **2.** (**-dd-**) *v/t.* çivilerle süslemek; saçmak, serpmek.
stud² [~] *n.* hara; *a.* ***~-horse*** aygır; ***~-book*** yarış atlarının soy defteri; ***~-farm*** hara; ***~-mare*** damızlık kısrak.
stu·dent ['stjuːdnt] *n.* öğrenci.
stud·ied □ ['stʌdɪd] yapmacık, sahte; kasıtlı.
stu·di·o ['stjuːdɪəʊ] (*pl.* ***-os***) *n.* stüdyo; işyeri, atelye.
stu·di·ous □ ['stjuːdjəs] çalışkan, gayretli; dikkatli.
stud·y ['stʌdɪ] **1.** *n.* öğrenim; inceleme; çalışma odası; PAINT *etc.* taslak; ***studies*** *pl.* çalışma, ders; ***in a brown ~*** derin derin düşünen, çok dalgın; **2.** *vb.* öğrenim yapmak, okumak; incelemek.
stuff [stʌf] **1.** *n.* madde; kumaş; eşya; şey; **2.** *v/t.* doldurmak; tıkıştırmak; *v/i.* tıka basa yemek, tıkınmak; **~·ing** ['stʌfɪŋ] *n.* dolma içi; dolgu; **~·y** □ [~ɪ] (***-ier, -iest***) havasız; tıkalı (*burun*); F kibirli; F alıngan.
stum·ble ['stʌmbl] **1.** *n.* tökezleme, sendeleme; hata, yanılma; **2.** *v/i.* tökezlemek, sendelemek; dili sürçmek; ***~ across, ~ on, ~ upon*** *-e* rastlamak.
stump [stʌmp] **1.** *n.* kütük; izmarit; **2.** *v/t.* F şaşırtmak; *v/i.* tahta bacaklı gibi yürümek; **~·y** □ ['stʌmpɪ] (***-ier, -iest***) kısa, bodur; küt, güdük.
stun [stʌn] (**-nn-**) *v/t.* sersemletmek, afallatmak (*a. fig.*).
stung [stʌŋ] *pret. & p.p. of* ***sting 2.***
stunk [stʌŋk] *pret. & p.p. of* ***stink 2.***
stun·ning □ F ['stʌnɪŋ] enfes, kıyak.
stunt¹ [stʌnt] *n.* hüner, ustalık, numara; akrobasi uçuşu; ***~ man*** *film*: dublör.
stunt² [~] *v/t.* büyümesini önlemek, bodur bırakmak; **~·ed** ['stʌntɪd] *adj.* bodur.
stu·pe·fy ['stjuːpɪfaɪ] *v/t.* sersemletmek, afallatmak (*a. fig.*).
stu·pen·dous □ [stjuː'pendəs] şaşılacak, muazzam.
stu·pid □ ['stjuːpɪd] aptal, sersem, ahmak; saçma; **~·i·ty** [stjuː'pɪdətɪ] *n.* aptallık; aptalca davranış.
stu·por ['stjuːpə] *n.* uyuşukluk, sersemlik.
stur·dy □ ['stɜːdɪ] (***-ier, -iest***) güçlü kuvvetli, gürbüz; sağlam; *fig.* azimli.
stut·ter ['stʌtə] **1.** *v/i.* kekelemek; **2.** *n.* kekemelik.
sty¹ [staɪ] *n.* domuz ahırı.
sty², stye MED [~] *n.* arpacık.
style [staɪl] **1.** *n.* stil, biçem, üslup, tarz; moda; çeşit, tip; **2.** *vb.* ad vermek, demek.
styl|ish □ ['staɪlɪʃ] şık, modaya uygun; **~·ish·ness** [~nɪs] *n.* şıklık; **~·ist** [~st] *n.* stilist, modacı.
suave □ [swɑːv] hoş, nazik; tatlı.
sub- [sʌb] *prefix* alt …, aşağı …; ikincil …; hemen hemen …
sub·di·vi·sion ['sʌbdɪvɪʒn] *n.* alt bölüm, bölümcük.
sub·due [səb'djuː] *v/t.* boyun eğdirmek; bastırmak, yatıştırmak; hafifletmek, azaltmak.
sub|ject **1.** ['sʌbdʒɪkt] *adj.* bağımlı, bağlı (***to*** *-e*); maruz, karşı karşıya olan; ***be ~ to*** *-e* meyletmek, *-e* meyilli olmak; ***~ to*** *-e* bağlı olarak; **2.** [~] *n.* va-

tandaş, uyruk; GR özne; konu; ders; neden; **3.** [səb'dʒekt] *v/t.* boyun eğdirmek; maruz bırakmak, uğratmak (***to*** *-e*); **~·jec·tion** [~kʃn] *n.* boyun eğme, bağımlılık.

sub·ju·gate ['sʌbdʒʊgeɪt] *v/t.* boyun eğdirmek; zaptetmek.

sub·junc·tive GR [səb'dʒʌŋktɪv] *n. a.* **~ *mood*** dilek kipi.

sub|lease ['sʌb'li:s], **~·let** (***-tt-***; ***-let***) *v/t.* kirayla başkasına devretmek.

sub·lime □ [sə'blaɪm] yüce, ulu.

sub·ma·chine gun ['sʌbmə'ʃi:ngʌn] *n.* hafif makineli tüfek.

sub·ma·rine ['sʌbməri:n] **1.** *adj.* denizaltında yetişen *ya da* kullanılan, denizaltı ...; **2.** *n.* NAUT, MIL denizaltı.

sub·merge [səb'mɜ:dʒ] *v/t. & v/i.* bat(ır)mak, suya dalmak.

sub·mis|sion [səb'mɪʃn] *n.* boyun eğme, itaat; uysallık; arz, sunuş; **~·sive** □ [~sɪv] uysal, itaatli.

sub·mit [səb'mɪt] (***-tt-***) *vb.* teslim etmek; sunmak, arz etmek; teklif etmek, önermek; boyun eğmek, uymak (***to*** *-e*).

sub·or·di·nate **1.** □ [sə'bɔ:dɪnət] ikincil, alt; bağlı; **~ *clause*** GR yancümlecik; **2.** [~] *n.* ast; **3.** [~eɪt] *v/t.* bağımlı kılmak.

sub|scribe [səb'skraɪb] *v/t.* (*para*) bağışlamak (***to*** *-e*); imzalamak; *v/i.* **~ *to*** *-e* abone olmak; **~·scrib·er** [~ə] *n.* bağış yapan kimse; abone (*a.* TELEPH).

sub·scrip·tion [səb'skrɪpʃn] *n.* imzalama, imza; bağış; abone; abone ücreti.

sub·se·quent ['sʌbsɪkwənt] *adj.* sonra gelen, sonraki; ***~ly*** sonradan.

sub·ser·vi·ent □ [səb'sɜ:vjənt] boyun eğen, itaatli, uşak ruhlu; işe yarar.

sub|side [səb'saɪd] *v/i.* alçalmak, inmek; (ateş) düşmek; hafiflemek, azalmak; (*rüzgâr*) kesilmek; **~ *into a chair*** bir koltuğa gömülmek; **~·sid·i·a·ry** [~'sɪdjərɪ] **1.** □ yardımcı; bağlı, bağımlı; **2.** *n.* ECON bayi, şube; **~·sidize** ['sʌbsɪdaɪz] *v/t.* para vermek, parayla yardım etmek; **~·si·dy** [~ɪ] *n.* devlet yardımı, sübvansiyon, destekleme.

sub|sist [səb'sɪst] *v/i.* yaşamak, geçinmek (***on*** *ile*); **~·sis·tence** [~əns] *n.* geçim, rızk.

sub·stance ['sʌbstəns] *n.* madde, özdek; cisim; öz, esas; varlık, servet.

sub·stan·dard ['sʌb'stændəd] *adj.* standardın altında olan; **~ *film*** 8 *ya da* 16 mm.'lik film.

sub·stan·tial □ [səb'stænʃl] gerçek, mevcut; sağlam, dayanıklı; önemli, esaslı; varlıklı, zengin.

sub·stan·ti·ate [səb'stænʃɪeɪt] *v/t.* kanıtlamak, doğrulamak.

sub·stan·tive GR ['sʌbstəntɪv] *n.* isim, ad.

sub·sti|tute ['sʌbstɪtju:t] **1.** *v/t.* yerine koymak (***for*** *-in*); **~ *s.th. for s.th.*** bşi bşin yerine koymak *ya da* kullanmak; **2.** *n.* vekil; bedel; **~·tu·tion** [sʌbstɪ'tju:ʃn] *n.* yerine koyma *ya da* kullanma; SPOR: yedek oyuncuyla değiştirme.

sub·ter·fuge ['sʌbtəfju:dʒ] *n.* kaçamak, bahane.

sub·ter·ra·ne·an □ ['sʌbtə'reɪnjən] yeraltı ...; gizli.

sub·ti·tle ['sʌbtaɪtl] *n.* altyazı; ikincil başlık.

sub·tle □ ['sʌtl] (***~r, ~st***) ince; esrarengiz; çözümü zor, karışık; usta, mahir; kurnaz.

sub·tract MATH [səb'trækt] *v/t.* çıkarmak.

sub·trop·i·cal ['sʌb'trɒpɪkl] *adj.* astropikal.

sub|urb ['sʌbɜ:b] *n.* dış mahalle, varoş, banliyö; **~·ur·ban** [sə'bɜ:bən] *adj.* banliyöde oturan; banliyö ...

sub·ven·tion [səb'venʃn] *n.* para yardımı, sübvansiyon.

sub·ver|sion [səb'vɜ:ʃn] *n.* yık(ıl)ma, altüst etme; **~·sive** □ [~sɪv] yıkıcı, altüst eden; **~t** [~t] *v/t.* devirmek, yıkmak.

sub·way ['sʌbweɪ] *n.* yeraltı geçidi, tünel; *Am.* metro.

suc·ceed [sək'si:d] *vb.* başarmak; başarıyla sonuçlanmak; *-den* sonra gelmek, izlemek; **~ *to*** *-in* halefi olmak, yerine geçmek.

suc·cess [sək'ses] *n.* başarı; **~·ful** □ [~fl] başarılı.

suc·ces|sion [sək'seʃn] *n.* ardılık, silsile; yerine geçme; kalıtım; ***in* ~** ardı ardına; **~·sive** □ [~sɪv] birbirini izleyen, ardıl; **~·sor** [~ə] *n.* halef, ardıl.

suc·co(u)r ['sʌkə] **1.** *n.* yardım, imdat; **2.** *v/t.* yardım etmek, imdadına yetişmek.

suc·cu·lent □ ['sʌkjʊlənt] sulu, özlü;

lezzetli.

suc·cumb [sə'kʌm] *v/i.* dayanamamak, yenilmek.

such [sʌtʃ] *adj.* öyle, böyle, bunun gibi; bu kadar, o kadar; ~ ***a man*** böyle bir adam; ~ ***as*** gibi.

suck [sʌk] **1.** *vb.* emmek; meme emmek; **2.** *n.* emme, emiş; ~**·er** ['sʌkə] *n.* emen, emici; BOT fışkın; F enayi, keriz; ~**·le** [~l] *vb.* emzirmek, meme vermek; ~**·ling** [~ɪŋ] *n.* memede çocuk, süt çocuğu.

suc·tion ['sʌkʃn] *n.* emme; *attr.* emici, emme …

sud·den □ ['sʌdn] ani, beklenmedik; (***all***) ***of a*** ~ aniden, ansızın.

suds [sʌdz] *n. pl.* sabun köpüğü; ~**·y** ['sʌdzɪ] (***-ier, -iest***) *adj.* köpüklü, sabunlu.

sue [sjuː] *v/t.* dava etmek; talep etmek, dilemek; *v/i.* dava açmak (***for*** *için*).

suede, suéde [sweɪd] *n.* süet.

su·et ['sjʊɪt] *n.* içyağı.

suf·fer ['sʌfə] *v/i.* acı çekmek (***from*** *-den*); *v/t.* katlanmak, dayanmak; ~**·ance** [~rəns] *n.* göz yumma, hoşgörü; ~**·er** [~ə] *n.* acı çeken kimse; hasta; kurban; ~**·ing** [~ɪŋ] *n.* acı, ıstırap; çile.

suf·fice [sə'faɪs] *v/i.* yeterli olmak, yetmek; ~ ***it to say*** şu kadarını söyleyeyim ki.

suf·fi·cien|cy [sə'fɪʃnsɪ] *n.* yeterlik; yeterli miktar; ~**t** [~t] *adj.* yeterli; ***be*** ~ yeterli olmak, yetmek.

suf·fix ['sʌfɪks] *n.* sonek.

suf·fo·cate ['sʌfəkeɪt] *v/t. & v/i.* boğ(ul)mak.

suf·frage ['sʌfrɪdʒ] *n.* oy; oy kullanma hakkı.

suf·fuse [sə'fjuːz] *v/t.* üzerine yayılmak, kaplamak, doldurmak.

sug·ar ['ʃʊgə] **1.** *n.* şeker; **2.** *v/t. -e* şeker katmak; ~**-ba·sin**, *esp. Am.* ~ **bowl** *n.* şekerlik; ~**-cane** *n.* BOT şekerkamışı; ~**-coat** *v/t.* şekerle kaplamak; *fig.* ballandırmak; ~**·y** [~rɪ] *adj.* şekerli; şeker tadında; *fig.* yüze gülücü.

sug|gest [sə'dʒest, *Am. a.* səg'dʒest] *v/t.* önermek; ileri sürmek, ortaya koymak; sezdirmek, anıştırmak; ~**·ges·tion** [~tʃən] *n.* öneri, teklif; fikir; anıştırma, ima; ~**·ges·tive** □ [~tɪv] imalı, anlamlı, fikir verici; açık saçık; ***be*** ~ ***of s.th.*** bşi ima etmek, anıştırmak.

su·i·cide ['sjʊɪsaɪd] **1.** *n.* intihar; ***commit*** ~ intihar etmek; **2.** *v/i. Am.* intihar etmek, canına kıymak: ~ **bomb·er** intihar bombacısı.

suit [sjuːt] **1.** *n.* takım; takım elbise; dilek, istek; evlenme teklifi; *iskambil*: takım; LEG dava; ***follow*** ~ *fig.* aynı şeyi yapmak, taklit etmek; **2.** *v/t. & v/i.* uy(dur)mak; yaraşmak, yakışmak; işine gelmek; ~ ***oneself*** istediğini yapmak; ~ ***yourself*** istediğini yap; ~ ***s.th. to*** bşi -e uydurmak; ***be*** ~***ed*** uygun olmak (***for, to*** *-e*); **sui·ta·ble** □ ['sjuːtəbl] uygun, elverişli (***for, to*** *-e*); ~**·case** *n.* bavul.

suite [swiːt] *n.* maiyet; takım; oda takımı; MUS süit.

sui·tor ['sjuːtə] *n.* evlenmeye talip kimse; LEG davacı.

sul·fur, *etc. Am.* ['sʌlfə] *s.* ***sulphur***, *etc.*

sulk [sʌlk] *v/i.* somurtmak, surat asmak; ~**·i·ness** ['sʌlkɪnɪs], ~**s** *n. pl.* somurtkanlık; ~**·y** [~ɪ] **1.** □ (***-ier, -iest***) somurtkan, asık suratlı; **2.** *n.* SPOR: hafif atlı araba.

sul·len □ ['sʌlən] somurtkan, asık suratlı; kapanık, kasvetli, iç karartıcı.

sul·ly *mst. fig.* ['sʌlɪ] *v/t.* kirletmek, lekelemek.

sul|phur CHEM ['sʌlfə] *n.* kükürt; ~**·phu·ric** CHEM [sʌl'fjʊərɪk] *adj.* kükürtlü.

sul·tri·ness ['sʌltrɪnɪs] *n.* (*hava*) boğuculuk, bunaltıcılık.

sul·try □ ['sʌltrɪ] (***-ier, -iest***) (*hava*) boğucu, bunaltıcı; *fig.* cinsel arzu uyandıran.

sum [sʌm] **1.** *n.* toplam, tutar; miktar; problem; *fig.* özet; ***do*** ~***s*** hesap yapmak; **2.** (***-mm-***) *v/t.* ~ ***up*** özetlemek; hüküm vermek; yekûnunu toplamak.

sum|mar·ize ['sʌməraɪz] *v/t.* özetlemek; ~**·ma·ry** [~ɪ] **1.** □ özetlenmiş, kısa; seri; LEG acele; **2.** *n.* özet.

sum·mer ['sʌmə] *n.* yaz; ~ ***school*** yaz okulu; ~**·ly** [~lɪ], ~**·y** [~rɪ] *adj.* yaz ile ilgili; yazlık …

sum·mit ['sʌmɪt] *n.* zirve, doruk (*a. fig.*).

sum·mon ['sʌmən] *v/t.* çağır(t)mak, emirle getirtmek; LEG celp etmek; ~ ***up*** (*güç, cesaret*) toplamak; ~**s** *n.* çağırma, davet; LEG celp, celpname.

S

sump·tu·ous □ ['sʌmptjʊəs] görkemli, muhteşem; çok lüks.

sun [sʌn] **1.** *n.* güneş; *attr.* güneş …; **2.** (**-nn-**) *v/t.* güneşlendirmek; **~** (**o.s.**) güneşlenmek; **~-bath** ['sʌnbɑːθ] *n.* güneş banyosu; **~·beam** *n.* güneş ışını; **~·burn** *n.* güneş yanığı.

sun·dae ['sʌndeɪ] *n.* peşmelba.

Sun·day ['sʌndɪ] *n.* pazar günü; ***on ~*** pazar günü; ***on ~s*** pazar günleri, pazarları.

sun|di·al ['sʌndaɪəl] *n.* güneş saati; **~·down** = ***sunset.***

sun|dries ['sʌndrɪz] *n. pl.* ufak tefek şeyler; **~·dry** [~ɪ] *adj.* çeşitli, türlü türlü.

sung [sʌŋ] *p.p. of* ***sing.***

sun·glass·es ['sʌnglɑːsɪz] *n. pl.* (***a pair of*** bir) güneş gözlüğü.

sunk [sʌŋk] *pret. & p.p. of* ***sink 1.***

sunk·en ['sʌŋkən] *adj.* batmıs, batık; *fig.* çukur, çökük (*yanak*).

sun|ny □ ['sʌnɪ] (***-ier, -iest***) güneşli; **~·rise** *n.* güneş doğması; **~·set** *n.* güneş batması, gurup; **~·shade** *n.* güneş şemsiyesi, parasol; **~·shine** *n.* güneş ışığı; **~·stroke** *n.* MED güneş çarpması; **~·tan** *n.* güneş yanığı.

su·per F ['suːpə] *adj.* süper, üstün kaliteli.

su·per- ['sjuːpə] *prefix* aşırı, fazla; üstün, üzerinde; **~·a·bun·dant** □ [~rə'bʌndənt] çok bol, bol bol; **~·an·nuate** [sjuːpə'rænjʊeɪt] *v/t.* emekliye ayırmak; **~*d*** emekli; modası geçmiş.

su·perb □ [sjuː'pɜːb] görkemli, enfes, mükemmel.

su·per|charg·er MOT ['sjuːpətʃɑːdʒə] *n.* kompresör; **~·cil·i·ous** □ [~'sɪlɪəs] kibirli, gururlu; **~·ficial** □ [~'fɪʃl] üstünkörü, yüzeysel; **~·fine** [~'faɪn] *adj.* çok ince; çok güzel; **~·flu·i·ty** [~'fluətɪ] *n.* bolluk, çokluk, fazlalık; **~·fluous** □ [sjuː'pɜːflʊəs] gereksiz, fazla; **~·heat** MEC ['sjuːpə'hiːt] *v/t.* fazla ısıtmak; **~·hu·man** □ [~'hjuːmən] insanüstü; **~·im·pose** [~rɪm'pəʊz] *v/t.* üzerine koymak; **~·in·tend** [~rɪn'tend] *v/t.* kontrol etmek, denetlemek; **~·in·tend·ent** [~ənt] **1.** *n.* müfettiş, denetçi; müdür; *Brt.* komiser; *Am.* polis şefi; *Am.* kâhya, vekilharç; **2.** *adj.* yönetimsel.

su·pe·ri·or [sjuː'pɪərɪə] **1.** □ daha yüksek, üstün; üst; kibirli, üstünlük taslayan; daha iyi, daha üstün (***to*** *-den*); **2.** *n.* üst, amir; *mst.* ***Father*** ♀ ECCL başrahip; *mst.* ***Lady*** ♀, ***Mother*** ♀ ECCL başrahibe; **~·i·ty** [sjuːpɪərɪ'ɒrətɪ] *n.* üstünlük.

su·per·la·tive [sjuː'pɜːlətɪv] **1.** □ en yüksek, eşsiz; **2.** *n. a.* **~ *degree*** GR enüstünlük derecesi.

su·per|mar·ket ['sjuːpəmɑːkɪt] *n.* süpermarket; **~·nat·u·ral** □ [~'nætʃrəl] doğaüstü; **~·nume·ra·ry** [~'njuːmərərɪ] **1.** *adj.* fazla; **2.** *n.* fazla şey *ya da* kimse; THEA, *film*: figüran; **~·scrip·tion** [~'skrɪpʃn] *n.* başlık; yazıt; **~sede** [~'siːd] *v/t.* yerine geçmek, *-in* yerini almak; **~·son·ic** PHYS [~'sɒnɪk] *adj.* süpersonik, sesten hızlı; **~·sti·tion** [~'stɪʃn] *n.* batıl itikat, boş inanç; **~·sti·tious** □ [~əs] boş inançlı; **~·vene** [~'viːn] *v/i.* ansızın gelmek *ya da* olmak; **~·vise** [~vaɪz] *v/t.* denetlemek; yönetmek; **~·vi·sion** [~'vɪʒn] *n.* denetim; yönetim; **~·vi·sor** [~vaɪzə] *n.* denetçi, müfettiş; danışman.

sup·per ['sʌpə] *n.* akşam yemeği; ***the*** (***Lord's***) ♀ Kudas.

sup·plant [sə'plɑːnt] *v/t.* ayağını kaydırıp yerine geçmek.

sup·ple ['sʌpl] **1.** □ (***~r, ~st***) esnek, yumuşak; uysal; **2.** *v/t.* yumuşatmak.

sup·ple|ment 1. ['sʌplɪmənt] *n.* ek, ilave; **2.** [~ment] *v/t.* eklemek, tamamlamak; **~·men·tal** □ [sʌplɪ'mentl], **~·men·ta·ry** [~ərɪ] ek …, ilave …; katma.

sup·pli·ant ['sʌplɪənt] **1.** □ yalvaran, rica eden; **2.** *n.* yalvaran kimse.

sup·pli|cate ['sʌplɪkeɪt] *vb.* yalvarmak, yakarmak, rica etmek; **~·ca·tion** [sʌplɪ'keɪʃn] *n.* yalvarma, rica.

sup·pli·er [sə'plaɪə] *n.* mal sağlayan kimse; *a.* **~*s*** *pl.* mal sağlayan fırma.

sup·ply [sə'plaɪ] **1.** *v/t.* vermek, sağlamak; (*gereksinimi*) karşılamak, gidermek; **2.** *n.* sağlama, tedarik; ECON stok, mevcut; *mst.* ***supplies*** *pl.* ECON erzak, gereçler; PARL ödenek; **~ *and demand*** ECON arz ve talep, sunu ve istem.

sup·port [sə'pɔːt] **1.** *n.* destek, yardım, arka; MEC payanda, dayak, destek; **2.** *v/t.* desteklemek; (*aile*) geçindirmek, bakmak; savunmak; **~·er** [~ə] *n.* yardımcı; SPOR: taraftar.

S

sup·pose [sə'pəʊz] *v/t.* farzetmek, varsaymak; ***he is ~d to do*** yapması bekleniyor; ***~ we go*** gitsek nasıl olur?, gitsek mi?; ***what is that ~d to mean?*** ne anlama geliyor ki?; ***I ~ so*** sanırım öyle.

sup|posed □ [sə'pəʊzd] sözde, sözümona; **~·pos·ed·ly** [~ɪdlɪ] *adv.* güya, sanki.

sup·po·si·tion [sʌpə'zɪʃn] *n.* farz, tahmin; varsayım.

sup|press [sə'pres] *v/t.* bastırmak; zaptetmek; **~·pres·sion** [~ʃn] *n.* bastırma; tutma, zapt.

sup·pu·rate MED ['sʌpjʊəreɪt] *v/i.* irinlenmek.

su·prem|a·cy [sjʊ'preməsɪ] *n.* üstünlük; egemenlik; **~e** □ [sjuː'priːm] en üstün; en yüksek, yüce; en son.

sur·charge 1. [sɜː'tʃɑːdʒ] *v/t.* fazla yüklemek, fazla doldurmak; **2.** ['sɜːtʃɑːdʒ] *n.* fazla yük; sürşarj.

sure [ʃʊə] **1.** (***~r, ~st***): ***~*** (***of***) *-den* emin; güvenilir; kesin, su götürmez; ***make ~ that*** *-den* emin olmak, sağlama bağlamak; **2.** *adv. Am.* F elbette; ***it ~ was cold*** *Am.* F elbette hava soğuktu; ***~!*** Elbette!; ***~ enough*** elbette; **~·ly** ['ʃʊəlɪ] *adv.* elbette, kuşkusuz; sağ salim; **sur·e·ty** [~tɪ] *n.* güvenlik; güvence.

surf [sɜːf] **1.** *n.* çatlayan dalgalar; **2.** *v/i.* SPOR; sörf yapmak; **3.** *v/t.* ***~ the net*** internette gezinmek.

sur·face ['sɜːfɪs] **1.** *n.* yüzey, yüz; dış görünüş; AVIA kanat; **2.** *v/i.* NAUT (*denizaltı*) su yüzüne çıkmak.

surf|board ['sɜːfbɔːd] *n.* sörf tahtası; **~·boat** *n.* sörf kayığı.

sur·feit ['sɜːfɪt] **1.** *n.* aşırı yiyip içme; şişkinlik; **2.** *v/t. & v/i.* çatlayacak derecede ye(dir)mek.

surf|er ['sɜːfə] *n.* SPOR: sörfçü; **~·ing** [~ɪŋ], **~·rid·ing** [~raɪdɪŋ] *n.* SPOR: sörfçülük.

surge [sɜːdʒ] **1.** *n.* büyük dalga; **2.** *vb.* dalgalar halinde yürümek; *a.* ***~ up*** (*duygu*) kabarmak, depreşmek.

sur|geon ['sɜːdʒən] *n.* cerrah, operatör; **~·ge·ry** [~rɪ] *n.* cerrahlık, operatörlük; *Brt.* muayenehane; ***~ hours*** *pl. Brt.* hasta kabul saatleri.

sur·gi·cal □ ['sɜːdʒɪkl] cerrahi.

sur·ly □ ['sɜːlɪ] (***-ier, -iest***) somurtkan, asık suratlı; hırçın.

sur·mise 1. ['sɜːmaɪz] *n.* zan, tahmin; kuşku; **2.** [sɜː'maɪz] *vb.* sanmak; kuşku duymak.

sur·mount [sɜː'maʊnt] *v/t.* yenmek, üstesinden gelmek.

sur·name ['sɜːneɪm] *n.* soyadı.

sur·pass *fig.* [sə'pɑːs] *v/t.* üstün olmak, baskın çıkmak; **~·ing** [~ɪŋ] *adj.* üstün, eşsiz.

sur·plus ['sɜːpləs] **1.** *n.* artık, fazla; **2.** *adj.* fazla ..., artık ...

sur·prise [sə'praɪz] **1.** *n.* sürpriz, hayret; MIL baskın; **2.** *v/t.* şaşırtmak; MIL baskın yapmak.

sur·ren·der [sə'rendə] **1.** *n.* teslim; bırakma, terk; vazgeçme; **2.** *v/t.* teslim etmek; vazgeçmek; *v/i.* teslim olmak (***to*** *-e*); kapılmak (***to*** *-e*).

sur·ro·gate ['sʌrəgɪt] *n.* vekil; ***~ mother*** başkasının yerine doğum yapan kadın.

sur·round [sə'raʊnd] *v/t.* etrafını çevirmek; MIL kuşatmak; **~·ing** [~ɪŋ] *adj.* çevreleyen, çevre ...; **~·ings** *n. pl.* etraf, çevre.

sur·tax ['sɜːtæks] *n.* ek vergi.

sur·vey 1. [sə'veɪ] *v/t.* incelemek, gözden geçirmek; haritasını çıkarmak, ölçmek; **2.** ['sɜːveɪ] *n.* gözden geçirme, inceleme; genel bakış; ölçme; **~·or** [sə'veɪə] *n.* arazi ölçüm memuru.

sur|viv·al [sə'vaɪvl] *n.* hayatta kalma, sağ kurtulma; ***~ kit*** acil durumda kullanılacak yiyecek; **~·vive** [~aɪv] *vb.* *-den* fazla yaşamak; hayatta kalmak; (*kazadan*) sağ kurtulmak; **~·vi·vor** [~ə] *n.* sağ kurtulan kimse.

sus·cep·ti·ble □ [sə'septəbl] hassas (***to*** *-e karşı*); şıpsevdi; ***be ~ of*** *-e* elverişli olmak, kaldırmak.

sus·pect 1. [sə'spekt] *v/t.* *-den* kuşkulanmak; ihtimal vermek, tahmin etmek; **2.** ['sʌspekt] *n.* sanık; **3.** [~] = **~·ed** [sə'spektɪd] *adj.* kuşkulu.

sus·pend [sə'spend] *v/t.* asmak; geçici olarak durdurmak; geçici olarak kovmak; LEG ertelemek; SPOR: geçici olarak takımdan çıkarmak; **~·ed** [~ɪd] *adj.* asılı; LEG ertelenmiş; **~·er** [~ə] *n. Brt.* çorap askısı, jartiyer; (*a.* ***a pair of***) ***~s*** *pl. Am.* pantolon askısı.

sus|pense [sə'spens] *n.* askıda kalma; kararsızlık; merak; **~·pen·sion** [~ʃn] *n.* asma; erteleme; geçici tatil, durdurma; SPOR: geçici olarak takımdan

çıkarma; ~ ***bridge*** asma köprü; ~ ***railroad***, *esp. Brt.* ~ ***railway*** asma demiryolu, havai hat.
sus·pi|cion [sə'spɪʃn] *n.* kuşku; *fig.* iz, belirti; ~**·cious** ☐ [~əs] kuşkucu; kuşkulu.
sus·tain [sə'steɪn] *v/t.* taşımak, tutmak, çekmek; sürdürmek; (*aile*) geçindirmek; katlanmak, çekmek; LEG kabul etmek, onaylamak.
sus·te·nance ['sʌstɪnəns] *n.* gıda, yiyecek, içecek.
SUV [sʌv] *n.* (= ***sports utility vehicle***) SUV.
swab [swɒb] **1.** *n.* tahta bezi, paspas; MED ilaçlı bez, tampon; **2.** (**-*bb*-**) *v/t.* ~ ***up*** silmek, paspaslamak.
swad|dle ['swɒdl] *v/t.* (*bebek*) kundaklamak; ~**·dling-clothes** [~ɪŋkləʊðz] *n. pl.* kundak bezi.
swag·ger ['swægə] *v/i.* caka satmak, kurularak yürümek; horozlanmak.
swal·low¹ ZO ['swɒləʊ] *n.* kırlangıç.
swal·low² [~] **1.** *n.* yutma, yutuş; yudum; **2.** *v/t.* yutmak; F inanmak, kanmak, yutmak; *v/i.* yutkunmak.
swam [swæm] *pret. of* ***swim 1.***
swamp [swɒmp] **1.** *n.* bataklık; **2.** *vb.* batırmak; (*su*) basmak; *fig.* gark etmek, boğmak; ~**·y** ['swɒmpɪ] (**-*ier*, -*iest***) *adj.* bataklık …
swan ZO [swɒn] *n.* kuğu.
swank F [swæŋk] **1.** *n.* caka, fiyaka, gösteriş; **2.** *v/i.* caka satmak; ~**·y** ☐ ['swæŋkɪ] (**-*ier*, -*iest***) çalımlı, gösterişli.
swap F [swɒp] **1.** *n.* değiş tokuş; **2.** (**-*pp*-**) *v/t.* değiş tokuş etmek.
swarm [swɔːm] **1.** *n.* arı kümesi, oğul; sürü; **2.** *v/i.* toplanmak; kaynaşmak (***with*** *ile*).
swar·thy ☐ ['swɔːðɪ] (**-*ier*, -*iest***) esmer.
swash [swɒʃ] *v/t. & v/i.* çalkala(n)mak.
swat [swɒt] (**-*tt*-**) *v/t.* vurup ezmek.
sway [sweɪ] **1.** *n.* sallanma, dalgalanma; etki, nüfuz; **2.** *v/t. & v/i.* salla(n)mak; etkilemek; (*kalça*) kıvırmak.
swear [sweə] (***swore, sworn***) *v/i.* yemin etmek; küfretmek; ~ ***s.o. in*** *b-ni* yeminle göreve başlatmak.
sweat [swet] **1.** *n.* ter; terleme; angarya; ***by the ~ of one's brow*** alnının teriyle; ***in a ~***, F ***all of a ~*** endişe içinde, etekleri tutuşmuş; **2.** (***sweated***, *Am. mst.* ***sweat***) *v/t. & v/i.* terle(t)mek; çok sıkı çalış(tır)mak; ECON düşük ücretle çalıştırmak; ~**·er** ['swetə] *n.* süveter, kazak; ECON işçileri sömüren patron; ~**·shirt** *n.* tişört; ~ **suit** *n.* SPOR: *esp. Am.* eşofman; ~**·y** ☐ [~ɪ] (**-*ier*, -*iest***) terlemiş, terli; ağır (iş).
Swede [swiːd] *n.* İsveçli.
Swed·ish ['swiːdɪʃ] **1.** *adj.* İsveç'e özgü; **2.** *n.* LING İsveççe.
sweep [swiːp] **1.** (***swept***) *v/t.* süpürmek; (*baca*) temizlemek; *v/i.* geçip gitmek; uzayıp gitmek; **2.** *n.* süpürme; temizleme; ezici zafer; saha, alan; kavis, dirsek; *esp. Brt.* baca temizleyicisi; ***make a clean ~*** tam bir temizlik yapmak; SPOR: tamamen kazanmak; ~**·er** ['swiːpə] *n.* çöpçü; ~**·ing** ☐ [~ɪŋ] geniş; ezici, tam; ~**·ings** *n. pl.* süprüntü.
sweet [swiːt] **1.** ☐ tatlı, şekerli; sevimli, şirin; hoş kokulu; verimli (*toprak*); ***have a ~ tooth*** tatlı şeylere bayılmak; **2.** *n. Brt.* tatlılık; bonbon, şekerleme; *Brt.* tatlı; ~**·en** ['swiːtn] *v/t. & v/i.* tatlılaş(tır)mak; ~**·heart** *n.* sevgili; ~**·ish** [~ɪʃ] *adj.* tatlımsı; ~**·meat** *n.* şekerleme, bonbon; ~**·ness** [~nɪs] *n.* tatlılık; sevimlilik; ~ **pea** *n.* BOT kokulu bezelye çiçeği; ~**-shop** *n. Brt.* şekerci dükkânı.
swell [swel] **1.** (***swelled, swollen*** *ya da* ***swelled***) *v/t. & v/i.* şiş(ir)mek, kabar(t)mak; art(ır)mak; **2.** *adj. Am.* F birinci sınıf, çok iyi; **3.** *n.* şişme; şiş; NAUT ölü dalga; ~**·ing** ['swelɪŋ] *n.* kabarma, şişlik.
swel·ter ['sweltə] *v/i.* sıcaktan bunalmak.
swept [swept] *pret. & p.p. of* ***sweep 1.***
swerve [swɜːv] **1.** *v/i.* yoldan sapmak; MOT direksiyon kırmak; **2.** *n.* MOT direksiyon kırma; yoldan sapma.
swift ☐ [swɪft] hızlı, çabuk, süratli; ~**·ness** ['swɪftnɪs] *n.* hız, çabukluk.
swill [swɪl] **1.** *n.* sulu domuz yemi; suyla çalkalama; **2.** *v/t.* suyla çalkalamak, sudan geçirmek; *v/i.* F kafayı çekmek.
swim [swɪm] **1.** (**-*mm*-; *swam, swum***) *v/i.* yüzmek; dönmek; ***my head ~s*** başım dönüyor; **2.** *n.* yüzme; ***go for a ~*** yüzmeye gitmek; ***have*** *ya da* ***take a ~*** yüzmek; ***be in the ~*** olup bitenden haberi olmak; ~**·mer** ['swɪmə] *n.* yüzücü; ~**·ming** [~ɪŋ] **1.** *n.* yüzme; yüzücülük; **2.** *adj.* yüzme …; ~**-*bath*(*s*** *pl.*) *Brt.*

esp. kapalı yüzme havuzu; **~-pool** yüzme havuzu; (**a pair of**) **~-trunks** *pl.* mayo; **~-suit** *n.* mayo.
swin·dle ['swındl] **1.** *v/t.* dolandırmak; **2.** *n.* dolandırıcılık.
swine [swaın] *n.* domuz.
swing [swıŋ] **1.** (**swung**) *v/t. & v/i.* salla(n)mak; salıncakta sallanmak; dönmek; salınarak yürümek; F asılmak, darağacını boylamak; **2.** *n.* salla(n)ma; salıncak; **in full ~** en civcivli anında, en hareketli anında; **~-door** ['swıŋdɔː] *n.* döner kapı.
swin·ish □ ['swaınıʃ] domuz gibi, kaba.
swipe [swaıp] **1.** *v/t.* hızla vurmak (**at** *-e*); F çalmak, aşırmak; **2.** *n.* kuvvetli darbe.
swirl [swɜːl] **1.** *v/i.* girdap gibi dönmek; **2.** *n.* girdap, anafor.
Swiss [swıs] **1.** *adj.* İsviçre'ye özgü; **2.** *n.* İsviçreli; **the ~** *pl.* İsviçre halkı.
switch [swıtʃ] **1.** *n.* ince dal; *Am.* RAIL makas; ELECT elektrik düğmesi; şalter, anahtar; **2.** *vb.* sopayla vurmak; *esp. Am.* RAIL makastan geçirmek; ELECT elektrik düğmesini çevirmek; *fig.* değiş tokuş etmek; **~ off** ELECT elektrik düğmesini kapatmak; **~ on** ELECT elektrik düğmesini açmak; **~·board** ELECT ['swıtʃbɔːd] *n.* elektrik dağıtma tablosu; telefon santralı.
swiv·el ['swıvl] **1.** *n.* MEC fırdöndü; *attr.* döner ...; **2.** (*esp. Brt.* **-ll-**, *Am.* **-l-**) *v/t. & v/i.* eksen etrafında dön(dür)mek.
swol·len ['swəʊlən] *p.p. of* **swell 1.**
swoon [swuːn] **1.** *n.* bayılma; **2.** *v/i.* bayılmak.
swoop [swuːp] **1.** *v/i.* **~ down on** *ya da* **upon** *-in* üzerine atılmak, *-e* çullanmak; **2.** *n.* üzerine atılma, çullanma.
swop F [swɒp] = **swap.**
sword [sɔːd] *n.* kılıç; **~s·man** ['sɔːdzmən] (*pl.* **-men**) *n.* kılıcı ustaca kullanan kimse.
swore [swɔː] *pret. of* **swear.**
sworn [swɔːn] *p.p. of* **swear.**
swum [swʌm] *p.p. of* **swim 1.**
swung [swʌŋ] *pret. & p.p. of* **swing 1.**
syc·a·more BOT ['sıkəmɔː] *n.* firavuninciri; *Am.* çınar.
syl·la·ble ['sıləbl] *n.* hece, seslem.
syl·la·bus ['sıləbəs] (*pl.* **-buses, -bi** [-baı]) *n.* özet; *esp.* öğretim izlencesi.
sym·bol ['sımbl] *n.* sembol, simge; **~·ic** [sım'bɒlık], **~·i·cal** □ [-kl] sembolik, simgesel; **~·is·m** ['sımbəlızəm] *n.* sembolizm, simgecilik; **~·ize** [-aız] *v/t.* simgelemek, *-in* simgesi olmak.
sym|met·ric [sı'metrık], **~·met·ri·cal** □ [-kl] simetrik, bakışımlı; **~·me·try** ['sımıtrı] *n.* simetri, bakışım.
sym·pa|thet·ic [sımpə'θetık] (**~ally**) *adj.* sempatik, cana yakın, sıcakkanlı, sevimli; başkalarının duygularını paylaşan; **~ strike** dayanışma grevi; **~·thize** ['sımpəθaız] *v/i.* başkalarının duygularını paylaşmak, yakınlık duymak; **~·thy** [-ı] *n.* sempati, cana yakınlık; duygudaşlık; acıma.
sym·pho·ny MUS ['sımfənı] *n.* senfoni.
symp·tom ['sımptəm] *n.* belirti, işaret.
syn·chro|nize ['sıŋkrənaız] *v/t. & v/i.* aynı zamana uy(dur)mak; (*saatlerin*) ayarlarını birbirine uydurmak; *film*, TV: eşlemek; **~·nous** □ [-əs] senkron, eşzaman.
syn·di·cate ['sındıkət] *n.* sendika.
syn·o·nym ['sınənım] *n.* sinonim, eşanlamlı sözcük; **sy·non·y·mous** □ [sı'nɒnıməs] eşanlamlı, anlamdaş.
sy·nop·sis [sı'nɒpsıs] (*pl.* **-ses** [-siːz]) *n.* özet.
syn·tax GR ['sıntæks] *n.* sentaks, sözdizimi.
syn|the·sis ['sınθəsıs] (*pl.* **-ses** [-siːz]) *n.* sentez, bireşim; **~·thet·ic** [sın'θetık], **~·thet·i·cal** □ [-kl] sentetik, bireşimli.
sy·ringe ['sırındʒ] **1.** *n.* şırınga; **2.** *v/t.* şırınga etmek.
syr·up ['sırəp] *n.* şurup.
sys|tem ['sıstəm] *n.* sistem, düzen; yol, yöntem; PHYSIOL organizma; **~·te·mat·ic** [sıstı'mætık] (**~ally**) *adj.* sistematik, sistemli, dizgesel.

T

ta *Brt.* F [ta:] *int.* teşekkür ederim, sağol.

tab [tæb] *n.* askı, brit; kayış, şerit; etiket; F hesap.

ta·ble ['teıbl] **1.** *n.* masa; sofra; yemek; sofrada oturanlar; tablo, cetvel, çizelge; tarife; = ***tableland***; ***at ~*** sofrada; ***turn the ~s on s.o.*** durumu *b-nin* aleyhine çevirmek; **2.** *v/t.* masaya koymak; listeye geçirmek; ertelemek; **~-cloth** *n.* masa örtüsü; **~·land** *n.* plato, yayla; **~-lin·en** *n.* masa örtüsü takımı; **~-mat** *n.* tencere altlığı; **~·spoon** *n.* yemek kaşığı.

tab·let ['tæblıt] *n.* levha; yazıt; kâğıt destesi, bloknot; hap, tablet.

table|top ['teıbltɒp] *n.* masa örtüsü; **~·ware** *n.* sofra takımı.

ta·boo [tə'bu:] **1.** *adj.* tabu, yasak; **2.** *n.* tabu şey; **3.** *v/t.* yasaklamak.

tab·u|lar □ ['tæbjʊlə] çizelge halinde olan; **~·late** [~eıt] *v/t.* çizelge haline koymak.

ta·cit □ ['tæsıt] söylenmeden anlaşılan, sözsüz; **ta·ci·turn** □ [~ɜ:n] az konuşur, ağzı var dili yok.

tack [tæk] **1.** *n.* küçük çivi, pünez; NAUT kuntura; NAUT yelken durumuna göre gidilen yol; *fig.* yol, gidiş; **2.** *v/t.* çivilemek, çakmak (***to*** *-e*); *v/i.* NAUT orsa etmek.

tack·le ['tækl] **1.** *n.* takım, donanım; NAUT halat takımı; MEC palanga; *futbol*: topu rakipten alma; **2.** *v/t.* yakalamak, tutmak; uğraşmak, üstesinden gelmek; *v/i. futbol*: topu rakipten almak.

tack·y ['tækı] (***-ier, -iest***) *adj.* yapışkan; *Am.* F kılıksız.

tact [tækt] *n.* nezaket, incelik; **~·ful** □ ['tæktfl] nazik, ince.

tac·tics ['tæktıks] *n.pl. ya da sg.* taktik.

tact·less □ ['tæktlıs] patavatsız, düşüncesiz.

tad·pole ZO ['tædpəʊl] *n.* iribaş.

taf·fe·ta ['tæfıtə] *n.* tafta.

taf·fy *Am.* ['tæfı] = ***toffee***; F dalkavukluk, yağcılık.

tag [tæg] **1.** *n.* etiket; meşhur söz; sarkık uç; "elim sende" oyunu; *a.* ***question ~*** soru takısı; **2.** (***-gg-***) *v/t.* etiketlemek, etiket yapıştırmak (***to, on to*** *-e*); ***~ along*** F peşisıra gitmek, arkasına takılmak; ***~ along behind s.o.*** *b-nin* arkasından gitmek, peşine takılmak.

tail [teıl] **1.** *n.* kuyruk; son, uç; kıç; **~*s*** *pl.* paranın resimsiz tarafı, yazı; F frak; ***turn ~*** gerisin geriye kaçmak; ***~s up*** keyfi yerinde, keyfi keкâ; **2.** *v/t.* ***~ after s.o.*** *b-ni* izlemek, peşine düşmek; ***~ s.o.*** F *b-nin* peşini bırakmamak; ***~ away, ~ off*** azalmak; **~·back** MOT ['teılbæk] *n.* araç konvoyu; **~·coat** [~'kəʊt] *n.* frak; **~·light** MOT *etc.* [~laıt] *n.* stop lambası, kuyruk lambası.

tai·lor ['teılə] **1.** *n.* terzi; **2.** *v/t.* (*elbise*) dikmek; **~-made** *adj.* terzi elinden çıkmış, iyi dikilmiş.

taint [teınt] **1.** *n.* leke; ayıp, kusur; çürüme, bozulma; **2.** *v/t. & v/i.* boz(ul)mak; lekelemek; MED bulaştırmak.

take [teık] **1.** (***took, taken***) *v/t.* almak; tutmak, yakalamak; esir etmek; MIL zaptetmek, almak; (*ödül*) kazanmak; kullanmak; yararlanmak; çalmak, aşırmak; götürmek; tuzağa düşürmek; *fig.* hoşuna gitmek, çekmek, sarmak; PHOT (*resim*) çekmek; kiralamak; (*çay v.b.*) içmek; yemek; kabul etmek; (*kazanç*) getirmek; (*sorumluluk v.b.*) üstlenmek, yüklenmek; seçmek; anlamak, kavramak; ***I ~ it that*** sanıyorum ki; ***~ it or leave it*** F ister al ister alma; ***~n all in all*** genel olarak, tamamen; ***be ~n*** ele geçirmek; ***be ~n ill*** *ya da* F ***bad*** hastalanmak; ***be ~n with*** *-den* hoşlanmak, etkilenmek; ***~ breath*** nefes almak; ***~ comfort*** avunmak; ***~ compassion on*** *-e* acımak; ***~ counsel*** danışmak; ***~ a drive*** araba ile gezmek; ***~ fire*** ateş almak, tutuşmak; ***~ in hand*** ele almak; avucunun içine almak; ***~ hold of*** tutmak, yakalamak; ***~ a look*** bakıvermek, göz atmak (***at*** *-e*); ***can I ~ a message?*** notunuzu alabilir miyim?; ***~ to pieces*** sökmek, parçalara ayırmak; ***~ pity on*** *-e* acımak; ***~ place*** meydana gelmek, olmak; **~ a risk** riske girmek; **~ a seat** oturmak; **~ a walk** yürüyüşe çıkmak; **~ my word for it** bana inanın, sizi temin ederim ki; **~ along** beraberinde götürmek; **~ apart** sökmek; **~ around** gezdirmek, dolaştırmak; **~ away** alıp götürmek; ... **to ~ away** *Brt.* (*yemek*) paketlenip eve götürülen; **~ down** yazmak, not etmek; sökmek; indirmek; **~ from** azaltmak; MATH çıkarmak; **~ in** içeri almak; (*elbise*) daraltmak; (*yelken*) sarmak; kapsamak; F aldatmak, faka bastırmak; **be ~n in** aldatılmak, faka basmak; **~ in lodgers** eve almak, konuk etmek; **~ off** (*elbise*) çıkarmak; (*tren, uçak v.b.*) seferden kaldırmak; (*fiyat*) indirmek; taklidini yapmak; **~ on** üstlenmek, yüklenmek; işe almak, tutmak; **~ out** çıkarmak; (diş) çekmek; **~ over** devralmak, *-in* yönetimini ele almak; **~ up** kaldırmak; (*yolcu*) almak; (*sıvı*) emmek; (*yer, zaman*) tutmak, almak; *v/i.* MED (*hastalığa*) yakalanmak; yola çıkmak, gitmek; F büyüleyici olmak; **~ after** *-e* benzemek; **~ off** yola çıkmak; AVIA havalanmak, kalkmak; **~ on** moda olmak, tutmak; **~ over** yönetimi ele almak; **~ to** *-e* başlamak; *-den* hoşlanmak; **~ to doing s.th.** bş yapmaya başlamak; **~ up with** *ile* arkadaş olmak; **2.** *n.* alma, alış; tutma, tutuş; HUNT bir seferlik av miktarı; *film*: çekim; **~·a·way** ['teıkəweı] **1.** *adj.* (*yemek*) paketlenip eve götürülebilen; **2.** *n.* hazır yemek dükkânı; **~-in** F [‿ın] *n.* aldatmaca, yutturmaca; **tak·en** [‿ən] *p.p. of* **take 1**; **~-off** [‿ɒf] *n.* AVIA havalanma, kalkış; F taklit, karikatür.

tak·ing ['teıkıŋ] **1.** □ F büyüleyici, çekici; **2.** *n.* alma, alış; MIL ele geçirme; F heyecan, telaş; **~s** *pl.* ECON kazanç, gelir.

tale [teıl] *n.* masal, hikâye, öykü; dedikodu; yalan, martaval; **tell ~s** dedikodu etmek; **it tells its own ~** kendi kendini açıklıyor, başka söze gerek yok; **~·bear·er** ['teılbeərə] *n.* dedikoducu kimse.

tal·ent ['tælənt] *n.* yetenek; **~·ed** *adj.* yetenekli.

talk [tɔːk] **1.** *n.* konuşma; söz, laf; görüşme; boş laf; dedikodu; **2.** *vb.* konuşmak; söylemek; görüşmek; dedikodu etmek; **~ to s.o.** *b-ni* azarlamak, paylamak; **~·a·tive** □ ['tɔːkətıv] konuşkan, çenesi düşük, geveze; **~·er** [‿ə] *n.* konuşmacı; geveze kimse; **~ show** *n.* TV: ünlülerin katıldığı sohbet programı; **~-show host** *n.* TV: böyle bir programın hazırlayıcısı.

tall [tɔːl] *adj.* uzun boylu; yüksek; F abartmalı; **that's a ~ order** F yerine getirilmesi güç bir istek.

tal·low ['tæləʊ] *n.* donyağı.

tal·ly ['tælı] **1.** *n.* ECON hesap; çetele; karşılık, denk; etiket, fiş; SPOR: sayı; **2.** *v/t. & v/i.* uy(dur)mak; hesap etmek, saymak.

tal·on ['tælən] *n.* pençe.

tame [teım] **1.** □ (**~r, ~st**) evcil, ehli; uysal, yumuşak başlı; tatsız, yavan; **2.** *v/t.* evcilleştirmek.

tam·per ['tæmpə]: **~ with** karıştırmak, kurcalamak; üzerinde oynamak, kalem oynatmak.

tam·pon MED ['tæmpən] *n.* tampon.

tan [tæn] **1.** *n.* güneş yanığı; **2.** *adj.* açık kahverengi; **3.** (**-nn-**) *v/t. & v/i.* esmerleş(tir)mek; (*deri*) tabaklamak.

tang [tæŋ] *n.* ağızda kalan tat; koku; madeni ses, tangırtı, çıngırtı.

tan·gent ['tændʒənt] *n.* MATH tanjant; **fly** *ya da* **go off at a ~** F daldan dala konmak.

tan·ge·rine BOT [tændʒə'riːn] *n.* mandalina.

tan·gi·ble □ ['tændʒəbl] dokunulabilir, elle tutulur; gerçek, somut.

tan·gle ['tæŋgl] **1.** *n.* karışıklık; *fig.* arapsaçı; düğüm; **2.** *v/t. & v/i.* karış(tır)mak, dolaş(tır)mak, arapsaçına çevirmek.

tank [tæŋk] **1.** *n.* MOT depo; MIL tank; havuz; sarnıç; **2.** *v/t.* **~ (up)** benzin almak, depoyu doldurmak.

tank·ard ['tæŋkəd] *n.* maşrapa.

tank·er ['tæŋkə] *n.* NAUT, MOT tanker; AVIA yakıt ikmal uçağı.

tan|ner ['tænə] *n.* sepici, tabak; **~·ne·ry** [‿rı] *n.* tabakhane.

tan·ta·lize ['tæntəlaız] *v/t.* gösterip vermemek, boşuna ümit vermek.

tan·ta·mount ['tæntəmaʊnt] *adj.* aynı, eşit (**to** *-e*).

tan·trum ['tæntrəm] *n.* öfke nöbeti.

tap [tæp] **1.** *n.* musluk; tapa, tıkaç; hafif vuruş; **on ~** fıçı (*birası*); **~s** *pl. Am.* MIL yat borusu; **2.** (**-pp-**) *v/t.* -*e* hafifçe vurmak; akıtmak; (*para, bilgi*) sızdırmak, koparmak; TELEPH gizlice dinlemek; **~-dance** ['tæpdɑːns] *n.* step dansı, ayakları yere vurarak yapılan bir dans.

tape [teɪp] **1.** *n.* şerit, bant, kurdele; metre şeridi; SPOR: varış ipi; TEL kâğıt şerit; *bilgisayar:* şerit; teyp *ya da* video bantı; *s.* ***red tape***; **2.** *v/t.* (*ses*) kaydetmek, banda almak; bantlamak, kurdele ile bağlamak; **~ cas·sette** *n.* kaset; **~ deck** *n.* kasetçalar; **~ li·bra·ry** *n.* bant arşivi; **~ meas·ure** *n.* mezura, metre şeridi.

ta·per ['teɪpə] **1.** *n.* ince mum; **2.** *adj.* gittikçe incelen, sivri uçlu; **3.** *v/t. & v/i. oft.* **~ *off*** gittikçe incel(t)mek, sivril(t)mek.

tape|-re·cord ['teɪprɪkɔːd] *v/t.* (*ses*) banda almak, kaydetmek; **~ re·corder** *n.* teyp; **~ re·cord·ing** *n.* teybe alma, kayıt.

ta·pes·try ['tæpɪstrɪ] *n.* goblen, resimli duvar örtüsü.

tape·worm ZO ['teɪpwɜːm] *n.* bağırsak kurdu, şerit, tenya.

tap·room ['tæprʊm] *n.* meyhane, bar.

tar [tɑː] **1.** *n.* katran; **2.** (**-rr-**) *v/t.* katranlamak.

tar·dy □ ['tɑːdɪ] (**-*ier*, -*iest***) yavaş, ağır; *Am.* geç kalmış, gecikmiş.

tare ECON [teə] *n.* dara.

tar·get ['tɑːgɪt] *n.* hedef (*a.* MIL); *fig.* eleştiriye hedef olan kimse; *fig.* amaç, gaye; **~ *area*** MIL hedef bölgesi; **~ *group*** ECON hedef grubu; **~ *language*** LING hedef alınan dil; **~ *practice*** atış talimi.

tar·iff ['tærɪf] *n.* tarife.

tar·nish ['tɑːnɪʃ] **1.** *v/t. & v/i.* MEC donuklaş(tır)mak, karar(t)mak; *fig.* (şerefini) lekelemek; **2.** *n.* donukluk, matlık.

tar·ry ['tɑːrɪ] (**-*ier*, -*iest***) *adj.* katranlı.

tart [tɑːt] **1.** □ ekşi, mayhoş; *fig.* sert, ters; **2.** *n. esp. Brt.* turta; *sl.* fahişe, orospu.

tar·tan ['tɑːtn] *n.* kareli ve yünlü İskoç kumaşı.

task [tɑːsk] **1.** *n.* görev, iş; ödev; ***take to* ~** azarlamak, paylamak; **2.** *v/t.* görevlendirmek; yüklemek; **~ force** *n.* NAUT, MIL geçici işbirliği.

tas·sel ['tæsl] *n.* püskül.

taste [teɪst] **1.** *n.* tat, lezzet, çeşni; tatma; azıcık miktar, tadımlık; zevk, beğeni (***for*** -*e karşı*); **2.** *v/t.* tatmak, tadına bakmak; *v/i.* tadı olmak; **~·ful** □ ['teɪstfl] lezzetli; *fig.* zevkli, zarif; **~·less** □ [~lɪs] lezzetsiz, tatsız; *fig.* zevksiz, yavan.

tast·y □ ['teɪstɪ] (**-*ier*, -*iest***) lezzetli, tatlı.

ta-ta F ['tæ'tɑː] *int.* hoşça kal; güle güle.

tat·ter ['tætə] *n.* paçavra.

tat·tle ['tætl] **1.** *v/i.* gevezelik etmek, boşboğazlık etmek; **2.** *n.* boşboğazlık.

tat·too [tə'tuː] **1.** (*pl.* **-*toos***) *n.* MIL koğuş borusu; dövme; **2.** *vb.* -*e* dövme yapmak; tıkır tıkır vurmak.

taught [tɔːt] *pret. & p.p. of* **teach.**

taunt [tɔːnt] **1.** *n.* alay; iğneli söz; **2.** *v/t.* alaya almak.

taut □ [tɔːt] gergin, sıkı.

tav·ern ['tævn] *n.* taverna; han.

taw·dry □ ['tɔːdrɪ] (**-*ier*, -*iest***) ucuz ve gösterişli, zevksiz, bayağı.

taw·ny ['tɔːnɪ] (**-*ier*, -*iest***) *adj.* sarımsı kahverengi, esmer.

tax [tæks] **1.** *n.* vergi; *fig.* yük, külfet (***on, upon*** -*e*); **2.** *vb.* vergi koymak, vergilendirmek; LEG mahkeme giderini saptamak; *fig.* -*e* yük olmak; **~ *s.o. with s.th.*** b-ni bşle suçlamak; **~·a·tion** [tæk'seɪʃn] *n.* vergilendirme; vergi; *esp.* LEG mahkeme gideri.

tax·i F ['tæksɪ] **1.** *n. a.* **~-*cab*** taksi; **2.** (**~*ing, taxying***) *v/i.* taksiyle gitmek; AVIA taksilemek, yerde ilerlemek; **~ driv·er** *n.* taksi şoförü; **~ rank**, *esp. Am.* **~ stand** *n.* taksi durağı.

tax|pay·er ['tækspeɪə] *n.* vergi mükellefi; **~ re·turn** *n.* vergi beyanı.

tea [tiː] *n.* çay; *s.* ***high tea***; **~·bag** ['tiːbæg] *n.* poşet çay.

teach [tiːtʃ] (***taught***) *v/t.* öğretmek; ders vermek, okutmak; **~·a·ble** ['tiːtʃəbl] *adj.* çabuk öğrenen; **~·er** [~ə] *n.* öğretmen; **~-in** [~ɪn] *n.* tartışma.

tea|-co·sy ['tiːkəʊzɪ] *n.* çaydanlık külahı; **~·cup** *n.* çay fincanı; ***storm in a* ~** *fig.* bir bardak suda fırtına; **~·ket·tle** *n.* çaydanlık.

team [tiːm] *n.* ekip, grup; tim; SPOR: takım; **~·ster** *Am.* ['tiːmstə] *n.* kamyon sürücüsü; **~·work** *n.* ekip çalışması.

tea·pot ['tiːpɒt] *n.* demlik.

tear[1] [teə] **1.** (***tore, torn***) *v/t.* & *v/i.* yırt(ıl)mak, kop(ar)mak, yar(ıl)mak; **2.** *n.* yırtık.
tear[2] [tıə] *n.* gözyaşı; ***in ~s*** ağlayan, gözleri yaşlı; **~·ful** ☐ ['tıəfl] ağlayan, gözleri yaşlı.
tea·room ['ti:rʊm] *n.* kafeterya.
tease [ti:z] *v/t.* rahat vermemek, kızdırmak; sataşmak, takılmak.
teat [ti:t] *n.* ZO, ANAT meme ucu.
tech·ni·cal ☐ ['teknıkl] teknik ...; bilimsel; *fig.* resmi; **~·i·ty** [teknı'kælətı] *n.* teknik ayrıntı.
tech·ni·cian [tek'nıʃn] *n.* teknisyen, tekniker.
tech·nique [tek'ni:k] *n.* teknik, yöntem, yol.
tech·nol·o·gy [tek'nɒlədʒı] *n.* teknoloji, uygulayımbilim.
ted·dy|bear ['tedıbeə] *n.* oyuncak ayı; **♀ boy** *n.* asi genç.
te·di·ous ☐ ['ti:djəs] usandırıcı, sıkıcı.
teem [ti:m] *v/i.* dolu olmak, kaynaşmak (***with*** *ile*); (*yağmur*) boşanmak.
teen|-age(d) ['ti:neıdʒ(d)] *adj.* gençlerle ilgili, genç ...; **~·ag·er** [~ə] *n.* genç, yeniyetme.
teens [ti:nz] *n. pl.* 13-19 arasındaki yaş, gençlik, yeniyetmelik; ***be in one's ~*** 13-19 yaşları arasında olmak, genç olmak.
tee·ny[1] F ['ti:nı] *n.* genç, yeniyetme; ***~-bopper*** F son moda ve pop müziğe düşkün genç kız.
tee·ny[2] F [~], *a.* **~-wee·ny** F [~'wi:nı] (***-ier, -iest***) *adj.* küçücük, mini mini.
tee shirt ['ti:ʃɜ:t] = ***T-shirt.***
teeth [ti:θ] *pl. of* ***tooth***; **~e** [ti:ð] *v/i.* diş çıkarmak.
tee·to·tal·(l)er [ti:'təʊtlə] *n.* içki içmeyen kimse, yeşilaycı.
tel·e·cast ['telıkɑ:st] **1.** *n.* televizyon yayını; **2.** (***-cast***) *v/t.* televizyonla yayınlamak.
tel·e·con·fe·rence [teli'kɒnfərəns] *n.* telekonferans.
tel·e·course ['telıkɔ:s] *n.* televizyonla öğretim.
tel·e·gram ['telıgræm] *n.* telgraf.
tel·e·graph ['telıgrɑ:f] **1.** *n.* telgraf; **2.** *v/i.* telgraf çekmek; **~·ic** [telı'græfık] (***~ally***) *adj.* telgrafla ilgili, telgraf ...
te·leg·ra·phy [tı'legrəfı] *n.* telgrafçılık.
tel·e·mar·ket·ing [teli'mɑ:kitıŋ] *n.* telepazarlama.
tel·e·phone ['telıfəʊn] **1.** *n.* telefon; **2.** *v/t.* *-e* telefon etmek; **~ booth**, **~ box** *n.* *Brt.* telefon kulübesi; **tel·e·phon·ic** [telı'fɒnık] (***~ally***) *adj.* telefonla ilgili, telefon ...; **~ ki·osk** *Brt.* = ***telephone booth***; **te·leph·o·ny** [tı'lefənı] *n.* telefonculuk.
tel·e·pho·to lens PHOT ['telı'fəʊtəʊ'lenz] *n.* teleobjektif.
tel·e·print·er ['telıprıntə] *n.* teleks.
tel·e·scope ['telıskəʊp] **1.** *n.* teleskop, ırakgörür; **2.** *v/t.* & *v/i.* iç içe geç(ir)mek.
tel·e·type·writ·er *Am.* [telı'taıpraıtə] *n.* teleks.
tel·e·vise ['telıvaız] *v/t.* televizyonla yayınlamak.
tel·e·vi·sion ['telıvıʒn] *n.* televizyon, uzagörüm; ***on ~*** televizyonda; ***watch ~*** televizyon seyretmek; *a.* ***~ set*** televizyon alıcısı.
tel·ex ['teleks] **1.** *n.* teleks, uzyazım; **2.** *v/i.* teleks çekmek.
tell [tel] (***told***) *v/t.* anlatmak; söyle mek, demek; bildirmek; ***~ s.o. to do s.th.*** b-ne bş yapmasını söylemek; ***~ off*** seçip ayırmak; F azarlamak; *v/i.* etkisini göstermek, etkili olmak; ***~ on s.o.*** *b-ni* gammazlamak, ispiyon etmek; ***you never can ~*** hiç belli olmaz; **~·er** *esp. Am.* ['telə] *n.* veznedar; **~·ing** ☐ [~ıŋ] etkili; **~·tale** ['telteıl] **1.** *n.* gammaz kimse, ispiyoncu; **2.** *adj. fig.* (*kabahat v.b.'ni*) belli eden, açığa vuran.
tel·ly *Brt.* F ['telı] *n.* televizyon, beyaz cam.
te·mer·i·ty [tı'merətı] *n.* delice cesaret, gözü peklik.
tem·per ['tempə] **1.** *v/t.* yumuşatmak, hafifletmek; MEC (*çelik*) su vermek, tavlamak; **2.** *n.* MEC tav; kıvam; huy, tabiat; öfke, terslik; ***keep one's ~*** kendini tutmak, öfkesini frenlemek; ***lose one's ~*** kendini kaybetmek, tepesi atmak.
tem·pe|ra·ment ['tempərəmənt] *n.* huy, yaradılış; **~·ra·men·tal** ☐ [tempərə'mentl] çabuk kızan, öfkesi burnunda; saati saatine uymayan; **~·rance** ['tempərəns] *n.* ölçülü olma, ılımlılık; içkiden kaçınma; **~·rate** ☐ [~rət] ölçülü, ılımlı; ılıman, ılık; **~·ra·ture** [~prətʃə] *n.* sıcaklık; MED ateş.

tem|pest ['tempıst] *n.* fırtına, bora; **~·pes·tu·ous** □ [tem'pestjəs] fırtınalı; şiddetli.
tem·ple ['templ] *n.* tapınak; ANAT şakak.
tem·po|ral □ ['tempərəl] geçici, süreksiz; **~·ra·ry** □ [~ərı] geçici, süreksiz, kalımsız; **~·rize** [~raız] *v/i.* zamana uymak.
tempt [tempt] *v/t.* baştan çıkarmak, ayartmak, kandırmak; cezbetmek, özendirmek; **temp·tation** [temp'teıʃn] *n.* baştan çıkarma, ayartma; günaha girme, şeytana uyma; **~·ing** □ ['temptıŋ] cezbedici, çekici.
ten [ten] *n. & adj.* on.
ten·a·ble ['tenəbl] *adj.* savunulabilir; elde tutulabilen.
te·na|cious □ [tı'neıʃəs] yapışkan; kuvvetli (*bellek*); ***be ~ of s.th.*** bşden vazgeçmemek, bşi tutturmak; **~·ci·ty** [tı'næsətı] *n.* yapışkanlık; vazgeçmeme, tutturma.
ten·ant ['tenənt] *n.* kiracı.
tend [tend] *v/i.* eğilim göstermek, meyletmek, yönelmek (***to** -e*); *v/t.* bakmak, göz kulak olmak; MEC kullanmak; **ten·den·cy** ['tendənsı] *n.* eğilim, meyil; doğal yetenek.
ten·der ['tendə] **1.** □ yumuşak, körpe, gevrek; kolay incinir, duyarlı; sevecen, şefkatli; nazik; **2.** *n.* teklif; ECON ihale; RAIL, NAUT tender, kömür vagonu; ***legal ~*** geçerli para; **3.** *v/t.* teklif etmek, sunmak; **~·foot** (*pl.* ***-foots, -feet***) *n.* *Am.* F acemi; muhallebi çocuğu; **~·loin** *n.* fileto; **~·ness** [~nıs] *n.* şefkat.
ten·don ANAT ['tendən] *n.* tendon, kiriş.
ten·dril BOT ['tendrıl] *n.* asma filizi, asma bıyığı.
ten·e·ment ['tenımənt] *n.* ev, konut; *a.* ***~ house*** çok kiracılı ucuz apartman.
ten·nis ['tenıs] *n.* tenis; **~ court** *n.* tenis kortu.
ten·or ['tenə] *n.* genel gidiş, akış; eğilim; MUS tenor.
tense [tens] **1.** *n.* GR zaman; **2.** □ (***~r, ~st***) gerili, gergin (*a. fig.*); sinirli; **tension** ['tenʃn] *n.* ger(il)me; gerginlik.
tent [tent] **1.** *n.* çadır; **2.** *v/i.* çadır kurmak, kamp kurmak.
ten·ta·cle ZO ['tentəkl] *n.* dokunaç.
ten·ta·tive □ ['tentətıv] deneme niteliğinde olan, deneme ...; ***~ly*** deneme türünden.
ten·ter·hooks *fig.* ['tentəhʊks]: ***be on ~*** endişe içinde olmak, diken üstünde olmak.
tenth [tenθ] **1.** *adj.* onuncu; **2.** *n.* ondalık; **~·ly** ['tenθlı] *adv.* onuncu olarak.
ten·u·ous □ ['tenjʊəs] ince, narin; *fig.* seyrek, az, hafif.
ten·ure ['tenjʊə] *n.* kullanım süresi; ***~ of office*** görev süresi.
tep·id □ ['tepıd] ılık.
term [tɜːm] **1.** *n.* süre; dönem, devre; vade; sömestr, yarıyıl; deyim, ifade; LEG toplantı devresi; ***~s*** *pl.* koşullar; kişisel ilişkiler; ***be on good (bad) ~s with*** *ile* arası iyi (kötü) olmak; ***they are not on speaking ~s*** birbirleriyle konuşmazlar, araları bozuktur; ***come to ~s*** anlaşmak, uzlaşmak; **2.** *v/t.* adlandırmak, demek.
ter·mi|nal ['tɜːmınl] **1.** □ uçta bulunan, uç, son ...; MED ölümcül, ölüm ...; ***~ly*** ölümcül derecede; **2.** *n.* uç, son; ELECT kutup; RAIL *etc.* terminal; *bilgisayar:* terminal; **~·nate** [~neıt] *v/t. & v/i.* bit(ir)mek, sona er(dir)mek; **~·nation** [tɜːmı'neıʃn] *n.* son, bit(ir)me; sonuç; GR sonek.
ter·mi·nus ['tɜːmınəs] (*pl.* ***-ni*** [-naı], ***-nuses***) *n.* uç, sınır, son; son istasyon.
ter·race ['terəs] *n.* teras, taraça; set; sıra evler; ***~d*** *adj.* teraslı ...; ***~d house*** *Brt.* = **~ house** *n. Brt.* sıra ev.
ter·res·tri·al □ [tı'restrıəl] karasal; dünyasal; *esp.* ZO, BOT karada yaşayan, kara ...
ter·ri·ble □ ['terəbl] korkunç, dehşetli; aşırı; berbat.
ter·rif·ic F [tə'rıfık] (***~ally***) *adj.* korkunç; müthiş, son derece; muazzam, olağanüstü.
ter·ri·fy ['terıfaı] *v/t.* korkutmak.
ter·ri·to|ri·al □ [terı'tɔːrıəl] kara ile ilgili, kara ...; **~·ry** ['terıtərı] *n.* toprak, arazi; bölge; ülke.
ter·ror ['terə] *n.* terör, yıldırma; korku, dehşet; **~·is·m** [~rızm] *n.* terörizm; **~·ist** [~rıst] *n.* terörist; **~·ize** [~raız] *v/t.* yıldırmak, korkutmak.
terse □ [tɜːs] (***~r, ~st***) kısa, özlü.
test [test] **1.** *n.* test, sınav; deneme, sınama; deney; ölçü, ayar; CHEM analiz, çözümleme; **2.** *v/t.* denemek, sınamak,

prova etmek; **3.** *adj.* test ...; deneme ...
tes·ta·ment ['testəmənt] *n.* ahit; ***last will and ~*** LEG vasiyet.
tes·ti·cle ANAT ['testıkl] *n.* testis, erbezi, taşak.
tes·ti·fy ['testıfaı] *v/t.* kanıtlamak; *-in* belirtisi olmak, açığa vurmak.
tes·ti·mo|ni·al [testı'məunjəl] *n.* bonservis; takdirname; **~·ny** ['testımənı] *n.* LEG tanıklık; ifade.
test tube ['testtju:b] **1.** *n.* CHEM deney tüpü; **2.** *adj.* MED tüp ...; **~ *baby*** tüp bebek.
tes·ty □ ['testı] (***-ier, -iest***) hırçın, huysuz, ters.
teth·er ['teðə] **1.** *n.* hayvanı bağlama ipi; *fig.* sınır, had; ***at the end of one's ~*** *fig.* artık dayanamayacak durumda, güç *ya da* sabrının son haddinde; **2.** *v/t.* iple bağlamak.
text [tekst] **1.** *n.* tekst, metin; konu; kısa mesaj; **2.** *v/t.* kısa mesaj göndermek; **~·book** ['tekstbuk] *n.* ders kitabı.
tex·tile ['tekstaıl] **1.** *adj.* dokumacılıkla ilgili, dokuma ..., tekstil ...; **2.** *n.* **~s** *pl.* mensucat.
text-mes·sage ['tekstmesıdʒ] *n.* kısa mesaj.
tex·ture ['tekstʃə] *n.* dokuma, dokunuş; yapı, bünye.
than [ðæn, ðən] *cj.* -den, -dan, -e göre.
thank [θæŋk] **1.** *v/t.* *-e* teşekkür etmek; *-e* şükretmek; **~ *you*** teşekkür ederim; ***no, ~ you*** hayır, teşekkür ederim; **(*yes,*) ~ *you*** evet, teşekkür ederim; **2.** *n.* **~s** *pl.* teşekkür; şükran; ***~s!*** Teşekkürler!, Sağol!; ***no, ~s*** hayır, sağol; ***~s to*** *-in* sayesinde; **~·ful** □ ['θæŋkfl] minnettar, memnun; **~·less** □ [-lıs] nankör; **~s·giv·ing** [-sgıvıŋ] *n. esp.* şükran duası; **♀ (*Day*)** *Am.* şükran yortusu.
that [ðæt, ðət] **1.** (*pl.* ***those*** [ðəuz]) *pron. & adj.* şu, o; **2.** *adv.* F o kadar; **~ *much*** şu kadar, o kadar; **3.** (*pl.* ***that***) *relative pron.* ki o, -diği, -dığı; **4.** *cj.* ki; -diğini, -dığını.
thatch [θætʃ] **1.** *n.* dam örtüsü olarak kullanılan saman *ya da* saz; **2.** *v/t.* (*dam v.b.*) sazla kaplamak.
thaw [θɔ:] **1.** *n.* erime, çözülme; **2.** *v/t. & v/i.* eri(t)mek.
the [ði:; *seslilerle:* ðı; *sessizlerle:* ðə] **1.** *determiner, definite article* (*belirtme edadı*) bu, şu, o **2.** *adv.* **~ ... ~ ...** ne kadar ... o kadar ...; *s.* ***sooner.***
the·a·tre, *Am.* **-ter** ['θıətə] *n.* tiyatro; *fig.* olay yeri, sahne; **the·at·ri·cal** □ [θı'ætrıkl] tiyatro ile ilgili; *fig.* yapmacık.
thee *İncil ya da poet.* [ði:] *pron.* seni, sana.
theft [θeft] *n.* hırsızlık.
their [ðeə] *adj.* onların; **~s** [-z] *pron.* onların; onlarınki.
them [ðem, ðəm] *pron.* onları, onlara.
theme [θi:m] *n.* konu, tema.
them·selves [ðəm'selvz] *pron.* kendileri, kendilerini, kendilerine.
then [ðen] **1.** *adv.* o zaman; sonra, daha sonra; demek, demek ki; öyleyse, şu halde; ***by ~*** o zamana dek; ***every now and ~*** bazen, arada bir; ***there and ~*** derhal, hemen; ***now ~*** şu halde, **2.** *attr. adj.* o zamanın ...
thence *lit.* [ðens] *adv.* oradan; o zamandan; bu yüzden.
the·o·lo·gian [θıə'ləudʒjən] *n.* teolog, tanrıbilimci; **the·ol·o·gy** [θı'ɒlədʒı] *n.* teoloji, tanrıbilim.
the·o|ret·ic [θıə'retık] (***~ally***), **~·ret·i·cal** □ [-kl] teorik, kuramsal; **~·ry** ['θıərı] *n.* teori, kuram.
ther·a|peu·tic [θerə'pju:tık] **1.** (***~ally***) *adj.* terapi ile ilgili; **2.** *n.* **~s** *mst. sg.* terapi; **~·py** ['θerəpı] *n.* terapi, tedavi, iyileştirme, sağaltım.
there [ðeə] *adv.* orada; oraya; *int.* İşte!; **~ *is***, *pl.* **~ *are*** vardır; **~·a·bout(s)** ['ðeərəbaut(s)] *adv.* oralarda, o civarda; o sıralarda; **~·aft·er** [ðeər'ɑ:ftə] *adv.* ondan sonra; **~·by** ['ðeə'baı] *adv.* o suretle; **~·fore** ['ðeəfɔ:] *adv.* bu nedenle, onun için, bu yüzden; **~·up·on** [ðeərə'pɒn] *adv.* onun üzerin(d)e; bu nedenle; **~·with** [ðeə'wıð] *adv.* onunla, bununla.
ther·mal ['θɜ:ml] **1.** □ termal ...; PHYS ısı ile ilgili, ısı ...; **2.** *n.* yükselen sıcak hava kitlesi.
ther·mom·e·ter [θə'mɒmıtə] *n.* termometre, sıcaklıkölçer.
these [ði:z] *pl. of* ***this.***
the·sis ['θi:sıs] (*pl.* ***-ses*** [-si:z]) *n.* tez; sav, iddia.
they [ðeı] *pron.* onlar.
thick [θık] **1.** □ kalın; sık (*saç*); yoğun (*sis*); sisli, dumanlı (*hava*); koyu (*çor-*

T

ba v.b.); boğuk (*ses*); F kalın kafalı; ~ ***with*** *ile* dolu; ***that's a bit ~!*** *sl.* Bu kadarı da fazla!; **2.** *n.* en kalabalık yer; *fig.* en civcivli an; ***in the ~ of*** *-in* en civcivli anında; **~·en** ['θıkən] *v/t. & v/i.* kalınlaş(tır)mak; koyulaş(tır)mak; yoğunlaş(tır)mak; **~et** [-ıt] *n.* çalılık, ağaçlık; **~-head·ed** *adj.* kalın kafalı; **~·ness** [-nıs] *n.* kalınlık; sıklık; koyuluk; yoğunluk; **~·set** *adj.* sık dikilmiş (*bitkiler*); tıknaz; **~skinned** *adj. fig.* vurdumduymaz, duygusuz.

thief [θi:f] (*pl.* ***thieves*** [θi:vz]) *n.* hırsız;

thieve [θi:v] *v/i.* hırsızlık yapmak; *v/t.* çalmak.

thigh ANAT [θaı] *n.* uyluk.

thim·ble ['θımbl] *n.* yüksük.

thin [θın] **1.** □ (**-nn-**) ince; zayıf, cılız; seyrek; sulu (*çorba v.b.*); soğuk (*espri*); *fig.* sudan (*bahane*); **2.** (**-nn-**) *v/t. & v/i.* incel(t)mek; zayıfla(t)mak; seyrekleş(tir)mek.

thine *İncil ya da poet.* [ðaın] *pron.* senin; seninki.

thing [θıŋ] *n.* şey, nesne; konu; madde; yaratık; olay; **~s** *pl.* eşya; olaylar; ***the ~*** moda olan şey; doğru şey.

think [θıŋk] (***thought***) *v/i.* düşünmek (***of*** *-i*); düşünüp taşınmak; hatırlamak; ***~ of*** ciddi olarak düşünmek; ... hakkında düşünmek; hatırlamak; *v/t.* *-i* düşünmek; sanmak; tasarlamak; addetmek, saymak; ummak; ***~ s.th. over*** bş üzerinde düşünmek.

third [θɜ:d] **1.** □ üçüncü; **2.** *n.* üçte bir kısım; **~·ly** ['θɜ:dlı] *adv.* üçüncü olarak; **~-rate** [-'reıt] *adj.* kalitesiz, adi.

thirst [θɜ:st] *n.* susuzluk; **~·y** □ ['θɜ:stı] (***-ier, -iest***) susamış; kurak (*arazi*); ***be ~*** susamak.

thir|teen ['θɜ:'ti:n] *n. & adj.* on üç; **~·teenth** [-i:nθ] *adj.* on üçüncü; **~·tieth** ['θɜ:tııθ] *adj.* otuzuncu; **~·ty** ['θɜ:tı] *n. & adj.* otuz.

this [ðıs] (*pl.* ***these*** [ði:z]) *adj. & pron.* bu; ***~ morning*** bu sabah; ***~ is John speaking*** TELEPH ben John.

this·tle BOT ['θısl] *n.* devedikeni.

thong [θɒŋ] *n.* sırım.

thorn [θɔ:n] *n.* diken; **~·y** ['θɔ:nı] (***-ier, -iest***) *adj.* dikenli; *fig.* güçlüklerle dolu, sıkıntılı.

thor·ough □ ['θʌrə] tam, bütün; su katılmadık, yaman; dikkatli, titiz; **~·bred** *n.* safkan hayvan; *attr.* safkan ...; **~·fare** *n.* işlek cadde; ***no ~!*** Girilmez!; **~·go·ing** *adj.* tam, adamakıllı, yaman.

those [ðəʊz] *pl. of* ***that 1.***

thou *İncil ya da poet.* [ðaʊ] *pron.* sen.

though [ðəʊ] *cj.* *-e* karşın, *-diği* halde; ***as ~*** -miş gibi, sanki, güya.

thought [θɔ:t] **1.** *pret. & p.p. of* ***think***; **2.** *n.* düşünme; düşünce, fikir, görüş, kanı; ***on second ~s*** yeniden düşününce; **~·ful** □ ['θɔ:tfl] düşünceli, dalgın; saygılı; dikkatli; **~·less** □ [-lıs] düşüncesiz, saygısız; dikkatsiz; bencil.

thou·sand ['θaʊzənd] *n. & adj.* bin; **~th** [-ntθ] **1.** *adj.* bininci; **2.** *n.* binde bir kısım.

thrash [θræʃ] *v/t.* dövmek, dayak atmak; SPOR: yenmek; ***~ about, ~ around*** çırpınmak, çırpınıp durmak; ***~ out*** *fig.* görüşüp karara bağlamak; **~·ing** ['θræʃıŋ] *n.* dayak; yenilgi, bozgun.

thread [θred] **1.** *n.* iplik; lif, tel; *fig.* silsile; MEC yiv; **2.** *v/t.* iplik geçirmek; ipliğe dizmek; *fig.* yol bulup geçmek; **~·bare** ['θredbeə] *adj.* eskimiş, yıpranmış; *fig.* bayatlamış (*espri*).

threat [θret] *n.* tehdit, gözdağı; **~·en** ['θretn] *v/t.* tehdit etmek; gözdağı vermek, korkutmak; **~·en·ing** [-nıŋ] *adj.* tehdit edici.

three [θri:] *n. & adj.* üç; **~·fold** ['θri:fəʊld] *adv.* üç misli, üç katı; **~·pence** ['θrepəns] *n.* üç peni; **~·score** ['θri:'skɔ:] *n. & adj.* altmış.

thresh AGR [θreʃ] *v/t.* (*harman*) dövmek; **~·er** ['θreʃə] *n.* harmancı; harman dövme makinesi; **~·ing** [-ıŋ] *n.* harman dövme; **~·ingma·chine** *n.* harman dövme makinesi.

thresh·old ['θreʃhəʊld] *n.* eşik.

threw [θru:] *pret. of* ***throw 1.***

thrice *lit.* [θraıs] *adv.* üç kez.

thrift [θrıft] *n.* tutum, ekonomi, idare; **~·less** □ ['θrıftlıs] savurgan; **~·y** □ [-ı] (***-ier, -iest***) tutumlu, idareli; *poet.* gelişen.

thrill [θrıl] **1.** *v/t. & v/i.* heyecanlan(dır)mak; titremek; **2.** *n.* heyecan; titreme; **~·er** ['θrılə] *n.* heyecanlı kitap, oyun *ya da* film; **~·ing** [-ıŋ] *adj.* heyecanlı, heyecan verici.

thrive [θraıv] (***thrived*** *ya da* ***throve, thrived*** *ya da* ***thriven***) *v/i.* gelişmek,

T

iyiye gitmek; *fig.* refaha ermek, büyümek; **~n** ['θrɪvn] *p.p. of* ***thrive.***

throat [θrəʊt] *n.* boğaz; gırtlak; ***clear one's ~*** hafifçe öksürmek, "öhö öhö" demek.

throb [θrɒb] **1.** (***-bb-***) *v/i.* (*kalp, nabız*) atmak, çarpmak; (baş) zonklamak; titremek; **2.** *n.* nabız atması; kalp çarpıntısı.

throm·bo·sis MED [θrɒm'bəʊsɪs] (*pl.* ***-ses*** [-si:z]) *n.* tromboz.

throne [θrəʊn] *n.* taht.

throng [θrɒŋ] **1.** *n.* kalabalık, izdiham; **2.** *vb.* ağzına kadar doldurmak; üşüşmek, akın etmek.

thros·tle ZO ['θrɒsl] *n.* ardıçkuşu.

throt·tle ['θrɒtl] **1.** *v/t.* boğmak; ***~ back, ~ down*** MOT, MEC gaz kesmek; **2.** *n. a.* ***~-valve*** MOT, MEC gaz kesme supabı, kelebek.

through [θru:] **1.** *prp.* içinden, arasından, -den geçerek, -den; ... yüzünden; vasıtasıyla, sayesinde; *Am.* başından sonuna kadar; ***Monday ~ Friday*** *Am.* pazartesinden cumaya kadar; **2.** *adj.* direkt (*yol*); aktarmasız, ekspres (*tren*); ***~ car*** *Am.*, ***~ carriage, ~ coach*** *Brt.* RAIL aktarmasız vagon; ***~ flight*** AVIA direkt uçuş; ***~ travel(l)er*** transit yolcu; **~·out** [θru:'aʊt] **1.** *prp.* *-in* her yanında; süresince, boyunca; **2.** *adv.* baştan başa; **~·put** *n.* ECON *bilgisayar:* toplam üretim.

throve [θrəʊ] *pret. of* ***thrive.***

throw [θrəʊ] **1.** (***threw, thrown***) *v/t.* atmak, fırlatmak; (*at*) üstünden atmak; *Am.* yere düşürmek, devirmek; MEC (*ipek*) büküp ibrişim yapmak; ***~ over*** *fig.* terketmek, yüzüstü bırakmak; vazgeçmek; ***~ up*** havaya atmak; (işini) bırakmak; *fig.* (*büyük adam*) yetiştirmek; **2.** *n.* atma, atış; **~·a·way** ['θrəʊəweɪ] **1.** *n.* el ilanı; **2.** *adj.* kullandıktan sonra atılan; **~n** [θrəʊn] *p.p. of* ***throw 1.***

thru *Am.* [θru:] = ***through.***

thrum [θrʌm] (***-mm-***) *v/t.* (*çalgı*) tıngırdatmak.

thrush ZO [θrʌʃ] *n.* ardıçkuşu.

thrust [θrʌst] **1.** *n.* itiş, kakış, dürtüş; MEC itme kuvveti; **2.** (***thrust***) *v/t.* itmek, dürtmek; saplamak, batırmak; ***~ o.s. into*** *-e* davetsiz girmek; ***~ upon s.o.*** *b-ne* zorla kabul ettirmek.

thud [θʌd] **1.** (***-dd-***) *v/i.* güm diye ses çıkarmak; **2.** *n.* gümbürtü.

thug [θʌg] *n.* haydut, eşkiya, cani.

thumb [θʌm] **1.** *n.* başparmak; **2.** *vb.* ***~ a lift*** *ya da* ***ride*** otostop yapmak; ***~ through a book*** kitaba şöyle bir göz atmak; ***well-~ed*** sayfaları aşınmış (*kitap*); **~·tack** *Am.* ['θʌmtæk] *n.* raptiye.

thump [θʌmp] **1.** *n.* yumruk; yumruk sesi; **2.** *v/t.* güm güm vurmak, yumruklamak; *v/i.* (*kalp*) küt küt atmak.

thun·der ['θʌndə] **1.** *n.* gök gürlemesi; **2.** *v/i.* gürlemek, gümbürdemek; **~·bolt** *n.* yıldırım; **~·clap** *n.* gök gürlemesi; **~·ous** □ [~rəs] gürleyen; **~·storm** *n.* gök gürültülü yağmur fırtınası; **~·struck** *adj. fig.* afallamış, yıldırımla vurulmuşa dönmüş.

Thurs·day ['θɜ:zdɪ] *n.* perşembe.

thus [ðʌs] *adv.* böylece; bu nedenle.

thwart [θwɔ:t] **1.** *v/t.* (işini v.b.) bozmak, engellemek; **2.** *n.* kürekçinin oturduğu tahta, oturak.

thy *poet.* [ðaɪ] *adj.* senin.

tick[1] ZO [tɪk] *n.* kene.

tick[2] [~] **1.** *n.* tıkırtı; saatin tik tak sesi; kontrol işareti; **2.** *v/i.* tıkırdamak; (*saat*) tik tak etmek; *v/t.* işaretle kontrol etmek; ***~ off*** işaret koymak.

tick[3] [~] *n.* (*yastık v.b.*) kılıf.

tick·er tape ['tɪkəteɪp] *n.* renkli kağıt şerit; ***~ parade*** *esp. Am.* (*bu tür şeritlerin renklendirdiği*) görkemli karşılama tören geçidi.

tick·et ['tɪkɪt] **1.** *n.* bilet; etiket; makbuz; MOT para cezası; *esp. Am.* POL aday listesi; **2.** *v/t.* etiketlemek; **~-can·cel(l)·ing ma·chine** *n.* bilet iptal makinesi; **~ col·lec·tor** *n.* RAIL biletçi; **(au·to·mat·ic) ~ ma·chine** *n.* otomatik bilet makinesi; **~ of·fice** *n.* RAIL, THEA gişe.

tick|le ['tɪkl] *v/t. & v/i.* gıdıkla(n)mak; *fig.* eğlendirmek; **~·lish** □ [~ɪʃ] gıdıklanır; *fig.* tehlikeli, nazik (*durum v.b.*).

T

tid·al ['taɪdl]: ***~ wave*** met dalgası.

tid·bit *Am.* ['tɪdbɪt] = ***titbit.***

tide [taɪd] **1.** *n.* gelgit; akıntı, cereyan; zaman; mevsim; *fig.* gidiş, akış, eğilim; ***high ~*** cezir; ***low ~*** met; **2.** *vb.* ***~ over*** *fig.* (*krizi*) atlatmak; (*kışı*) çıkarmak.

ti·dy ['taɪdɪ] **1.** □ (***-ier, -iest***) düzenli, derli toplu, tertipli; üstü başı temiz;

F oldukça çok, epey (*para*); **2.** *n.* kap; **3.** *v/t.* *a.* **~ up** derleyip toplamak, düzeltmek, çekidüzen vermek.

tie [taı] **1.** *n.* bağ, düğüm; kravat, boyunbağı; *fig.* ilişki, bağ; SPOR: beraberlik; PARL oy eşitliği; *Am.* RAIL travers; **2.** *v/t.* bağlamak, düğümlemek; *v/i.* SPOR: berabere kalmak; **~ *down*** *fig.* bağlamak (***to*** *-e*); **~ *in with*** *ile* yakın ilgisi olmak; **~ *up*** (*para*) bağlamak; arasında bağlantı kurmak; (*trafik*) durdurmak, tıkamak; **~-in** ECON ['taıın] *n.* bağlantı, ilişki.

tier [tıə] *n.* sıra, dizi.

tie-up ['taıʌp] *n.* bağ, bağlantı; ECON ortaklık; *esp.* *Am.* işin durması.

ti·ger ZO ['taıgə] *n.* kaplan.

tight [taıt] **1.** □ sıkı; dar; gergin; (*su v.b.*) sızdırmaz, geçirmez; sık; kesat; F cimri, eli sıkı; F sarhoş; ***be in a ~ corner*** *ya da* ***place*** *ya da* F ***spot*** *fig.* güç durumda olmak, kuyruğu sıkışmak; **2.** *adv.* sıkıca, sımsıkı; ***hold ~*** sıkıca tutmak; **~·en** ['taıtn] *v/t.* & *v/i.* sıkış(tır)mak; ger(ginleş)mek; *a.* **~ *up*** *fig.* sertleş(tir)mek; **~-fist·ed** *adj.* cimri, eli sıkı; **~·ness** [~nıs] *n.* sıkılık, gerginlik; su *v.b.* geçirmezlik; eli sıkılık; **~s** [taıts] *n.* *pl.* dar cambaz pantolonu; *esp.* *Brt.* külotlu çorap.

ti·gress ZO ['taıgrıs] *n.* dişi kaplan.

tile [taıl] **1.** *n.* kiremit; fayans; çini; **2.** *v/t.* *-e* kiremit kaplamak.

till[1] [tıl] *n.* para çekmecesi, kasa.

till[2] [~] **1.** *prp.* *-e* kadar; **2.** *cj.* *-inceye* kadar.

till[3] AGR [~] *v/t.* (*toprağı*) işlemek; **~·age** ['tılıdʒ] *n.* toprağı işleme, tarım, çiftçilik.

tilt [tılt] **1.** *n.* eğiklik, eğrilik; eğim; **2.** *v/t.* & *v/i.* eğ(il)mek.

tim·ber ['tımbə] **1.** *n.* kereste; kerestelik orman; NAUT gemi kaburgası; **2.** *v/t.* kereste ile kaplamak.

time [taım] **1.** *n.* zaman, vakit; süre; devir, çağ; an, esna; saat; MUS tempo; **~s** *pl.* kere, kez, defa; **~ *is up*** zaman doldu; ***for the ~ being*** şimdilik; ***have a good ~*** iyi vakit geçirmek, eğlenmek; ***what's the ~?, what ~ is it?*** saat kaç?; **~ *and again*** tekrar tekrar, defalarca; ***all the ~*** boyuna, hep; ***at a ~*** aynı zamanda, aynı anda; ***at any ~, at all ~s*** ne zaman olursa; ***at the same ~*** aynı zamanda; ***in ~*** zamanında; ***in no ~*** bir an evvel; ***on ~*** tam zamanında; **2.** *v/t.* ayarlamak; uydurmak; ölçmek; SPOR: *-e* saat tutmak; **~ card** *n.* fabrika çalışma kartı; **~ clock** *n.* memurların geliş gidişlerini kaydeden saat; **~-hon·o(u)red** ['taımɒnəd] *adj.* eski, yerleşmiş (*gelenek*); **~·ly** [~lı] (**-*ier*, -*iest***) *adj.* yerinde olan, uygun; vakitli; **~·piece** *n.* saat; kronometre; **~ sheet** *n.* fabrika çalışma kartı; **~ sig·nal** *n.* *radyo*, TV: saat ayarı; **~·ta·ble** *n.* tarife; ders programı.

tim|id □ ['tımıd], **~·or·ous** □ [~ərəs] utangaç, sıkılgan, çekingen, ürkek.

tin [tın] **1.** *n.* teneke; kalay; *esp.* *Brt.* konserve kutusu; **2.** (**-*nn*-**) *v/t.* kalaylamak; *esp.* *Brt.* teneke kutulara koymak.

tinc·ture ['tıŋktʃə] **1.** *n.* boya; hafif renk; *fig.* sahte tavır; **2.** *v/t.* hafifçe boyamak.

tin·foil ['tın'fɔıl] *n.* kalay yaprağı, stanyol.

tinge [tındʒ] **1.** *n.* boya; hafif renk; *fig.* az miktar, nebze; iz; **2.** *v/t.* hafifçe boyamak; *fig.* hafifçe etkilemek.

tin·gle ['tıŋgl] *v/i.* sızlamak; karıncalanmak; (*kulak*) çınlamak.

tink·er ['tıŋkə] *vb.* acemice onarmak. (***at*** *-i*).

tin·kle ['tıŋkl] *v/t.* & *v/i.* çıngırda(t)mak, çınla(t)mak.

tin| o·pen·er *esp.* *Brt.* ['tınəʊpnə] *n.* konserve açacağı; **~ plate** *n.* demir levha, saç.

tin·sel ['tınsl] *n.* gelin teli; *fig.* aldatıcı parlaklık.

tint [tınt] **1.** *n.* hafif renk; renk tonu; **2.** *v/t.* hafifçe boyamak.

ti·ny □ ['taını] (**-*ier*, -*iest***) küçücük, minicik, ufak tefek.

tip [tıp] **1.** *n.* uç, burun; ağızlık; bahşiş; tavsiye; tiyo; *Brt.* çöplük; **2.** (**-*pp*-**) *v/t.* & *v/i.* eğ(il)mek; devirmek; devrilmek; dökmek, boşaltmak; hafifçe vurmak; bahşiş vermek; *a.* **~ *off*** tiyo vermek.

tip·sy □ ['tıpsı] (**-*ier*, -*iest***) çakırkeyf.

tip·toe ['tıptəʊ] **1.** *v/i.* ayaklarının ucuna basa basa yürümek; **2.** *n.* ***on ~*** ayaklarının ucuna basa basa.

tire[1] *Am.* ['taıə] = ***tyre.***

tire[2] [~] *v/t.* & *v/i.* yor(ul)mak;

bık(tır)mak; **~d** □ yorgun; bıkmış, usanmış; **~·less** □ ['taɪəlɪs] yorulmak bilmez; bitmez tükenmez; **~·some** □ [-səm] yorucu; sıkıcı.
tis·sue ['tɪʃuː] *n.* doku; kâğıt mendil; ince kumaş; = **~ pa·per** *n.* ince kâğıt, ipek kâğıt.
tit[1] [tɪt] = ***teat.***
tit[2] zo [-] *n.* baştankara.
tit·bit *esp. Brt.* ['tɪtbɪt] *n.* lezzetli lokma.
tit·il·late ['tɪtɪleɪt] *v/t.* gıdıklamak, gıcıklamak.
ti·tle ['taɪtl] *n.* başlık, ad; unvan; hak; LEG senet, tapu; **~d** *adj.* asil, asılzade.
tit·mouse zo ['tɪtmaʊs] (*pl.* ***-mice***) *n.* baştankara.
tit·ter ['tɪtə] **1.** *v/i.* kıkır kıkır gülmek; **2.** *n.* kıkırdama.
tit·tle ['tɪtl]: ***not one*** *ya da* ***a ~ of it*** azıcık bile değil; **~-tat·tle** [-tætl] *n.* dedikodu.
to [tuː, tʊ, tə] **1.** *prp.* -e, -a, -ye, -ya; *-e* kadar; -mek, -mak; *-e* göre; *-e* karşı; *-mek* için; ***a quarter ~ one*** bire çeyrek var; ***from Monday ~ Friday*** *Brt.* pazartesiden cumaya kadar; ***~ me*** bana; ***I weep ~ think of it*** onu düşününce ağlarım; ***here's ~ you!*** Şerefine!, Sağlığına!; **2.** *adv.* istenilen duruma; ***pull ~*** (*kapı*) kapatmak; ***come ~*** kendine gelmek; ***~ and fro*** öteye beriye, öne arkaya.
toad zo [təʊd] *n.* karakurbağası; **~·stool** BOT ['təʊdstuːl] *n.* zehirli mantar; **~·y** [-ɪ] **1.** *n.* dalkavuk, yağcı; **2.** *v/i.* *fig.* dalkavukluk etmek, yağ çekmek.
toast [təʊst] **1.** *n.* kızartılmış ekmek; sağlığına kadeh kaldırma; **2.** *v/t.* (*ekmek v.b.*) kızartmak; *fig.* ısıtmak; *-in* sağlığına içmek.
to·bac·co [tə'bækəʊ] (*pl.* ***-cos***) *n.* tütün; **~·nist** [-ənɪst] *n.* tütüncü.
to·bog·gan [tə'bɒgən] **1.** *n.* kızak; **2.** *v/i.* kızakla kaymak.
to·day [tə'deɪ] *adv.* bugün.
tod·dle ['tɒdl] *v/i.* tıpış tıpış yürümek; F gitmek.
tod·dy ['tɒdɪ] *n.* sıcak suyla karıştırılmış içki.
to-do F [tə'duː] *n.* gürültü, patırtı, kıyamet.
toe [təʊ] **1.** *n.* ANAT ayak parmağı; (*çorap, ayakkabı*) uç, burun; **2.** *v/t.* ayak parmaklarıyla vurmak.
tof|fee, *a.* **~·fy** ['tɒfɪ] *n.* bonbon, şekerleme.
to·geth·er [tə'geðə] *adv.* birlikte, beraberce; ara vermeden, aralıksız.
toil [tɔɪl] **1.** *n.* emek, zahmet, didinme; **2.** *v/i.* zahmet çekmek, didinmek.
toi·let ['tɔɪlɪt] *n.* tuvalet; **~-pa·per** *n.* tuvalet kâğıdı.
toils *fig.* [tɔɪlz] *n. pl.* tuzak, ağ.
to·ken ['təʊkən] *n.* belirti, işaret, iz; sembol, simge; hatıra, andaç; jeton; ***as a ~, in ~ of*** *-in* belirtisi olarak.
told [təʊld] *pret. & p.p. of* ***tell.***
tol·e|ra·ble □ ['tɒlərəbl] hoşgörülebilir, katlanılır, çekilir; **~·rance** [-ns] *n.* tolerans, hoşgörü; **~·rant** □ [-t] toleranslı, hoşgörülü, sabırlı (***of*** *-e karşı*); **~·rate** [-eɪt] *v/t.* hoş görmek; katlanmak, dayanmak; **~·ra·tion** [tɒlə'reɪʃn] *n.* hoşgörü.
toll [təʊl] **1.** *n.* geçiş ücreti; giriş ücreti; şehirlerarası telefon ücreti; *fig.* haraç; ***the ~ of the road*** trafik kazalarında ölen *ya da* yaralananlar; **2.** *v/t. & v/i.* (*çan v.b.*) çalmak; **~·bar** ['təʊlbɑː], **~·gate** *n.* paralı yol *ya da* köprü girişi.
to·ma·to BOT [tə'mɑːtəʊ, *Am.* tə'meɪtəʊ] (*pl.* ***-toes***) *n.* domates.
tomb [tuːm] *n.* mezar, kabir; türbe.
tom·boy ['tɒmbɔɪ] *n.* F erkek tavirlı kız, erkek Fatma.
tomb·stone ['tuːmstəʊn] *n.* mezar taşı.
tom-cat zo ['tɒm'kæt] *n.* erkek kedi.
tom·fool·e·ry [tɒm'fuːlərɪ] *n.* aptallık; aptalca davranış.
to·mor·row [tə'mɒrəʊ] *n. & adv.* yarın.
ton [tʌn] *n.* ton.
tone [təʊn] **1.** *n.* ses; ses perdesi; renk tonu; MUS ton; **2.** *v/t.* *-e* belli bir özellik vermek; ***~ down*** tonunu hafifletmek, yumuşatmak.
tongs [tɒŋz] *n. pl.* (***a pair of ~*** bir) maşa.
tongue [tʌŋ] *n.* ANAT dil; lisan, dil; konuşma tarzı; ***hold one's ~*** çenesini tutmak, susmak; **~-tied** *fig.* ['tʌŋtaɪd] *adj.* dili tutulmuş.
ton·ic ['tɒnɪk] **1.** (***~ally***) *adj.* ses ile ilgili; kuvvet verici; **2.** *n.* MUS ana nota; kuvvet ilacı, tonik.
to·night [tə'naɪt] *n. & adv.* bu gece; bu akşam.
ton·nage NAUT ['tʌnɪdʒ] *n.* tonaj.
ton·sil ANAT ['tɒnsl] *n.* bademcik; **~·litis**

MED [tɒnsɪ'laɪtɪs] *n.* bademcik yangısı.
too [tuː] *adv.* dahi, de, da, üstelik; çok, pek, fazla.
took [tʊk] *pret. of* ***take 1.***
tool [tuːl] *n.* alet (*a. fig.*); **~-bag** ['tuːlbæg] *n.* takım çantası; **~-box** *n.* takım kutusu; **~-kit** *n.* takım çantası.
toot [tuːt] **1.** *v/t.* (*korna v.b.*) çalmak; **2.** *n.* düdük sesi.
tooth [tuːθ] (*pl.* ***teeth*** [tiːθ]) *n.* diş; **~·ache** ['tuːθeɪk] *n.* diş ağrısı; **~·brush** *n.* diş fırçası; **~·less** □ [~lɪs] dişsiz; **~·paste** *n.* diş macunu; **~·pick** *n.* kürdan.
top[1] [tɒp] **1.** *n.* tepe, üst; doruk; *fig.* en yüksek nokta; MOT kaput; ***at the ~ of one's voice*** avazı çıktığı kadar, bar bar; ***on ~*** tepede, üstte; ***on ~ of*** *-in* tepesinde; üstelik, bir de; **2.** *adj.* en yüksek ..., en üst ...; birinci sınıf; **3.** (**-pp-**) *v/t.* *-in* tepesine çıkmak; aşmak, geçmek; *-in* tepesinde olmak; ***~ up*** doldurmak; ***~ s.o. up*** *b-ne* içki koymak, bardağını doldurmak.
top[2] [~] *n.* topaç.
top| boots ['tɒp'buːts] *n. pl.* uzun çizme; **~ hat** *n.* silindir şapka.
top·ic ['tɒpɪk] *n.* konu, mesele; **~·al** □ [~l] güncel, aktüel.
top|less ['tɒplɪs] *adj.* üstsüz; **~·most** *adj.* en üstteki, en tepedeki.
top·ple ['tɒpl]: *mst.* ***~ down, ~ over*** düş(ür)mek, yık(ıl)mak; devirmek; devrilmek.
top·sy-tur·vy □ ['tɒpsɪ'tɜːvɪ] altüst, karmakarışık.
torch [tɔːtʃ] *n.* meşale; *a.* ***electric ~*** *esp. Brt.* cep feneri; **~·light** ['tɔːtʃlaɪt] *n.* meşale ışığı; ***~ procession*** fener alayı.
tore [tɔː] *pret. of* ***tear***[1] ***1.***
tor·ment 1. ['tɔːment] *n.* işkence, eziyet, azap, dert; **2.** [tɔː'ment] *v/t.* işkence etmek, eziyet etmek; canından bezdirmek.
torn [tɔːn] *p.p. of* ***tear***[1] ***1.***
tor·na·do [tɔː'neɪdəʊ] (*pl.* ***-does, -dos***) *n.* kasırga, hortum.
tor·pe·do [tɔː'piːdəʊ] (*pl.* ***-does***) **1.** *n.* torpil; **2.** *v/t.* NAUT torpillemek; *fig.* baltalamak.
tor·pid □ ['tɔːpɪd] uyuşuk, cansız gibi; tembel; **~·i·ty** [tɔː'pɪdətɪ], **~·ness** [~nɪs], **tor·por** [~ə] *n.* uyuşukluk, cansızlık.
tor|rent ['tɒrənt] *n.* sel (*a. fig.*); **~·ren·tial** [tə'renʃl]: ***~ rain(s)*** sel gibi yağmur.
tor·toise ZO ['tɔːtəs] *n.* kaplumbağa.
tor·tu·ous □ ['tɔːtjʊəs] dolambaçlı, kıvrıntılı, eğri büğrü.
tor·ture ['tɔːtʃə] **1.** *n.* işkence; eziyet, azap; **2.** *v/t.* *-e* işkence etmek.
toss [tɒs] **1.** *n.* atma, fırlatma; yazı tura atma; **2.** *v/t.* atmak, fırlatmak; *a.* ***~ about*** çalkalamak; ***~ off*** (*içki*) bir dikişte içmek, yuvarlamak; (iş) yapıvermek; *a.* ***~ up*** yazı tura atmak (***for*** *için*).
tot F [tɒt] *n.* yavrucak, bızdık.
to·tal ['təʊtl] **1.** □ bütün, tam, tüm; **2.** *n.* toplam, yekûn, tutar; **3.** (*esp. Brt.* **-ll-**, *Am.* **-l-**) *v/t.* toplamını bulmak, toplamak; **~·i·tar·i·an** [təʊtælɪ'teərɪən] *adj.* totaliter, bütüncül; **~·i·ty** [təʊ'tælətɪ] *n.* bütünlük, tümlük.
tot·ter ['tɒtə] *v/i.* sendelemek, yalpalamak.
touch [tʌtʃ] **1.** *v/t.* dokunmak, ellemek, el sürmek; değmek; *fig.* içine dokunmak, etkilemek; MUS çalmak; ***a bit ~ed*** *fig.* kafadan çatlak, bir tahtası eksik; ***~ at*** NAUT *-e* uğramak; ***~ down*** AVIA inmek, iniş yapmak; ***~ up*** rötuş yapmak; **2.** *n.* dokunma, elleme, dokunuş; değme, temas; rötuş; üslup; MUS tuşlayış; **~-and-go** ['tʌtʃən'gəʊ] *n.* şüpheli durum; ***it is ~*** belli değil, şüpheli; **~·ing** □ [~ɪŋ] acıklı, dokunaklı; **~·stone** *n.* denektaşı; **~·y** □ [~ɪ] (***-ier, -iest***) alıngan.
tough □ [tʌf] sert; dayanıklı; zor, çetin; belalı, azılı; *fig.* inatçı, dik kafalı; **~·en** ['tʌfn] *v/t.* & *v/i.* sertleş(tir)mek, katılaş(tır)mak; **~·ness** [~nɪs] *n.* sertlik, dayanıklılık; güçlük.
tour [tʊə] **1.** *n.* tur, gezi; devir; THEA turne (*a.* SPOR); *s.* ***conduct 2***; **2.** *vb.* gezmek, dolaşmak; **~·ist** ['tʊərɪst] *n.* turist; ***~ agency, ~ bureau, ~ office*** seyahat acentesi; ***~ season*** turizm sezonu.
tour·na·ment ['tʊənəmənt] *n.* turnuva.
tou·sle ['taʊzl] *v/t.* (*saçı*) karıştırmak.
tow [təʊ] **1.** *n.* yedekte çek(il)me; ***take in ~*** yedekte çekmek, yedeğe almak; **2.** *v/t.* yedekte çekmek.
to·ward(s) [tə'wɔːd(z)] *prp.* *-e* doğru; *-e* karşı; amacıyla, için.
tow·el ['taʊəl] **1.** *n.* havlu; **2.** (*esp. Brt.*

-ll-, *Am.* **-l-**) *v/t.* havlu ile kurulamak *ya da* silmek.
tow·er ['tauə] **1.** *n.* kule; *fig.* dayanak, destek; *a.* ~ ***block*** yüksek iş hanı *ya da* apartman; **2.** *v/i.* yükselmek; **~·ing** □ ['tauərıŋ] çok yüksek, yüce.
town [taun] *n.* kasaba; kent, şehir; *attr.* kasaba ...; kent ...; **~ cen·tre**, *Am.* **~ cen·ter** *n.* kent merkezi; **~ clerk** *n. Brt.* kasaba sicil memuru; **~ coun·cil** *n. Brt.* belediye meclisi; **~ coun·cil(l)or** *n. Brt.* belediye meclisi üyesi; **~ hall** *n.* belediye binası; **~s·folk** ['taunzfəuk] *n. pl.* kent halkı; **~·ship** *n.* kaza, ilçe; **~s·man** (*pl.* ***-men***) *n.* kentli, şehirli, hemşeri; **~s·peo·ple** *pl.* = ***townsfolk***; **~s·wom·an** (*pl.* ***-women***) *n.* kentli kadın.
tox|ic ['tɒksık] (***~ally***) *adj.* zehirli, zehirleyici; **~·in** [~ın] *n.* toksin, zehir.
toy [tɔı] **1.** *n.* oyuncak; **~*s*** *pl.* süs eşyası, cici bici; **2.** *adj.* küçük, minyatür ...; **3.** *v/i.* oynamak.
trace [treıs] **1.** *n.* iz (*a. fig.*); azıcık şey, zerre; **2.** *v/t.* izlemek; kopya etmek; çizmek, taslağını yapmak.
trac·ing ['treısıŋ] *n.* kopya.
track [træk] **1.** *n.* iz; RAIL ray, hat; dümen suyu; patika, keçiyolu; *bilgisayar*: iz; SPOR: pist; **~ *-and-field*** SPOR: atletizm ...; **~ *events*** *pl.* SPOR: atletizm karşılaşmaları; **~ *suit*** eşofman; **2.** *v/t.* izini aramak, izlemek; **~ *down***, **~ *out*** izleyerek bulmak; **~*ing station*** *uzaygemisi*: yer istasyonu.
tract [trækt] *n.* saha, bölge, mıntıka.
trac·ta·ble □ ['træktəbl] yumuşak başlı, uysal.
trac|tion ['trækʃn] *n.* çek(il)me; **~ *engine*** yük çekme makinesi; **~·tor** MEC [~tə] *n.* traktör.
trade [treıd] **1.** *n.* ticaret; iş, meslek, sanat; esnaf; değiş tokuş, takas; **2.** *v/i.* ticaret yapmak; *v/t.* takas etmek; **~ *on*** kötüye kullanmak, *-den* yararlanmak; **~ mark** *n.* ticari marka; **~ price** *n.* ticari fıyat; **trad·er** ['treıdə] *n.* tüccar; **~s·man** [~zmən] (*pl.* ***-men***) *n.* esnaf, dükkâncı; **~(s) un·i·on** *n.* sendika; **~(s) un·i·on·ist** *n.* sendikacı; **~ wind** *n.* alize rüzgârı.
tra·di·tion [trə'dıʃn] *n.* gelenek, anane; **~·al** □ [~l] geleneksel.
traf·fic ['træfık] **1.** *n.* trafik, gidişgeliş; iş, alışveriş; **2.** (***-ck-***) *v/i.* ticaret yapmak.
traf·fi·ca·tor *Brt.* MOT ['træfıkeıtə] *n.* sinyal.
traf·fic| cir·cle *Am.* ['træfık'sɜːkl] *n.* tek yönlü döner kavşak; **~ jam** *n.* trafik sıkışıklığı; **~ light**(*s pl.*) *n.* trafik ışıkları; **~ sign** *n.* trafik işareti; **~ signal** = ***traffic light***(***s***); **~ war·den** *n. Brt.* kâhya.
tra|ge·dy ['trædʒıdı] *n.* trajedi, ağlatı; **~·gic** [~ık] (***~ally***), **trag·i·cal** □ [~kl] trajik, çok acıklı, feci.
trail [treıl] **1.** *n.* kuyruk; iz; patika, keçiyolu; **2.** *v/t. & v/i.* peşinden sürükle(n)mek; izlemek, peşine düşmek; BOT yerde sürünmek; **~·er** ['treılə] *n.* BOT sürüngen bitki; MOT treyler; *Am.* MOT römork, karavan; *film*, TV: fragman, tanıtma filmi.
train [treın] **1.** *n.* tren; kervan, kafile; maiyet; silsile, dizi, zincir; yerde sürünen elbise kuyruğu; **2.** *v/t. & v/i.* eğitmek, yetiştirmek; talim et(tir)mek; SPOR: antrenman yap(tır)mak; **~·ee** [treı'niː] *n.* stajyer; aday; **~·er** ['treınə] *n.* eğitici; SPOR: antrenör, çalıştırıcı; **~·ing** [~ıŋ] *n.* talim; *esp.* SPOR: antrenman, idman.
trait [treıt] *n.* özellik.
trai·tor ['treıtə] *n.* vatan haini.
tram(**·car**) *Brt.* ['træm(kɑː)] *n.* tramvay.
tramp [træmp] **1.** *n.* serseri, avare; avare dolaşma; uçkuru gevşek kadın, sürtük; **2.** *v/i.* avare dolaşmak; yayan gitmek, taban tepmek; **tram·ple** ['træmpl] *v/t.* ayakla çiğnemek, ezmek.
trance [trɑːns] *n.* kendinden geçme.
tran·quil □ ['træŋkwıl] sakin, sessiz; rahat, huzurlu; **~·(l)i·ty** [træŋ'kwılətı] *n.* sakinlik, huzur; **~·(l)ize** ['træŋkwılaız] *v/t. & v/i.* sakinleş(tir)mek, yatış(tır)mak; **~·(l)iz·er** [~aızə] *n.* yatıştırıcı ilaç.
trans- [trænz] *prefix* ötesinde, öte, aşırı.
trans|act [træn'zækt] *v/t.* (iş) yapıp bitirmek, görmek; **~·ac·tion** [~kʃn] *n.* iş görme; işlem, muamele.
trans·al·pine ['trænz'ælpaın] *adj.* Alplerin ötesinde yaşayan.
trans·at·lan·tic ['trænzət'læntık] *adj.* Atlas Okyanusunu aşan.

tran|scend [træn'send] *v/t.* geçmek, aşmak; *-den* üstün olmak; **~·scen·dence, ~·scen·den·cy** [-əns, -sı] *n.* üstünlük; PHLS deneyüstlülük.
tran·scribe [træn'skraıb] *v/t.* kopya etmek, suretini çıkarmak.
tran|script ['trænskrıpt], **~·scrip·tion** [træn'skrıpʃn] *n.* kopya etme; *radyo*: banta alma, kayıt.
trans·fer 1. [træns'fɜː] (**-rr-**) *v/t.* nakletmek, geçirmek; devretmek; havale etmek; SPOR: transfer etmek (***to*** *-e*); *v/i.* SPOR: transfer olmak; RAIL aktarma yapmak; **2.** ['trænsfɜː] *n.* nakil, geçirme; devir; ECON havale; SPOR: transfer; *Am.* RAIL aktarma bileti; **~·a·ble** [træns'fɜːrəbl] *adj.* nakledilebilir; devredilebilir.
trans·fig·ure [træns'fıgə] *v/t.* biçimini değiştirmek, başkalaştırmak.
trans·fix [træns'fıks] *v/t.* olduğu yerde mıhlamak; delip geçmek; **~ed** *adj. fig.* donakalmış (***with*** *-den*).
trans|form [træns'fɔːm] *v/t.* biçimini değiştirmek; dönüştürmek; **~·for·ma·tion** [trænsfə'meıʃn] *n.* biçimini değiştirme; dönüş(tür)me.
trans|fuse MED [træns'fjuːz] *v/t.* (*kan*) nakletmek; **~·fu·sion** MED [-ʒn] *n.* kan nakli.
trans|gress [træns'gres] *v/t.* (*yasa v.b.*) karşı gelmek, çiğnemek, bozmak; *v/i.* günah işlemek; **~·gres·sion** [-ʃn] *n.* karşı gelme, çiğneme; günah; **~·gres·sor** [-sə] *n.* karşı gelen kimse; günahkâr.
tran·sient ['trænzıənt] **1.** □ = ***transitory***; **2.** *n. Am.* kısa süre kalan konuk.
tran·sis·tor [træn'sıstə] *n.* transistor.
tran·sit ['trænsıt] *n.* geçme, geçiş, transit; ECON taşı(n)ma, nakil.
tran·si·tion [træn'sıʒn] *n.* geçiş.
tran·si·tive □ GR ['trænsıtıv] geçişli (*eylem*).
tran·si·to·ry □ ['trænsıtərı] geçici, süreksiz, kalımsız.
trans|late [træns'leıt] *v/t.* tercüme etmek, çevirmek; *fig.* dönüştürmek; **~·la·tion** [-ʃn] *n.* tercüme, çeviri; **~·la·tor** [-ə] *n.* tercüman, çevirmen.
trans·lu·cent □ [trænz'luːsnt] yarı şeffaf, yarı saydam.
trans·mi·gra·tion ['trænzmaı'greıʃn] *n.* göç.
trans·mis·sion [trænz'mıʃn] *n.* gönderme, iletme; geç(ir)mek; BIOL kalıtım; PHYS iletme, taşıma; MOT vites; *radyo*, TV: yayın.
trans·mit [trænz'mıt] (**-tt-**) *v/t.* geçirmek; *radyo*, TV: yayımlamak; BIOL kalıtımla geçirmek; PHYS (*ısı v.b.*) iletmek; **~·ter** [-ə] *n.* verici istasyonu; TEL *etc.* nakledici alet.
trans·mute [trænz'mjuːt] *v/t.* biçimini değiştirmek, dönüştürmek.
trans·par·ent □ [træns'pærənt] şeffaf, saydam; *fig.* açık, berrak.
tran·spire [træn'spaıə] *v/i.* terlemek; *fig.* duyulmak, sızmak.
trans|plant [træns'plɑːnt] *v/t.* başka yere dikmek; MED (*organ*) nakletmek; **~·plan·ta·tion** ['trænsplɑːn'teıʃn] *n.* başka yere dikme; MED transplantasyon, organ nakli, organaktarım.
trans|port 1. [træns'pɔːt] *v/t.* götürmek, taşımak; *fig.* coşturmak, çılgına çevirmek; **2.** ['trænspɔːt] *n.* götürme, taşıma, nakil; taşımacılık, ulaştırma; coşku; taşkınlık; ***in a ~ of rage*** öfkeden kudurmuş; ***be in ~s of*** coşku içinde olmak; **~·por·ta·tion** ['trænspɔː'teıʃn] *n.* taşıma; taşımacılık; taşıma aracı, taşıt; ulaştırma, ulaşım.
trans·pose [træns'pəʊz] *v/t.* yerini *ya da* sırasını değiştirmek; MUS perdesini değiştirmek.
trans·verse □ ['trænzvɜːs] enine olan, çaprazlama ...
trap [træp] **1.** *n.* tuzak (*a. fig.*), kapan; MEC mandal; *sl.* ağız, gaga; ***keep one's ~ shut*** *sl.* çenesini tutmak, gagasını kapamak; ***set a ~ for s.o.*** *b-ne* tuzak kurmak; **2.** (**-pp-**) *v/t.* kapanla yakalamak, tuzağa düşürmek (*a. fig.*); **~·door** ['træpdɔː] *n.* kapak biçiminde kapı; THEA sahne kapısı.
tra·peze [trə'piːz] *n.* trapez.
trap·per ['træpə] *n.* tuzakçı, avcı.
trap·pings *fig.* ['træpıŋz] *n. pl.* süs.
trash [træʃ] *n. esp. Am.* çerçöp, süprüntü; pılı pırtı; F boş laf, saçma; ayaktakımı, avam; **~ can** *n. Am.* çöp kutusu; **~·y** □ ['træʃı] (**-ier, -iest**) adi, değersiz, beş para etmez.
trav·el ['trævl] **1.** (*esp. Brt.* **-ll-**, *Am.* **-l-**) *v/i.* seyahat etmek, yolculuk etmek; *v/t.* gezmek, dolaşmak; **2.** *n.* seyahat, yolculuk; MEC işleme; **~s** *pl.* gezi, seya-

T

hat; ~ **a·gen·cy**, ~ **bu·reau** *n.* seyahat acentesi; ~**·(l)er** [_ə] *n.* yolcu, seyyah; ~ **'s cheque** (*Am.* **check**) seyahat çeki.

tra·verse ['trævəs] *v/t.* & *v/i.* karşıdan karşıya geç(ir)mek; aşmak, katetmek.

trav·es·ty ['trævıstı] **1.** *n.* gülünç taklit, alay, karikatür; **2.** *v/t.* taklit etmek, alaya almak.

trawl NAUT [trɔ:l] **1.** *n.* tarak ağı, sürtme ağı; **2.** *v/t.* tarak ağı ile avlamak; ~**·er** NAUT ['trɔ:lə] *n.* tarak ağlı balıkçı.

tray [treı] *n.* tepsi; tabla.

treach·er|ous □ ['tretʃərəs] hain; güvenilmez, kalleş; tehlikeli; ~**·y** [_ı] *n.* hainlik, ihanet (**to** -*e*).

trea·cle ['tri:kl] *n.* şeker pekmezi.

tread [tred] **1.** (**trod, trodden** *ya da* **trod**) *vb.* ayakla basmak, çiğnemek, üstüne basmak; yürümek; **2.** *n.* ayak basışı; yürüyüş; MEC sürtünme yüzeyi; MOT lastik tırtılı; **trea·dle** ['treıdl] *n.* pedal, ayaklık; ~**·mill** *n.* ayak değirmeni; *fig.* sıkıcı iş.

trea|son ['tri:zn] *n.* ihanet, hainlik; ~**·so·na·ble** □ [_əbl] ihanet türünden.

treas|ure ['treʒə] **1.** *n.* hazine (*a. fig.*); define; ~ **trove** define, gömü; **2.** *v/t.* çok değer vermek, üzerine titremek; ~ **up** biriktirmek; ~**·ur·er** [_rə] *n.* haznedar, veznedar, kasadar.

treas·ur·y ['treʒərı] *n.* hazine; ♀ Maliye Bakanlığı; ♀ **Bench** *n. Brt.* PARL Avam Kamarası'nda bakanların oturduğu sıra; ♀ **De·part·ment** *n. Am.* Maliye Bakanlığı.

treat [tri:t] **1.** *v/t.* davranmak, muamele etmek; (*konu*) ele almak; tedavi etmek; ~ **s.o. to s.th.** b-ne bş ısmarlamak; *v/i.* ~ **of** *-den* söz etmek, işlemek; ~ **with** görüşmek; **2.** *n.* zevk; ısmarlama, ikram; **school** ~ okul eğlencesi; **it is my** ~ ben ısmarlıyorum, bu benden.

trea·tise ['tri:tız] *n.* bilimsel inceleme, tez.

treat·ment ['tri:tmənt] *n.* davranış, muamele; tedavi, sağaltım.

treat·y ['tri:tı] *n.* antlaşma.

tre·ble ['trebl] **1.** □ üç misli ...; MUS tiz; **2.** *n.* MUS soprano; **3.** *v/t.* & *v/i.* üç misli art(ır)mak.

tree [tri:] *n.* ağaç.

tre·foil BOT ['trefɔıl] *n.* yonca.

trel·lis ['trelıs] **1.** *n.* AGR kafes, çardak; **2.** *v/t.* birbirine geçirmek; AGR dallarını kafese sarmak.

trem·ble ['trembl] *v/i.* titremek.

tre·men·dous □ [trı'mendəs] kocaman, muazzam, heybetli; F müthiş, görkemli.

trem·or ['tremə] *n.* titreme; sarsıntı; ürperme.

trem·u·lous □ ['tremjʊləs] titrek; ürkek, ödlek.

trench [trentʃ] **1.** *n.* hendek, çukur; MIL siper; **2.** *v/t.* hendekle çevirmek; *v/i.* MIL siper kazmak.

tren·chant □ ['trentʃənt] kuvvetli, etkili; sert, dokunaklı (*dil v.b.*).

trend [trend] **1.** *n.* yön; *fig.* eğilim; **2.** *v/i.* yönelmek; eğilim göstermek; ~**·y** *esp. Brt.* F ['trendı] (**-ier, -iest**) son moda.

trep·i·da·tion [trepı'deıʃn] *n.* korku, dehşet; heyecan, endişe.

tres·pass ['trespəs] **1.** *n.* LEG başkasının arazisine izinsiz girme, tecavüz; günah; suç; **2.** *v/t.* ~ **(up)on** kötüye kullanmak; **no** ~**ing** girmek yasaktır; ~**·er** LEG [_ə] *n.* başkasının arazisine izinsiz giren kimse.

tres·tle ['tresl] *n.* ayaklık, sehpa.

tri·al ['traıəl] **1.** *n.* deneme, tecrübe, prova; LEG duruşma, yargılama; *fig.* baş belası, dert; **on** ~ deneme için; LEG yargılanmakta; **give s.th.** *ya da* **s.o. a** ~ bşi ya da b-ni denemek; **be on** ~ LEG yargılanmak; **put s.o. on** ~ LEG *b-ni* yargılamak; **2.** *adj.* deneme ...

tri·an|gle ['traıæŋgl] *n.* üçgen; ~**·gu·lar** □ [traı'æŋgjʊlə] üçgen biçiminde; üçlü.

tribe [traıb] *n.* kabile, aşiret, oymak; *contp.* grup; BOT, ZO sınıf, takım.

tri·bu·nal LEG [traı'bju:nl] *n.* mahkeme; yargıç kürsüsü; **trib·une** ['trıbju:n] *n.* kürsü; halkın koruyucusu.

trib|u·ta·ry ['trıbjʊtərı] **1.** □ haraç veren; *fig.* bağımlı; GEOGR bir ırmağa karışan; **2.** *n.* ırmak ayağı; ~**·ute** [_ju:t] *n.* haraç, vergi; *fig.* övme; hediye.

trice [traıs]: **in a** ~ bir anda, bir çırpıda.

trick [trık] **1.** *n.* hile, oyun, dolap, dümen; muziplik; marifet, hüner; **play a** ~ **on s.o.** *b-ne* oyun oynamak; **2.** *v/t.* aldatmak, kandırmak; ~**·e·ry** ['trıkərı] *n.* hile; hilekârlık.

trick·le ['trıkl] *v/t.* & *v/i.* damla(t)mak.

trick|ster ['trıkstə] *n.* düzenbaz, üç-

T

kâğıtçı; ~·y □ [_ɪ] (**-ier, -iest**) hileci; kurnaz; F beceri isteyen (iş v.b.).

tri·cy·cle ['traɪsɪkl] *n.* üç tekerlekli bisiklet.

tri·dent ['traɪdənt] *n.* üç çatallı mızrak.

tri|fle ['traɪfl] **1.** *n.* önemsiz şey, ıvır zıvır; az para; ***a ~*** biraz, azıcık; **2.** *v/i.* oynamak; oyalanmak; *v/t.* ***~ away*** (*para, zaman*) boşa harcamak, çarçur etmek; **~·fling** □ [_ɪŋ] önemsiz, değersiz, ufak tefek; saçma, anlamsız.

trig·ger ['trɪgə] *n.* tetik; PHOT deklanşör.

trill [trɪl] **1.** *n.* ses titremesi; "r" sesinin titretilerek söylenmesi; **2.** *vb.* "r" sesini titreterek söylemek.

tril·lion ['trɪljən] *n. Brt.* trilyon; *Am.* bilyon.

trim [trɪm] **1.** □ (**-mm-**) biçimli, şık; düzenli, derli toplu; **2.** *n.* düzen, tertip; durum, hal; ***in good ~*** iyi durumda, formda; **3.** (**-mm-**) *v/t.* düzeltmek, çekidüzen vermek; süslemek; kesmek, kırkmak, budamak; AVIA, NAUT dengelemek; **~·ming** ['trɪmɪŋ]: **~s** *pl.* kırpıntı; garnitür.

Trin·i·ty ECCL ['trɪnɪtɪ] *n.* teslis.

trin·ket ['trɪŋkɪt] *n.* değersiz süs, biblo.

trip [trɪp] **1.** *n.* gezi, gezinti; *fig.* hata, yanlış; sürçme; F uyuşturucu madde etkisi, keyif hali; **2.** (**-pp-**) *v/i.* (*dil*) sürçmek; tökezlenmek; *fig.* hata yapmak, yanılmak; *v/t. a.* ***~ up*** çelme takmak, düşürmek.

tri·par·tite ['traɪ'pɑːtaɪt] *adj.* üçlü.

tripe [traɪp] *n.* işkembe.

trip|le □ ['trɪpl] üç misli, üç kat; ***~ jump*** SPOR: üç adım atlama; **~·lets** [_ɪts] *n. pl.* üçüzler.

trip·li·cate 1. ['trɪplɪkɪt] *adj.* üç misli, üç kat; **2.** [_keɪt] *v/t.* üç misli artırmak.

tri·pod ['traɪpɒd] *n.* üç ayaklı sehpa (*a.* PHOT).

trip·per *esp. Brt.* ['trɪpə] *n.* gezen kimse, gezenti.

trite □ [traɪt] basmakalıp, bayat, eski.

tri|umph ['traɪəmf] **1.** *n.* zafer, utku, yengi; **2.** *vb.* yenmek, zafer kazanmak; **~·um·phal** [traɪ'ʌmfl] *adj.* zaferle ilgili, zafer ...; **~·um·phant** □ [_ənt] galip, utkulu.

triv·i·al □ ['trɪvɪəl] önemsiz, ufak tefek; bayağı, sıradan; anlamsız, saçma.

trod [trɒd] *pret. & p.p. of* ***tread 1***; **~·den** ['trɒdn] *p.p. of* ***tread 1.***

trol·l(e)y ['trɒlɪ] *n. Brt.* el arabası, yük arabası; *Brt.* RAIL drezin; *Brt.* tekerlekli servis masası; *Am.* tramvay; **~·bus** *n.* troleybüs.

trol·lop ['trɒləp] *n.* F pasaklı kadın; orospu, sürtük.

trom·bone MUS [trɒm'bəʊn] *n.* trombon.

troop [truːp] **1.** *n.* topluluk, grup; sürü, küme; **~s** *pl.* MIL askerler, askeri kuvvetler; **2.** *v/t. & v/i.* bir araya topla(n)mak; ***~ away, ~ off*** F yürümek, gitmek; ***~ the colours*** *Brt.* MIL bayrak töreni yapmak; **~·er** MIL ['truːpə] *n.* süvari eri.

tro·phy ['trəʊfɪ] *n.* ganimet; hatıra; ödül, kupa.

trop|ic ['trɒpɪk] **1.** *n.* tropika, dönence; **~s** *pl.* tropikal kuşak; **2.** (**~ally**), **~·i·cal** □ [_kl] tropikal.

trot [trɒt] **1.** *n.* tırıs; koşuş; **2.** (**-tt-**) *v/i.* tırıs gitmek; koşmak.

trou·ble ['trʌbl] **1.** *n.* sıkıntı, zahmet, üzüntü, ıstırap; dert, keder; rahatsızlık, hastalık; endişe; ***ask*** *ya da* ***look for ~*** bela aramak, kaşınmak; ***take*** (***the***) ***~*** zahmet etmek; **2.** *v/t. & v/i.* rahatsız etmek, tedirgin etmek; üz(ül)mek, sıkmak, başını ağrıtmak; zahmet vermek; ***don't ~ yourself*** zahmet etmeyin; ***what's the ~?*** ne var?, ne oluyor?; **~·mak·er** *n.* ortalık karıştırıcı, fitneci; **~·some** □ [_səm] baş belası, can sıkıcı; zahmetli, sıkıntılı, belalı.

trough [trɒf] *n.* tekne, yalak.

trounce [traʊns] *v/t.* dövmek, pataklamak.

troupe THEA [truːp] *n.* trup, oyuncu topluluğu.

trou·ser ['traʊzə]: (***a pair of***) **~s** *pl.* pantolon; *attr.* pantolon ...; **~ suit** *n.* pantolon ve ceketten oluşan kadın giysisi.

trous·seau ['truːsəʊ] *n.* çeyiz.

trout ZO [traʊt] *n.* alabalık.

trow·el ['traʊəl] *n.* mala.

tru·ant ['truːənt] *n.* okul kaçağı; ***play ~*** dersi asmak, okulu kırmak.

truce MIL [truːs] *n.* ateşkes, mütareke.

truck [trʌk] **1.** *n.* RAIL yük vagonu; *esp. Am.* kamyon; el arabası; *Am.* sebze; **2.** *v/t.* takas etmek; **~·er** *Am.* ['trʌkə] *n.*

kamyon şoförü; ~ **farm** *n. Am.* sebze bahçesi, bostan.
truc·u·lent □ ['trʌkjʊlənt] kavgacı, saldırgan, vahşi, gaddar.
trudge [trʌdʒ] *v/i.* yorgun argın yürümek.
true □ [truː] (**~r, ~st**) doğru, gerçek; hakiki, som; sadık, vefalı (*dost*); aslına uygun, tam (*kopya v.b.*); (***it is***) ~ doğrudur; ***come*** ~ gerçekleşmek; ~ ***to nature*** gerçeğe uygun.
tru·ly ['truːlı] *adv.* doğru olarak; gerçekten; samimiyetle, içtenlikle; ***Yours*** ~ saygılarımla.
trump [trʌmp] **1.** *n.* koz; **2.** *v/i.* koz oynamak; ~ **up** (*bahane, ya lan*) uydurmak.
trum·pet ['trʌmpıt] **1.** *n.* MUS boru, borazan; **2.** *vb.* boru çalmak; *fig.* duyurmak, yaymak.
trun·cheon ['trʌntʃən] *n.* sopa; cop.
trun·dle ['trʌndl] *v/t.* (*çember v.b.*) çevirmek, yuvarlamak.
trunk [trʌŋk] *n.* bavul; gövde, beden; fil hortumu; ağaç gövdesi; *Am.* MOT bagaj; **~-call** *Brt.* TELEPH ['trʌŋkkɔːl] *n.* şehirlerarası telefon; **~-line** *n.* RAIL ana hat; TELEPH şehirlerarası telefon hattı; **~s** [trʌŋks] *n. pl.* mayo; SPOR: şort; *esp. Brt.* külot.
truss [trʌs] **1.** *n.* saman demeti; MED kasık bağı; ARCH kiriş, destek; **2.** *v/t.* sımsıkı bağlamak; ARCH kirişle desteklemek.
trust [trʌst] **1.** *n.* güven; emanet; sorumluluk; LEG mutemetlik; LEG vakıf, tesis; ECON kredi; ECON tröst; ~ ***company*** ECON tröst şirketi; ***in*** ~ gözetiminde; emaneten; **2.** *v/t.* güvenmek; emanet etmek (***s.o. with s.th., s.th. to s.o.*** bşi b-ne); inanmak; *v/i.* güveni olmak (***in, to*** *-e*); **~·ee** LEG [trʌs'tiː] *n.* mütevelli; mutemet; yediemin; **~·ful** □ ['trʌstfl], **~·ing** □ [~ıŋ] güvenen, hemen inanan; **~·wor·thy** □ [~wɜːðı] güvenilir.
truth [truːθ] (*pl.* **~s** [truːðz, truːθs]) *n.* gerçek, doğru; doğruluk; dürüstlük; **~·ful** □ ['truːθfl] doğru sözlü, doğrucu; doğru.
try [traı] **1.** *v/t.* denemek; sınamak; kalkışmak, girişmek; LEG yargılamak; yormak; (*sabır*) taşırmak; *v/i.* uğraşmak, çalışmak; ~ ***on*** (*giysi*) prova etmek; ~ ***out*** denemek; **2.** *n.* deneme; çalışma, uğraşma; **~·ing** □ ['traııŋ] yorucu, zahmetli; bıktırıcı.
tsar *hist.* [zɑː] *n.* çar.
T-shirt ['tiːʃɜːt] *n.* tişört.
tub [tʌb] *n.* tekne, leğen; *Brt.* F küvet; *Brt.* F banyo.
tube [tjuːb] *n.* tüp, boru; MOT iç lastik, şamyel; metro, tünel; ***the*** ~ *Am.* F televizyon; **~·less** ['tjuːblıs] *adj.* şamyelsiz, iç lastiksiz.
tu·ber BOT ['tjuːbə] *n.* yumru kök.
tu·ber·cu·lo·sis MED [tjuːbɜːkjʊ'ləʊsıs] *n.* tüberküloz, verem.
tu·bu·lar □ ['tjuːbjʊlə] boru biçiminde; borulu.
tuck [tʌk] **1.** *n.* (*giysi*) pli, kırma; **2.** *v/t.* katlamak; sokmak; tık(ıştır)mak; sıkıştırmak; ~ ***away*** saklamak, gizlemek; ~ ***in,*** ~ ***up*** içeri sokmak, katlamak; ~ ***s.o. up in bed*** *b-ni* sarıp sarmalamak; ~ ***up*** sarmak, örtmek; (*kollarını*) sıvamak.
Tues·day ['tjuːzdı] *n.* salı.
tuft [tʌft] *n.* küme, öbek; sorguç; püskül.
tug [tʌg] **1.** *n.* kuvvetli çekiş; *a* ~ ***boat*** NAUT römorkör; *fig.* güçlük; **2.** (**-gg-**) *v/t.* kuvvetle çekmek, asılmak; NAUT römorkörle çekmek; ~ **of war** *n.* halat çekme oyunu.
tu·i·tion [tjuː'ʃn] *n.* öğretim; okul taksidi.
tu·lip BOT ['tjuːlıp] *n.* lale.
tum·ble ['tʌmbl] **1.** *v/t. & v/i.* düş(ür)mek, yık(ıl)mak, yuvarla(n)mak; karıştırmak, bozmak; **2.** *n.* düşüş; karışıklık; **~·down** *adj.* yıkılacak gibi, köhne; **~r** [~ə] *n.* bardak; ZO taklakçı güvercin.
tu·mid □ ['tjuːmıd] şişkin, kabarık, şişmiş.
tum·my F ['tʌmı] *n.* mide, karın.
tu·mo(u)r MED ['tjuːmə] *n.* tümör, ur.
tu·mult ['tjuːmʌlt] *n.* kargaşalık, gürültü; isyan; ayaklanma; **tu·mul·tu·ous** □ [tjuː'mʌltjʊəs] gürültülü, kargaşalı.
tun [tʌn] *n.* varil, fıçı.
tu·na ZO ['tuːnə] *n.* tonbalığı, orkinos.
tune [tjuːn] **1.** *n.* melodi, nağme, hava; MUS akort; *fig.* ahenk, uyum; ***in*** ~ akortlu; ***out of*** ~ akortsuz; **2.** *v/t.* MUS akort etmek; ~ ***in*** *radyo v.b.*: dalgayı ayarlamak; ~ ***up*** MUS akort etmek;

T

(*motor*) ayar etmek; **~·ful** □ ['tju:nfl] ahenkli, hoş sesli; **~·less** □ [~lıs] ahenksiz; müziksiz, sessiz.

tun·er ['tju:nə] *n.* *radyo*, TV: tüner.

tun·nel ['tʌnl] **1.** *n.* tünel; MIN galeri; **2.** (*esp. Brt.* **-ll-**, *Am.* **-l-**) *vb.* tünel açmak.

tun·ny ZO ['tʌnı] *n.* tonbalığı, orkinos.

tur·bid □ ['tɜ:bıd] koyu, yoğun; çamurlu, bulanık; *fig.* karmakarışık.

tur·bine MEC ['tɜ:baın] *n.* türbin.

tur·bot ZO ['tɜ:bət] *n.* kalkan balığı.

tur·bu·lent □ ['tɜ:bjʊlənt] çalkantılı, dalgalı; kavgacı, hır çıkaran; sert, şiddetli.

tu·reen [tə'ri:n] *n.* büyük çorba kâsesi.

turf [tɜ:f] **1.** (*pl.* **~s, turves**) *n.* çimenlik, çim; kesek; ***the ~*** hipodrom; at yarışçılığı; **2.** *v/t.* çimlendirmek.

tur·gid □ ['tɜ:dʒıd] şişmiş, şişkin.

Turk [tɜ:k] *n.* Türk.

tur·key ['tɜ:kı] *n.* ZO hindi; ***talk ~*** *esp. Am.* F açık açık konuşmak.

Turk·ish ['tɜ:kıʃ] **1.** *adj.* Türkiye'ye özgü, Türk ...; **2.** *n.* LING Türkçe.

tur·moil ['tɜ:mɔıl] *n.* gürültü, karışıklık, kargaşa.

turn [tɜ:n] **1.** *v/t.* döndürmek, çevirmek; altüst etmek, bozmak; ekşitmek; burkmak; dönüştürmek (***into*** *-e*); caydırmak (***from*** *-den*); MEC torna etmek; ***~ a corner*** krizi *ya da* tehlikeyi atlatmak; ***~ loose*** serbest bırakmak; ***~ s.o. sick*** *b-ni* hasta etmek; ***~ sour*** (*süt*) ekşitmek, kesmek; *s.* ***somersault***; ***~ s.o. against*** *b-ni -e* karşı kışkırt mak, düşman etmek; ***~ aside*** ya na çevirmek; ***~ away*** geri çevir mek, döndürmek; ***~ down*** red detmek, geri çevirmek; kıvırmak bükmek; (*radyo, gaz v.b.*) kısmak; ***~ in*** *esp. Am.* geri vermek, iade etmek; ***~ off*** (*gaz*) kesmek; (*su, radyo*) kapatmak; (*ışık*) söndürmek; ***~ on*** (*radyo, su, ışık, gaz*) açmak; *-e* bağlı olmak; F etkilemek, heyecanlandırmak; ***~ out*** ECON üretmek, yapmak; (*cep, çekmece*) boşaltmak; = ***turn off***; ***~ over*** ECON alıp satmak; çevirmek, devirmek; teslim etmek (***to*** *-e*); ***~ up*** yukarı çevirmek, kıvırmak, sıvamak; (*gaz, ışık, radyo*) açmak; ortaya çıkarmak; *v/i.* dönmek; sapmak, yönelmek (***to*** *-e*); değişmek, dönüşmek (***into*** *-e*); MOT viraj almak; sersemlemek, başı dönmek; ***~ (sour)*** (*süt*) ekşimek, bozulmak, kesilmek; ***~ about*** diğer tarafa dönmek; MIL geriye dönmek; ***~ aside, ~ away*** başka tarafa dönmek; ***~ back*** geri dönmek; ***~ in*** F yatmak; ***~ off*** sapmak; ***~ out*** meydana çıkmak, olmak; ***~ over*** devrilmek; alabora olmak; ***~ to*** *-e* başlamak, koyulmak; *-e* başvurmak; ***~ up*** *fig.* çıkagelmek, görünmek; **2.** *n.* dönme, dönüş, devir; viraj, dönemeç; kıvrım, dirsek; yetenek; sıra; değişiklik, değişim; nöbet; MED kriz, nöbet; ***~ (of mind)*** düşünce tarzı, zihniyet; ***at every ~*** her keresinde; ***by ~s*** nöbetleşe, sıra ile; ***in ~*** sıra ile, arka arkaya; ***it is my ~*** sıra bende; ***take ~s*** sıra ile yapmak, nöbetleşe yapmak; ***does it serve your ~?*** o işinizi görür mü?; **~·coat** ['tɜ:nkəʊt] *n.* dönek adam; **~·er** [~ə] *n.* tornacı.

turn·ing ['tɜ:nıŋ] *n.* MEC torna; dönme, dönüş; dönemeç; **~-point** *n. fig.* dönüm noktası.

tur·nip BOT ['tɜ:nıp] *n.* şalgam.

turn|out ['tɜ:naʊt] *n.* toplantı mevcudu, katılanlar; giysi, kılık kıyafet, giyiniş; ECON ürün, üretim; **~·o·ver** ['tɜ:nəʊvə] *n.* ECON sermaye devri, ciro; meyveli turta; **~·pike** *n. a.* ***~ road*** *Am.* paralı yol; **~·stile** *n.* turnike; **~·ta·ble** *n.* RAIL döner levha; pikap platosu; **~-up** *n. Brt.* duble paça.

tur·pen·tine CHEM ['tɜ:pəntaın] *n.* terebentin.

tur·pi·tude ['tɜ:pıtju:d] *n.* kötücülük, alçaklık.

tur·ret ['tʌrıt] *n.* küçük kule; MIL, NAUT taret.

tur·tle ZO ['tɜ:tl] *n.* kaplumbağa; **~·dove** *n.* ZO kumru; **~-neck** *n.* balıkçı yaka; *a.* ***~ sweater*** balıkçı yaka süveter.

tusk [tʌsk] *n.* fildişi; azıdişi.

tus·sle ['tʌsl] **1.** *n.* kavga, çekişme; **2.** *v/i.* uğraşmak, kavga etmek.

tus·sock ['tʌsək] *n.* ot öbeği, çalı demeti.

tut *int.* [tʌt] Yetti be!, Kes sesini!

tu·te·lage ['tju:tılıdʒ] *n.* LEG vasilik, vesayet.

tu·tor ['tju:tə] **1.** *n.* özel öğretmen; *Brt.* UNIV öğretmen, hoca; *Am.* UNIV asistan öğretmen; **2.** *v/t.* *-e* özel ders vermek; **tu·to·ri·al** [tju:'tɔ:rıəl] **1.** *n.* *Brt.* UNIV özel ders; **2.** *adj.* özel öğret-

T

men *ya da* vasi ile ilgili.

tux·e·do *Am.* [tʌk'siːdəʊ] (*pl.* ***-dos, -does***) *n.* smokin.

TV F ['tiːviː] **1.** *n.* televizyon, TV; ***on ~*** televizyonda; **2.** *adj.* televizyon ...

twang [twæŋ] **1.** *n.* tıngırtı; *mst.* ***nasal ~*** genzel ses; **2.** *v/t.* & *v/i.* tıngırda(t)-mak; genizden konuşmak.

tweak [twiːk] *v/t.* çimdikleyip çekmek, bükmek.

tweet [twiːt] *v/i.* cıvıldamak.

tweez·ers ['twiːzəz] *n. pl.* (***a pair of ~*** bir) cımbız.

twelfth [twelfθ] **1.** *adj.* on ikinci; **2.** *n.* on ikide bir; **~-night** ['twelfθnaıt] *n.* Noelden on iki gün sonraki gece.

twelve [twelv] *n.* & *adj.* on iki.

twen|ti·eth ['twentııθ] *adj.* yirminci

twen·ty ['twentı] *n.* & *adj.* yirmi; **~-four-sev·en** ['twentifɔː'sevn] *her günde bütün gün*; 24 saat 7 gün.

twice [twaıs] *adv.* iki kere, iki kez.

twid·dle ['twıdl] *v/t.* döndürmek, döndürüp durmak; *v/i.* oynayıp durmak (***with*** *ile*).

twig [twıg] *n.* ince dal, sürgün.

twi·light ['twaılaıt] *n.* alaca karanlık; *fig.* karanlık devre, çöküş.

twin [twın] **1.** *adj.* çift ...; **2.** *n.* ikiz; **~s** *pl.* ikizler; *attr.* çift ...; ***~ -bedded room*** iki yataklı oda; ***~ brother*** ikiz kardeş; ***~ -engined*** AVIA çift motorlu; ***~-jet*** AVIA çift jetli; ***~ -lens reflex camera*** PHOT çift mercekli refleksli fotoğraf makinesi; ***~ sister*** ikiz kardeş; ***~ towns*** birbirine benzer kasabalar; ***~ track*** çift hatlı.

twine [twaın] **1.** *n.* sicim; sarma, bükme; **2.** *v/t.* & *v/i.* sar(ıl)mak, dola(n)-mak.

twinge [twındʒ] *n.* sancı.

twin·kle ['twıŋkl] **1.** *v/i.* pırıldamak, parlamak; göz kırpıştırmak; **2.** *n.* parıltı; göz kırpıştırma.

twirl [twɜːl] **1.** *n.* dönüş; kıvrım; **2.** *v/t.* & *v/i.* fırıl fırıl dön(dür)mek.

twist [twıst] **1.** *n.* bük(ül)me, burk(ul)-ma; sicim, ibrişim; dönme, dönüş; düğüm; MUS tvist dansı; *fig.* eğilim; *fig.* ters anlam verme, çarpıtma; **2.** *v/t.* & *v/i.* bük(ül)mek, bur(ul)mak, sar(ıl)mak; dolamak; döndürmek; ters anlam vermek, çarpıtmak; MUS tvist dansı yapmak.

twit *fig.* [twıt] (***-tt-***) *v/t.* takılmak, sataşmak.

twitch [twıtʃ] **1.** *v/t.* & *v/i.* seğir(t)mek; birden çekmek; **2.** *n.* seğirtme; birden çekiş.

twit·ter ['twıtə] **1.** *v/i.* cıvıldamak; **2.** *n.* cıvıltı; ***in a ~, all of a ~*** heyecan içinde.

two [tuː] *n.* & *adj.* iki; ***in ~s*** ikişer ikişer; ***in ~*** iki parçaya, ikiye; ***put ~ and ~ together*** bağdaştırarak sonuç çıkarmak; **~-bit** *Am.* F ['tuːbıt] *adj.* 25 sentlik ...; *fig.* ucuz, adi; **~-cy·cle** *adj. Am.* MEC iki zamanlı; **~-edged** ['tuː'edʒd] *adj.* iki yüzü de keskin (*kılıç v.b.*); **~·fold** ['tuːfəʊld] *adj.* & *adv.* iki misli, iki kat; **~·pence** *Brt.* ['tʌpəns] *n.* iki peni; **~·pen·ny** *Brt.* ['tʌpənı] *adj.* iki penilik ...; **~-piece** ['tuːpiːs] **1.** *adj.* iki parçalı; **2.** *n. a.* ***~ dress*** döpiyes; *a.* ***~ swimming-costume*** bikini; **~-seat·er** MOT, AVIA ['tuː'siːtə] *n.* iki kişilik araba *ya da* uçak; **~-stroke** *esp. Brt.* MEC ['tuːstrəʊk] *adj.* iki zamanlı ...; **~-way** *adj.* çift taraflı; ***~ adapter*** ELECT çiftli adaptör; ***~ traffic*** iki yönlü trafik.

ty·coon *Am.* F [taı'kuːn] *n.* zengin iş adamı, kral; ***oil ~*** petrol kralı.

type [taıp] **1.** *n.* tip, çeşit, cins, tür; sınıf, kategori; örnek; PRINT matbaa harfi; PRINT hurufat; ***true to ~*** tipine uygun; ***set in ~*** PRINT dizmek; **2.** *v/t.* daktilo etmek; *v/i.* daktilo yazmak; **~·writ·er** ['taıpraıtə] *n.* daktilo; ***~ ribbon*** daktilo şeridi.

ty·phoid MED ['taıfɔıd] **1.** *adj.* tifoya benzer; ***~ fever*** = **2.** *n.* tifo.

ty·phoon [taı'fuːn] *n.* tayfun.

ty·phus MED ['taıfəs] *n.* tifüs.

typ·i|cal □ ['tıpıkl] tipik; simgesel, sembolik; **~·fy** [~faı] *v/t.* *-in* simgesi olmak, simgelemek.

typ·ist ['taıpıst] *n.* daktilograf, daktilo.

ty·ran|nic [tı'rænık] (***~ally***), **~·ni·cal** □ [~kl] zalim, gaddar.

tyr·an|nize ['tırənaız] *vb.* eziyet etmek, zulmetmek; **~·ny** [~ı] *n.* zulüm, gaddarlık, zorbalık.

ty·rant ['taıərənt] *n.* zalim, zorba.

tyre *Brt.* ['taıə] *n.* lastik.

Tyr·o·lese [tırə'liːz] **1.** *n.* Tirollü; **2.** *adj.* Tirol'e özgü.

tzar *hist.* [zɑː] *n.* çar.

U

u·biq·ui·tous □ [juː'bɪkwɪtəs] aynı anda her yerde hazır ve nazır.
ud·der ['ʌdə] *n.* inek memesi.
ug·ly □ ['ʌglı] (*-ier, -iest*) çirkin; kötü, tatsız; iğrenç; huysuz, ters.
ul·cer MED ['ʌlsə] *n.* ülser; **~·ate** MED ['reıt] *v/t. & v/i.* ülsere dönüs(tür)mek; **~·ous** MED [~rəs] *adj.* ülserli.
ul·te·ri·or □ [ʌl'tıərıə] öte yandaki, ötedeki; gizli.
ul·ti·mate □ ['ʌltımət] son; esas, temel; en yüksek; **~·ly** [~lı] *adv.* eninde sonunda.
ul·ti·ma·tum [ʌltı'meıtəm] (*pl.* ***-tums, -ta*** [-tə]) *n.* ültimatom.
ul·tra ['ʌltrə] *adj.* aşırı, son derece; **~·fash·ion·a·ble** [~'fæʃənəbl] *adj.* son derece modaya uygun; **~·mod·ern** *adj.* son derece modern.
um·bil·i·cal cord ANAT [ʌm'bılıklkɔːd] *n.* göbek kordonu.
um·brel·la [ʌm'brelə] *n.* şemsiye; MIL, AVIA koruyucu avcı uçakları; *fig.* koruma.
um·pire ['ʌmpaıə] **1.** *n.* hakem; **2.** *v/t.* (*maç v.b.*) yönetmek.
un- [ʌn] *prefix* -siz, -sız.
un·a·bashed ['ʌnə'bæʃt] *adj.* utanmaz, yüzsüz, arsız.
un·a·bat·ed ['ʌnə'beıtıd] *adj.* dinmemiş, kesilmemiş (*rüzgâr v.b.*).
un·a·ble ['ʌn'eıbıl] *adj.* yapamaz, beceriksiz, elinden gelmez.
un·ac·com·mo·dat·ing ['ʌnə'kɒmədeıtıŋ] *adj.* rahatına düşkün.
un·ac·coun·ta·ble □ ['ʌŋə'kaʊntəbl] anlaşılmaz, garip, esrarlı.
un·ac·cus·tomed ['ʌnə'kʌstəmd] *adj.* alışılmamış; alışkın olmayan (***to*** *-e*).
un·ac·quaint·ed ['ʌnə'kweıntıd]: ***be ~ with s.th.*** bşi bilmemek.
un·ad·vised □ ['ʌnəd'vaızd] danışmamış; düşüncesiz.
un·af·fect·ed □ ['ʌnə'fektıd] etkilenmemiş; yapmacıksız, doğal, içten.
un·aid·ed ['ʌn'eıdıd] *adj.* yardımsız, yardım görmemiş.
un·al·ter·a·ble □ [ʌn'ɔːltərəbl] değişmez; değiştirilemez; **un·altered** ['ʌn'ɔːltəd] *adj.* değiştirilmemiş.
u·na·nim·i·ty [juːnə'nımətı] *n.* oybirliği; **u·nan·i·mous** □ [juː'nænıməs] aynı fikirde.
un·an·swe·ra·ble □ [ʌn'ɑːnsərəbl] cevaplandırılamaz; **un·an·swered** ['ʌn'ɑːnsəd] *adj.* cevapsız; karşılıksız (aşk).
un·ap·proa·cha·ble □ ['ʌnə'prəʊtʃəbl] yaklaşılmaz; eşsiz.
un·apt □ [ʌn'æpt] uygunsuz.
un·a·shamed □ ['ʌnə'ʃeımd] utanmaz, yüzsüz.
un·asked ['ʌn'ɑːskt] *adj.* sorulmamış; davetsiz.
un·as·sist·ed □ ['ʌnə'sıstıd] yardımsız.
un·as·sum·ing □ ['ʌnə'sjuːmıŋ] alçakgönülü, gösterişi sevmez.
un·at·tached ['ʌnə'tætʃt] *adj.* bağımsız, serbest; bekâr.
un·at·trac·tive □ ['ʌnə'træktıv] cazibesiz, sevimsiz.
un·au·thor·ized ['ʌn'ɔːθəraızd] *adj.* yetkisiz.
un·a·vai·la·ble □ ['ʌnə'veıləbl] mevcut olmayan; işe yaramaz; **un·a·vail·ing** [~ıŋ] *adj.* boşuna, yararsız.
un·a·void·a·ble □ [ʌnə'vɔıdəbl] kaçınılmaz, çaresiz.
un·a·ware ['ʌnə'weə]: ***be ~ of*** *-in* farkında olmamak, *-den* habersiz olmak; **~s** [~z] *adv.* ansızın, habersiz; farkında olmadan.
un·backed ['ʌn'bækt] *adj.* üzerine bahse girilmemiş; arkasız.
un·bal·anced ['ʌn'bælənst] *adj.* dengesiz; ***of ~ mind*** akli dengesi bozuk.
un·bear·a·ble □ [ʌn'beərəbl] dayanılmaz, çekilmez.
un·beat·en ['ʌn'biːtn] *adj.* kırılmamış (*rekor*); yenilmemiş (*takım*); ayak basılmamış.
un·be·com·ing □ ['ʌnbı'kʌmıŋ] uygunsuz, yakışmaz.
un·be·known(st) ['ʌnbı'nəʊn(st)] *adj.* meçhul; haberi olmadan (***to*** *-in*).

U

un·be·lief ECCL ['ʌnbɪ'li:f] *n.* imansızlık, inançsızlık.

un·be·lie·va·ble □ ['ʌnbɪ'li:vəbl] inanılmaz; **un·be·liev·ing** □ ['ʌnbɪ'li:vɪŋ] imansız; şüpheci.

un·bend ['ʌn'bend] (***-bent***) *v/t. & v/i.* gevşe(t)mek; doğrul(t)mak, düzel(t)-mek; dinlen(dir)mek; **~·ing** □ [~ɪŋ] eğilmez; *fig.* kararından dönmez.

un·bi·as(s)ed □ ['ʌn'baɪəst] tarafsız, yansız.

un·bid(·den) ['ʌn'bɪd(n)] *adj.* davetsiz; kendiliğinden gelen.

un·bind ['ʌn'baɪnd] (***-bound***) *v/t.* çözmek; salıvermek.

un·blush·ing □ ['ʌn'blʌʃɪŋ] utanmaz, yüzsüz.

un·born ['ʌn'bɔ:n] *adj.* henüz doğmamış; gelecek, müstakbel.

un·bos·om [ʌn'bʊzəm] *v/t.* açığa vurmak, ortaya dökmek.

un·bound·ed □ ['ʌn'baʊndɪd] sınırsız; *fig.* ölçüsüz.

un·bri·dled *fig.* [ʌn'braɪdld] *adj.* önüne geçilmez (*hırs v.b.*); **~ *tongue*** küstah konuşma.

un·bro·ken □ ['ʌn'brəʊkən] kırılmamış (*rekor v.b.*); sürekli, aralıksız; ehlileştirilmemiş (*at*).

un·bur·den [ʌn'bɜ:dn]: **~ *o.s.*** (***to s.o.***) *b-ne* içini dökmek.

un·but·ton ['ʌn'bʌtn] *v/t. -in* düğmelerini çözmek.

un·called-for [ʌn'kɔ:ldfɔ:] *adj.* gereksiz, yersiz.

un·can·ny □ [ʌn'kænɪ] (***-ier, -iest***) esrarengiz; tekin olmayan.

un·cared-for ['ʌn'keədfɔ:] *adj.* bakımsız.

un·ceas·ing □ [ʌn'si:sɪŋ] sürekli, aralıksız; sonsuz.

un·ce·re·mo·ni·ous □ ['ʌnserɪ'məʊnjəs] resmi olmayan; teklifsiz; kaba.

un·cer·tain □ [ʌn'sɜ:tn] şüpheli; kararsız, belirsiz; güvenilmez; **~·ty** [~tɪ] *n.* şüphe, tereddüt.

un·chal·lenged ['ʌn'tʃæləndʒd] *adj.* itiraz kabul etmez, tartışılmaz.

un·change·a·ble □ ['ʌn'tʃeɪndʒəbl] değişmez; **un·changed** ['ʌn'tʃeɪndʒd] *adj.* değişmemiş, eskisi gibi; **un·chang·ing** □ ['ʌn'tʃeɪndʒɪŋ] değişmez.

un·char·i·ta·ble □ ['ʌn'tʃærɪtəbl] acımasız, katı, sert.

un·checked ['ʌn'tʃekt] *adj.* kontrolsüz, başıboş, önü alınmamış.

un·civ·il □ ['ʌn'sɪvl] kaba; **un·civ·i·lized** [~vəlaɪzd] *adj.* medeniyetsiz.

un·claimed ['ʌn'kleɪmd] *adj.* sahibi çıkmamış, sahipsiz.

un·clasp ['ʌn'klɑ:sp] *v/t.* (*toka v.b.*) açmak; (*sıkılan eli*) bırakmak.

un·cle ['ʌŋkl] *n.* amca; dayı; enişte.

un·clean □ ['ʌn'kli:n] pis, kirli.

un·close ['ʌn'kləʊz] *v/t. & v/i.* aç(ıl)mak; açığa vurmak.

un·come·ly ['ʌn'kʌmlɪ] (***-ier, -iest***) *adj.* yakışık almaz, uygunsuz, yersiz.

un·com·for·ta·ble □ [ʌn'kʌmfətəbl] rahatsız; rahatsız edici.

un·com·mon □ [ʌn'kɒmən] nadir, seyrek; olağanüstü, görülmedik.

un·com·mu·ni·ca·tive □ ['ʌnkə'mju:nɪkətɪv] az konuşur, ağzı sıkı.

un·com·plain·ing □ ['ʌnkəm'pleɪnɪŋ] şikâyet etmeyen, sabırlı.

un·com·pro·mis·ing □ [ʌn'kɒmprəmaɪzɪŋ] uzlaşmaz, uyuşmaz.

un·con·cern ['ʌnkən'sɜ:n] *n.* ilgisizlik, kayıtsızlık; **~ed** □ ilgisiz, kayıtsız; duygusuz (***with*** *-e karşı*).

un·con·di·tion·al □ ['ʌnkən'dɪʃənl] kayıtsız şartsız.

un·con·firmed ['ʌnkən'fɜ:md] *adj.* doğrulanmamış; ECCL kiliseye kabul edilmemiş.

un·con·nect·ed □ ['ʌnkə'nektɪd] birbirini tutmaz, ilgisiz.

un·con·quer·a·ble □ ['ʌn'kɒŋkərəbl] zaptedilemez; **un·con·quered** ['ʌn'kɒŋkəd] *adj.* zaptedilmemiş.

un·con·scio·na·ble □ [ʌn'kɒnʃnəbl] mantıksız; vicdansız; F fahiş (*fiyat*).

un·con·scious □ [ʌn'kɒnʃəs] bilinçsiz; MED baygın; **~·ness** MED [~nɪs] *n.* baygınlık.

un·con·sti·tu·tion·al □ ['ʌnkɒnstɪ'tju:ʃənl] anayasaya aykırı.

un·con·trol·la·ble □ ['ʌnkən'trəʊləbl] önlenemez, tutulamaz; **un·controlled** □ ['ʌnkən'trəʊld] kontrolsüz, başıboş; dizginsiz.

un·con·ven·tion·al □ ['ʌnkən'venʃənl] göreneklere uymayan; garip.

un·con·vinced ['ʌnkən'vɪnst] *adj.* emin olmayan, ikna olmamış; **un-**

con·vinc·ing [-ɪŋ] *adj.* inandırıcı olmayan.
un·cork ['ʌn'kɔːk] *v/t.* *-in* tapasını çıkarmak.
un·count|a·ble ['ʌn'kaʊntəbl] *adj.* sayılamayan; **~·ed** *adj.* sayılmamış; sayısız.
un·coup·le ['ʌn'kʌpl] *v/t.* çözmek, ayırmak.
un·couth □ [ʌn'kuːθ] kaba, kültürsüz.
un·cov·er [ʌn'kʌvə] *v/t.* *-in* örtüsünü kaldırmak, açmak; ortaya çıkarmak.
unc|tion ['ʌŋkʃn] *n.* yağ; yağ sürme; *fig.* yalancı nezaket; **~·tu·ous** □ [-tjʊəs] yağlı; *fig.* aşırı tatlı dilli.
un·cul·ti·vat·ed ['ʌn'kʌltɪveɪtɪd], **un·cul·tured** [-tʃəd] *adj.* kültürsüz, yontulmamış.
un·dam·aged ['ʌn'dæmɪdʒd] *adj.* zarar görmemiş, sağlam.
un·daunt·ed □ ['ʌn'dɔːntɪd] gözü pek, korkusuz.
un·de·ceive ['ʌndɪ'siːv] *v/t.* *fig.* gözünü açmak, uyandırmak.
un·de·cid·ed □ ['ʌndɪ'saɪdɪd] kararsız; sallantıda, askıda.
un·de·fined □ ['ʌndɪ'faɪnd] tanımlanmamış; belirsiz.
un·de·mon·stra·tive □ ['ʌndɪ'mɒnstrətɪv] ağzı sıkı; duygularını belli etmeyen.
un·de·ni·a·ble □ ['ʌndɪ'naɪəbl] inkâr olunamaz.
un·der ['ʌndə] **1.** *adv.* aşağıda, altta; boyun eğmiş durumda; **2.** *prp.* *-in* altın(d)a; *-den* eksik; **3.** *adj.* aşağıdaki, alt ...; yardımcı, ikinci, iç ...; **~·bid** [ʌndə'bɪd] (**-dd-**; **-bid**) *v/t.* *-den* daha düşük fiyat vermek; **~·brush** ['ʌndəbrʌʃ] *n.* çalılık; **~·car·riage** ['ʌndəkærɪdʒ] *n.* AVIA iniş takımı; MOT şasi; **~·clothes** ['ʌndəkləʊðz] *pl.*, **~·cloth·ing** [-ðɪŋ] *n.* iç çamaşır; **~·cut** [ʌndə'kʌt] (**-tt-**; **-cut**) *v/t.* (*fiyat*) kırmak; **~·dog** ['ʌndədɒg] *n.* ezilen kimse, biçare; **~·done** [ʌndə'dʌn] *adj.* iyi pişirilmemiş, az pişmiş; **~·es·ti·mate** [ʌndər'estɪmeɪt] *v/t.* küçümsemek; **~·fed** [ʌndə'fed] *adj.* gıdasız; **~·go** [ʌndə'gəʊ] (**-went, -gone**) *v/t.* (*zorluk v.b.*) çekmek, katlanmak, uğramak; (*testten*) geçmek; **~·grad·u·ate** [ʌndə'grædjʊət] *n.* üniversite öğrencisi; **~·ground** ['ʌndəgraʊnd] **1.** *adj.* yeraltı ...; gizli; **2.** *n.* *esp.* *Brt.* metro; **~-growth** ['ʌndəgrəʊθ] *n.* çalılık; **~·hand** [ʌndə'hænd] *adj.* & *adv.* el altından, gizlice; sinsi sinsi; **~·lie** ['ʌndə'laɪ] (**-lay, -lain**) *vb.* *-in* altında olmak; **~·line** [ʌndə'laɪn] *v/t.* *-in* altını çizmek (*a. fig.*); **~·ling** *contp.* ['ʌndəlɪŋ] *n.* ast; **~·mine** ['ʌndə'maɪn] *v/t.* *-in* altını kazmak; *fig.* (*otorite v.b.*) zayıflatmak, sarsmak; **~·most** ['ʌndəməʊst] *adj.* en alttaki; **~·neath** ['ʌndə'niːθ] *prp.* & *adv.* *-in* altın(d)a; **~·pass** ['ʌndəpɑːs] *n.* alt geçit; **~·pin** [ʌndə'pɪn] (**-nn-**) *v/t.* MEC *-in* altını beslemek, desteklemek (*a. fig.*); **~·plot** ['ʌndəplɒt] *n.* yan aksiyon; **~·priv·i·leged** [ʌndə'prɪvɪlɪdʒd] *adj.* temel sosyal haklardan yoksun; **~·rate** ['ʌndə'reɪt] *v/t.* küçümsemek; **~-sec·re·ta·ry** ['ʌndə'sekrətərɪ] *n.* müsteşar; **~·sell** ECON [ʌndə'sel] (**-sold**) *v/t.* fiyat kırarak satmak, *-den* daha ucuza satmak; **~·shirt** *Am.* ['ʌndəʃɜːt] *n.* fanila; **~signed** ['ʌndəsaɪnd]: ***the ~*** aşağıda imzası bulunan, imza sahibi; **~·size(d)** [ʌndə'saɪz(d)] *adj.* normalden küçük; **~·skirt** ['ʌndəskɜːt] *n.* jüpon, iç eteklıği; **~·staffed** ['ʌndə'stɑːft] *adj.* personeli az olan; **~·stand** [ʌndə'stænd] (**-stood**) *v/t.* anlamak, kavramak; öğrenmek, haberi olmak; tahmin etmek; ***make o.s. understood*** derdini anlatabilmek; ***an understood thing*** anlaşılmış şey; **~·stand·a·ble** [-əbl] *adj.* anlaşılır; **~·stand·ing** [-ɪŋ] *n.* anlayış, kavrama; açıklama, yorum; duygudaşlık, sempati; **~·state** [ʌndə'steɪt] *v/t.* olduğundan az göstermek, küçültmek; **~·statement** [-mənt] *n.* olduğundan az gösterme, küçültme; **~·take** [ʌndə'teɪk] (**-took, -taken**) *v/t.* üzerine almak, üstlenmek; başlamak, girişmek; **~·tak·er** ['ʌndəteɪkə] *n.* cenaze kaldırıcısı; **~·tak·ing** [ʌndə'teɪkɪŋ] *n.* girişim; üzerine alma, taahhüt; iş; garanti; **~·tone** ['ʌndətəʊn] *n.* fısıltı; *fig.* gizli duygu *ya da* anlam; **~·val·ue** [ʌndə'væljuː] *v/t.* az değer vermek; küçümsemek; **~·wear** ['ʌndəweə] *n.* iç çamaşır; **~·wood** ['ʌndəwʊd] *n.* çalılık.
un·de·served □ ['ʌndɪ'zɜːvd] hak edilmemiş, haksız; **un·de·serv·ing** □ [-ɪŋ] hak etmeyen.

U

un·de·signed □ ['ʌndɪ'zaɪnd] kasıtsız; önceden tasarlanmamış.
un·de·si·ra·ble ['ʌndɪ'zaɪərəbl] **1.** □ hoşa gitmeyen, istenmeyen; **2.** *n.* istenmeyen kimse.
un·de·vel·oped [ʌndɪ'veləpt] *adj.* gelişmemiş; işlenmemiş (*toprak*).
un·de·vi·at·ing □ ['ʌn'diːvɪeɪtɪŋ] yolunu şaşmayan.
un·dies F ['ʌndɪz] *n. pl.* kadın iç çamaşırı.
un·dig·ni·fied □ [ʌn'dɪgnɪfaɪd] onursuz; beceriksiz, sakar.
un·dis·ci·plined [ʌn'dɪsɪplɪnd] *adj.* disiplinsiz; ele avuca sığmaz.
un·dis·guised □ ['ʌndɪs'gaɪzd] kılığını değiştirmemiş; *fig.* yapmacıksız, içten.
un·dis·put·ed □ ['ʌndɪ'spjuːtɪd] karşı gelinmeyen, tartışılmaz.
un·do ['ʌn'duː] (***-did, -done***) *v/t.* çözmek, açmak, sökmek; felakete sürüklemek, mahvetmek; **~·ing** [~ɪŋ] *n.* çözme, açma; felaket, yıkım; **un·done** ['ʌn'dʌn] *adj.* çözük, açık; bitirilmemiş; mahvolmuş, perişan, hapı yutmuş.
un·doubt·ed □ [ʌn'daʊtɪd] şüphesiz, kesin.
un·dreamed [ʌn'driːmd], **undreamt** [ʌn'dremt]: **~ *-of*** akla hayale gelmez.
un·dress ['ʌn'dres] *v/t. & v/i.* soy(un)mak; **~ed** *adj.* çıplak.
un·due □ ['ʌn'djuː] yakışık almaz, uygunsuz; ECON vadesi gelmemiş.
un·du|late ['ʌndjʊleɪt] *v/t. & v/i.* dalgalan(dır)mak; dalga dalga olmak; **~·la·tion** [ʌndjʊ'leɪʃn] *n.* dalgalanma; dalga.
un·du·ti·ful □ ['ʌn'djuːtɪfl] itaatsiz, saygısız; görevine bağlı olmayan.
un·earth ['ʌn'ɜːθ] *v/t.* eşeleyip çıkarmak; *fig.* ortaya çıkarmak; **~·ly** [ʌn'ɜːθlɪ] *adj.* doğaüstü; esrarengiz; uygunsuz; ***at an ~ hour*** F uygunsuz bir saatte.
un·eas|i·ness [ʌn'iːzɪnɪs] *n.* huzursuzluk, rahatsızlık; endişe; **~·y** □ [ʌn'iːzɪ] (***-ier, -iest***) huzursuz, rahatsız; endişeli; rahatsız edici.
un·ed·u·cat·ed ['ʌn'edjʊkeɪtɪd] *adj.* okumamış, cahil.
un·e·mo·tion·al □ ['ʌnɪ'məʊʃənl] duygusuz.
un·em|ployed ['ʌnɪm'plɔɪd] **1.** *adj.* işsiz, boşta; kullanılmayan; **2.** *n.* ***the ~*** *pl.* işsizler; **~·ploy·ment** [~mənt] *n.* işsizlik.
un·end·ing □ [ʌn'endɪŋ] bitmez tükenmez, sonsuz.
un·en·dur·a·ble □ ['ʌnɪn'djʊərəbl] dayanılmaz, çekilmez.
un·en·gaged ['ʌnɪn'geɪdʒd] *adj.* serbest.
un·e·qual □ ['ʌn'iːkwəl] eşit olmayan; yetersiz (***to*** *-e*); **~(l)ed** *adj.* eşi bulunmaz, eşsiz.
un·er·ring □ ['ʌn'ɜːrɪŋ] şaşmaz, tam isabetli.
un·es·sen·tial ['ʌnɪ'senʃl] *adj.* gereksiz, önemsiz.
un·e·ven □ ['ʌn'iːvn] engebeli, inişli çıkışlı; düzensiz; tek (*sayı*).
un·e·vent·ful □ ['ʌnɪ'ventfl] olaysız, sakin.
un·ex·am·pled ['ʌnɪg'zɑːmpld] *adj.* eşi görülmemiş, eşsiz.
un·ex·cep·tio·na·ble □ ['ʌnɪk'sepʃnəbl] karşı çıkılmaz, itiraz kabul etmez; kusursuz.
un·ex·pec·ted □ ['ʌnɪk'spektɪd] beklenmedik, umulmadık.
un·ex·plained ['ʌnɪk'spleɪnd] *adj.* açıklanmamış, anlaşılmaz.
un·fad·ing [ʌn'feɪdɪŋ] *adj.* solmaz.
un·fail·ing □ [ʌn'feɪlɪŋ] bitmez tükenmez, sonu gelmez; *fig.* sadık, vefalı.
un·fair □ ['ʌn'feə] haksız, adaletsiz; hileli.
un·faith·ful □ ['ʌn'feɪθfl] sadakatsiz, vefasız; güvenilmez.
un·fa·mil·i·ar ['ʌnfə'mɪljə] *adj.* iyi bilmeyen, yabancı (***with*** *-e*); alışılmamış.
un·fas·ten ['ʌn'fɑːsn] *v/t.* açmak, çözmek, gevşetmek; **~ed** *adj.* çözük, açık.
un·fath·o·ma·ble □ [ʌn'fæðəməbl] dibine ulaşılamaz.
un·fa·vo(u)·ra·ble □ ['ʌn'feɪvərəbl] elverişsiz; ters, aksi.
un·feel·ing □ [ʌn'fiːlɪŋ] duygusuz.
un·fil·i·al □ ['ʌn'fɪljəl] evlada yakışmaz, saygısız.
un·fin·ished ['ʌn'fɪnɪʃt] *adj.* bitmemiş.
un·fit ['ʌn'fɪt] **1.** □ uygunsuz; yetersiz; SPOR: formsuz; **2.** (***-tt-***) *v/t.* kuvvetten düşürmek.
un·fix ['ʌn'fɪks] *v/t.* çözmek, açmak.
un·fledged ['ʌnfledʒd] *adj.* tüyleri bitmemiş, uçamayan (kuş); *fig.* acemi

çaylak.
un·flinch·ing □ [ʌn'flɪntʃɪŋ] korkusuz, cesur, yiğit.
un·fold ['ʌn'fəʊld] *v/t.* & *v/i.* aç(ıl)mak; yaymak; gözler önüne sermek.
un·forced ['ʌn'fɔːst] *adj.* doğal.
un·fore·seen ['ʌnfɔː'siːn] *adj.* beklenmedik, umulmadık.
un·for·get·ta·ble □ ['ʌnfɔ'getəbl] unutulmaz.
un·for·giv·ing ['ʌnfə'gɪvɪŋ] *adj.* affetmez, acımasız.
un·for·got·ten ['ʌnfə'gɒtn] *adj.* unutulmamış.
un·for·tu·nate [ʌn'fɔːtʃnət] **1.** □ şanssız; **2.** *n.* şanssız kimse; **~·ly** [~lı] *adv.* ne yazık ki, maalesef.
un·found·ed □ ['ʌn'faʊndıd] asılsız, boş.
un·friend·ly ['ʌn'frendlı] (**-ier, -iest**) *adj.* dostça olmayan, düşmanca.
un·furl ['ʌn'fɜːl] *v/t.* açmak, yaymak, sermek.
un·fur·nished ['ʌn'fɜːnıʃt] *adj.* mobilyasız.
un·gain·ly [ʌn'geınlı] *adj.* hantal, biçimsiz; sakar; kaba.
un·gen·er·ous □ ['ʌn'dʒenərəs] cimri, eli sıkı.
un·god·ly □ ['ʌn'gɒdlı] Allahsız, dinsiz; F uygunsuz; ***at an ~ hour*** F uygunsuz bir saatte.
un·gov·er·na·ble □ ['ʌn'gʌvənəbl] yönetilemez, asi.
un·grace·ful □ ['ʌn'greısfl] kaba, inceliksiz; beceriksiz.
un·gra·cious □ ['ʌn'greıʃəs] kaba, nezaketsiz; hoşa gitmeyen.
un·grate·ful □ [ʌn'greıtfl] nankör; tatsız (iş).
un·guard·ed □ ['ʌn'gɑːdıd] koruyucusuz; dikkatsiz.
un·guent PHARM ['ʌŋgwənt] *n.* merhem, yağ.
un·ham·pered [ʌn'hæmpəd] *adj.* engellenmemiş, serbest.
un·hand·some □ [ʌn'hænsəm] çirkin; yakışıksız, uygunsuz.
un·han·dy □ ['ʌn'hændı] (**-ier, -iest**) kullanışsız, elverişsiz; eli işe yakışmaz, sakar.
un·hap·py □ [ʌn'hæpı] (**-ier, -iest**) mutsuz; şanssız.
un·harmed ['ʌn'hɑːmd] *adj.* zarar görmemiş, sağ salim.
un·health·y □ [ʌn'helθı] (**-ier, -iest**) sağlığı bozuk; sağlığa zararlı.
un·heard-of [ʌn'hɜːdɒv] *adj.* eşi görülmemiş, duyulmamış.
un·heed|ed □ ['ʌn'hiːdıd] önemsenmeyen; **~·ing** [~ıŋ] *adj.* önemsemeyen, aldırışsız.
un·hes·i·tat·ing □ [ʌn'hezıteıtıŋ] tereddüt etmeyen.
un·ho·ly ['ʌn'həʊlı] (**-ier, -iest**) *adj.* kutsal olmayan, dine aykırı; F *s.* ***ungodly.***
un·hook ['ʌn'hʊk] *v/t.* *-in* çengellerini çıkarmak.
un·hoped-for [ʌn'həʊptfɔː] *adj.* beklenmedik, umulmadık.
un·hurt ['ʌn'hɜːt] *adj.* zarar görmemiş, incinmemiş, sağlam.
u·ni- ['juːnı] *prefix* bir ..., tek ...
u·ni·corn ['juːnıkɔːn] *n.* tek boynuzlu at.
u·ni·fi·ca·tion [juːnıfı'keıʃn] *n.* birleş(tir)me.
u·ni·form ['juːnıfɔːm] **1.** □ aynı, değişmez; düzenli; tekdüzen; **2.** *n.* üniforma; **3.** *v/t.* üniforma giydirmek; **~·i·ty** [juːnı'fɔːmətı] *n.* aynılık, değişmezlik; tekdüzenlik.
u·ni·fy ['juːnıfaı] *v/t.* birleştirmek.
u·ni·lat·e·ral □ ['juːnı'lætərəl] tek yanlı.
un·i·ma·gi·na|ble □ ['ʌnı'mædʒınəbl] düşünülemez, akıl almaz; **~·tive** □ ['ʌnı'mædʒınətıv] hayal gücü dar.
un·im·por·tant □ ['ʌnım'pɔːtənt] önemsiz.
un·im·proved ['ʌnım'pruːvd] *adj.* geliştirilmemiş; sürülmemiş (*toprak*).
un·in·formed ['ʌnın'fɔːmd] *adj.* haberdar edilmemiş.
un·in·hab|i·ta·ble ['ʌnın'hæbıtəbl] *adj.* oturulamaz, yaşanılmaz; **~·it·ed** [~tıd] *adj.* ıssız, boş.
un·in·jured ['ʌn'ındʒəd] *adj.* yaralanmamış, incinmemiş.
un·in·tel·li·gi·ble □ ['ʌnın'telıdʒəbl] anlaşılmaz.
un·in·ten·tion·al □ ['ʌnın'tenʃənl] istemeyerek yapılan, kasıtsız.
un·in·te·rest·ing □ ['ʌn'ıntrıstıŋ] ilginç olmayan.
un·in·ter·rupt·ed □ ['ʌnıntə'rʌptıd] aralıksız, sürekli, kesintisiz.

u·ni·on ['juːnjən] *n.* birleş(tir)me; evlilik; POL birlik; sendika; darülaceze, düşkünlerevi; **~·ist** [-ıst] *n.* sendikacı; **♀ Jack** *n.* İngiliz bayrağı; **~ suit** *n. Am.* kombinezon.
u·nique □ [juː'niːk] biricik, tek; eşsiz.
u·ni·son MUS *& fig.* ['juːnızn] *n.* birlik, ahenk, uyum.
u·nit ['juːnıt] *n.* birlik; MATH, MEC birim, ünite.
u·nite [juː'naıt] *v/t. & v/i.* birleş(tir)mek; **u·nit·ed** *adj.* birleşmiş, birleşik; **u·ni·ty** ['juːnətı] *n.* birlik; bütünlük; dayanışma.
u·ni·ver·sal □ [juːnı'vɜːsl] genel; evrensel; **~·i·ty** ['juːnıvɜː'sælətı] *n.* genellik; evrensellik.
u·ni·verse ['juːnıvɜːs] *n.* evren.
u·ni·ver·si·ty [juːnı'vɜːsətı] *n.* üniversite; **~ *graduate*** üniversite mezunu.
un·just □ ['ʌn'dʒʌst] haksız, adaletsiz; **un·jus·ti·fi·a·ble** □ [ʌn'dʒʌstıfaıəbl] gereksiz, yersiz.
un·kempt ['ʌn'kempt] *adj.* taranmamış, dağınık (*saç*); derbeder.
un·kind □ [ʌn'kaınd] zalim, insafsız, sert; kırıcı.
un·know·ing □ ['ʌn'nəʊıŋ] habersiz; **un·known** [-n] **1.** *adj.* bilinmeyen, meçhul, yabancı; **~ *to me*** haberim olmadan; **2.** *n.* meçhul kimse.
un·lace ['ʌn'leıs] *v/t. -in* bağlarını çözmek.
un·latch ['ʌn'lætʃ] *v/t. -in* mandalını açmak.
un·law·ful □ ['ʌn'lɔːfl] kanunsuz, yasadışı, yolsuz.
un·lead·ed ['ʌnledıd] *adj.* kurşunsuz.
un·learn ['ʌn'lɜːn] (***-ed*** *ya da* ***-learnt***) *v/t.* (*öğrendiğini*) unutmak.
un·less [ən'les] *cj.* -medikçe, -mezse.
un·like ['ʌn'laık] **1.** □ farklı; **2.** *prp.* benzemeyerek; *-den* farklı olarak, *-in* aksine; **~·ly** [ʌn'laıklı] *adj.* olası olmayan, olasısız.
un·lim·it·ed [ʌn'lımıtıd] *adj.* sınırsız, sayısız.
un·load ['ʌn'ləʊd] *v/t. -den* kurtarmak, rahatlatmak; (*derdini*) dökmek; NAUT (*yük*) boşaltmak.
un·lock ['ʌn'lɒk] *v/t. -in* kilidini açmak; **~ed** *adj.* açık.
un·looked-for [ʌn'lʊktfɔː] *adj.* beklenmedik, umulmadık.
un·loose, un·loos·en ['ʌn'luːs, ʌn'luːsn] *v/t.* çözmek; salıvermek.
un·love·ly ['ʌn'lʌvlı] *adj.* sevimsiz; **un·lov·ing** □ [-ıŋ] duygusuz, sevgisiz.
un·luck·y □ [ʌn'lʌkı] (***-ier, -iest***) şanssız; uğursuz; ***be ~*** şansı olmamak.
un·make ['ʌn'meık] (***-made***) *v/t.* bozmak; parçalamak, harap etmek.
un·man ['ʌn'mæn] (***-nn-***) *v/t.* cesaretini kırmak; kısırlaştırmak; **~*ned*** insansız (*uzay gemisi*).
un·man·age·a·ble □ [ʌn'mænıdʒəbl] idaresi güç.
un·mar·ried ['ʌn'mærıd] *adj.* evlenmemiş, bekâr.
un·mask ['ʌn'mɑːsk] *v/t.* maskesini çıkarmak; *fig.* maskesini düşürmek.
un·matched ['ʌn'mætʃt] *adj.* eşsiz, eşi bulunmaz.
un·mean·ing □ [ʌn'miːnıŋ] anlamsız.
un·mea·sured [ʌn'meʒəd] *adj.* sonsuz, sınırsız.
un·mer·it·ed ['ʌn'merıtıd] *adj.* haksız.
un·mind·ful □ [ʌn'maındfl]: ***be ~ of*** *-e* aldırmamak, unutmak.
un·mis·ta·ka·ble □ ['ʌnmı'steıkəbl] açık, belli.
un·mit·i·gat·ed [ʌn'mıtıgeıtıd] *adj.* tam; ***an ~ scoundrel*** tam bir alçak.
un·mo·lest·ed ['ʌnmə'lestıd] *adj.* rahatsız edilmemiş.
un·mount·ed ['ʌn'maʊntıd] *adj.* atsız; monte edilmemiş; oturtulmamış.
un·moved ['ʌn'muːvd] *adj.* duygusuz; istifini bozmamış, soğukkanlı.
un·named ['ʌn'neımd] *adj.* isimsiz, adsız.
un·nat·u·ral □ [ʌn'nætʃrəl] doğal olmayan, anormal; yapmacık.
un·ne·ces·sa·ry □ [ʌn'nesəsərı] gereksiz; faydasız.
un·neigh·bo(u)r·ly ['ʌn'neıbəlı] *adj.* komşuya yakışmaz.
un·nerve ['ʌn'nɜːv] *v/t.* sinirini bozmak, cesaretini kırmak.
un·no·ticed ['ʌn'nəʊtıst] *adj.* gözden kaçmış.
un·ob·jec·tio·na·ble □ ['ʌnəb'dʒekʃnəbl] itiraz edilemez, kusursuz.
un·ob·serv·ant □ ['ʌnəb'zɜːvənt] dikkatsiz; **un·ob·served** □ [-d] gözden kaçmış.
un·ob·tai·na·ble ['ʌnəb'teınəbl] *adj.* elde edilemez, bulunamaz.

un·ob·tru·sive □ ['ʌnəb'truːsɪv] göze çarpmaz; alçakgönüllü.
un·oc·cu·pied ['ʌn'ɒkjʊpaɪd] *adj.* boş; işsiz, boşta.
un·of·fend·ing ['ʌnə'fendɪŋ] *adj.* zararsız, karıncayı ezmez.
un·of·fi·cial □ ['ʌnə'fɪʃl] resmi olmayan.
un·op·posed ['ʌnə'pəʊzd] *adj.* karşı çıkılmamış; rakipsiz.
un·os·ten·ta·tious □ ['ʌnɒstən'teɪʃəs] gösterişsiz, sade.
un·owned ['ʌn'əʊnd] *adj.* sahipsiz.
un·pack ['ʌn'pæk] *v/t.* (*bavul v.b.*) açmak, boşaltmak.
un·paid ['ʌn'peɪd] *adj.* ödenmemiş.
un·par·al·leled [ʌn'pærəleld] *adj.* eşsiz, eşi bulunmaz.
un·par·don·a·ble □ [ʌn'pɑːdnəbl] affedilemez.
un·per·ceived □ ['ʌnpə'siːvd] kavranılmamış.
un·per·turbed ['ʌnpə'tɜːbd] *adj.* sakin, soğukkanlı.
un·pick [ʌn'pɪk] *v/t.* sökmek.
un·placed [ʌn'pleɪst]: ***be ~*** SPOR: ilk üçe girememek.
un·pleas·ant □ [ʌn'pleznt] hoşa gitmeyen, tatsız; **~·ness** [~nɪs] *n.* hoşa gitmeme, tatsızlık.
un·pol·ished ['ʌn'pɒlɪʃt] *adj.* cilasız; *fig.* kaba, terbiyesiz.
un·pol·lut·ed ['ʌnpə'luːtɪd] *adj.* kirletilmemiş.
un·pop·u·lar □ ['ʌn'pɒpjʊlə] popüler olmayan, tutulmayan; **~·i·ty** ['ʌnpɒpjʊ'lærətɪ] *n.* popüler olmama, tutulmama.
un·prac|ti·cal □ ['ʌn'præktɪkl] pratik olmayan, kullanışsız; **~tised**, *Am.* **~·ticed** [ʌn'præktɪst] *adj.* acemi, deneyimsiz.
un·pre·ce·dent·ed □ [ʌn'presɪdəntɪd] eşi görülmemiş, eşsiz.
un·prej·u·diced □ [ʌn'predʒʊdɪst] önyargısız, yansız.
un·pre·med·i·tat·ed □ ['ʌnprɪ'medɪteɪtɪd] kasıtsız; önceden tasarlanmamış.
un·pre·pared □ ['ʌnprɪ'peəd] hazırlıksız.
un·pre·ten·tious □ ['ʌnprɪ'tenʃəs] alçakgönüllü, kendi halinde.
un·prin·ci·pled [ʌn'prɪnsəpld] *adj.* karaktersiz, ahlaksız.
un·prof·i·ta·ble □ [ʌn'prɒfɪtəbl] kârsız, kazançsız.
un·proved, **un·prov·en** ['ʌn'pruːvd, 'ʌn'pruːvn] *adj.* kanıtlanmamış.
un·pro·vid·ed ['ʌnprə'vaɪdɪd]: ***~ with*** *-den* yoksun; ***~ for*** *-si* karşılanmamış.
un·pro·voked □ ['ʌnprə'vəʊkt] kışkırtılmamış.
un·qual·i·fied ['ʌn'kwɒlɪfaɪd] *adj.* vasıfsız, ehliyetsiz; şartsız; tam, kesin.
un·ques|tio·na·ble □ [ʌn'kwestʃənəbl] şüphe götürmez, kesin; **~·tion·ing** □ [~ɪŋ] kayıtsız şartsız.
un·quote ['ʌn'kwəʊt]: ***~!*** Tırnak işaretini kapat!
un·rav·el [ʌn'rævl] (*esp. Brt.* **-ll-**, *Am.* **-l-**) *v/t. & v/i.* sök(ül)mek, çöz(ül)mek.
un·re·al □ ['ʌn'rɪəl] gerçek dışı, hayali, asılsız; **un·re·a·lis·tic** ['ʌnrɪə'lɪstɪk] (***~ally***) *adj.* gerçekçi olmayan.
un·rea·so·na·ble □ [ʌn'riːznəbl] akıllıca olmayan, mantıksız.
un·rec·og·niz·a·ble □ ['ʌn'rekəgnaɪzəbl] tanınmaz.
un·re·deemed □ ['ʌnrɪ'diːmd] rehinden kurtarılmamış; yerine getirilmemiş, tutulmamış (*söz*).
un·re·fined ['ʌnrɪ'faɪnd] *adj.* arıtılmamış; *fig.* kaba.
un·re·flect·ing □ ['ʌnrɪ'flektɪŋ] yansımasız.
un·re·gard·ed ['ʌnrɪ'gɑːdɪd] *adj.* önemsenmemiş.
un·re·lat·ed ['ʌnrɪ'leɪtɪd] *adj.* ilgi siz (***to*** *-e karşı*).
un·re·lent·ing □ ['ʌnrɪ'lentɪŋ] acımasız, amansız; gevşemez.
un·rel·i·a·ble □ ['ʌnrɪ'laɪəbl] güvenilmez.
un·re·lieved □ ['ʌnrɪ'liːvd] hafiflememiş, dinmemiş.
un·re·mit·ting □ [ʌnrɪ'mɪtɪŋ] sürekli, aralıksız.
un·re·quit·ed □ ['ʌnrɪ'kwaɪtɪd]: ***~ love*** karşılıksız aşk.
un·re·served □ ['ʌnrɪ'zɜːvd] sınırlanmamış; açıksözlü, çekinmeyen.
un·re·sist·ing □ ['ʌnrɪ'zɪstɪŋ] karşı koymayan, dirençsiz.
un·re·spon·sive □ ['ʌnrɪ'spɒnsɪv] tepki göstermeyen (***to*** *-e*).
un·rest ['ʌn'rest] *n.* rahatsızlık, POL *a.* huzursuzluk, kargaşa.

U

un·re·strained □ ['ʌnrı'streınd] frenlenmemiş, serbest.
un·re·strict·ed □ ['ʌnrı'strıktıd] sınırsız, kısıtsız.
un·right·eous □ ['ʌn'raıtʃəs] haksız, adaletsiz.
un·ripe ['ʌn'raıp] *adj.* ham, olmamış.
un·ri·val(l)ed [ʌn'raıvld] *adj.* rakipsiz; eşsiz.
un·roll ['ʌn'rəʊl] *v/t. & v/i.* aç(ıl)mak, yay(ıl)mak.
un·ruf·fled ['ʌn'rʌfld] *adj.* buruşuksuz; *fig.* sakin, soğukkanlı.
un·ru·ly [ʌn'ru:lı] (***-ier, -iest***) *adj.* azılı; ele avuca sığmaz.
un·safe □ ['ʌn'seıf] emniyetsiz, güvensiz, tehlikeli.
un·said [ʌn'sed] *adj.* söylenmemiş, sözü edilmemiş.
un·sal(e)·a·ble ['ʌn'seıləbl] *adj.* satılamaz.
un·san·i·tar·y ['ʌn'sænıtərı] *adj.* sağlıkla ilgili olmayan.
un·sat·is|fac·to·ry □ ['ʌnsætıs'fæktərı] yetersiz, tatmin etmeyen; **~·fied** ['ʌn'sætısfaıd] *adj.* giderilmemiş; memnun kalmamış; **~·fy·ing** □ [~ıŋ] = ***unsatisfactory.***
un·sa·vo(u)r·y □ ['ʌn'seıvərı] tatsız, yavan; *fig.* kötü, rezil.
un·say ['ʌn'seı] (***-said***) *v/t.* (*sözünü*) geri almak.
un·scathed ['ʌn'skeıðd] *adj.* yaralanmamış.
un·schooled ['ʌn'sku:ld] *adj.* okumamış, cahil; doğal.
un·screw ['ʌn'skru:] *v/t.* vidalarını sökmek; çevirerek açmak.
un·scru·pu·lous □ [ʌn'skru:pjʊləs] vicdansız.
un·sea·soned ['ʌn'si:znd] *adj.* çeşnisiz, baharatsız (*yemek*); *fig.* olgunlaşmamış.
un·seat ['ʌn'si:t] *v/t.* (*at*) binicisini düşürmek; görevden almak.
un·see·ing □ [ʌn'si:ıŋ] *fig.* kör; ***with ~ eyes*** kör gibi, önüne bakmadan.
un·seem·ly [ʌn'si:mlı] *adj.* yakışık almaz, uygunsuz.
un·self·ish □ ['ʌn'selfıʃ] bencil olmayan, özverili; **~·ness** [~nıs] *n.* bencil olmama, özveri.
un·set·tle ['ʌn'setl] *v/t. & v/i.* yerinden çık(ar)mak; huzurunu kaçırmak; düzenini bozmak; **~·d** *adj.* kararlaştırılmamış; dönek (*hava*).
un·shak·en ['ʌn'ʃeıkən] *adj.* sarsılmaz, metin; sabit.
un·shaved, un·shav·en ['ʌn'ʃeıvd, ~n] *adj.* tıraşı uzamış.
un·ship ['ʌn'ʃıp] *v/t.* gemiden indirmek, boşaltmak.
un·shrink|a·ble ['ʌn'ʃrıŋkəbl] *adj.* çekmez, büzülmez; **~·ing** □ [ʌn'ʃrıŋkıŋ] çekmeyen; sarsılmaz.
un·sight·ly [ʌn'saıtlı] *adj.* çirkin, göz zevkini bozan.
un·skil(l)·ful □ ['ʌn'skılfl] beceriksiz; **un·skilled** *adj.* deneyimsiz, acemi.
un·so·cia·ble □ [ʌn'səʊʃəbl] çekingen; **un·so·cial** [~l] *adj.* başkalarına sokulmaz, yabani; ***work ~ hours*** *Brt.* normal çalışma saatleri dışında çalışmak.
un·sol·der ['ʌn'sɒldə] *v/t.* -*in* lehimini çıkarmak.
un·so·lic·it·ed ['ʌnsə'lısıtıd] *adj.* istenilmemiş; davetsiz; ***~ goods*** ECON talep edilmemiş mallar.
un·solv·a·ble ['ʌn'sɒlvəbl] *adj.* CHEM çözünmez; *fig.* çözülemez, halledilemez; **un·solved** [~d] *adj.* çözülmemiş.
un·so·phis·ti·cat·ed ['ʌnsə'fıstıkeıtıd] *adj.* saf, bön, acemi; basit, sade.
un·sound □ ['ʌn'saʊnd] çürük, derme çatma; hafif (*uyku*); ***of ~ mind*** LEG şuuru bozuk.
un·spar·ing □ [ʌn'speərıŋ] esirgemeyen; bol, çok.
un·spea·ka·ble □ [ʌn'spi:kəbl] sözcüklerle anlatılamaz, tarife sığmaz.
un·spoiled, un·spoilt ['ʌn'spɔıld, ~t] *adj.* bozulmamış; şımarmamış (*çocuk*).
un·spo·ken ['ʌn'spəʊkən] *adj.* söylenmemiş, kapalı; ***~-of*** değinilmemiş.
un·stead·y □ ['ʌn'stedı] (***-ier, -iest***) sallanan, oynak; titrek; *fig.* değişken, kararsız.
un·strained ['ʌn'streınd] *adj.* süzülmemiş; *fig.* doğal.
un·strap ['ʌn'stræp] (***-pp-***) *v/t.* -*in* kayışını çıkarmak.
un·stressed LING ['ʌn'strest] *adj.* vurgusuz.
un·strung ['ʌn'strʌŋ] *adj.* MUS telleri gevşek; *fig.* sinirleri bozuk.
un·stuck ['ʌn'stʌk]: ***come ~*** açılmak;

fig. (*plan v.b.*) suya düşmek.

un·stud·ied ['ʌn'stʌdɪd] *adj.* doğal; çalışılmamış.

un·suc·cess·ful □ ['ʌnsək'sesfl] başarısız.

un·suit·a·ble □ ['ʌn'sju:təbl] uygunsuz, yakışıksız.

un·sure ['ʌn'ʃʊə] (**~r, ~st**) *adj.* emin olmayan.

un·sur·passed ['ʌnsə'pɑ:st] *adj.* eşsiz, üstün.

un·sus·pect|ed □ ['ʌnsə'spektɪd] kuşkulanılmayan; **~·ing** □ [~ɪŋ] kuşkulanmayan.

un·sus·pi·cious □ ['ʌnsə'spɪʃəs] kuşkucu olmayan, kalbi temiz.

un·swerv·ing □ [ʌn'swɜ:vɪŋ] değişmez, sapmaz, şaşmaz.

un·tan·gle ['ʌn'tæŋgl] *v/t.* açmak, çözmek.

un·tapped ['ʌn'tæpt] *adj.* kullanılmayan.

un·teach·a·ble ['ʌn'ti:tʃəb] *adj.* söz dinlemez; öğretilemez.

un·ten·a·ble ['ʌn'tenəbl] *adj.* savunulamaz (*teori v.b.*).

un·ten·ant·ed ['ʌn'tenəntɪd] *adj.* kiracısız, boş.

un·thank·ful □ ['ʌn'θæŋkfl] nankör.

un·think|a·ble [ʌn'θɪŋkəbl] *adj.* düşünülemez, akla gelmez; **~·ing** □ ['ʌn'θɪŋkɪŋ] düşüncesiz.

un·thought ['ʌn'θɔ:t] *adj.* düşünülmemiş; **~-of** akla hayale gelmedik.

un·ti·dy □ [ʌn'taɪdɪ] (**-ier, -iest**) dağınık, düzensiz.

un·tie ['ʌn'taɪ] *v/t. & v/i.* çöz(ül)mek, aç(ıl)mak.

un·til [ən'tɪl] *prp. & cj. -e* kadar, *-e* değin, *-e* dek; **not ~** *-den* önce değil.

un·time·ly [ʌn'taɪmlɪ] *adj.* zamansız; mevsimsiz; uygunsuz, yersiz.

un·tir·ing □ [ʌn'taɪərɪŋ] yorulmak bilmez.

un·to ['ʌntʊ] = **to.**

un·told ['ʌn'təʊld] *adj.* anlatılmamış; sayısız, hesapsız.

un·touched ['ʌn'tʌtʃt] *adj.* dokunulmamış; *fig.* etkilenmemiş.

un·trou·bled ['ʌn'trʌbld] *adj.* sıkıntısız, dertsiz.

un·true □ ['ʌn'tru:] yalan, uydurma; yanlış.

un·trust·wor·thy ['ʌn'trʌstwɜ:ðɪ] *adj.* güvenilmez.

un·truth·ful □ ['ʌn'tru:θfl] asılsız, uydurma; yalancı.

un·used[1] ['ʌn'ju:zd] *adj.* kullanılmamış.

un·used[2] ['ʌn'ju:st] *adj.* alışık olmayan (**to** *-e*).

un·u·su·al □ [ʌn'ju:ʒʊəl] görülmedik, nadir, ender; alışılmamış, yadırganan.

un·ut·ter·a·ble □ [ʌn'ʌtərəbl] ağza alınmaz, söylenmez.

un·var·nished *fig.* ['ʌn'vɑ:nɪʃt] *adj.* sade, süssüz.

un·var·y·ing □ [ʌn'veərɪɪŋ] değişmez.

un·veil [ʌn'veɪl] *v/t. -in* örtüsünü açmak; ortaya çıkarmak.

un·versed ['ʌn'vɜ:st] *adj.* deneyimsiz, acemi (**in** *-de*).

un·want·ed ['ʌn'wɒntɪd] *adj.* istenmeyen.

un·war·rant·ed [ʌn'wɒrəntɪd] *adj.* haksız, özürsüz.

un·wel·come [ʌn'welkəm] *adj.* hoş karşılanmayan.

un·well [ʌn'wel]: **she is** *ya da* **feels ~** kendini iyi hissetmiyor, rahatsız.

un·whole·some ['ʌn'həʊlsəm] *adj.* sağlığa zararlı; *fig.* ahlak bozucu, zararlı.

un·wield·y □ [ʌn'wi:ldɪ] hantal, kaba, kocaman.

un·will·ing □ ['ʌn'wɪlɪŋ] isteksiz, gönülsüz; **be ~ to do** yapmaya istekli olmamak, isteksizce yapmak.

un·wind ['ʌn'waɪnd] (**-wound**) *v/t. & v/i.* aç(ıl)mak, çöz(ül)mek; F rahatlatmak.

un·wise □ ['ʌn'waɪz] akılsız; akılsızca.

un·wit·ting □ [ʌn'wɪtɪŋ] farkında olmayan, habersiz.

un·wor·thy □ [ʌn'wɜ:ðɪ] değmez; **he is ~ of it** ona layık değildir.

un·wrap ['ʌn'ræp] *v/t. & v/i.* aç(ıl)mak, çöz(ül)mek.

un·writ·ten ['ʌnrɪtn]: **~ law** örf ve âdet hukuku.

un·yield·ing □ [ʌn'ji:ldɪŋ] boyun eğmez, direngen.

un·zip [ʌn'zɪp] (**-pp-**) *v/t. -in* fermuarını açmak.

up [ʌp] **1.** *adv.* yukarı, yukarıda, yukarıya; havaya; kuzeye; **~ to** *-e* kadar; **2.** *adj.* yükselmiş; yataktan kalkmış; ayakta; hazır, yapılmış; haberdar; **~**

U

and about hastalıktan kurtulmuş, ayağa kalkmış; ***it is ~ to him*** ona kalmış, ona bağlı; ***what are you ~ to?*** ne halt karıştırıyorsun?; ***what's ~ ?*** ne oluyor?; **3.** *prp.* *-den* yukarıda, *-den* yukarıya; ~ **(*the*) *country*** ülkenin içine doğru; **4.** (**-*pp*-**) *v/t.* & *v/i.* (*fiyat v.b.*) yüksel(t)mek, art(ır)mak; ayağa kalkmak; **5.** *n.* ***the ~s and downs*** iyi ve kötü günler, inişler ve çıkışlar.

up-and-com·ing ['ʌpən'kʌmɪŋ] *adj.* ümit verici; başarı vadeden.

up·bring·ing ['ʌpbrɪŋɪŋ] *n.* yetiş(tir)me, terbiye.

up·com·ing *Am.* ['ʌpkʌmɪŋ] *adj.* olması yakın.

up·coun·try ['ʌp'kʌntrɪ] *adj.* sahilden uzak, iç kesimdeki.

up·date [ʌp'deɪt] *v/t.* modernleştirmek, güncelleştirmek.

up·end [ʌp'end] *v/t.* dikine oturtmak; yıkmak, devirmek.

up·grade [ʌp'greɪd] *v/t.* terfi ettirmek, yükseltmek.

up·heav·al *fig.* [ʌp'hiːvl] *n.* karışıklık, kargaşa.

up·hill ['ʌp'hɪl] *adj.* yokuş yukarı giden; *fig.* güç, çetin.

up·hold [ʌp'həʊld] (**-*held***) *v/t.* kaldırmak; desteklemek; LEG onaylamak.

up|hol·ster [ʌp'həʊlstə] *v/t.* (*koltuk v.b.*) kaplamak; (*oda*) döşemek; **~·hol·ster·er** [~rə] *n.* döşemeci; **~·hol·ster·y** [~ɪ] *n.* döşemecilik; mefruşat.

up·keep ['ʌpkiːp] *n.* bakım; bakım masrafı.

up·land ['ʌplənd] *n. mst.* **~*s*** *pl.* yüksek arazi, yayla.

up·lift *fig.* [ʌp'lɪft] *v/t.* yüceltmek.

up·load ['ʌpləʊd] **1.** *v/t.* yüklemek; **2.** *n.* yüklenen dosya.

up·mar·ket ['ʌpmɑːkɪt] seçkin (*otel v.b.*).

up·on [ə'pɒn] = ***on***; ***once ~ a time there was ...*** bir zamanlar ... vardı.

up·per ['ʌpə] *adj.* yukarıdaki, üst ...; **~·most** **1.** *adj.* en üstteki; başlıca; **2.** *adv.* en üstte.

up·raise [ʌp'reɪz] *v/t.* yukarı kaldırmak.

up·right ['ʌpraɪt] **1.** □ dik, dikey; *fig.* dürüst; **2.** *n.* direk.

up·ris·ing ['ʌpraɪzɪŋ] *n.* ayaklanma, isyan.

up·roar ['ʌprɔː] *n.* şamata, gürültü; **~·i·ous** □ [ʌp'rɔːrɪəs] gürültülü, curcunalı.

up·root [ʌp'ruːt] *v/t.* kökünden sökmek.

up·scale ['ʌpskeɪl] *Am.* seçkin (*otel v.b.*); *Brit.* = ***upmarket.***

up·set [ʌp'set] (**-*set***) *v/t.* devirmek; altüst etmek; (*mideyi*) bozmak; *fig.* üzmek, perişan etmek, *v/i.* devrilmek; ***be ~*** altüst olmak, bozulmak.

up·shot ['ʌpʃɒt] *n.* sonuç, son.

up·side down ['ʌpsaɪd'daʊn] *adv.* tepetaklak, tepesi üstü, altüst.

up·stairs ['ʌp'steəz] *adv.* üst kat(t)a, yukarıda.

up·start ['ʌpstɑːt] *n.* sonradan görme kimse, türedi.

up·state *Am.* ['ʌpsteɪt] *n.* taşra.

up·stream ['ʌp'striːm] *adv.* akıntıya karşı.

up·tight F ['ʌptaɪt] *adj.* sinirli, endişeli.

up-to-date ['ʌptə'deɪt] *adj.* modern, güncel, çağdaş.

up·town *Am.* ['ʌp'taʊn] *adv.* kent merkezinin dışında, yerleşim bölgesinde.

up·turn ['ʌptɜːn] *n.* iyiye gitme, düzelme.

up·ward(s) ['ʌpwəd(z)] *adv.* yukarı doğru, yukarı.

u·ra·ni·um CHEM [jʊə'reɪnjəm] *n.* uranyum.

ur·ban ['ɜːbən] *adj.* kent ile ilgili, kent ...; **~e** □ [ɜː'beɪn] görgülü, nazik, ince.

ur·chin ['ɜːtʃɪn] *n.* afacan.

urge [ɜːdʒ] **1.** *v/t.* ısrar etmek; sıkıştırmak, zorlamak; *oft.* **~ *on*** ileri sürmek, sevketmek; **2.** *n.* dürtü; zorlama; **ur·gen·cy** ['ɜːdʒənsɪ] *n.* acele, ivedilik; ısrar; **ur·gent** □ [~t] acil, ivedi; ısrar eden.

u·ri|nal ['jʊərɪnl] *n.* idrar kabı, sürgü, ördek; pisuar; **~·nate** [~eɪt] *v/i.* işemek; **u·rine** [~ɪn] *n.* idrar, sidik.

urn [ɜːn] *n.* kap; semaver.

us [ʌs, əs] *pron.* bizi, bize; ***all of ~*** hepimiz; ***both of ~*** her ikimiz.

us·age ['juːzɪdʒ] *n.* kullanım; işlem; usul, görenek.

use **1.** [juːs] *n.* kullanma, kullanım; yarar, işe yarama; alışıklık, âdet; (***of***) ***no ~*** faydasız, boşuna; ***have no ~ for*** artık gereksinimi olmamak; *Am.* F *-den* hiç hoşlanmamak; **2.** [juːz] *v/t.* kullanmak; *-den* yararlanmak; tüketmek, bitirmek; davranmak; **~ up** kullanıp bitirmek; ***I ~d to do*** eskiden yapardım; **~d** [juːzd] *adj.* kullanılmış; [juːst] alışık, alışkın (***to*** *-e*); **~·ful** □ ['juːsfl] yararlı, faydalı; **~·less** □ ['juːslıs] yararsız, faydasız.

ush·er ['ʌʃə] **1.** *n.* teşrifatçı; mübaşir; THEA *etc.* yer gösterici; **2.** *v/t. mst.* ***~ in*** haber vermek, bildirmek; **~·ette** ['ʌʃə'ret] *n.* yer gösterici kadın.

u·su·al □ ['juːʒʊəl] her zamanki, olağan, alışılagelmiş.

u·sur·er ['juːʒərə] *n.* tefeci.

u·surp [juː'zɜːp] *v/t.* zorla almak, el koymak; **~·er** [~ə] *n.* zorla el koyan kimse.

u·su·ry ['juːʒʊrı] *n.* tefecilik.

u·ten·sil [juː'tensl] *n.* kap; alet.

u·te·rus ANAT ['juːtərəs] (*pl.* ***-ri*** [-raı]) *n.* rahim, dölyatağı.

u·til·i·ty [juːtılətı] **1.** *n.* yarar, fayda, işe yararlık; ***utilities*** *pl.* kamu kuruluşları; **2.** *adj.* kullanışlı.

u·ti|li·za·tion [juːtılaı'zeıʃn] *n.* kullanım, yararlanma; **~·lize** ['juːtılaız] *v/t.* kullanmak, yararlanmak.

ut·most ['ʌtməʊst] *adj.* en uzak, en son; en büyük.

U·to·pi·an [juː'təʊpjən] **1.** *adj.* ütopik, ülküsel, hayali; **2.** *n.* ütopist, ütopyacı.

ut·ter ['ʌtə] **1.** □ *fig.* sapına kadar, su katılmadık; **2.** *v/t.* söylemek; anlatmak, dile getirmek; (*çığlık v.b.*) atmak; (*sahte para v.b.*) piyasaya sürmek; **~·ance** ['ʌtərəns] *n.* söz söyleme; ifade; konuşma biçimi; **~·most** ['ʌtəməʊst] *adj.* en çok; en son.

U-turn ['juːtɜːn] *n.* MOT U dönüşü; *fig.* geriye dönüş.

u·vu·la ANAT ['juːvjʊlə] (*pl.* ***-lae*** [-liː], ***-las***) *n.* küçükdil.

V

va|can·cy ['veıkənsı] *n.* boşluk; boş yer; açık kadro; (*otel v.b. 'nde*) boş oda; **~·cant** □ [~t] boş; açık (iş); dalgın, boş (*bakış*); ifadesiz; ahmak, bön.

va·cate [və'keıt, *Am.* 'veıkeıt] *v/t.* boşaltmak; terketmek; feshetmek; **va·ca·tion** [və'keıʃn, *Am.* veı'keıʃn] **1.** *n. esp. Am.* tatil; UNIV sömestr tatili; LEG adli tatil; ***be on ~*** *esp. Am.* tatilde olmak; ***take a ~*** *esp. Am.* tatil yapmak; **2.** *v/i.* tatil yapmak, tatilini geçirmek; **va·ca·tion·ist** *esp. Am.* [~ʃənıst] *n.* tatil yapan kimse.

vac|cin·ate ['væksıneıt] *v/t.* aşılamak; **~·cin·a·tion** [væksı'neıʃn] *n.* aşılama; aşı; **~·cine** MED ['væksiːn] *n.* aşı.

vac·il·late *mst. fig.* ['væsıleıt] *v/i.* tereddüt etmek, bocalamak.

vac·u·ous □ *fig.* ['vækjʊəs] anlamsız, boş.

vac·u·um ['vækjʊəm] **1.** (*pl.* ***-uums, -ua*** [-jʊə]) *n.* PHYS vakum, boşluk; ***~ bottle*** termos; ***~ cleaner*** elektrik süpürgesi; ***~ flask*** termos; ***~-packed*** vakumlanmış (*yiyecek*); **2.** *v/t.* elektrik süpürgesiyle temizlemek; *v/i.* elektrik süpürgesi kullanmak.

vag·a·bond ['vægəbɒnd] *n.* serseri, avare.

va·ga·ry ['veıgərı] *n.* kapris, garip davranış.

va·gi|na ANAT [və'dʒaınə] *n.* vajina, dölyolu; **~·nal** ANAT [~nl] *adj.* vajinal, vajina ...

va·grant ['veıgrənt] *n. & adj.* serseri, avare, yersiz yurtsuz.

vague □ [veıg] (***~r, ~st***) belirsiz, şüpheli, bulanık.

vain □ [veın] nafile, boş; kibirli, kendini beğenmiş; ***in ~*** boşuna, boş yere.

vale [veıl] *n. poet.* vadi, dere.

val·e·dic·tion [vælı'dıkʃn] *n.* veda.

val·en·tine ['væləntaın] *n.* 14 Şubat Valentine gününde seçilen sevgili.

va·le·ri·an BOT [və'lıərıən] *n.* kediotu.

val·et ['vælıt] *n.* uşak; oda hizmetçisi.

val·e·tu·di·nar·i·an [vælıtjuːdı'neərıən] **1.** *adj.* sağlığı bozuk; sağlığına çok düşkün; **2.** *n.* hasta kimse; sağlığına çok düşkün kimse.

val·i·ant □ ['væljənt] yiğit, cesur.

val|id □ ['vælɪd] geçerli; doğru, sağlam; yasal; ***be ~*** geçerli olmak; ***become ~*** geçerli duruma gelmek; **~·i·date** LEG [~eɪt] *v/t.* geçerli kılmak; onaylamak; **~·id·i·ty** [və'lɪdətɪ] *n.* geçerlik; LEG yürürlük; doğruluk, sağlamlık.
va·lise [və'li:z] *n.* valiz.
val·ley ['vælɪ] *n.* vadi.
val·o(u)r ['vælə] *n.* yiğitlik, cesaret.
val·u·a·ble ['væljuəbl] **1.** □ değerli; **2.** *n.* **~s** *pl.* mücevherat.
val·u·a·tion [vælju'eɪʃn] *n.* değer biçme; değer.
val·ue ['vælju:] **1.** *n.* değer, kıymet; önem; gerçek anlam; *mst.* **~s** *pl. fig.* kültürel *v.b.* değerler; ***at ~*** ECON piyasa fiyatına göre değerlendirilmiş; ***give*** (***get***) ***good ~ for money*** ECON paranın tam karşılığını vermek (almak); **2.** *v/t.* değer biçmek; *fig.* değer vermek; **~-ad·ded tax** *n.* ECON (*abbr.* ***VAT***) katma değer vergisi; **~d** *adj.* değerli; **~·less** [~julɪs] *adj.* değersiz.
valve [vælv] *n.* MEC valf, supap; *Brt.* ELECT radyo lambası.
vam·pire ['væmpaɪə] *n.* vampir.
van¹ [væn] *n.* arkası kapalı minibüs; karavan; *esp. Brt.* RAIL furgon.
van² MIL [~] = ***vanguard.***
van·dal·ize ['vændəlaɪz] *v/t.* (*sanat eserlerini v.b.*) yakıp yıkmak, kırıp dökmek.
vane [veɪn] *n.* rüzgârgülü; fırıldak; MEC pervane kanadı.
van·guard MIL ['vængɑ:d] *n.* öncü kolu.
va·nil·la [və'nɪlə] *n.* vanilya.
van·ish ['vænɪʃ] *v/i.* gözden kaybolmak, yok olmak, uçup gitmek.
van·i·ty ['vænətɪ] *n.* kendini beğenmişlik; nafilelik; ***~ bag, ~ case*** makyaj çantası.
van·quish ['væŋkwɪʃ] *v/t.* yenmek, hakkından gelmek.
van·tage ['vɑ:ntɪdʒ] *n. tenis*: avantaj; **~-ground** *n.* avantajlı alan.
vap·id □ ['væpɪd] tatsız; sıkıcı, yavan.
va·por·ize ['veɪpəraɪz] *v/t. & v/i.* buharlaş(tır)mak.
va·po(u)r ['veɪpə] *n.* buhar, bugu; ***~ trail*** AVIA uçağın saldığı duman.
var·i|a·ble ['veərɪəbl] **1.** □ değişken; kararsız, dönek; **2.** *n.* değişken şey; **~·ance** [~ns]: ***be at ~ with*** *-e* ters düşmek; *ile* araları bozuk olmak; **~·ant** [~nt] **1.** *adj.* farklı, değişik; **2.** *n.* değişik biçim; **~·a·tion** [veərɪ'eɪʃn] *n.* değişme; değişiklik, değişim.
var·i·cose veins MED ['værɪkəusveɪnz] *n. pl.* varisli damarlar.
var·ied □ ['veərɪd] çeşitli, farklı, değişik.
va·ri·e·ty [və'raɪətɪ] *n.* değişiklik, farklılık; ECON çeşit; ***for a ~ of reasons*** çeşitli nedenlerden dolayı; ***~ show*** varyete; ***~ theatre*** varyete tiyatrosu.
var·i·ous □ ['veərɪəs] değişik, farklı, çeşit çeşit, türlü.
var·mint ['vɑ:mɪnt] *n.* zo zararlı böcek; F hergele, alçak.
var·nish ['vɑ:nɪʃ] **1.** *n.* cila, vernik; *fig.* dış güzellik; **2.** *v/t.* cilalamak, verniklemek; *fig.* içyüzünü gizlemek.
var·si·ty ['vɑ:sətɪ] *n. Brt.* F üniversite; *a.* ***~ team*** *Am.* üniversite takımı.
var·y ['veərɪ] *v/t. & v/i.* değiş(tir)mek; farklı olmak (***from*** *-den*); **~·ing** □ [~ɪŋ] değişen.
vase [vɑ:z, *Am.* veɪs, veɪz] *n.* vazo.
vast □ [vɑ:st] engin, geniş; pek çok, hesapsız.
vat [væt] *n.* fıçı, tekne.
vau·de·ville *Am.* ['vəudəvɪl] *n.* vodvil, varyete.
vault¹ [vɔ:lt] **1.** *n.* tonos, kemer; mahzen; yeraltı mezarı; (*banka*) kasa dairesi; **2.** *v/t.* üstünü kemerle çevirmek.
vault² [~] **1.** *n. esp.* SPOR: atlama, atlayış; **2.** *vb.* atlamak, sıçramak; **~·ing-horse** ['vɔ:ltɪŋhɔ:s] *n. jimnastik*: atlama beygiri, kasa; **~·ing-pole** *n.* yüksek atlama sırığı
've *abbr.* [v] = ***have.***
veal [vi:l] *n.* dana eti; ***~ chop*** dana pirzola; ***~ cutlet*** dana kotlet; ***roast ~*** dana rostosu.
veer [vɪə] *v/t. & v/i.* dön(dür)mek; MOT *a.* sapmak.
vege·ta·ble ['vedʒtəbl] **1.** *adj.* bitkisel, bitki ...; **2.** *n.* bitki; *mst.* **~s** *pl.* sebze.
veg·e|tar·i·an [vedʒɪ'teərɪən] *n. & adj.* vejetaryen, etyemez; **~·tate** *fig.* ['vedʒɪteɪt] *v/i.* ot gibi yaşamak; **~·ta·tive** □ [~tətɪv] bitkisel; hareketsiz.
ve·he|mence ['vi:ɪməns] *n.* şiddet, hiddet, ateşlilik; **~·ment** □ [~t] şiddetli, hiddetli, ateşli.
ve·hi·cle ['vi:ɪkl] *n.* taşıt, araç, vasıta

(*a. fig.*).
veil [veıl] **1.** *n.* örtü, peçe, yaşmak; perde, örtü; **2.** *v/t.* örtmek; *fig.* gizlemek, maskelemek.
vein [veın] *n.* ANAT damar; *fig.* huy, mizaç.
ve·loc·i·pede *Am.* [vı'lɒsıpi:d] *n.* velespit, üç tekerlekli çocuk bisikleti.
ve·loc·i·ty MEC [vı'lɒsətı] *n.* hız, sürat.
vel·vet ['velvıt] **1.** *n.* kadife; **2.** *adj.* kadife ...; kadife gibi; **~·y** [~ı] *adj.* kadife gibi, yumuşacık.
ve·nal ['vi:nl] *adj.* rüşvet alan, para yiyen, yiyici.
vend [vend] *v/t.* satmak; **~·er** ['vendə] *n.* satıcı; **~·ing-ma·chine** ['vendıŋmə'ʃi:n] *n.* parayla çalışan satış makinesi; **~·or** [~ɔ:] *n.* *esp.* LEG satıcı.
ve·neer [və'nıə] **1.** *n.* kaplama tahtası; *fig.* gösteriş; **2.** *v/t.* tahtayla kaplamak.
ven·e|ra·ble □ ['venərəbl] saygıdeğer, muhterem; **~·rate** [~eıt] *v/t.* *-e* saygı göstermek; **~·ra·tion** [venə'reıʃn] *n.* saygı.
ve·ne·re·al [vı'nıərıəl] *adj.* zührevi; **~ disease** MED zührevi hastalık.
Ve·ne·tian [vı'ni:ʃn] **1.** *adj.* Venedik'e özgü; **♀ blind** jaluzi; **2.** *n.* Venedikli.
ven·geance ['vendʒəns] *n.* öç, intikam; **with a ~** F son derece, alabildiğine.
ve·ni·al □ ['vi:njəl] affedilir, önemsiz.
ven·i·son ['venızn] *n.* geyik *ya da* karaca eti.
ven·om ['venəm] *n.* yılan *vb.* zehiri; *fig.* kin, zehir; **~·ous** □ [~əs] zehirli (*a. fig.*).
ve·nous ['vi:nəs] *adj.* toplardamarla ilgili.
vent [vent] **1.** *n.* delik, ağız; yırtmaç; **give ~ to** = **2.** *v/t.* *fig.* göstermek, ifade etmek; (*öfkesini*) çıkarmak (**on s.o.** *b-den*).
ven·ti|late ['ventıleıt] *v/t.* havalandırmak; *fig.* açıkça tartışmak; **~·la·tion** [ventı'leıʃn] *n.* havalandırma; *fig.* açıkça tartışma; **~·la·tor** ['ventıleıtə] *n.* vantilatör.
ven·tril·o·quist [ven'trıləkwıst] *n.* vantrlok.
ven·ture ['ventʃə] **1.** *n.* tehlikeli iş, risk; şans işi; **at a ~** rasgele; **2.** *v/t.* tehlikeye atmak; göze almak.
ve·ra·cious □ [və'reıʃəs] doğru sözlü; doğru, gerçek.
verb GR [v3:b] *n.* fiil, eylem; **~·al** □ ['v3:bl] sözlü; kelimesi kelimesine;
ver·bi·age ['v3:bııdʒ] *n.* laf kalabalığı;
ver·bose □ [v3:'bəʊs] ağzı kalabalık.
ver·dant □ ['v3:dənt] yeşil, taze; *fig.* toy.
ver·dict ['v3:dıkt] *n.* LEG jüri kararı; *fig.* fikir, kanı; **bring in** *ya da* **return a ~ of guilty** suçlu olduğu kararına varmak.
ver·di·gris ['v3:dıgrıs] *n.* bakır pası, zencar.
ver·dure ['v3:dʒə] *n.* yeşillik, çimen.
verge [v3:dʒ] **1.** *n.* kenar, sınır, eşik; **on the ~ of** *-in* eşiğinde, *-e* kıl kalmış; **on the ~ of despair** (**tears**) çaresizliğin eşiğinde (ağlamak üzere); **2.** *v/i.* **~ (up)on** *-e* yaklaşmak, *-e* varmak.
ver·i·fy ['verıfaı] *v/t.* doğrulamak, gerçeklemek.
ver·i·si·mil·i·tude [verısı'mılıtju:d] *n.* gerçeğe benzeme.
ver·i·ta·ble □ ['verıtəbl] gerçek.
ver·mi·cel·li [v3:mı'selı] *n.* tel şehriye.
ver·mic·u·lar [v3:'mıkjʊlə] *adj.* solucana benzer.
ver·mi·form ap·pen·dix ANAT ['v3:mıfɔ:m ə'pendıks] *n.* körbağırsak.
ver·mil·i·on [və'mıljən] **1.** *n.* zincifre; **2.** *adj.* zincifre kırmızısı, al.
ver·min ['v3:mın] *n.* haşarat; *fig.* ayaktakımı; **~·ous** [~əs] *adj.* haşaratlı.
ver·nac·u·lar [və'nækjʊlə] **1.** □ bölgesel; anadiliyle ilgili; **2.** *n.* anadili; mesleki deyimler, argo.
ver·sa·tile □ ['v3:sətaıl] elinden her iş gelen, çok yönlü; çok kullanımlı.
verse [v3:s] *n.* dize, mısra; kıta, beyit; şiir; **~d** [~t] *adj.* bilgili; **be** (**well**) **~ in** *-de* çok bilgisi olmak.
ver·si·fy ['v3:sıfaı] *v/t.* şiir haline koymak; *v/i.* şiir yazmak.
ver·sion ['v3:ʃn] *n.* çeviri, tercüme; yorum; değişik biçim.
ver·sus ['v3:səs] *prp.* LEG, SPOR: *-e* karşı.
ver·te|bra ANAT ['v3:tıbrə] (*pl.* **-brae** [-ri:]) *n.* omur, vertebra; **~·brate** ZO [~rət] *n.* omurgalı hayvan.
ver·ti·cal □ ['v3:tıkl] dikey, düşey.
ver·tig·i·nous □ [v3:'tıdʒınəs] baş döndürücü.
ver·ti·go ['v3:tıgəʊ] (*pl.* **-gos**) *n.* baş dönmesi.
verve [v3:v] *n.* şevk, heves.

V

ver·y ['verı] **1.** *adv.* çok, pek, gayet; gerçekten; ***the ~ best*** en iyisi; **2.** *adj.* aynı; tam; bile, hatta; belirli; ***the ~ same*** tıpatıp; ***in the ~ act*** suçüstü; ***the ~ thing*** biçilmiş kaftan; ***the ~ thought*** düşüncesi bile.
ves·i·cle ['vesıkl] *n.* kabarcık, kist.
ves·sel ['vesl] *n.* kap, tas, leğen; ANAT, BOT damar; NAUT gemi, tekne.
vest [vest] *n. Brt.* fanila; *Am.* yelek.
ves·ti·bule ['vestıbju:l] *n.* ANAT giriş boşluğu; *Am.* RAIL vagonlar arasındaki kapalı geçit; ***~ train*** *Am.* RAIL vagonlarından birbirine geçilebilen tren.
ves·tige *fig.* ['vestıdʒ] *n.* iz, eser, işaret.
vest·ment ['vestmənt] *n.* resmi elbise; papaz cüppesi.
ves·try ECCL ['vestrı] *n.* giyinme odası; kilise cemaat kurulu.
vet F [vet] **1.** *n.* veteriner; *Am.* MIL kıdemli asker; **2.** (**-tt-**) *v/t. co.* baştan aşağı incelemek.
vet·e·ran ['vetərən] **1.** *adj.* kıdemli; **2.** *n.* kıdemli asker; emektar.
vet·e·ri·nar·i·an *Am.* [vetərı'neərıən] *n.* veteriner.
vet·e·ri·na·ry ['vetərınərı] **1.** *adj.* veterinerlikle ilgili; **2.** *n. a.* ***~ surgeon*** *Brt.* veteriner.
ve·to ['vi:təʊ] **1.** (*pl.* **-toes**) *n.* veto; **2.** *v/t.* veto etmek.
vex [veks] *v/t.* kızdırmak, canını sıkmak; **~·a·tion** [vek'seıʃn] *n.* kızma, sinirlenme; sıkıntı; **~·a·tious** [~ʃəs] *adj.* can sıkıcı, sinirlendirici.
vi·a ['vaıə] *prp.* yolu ile, *-den* geçerek, üzerinden.
vi·a·duct ['vaıədʌkt] *n.* viyadük, köprü.
vi·al ['vaıəl] *n.* küçük şişe.
vi·brate [vaı'breıt] *v/t. & v/i.* titre(t)mek; **vi·bra·tion** [~ʃn] *n.* titreşim, titreme.
vic·ar ECCL ['vıkə] *n.* papaz; **~·age** [~rıdʒ] *n.* papaz evi.
vice[1] [vaıs] *n.* ahlaksızlık, ayıp; kusur, eksik; ***~ squad*** ahlak zabıtası.
vice[2] *Brt.* MEC [~] *n.* mengene.
vi·ce[3] ['vaısı] *prp. -in* yerine.
vice[4] F [vaıs] *n.* muavin, vekil; *attr.* yardımcı ..., muavin ...; **~·roy** ['vaısrɔı] *n.* genel vali.
vi·ce ver·sa ['vaısı'vɜ:sə] *adv.* tersine, ve aksi; karşılıklı olarak.
vi·cin·i·ty [vı'sınətı] *n.* yakınlık; çevre, civar, yöre.
vi·cious □ ['vıʃəs] ahlakı bozuk; kötü, pis (*huy*); kusurlu, bozuk; sert, şiddetli.
vi·cis·si·tude [vı'sısıtju:d] *n.* değişiklik; **~s** *pl.* değişmeler, inişler çıkışlar.
vic·tim ['vıktım] *n.* kurban; **~·ize** [~aız] *v/t.* cezalandırmak.
vic|tor ['vıktə] *n.* galip, fatih; **2·tori·an** *hist.* [vık'tɔ:rıən] *adj.* Kraliçe Viktorya devriyle ilgili; **~·to·ri·ous** □ [~ıəs] galip, yenmiş, utkulu; **~·to·ry** ['vıktərı] *n.* zafer, yengi, utku.
vict·ual ['vıtl] **1.** (*esp. Brt.* **-ll-**, *Am.* **-l-**) *vb.* erzak sağlamak; **2.** *n. mst.* **~s** *pl.* yiyecek, erzak; **~·(l)er** [~ə] *n.* erzakçı.
vid·e·o ['vıdıəʊ] **1.** (*pl.* **-os**) *n.* video; *bilgisayar:* ekran; *Am.* televizyon; **2.** *adj.* video ...; *Am.* televizyon ...; **~ cas·sette** *n.* video kaseti; **~ con·fe·rence** *n.* videokonferans; **~ disc** *n.* video diski; **~ game** *n.* video oyunu; **~·phone** *n.* televizyonlu telefon; **~·tape 1.** *n.* video bantı; **2.** *v/t.* videoya kaydetmek; **~·tape re·cord·er** *n.* videoteyp.
vie [vaı] *v/i.* yarışmak, çekişmek (***with*** *ile*; ***for*** *için*).
Vi·en·nese [vıə'ni:z] **1.** *n.* Viyanalı; **2.** *adj.* Viyana'ya özgü.
view [vju:] **1.** *n.* bakış; görme, görüş; görünüm, manzara; *fig.* görüş, fikir, düşünce; niyet, amaç; ***in ~*** görünürde, ortada; ***in ~ of*** *-in* karşısında; ... göz önüne alındığında; ***on ~*** sergilenmekte; ***with a ~ to*** *inf.* ya da ***of*** *ger.* ... amacıyla; ***have*** (***keep***) ***in ~*** gözden kaybetmemek; **2.** *v/t.* bakmak, görmek; incelemek, yoklamak; düşünmek; **~·er** ['vju:ə] *n.* seyirci; **~·find·er** PHOT [~faındə] *n.* vizör; **~·less** [~lıs] *adj.* fikirsiz; *poet.* görünmez; **~·point** *n.* görüş noktası.
vig|il ['vıdʒıl] *n.* uyumama, uyanık kalma; gece nöbet tutma; **~·i·lance** [~əns] *n.* uyumama, uyanıklık; **~·i·lant** □ [~t] uyanık, tetikte, tedbirli.
vig|or·ous □ ['vıgərəs] dinç, kuvvetli, etkin; **~·o(u)r** ['vıgə] *n.* dinçlik, kuvvet; gayret, enerji.
Vi·king ['vaıkıŋ] *n. & adj.* Viking.
vile □ [vaıl] kötü, çirkin, rezil; iğrenç, pis, berbat.

vil|lage ['vılıdʒ] *n.* köy; **~ green** köy merası; **~·lag·er** [~ə] *n.* köylü.
vil·lain ['vılən] *n.* alçak adam; **~·ous** □ [~əs] alçak, rezil; F berbat; **~·y** [~ı] *n.* rezalet, kötülük, alçaklık.
vim F [vım] *n.* gayret, enerji.
vin·di|cate ['vındıkeıt] *v/t.* haklı çıkarmak, temize çıkarmak; kanıtlamak; **~·ca·tion** [vındı'keıʃn] *n.* haklı çıkarma.
vin·dic·tive □ [vın'dıktıv] kinci.
vine BOT [vaın] *n.* asma.
vin·e·gar ['vınıgə] *n.* sirke.
vine|-grow·ing ['vaıngrəʊıŋ] *n.* bağcılık; **~·yard** ['vınjəd] *n.* üzüm bağı.
vin|tage ['vıntıdʒ] **1.** *n.* bağbozumu; **2.** *adj.* kaliteli; eski; **~ car** MOT eski model araba; **~·tag·er** [~ə] *n.* üzüm toplayan kimse.
vi·o·la MUS [vı'əʊlə] *n.* viyola.
vi·o|late ['vaıəleıt] v/t. (anlaşma v.b.) bozmak, çiğnemek, karşı gelmek; (*sözünü*) tutmamak; ırzına geçmek; **~·la·tion** [vaıə'leıʃn] *n.* bozma, ihlal; tecavüz.
vi·o|lence ['vaıələns] *n.* şiddet, sertlik; zorbalık; **~·lent** □ [~t] şiddetli, sert, zorlu.
vi·o·let BOT ['vaıələt] *n.* menekşe.
vi·o·lin MUS [vaıə'lın] *n.* keman.
VIP F ['vi:aı'pi:] *n.* çok, önemli kimse, kodaman.
vi·per ZO ['vaıpə] *n.* engerek.
vi·ra·go [vı'rɑ:gəʊ] (*pl.* **-gos, -goes**) *n.* şirret kadın, eli maşalı kadın.
vir·gin ['vɜ:dʒın] **1.** *n.* bakire, kız; **2.** *adj. a.* **~·al** □ [~l] bakire ile ilgili, bakire ...; **~·i·ty** [və'dʒınətı] *n.* bakirelik, kızlık.
vir·ile ['vıraıl] *adj.* erkekçe; güçlü; **vi·ril·i·ty** [vı'rılətı] *n.* erkeklik; PHYSIOL cinsel güç, iktidar.
vir·tu·al □ ['vɜ:tʃʊəl] gerçek, asıl; **~·ly** [~ı] *adv.* hemen hemen, neredeyse; aslında.
vir|tue ['vɜ:tʃu:] *n.* erdem, fazilet; ***in** ya da* **by ~ of** *-den* dolayı, ... sayesinde; ***make a ~ of necessity*** zorunlu bir durumdan erdem payı çıkarmak; **~·tu·os·i·ty** [vɜ:tjʊ'ɒsətı] *n.* virtüözlük, büyük ustalık; **~·tu·ous** □ ['vɜ:tʃʊəs] erdemli; namuslu.
vir·u·lent □ ['vırʊlənt] MED çabuk ilerleyen (*hastalık*); *fig.* kötücül.
vi·rus MED ['vaıərəs] *n.* virüs (*a. bilgisayar*); *fig.* zehir.
vi·sa ['vi:zə] *n.* vize; **~ed, ~'d** [~d] *adj.* vizeli.
vis·cose ['vıskəʊs] *n.* viskoz; **~ *silk*** selüloz ipeği.
vis·count ['vaıkaʊnt] *n.* vikont; **~·ess** [~ıs] *n.* vikontes.
vis·cous □ ['vıskəs] yapışkan.
vise *Am.* MEC [vaıs] *n.* mengene.
vis·i|bil·i·ty [vızı'bılətı] *n.* görünürlük; görüş uzaklığı; **~·ble** □ ['vızəbl] görülebilir, görünür; *fig.* belli, gözle görülür.
vi·sion ['vıʒn] *n.* görme, görüş; önsezi; *fig.* hayal, kuruntu; **~·a·ry** [~ərı] **1.** *adj.* hayali; **2.** *n.* hayalperest kimse.
vis|it ['vızıt] **1.** *v/t.* ziyaret etmek, görmeğe gitmek; *fig.* başına gelmek, *-e* uğramak; **~ *s.th. on s.o.*** eccl. bşden dolayı *b-ni* cezalandırmak; *v/i.* ziyarette bulunmak; *Am.* sohbet etmek (***with** ile*); **2.** *n.* ziyaret; misafirlik; (*doktor*) vizite; **~·i·ta·tion** [vızı'teıʃn] *n.* ziyaret; resmi ziyaret; *fig.* bela, felaket; **~·it·or** ['vızıtə] *n.* ziyaretçi, misafir, konuk; turist.
vi·sor ['vaızə] *n.* şapka siperi; MOT güneşlik.
vis·ta ['vıstə] *n.* manzara.
vis·u·al □ ['vızjʊəl] görmekle ilgili, görsel; görülebilir; **~ *aids*** *pl. okul*: görsel gereçler; **~ *display unit*** *bilgisayar*: görüntü birimi; **~ *instruction*** *okul*: görsel eğitim; **~·ize** [~aız] *v/t.* hayalinde canlandırmak, gözünün önüne getirmek.
vi·tal ['vaıtl] **1.** □ hayati, yaşamsal; yaşam için gerekli; öldürücü, amansız; **~ *parts*** *pl.* = **2.** *n.* **~s** *pl.* (*kalp, beyin gibi*) yaşam için gerekli organlar; **~·i·ty** [vaı'tælətı] *n.* yaşama gücü; canlılık, dirilik; dayanma gücü; **~·ize** ['vaıtəlaız] *v/t.* canlandırmak, güç vermek.
vit·a·min ['vıtəmın] *n.* vitamin; **~ *deficiency*** vitamin eksikliği.
vi·ti·ate ['vıʃıeıt] *v/t.* kirletmek, bozmak.
vit·re·ous □ ['vıtrıəs] camdan yapılma, cam ...; cam gibi.
vi·va·cious □ [vı'veıʃəs] canlı, hayat dolu, şen; **vi·vac·i·ty** [vı'væsətı] *n.* canlılık, neşe.

viv·id □ ['vɪvɪd] canlı, berrak; parlak; açık, belli; hayat dolu.
vix·en ['vɪksn] *n.* dişi tilki; cadaloz kadın.
V-neck ['vi:nek] *n.* V yaka; **V-necked** [-t] *adj.* V yakalı.
vo·cab·u·la·ry [və'kæbjʊlərɪ] *n.* vokabüler, sözcük hazinesi, söz varlığı.
vo·cal □ ['vəʊkl] sesle ilgili, ses ...; konuşkan; MUS vokal ...; LING ünlü, sesli; **~·ist** [-əlɪst] *n.* şarkıcı, vokalist; **~·ize** [-aɪz] *v/t.* seslendirmek; söylemek; LING sesli harf haline getirmek.
vo·ca·tion [vəʊ'keɪʃn] *n.* meslek, iş; yetenek; **~·al** □ [-ənl] mesleki; **~ *adviser*** öğrencinin meslek seçimine yardımcı olan danışman; **~ *education*** meslek eğitimi; **~ *guidance*** meslek seçiminde öğrenciye yol gösterme; **~ *school*** *Am.* meslek okulu, sanat okulu; **~ *training*** meslek eğitimi.
vo·cif·er|ate [və'sɪfəreɪt] *v/i.* bağırıp çağırmak; **~·ous** □ [-əs] gürültülü; bağırıp çağıran.
vogue [vəʊg] *n.* moda; ***be in ~*** moda olmak.
voice [vɔɪs] **1.** *n.* ses; ***active*** (***passive***) **~** GR etken (edilgen) çatı; ***give ~ to*** ifade etmek; **2.** *v/t.* ifade etmek, söylemek (*a.* LING); **~ mail** telesekreter.
void [vɔɪd] **1.** *adj.* boş, ıssız; yararsız; LEG hükümsüz; **~ *of*** *-den* yoksun, -sız; **2.** *n.* boşluk (*a. fig.*).
vol·a·tile ['vɒlətaɪl] *adj.* CHEM uçucu; *fig.* havai, gelgeç.
vol·ca·no [vɒl'keɪnəʊ] (*pl.* ***-noes, -nos***) *n.* volkan, yanardağ.
vo·li·tion [və'lɪʃn] *n.* irade; ***of one's own ~*** kendi iradesiyle.
vol·ley ['vɒlɪ] **1.** *n.* yaylım ateş; *fig.* yağmur, tufan; *futbol*: vole; **2.** *v/t. mst.* **~ *out*** (*topa*) vole vurmak; *fig.* (*soru v.b.*) yağmuruna tutmak; **~-ball** *n.* SPOR: voleybol.
volt ELECT [vəʊlt] *n.* volt; **~·age** ELECT ['vəʊltɪdʒ] *n.* voltaj; **~·me·ter** *n.* ELECT voltmetre.
vol·u|bil·i·ty [vɒljʊ'bɪlətɪ] *n.* konuşkanlık; **~·ble** □ ['vɒljʊbl] konuşkan, dilli.
vol·ume ['vɒlju:m] *n.* cilt; miktar; hacim, oylum; *fig.* yığın; ELECT ses şiddeti; **vo·lu·mi·nous** □ [və'lju:mɪnəs] hacimli, büyük; ciltler doldurur; verimli (*yazar*).
vol·un|ta·ry □ ['vɒləntərɪ] gönüllü; istemli; **~·teer** [vɒlən'tɪə] **1.** *n.* gönüllü; **2.** *v/i.* gönüllü asker olmak; *v/t.* kendiliğinden teklif etmek.
vo·lup·tu|a·ry [və'lʌptjʊərɪ] *n.* şehvet düşkünü; **~·ous** □ [-əs] şehvetli; zevk düşkünü.
vom·it ['vɒmɪt] **1.** *v/t.* & *v/i.* kus(tur)mak; (*lav*) püskürtmek; **2.** *n.* kusma; kusmuk.
vo·ra·cious □ [və'reɪʃəs] açgözlü, obur, doymak bilmez; **vo·rac·i·ty** [vɒ'ræsətɪ] *n.* açgözlülük, oburluk.
vor·tex ['vɔ:teks] (*pl.* ***-texes, -tices*** [-tɪsi:z]) *n.* girdap (*mst. fig.*).
vote [vəʊt] **1.** *n.* oy; oy hakkı; **~ *of no condifence*** güvensizlik oyu; ***take a ~ on s.th.*** *bşe* oy vermek; **2.** *v/t.* oylamak, oylayıp seçmek; *v/i.* oy vermek; **~ *for*** *-in* lehinde oy vermek; **vot·er** ['vəʊtə] *n.* seçmen.
vot·ing ['vəʊtɪŋ] *n.* oy verme, oylama; *attr.* oy ...; **~-pa·per** *n.* oy pusulası.
vouch [vaʊtʃ]: **~ *for*** *-e* kefil olmak; **~·er** ['vaʊtʃə] *n.* kefil; senet, makbuz; belge; fiş; **~·safe** [vaʊtʃ'seɪf] *vb.* lütfedip vermek *ya da* yapmak.
vow [vaʊ] **1.** *n.* yemin, ant; adak; ***take a ~, make a ~*** ant içmek; **2.** *v/t.* yemin etmek, ant içmek.
vow·el LING ['vaʊəl] *n.* vokal, ünlü, sesli harf.
voy|age ['vɔɪɪdʒ] **1.** *n.* deniz yolculuğu; **2.** *v/i. lit.* deniz yolculuğu yapmak; **~·ag·er** ['vɔɪədʒə] *n.* yolcu.
vul·gar □ ['vʌlgə] kaba, adi, terbiyesiz; halka özgü; **~ *tongue*** halk dili; **~·i·ty** [vʌl'gærətɪ] *n.* kabalık, adilik.
vul·ne·ra·ble □ ['vʌlnərəbl] yaralanabilir; MIL, SPOR: saldırıya açık, savunmasız; *fig.* kolay incinir.
vul·pine ['vʌlpaɪn] *adj.* tilki ile ilgili; tilki gibi, kurnaz.
vul·ture ZO ['vʌltʃə] *n.* akbaba.
vy·ing ['vaɪɪŋ] *adj.* rekabet eden.

W

wad [wɒd] **1.** *n.* tıkaç, tapa; deste, tomar; bir tomar para; **2.** (**-dd-**) *v/t.* pamukla beslemek; tıkamak; **~·ding** ['wɒdıŋ] *n.* tıkaç, tampon; pamuk vatkası.

wad·dle ['wɒdl] **1.** *v/i.* badi badi yürümek, paytak paytak yürümek; **2.** *n.* badi badi yürüyüş.

wade [weıd] *v/i.* su *ya da* çamurda yürümek; **~ *through*** *fig.* F gayret edip bitirmek; *v/t.* yürüyerek geçmek.

wa·fer ['weıfə] *n.* ince bisküvi, gofret; ECCL mayasız ekmek.

waf·fle[1] ['wɒfl] *n.* bir tür gözleme.

waf·fle[2] *Brt.* F [~] *v/i.* saçmalamak.

waft [wɑːft] **1.** *v/t.* sürüklemek; **2.** *n.* hafif koku, esinti.

wag [wæg] **1.** (**-gg-**) *v/t.* & *v/i.* salla(n)mak; **2.** *n.* salla(n)ma; şakac, kimse.

wage[1] [weıdʒ] *v/t.* (*savaş v.b.*) açmak (***on, against*** *-e*).

wage[2] [~] *n. mst.* **~*s*** *pl.* ücret, haftalık; **~-earn·er** ECON ['weıdʒɜːnə] *n.* ücretli, haftalıkçı; **~ freeze** *n.* ECON ücretlerin dondurulması.

wa·ger ['weıdʒə] **1.** *n.* bahis; **2.** *v/i.* bahis tutuşmak.

wag·gish □ ['wægıʃ] şakacı, muzip.

wag·gle ['wægl] *v/t.* & *v/i.* salla(n)mak.

wag·(g)on ['wægən] *n.* yük arabası; *Brt.* RAIL yük vagonu; **~·er** [~nə] *n.* arabacı.

wag·tail ZO ['wægteıl] *n.* kuyruksallayan.

waif *lit.* [weıf] *n.* kimsesiz çocuk.

wail [weıl] **1.** *n.* çığlık, feryat; **2.** *vb.* feryat etmek; (*rüzgâr*) uğuldamak.

wain·scot ['weınskət] *n.* tahta kaplama, lambri.

waist [weıst] *n.* bel (*a.* NAUT); bluz; **~·coat** ['weıskəʊt] *n.* yelek; **~line** ['weıstlaın] *n.* elbise beli.

wait [weıt] **1.** *v/t.* & *v/i.* bekle(t)mek; *a.* **~ *at*** (*Am.* ***on***) ***table*** hizmet etmek, servis yapmak; **~ *on*, ~ *upon*** *-e* hizmet etmek; **2.** *n.* bekleme; pusu; ***lie in ~ for s.o.*** *b-i* için pusuya yatmak; **~·er** ['weıtə] *n.* garson; **~, *the bill*** (*Am.* ***check***), ***please!*** Garson, hesap lütfen!

wait·ing ['weıtıŋ] *n.* bekleme; ***in ~*** eşlik eden; **~-room** *n.* bekleme salonu.

wait·ress ['weıtrıs] *n.* kadın garson; **~, *the bill*** (*Am.* ***check***), ***please!*** Garson hanım, hesap lütfen!

waive [weıv] *v/t.* *-den* vazgeçmek.

wake [weık] **1.** *n.* NAUT dümen suyu; *fig.* iz, eser; ***in the ~ of*** *-in* peşi sıra; *fig.* *-in* sonucu olarak; **2.** (***woke*** *ya da* ***waked, woken*** *ya da* ***waked***) *v/t.* & *v/i.* *a.* **~ *up*** uyan(dır)mak; *fig.* canlandırmak; **~·ful** □ ['weıkfl] uyanık; uykusuz; **wak·en** [~ən] = ***wake 2.***

wale [weıl] *n.* iz, bere.

walk [wɔːk] **1.** *v/t.* & *v/i.* yürü(t)mek, gez(dir)mek; yürüyerek gitmek; yürüyüşe çıkmak; davranmak, hareket etmek; yürüyerek eşlik etmek; **~ *out*** ECON grev yapmak; **~ *out on*** F terketmek; **2.** *n.* yürüme, yürüyüş; kaldırım; **~ *of life*** sosyal durum, hayat yolu; **~·er** ['wɔːkə] *n.* yaya; SPOR: yürüyücü; ***be a good ~*** ayağına sıkı olmak.

walk·ie-talk·ie ['wɔːkı'tɔːkı] *n.* portatif telsiz telefon.

walk·ing ['wɔːkıŋ] *n.* yürüme; *attr.* yürüme ..., yürüyüş ...; **~ papers** *n. pl.* *Am.* F işten kovulma kâğıdı; **~-stick** *n.* baston; **~-tour** *n.* gezinti.

walk|-out ECON ['wɔːkaʊt] *n.* grev, işbırakımı; **~-over** *n.* kolay yengi; **~-up** *n.* *Am.* asansörsüz bina.

wall [wɔːl] **1.** *n.* duvar; sur; **2.** *v/t.* *a.* **~ *in*** duvarla çevirmek; **~ *up*** duvarla kapatmak.

wal·let ['wɒlıt] *n.* cüzdan.

wall·flow·er *fig.* ['wɔːlflaʊə] *n.* damsız olduğu için dans edemeyen kimse, sap.

wal·lop F ['wɒləp] *v/t.* eşek sudan gelinceye kadar dövmek.

wal·low ['wɒləʊ] *v/i.* çamurda yuvarlanmak.

wall|-pa·per ['wɔːlpeıpə] **1.** *n.* duvar kâğıdı; **2.** *v/t.* duvar kâğıdı kaplamak; **~-sock·et** *n.* ELECT duvar prizi; **~-to-~: ~ *carpet*** duvardan duvara halı; **~ *car-***

peting duvardan duvara halı döşeme.
wal·nut BOT ['wɔːlnʌt] *n.* ceviz.
wal·rus ZO ['wɔːlrəs] *n.* mors.
waltz [wɔːls] **1.** *n.* vals; **2.** *v/i.* vals yapmak.
wan □ [wɒn] (**-nn-**) solgun, beti benzi atmış.
wand [wɒnd] *n.* değnek, çubuk; asa.
wan·der ['wɒndə] *v/i.* dolaşmak, gezmek; başıboş dolaşmak; *fig.* ayrılmak (***from*** *-den*).
wane [weɪn] **1.** *v/i.* (*ay*) küçülmek; *fig.* azalmak, zayıflamak; **2.** *n.* azalma.
wan·gle F ['wæŋgl] *v/t.* dalavereyle elde etmek, sızdırmak, koparmak.
want [wɒnt] **1.** *n.* yokluk, azlık, kıtlık; gereksinme; yoksulluk; **2.** *vb.* istemek, arzulamak; gerekmek; eksik olmak; *-den* yoksun olmak; ***he ~s for nothing*** hiçbir şeye gereksinimi yok, her şeyi var; ***it ~s s.th.*** *bş* gerektiriyor; ***he ~s energy*** enerjiye gereksinmesi var; ***~ed*** aranan, istenen; **~-ad** F ['wɒntæd] *n.* küçük ilan; **~·ing** [-ɪŋ]: ***be ~*** yoksun olmak (***in*** *-den*).
wan·ton ['wɒntən] **1.** □ zevk düşkünü; ahlaksız; nedensiz; **2.** *n.* ahlaksız kadın, aşüfte.
war [wɔː] **1.** *n.* savaş; *attr.* savaş ...; ***make*** *ya da* ***wage ~*** savaş açmak (***on, against*** *-e*); **2.** (**-rr-**) *v/i.* savaşmak.
war·ble ['wɔːbl] *v/i.* ötmek, şakımak.
ward [wɔːd] **1.** *n.* bölge, mıntıka; koğuş; LEG vesayet, vasilik; ***in ~*** LEG vesayet altında; **2.** *v/t.* **~ *off*** savuşturmak, geçiştirmek; **war·den** ['wɔːdn] *n.* bekçi, koruyucu; UNIV rektör; *Am.* müdür; **~·er** ['wɔːdə] *n. Brt.* gardiyan.
war·drobe ['wɔːdrəʊb] *n.* gardırop; **~ *trunk*** gardırop bavul.
ware [weə] *n.* mal, eşya.
ware·house 1. ['weəhaʊs] *n.* ambar, depo, antrepo; mağaza; **2.** [-z] *v/t.* ambarda saklamak.
war|fare ['wɔːfeə] *n.* savaş; **~head** *n.* MIL (*füzede*) harp başlığı.
war·i·ness ['weərɪnɪs] *n.* uyanıklık, tedbir.
war·like ['wɔːlaɪk] *adj.* savaşçı; savaşla ilgili, askeri.
warm [wɔːm] **1.** □ sıcak, ılık; sıcak tutan; *fig.* candan, sıcak; **2.** *n.* ısınma; **3.** *v/t. a.* **~ *up*** ısıtmak; *v/i. a.* **~ *up*** ısınmak; **~th** [-θ] *n.* sıcaklık, ılıklık.
warn [wɔːn] *v/t.* uyarmak (***of, against*** *-e karşı*); tembihlemek; öğütlemek; **~·ing** ['wɔːnɪŋ] *n.* uyarı; tembih; *attr.* uyarı ...
warp [wɔːp] *v/t. & v/i.* eğril(t)mek, yamul(t)mak; *fig.* saptırmak (***from*** *-den*).
war|rant ['wɒrənt] **1.** *n.* yetki, hak; ruhsat; garanti, teminat; LEG arama emri; ***~ of arrest*** LEG tutuklama yazısı; **2.** *v/t.* temin etmek, garanti etmek; ruhsat vermek; yetki vermek; **~·ran·ty** ECON [-tɪ]: ***it's still under ~*** hâlâ garantilidir, hâlâ garantisi vardır.
war·ri·or ['wɒrɪə] *n.* savaşçı.
wart [wɔːt] *n.* siğil.
war·y □ ['weərɪ] (**-ier, -iest**) uyanık, açıkgöz, tedbirli.
was [wɒz, wəz] *pret. of* ***be.***
wash [wɒʃ] **1.** *v/t. & v/i.* yıka(n)mak; ıslatmak; (*dalga*) yalamak; (*kumaş*) yıkanmaya gelmek; **~ *up*** elini yüzünü yıkamak; *Brt.* bulaşıkları yıkamak; **2.** *n.* yıka(n)ma; çamaşır; dalga sesi, çırpıntı; ***mouth~*** gargara; **3.** *adj.* yıkanabilir; **~·a·ble** ['wɒʃəbl] *adj.* yıkanabilir; **~-and-wear** *adj.* ütü istemeyen; **~-ba·sin** *n.* lavabo; **~-cloth** *n. Am.* sabun bezi, havlu; **~·er** ['wɒʃə] *n.* yıkayıcı; yıkama makinesi; = ***dishwasher***; MEC rondela, pul; **~·er·wom·an** (*pl.* **-*women***) *n.* çamaşırcı kadın; **~ing** ['wɒʃɪŋ] *n.* yıka(n)ma; **~s** *pl.* çamaşır; *attr.* çamaşır ...; **~·ing machine** *n.* çamaşır makinesi; **~·ing pow·der** *n.* çamaşır tozu; **~·ing-up** *n. Brt.* bulaşık yıkama; **~·rag** *n. Am.* sabun bezi, havlu; **~·y** ['wɒʃɪ] (**-ier, -iest**) *adj.* sulu.
wasp ZO [wɒsp] *n.* yabanarısı.
wast·age ['weɪstɪdʒ] *n.* israf, savurganlık.
waste [weɪst] **1.** *adj.* boş, ıssız; çorak, kıraç; işe yaramaz, artık; ***lay ~*** harabeye çevirmek; **2.** *n.* israf, savurganlık, çarçur; süprüntü, artık; **3.** *v/t.* israf etmek, çarçur etmek; harap etmek; aşındırmak; *v/i.* heba olmak; **~·ful** □ ['weɪstfl] savurgan; **~ paper** *n.* işe yaramaz kâğıt; kullanılmış kâğıt; **~-paper bas·ket** [weɪst'peɪpəbɑːskɪt] *n.* kâğıt sepeti; **~ pipe** ['weɪstpaɪp] *n.* künk.
watch [wɒtʃ] **1.** *n.* gözetleme; nöbet; nöbetçi; cep *ya da* kol saati; **2.** *v/i.* dikkat etmek; **~ *for*** beklemek, gözlemek;

W

~ ***out*** (***for***) *-e* bakmak, aramak; ~ ***out!*** Dikkat et!; *v/t.* seyretmek; gözetlemek; **~·dog** ['wɒtʃdɒg] *n.* bekçi köpeği; *fig.* yasadışı hareketlere karşı tetikte olan kimse; **~·ful** □ [-fl] dikkatli, tetikte, uyanık; **~·mak·er** *n.* saatçi; **~·man** [-mən] (*pl.* ***-men***) *n.* bekçi; **~·word** *n.* parola.

wa·ter ['wɔːtə] **1.** *n.* su; ***drink the ~s*** kaplıcalarda şifalı su içmek; **2.** *v/t. & v/i.* sulamak; sulan(dır)mak; suvar(ıl)mak; (*göz*) yaşarmak; ~ **clos·et** *n.* tuvalet, hela; **~-col·o(u)r** *n.* suluboya; suluboya resim; **~·course** *n.* dere, çay; kanal; nehir yatağı; **~·cress** *n.* BOT suteresi; **~·fall** *n.* çağlayan, şelale; **~·front** *n.* sahil arsası; liman bölgesi; ~ **ga(u)ge** *n.* MEC derinlik göstergesi; **~·hole** *n.* suvarma yeri.

wa·ter·ing ['wɔːtərɪŋ] *n.* sulama; **~-can** *n.* sulama ibriği, emzikli kova; **~-place** *n.* içmeler; kaplıca; plaj; suvarma yeri; **~-pot** *n.* sulama ibriği, emzikli kova.

wa·ter| lev·el ['wɔːtəlevl] *n.* su düzeyi; MEC tesviye ruhu; **~·logged** [-lɒgd] *adj.* NAUT içi su dolmuş (*gemi*); ~ **main** *n.* MEC yeraltı su borusu; **~·mark** *n.* filigran; **~·mel·on** *n.* BOT karpuz; ~ **pol·lu·tion** *n.* su kirliliği; ~ **po·lo** *n.* SPOR: sutopu; **~·proof** **1.** *adj.* sugeçirmez; **2.** *n.* yağmurluk; **3.** *v/t.* sugeçirmez hale koymak; **~·shed** *n.* GEOGR havza; *fig.* sınır; **~·side** *n.* sahil, kıyı; ~ **ski·ing** *n.* SPOR: su kayağı; **~·tight** *adj.* sugeçirmez; *fig.* su götürmez; **~·way** *n.* suyolu, kanal; **~·works** *n. oft. sg.* su dağıtım tesisatı; ***turn on the ~*** *fig.* F gözyaşı dökmek, ağlamak; **~·y** [-rɪ] *adj.* sulu; su gibi; zayıf, sudan (*bahane*).

watt ELECT [wɒt] *n.* vat.

wave [weɪv] **1.** *n.* dalga (*a.* PHYS); dalgalanma; el sallama; **2.** *v/t. & v/i.* dalgalan(dır)mak; salla(n)mak; el sallamak (***at*** *ya da* ***to s.o.*** *b-ne*); harelemek; ~ ***s.o. aside*** *b-ni* bir kenara itmek; **~·length** ['weɪvleŋθ] *n.* PHYS dalga boyu, dalga uzunluğu; *fig.* karakter, yapı.

wa·ver ['weɪvə] *v/i.* tereddüt etmek, bocalamak, duraksamak.

wav·y □ ['weɪvɪ] (***-ier, -iest***) dalgalı, dalga dalga.

wax[1] [wæks] **1.** *n.* balmumu; kulak kiri; **2.** *v/t.* mumlamak.

wax[2] [-] *v/i.* (*ay*) büyümek.

wax|en *fig.* ['wæksən] *adj.* beti benzi atmış, solgun; **~·works** *n. sg.* balmumu heykeller müzesi; **~·y** □ [-ɪ] (***-ier, -iest***) mumlu; mum gibi.

way [weɪ] **1.** *n.* yol; yön, taraf, yan; rota; tarz, biçim, şekil; *fig.* durum, hal, gidiş; ~ ***in*** giriş; ~ ***out*** çıkış; *fig.* çıkar yol; ***right of ~*** LEG irtifak hakkı; *esp.* MOT yol hakkı; ***this ~*** bu taraftan; ***by the ~*** aklıma gelmişken, sırası gelmişken; ***by ~ of*** ... yolu ile, ... üzerinden; ***on the ~, on one's ~*** yol üstünde, yolunda; ***out of the ~*** alışılmışın dışında; sapa; ***under ~*** devam etmekte, ilerlemekte; ***give ~*** geri çekilmek; kopmak; çökmek; MOT yol vermek; ***have one's ~*** muradına ermek; ***lead the ~*** yol göstermek; **2.** *adv.* yakın; **~·bill** ['weɪbɪl] *n.* manifesto, irsaliye; **~·far·er** *lit.* [-feərə] *n.* yaya yolcu; **~·lay** [weɪ'leɪ] (***-laid***) *v/t.* yolunu kesmek, pusuda beklemek; **~-out** *adj.* F son derece iyi *ya da* modern; **~·side** ['weɪsaɪd] **1.** *n.* yol kenarı; **2.** *adj.* yol kenarındaki; ~ **sta·tion** *n. Am.* ara istasyon; ~ **train** *n. Am.* her istasyona uğrayan tren, dilenci postası; **~·ward** □ [-wəd] inatçı, aksi, ters.

we [wiː, wɪ] *pron.* biz.

weak □ [wiːk] zayıf, kuvvetsiz; dayanıksız; sulu, yavan (*çorba v.b.*); **~·en** ['wiːkən] *v/t. & v/i.* zayıfla(t)mak; **~·ling** [-lɪŋ] *n.* zayıf kimse *ya da* hayvan; **~·ly** [-lɪ] (***-ier, -iest***) *adj.* hastalıklı; **~mind·ed** [wiːk'maɪndɪd] *adj.* zayıf iradeli; **~·ness** ['wiːknɪs] *n.* zayıflık; zaaf; hata, kusur.

weal [wiːl] *n.* iz, bere.

wealth [welθ] *n.* servet, zenginlik; ECON varlık, para, mal; *fig.* bolluk; **~·y** □ ['welθɪ] (***-ier, -iest***) zengin, varlıklı.

wean [wiːn] *v/t.* sütten *ya da* memeden kesmek; ~ ***s.o. from s.th.*** *b-ni bşden* vazgeçirmek.

weap·on ['wepən] *n.* sılah.

wear [weə] **1.** (***wore, worn***) *v/t. & v/i.* giymek; (*gözlük*) takmak; taşımak; *a.* ~ ***away***, ~ ***down***, ~ ***off***, ~ ***out*** (*elbise*) eski(t)mek; aşın(dır)mak; *a.* ~ ***out*** çok yormak, canını çıkarmak; ~ ***off*** *fig.* (*ağrı*) yavaş yavaş geçmek; ~ ***on*** (*zaman*) yavaş geçmek; **2.** *n.* giysi, elbise; aşınma, yıpranma; dayanıklılık; ***for hard ~*** çok dayanıklı; ***the worse for***

~ kötü durumda; ~ **and tear** *n.* aşınma, yıpranma; ~**·er** ['weərə] *n.* giyen; takan; taşıyan.
wear|i·ness ['wıərınıs] *n.* yorgunluk, bezginlik; ~**·i·some** □ [~səm] yorucu, bıktırıcı, usandırıcı; ~**·y** ['wıərı] **1.** □ (**-ier, -iest**) yorgun, bitkin; sıkıcı, usandırıcı; **2.** *v/t. & v/i.* yor(ul)mak; bık(tır)mak, usan(dır)mak.
wea·sel ZO ['wi:zl] *n.* gelincik, samur.
weath·er ['weðə] **1.** *n.* hava; **2.** *v/t.* havalandırmak; NAUT *-in* rüzgâr yönünden geçmek; *fig.* (*güçlük v.b.*) atlatmak, savuşturmak; *v/i.* aşınmak; solmak; ~**-beat·en** *adj.* fırtına yemiş; ~ **bu·reau** *n.* meteoroloji bürosu; ~ **chart** *n.* hava haritası; ~ **fore·cast** *n.* hava raporu; ~**-worn** *adj.* hava etkisiyle bozulmuş.
weave [wi:v] (***wove, woven***) *v/t.* dokumak; örmek; *fig.* yapmak, kurmak; **weav·er** ['wi:və] *n.* dokumacı.
web [web] *n.* ağ; örümcek ağı; dokuma; ZO zar, perde; ~**·bing** ['webıŋ] *n.* kalın dokuma kayış; ~**·site** ['~saıt] *n.* web sitesi.
wed [wed] (**-dd-**; ***wedded*** *ya da* ***wed***) *vb.* evlenmek; *fig.* bağlanmak, birleşmek (**to** *-e*); ~**·ding** ['wedıŋ] **1.** *n.* düğün, nikâh; **2.** *adj.* evlilik …, nikâh …; ~ ***ring*** nikâh yüzüğü.
wedge [wedʒ] **1.** *n.* kama, takoz, kıskı; **2.** *v/t.* kama ile sıkıştırmak.
wed·lock ['wedlɒk]: ***born out of*** ~ evlilikdışı doğmuş.
Wednes·day ['wenzdı] *n.* çarşamba.
wee [wi:] *adj.* küçücük, minnacık; ***a*** ~ ***bit*** oldukça.
weed [wi:d] **1.** *n.* yabani ot, zararlı ot; **2.** *v/t.* *-in* zararlı otlarını temizlemek; ~ ***out*** *fig.* ayıklamak, temizlemek; ~**-kil·ler** ['wi:dkılə] *n.* yabani otları öldürmekte kullanılan madde; ~**s** [wi:dz] *n. pl. mst.* ***widow's*** ~ matem elbisesi; ~**·y** ['wi:dı] (**-ier, -iest**) *adj.* yabani otlarla dolu; F çelimsiz, çiroz gibi.
week [wi:k] *n.* hafta; ***this day*** ~ haftaya bugün; ~**·day** ['wi:kdeı] *n.* hafta günü, sair gün; ~**·end** [wi:k'end] *n.* hafta sonu; ~**·end·er** [~ə] *n.* hafta sonunu geçiren kimse; ~**·ly** ['wi:klı] **1.** *adj.* haftalık; **2.** *n. a.* ~ ***paper*** haftalık gazete *ya da* dergi.
weep [wi:p] (***wept***) *v/i.* ağlamak, gözyaşı dökmek; ~**·ing** ['wi:pıŋ]: ~ ***willow*** BOT salkımsöğüt; ~**·y** F [~ı] (**-ier, -iest**) *adj.* sulu gözlü; acıklı (*film v.b.*).
weigh [weı] *v/t.* tartmak; *fig.* ölçüp biçmek; ~ ***anchor*** NAUT demir almak; ~***ed down*** bunalmış; *v/i.* … ağırlığında olmak; *fig.* önem taşımak; ~ ***on***, ~ ***upon*** *-e* ağır gelmek, üzmek.
weight [weıt] **1.** *n.* ağırlık, sıklet; *fig.* yük, sıkıntı; *fig.* önem, etki, nüfuz; ***put on*** ~, ***gain*** ~ kilo almak, şişmanlamak; ***lose*** ~ zayıflamak, kilo vermek; **2.** *v/t.* ağırlaştırmak; ~**·less** ['weıtlıs] *adj.* ağırlıksız, hafif; ~**·less·ness** [~nıs] *n.* ağırlıksızlık, hafiflik; ~ **lifting** [~lıftıŋ] *n.* SPOR: ağırlık kaldırma, halter; ~**·y** □ [~ı] (**-ier, -iest**) ağır; yüklü; etkili.
weir [wıə] *n.* su seddi, bent
weird □ [wıəd] anlaşılmaz, esrarengiz; F garip.
wel·come ['welkəm] **1.** *adj.* hoş karşılanan; hoşa giden; ***you are*** ~ ***to*** *inf.* kuşkusuz … ebilirsiniz; (***you are***) ~**!** Bir şey değil!, Rica ederim!; **2.** *n.* hoş karşılama; **3.** *v/t.* hoş karşılamak (*a. fig.*).
weld MEC [weld] *v/t. & v/i.* kayna(t)mak, kaynak yapmak.
wel·fare ['welfeə] *n.* refah, gönenç; ~ **state** *n.* POL refah devleti; ~ **work** *n.* sosyal yardım; ~ **work·er** *n.* sosyal yardım uzmanı.
well[1] [wel] **1.** *n.* kuyu; memba, pınar; MEC boru; **2.** *v/i.* kaynamak, fışkırmak.
well[2] [~] **1.** (***better, best***) *adj.* iyi, güzel; sağlıklı; uygun, yerinde; elverişli; ***be*** ~, ***feel*** ~ kendini iyi hissetmek, iyi olmak; ***be*** ~ ***off*** hali vakti yerinde olmak, zengin olmak; **2.** *int.* İyi!; Şey!; Peki!; Neyse!; ~**-bal·anced** [wel'bælənst] *adj.* dengeli; ~**-be·ing** *n.* refah, gönenç; ~**-born** *adj.* iyi aileden gelmiş; ~**-bred** *adj.* terbiyeli, kibar; ~**-de·fined** *adj.* belirgin; ~**-done** *adj.* iyi pişmiş; ~**-in·ten·tioned** [~ın'tenʃnd] *adj.* iyi niyetli; ~**-known** *adj.* tanınmış, ünlü; ~**-man·nered** *adj.* terbiyeli; ~**-nigh** ['welnaı] *adv.* hemen hemen; ~**-off** [wel'ɒf] *adj.* zengin, hali vakti yerinde; ~**-read** *adj.* çok okumuş; ~**-timed** *adj.* uygun, zamanlı; ~**-to-do** *adj.* zengin, hali vakti yerinde; ~**-worn** *adj.* eskimiş; *fig.* bayatlamış.

Welsh [welʃ] **1.** *adj.* Gal eyaletine özgü; **2.** *n.* LING Gal dili; ***the ~*** *pl.* Galliler; **~ rab·bit, ~ rare·bit** *n.* kızarmış ekmeğe sürülen peynir.

welt [welt] *n.* kösele şerit.

wel·ter ['weltə] *n.* kargaşa, karışıklık.

wench [wentʃ] *n.* genç kadın, kız.

went [went] *pret. of* ***go 1.***

wept [wept] *pret. & p.p. of* ***weep.***

were [wɜː, wə] *pret. of* ***be.***

west [west] **1.** *n.* batı; ***the*** ♀ A.B.D.'nin batı eyaletleri; POL Batı; **2.** *adj.* batıdaki, batı ...; **3.** *adv.* batıya doğru; **~·er·ly** ['westəlı] *adj.* batıdaki, batı ...; **~·ern** [˷ən] **1.** *adj.* batıyla ilgili, batı ...; **2.** *n.* kovboy filmi; **~·ward(s)** [˷wəd(z)] *adv.* batıya doğru.

wet [wet] **1.** *adj.* ıslak, yaş; yağmurlu; **2.** *n.* yağmur; yağmurlu hava; ıslaklık; **3.** (***-tt-***; ***wet*** *ya da* ***wetted***) *v/t.* ıslatmak.

weth·er ZO ['weðə] *n.* iğdiş koç.

wet-nurse ['wetnɜːs] *n.* sütnine.

whack [wæk] *n.* şaklama, pat, küt; F hisse, pay; **~ed** [˷t] *adj.* çok yorgun, turşu gibi; **~·ing** ['wækıŋ] **1.** *adj.* F koskocaman; kuyruklu (*yalan*); **2.** *n.* dayak.

whale ZO [weıl] *n.* balina; **~·bone** ['weılbəʊn] *n.* (*giyside*) balina; **~ oil** *n.* balina yağı.

whal|er ['weılə] *n.* balina avcısı; **~·ing** [˷ıŋ] *n.* balina avı.

wharf [wɔːf] (*pl.* ***wharfs, wharves*** [˷vz]) *n.* iskele, rıhtım.

what [wɒt] **1.** *pron.* ne; -diği şey; ***know ~'s ~*** neyin ne olduğunu bilmek; ***~ about ...?*** *-den* ne haber?, ya...?; *-e* ne dersin?; ***~ for?*** ne için?, ne amaçla?; ***~ of it?, so ~?*** bana ne?, ne olmuş yani?; ***~ next?*** başka?; *iro.* Daha neler!, Yok canım!; ***~ a blessing!*** Ne iyi!, Çok şükür!; ***~ with*** ..., ***~ with*** ... ... ve ... yüzünden; **2.** *int.* Ne!, Vay!; **~·(so·)ev·er** [wɒt(səʊ)'evə] *pron.* her ne.

wheat BOT [wiːt] *n.* buğday.

whee·dle ['wiːdl] *v/t.* tatlı sözlerle kandırmak; ***~ s.th. out of s.o.*** *b-den bşi* kandırıp almak.

wheel [wiːl] **1.** *n.* tekerlek; deveran, dönme; *esp. Am.* F bisiklet; MIL çark; MOT direksiyon; **2.** *v/t. & v/i.* dön(dür)mek; MIL çark etmek; **~·bar·row** ['wiːlbærəʊ] *n.* el arabası; **~·chair** *n.* tekerlekli sandalye; **~ed** *adj.* tekerlekli.

wheel·er ['wiːlə] *adj.* ... tekerlekli.

wheeze [wiːz] *v/i.* hırıltıyla solumak.

whelp [welp] **1.** *n.* ZO yırtıcı hayvan yavrusu; F terbiyesiz genç; **2.** *v/i.* yavrulamak.

when [wen] **1.** *adv.* ne zaman?; **2.** *cj.* -diği zaman, -ince; -iken; -diği halde.

whence [wens] *adv.* nereden.

when·(so·)ev·er [wen(səʊ)'evə] *adv.* her ne zaman.

where [weə] **1.** *adv.* nerede?; nereye?; **2.** *cj.* -diği yer(d)e; ***~ ... from?*** nereden?; ***~ ... to?*** nereye?; **~·a·bouts 1.** [weərə'baʊts] *adv.* nereler(d)e; **2.** ['weərəbaʊts] *n.* bulunulan yer; **~·as** [weər'æz] *cj.* halbuki, oysa; **~·at** [˷r'æt] *adv.* neye; **~·by** [weə'baı] *adv.* vasıtasıyla, ki bununla; **~·fore** ['weəfɔː] *adv.* niçin, neden; **~·in** [weər'ın] *adv.* nerede, neyin için(d)e; **~·of** [˷r'ɒv] *adv.* ki bundan, -den; **~·u·pon** [˷rə'pɒn] *adv. & cj.* bunun üzerine; **wher·ev·er** [˷r'evə] *adv. & cj.* her nereye; her nerede; **~·with·al** ['weəwıðɔːl] *n.* araçlar, gereçler; para.

whet [wet] (***-tt-***) *v/t.* bilemek; *fig.* tahrik etmek, uyandırmak.

wheth·er ['weðə] *cj.* -ıp -ıpmadığını, -mi acaba; ***~ or no*** olsa da olmasa da.

whet·stone ['wetstəʊn] *n.* bileğitaşı.

whey [weı] *n.* kesilmiş sütün suyu.

which [wıtʃ] **1.** *adj.* hangisi; **2.** *pron.* hangisini; ki o, -en, -an, -diği; **~·ev·er** [˷'evə] *pron.* her hangisi.

whiff [wıf] **1.** *n.* esinti, püf; hafif koku; F küçük puro; ***have a few ~s*** bir iki nefes çekmek; **2.** *v/t.* (*duman*) ağızdan çıkarmak; *v/i.* F kötü kokmak.

while [waıl] **1.** *n.* zaman, süre; ***for a ~*** bir süre; **2.** *v/t. mst.* ***~ away*** (*zaman*) geçirmek; **3.** *cj. a.* **whilst** [waılst] iken; -diği halde; süresince.

whim [wım] *n.* geçici heves, kapris.

whim·per ['wımpə] **1.** *v/i.* ağlamak, sızlanmak; **2.** *n.* sızlanma.

whim|si·cal □ ['wımzıkl] tuhaf, acayip, saçma; garip fikirli, kaprisli; **~·sy** ['wımzı] *n.* geçici heves, kapris.

whine [waın] *v/i.* sızlanmak, zırıldamak, mızmızlanmak.

whin·ny ['wını] *v/i.* kişnemek.

whip [wıp] **1.** (***-pp-***) *v/t.* kamçılamak; dövmek; çalkamak, çırpmak (*yumur-*

ta); **~ped cream** kremşanti; **~ped eggs** *pl.* çırpılmış yumurta; *v/i.* fırlamak; **2.** *n.* kırbaç, kamçı.
whip·ping ['wɪpɪŋ] *n.* kamçılama; dayak; **~-top** *n.* topaç.
whip·poor·will zo ['wɪppuəwɪl] *n.* çobanaldatan.
whirl [wɜ:l] **1.** *v/t. & v/i.* fırıl fırıl dön(dür)mek; (*baş*) dönmek; **2.** *n.* fırıl fırıl dön(dür)me; baş dönmesi; **~·pool** ['wɜ:lpu:l] *n.* girdap, burgaç; **~·wind** [_wɪnd] *n.* kasırga, hortum.
whir(r) [wɜ:] (**-rr-**) *v/i.* vızlamak, pırlamak.
whisk [wɪsk] **1.** *n.* tüy süpürge; yumurta teli; **2.** *v/t. & v/i.* çalkamak; fırla(t)mak; çırpmak (*yumurta*); **~ away** ortadan kaldırmak; **whis·ker** ['wɪskə] *n.* hayvan bıyığı; **~s** *pl.* favori.
whis·k(e)y ['wɪskɪ] *n.* viski.
whis·per ['wɪspə] **1.** *v/i.* fısıldamak; hışırdamak; **2.** *n.* fısıltı; söylenti; hışırtı; **in a ~, in ~s** fısıltı halinde, fısıldayarak.
whis·tle ['wɪsl] **1.** *v/i.* ıslık çalmak; düdük çalmak; **2.** *n.* ıslık; düdük; **~ stop** *n. Am.* RAIL işaret verildiğinde trenin durduğu istasyon; POL seçim gezisi.
Whit [wɪt] *n.* pantekot yortusunun pazar günü.
white [waɪt] **1.** (**~r, ~st**) *adj.* beyaz, ak; solgun; lekesiz; yazısız, boş; **2.** *n.* beyaz renk; (*yumurta, göz*) ak; **~-col·lar** [waɪt'kɒlə] *adj.* büroda çalışan, büro ...; masa başı ...; **~ worker** masa başı elemanı; **~ heat** *n.* akkor; **~ lie** *n.* zararsız yalan; **whit·en** ['waɪtn] *v/t. & v/i.* beyazla(t)mak, ağar(t)mak; **~·ness** [_nɪs] *n.* beyazlık; saflık; **~·wash 1.** *n.* badana; **2.** *v/t.* badana etmek; *fig.* örtbas etmek.
whit·ish ['waɪtɪʃ] *adj.* beyazımsı, beyazımtırak.
Whit·sun ['wɪtsn] *adj.* pantekot yortusuyla ilgili; **~·tide** *n.* pantekot yortusu.
whit·tle ['wɪtl] *v/t.* yontmak; **~ away** eksiltmek, azaltmak.
whiz(z) [wɪz] (**-zz-**) *v/i.* vızıldamak.
who [hu:, hʊ] **1.** *pron.* kim?; **2.** *cj.* ki o, -en, -an.
who·dun(n)·it F [hu:'dʌnɪt] *n.* dedektif romanı.
who·ev·er [hu:'evə] *pron.* her kim, kim olursa olsun.
whole [həʊl] **1.** □ bütün, tüm, tam; **2.** *n.* bütün; toplam; **the ~ of London** Londra'nın tümü; **on the ~** genellikle; çoğunlukla; **~-hearted** □ [həʊl'hɑ:tɪd] samimi, içten; **~·meal** ['həʊlmi:l]: **~ bread** kepekli buğday ekmeği; **~sale 1.** *n.* ECON toptan satış; **2.** *adj.* ECON toptan ...; *fig.* çok sayıda; **~ dealer** = **~·sal·er** [_ə] *n.* ECON toptancı; **~·some** □ [_səm] sağlığa yararlı; sağlıklı; **~ wheat** *n. esp. Am.* = **wholemeal.**
whol·ly ['həʊllɪ] *adv.* tamamen, büsbütün, sırf.
whom [hu:m, hʊm] *acc. of* **who.**
whoop [hu:p] **1.** *n.* bağırma, çığlık; MED boğmaca öksürüğü sesi; **2.** *v/i.* bağırmak, *a.* **~ with joy** sevinçten haykırmak; **~ it up** F çılgınlar gibi eğlenmek; **~·ee** F ['wʊpi:]: **make ~** şamata yapmak; **~·ing-cough** MED ['hu:pɪŋkɒf] *n.* boğmaca öksürüğü.
whore [hɔ:] *n.* fahişe, orospu.
whose [hu:z] *gen. sg. & pl. of* **who.**
why [waɪ] **1.** *adv.* niçin?, neden?; **~ so?** neden böyle?; **2.** *int.* Demek öyle!, Bak sen!
wick [wɪk] *n.* fitil.
wick·ed □ ['wɪkɪd] kötü, hayırsız, günahkâr; kinci, hain; tehlikeli; **~·ness** [_nɪs] *n.* kötülük.
wick·er ['wɪkə] *adj.* hasır ...; **~ basket** hasır sepet; **~ bottle** dışı hasır şişe; **~ chair** hasır koltuk; **~ work** sepet işi; hasır işi.
wick·et ['wɪkɪt] *n.* küçük kapı; *kriket*: kale.
wide [waɪd] **1.** □ geniş; engin, açık; bol; **3 feet ~** üç fit eninde; **2.** *adv.* tamamen, iyice, adamakıllı; ardına kadar; uzağa; **~ awake** tamamen uyanık; **wid·en** ['waɪdn] *v/t. & v/i.* genişle(t)mek, bollaş(tır)mak; **~-o·pen** ['waɪd'əʊpən] *adj.* ardına kadar açık; *Am.* yasa yönünden gevşek (*kent*); **~·spread** *adj.* alabildiğine açılmış; yaygın, genel.
wid·ow ['wɪdəʊ] *n.* dul kadın; *attr.* dul ...; **~ed** *adj.* dul kalmış; **~·er** [_ə] *n.* dul erkek.
width [wɪdθ] *n.* genişlik, en.
wield [wi:ld] *v/t.* kullanmak.
wife [waɪf] (*pl.* **wives** [_vz]) *n.* karı, eş, hanım.
wig [wɪg] *n.* peruka.
wild [waɪld] **1.** □ vahşi, yabanıl, yabani;

şiddetli; hiddetli, öfkeli; ~ ***about*** *-e* delice hayran, ... için deli divane; **2.** *adv.* **:** ***run*** ~ başıboş kalmak; ***talk*** ~ saçma sapan konuşmak; **3.** *n. a.* ~***s*** *pl.* vahşi yerler; **~•cat** ['waıldkæt] **1.** *n.* zo vaşak; ECON *Am.* petrol kuyusu; **2.** *adj.* yasadışı; ECON *Am.* rizikolu, çürük (iş); **wil•der•ness** ['wıldənıs] *n.* çöl, sahra, kır; **~•fire** ['waıldfaıə]: ***like*** ~ yıldırım gibi, çabucak; **~•life** *n. coll.* vahşi yaşam.

wile [waıl] *n.* ~***s*** *pl.* oyun, hile, dolap.

will [wıl] **1.** *n.* arzu, istek; irade; keyif; vasiyetname; ***of one's own free*** ~ kendi isteğiyle; **2.** *v/aux.* (*pret.* ***would***; *olumsuz:* ~ ***not, won't***) -ecek, -acak; ***he*** ~ ***come*** gelecek; **3.** *v/t.* arzu etmek; buyurmak, emretmek; LEG vasiyetle bırakmak.

wil(l)•ful □ ['wılfl] inatçı; *esp.* LEG kasıtlı.

will•ing □ ['wılıŋ] istekli, gönüllü, hazır; razı.

will-o'-the-wisp ['wıləðə'wısp] *n.* bataklık yakamozu.

wil•low BOT ['wıləʊ] *n.* söğüt; **~•y** *fig.* [-ı] *adj.* narin, zarif.

will•pow•er ['wılpaʊə] *n.* irade gücü.

wil•ly-nil•ly ['wılı'nılı] *adv.* ister istemez.

wilt [wılt] *v/t. & v/i.* sol(dur)mak.

wi•ly □ ['waılı] (**-*ier***, **-*iest***) düzenbaz, kurnaz.

win [wın] **1.** (**-*nn-***; ***won***) *v/t.* kazanmak; yenmek; elde etmek, edinmek; ikna etmek (***to do*** *yapmaya*); ~ ***s.o. over*** *ya da* ***round*** *b-ni* ikna etmek, kandırmak; *v/i.* haklı çıkmak; **2.** *n.* SPOR: galibiyet, yengi.

wince [wıns] *v/i.* birden ürkmek.

winch [wıntʃ] *n.* vinç.

wind[1] [wınd] **1.** *n.* rüzgâr; nefes, soluk; MED osuruk; ***the*** ~ *sg. ya da pl.* MUS nefesli çalgılar, üflemeli çalgılar; **2.** *v/t.* HUNT koklayarak bulmak; nefesini kesmek.

wind[2] [waınd] (***wound***) *v/t. & v/i.* sar(ıl)mak; dola(ş)mak, çevirmek; döndürmek; eğrilmek, bükülmek; ~ ***up*** (*saat*) kurmak; (*konuşma v.b.*) bitirmek, bağlamak (***by saying*** ... ... *diyerek*).

wind|bag F ['wındbæg] *n.* geveze, çenesi düşük kimse; **~•fall** *n.* beklenmedik şans, düşeş, devlet kuşu.

wind•ing ['waındıŋ] **1.** *n.* dön(dür)me; dolambaç; dönemeç; **2.** *adj.* dolambaçlı; sarmal; ~ ***stairs*** *pl.* döner merdiven; ~ **sheet** *n.* kefen.

wind-in•stru•ment MUS ['wındınstrʊmənt] *n.* nefesli çalgı, üflemeli çalgı.

wind•lass MEC ['wındləs] *n.* bocurgat, ırgat.

wind•mill ['wındmıl] *n.* yeldeğirmeni.

win•dow ['wındəʊ] *n.* pencere; vitrin; **~-dress•ing** *n.* vitrin dekorasyonu; *fig.* göz boyama; ~ **shade** *n. Am.* güneşlik; ~ **shopping** *n.* vitrin gezme; ***go*** ~ vitrin gezmek.

wind|pipe ANAT ['wındpaıp] *n.* nefes borusu; **~•screen**, *Am.* **~shield** *n.* MOT ön cam; ~ ***wiper*** silecek; **~•surf•ing** *n.* SPOR: rüzgâr sörfü.

wind•y □ ['wındı] (**-*ier***, **-*iest***) rüzgârlı; *fig.* geveze, ağzı kalabalık.

wine [waın] *n.* şarap; **~•press** ['waınpres] *n.* üzüm cenderesi.

wing [wıŋ] **1.** *n.* kanat (*a.* MIL, ARCH, SPOR, POL); *Brt.* MOT çamurluk; AVIA, MIL kol; ~***s*** *pl.* THEA kulis; ***take*** ~ uçup gitmek, kanatlanmak; ***on the*** ~ uçmakta; **2.** *v/t. & v/i.* uç(ur)mak; kanatlanmak; *fig.* yaralamak.

wink [wıŋk] **1.** *n.* göz kırpma; an; ***not get a*** ~ ***of sleep*** hiç uyumamak, gözünü kırpmamak; *s.* ***forty***; **2.** *v/i.* göz kırpmak; gözle işaret vermek; pırıldamak; ~ ***at*** *-e* göz kıpmak; *fig.* görmezlikten gelmek.

win|ner ['wınə] *n.* kazanan; galip; **~•ning** ['wınıŋ] **1.** □ kazanan; **2.** *n.* ~***s*** *pl.* kazanç.

win|ter ['wıntə] **1.** *n.* kış; **2.** *v/i.* kışı geçirmek; **~•ter sports** *n. pl.* kış sporları; **~•try** [-rı] *adj.* kış gibi; *fig.* buz gibi.

wipe [waıp] *v/t.* silmek; ~ ***out*** silip temizlemek; *fig.* yok etmek, ortadan kaldırmak; ~ ***up*** silmek; kurulamak; **wip•er** MOT ['waıpə] *n.* silecek.

wire ['waıə] **1.** *n.* tel (*a.* ELECT); F telgraf; ***pull the*** ~***s*** *fig.* torpil patlatmak; **2.** *v/t.* telle bağlamak; *v/i.* telgraf çekmek; **~•drawn** *adj.* kılı kırk yaran; **~•less** [-lıs] **1.** □ telsiz; ~ ***phone*** telsiz telefon; **2.** *n. Brt.* radyo; ***on the*** ~ radyoda; **3.** *v/t.* telsizle göndermek; ~ **net•ting** [waıə'netıŋ] *n.* tel örgü; **~•tap** ['waıətæp] (**-*pp-***) *v/i.* telefonları gizlice din-

W

lemek.

wir·y □ ['waıərı] (*-ier, -iest*) tel gibi; sırım gibi.

wis·dom ['wızdəm] *n.* akıl; bilgelik; ~ *tooth* akıldişi, yirmi yaş dişi.

wise[1] □ [waız] (*~r, ~st*) akıllı; tedbirli; akıllıca, mantıklı; ~ *guy* F ukala dümbeleği.

wise[2] [~] *n.* usul, tarz.

wise·crack F ['waızkræk] **1.** *n.* espri; **2.** *v/i.* espri yapmak.

wish [wıʃ] **1.** *v/t.* istemek, arzu etmek, dilemek; ~ *for -e* can atmak; ~ *s.o. well* (*ill*) *b-ne* iyi şans dile(me)mek; **2.** *n.* istek, arzu, dilek; ~**·ful** □ ['wıʃfl] arzulu, istekli; ~ *thinking* hüsnükuruntu.

wish·y-wash·y ['wıʃı'wɒʃı] *adj.* (*çorba, çay v.b.*) sulu, açık; *fig.* boş (*fikir*).

wisp [wısp] *n.* tutam; demet, deste.

wist·ful □ ['wıstfl] arzulu, istekli.

wit[1] [wıt] *n.* akıl; *a.* ~*s pl.* zekâ, anlayış; nükte; *be at one's ~'s ya da ~s' end* apışıp kalmak; *keep one's ~s about one* paniğe kapılmamak, tetikte olmak.

wit[2] [~]: *to ~ esp.* LEG yani, demek ki.

witch [wıtʃ] *n.* büyücü kadın; ~**·craft** ['wıtʃkrɑːft], ~**·e·ry** [~ərı] *n.* büyücülük; büyü; ~**hunt** *n.* POL düzene baş kaldıranları sindirme avı.

with [wıð] *prp.* ile; -den; *-e* karşı; *-e* karşın; ~ *it* F zamane, modern.

with·draw [wıð'drɔː] (*-drew, -drawn*) *v/t. & v/i.* geri çek(il)mek; geri almak; (*para*) çekmek; SPOR: çekilmek; ~**·al** [~əl] *n.* geri alma; *esp.* MIL geri çekilme; ECON (*para*) çekme; SPOR: çekilme.

with·er ['wıðə] *v/t. & v/i.* kuru(t)mak, sol(dur)mak; çürü(t)mek.

with·hold [wıð'həʊld] (*-held*) *v/t.* alıkoymak, tutmak; ~ *s.th. from s.o. b-den bşi* esirgemek.

with|in [wı'ðın] **1.** *adv.* içeride, içeriye; **2.** *prp. -in* içinde; ~ *doors* evde; ~ *call* çağrılabilecek uzaklıkta; ~**·out** [wı'ðaʊt] **1.** *adv.* dışarıda; **2.** *prp.* -sız, -meden, -meksizin.

with·stand [wıð'stænd] (*-stood*) *v/t. -e* karşı koymak, direnmek; *-e* dayanmak.

wit·ness ['wıtnıs] **1.** *n.* tanık, şahit; *bear ~ to -e* tanıklık etmek; **2.** *v/t. -e* tanık olmak; *-e* sahne olmak; ~ **box**, *Am.* ~ **stand** *n.* tanık kürsüsü.

wit|ti·cis·m ['wıtısızəm] *n.* espri, şaka; ~**·ty** □ [~ı] (*-ier, -iest*) esprili, nükteli; nükteci; hazırcevap.

wives [waıvz] *pl. of* **wife.**

wiz·ard ['wızəd] *n.* büyücü, sihirbaz.

wiz·en(ed) ['wızn(d)] *adj.* pörsümüş, pörsük.

wob·ble ['wɒbl] *v/t. & v/i.* salla(n)mak; bocalamak.

woe [wəʊ] *n.* keder, dert; ~ *is me!* Vah başıma gelenler!; ~**·be·gone** ['wəʊbıgɒn] *adj.* kederli, üzgün; ~**·ful** □ ['wəʊfl] kederli, hüzünlü; üzücü.

woke [wəʊk] *pret. & p.p. of* **wake 2**;
wok·en ['wəʊkən] *p.p. of* **wake 2.**

wold [wəʊld] *n.* yayla, bozkır.

wolf [wʊlf] **1.** (*pl.* **wolves** [~vz]) *n.* ZO kurt; **2.** *v/t. a.* ~ *down* aç kurt gibi yemek, silip süpürmek; ~**·ish** □ ['wʊlfıʃ] kurt gibi; doymak bilmez.

wom·an ['wʊmən] **1.** (*pl.* **women** ['wımın]) *n.* kadın; F karı, eş; F metres; **2.** *adj.* kadın ...; ~ *doctor* kadın doktor; ~ *student* bayan öğrenci; ~**·hood** [~hʊd] *n.* kadınlık; kadınlar; ~**·ish** □ [~ıʃ] kadın gibi, kadınsı; ~**·kind** [~'kaınd] *n.* kadınlar; ~**·like** [~laık] *adj.* kadın gibi; ~**·ly** [~lı] *adj.* kadına yakışır; kadın gibi.

womb [wuːm] *n.* rahim, dölyatağı; *fig.* başlangıç, köken.

wom·en ['wımın] *n. pl. of* **woman**; *♀'s Liberation* (*Movement*), F *♀'s Lib* [lıb] Kadın Özgürlükleri Hareketi; ~**·folk**, ~**·kind** *n.* kadınlar, kadın kısmı; F kadın akrabalar.

won [wʌn] *pret. & p.p. of* **win 1.**

won·der ['wʌndə] **1.** *n.* mucize, harika; şaşkınlık, hayret; *work ~s* harikalar yaratmak; **2.** *vb.* şaşmak, hayret etmek; hayran olmak; merak etmek; *I ~ if you could help me* acaba bana yardım edebilir misiniz?; ~**·ful** □ [~fl] harika, şahane, şaşılacak; ~**·ing** □ [~rıŋ] şaşkın, şaşırmış.

wont [wəʊnt] **1.** *adj.* alışmış; *be ~ to do s.th. bş* yapmayı alışkanlık edinmek; **2.** *n.* alışkanlık, âdet; *as was his ~* hep yaptığı gibi.

won't [~] = *will not.*

wont·ed ['wəʊntıd] *adj.* alışılmış, her zamanki.

woo [wuː] *v/t. -e.* kur yapmak.

wood [wʊd] *n.* odun; tahta, kereste; *oft.* **~s** *pl.* orman, koru; = **woodwind**; **touch ~!** Nazar değmesin!, Şeytan kulağına kurşun!; **he cannot see the ~ for the trees** işin aslını göremez; **~·cut** ['wʊdkʌt] *n.* tahta basma kalıbı; **~·cut·ter** *n.* baltacı, oduncu; **~·ed** [-ɪd] *adj.* ağaçlı; **~·en** □ [-n] tahtadan yapılmış, tahta ...; *fig.* sert, odun gibi; **~·man** [-mən] (*pl.* **-men**) *n.* orman adamı; oduncu, baltacı; **~·peck·er** zo [-pekə] *n.* ağaçkakan; **~s·man** [-zmən] (*pl.* **-men**) *n.* = **woodman**; **~·wind** MUS [-wɪnd] *n.* tahta üflemeli çalgı; **the ~** *sg. ya da pl.* tahta üflemeli çalgılar; **~·work** *n.* doğrama; doğramacılık; **~·y** [-ɪ] (**-ier, -iest**) *adj.* ormanlık ..., ağaçlık ...; ağaçsıl.

wool [wʊl] *n.* yün; **~·gath·er·ing** ['wʊlgæðərɪŋ] *n.* aklı başka yerde olma, dalgınlık; **~·(l)en** ['wʊlən] **1.** *adj.* yünlü, yün ...; **2.** *n.* **~s** *pl.* yünlü giysiler; **~·ly** [-wʊlɪ] **1.** (**-ier, -iest**) *adj.* yünlü; yün gibi; belirsiz (*fikir*); **2.** *n.* **woollies** *pl.* F yünlü giysiler.

word [wɜːd] **1.** *n.* sözcük, kelime; söz; haber, bilgi; MIL parola; *fig.* ağız kavgası; **have a ~ with** *ile* iki çift laf etmek; **2.** *v/t.* ifade etmek, söylemek; **~·ing** ['wɜːdɪŋ] *n.* yazılış tarzı, üslup; **~ order** *n.* GR sözcük sırası; **~ pro·cess·ing** *n.* *bilgisayar:* sözcük işlem; **~ proces·sor** *n.* *bilgisayar:* sözcük işleyici; **~-split·ting** *n.* bilgicilik.

word·y □ ['wɜːdɪ] (**-ier, -iest**) çok sözcüklü; sözü çok uzatan.

wore [wɔː] *pret. of* **wear 1.**

work [wɜːk] **1.** *n.* iş, çalışma; emek; görev; *attr.* iş ...; **~s** *pl.* MEC mekanizma; MIL istihkâm; **~s** *sg.* fabrika, tesis; **~ of art** sanat eseri; **at ~** iş başında, işte; **be in ~** işi olmak; **be out of ~** işsiz olmak; **set to ~, set** *ya da* **go about one's ~** işe koyulmak; **~s council** yönetim kurulu; **2.** *v/t.* & *v/i.* çalış(tır)mak; MEC işle(t)mek; halletmek, çözmek; *fig.* başarıyla sonuçlanmak, para etmek; **~ one's way** *k-ne* yol açmak; **~ off** çık(ar)mak; bitirmek; çalışarak ödemek (*borç*); **~ out** hesaplamak; halletmek, çözmek; sonuçlanmak; idman yapmak; **~ up** geliş(tir)mek, ilerle(t)mek; heyecanlandırmak, kamçılamak; **~ o.s. up** heyecanlanmak.

wor·ka·ble □ ['wɜːkəbl] işlenebilir; pratik, elverişli.

work·a·day ['wɜːkədeɪ] *adj.* sıradan, alelade; **work·a·hol·ic** [-ə'hɒlɪk] *n.* *çalışmadan duramayan kimse*; işkolik.

work|·bench *n.* MEC tezgâh; **~·book** *n.* *okul:* alıştırma kitabı; **~·day** *n.* işgünü; **on ~s** işgünlerinde, hafta içi; **~·er** [-ə] *n.* işçi.

work·ing ['wɜːkɪŋ] **1.** *n.* **~s** *pl.* çalışma, işleme; **2.** *adj.* çalışan; işleyen; iş ...; **~-class** *adj.* işçi sınıfı ...; **~ day** *n.* işgünü; **~ hours** *n. pl.* iş saatleri.

work·man ['wɜːkmən] (*pl.* **-men**) *n.* işçi; **~·like** [-laɪk] *adj.* işçi gibi; işçiye yakışır; **~·ship** [-ʃɪp] *n.* işçilik; ustalık.

work|out ['wɜːkaʊt] *n.* F SPOR: idman, antrenman; **~·shop** *n.* atelye; **~-shy** *adj.* işten kaçan, tembel; **~-to-rule** *n.* ECON kurallara bağlı çalışma; **~·wom·an** (*pl.* **-women**) *n.* kadın işçi.

world [wɜːld] *n.* dünya; **a ~ of** dünya kadar, pek çok; **bring** (**come**) **into the ~** dünyaya getirmek (gelmek), doğ(ur)mak; **think the ~ of** *-e* hayran olmak; **~-class** *adj.* dünyanın en iyileri arasında olan (*sporcu v.b.*); **♀ Cup** *n.* Dünya Kupası

world·ly ['wɜːldlɪ] (**-ier, -iest**) *adj.* dünyevi, maddi; **~-wise** *adj.* görmüş geçirmiş, pişkin.

world| pow·er POL ['wɜːldpaʊə] *n.* önemli devlet; **~·wide** *adj.* dünya çapında.

worm [wɜːm] **1.** *n* zo kurt, solucan; **2.** *v/t.* ustalıkla almak (**out of** *-den*); **~ o.s.** sokulmak; *fig.* girmek (**into** *-e*); **~-eat·en** ['wɜːmiːtn] *adj.* kurt yemiş; *fig.* eski, demode.

worn [wɔːn] *p.p. of* **wear 1**; **~-out** ['wɔːn'aʊt] *adj.* çok yorgun, bitkin, turşu gibi; eskimiş, aşınmış.

wor·ried □ ['wʌrɪd] üzgün, endişeli.

wor·ry ['wʌrɪ] **1.** *v/t.* & *v/i.* Üz(ül)mek, Endişelen(dir)mek; canını sıkmak; merak etmek, kaygılanmak; **don't ~!** Üzülme!, Endişelenme!; **2.** *n.* üzüntü, endişe, kaygı.

worse [wɜːs] (*comp. of* **bad**) *adj.* daha kötü, beter; **~ luck!** Ne yazık ki!, Maalesef!; **wors·en** ['wɜːsn] *v/t.* & *v/i.* kötüleş(tir)mek.

wor·ship ['wɜːʃɪp] **1.** *n.* tapınma, ibadet; hayranlık, tapma; **2.** (*esp. Brt.*

-**pp**-, *Am.* -**p**-) *v/t.* tapmak; *v/i.* ibadet etmek; ~·(**p**)**er** [-ə] *n.* tapan kimse, ibadet eden kimse.

worst [wɜːst] **1.** (*sup. of* ***bad***) *adj.* en kötü; **2.** (*sup. of* ***badly***) *adv.* en kötü biçimde; **3.** *n.* en kötü şey *ya da* durum; ***at*** (***the***) ~ en kötü olasılıkla.

wor·sted ['wʊstɪd] *n.* yün iplik.

worth [wɜːθ] **1.** *adj.* değer, layık; ... değerinde; ~ ***reading*** okumaya değer; **2.** *n.* değer, kıymet; ~·**less**□ ['wɜːθlɪs] değersiz; beş para etmez; ~-**while** [-'waɪl] *adj.* zahmete değer; ~·**y** □ ['wɜːðɪ] (-***ier***, -***iest***) değerli; layık; uygun, yaraşır.

would [wʊd] *pret. of* ***will 2***; ***I*** ~ ***like*** istiyorum; ~-**be** ['wʊdbiː] *adj.* sözde, güya, sözümona.

wound[1] [wuːnd] **1.** *n.* yara; *fig.* gönül yarası; **2.** *v/t.* yaralamak; *fig.* gönlünü kırmak.

wound[2] [waʊnd] *pret. & p.p. of* ***wind***[2]

wove [wəʊv] *pret. of* ***weave***; **wov·en** ['wəʊvn] *p.p. of* ***weave.***

wow F [waʊ] *int.* Hayret!, Deme!

wran·gle ['ræŋgl] **1.** *v/i.* kavga etmek, dalaşmak; tartışmak; **2.** *n.* kavga; tartışma.

wrap [ræp] **1.** (-***pp***-) *v/t. & v/i. oft.* ~ ***up*** sar(ıl)mak, paketlemek; ört(ün)mek; bürü(n)mek; *fig.* (*iş*) bitirmek, bağlamak; ***be*** ~***ped up in*** -*e* sarılmak; -*de* saklı olmak; **2.** *n.* örtü; atkı; giysi; ~·**per** ['ræpə] *n.* sargı; sabahlık; *a.* ***postal*** ~ kitap kabı; ~·**ping** [-ɪŋ] *n.* ambalaj; sargı; ~-***paper*** ambalaj kâğıdı.

wrath *lit.* [rɔːθ] *n.* öfke, gazap.

wreak *lit.* [riːk] *v/t.* (*öfke v.b.*) almak, çıkarmak (***on, upon*** -*den*).

wreath [riːθ] (*pl.* ***wreaths*** [-ðz]) *n.* çelenk; ~**e** [riːð] *v/t. & v/i.* sar(ıl)mak; çelenklerle süslemek; (*yılan*) çöreklenmek.

wreck [rek] **1.** *n.* gemi enkazı; *fig.* yıkıntı, enkaz, harabe; **2.** *v/t.* kazaya uğratmak; yıkmak, altüst etmek; ***be*** ~***ed*** NAUT kazaya uğramak; ~·**age** ['rekɪdʒ] *n.* enkaz, yıkıntı; ~**ed** [rekt] *adj.* kazaya uğramış; ~·**er** ['rekə] *n.* NAUT enkaz temizleyici, yıkıcı; *Am.* MOT kurtarıcı, çekici; ~·**ing** [-ɪŋ] *n. esp. hist.* enkaz hırsızlığı; ~ ***company*** *Am.* eski binaları yıkan şirket; ~ ***service*** *Am.* MOT kurtarma servisi.

wren ZO [ren] *n.* çalıkuşu.

wrench [rentʃ] **1.** *v/t.* zorla almak (***from s.o.*** *b-den*); MED burkmak; (*anlam*) çarpıtmak; ~ ***open*** çekip açmak; **2.** *n.* bük(ül)me; MED burk(ul)ma; *fig.* ayrılış acısı; MEC İngiliz anahtarı.

wrest [rest] *v/t.* zorla almak; ~ ***s.th. from s.o.*** *b-den bşi* zorla almak.

wres|tle ['resl] *v/i.* güreşmek; ~·**tler** [-ə] *n. esp.* SPOR: güreşçi, pehlivan; ~·**tling** [-ɪŋ] *n. esp.* SPOR: güreş.

wretch [retʃ] *n.* biçare, zavallı; alçak adam.

wretch·ed□ ['retʃɪd] alçak; bitkin, perişan.

wrig·gle ['rɪgl] *v/t. & v/i.* kımılda(t)mak; kıvrılmak; ~ ***out of s.th.*** *bşden* yakayı kurtarmak, sıyrılıp çıkmak.

-**wright** [raɪt] *n.* ... yapımcısı; ... işçisi; ... yazarı.

wring [rɪŋ] (***wrung***) *v/t.* burup sıkmak; burmak, bükmek, sıkmak; ~ ***s.o.'s hearth*** *b-nin* yüreğine işlemek.

wrin·kle ['rɪŋkl] **1.** *n.* kırışık, buruşuk; **2.** *v/t. & v/i.* kırış(tır)mak, buruş(tur)mak.

wrist [rɪst] *n.* bilek; ~***watch*** bilek saati, kol saati; ~·**band** ['rɪstbænd] *n.* kol ağzı, manşet.

writ [rɪt] *n.* yazı; mahkeme emri; ***Holy*** ♀ İncil

write [raɪt] (***wrote, written***) *v/t.* yazmak; ~ ***down*** not etmek, yazmak; **writ·er** ['raɪtə] *n.* yazar.

writhe [raɪð] *v/i.* kıvranmak.

writ·ing ['raɪtɪŋ] *n.* yazı; el yazısı; yazı yazma; yazarlık; *attr.* yazı ...; ***in*** ~ yazılı; ~-**case** *n.* sumen; ~ **desk** *n.* yazı masası; ~ **pad** *n.* sumen; ~ **pa·per** *n.* yazı kâğıdı.

writ·ten ['rɪtn] **1.** *p.p. of* ***write***; **2.** *adj.* yazılı.

wrong [rɒŋ] **1.** □ yanlış, hatalı; haksız; uygunsuz; bozuk; ***be*** ~ yanılmak; yanlış olmak; bozuk olmak; (*saat*) yanlış gitmek; ***go*** ~ yanılmak; ***be on the*** ~ ***side of sixty*** altmış yaşını geçmiş olmak; **2.** *n.* hata, kusur; haksızlık; ***be in the*** ~ hatalı olmak; **3.** *v/t.* -*e* haksızlık etmek; ~·**do·er** ['rɒŋduə] *n.* haksızlık eden kimse; günahkâr; ~·**ful** □ [-fl] haksız; yasadışı.

wrote [rəʊt] *pret. of* ***write.***

wrought i·ron [rɔːt'aɪən] *n.* dövme demir; **~-i·ron** ['rɔːt'aɪən] *adj.* dövme demirden yapılmış.

wrung [rʌŋ] *pret. & p.p. of* ***wring.***

wry □ [raɪ] (***-ier, -iest***) eğri, çarpık.

X

X-mas F ['krɪsməs] = ***Christmas.***

X-ray [eks'reɪ] **1.** *n.* ***~s*** *pl.* röntgen ışını; röntgen filmi; **2.** *adj.* röntgen ...; **3.** *v/t.* röntgenini çekmek, röntgen ışınlarıyla tedavi etmek.

xy·lo·phone MUS ['zaɪləfəʊn] *n.* ksilofon.

Y

yacht NAUT [jɒt] **1.** *n.* yat; **2.** *v/i.* yat ile gezmek; **~-club** ['jɒtklʌb] *n.* yat kulübü; **~·ing** [~ɪŋ] *n.* yatçılık; *attr.* yat ...

Yan·kee F ['jæŋkɪ] *n.* Kuzey Amerikalı.

yap [jæp] (***-pp-***) *v/i.* havlamak; F gevezelik etmek.

yard [jɑːd] *n.* yarda (= *0,914 m*); NAUT seren; avlu; *Am.* bahçe; **~ meas·ure** ['jɑːdmeʒə], **~·stick** *n.* bir yardalık ölçü çubuğu.

yarn [jɑːn] *n.* iplik; F gemici masalı; F hikâye, maval.

yawl NAUT [jɔːl] *n.* filika.

yawn [jɔːn] **1.** *v/i.* esnemek; **2.** *n.* esneme.

yea F [jeɪ] *adv.* evet.

year [jɜː, jɪə] *n.* yıl, sene; **~·ly** ['jɜːlɪ] *adj.* yıllık.

yearn [jɜːn] *v/i.* çok istemek, can atmak (***for*** *-e*); **~·ing** ['jɜːnɪŋ] **1.** *n.* arzu, özlem; **2.** □ arzulu, özlemli.

yeast [jiːst] *n.* maya.

yell [jel] **1.** *v/i.* acı acı bağırmak, haykırmak; **2.** *n.* çığlık, haykırma.

yel·low ['jeləʊ] **1.** *adj.* sarı; F ödlek; heyecan yaratan (*gazete*); **2.** *n.* sarı renk; **3.** *v/t. & v/i.* sarar(t)mak; **~·ed** *adj.* sararmış; **~ fe·ver** *n.* MED sarıhumma; **~·ish** [~ɪʃ] *adj.* sarımsı, sarımtırak; **~ pag·es** *n. pl.* TELEPH işyerlerinin telefonlarını içeren rehber.

yelp [jelp] **1.** *v/i.* kesik kesik havlamak; **2.** *n.* kesik kesik havlama.

yeo·man ['jəʊmən] (*pl.* ***-men***) *n.* toprak sahibi.

yep F [jep] *adv.* evet.

yes [jes] **1.** *adv.* evet; **2.** *n.* olumlu yanıt.

yes·ter·day ['jestədɪ] *adv.* dün.

yet [jet] **1.** *adv.* henüz, daha, hâlâ; bile; yine; ***as ~*** şimdiye dek; ***not ~*** henüz değil; **2.** *cj.* ancak; yine de.

yew BOT [juː] *n.* porsukağacı.

yield [jiːld] **1.** *v/t.* vermek; (*kâr*) getirmek; sağlamak; *v/i.* AGR ürün vermek; boyun eğmek; çökmek; **2.** *n.* ürün; kazanç, gelir; **~·ing** □ eğrilebilir, yumuşak; *fig.* uysal.

yip·pee F [jɪ'piː] *int.* Hurra!

yo·del ['jəʊdl] **1.** *n.* pesten tize ani geçişlerle söylenen şarkı; **2.** (*esp. Brt.* ***-ll-***, *Am.* ***-l-***) *vb.* böyle şarkı söylemek.

yo·gurt, yo·gh(o)urt ['jɔgət] *n.* yoğurt.

yoke [jəʊk] **1.** *n.* boyunduruk (*a. fig.*); omuz sırığı; bağ; **2.** *vb.* boyunduruğa koşmak; *fig.* evlendirmek (***to*** *ile*).

yolk [jəʊk] *n.* yumurta sarısı.

yon [jɒn], **~·der** *lit.* ['jɒndə] *adj.* ötedeki, şuradaki.

yore [jɔː]: ***of ~*** eskiden.

you [juː, jʊ] *pron.* sen; siz; sana, seni.

young [jʌŋ] **1.** □ genç; taze, körpe; toy; **2.** *n.* yavru; ***the ~*** gençler; gençlik; ***with ~*** hamile, gebe; **~·ster** ['jʌŋstə] *n.* delikanlı; çocuk.

your [jɔː] *adj.* senin, sizin; **~s** [jɔːz] *pron.* seninki, sizinki; ***2, Bill*** (*mektupta*) arkadaşın, Bill; **~·self** [jɔː'self] (*pl.* ***yourselves*** [~vz]) *pron.* kendin, kendiniz; ***by ~*** kendi kendinize, yalnız başınıza.

youth [ju:θ] (*pl.* **~s** [~ðz]) *n.* genç; gençlik; **~ *hostel*** gençlik yurdu, hostel; **~·ful** □ ['ju:θfl] genç, dinç, taze.

Yu·go·slav [ju:gəʊ'slɑ:v] *n. & adj.* Yugoslav.

yule·tide *esp. poet.* ['ju:ltaɪd] *n.* Noel.

Z

zap [zæp] *vb.* F *bilgisayar*: silmek; *bilgisayar oyununda*: öldürmek, vurmak; TV zapping yapmak.

zeal [zi:l] *n.* gayret, şevk; **~·ot** ['zelət] *n.* gayretli kimse; **~·ous** □ ['zeləs] gayretli, şevkli (***for*** *-e*).

zeb·ra ZO ['zi:brə] *n.* zebra; **~ cross·ing** ['zebrə-] *n.* çizgili yaya geçidi.

zen·ith ['zenɪθ] *n.* başucu; *fig.* doruk.

ze·ro ['zɪərəʊ] **1.** (*pl.* ***-ros, -roes***) *n.* sıfır; **2.** *adj.* sıfır ...; **~ (*economic*) *growth*** ekonomik gelişme olmaması; **~ *option*** POL seçme hakkı olmaması; ***have ~ interest in s.th.*** F *bşe* hiç ilgi duymamak.

zest [zest] **1.** *n.* tat, lezzet, çeşni; *fig.* zevk, haz; **2.** *vb.* çeşni vermek.

zig·zag ['zɪgzæg] **1.** *n.* zikzak yol; *attr.* zigzag ..., dolambaçlı, yılankavi; **2.** *v/i.* zikzak yapmak.

zinc [zɪŋk] **1.** *n. min.* çinko, tutya; **2.** *v/t.* çinko kaplamak, galvanizlemek.

zip [zɪp] **1.** *n.* vızıltı; F gayret, enerji; = ***zip-fastener***; **2.** *vb.*: **~ *s.th open*** *bşin* fermuarını açmak; **~ *s.th up*** *bşin* fermuarını kapamak; (*kurşun*) vızıldayarak geçmek; **~ code** *n. Am.* posta bölgesi kodu; **~-fas·ten·er** *n. esp. Brt.* ['zɪpfæ:snə], **~·per** *Am.* [~ə] *n.* fermuar.

zo·di·ac AST ['zəʊdɪæk] *n.* zodyak; burçlar kuşağı.

zone [zəʊn] *n.* kuşak; *fig.* bölge, mıntıka, yöre.

zoo [zu:] (*pl.* **~s**) *n.* hayvanat bahçesi.

zo·o·log·i·cal □ [zəʊə'lɒlədʒɪ] *n.* zooloji, hayvanbilim

zoom [zu:m] **1.** *v/i.* vınlamak; AVIA dikine yükselmek, alçaktan hızla uçmak; F (*fiyat*) fırlamak; (*araba*) rüzgâr gibi gitmek; **~ *in on s.th.*** PHOT *bşe* zum yapmak, optik kaydırma yapmak; **~ *past*** F önünden ok gibi geçmek; **2.** *n.* vınlama; AVIA dikine yükselme; dikine yükselen uçağın çıkardığı güçlü ses.

Appendix

The Most Common Abbreviations in English
İngilizce'deki En Yaygın Kısatmalar

A

A-bomb ***atomic bomb*** atom bombası.
A.A. ***Automobile Association*** Otomobil Kurumu.
A.A.A. ***Amateur Athletics Association*** Amatör Atletizm Kurumu; *Am.* ***American Automobile Association*** Amerikan Otomobil Kurumu.
A.B. ***Able Seaman*** Gemici; *Am.* ***Bachelor of Arts*** Edebiyat Fakültesi Mezunu.
A.B.C. ***Australian Broadcasting Commission*** Avustralya Radyo, Televizyon kurumu.
a.c. ***alternating current*** alternatif akım.
a/c ***account*** hesap.
acc(t) ***account*** hesap.
ad(vt) ***advertisement*** reklam.
A.D. ***Anno Domini*** (*Lat.* = ***in the year of the Lord***) M.S., milattan sonra.
A.D.C. ***Aide-de-camp*** emir subayı, yaver.
add(r) ***address*** adres.
A.G.M. ***Annual General Meeting*** Yıllık Genel Kurul.
a.m. ***ante meridiem*** (*Lat.* = ***before noon***) öğleden once.
amp. ***ampere(s)*** amper.
anon. ***anonymous*** isimsiz.
appro. ***approval*** onaylama.
approx. ***approximately*** yaklaşık olarak, takriben.
Apr. ***April*** Nisan.
arr. ***arrival*** varış, geliş.
asap. ***as soon as possible*** mümkün olduğunca çabuk.
asst. ***assistant*** asistan, yardımcı.
Aug. ***August*** Ağustos.
A.V. ***Audio-Visual*** Görsel-İşitsel.
Av(e). ***Avenue*** Cadde Bulvar.
A.W.O.L. ***absent without leave*** izinsiz kaçan.

B

b ***born*** doğmuş, doğmlu.
b & b ***bed and breakfast*** yatak ve kahvaltı.
B.A. ***Bachelor of Arts*** Edebiyat Fakültsi mezunu; ***British Airways*** İngiliz Hava Yolları.
Barr. ***Barrister*** avukat.
B.B.C ***British Broadcasting Corporation*** İngliz Radyo, Televizyon Kurumu.
B.C. ***Before Christ*** M.Ö., milattan once; ***British Council*** İngiliz Konseyi.
B.D. ***Bachelor of Divinity*** İlahiyat Fakültesi mezunu.
bk. ***book*** kitap.
B.M. ***British Museum*** İngiliz Müzesi.
B.M.A. ***British Medical Association*** İngiliz Tıp kurumu.
Br. ***Brother*** erkek kardeş.
Brit. ***Britain*** Britanya; ***British*** İngiliz.
Bro(s). ***Brother(s)*** kardeş(ler).

B.S. *Am.* ***Bachelor of Science*** Fen Fakültesi mezunu.
B.Sc. ***Bachelor of Science*** Fen Fakültesi mezunu.

C

C ***Centigrade*** santigrat.
c ***cent(s)*** sent; ***century*** yüzyıl; ***circa*** aşağı yukarı, takriben; ***cubic*** kübik.
C.A. ***Chartered Accountant*** ayrıcalıklı muhasebeci.
Capt. ***Captain*** kaptan.
Cath. ***Catholic*** Katolik.
C.B.C. ***Canadian Broadcasting Corporation*** Kanada Radyo, Televizyon Kurumu.
c.c. ***cubic centimetre(s)*** kübik santimetre.
Cdr. ***Commander*** komutan.
Cdre. ***Commodore*** komodor.
cert. ***certificate*** sertifika, belge; ***certified*** onaylı.
c.f. ***confer*** karşılaştırınız.
cg. ***centigram*** santigram.
c.h. ***central heating*** kalorifer.
ch(ap). ***chapter*** bölüm, kısım.
C.I.A. *Am.* ***Central Inteligence Agency*** Amerikan Merkezi Haberalma Örgütu.
C.I.C. ***Criminal Investigation Department*** Cinayet Araştırma Dairesi.
c.i.f. ***cost, insurance, freight*** fiyat, sigorta, navlun.
C-in-C ***Commander-in-Chief*** Başkomutan.
cl. ***class*** sınıf; ***centiliter(s)*** santilitre.
cm. ***centimeter(s)*** santimetre.
Co. ***Company*** şirket.
c/o ***care of*** eliyle.
C.O.D. ***Cash on Delivery*** ödemeli, teslimde ödeme.
Col. ***Colonel*** Albay.
Coll. ***College*** Üniversite, Yüksekokul.
Cons. ***Conservative*** Muhafazakâr Parti.
Corp. ***Corporation*** anonim şirket.
c.p. ***compare*** karşılaştırınız.
Cpl. ***Corporal*** onbaşı.
C.S. ***Civil Servant*** devlet memuru; ***Civil Service*** devlet hizmeti.
C.S.E. ***Certificate of Secondary Education*** ortaokul diploması.
cu. ***cubic*** kübik.

D

d ***penny*** (*Lat.* = ***denarius***) peni; ***died*** ölmüş, merhum.
dbl ***double*** çift.
d.c. ***direct current*** doğru akım.
D.D. ***Doctor of Divinity*** ilahiyat doktoru.
D.D.T. ***dichloro-diphenyl-trichloroethane*** D.D.T.
Dec. ***December*** Aralık.
dec. ***deceased*** merhum, rahmetli.
deg. ***degree(s)*** derece.
Dem. ***Democrat*** Demokrat.
dep. ***departure*** kalkış, hareket; ***deputy*** vekil, yardımcı.
Dept. ***Department*** kısım, bölüm, şube.
diag. ***diagram*** diyagram.

diff. ***difference*** fark; ***different*** farklı.
Dip. ***Diploma*** diploma.
Dir. ***Director*** müdür.
D.J. ***dinner jacket smoking***; ***disc jockey*** aıskcokey.
dol. ***dollar(s)*** dolar.
doz. ***dozen*** düzine.
Dr. ***Debtor*** borçlu; ***Doctor*** doktor.
dr. ***dram(s)*** dirhem.
dupl. ***duplicate*** suret, kopya.
D.V. ***Deo Volente*** (*Lat.* = ***God being willing***) inşallah, Allah'In emriyle.

E

E ***east*** doğu.
Ed. ***editor*** editör; ***edition*** baskı ***education*** eğitim.
E.E.C. ***European Economic Community*** A.E.T., Avrupa Ekonomik Topluluğu.
E.F.T.A. ***European Free Trade Association*** Avrupa Serbest Ticaret Birliği.
e.g. ***exempli gratia*** (*Lat.* = ***for example, for instance***) örneğin.
enc(l). ***enclosed*** ilişikte.
Eng. ***Engineer(ing)*** mühendis(lik); ***England*** İngiltere; ***English*** İngiliz.
Esq. ***Esquire*** bay, bey, efendi.
etc. ***et cetera*** vs., ve saire.
eve. ***evening*** akşam.

F

F ***Fahrenheit*** fahrenhayt; ***Fellow*** akademi üyesi.
f. ***foot*** (***feet***) ayak (*30,48 cm.*); ***female*** dişil.
F.A. ***Footbal Association*** Futbol Birliği.
F.A.O. ***Food and Agricultural Organisation*** Birleşmiş Milletler Gıda ve Tarım Örgütü.
F.B.I. *Am.* ***Federal Bureau of Investigation*** Federal Araştırma Bürosu.
Feb. ***February*** Şubat.
Fed. ***Federal*** federal; ***Federaed*** federe, ***Federation*** federasyon.
fem. ***female*** dişil; ***feminine*** dişil.
fig. ***figurative*** mecazi; ***figure*** rakam.
fl. ***fluid*** sıvı ***floor*** kat.
fm. ***fathom(s)*** kulaç (*1,83 m.*).
F.M. ***Frequency Modulation*** frekans modülasyonu.
F.O. ***Froeign Office*** Dışişleri Bakanlığı.
f.o.b. ***free on board*** gemide teslim.
for. ***foreign*** yabancı.
Fr. ***Father*** baba; ***Franc*** frank; ***France*** Fransa; ***French*** Fransız.
Fri. ***Friday*** Cuma.
ft. ***foot*** (***feet***) ayak (*30,48 cm.*).
furn. ***furnished*** mobilyalı.

G

g. ***gram(s)*** gram.
gal(l). ***gallon(s)*** gallon.
GATT ***General Agreement on Tariffs and Trade*** Gümrük Tarifeleri ve Ticaret Genel Antlaşması.

G.B. ***Great Britain*** Büyük Britanya.
Gen. ***General*** general.
G.H.O. ***General headquarters*** genel merkez.
Gk. ***Greek*** Yunanlı.
gm. ***gram(s)*** gram.
G.M. ***General Manager*** genel müdür.
G.M.T. ***Greenwich Mean Time*** Greenwich saat ayarı.
gov(t). ***government*** hüktümet.
Gov. ***Governor*** vali.
G.P. ***General Practitioner*** pratisyen doktor.
G.P.O. ***General Post Office*** merkez postanesi.
gr. ***grain*** bir eczacı tartısı (*0,0648 g.*); ***gross*** brüt; ***group*** grup.

H

h ***height*** yükseklik; ***hour*** saat.
ha. ***hectare(s)*** hektar.
H-bomb ***Hydrogen bomb*** hidrojen bombası.
H.E. ***high explosive*** kuvvetli patlayıcı madde; ***His/Her Excellency*** Ekselansları.
H.F. ***High Frequency*** Yüksek frekans.
H.M. ***His/Her Majesty*** Majesteleri, Haşmetmeapları.
Hon. ***Honorary*** fahri.
hosp. ***hospital*** hastane.
H.P. ***Horse Power*** beygir gücü.
H.O. ***Headquarters*** karargâh, merkez.
H.R.H. ***His/Her Royal Highness*** Ekselansları.

I

I ***Island*** ada.
Ib(id). ***Ibidem*** (*Lat.* = ***in the same place***) aynı yerde.
I.C.B.M. ***Inter-continental Ballistic Missile*** kıtalararası balistik mermi.
i.e. ***id est*** (*Lat.* = ***which is to say, in other words***) yani.
I.L.O. ***International Labo(u)r Organisation*** Uluslararaı Çalışma Örgütü.
I.M.F. ***International Monetary Fund*** Uluslararası Para Fonu.
In. ***Inch(es)*** inç (*2,54 cm.*).
inc. ***Incorporated*** anonim.
incl. ***Including*** dahil.
info. ***Information*** bilgi.
inst. ***Institute*** kuruluş, müessese, enstitü.
int. ***Interior*** dahili; ***Internal*** dahili; ***International*** uluslararası.
I.O.U. ***I owe you*** size olan borcum.
I.R.A. ***Irýsh Republican Army Irlanda*** Cumhuriyetçi Ordusu.

J

Jan. ***January*** Ocak.
J.C. ***Jesus Christ*** Isa Mesih.
J.P. ***Justice of the Peace*** sulh hâkimi.

Jul. ***July*** Temmuz.
Jun. June Haziran.

K

kg. ***kilogram(s) kg.,*** kilogram
km. ***kilometer(s) km.,*** kilometre.
K.O. ***knock-out*** nakavt.
kw. ***kilowatt(s)*** kilovat.

L

L ***lake*** göl; ***little*** küçük; *pol.* ***Liberal*** Liberal Parti
l ***left*** sol; ***length*** uzunluk; ***line*** yol, hat.
L.A. ***Legislative Assembly*** Yasama Meclisi; ***Los Angeles*** Los Angeles.
Lab. ***Labour*** İşçi Partisi.
lang. ***language*** dil, lisan.
lat. ***latitude*** enlem.
lb. ***pound(s)*** libre.
lb. ***pound(s)*** libre.
L.C. ***letter of credit*** akreditif.
Ld. ***Lord*** Lord.
lit. ***literal*** kelimesi kelimesine; ***literature*** edebiyat, yazın.
loc. cit. ***loco citato*** (*Lat.* = ***in the place mentioned***) yukarıda belirtilen yerde.
long. ***longitude*** boylam.
L.P. ***long-playing (record)*** uzunçalar.
Lt. ***Lieutenant*** teğmen.
Ltd. ***Limited*** limitet.
lux. ***Luxury*** lüks.

M

M ***Member*** üye.
m ***male*** erkek; ***married*** evil; ***metre(s)*** metre; ***mile(s)*** mil; ***million*** milyon.
M.A. ***Master of Arts*** Edebiyat Fakültesi Lisanüstü Derecesi.
Maj. ***Major*** binbaşı.
Mar. ***March*** Mart.
masc. ***masculine*** eril.
math(s) ***mathematics*** matematik.
max. ***maximum*** maksimum.
M.C. ***Master of Ceremonies*** protocol görevlisi, teşrifatçı *Am.* ***Member of Congress*** kongre üyesi.
M.D. ***Doctor of Medicine*** tıp doktoru.
mg. ***miligram(s)*** miligram.
min. ***minimum*** minimum.
ml. ***mile(s)*** mil; ***mililitre(s)*** mililitre.
mm. ***milimetre(s)*** milimetre.
M.O. ***Medical Officer*** sağlık memuru; ***Money Order*** para havalesi.
Mon. ***Monday*** Pazartesi.
M.P. ***Member of Parliament*** milletvekili; ***Military Police*** askeri inzibat.
m.p.h. ***miles per hour*** saat mil.
Mr. ***Mister*** bay.
Mrs. ***Mistress*** bayan.

Ms. ***Miss*** bayan.
MS(S) ***manuscript(s)*** el yazması.
Mt. ***Mount*** dağ, tepe.

N

N ***north kuzey.***
N.A.A.F.I. ***Navy, Army and Air Force Institute*** Deniz, Kara ve Hava Kuvvetleri Kurumu.
NATO ***North Atlantic Treaty Organisation*** Kuzey Atlantik Paktı Teşkilatı.
N.C.O. ***Non-Commissioned Officer*** assubay.
NE ***northeast*** kuzeydoğu.
no ***number*** numara, no.
Nov. ***November*** Kasım.
nr. ***near*** yakın.
N.T. ***New Testament*** Yeni Ahit, İncil.
NW. northwest kuzeybatı.
N.Z. ***New Zealand*** Yeni Zeland.

O

ob ***obiit*** (*Lat.* = ***died***) ölmüş, merhum.
Oct. ***October*** Ekim.
OECD ***Organisation for Economic Co-operation and Development*** Ekonomik İşbirliği ve Kalkınma Teşkilatı.
OPEC ***Organisation of Petroleum Exporting Countries*** Petrol İhraç Eden Ülkeler Teşkilatı.
orch. ***orchestra*** orkestra.
O.T. ***Old Testament*** Eski Ahit.
oz. ***ounce(s)*** ons (*28,35 g.*).

P

P ***page*** sayfa; ***penny*** peni; ***pence*** pens; ***per*** herbiri için, başına.
p.a. ***per annum*** (*Lat.* = ***per year***) yıllık.
P.A.Y.E. ***pay as you earn*** "kazandıkça öde" sistemi, işverenin personel ücretlerini öderken gelir vergisini kestiği sistem.
pd. ***paid*** ödendi.
P.E. ***physical education*** beden eğitimi.
PEN ***International Association of Writers*** Uluslararası Yazarlar Birliği
Pk ***Park*** park.
pkt ***packet*** paket.
P.M. ***Prime Minister*** başbakan.
p.m. ***post meridien*** (*Lat.* = ***after noon***) öğleden sonar.
P.O. ***Post Office*** postane; ***Postal Order*** posta havalesi.
P.O. Box ***Post Office Box*** posta kutusu.
P.O.W. ***Prisoner of War*** savaş esiri.
p.p. ***per procurationem*** (***Lat.*** = ***on behalf***) adına.
pr. ***pair*** çift; ***price*** fıyat.
Pres. ***President*** cumhurbaşkanı.

Prof. ***Professor*** profesör.
P.S. ***Postscript*** ek not, dipnot.
pt. ***part*** kısım; ***payment*** ödeme; ***point*** nokta.
Pte. ***Private*** asker, er.
P.T.O. ***please turn over*** lütfen sayfayı çeviriniz.
Pvt. ***Private*** *Am.* asker, er.
p.w. ***per week*** haftalık.
P.X. ***post exchange*** *Am.* ordu pazarı.

Q

qt. ***quart*** kuart.
Qu. ***queen*** kraliçe; ***question*** soru.

R

R. ***River*** ırmak, nehir.
r. ***radius*** yarıçap; ***right*** sağ.
R.A. ***Rear-Admiral*** tuğamiral; ***Royal Academy*** Kraliyet Akademisi.
R.A.F. ***Royal Air Force*** İngiliz Hava Kuvvetleri.
R.C. ***Red Cross*** Kızılhaç.
Rd. ***Road*** yol, caddle.
rec(d). ***received*** alındı.
ref. ***referee*** hakem; ***reference*** referans.
resp. ***respectively*** sırasıyla.
ret(d). ***retired*** emekli.
Rev(d). ***Reverend*** sayın, muhterem.
RIP ***requlescat in pace*** (*Lat.* = ***may he rest in peace***) huzur içinde yat sın.
rly. ***railway*** demiryolu.
rm. ***room*** oda.
R.N. ***Royal Navy*** İngiliz Donanması.
R.S.V.P. ***repondez s'il vous plait*** (*Fr.* = ***please reply***) lütfen cevap verin.
rt. ***right*** sağ.

S

S ***south*** güney.
s ***second(s)*** saniye; ***shilling(s)*** şilin.
SALT ***Strategic Arms Limitation Talks*** Stratejik Silahların Sınırlandırılması Görüşmeleri.
Sat. ***Saturday*** Cumartesi.
s/c ***self-contained*** müstakil.
Sch. ***School*** okul.
SE ***southeast*** güneydoğu.
sec. ***second*** ikinci; ***secretary*** sekreter.
Sen. ***Senate*** senato; ***Senator*** senatör; ***Senior*** büyük.
Sept. ***September*** eylül.
Sgt. ***Sergeant*** çayuş.
Sn(r). ***Senior*** büyük.
Sol. ***Solicitor*** avukat.
sp. gr. ***specific gravity*** özgül ağırlık.
Sq. ***Square*** meydan, alan.

S.S. ***Steamship*** vapur.
St. ***Street*** sokak, cadde.
Sta. ***Station*** istasyon.
Str. ***Strait*** boğaz; ***Street*** sokak, cadde.
Sun. ***Sunday*** Pazar.
SW. ***southwest*** güneybatı.

T

T ***temperature*** ısı, sıcaklık.
t. ***ton***(***s***) ton.
T.B. ***Tuberculosis*** tüberküloz, verem.
tel. ***telephone*** telefon.
Thurs. ***Thursday*** Perşembe.
TIR ***Transport International Routier*** Uluslararası karayolu taşımacılığı.
T.K.O. ***technical knock-out*** teknik nakavt.
T.U. ***Trade Union*** işçi sendikası.
Tues. ***Tuesday*** Salı.
T.V. ***television*** TV, televizyon.

U

U.F.O. ***unidentified flying object*** uçan daire.
U.H.F. ***ultra high frequency*** çok yüksek frekans.
U.K. ***United Kingdom*** Büyük Britanya.
U.N. ***United Nations*** Birleşmiş Milletler.
UNESCO ***United Nations Educational, Scientific and Cultural Organisation*** Birleşmiş Milletler Eğitim, Bilim ve Kültür Örgütü.
UNICEF ***United Nations Children's Emergency Fund*** Birleşmiş Milletler Uluslararası Çocuklara Acil Yardım Fonu.
UNIDO ***United Nations Industrial Development Organization*** Birleşmiş Milletler Sınai Kalkınma Örgütü.
Univ. ***University*** üniversite.
UNO ***United Nations Organisation*** Birleşmiş Milletler Teşkilatı.
U.S.A. ***United States of America*** Amerika Birleşik Devletleri.
USAF ***United States Air Force*** Amerika Birleşik Devletleri Hava Kuvvetleri.
U.S.S.R. ***Union of Soviet Socialist Republics*** Sovyet Sosyalist Cumhuriyetler Birliği.

V

V ***Volt*** volt.
v ***very*** çok; ***verse*** mısra, beyit, kıta; ***versus*** karşı ***vide*** (*Lat.* = ***see***) bakınız.
V.A. ***Vice-Admiral*** koramiral.
V.A.T. ***Value Added Tax*** K.D.V., katma değer vergisi.
V.D. ***Venereal Disease*** zührevi hastalık.
V.H.F. ***very high frequency*** çok yüksek frekans.
V.I.P. ***very important person*** çok önemli kişi.
vol. ***volume*** cilt.
vs. ***versus*** karşı.

W

W ***west*** batı.
w ***watt***(s) vat; ***week*** hafta; ***width*** genişlik, en.

w.c. ***water closet*** tuvalet.
wk. ***week*** hafta.
wt. ***weight*** ağırlık.

X

Xmas ***Christmas*** Noel.

Y

YMCA ***Young Men's Christian Association*** Genç Hıristiyan Erkekler Birliği.
yr. ***year*** yıl; ***your*** senin, sizin.
YWCA ***Young Women's Christian Association*** Genç Hıristiyan Kadınlar Birliği.

Irregular Verbs
Düzensiz Fiiller

Infinitive	Past	Past Participle
abide	abode	abode
arise	arose	arisen
awake	awoke	awoke, awoken
be	was	been
bear	bore	borne, born
beat	beat	beaten
become	became	become
befall	befell	befallen
beget	begot	begotten
begin	began	begun
behold	beheld	beheld
bend	bent	bent, bended
bereave	bereft	bereft, bereaved
beseech	besought	besought
beset	beset	beset
bet	bet, betted	bet, betted
betake	betook	betaken
bethink	bethought	bethought
bid	bade, bid	bidden, bid
bide	bided	bided
bind	bound	bound
bite	bit	bitten, bit
bleed	bled	bled
blow	blew	blown
break	broke	broken
breed	bred	bred
bring	brought	brought
broadcast	broadcast	broadcast
build	built	built
burn	burnt, burned	burnt, burned
burst	burst	burst
buy	bought	bought
cast	cast	cast
catch	caught	caught
chide	chid	chidden, chid
choose	chose	chosen
cleave	clove, cleft	cloven, cleft
cling	clung	clung
clothe	clothed	clothed, clad
come	came	come
cost	cost	cost
creep	crept	crept
cut	cut	cut
deal	dealt	dealt
dig	dug	dug
do	did	done
draw	drew	drawn
dream	dreamt, dreamed	dreamt, dreamed

drink	drank	drunk, drunken
drive	drove	driven
dwell	dwelt	dewelt
eat	ate	eaten
fall	fell	fallen
feed	fed	fed
feel	felt	felt
fight	fought	fought
find	found	found
flee	fled	fled
fling	flung	flung
fly	flew	flown
forbear	forbore	forborne
forbid	forbade	forbidden
forecast	forecast	forecast
foreknow	foreknew	foreknown
foresee	foresaw	foreseen
foretell	foretold	foretold
forget	forgot	forgotten
forgive	forgave	forgiven
forsake	forsook	forsaken
forswear	forswore	forsworn
freeze	froze	frozen
gainsay	gainsaid	gainsaid
get	got	got
gild	gilded	gilded, gilt
gird	girded	girded, girt
give	gave	given
go	went	gone
grind	ground	ground
grow	grew	grown
hamstring	hamstrung	hamstrung
hang	hung	hung
have	had	had
hear	heard	heard
heave	heaved, hove	heaved
hew	hewed	hewn
hide	hid	hidden, hid
hit	hit	hit
hold	held	held
hurt	hurt	hurt
inlay	inlaid	inlaid
keep	kept	kept
kneel	knelt	knelt
knit	knitted, knit	knitted, knit
know	knew	known
lade	laded	laden
lay	laid	laid
lead	led	led
lean	leant, leaned	leant, leaned
leap	leapt, leaped	leapt, leaped
learn	learnt, learned	learnt, learned
leave	left	left
lend	lent	lent

let	let	let
lie	lay	lain
light	lighted, lit	lighted, lit
lose	lost	lost
make	made	made
mean	meant	meant
meet	met	met
melt	melted	melted, molten
miscast	miscast	miscast
misdeal	misdealt	misdealt
misgive	misgave	misgiven
mislay	mislaid	mislaid
mislead	misled	misled
misspell	misspelt	misspelt
misspend	misspent	misspent
mistake	mistook	mistaken
misunderstand	misunderstood	misunderstood
mow	mowed	mown
outbid	outbid	outbidden, outbid
outdo	outdid	outdone
outgo	outwent	outgone
outgrow	outgrew	outgrown
outride	outrode	outridden
outrun	outran	outrun
outshine	outshone	outshone
overbear	overbore	overborne
overcast	overcast	overcast
overcome	overcame	overcome
overdo	overdid	overdone
overhang	overhung	overhung
overhear	overheard	overheard
overlay	overlaid	overlaid
overleap	overleapt, overleaped	overleapt, overleaped
overlie	overlay	overlain
override	overrode	overridden
overrun	overran	overrun
oversee	oversaw	overseen
overset	overset	overset
overshoot	overshot	overshot
oversleep	overslept	overslept
overtake	overtook	overtaken
overthrow	overthrew	overthrown
partake	partook	partaken
pay	paid	paid
prove	proved	proved, proven
put	put	put
read	read	read
rebind	rebound	rebound
rebuild	rebuilt	rebuilt
recast	recast	recast
redo	redid	redone
relay	relaid	relaid
remake	remade	remade
rend	rent	rent

repay	repaid	repaid
rerun	reran	rerun
reset	reset	reset
retell	retold	retold
rewrite	rewrote	rewritten
rid	rid, ridded	rid, ridded
ride	rode	ridden
ring	rang	rung
rise	rose	risen
rive	rived	riven, rived
run	ran	run
saw	sawed	sawn, sawed
say	said	said
see	saw	seen
seek	sought	sought
sell	sold	sold
send	sent	sent
set	set	set
sew	sewed	sewn, sewed
shake	shook	shaken
shave	shaved	shaved, shaven
shear	sheared, shore	shorn, sheared
shed	shed	shed
shine	shone	shone
shoe	shod	shod
shoot	shot	shot
show	showed	shown, showed
shrink	shrank	shrunk, shrunken
shrive	shrived	shriven
shut	shut	shut
sing	sang	sung
sink	sank	sunk, sunken
sit	sat	sat
slay	slew	slain
sleep	slept	slept
slide	slid	slid, slidden
sling	slung	slung
slink	slunk	slunk
slit	slit	slit
smell	smelt, smelled	smelt, smelled
smite	smote	smitten
sow	sowed	sown, sowed
speak	spoke	spoken
speed	sped	sped
spell	spelt, spelled	spelt, spelled
spend	spent	spent
spill	spilt, spilled	spilt, spilled
spin	spun, span	spun
spit	spat	spat
split	split	split
spoil	spoilt, spoiled	spoilt, spoiled
spread	spread	spread
spring	sprang	sprung
stand	stood	stood

stave	staved, stove	staved, stove
steal	stole	stolen
stick	stuck	stuck
sting	stung	stung
stink	stank	stunk
strew	strewed	strewn, strewed
stride	strode	stridden, strid
strike	struck	struck, stricken
string	strung	strung
strive	strove	striven
sunburn	sunburnt, sunburned	sunburnt, sunburned
swear	swore	sworm
sweep	swept	swept
swell	swelled	swollen, swelled
swim	swam	swum
swing	swung	swung
take	took	taken
tear	tore	torn
tell	told	told
think	thought	thought
thrive	throve, thrived	thriven, thrived
throw	threw	thrown
thrust	thrust	thrust
tread	trod	trodden, trod
unbend	unbent	unbent
unbind	unbound	unbound
underbid	underbid	underbidden, underbid
undergo	underwent	undergone
understand	understood	understood
undertake	undertook	undertaken
undo	undid	undone
upset	upset	upset
wake	woke, waked	woken, waked
waylay	waylaid	waylaid
wear	wore	worn
weave	wove	woven, wove
wed	wedded	wedded, wed
weep	wept	wept
wet	wet, wetted	wet, wetted
win	won	won
wind	wound	wound
withdraw	withdrew	withdrawn
withhold	withheld	withheld
withstand	withstood	withstood
wring	wrung	wrung
write	wrote	written

Numerical Expressions
Sayısal İfadeler

Cardinal Numbers
Asıl Sayılar

0 nought, zero, cipher; *teleph.* 0 [oʊ] *sıfır*
1 one *bir*
2 two *iki*
3 three *üç*
4 four *dört*
5 five *beş*
6 six *altı*
7 seven *yedi*
8 eight *sekiz*
9 nine *dokuz*
10 ten *on*
11 eleven *on bir*
12 twelve *on iki*
13 thirteen *on üç*
14 fourteen *on dört*
15 fifteen *on beş*
16 sixteen *on altı*
17 seventeen *on yedi*
18 eighteen *on sekiz*
19 nineteen *on dukuz*
20 twenty *yirmi*
21 twenty-one *yirmi bir*
22 twenty-two *yirmi iki*
30 thirty *otuz*
31 thirty-one *otuz bir*
40 forty *kırk*
41 forty-one *kırk bir*
50 fifty *elli*
51 fifty-one *elli bir*
60 sixty *altmış*
61 sixty-one *altmış bir*
70 seventy *yetmiş*
71 seventy-one *yetmiş bir*
80 eighty *seksen*
81 eighty-one *seksen bir*
90 ninety *doksan*
91 ninety-one *doksan bir*
100 a *or* one hundred *yüz*
101 hundred and one *yüz bir*
200 two hundred *iki yüz*
300 three hundred *üç yüz*
572 five hundred and seventy-two *beş yüz yetmiş iki*
1000 a *or* one thousand *bin*
1066 ten sixty-six *bin altmış altı*
1971 nineteen (hundred and) seventy--one *bin dokuz yüz yetmiş bir*
2000 two thousand *iki bin*
1 000 000 a *or* one million *bir milyon*
2 000 000 two million *iki milyon*
1 000 000 000 a *or* one milliard. *Am.* billion *bir milyar*

Ordinal Numbers
Sıra Sayıları

1st first *birinci*
2nd second *ikinci*
3rd third *üçüncü*
4th fourth *dördüncü*
5th fifth *beşinci*
6th sixth *altıncı*
7th seventh *yedinci*
8th eighth *sekizinci*
9th ninth *dokuzuncu*
10th tenth *onuncu*
11th eleventh *on birinci*
12th twelfth *on ikinci*
13th thirteenth *on üçüncü*
14th fourteenth *on dördüncü*
15th fifteenth *on beşinci*
16th sixteenth *on altıncı*
17th seventeenth *on yedinci*
18th eighteenth *on sekizinci*
19th nineteenth *on dokuzuncu*
20th twentieth *yirminci*
21st twenty-first *yirmi birinci*
22nd twenty-second *yirmi ikinci*
23rd twenty-third *yirmi üçüncü*
30th thirtieth *otuzuncu*
31st thirty-first *otuz birinci*
40th fortieth *kırkıncı*
41st forty-first *kırk birinci*
50th fiftieth *ellinci*
51st fifty-first *elli birinci*
60th sixtieth *altmışıncı*
61st sixty-first *altmış birinci*
70th seventieth *yetmişinci*
71st seventy-first *yetmiş birinci*
80th eightieth *sekseninci*
81st eighty-first *seksen birinci*

90th ninetieth *doksanıncı*
100th a *or* one hundredth *yüzüncü*
101st hundred and first *yüz birinci*
200th two hundredth *iki yüzüncü*
300th three hundredth *üç yüzüncü*
572nd five hundred and seventy-second *beş yüz yetmiş ikinci*
1000th a *or* one thousandth *bininci*
1950th nineteen hundred and fiftieth *bin dokuz yüz ellinci*
2000th two thousandth *iki bininci*
1 000 000th a *or* one millionth *bir milyonuncu*
2 000 000th two millionth *iki milyonuncu*

Fractional and Other Numbers
Kesirli ve Diğer Sayılar

½ one *or* a half *yarım*
1½ one and a half *bir buçuk*
2½ two and a half *iki buçuk*
⅓ one *or* a third *üçte bir*
⅔ two thirds *üçte iki*
¼ one *or* a quarter, one fourth *çeyrek, dörtte bir*
¾ three quarters, three fourths *dörtte üç*
⅕ one *or* a fifth *beşte bir*
⅝ five eighths *sekizde beş*
2.5 two point five *iki onda beş*
once *bir kere*
twice *iki kere*
three times *üç kere*
7 + 8 = 15 seven and eight are fifteen *yedi sekiz daha on beş eder*
9 – 4 = 5 nine less four are five *dokuzdan dört çıkarsa beş kalır*
2 × 3 = 6 twice three are *or* make six *iki kere üç altı eder*
20 : 5 = 4 twenty divided by five make four *yirmide beş dört kere var*

Weights and Measures
Tartı ve Ölçü Birimleri

Linear Measures
Uzunluk Ölçüleri

1 inch (in.) = 2,54 cm
1 foot (ft.) = 12 inches = 30,48 cm
1 yard (yd.) = 3 feet = 91,44 cm
1 (statute) mile (mi.) = 8 furlongs = 1609,34 m

Distance and Surveyors' Measures
Uzaklık ve Yer Ölçüleri

1 link (ll., l.) = 7.92 inches = 20,12 cm
1 rod (rd.), pole or **perch (p.)** = 25 links = 5,03 m
1 chain (ch.) = 4 rods = 20,12 m
1 furlong (fur.) = 10 chains = 201,17 m

Nautical Measures
Deniz Ölçüleri

1 fathom (fm.) = 6 feet = 1,83 m
1 cable('s) length = 100 fathoms = 183 m
1 nautical mile (n. m.) = 10 cable's length = 1852 m

Square Measures
Yüzey Ölçü Birimleri

1 square inch (sq. in.) = 6,45 qcm
1 square foot (sq. ft.) = 144 square inches = 929,03 qcm
1 square yard (sq. yd.) = 9 square feet = 0,836 qm
1 square rod (sq. rd.) = 30.25 square yards = 25,29 qm
1 rood (ro.) = 40 square rods = 10,12 a
1 acre (a.) = 4 roods = 40,47 a
1 square mile (sq. mi.) = 640 acres = 2,59 qkm

Cubic Measures
Hacim Ölçüleri

1 cubic inch (cu. in.) = 16,387 ccm
1 cubic foot (cu. ft.) = 1728 cubic inches = 0,028 cbm
1 cubic yard (cu. yd.) = 27 cubic feet = 0,765 cbm
1 register ton (reg. tn.) = 100 cubic feet = 2,832 cbm

British Measures of Capacity
İngiliz Hacim Ölçüleri

Dry and Liquid Measures
Kuru ve Sıvı Ölçüler

1 British or **Imperial gill** (**gi., gl.**) = 0,143 l

1 Brit. or **Imp. bushel** (**bu., bsh.**) = 4 Imp. pecks = 36,36 l

1 Brit. or **Imperial quarter** (**qr.**) = 8 Imp. bushels = 290,94 l

Liquid Measure
Sıvı Ölçüsü

1 Brit. or **Imp. barrel** (**bbl., bl.**) = 36 Imp. gallons = 1,636 hl

U.S. Measures of Capacity
Amerikan Hacim Ölçüleri

Dry Measures
Kuru Ölçüler

1 U.S. dry pint = 0,550 l

1 U.S. dry quart = 2 dry pints = 1,1 l

1 U.S. peck = 8 dry quarts = 8,81 l

1 U.S. bushel = 4 pecks = 35,24 l

Liquid Measures
Sıvı Ölçüleri

1 U.S. liquid gill = 0,118 l

1 U.S. liquid pint = 4 gills = 0,473 l

1 U.S. liquid quart = 2 liquid pints = 0,946 l

1 U.S. gallon = 4 liquid quarts = 3,785 l

1 U.S. barrel = 31 gallons = 119 l

1 U.S. barrel petroleum = 42 gallons = 158,97 l

Apothecaries' Fluid Measures
Eczacı Sıvı Ölçüleri

1 minim (**min., m.**) = 0,0006 dl

1 fluid drachm, ***US*** **dram** (**dr. fl.**) = 60 minims 0,0355 dl

1 fluid ounce (**oz. fl.**) = 8 fluid dra(ch)ms = 0,284 dl

1 pint (**pt.**) = 20 fluid ounces = 0,568 l ***US*** 16 fluid ounces = 0,473 l

Avoirdupois Weight
Tartı Sistemi

1 grain (**gr.**) = 0,0648 g

1 drachm, ***US*** **dram** (**dr. av.**) = 27,34 grains = 1,77 g

1 ounce (**oz. av.**) = 16 dra(ch)ms = 28,35 g

1 pound (**lb. av.**) = 16 ounces = 0,453 kg

1 stone (**st.**) = 14 pounds = 6,35 kg

1 quarter (**qr.**) = 28 pounds = 12,7 kg; ***US*** 25 pounds = 11,34 kg

1 hundredweight (**cwt**). = 112 pounds = 50,8 kg; ***US*** 100 pounds = 45,36 kg

1 ton (**tn., t.**) = 2240 pounds = 1016 kg; ***US*** 2000 pounds = 907,18 kg

Troy and Apothecaries' Weight
Kuyumcu ve Eczacı Tartısı

1 grain (**gr.**) = 0,0648 g

1 scruple (**s. ap.**) = 20 grains = 1,269 g

1 pennyweight (**dwt.**) = 24 grains = 1,555 g

1 dra(ch)m (**dr. t.** *or* **dr. ap.**) = 3 scruples = 3,888 g

1 ounce (**oz. ap.**) = 8 dra(ch)ms = 31,104g

1 pound (**lb. t.** *or* **lb. ap.**) = 12 ounces = 0,373 kg

The Most Common Forenames in English
İngilizce'de En Yaygın İsimler

Men
Erkek

Abraham ['eibrəhæm]
Adam ['ædəm]
Adrian ['eidriən]
Alan, Allan, Allen ['ælən]
Albert ['ælbət]
Alexander [ælig'zɑːndə]
Alex ['æliks]
Alfred ['ælfrid]
Andrew ['ændruː]
Anthony, Antony ['æntəni]
Arnold ['ɑːnld]
Arthur ['ɑːθə]
Benjamin ['bendʒəmin]
Bernard ['bəːnəd]
Bill [bil]
Bob [bɔb]
Bruce [bruːs]
Carl [kɑːl]
Charles [tʃɑːlz]
Christian ['kristʃən]
Christopher ['kristəfə]
Clement ['klemənt]
Clifford ['klifəd]
Colin ['kɔlin]
Cyril ['sirəl]
Daniel ['dæniəl]
David ['deivid]
Dean [diːn]
Dennis, Denis ['denis]
Derek ['derik]
Desmond ['dezmənd]
Dick [dik]
Dominic ['dɔminik]
Douglas ['dʌgləs]
Edmund ['edmənd]
Edward ['edwəd]
Eric ['erik]
Ernest ['əːnist]
Felix ['fiːliks]
Francis ['frɑːnsis]
Frank [fræŋk]
Frederick ['fredrik]
Gary ['gæri]
Geoffrey ['dʒefri]
George [dʒɔːdʒ]

Women
Kadın

Agatha ['ægəθə]
Alexandra [ælig'zɑːndrə]
Alice ['ælis]
Amanda [ə'mændə]
Angela ['ændʒələ]
Ann, Anne [æn]
Barbara ['bɑːbrə]
Belinda [ba'lində]
Bella ['belə]
Betsy ['betsi]
Betty ['beti]
Brenda ['brendə]
Carol, Carole ['kærəl]
Caroline ['kærəlain]
Carolyn ['kærəlin]
Catherine ['kæθrin]
Celia ['siːliə]
Christine ['kristiːn]
Clare [klɛə]
Constance ['kɔnstəns]
Deborah ['debərə]
Diana [dai'ænə]
Doris ['dɔris]
Dorothy ['dɔrəθi]
Elizabeth [i'lizəbɔθ]
Emily ['eməli]
Emma ['emə]
Erica ['erikə]
Eve [iːv]
Flora ['flɔːrə]
Florence ['flɔrəns]
Frances ['frɑːnsis]
Gloria ['glɔːriə]
Grace [greis]
Harriet ['hæriət]
Helen ['helæn]
İngrid ['iŋgrid]
İsabel ['izəbel]
Mark [mɑːk]
Martin ['mɑːtin]
Matthew ['mæθjuː]
İsabella [izə'belə]
Jane [dʒein]
Janet ['dʒænit]
Jacqueline ['dʒækəlin]

Gerald ['dʒerəld]
Gerard ['dʒerəd]
Gilbert ['gilbət]
Godfrey ['gɔdfri]
Gordon ['gɔːdn]
Graham ['greiəm]
Gregory ['gregəri]
Harold ['hærəld]
Harry ['hæri]
Harvey ['hɑːvi]
Henry ['henri]
Hilary ['hiləri]
Howard ['hauəd]
Humphrey ['hʌmfri]
Isaac [aizək]
Jack [dʒæk]
James [dʒeimz]
Jason ['dʒeisn]
Jeffrey ['dʒefri]
Jeremy ['dʒerəmi]
Jerry ['dʒeri]
Jim [dʒim]
Jo, Joe [dʒəu]
John [dʒɔn]
Jonathan ['dʒɔnəθən]
Joseph ['dʒəuzif]
Julian ['dʒuːliən]
Keith [kiːθ]
Ken [ken]
Kevin ['kevin]
Larry ['læri]
Laurence ['lɔrəns]
Leo ['liːəu]
Leonard ['lenəd]
Lewis ['luːis]
Malcolm ['mælkəm]
Rebecca [rə'bekə]
Rita ['riːtə]
Rose [rəuz]
Rosemary ['rəuzməri]
Sally ['sæli]
Samantha [sæ'mænθə]
Max [mæks]
Michael ['maikl]
Mick [mik]
Mike [maik]
Nicholos ['nikələs]
Nick [nik]
Noel ['nəuəl]
Norman ['nɔːmən]
Oliver ['ɔlivə]
Oscar ['ɔskə]
Jennifer ['dʒenifə]
Jenny ['dʒeni]
Jessica ['dʒesikə]
Jill [dʒil]
Joan [dʒəun]
Joanna [dʒəu'ænə]
Josephine ['dʒəuzəfiːn]
Julia ['dʒuːliə]
Julie ['dʒuːli]
Juliet ['dʒuːliət]
Karen ['kærən]
Kate [keit]
Katherine ['kæθrin]
Kay [kei]
Laura ['lɔːrə]
Lily ['lili]
Linda ['lində]
Lisa ['liːsə]
Liz [liz]
Liza ['laizə]
Louise [luː'iːz]
Lucy ['luːsi]
Maggie ['mægi]
Margaret ['mɑːgrit]
Martha ['mɑːθə]
Maria [mə'riə]
Marilyn ['mærəlin]
Mary ['mɛəri]
Monica ['mɔnikə]
Nancy ['nænsi]
Natalie ['nætəli]
Nelly ['neli]
Olive ['ɔliv]
Pamela ['pæmələ]
Patricia [pə'triʃə]
Paula ['pɔːlə]
Sandra ['saːndrə]
Sarah ['sɛərə]
Shirley ['ʃəːli]
Sheila ['ʃiːlə]
Stella ['stələ]
Staphanie ['stefəni]
Susan ['suːzn]
Susie ['suːzi]
Suzanne [suː'zæn]
Sylvia, Silvia ['silviə]
Tracy ['treisi]
Ursula ['əːsjulə]
Veronica [və'rənikə]
Victoria [vik'təːriə]
Virginia [və'dʒiniə]

Oswald ['czwəld]
Patrick ['pætrik]
Paul [pɔːl]
Peter ['piːtɔ]
Philip ['filip]
Ralph [rælf]
Raymond ['reimənd]
Rex [reks]
Richard ['ridʃəd]
Robert ['rɔbɔt]
Robin ['rɔbin]
Roger ['rɔdʒə]
Ronald ['rɔnld]
Roy [rɔi]
Rudolf ['ruːdɔlf]
Sam [sæm]
Samuel ['sæmjuəl]
Sandy ['sændi]
Sidney ['sidni]
Simon ['saimən]
Stanley ['stænli]
Steve [stiːv]
Stewart ['stjuːət]
Ted [ted]
Thomas ['tɔmɔs]
Timothy ['timɔθi]
Tom [tɔm]
Tony ['tɔuni]
Victor ['viktɔ]
Walter ['wɔːltə]
Wayne [wein]
William ['wiliəm]